3D
COMPUTER
GRAPHICS

3차원 공간이 보이는

컴퓨터 그래픽스

김성호 지음

생능출판사
Life & Power Press

(3차원 공간이 보이는) 컴퓨터 그래픽스 / 김성호 지음.
-- [파주] : 생능출판사, 2013
p. ; cm

참고문헌과 색인수록
ISBN 978-89-7050-779-8 93000 : ₩38000

컴퓨터 그래픽스[computer graphics]...

004.76-KDC5
006.6-DDC21 CIP2013010801

머리말

컴퓨터 그래픽스라고 하면 대부분의 사람들은 미대 출신들이 도화지에 그림을 그리고 색상을 부여하는 것을 먼저 떠올리게 된다고 한다. 또한 최근에 컴퓨터 그래픽스는 개인용 컴퓨터의 보급과 사용이 일반화됨에 따라 컴퓨터를 사용하여 Photoshop, Illustrator 등과 같은 2차원 그래픽스 관련 소프트웨어 및 3D Studio MAX, AutoCAD, MAYA, Softimage 등과 같은 3차원 그래픽스 관련 소프트웨어의 사용법이나 다양하며 디자인적인 그림이나 객체, 애니메이션 등을 제작하는 것을 목적으로 하는 분야를 떠올리게 한다. 그러나 본 교재에서 설명하고 있는 3차원 컴퓨터 그래픽스 기술은 컴퓨터 관련 전공학과(부) 학생들이 공학적인 3차원 컴퓨터 그래픽스의 원리를 학습하고, 그 원리를 Microsoft Visual Studio C++ 환경에서 OpenGL API를 사용하여 구현하고 더 나아가 응용 프로그램을 개발하기 위한 목적을 가지고 있다. 이와 같은 목적을 위해서는 대학교 강의에서 이론 위주의 수업에서는 절대로 얻어질 수 있는 것이 아니며, 다양한 수식을 포함한 3차원 컴퓨터 그래픽스 관련 알고리즘들을 이해하고 프로그램 실습을 통해 함께 구현해야 가능하다. 3차원 컴퓨터 그래픽스 관련 교과목을 개설하고 있는 컴퓨터 관련 전공학과(부)라 함은 컴퓨터공학과, 멀티미디어공학과, 애니메이션학과, 정보통신공학과, 게임공학과, 유비쿼터스학과, 디지털공학과, 디지털콘텐츠학과 및 미디어공학과 등을 말한다.

3차원 컴퓨터 그래픽스 기술은 기업, 교육 기관 및 연구소 등에서 각종 부품 설계, 교육용 3차원 시뮬레이션 개발, 컴퓨터 게임, 애니메이션, 가상현실(증강현실) 및 영화 등 매우 다양한 분야에서 고부가가치를 위하여 사용되고 있으며 최근에는 점점 더 주목받고 있는 분야이기도 하다. 특히 최근에는 정부에서 『캡스톤디자인(창의적 종합설계)』 교과목을 장려하면서부터 3차원 컴퓨터 그래픽스 기술을 캡스톤디자인 교과목에서 다루고 있는 대학교도 늘어나고 있는 것이 사실이다. 그런 이유로 기업뿐만 아니라 대학교와 같은 교육기관에서도 3차원 컴퓨터 그래픽스에 대한 관심이 증폭되고 있으며, 3차원 컴퓨터 그래픽스를 선수 과목으로 하면서 다양한 3차원 응용 프로그램들을

P R E F A C E

P R E F A C E

개발하기 위한 신생 교과목들이 속속들이 생겨나고 있다.

3차원 컴퓨터 그래픽스를 대학교의 교육현장에서 제대로 강의하기 위해서는 교수나 강사가 3차원 컴퓨터 그래픽스에 대한 전공자이어야 함은 말할 것도 없지만, 무엇보다 3차원에 대한 개념이 머릿속에 정립되어 있어야 한다. 또한 3차원 컴퓨터 그래픽스 교과목을 위한 교재가 대학생들이 이해하기 쉽고 기업이나 교육현장 등의 실생활에서 실무적으로 활용할 수 있는 내용으로 구성되어져 있어야 한다. 그러나 3차원 컴퓨터 그래픽스 기술을 기존의 컴퓨터 그래픽스 관련 교재들을 사용하여 대학교에서 가르치기에는 매우 비현실적인 부분들이 많았다. 무엇보다 가장 큰 문제는 대부분의 국내 · 외 교재들이 3차원 컴퓨터 그래픽스에 대한 이론적인 내용들만 다루고 있다는 것이다. 그러한 교재들을 주교재로 선정하여 진행하고 있는 강의를 듣는 학생들은 이론과 피부로 느끼는 지식이 다르고 실생활에서 활용할 수 있는 구현 및 응용력이 매우 빈약하다는 것을 느낀다. 즉, 대학생들 입장에서 3차원 컴퓨터 그래픽스 기술에 대한 이론은 수업을 통하여 어느 정도 이해가 간다고 하지만 그 이론을 가시적으로 구현하기에는 매우 난해한 경우가 많다는 것이다. 결국 3차원 컴퓨터 그래픽스 교과목을 수강하는 대학생들은 3차원 컴퓨터 그래픽스에 대한 이론을 추상적으로 머릿속에 남겨두게 되고 해당 학기가 끝나게 되면 모두 잊어버리게 된다.

3차원 컴퓨터 그래픽스는 일반적으로 OpenGL API를 사용하여 가시적으로 표현하는 데 목적을 가지고 있다. 그러나 반대로 OpenGL 프로그래밍을 학습하면서 3차원 컴퓨터 그래픽스에 대한 이론적인 원리를 학습하기도 한다. 기존의 OpenGL 관련 교재들의 대부분은 OpenGL 함수에 대한 소개와 간단한 소스 등으로 구성된 내용들이 전부였으며, 3차원 컴퓨터 그래픽스에 대한 이론적인 부분이 매우 부족한 것이 사실이었다. 그런 이유로 OpenGL 함수들에 대한 소개 위주로 구성되다 보니 학습자로서는 이해하기가 어렵고 설명이 부족한 부분도 매우 많았다.

이와 같은 현실에서 본 저자는 수십 년간 대학교에서 수많은 대학생들에게 3차원 컴퓨터 그래픽스 교과목을 강의해 오면서 3차원 컴퓨터 그래픽스에 대한 개념을 정립하고 3차원 컴퓨터 그래픽스 기술을 대학생들에게 보다 쉽고 설득력 있게 전달하는 것이 가장 중요하다고 판단하였다. 그렇게 하기 위해서는 우선 이론적인 내용보다는 실용적인 내용을 강조해야 하며 실생활에 큰 도움이 되는 실제적이고 활용 가능한 지식을 전달해줄 수 있는 교재가 필요하다고 느껴 1년여 기간 동안 심혈을 기울여 이 책을 집필하게 되었다. 이 책을 집필하면서 본 저자는 다음과 같이 5가지의 특징들을 고수하도록 최선을 다하였다.

첫째, 이 책이 컴퓨터 관련 학과(부) 대학생들을 대상으로 교육되는 만큼 3차원 컴퓨터 그래픽스 기술을 학습하기 위한 교육의 가장 중요한 목표는 대학생 스스로가 3차원 컴퓨터 그래픽스 기술을 실생활에 유용하게 잘 활용할 수 있도록 하기 위한 실무적인 기본 지식을 교육하는 데 있다고 생각한다. 그러므로 3차원 컴퓨터 그래픽스 이론과 OpenGL을 사용한 구현 및 개발 가능성을 강조하였다.

둘째, 이 책은 컴퓨터 관련 학과(부) 대학생들은 물론이고, 기업이나 연구소 등에서 3차원 컴퓨터 그래픽스 기술과 관련된 다양한 프로젝트를 수행할 때 실무에 바로 활용할 수 있도록 실제적인 지식을 수록하였으며, 초보자라도 쉽게 배우고 따라할 수 있도록 주제별 알고리즘과 소스 코드에서 중요한 부분마다 자세히 설명을 하였다.

셋째, 이 책은 최소한 Microsoft Visual Studio C++의 구 버전에서 최신 버전까지 버전에 관계없이 3차원 컴퓨터 그래픽스 이론을 OpenGL을 사용하여 구현하고 가시적으로 확인할 수 있도록 하기 위하여 주제에 따른 OpenGL Library의 설정부터 활용까지 구체적으로 설명하고 있다. 물론 마지막 12장의 MFC를 사용한 GUI와 같은 경우에는 Microsoft Visual Studio C++ 2010 및 2012를 사용하여 기술하기도 하였다. 그러나 그 이하의 버전에서도 큰 문제없이 사용할 수 있으니 걱정할 필요는 없다.

넷째, 이 책은 기본적으로 3차원 컴퓨터 그래픽스 기술과 관련된 각 알고리즘 및 주제마다의 소스 코드와 구현 결과를 소개하면서 대학생 스스로가 실습을 통하여 이해하고 응용할 수 있도록 하고 있다. 또한 3차원 컴퓨터 그래픽스와 관련된 전문 용어는 가능한 원어를 그대로 사용하였으며 원어에 대한 설명도 실습과 동시에 이해하고 학습할 수 있도록 배려하였다. 따라서 이 책을 사용하여 학습할 대학생뿐만 아니라 기업 및 연구소 등에서 연구 개발에 매진하는 초 · 중 · 고급 프로그램 개발자들은 주제별 3차원 컴퓨터 그래픽스와 관련된 소스 코드들을 실생활에 매우 유용하게 활용할 수 있도록 해주는 진정한 실습이 되도록 노력하였다.

다섯째, 이 책은 3차원 컴퓨터 그래픽스와 관련된 다양한 주제들을 다루고 있기 때문에 다수의 장(Chapter) 및 절(Section)마다 프로젝트를 배치하여 주어진 과제를 직접 구현 제작해볼 수 있도록 함으로써 보다 더 확장되고 완전한, 본인만의 지식이 될 수 있도록 노력하였다. 또한 모든 프로젝트들은 주제와 관련된 소스 코드를 이해하고 한 단계 높은 응용력과 활용 능력을 키워주는 역할을 하도록 구성하였다.

이 책은 전체적으로 3부로 나뉘고, 11장으로 구성되어 있으며 각 부와 각 장의 내용은 다음과 같다. 1부는 3차원 컴퓨터 그래픽스 원론 부분으로 1장에서 6장까지로 구성되어져 있다. 1장에서는 OpenGL과 Modeling에 대한 것이다. OpenGL API, Rendering Pipeline 및 Modeling 방법 등에 대하여 기술하고 있다. 2장에서는 Callback Programming에 대하여 소개하고 있다. 3장에서는 모델 변환(Model Transformation)과 시점 변환(Viewpoint Transformation)에 대한 것으로서 기하 변환(Geometric Transformation), 계층 구조 모델링 및 카메라 시점 변환 등에 대하여 기술하고 있다. 4장에서는 투영(Projection)과 Viewport 변환을 소개하고 있으며, 5장에서는 조명(Lighting)과 음영(Shading)에 대하여 기술하고 있다. 6장에서는 Texture Mapping에 대한 것으로서 Texture Mapping의 종류, Texture Mapping이 가능한 객체 생성 방법 및 고급 Texture Mapping 등에 대하여 기술하고 있다.

2부는 3차원 컴퓨터 그래픽스 응용에 대한 것으로, 7장에서 10장까지로 구성되어져 있다. 7장에서는 그림자(Shadow)의 종류와 구현 방법에 대해 기술하고 있다. 8장에서는 Particle System에 대한 것으로서 폭발, 폭죽, 안개, 불, 불꽃, 눈, 비, 연기, 폭포, 분수 및 물결 등의 구현 방법에 대하여 기술한다. 9장에서는 3차원 컴퓨터 그래픽스의 기본적이고 이론적인 원리를 사용한 유용한 기능들 즉, Skybox, Blending, Billboard, Height Map, Cel Shading, Load 3D Model 및 Text 등에 대하여 기술하고 있다. 10장에서는 모션 애니메이션에 대한 것으로서 모션 캡처 데이터를 보여줄 수 있는 BVH Player를 기술하고 있다.

3부는 3차원 컴퓨터 그래픽스의 고급 이론 및 확장에 대한 것으로서 11장과 12장으로 구성되어져 있다. 11장에서는 곡선(Curve) 및 곡면(Surface)

에 대하여 기술하고 있으며, 12장에서는 OpenGL과 GUI에 대하여 기술하고 있다.

마지막 부록에서는 OpenGL API Reference로 구성되어져 있는데, GL, GLU, GLAUX 및 GLUT 함수들을 소개하고 있으며, 추가적으로 주제별 OpenGL 4.2 API와 GLSL에 대한 Reference를 정리하여 소개하고 있다.

이 책은 대학교의 강의 교재로뿐만 아니라 실생활에서 3차원 컴퓨터 그래픽스 기술을 전문적이고 제대로 잘 활용하기 원하는 모든 이에게 매우 효과적으로 사용될 수 있을 것으로 생각된다.

마지막으로 이 책의 편집 및 출판을 위하여 적극적으로 후원하여 주신 생능출판사 사장님과 임직원 여러분들께 진심으로 감사를 드리며, 3차원 공간에서 살고 있는 모든 독자들에게 3차원 컴퓨터 그래픽스에 대한 개념 정립과 그에 대한 응용력을 기르는 데 많은 도움이 되었으면 하는 소망을 가져본다.

2013년 7월

김성호

P R E F A C E

차 례

CONTENTS

PART 01 3차원 컴퓨터 그래픽스 원론

CONTENTS

CONTENTS

CONTENTS

CONTENTS

PART 03 고급 이론 및 확장

PART 01

3차원 컴퓨터 그래픽스 원론

COMPUTER GRAPHICS

COMPUTER GRAPHICS

CHAPTER 01

OpenGL과 Modeling

CONTENTS

CHAPTER 01

OpenGL과 Modeling

Section 01

OpenGL API

1. OpenGL API 설치 및 환경 설정

API(Application Program Interface)

GPU(Graphics Process Unit)

OpenGL은 Open Graphics Library의 약자로서 1992년 Silicon Graphics 사에서 만든 2D 및 3D 그래픽스 프로그램 개발 업계 표준 API이다. 또한 가장 널리 퍼져 있는 그래픽스 API로서 각종 객체를 생성, 변경 및 화면에 출력하는 등의 모든 기능들을 가지고 있는 최적의 3D API이다. API(Application Program Interface)는 라이브러리(Library) 함수를 의미하며, [그림 1-1]과 같이 Application Program(응용 프로그램)과 그래픽스 하드웨어 사이에 존재하게 된다. 그래픽스 하드웨어는 GPU(Graphics Processing Unit)와 Graphics Memory 등과 같이 Graphics Card 상의 하드웨어를 비롯하여 Keyboard, Mouse 및 Plotter 등 그래픽스 처리에 직접 관여하는 하드웨어 일체를 말한다. 즉, API를 사용함으로써 얻게 되는 장점은 직접 하드웨어를 제어하는 대신 라이브러리를 사용하여 쉽게 프로그래밍을 할 수 있다는 것이다.

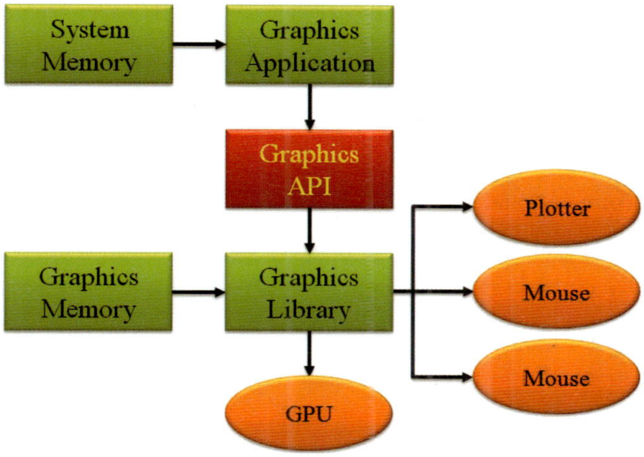

[그림 1-1] Graphics API의 상대적 위치

High Level API
Low Level API

이와 같은 그래픽스 라이브러리들은 High Level API와 Low Level API로 구분되는데, Open Inventor, VRML 및 Java3D 등이 High Level API이라면, OpenGL 및 DirectX 등은 Low Level API에 속한다고 볼 수 있다. High Level API는 그림을 그리기 위한 실제적인 세부 과정을 명시하지 않고 객체를 정의하고 객체 사이의 관계를 묘사함으로써 프로그램을 완성하는 것이고, Low Level API는 객체를 구성하는 기본 요소의 정의부터 시작해서 실제 그림을 그리는 세부적인 과정을 모두 명시해야 한다는 점이 다르다.

본 교재에서는 Low Level API의 하나인 OpenGL에 대하여 자세히 살펴보고, 각 주제마다 이론은 물론이고 실습을 통한 현실적이고 실감나는 학습을 하도록 한다. OpenGL은 수학적 설명을 통하여 객체를 구성하는 기하학적 기본형상, RGBA(Red, Green, Blue 및 Alpha) 또는 Indexed 색상 모드 지원, 3D 화면 내의 객체들을 위치시키고, 카메라를 공간 내에 자유롭게 옮길 수 있으며, Rendering된 장면을 바라보는 시점을 지정할 수 있는 View와 Modeling 및 Model을 구성하고 있는 다각형의 면에 현실감이 있게 보이도록 이미지를 Rendering하여 실제처럼 보이도록 하는 Texture Mapping, 3D 그래픽스에서 필수적인 부분으로서 주어진 광원과 재질의 속성에 따라 어떤 위치의 색상을 계산하는 명령을 제공하는 재질(Material)광, 애니메이션의 경우 화면이 깜빡거리는 현상을 없애주는 Double Buffer, 화면에 그려지는 선에서 계단 현상(Aliasing)을 줄여줄 수 있는 Anti-aliasing, 3D 객체에 부드러운 음영 효과를 부여하고 표면에 존재하는 미묘한 색상의 차이를 나타나게 해주는 Shading, 관찰자가 보는 객체의 근접도를 표현하기 위한 Z-Buffering, 안개,

연기 및 아지랑이 등과 같은 대기 효과, RGBA에서 Alpha 값을 사용하여 Frame Buffer에 이미 저장되어 있는 Pixel의 부분 색상과 처리되어야 될 색상을 함께 가지는 Alpha Blending, 화면의 특정 영역에서만 그려지도록 제한을 주는 Stencil Plane, Rendering을 위한 리스트 구조를 가진 그림 저장 명령인 Display List, Non-uniform rational B-Spline 곡선/곡면을 지원하는 다항식 계산, 화면에 그려진 물체나 화면의 영역을 선택할 수 있는 Feedback, 영역 선택과 물체 선택, Bitmap과 Pixel 사각형으로 구성된 Raster 기본 형상, Pixel 조작 및 3D 공간에서 객체의 회전(Rotation), 크기 조절(Scale), 이동(Translation) 및 묘사 방법 등의 변환 등과 같은 특징들을 가지고 있다.

Porting(다른 기종의 컴퓨터로 소프트웨어를 옮기는 것)

다중 플랫폼(Multi-Platform, Cross-Platform, 소프트웨어나 하드웨어 등이 다른 환경의 운영체제에서 공통으로 사용되는 것)

이와 같은 다양한 특성들을 가지고 있는 OpenGL의 가장 큰 특징은 운영체제(Operating System)에 비종속적인 독립된(Independent) API라는 것으로서 약 200개가 넘는 함수들을 가지고 있다는 것이다. 그러나 윈도우 시스템과 관련된 함수는 하나도 존재하지 않는다. 그러므로 OpenGL은 운영체제에 비종속적인 형태를 가지고 있기 때문에 거의 모든 운영체제나 시스템으로 Porting(다른 기종의 컴퓨터로 소프트웨어를 옮기는 것)이 쉽다는 것이다. 그러나 OpenGL은 다중 플랫폼(Multi-Platform, Cross-Platform, 소프트웨어나 하드웨어 등이 다른 환경의 운영체제에서 공통으로 사용되는 것)을 기반으로 두기 때문에 Rendering 성능은 DirectX에 비하면 다소 떨어지는 단점을 가지고 있다. DirectX보다 성능 면에서 부족한 것이 사실이지만 그래도 아직까지 많은 개발자들로 하여금 사랑받고 있는 강력한 입지를 가지고 있는 API임은 분명하다.

Microsoft Visual Studio C++을 기반으로 3D 그래픽스를 구현하기 위해 OpenGL API를 사용하기 위해서는 OpenGL API를 별도로 다운로드 받아서 본인의 컴퓨터에 설치하고 환경설정을 하여야 하는데, 다음과 같은 순서를 따르면 쉽게 처리할 수 있다.

1. OpenGL API를 〈표 1-1〉을 참고하여 인터넷에서 다운로드 받는다.

〈표 1-1〉 OpenGL API Download

Library	Internet Address
GL GLU GLAUX	ftp://ftp.microsoft.com/softlib/mslfiles/opengl95.exe 혹은 http://download.microsoft.com/download/win95upg/info/1/W95/EN-US/Opengl95.exe

GLUT	http://www.xmission.com/~nate/glut/glut-3.7.6-bin.zip http://www.opengl.org/resources/libraries/glut/

2. 바탕 화면 등과 같은 임의의 위치에 특정 폴더(예, OpenGL_API)를 생성하고, 다운로드 받은 OpenGL API 압축 파일들을 푼다.
3. 본인의 PC에 설치된 Microsoft Visual Studio C++의 버전에 맞게 다음 〈표 1-2〉와 같이 특정 파일들을 복사(Ctrl+C)한 후 지정한 폴더 위치에 붙여넣기(Ctrl+V)한다. 단, 'gl' 폴더(Folder)가 없을 경우에는 탐색기(Windows Explorer)에서 폴더를 직접 생성한 후 사용한다.

〈표 1-2〉 OpenGL API 설치

Classification	Folder Location	Files
Header File (*.h)	(32 bit의 경우) C:\Program Files\Microsoft Visual Studio\VC98\include\gl C:\Program Files\Microsoft Visual Studio 8\VC\include\gl C:\Program Files\Microsoft Visual Studio 9.0\VC\include\gl C:\Program Files\Microsoft Visual Studio 10.0\VC\include\gl C:\Program Files\Microsoft Visual Studio 11.0\VC\include\gl C:\Program Files\Microsoft Visual Studio 12.0\VC\include\gl (64 bit의 경우) C:\Program Files (x86)\ ... (뒷부분은 위와 동일)	gl.h glu.h glaux.h glut.h
Library File (*.lib)	(32 bit의 경우) C:\Program Files\Microsoft Visual Studio\VC98\lib C:\Program Files\Microsoft Visual Studio 8\VC\lib C:\Program Files\Microsoft Visual Studio 9.0\VC\lib C:\Program Files\Microsoft Visual Studio 10.0\VC\lib C:\Program Files\Microsoft Visual Studio 11.0\VC\lib C:\Program Files\Microsoft Visual Studio 12.0\VC\lib (64 bit의 경우) C:\Program Files (x36)\ ... (뒷부분은 위와 동일)	glu32.lib glut32.lib glaux.lib glut.lib opengl32.lib
Dynamic Link Library File (*.dll)	(32 bit의 경우) C:\Windows\system32 (64 bit의 경우) C:\Windows\system32 C:\Windows\SysWOW64	glut.dll glut32.dll opengl32.dll glu32.dll

4. 본인의 PC에 설치된 Microsoft Visual Studio C++의 버전에 맞게 〈표 1-3〉에

서 〈표 1-5〉까지와 같이 프로젝트 설정(Project Setting)에서 라이브러리 파일(*.lib)들을 직접 입력하고, 옵션(Option)에서 OpenGL API의 폴더 설정을 필히 추가해야 한다.

〈표 1-3〉 OpenGL API 환경설정 – I

Section	Microsoft Visual Studio C++ 6.0
Project > Setting...	Setting For : All Configurations로 변경 General : Not Using MFC 확인 Link > Object/library modules : opengl32.lib glut32.lib glu32.lib glaux.lib 추가 입력한다. 단, 파일들 사이에 ','을 입력하지 않고 <Space bar> Key를 사용하여 공백으로 띄워 준다.
Tools > Options...	Directories -> Show directories for: Include files를 선택한 후, 아래 Directories: 부분에 OpenGL API의 헤더 파일(*.h)들이 있는 폴더 C:\Program Files\Microsoft Visual Studio\VC98\include\gl을 추가 지정해준다. Directories -> Show directories for: Library files를 선택한 후, 아래 Directories: 부분에 OpenGL API의 라이브러리 파일(*.lib)들이 있는 폴더 C:\Program Files\Microsoft Visual Studio\VC98\lib을 추가해준다. 단, 기본적으로 설정되어 있지 않을 경우에만 추가해준다.

〈표 1-4〉 OpenGL API 환경설정 – II

Section	Microsoft Visual Studio C++ 2005(v 8) / 2008(v 9.0)
Project > Properties...	Configuration Properties -> Linker -> Input >> Additional Dependencies : opengl32.lib glut32.lib glu32.lib glaux.lib 추가 입력한다. 단, 파일들 사이에 ','을 입력하지 않고 <Space bar> Key를 사용하여 공백으로 띄워준다.
Tools > Options...	Projects and Solutions -> VC++ Directories -> Show directories for : Include files를 선택, 아래 부분의 "줄 추가" 아이콘을 클릭한 후, OpenGL API의 헤더 파일(*.h)들이 있는 폴더 C:\Program Files\Microsoft Visual Studio 8\VC\include\gl 또는 C:\Program Files\Microsoft Visual Studio 9.0\VC\include\gl을 추가 지정해준다. Projects and Solutions -> VC++ Directories -> Show directories for : Library files를 선택 , 아래 부분의 "줄 추가" 아이콘을 클릭한 후, OpenGL API의 라이브러리 파일(*.lib)들이 있는 폴더 C:\Program Files\Microsoft Visual Studio 8\VC\lib 또는 C:\Program Files\Microsoft Visual Studio 9.0\VC\lib을 추가 지정해준다. 단, 기본적으로 설정되어 있지 않을 경우에만 추가해준다.

〈표 1-5〉 OpenGL API 환경설정 – III

Section	Microsoft Visual Studio C++ 2010(v 10.0) / 2012(v 11.0) / 2013(v 12.0)
Project > Properties...	Configuration Properties -> Linker -> Input >> Additional Dependencies : opengl32.lib glut32.lib glu32.lib glaux.lib 추가 입력한다. 단, 파일들 사이에 ',' 을 입력하지 않고 <Space bar> Key를 사용하여 공백으로 띄워준다. Configuration Properties -> VC++ Directories >> Include Directories : C:\Program Files\Microsoft Visual Studio 10.0\VC\include\gl 또는 C:\Program Files\Microsoft Visual Studio 11.0\VC\include\gl 또는 C:\Program Files\Microsoft Visual Studio 12.0\VC\include\gl을 추가 지정해준다. Configuration Properties -> VC++ Directories >> Library Directories : C:\Program Files\Microsoft Visual Studio 10.0\VC\lib 또는 C:\Program Files\Microsoft Visual Studio 11.0\VC\lib 또는 C:\Program Files\Microsoft Visual Studio 12.0\VC\lib을 추가 지정해준다. 단, 기본적으로 설정되어 있지 않을 경우에만 추가해준다.

5. Microsoft Visual Studio C++의 새로운 프로젝트(Project)를 생성하고 〈표 1-6〉의 [코드 1-1]을 입력하여 Error 없이 실행이 제대로 되는지 확인한다. 만약, 제대로 실행되지 않고 Error가 발생될 경우에는 OpenGL API가 제대로 설치되지 않았거나 환경 설정이 제대로 되지 않았기 때문이므로 처음부터 다시 확인해보기 바란다.

〈표 1-6〉 OpenGL API 설정 확인을 위한 Sample Code와 실행 결과

코드 1-1

OpenGL Test를 위한 Sample Code

```
#include <glut.h>
#include <glu.h>

void MyDisplay( ) {
   glClear(GL_COLOR_BUFFER_BIT);
   glBegin(GL_POLYGON);
      glVertex3f(-0.5, -0.5, 0.0);
      glVertex3f(0.5, -0.5, 0.0);
      glVertex3f(0.5, 0.5, 0.0);
      glVertex3f(-0.5, 0.5, 0.0);
   glEnd( );
   glFlush( );
}
```

```
int main( ) {
    glutCreateWindow("OpenGL Initialize Test");
    glutDisplayFunc(MyDisplay);
    glutMainLoop( );
    return 0;
}
```

새로운 프로젝트(New Project)를 생성하기 위한 방법은 Microsoft Visual Studio C++의 버전에 따라 다소 약간의 차이가 있기는 하지만 크게 다르지 않으며, 여기서는 Microsoft Visual Studio C++ 2010(v 10.0)을 기준으로 설명하기로 한다. 먼저 Microsoft Visual Studio C++의 메뉴 [File > New > Project...]를 선택하여 [그림 1-2]와 같이 대화창 [New Project]가 나타나게 한다. 대화창 [New Project]에서 Project Type 항목들 중 [Win32 Console Application]를 선택해주고, Project를 저장할 위치를 설정하는 Location과 Project Name을 설정하는 Name(예, test1)을 입력한 다음 'OK' 버튼을 클릭하여 대화창을 빠져나간다. 만약 Windows Programming을 사용할 경우에는 여기서 [Win32 Project]를 선택해 주어야 한다. 본 교재에서는 기본적으로 Win32 Console Application을 사용하고 있지만, 일부분에서는 부득이하게 Win32 Project를 사용하고 있음을 감안하기 바란다.

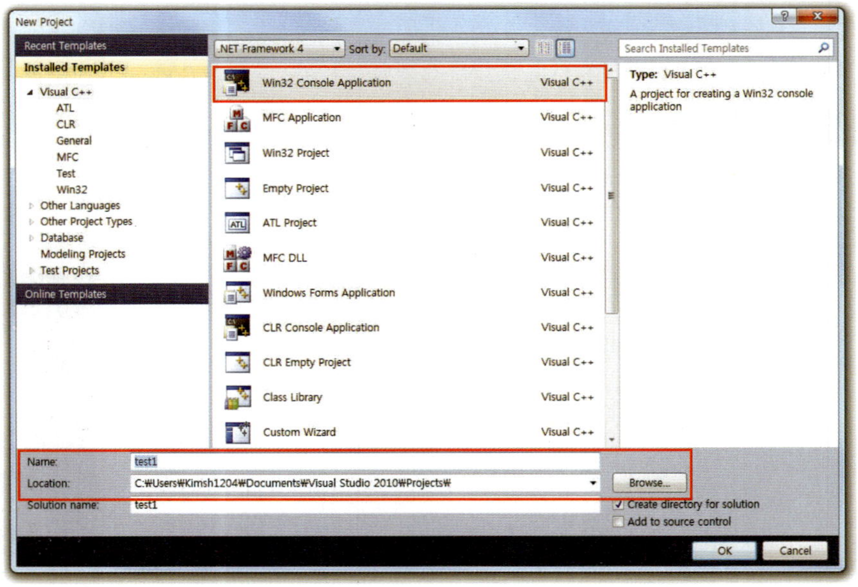

[그림 1-2] 새로운 프로젝트 생성 과정

[그림 1-2]에서 'OK' 버튼을 클릭하면 새로운 대화창 [Win32 Application Wizard - test1]이 나타나는데, 여기서는 [Overview]와 [Application Settings] 등과 같이 2단계를 거치게 된다. 첫 번째 단계인 [Overview]에서는 안내문을 읽어보고 'Next >' 버튼을 클릭하여 다음 단계로 넘어간다. 두 번째 단계인 [Application Settings]에서는 [그림 1-3]과 같이 'Application type:'이 'Console application'으로 선택되어져 있는지 확인하고, 'Additional options:'에서는 'Empty project'가 체크되어져 있는지 확인한다. 만약 체크가 되어있지 않다면 클릭하여 체크하고 'Finish' 버튼을 클릭하여 대화창을 빠져나간다.

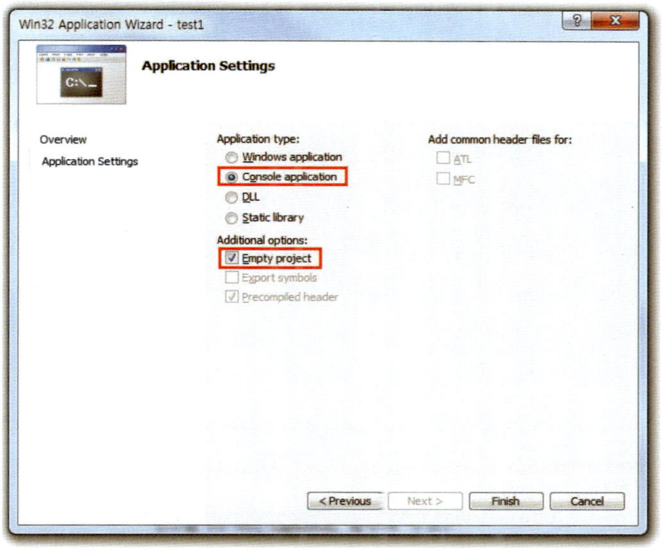

[그림 1-3] 새로운 프로젝트 생성을 위한 환경 설정

Microsoft Visual Studio C++은 이제 새로운 프로젝트(Project)를 생성하였으나 실행에 필요한 소스 코드들(*.cpp, *.h)은 아직 생성하지 않았다. 그러므로 [그림 1-4]와 같이 [Solution Explorer] panel에서 'Source Files'에 마우스 오른쪽 버튼을 클릭한 다음, 메뉴 [Add > New Item...]을 선택하여 새로운 대화창 [Add New Item]이 나타나게 한다.

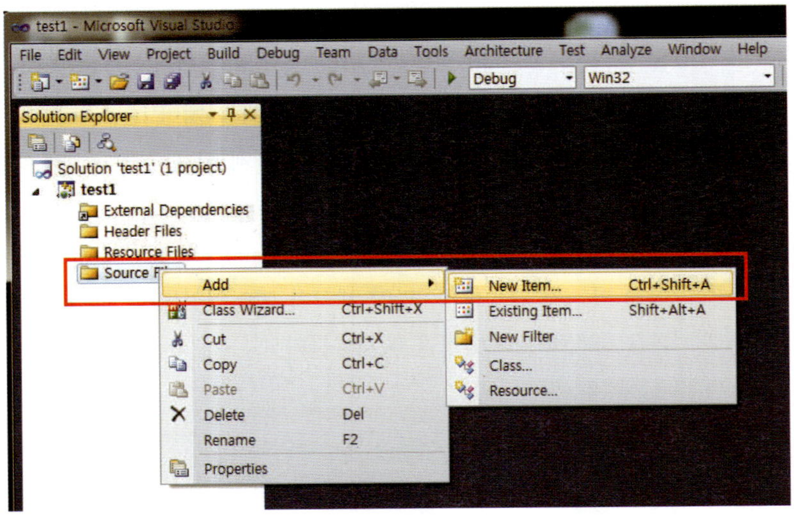

[그림 1-4] 새로운 프로젝트(New Project)에 새로운 코드를 삽입하거나 생성하기 위한 과정

대화창 [Add New Item]에서는 [그림 1-5]와 같이 새로 생성할 소스 코드의 Type으로서 'C++ File (.cpp)'을 선택하고 생성할 코드의 파일명과 확장자명(예, test1.cpp)을 입력한다. 또한 생성할 파일이 저장될 폴더 위치(Location)를 확인하고 이상이 없을 경우에는 'Add' 버튼을 클릭하여 대화창을 빠져나간다.

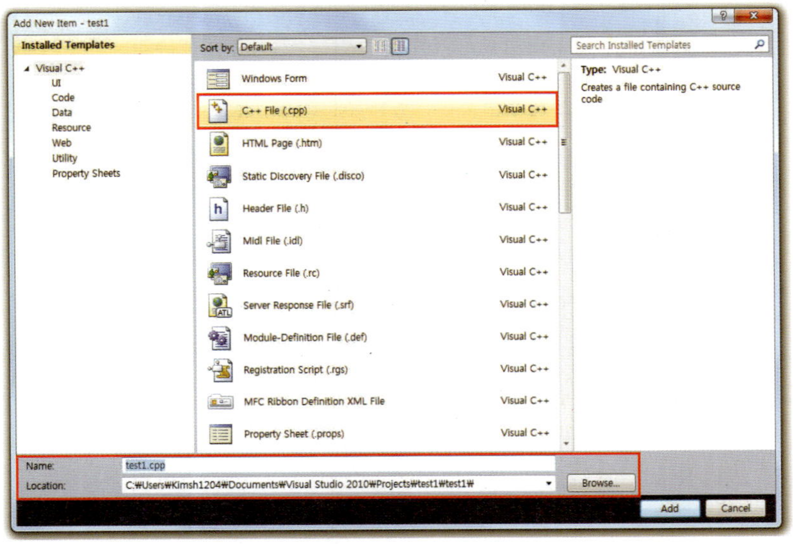

[그림 1-5] 새로운 프로젝트(New Project)에 생성할 소스 코드의 Type 설정 및 파일명 입력 과정

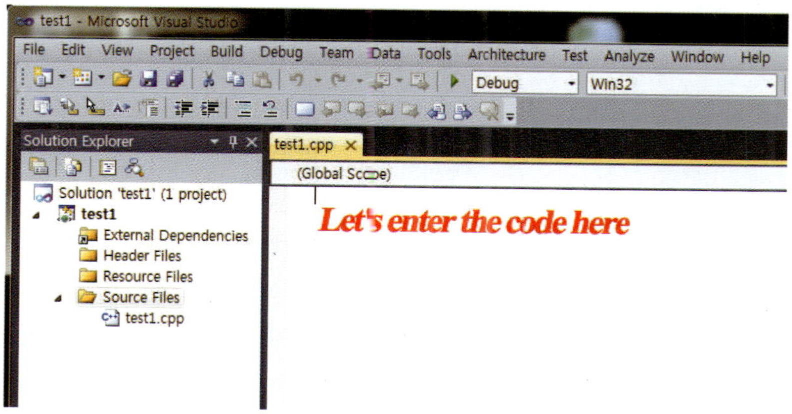

[그림 1-6] 소스 코드 입력을 위한 대기 상태

[Solution Explorer]의 'Source Files'에는 새로 생성한 소스 코드(test1.cpp)가 추가되어진 것을 확인할 수 있는데, 지금부터는 [그림 1-6]의 오른쪽 부분(**"Let's enter the code here"**)에 <표 1-5>의 소스 코드 [코드 1-1]을 입력해주고 컴파일 과정을 거쳐 실행해 보면 된다. 소스 코드를 모두 입력한 다음 메뉴 [Debug > Start Debugging F5]를 사용하여 바로 실행시키지 말고 컴파일 과정을 먼저 거치는 이유는 Error가 발생될 경우 정확하게 파악하기 위해서이다. 즉, 메뉴 [Build > Build Solution] 혹은 단축키 <Ctrl+Alt+F7>을 실행하여 모든 소스 코드가 이상 없는지를 먼저 확인하기 바란다.

2. OpenGL API 구조

OpenGL API는 〈표 1-7〉과 같이 매우 다양한 Library들이 지원되고 있는데, 본 교재에서는 GL, GLU, GLAUX, GLUT를 기본적으로 사용하며 추가적으로 freeglut, GLM, GLEW 및 GLUI 등에 대해서도 다루기로 한다.

〈표 1-7〉 OpenGL API와 OpenGL API를 지원하는 Library들

Library	Description
GL	OpenGL Core Library
GLU	OpenGL Utility Library Some Additional Functions for OpenGL Programs
GLAUX	OpenGL Auxiliary Library
GLUT	The OpenGL Utility Toolkit
freeglut	Open Source Alternative to GLUT
GLUI	A GUI Toolkit made with GLUT
SDL	The Simple DirectMedia Layer
GLEW	The OpenGL Extension Wrangler Library
GLEE	The OpenGL Easy Extension Library
GLM	C++ Mathematics Toolkit for OpenGL based on the GLSL Specification
SFML	Simple and Fast Multimedia Library
JOGL	Java Bindings for OpenGL API

GL은 Rendering 기능을 제공하는 핵심 Library로서 OpenGL의 Library를 실제로 정의한다. 또한 비객체지향적(Non Object Oriented)이며 처리 속도를 향상시키고 함수 오버로딩(Overloading)이 불가능하다. GLU는 Polygon, Cylinder, Surface 등의 생성 및 Matrix 연산 등 각종 50여 개의 함수를 제공한다. 특히 OpenGL Core Library의 도우미로 Tessellation(다각형 분할), Projection, Quadratic Surface(2차원 곡면), NURBS(Non-Uniform Rational B-Spline) 등 고급 기능을 지원하는 함수를 제공한다. GLU는 GL의 일부이며, GL의 도우미 역할을 하는 라이브러리로서 Sphere, Cone 및 Cylinder 등도 쉽게 생성할 수 있다.

GUI(Graphics User Interface)

GLAUX는 윈도우를 제어하기 위한 함수를 제공하지만 GUI(Graphics User Interface)에 대한 기능이 부족하기 때문에 유용한 응용 프로그램을 만들기에는 적절하지 못하고, 특히 Windows용 GLAUX는 Bug가 많고 충돌이 자주 발생하는 문제점을 가지고 있다. 이와 같은 GLAUX의 문제점을 해소하기 위해 제작된 GLUT는 사용자 입력을 받아들이거나 화면 윈도우를 제어하기 위한 함수이다. 특히 윈도우 운영체제 기능과의 인터페이스 및 각종 유틸리티 함수를 제공한다. 즉, 프로그램 실행에 필요한 Window 초기화와 관리 기능을 가지는 Window 기능과 프로그램 실행 중에 발생하는 사용자 입력을 처리하는 Callback 기능이 대표적이라고 할 수 있다. [그

림 1-7]은 OpenGL API의 계층 구조를 표현한 것으로서 GL, GLU 및 GLUT의 관계를 이해하는 데 도움이 될 것이다.

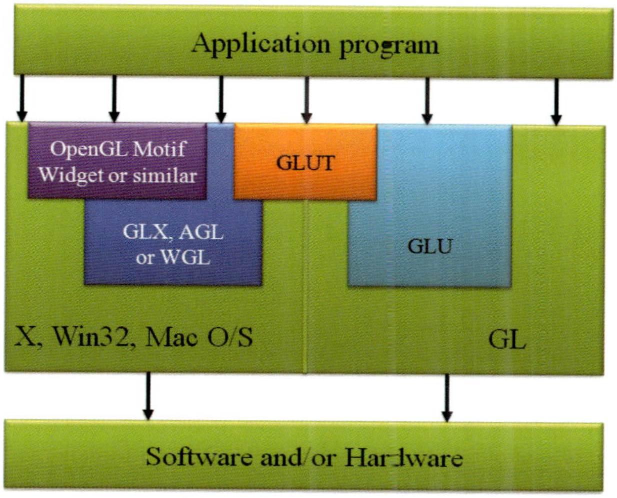

[그림 1-7] OpenGL API 계층 구조(Hierarchy)

OpenGL API는 〈표 1-8〉과 같이 추가적으로 매우 다양한 Library들을 지원하거나 서로 연관시켜 작업이 가능한데, 최근에는 스마트폰(Smart phone)의 인기 상승과 더불어 스마트폰에서 3D 그래픽스를 구현하기 위한 OpenGL ES가 부각되고 있기도 하다.

〈표 1-8〉 OpenGL을 지원하거나 연관된 Library들

Library	Description
ARB	- GPU Assembly Language - OpenGL's Low-Level Shading Language
Cg	- Nvidia's Shading Language that works with OpenGL
GLSL	- Open Cross-Platform High-Level Shading Language that works with OpenGL
OpenCL	- Open Cross-Platform GPU General Purpose Language that works with OpenGL
OpenGL ES	- OpenGL for Embedded Systems
OpenVG	- 2D Vector Graphics API aiming to Leverage Accelerated-Hardware
OpenAL	- The Open Audio Library - Designed to work well with OpenGL

OpenSL ES	– Another Audio Library
OpenML	– The Open Media Library – Designed to work well with OpenGL

OpenGL은 매우 다양한 API들을 지원하거나 연관시켜 프로그램을 개발하는 데 사용되고 있지만, OpenGL의 명령어 즉, 함수들은 일반적으로 [그림 1-8]과 같은 구조를 가지고 있다.

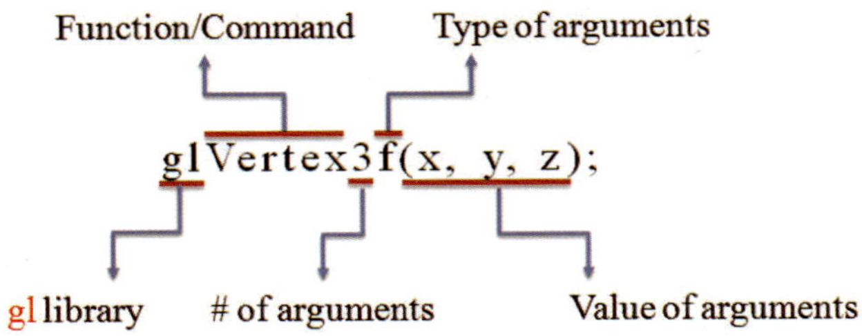

[그림 1-8] OpenGL 함수의 기본적인 구조

OpenGL 함수의 첫 부분은 [그림 1-8]에서 알 수 있듯이 OpenGL Library의 이름을 함수의 앞부분에 붙여서 OpenGL 함수라는 것을 쉽게 알 수 있도록 하고 있다. 〈표 1-9〉는 이와 같은 OpenGL API의 종류에 따른 OpenGL 함수의 간단한 예시를 보여주고 있다. 만약 프로그램에서 사용되는 함수가 OpenGL API의 어떤 라이브러리를 사용하는가에 따라서 Header file(*.h)을 적절하게 Include해 주어야 한다. 즉, 〈표 1-9〉에서와 같이 glutWireSphere(1.0, 50, 50)을 사용하고 싶으면 #include <glut.h>를 프로그램에 추가시켜 주어야 한다.

〈표 1-9〉 OpenGL API의 종류에 따른 함수명의 예시

OpenGL API	Sample Code
GL	glColor3f(1.0 1.0, 1.0)
GLU	gluSphere(obj, 1.0, 50, 50)
GLAUX	auxWireSphere(1.0)
GLUT	glutWireSphere(1.0, 50, 50)

OpenGL Library 이름 뒤에 있는 Vertex와 같은 명칭은 함수의 기능 혹은 명령어

를 의미하며, 숫자 3은 괄호 안의 인수(Argument) 혹은 매개변수(Parameter)의 개수를 지정한다. 즉, 괄호 안의 인수는 x, y, z와 같이 3개로 구성되어져 있기 때문에 숫자 3을 사용하게 되는 것이고 f는 float의 약자로서 괄호 안에 있는 인수의 형식(Type)을 의미한다. OpenGL에서 사용되는 인수의 모든 형식은 〈표 1-10〉에 잘 정리되어 있다. 〈표 1-10〉에서와 같이 OpenGL API의 Data Type은 C/C++에서 사용되는 Data Type 앞에 'GL'을 붙인 것 이외에 기능은 모두 동일하다. 그러므로 OpenGL Data Type을 사용하지 않고 C/C++ Data Type을 사용하여도 프로그램에는 큰 문제가 없다. 그러나 아주 드물게 전체 프로그램의 구조에 따라 간혹 영향을 주는 경우도 있으니 주의하기 바란다.

〈표 1-10〉 OpenGL Data Type

Suffix	Data Type	C/C++ Type	OpenGL Type
i	32-bit integer	int or long	GLint
f	32-bit floating point	float	GLfloat
d	64-bit floating point	double	GLdouble
b	8-bit integer	signed char	GLbyte
ub	8-bit unsigned integer	unsigned char	GLubyte, GLboolean
us	16-bit unsigned integer	unsigned short	GLshort
ui	32-bit unsigned integer	unsigned int or unsigned long	GLuint, GLenum, GLbitfield
s	16-bit integer	short	GLshort

[그림 1-8]의 glVertex3f 함수와 유사한 기능을 하는 또 다른 함수가 있는데, 〈표 1-11〉의 glVertex3fv 함수이다.

〈표 1-11〉 glVertex3fv 함수의 Prototype

void glVertex3fv (const GLfloat *v*)	
Parameters	*v* // 세 가지 요소의 배열에 대한 Pointer
Help	// 요소는 X, Y, Z 축에 대한 좌표들이다.

여기서 v는 Vector를 의미하는데, Vector는 Vertex의 x, y, z축 좌표로 구성된 Array(배열)를 말한다.

OpenGL 프로그램과 OpenGL 프로그램이 실행되도록 해주는 운영체제 사이의 인

GUI(Graphics User Interface)

터페이스 역할을 하는 GLUT는 매우 제한된 GUI(Graphics User Interface) 인터페이스만 가능하다. 만약 다양한 기능을 가지고 복잡하며 디자인적으로 고급스러운 사용자 인터페이스를 프로그래밍하고 싶다면 본인이 사용하고 있는 시스템의 운영체제에서 제공하는 Library를 사용하여야 한다. 즉, 운영체제로 Windows를 사용하고 있다면 Windows Library를 사용하여야 한다는 것이다. 또한 이때 사용되는 Library는 동일한 운영체제에서만 수행 가능하다는 것을 명심하여야 한다. 왜냐하면 운영체제마다 제공되는 OpenGL 확장 Library가 〈표 1-12〉와 같이 서로 다르기 때문이다.

〈표 1-12〉 운영체제에 따른 OpenGL Library들

운영체제	OpenGL Library	Sample Code Prototype
Unix (X Window System)	GLX (The OpenGL Extension to the X Window System)	glXSwapBuffers(...);
Apple Macintosh	AGL (Apple Graphics Library / The OpenGL Extension to the Apple Macintosh)	aglSwapBuffers (...);
IBM OS/2 Warp	PGL (The Presentation Manager to OpenGL Interface)	pglSwapBuffers (...);
Microsoft Windows	WGL (The OpenGL Extension to the Windows)	wglSwapLayerBuffers(...);

그러므로 이와 같은 번거로움을 없애려면 GUI 인터페이스를 최소화하고 운영체제에 상관없이 호환성이 가능한 GLUT 라이브러리를 사용하는 것도 좋다. 운영체제 라이브러리 기능들 중 OpenGL 프로그램을 실행하기 위해서 필요한 기능은 GLUT의 Window 기능과 Callback 기능인데, Window 기능은 OpenGL 프로그램을 실행시킬 때 필요한 Window를 관리하는 기능을 한다. 또한 Callback 기능은 OpenGL 프로그램을 실행하는 중에 발생되는 각종 Event 및 사용자 입력을 실시간으로 처리해주는 기능을 한다. 〈표 1-13〉은 OpenGL 프로그램에서 주로 많이 사용되는 GLUT의 Window 기능을 간단히 정리한 것이다.

〈표 1-13〉 주로 많이 사용되는 GLUT 함수들 – Window 기능

Function Name		Description
Window 초기화	glutInit()	Window OS와 Session 연결 / GLUT Library를 초기화
	glutInitWindowPosition()	Monitor에서 Window의 시작점 위치 설정
	glutInitWindowSize()	Window의 크기(해상도) 설정
	glutInitDisplayMode()	Display Mode 설정
Window 관리	glutSetWindowTitle()	Window Title 설정
	glutCreateWindow()	새로운 Window 생성
	glutReshapeWindow()	크기 변경에 따른 Window 조정
	glutMainLoop()	GLUT Event 처리 Loop 입력

〈표 1-13〉의 GLUT 함수들 중 Window 초기화와 관련된 함수들에 대한 Prototype에 대하여 살펴보면 〈표 1-14〉에서 〈표 1-17〉까지와 같다.

〈표 1-14〉 glutInit 함수의 Prototype

void glutInit (int **argcp*, char ***argv*);	

Parameters Help	*argcp* // main 함수에서 프로그램의 수정되지 않은 *argc* 변수에 대한 Pointer
	// glutInit 함수는 GLUT Library를 위한 적절한 실행 명령어 선택 옵션을
	// 골라내기 때문에 반환 값에 따라 *argcp*가 가리키는 값이 변경된다.
	
	argv // main 함수에 사용되는 수정할 수 없는 프로그램의 *argv* 변수

〈표 1-15〉 glutInitWindowPosition 함수에 대한 Prototype

void glutInitWindowPosition (int *x*, int *y*);	
Parameters Help	*x* // Monitor에서 Window의 X축 방향의 시작점 위치 (단위 : Pixel) *y* // Monitor에서 Window의 Y축 방향의 시작점 위치 (단위 : Pixel)

〈표 1-16〉 glutInitWindowSize 함수에 대한 Prototype

void glutInitWindowSize (int *width*, int *height*);	
Parameters Help	*width* // Window의 X축 방향의 크기 (단위 : Pixel) *height* // Window의 Y축 방향의 크기 (단위 : Pixel)

〈표 1-17〉 glutInitDisplayMode 함수에 대한 Prototype

<table>
<tr><td colspan="3">void glutInitDisplayMode (unsigned int mode);</td></tr>
<tr><td rowspan="14">Parameters
Help</td><td colspan="2">mode // Display mode 설정('|'를 사용하여 다수의 mode 동시 사용 가능)</td></tr>
<tr><td>Value</td><td>Description</td></tr>
<tr><td>GLUT_RGBA</td><td>RGBA 모드 Window를 선택하기 위한 Bit mask (Default)</td></tr>
<tr><td>GLUT_RGB</td><td>GLUT_RGBA를 위한 Alias</td></tr>
<tr><td>GLUT_INDEX</td><td>Color Index Mode Window를 선택하기 위한 Bit mask</td></tr>
<tr><td>GLUT_SINGLE</td><td>Single Buffered Window를 선택하기 위한 Bit mask (Default)</td></tr>
<tr><td>GLUT_DOUBLE</td><td>Double Buffered Window를 선택하기 위한 Bit mask</td></tr>
<tr><td>GLUT_ACCUM</td><td>Accumulation Buffer를 가진 Window를 선택하기 위한 Bit mask</td></tr>
<tr><td>GLUT_ALPHA</td><td>Color Buffer(s)에 Alpha 성분을 가진 Window를 선택하기 위한 Bit mask</td></tr>
<tr><td>GLUT_DEPTH</td><td>Depth Buffer를 가진 Window를 선택하기 위한 Bit mask</td></tr>
<tr><td>GLUT_STENCIL</td><td>Stencil Buffer를 가진 Window를 선택하기 위한 Bit mask</td></tr>
<tr><td>GLUT_MULTISAMPLE</td><td>Multi Sampling을 지원하는 Window를 선택하기 위한 Bit mask</td></tr>
<tr><td>GLUT_STEREO</td><td>Stereo Window를 선택하기 위한 Bit mask</td></tr>
<tr><td>GLUT_LUMINANCE</td><td>'Luminance' Color 모델을 가진 Window를 선택하기 위한 Bit mask</td></tr>
</table>

〈표 1-13〉의 GLUT 함수들 중 Window 관리와 관련된 함수들에 대한 Prototype에 대하여 살펴보면 〈표 1-18〉에서 〈표 1-21〉과 같다.

〈표 1-18〉 glutSetWindowTitle 함수에 대한 Prototype

<table>
<tr><td colspan="2">void glutSetWindowTitle (const char *title);</td></tr>
<tr><td>Parameters
Help</td><td>title // Window를 설정하기 위한 Icon 이름이나 Window를 위한 ASCII 문자열</td></tr>
</table>

〈표 1-19〉 glutCreateWindow 함수에 대한 Prototype

void glutCreateWindow (const char *title);	
Parameters Help	*title* // Window 제목으로 사용하기 위한 ASCII 문자열

〈표 1-20〉 glutReshapeWindow 함수에 대한 Prototype

void glutReshapeWindow (int *width*, int *height*);	
Parameters Help	*width* // Window의 새로운 넓이 (단위 : Pixel) *height* // Window의 새로운 높이 (단위 : Pixel)

〈표 1-21〉 glutMainLoop 함수에 대한 Prototype

void glutMainLoop ( );	
Parameters Help	No Parameters

Window 초기화 및 관리를 위한 GLUT의 대표적인 함수들을 사용한 실제 코드의 예시를 [코드 1-2]에서 확인할 수 있다. 즉, ①은 GLUT 라이브러리를 초기화하고 본인이 사용하고 있는 운영체제와 연결하는 기능을 하며 Error 처리를 주로 한다.

코드 1-2 Window 초기화 및 관리를 위해 주로 사용되는 GLUT 함수들의 사용 예시

```
int main(int argc, char** argv) {
    glutInit(&argc, argv); ······························· ①
    glutInitDisplayMode (GLUT_DOUBLE | GLUT_RGB); ········ ②
    glutInitWindowSize (500, 500); ······················· ③
    glutInitWindowPosition (100, 100); ··················· ④
    glutCreateWindow ("GLUT Sample"); ···················· ⑤
    ......
    glutMainLoop(); ······································ ⑥

    return 0;
}
```

②는 Window에 Display되는 mode를 설정하는 것으로서 GLUT_DOUBLE은 Double Buffer를 사용하겠다고 선언하는 것이고, GLUT_RGB는 RGB 색상을 사용

하겠다고 선언하는 것이다. 이들 각각에 대한 자세한 내용은 별도로 설명하기로 하고 여기서는 간단히 소개만 하기로 한다. ③은 프로그램을 실행하였을 때 모니터에 출력되는 Window의 해상도 즉, Window의 크기를 Pixel 단위의 넓이와 높이 값으로 설정한다. ④는 프로그램을 실행하였을 때 모니터에 Window가 출력될 X축과 Y축 좌표 (100, 100)를 설정한다. ⑤는 프로그램을 실행하였을 때 Window의 Title을 "GLUT Sample"으로 출력해준다. ⑥은 GLUT 프로그램에서 한 번만 호출되며 이벤트 처리 루프를 들어간다. 또한 필요한 경우에 따라 등록된 모든 Callback 함수들을 호출한다.

〈표 1-22〉는 OpenGL 프로그램에서 주로 많이 사용되는 GLUT의 Callback 기능을 간단히 정리한 것이다. 여기서 glutMouseWheelFunc() 함수는 GLUT 라이브러리에 기본적으로 포함되는 함수가 아니기 때문에 freeglut 라이브러리를 추가 설치하여 사용하여야 한다.

〈표 1-22〉 주로 많이 사용되는 GLUT 함수들 - Callback 기능

Function Name	Description
glutDisplayFunc()	현재 Window를 위한 Display Callback을 설정한다.
glutReshapeFunc()	현재 Window를 위한 Reshape Callback을 설정한다.
glutKeyboardFunc()	현재 Window를 위한 Keyboard Callback을 설정한다.
glutSpecialFunc()	현재 Window를 위한 Special Keyboard Callback을 설정한다.
glutMouseFunc()	현재 Window를 위한 Mouse Callback을 설정한다.
glutMotionFunc()	현재 Window를 위한 각각의 Motion Callback을 설정한다.
glutPassiveMotionFunc()	현재 Window를 위한 각각의 Passive Motion Callback을 설정한다.
glutEntryFunc()	현재 Window를 위한 Mouse Enter/Leave Callback을 설정한다.
glutMouseWheelFunc()	현재 Window를 위한 Mouse Wheel Callback을 설정한다.
glutCreateMenu()	새로운 Pop-up 메뉴를 생성한다.
glutSetMenu()	현재 메뉴를 설정한다.
glutAddMenuEntry()	현재 메뉴의 하단에 메뉴 항목을 추가한다.
glutAttachMenu()	현재 메뉴의 식별자로 현재 Window를 위한 Mouse Button을 부착한다.
glutAddSubMenu()	현재 메뉴의 하단에 서브 메뉴 Trigger를 추가한다.
glutIdleFunc()	현재 Window를 위한 Idle Callback을 설정한다.
glutTimerFunc()	Milliseconds의 지정된 숫자로 Trigger되는 Timer Callback을 설정한다.

Window 초기화 및 관리를 위한 GLUT의 대표적인 함수들을 사용한 실제 코드의 예시를 [코드 1-3]에서 확인할 수 있다. 즉, ①은 Display Callback을 설정하는 함수로서 MyDisplay 함수를 호출하여 실행한다.

코드 1-3 Callback 기능을 수행하는 GLUT 함수들의 사용 예시

```
#include <windows.h>
#include <stdlib.h>
#include <stdio.h>
#include <glaux.h>
#include <glut.h>
#include <glu.h>

void MyDisplay() {
    ......
}

void MyReshape() {
    ......
}

void MyKeyboard() {
    ......
}

void MyMouse() {
    ......
}

void MyMotion() {
    ......
}

int main(int argc, char** argv) {
    glutInit(&argc, argv);
    glutInitDisplayMode (GLUT_DOUBLE | GLUT_RGB);
    glutInitWindowSize (500, 500);
    glutInitWindowPosition (100, 100);
    glutCreateWindow ("OpenGL Callback Functions");

    ......
```

```
    glutDisplayFunc(MyDisplay); ································· ①
    glutReshapeFunc(MyReshape); ································· ②
    glutKeyboardFunc(MyKeyboard); ······························· ③
    glutSpecialFunc(MySpecial); ································· ④
    glutMouseFunc(MyMouse); ····································· ⑤
    glutMotionFunc(MyMotion); ··································· ⑥

    glutMainLoop();
    return 0;
}
```

②는 Reshape Callback을 설정하는 함수로서 MyReshape 함수를 호출하여 실행한다. ③은 Keyboard Callback을 설정하는 함수로서 MyKeyboard 함수를 호출하여 실행한다. ④는 Special Callback을 설정하는 함수로서 MySpecial 함수를 호출하여 실행한다. ⑤는 Mouse Callback을 설정하는 함수로서 MyMouse 함수를 호출하여 실행한다. ⑥은 Motion Callback을 설정하는 함수로서 MyMotion 함수를 호출하여 실행한다. Callback 함수들에 대한 자세한 내용은 2장에서 설명하기로 한다.

Top-Down 방식

[코드 1-3]의 첫 부분에 Header 파일들을 강조한 것은 실제 OpenGL 프로그래밍에서 소스 코드에는 이상이 없는데, Compile Error나 실행이 제대로 되지 않는 등의 실수를 하는 경우가 많기 때문에 알려주고자 한다. 즉, Window와 관련된 Header 파일들은 반드시 OpenGL Library보다 위에 놓이게 하고, OpenGL Library들도 glaux, glut, glu 등과 같은 순서대로 기술하여야 한다. 왜냐하면 Microsoft Visual Studio C++ 코드의 Compile이 Top-Down 방식이기 때문이다.

02 Section Rendering Pipeline

Modeling
Rendering
Rendering Pipeline
Graphics Pipeline
Rasterization

Modeling은 3D 공간에 재현될 수 있는 수학적 모델을 만들어 가는 과정을 의미하며, Rendering은 Modeling한 객체에 광원(Light Source)에 의한 Shading, Coloring 및 Texture Mapping 등과 같이 외형을 실제처럼 구미기 위한 여러 가지 과정을 의미한다. Rendering Pipeline은 Graphics Pipeline이라고도 하는데, 그래픽스 하드웨어가 지원하는 Rasterization에 기반한 Rendering 방식의 현상태를 말한다. Rasterization은 Vertex 단위의 객체를 Pixel 단위로 표현하는 과정을 의미하며, 변환된 Raster Image는 Video 및 Printer의 출력이나 Bitmap 등과 같은 이미지를 위한 Pixel 데이터로 사용되어진다. 본 장에서는 3가지의 Pipeline에 대하여 기술한다.

1. OpenGL로 배우는 Graphics Pipeline

본 교재는 [그림 1-9]와 같이 OpenGL로 배우는 Graphics Pipeline을 구성하고 있으며 Modeling과 Rendering에 초점을 맞추고 있다. 그리고 이들 두 개의 과정에서 각각 애니메이션이 가능하도록 한다.

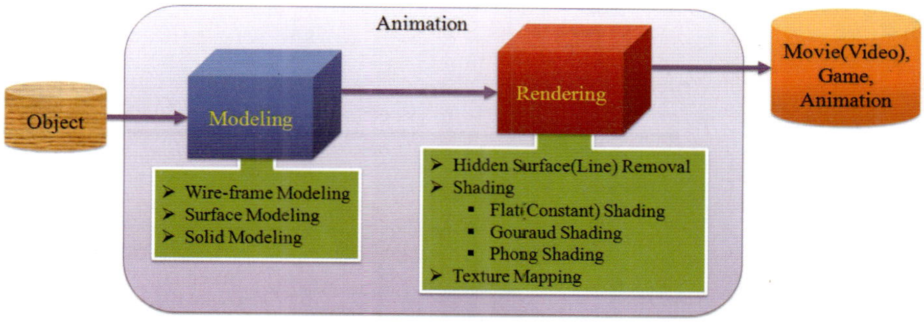

[그림 1-9] OpenGL로 배우는 Graphics Pipeline

Modeling은 Wire-frame, Surface 및 Solid 등과 같이 3가지의 Modeling 방법이 있는데, 다양한 OpenGL Library들을 사용하여 각각 구현해보고 응용할 수 있도록 한다. Rendering은 Hidden Surface(Line) Removal, Shading 및 Texture Mapping 등과 같이 3가지로 구분되는데, 마찬가지 OpenGL Library들을 사용하여 각각 구현

해 보고 응용할 수 있도록 한다.

2. 실시간(Realtime) Graphics Pipeline

GPU(Graphics Processing Unit)
Graphics Driver
Video Driver

[그림 1-10]은 모든 현대의 비디오 장치에서 사용하는 Rendering Pipeline을 표현한 것이다. 그림에서 CPU-GPU Boundary 위의 것들은 비디오 장치의 일부가 아니라 운영체제나 Video Driver와 같은 소프트웨어를 사용하여 개발자에 의해 구현되어지는 CPU(Central Processing Unit)의 영역이다. 그러나 반대로 CPU-GPU Boundary 아래의 모든 것들은 일반적으로 하드웨어에서 구현되어지는 GPU(Graphics Processing Unit)의 영역이다. CPU 영역에 있는 3D Application 및 Game은 OpenGL Application을 의미한다. 즉, 3D 공간에 표현하기를 원하는 모든 Primitive들, Vertex Data, Rendering Mode 등을 표현하는 OpenGL API를 호출할 수 있다. CPU 영역에 있는 3D API에서 OpenGL 인터페이스는 Graphics Driver에 의해 노출되어진다. 즉, Graphics Driver는 GPU 전용 명령으로 OpenGL 명령어를 번역하고 실제 Video Card인 하드웨어로 보낸다. 또한 Video Driver는 동시에 OpenGL을 사용하는 각각의 프로그램들이 서로 간섭받지 않도록 하는 책임이 있다.

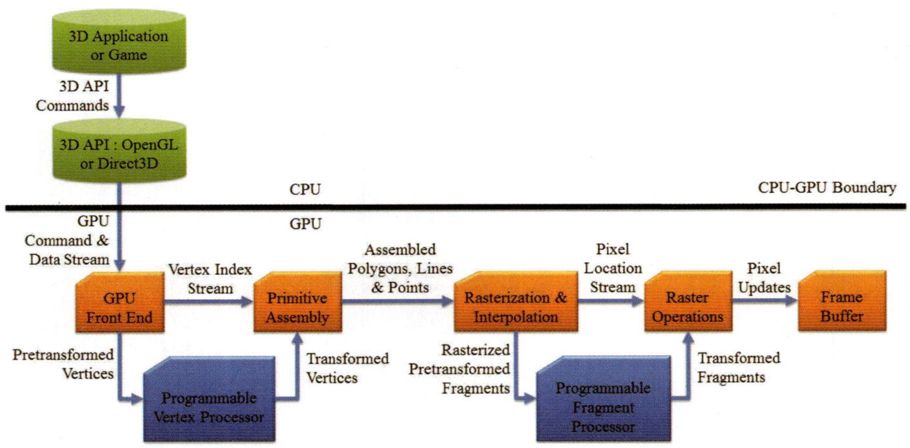

[그림 1-10] 실시간 Rendering에서 사용되는 Graphics Pipeline

Front End
Graphics Card

여기서 Front End는 사용자와 가까운 시스템의 전면 부분을 말하며, GUI(Graphics User Interface) 등과 같은 것이라고 보면 된다. 그러므로 GPU Front End에서 Graphics Card는 PCI bus를 통해 Video Driver로부터 Graphics 명령을 받

Fragment
Raster Operations
Frame Buffer

는다. Primitive Assembly의 입력 값은 변환된 Vertex와 연결 정보인데, Vertex들이 Primitive를 생성하기 위해 어떻게 연결되는가를 말한다. Fragment는 Pixel에 할당되는 세부적인 사항으로서 Pixel은 색상은 Fragment 색상으로 결정되어진다. Raster Operations는 새로 생성할 객체와 기존에 화면에 생성되어져 있는 객체를 Blending 하는 것이다. 입력되는 값은 Pixel의 위치(Location)와 Fragment의 색상 값 및 깊이 값 등이 있다. Frame Buffer는 최종 Pixel 값을 저장하는 Video Card의 메모리 영역이다.

3. OpenGL Rendering Pipeline

OpenGL Rendering Pipeline
평가자(Evaluator)
Vertex 연산(Operation)
상태 머신(State Machine)

대부분의 OpenGL API를 사용하여 구현한 프로그램들은 [그림 1-11]과 같은 OpenGL Rendering Pipeline과 같은 일련의 처리 단계를 따르지만 반드시 이와 같은 단계를 거쳐야 하는 것은 아니다. OpenGL Pipeline에서 Vertex, Line 및 Polygon 등과 같은 기하(Geometry) Data는 평가자(Evaluator)와 Vertex 연산(Operation)을 거치지만, Pixel, Image 및 Texture 등과 같은 Pixel Data는 이와 다른 경로를 거친다. 이들 데이터는 Rasterization, Fragment 연산에서 만나고, 최종적으로 Frame Buffer에 기록된다. OpenGL은 상태 머신(State Machine)으로 간주할 수 있으며, 이것은 특정한 상태나 모드를 설정하면 이를 변경하기 전까지 그 상태로 계속해서 동작한다는 의미이다. OpenGL은 대부분의 상태와 정보를 glGet*(), glIsEnable() 함수를 통해 얻을 수 있으며, Frame Buffer에 있는 값까지 glReadPixels() 함수를 통해 가져올 수 있다.

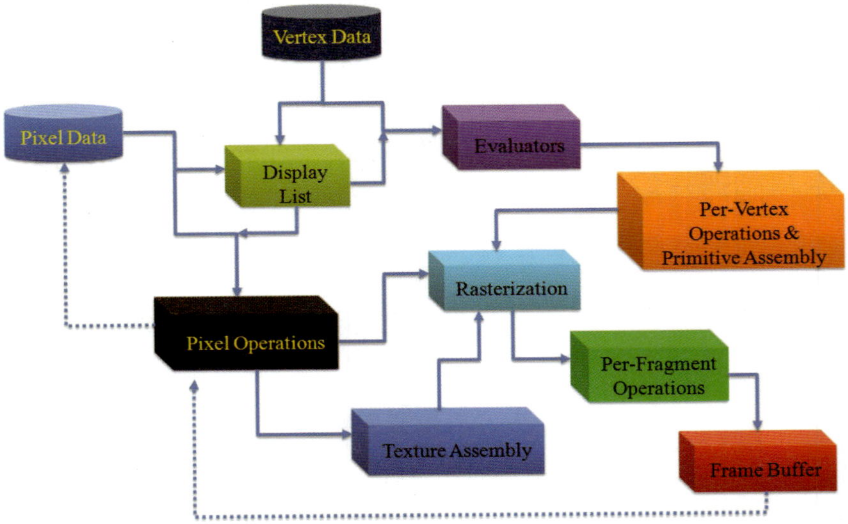

[그림 1-11] OpenGL Rendering Pipeline

> Display List
>
> 기저 함수(Basis Function)
>
> 다항식 매핑(Polynomial Mapping)
>
> Vertex Operation
>
> Clipping

Display List는 차후의 실행을 위한 OpenGL 명령어들이 저장되어 있는 집합이다. 기하 정보, Pixel 정보와 같은 모든 정보가 저장될 수 있고, 여기에 저장된 정보는 Cache가 적용될 수 있기 때문에 성능을 향상시킬 수도 있다. 모든 기하 Primitive들은 Vertex로 표현되는데, 매개변수 곡선(Curve)이나 곡면(Curved Surface)은 처음에는 기저 함수(Basis Function)라고 불리는 다항 함수와 제어점(Control Point)들로 표현된다. 평가자(Evaluator)를 사용하면 이러한 제어점으로부터 곡면을 표현하는데 사용되는 정점(Vertex)들을 구할 수 있다. 이때 다항식 매핑(Polynomial Mapping)이라는 기법을 사용하면, 제어점으로부터 표면 법선(Surface Normal), Texture 좌표, Color, 공간 좌표 등을 얻을 수 있다. Vertex Operation은 Vertex들을 Primitive로 변환한다. 3D 공간의 한 지점을 나타내던 공간 좌표는 스크린 좌표의 한 지점으로 투영된다. 고급 기능들이 활성화되어 있다면 이 단계는 더욱 복잡해진다. 예를 들어, 만약 조명(Lighting)이 활성화되어 있다면, 변환된 Vertex 정보 중 조명과 관련된 정보를 이용하여 색상 값을 생성하는 Lighting 연산이 수행된다. Primitive Assembly에서 주된 부분은 Clipping이다. Vertex 연산(Operation)이 이루어진 뒤, Primitive 요소들은 투영(Projection)에 의해 다시 한 번 더 변환되고, Clipping이 일어난다. 이 단계를 거치고 나면, Color, Depth, Texture 좌표 및 Rasterization 단계를 위한 Guideline 등에 따라 변환 및 Clipping된 Vertex들도 구성된 완전한 형태의 기하 Primitive가 생성된다. Pixel Data는 OpenGL Rendering Pipeline에서 기하 데

Pixel Transfer Operation
Rasterization
Fragment Operation

이터와 다른 경로를 따라 처리되며, 먼저 시스템 메모리에 특정한 포맷의 배열로 저장된 Pixel들을 읽는다. 이 데이터는 Scaling, 가중치(Basis) 적용과 같은 연산이 적용된다. 이 과정을 Pixel Transfer Operation이라 하는데, 이 결과는 Texture 메모리에 저장될 수도 있고, 바로 Fragment에 Rasterization될 수도 있다. Rasterization에서는 기하 데이터(Primitive Data)와 Pixel Data를 모두 Fragment로 변환한다. 각각의 Fragment들은 색상, 깊이, 선의 두께, 점의 두께 및 Anti-Aliasing 따위를 포함하는 배열이다. 각각의 Fragment 하나는 Frame Buffer의 한 Pixel에 대응된다. Fragment Operation은 값들이 실제로 Frame Buffer에 저장되기 전에 Fragment 연산을 수행하여 특정한 Fragment들을 변경하거나 제거한다. 즉, Fragment Operation은 Frame Buffer로 Pixel이 기록되기 전의 다지막 단계이다. 하나의 Texture 요소는 Texture 메모리에서 생성되며, 각각의 Fragment에 적용된다. 안개 효과(Fog Calculation)가 적용된 뒤에, Scissor Test > Alpha Test > Stencil Test > Depth Test와 같은 순서대로 Fragment 연산이 이루어진다. 마지막으로 Blending, Dithering 및 각각의 Bit Mask에 의한 논리 연산이 이루어진 뒤에 Frame Buffer에 기록될 실제 Pixel 값이 결정된다.

03 Section Modeling

1. Modeling의 종류

Modeling
Wire-frame Modeling

Modeling은 3D 공간에 표현할 객체를 제작하는 것으로서 Wire-frame Modeling, Surface Modeling 및 Solid Modeling 등으로 구분되어진다. Wire-frame Modeling은 Point, Line, Circle 및 Arc 등의 기본적인 기하학적인 요소들을 사용하여 마치 철사(Wire)를 연결하여 만든 구조물처럼 객체의 외형만을 표현하는 방법이다. Wire-frame Modeling 방법은 제작 시간이 짧고 요구되는 메모리의 용량이 작기 때문에 주로 2D 도면 출력을 위한 용도와 평면 가공에 적합한 Modeling 방법으로서 Autodesk 사의 AutoCAD가 많이 사용하고 있는 방법이기도 하다.

Surface Modeling
보간(Interpolation)

Surface Modeling은 여러 개의 곡면으로 객체의 바깥 모양을 표현하는 방법이다. Surface Modeling은 단순한 곡면들의 집합으로서 객체의 외형을 표현하기 때문에 복잡한 객체를 일관성 있게 다루기가 어려우며, 객체의 내 · 외부를 구분하기가 어려운 문제가 있다. Surface Modeling에서 사용되는 곡면을 생성하는 방법으로는 3가지가 있는데, 첫째, 곡면상의 Point들을 이용하여 Point들을 보간(Interpolation)하는 곡면을 생성하는 것이고, 둘째, 곡면상의 곡선들을 그물 형태로 곡선망으로부터 보간 곡면을 생성하는 것이다. 그리고 셋째, 곡선 입력 후 직선이나 회전 이동하여 곡면을 생성하는 것이다. [그림 1-12]는 Wire-frame Modeling, Surface Modeling 및 Solid Modeling 방법에 대한 3가지 예시를 보여주고 있다.

(A) Wire-frame Modeling (B) Surface Modeling (C) Solid Modeling

[그림 1-12] Modeling 방법의 3가지 종류에 대한 구현 결과

Solid Modeling

Solid Modeling은 객체의 다양한 성질을 좀 더 정확하게 표현하기 위해 고안된 방법으로서 실제의 객체나 가상의 객체를 Solid Model로 표현하는 것을 말한다. Solid Modeling에서 사용되는 Modeling 방법으로는 5가지가 있는데, 첫째, Primitive를 변형하거나 Boolean 연산을 수행하여 원하는 형상을 생성하는 방법이고, 둘째, 2D 단면 형상을 이용하는 Sweeping 및 Skinning을 사용하는 것이고, 셋째, 기존의 객체를 국부적으로 수정하는 Rounding 및 Lifting이고, 넷째, 입체를 이루는 꼭짓점, 모서리 및 면 등을 직접 조작하는 Boundary Modeling 방법이다. 그리고 다섯째, 익숙한 형상 단위로 Modeling하는 Feature-Based Modeling 방법이다.

본 장에서는 이와 같은 Modeling의 3가지 방법에 대하여 구체적으로 이해하고 OpenGL API를 사용하여 직접 구현해보도록 한다. OpenGL은 GL, GLU, GLUT, GLAUX 등과 같은 Library들을 기본적으로 사용하고 있는데, 이와 같은 기본적인 OpenGL Library들을 이용하여 Modeling을 구현하기 위한 방법에 대하여 각각 알아보도록 한다.

2. GL Modeling

OpenGL의 GL Library를 사용하여 Modeling을 하기 위해서는 기본적으로 3D 공간에 수 개 이상의 Vertex들을 어떤 위치에 어떤 방식으로 연결하느냐가 가장 큰 문제이다. 즉, Point, Line 및 Polygon 등과 같이 한 개 이상의 Vertex들을 연결하여 3D 객체를 생성하기 위한 다양한 기본 요소들을 의미하는 Primitive들을 어떻게 생성하여 사용할 것인가가 GL Library를 이용한 Modeling의 역할이다. [그림 1-13]은 이와 같은 GL Library로 Modeling할 수 있는 기본적인 Primitive들의 종류들이다.

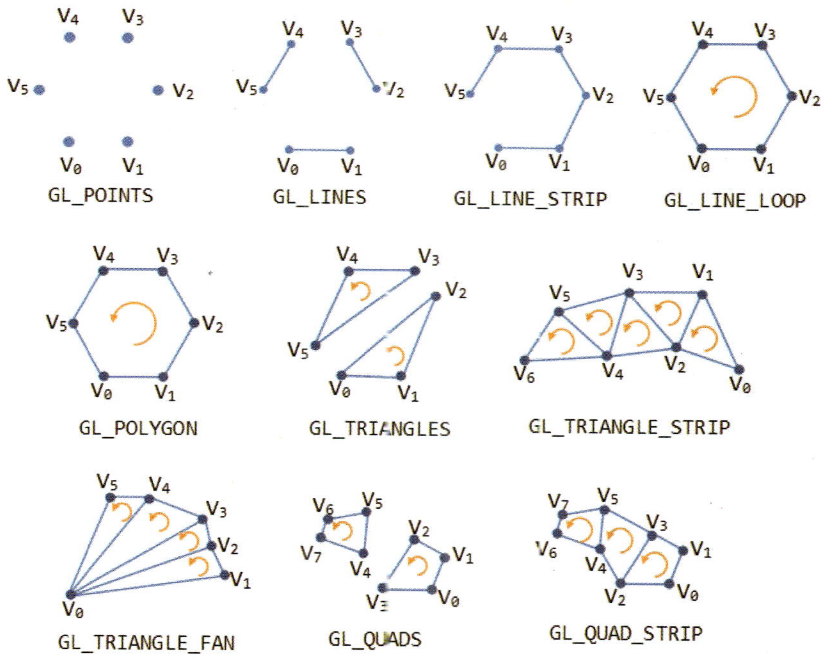

[그림 1-13] GL Library로 생성할 수 있는 Primitive들의 종류

[그림 1-13]의 Primitive들에 대한 매개변수(Parameter)의 의미는 〈표 1-23〉에 정리되어져 있다. 여기서 Primitive들은 Point, Line 및 Polygon 등과 같이 3가지로 구분되어진다.

〈표 1-23〉 기하 Primitive들을 생성하기 위한 매개변수(Parameter)들

Value	Description
GL_POINTS	각 Vertex들을 하나의 Point로 표현한다.
GL_LINES	Vertex들을 두 개씩 묶어서 Line을 만든다.
GL_LINE_STRIP	Line들을 한 줄로 연결한다.
GL_LINE_LOOP	마지막 Vertex와 첫 번째 Vertex를 연결하는 Line이 추가된 GL_LINE_STRIP
GL_TRIANGLES	세 개의 Vertex를 묶어서 삼각형을 만든다.
GL_TRIANGLE_STRIP	삼각형들을 길게 연결한다.
GL_TRIANGLE_FAN	삼각형들을 부채 모양으로 연결한다.
GL_QUADS	Vertex들을 네 개씩 묶어서 만든 네 개의 모서리를 가진 Polygon을 만든다.
GL_QUAD_STRIP	사각형들을 길게 연결한다.
GL_POLYGON	단순, 볼록 Polygon

<표 1-23>의 Parameter의 Value들 중 GL_POINTS를 사용하여 원(Circle) 모양의 Primitive를 생성해보자. 원을 그리기 위해서는 먼저 [그림 1-14]와 같이 원을 생성하기 위한 원리를 알아야 한다.

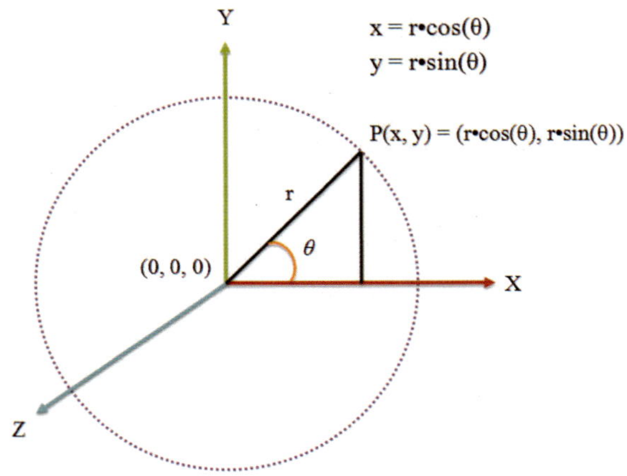

[그림 1-14] 원(Circle)을 그리기 위한 Algorithm

여기서 $P(x, y)$는 X축과 Y축으로 구성된 평면(Plane)의 한 점(Point)을 의미하고, 이 점들의 집합으로 원을 그리고자 하는 것이다. r은 원점(0, 0, 0)으로부터

$P(x, y)$까지 거리이면서 원의 반지름이고, θ는 X축과 $P(x, y)$사이의 각도이다. 원을 생성하기 위하여 필요한 것은 $P(x, y)$들의 집합인데, $P(x, y)$의 원소인 x와 y는 (수식 1-1)과 같음을 알 수 있다.

$$x = r \cdot \cos(\theta),\ y = r \cdot \sin(\theta) \qquad \text{(수식 1-1)}$$

그러므로 결국 $P(x, y)$는 (수스 1-2)와 같으므로 이를 사용하여 OpenGL 프로그램에서 구현하면 된다.

$$P(x, y) = (r \cdot \mathrm{ccs}(\theta),\ r \cdot \sin(\theta)) \qquad \text{(수식 1-2)}$$

물론 원을 생성하기 위한 Vertex $P(x, y)$는 Z축 값이 0일 경우라고 가정한 상태이기 때문에 Z축 값을 고려하지 않은 것이다.

[그림 1-15]는 [그림 1-14]의 원을 생성하기 의한 원리를 기반으로 <표 1-23>의 GL_POINTS를 사용하여 생성한 Vertex들로 이루어진 원의 구현 결과이고, [코드 1-4]는 그 소스 코드이다.

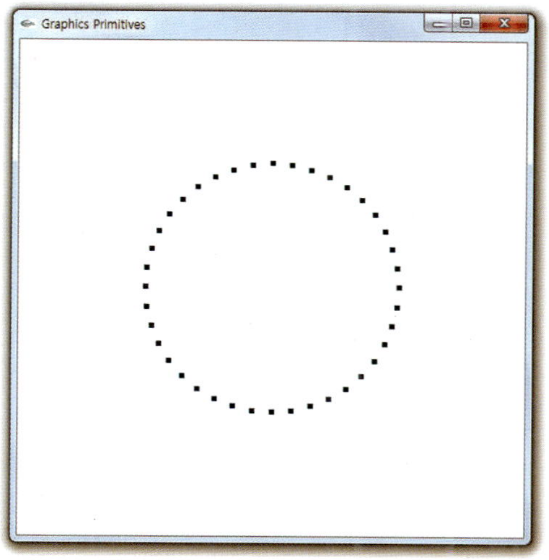

[그림 1-15] Point로 생성한 Primitive

코드 1-4 Point를 이용한 Primitive 생성

```
#include <glut.h>
#include <math.h>

#define Pi 3.1415

void MyDisplay( ) {
    GLfloat Size[2], Angle;

    glClear(GL_COLOR_BUFFER_BIT);
    glColor3f(0.0, 0.0, 0.0);
    glGetFloatv(GL_POINT_SIZE_RANGE, Size); ·············· ①
    glPointSize(Size[0] * 10); ·············· ②
    glBegin(GL_POINTS); ·············· ③
        for (Angle = 0.0; Angle <= 2.0*Pi; Angle += Pi/20.0)
            glVertex3f(0.5*cos(Angle), 0.5*sin(Angle), 0.0);
    glEnd();
    glFlush();
}

int main(int argc, char** argv) {
    glutInit(&argc, argv);
    glutInitDisplayMode(GLUT_RGBA);
    glutInitWindowSize(500, 500);
    glutInitWindowPosition(0, 0);
    glutCreateWindow("Graphics Primitives");
    glClearColor(1.0, 1.0, 1.0, 1.0);
    glutDisplayFunc(MyDisplay);

    glutMainLoop( );
    return 0;
}
```

[코드 1-4]의 ①에서 함수 glGetFloatv(GL_POINT_SIZE_RANGE, Size)는 선택된 매개변수(Parameter)의 값 혹은 값들을 되돌려준다. 여기서 매개변수(Parameter) GL_POINT_SIZE_RANGE는 Anti-alias된 점(Point)들의 가장 작은 크기와 가장 큰 크기를 되돌려 준다. glGetFloatv 함수에 대해서는 <표 1-24>의 glGetFloatv 함수에 대한 Prototype에서 더 많은 정보를 확인할 수 있다.

〈표 1-24〉 glGetFloatv 함수에 대한 Prototype

void glGetFloatv (GLenum *pname*, GLboolean **params*);	

Parameters Help	*pname* // 되돌려주기 위한 매개변수의 값
	// GL_ACCUM_ALPHA_BITS
	// …
	// GL_POINT_SIZE_RANGE
	// …
	params // 지정된 매개변수의 값이나 값들을 되돌려 준다.

Rasterization

②의 glPointSize(Size[0] * 10)는 Rasterization된 Point의 직경(Diameter, 지름)을 지정하는 것인데, 여기서 Rasterization되었다는 것은 모니터 화면에 출력할 수 있도록 Pixel 방식으로 변환된 것을 의미한다. glPointSize 함수에 대해서는 〈표 1-25〉의 glPointSize 함수에 대한 Prototype에서 더 많은 정보를 확인할 수 있다.

〈표 1-25〉 glPointSize 함수에 대한 Prototype

void glPointSize (GLfloat *size*);	
Parameters Help	*size* // Rasterization된 Point의 직경. Default : 1.0

③은 GL_POINTS를 사용하여 Primitive를 생성하겠다는 것이고, Vertex를 이용한 원을 생성하기 위하여 [그림 1-14]의 이론을 소스 코드에 적용한 것이다. 즉, 원의 반지름(r)은 0.5, Vertex를 생성하기 위한 X축과 Y축 사이의 각도(θ)는 0에서 2π까지 $\frac{\pi}{20}$씩 증가시키면서 glVertex3f 함수를 사용하여 Vertex를 생성하게 된다.

〈표 1-23〉의 매개변수(Parameter)들 중 GL_POLYGON을 사용하여 육각형 모양의 Primitive를 생성해보자. 육각형을 생성하려면 먼저 Vertex가 6개가 있어야 하기 때문에 원점(0, 0, 0)을 중심으로 Vertex 6개의 좌표를 지정한다. [그림 1-16]은 6개의 Vertex로 구성된 육각형을 구현한 결과이고, [코드 1-5]는 그 소스 코드이다.

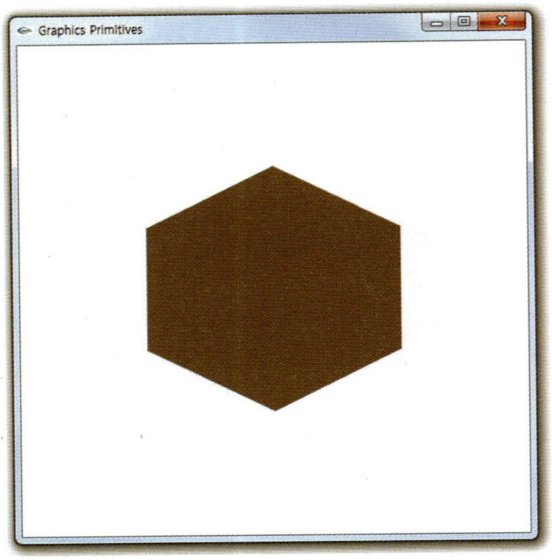

[그림 1–16] Polygon으로 생성한 Primitive

[코드 1–5] Polygon을 이용한 Primitive 생성

```
#include <glut.h>

void MyDisplay( ) {
    glClear(GL_COLOR_BUFFER_BIT);
    glColor3f(0.5, 0.4, 0.3);

    glBegin(GL_POLYGON); ········································ ①
        glVertex3f( 0.0,  1.0, 0.0);
        glVertex3f(-1.0,  0.5, 0.0);
        glVertex3f(-1.0, -0.5, 0.0);
        glVertex3f( 0.0, -1.0, 0.0);
        glVertex3f( 1.0, -0.5, 0.0);
        glVertex3f( 1.0, 0.5, 0.0);
    glEnd();

    glFlush();
}

int main(int argc, char** argv) {
    glutInit(&argc, argv);
    glutInitDisplayMode(GLUT_RGBA);
    glutInitWindowSize(500, 500);
    glutInitWindowPosition(0, 0);
```

```
        glutCreateWindow("Graphics Primitives");
        glClearColor(1.0, 1.0, 1.0, 1.0);
        glOrtho(-2.0, 2.0, -2.0, 2.0, -2.0, 2.0);
        glutDisplayFunc(MyDisplay);

        glutMainLoop( );
        return 0;
}
```

[코드 1-5]의 ①은 GL_POLYGON을 사용하여 Primitive를 생성하도록 지정하는 것이고, glVertex3f 함수들은 6개의 Vertex들의 좌표를 지정한 것이다. 이때 Vertex들의 연결 순서는 Top-Down 방식이므로 코드의 순서대로 연결되어진다.

Project 1 - I

Implementation of some Primitives

구현 기능	[코드 1-1]을 참고하고 다음과 같이 모든 Primitive들을 확장 구현한다. - [그림 1-13] 및 <표 1-23>의 Primitive를 생성하기 위한 매개변수(Parameter)들을 사용하여 아래 구현 결과와 같은 다양한 Primitive들을 생성한다. - Primitive들의 순서는 다음과 같다. 첫째 줄 : Points, Lines, LineStrip, LineLoop 둘째 줄 : Bitmap, TriangleFan, Triangles, TriangleStrip 셋째 줄 : Rect, Polygons, Quads, QuadStrip - Z축 값은 모두 0으로 지정하고, X축과 Y축 값만 고려하도록 한다. - 구현 결과와 같이 모든 객체들을 하나의 Window에 구현하지 말고, 각 객체들을 한 번에 하나씩 구현해보도록 한다.
구현 결과	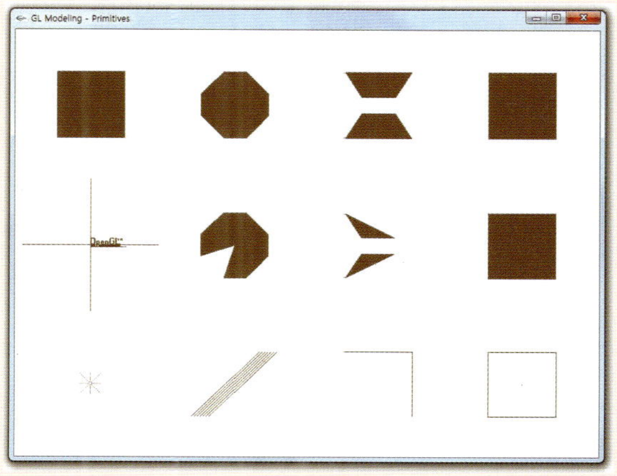

지금까지의 기본적인 Primitive들은 Z축 값을 모두 0으로 설정하였기 때문에 X축과 Y축 방향으로 제한된 평면에서 볼 수 있는 결과들이었다. 그러므로 지금부터는 다수의 Vertex들로 구성된 3D 객체들 중 정육면체(Cube)를 Modeling해보도록 한다. Vertex들을 이용한 정육면체를 Modeling하기 위해서는 원점을 중심으로 하는 8개 Vertex의 좌표를 설정해주어야 한다. 원점(0, 0, 0)이 정육면체의 정 중앙에 위치하고 있다고 가정한다면, [그림 1-17]과 같이 X축, Y축 및 Z축 좌표(x, y, z)를 가지는 8개 Vertex의 위치를 설정할 수 있으며, 정육면체는 4개의 Vertex들로 이루어진 면(Face, Polygon)들이 6개(앞면, 뒷면, 윗면, 아랫면, 왼쪽 면, 오른쪽 면)가 존재한다는 것을 알 수 있다.

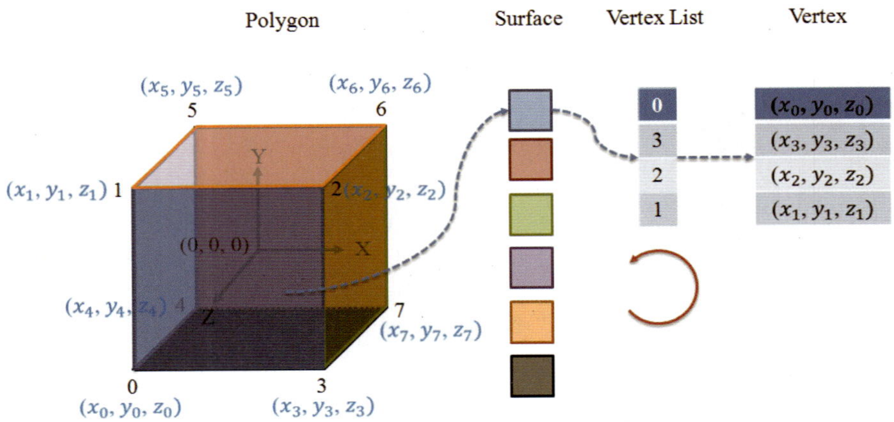

[그림 1-17] 정육면체의 계층적 자료구조

표면(Front Face)
이면(Rear Face)

특히 4개의 Vertex들로 구성된 면(Face)은 정육면체의 바깥쪽에서 바라본 면도 있을 것이고, 안쪽에서 바라본 면도 있을 것이다. 여기서 바깥쪽에서 바라본 면(Face)을 **표면**(Front Face)이라고 하고, 안쪽에서 바라본 면(Face)은 **이면**(Rear Face)이라고 한다. 일반적으로 OpenGL에서는 표면을 기준으로 볼 때, 면(Face)을 생성하기 위한 Vertex들의 연결 순서에 주의해야 하는데, 반드시 반시계방향(CCW, Counter-Clock Wise) 순서대로 연결되어져야 한다. 왜냐하면 OpenGL은 [그림 1-18]과 같이 오른손 좌표계를 사용하기 때문이며, 참고로 Windows Programming에서 주로 사용되는 DirectX API는 왼손 좌표계를 사용하고 있다.

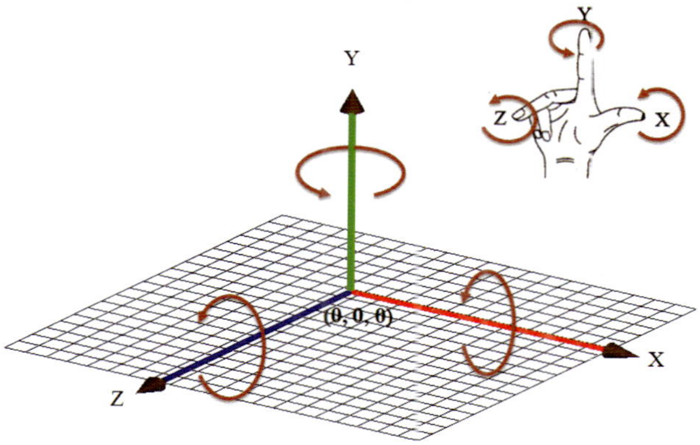

[그림 1-18] 오른손 좌표계

[그림 1-17]의 앞면과 같은 경우 CCW(반시계방향)로 Vertex들을 연결할 경우 0-3-2-1과 같은 순서대로 연결하게 된다. 물론 Vertex들의 연결 순서를 3-2-1-0과 같은 순서로 연결하여도 동일한 결과를 가져온다. 이것은 OpenGL이 오른손 좌표계를 사용하기 때문이며, 오른손으로 물건을 잡는 방향과 같다고 생각하면 이해하기 쉽다. 그러나 면을 구성하기 위한 시작 Vertex를 어떤 Vertex로 설정하느냐가 큰 문제가 되지 않을 것 같지만, 복잡한 면을 생성할 대에는 예상하지 못하는 결과가 나타날 수도 있으니 주의해야 한다. 또한 주의해야할 점은 6개의 서로 다른 면들이 서로 다른 방향에 존재하고 있기 때문에 각 면들을 생성하기 위한 Vertex들의 순서는 각 면들을 Camera가 직접 바라본다고 가정하고 설정하여야 한다는 것이다. 다른 표현으로 말하면 각 면에 오른손을 올려놓고 엄지손가락을 위로 곧게 편 상태로 주먹을 쥐어보면 쉽게 이해가 될 것이다. 즉, 엄지손가락 방향이 Camera의 방향이고 주먹을 쥘 때 손가락들이 이동하는 방향이 면을 생성하기 위한 Vertex들의 연결 순서인 것이다.

Vertex Array

정육면체를 구성하기 위한 Vertex들은 8개가 존재하지만, 하나의 면을 구성하기 위해서는 4개의 Vertex들이 있어야 하고, 각 Vertex들은 X축, Y축 및 Z축 좌표(x, y, z)들로 이루어져 있다. 특히 서로 다른 면들을 구성하기 위해 필요한 Vertex들의 좌표들은 각각 최대 3번의 중복 호출되는 번거로움이 있다. 이와 같은 복잡한 구조를 가진 정육면체를 프로그램으로 생성할 때 Vertex List를 사용하여 함수의 호출 횟수를 현저히 줄일 수 있으며, OpenGL로 구현하기 위해서는 Vertex Array가 매우 효율적이다. 그러므로 Vertex Array를 사용하여 다양한 색상을 가진 정육면체를 Modeling해 보자. [그림 1-19]는 Vertex Array를 사용하여 다양한 색상을 가진 정육면체를 Modeling한 구현 결과이고, [코드 1-6]는 그 소스 코드이다.

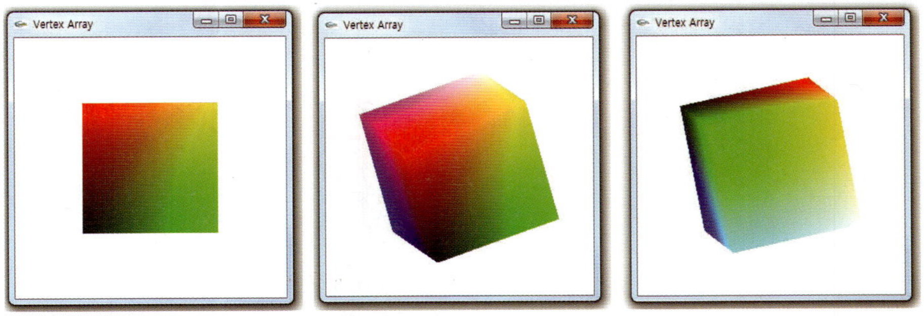

[그림 1-19] Vertex Array를 이용한 정육면체 Modeling의 구현 결과

[코드 1-6] Vertex Array를 이용한 정육면체 Modeling

```
#include <glut.h>
#include <glu.h>

GLfloat MyVertices[8][3]  =  {{-0.25,-0.25,0.25}, {-0.25,0.25,0.25}, {0.25,0.25,0.25},
                              {0.25,-0.25,0.25}, {-0.25,-0.25,-0.25}, {-0.25,0.25,-0.25},
                              {0.25,0.25,-0.25}, {0.25,-0.25,-0.25}};  ......................... ①

GLfloat MyColors[8][3] = {{0.2,0.2,0.2}, {1.0,0.0,0.0}, {1.0, 1.0, 0.0}, {0.0,1.0,0.0},
                          {0.0,0.0,1.0}, {1.0,0.0,1.0}, {1.0,1.0,1.0}, {0.0,1.0,1.0}}; ... ②

GLubyte MyVertexList[24] = {0,3,2,1, 2,3,7,6, 0,4,7,3, 1,2,6,5, 4,5,6,7, 0,1,5,4};  ...... ③

void MyDisplay( ) {
    glClear(GL_COLOR_BUFFER_BIT);
    glFrontFace(GL_CCW); ............................................................ ④
    glEnable(GL_CULL_FACE); ......................................................... ⑤
    glEnableClientState(GL_COLOR_ARRAY); ............................................ ⑥
    glEnableClientState(GL_VERTEX_ARRAY);  .......................................... ⑦
    glColorPointer(3, GL_FLOAT, 0, MyColors); ....................................... ⑧
    glVertexPointer(3, GL_FLOAT, 0, MyVertices);  ................................... ⑨
    glMatrixMode(GL_MODELVIEW);
    glLoadIdentity();
    glRotatef(30.0, 1.0, 1.0, 1.0);
    for(GLint i = 0; i < 6; i++)
        glDrawElements(GL_POLYGON, 4, GL_UNSIGNED_BYTE, &MyVertexList[4*i]); ... ⑩
    glFlush( );
}

void MyInit() {
```

```
    glClearColor (1.0, 1.0, 1.0, 1.0);
    glMatrixMode(GL_PROJECTION)
    glLoadIdentity();
    glOrtho(-1.0, 1.0, -1.0, 1.0, -1.0, 1.0);
}

int main(int argc, char** argv) {
    glutInit(&argc,argv);
    glutInitDisplayMode(GLUT_RGB);
    glutInitWindowSize(300, 300);
    glutInitWindowPosition(0, 0);
    glutCreateWindow("Vertex Array");
    MyInit();

    glutMainLoop( );
    return 0;
}
```

[코드 1-6]의 ①은 정육면체를 구성하기 위한 8개의 Vertex에 대한 X축, Y축 및 Z축 좌표(x, y, z)를 2D 배열로 표현한 것이다. ②는 정육면체를 구성하기 위한 8개의 Vertex에 대한 RGB 색상 값(r, g, b)을 2D 배열로 표현한 것이다. ③은 4개의 Vertex들로 구성된 면(Face)들을 구성하기 위한 연결 순서를 1D 배열로 표현한 것으로서, Vertex 번호 4개씩이 하나의 면(Face)을 이루게 되어 모두 6개의 면(Face)에 대한 Vertex 번호들을 가지고 있다. 물론 Vertex 번호(0, 1, 2, 3, 4, 5, 6)는 Vertex들에 대한 Index이다. ④의 glFrontFace(GL_CCW)는 표면(Surface)을 구성하기 위한 Vertex 배열을 반시계방향(CCW)으로 연결하겠다는 것을 선언하는 것이다. glFrontFace 함수에 대해서는 <표 1-26>의 glFrontFace 함수에 대한 Prototype에서 더 많은 정보를 확인할 수 있다.

〈표 1-26〉 glFrontFace 함수의 Prototype

void glFrontFace (GLenum *mode*);	

Parameters Help	*mode* // 전면 방향 Polygon의 방향
	// GL_CW, GL_CCW
	// Default : GL_CCW

⑤의 glEnable(GL_CULL_FACE)은 ④에서 생성한 표면(Surface)을 제거하

기 위한 것으로서 Camera로부터 보이지 않는 면(Face)을 숨기는 기능을 가진다. 즉, 절대로 화면에 표시될 일이 없는 면(Face)을 표현하지 않도록 한다. ⑥의 glEnableClientState(GL_COLOR_ARRAY)과 ⑦의 glEnableClientState(GL_VERTEX_ARRAY)은 Vertex Array의 기능을 활성화는 것이다. glEnableClientState 함수에 대해서는 〈표 1-27〉의 glEnableClientState 함수에 대한 Prototype에서 더 많은 정보를 확인할 수 있다.

〈표 1-27〉 glEnableClientState 함수의 Prototype

void glEnableClientState (GLenum *array*);		
Parameters Help	*array* // 활성화하거나 비활성화하기 원하는 배열에 대한 Symbolic 상수	
	Value	**Description**
	GL_COLOR_ARRAY	glArrayElement, glDrawElements 및 glDrawArrays 호출로 Color Array 사용
	GL_EDGE_FLAG_ARRAY	glArrayElement, glDrawElements 및 glDrawArrays 호출로 Edge Flat Array 사용
	GL_INDEX_ARRAY	glArrayElement, glDrawElements 및 glDrawArrays 호출로 Index Array 사용
	GL_NORMAL_ARRAY	glArrayElement, glDrawElements 및 glDrawArrays 호출로 Normal Array 사용
	GL_TEXTURE_COORD_ARRAY	glArrayElement, glDrawElements 및 glDrawArrays 호출로 Texture Coordinate Array 사용
	GL_VERTEX_ARRAY	glArrayElement, glDrawElements 및 glDrawArrays 호출로 Vertex Array 사용

⑧의 glColorPointer(3, GL_FLOAT, 0, MyColors)은 Vertex의 색상을 저장한 변수명 MyColors를 제시한다. 여기서 숫자 3은 색상의 요소가 RGB의 3가지로 구성되어져 있다는 것이고, GL_FLOAT는 색상의 값이 float 형이라는 것이다. 숫자 0은 색상의 요소들 사이에 빈 공간이 없다는 것이다. glColorPointer 함수에 대해서는 〈표 1-28〉의 glColorPointer 함수에 대한 Prototype에서 더 많은 정보를 확인할 수 있다.

〈표 1-28〉 glColorPointer 함수의 Prototype

void glColorPointer (GLint *size*, GLenum *type*, GLsizei *stride*, const GLvoid **pointer*);		
Parameters Help	*size*	// 각 색상마다의 요소의 개수. 3 혹은 4

	type	// 색상 배열의 각 색상 구성 요소의 데이터 유형(Type)
		// GL_BYTE, GL_UNSIGNED_BYTE, GL_SHORT, GL_UNSIGNED_SHORT,
		// GL_INT, GL_UNSIGNED_INT, GL_FLOAT, GL_DOUBLE

	stride	// 연속적인 색상들 사이의 Byte offset // 값이 0일 때 색상은 배열 요소들 사이에 빈 공간이 없다.
	pointer	// 색상 배열의 첫 번째 색상 요소의 첫 번째 구성 요소에 대한 Pointer

⑨의 glVertexPointer(3, GL_FLOAT, 0, MyVertices)는 Vertex 좌표를 저장한 변수명 MyVertices를 제시한다. glVertexPointer 함수의 매개변수(Parameter)에 대한 내용은 ⑧의 설명을 참고하면 되며, glVertexPointer 함수에 대해서는 〈표 1-29〉의 glVertexPointer 함수에 대한 Prototype에서 더 많은 정보를 확인할 수 있다.

〈표 1-29〉 glVertexPointer 함수의 Prototype

void glVertexPointer (GLint *size*, GLenum *type*, GLsizei *stride*, const GLvoid **pointer*);		
Parameters Help	*size*	// 각 Vertex마다의 좌표의 개수. 2, 3 및 4
	type	// 배열에서 각 좌표의 데이터 형식(Type) // GL_SHORT, GL_INT, GL_FLOAT, GL_DOUBLE
	stride	// 연속적인 Vertex들 사이의 Byte offset // 값이 0이면 Vertex들은 배열 요소들 사이에 빈 공간이 없다.
	pointer	// 배열의 첫 번째 Vertex의 첫 번째 좌표에 대한 Pointer

⑩의 glDrawElements(GL_POLYGON, 4, GL_UNSIGNED_BYTE, &MyVertexList [4*i])은 정육면체를 화면에 그려주는 기능을 하는 것이다. 여기서 GL_POLYGON은 화면에 그려줄 객체가 Polygon이라는 것을 알려주는 것이고, 숫자 4는 하나의 Polygon을 그려주기 위해서 4개의 Index로 구성되어진다는 것을 말한다. 또한 GL_UNSIGNED_BYTE는 Polygon이 unsigned byte 형식으로 표시된다는 것이고, 마지막 &MyVertexList [4*i]는 Vertex List의 시작 주소이며 변수 i 값이 변할 때마다 Polygon을 구성하는 첫 번째 Index의 시작 주소를 변경하기 위한 것이다. 여기서 MyVertexList는 Vertex List 변수명이다. glDrawElements 함수에 대해서는 〈표 1-30〉의 glDrawElements 함수에 대한 Prototype에서 더 많은 정보를 확인할 수 있다.

〈표 1-30〉 glDrawElements 함수의 Prototype

void glDrawElements (GLenum *mode*, GLsizei *count*, GLenum *type*, const GLvoid **indices*);		

Parameters Help	*mode*	// Render하기 위한 Primitives의 종류
		// GL_POINTS, GL_LINE_STRIP, GL_LINE_LOOP, GL_LINES,
		// GL_TRIANGLE_STRIP, GL_TRIANGLE_FAN, GL_TRIANGLES,
		// GL_QUAD_STRIP, GL_QUADS, GL_POLYGON

	count	// Render하기 위한 요소들(Elements)의 개수
	type	// Index 내의 값들의 형식(Type) // GL_UNSIGNED_BYTE, GL_UNSIGNED_SHORT, GL_UNSIGNED_INT
	indices	// Index가 저장되는 위치에 대한 Pointer

3. GLU Modeling

Quadrics
3D Primitive
Quadric Surfaces

GLU Library를 사용하여 Modeling을 하기 위해서는 먼저 Quadrics라는 것을 알아야 한다. Quadrics는 3D 공간에서 기하학적인 3D 객체를 생성하는 것으로서 GL Library에서 언급한 Primitive의 3D로의 확대 개념이라고 보면 된다. 즉, Quadrics는 Cone, Cylinder, Sphere 및 Disk 등과 같은 Quadric Surface의 생성을 위한 기능을 제공하며 3D Primitive라고 말할 수도 있다. 그러므로 Quadrics를 사용하면 매우 쉽고 간단하게 3D Primitive를 생성할 수 있는데, GLU Library를 사용하여 Modeling을 하려면 먼저 Quadrics를 생성하여야 한다. Quadric Surfaces는 (수식 1-3)으로 기술되어진다.

$$a_1x^2 + a_2y^2 + a_3z^2 + a_4xy + a_5yz + a_6zx + a_7x + a_8y + a_9z + a_{10} = 0 \quad \text{(수식 1-3)}$$

여기서 $a_1 \sim a_{10}$은 상수이며, <표 1-31>과 같이 다양한 Quadrics를 생성할 수 있음을 알 수 있다.

〈표 1-31〉 Quadric Surface 수식에 의한 다양한 Quadr cs 생성 방법

Name	Equation	Preview
Ellipsoid (타원면)	$\frac{x^2}{a^2}+\frac{y^2}{b^2}+\frac{z^2}{c^2}=1$	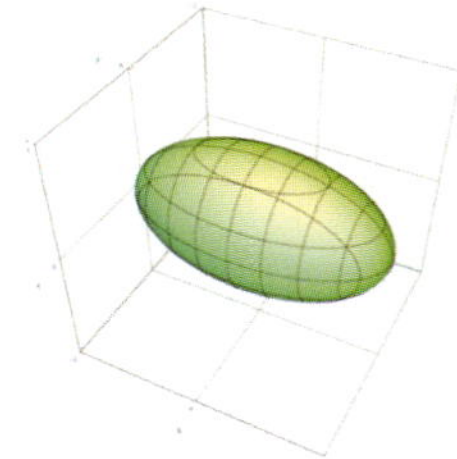
Spheroid (회전 타원체) (Special Case of Ellipsoid)	$\frac{x^2}{a^2}+\frac{y^2}{a^2}+\frac{z^2}{c^2}=1$	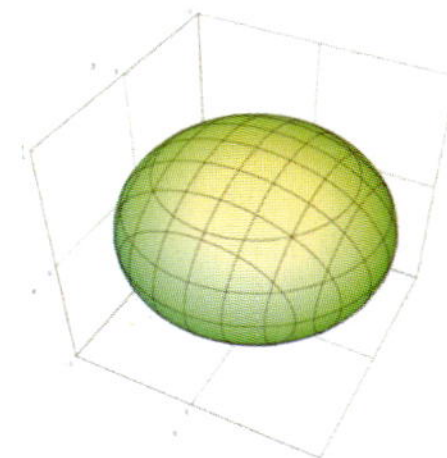 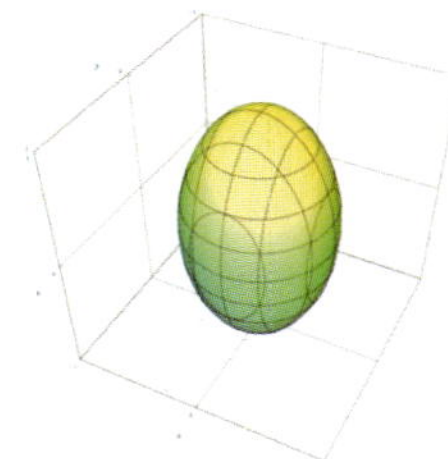
Sphere (원구) (Special Case of Spheroid)	$\frac{x^2}{a^2}+\frac{y^2}{a^2}+\frac{z^2}{a^2}=1$	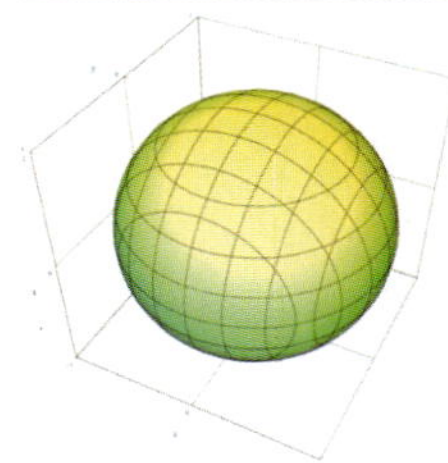
Hyperboloid of One Sheet (한 장의 쌍곡면)	$\frac{x^2}{a^2}+\frac{y^2}{b^2}-\frac{z^2}{c^2}=1$	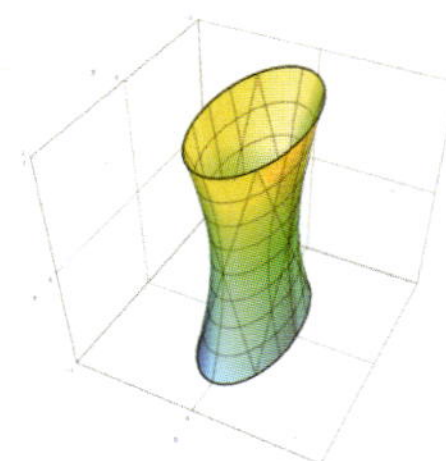

Hyperboloid of Two Sheets (두 장의 쌍곡면)	$\frac{x^2}{a^2}+\frac{y^2}{b^2}-\frac{z^2}{c^2}=-1$	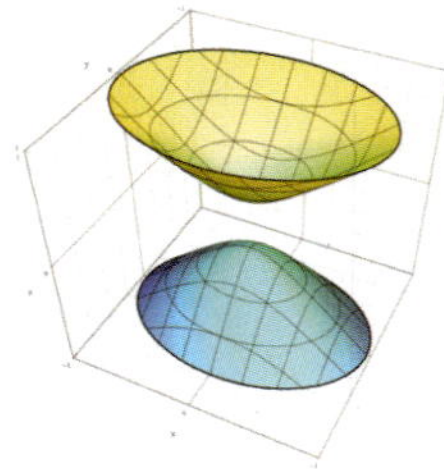
Cone (원뿔)	$\frac{x^2}{a^2}+\frac{y^2}{b^2}-\frac{z^2}{c^2}=0$	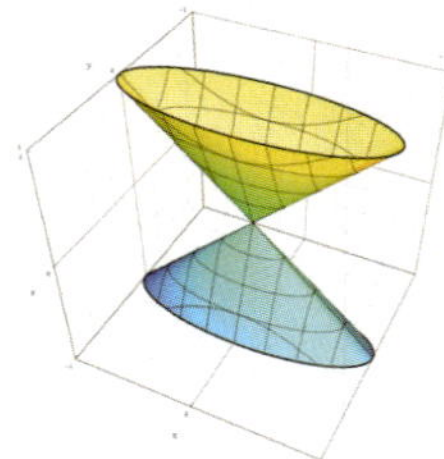
Elliptic Cone / Circular Cone (타원형 원뿔)	$\frac{x^2}{a^2}+\frac{y^2}{b^2}-\frac{z^2}{c^2}=0$	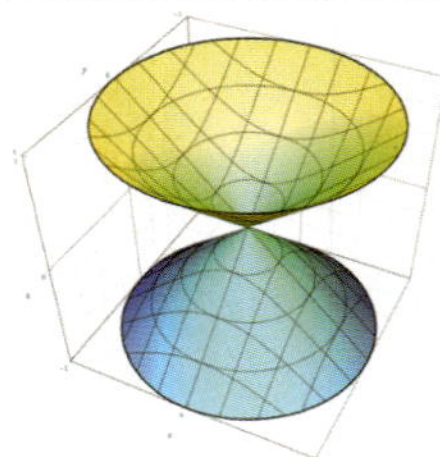
Parabolic Cylinder (포물선 원기둥)	$x^2+2ay=0$	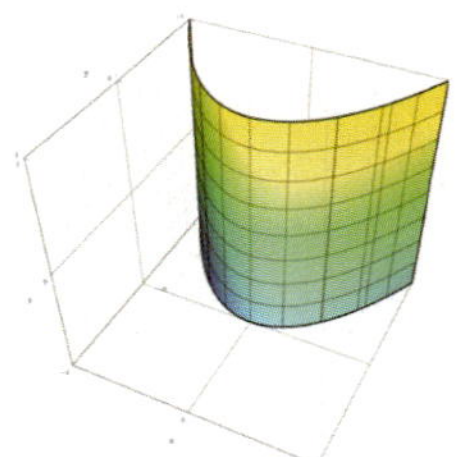
Elliptic Paraboloid (타원형 포물면)	$\frac{x^2}{a^2}+\frac{y^2}{b^2}-z=0$	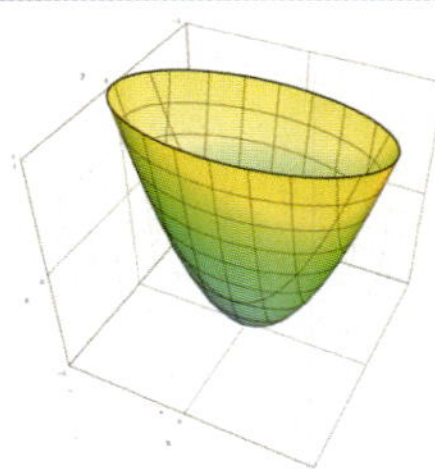

Circular Paraboloid (원형 포물면) (Special Case of Elliptical Paraboloid)	$\frac{x^2}{a^2}+\frac{y^2}{a^2}-z=0$	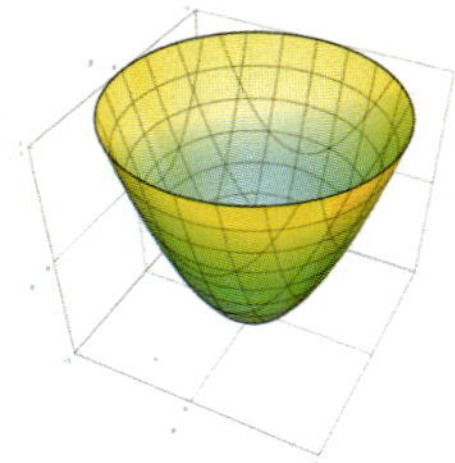
Hyperbolic Paraboloid (쌍곡선 포물면)	$\frac{x^2}{a^2}-\frac{y^2}{b^2}-z=0$	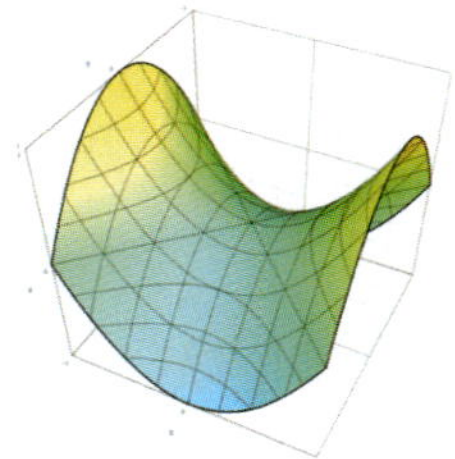
Elliptic Cylinder (타원형 원기둥)	$\frac{x^2}{a^2}+\frac{y^2}{b^2}=1$	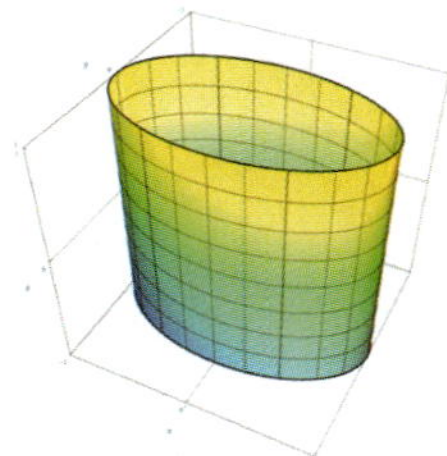
Hyperbolic Cylinder (쌍곡선 원기둥)	$\frac{x^2}{a^2}-\frac{y^2}{b^2}=1$	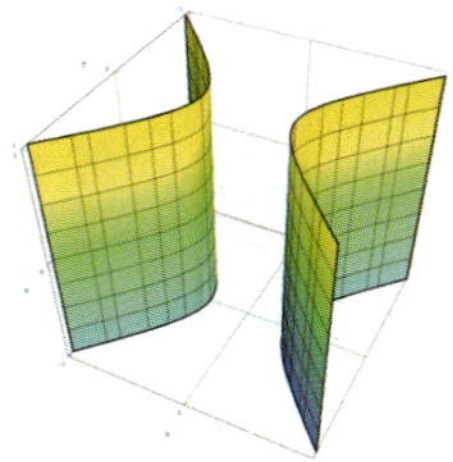
Circular Cylinder (원형 원기둥) (Special Case of Elliptic Cylinder)	$\frac{x^2}{a^2}+\frac{y^2}{b^2}=1$	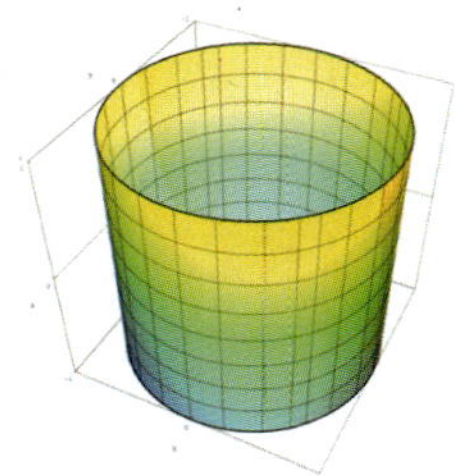

그러나 (수식 1-3)을 사용하여 〈표 1-31〉과 같은 다양한 Quadrics를 생성하기는 수학에 매우 능통하고 코딩 전문가가 아니라면 매우 복잡하고 어려운 부분이다. 다행히도 OpenGL은 몇 개의 함수를 사용하여 쉽고 편리하게 Quadrics를 생성할 수

있는데, OpenGL에서 Quadrics를 생성하거나 삭제하기 위해서는 <표 1-32>와 같이 GLU Library를 사용하면 된다. 그러므로 OpenGL 프로그래밍에서는 Quadric 객체를 생성하기 위한 전역 변수를 선언하고 전체 코드에서 이 변수를 참조하여 사용하도록 한다.

〈표 1-32〉 Quadrics의 생성을 위한 함수

```
GLUquadricObj* gluNewQuadric ( );                // Quadric Object를 생성
                                                 // GLUquadricObj *qobj = gluNewQuadric();

gluDeleteQuadric ( GLUquadricObj *obj );         // Quadric Object를 삭제하고 Quadric 생성을 위해
                                                 // 사용된 메모리 비우기
```

Quadrics를 생성하였으면, Quadrics를 이용하여 간단한 Sphere를 생성해 보자. [그림 1-20]은 Quadrics로 생성한 Sphere의 구현 결과이고, [코드 1-7]은 그 소스 코드이다.

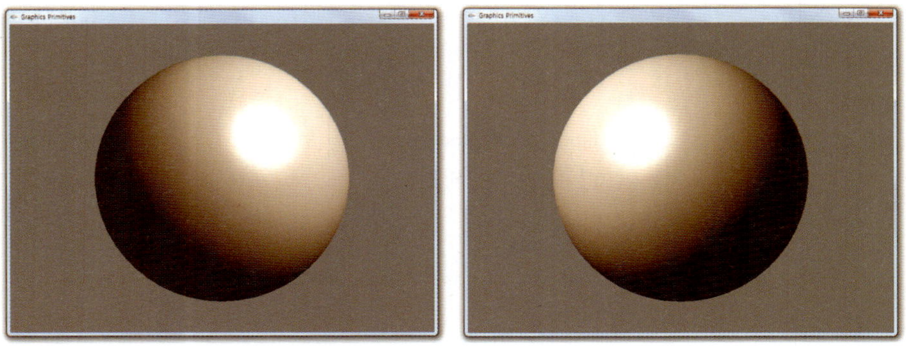

[그림 1-20] Quadrics로 생성한 3D Primitive

코드 1-7　Quadrics로 생성한 3D Primitive

```
#include <stdlib.h>
#include <glut.h>
#include <glu.h>

GLUquadricObj *qobj = gluNewQuadric(); ........................................ ①

void MyInit() {
  . . . . . . . . . . .
}

void MyDisplay() {
    glClear(GL_COLOR_BUFFER_BIT    GL_DEPTH_BUFFER_BIT);

    glMatrixMode( GL_MODELVIEW )
    glLoadIdentity();

    glEnable(GL_LIGHTING);
    glShadeModel (GL_SMOOTH);

    gluQuadricDrawStyle( qobj, GLU_FILL ); ...................................... ②
    gluQuadricNormals( qobj, GLU_SMOOTH ); ...................................... ③
    gluQuadricOrientation( qobj, GLU_OUTSIDE ); ................................. ④
    gluQuadricTexture( qobj, GL_FALSE ); ........................................ ⑤
    gluSphere( qobj, 1.5, 50, 50 ); ............................................. ⑥

    glutSwapBuffers();
}

void Reshape(int w, int h) {
    glViewport(0, 0, (GLsizei) w, (GLsizei) h);
    glMatrixMode(GL_PROJECTION);
    glLoadIdentity();

    glOrtho (-2.5, 2.5, -2.5*(GLfloat)h/(GLfloat)w, 2.5*(GLfloat)h/(GLfloat)w, -10.0, 10.0);
    glMatrixMode(GL_MODELVIEW);
    glLoadIdentity ();
}

int main(int argc, char** argv) {
    glutInit(&argc, argv);
    glutInitDisplayMode(GLUT_DOUBLE | GLUT_RGB | GLUT_DEPTH);
```

```
    glutInitWindowSize(800, 600);
    glutInitWindowPosition(0, 0);
    glutCreateWindow("Graphics Primitives");
    MyInit();
    glutDisplayFunc(MyDisplay);
    glutReshapeFunc(Reshape);

    glutMainLoop( );
    return 0;
}
```

[코드 1-7]의 ①에서 GLUquadricObj *qobj = gluNewQuadric()은 새로운 Quadrics를 생성하고 전역 변수 qobj를 선언하여 사용할 수 있도록 하고 있다. ②의 gluQuadricDrawStyle(qobj, GLU_FILL)은 Quadrics를 위해 원하는 Draw Style을 지정한다. 여기서 qobj는 ①에서 생성한 Quadrics이고, GLU_FILL은 〈표 1-33〉에서 설명하고 있는 것처럼 Polygon Primitive로 그린다. gluQuadricDrawStyle 함수에 대해서는 〈표 1-33〉의 gluQuadricDrawStyle 함수에 대한 Prototype에서 더 자세하게 보여주고 있다.

〈표 1-33〉 gluQuadricDrawStyle 함수의 Prototype

<table>
<tr><th colspan="3">void gluQuadricDrawStyle (GLUquadric *quadObject, GLenum drawStyle);</th></tr>
<tr><td rowspan="6">Parameters Help</td><td colspan="2">quadObject // gluNewQuadric로 생성된 Quadric 객체
drawStyle // 원하는 Draw Style</td></tr>
<tr><th>Value</th><th>Description</th></tr>
<tr><td>GLU_FILL</td><td>Polygon Primitive로 Rendering. 즉, Solid 형태의 Modeling. Polygon들은 Normal과 관련하여 반시계방향(CCW)으로 그려진다.</td></tr>
<tr><td>GLU_LINE</td><td>Line의 집합으로 Rendering. 즉, Wire-frame 형태의 Modeling</td></tr>
<tr><td>GLU_SILHOUETTE</td><td>Coplanar Face들을 분리하는 Edge들이 그려지지 않는 것을 제외하고 Line들의 집합으로 Rendering. 즉, 외부 모서리만 Modeling</td></tr>
<tr><td>GLU_POINT</td><td>Point들의 집합으로 Rendering. 즉, Point로만 Modeling</td></tr>
</table>

③의 gluQuadricNormals(qobj, GLU_SMOOTH)는 법선 벡터(Normal Vector)

를 제어하는 것으로서 법선 벡터에 의해 빛에 대한 영향을 결정하는 데 사용한다. qobj는 ①에서 생성한 Quadrics이그, GLU_SMCOTH는 면을 부드럽게 보이도록 하는 것이다. gluQuadricNormals 함수에 대해서는 〈표 1-34〉의 gluQuadricNormals 함수에 대한 Prototype에서 더 자세하게 설명하고 있다.

〈표 1-34〉 gluQuadricNormals 함수의 Prototype

<table>
<tr><th colspan="3">void gluQuadricNormals (GLUquadric *quadObject, GLenum normals);</th></tr>
<tr><td rowspan="5">Parameters Help</td><td colspan="2">quadObject // gluNewQuadric로 생성된 Quadric 객체
normals // Normal의 희망하는 유형(Type)</td></tr>
<tr><td>Value</td><td>Description</td></tr>
<tr><td>GLU_NONE</td><td>어떠한 법선 벡터(Normal Vector)도 생성되지 않는다.</td></tr>
<tr><td>GLU_FLAT</td><td>면이 각인 것처럼 보이도록 법선 벡터(Normal Vector)를 생성한다.</td></tr>
<tr><td>GLU_SMOOTH</td><td>면이 부드럽게 보이도록 즉, 객체의 모서리를 부드럽게 보이도록 법선 벡터(Normal Vector)를 생성한다.</td></tr>
</table>

④의 gluQuadricOrientation(qobj, GLU_OUTSIDE)은 Quadrics를 위한 법선 벡터(Normal Vector)의 내부 및 외부 등과 같은 방향을 지정한다. 여기서 qobj는 ①에서 생성한 Quadrics이고, GLU_OUTSIDE는 법선 벡터(Normal Vector)가 바깥쪽을 가리키도록 Quadrics를 그리는 것을 의미한다. gluQuadricOrientation 함수에 대해서는 〈표 1-35〉의 gluQuadricOrientation 함수에 대한 Prototype에서 더 자세하게 설명하고 있다.

〈표 1-35〉 gluQuadricOrientation 함수으 Prototype

<table>
<tr><th colspan="3">void gluQuadricOrientation(GLUquadric *quadObject, GLenum orientation);</th></tr>
<tr><td rowspan="4">Parameters Help</td><td colspan="2">quadObject // gluNewQuadric로 생성된 Quadric 객체
orientation // 원하는 법선 벡터(Normal Vector)의 방향(Orientation)</td></tr>
<tr><td>Value</td><td>Description</td></tr>
<tr><td>GLU_OUTSIDE</td><td>바깥 쪽을 가리키는 Normal Vector를 가진 Quadric을 그린다. (Default)</td></tr>
<tr><td>GLU_INSIDE</td><td>안쪽을 가리키는 Normal Vector를 가진 Quadric을 그린다.</td></tr>
</table>

⑤의 gluQuadricTexture(qobj, GL_FALSE)는 Texture 좌표가 quadObject로 Render된 Quadrics를 위해 생성할 것인지 여부를 지정한다. 여기서 qobj는 ①에서 생성한 Quadrics이고, GL_FALSE는 Texture 좌표를 생성하지 않는다는 것을 의미한다. gluQuadricTexture 함수에 대해서는 〈표 1-36〉의 gluQuadricTexture 함수에 대한 Prototype에서 더 자세하게 설명하고 있다.

〈표 1-36〉 gluQuadricTexture함수의 Prototype

<table>
<tr><th colspan="3">void gluQuadricTexture (GLUquadricObj *quadObject, GLboolean textureCoords);</th></tr>
<tr><td rowspan="4">Parameters Help</td><td colspan="2">quadObject // gluNewQuadric으로 생성된 Quadric Object
textureCoords // Texture 좌표가 생성되었는지 여부를 나타내는 Flag</td></tr>
<tr><td>Value</td><td>Description</td></tr>
<tr><td>GL_TRUE</td><td>Texture 좌표를 생성</td></tr>
<tr><td>GL_FALSE</td><td>Texture 좌표를 생성하지 않음(Default)</td></tr>
</table>

⑥의 gluSphere(qobj, 1.5, 50, 50)는 Sphere를 생성하는 것으로서 qobj는 ①에서 생성한 Quadrics이고, 숫자 1.5는 Sphere의 반지름, 50은 Z축을 중심으로 분할하는 개수, 마지막 숫자 50은 Z축을 따라 분할되는 개수를 의미한다. gluSphere 함수에 대해서는 〈표 1-37〉의 gluSphere 함수에 대한 Prototype에 더 자세히 설명하고 있다.

〈표 1-37〉 gluSphere 함수의 Prototype

<table>
<tr><th colspan="2">void gluSphere (GLUquadric *qobj, GLdouble radius, GLint slices, GLint stacks);</th></tr>
<tr><td>Parameters Help</td><td>qobj // gluNewQuadric으로 생성된 Quadric Object
radius // Sphere의 반지름(Radius)
slices // Z축을 중심으로 하는 Subdivisions의 개수(경도(Longitude)와 유사)
stacks // Z축을 따르는 Subdivisions의 개수(위도(Latitude)와 유사)</td></tr>
</table>

gluSphere 함수는 생성된 Quadrics를 의미하는 qobj를 제외하고 3개의 매개변수(Parameter)를 가지고 있는데, 이들 매개변수의 값을 어떻게 사용하느냐에 따라 다양한 형태의 Quadrics를 생성할 수 있다. [그림 1-21]은 gluSphere 함수를 사용하여 생성한 서로 유사한 형태의 Quadrics 구현 결과이다.

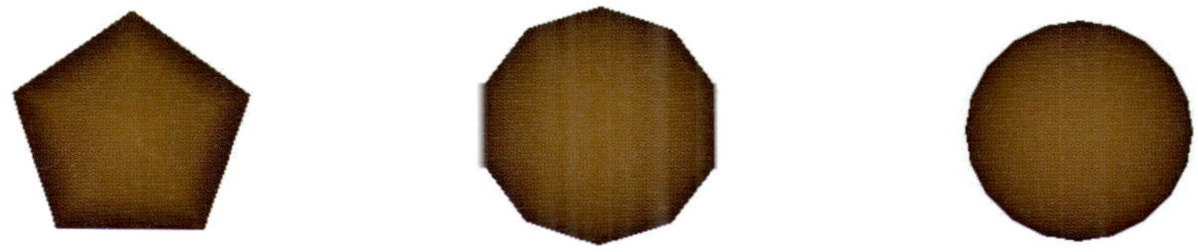

(A) gluSphere(obj, 1.0, 5, 5); (B) gluSphere(obj, 1.0, 10, 10); (C) gluSphere(obj, 1.0, 20, 20);

[그림 1-21] gluSphere 함수의 매개변수를 다양하게 적용하여 생성한 Quadrics 구현 결과

gluCylinder 함수의 Prototype은 〈표 1-38〉에 자세히 설명하고 있는데, gluCylinder 함수의 매개변수를 다양하게 적용할 경우 어떤 결과가 나타나는지 알아보면, [그림 1-22]에서 확인할 수 있다.

〈표 1-38〉 gluCylinder 함수의 Prototype

void gluCylinder (GLUquadric **qobj*, GLdouble *baseRadius*, GLdouble *topRadius*, GLdouble *height*, GLint *slices*, GLint *stacks*);		
Parameters Help	*qobj*	// gluNewQuadric로 생성되어진 Quadric Object
	baseRadius	// z=0에 있는 Cylinder의 반지름(Radius)
	topRadius	// z=height에 있는 Cylinder의 반지름(Radius)
	height	// Cylinder의 높이(Height)
	slices	// Z축을 중심으로 하는 회전 Subdivisions의 개수
	stacks	// Z축을 다르는 Subdivisions의 개수

(A) gluCylinder(obj, 1.0, 1.0, 2.0, 20, 8); (B) gluCylinder(obj, 1.0, 1.0, 2.0, 8, 8);

(C) gluCylinder(obj, 1.0, 0.3, 2.0, 20, 8); (D) gluCylinder(obj, 1.0, 0.0, 2.0, 20, 8);

[그림 1-22] gluCylinder 함수의 매개변수를 다양하게 적용하여 생성한 Quadrics 구현 결과

gluDisk 함수의 Prototype은 〈표 1-39〉에서 자세히 설명하고 있는데, gluDisk 함수의 매개변수를 다양하게 적용할 경우 어떤 결과가 나타나는지 알아보면, [그림 1-23]에서 확인할 수 있다.

〈표 1-39〉 gluDisk 함수의 Prototype

void gluDisk (GLUquadric *qobj, GLdouble innerRadius, GLdouble outerRadius, GLint slices, GLint loops);		
Parameters Help	*qobj*	// gluNewQuadric으로 생성된 Quadric Object
	innerRadius	// Disk의 안쪽 반지름(Radius)
	outerRadius	// Disk의 바깥쪽 반지름(Radius)
	slices	// Z축을 중심으로 하는 Subdivisions의 개수
	loops	// Disk가 세분화되는 동심원의 개수

gluDisk(obj, 0.0, 2.0, 20, 3);　　gluDisk(obj, 0.5, 2.0, 20, 3);

[그림 1-23] gluDisk 함수의 매개변수를 다양하게 적용하여 생성한 Quadrics 구현 결과

gluPartialDisk 함수의 Prototype은 〈표 1-40〉에 자세히 설명하고 있는데, gluPartialDisk 함수의 매개변수를 다양하게 적용할 경우 어떤 결과가 나타나는지 알아보면, [그림 1-24]에서 확인할 수 있다.

〈표 1-40〉 gluPartialDisk 함수의 Protype

void gluPartialDisk (GLUquadric *qobj, GLdouble innerRadius, GLdouble outerRadius, GLint slices, GLint loops, GLdouble startAngle, GLdouble sweepAngle);		
Parameters Help	*qobj*	// gluNewQuadric로 생성된 Quadric Object
	innerRadius	// Partial Disk의 안쪽 반지름(Radius)
	outerRadius	// Partial Disk의 바깥쪽 반지름(Radius)
	slices	// Z축 주변의 Subdivisions의 개수
	loops	// Partial Disk가 세분화되는 동심원의 개수
	startAngle	// Disk 부분의 원호(Circular Arc)가 시작되는 각도
	sweepAngle	// Disk 부분의 Sweep 각도(Disk가 생성되는 각도)

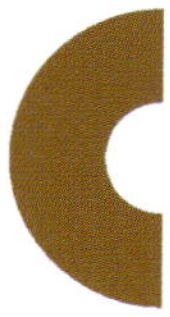

gluPartialDisk(obj, 1.5, 3.0, 26, 13, 0.0, -180);

gluPartialDisk(obj, 0.0, 3.0, 26, 13, 45, -145);

[그림 1-24] gluPartialDisk 함수의 매개변수를 다양하게 적용하여 생성한 Quadrics 구현 결과

NURBS
Non-Uniform Rational B-Spline

GLU Library를 이용한 Modeling의 방법도 3가지 Modeling 방법을 모두 지원하고 있는데, Wire-frame Modeling 방법은 gluQuadricDrawStyle(qobj, GLU_LINE) 함수와 매개변수(Parameter)를 사용하는 것이고, Solid Modeling 방법은 gluQuadricDrawStyle(qobj, GLU_FILL) 함수와 매개변수(Parameter)를 사용하는 것이다. 그러나 gluQuadricDrawStyle 함수가 Surface Modeling 방법을 지원하지는 않는다. 그러므로 [그림 1-25]와 같은 Surface Modeling 결과를 얻기 위한 방법이 필요하다. NURBS는 Non-Uniform Rational B-Spline의 약자로서 3D 기하 객체를 수학적으로 재현하는 방식 중의 하나이다. NURBS는 2D의 간단한 선분(Segment of Line), 원(Circle), 호(Arc) 및 곡선(Curved Line, Curve)에서부터 3D의 유기적 형태의 곡면(Curved Surface)과 덩어리까지 매우 정확하게 표현할 수 있으며 편집하기도 매우 쉽다는 장점을 가지고 있다. 이와 같은 유연성과 정밀성 때문에 NURBS는 그림, 애니메이션 및 곡면으로 구성된 객체들을 제작하는 산업 분야에까지 매우 다양한 영역에서 사용되고 있다. NURBS를 비롯한 Spline 곡선(Curve)과 곡면(Surface)에 대한 자세한 설명은 11장 Spline 곡선 및 곡면에서 다시 학습하기로 하고, 본 장에서는 NURBS를 사용하여 Surface Modeling을 먼저 구현해 본다. [그림 1-25]는 Vertex 16개를 사용하여 생성한 Surface Modeling의 구현 결과이고, [코드 1-8]은 그 소스 코드이다.

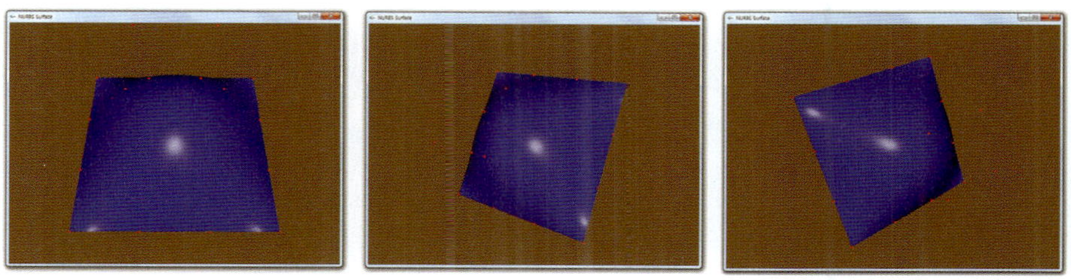

[그림 1-25] NRUBS를 이용한 Surface Modeling 구현 결과

코드 1-8 NUBRS를 이용한 Surface Modeling

```
#include <windows.h>
#include <stdlib.h>
#include <glut.h>
#include <glu.h>

// 변수 선언 (전체 소스 코드 참조)

GLUnurbsObj *pNurb = NULL; ······························ ①
GLint nNumPoints = 4; ······························ ②

GLfloat ctrlPoints[4][4][3]= {{{ -6.0f, -6.0f, 0.0f }, { -6.0f, -2.0f, 0.0f }, ······ ③
                              { -6.0f,  2.0f, 0.0f }, { -6.0f,  6.0f, 0.0f }},
                             {{ -2.0f, -6.0f, 0.0f }, { -2.0f, -2.0f, 8.0f },
                              { -2.0f,  2.0f, 8.0f }, { -2.0f,  6.0f, 0.0f }},
                             {{  2.0f, -6.0f, 0.0f }, {  2.0f, -2.0f, 8.0f },
                              {  2.0f,  2.0f, 8.0f }, {  2.0f,  6.0f, 0.0f }},
                             {{  6.0f, -6.0f, 0.0f }, {  6.0f, -2.0f, 0.0f },
                              {  6.0f,  2.0f, 0.0f }, {  6.0f,  6.0f, 0.0f }}};

GLfloat Knots[8] = {0.0f, 0.0f, 0.0f, 0.0f, 1.0f, 1.0f, 1.0f, 1.0f}; ······ ④

void DrawPoints() { ······························ ⑤
    glPointSize(5.0f);
    glColor3ub(255, 0, 0);

    glBegin(GL_POINTS);
        for(int i = 0; i < 4; i++)
            for(int j = 0; j < 4; j++)
                glVertex3fv(ctrlPoints[i][j]);
    glEnd();
}

void RenderScene() {
    glClear( GL_COLOR_BUFFER_BIT | GL_DEPTH_BUFFER_BIT );
    glMatrixMode( GL_MODELVIEW );
    glLoadIdentity();

    glTranslatef( 0.0f, 0.0f, g_fDistance );
    glRotatef( -g_fSpinY, 1.0f, 0.0f, 0.0f );
    glRotatef( -g_fSpinX, 0.0f, 1.0f, 0.0f );
```

```
    glColor3ub(0,0,220);

    glPushMatrix();
        glRotatef(330.0f, 1.0f,0.0f,0.0f);
        gluBeginSurface(pNurb); ········································ ⑥
        gluNurbsSurface(pNurb, 8, Knots, 8, Knots, 4 * 3, 3, &ctrlPoints[0][0][0], 4, 4,
                    GL_MAP2_VERTEX_3); ································· ⑦
        gluEndSurface(pNurb); ·········································· ⑧
         DrawPoints();
    glPopMatrix();

    glutSwapBuffers();
}

void SetupRC() {
    GLfloat  whiteLight[] = { 0.7f, 0.7f, 0.7f, 1.0f };
    GLfloat  specular[]   = { 0.7f, 0.7f, 0.7f, 1.0f };
    GLfloat  shine[] = { 100.0f };

    glClearColor(0.0f, 0.0f, 0.0f, 1.0f );

    glEnable(GL_LIGHTING);
    glEnable(GL_LIGHT0);

    glEnable(GL_COLOR_MATERIAL);

    glColorMaterial(GL_FRONT, GL_AMBIENT_AND_DIFFUSE);
    glMaterialfv(GL_FRONT, GL_SPECULAR, specular);
    glMaterialfv(GL_FRONT, GL_SHININESS, shine);

    glEnable(GL_AUTO_NORMAL); ·········································· ⑨
    pNurb = gluNewNurbsRenderer(); ····································· ⑩
    gluNurbsProperty(pNurb, GLU_SAMPLING_TOLERANCE, 25.0f); ············ ⑪
    gluNurbsProperty(pNurb, GLU_DISPLAY_MODE, (GLfloat)GLU_FILL); ······ ⑫
}

void MyReshape(int w, int h) {
 . . . . . . . . . . .
}

void MySpecial(int key, int x, int y) {
 . . . . . . . . . . .
```

```
}

void MyMouse(int button, int state, int x, int y) {
  . . . . . . . . . . .
}

void MyMotion(int x, int y) {
  . . . . . . . . . . .
}

int main(int argc, char** argv) {
    glutInit(&argc, argv);
    glutInitDisplayMode(GLUT_DOUBLE | GLUT_RGB | GLUT_DEPTH);
    glutInitWindowSize(800, 600);
    glutCreateWindow("NURBS Surface");

    glutReshapeFunc(MyReshape);
    glutDisplayFunc(RenderScene);
    glutMouseFunc(MyMouse);
    glutMotionFunc(MyMotion);
    glutSpecialFunc(MySpecial);
    SetupRC();

    glutMainLoop();
    return 0;
}
```

제어점(Control Points)
매듭(Knot)

[코드 1-8]에서 ①의 GLUnurbsObj *pNurb은 NURBS 객체의 Pointer 변수이다. 그리고 ②의 GLint nNumPoints는 곡선을 위한 제어점(Control Points)의 개수를 위한 정수형 변수이며, ③의 GLfloat ctrlPoints[4][4][3]는 X축과 Y축을 따라 -6에서 6까지 4개의 단위로 Mesh를 확장하며, 평면은 Z축에 존재한다. Mesh는 4×4 크기의 uv 좌표를 가지며, 각 uv 좌표는 Vertex들로 구성되어져 있기 때문에 좌표(x, y, z)를 가진다. 여기서 uv 좌표는 6장 Texture Mapping에서 자세히 설명하기로 한다. ④의 GLfloat Knots[8]은 NURBS를 위한 매듭(Knot)의 순서를 지정한다. ⑤의 함수 DrawPoints()는 NURBS 위에 적색의 제어점(Control Points)을 그리기 위해 호출되는 함수이다. 여기서 사용된 함수들 중 glPointSize(5.0f)는 모니터 화면에 출력할 Point의 직경(Diameter, 지름)을 설정하는 것이며, glPointSize 함수에 대해서는 〈표 1-41〉의 glPointSize 함수에 대한 Prototype에서 더 자세히 설명하고 있다.

〈표 1-41〉 glPointSize 함수의 Prototype

void glPointSize (GLfloat *size*);	
Parameters Help	*size* // Rasterization된 Point의 직경(Diameter, 지름) // Default : 1.0

또한 glColor3ub(255,0,0)은 색상을 지정하는 것으로서 glColor3f 함수와 다르게 매개변수(Parameter)인 RGB 색상 값을 256 색상으로 표현한다. glColor3ub 함수에 대해서는 〈표 1-42〉의 glColor3ub 함수에 대한 Prototype에서 더 자세히 설명하고 있다.

〈표 1-42〉 glColor3ub 함수의 Prototype

void glColor3ub (GLubyte *red*, GLubyte *green*, GLubyte *blue*);	
Parameters Help	*red* // 현재 색상을 위한 새로운 Red Value *green* // 현재 색상을 위한 새로운 Green Value *blue* // 현재 색상을 위한 새로운 Blue Value

⑥의 gluBeginSurface(pNurb)는 NURBS 표면 정의를 구분하는 기능을 시작하는 함수이다. 여기서 매개변수(Parameter) pNurb는 ①에서 설정한 NURBS 객체의 Pointer이다. gluBeginSurface 함수에 대해서는 〈표 1-43〉의 gluBeginSurface 함수에 대한 Prototype에서 더 자세히 설명하고 있다.

〈표 1-43〉 gluBeginSurface 함수의 Prototype

void gluBeginSurface (GLUnurbs **nobj*);	
Parameters Help	*nobj* // gluNewNurbsRenderer로 생성된 NURBS 객체

⑦의 gluNurbsSurface(pNurb, 8 Knots, 8, Knots, 4 * 3, 3, &ctrlPoints[0][0][0], 4, 4, GL_MAP2_VERTEX_3)는 NURBS 표면의 모양을 정의한다. 여기서 각 매개변수(Parameter)들에 대한 설명은 〈표 1-44〉의 gluNurbsSurface 함수에 대한 Prototype에 자세한 설명을 참고하기 바란다.

〈표 1-44〉 gluNurbsSurface 함수의 Prototype

<table>
<tr><td colspan="3">void gluNurbsSurface (GLUnurbs *nobj, GLint sknot_count, float *sknot,
GLint tknot_cont, GLint s_stride, GLint t_stride, GLfloat *ctlarray,
GLint sorder, GLint torder, GLenum type);</td></tr>
<tr><td rowspan="11">Parameters
Help</td><td>nobj</td><td>// gluNewNurbsRenderer로 생성된 NURBS 객체</td></tr>
<tr><td>sknot_count</td><td>// 매개변수(Parametric) u 방향으로의 매듭(Knot)의 개수</td></tr>
<tr><td>sknot</td><td>// 매개변수(Parametric) u 방향으로의 매듭(Knot)의 값을
// 줄이지 않는 sknot_count의 배열</td></tr>
<tr><td>tknot_count</td><td>// 매개변수(Parametric) v 방향으로의 매듭(Knot)의 개수</td></tr>
<tr><td>tknot</td><td>// 매개변수(Parametric) v 방향으로의 매듭(Knot)의 값을 줄이지
// 않는 tknot_count의 배열</td></tr>
<tr><td>s_stride</td><td>// ctllarry에서 매개변수(Parametric) u 방향으로의 연속적인
// 제어점(Control Point)들 사이의 Offset(거리)</td></tr>
<tr><td>t_stride</td><td>// ctllarry에서 매개변수(Parametric) v 방향으로의 연속적인
// 제어점(Control Point)들 사이의 Offset(거리)</td></tr>
<tr><td>ctlarray</td><td>// NURBS 표협을 위한 제어점(Control Point)들을 포함하는 배열.
// 매개변수(Parametric) u와 v 방향에서의 연속적인 제어점들
// 사이의 Offset은 s_stride와 t_stride에 의해서 주어진다.</td></tr>
<tr><td>sorder</td><td>// 매개변수(Parametric) u 방향으로의 NURBS 표면의 순서</td></tr>
<tr><td>torder</td><td>// 매개변수(Parametric) v 방향에서의 NURBS 표면의 순서</td></tr>
<tr><td>type</td><td>// 표면의 형식(Type)
// GL_MAP2_VERTEX_3, GL_MAP2_COLOR_4</td></tr>
</table>

⑧의 gluEndSurface는 NURBS 표면 정의를 구분하는 끝내는 기능을 한다. 여기서 매개변수(Parameter) pNurb는 ①에서 설정한 NURBS 객체의 Pointer이다. gluEndSurface 함수에 대해서는 〈표 1-45〉의 gluEndSurface 함수에 대한 Prototype에서 더 자세히 설명하고 있다.

〈표 1-45〉 gluEndSurface 함수의 Prototype

<table>
<tr><td colspan="2">void gluEndSurface (GLUnurbs *nobj);</td></tr>
<tr><td>Parameters
Help</td><td>nobj // gluNewNurbsRenderer로 생성된 NURBS 객체</td></tr>
</table>

⑨의 glEnable(GL_AUTO_NORMAL)은 평가된 표면을 위한 법선 벡터(Normal Vector)를 자동적으로 생성한다. ⑩의 gluNewNurbsRenderer()는 NURBS 객체를 설정하는 기능을 하며, 〈표 1-46〉은 gluNewNurbsRenderer 함수에 대한 Prototype

을 보여주고 있다.

〈표 1-46〉 gluNewNurbsRender 함수의 Prototype

void gluNewNurbsRender ( );	
Parameters Help	No Parameters

⑪의 gluNurbsProperty(pNurb, GLU_SAMPLING_TOLERANCE, 25.0f)와 gluNurbsProperty(pNurb, GLU_DISPLAY_MODE, (GLfloat)GLU_FILL)는 NURBS 속성을 설정하는 기능을 한다. 여기서 각 매개변수(Parameter)들에 대한 설명은 〈표 1-47〉의 gluNurbsProperty 함수에 대한 Prototype을 참고하기 바란다.

〈표 1-47〉 gluNurbsProperty 함수의 Prototype

void gluNurbsProperty (GLUnurbs **nobj*, GLenum *property*, GLfloat *value*);

Parameters Help

nobj // gluNewNurbsRender에 의해 생성된 NURBS 객체
property // 설정하기 위한 속성

Value	Description
GLU_SAMPLING_TOLERANCE	Sampling 방법이 GLU_PATH_LENGTH로 설정된 경우 사용할 수 있는 Pixel의 최대 길이 Default : 50.0
GLU_DISPLAY_MODE	NURBS 표면이 Render되기 위한 방법을 정의 – GLU_FILL (Default) – GLU_OUTLINE_POLYGON – GLU_OUTLINE_PATCH
GLU_CULLING	Boolean 값 – GL_TRUE(제어점이 현재 시점의 외부에 존재하는 NURBS 곡선이 모자이크 식(Tessellation) 전에 삭제되어진다.) – GL_FALSE (Default)
GLU_AUTO_LOAD_MATRIX	Boolean 값 – GL_TRUE (Default) – GL_FALSE
GLU_PARAMETRIC_TOLERANCE	Sampling 방법이 GLU_PARAMETRIC_ERROR로 설정된 경우 사용할 수 있는 Pixel의 최대 길이 Default : 0.5

Parameters Help

GLU_SAMPLING_METHOD	NURBS 표면을 모자이크 식으로 하기 위한 방법을 정의 – GLU_PATH_LENGTH (Default) – GLU_PARAMETRIC_ERROR – GLU_DOMAIN_DISTANCE
GLU_U_STEP	매개변수 좌표에서 u 차원을 따라 찍은 단위 길이 당 Sample Point의 개수를 정의 Default = 100
GLU_V_STEP	매개변수 좌표에서 v 차원을 따라 찍은 단위 길이 당 Sample Point의 개수를 정의 Default = 100

value // 지정된 속성을 설정하기 위한 값

Value	Description
GLU_PATH_LENGTH	GLU_SAMPLING_TOLERANCE에 의해 정의된 값 보다 더 크지 않은 모자이크 식 Polygon의 모서리의 Pixel 단위의 최대 길이를 가진 Render된 표면을 정의 (Default)
GLU_PARAMETRIC_ERROR	표면 Rendering에서 모자이크 식 Polygon과 표면들 사이의 최대 거리를 지정하는 GLU_PARAMETRIC_TOLERANCE의 값을 정의
GLU_DOMAIN_DISTANCE	매개변수(Parametric) 좌표에서 u와 v 차원에 단위 길이 당 얼마나 많은 Sample Point들이 걸릴 수 있는지를 정의

Display List

만약 Window에 여러 개의 Quadrics를 생성하고자 한다면 Display하고자 하는 객체의 목록을 작성하여야 하는데, 이를 위해서는 〈표 1-48〉에서 〈표 1-52〉까지와 같은 함수들을 사용할 필요가 있다. Display List를 생성하기 위한 함수로는 glNewList 및 glNewLists가 있고, Display List를 실행하기 위한 함수로는 glCallList 및 glCallLists가 있다. 그리고 Display List의 끝을 표시하는 함수로는 glEndList가 있다.

〈표 1-48〉 glNewList 함수에 대한 Prototype

void glNewList (GLuint *list*, GLenum *mode*);

Parameters Help

list // Display List의 이름 혹은 번호
mode // 편집 모드(Compilation mode)를 지정

Value	Description
GL_COMPILE	명령(Commands)이 Compile되어진다.
GL_COMPILE_AND_EXECUTE	Display List에서 Compile되는 것처럼 명령이 실행되어진다.

〈표 1-49〉 glNewLists 함수에 대한 Prototype

void glNewLists (GLsizei *n*, GLenum *type*, const GLvoid *lists);	

Parameters Help	*n* // 실행되는 Display List의 개수를 지정
	type // 목록에 있는 값의 종류를 지정
	GL_BYTE, GL_UNSIGNED_BYTE, GL_SHORT, GL_UNSIGNED_SHORT, GL_INT, GL_UNSIGNED_INT, GL_FLOAT, GL_2_BYTES, GL_3_BYTES, GL_4_BYTES
	lists // Display List에서 이름 Offset의 Array의 주소를 지정
	// Offset이 Type의 값에 따라 bytes, shorts, ints 또는 floats 등이
	// 될 수 있기 때문에 Pointer type은 무효

〈표 1-50〉 glEndList 함수에 대한 Prototype

void glEndList ( );	
Parameters Help	No Parameters

〈표 1-51〉 glCallList 함수에 대한 Prototype

void glCallList (GLuint *list*);	
Parameters Help	*list* // 실행되는 Display List의 정수형 이름 혹은 번호

〈표 1-52〉 glCallLists 함수에 대한 Prototype

void glNewLists (GLsizei *n*, GLenum *type*, const GLvoid *lists);	

Parameters Help	*n* // 실행되는 Display List의 개수를 지정
	type // 목록에 있는 값의 종류를 지정
	GL_BYTE, GL_UNSIGNED_BYTE, GL_SHORT, GL_UNSIGNED_SHORT, GL_INT, GL_UNSIGNED_INT, GL_FLOAT, GL_2_BYTES, GL_3_BYTES, GL_4_BYTES
	lists // Display List에서 이름 Offset의 Array의 주소를 지정
	// Offset이 Type의 값에 따라 bytes, shorts, ints 또는 floats 등이
	// 될 수 있기 때문에 Pointer type은 무효

Project 1 – II

Implementation of Quadrics (3D Primitives)	
구현 기능	<표 1-47>에서 <표 1-52>까지의 각 함수에 대한 Prototype들을 참고하여 다음과 같이 모든 Quadrics들을 확장 구현한다. – Quadrics를 생성하기 위한 GLU Library를 사용하여 아래 구현 결과와 같은 다양한 Quadrics들을 각각 생성한다. – 하나의 Window에 모든 Quadrics를 생성하기 어려우면, 각각 하나씩 구현하여도 무관하다.
구현 결과	

4. GLUT Modeling

GLUT Library를 사용한 Modeling 방법은 기존의 GL 및 GLU Library와 비교할 때 사용하기가 매우 쉽고 편리하다는 장점을 가지고 있다. GLUT Library를 사용하여 Modeling할 수 있는 3D Primitive들의 종류는 Sphere(원구), Cone(원뿔), Cube(정육면체), Torus(원환체), Dodecahedron(12면체), Teapot(차 주전자), Octahedron(8면체), Tetrahedron(4면체), Icosahedron(20면체) 등이 있다. [그림 1-26]은 GLUT Library를 이용하여 구현한 3D Primitive의 구현 결과이고, [코드 1-9]는 그 소스 코드이다.

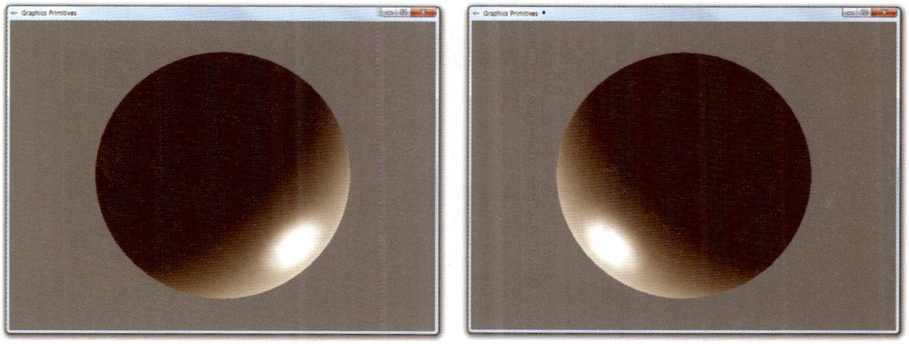

[그림 1-26] GLUT Library를 이용한 3D Primitive 구현 결과

코드 1-9 GLUT Library를 이용한 Modeling

```
#include <stdlib.h>
#include <glut.h>

void MyInit( ) {
  . . . . . . . . . .
}

void MyDisplay( ) {
   glClear(GL_COLOR_BUFFER_BIT | GL_DEPTH_BUFFER_BIT);

   glMatrixMode( GL_MODELVIEW );
   glLoadIdentity();

   glEnable(GL_LIGHTING);
   glShadeModel (GL_SMOOTH);

   glutSolidSphere( 1.5, 50, 50 );  ....................... ①

   glutSwapBuffers();
}

void MyReshape(int w, int h) {
  . . . . . . . . . .
}

int main(int argc, char** argv) {
   glutInit(&argc, argv);
```

```
    glutInitDisplayMode(GLUT_DOUBLE | GLUT_RGB | GLUT_DEPTH);
    glutInitWindowSize(800, 600);
    glutInitWindowPosition(0, 0);
    glutCreateWindow("Graphics Primitives");
    MyInit();
    glutDisplayFunc(MyDisplay);
    glutReshapeFunc(MyReshape);

    glutMainLoop( );
    return 0;
}
```

[코드 1-9]의 ①에서 glutSolidSphere(1.5, 50, 50)은 GLUT Library를 사용하여 Sphere를 생성하기 위한 기능을 하는데, 여기서 숫자 1.5는 Sphere의 반지름이고, 50은 Sphere를 형성하는 Slice의 개수, 마지막 50은 Sphere를 형성하는 Stack의 개수이다. glutWireSphere 및 glutSolidSphere 함수에 대해서는 〈표 1-53〉의 glutWireSphere 및 glutSolidSphere 함수에 대한 Prototype에 더 많은 정보를 확인할 수 있다.

〈표 1-53〉 glutWireSphere 및 glutSolidSphere 함수의 Prototype

void glutWireSphere (Gldouble *radius*, Glint *slices*, Glint *stacks*); void glutSolidSphere (Gldouble *radius*, Glint *slices*, Glint *stacks*);	
Parameters Help	*radius* // Sphere의 반지름(Radius) *slices* // Z축 주변의 분할(Divisions)의 개수 *stacks* // Z축을 따르는 분할(Divisions)의 개수 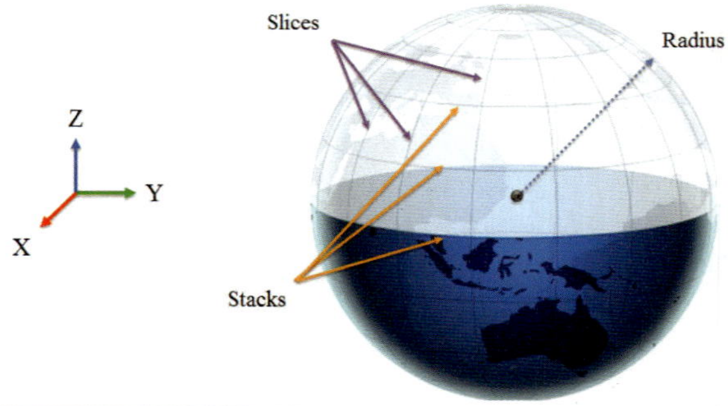

[그림 1-27]은 〈표 1-53〉의 함수를 사용하여 구현한 결과를 비교하여 나타낸 것이다.

(A) glutWireSphere(1.0, 30, 30); (B) glutSolidSphere(1.0, 30, 30);

[그림 1-27] glutWireSphere 및 glutSolidSphere 함수를 이용한 3D Primitive 구현 결과

[코드 1-9]는 GLUT Library를 사용하여 3D Primitive를 생성할 수 있는 소스 코드인데 만약 Sphere가 아닌 다른 유형의 3D Primitive를 생성하고자 한다면, ① 부분의 glutSolidSphere(1.5, 50, 50)를 주석 처리(//)하거나 삭제하고 그 자리에 생성하고자 하는 유형에 해당하는 GLUT Modeling 함수를 삽입하면 된다. 〈표 1-54〉에서 [그림 1-35]까지는 GLUT Library로 생성할 수 있는 3D Primitive들의 종류들을 각 함수의 Prototype과 함께 구현 결과들을 짝을 지어 보여주고 있다. 특히 각 3D Primitive마다 Wire-frame Modeling과 Solid Modeling 함수를 함께 보여주고 있어서 이해하기에 매우 쉬울 것이다.

〈표 1-54〉 glutWireCube 및 glutSolidCube 함수의 Prototype

void glutWireCube (Gldouble *size*); void glutSolidCube (Gldouble *size*);	
Parameters Help	*size* // 동일한 넓이(Width), 높이(Height) 및 깊이(Depth) 값을 가지는 Cube의 양쪽 꼭짓점 사이의 직경(Diameter, 지름) 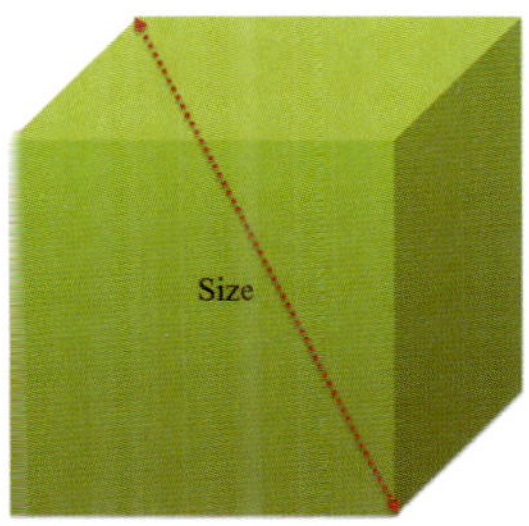

(A) glutWireCube(1.0); (B) glutSolidCube(1.0);

[그림 1-28] glutWireCube 및 glutSolidCube 함수를 이용한 3D Primitive 구현 결과

〈표 1-55〉 glutWireTorus 및 glutSolidTorus 함수의 Prototype

void glutWireTorus (Gldouble *innerRadius*, Gldouble *outerRadius*, Glint *nsides*, Glint *rings*); void glutSolidTorus (Gldouble *innerRadius*, Gldouble *outerRadius*, Glint *nsides*, Glint *rings*);	
Parameters Help	*innerRadius* // Torus의 안쪽 방향의 직경(Diameter, 지름) *outerRadius* // Torus의 바깥쪽 방향의 직경(Diameter, 지름) *nsides* // 각 원형 단면을 위한 면(Face)들의 개수 *rings* // Torus를 위한 원형 분할(Division)의 개수 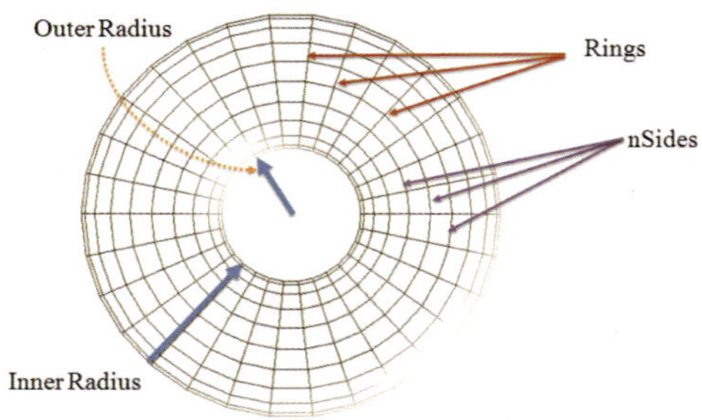 Inner Radius : Torus의 바깥쪽 경계 부분에서 원점 방향으로 Torus의 안쪽 원까지의 직경(지름) Outer Radius : Torus의 안쪽 원점에서 Torus의 안쪽 원까지의 직경(지름)

(A) glutWireTorus(0.3, 1.5, 20, 20); (B) glutSolidTorus(0.3, 1.5, 20, 20);

[그림 1-29] glutWireTorus 및 glutSolidTorus 함수를 이용한 3D Primitive 구현 결과

〈표 1-56〉 glutWireCone 및 glutSolidCone 함수의 Prototype

void glutWireCone (Gldouble *base*, Gldouble *height*, Glint *slices*, Glint *stacks*); void glutSolidCone (Gldouble *base*, Gldouble *height*, Glint *slices*, Glint *stacks*);	
Parameters Help	*base* // XY 평면을 기준으로 하는 Cone의 직경(Diameter, 지름) *height* // Z축 방향으로의 Cone의 높이(Height) *slices* // Z축 주변의 분할(Division)의 개수(경도, Longitude) *stacks* // Z축을 따르는 분할(Division)의 개수(위도, Latitude) 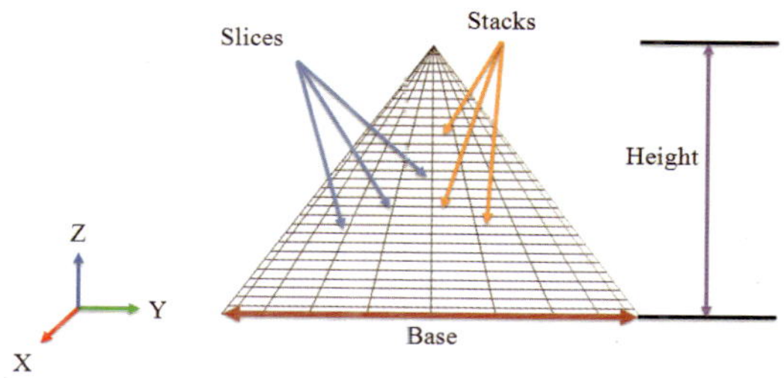

(A) glutWireCone(1.0, 1.5, 12, 12); (B) glutSolidCone(1.0, 1.5, 12, 12);

[그림 1-30] glutWireCone 및 glutSolidCone 함수를 이용한 3D Primitive 구현 결과

〈표 1-57〉 glutWireCone 및 glutSolidCone 함수의 Prototype

void glutSolidTeapot (Gldouble *size*); void glutWireTeapot (Gldouble *size*);	
Parameters Help	*size* // Scale factor 즉, 어떤 양(Quantity)이나 곱셈(Multiply) 혹은 // 축척(Scale)을 의미하는 숫자이다.

(A) glutWireTeapot(1.0); (B) glutSolidTeapot(1.0);

[그림 1-31] glutWireTeapot 및 glutSolidTeapot 함수를 이용한 3D Primitive 구현 결과

〈표 1-58〉 glutWireTetrahedron 및 glutSolidTetradedron 함수의 Prototype

void glutWireTetrahedron ( );　// radius 1 void glutSolidTetrahedron ( );　// radius 1	
Parameters Help	No Parameters

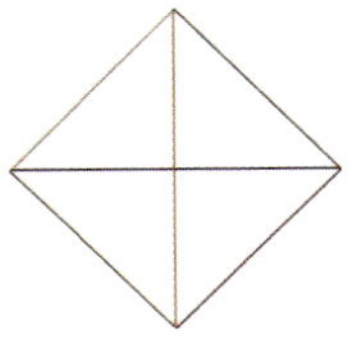

(A) glutWireTetrahedron();

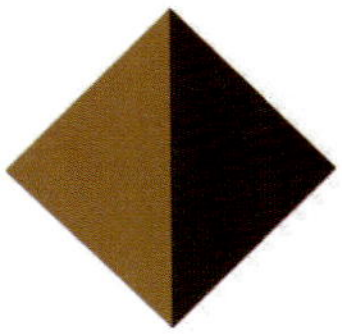

(B) glutSolidTetrahedron();

[그림 1-32] glutWireTetradedron 및 glutSolidTetrahedron 함수를 이용한 3D Primitive 구현 결과

〈표 1-59〉 glutWireOctahedron 및 glutSolidOctahedron 함수의 Prototype

void glutWireOctahedron ( );　// radius 1 void glutSolidOctahedron ( );　// radius 1	
Parameters Help	No Parameters

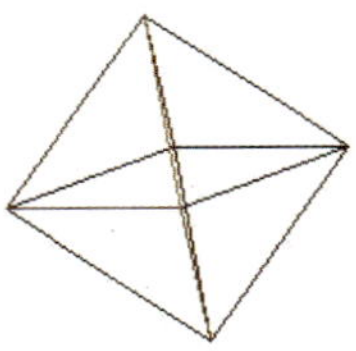

(A) glutWireOctahedron();

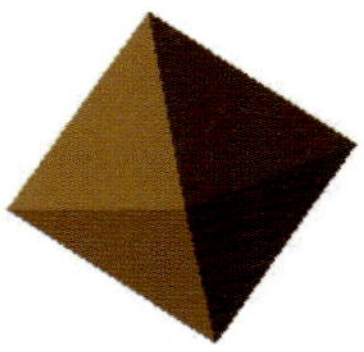

(B) glutSolidOctahedron();

[그림 1-33] glutWireOctahedron 및 glutSolidOctahedron 함수를 이용한 3D Primitive 구현 결과

〈표 1-60〉 glutWireDodecahedron 및 glutSolidDodecahedron 함수의 Prototype

void glutWireDodecahedron ( );　// radius sqrt(3) void glutSolidDodecahedron ( );　// radius sqrt(3)	
Parameters Help	No Parameters

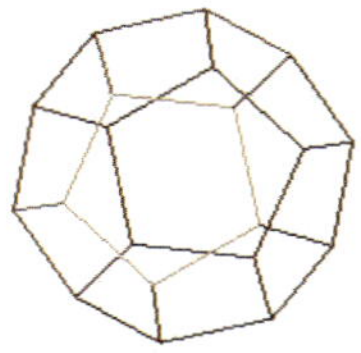

(A) glutWireDodecahedron();

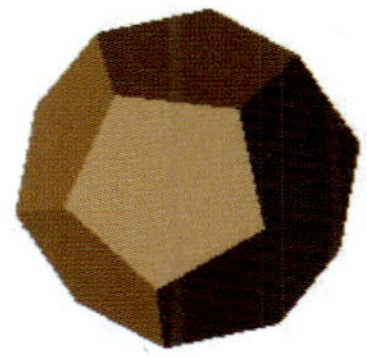

(B) glutSolidDodecahedron();

[그림 1-34] glutWireDodecahedron 및 glutSolidDodecahedron 함수를 이용한 3D Primitive 구현 결과

〈표 1-61〉 glutWireIcosahedron 및 glutSolidIcosahedron 함수의 Prototype

void glutWireIcosahedron ( ); // radius 1
void glutSolidIcosahedron ( ); // radius 1	

Parameters Help	No Parameters

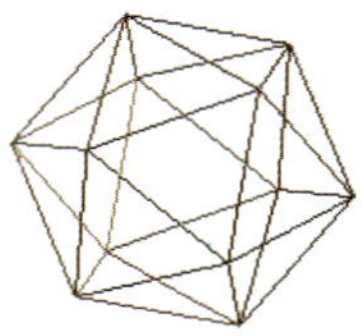

(A) glutWireIcosahedron();

(B) glutSolidIcosahedron();

[그림 1-35] glutWireIcosahedron 및 glutSolidIcosahedron 함수를 이용한 3D Primitive 구현 결과

5. Outline Font를 사용한 Symbol Modeling

문자를 출력하는 기능이 OpenGL과 직접적으로 관련된 것은 아니지만 다양한 Symbol 형태의 3D 문자를 출력하는 것이 가능하다면 추천할 만하기 때문에 소개하고자 한다. 본 교재에서 기술하고 있는 대부분의 소스 코드들은 Win32 Console Application을 기반으로 하고 있는데, 화면에 문자(Text)를 출력하기 위한 기능들은 Win32 Project를 기반으로 하고 있다. 그러나 Win32 Project는 Windows Programming을 기본으로 하고 있기 때문에 소스 코드의 많은 부분에서 Windows Programming을 처음 접하는 초보자라면 매우 복잡해보일 수도 있다. 그러므로 3D Symbol 형태의 Modeling을 구현하기 위한 직접적인 함수 부분에 한정하여 설명하기로 하고 나머지 Windows Programming 부분은 주석을 참고하기 바란다. [그림

1-36]은 영문 알파벳 문자의 대문자(A~Z)를 순서대로 모두 입력하였을 경우에 화면에 출력되는 Symbol Modeling 구현 결과이다.

[그림 1-36] 알파벳(Alphabet) 대문자(A~Z)를 사용하여 구현한 Symbol Modeling 결과

[그림 1-37]은 영문 알파벳 문자의 소문자(a~z)를 순서대로 모두 입력하였을 경우에 화면에 출력되는 Symbol Modeling 구현 결과이다.

[그림 1-37] 알파벳(Alphabet) 소문자(a~z)를 사용하여 구현한 Symbol Modeling 결과

[그림 1-38]은 한글의 자음(ㄱ~ㅎ)을 입력하였을 경우에 화면에 출력되는 Symbol Modeling 구현 결과이다.

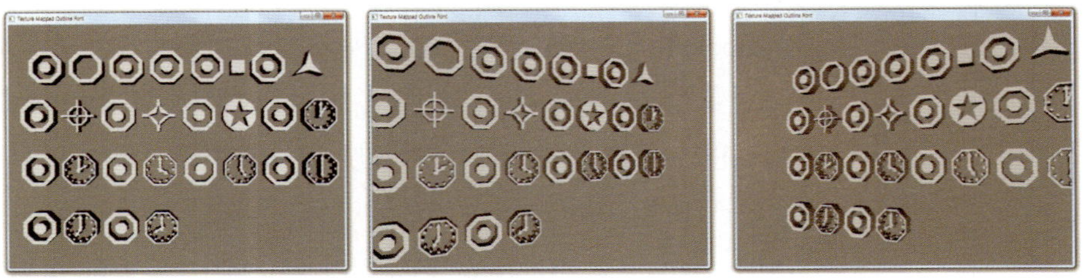

[그림 1-38] 한글 자음(ㄱ~ㅎ)을 사용하여 구현한 Symbol Modeling 결과

[그림 1-39]는 한글의 모음(ㅏ~ㅣ)을 입력하였을 경우에 화면에 출력되는

Symbol Modeling 구현 결과이다.

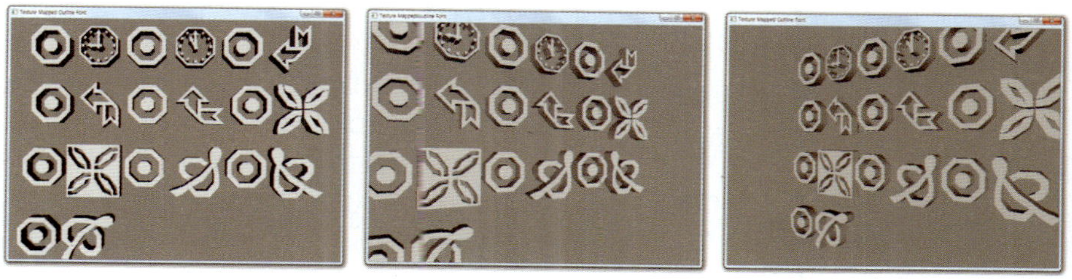

[그림 1-39] 한글 모음(ㅏ~ㅣ)을 사용하여 구현한 Symbol Modeling 결과

[코드 1-10]은 [그림 1-36]에서 [그림 1-39]까지의 구현 결과를 위한 소스 코드이며, 각각의 문자 집합을 별도로 적용하여 구현하여야 한다. 즉, 영문 대문자(A~Z)를 입력으로 사용할 경우에는 다른 모든 문자들에 대한 소스 코드 부분은 주석 처리를 해주어야 한다는 것이다. 왜냐하면 화면에 그려야할 Symbol Modeling 데이터들의 개수가 너무 많기 때문이다.

코드 1-10 Outline Font를 사용한 Symbol Modeling

```
#include <windows.h>
#include <math.h>
#include <stdio.h>
#include <glu.h>
#include <glaux.h>

// 변수 선언 (전체 소스 코드 참조)

GLvoid BuildFont() {
    GLYPHMETRICSFLOAT    gmf[256];   // Address Buffer for font storage
    HFONT      font;                 // Windows Font ID

    base = glGenLists(256);          // Storage for 256 characters

    font = CreateFont( .............................................. ①
                -12,          // Height of font
                 0,           // Width of font
                 0,           // Angle of escapement
                 0,           // Orientation angle
                 FW_BOLD,     // Font weight
```

```
                FALSE,                                  // Italic
                FALSE,                                  // Underline
                FALSE,                                  // Strikeout
                SYMBOL_CHARSET,                         // Character Set Identifier
                OUT_TT_PRECIS,                          // Output Precision
                CLIP_DEFAULT_PRECIS,                    // Clipping Precision
                ANTIALIASED_QUALITY,                    // Output Quality
                FF_DONTCARE|DEFAULT_PITCH,              // Family and Pitch
                "Wingdings");                           // Font name

    SelectObject(hDC, font);                        // Selects the font we created

    wglUseFontOutlines( ······································· ②
                hDC,                            // Select the current DC
                0,                              // Starting character
                255,                            // Number of Display Lists to build
                base,                           // Starting Display Lists
                0.1f,                           // Deviation from the true outlines
                0.2f,                           // Font thickness in the Z direction
                WGL_FONT_POLYGONS,              // Use polygons, Not lines
                gmf);                           // Address of buffer to receive data
}

GLvoid KillFont() {
    glDeleteLists(base, 256);                       // Delete all 256 characters
}

GLvoid glPrint(char *text) {
 . . . . . . . . . .
}

GLvoid ReSizeGLScene(GLsizei width, GLsizei height) {
 . . . . . . . . . .
}

int InitGL() {
    BuildFont();                    // Build the font

 . . . . . . . . . .
}

int DrawGLScene() {
```

```
    glClear(GL_COLOR_BUFFER_BIT | GL_DEPTH_BUFFER_BIT);
    glLoadIdentity();

    glTranslatef( 0.0f, 0.0f, g_fDistance );
    glRotatef( -g_fSpinY, 1.0f, 0.0f, 0.0f );
    glRotatef( -g_fSpinX, 0.0f, 1.0f, 0.0f );

    // 영문자 대문자(A~Z)
    glTranslatef(-2.5, 1.3, 0.0);    glPrint("ABCDEFG");
    glTranslatef(-4.7,-1.0, 0.0);    glPrint("HIJKLMN");
    glTranslatef(-5.3,-1.1, 0.0);    glPrint("OPQRSTU");
    glTranslatef(-5.3,-1.2, 0.0);    glPrint("VWXYZ");

    // 영문자 소문자(a~z) - 전체 소스 코드 참조
    // 한글 자음(ㄱ~ㅎ) - 전체 소스 코드 참조
    // 한글 모음(ㅏ~ㅣ) - 전체 소스 코드 참조

    return TRUE;
}

GLvoid KillGLWindow() {
 . . . . . . . . . . .

    KillFont();
}

BOOL CreateGLWindow(char* title, int width, int height, int bits) {
 . . . . . . . . . . .

    ReSizeGLScene(width, height)          // Set up our perspective GL screen

    if (!InitGL()) {
        KillGLWindow();
        MessageBox(NULL,"Initialization Failed.","ERROR", MB_OK|MB_ICONEXCLAMATION);
        return FALSE;
    }

    return TRUE;
}

LRESULT CALLBACK WndProc(HWND    hWnd,  // Handle for this Window
```

```
UINT    uMsg,                              // Message for this Window
WPARAM    wParam,                          // Additional message information
LPARAM    lParam)                          // Additional message information
{
    static POINT ptLastMousePosit;
    static POINT ptCurrentMousePosit;
    static bool bMousing;

    switch (uMsg) {
     . . . . . . . . . . .

        case WM_LBUTTONDOWN:     // Mouse Callback
            {
                ptLastMousePosit.x = ptCurrentMousePosit.x = LOWORD (lParam);
                ptLastMousePosit.y = ptCurrentMousePosit.y = HIWORD (lParam);
                bMousing = true;
            }
            break;

        . . . . . . . . . . .

        case WM_MOUSEMOVE:       // Motion Callback
            {
                ptCurrentMousePosit.x = LOWORD (lParam);
                ptCurrentMousePosit.y = HIWORD (lParam);

                if( bMousing ) {
                    g_fSpinX -= (ptCurrentMousePosit.x - ptLastMousePosit.x);
                    g_fSpinY -= (ptCurrentMousePosit.y - ptLastMousePosit.y);
                }

                ptLastMousePosit.x = ptCurrentMousePosit.x;
                ptLastMousePosit.y = ptCurrentMousePosit.y;
            }
            break;

        case WM_SIZE:
            {
                ReSizeGLScene(LOWORD(lParam),HIWORD(lParam));
                return 0;
            }
            break;
```

```
    }

    // Pass all unhandled messages to DefWindowProc
    return DefWindowProc(hWnd,uMsg,wParam,lParam);
}

int WINAPI WinMain(HINSTANCE    hInstance,    // Instance
  . . . . . . . . . . .
}
```

[코드 1-10]에서 ①의 CreateFont 함수는 Window32 Console Application에서는 사용할 수 없고, Window32 Project에서는 사용 가능한 문자 생성과 관련된 Windows 함수로서, 지정된 특성을 가진 논리적인 글꼴을 생성해주는 기능을 수행한다. CreateFont 함수는 매우 많은 매개변수(Parameter)들을 가지고 있는데, 본 절에서는 문자를 이용한 Symbol을 생성하기 위한 부분에 한정된 매개변수(Parameter)에 대하여만 살펴보기로 하고 나머지 매개변수(Parameter)들은 각자 알아보기 바란다. 〈표 1-62〉는 CreateFont 함수의 Prototype인데, 매개변수(Parameter)들 중 fdwCharSet은 Symbol 문자 출력을 설정할 수 있는 부분이다.

〈표 1-62〉 CreateFont 함수의 Prototype

```
nFont CreateFont ( __in int nHeight, __in int nWidth, __in int nEscapement,
                   __in int nOrientation, __in int fnWeight, __in DWORD fdwItalic,
                   __in DWORD fdwUnderline, __in DWORD fdwStrikeOut,
                   __in DWORD fdwCharSet, __in DWORD fdwOutputPrecision,
                   __in DWORD fdwClipPrecision, __in DWORD fdwQuality,
                   __in DWORD fdwPitchAndFamily, __in LPCTSTR lpszFace );
```

Parameters Help	......	
	fdwCharSet	// 문자 집합을 설정한다.
	ANSI_CHARSET	// 현재 시스템이 영문일 경우 ANSI 문자 집합
	BALTIC_CHARSET	// 발트의 리투아니아어 문자 집합
	CHINESEBIG5_CHARSET	// 중국어 번체 문자 집합
	DEFAULT_CHARSET	// 현재 운영체제를 기반으로 하는 문자 집합
	EASTEUROPE_CHARSET	// 동유럽의 슬로베니아어 문자 집합
	GB2312_CHARSET	// 중국어 간체 문자 집합
	GREEK_CHARSET	// 그리스어 문자 집합
	HANGUL_CHARSET	// 한글 문자 집합
	MAC_CHARSET	// MAC 문자 집합

Parameters Help	OEM_CHARSET // 운영체제에 종속적인 문자 집합 RUSSIAN_CHARSET // 러시아어 문자 집합 SHIFTJIS_CHARSET // 일본어 문자 집합 SYMBOL_CHARSET // Symbol 문자 집합 TURKISH_CHARSET // 터키어 문자 집합 VIETNAMESE_CHARSET // 베트남어 문자 집합 JOHAB_CHARSET // 한글 Windows의 경우 한글 조합형 문자 집합 ARABIC_CHARSET // 중동 국가 Windows의 경우 아라비아어 문자 집합 HEBREW_CHARSET // 중동 국가 Windows의 경우 히브리어 문자 집합 THAI_CHARSET // 태국 Windows의 경우 태국어 문자 집합 ......

Glyph(그림 문자, 상형 문자)

②의 wglUseFontOutlines 함수는 현재 Rendering Context에 사용할 수 있도록 하는 Device Context의 현재 선택된 Outline Font의 각 Glyph(그림 문자, 상형 문자)에 대해 Display List의 집합을 생성한다. Display List는 TrueType 글꼴(Font)의 3D 문자를 그리는 데 사용되어진다. 각 Display List는 부동 소수점(Float-point) 좌표의 Glyph(그림 문자, 상형 문자) Outline(윤곽선)을 기술한다. Glyph의 실행은 지정된 Device Context의 글꼴(Font)의 첫 번째 Glyph로 시작한다. wglUseFontOutlines 함수에 대해서는 〈표 1-63〉의 wglUseFontOutlines 함수에 대한 Prototype에서 더 자세한 정보를 확인할 수 있다.

〈표 1-63〉 wglUseFontOutlines 함수의 Prototype

BOOL wglUseFontOutlines (HDC *hdc*, DWORD *first*, DWORD *count*, DWORD *listBase*, FLOAT *deviation*, FLOAT *extrusion*, int *format*, LPGLYPHMETRICSFLOAT *lpgmf*);	

Parameters Help	*hdc* // 희망하는 Outline Font를 가진 Device Context를 지정한다.
	// hdc의 Outline Font는 현재 Rendering Context에서
	// Display List를 생성하기 위해서 사용되어진다.
	first // Font Outline Display List를 구성하는
	// Glyph(그림 문자, 상형 문자) 집합의 첫 번째를 지정한다.
	count // Font Outline Display List를 형성하기 위해 사용되는 Glyph 집합의
	// Glyph의 개수를 지정한다.
	listBase // 시작하는 Display List를 지정한다.
	deviation // 원본 Outline에서 최대 화음(Chordal) 편차(Deviation)를 지정한다.
	// 편차가 0일 때 화음 편차는 원본 Font의 하나의 Design Unit와 같다.
	// 편차의 값은 0보다 크거나 같아야 한다.

Parameters Help	*extrusion*	// Font가 -Z 축 방향으로 얼마나 돌출(Extrusion)되었는지를 지정한다.
		// 그 값은 0보다 크거나 같아야 한다.
		// 돌출(Extrudicn)이 0인 경우 Display List는 돌출되지 않는다.

	format	// Display List에서 사용하기 위해 WGL_FONT_LINES 및
		// WGL_FONT_POLYGONS를 지정한다.
		// WGL_FONT_LINES는 Line Segment로 Font를 생성한다.
		// WGL_FONT_POLYGONS는 Polygon으로 Font를 생성한다.

	lpgmf	// Glyph(그림 문자, 상형 문자)의 Matrix들을 받기 위한
		// 계수 GLYPHMETRICSFLOAT 구조의 배열을 가리킨다.
		// 만약 NULL이면 Glyph Matrix는 반환하지 않는다.

여기서 GLYPHMETRICSFLOAT 구조체는 문자 Cell에 Glyph(그림 문자, 상형 문자)의 위치와 방향에 대한 정보를 포함하고 있는데, 〈표 1-64〉의 GLYPHMETRICSFLOAT 구조체에 대한 Prototype에서 더 자세한 정보를 확인할 수 있다.

〈표 1-64〉 GLYPHMETRICSFLOAT 구조체의 Prototype

```
typedef struct _GLYPHMETRICSFLOAT {
    FLOAT          gmfBlackBoxX ;
    FLOAT          gmfBlackBoxY ;
    POINTFLOAT     gmfptGlyphOrigin ;
    FLOAT          gmfCellIncX ;
    FLOAT          gmfCellIncY ;
} GLYPHMETRICSFLOAT, *PGLYPHMETRICSFLOAT ;
```

Parameters Help	*gmfBlackBoxX*	// Glyph(그림 문자, 상형 문자)를 완전히 포함하는 가장 작은 // 사각형 즉, Glyph의 검정색 박스의 넓이를 지정한다.
	gmfBlackBoxY	// Glyoph(그림 문자, 상형 문자)를 완전히 포함하는 가장 작은 // 사각형 즉, Glyph의 검정색 박스의 높이를 지정한다.

	gmfptGlyphOrigin	// Glyph(그림 문자, 상형 문자)를 완전히 포함하는 가장
		// 작은 사각형 즉, Glyph의 검정색 박스의 Upper Left
		// 모서리의 X축과 Y축의 좌표를 지정한다.

	gmfCellIncX	// 현재 문자 Cell의 원점에서 다음 문자 Cell의 원점까지 // 수평(Horizontal) 거리를 지정한다.
	gmfCellIncY	// 현재 문자 Cell의 원점에서 다음 문자 Cell의 원점까지 // 수직(Vertical) 거리를 지정한다.

요약 SUMMARY

1 OpenGL API는 Header file(*.h), Library file(*.lib), Dynamic Link Library file(*.dll) 등으로 구성되어져 있으며, GL, GLU, GLAUX, GLUT 등으로 구분할 수 있다. GL은 Rendering 기능을 제공하는 핵심 Library로서 OpenGL의 Library를 실제로 정의한다. GLU는 Polygon, Cylinder, Surface 등의 생성 및 Matrix 연산 등 각종 50여 개의 함수를 제공한다. GLAUX는 윈도우를 제어하기 위한 함수를 제공하지만 GUI(Graphics User Interface)에 대한 기능이 부족하기 때문에 유용한 응용 프로그램을 만들기에는 적절하지 못하고, 특히 Windows용 GLAUX는 Bug가 많고 충돌이 자주 발생하는 문제점을 가지고 있다. GLAUX의 문제점을 해소하기 위해 제작된 GLUT는 사용자 입력을 받아들이거나 화면 윈도우를 제어하기 위한 함수이다.

2 Rendering Pipeline은 Graphics Pipeline이라고도 하는데, 그래픽스 하드웨어가 지원하는 Rasterization에 기반한 Rendering 방식의 현상태를 말한다. 본 교재에서는 필자가 주장하고자 하는 Pipeline과 실시간 그래픽스 Pipeline 및 OpenGL Rendering Pipeline 등으로 구분하고 있다. 본 교재에서 필자가 주장하고자 하는 Pipeline은 객체를 시작으로 Modeling 과정을 거치고 Rendering 과정을 거쳐 동영상, 게임 및 애니메이션을 제작하는 일련의 과정을 말한다. Modeling 과정에서는 Wire-frame Modeling, Surface Modeling 및 Solid Modeling 등으로 구분하며, Rendering 과정에서는 Hidden Surface(Line) Removal, Shading 및 Texture Mapping 등으로 구분한다.

3 Modeling은 3D 공간에 표현할 객체를 제작하는 것으로서 OpenGL API를 구분하여 GL Modeling, GLU Modeling, GLUT Modeling 및 Outline Font를 사용한 Symbol Modeling 등으로 세분화하였다. GL Modeling은 Point, Line 및 Polygon 등과 같이 한 개 이상의 Vertex들을 연결하여 3D 객체를 생성하기 위한 다양한 기본 요소들을 의미하는 Primitive들을 어떻게 생성하여 사용할 것인가 하는 것에 목적을 두고 있다. GLU Modeling은 3D 공간에서 기하학적인 3D 객체를 생성하는 것 즉, Cone, Cylinder, Sphere 및 Disk 등과 같은 Quadric Surface를 사용하여 Modeling하는 것이다. 그리고 GLUT Modeling은 Sphere(원구), Cone(원뿔), Cube(정육면체), Torus(원환체), Dodecahedron(12면체), Teapot(차 주전자), Octahedron(8면체), Tetrahedron(4면체), Icosahedron(20면체) 등과 같은 3D Primitive들을 Modeling할 수 있다. 마지막 Outline Font를 사용한 Symbol Modeling은 OpenGL과 직접적으로 관련된 것은 아니지만 다양한 Symbol 형태의 3D 문자를 출력하는 것이 가능하며, 영문 알파벳 대·소문자, 한글 등의 문자를 Symbol로 표현한 것이다.

연습문제

1. OpenGL API는 다양한 기능을 가진 3차원 컴퓨터 그래픽스를 구현하기 위해 사용되는 Library들의 집합이다. 그렇다면 OpenGL API는 구체적으로 어떤 Library들로 구성되어져 있으며, 각각의 주요 기능은 무엇인지 기술하시오.

2. OpenGL API를 Microsoft Visual Studio C++의 환경에서 사용하려면 Header File(*.h), Library File(*.lib) 및 Dynamic Link Library File(*.dll)을 설정하여야 한다. 본인이 사용하고 있는 Microsoft Visual Studio C++의 환경에 맞게 설치하여야하는 폴더와 파일들의 종류를 기술하시오.

3. OpenGL API를 Microsoft Visual Studio C++의 환경에서 사용하려면 Project Setting에서 직접적으로 입력해주어야 하는 Library 파일들이 있다. 기본적인 OpenGL Library들을 사용하고자 한다면 Library 파일명을 직접 입력해야하는 위치와 파일명들을 기술하시오.

4. 본 교재에서는 Microsoft Visual Studio C++에 OpenGL API를 설치하는 방법 및 과정에 대하여 구체적으로 설명하고 있다. 그렇다면 Microsoft Visual Studio의 Visual Basic, Visual C#, Visual F# 및 .NET Framwork 등과 같이 다른 개발용 프로그래밍 언어 환경에 갖는 OpenGL API의 설치 방법에 대하여 자세히 기술하라.

5. 3차원 컴퓨터 그래픽스를 구현함에 있어서 OpenGL API와 함께 추가적으로 3차원 컴퓨터 그래픽스의 성능을 지원해주는 Library들이 있다. 어떤 것들이 있는지 알아보고 각 Library들의 용도를 기술하시오.

6. 3차원 컴퓨터 그래픽스를 구현함에 있어서 OpenGL API와 별개로 존재하지만 OpenGL API와 같이 3차원 컴퓨터 그래픽스를 구현하기 위한 목적을 가지고 있는 Library들이 있다. 어떤 것들이 있는지 알아보고 각 Library들의 용도를 기술하시오.

7. OpenGL API는 GL, GLU, GLAUX, GLUT 등과 같이 각 Library들마다 고유의 함수들을 제공하고 있다. 각 Library들마다 함수들을 구분하기 위한 방법을 예

를 들어 기술하시오.

8. OpenGL API는 Platform에 독립적으로 3차원 컴퓨터 그래픽스를 구현할 수 있도록 지원해주는 Library이다. 그렇다면 여러 가지 종류의 운영체제 환경에 맞는 OpenGL API는 어떤 것들이 있으며 이들을 구별하기 위한 방법을 기술하시오.

9. 실시간(Real-time) Graphics Pipeline은 무엇인지 그림과 함께 기술하시오.

10. OpenGL Rendering Pipeline은 무엇인지 그림과 함께 기술하시오.

11. Modeling이란 무엇이며, Modeling의 3가지 종류를 그림과 함께 간단히 비교하여 설명하시오.

12. 3D Primitive란 무엇인지 그림과 함께 기술하시오.

13. 3차원 공간에 Vertex들을 사용하여 Circle을 생성하고자 한다. Circle을 형성하는 Vertex들의 좌표를 구하기 위한 수식은 무엇이며, OpenGL 코드는 어떻게 되는지 그림과 함께 기술하고 자세히 설명하시오.

14. 3차원 컴퓨터 그래픽스는 오른손 좌표계를 사용한다. 오른손 좌표계란 무엇인지 설명하고, 어떻게 사용한다는 것인지 그림과 함께 기술하시오.

15. Quadrics란 무엇인지 설명하고, OpenGL API의 어떤 Library에서 제공하는 함수들인지와 어떻게 사용하는지 그리고 어떤 종류의 Quadrics들을 생성할 수 있는지에 대하여 예를 들어 기술하시오.

16. GLUT Library들로 생성할 수 있는 3D Primitive들은 어떤 종류들이 있으며 이들을 생성할 수 있는 함수들에 대하여 그림과 함께 기술하시오.

17. Win32 Project를 기반으로 Outline Font를 사용하여 다양한 Symbol을 Modeling할 수 있다. 이때 영문자 알파벳 소 · 대문자, 한글 자음과 모음을 제외한 다른 문자로 Symbol을 Modeling할 수 있는 것이 있는지 찾아보고, 있다면 어떤 문자를 사용하였을 때 어떤 종류의 Symbol Modeling이 가능한지 구현하시오.

참고문헌

01 OpenGL Reference,
http://msdn.microsoft.com/en-us/library/dd368808(v=vs.85).aspx

02 OpenGL Rendering Pipeline,
http://www.cs.kent.edu/~farrell/graphics/opengl/openglprog1.2/opengl/render.html

03 OpenGL Reference,
http://msdn.microsoft.com/en-us/library/ms537286(v=vs.85).aspx

04 GLM,
http://www.3dcodingtutorial.com/Working-with-3D-models/Getting-GLM.html

05 Graphcis Pipeline,
http://goanna.cs.rmit.edu.au/~gl/teaching/Interactive3D/2012/lecture2.html

06 Graphics Rendering Pipeline,
http://celdee.tistory.com/538

07 주우석, "IT CookBook, OpenGL로 배우는 컴퓨터 그래픽스", 한빛미디어(주), 2006.

08 Quadric Surfaces,
http://science.kennesaw.edu/~plaval/math2203/func3d.pdf

09 Quadric,
http://en.wikipedia.org/wiki/Quadric

COMPUTER GRAPHICS

02 CHAPTER

Callback Programming

CONTENTS

CHAPTER 02

Callback Programming

Callback
Event Handler

Callback은 피호출자(Callee)가 호출자(Caller)를 호출하는 것을 말하며, 주로 Windows Programming에서 많이 사용되고 있다. 일반적으로 Windows Programming에서 Win32 API를 호출하는 것으로 알려져 있는데, Window System이 Windows Application을 호출할 경우도 있다. 이런 경우 Windows Application은 Callback 함수를 Windows System에 알려주고 일정한 조건이 만족될 경우 Windows System은 Callback 함수를 호출해준다. OpenGL에서 Callback 함수는 Application이 Event를 처리하는 방법을 말한다. 즉, Event의 유형(Type)에 따라 프로그램이 수행해야할 내용을 함수로 나타낸 것으로서 Event Handler라고도 한다. OpenGL에서 주로 사용되는 Callback 함수들은 Display Callback, Reshape Callback, Keyboard Callback, Mouse Callback, Menu Callback, Idle Callback 및 Timer Callback 등이 있다.

Display Callback은 '처음 Window를 열 때', 'Window의 위치를 이동시킬 때', 'Window의 크기를 변경할 때', '앞 Window에 가려서 안 보이던 뒤 Window가 활성화되어 앞으로 나타날 때' 및 'glutPostRedisplay 함수에 의해 Event Queue에 Flag가 게시될 때' 등의 경우에 자동으로 호출되는 것이다. Reshape Callback은 '처음 Window를 열 때', 'Window의 위치를 이동시킬 때' 및 'Window의 크기를 변경할 때' 등의 경우에 자동으로 호출되는 것이다. Keyboard Callback은 컴퓨터와 사용자 사이의 인터페이스 역할을 하는 Keyboard의 문자 Key나 함수 Key 등의 입력에 대해 호출되는 것이다. Mouse Callback은 Mouse Button을 누르거나 Mouse의 위치를 이동시켜서 화면에 있는 Cursor의 위치를 이동시키는 등의 Event를 발생시킬 수 있는데, 이와 같은 Mouse Event가 발생할 때마다 호출되는 것이다. Menu Callback은 Window에서 제공하는 메뉴보다는 Pop-Up 형태의 메뉴를 호출하는 것이다. Idle Callback은 glutMainLoop 함수가 Event Loop를 돌 때마다 Queue에 쌓인 Event를 검사하는데, Queue에 아무런 Event가 들어있지 않은 경우에 호출하는 것이다. Timer Callback은 Vertex를 직접 제어하는 Idle Callback과는 다르게 Time을 제어하여 애니메이션에서 많이 사용되는 것이다. 본 장에서는 이와 같은 다양한 종류의 Callback 함수들을 사용하여 Callback Programming을 구현해보도록 한다.

01 Section Display Callback

Display Callback

Display Callback은 <표 2-1>의 5가지 항목과 같은 경우에 자동적으로 호출되어지며 그 이외의 경우에는 호출되지 않는다. 또한 ①에서 ③까지는 Reshape Callback이 호출되어지는 경우와 동일하며, Reshape Callback이 호출되어지면 Display Callback이 자동적으로 실행되어짐을 의미한다.

〈표 2-1〉 Display Callback이 자동으로 호출되는 경우

① 처음 Window를 열 때
② Window의 위치를 이동시킬 때
③ Window의 크기를 변경할 때
④ 앞 Window에 가려서 안 보이던 뒤 Window가 활성화되어 앞으로 나타날 때
⑤ glutPostRedisplay 함수에 의해 Event Queue에 Flag가 게시될 때

Display Callback을 호출하기 위한 GLUT의 glutDisplayFunc 함수는 현재 Window를 위한 Display Callback을 설정한다. [그림 2-1]은 Display Callback의 구현 결과이며, [코드 2-1]은 그 소스 코드이다.

[그림 2-1] Display Callback 구현 결과

코드 2-1

Display Callback

```
#include <glut.h>

void MyDisplay( ) { ............................................................ ①
   glClear(GL_COLOR_BUFFER_BIT);
   glColor3f(0.5, 0.5, 0.5);
   glBegin(GL_POLYGON);
      glVertex3f(-0.5, -0.5, 0.0);
      glVertex3f(0.5, -0.5, 0.0);
      glVertex3f(0.5, 0.5, 0.0);
      glVertex3f(-0.5, 0.5, 0.0);
   glEnd( );
   glFlush( );
}

int main(int argc, char** argv) {
   glutInit(&argc,argv);
   glutInitDisplayMode(GLUT_RGB);
   glutInitWindowSize(300, 300);
   glutInitWindowPosition(0, 0);
   glutCreateWindow("Display Callback");
   glClearColor (1.0, 1.0, 1.0, 1.0);
   glutDisplayFunc(MyDisplay); ................................................ ②

   glutMainLoop( );
   return 0;
}
```

[코드 2-1]에서 ①의 void MyDisplay()은 ②의 Display Callback을 선언한 함수 glutDisplayFunc(MyDisplay)에 의해 호출되어지는 함수로서 실제적으로 Display Callback을 수행하는 함수이다. ②의 glutDisplayFunc(MyDisplay)는 Display Callback을 선언하는 함수이고, 매개변수(Parameter) MyDisplay는 실제로 Display Callback을 수행하기 위한 함수이다. 그러므로 ②는 ①의 MyDisplay 함수를 호출하여 Display Callback을 수행하게 된다. <표 2-2>는 ②에서 사용된 glutDisplayFunc 함수의 Prototype이다.

〈표 2-2〉 glutDisplayFunc 함수의 Prototype

void glutDisplayFunc (void (*func)(void));	
Parameters Help	*func* // 호출할 새로운 Display Callback 함수

02 Section Reshape Callback

Reshape Callback

Reshape Callback은 <표 2-3>의 3가지 항목과 같은 경우에 자동적으로 호출되어지며 그 이외의 경우에는 호출되지 않는다. Reshape Callback을 사용하는 가장 큰 이유는 거의 모든 프로그램들을 사용하는 대부분의 사용자가 Window의 크기를 변경하거나 Window의 위치를 이동시킬 경우 Window 내부에 있는 모든 객체들의 모습이 Window의 크기나 위치에 따라 변화되기를 기대하고 있는데, 이와 같은 경우 Reshape Event가 발생한 것으로 추급하여 Reshape Callback이 Window에 다시 그려주게 되기 때문이다.

〈표 2-3〉 Reshape Callback이 자동으로 호출되는 경우

① 처음 Window를 열 때
② Window의 위치를 이동시킬 때
③ Window의 크기를 변경할 때

Reshape Callback을 호출하기 위한 GLUT의 glutReshapeFunc 함수는 현재 Window를 위한 Reshape Callback을 설정한다. [그림 2-2]는 Reshape Callback의 구현 결과이며, [코드 2-2]는 그 소스 코드이다.

[그림 2-2] Reshape Callback 구현 결과

코드 2-2 Reshape Callback

```
#include <glut.h>

void MyDisplay( ) {
   glClear(GL_COLOR_BUFFER_BIT);
   glColor3f(0.5, 0.5, 0.5);
   glBegin(GL_POLYGON);
      glVertex3f(-0.5, -0.5, 0.0);
      glVertex3f(0.5, -0.5, 0.0);
      glVertex3f(0.5, 0.5, 0.0);
      glVertex3f(-0.5, 0.5, 0.0);
   glEnd( );
   glFlush( );
}
```

```
void MyReshape(int NewWidth, int NewHeight) { ····························· ①
    glViewport(0, 0, NewWidth, NewHeight);
    GLfloat WidthFactor = (GLfloat)NewWidth / (GLfloat)300;
    GLfloat HeightFactor = (GLfloat)NewHeight / (GLfloat)300;
    glMatrixMode(GL_PROJECTION);
    glLoadIdentity();
    glOrtho(-1.0 * WidthFactor, 1.0 * WidthFactor,
            -1.0 * HeightFactor, 1.0 * HeightFactor, -1.0, 1.0);
}

int main(int argc, char** argv) {
    glutInit(&argc,argv);
    glutInitDisplayMode(GLUT_RGB);
    glutInitWindowSize(300, 300);
    glutInitWindowPosition(0, 0);
    glutCreateWindow("Reshape Callback");
    glClearColor (1.0, 1.0, 1.0, 1.0);
    glutDisplayFunc(MyDisplay);
    glutReshapeFunc(MyReshape);  ·············································· ②

    glutMainLoop( );
    return 0;
}
```

[코드 2-2]에서 ①의 void MyReshape(int NewWidth, int NewHeight)는 ②의 Reshape Callback을 선언한 함수 glutReshapeFunc(MyReshape)에 의해 호출되어지는 함수로서 실제적으로 Reshape Callback을 수행하는 함수이다. 여기서 매개변수(Parameter)인 Width와 Height는 Reshape Event가 발생할 경우 GLUT가 매개변수(Parameter) 값들을 통해서 Window의 Width와 Height를 Callback 함수에 넘겨주기 위해 사용되어진다. ②의 glutReshapeFunc(MyReshape)는 Reshape Callback을 선언한 함수이고, 매개변수(Parameter) MyReshape는 실제로 Reshape Callback을 수행하기 위한 함수이다. 그러므로 ②는 ①의 MyReshape 함수를 호출하여 Reshape Callback을 수행하게 된다. <표 2-4>는 ②에서 사용된 glutReshapeFunc 함수의 Prototype으로서 glutReshapeFunc 함수에 대하여 더 자세한 정보를 알 수 있다.

〈표 2-4〉 glutReshapeFunc 함수의 Prototype

void glutReshapeFunc (void(*func)(int *width*, int *height*));	
Parameters Help	*func* // 호출할 새로운 Reshape Callback 함수 *width* // Window의 넓이 (단위 : Pixel) *height* // Window의 높이 (단위 : Pixel)

03 Section Keyboard Callback

Keyboard Callback

Keyboard Callback은 컴퓨터와 사용자 사이의 인터페이스 역할을 하는 Keyboard의 문자키나 함수키 등의 입력에 대해 호출되는 함수이다. Keyboard Callback은 glutKeyboardFunc 함수와 glutSpecialFunc 함수로 구분되어진다. glutKeyboardFunc 함수는 Keyboard Event가 발생하였을 때 GLUT는 눌러진 Key를 매개변수(Parameter)의 key를 통해서 Callback 함수에게 전달한다. 또한 Key가 눌러진 순간의 Mouse의 위치는 GLUT 화면 좌표계의 값을 매개변수(Parameter)의 x와 y에 의해 Callback 함수에게 전달한다. 여기서 GLUT 좌표계는 나중에 자세히 설명하겠지만, 간단히 말하면 모니터 왼쪽 윗부분을 원점(0, 0)으로 설정하고, 오른쪽 방향을 X축, 아래 방향을 Y축으로 설정한 좌표계이다. glutKeyboardFunc 함수에 대해서는 <표 2-5>의 glutKeyboardFunc 함수에 대한 Prototype에서 더 자세한 정보를 확인할 수 있다.

〈표 2-5〉 glutKeyboardFunc 함수의 Prototype

void glutKeyboardFunc (void(*func)(unsigned char *key*, int *x*, int *y*));	
Parameters Help	*func* // 호출할 새로운 Keyboard Callback 함수 *key* // Keyboard로부터 입력되는 ASCII 문자 *x* // Mouse의 GLUT 좌표계의 X축 위치 *y* // Mouse의 GLUT 좌표계의 Y축 위치

Keyboard의 Key들 중 Function Key, Arrow Key 등 특수 기능을 가진 Key들에 대한 Callback 함수를 등록하려면 glutSpecialFunc 함수를 사용하여야 하며, glutSpecialFunc 함수에 대해서는 <표 2-6>의 glutSpeicalFunc 함수에 대한 Prototype에서 더 자세한 설명을 확인할 수 있다.

〈표 2-6〉 glutSpecialFunc 함수의 Prototype

void glutSpecialFunc (void(*func)(int key, int x, int y));	
Parameters Help	*func* // 호출할 새로운 Entry Callback 함수 *key* // Special Key를 위한 GLUT_KEY_* 의 상수 *x* // Mouse의 GLUT 좌표계의 X축 위치 *y* // Mouse의 GLUT 좌표계의 Y축 위치

glutSpecialFunc 함수에서 취급하는 Keyboard Event들은 <표 2-7> 및 [그림 2-3]과 같은 특수 기능을 수행하는 Key들로 구성되어져 있으며, 이와 같은 정의들은 Header File들 중 glut.h에 포함되어져 있다.

〈표 2-7〉 glutSpecialFunc 함수에서 사용 가능한 특수 Key들에 대한 정의

Function Keys		Directional Keys	
#define GLUT_KEY_F1	1	#define GLUT_KEY_LEFT	100
#define GLUT_KEY_F2	2	#define GLUT_KEY_UP	101
#define GLUT_KEY_F3	3	#define GLUT_KEY_RIGHT	102
#define GLUT_KEY_F4	4	#define GLUT_KEY_DOWN	103
#define GLUT_KEY_F5	5	#define GLUT_KEY_PAGE_UP	104
#define GLUT_KEY_F6	6	#define GLUT_KEY_PAGE_DOWN	105
#define GLUT_KEY_F7	7	#define GLUT_KEY_HOME	106
#define GLUT_KEY_F8	8	#define GLUT_KEY_END	107
#define GLUT_KEY_F9	9	#define GLUT_KEY_INSERT	108
#define GLUT_KEY_F10	10		
#define GLUT_KEY_F11	11		
#define GLUT_KEY_F12	12		

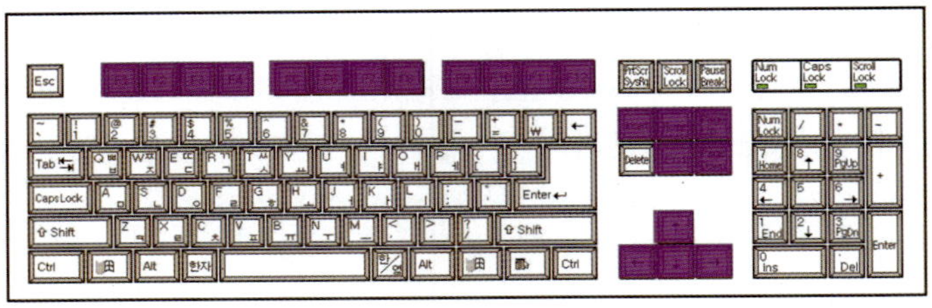

[그림 2-3] glutSpecialFunc 함수에서 Event로 취급하는 Keyboard의 Key들

IGUI(Interactive Graphics User Interface)

두 가지 종류로 구분되어져 있는 Keyboard Callback 함수 즉, glutKeyboardFunc 함수 및 glutSpecialFunc 함수는 프로그래머가 구현하고자 하는 프로그램에서 IGUI(Interactive Graphics User Interface) 측면에서 볼 때 어떤 Keyboard Callback 함수의 기능이 더 적합한지를 잘 판단하여 사용하면 된다.

[그림 2-4]는 Keyboard Callback 함수를 사용하여 구현한 결과이고, [코드 2-3]은 그 소스 코드인데, Keyboard Callback 함수를 어떻게 사용하는지에 대한 매우 간단한 수준에 그치고 있다. 그러나 Keyboard Callback 함수를 사용하는 방법에 대한 이해를 충분히 하였다면 Keyboard Callback 함수와 관련된 Project를 구현함에 있어서 충분히 가능할 것으로 본다.

[그림 2-4] Keyboard Callback 구현 결과

코드 2-3 Keyboard Callback

```
#include <glut.h>

void MyDisplay( ) {
    glClear(GL_COLOR_BUFFER_BIT);
    glColor3f(0.5, 0.5, 0.5);
    glBegin(GL_POLYGON);
        glVertex3f(-0.5, -0.5, 0.0);
        glVertex3f(0.5, -0.5, 0.0);
        glVertex3f(0.5, 0.5, 0.0);
        glVertex3f(-0.5, 0.5, 0.0);
    glEnd();
    glFlush();
}

void MyKeyboard(unsigned char key, int x, int y) {  ......  ①
    switch (key) {
        case 'Q':
            exit(0); break;
        case 'q':
            exit(0); break;
        case 27:
            exit(0); break;
    }
    glutPostRedisplay();
}

void MySpecial(int key, int x, int y) {  ......  ②
    switch (key) {
        case GLUT_KEY_F1 :
            break;
        case GLUT_KEY_LEFT :
            break;
        default :
            break;
    }
}

void MyInit() {
    glClearColor (1.0, 1.0, 1.0, 1.0);
    glMatrixMode(GL_PROJECTION);
    glLoadIdentity();
```

```
    glOrtho(-1.0, 1.0, -1.0, 1.0, -1.0, 1.0);
}

int main(int argc, char** argv) {
    glutInit(&argc,argv);
    glutInitDisplayMode(GLUT_RGB);
    glutInitWindowSize(300, 300);
    glutInitWindowPosition(0, 0);
    glutCreateWindow("Keyboard Callback");
    MyInit();
    glutDisplayFunc(MyDisplay);
    glutKeyboardFunc(MyKeyboard); ........................................ ③
    glutSpecialFunc(MySpecial); .......................................... ④

    glutMainLoop();
    return 0;
}
```

[코드 2-3]에서 ①의 MyKeyboard(unsigned char key, int x, int y)는 ③의 glutKeyboardFunc(MyKeyboard) 함수에 의해 호출되어지는 함수로서 Keyboard Callback을 실제적으로 수행하는 함수이다. ②의 MySpecial(int key, int x, int y)는 ④의 glutSpecialFunc(MySpecial) 함수에 의해 호출되어지는 함수로서 Keyboard Callback을 실제적으로 수행하는 함수이다. ①과 ②에서 Callback 함수의 매개변수(Parameter)인 key, x, y 등은 프로그래머가 넘겨주는 것이 아니라 Keyboard 입력 Event가 발생되면 GLUT로부터 자동적으로 넘겨받는 것들이다. ③의 glutKeyboardFunc(MyKeyboard) 함수는 Keyboard Callback에 의해 Callback 함수인 MyKeyboard를 등록하는 것으로서, MyKeyboard 함수를 호출하여 Keyboard Callback을 실제적으로 수행하게 한다. ④의 glutSpecialFunc(MySpecial)는 Keyboard Callback에 의해 Callback 함수인 MySpecial을 등록하는 것으로서, MySpecial 함수를 호출하여 Keyboard Callback을 실제적으로 수행하게 한다.

Modifier Key

Keyboard Callback 함수를 사용한 프로그래밍을 구현하다 보면 특수한 경우가 있는데, 단순히 하나의 문자 Key나 함수 Key를 사용하는 경우가 아니라 Ctrl, Alt, Shift 등의 Key와 함께 문자 Key나 함수 Key를 사용하는 경우가 있다. 이와 같은 Key들을 Modifier Key라고 하는데, glutGetModifiers 함수를 사용하여 Ctrl, Alt, Shift 등과 같은 Key들 중 어떤 것이 눌러졌는지를 인지할 수 있다. Ctrl, Alt, Shift 등과 같은 Key를 인지하게 되면 GLUT는 GLUT_ACTIVE_SHIFT, GLUT_

ACTIVE_CTRL, GLUT_ACTIVE_ALT 등의 정수형 상수를 돌려준다. 만약 [코드 2-3]의 코드에서 이와 같은 Key를 if 문을 사용하여 추가하고 싶다면 [코드 2-4]와 같이 사용하면 된다. 또한 switch 문을 그대로 사용하고 싶다면 [코드 2-4]의 if 문을 참고하여 비슷한 유형으로 추가하던 된다.

코드 2-4 Ctrl, Alt, Shift 등과 함께 문자 Key나 함수 Key를 사용하는 경우

```
if ( (glutGetModifiers() == GLUT_ACTIVE_CTRL) && (key == 'C') ) {
    ...
} else if ( (glutGetModifiers() == GLUT_ACTIVE_SHIFT) && (key == 'A') ) {
    ...
} else if ( (glutGetModifiers() == GLUT_ACTIVE_ALT) && (key == 'B') ) {
    ...
}
```

Project 2 – I Application of Keyboard Callback

구현 기능

[코드 2–3]을 참고하여 다음과 같이 확장 구현한다.

- a 및 A Key를 누르면 4개의 Vertex 좌표가 동일하게 왼쪽으로 0.1씩 이동
- f 및 F Key를 누르면 4개의 Vertex 좌표가 동일하게 오른쪽으로 0.1씩 이동
- r 및 R Key를 누르면 4개의 Vertex 좌표가 동일하게 아래쪽으로 0.1씩 이동
- v 및 V Key를 누르면 4개의 Vertex 좌표가 동일하게 위쪽으로 0.1씩 이동
- g 및 G Key를 누르면 4개의 Vertex 좌표가 동일하게 시계 방향(CW)으로 0.1씩 연속적으로 이동하면서 Window를 한 바퀴 회전 (4개의 Vertex 좌표가 어디에 있든지 상관없이 구동)
- t 및 T Key를 누르면 4개의 Vertex 좌표가 동일하게 시계 반대방향(CCW)으로 0.1씩 연속적으로 이동하면서 Window를 한 바퀴 회전 (4개의 Vertex 좌표가 어디에 있든지 상관없이 구동)
- 위의 모든 경우에서 동일하게 4개의 Vertex 좌표가 Window 영역을 벗어나지 말 것

구현 결과

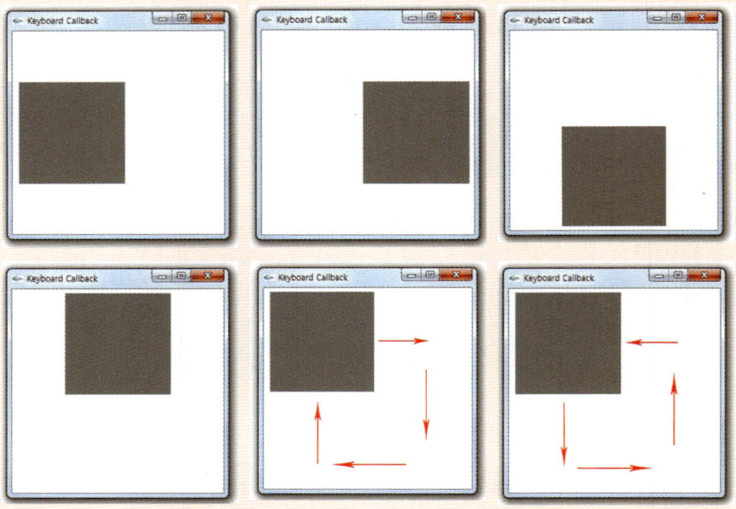

Project 2 – II

Application of Keyboard Callback

구현 기능

[코드 2–3]을 참고하여 다음과 같이 확장 구현한다.

- [↑] Key를 누르면 4개의 Vertex 좌표가 동일하게 위쪽으로 0.1씩 연속적으로 이동
- [↓] Key를 누르면 4개의 Vertex 좌표가 동일하게 아래쪽으로 0.1씩 연속적으로 이동
- [←] Key를 누르면 4개의 Vertex 좌표가 동일하게 왼쪽으로 0.1씩 연속적으로 이동
- [→] Key를 누르면 4개의 Vertex 좌표가 동일하게 오른쪽으로 0.1씩 연속적으로 이동
- [Page Up] Key를 누르면 4개의 Vertex 좌표로 이루어진 Polygon이 각 방향으로 0.1씩 연속적으로 확대(Zoom In) (4개의 Vertex 좌표가 어디에 있든지 상관없이 구동, Polygon의 크기가 가시적으로 최대 확대(Window 영역)일 때 더 이상 확대가 안 되게 고정)
- [Page Down] Key를 누르면 4개의 Vertex 좌표로 이루어진 Polygon이 각 방향으로 0.1씩 연속적으로 축소(Zoom Out) (4개의 Vertex 좌표가 어디에 있든지 상관없이 구동, Polygon의 크기가 가시적으로 최소 크기일 때 더 이상 축소가 안 되게 고정)
- [Home] Key를 누르면 4개의 Vertex 좌표가 동일하게 시계 방향(CW)으로 0.1씩 연속적으로 이동하면서 Window를 한 바퀴 회전 (4개의 Vertex 좌표가 어디에 있든지 상관없이 구동)
- [End] Key를 누르면 4개의 Vertex 좌표가 동일하게 시계 반대방향(CCW)으로 0.1씩 연속적으로 이동하면서 Window를 한 바퀴 회전 (4개의 Vertex 좌표가 어디에 있든지 상관없이 구동)
- 위의 모든 경우에서 동일하게 4개의 Vertex 좌표가 Window 영역을 벗어나지 말 것

구현 결과

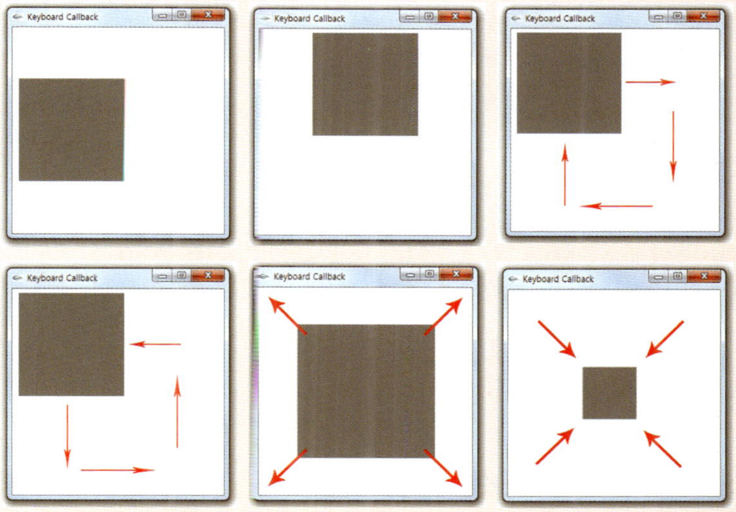

04 Section

Mouse Callback

Mouse Callback

Mouse는 Button을 누르거나 Mouse의 위치를 이동시켜서 화면에 있는 Cursor의 위치를 이동시키는 등의 Event를 발생시킬 수 있는데, 이와 같은 Mouse Event가 발생할 때마다 호출되는 함수를 Mouse Callback 함수라고 한다. Mouse Callback은 현재 Window를 위한 Mouse Callback을 설정하는데, glutMoueFunc, glutMotionFunc, glutPassiveMotionFunc, glutEntryFunc 등과 같은 함수들이 있다. <표 2-8>은 glutMouseFunc 함수의 Prototype으로서 Mouse Button을 누르는 순간 발생하는 Event에 대한 Callback 함수이다.

〈표 2-8〉 glutMouseFunc 함수에 대한 Prototype

void glutMouseFunc (void (*func)(int button, int state, int x, int y));	

Parameters Help	*func* // 호출할 새로운 Mouse Callback 함수
	button // Mouse의 Button을 선택
	// GLUT_LEFT_BUTTON
	// GLUT_RIGHT_BUTTON
	// GLUT_MIDDLE_BUTTON
	state // Mouse의 Click 여부 즉, GLUT_DOWN, GLUT_UP
	x // Mouse의 GLUT 좌표계의 X축 위치
	y // Mouse의 GLUT 좌표계의 Y축 위치

<표 2-9>는 glutMouseFunc 함수에서 사용할 수 있는 Mouse Button들에 대한 정의이다. 즉, Mouse의 왼쪽, 가운데 및 오른쪽 Button과 Mouse Button을 눌렀는지 안 눌렀는지를 판단하기 위한 구분 기호이며, Header File인 glut.h에 포함되어져 있다.

〈표 2-9〉 glutMouseFunc 함수에서 사용 가능한 Mouse Button들에 대한 정의

Mouse Buttons		Mouse Button State	
#define GLUT_LEFT_BUTTON	0	#define GLUT_DOWN	0
#define GLUT_MIDDLE_BUTTON	1	#define GLUT_UP	1
#define GLUT_RIGHT_BUTTON	2		

<표 2-10>은 glutMotionFunc 함수의 Prototype으로서 Mouse Button을 누른 상태에서 Mouse를 이동시킬 때 발생하는 Event에 대한 Callback 함수이다.

〈표 2-10〉 glutMotionFunc 함수에 대한 Prototype

void glutMotionFunc (void (*func)(int x, int y));	
Parameters Help	*func* // 호출할 새로운 Motion Callback 함수 *x* // Mouse의 GLUT 좌표계의 X축 위치 *y* // Mouse의 GLUT 좌표계의 Y축 위치

<표 2-11>은 glutPassiveMotionFunc 함수의 Prototype으로서 Mouse Button을 누르지 않은 상태에서 Mouse를 이동시킬 때 발생하는 Event에 대한 Callback 함수이다.

〈표 2-11〉 glutPassiveMotionFunc 함수에 대한 Prototype

void glutPassiveMotionFunc (void (*func)(int x, int y));	
Parameters Help	*func* // 호출할 새로운 Passive Motion Callback 함수 *x* // Mouse의 X축 위치 *y* // Mouse의 Y축 위치

<표 2-12>는 glutEntryFunc 함수의 Prototype으로서 Mouse가 Window 안으로 들어오거나 밖으로 나가는 것과 같은 Event에 대한 Callback 함수이다.

〈표 2-12〉 glutEntryFunc 함수에 대한 Prototype

void glutEntryFunc (void (*func)(int state));	
Parameters Help	*func* // 호출할 새로운 Entry Callback 함수 *state* // Mouse Pointer가 Window 안에 있는지 밖으로 나갔는지를 감지 // GLUT_ENTERED, GLUT_LEFT

[그림 2-5]는 Mouse Callback 함수들 중 glutMouseFunc 및 glutMotionFunc 함수를 사용하여 간단하게 구현한 결과이고, [코드 2-5]는 그 소스 코드이다. 사용자는 Mouse로 Window의 임의의 위치에서 왼쪽 Button을 Click한 다음 적당히 Mouse

를 이동시키게 되면 4개의 Vertex로 구성된 사각형이 생성되는 것을 확인할 수 있을 것이다.

[그림 2-5] Mouse Callback 구현 결과

코드 2-5 Mouse Callback

```
#include <glut.h>

GLint TopLeftX, TopLeftY, BottomRightX, BottomRightY; ........................................ ①

void MyDisplay( ) {
   glViewport(0, 0, 500, 500);
   glClear(GL_COLOR_BUFFER_BIT);
   glColor3f(0.5, 0.5, 0.5);
   glBegin(GL_POLYGON);
      glVertex3f(TopLeftX/500.0, (500-TopLeftY)/500.0, 0.0);
      glVertex3f(TopLeftX/500.0, (500-BottomRightY)/500.0, 0.0);
      glVertex3f(BottomRightX/500.0, (500-BottomRightY)/500.0, 0.0);
      glVertex3f(BottomRightX/500.0, (500-TopLeftY)/500.0, 0.0);
   glEnd( );
   glFlush( );
}

void MyMouseClick(GLint Button, GLint State, GLint X, GLint Y) { ............................ ②
   if(Button==GLUT_LEFT_BUTTON && State==GLUT_DOWN){
      TopLeftX = X;
      TopLeftY = Y;
   }
}

void MyMouseMove(GLint X, GLint Y) { ............................................................ ③
```

```
    BottomRightX = X;
    BottomRightY = Y;
    glutPostRedisplay( );
}

void MyInit() {
    glClearColor (1.0, 1.0, 1.0, 1.0);
    glMatrixMode(GL_PROJECTION);
    glLoadIdentity();

    glOrtho(0.0, 1.0, 0.0, 1.0, -1.0, 1.0)
}

int main(int argc, char** argv) {
    glutInit(&argc,argv);
    glutInitDisplayMode(GLUT_RGB);
    glutInitWindowSize(500, 500);
    glutInitWindowPosition(0, 0);
    glutCreateWindow("Mouse Callback")
    MyInit();
    glutDisplayFunc(MyDisplay);
    glutMouseFunc(MyMouseClick); ·········································· ④
    glutMotionFunc(MyMouseMove); ·········································· ⑤

    glutMainLoop( );
    return 0;
}
```

[코드 2-5]에서 ①의 GLint TopLeftX, TopLeftY, BottomRightX, BottomRightY은 Mouse Callback 함수를 위해 사용될 정수형 변수를 선언한 것이다. 여기서 GLint는 OpenGL에서 선언한 정수형 변수로서 C/C++에서의 int와 같이 사용되어진다. 그러므로 코드에서 GLint를 int로 수정하여 코딩하여도 무관하다. ②의 MyMouseClick(GLint Button, GLint State, GLint X, GLint Y)은 ④의 함수 glutMouseFunc(MyMouseClick)에서 호출하는 함수로서 Mouse를 Click하였을 때 실제적으로 수행되는 Mouse Callback 함수이다. ③의 MyMouseMove(GLint X, GLint Y)는 ⑤의 함수 glutMotionFunc(MyMouseMove)에서 호출하는 함수로서 Mouse를 Click한 상태에서 이동시킬 때 실제적으로 수행되는 Mouse Callback 함수이다. ④의 glutMouseFunc(MyMouseClick)는 Mouse Callback 함수로서 실제적으로 Mouse Callback을 수행하기 위한 MyMouseClick 함수를 호출하고 있다. ⑤의

glutMotionFunc(MyMouseMove)는 Mouse Callback 함수로서 실제적으로 Mouse Callback을 수행하기 위한 MyMouseMove 함수를 호출하고 있다.

Mouse는 왼쪽, 가운데 및 오른쪽 등 3개의 Button들이 있는데, 일반적으로 하나의 Button을 선택해서 눌러주는 Event만 있는 것이 아니다. 즉, 가운데 Button에 해당하는 Scroll Button은 누르기도 하지만 앞뒤로 Scroll(앞뒤로 한 행씩 밀어 올리거나 내리는 기능)을 시켜서 Event를 발생시키기도 한다. 이와 같은 기능을 하는 Mouse의 가운데 Button을 Wheel Button이라고 하는데, <표 2-13>은 Wheel Button을 사용하기 위한 glutMouseWheelFunc 함수의 Prototype이다.

〈표 2-13〉 glutMouseWheelFunc 함수의 Prototype

void glutMouseWheelFunc (void (**func*)(int *wheel*, int *direction*, int *x*, int *y*));	
Parameters Help	*func* // 호출할 새로운 Mouse Wheel Callback 함수 *wheel* // Mouse Wheel Number. Default : 0 *direction* // +1은 전방, −1은 후방 *x* // Mouse의 GLUT 좌표계의 X축 좌표 *y* // Mouse의 GLUT 좌표계의 Y축 좌표

glutMouseWheelFunc 함수는 GL, GLU, GLUT, GLAUX 등과 같은 Library에서 기본적으로 제공하지 않기 때문에 <표 2-14>와 같이 freeglut Library를 사용하여 추가 설치해주어야 한다.

〈표 2-14〉 freeglut Library 설치

Classification	Folder Location	Files
Header File (*.h)	(32 bit의 경우) C:\Program Files\Microsoft Visual Studio\VC98\include\gl C:\Program Files\Microsoft Visual Studio 8\VC\include\gl C:\Program Files\Microsoft Visual Studio 9.0\VC\include\gl C:\Program Files\Microsoft Visual Studio 10.0\VC\include\gl C:\Program Files\Microsoft Visual Studio 11.0\VC\include\gl C:\Program Files\Microsoft Visual Studio 12.0\VC\include\gl (64 bit의 경우) C:\Program Files (x86)\ ... (뒷부분은 위와 동일)	freeglut.h freeglut_ext.h freeglut_std.h
Library File (*.lib)	(32 bit의 경우) C:\Program Files\Microsoft Visual Studio\VC98\lib C:\Program Files\Microsoft Visual Studio 8\VC\lib C:\Program Files\Microsoft Visual Studio 9.0\VC\lib	freeglut.lib

Library File (*.lib)	C:\Program Files\Microsoft Visual Studio 10.0\VC\lib C:\Program Files\Microsoft Visual Studio 11.0\VC\lib C:\Program Files\Microsoft Visual Studio 12.0\VC\lib (64 bit의 경우) C:\Program Files (x86)\ ... (뒷부분은 위와 동일)	freeglut.lib
Dynamic Link Library File (*.dll)	(32 bit의 경우) C:\Windows\system32 (64 bit의 경우) C:\Windows\system32 C:\Windows\SysWOW64	freeglut.dll

<표 2-14>는 Microsoft Visual Studio C++의 버전에 따라 freeglut Library를 설치하기 위한 방법을 Header File(*.h), Library File(*.lib) 및 Dynamic Link Library File(*.dll) 등으로 구분하여 나타낸 것이다. 그러므로 http://freeglut.sourceforge.net/에서 최신 버전의 freeglut Library를 다운로드 받아 <표 2-14>와 같이 설치하기를 바란다. [코드 2-6]은 freeglut Library를 사용하여 Mouse의 Wheel Callback을 구현하기 위한 핵심적인 소스 코드이다.

코드 2-6 Mouse Wheel Callback

```
#include <freeglut.h> ··········································· ①

......

void MyMouseWheel(int Button_Number, int Direction, int X, int Y) { ··········· ②
   if (Direction > 0) {
        TopLeftX     += 1.0;
        TopLeftY     += 1.0;
        BottomRightX += 1.0;
        BottomRightY += 1.0;
   } else {
        TopLeftX     -= 1.0;
        TopLeftY     -= 1.0;
        BottomRightX -= 1.0;
        BottomRightY -= 1.0;
   }

    glutPostRedisplay( );
}
```

```
......

int main(int argc, char** argv) {
    ...
    glutMouseWheelFunc(MyMouseWheel);  ............................................ ③
    ...
}
```

[코드 2-6]에서 ①은 freeglut Library를 호출하기 위한 Header File을 선언한 것이다. ②의 MyMouseWheel(int Button_Number, int Direction, int X, int Y)는 ③의 함수 glutMouseWheelFunc(MyMouseWheel)에서 호출하고 있는 Mouse Wheel Callback 함수로서 <표 2-13>의 glutMouseWheelFunc 함수에 대한 Prototype에서 더 자세한 정보를 확인할 수 있다. ③의 glutMouseWheelFunc(MyMouseWheel)은 Mouse의 Wheel Callback 함수로서 Wheel Callback을 실제로 실행하기 위한 MyMouseWheel 함수를 호출하고 있다.

Project 2 - III Application of Mouse Callback

구현 기능	[코드 2-5]를 참고하여 다음과 같이 확장 구현한다. - Mouse 왼쪽 Button을 Click한 상태에서 Drag하면 Vertex 4개로 이루어진 Polygon이 Mouse를 따라 움직인다. - Mouse 가운데 Button을 Click하면 4개의 Vertex 좌표가 동일하게 시계 방향으로 0.1씩 연속적으로 이동하면서 Window를 한 바퀴 회전 (4개의 Vertex 좌표가 어디에 있든지 상관없이 구동) - Mouse 오른쪽 Button을 Click하면 이동하고 있는 Polygon이 멈춘다. - Mouse의 Wheel Button을 Click하고 전방으로 Scroll을 하면 Polygon이 확대(Zoom In) - Mouse의 Wheel Button을 Click하고 후방으로 Scroll을 하면 Polygon이 축소(Zoom Out) - Polygon의 최대 확대 범위는 Window 영역 내에서 Polygon이 최대로 크게 보일 수 있을 정도에서 더 이상 확대되지 않게 고정한다. - Polygon의 최소 축소 범위는 Polygon의 형태를 알아 볼 수 있을 정도에서 더 이상 축소되지 않게 고정한다. - 위의 모든 경우에서 동일하게 4개의 Vertex 좌표가 Window 영역을 벗어나지 말아야 하며, 4개의 Vertex 좌표가 어디에 있든지 상관없이 구동되어야 한다.

구현 결과

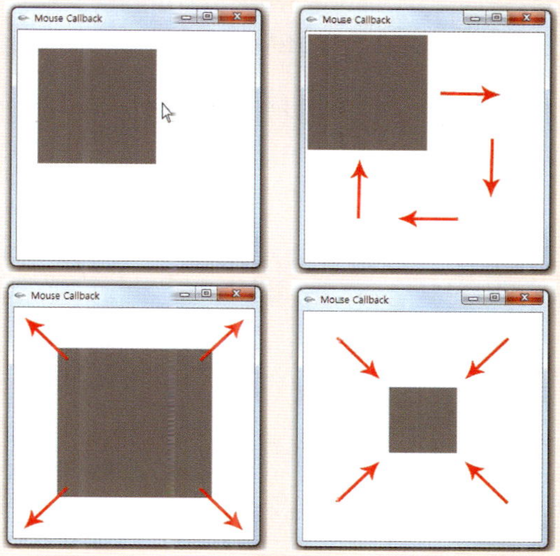

05 Section Menu Callback

Menu Callback

GLUT에서 제공하는 Menu Callback은 Window에서 제공하는 메뉴에 비하면 최소한의 기능에 국한되어 있다고 볼 수 있는데, Menu Callback에서 생성할 수 있는 메뉴들은 Pop-Up 메뉴를 말한다. Menu Callback과 관련된 함수들은 glutCreateMenu, glutSetMenu, glutAddMenuEntry, glutAttachMenu 및 glutAddSubMenu 등과 같이 다양한 종류들로 구성되어져 있다. <표 2-15>는 glutCreateMenu 함수에 대한 Prototype으로서 새로운 메뉴를 생성하는 기능을 하는데, Menu Callback 함수를 등록하고 고유의 ID 값을 되돌려 준다. 만약 여러 개의 메뉴가 필요하다면 각 메뉴마다 별도의 Callback 함수를 등록하여야 하며 그때마다 고유의 서로 다른 ID 값을 되돌려 주게 된다.

〈표 2-15〉 glutCreateMenu 함수의 Prototype

void glutCreateMenu (void(**func*)(int *value*));	
Parameters Help	*func* // 호출할 새로운 Menu Callback 함수 *value* // Entry 값

<표 2-16>은 glutSetMenu 함수에 대한 Prototype으로서 현재 메뉴를 매개변수(Parameter) id에 지정한 메뉴로 설정하는 기능을 한다. 여기서 매개변수(Parameter) id는 glutCreateMenu에 의해 해당 메뉴를 생성할 때 되돌려 준 값이다.

〈표 2-16〉 glutSetMenu 함수의 Prototype

void glutSetMenu (int *id*);	
Parameters Help	*id* // Menu를 생성하기 위한 Menu의 식별자

<표 2-17>은 glutAddMenuEntry 함수에 대한 Prototype으로서 현재 메뉴에 메뉴 항목(Entry)을 추가하는 기능을 한다.

〈표 2-17〉 glutAddMenuEntry 함수의 Prototype

void glutAddMenuEntry (char **name*, int *value*);	
Parameters Help	*name* // 메뉴 항목(Menu Entry)에 보여주기 위한 ASCII 문자열 *value* // Menu Entry가 선택되어질 때 Menu의 Callback 함수를 돌려주기 // 위한 정수 값

<표 2-18>은 glutAttachMenu 함수에 대한 Prototype으로서 지정한 Mouse Button에 현재의 메뉴를 할당하는 기능을 한다. 즉, 지정한 Mouse Button을 Click하는 순간 현재의 메뉴가 Pop-Up으로 나타나게 된다. glutAttachMenu 함수의 반대 기능을 수행하는 함수는 glutDetachMenu이다.

〈표 2-18〉 glutAttachMenu 함수의 Prototype

void glutAttachMenu (int *button*); ↔ glutDetachMenu (int *button*);	
Parameters Help	*button* // Menu를 붙이기 위한 Button

<표 2-19>는 glutAddSubMenu 함수에 대한 Prototype으로서 현재 메뉴 항목들 중 하나에 서브 메뉴 항목을 추가하는 기능을 한다.

〈표 2-19〉 glutAddSubMenu 함수의 Prototype

void glutAddSubMenu (char **name*, int *menu*);	
Parameters Help	*name* // Menu 항목에서 Sub Menu로 보여주기 위한 ASCII 문자열 *menu* // Sub Menu 항목으로 나열하기 위한 Menu의 식별자

[그림 2-6]은 이와 같은 다양한 Menu Callback 함수들 중 몇 가지를 사용하여 간단하게 구현한 결과이고, [코드 2-7]은 그 소스 코드인데, 서브 메뉴는 추가하지 않았으며 단순히 3개의 메뉴를 추가하였다. Window에는 Wire-frame 형태의 Teapot이 출력되고, Mouse 오른쪽 Button을 임의의 위치에서 Click하면 Pop-Up 형식의 메뉴가 나타나게 된다. 그리고 그 메뉴들 중 하나를 선택하게 되면 Window에 있는 Teapot이 선택된 항목에 해당하는 값에 따라 변형되어짐을 확인할 수 있다.

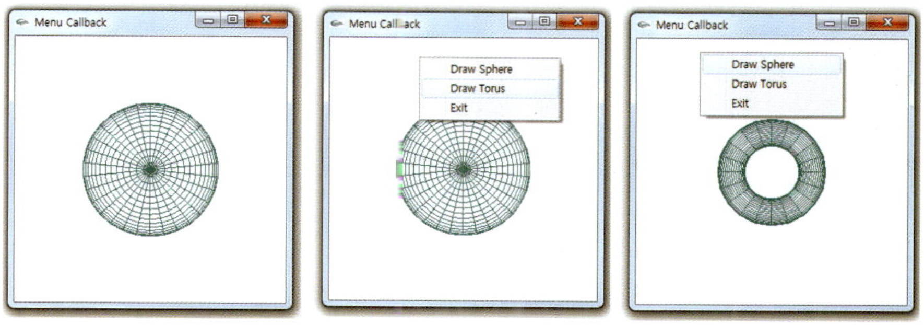

(A) 초기 상태 (B) Menu 표시 (C) Torus 선택 후 Menu 표시

[그림 2-6] Menu Callback 구현 결과

코드 2-7 Menu Callback

```
#include <glut.h>

GLboolean IsSphere = true; ············································ ①

void MyDisplay( ) {
    glClear(GL_COLOR_BUFFER_BIT);
    glColor3f(0.0, 0.5, 0.5);
    if (IsSphere)
        glutWireSphere(0.5, 30, 30);
    else glutWireTorus(0.1, 0.3, 40, 20);
    glFlush( );
}

void MyMainMenu(int entryID) { ········································ ②
    if(entryID == 1)        IsSphere = true;
    else if (entryID == 2)  IsSphere = false;
    else if(entryID == 3)   exit(0);

    glutPostRedisplay();
}

void MyInit() {
    glClearColor (1.0, 1.0, 1.0, 1.0);
    glMatrixMode(GL_PROJECTION);
    glLoadIdentity( );

    glOrtho(-1.0, 1.0, -1.0, 1.0, -1.0, 1.0);

    GLint MyMainMenuID = glutCreateMenu(MyMainMenu); ····················· ③
    glutAddMenuEntry("Draw Sphere", 1); ································ ④
    glutAddMenuEntry("Draw Torus", 2); ································· ⑤
    glutAddMenuEntry("Exit", 3); ······································· ⑥
    glutAttachMenu(GLUT_RIGHT_BUTTON); ································· ⑦
}

int main(int argc, char** argv) {
    glutInit(&argc,argv);
    glutInitDisplayMode(GLUT_RGB);
    glutInitWindowSize(500, 500);
    glutInitWindowPosition(0, 0);
    glutCreateWindow("Menu Callback");
```

```
    MyInit();
    glutDisplayFunc(MyDisplay);

    glutMainLoop( );
    return 0;
}
```

[코드 2-7]에서 ①의 GLboolean IsSphere는 Menu Callback 함수에서 사용할 변수를 선언한 것이다. 여기서 GLboolean은 OpenGL의 데이터 형식(Type)으로서 C/C++에서의 boolean과 같으므로 OpenGL의 데이터 형식을 따르지 않고 단순히 boolean으로 선언하여도 무관하다. ②의 MyMainMenu(int entryID)는 ③의 glutCreatMenu(MyMainMenu)에서 호출하고 있는 MyMainMenu 함수이다. ③의 GLint MyMainMenuID = glutCreateMenu(MyMainMenu)에서 glutCreateMenu는 새로운 메뉴를 생성하는데, 매개변수(Parameter)인 MyMainMenu는 해당 메뉴를 Click하였을 때 호출되어야 하는 Callback 함수로서 glutCreateMenu는 MyMainMenu 함수를 호출한다. 또한 MyMainMenu 함수를 호출하여 해당하는 메뉴 ID를 되돌려 받으면 MyMainMenuID라는 정수형 변수에 할당하게 된다. ④의 glutAddMenuEntry("Draw Sphere", 1), ⑤의 glutAddMenuEntry("Draw Torus", 2) 및 ⑥의 glutAddMenuEntry("Exit", 3) 등은 메뉴를 구성하는 항목을 나열한 것이다. 여기서 첫 번째 매개변수(Parameter)인 ""안의 문자들은 화면에 나타날 메뉴 항목들이고, 그 뒤의 숫자들은 메뉴 항목에 해당하는 ID이다. 그러므로 ④, ⑤ 및 ⑥의 메뉴 항목들 중 하나가 선택되게 되면 ②의 MyMainMenu 함수가 호출되어 실행되며, 메뉴 항목마다의 ID는 MyMainMenu 함수의 매개변수(Parameter)로 전달된다. ⑦의 glutAttachMenu(GLUT_RIGHT_BUTTON)는 Mouse 오른쪽 Button을 Click하였을 때 메뉴가 Pop-Up으로 나타나게 하는 것이다.

만약 주 메뉴 항목에 서브 메뉴를 추가하게 된다면 [그림 2-7]과 같은 결과를 확인할 수 있을 것이다. [코드 2-8]의 소스 코드를 통하여 서브 메뉴를 생성하기 위한 과정에 대하여 살펴보자. [그림 2-7]과 그 소스 코드인 [코드 2-8]은 [그림 2-6]과 [코드 2-7]에서 확장된 것으로서, Window에 있는 Sphere 및 Torus의 크기(Size)를 'Small' 및 'Large' 등과 같이 2가지로 구분하여 선택할 수 있도록 하는 서브 메뉴 항목을 추가한 것이다.

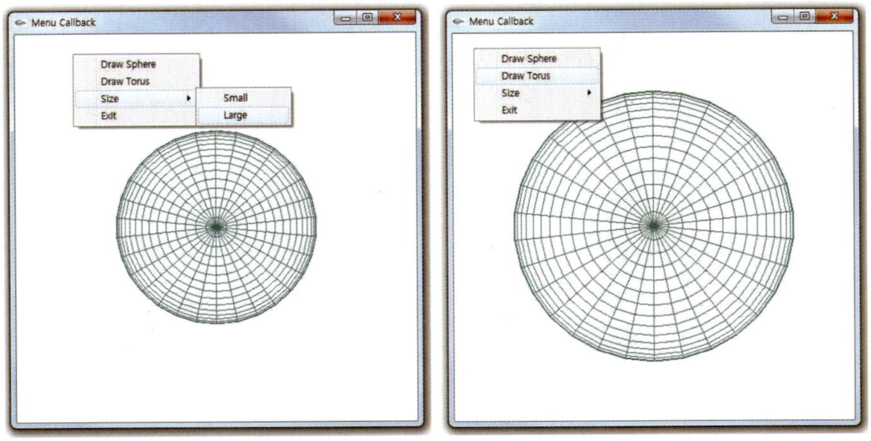

(A) 초기 상태에서 주 메뉴 및 서브 메뉴 선택 (B) 주 메뉴에서 객체 변경을 위한 항목 선택

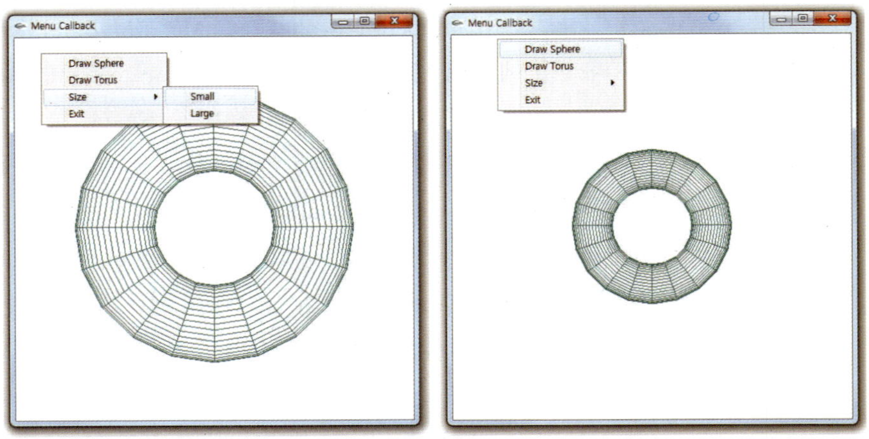

(C) 변경된 객체 상태에서 주 및 서브 메뉴 선택 (D) 객체의 크기 변경 후 주 메뉴 선택

[그림 2-7] Menu Callback 구현 결과

코드 2-8 | Menu Callback

```
#include <glut.h>

GLboolean IsSphere = true; ........................................ ①
GLboolean IsSmall = true; ......................................... ②

void MyDisplay( ) {
    glClear(GL_COLOR_BUFFER_BIT);
    glColor3f(0.0, 0.5, 0.5);
```

```
    if ((IsSphere) && (IsSmall))
        glutWireSphere(0.5, 30, 30);
    else if ((IsSphere) && (!IsSmall))
        glutWireSphere(0.7, 30, 30);
    else if ((!IsSphere) && (IsSmall))
        glutWireTorus(0.1, 0.3, 40, 20);
    else glutWireTorus(0.2, 0.5, 40, 20);

    glFlush( );
}

void MyMainMenu(int entryID) {
    if(entryID == 1)          IsSphere = true;
    else if (entryID == 2)    IsSphere = false;
    else if(entryID == 3)     exit(0);

    glutPostRedisplay();
}

void MySizeMenu(int entryID) { ·············································· ③
    if(entryID == 1)          IsSmall = true;
    else if (entryID == 2)    IsSmall = false;

    glutPostRedisplay();
}

void MyInit() {
    glClearColor (1.0, 1.0, 1.0, 1.0);
    glMatrixMode(GL_PROJECTION);
    glLoadIdentity( );

    glOrtho(-1.0, 1.0, -1.0, 1.0, -1.0, 1.0);

    GLint MySizeID = glutCreateMenu(MySizeMenu); ······························· ④
    glutAddMenuEntry("Small", 1); ·············································· ⑤
    glutAddMenuEntry("Large", 2); ·············································· ⑥

    GLint MyMainMenuID = glutCreateMenu(MyMainMenu);
    glutAddMenuEntry("Draw Sphere", 1)
    glutAddMenuEntry("Draw Torus", 2);
    glutAddSubMenu("Size", MySizeID); ·········································· ⑦
    glutAddMenuEntry("Exit", 3);
```

```
    glutAttachMenu(GLUT_RIGHT_BUTTON);
}

int main(int argc, char** argv) {
    glutInit(&argc,argv);
    glutInitDisplayMode(GLUT_RGB);
    glutInitWindowSize(500, 500);
    glutInitWindowPosition(0, 0);
    glutCreateWindow("Menu Callback");
    MyInit();
    glutDisplayFunc(MyDisplay);

    glutMainLoop( );
    return 0;
}
```

[코드 2-8]에서 ①의 GLboolean IsSphere는 Window에 처음으로 나타나게 할 Sphere를 위한 boolean 형식의 변수이고, ②의 GLboolean IsSmall은 Sphere 및 Torus의 원래 작은 크기를 지정하기 위한 boolean 형식의 변수이다. ③의 MySizeMenu(int entryID)는 ④의 GLint MySizeID = glutCreateMenu(MySizeMenu)에서 호출하고 있는 Callback 함수로서 선택된 메뉴 항목에 따라 ②의 값을 할당한다. ④의 GLint MySizeID = glutCreateMenu(MySizeMenu)는 서브 메뉴를 생성하기 위한 Callback 함수로서 ③의 MySizeMenu 함수를 호출하고 있다. 또한 ③에서 선택된 메뉴 항목의 값을 정수형 변수 MySizeID에 전달한다. ⑤의 glutAddMenuEntry("Small", 1), ⑥의 glutAddMenuEntry("Large", 2)은 서브 메뉴를 구성하는 항목과 ID를 나열한 것이다. ⑦의 glutAddSubMenu("Size", MySizeID)는 서브 메뉴를 추가하는 것인데, ⑦의 위치에 따라 서브 메뉴 위치도 달라진다. 즉, <표 2-20>과 같이 서브 메뉴의 위치에 따라 메뉴 항목의 위치가 다르다는 것을 확인할 수 있다.

〈표 2-20〉 서브 메뉴의 위치에 따른 구현 결과 비교

소스 코드에서 서브 메뉴의 위치	구현 결과

glutAddMenuEntry("Draw Sphere", 1);
glutAddMenuEntry("Draw Torus", 2);
glutAddSubMenu("Size", MySizeID);
glutAddMenuEntry("Exit", 3);
	Draw Sphere
	Draw Torus
	Size
	Exit

glutAddMenuEntry("Draw Sphere", 1);
glutAddSubMenu("Size", MySizeID);
glutAddMenuEntry("Draw Torus", 2);
glutAddMenuEntry("Exit", 3);
	Draw Sphere
	Size
	Draw Torus
	Exit

glutAddMenuEntry("Draw Sphere", 1);
glutAddMenuEntry("Draw Torus", 2);
glutAddMenuEntry("Exit", 3);
glutAddSubMenu("Size", MySizeID);
	Draw Sphere
	Draw Torus
	Exit
	Size

Project 2 -Ⅳ

Application of Menu Callback

구현 기능	[코드 2-8]을 참고하여 다음과 같이 Menu Callback Programming을 확장 구현한다. - 주 메뉴에는 "Draw Sphere, Draw Torus, Draw Teapot, Change Color" 및 "Exit"가 나타나게 한다. - 주 메뉴 Draw Sphere의 하부 메뉴에는 "Small Sphere" 및 "Large Sphere"가 나타나게 하며, 선택하는 항목에 맞는 Sphere를 Window에 나타낸다. - 주 메뉴 Draw Torus의 하부 메뉴에는 "Small Torus" 및 "Large Torus"가 나타나게 하며, 선택하는 항목에 맞는 Torus를 Window에 나타낸다. - 주 메뉴 Draw Teapot의 하부 메뉴에는 "Small Teapot" 및 "Large Teapot"이 나타나게 하며, 선택하는 항목에 맞는 Teapot을 Window에 나타낸다. - Sphere, Torus 및 Teapot의 Small Size 및 Large Size의 값은 각각의 크기를 구분할 수 있을 정도로 적당히 설정하도록 한다. - 주 메뉴 Change Color의 하부 메뉴에는 "Red, Green" 및 "Blue"가 나타나게 하며, 선택하는 항목에 맞는 Color를 객체(Object)에 적용하여 Window에 나타낸다.

구현 결과	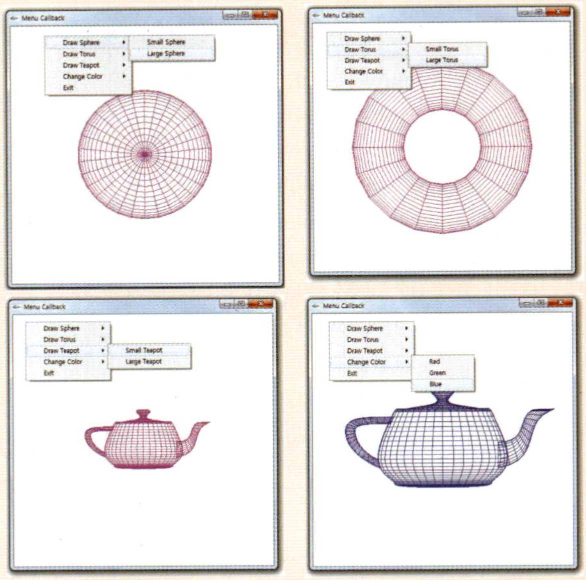

06 Section Idle Callback & Double Buffering

IEL(Infinite Event Loop)

Idle Callback

main 함수의 제일 마지막에 오는 glutMainLoop 함수는 프로그램을 IEL(Infinite Event Loop)로 가져가기 위한 기능을 하는데, 이와 같은 Event Loop를 돌 때마다 GLUT는 Queue에 쌓인 Event를 검사한다. GLUT는 Event Loop를 매우 짧은 시간에 돌기 때문에 경우에 따라서는 Queue에 아무런 Event가 들어있지 않은 경우도 있다. 이와 같은 경우 Callback 함수를 생성하여 필요한 기능을 수행하게 할 수도 있는데, 이를 Idle Callback이라고 한다. Idle Callback 기능을 수행하는 OpenGL의 glutIdleFunc 함수에 대한 Prototype은 <표 2-21>에서 확인할 수 있다.

〈표 2-21〉 glutIdleFunc 함수의 Prototype

void glutIdleFunc (void(*func)(void));	
Parameters Help	*func* // 호출할 새로운 Idle Callback 함수

[그림 2-8]은 Idle Callback을 구현한 결과이고, [코드 2-9]는 그 소스 코드이다. 즉, 네 개의 Vertex로 구성된 사각형이 일정한 시간 간격을 가지고 X축 방향으로 이동하는 Idle Callback의 예제이다.

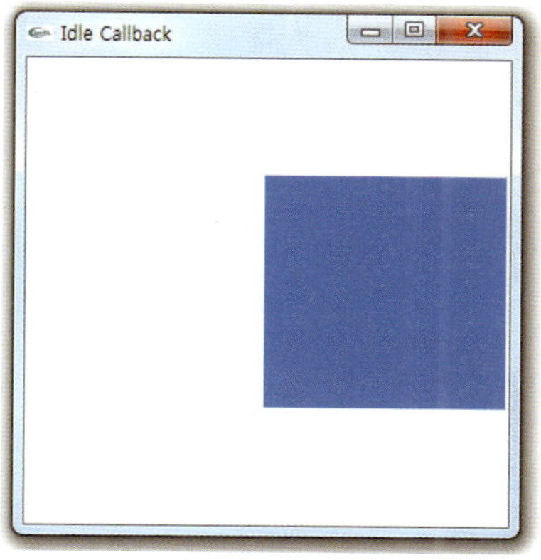

[그림 2-8] Idle Callback 구현 결과

코드 2-9 Idle Callback

```
#include <glut.h>

GLfloat Delta = 0.0; ........................................................ ①

void MyDisplay( ) {
   glClear(GL_COLOR_BUFFER_BIT);
   glBegin(GL_POLYGON);
      glColor3f(0.0, 0.5, 0.8);
      glVertex3f(-1.0 + Delta, -0.5, 0.0);
      glVertex3f(0.0 + Delta, -0.5, 0.0);
      glVertex3f(0.0 + Delta, 0.5, 0.0);
      glVertex3f(-1.0 + Delta, 0.5, 0.0);
   glEnd( );
```

```
    glutSwapBuffers( ); ······························ ②
}

void MyIdle( ) { ······································ ③
    Delta = Delta + 0.001;

    glutPostRedisplay( ); ····························· ④
}

void MyInit() {
    glClearColor (1.0, 1.0, 1.0, 1.0);
    glMatrixMode(GL_PROJECTION);
    glLoadIdentity();

    glOrtho(-1.0, 1.0, -1.0, 1.0, 1.0, -1.0);
}

int main(int argc, char** argv) {
    glutInit(&argc,argv);
    glutInitDisplayMode(GLUT_RGB | GLUT_DOUBLE);··········· ⑤
    glutInitWindowSize(300, 300);
    glutInitWindowPosition(0, 0);
    glutCreateWindow("Idle Callback");
    MyInit();
    glutDisplayFunc(MyDisplay);
    glutIdleFunc(MyIdle); ····························· ⑥

    glutMainLoop( );
    return 0;
}
```

Double Buffering
Back Buffer
Front Buffer
Buffer Swapping

[코드 2-9]에서 ①의 Delta는 4개 Vertex들의 X축 좌표를 +X축 혹은 -X축 방향으로 이동시키기 위해 사용되는 실수형 변수이다. ②의 glutSwapBuffers 함수는 ⑤의 매개변수(Parameter)들 중 GLUT_DOUBLE에 의해 선언한 Double Buffering의 기능을 실제로 수행하는 부분이다. 즉, ③에서 새로 증가된 Delta 변수의 값을 사용하여 화면에 새로 그려질 사각형은 [그림 2-9]와 같이 Back Buffer에 기록되고 그 사이에 현재 화면에 보이는 사각형은 Front Buffer에 있는 사각형이다. 그러므로 Back Buffer에 새로운 사각형의 기록이 완료되는 순간 ②에 의해 Buffer Swapping이 일어난다. 그리고 그 결과 Back Buffer는 Front Buffer가 되어 화면에는 새로운 사각형이 생성됨을 확인할 수 있게 된다.

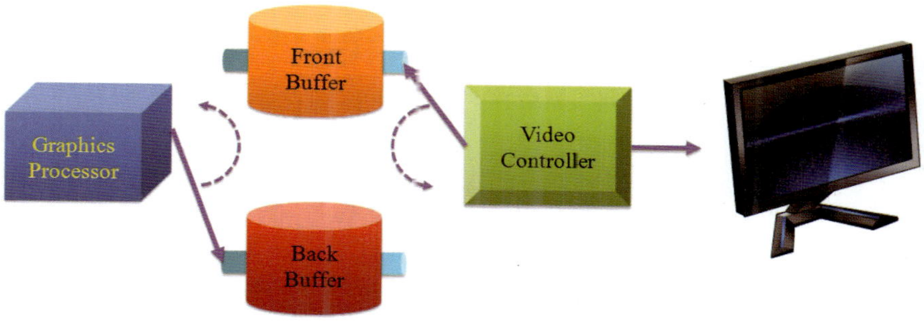

[그림 2-9] Double Buffering

Flickering

만약 Double Buffer를 사용하지 않고 Single Buffer를 사용하게 되면 Frame Buffer의 기록 속도와 검색 속도와의 차이 때문에 화면이 깜빡거리는 Flickering 현상이 발생하거나 장면의 전환이 슬라이드처럼 매우 느리게 표현되는 현상 등이 나타나게 되는데, 이와 같은 문제점을 해결하기 위해서 애니메이션을 제작함에 있어서 Single Buffer보다 Double Buffer를 많이 사용한다.

③의 MyIdle 함수는 ⑥의 Idle Callback 함수 glutIdleFunc에서 호출하는 함수로서 Idle Callback을 실제적으로 수행하는 기능을 한다. ④의 glutPostRedisplay 함수는 ③에서 증가시켜놓은 정수형 변수 Delta의 값을 가능한 빨리 Display Callback을 실행하여 화면에 보여주라는 것이다. ⑤의 glutInitDisplayMode(GLUT_RGB | GLUT_DOUBLE)에서 매개변수(Parameter)인 GLUT_DOUBLE은 Double Buffer를 사용하겠다고 선언하는 것이다. ⑥의 glutIdleFunc(MyIdle)는 Idle Callback 함수로서 MyIdle 함수를 호출하여 Idle Callback을 실제적으로 수행하도록 하는 기능을 한다.

Project 2 – V

Application of Idle Callback

구현 기능

[코드 2–9]를 참고하여 다음과 같이 확장 구현한다.

- ↑ Key를 누르면 4개의 Vertex 좌표가 동일하게 위쪽으로 0.1씩 연속적으로 이동
- ↓ Key를 누르면 4개의 Vertex 좌표가 동일하게 아래쪽으로 0.1씩 연속적으로 이동
- ← Key를 누르면 4개의 Vertex 좌표가 동일하게 왼쪽으로 0.1씩 연속적으로 이동
- → Key를 누르면 4개의 Vertex 좌표가 동일하게 오른쪽으로 0.1씩 연속적으로 이동
- Insert Key를 누르면 4개의 Vertex 좌표가 동일하게 시계 방향(CW)으로 0.1씩 연속적으로 이동하면서 Window를 한 바퀴 회전 (4개의 Vertex 좌표가 어디에 있든지 상관없이 구동)
- Delete Key를 누르면 4개의 Vertex 좌표가 동일하게 시계 반대방향(CCW)으로 0.1씩 연속적으로 이동하면서 Window를 한 바퀴 회전 (4개의 Vertex 좌표가 어디에 있든지 상관없이 구동)
- 위의 모든 경우에서 동일하게 4개의 Vertex 좌표가 Window 영역을 벗어나지 말 것

구현 결과

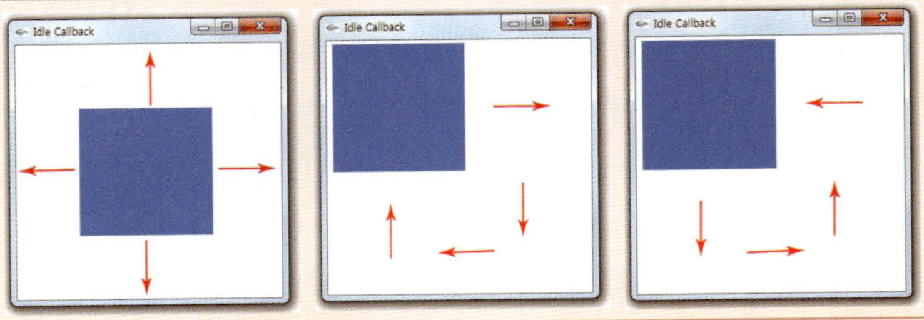

Project 2 – VI

Application of Idle Callback

구현 기능

[코드 2–9]를 참고하여 다음과 같이 확장 구현한다.

- Mouse 왼쪽 Button을 Click하면 4개의 Vertex 좌표가 동일하게 시계 방향으로 0.1씩 연속적으로 이동하면서 Window를 한 바퀴 회전 (4개의 Vertex 좌표가 어디에 있든지 상관없이 구동)
- Mouse 오른쪽 Button을 Click하면 4개의 Vertex 좌표가 동일하게 시계 반대방향으로 0.1씩 연속적으로 이동하면서 Window를 한 바퀴 회전 (4개의 Vertex 좌표가 어디에 있든지 상관없이 구동)
- Mouse Scroll Button을 Click하면 4개의 Vertex 좌표가 동일하게 정지 (4개의 Vertex 좌표가 어디에 있든지 상관없이 구동)
- 위의 모든 경우에서 동일하게 4개의 Vertex 좌표가 Window 영역을 벗어나지 말 것

구현 결과

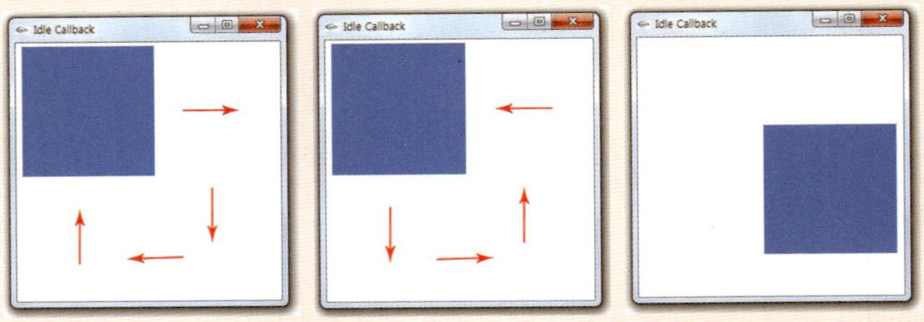

07 Section Timer Callback

Timer Callback

Idle Callback이 Double Buffering을 사용하여 애니메이션에서 많이 사용되고 있는데, Timer Callback도 애니메이션에서 많이 사용되고 있는 Callback 중의 하나이다. Idle Callback과 Timer Callback의 차이점은 애니메이션을 생성할 때 Vertex를 직접 제어하느냐 아니면 Time을 제어하느냐는 것이다. Idle Callback을 사용할 경우 객체의 Vertex를 일정한 값만큼 변경시키기 때문에 Window 안의 객체 위치가 언제 어떻게 바뀌는지를 정확하게 알기란 대우 어렵다. 왜냐하면 Queue에 Event가 없을 때만 Idle Callback이 실행되며 그 결과를 Display Callback이 실행하기 때문이다. 그러나 일정한 시간 간격을 가지고 발생하는 Timer Event는 Event에 대응하는 시간을 알 수 있기 때문에 매우 효율적이다. glutTimerFunc 함수에 대해서는 <표 2-22>의 glutTimerFunc 함수에 대한 Prototype에서 더 자세한 정보를 확인할 수 있다.

〈표 2-22〉 glutTimerFunc 함수의 Prototype

void glutTimerFunc (unsigned int *msecs*, void (**func*)(int *value*), int *value*);	
Parameters Help	*msecs* // 호출할 새로운 Timer Callback 함수를 실행하기 위한 최소한의 시간 *func* // 호출할 새로운 Timer Callback 함수 *value* // Callback 함수가 실행되었을 때 Callback을 무시하기 위한 값 *value* // Callback 함수가 실행되었을 때 Callback을 무시하기 위한 값 // 혹은 Event가 발생할 때 Callback 함수에 넘겨주고 싶은 값

[그림 2-10]은 Timer Callback을 사용하여 구현한 결과이고, [코드 2-10]은 그 소스 코드이다. [코드 2-9]와의 차이점은 50msec라는 시간 간격을 두고 Vertex의 X축 좌표를 Delta 값만큼 이동시킨다는 것이다. 또한 Timer Callback은 일정한 시간 간격을 두고 무한 반복할 수 있기 때문에 재귀 함수(Recursive Function)로 사용하기도 한다. [코드 2-10]에서 ①의 Delta는 실수형 변수로서 Vertex의 X축 좌표를 변경시키기 위해 사용된다. ②의 MyTimer 함수는 ④에서 호출하고 있는 실제적인 Timer Callback 기능을 수행하는 함수로서 실수형 변수 Delta의 값을 변경시키는 역할과 ③과 같이 자기 자신의 함수를 재호출하는 기능을 하고 있다. 만약 ③이 없다면 Timer Callback 함수는 1번만 호출되어진다. ④의 glutTimerFunc(50,

MyTimer, 1)는 Timer Callback 함수 glutTimerFunc가 실제적으로 Timer Callback 기능을 수행하는 MyTimer 함수를 호출하는 기능을 한다. ③과 ④에서 마지막 매개 변수(Parameter)인 정수 값 1은 여기서는 아무런 의미가 없으며, 다만 필요할 경우 추가적인 코드를 생성하여 의미를 부여하면 된다.

[그림 2-10] Timer Callback 구현 결과

코드 2-10 Timer Callback - I

```
#include <glut.h>

GLfloat Delta = 0.0; ................................................ ①

void MyDisplay( ) {
    glClear(GL_COLOR_BUFFER_BIT);
    glBegin(GL_POLYGON);
        glColor3f(0.0, 0.5, 0.8);
        glVertex3f(-1.0 + Delta, -0.5, 0.0);
        glVertex3f(0.0 + Delta, -0.5, 0.0);
        glVertex3f(0.0 + Delta, 0.5, 0.0);
        glVertex3f(-1.0 + Delta, 0.5, 0.0);
    glEnd( );
    glutSwapBuffers( );
}
void MyTimer(int Value) { ............................................ ②
    Delta = Delta + 0.001;

    glutPostRedisplay( );
    glutTimerFunc(50, MyTimer, 1); ..................................... ③
}
```

```
void MyInit() {
    glClearColor (1.0, 1.0, 1.0, 1.0);
    glMatrixMode(GL_PROJECTION);
    glLoadIdentity();

    glOrtho(-1.0, 1.0, -1.0, 1.0, 1.0, -1.0);
}

int main(int argc, char** argv) {
    glutInit(&argc,argv);
    glutInitDisplayMode(GLUT_RGB | GLUT_DOUBLE);
    glutInitWindowSize(300, 300);
    glutInitWindowPosition(0, 0);
    glutCreateWindow("Timer Callback");
    MyInit();
    glutDisplayFunc(MyDisplay);
    glutTimerFunc(50, MyTimer, 1);·································· ④

    glutMainLoop( );
    return 0;
}
```

Project 2 –Ⅶ Application of Timer Callback

구현 기능	[코드 2-10]을 참고하여 다음과 같이 확장 구현한다. – Mouse 왼쪽 Button을 Click하면 4개의 Vertex 좌표가 동일하게 시계 방향으로 0.1씩 연속적으로 이동하면서 Window를 한 바퀴 회전 (4개의 Vertex 좌표가 어디에 있든지 상관없이 구동) – Mouse 오른쪽 Button을 Click하면 4개의 Vertex 좌표가 동일하게 시계 반대방향으로 0.1씩 연속적으로 이동하면서 Window를 한 바퀴 회전 (4개의 Vertex 좌표가 어디에 있든지 상관없이 구동) – 4개의 Vertex로 구성된 Polygon의 색상이 Window를 한 바퀴 회전할 때마다 16색으로 변경 – Mouse Scroll Button을 Click하면 4개의 Vertex 좌표가 동일하게 정지 (4개의 Vertex 좌표가 어디에 있든지 상관없이 구동) – 위의 모든 경우에서 동일하게 4개의 Vertex 좌표가 Window 영역을 벗어나지 말 것

구현 결과	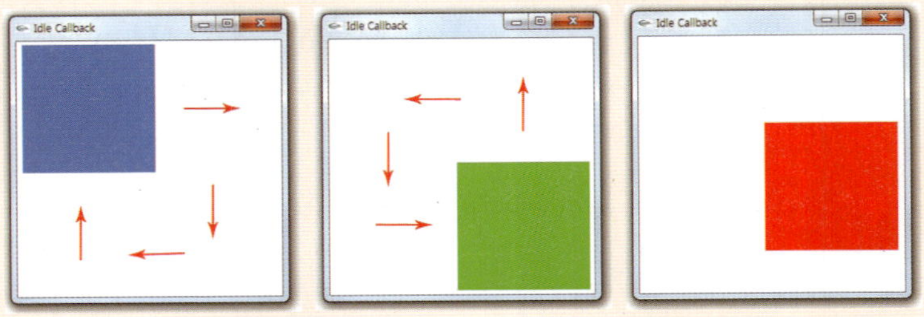

[그림 2-11]은 Timer Callback 함수를 응용하여 구현한 또 다른 결과이고, [코드 2-11]은 그 소스 코드이다. [코드 2-10]에서 Timer Callback 함수에 대한 이해를 충분히 하였을 것이라고 생각하고, [코드 2-11]에 대한 설명은 별도로 하지 않겠지만 [코드 2-11]의 ①, ②, ③ 및 ④ 부분을 특히 관심을 갖고 구현하길 바라며 그 결과를 확인하고 소스 코드를 분석해 보도록 한다.

[그림 2-11] Timer Callback 구현 결과

코드 2-11 Timer Callback – II

```
#include <glut.h>
#include <time.h>

unsigned char PALETTE[16][3] = {
    { 1.0, 1.0, 1.0 },    /* White*/         { 0.0, 1.0, 1.0 },    /* Cyan */
    { 1.0, 0.0, 1.0 },    /* Purple*/        { 0.0, 0.0, 1.0 },    /* Blue */
    { 0.7, 0.7, 0.7 },    /* Light Gray*/    { 0.5, 0.5, 0.5 },    /* Dark Gray */
    { 0.0, 0.5, 0.5 },    /* Dark Teal*/     { 0.5, 0.0, 0.5 },    /* Dark Purple */
    { 0.0, 0.0, 0.5 },    /* Dark Blue*/     { 1.0, 1.0, 0.0 },    /* Yellow */
```

```
    { 0.0, 1.0, 0.0 },    /* Green*/          { 0.5, 0.5, 0.0 },    /* Dark Yellow */
    { 0.0, 0.5, 0.0 },    /* Dark Green*/     { 1.0, 0.0, 0.0 },    /* Red */
    { 0.5, 0.0, 0.0 },    /* Dark Red*/       { 0.0, 0.0, 0.0 }     /* Black */
};

GLint   Index = 0; ............................................................ ①
GLfloat Delta = 0.0, Red = 0.0, Green = 0.0, Blue = 0.0;

void MyDisplay( ) {
    Red   = PALETTE[Index][0];
    Green = PALETTE[Index][1];
    Blue  = PALETTE[Index][2];
    glColor3f(Red, Green, Blue);

    glBegin(GL_LINES);
        glVertex3f(-1.0 + Delta,  1.0 - Delta, 0.0 - Delta);
        glVertex3f( 1.0 - Delta,  1.0 - Delta, 0.0 - Delta);

        glVertex3f(-1.0 + Delta, -1.0 + Delta, 0.0 - Delta);
        glVertex3f( 1.0 - Delta, -1.0 + Delta, 0.0 - Delta);

        glVertex3f(-1.0 + Delta,  1.0 - Delta, 0.0 - Delta);
        glVertex3f(-1.0 + Delta, -1.0 + Delta, 0.0 - Delta);

        glVertex3f( 1.0 - Delta,  1.0 - Delta, 0.0 - Delta);
        glVertex3f( 1.0 - Delta, -1.0 + Delta, 0.0 - Delta);
    glEnd();

    glutSwapBuffers();
}

void MyTimer(int Value) { ..................................................... ②
    if (Delta < 2.0f)
        Delta = Delta + 0.01;
    else {
        Delta = 0.0;
        if (++Index >= 15)    Index = 0;
        glClear(GL_COLOR_BUFFER_BIT);
    }

    glutPostRedisplay();
    glutTimerFunc(10, MyTimer, 1); ............................................ ③
```

```
}

void MyInit() {
    glClearColor(0.0, 0.0, 0.0, 1.0);
    glMatrixMode(GL_PROJECTION);
    glLoadIdentity();

    glOrtho(-1.0, 1.0, -1.0, 1.0, -1.0, 1.0);
}

int main(int argc, char** argv) {
    glutInit(&argc, argv);
    glutInitDisplayMode(GLUT_RGB | GLUT_DOUBLE);
    glutInitWindowSize(500, 500);
    glutInitWindowPosition(0, 0);
    glutCreateWindow("Timer Animation using Timer Callback");
    MyInit();
    glutTimerFunc(10, MyTimer, 1); ············· ④
    glutDisplayFunc(MyDisplay);

    glutMainLoop();
    return 0;
}
```

요약 SUMMARY

1. Programming에서 Callback은 Application이 Event를 처리하는 방법으로서 Display Callback, Reshape Callback, Keyboard Callback, Mouse Callback, Menu Callback, Idle Callback 및 Timer Callback 등으로 구분할 수 있다.

2. Display Callback은 '처음 Window를 열 때', 'Window의 위치를 이동시킬 때', 'Window의 크기를 변경할 때', '앞 Window에 가려서 안 보이던 뒤 Window가 활성화되어 앞으로 나타날 때' 및 'glutPostRedisplay 함수에 의해 Event Queue에 Flag가 게시될 때' 등의 경우에 자동으로 호출되는 것이다. Reshape Callback은 '처음 Window를 열 때', 'Window의 위치를 이동시킬 때' 및 'Window의 크기를 변경할 때' 등의 경우에 자동으로 호출되는 것이다. Keyboard Callback은 컴퓨터와 사용자 사이의 인터페이스 역할을 하는 Keyboard의 문자 Key나 함수 Key 등의 입력에 대해 호출되는 것이다. Mouse Callback은 Mouse Button을 누르거나 Mouse의 위치를 이동시켜서 화면에 있는 Cursor의 위치를 이동시키는 등의 Event를 발생시킬 수 있는데, 이와 같은 Mouse Event가 발생할 때마다 호출되는 것이다. Menu Callback은 Window에서 제공하는 메뉴보다는 Pop-Up 형태의 메뉴를 호출하는 것이다. Idle Callback은 glutMainLoop 함수가 Event Loop를 돌 때마다 Queue에 쌓인 Event를 검사하는데, Queue에 아무런 Event가 들어있지 않은 경우에 호출하는 것이다. Timer Callback은 Vertex를 직접 제어하는 Idle Callback과는 다르게 Time을 제어하여 애니메이션에서 많이 사용되는 것이다.

3. Double Buffering은 Front Buffer와 Back Buffer를 설정하고 현재 화면에 보이는 객체는 Front Buffer에 기록하고, 새로 그려질 객체는 Back Buffer에 기록함으로써 애니메이션에서 깜빡이는 현상을 없애준다.

연습문제

1. Callback Programming 및 Callback 함수란 무엇인지 예를 들어 기술하시오.

2. Display Callback이란 무엇이며, Display Callback이 자동으로 호출되는 경우는 어떤 경우인지 기술하시오. 또한 Display Callback을 구현하기 위한 OpenGL 함수는 무엇이며 어떻게 사용하는지 예를 들어 기술하시오.

3. Reshape Callback이란 무엇이며, Reshape Callback이 자동으로 호출되는 경우는 어떤 경우인지 기술하시오. 또한 Reshape Callback을 구현하기 위한 OpenGL 함수는 무엇이며 어떻게 사용하는지 예를 들어 기술하시오.

4. Keyboard Callback이란 무엇이며, Keyboard Callback을 구현하기 위한 OpenGL 함수는 어떤 종류들이 있는지 예를 들어 기술하시오.

5. Mouse Callback이란 무엇이며, Mouse Callback을 구현하기 위한 OpenGL 함수는 어떤 종류들이 있는지 예를 들어 기술하시오. 또한 Mouse의 가운데에 있는 Wheel Button을 사용하기 위해 추가적으로 설치하여야 하는 Library는 어떤 것이 있으며 어떻게 사용하는지 예를 들어 기술하시오.

6. Menu Callback이란 무엇이며, Menu Callback을 구현하기 위한 OpenGL 함수는 어떤 종류들이 있는지 예를 들어 기술하시오.

7. Idle Callback이란 무엇이며, Idle Callback을 구현하기 위한 OpenGL 함수는 어떤 종류들이 있는지 예를 들어 기술하시오. 또한 Idle Callback을 구현하기 위해서는 Double Buffer을 설정해주어야 하는데, Double Buffering이 무엇인지 그림과 함께 기술하시오.

8. Timer Callback이란 무엇이며, Timer Callback을 구현하기 위한 OpenGL 함수는 어떤 종류들이 있는지 예를 들어 기술하시오.

참고문헌

01 freeglut,
http://freeglut.sourceforge.net/

02 주우석, "IT CookBook, OpenGL로 배우는 컴퓨터 그래픽스", 한빛미디어(주), 2006.

COMPUTER GRAPHICS

03 CHAPTER

모델 변환과 시점 변환

CONTENTS

CHAPTER 03

모델 변환과 시점 변환

Section 01 기하 변환(Geometric Transformation)

동차 좌표계 (Homogeneous Coordinates system)

컴퓨터 그래픽스에서 사용되는 거의 모든 좌표계는 **동차 좌표계**(Homogeneous Coordinate system)를 사용하는데, 동차 좌표계는 3D 공간에서 Vertex의 좌표를 (x, y, z)와 같이 3개의 요소로 표현하는 것이 아니라 (x, y, z, w)와 같이 4개의 요소로 표현하자는 것이다. 즉, 3D에서 4D로의 사상이 되는 것이다. 여기서 중요한 것은 동차 좌표계의 마지막 요소인 w=0일 때 그 Vertex는 벡터(Vector)를 의미하고, w=1이면 그 Vertex는 하나의 Point를 의미한다는 것이다. 이는 동차 좌표계의 마지막 요소인 w를 사용하여 Vertex의 좌표들을 나눗셈을 해 봄으로써 확인할 수 있다. 즉, 3D 공간상의 한 점 P(x, y, z)가 있을 경우, 4개의 요소를 가진 동차 좌표로 표시하면, P(x, y, z, w)가 되는데, 점 P의 실제 좌표는 P(x/w, y/w, z/w)가 된다. 이때 동차 좌표계의 마지막 요소인 w가 0이면 점 P(x/0, y/0, z/0)가 되어 그 자체가 벡터 P(x, y, z)가 되며, w=1이면 점 P(x/1, y/1, z/1)이 되어 한 점 P(x, y, z)가 된다.

기하 변환(Geometry Transformation)

이와 같은 동차 좌표계를 사용하는 이유는 본 장에서 학습할 **기하 변환**(Geometry Transformation)과 매우 밀접한 관계가 있기 때문이다. 여기서 기하 변환은 이동(Translation), 회전(Rotation), 크기 조절(Scale) 및 전단(Shear) 등을 의미한다. 그러나 3D 공간에서 Rotation, Scale 및 Shear 등의 변환을 3×3 Matrix의 곱으로 쉽게 표현할 수 있지만, Translation은 3×1 Matrix의 덧셈으로만 표현이 가능하다. 그러므로 Translation을 Rotation, Scale 및 Shear 등과 같은 Matrix의 곱으로 표현하기 위해서 노력하였으며, 그 결과 Translation은 동차 좌표계를 사용한 4×4 Matrix로 표현이 가능함을 알게 되었다. 또한 Rotation, Scale 및 Shear 등과 Translation을 같은 크기의 Matrix로 표현하기 위해 모두 동차 좌표계인 4×4 Matrix를 사용하게 되었다. 그 이유는 다양한 복합 변환을 구현해야할 경우 동일한 크기의 Matrix들의 곱으로 쉽게 표현할 수 있다는 장점을 가지고 있기 때문이다.

기하(Geometry)
오른손 좌표계
시계 반대 방향(CCW, Counter Clock Wise)

기하 변환에 있어서 좌표계에 대한 기준은 매우 중요하다. 지금처럼 상용화된 3D 소프트웨어가 사용되기 오래 전, 대학이나 컴퓨터 그래픽스 관련 연구소에서는 컴퓨터를 이용하여 3D 공간에서 보여주기를 원하는 가상의 객체를 생성할 수 있는 프로그램을 개발하는 과정이 있었다. 그 과정에서 다양한 수학 공식과 이론들이 동원되었으며, 이를 바탕으로 모니터 화면에 표현된 가상의 객체들을 생성할 수 있게 되었는데 이 가상의 객체들을 기하(Geometry)라고 한다. 또한 이 기하를 3D 공간에서 쉽게 구현할 수 있도록 도와주는 API 중의 하나가 OpenGL이다. 그리고 3D 공간에서 이 기하를 변환(Transformation)시키기 위해서는 특정한 기준이 필요하게 되었으며 OpenGL에서는 오른손 좌표계를 그 기준으로 설정하게 되었다. **오른손 좌표계**에 대해서는 1장 OpenGL과 Modeling 부분에서 이미 언급하였지만, 다시 한 번 기억을 되살리면서 살펴보고 가도록 하자. 일반적으로 컴퓨터 그래픽스에서 주로 사용되는 OpenGL은 오른손 좌표계를 사용하고 있으며, 컴퓨터 게임 개발에 주로 사용되는 DirectX는 왼손 좌표계를 사용하고 있다. OpenGL에서 사용하는 오른손 좌표계는 [그림 3-1]과 같이 오른손의 엄지, 검지 및 중지를 사용하여 X, Y 및 Z축을 표현하고 있다. 또한 각 X, Y 및 Z축을 기준으로 하는 회전의 방향은 **시계 반대 방향**(CCW, Counter Clock Wise)으로 설정하여 사용하고 있다.

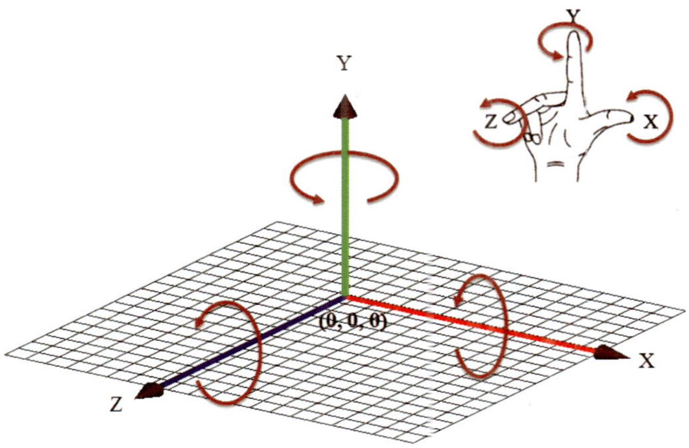

[그림 3-1] 오른손 좌표계

본 장에서는 동차 좌표계를 사용하여 모든 정점들을 표현하고, [그림 3-1]과 같은 오른손 좌표계를 사용하여 기하 변환에 사용하고자 한다.

1. 이동(Translation)

강체(Rigid Body)
이동(Translation)

3D 공간에서 객체 특히 강체(Rigid Body)를 특정 위치로 이동시키게 되면 강체를 구성하는 Vertex들의 위치는 모두 동일하게 특정 거리만큼 움직이게 되는데, 이러한 변화를 3D 변환(Transformation)들 중 이동(Translation)이라고 한다. [그림 3-2]는 2D 및 3D 공간에서 강체의 이동을 설명하고 있는데, 2D 공간에서 사각형으로 구성된 강체의 한 점 P(x, y)를 X축 방향으로 T_x 만큼, Y축 방향으로 T_y 만큼 이동시키는 경우와 3D 공간에서 사각형으로 구성된 강체의 한 점 P(x, y, z)를 X축 방향으로 T_x 만큼, Y축 방향으로 T_y 만큼, Z축 방향으로 T_z 만큼 이동시키는 경우이다. 기하 변환을 위해서는 동차 좌표계를 사용하기 때문에 2D 공간에서 객체의 이동(Translation)을 위한 Matrix는 3D로 표현이 되어져야 하며, 3D 공간에서 객체의 이동(Translation)을 위한 Matrix는 4D로 표현되어져야 한다. 2D 공간에서 객체의 이동을 간단한 수식으로 표현하면 (수식 3-1)과 같고, 동차 좌표계를 포함하는 Matrix의 곱으로 표현하면 (수식 3-2)와 같다.

$$P' = T + P \tag{수식 3-1}$$

$$\begin{bmatrix} x' \\ y' \\ 1 \end{bmatrix} = \begin{bmatrix} T_x \\ T_y \\ 1 \end{bmatrix} + \begin{bmatrix} x \\ y \\ 1 \end{bmatrix} = \begin{bmatrix} T_x + x \\ T_y + y \\ 1 \end{bmatrix} = \begin{bmatrix} 1 & 0 & T_x \\ 0 & 1 & T_y \\ 0 & 0 & 1 \end{bmatrix} \begin{bmatrix} x \\ y \\ 1 \end{bmatrix} \tag{수식 3-2}$$

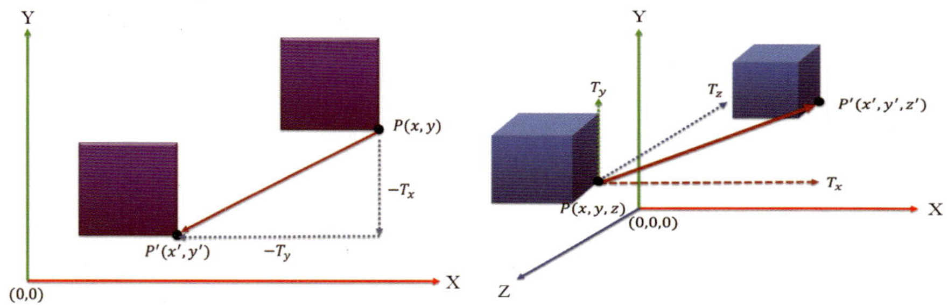

(A) 2D에서 강체의 이동　　(B) 3D에서 강체의 이동

[그림 3-2] 2D와 3D 공간에서 강체의 이동(Translation)

3D 공간에서 객체의 이동을 간단한 수식으로 표현하면 (수식 3-3)과 같고, 동차 좌표계를 포함하는 Matrix의 곱으로 표현하면 (수식 3-4)와 같다.

$$P' = T \cdot P \qquad \text{(수식 3-3)}$$

$$\begin{bmatrix} x' \\ y' \\ z' \\ 1 \end{bmatrix} = \begin{bmatrix} T_x \\ T_y \\ T_z \\ 1 \end{bmatrix} + \begin{bmatrix} x \\ y \\ z \\ 1 \end{bmatrix} = \begin{bmatrix} T_x + x \\ T_y + y \\ T_z + z \\ 1 \end{bmatrix} = \begin{bmatrix} 1 & 0 & 0 & T_x \\ 0 & 1 & 0 & T_y \\ 0 & 0 & 1 & T_z \\ 0 & 0 & 0 & 1 \end{bmatrix} \begin{bmatrix} x \\ y \\ z \\ 1 \end{bmatrix} \qquad \text{(수식 3-4)}$$

[코드 3-1]은 (수식 3-4)를 코드로 표현한 것으로서, ①은 3D 공간에 있는 강체의 Vertex 위치를 X축, Y축 및 Z축 방향으로 이동시키기 위한 거리에 대한 변수와 초기 값을 실수로 지정한 것이다. ②는 강체의 Vertex들을 이동(Translation)시키기 위해 곱셈으로 적용할 Matrix로서 동차 좌표계로 표현된 Matrix를 4×4 크기의 배열로 선언한 것이다. ③은 현재 변환 행렬(Transformation Matrix)에 배열 Translate_matrix에 있는 Matrix를 곱하는 것으로서 강체의 Vertex들에 ②의 Matrix를 곱해서 강체의 Vertex들을 실제로 이동시키는 기능을 한다. glMultMatrixf 함수에 대해서는 <표 3-1>의 glMultMatrixf 함수에 대한 Prototype에서 더 자세한 정보를 확인할 수 있다.

〈표 3-1〉 glMultMatrixf 함수에 대한 Prototype

void glMultiMatrixf (const GLdouble *m);	
Parameters Help	m // 16개의 연속적인 값들이 Column 우선 순으로 저장되어 있는 4×4 Matrix에 // 대한 Pointer

코드 3-1 Translation Matrix로 표현하는 Translation

```
GLfloat Tx = 2.0, Ty = 3.0, Tz = 1.0; ·········································· ①

GLfloat Translate_matrix[4][4]={ ··············································· ②
    { 1.0, 0.0, 0.0, Tx },
    { 0.0, 1.0, 0.0, Ty },
    { 0.0, 0.0, 1.0, Tz },
    { 0.0, 0.0, 0.0, 1.0 }
};
...
glMultMatrixf((float*)Translate_matrix); ········································ ③
glutSolidTeapot(1.0);
...
```

[코드 3-1]에서는 3D 공간에서 객체인 차주전자(Teapot)를 X, Y 및 Z축 방향으로 특정 거리만큼 이동(Translation)시키기 위한 동차 좌표계로 구성된 4×4 Matrix를 직접 코딩하여 구현하는 번거로움이 있다. 그러므로 OpenGL에서는 이와 같은 복잡한 Matrix의 곱셈을 단 하나의 함수 즉, glTranslatef 함수로 해결해주고 있다. glTranslatef 함수에 대해서는 <표 3-2>의 glTranslatef 함수에 대한 Prototype에서 더 자세한 정보를 확인할 수 있다.

〈표 3-2〉 glTranslatef 함수의 Prototype

void glTranslatef (GLfloat *x*, GLfloat *y*, GLfloat *z*);	
Parameters Help	*x* // X축으로 이동하기 위한 값 *y* // Y축으로 이동하기 위한 값 *z* // Z축으로 이동하기 위한 값

[코드 3-2]는 [코드 3-1]의 ①, ② 및 ③의 기능을 모두 포함하고 있는 glTranslatef 함수를 사용한 예시이다.

코드 3-2 glTranslatef 함수를 사용한 객체의 이동

```
...
glTranslatef(2.0, 3.0, 1.0);
glutSolidTeapot(1.0);
...
```

[그림 3-3]은 glTranslatef 함수로 구현한 몇 가지 결과들로서, glTranslatef 함수의 매개변수(Parameter)들의 값과 그 결과를 비교해보면 쉽게 이해할 수 있을 것이다.

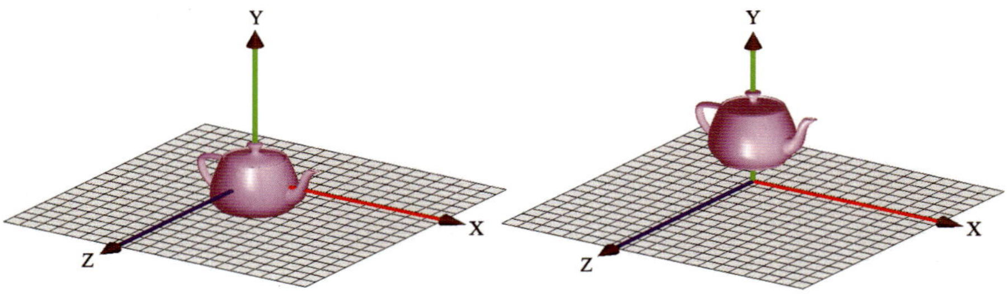

(A) glTranslatef(0.0, 0.0, 0.0);　(B) glTranslatef(0.0, 1.0, 0.0);

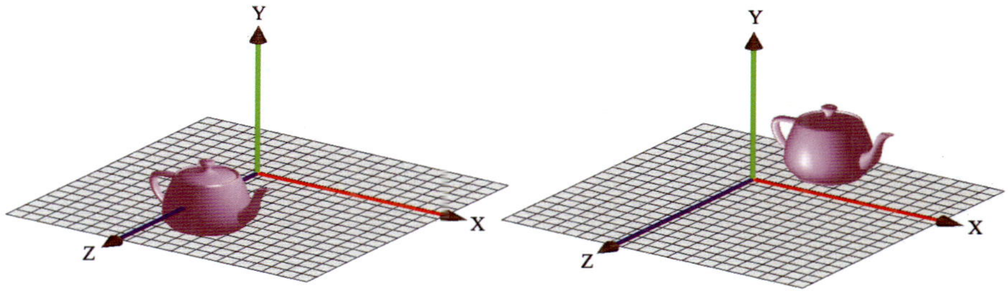

(C) glTranslatef(0.0, 0.0, 1.0); (D) glTranslatef(1.0, 1.0, 0.0);

[그림 3-3] glTranslatef 함수에 의해 구현된 결과들

2. 회전(Rotation)

회전(Rotation)

3D 공간에서 객체 특히 강체(Rigid Body)를 특정한 하나의 축(Axis)을 기준으로 임의의 회전각만큼 시계 반대방향(CCW, Counter Clock Wise)으로 회전시키게 되면 강체를 구성하는 Vertex들의 위치는 모두 동일하게 회전각만큼 회전이 되는데, 이러한 변화를 3D 변환(Transformation)들 중에서 회전(Rotation)이라고 한다. [그림 3-4]는 2D 공간에서 강체의 회전을 설명하고 있는데, 2D 공간에서 사각형으로 구성된 강체의 한 점 P(x, y)를 임의의 각도만큼 시계 반대방향으로 회전시키는 경우이다. 기하 변환을 위해서는 동차 좌표계를 사용하기 때문에 2D 공간에서 객체의 회전(Rotation)을 위한 Matrix는 3D로 표현이 되어져야 하며, 3D 공간에서 객체의 회전(Rotation)을 위한 Matrix는 4D로 표현되어져야 한다.

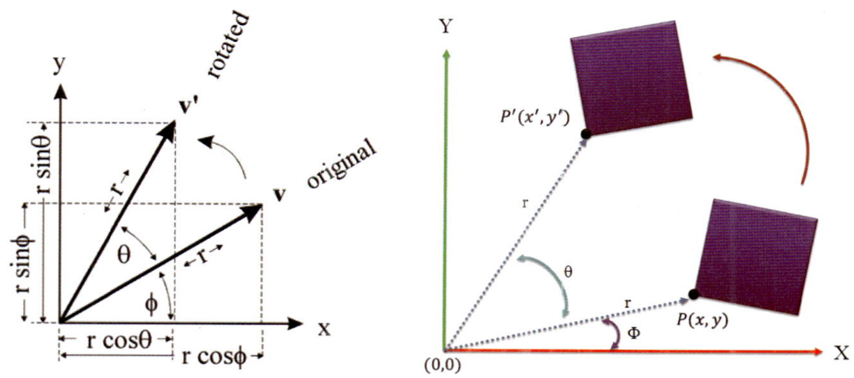

[그림 3-4] 2D 공간에서 강체의 회전(Rotation)

2D 공간에서 객체의 회전을 간단한 수식으로 표현하면 (수식 3-5)에서 (수식 3-8)까지와 같고, 동차 좌표계를 포함하는 Matrix의 곱으로 표현하면 (수식 3-9)에서 (수식 3-10)까지와 같다. [그림 3-4]에서 θ는 2D 공간에서 임의의 한 점 v 혹은 P(x, y)가 시계 반대방향으로 회전하는 각을 의미하고, ϕ는 원점(0, 0)과 임의의 한 점 v 혹은 P(x, y)을 연결하는 선분이 X축 좌표와 이루는 각을 의미한다. 그리고 γ은 원점(0, 0)과 임의의 한 점 v 혹은 P(x, y)을 연결하는 선분의 길이이다. 2D 공간에서 임의의 한 점 v 혹은 P(x, y)는 (수식 3-5)와 같이 표현할 수 있다.

$$v=p=\begin{bmatrix} x \\ y \end{bmatrix}=\begin{bmatrix} r\cos\phi \\ r\sin\phi \end{bmatrix} \qquad \text{(수식 3-5)}$$

그리고 임의의 한 점 v 혹은 P(x, y)를 시계 반대방향으로 회전각 θ만큼 회전한 새로운 한 점 v' 혹은 $P'(x', y')$는 (수식 3-6)과 같이 표현할 수 있는데,

$$v'=p'=\begin{bmatrix} r\cos(\phi+\theta) \\ r\sin(\phi+\theta) \end{bmatrix} \Rightarrow \begin{matrix} x'=r\cos\phi\cos\theta-r\sin\phi\sin\theta \\ y'=r\cos\phi\sin\theta+r\sin\phi\cos\theta \end{matrix} \qquad \text{(수식 3-6)}$$

(수식 3-6)을 Matrix의 곱으로 표현하면 (수식 3-7)과 같은데, 이것은 (수식 3-5)와 (수식 3-6)으로부터 (수식 3-8)과 같이 정리하여 Matrix의 곱으로 다시 표현한 것이다.

$$\begin{bmatrix} x' \\ y' \end{bmatrix}=\begin{bmatrix} \cos\theta & -\sin\theta \\ \sin\theta & \cos\theta \end{bmatrix}\begin{bmatrix} x \\ y \end{bmatrix} \qquad \text{(수식 3-7)}$$

$$\begin{matrix} x=r\cos\phi \\ y=r\sin\phi \end{matrix} \Rightarrow \begin{matrix} x'=x\cos\theta-y\sin\theta \\ y'=x\sin\theta+y\cos\theta \end{matrix} \qquad \text{(수식 3-8)}$$

기하 변환은 동차 좌표계를 사용하여 모두 표현하고 Matrix 연산에 사용하고 있는데, (수식 3-7)을 동차 좌표계로 변환하면 (수식 3-9) 및 (수식 3-10)과 같이 표현할 수 있다. 즉, 2D Matrix는 동차 좌표계로 변경하면 3D Matrix가 된다.

$$P'=R\cdot P \qquad \text{(수식 3-9)}$$

$$\begin{bmatrix} x' \\ y' \\ 1 \end{bmatrix} = \begin{bmatrix} \cos\theta & -\sin\phi & 0 \\ \sin\theta & \cos\theta & 0 \\ 0 & 0 & 1 \end{bmatrix} \begin{bmatrix} x \\ y \\ 1 \end{bmatrix} \qquad \text{(수식 3-10)}$$

2D 공간에서의 회전(Rotation)은 단순히 하나의 축을 기준으로 회전각만큼 회전을 하기 때문에 하나의 회전 Matrix가 존재하고 있으나 3D 공간에서는 전혀 다르다. 왜냐하면, 3D 공간에서 회전을 하기 위한 회전축(Axis of Rotation)이 X축, Y축 및 Z축마다 존재하기 때문이다. (수식 3-11)에서 (수식 3-13)까지는 X축, Y축 및 Z축을 기준으로 하는 회전 Matrix의 곱셈을 동차 좌표계로 각각 표현한 것이다.

$$P' = R_x(\theta) \cdot P = \begin{bmatrix} x' \\ y' \\ z' \\ 1 \end{bmatrix} = \begin{bmatrix} 1 & 0 & 0 & 0 \\ 0 & \cos\theta & -\sin\theta & 0 \\ 0 & \sin\theta & \cos\theta & 0 \\ 0 & 0 & 0 & 1 \end{bmatrix} \begin{bmatrix} x \\ y \\ z \\ 1 \end{bmatrix} \qquad \text{(수식 3-11)}$$

$$P' = R_y(\theta) \cdot P = \begin{bmatrix} x' \\ y' \\ z' \\ 1 \end{bmatrix} = \begin{bmatrix} \cos\theta & 0 & \sin\theta & 0 \\ 0 & 1 & 0 & 0 \\ -\sin\theta & 0 & \cos\theta & 0 \\ 0 & 0 & 0 & 1 \end{bmatrix} \begin{bmatrix} x \\ y \\ z \\ 1 \end{bmatrix} \qquad \text{(수식 3-12)}$$

$$P' = R_z(\theta) \cdot P = \begin{bmatrix} x' \\ y' \\ z' \\ 1 \end{bmatrix} = \begin{bmatrix} \cos\theta & -\sin\theta & 0 & 0 \\ \sin\theta & \cos\theta & 0 & 0 \\ 0 & 0 & 1 & 0 \\ 0 & 0 & 0 & 1 \end{bmatrix} \begin{bmatrix} x \\ y \\ z \\ 1 \end{bmatrix} \qquad \text{(수식 3-13)}$$

[코드 3-3]은 (수식 3-11)에서 (수식 3-13)까지를 코드로 표현하여 객체인 차주전자(Teapot)를 특정한 회전축(Z축)을 기준으로 45도만큼 회전시키기 위한 것이다. ①은 회전축을 기준으로 회전시키기 위한 회전각(Rotation Angle)을 의미하고, ②는 (수식 3-13)과 같이 Z축을 기준으로 회전시키기 위한 Matrix를 4×4 크기의 배열로 선언한 것이며, ③은 (수식 3-12)와 같이 Y축을 기준으로 회전시키기 위한 Matrix를 4×4 크기의 배열로 선언한 것이다. 그리고 ④는 (수식 3-11)과 같이 X축을 기준으로 회전시키기 위한 Matrix를 4×4 크기의 배열로 선언한 것이며, ⑤는 객체(Teapot)를 회전시키기 위한 Matrix를 곱셈으로 계산하는 기능을 한다.

코드 3-3

Rotation Matrix로 표현하는 Rotation

```
GLfloat θ = 45.0; ······························································ ①

GLfloat RotateZ_matrix[4][4] = { ············································· ②
    { cos θ, − sin θ, 0.0, 0.0 },
    { sin θ,  cos θ, 0.0, 0.0 },
    {  0.0,    0.0, 1.0, 0.0 },
    {  0.0,    0.0, 0.0, 1.0 }
};

GLfloat RotateY_matrix[4][4] = { ············································· ③
    { cos θ, 0.0,  sin θ, 0.0 },
    {  0.0, 1.0,  0.0,  0.0 },
    {− sin θ, 0.0, cos θ, 0.0 },
    {  0.0, 0.0,  0.0, 1.0 }
};

GLfloat RotateX_matrix[4][4] = { ············································· ④
    { 1.0,   0.0,    0.0, 0.0 },
    { 0.0, cos θ, − sin θ, 0.0 },
    { 0.0, sin θ,  cos θ, 0.0 },
    { 0.0,   0.0,    0.0, 1.0 }
};
...
glMultMatrixf((float*)RotateZ_matrix); ······································· ⑤
glutSolidTeapot(1.0);
...
```

회전축(Rotation Axis)

[코드 3-3]에서는 3D 공간에서 객체인 차주전자(Teapot)를 X축, Y축 및 Z축 방향의 회전축(Rotation Axis)을 기준으로 임의의 각도만큼 회전(Rotation)시키기 위한 동차 좌표계로 구성된 4×4 Matrix를 직접 코딩하여 구현하는 번거로움이 있다. 그러므로 OpenGL에서는 이와 같은 복잡한 Matrix의 곱셈을 단 하나의 함수 glRotatef로 해결해주고 있는데, glRotatef 함수에 대해서는 <표 3-3>의 glRotatef 함수에 대한 Prototype에서 더 자세한 정보를 확인할 수 있다.

〈표 3-3〉 glRotatef 함수에 대한 Prototype

void glRotatef (GLfloat *angle*, GLfloat *x*, GLfloat *y*, GLfloat *z*);		
Parameters Help	*angle*	// 회전하기 위한 각도
	x	// 회전하기 위한 중심축(X축)
	y	// 회전하기 위한 중심축(Y축)
	z	// 회전하기 위한 중심축(Z축)

[코드 3-4]는 [코드 3-3]의 ①, ②, ③, ④ 및 ⑤의 기능을 모두 포함하고 있는 glRotatef 함수를 사용한 예시이다.

코드 3-4 glRotatef 함수를 사용한 객체의 회전(Rotation)

```
...
glRotatef(45.0, 0.0, 0.0, 1.0);
glutSolidTeapot(1.0);
...
```

[그림 3-5]는 glRotatef 함수로 구현한 차주전자의 회전 결과에 대한 몇 가지 예시들로서, glRotatef 함수의 매개변수(Parameter)들의 값과 그 결과를 비교해보면 쉽게 이해할 수 있을 것이다.

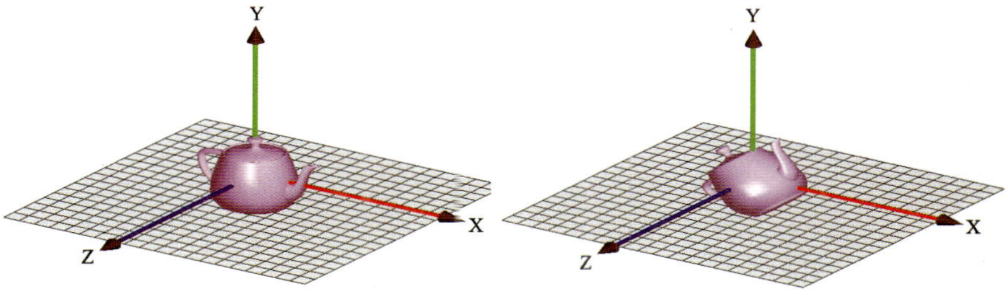

(A) glRotatef(0.0, 0.0, 0.0, 0.0);　　(B) glRotatef(45.0, 0.0, 0.0, 1.0);

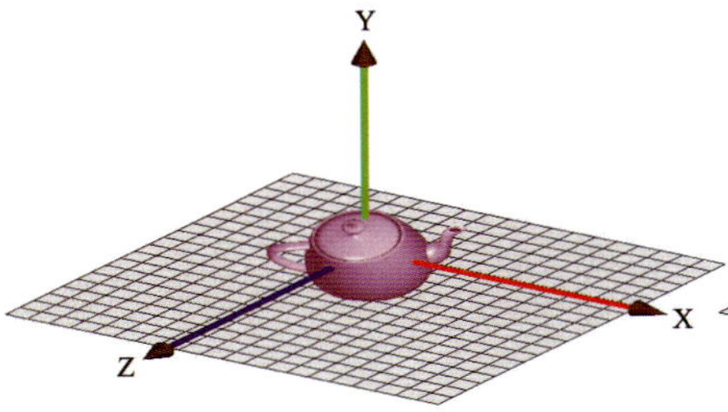

(C) glRotatef(45.0, 1.0, 1.0, 0.0);

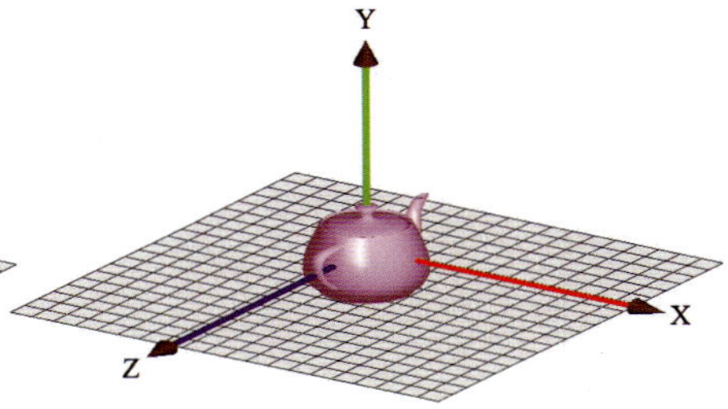

(D) glRotatef(90.0, 0.0, 1.0, 0.0);

[그림 3-5] glRotatef 함수로 구현한 결과들

Check Point

Euler Angles

Euler Angles는 3D 공간에서 객체가 취할 수 있는 방향을 나타내는 데 사용되는 3개 각(Angle)의 조합을 의미하는데, 3D 공간에서 3D 직교 좌표계의 좌표축인 X축, Y축 및 Z축에 대한 회전을 적당히 조합하면 임의의 방향을 나타낼 수 있다는 것에서 18세기 수학자 Euler가 착안한 것이다. 즉, Euler Angles는 3D 공간에서 임의의 방향을 나타낼 수 있는 조합이라면 어떤 종류의 조합이라도 모두 Euler Angles가 된다는 것이다.

Gimbal Lock

Quaternion

그러나 임의의 3개의 각도 값이 서로 독립적이지 않다는 것에 문제점이 있다. 예를 들어 Robot Arm을 제어하기 위해 임의의 축을 기준으로 하는 회전이 회전을 하나 마나한 경우가 발생하는데, 이와 같은 경우를 Gimbal Lock이라고 한다. 즉, 임의의 방향을 설정할 때 3개의 축을 조합해야하는데, 직관적으로 어렵다는 것이고 또한 현재의 특정 방향에서 다른 방향으로 변경하려고 할 때 각 회전축을 기준으로 하는 회전 값을 얼마만큼 변화시켜야 하는지가 매우 애매하다는 것이다.

그런 이유로 Euler Angles의 문제점을 해소하기 위하여 Angular Displacement를 사용하는데, 이는 (θ, V_x, V_y, V_z)와 같이 각(Angle) 및 3개의 벡터로 구성된 독립된 값을 가진다. 그러나 Key-frame Animation을 구현하고자 할 경우 Key-frame으로 지정된 두 개의 방향을 서로 보간(Interpolation)하려고 한다면 단순히 4개의 값의 차이를 서로 선형 보간(Interpolation)하게 되면 문제가 없을 것 같지만 실제는 그렇지 않다는 것이다. 그래서 이와 같은 문제점을 해결하기 위해서 복소수를 확장한 수학적 양을 도입해서 사용하는 Quaternion을 사용한다.

3. 크기 조절(Scale)

크기 조절(Scale)

3D 공간에서 객체 특히 강체(Rigid Body)를 X축, Y축 및 Z축 방향으로 크기 조절을 하게 되면 강체를 구성하는 Vertex들의 위치는 모두 크기 조절된 값만큼 변경되게 되는데, 이러한 변화를 3D 변환(Transformation)들 중 **크기 조절(Scale)**이라고 한다. [그림 3-6]은 2D 공간에서 강체의 크기 조절을 설명하고 있는데, 2D 공간에서 사각형으로 구성된 강체의 한 점 P(x, y)를 X축 방향으로 S_x 만큼, Y축 방향으로 S_y 만큼 이동시키는 경우와 3D 공간에서 사각형으로 구성된 강체의 한 점 P(x, y, z)를 X

축 방향으로 S_x 만큼, Y축 방향으로 S_y 만큼, Z축 방향으로 S_z 만큼 이동시키는 경우이다.

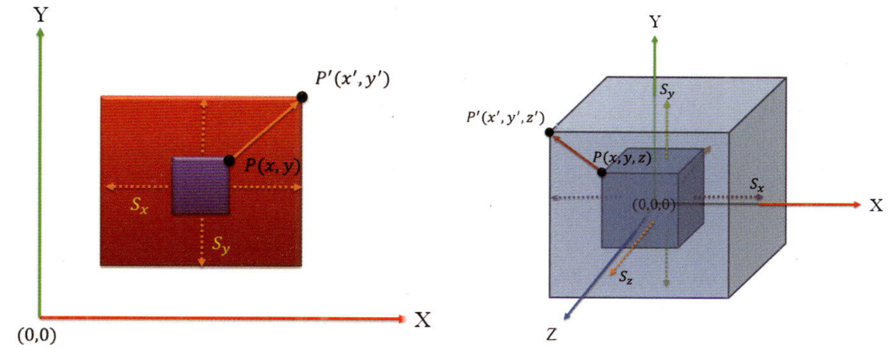

(A) 2D 공간에서의 크기 조절(Scale) (B) 3D 공간에서의 크기 조절(Scale)

[그림 3-6] 2D 및 3D 공간에서의 크기 조절(Scale)

기하 변환을 위해서는 동차 좌표계를 사용하기 때문에 2D 공간에서 객체의 크기 조절(Scale)을 위한 Matrix는 3D로 표현이 되어져야 하며, 3D 공간에서 객체의 크기 조절(Scale)을 위한 Matrix는 4D로 표현되어져야 한다. 2D 공간에서 객체의 크기 조절을 간단한 수식과 Matrix의 곱셈으로 표현하면 (수식 3-14) 및 (수식 3-15)와 같고, 동차 좌표계를 포함하는 Matrix의 곱셈으로 표현하면 (수식 3-16)과 같다.

$$P' = S \cdot P \qquad \text{(수식 3-14)}$$

$$\begin{bmatrix} x' \\ y' \\ z' \end{bmatrix} = \begin{bmatrix} s_x \cdot x \\ s_y \cdot y \\ s_z \cdot z \end{bmatrix} = \begin{bmatrix} s_x & 0 & 0 \\ 0 & s_y & 0 \\ 0 & 0 & s_z \end{bmatrix} = \begin{bmatrix} x \\ y \\ z \end{bmatrix} \qquad \text{(수식 3-15)}$$

$$\begin{bmatrix} x' \\ y' \\ z' \\ 1 \end{bmatrix} = \begin{bmatrix} s_x \cdot x \\ s_y \cdot y \\ s_z \cdot z \\ 1 \end{bmatrix} = \begin{bmatrix} s_x & 0 & 0 & 0 \\ 0 & s_y & 0 & 0 \\ 0 & 0 & s_z & 0 \\ 0 & 0 & 0 & 1 \end{bmatrix} \begin{bmatrix} x \\ y \\ z \\ 1 \end{bmatrix} \qquad \text{(수식 3-16)}$$

[코드 3-5]는 (수식 3-16)을 코드로 표현하여 객체인 차주전자(Teapot)를 X축, Y축 및 Z축 방향으로 크기 조절을 적용시킨 것으로서 ①은 크기 조절을 적용시키기

위한 Matrix에 삽입할 변수의 값이고, ②는 (수식 3-16)의 Scale Matrix를 4×4 크기의 배열로 선언한 것이다. 그리고 ③은 객체(Teapot)에 ②의 Scale Matrix를 곱셈해 줌으로써 크기 조절이 실행되는 기능을 한다.

코드 3-5 Scale Matrix로 표현하는 Scale

```
GLfloat Sx = 2.0, Sy = 3.0, Sz = 1.0; ·························· ①

GLfloat Scale_matrix[4][4] = { ·························· ②
    { Sx, 0.0, 0.0, 0.0 },
    { 0.0, Sy, 0.0, 0.0 },
    { 0.0, 0.0, Sz, 0.0 },
    { 0.0, 0.0, 0.0, 1.0 }
};
...
glMultMatrixf((float*)Scale_matrix); ·························· ③
glutSolidTeapot(1.0);
...
```

[코드 3-5]에서는 3D 공간에서 객체인 차주전자(Teapot)를 X축, Y축 및 Z축 방향으로 크기 조절을 적용시키기 위한 동차 좌표계로 구성된 4×4 Matrix를 직접 코딩하여 구현하는 번거로움이 있다. 그러므로 OpenGL에서는 이와 같은 복잡한 Matrix의 곱셈을 단 하나의 glScalef 함수로 해결해주고 있는데, glScalef 함수에 대해서는 <표 3-4>의 glScalef 함수에 대한 Prototype에서 더 자세한 정보를 확인할 수 있다.

〈표 3-4〉 glScalef 함수의 Prototype

void glScalef (GLfloat *x*, GLfloat *y*, GLfloat *z*);	
Parameters Help	*x* // X축으로 크기 조절을 적용하기 위한 Scale 값 *y* // Y축으로 크기 조절을 적용하기 위한 Scale 값 *z* // Z축으로 크기 조절을 적용하기 위한 Scale 값

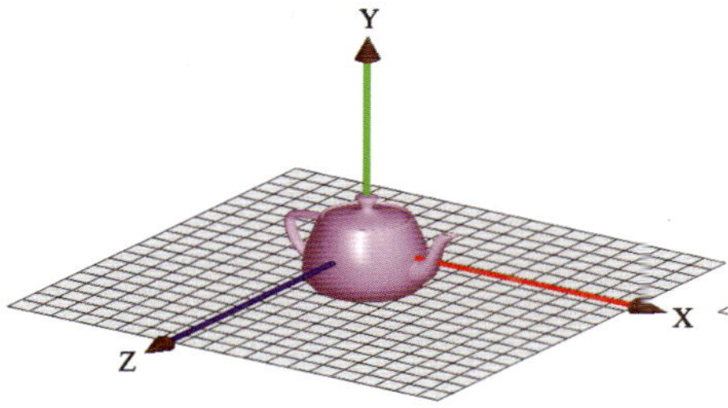

(A) glScalef(1.0, 1.0, 1.0);

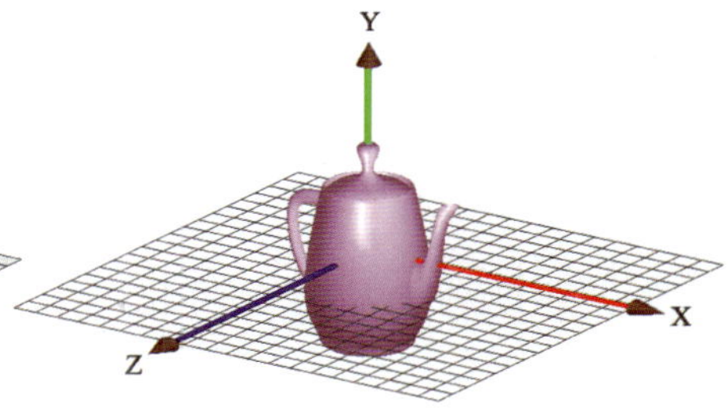

(B) glScalef(1.0, 2.5, 1.0);

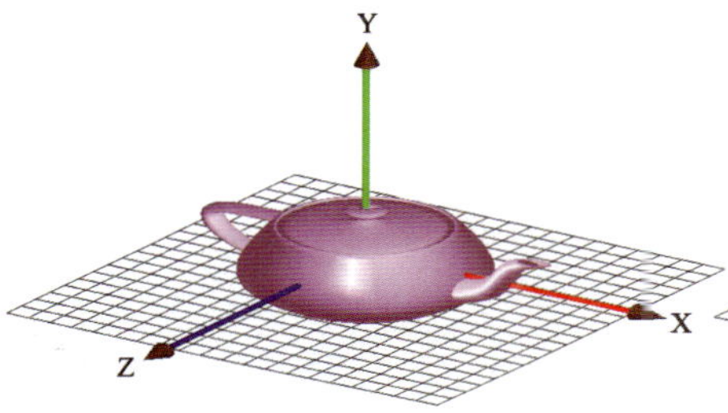

(C) glScalef(2.0, 1.0, 2.0);

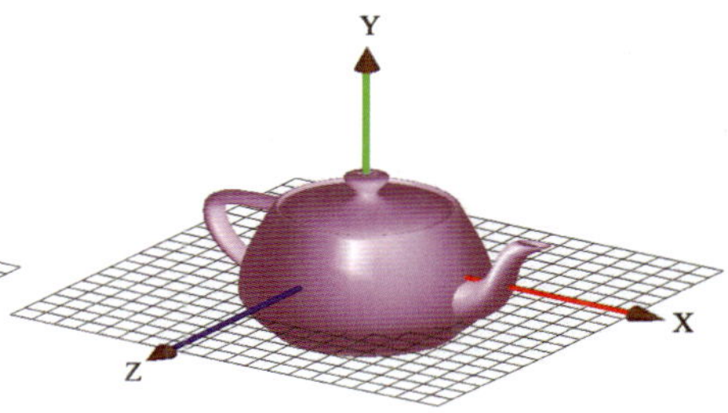

(D) glScalef(2.0, 2.0, 2.0);

[그림 3-7] glScalef 함수에 의해 구현된 크기 조절의 결과들

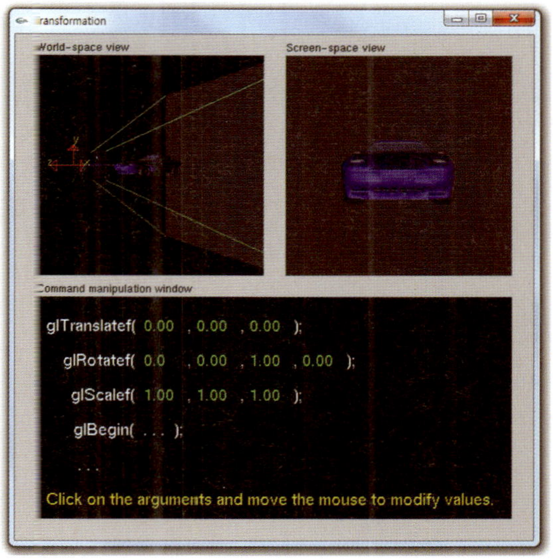

[그림 3-8] 3D 변환(Transformation)

[그림 3-7]은 glScalef 함수로 객체인 차주전자(Teapot)를 크기 조절한 몇 가지 구현 결과들로서, glScalef 함수의 매개변수(Parameter)들의 값과 그 결과를 비교해보면 쉽게 이해할 수 있을 것이다.

인터넷 사이트의 www.xmission.com/~nate/tutors.html에 가면 3D 공간에서 객체의 3D 변환(Transformation) 즉, 회전(Rotation), 크기 조절(Scale) 등을 [그림 3-8]과 같이 한꺼번에 실시간으로 확인해볼 수 있는 Windows 프로그램이 있다. 본 프로그램은 World-space view,

Screen−space view 및 Command Manipulation window로 구분하고 있으며, Mouse를 사용하여 실시간으로 제어가 가능하기 때문에 3D 기하 변환을 이해하는 데 매우 많은 도움이 될 것이다.

4. 전단(Shear)

전단(Shear)

전단(Shear)은 객체를 특정한 방향으로 일정한 힘(Force)을 주고 밀어서 찌그러진 형상이 되도록 하는 것을 말한다. [그림 3−9]는 2D 공간에서 사각형을 X축 방향으로 밀어서 찌그러진 사각형 즉, 평행 사변형의 모습으로 변형된 상태를 나타내는데, 이와 같은 모습으로 변형된 것을 전단(Shear)이라고 한다.

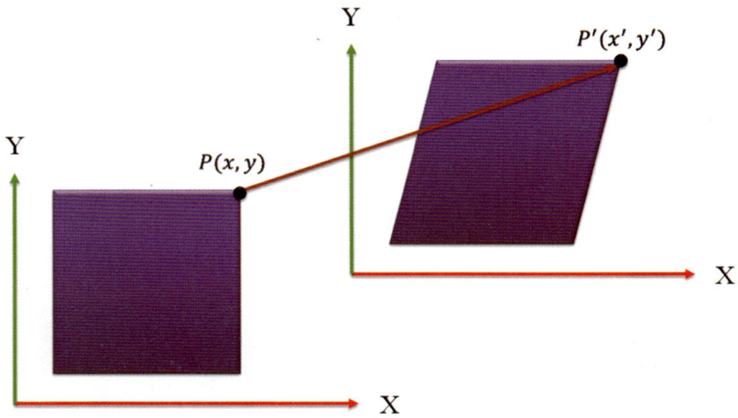

[그림 3−9] 2D 공간에서의 전단(Shear)

전단 변환(Shear Transformation)

전단 요소(Shearing Factor)

2D 공간에서 [그림 3−9]와 같이 X축 방향으로의 **전단 변환**(Shear Transformation)은 (수식 3−17)과 같이 **전단 요소**(Shearing Factor) Sh_x을 사용하여 Matrix의 곱셈으로 표현할 수 있다. 여기서 P는 전단 이전의 객체의 한 점이고, P'는 P의 전단 이후 변형된 점이다.

$$P' = Sh_x \cdot P = \begin{bmatrix} x' \\ y' \end{bmatrix} = \begin{bmatrix} 1 & Sh_x \\ 0 & 1 \end{bmatrix} \begin{bmatrix} x \\ y \end{bmatrix} \quad \text{(수식 3−17)}$$

(수식 3−17)에서 Matrix의 곱셈을 풀면 (수식 3−18)과 같이 전단 이후의 P' 위치를 알 수 있다.

$$x' = x + Sh_x \cdot y, \qquad y' = y \tag{수식 3-18}$$

그리고 (수식 3-17)의 2D Matrix를 동차 좌표계로 표현하면 (수식 3-19)와 같이 3D Matrix로 표현할 수 있다.

$$P' = Sh_x \cdot P = \begin{bmatrix} x' \\ y' \\ 1 \end{bmatrix} = \begin{bmatrix} 1 & Sh_x & 0 \\ 0 & 1 & 0 \\ 0 & 0 & 1 \end{bmatrix} \begin{bmatrix} x \\ y \\ 1 \end{bmatrix} \tag{수식 3-19}$$

(수식 3-19)에서 동차 좌표계로 구성된 Matrix의 곱셈을 풀면 (수식 3-20)과 같이 전단 이후의 P' 위치를 알 수 있다.

$$x' = x + Sh_x \cdot y, \qquad y' = y, \qquad z' = z \tag{수식 3-20}$$

[그림 3-10]과 같은 3D 공간에서의 전단(Shear)은 Translation, Rotation 및 Scale과는 다르게 객체의 형태를 변형(Deformation)시킨다는 점에서 조금 다른 의미를 가진다.

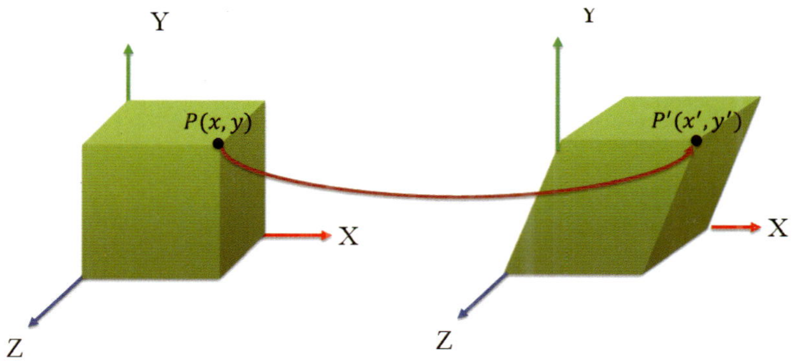

[그림 3-10] 3D 공간에서의 전단(Shear)

(수식 3-21)은 3D 공간에서 [그림 3-10]과 같이 객체를 Y축에서 X축 방향으로 힘을 주어 밀어내는 전단(Shear)을 위한 Matrix를 곱셈으로 표현한 것이다.

$$P' = Sh_x \cdot P = \begin{bmatrix} x' \\ y' \\ z' \\ 1 \end{bmatrix} = \begin{bmatrix} 1 & Sh_x & 0 & 0 \\ 0 & 1 & 0 & 0 \\ 0 & 0 & 1 & 0 \\ 0 & 0 & 0 & 1 \end{bmatrix} \begin{bmatrix} x \\ y \\ z \\ 1 \end{bmatrix}$$ (수식 3-21)

2D 공간에서 Y축 방향으로의 전단 변환(Shear Transformation)은 (수식 3−22)와 같이 전단 요소(Shearing Factor) Sh_x을 사용하여 Matrix의 곱셈으로 표현할 수 있다. 여기서 P는 전단 이전의 객체의 한 점이고, P'는 P의 전단 이후 변형된 점이다.

$$P' = Sh_x \cdot P = \begin{bmatrix} x' \\ y' \end{bmatrix} = \begin{bmatrix} 1 & 0 \\ Sh_x & 1 \end{bmatrix} \begin{bmatrix} x \\ y \end{bmatrix}$$ (수식 3-22)

(수식 3−22)에서 Matrix의 곱셈을 풀면 (수식 3−23)과 같이 전단 이후의 P' 위치를 알 수 있다.

$$x' = x, \ \ y' = Sh_x \cdot x + y$$ (수식 3-23)

그리고 (수식 3−22)의 2D Matrix를 동차 좌표계로 표현하면 (수식 3−24)와 같이 3D Matrix로 표현할 수 있다.

$$P' = Sh_x \cdot P = \begin{bmatrix} x' \\ y' \\ 1 \end{bmatrix} = \begin{bmatrix} 1 & 0 & 0 \\ Sh_y & 1 & 0 \\ 0 & 0 & 1 \end{bmatrix} \begin{bmatrix} x \\ y \\ 1 \end{bmatrix}$$ (수식 3-24)

(수식 3−24)에서 동차 좌표계로 구성된 Matrix의 곱셈을 풀면 (수식 3−25)와 같이 전단 이후의 P' 위치를 알 수 있다.

$$x' = x, \ \ y' = Sh_x \cdot x + y, \ \ z' = z$$ (수식 3-25)

(수식 3−26)은 3D 공간에서 객체를 X축에서 Y축 방향으로 힘을 주어 밀어내는 전단(Shear)을 위한 Matrix를 곱셈으로 표현한 것이다.

$$P' = Sh_x \cdot P = \begin{bmatrix} x' \\ y' \\ z' \\ 1 \end{bmatrix} = \begin{bmatrix} 1 & 0 & 0 & 0 \\ Sh_y & 1 & 0 & 0 \\ 0 & 0 & 1 & 0 \\ 0 & 0 & 0 & 1 \end{bmatrix} \begin{bmatrix} x \\ y \\ z \\ 1 \end{bmatrix} \quad \text{(수식 3-26)}$$

3D 공간에서 Z축 방향으로의 전단 변환(Shear Transformation)은 (수식 3−27)과 같이 전단 요소(Shearing Factor) Sh_x을 사용하여 동차 좌표계를 포함하는 Matrix의 곱셈으로 표현할 수 있다. 여기서 P는 전단 이전의 객체의 한 점이고, P'는 P의 전단 이후 변형된 점이다.

$$P' = Sh_x \cdot P = \begin{bmatrix} x' \\ y' \\ z' \\ 1 \end{bmatrix} = \begin{bmatrix} 1 & 0 & 0 & 0 \\ 0 & 1 & 0 & 0 \\ 0 & Sh_y & 1 & 0 \\ 0 & 0 & 0 & 1 \end{bmatrix} \begin{bmatrix} x \\ y \\ z \\ 1 \end{bmatrix} \quad \text{(수식 3-27)}$$

3D 공간에서 전단(Shear)을 사용하는 이유는 3D 객체를 옆으로 비스듬하게 표현할 수 있도록 하기 위함이며, <표 3−5>와 같이 6가지 방향이 존재한다.

〈표 3−5〉 전단(Shear)을 위한 6가지 방향

o shear of x by y	o shear of y by x	o shear of z by x
o shear of x by z	o shear of y by z	o shear of z by y

<표 3−5>의 전단을 위한 6가지 방향을 하나의 Matrix로 표현하면 (수식 3−28)과 같다. 여기서 S_{ij}는 'shear of i by j'을 의미하는데, 예를 들어 S_{xy}는 'shear of x by y' 이 된다.

$$M = \begin{bmatrix} 1 & S_{yx} & S_{zx} & 0 \\ S_{xy} & 1 & S_{zy} & 0 \\ S_{xz} & S_{yz} & 1 & 0 \\ 0 & 0 & 0 & 1 \end{bmatrix} \quad \text{(수식 3-28)}$$

만약 Z축 값을 그대로 유지하면서 전단 요소 Sh_x와 Sh_y을 가지는 X축과 Y축 방향으로 전단 변환을 하고자 한다면 (수식 3−29)와 같은 동차 좌표계를 포함하는

Matrix의 곱셈으로 표현할 수 있다. 여기서 P는 전단 이전의 객체의 한 점(Point)이고, P'는 P의 전단 이후 변형된 점이다.

$$P' = Sh \cdot P = \begin{bmatrix} x' \\ y' \\ z' \\ 1 \end{bmatrix} = \begin{bmatrix} 1 & 0 & Sh_x & 0 \\ 0 & 1 & Sh_y & 0 \\ 0 & 0 & 1 & 0 \\ 0 & 0 & 0 & 1 \end{bmatrix} \begin{bmatrix} x \\ y \\ z \\ 1 \end{bmatrix} \qquad \text{(수식 3-29)}$$

만약 Y축 값을 그대로 유지하면서 전단 요소 Sh_x와 Sh_z을 가지는 X축과 Z축 방향으로 전단 변환을 하고자 한다면 (수식 3-30)과 같은 동차 좌표계를 포함하는 Matrix의 곱셈으로 표현할 수 있다. 여기서 P는 전단 이전의 객체의 한 점이고, P'는 P의 전단 이후 변형된 점이다.

$$P' = Sh \cdot P = \begin{bmatrix} x' \\ y' \\ z' \\ 1 \end{bmatrix} = \begin{bmatrix} 1 & Sh_x & 0 & 0 \\ 0 & 1 & 0 & 0 \\ 0 & Sh_z & 1 & 0 \\ 0 & 0 & 0 & 1 \end{bmatrix} \begin{bmatrix} x \\ y \\ z \\ 1 \end{bmatrix} \qquad \text{(수식 3-30)}$$

만약 X축 값을 그대로 유지하면서 전단 요소 Sh_y와 Sh_z을 가지는 Y축과 Z축 방향으로 전단 변환을 하고자 한다면 (수식 3-31)과 같은 동차 좌표계를 포함하는 Matrix의 곱셈으로 표현할 수 있다. 여기서 P는 전단 이전의 객체의 한 점이고, P'는 P의 전단 이후 변형된 점이다.

$$P' = Sh \cdot P = \begin{bmatrix} x' \\ y' \\ z' \\ 1 \end{bmatrix} = \begin{bmatrix} 1 & 0 & 0 & 0 \\ Sh_y & 1 & 0 & 0 \\ Sh_z & 0 & 1 & 0 \\ 0 & 0 & 0 & 1 \end{bmatrix} \begin{bmatrix} x \\ y \\ z \\ 1 \end{bmatrix} \qquad \text{(수식 3-31)}$$

[그림 3-11]은 전단(Shear) Matrix를 상자(Cube)에 적용하여 구현한 전단(Shear) 결과들이며, 3D 공간에서 전단(Shear)의 이해를 돕기 위해 차후에 학습할 Texture Mapping을 미리 적용한 것이다.

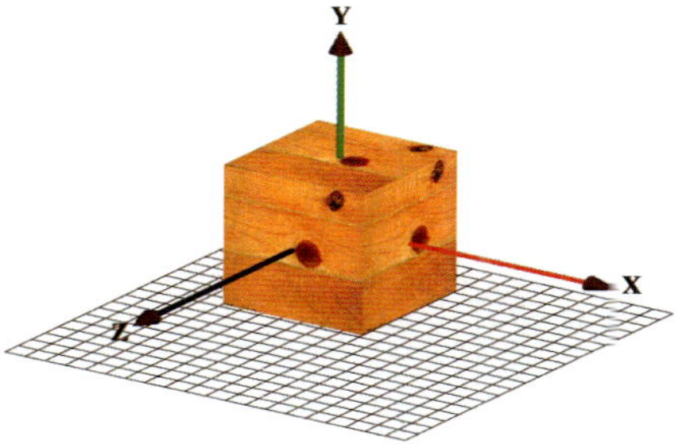

(A) Original

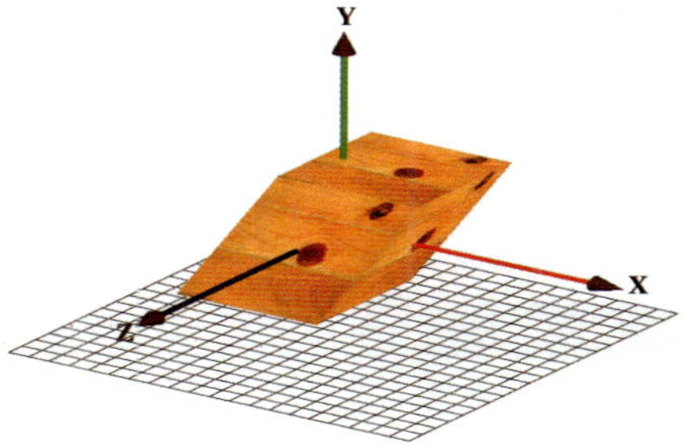

(B) Shear along Y according to X

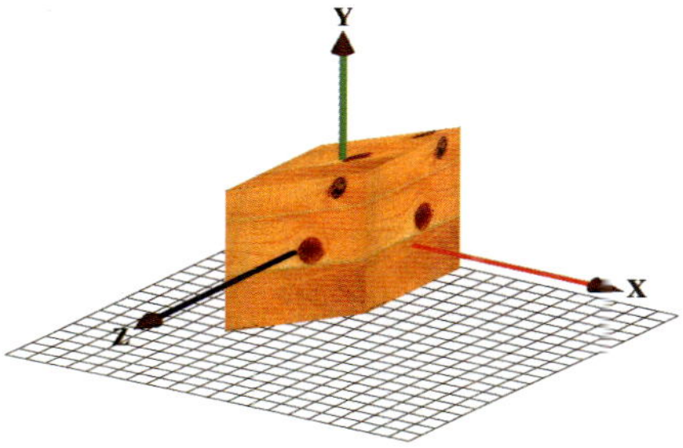

(C) Shear along X according to Y

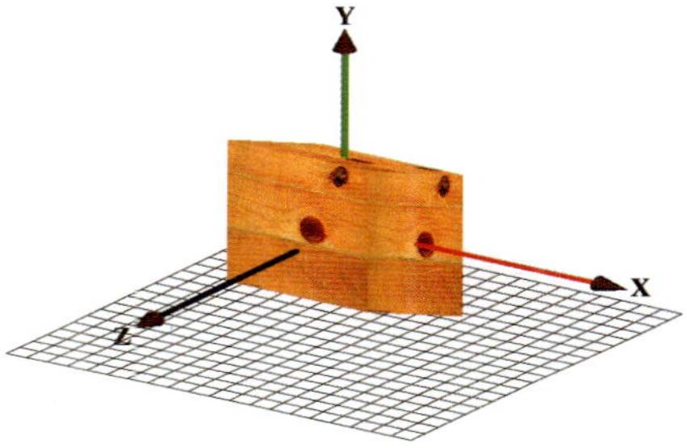

(D) Shear along Z according to Y

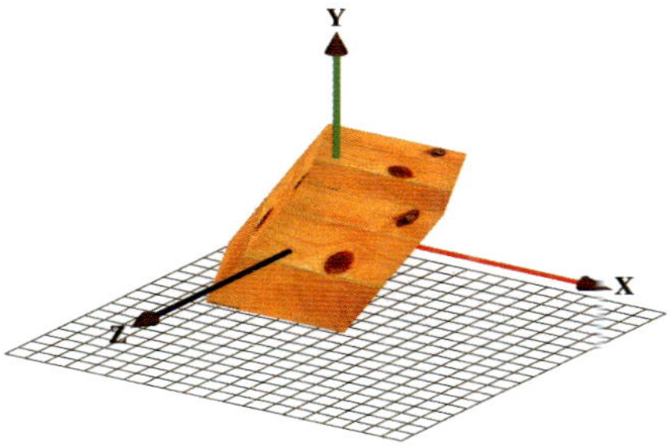

(E) Shear along YZ according to X

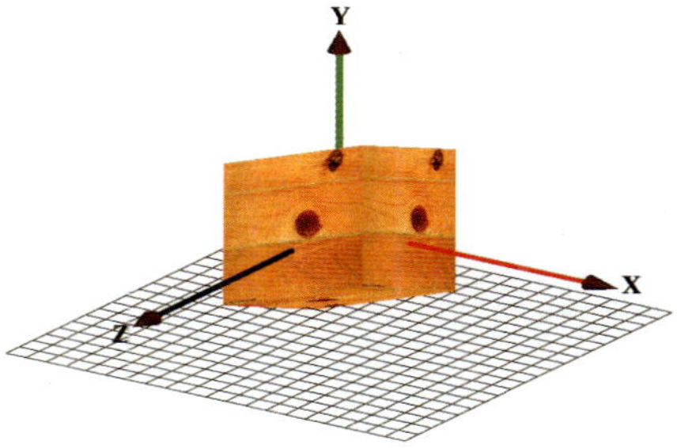

(F) Shear along XZ aaccording to Y

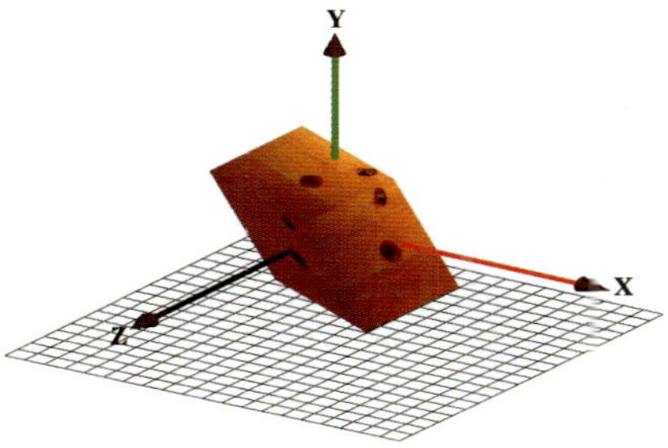

(G) Shear along XY according to Z

[그림 3-11] 전단(Shear) Matrix에 의해 구현된 결과들

그리고 [코드 3-6]은 [그림 3-11]과 같은 구현 결과를 프로그래밍하기 위해 필요한 전단(Shear) 부분의 핵심 코드인데, 다만 [그림 3-11]과 같이 구현된 결과에서 보이는 Texture Mapping 부분은 포함하고 있지 않다.

코드 3-6 Shear Matrixf를 표현하는 shear

```
GLfloat Shx = 0.5, Shy = 0.5, Shz = 0.5; ·································· ①

GLfloat ShearX_matrix[4][4] = { // Shearing along X according to Y ·················· ②
    { 1.0, Shx, 0.0, 0.0 },
    { 0.0, 1.0, 0.0, 0.0 },
    { 0.0, 0.0, 1.0, 0.0 },
    { 0.0, 0.0, 0.0, 1.0 }
};

GLfloat ShearY_matrix[4][4] = { // Shearing along Y according to X ·················· ③
    { 1.0, 0.0, 0.0, 0.0 },
    { Shy, 1.0, 0.0, 0.0 },
    { 0.0, 0.0, 1.0, 0.0 },
    { 0.0, 0.0, 0.0, 1.0 }
};

GLfloat ShearZ_matrix[4][4] = { // Shearing along Z according to Y ·················· ④
    { 1.0, 0.0, 0.0, 0.0 },
    { 0.0, 1.0, 0.0, 0.0 },
    { 0.0, Shz, 1.0, 0.0 },
    { 0.0, 0.0, 0.0, 1.0 }
};

GLfloat ShearXY_matrix[4][4] = { // Shearing along XY according to Z ················ ⑤
    { 1.0, 0.0, Shx, 0.0 },
    { 0.0, 0.0, Shy, 0.0 },
    { 0.0, 0.0, 1.0, 0.0 },
    { 0.0, 0.0, 0.0, 1.0 }
};

GLfloat ShearXZ_matrix[4][4] = { // Shearing along XZ according to Y ················ ⑥
    { 1.0, Shx, 0.0, 0.0 },
    { 0.0, 1.0, 0.0, 0.0 },
    { 0.0, Shz, 1.0, 0.0 },
    { 0.0, 0.0, 0.0, 1.0 }
```

```
};

GLfloat ShearYZ_matrix[4][4] = { // Shearing along YZ according to X ······ ⑦
    { 1.0, 0.0, 0.0, 0.0 },
    { Shy, 1.0, 0.0, 0.0 },
    { Shz, 0.0, 1.0, 0.0 },
    { 0.0, 0.0, 0.0, 1.0 }
};
...
glMultMatrixf((float*)ShearXY_matrix); ······ ⑧
glutSolidCube(1.0);
...
```

[코드 3-6]의 ①은 각 전단(Shear) Matrix에 들어갈 전단 요소(Shear Factor)를 설정하기 위한 실수형 변수이고, ②는 Y축에서 X축 방향으로 밀어서 전단이 일어나게 하기 위한 Matrix를 4×4 크기의 배열로 표현한 것이다. ③은 X축에서 Y축 방향으로 밀어서 전단이 일어나게 하기 위한 Matrix를 4×4 크기의 배열로 표현한 것이다. ④는 Y축에서 Z축 방향으로 밀어서 전단이 일어나게 하기 위한 Matrix를 4×4 크기의 배열로 표현한 것이다. ⑤는 Y축과 Y축에서 Z축 방향으로 밀어서 전단이 일어나게 하기 위한 Matrix를 4×4 크기의 배열로 표현한 것이다. ⑥은 X축과 Z축에서 Y축 방향으로 밀어서 전단이 일어나게 하기 위한 Matrix를 4×4 크기의 배열로 표현한 것이다. ⑦은 Y축과 Z축에서 X축 방향으로 밀어서 전단이 일어나게 하기 위한 Matrix를 4×4 크기의 배열로 표현한 것이다. 마지막 ⑧은 바로 아래에 있는 glutSolidCube 함수에 의해 생성된 상자(Cube)에 ②에서 ⑦까지 선언한 전단(Shear) Matrix들 중 하나를 곱해주는 기능을 하는데, 그 결과 3D 공간에서 객체의 전단(Shear) 변환이 이루어지는 것이다.

5. 복합 변환(Composite Transformation)

기준 점(Point of Basis)
기준 축(Axis of Basis)

컴퓨터 애니메이션이나 컴퓨터 게임 등과 같이 2D 및 3D 공간에서 다양한 객체들의 활동적인 모습들은 모두 객체들의 연속적인 변환(Transformation)에 의해서 시각적으로 표현되는 것이다. 특히 2D 및 3D 공간에서 객체들의 회전을 위해서는 **기준 점(Point of Basis)** 혹은 **기준 축(Axis of Basis)** 등이 필요한데, 기준 점의 경우에는 [그림 3-12]와 같이 원점, 임의의 한 점, 객체의 중심점 등으로 구분되어질 수 있다. 일반

Pivot

적으로 회전을 위한 기준점은 Pivot이라고 하는데, 2D 및 3D 공간의 원점을 포함하고 임의의 위치에 있는 하나의 Point 혹은 Vertex가 될 수도 있지만 객체의 중심부나 특정 위치를 지정할 수도 있다.

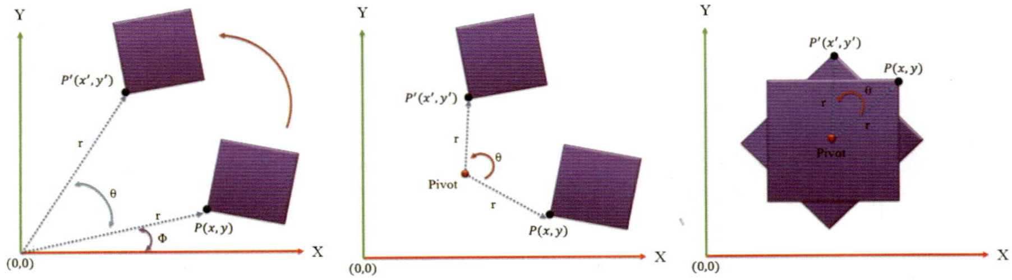

(A) 기준점 – 원점　　(B) 기준점 – 임의의 한 점(Point)　　(C) 기준점 – 객체의 중심점

[그림 3–12] 2D 공간에서 객체의 회전을 위한 기준점의 종류

원점이 아닌 임의의 한 점(Point)을 기준점으로 하는 회전의 경우에는 먼저 임의의 한 점(Point)이 좌표계의 원점에 일치하도록 객체를 이동하고, 원점을 기준으로 객체를 회전한다. 그런 다음 원점과 일치하고 있는 임의의 한 점(Point)을 원래의 위치로 이동시키는 과정으로 수행되어진다. 또한 원점이 아닌 객체의 중심점을 기준점으로 하는 회전의 경우에도 객체의 중심점이 좌표계의 원점에 일치하도록 객체를 이동하고, 원점을 중심으로 객체를 회전한 다음, 객체의 중심점을 원래의 위치로 이동시키는 과정으로 수행되어진다.

[그림 3–13]은 2D 공간에서 사각형 객체에 대한 복합 변환을 표현한 것이다. 즉, 사각형 객체를 X축 방향으로 $-T_x$, Y축 방향으로 $-T_y$ 만큼 이동시키고 원점을 기준으로 회전각 θ만큼 회전한 다음, 마지막으로 X축 방향으로 T_x, Y축 방향으로 T_y 만큼 이동시킨다. 여기서 3가지 연속적인 변환은 각각이 별도로 수행되어지는 것이며, 각 변환마다 사용된 이동 거리 및 회전각 등에 대한 값들도 모두가 서로 무관하다.

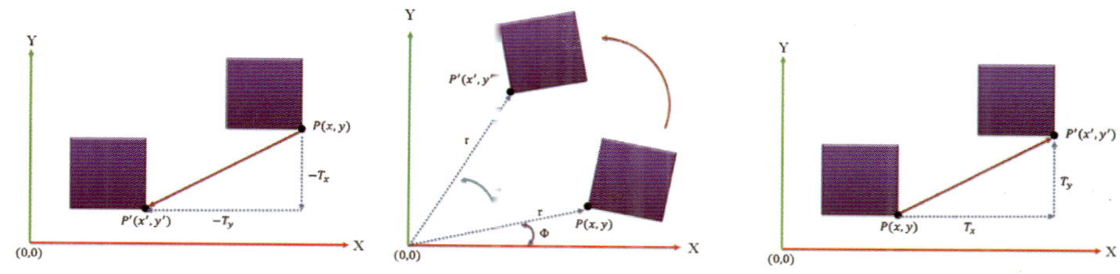

(A) Translation (B) Rotation (C) Translation

[그림 3-13] 2D에서의 복합 변환

(수식 3-32)는 [그림 3-13]을 Matrix의 곱으로 표현하기 위해 수식으로 나타낸 것이다. 즉, $T(-T_x, -T_y)$는 첫째 변환인 Translation을 표현한 것이고, $R_z(\theta)$는 둘째 변환인 Rotation을 표현한 것이다. 그리고 $T(T_x, T_y)$는 셋째 변환인 Translation을 표현한 것이다.

$$C = T(T_x, T_y) \cdot R_z(\theta) \cdot (-T_x, -T_y) \qquad \text{(수식 3-32)}$$

(수식 3-32)에서 Matrix의 연산 순서를 보면 제일 오른쪽에서 제일 왼쪽 방향으로 순서대로 진행되어진다는 것을 알 수 있는데, OpenGL로 구현할 때의 코드는 그 반대이다. 즉, 3D 공간에서 객체를 Scale, Translation 및 Rotation 등과 같이 복합 변환을 수행하고자 한다면, Matrix 연산은 [그림 3-14]의 Object Transformation과 같이 수행되어진다.

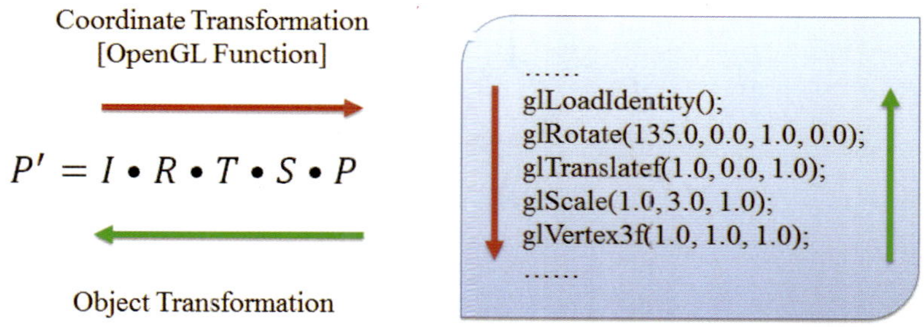

[그림 3-14] Matrix의 연산 순서와 OpenGL 코드에서의 함수 호출 순서

그러나 OpenGL로 구현하기 위한 실제 코드는 그 반대 방향으로 수행되어진다. 복합 변환에 있어서 주의해야할 것은 Matrix의 연산에서 교환법칙이 성립하지 않는

다는 것이다. 예를 들어 $R \cdot T$와 $T \cdot R$은 일반적으로 서로 다른 결과를 가져올 수 있는데, [그림 3-15]는 Matrix의 교환법칙으로 인한 서로 다른 결과를 보여주고 있다.

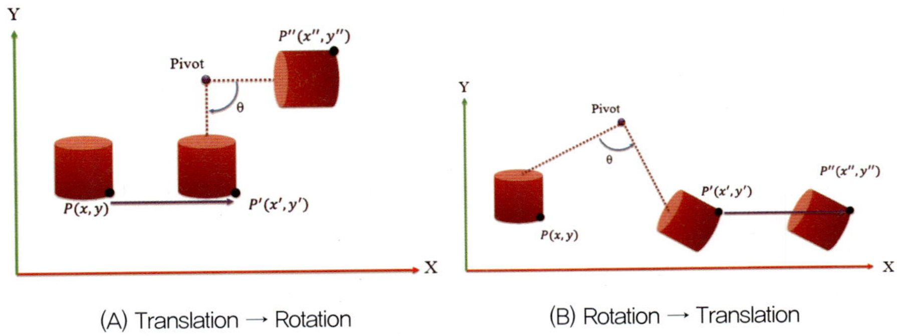

[그림 3-15] 2D 공간에서의 Matrix의 연산 순서에 따른 서로 다른 결과

[그림 3-16]은 [그림 3-14]를 구현한 결과로서 A, B, C 및 D의 순서대로 객체의 변환이 연속적으로 일어나고 있음을 확인할 수 있다. 그리고 [코드 3-7]은 [그림 3-16]의 구현 결과를 위한 소스 코드이다. 물론 [그림 3-16]의 구현 결과는 이해를 돕기 위해 각 변환이 일어날 때마다 그 결과를 하나씩 보여주는 것이고, 단순히 [코드 3-7]을 수행하면 변환의 마지막 부분만 확인할 수 있을 것이다.

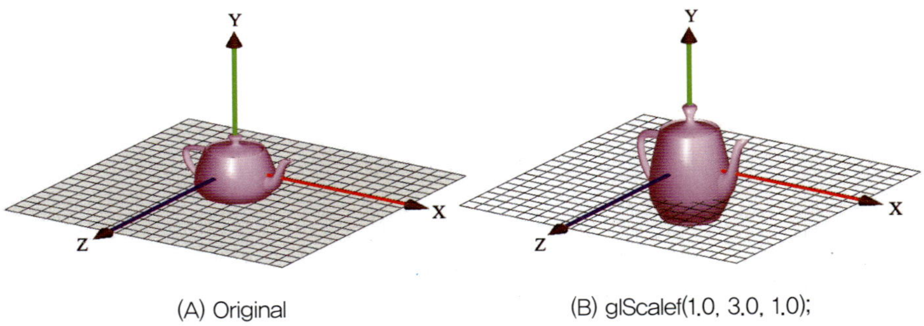

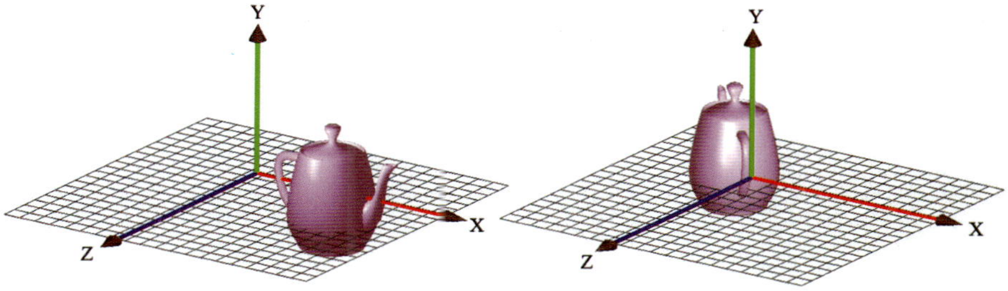

(C) glTranslatef(1.0, 0.0, 0.0); (D) glRotatef(135.0, 0.0, 1.0, 0.0);

[그림 3-16] 복합 변환을 구현한 결과

코드 3-7 복합 변환

```
#include <glut.h>
#include <glu.h>

void MyDisplay( ){
    glClear(GL_COLOR_BUFFER_BIT);
    glViewport(0, 0, 300, 300);
    glColor3f(1.0, 0.0, 0.0);
    glMatrixMode(GL_MODELVIEW);
    glLoadIdentity( ); ························································ ①
    glRotatef(135.0, 0.0, 1.0, 0.0); ·········································· ②
    glTranslatef(1.0, 0.0, 0.0); ·············································· ③
    glScalef(1.0, 3.0, 1.0); ·················································· ④
    glutSolidTeapot(0.5); ····················································· ⑤
    glFlush( );
}

int main(int argc, char** argv) {
    glutInit(&argc,argv);
    glutInitDisplayMode(GLUT_RGBA);
    glutInitWindowSize(300, 300);
    glutInitWindowPosition(0, 0);
    glutCreateWindow("Composite Transformation");
    glClearColor (1.0, 1.0, 1.0, 1.0);
    glMatrixMode(GL_PROJECTION);
    glLoadIdentity( );
    glOrtho(-1.0, 1.0, -1.0, 1.0, -1.0, 1 0);
    glutDisplayFunc(MyDisplay);
    glutMainLoop( );
    return 0;
}
```

[코드 3-7]에서 ①의 glLoadIdentity 함수는 현재의 Matrix를 Identity Matrix로 변경하는 역할을 하는데, 여기서 Identity Matrix은 (수식 3-33)과 같다.

$$\text{Identity Matrix} = \begin{bmatrix} 1 & 0 & 0 & 0 \\ 0 & 1 & 0 & 0 \\ 0 & 0 & 1 & 0 \\ 0 & 0 & 0 & 1 \end{bmatrix} \quad \text{(수식 3-33)}$$

그리고 <표 3-6>은 glLoadIdentity 함수에 대한 Prototype으로서 매개변수(Parameter)를 가지고 있지는 않다.

〈표 3-6〉 glLoadIdentity 함수의 Prototype

void glLoadIdentity ( );	
Parameters Help	No Parameters

②의 glRotatef(135.0, 0.0, 1.0, 0.0)는 Y축을 기준 축으로 하고 시계 반대방향(CCW)으로 135도 회전하는 Rotation Matrix를 수행하는 것이고, ③의 glTranslatef(1.0, 0.0, 0.0)는 X축 방향으로 1.0만큼 이동하는 Translation Matrix를 수행하는 것이다. 그리고 ④의 glScalef(1.0, 3.0, 1.0)는 Y축 방향으로 3.0만큼 확대하는 Scale Matrix를 수행하는 것이다. 마지막 ⑤의 glutSolidTeapot(0.5)는 0.5 크기의 Teapot를 생성하는 것인데, ⑤에서 생성한 객체(Teapot)를 ②, ③ 및 ④의 과정을 거치면서 복합 변환을 연속적으로 수행한다. 단, 변환을 위한 Matrix의 연산 순서는 [그림 3-14]와 같이 코드의 역순으로 수행됨을 명심하기 바란다.

6. 반사 변환(Reflection Transformation)

반사 변환

거울(Mirror)은 좌우의 모습을 대칭적으로 반사시켜서 그대로 보여주는 기능을 한다. 반사 변환은 기준 축 혹은 기준 평면 등을 사용하여 객체를 대칭적으로 반사시키는 변환을 의미한다. [그림 3-17]은 2D 공간에서 사각형 객체를 반사시키기 위한 3가지 종류를 나타내고 있다.

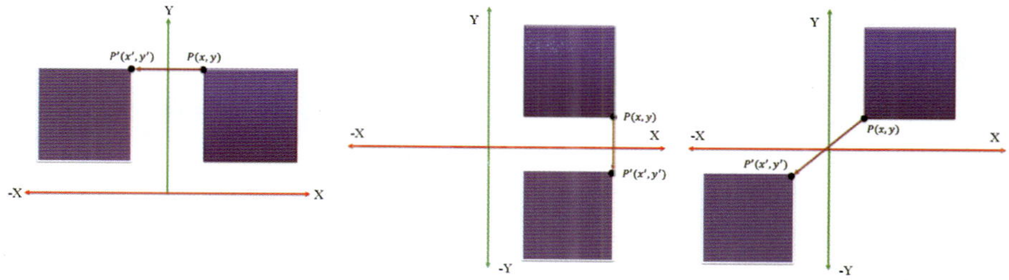

(A) Y축을 기준으로 반사 (B) X축을 기준으로 반사 (C) 원점을 기준으로 반사

[그림 3-17] 2D 공간에서 3가지 종류의 반사(Reflection)

(수식 3-34)는 [그림 3-17]의 사각형 객체에 대한 'X축을 기준으로 반사' 및 'Y축을 기준으로 반사'를 Matrix의 곱셈으로 표현한 것이다. 여기서 P는 사각형 객체의 한 점(Point)을 의미하고, P' 는 P의 반사 이후의 점(Point)을 의미한다. 그리고 Re_x와 Re_y는 X축과 Y축을 기준으로 하는 반사를 의미한다.

$$P' = Re_y \cdot Re_x \cdot P = \begin{bmatrix} x' \\ y' \\ 1 \end{bmatrix} = \begin{bmatrix} -1 & 0 & 0 \\ 0 & 1 & 0 \\ 0 & 0 & 1 \end{bmatrix} \begin{bmatrix} 1 & 0 & 0 \\ 0 & -1 & 0 \\ 0 & 0 & 1 \end{bmatrix} \begin{bmatrix} x \\ y \\ 1 \end{bmatrix} \qquad \text{(수식 3-34)}$$

(수식 3-35)는 원점을 기준으로 반사시키기 위한 Matrix로서 X축과 Y축을 기준으로 반사하는 Matrix의 곱셈으로 표현되어질 수 있다.

$$Re_c = Re_y \cdot Re_x = \begin{bmatrix} -1 & 0 & 0 \\ 0 & 1 & 0 \\ 0 & 0 & 1 \end{bmatrix} \begin{bmatrix} 1 & 0 & 0 \\ 0 & -1 & 0 \\ 0 & 0 & 1 \end{bmatrix} = \begin{bmatrix} -1 & 0 & 0 \\ 0 & -1 & 0 \\ 0 & 0 & 1 \end{bmatrix} \qquad \text{(수식 3-35)}$$

[그림 3-17]에서는 2D 공간에서 3가지 종류의 반사에 대한 유형을 보여주었는데, 추가적으로 Y = X축을 기준으로 하는 반사 변환에 대하여 알아보자. [그림 3-18]은 2D 공간에서 Y = X축을 기준 축으로 하면서 객체를 반사시키기 위한 과정을 보여주고 있다. [그림 3-18]의 (A)는 Y = X축을 시계 반대방향으로 45도 회전하여 Y = X축을 Y축과 일치하도록 회전한 것이다. 그리고 (B)는 Y축을 기준으로 반사시키는 것이고, 마지막 (C)는 Y = X축을 시계방향으로 45도 회전하여 원래의 위치로 되돌려 놓는다.

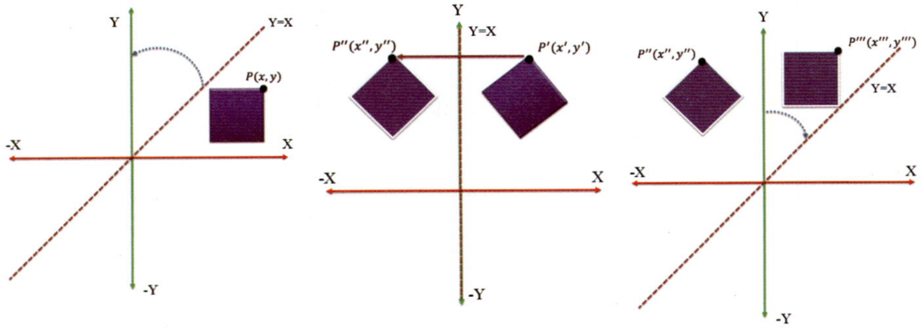

(A) Y=X 축을 Y축으로 회전 (B) Y축을 기준으로 반사 (C) Y=X 축을 원래 위치로 회전

[그림 3-18] 2D 공간에서 Y = X축을 기준으로 하는 반사(Reflection) 변환의 과정

(수식 3-36)은 [그림 3-18]의 복합 변환 과정을 Matrix의 곱셈으로 표현한 것이다. 여기서 $Re_{(x=y)}$는 X = Y축을 기준으로 반사시키기 위한 Reflection Matrix를 의미하고, $Re_{R(\theta)}$는 Y = X축을 시계 반대방향으로 45도 회전하여 Y축과 일치하도록 하기 위한 Rotation Matrix이다. 그리고 Re_y는 Y축을 기준 축으로 반사시키기 위한 Reflection Matrix이고, $Re_{R(-\theta)}$는 Y = X축을 시계방향으로 45도 회전하여 Y = X축을 원래 위치로 되돌려 놓기 위한 Rotation Matrix이다. (수식 3-37)은 (수식 3-36]의 복합 변환을 이해하기 쉽게 Matrix 내부의 모든 값을 직접 표현한 것이다.

$$Re_{(y=x)} = Re_{R(-\theta)} \cdot Re_y \cdot Re_{R(\theta)} \quad \text{(수식 3-36)}$$

$$\begin{bmatrix} \cos(-45^\circ) & -\sin(-45^\circ) & 0 \\ \sin(-45^\circ) & \cos(-45^\circ) & 0 \\ 0 & 0 & 1 \end{bmatrix} \begin{bmatrix} -1 & 0 & 0 \\ 0 & 1 & 0 \\ 0 & 0 & 1 \end{bmatrix} \begin{bmatrix} \cos(45^\circ) & -\sin(45^\circ) & 0 \\ \sin(45^\circ) & \cos(45^\circ) & 0 \\ 0 & 0 & 1 \end{bmatrix} \quad \text{(수식 3-37)}$$

반사 변환(Reflection Transformation)

Stencil Buffer

OpenGL에서는 이와 같은 **반사 변환**(Reflection Transformation)을 위한 함수를 제공하지 않는다. 그러나 Stencil Buffer는 선택적으로 장면의 일부분을 업데이트(Update) 할 수 있게 해주는데, 기본적인 변환은 장면(Scene)과 거울(Mirror) 이미지 모두에게 그려줄 수 있다는 것이다. Stencil Buffer에 대한 설명은 [코드 3-12]에서 Stencil Buffer에 해당하는 코드에서 직접 확인하기 바란다. <표 3-7>은 OpenGL에서 반사(Reflection)를 구현하기 위한 방법을 간단히 정리한 것이다.

〈표 3-7〉 거울에서 반사 변환(Reflection Transformation)을 구현하기 위한 방법

1. 3D 공간에 있는 장면의 일부분은 거울의 표면이 될 것이다. 예를 들어, 거울은 비스듬하게 보이는 사각형이 될 수도 있다. Stencil Buffer에 거울의 표면에 해당하는 모양을 저장한다.
2. 거울의 표면 외부에서만 객체가 그려지도록 하는 Stencilling 함수를 설정한다.
3. 3D 공간에서 반사에 적용할 객체들로 구성된 장면을 그린다.
4. 거울의 표면 내부에서만 객체가 그려지도록 하는 Stencilling 함수를 설정한다.
5. 거울 안에 장면을 반사시킨다. 반사 변환은 거울의 중심에 원점을 이동시키고, 반사를 위해 Scaling 변환을 사용한다. 그리고 원래의 위치로 되돌려 놓으면 된다. 여기서 만약 거울이 주요 축들(X, Y 및 Z축) 중의 하나와 법선 벡터(Normal Vector)를 이루고 있다면 작업하기가 쉬워진다. 예를 들어, 거울이 Y축과 Z축이 이루는 평면에 있고 X축 방향으로 법선 벡터(Normal Vector)를 이루고 있다면, 반사(Reflection)는 glScalef(−1, 1, 0) 함수에 의해 수행되어질 수 있다.
6. 다시 장면을 그린다.

[그림 3-19]는 반사 변환(Reflection Transformation)에 대한 구현 결과이고, [코드 3-8]은 그 소스 코드이다.

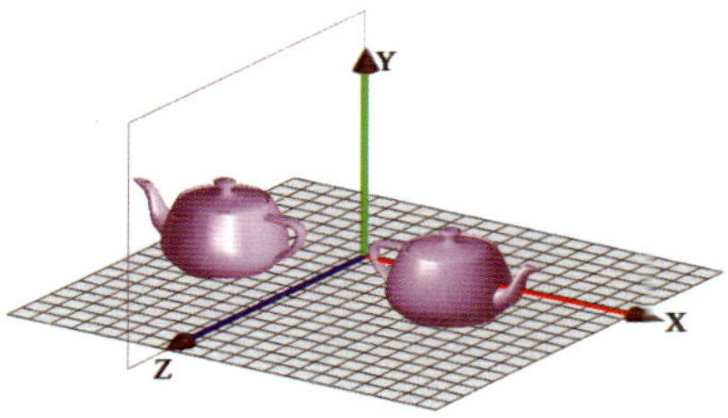

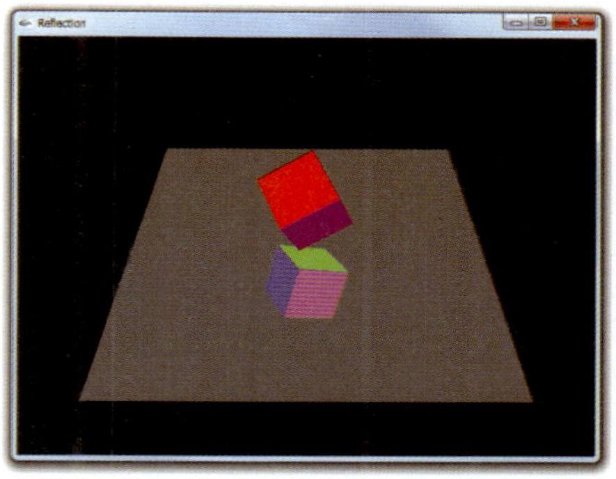

[그림 3-19] 3D 공간에서의 Reflection 구현 결과

코드 3-8 Reflection Transformation

```
#include <glut.h>

float rotationAngle = 0;

void drawBox(float width, float length, float height) {
  . . . . . . . . . . .
}

void drawFloor(float width, float length, float alpha) {
```

```
. . . . . . . . . . .
}

void handleKeyPress(unsigned char key, int x, int y) {
. . . . . . . . . . .
}

void initRendering() {
. . . . . . . . . . .
}

void handleResize(int w, int h) {
. . . . . . . . . . .
}

void drawScene() {
        glClearStencil(0); ·········································· ①
        glClearDepth(1.0f); ········································· ②
        glClear(GL_COLOR_BUFFER_BIT | GL_DEPTH_BUFFER_BIT |
                GL_STENCIL_BUFFER_BIT); ····························· ③
        glMatrixMode(GL_MODELVIEW);
        glLoadIdentity();
        glTranslatef(0.0f, 0.0f, -45.0f);
        glRotatef(45, 1.0f, 0.0f, 0.0f);
        GLfloat lightPosition[] = {0.0f, 10.0f, 0.0f, 1.0f};
        glLightfv(GL_LIGHT0, GL_POSITION, lightPosition);

        glPushMatrix();
                glTranslatef(0.0f, 5.0f, 0.0f);
                drawBox(5.0f, 5.0f, 5.0f);
        glPopMatrix();

        glEnable(GL_STENCIL_TEST); ·································· ④
        glColorMask(0, 0, 0, 0); ···································· ⑤
        glDisable(GL_DEPTH_TEST); ··································· ⑥
        glStencilFunc(GL_ALWAYS, 1, 1); ····························· ⑦
        glStencilOp(GL_KEEP, GL_KEEP, GL_REPLACE); ·················· ⑧
        drawFloor(30.0f, 30.f, 1.0f);
        glColorMask(1, 1, 1, 1); ···································· ⑨
        glEnable(GL_DEPTH_TEST); ···································· ⑩
        glStencilFunc(GL_EQUAL, 1, 1); ······························ ⑪
        glStencilOp(GL_KEEP, GL_KEEP, GL_KEEP); ····················· ⑫
```

```
    glPushMatrix();
        glScalef(1, -1, 1);
        glTranslatef(0, 5.0f, 0);
        drawBox(5.0f, 5.0f, 5.0f);
    glPopMatrix();

    glDisable(GL_STENCIL_TEST); ············································ ⑬
    glEnable(GL_BLEND); ···················································· ⑭
    drawFloor(30.0f, 30.f, 0.5f);
    glDisable(GL_BLEND); ··················································· ⑮

    glutSwapBuffers();
}

void update(int value) {
  . . . . . . . . . . .
}

int main(int argc, char **argv) {
    glutInit(&argc, argv);
    glutInitDisplayMode(GLUT_DOUBLE | GLUT_RGB | GLUT_DEPTH | GLUT_STENCIL); ··· ⑯
    glutInitWindowSize(640, 480);
    glutCreateWindow("Reflection Transformation");
    initRendering();
    glutDisplayFunc(drawScene);
    glutTimerFunc(25, update, 0);
    glutKeyboardFunc(handleKeyPress);
    glutReshapeFunc(handleResize);

    glutMainLoop();
    return 0;
}
```

[코드 3-8]에서 ①의 glClearStencil(0)은 Stencil Buffer에 대한 명확한 값을 지정한다. <표 3-8>은 glClearStencil 함수에 대한 Prototype으로서 glClearStencil 함수에 대하여 더 자세한 정보를 확인할 수 있다.

〈표 3-8〉 glClearStencil 함수의 Prototype

void glClearStencil (GLint *s*);	
Parameters Help	*s* // Stencil Buffer가 지워졌을 때 사용된 Index. Default : 0

Stencil
Stencil Buffer
Back Buffer
Depth Buffer

여기서 Stencil은 판화, 염직 및 공업용 간이 인쇄 등에서 사용되는 방법 중의 하나로서 종이나 금속판에 오려낸 도안이나 문자를 찍어내는 방법을 의미한다. 즉, 원하는 무늬를 얇은 필름에 그리고 칼로 오려낸 후 천이나 종이 및 나무 등의 위에 올려놓고 아크릴 물감으로 통통하고 평평한 붓으로 두드리거나 살짝 문지르듯이 돌려가며 찍어내는 것이다. 이러한 Stencil의 원리를 바탕으로 OpenGL에서 사용되고 있는 Stencil Buffer는 Back Buffer의 일정한 부분이 Rendering되는 것을 막는 Stencil 효과에 사용되는데, Back Buffer 및 Depth Buffer와 동일한 해상도를 가진다. 여기서 Back Buffer는 3D 공간에서 OpenGL Library 등으로 생성한 객체를 저장하기 위한 공간이다. Stencil Buffer는 Reflection, Shadow, Outline Extraction 등에서 많이 사용되고 있다. 특히 거울(Mirror)을 구현할 때 Stencil Buffer가 많이 사용되는데, 다음과 같이 4단계의 과정을 거친다. 첫째, 모든 장면을 Back Buffer로 Rendering한다. 둘째, Stencil Buffer를 지운다. 셋째, Stencil TEST가 항상 성공하도록 하고 거울 부분만 Rendering한다. 즉, Stencil Buffer에 거울에 해당하는 부분의 지정한 값이 쓰이게 한다. 마지막 반사 대상이 될 객체를 Stencil Buffer를 통과하지 못하도록 한 번 더 Rendering한다. ②의 glClearDepth(1.0f)은 Depth Buffer에 대한 명확한 값을 지정한다. <표 3-9>는 glClearDepth 함수에 대한 Prototype으로서 glClearDepth 함수에 대하여 더 자세한 정보를 확인할 수 있다.

〈표 3-9〉 glClearDepth 함수의 Prototype

void glClearDepth (GLclampd *depth*);	
Parameters Help	*depth* // Depth Buffer가 지워졌을 때 사용된 Depth 값

Z-Buffer

여기서 Depth Buffer는 Z-Buffer라고 불리기도 한다. Depth Buffer에 대한 자세한 설명은 차후에 설명하겠지만 그 의미만 전달하면 다음과 같다. 즉, Camera로부터 가까이 있는 객체와 멀리 있는 객체가 Z축을 기준으로 하는 같은 시점 라인 상에 놓여 있다면 멀리 있는 객체가 가까이 있는 객체에 의해 가려지게 된다. 그럴 경우 모든 객체들의 Z축 값을 Buffer에 저장해 놓고 어떤 객체의 Vertex들을 화면에 출력하고 출력하지 않을 것인지를 Buffer의 값을 통해서 결정하게 된다. ③에서 glClear는 미리 설정된 값으로 Buffer를 지우는 역할을 한다. <표 3-10>은 glClear 함수에 대한 Prototype으로서 glClear 함수에 대하여 더 자세한 정보를 확인할 수 있다.

〈표 3-10〉 glClear 함수의 Prototype

<table>
<tr><td colspan="3">void glClear (GLbitfield mask);</td></tr>
<tr><td rowspan="6">Parameters Help</td><td colspan="2">mask // Bitwise OR 연산자</td></tr>
<tr><td>Value</td><td>Description</td></tr>
<tr><td>GL_COLOR_BUFFER_BIT</td><td>색상을 적용하기 위해 활성화</td></tr>
<tr><td>GL_DEPTH_BUFFER_BIT</td><td>Depth Buffer</td></tr>
<tr><td>GL_ACCUM_BUFFER_BIT</td><td>Accumulation Buffer</td></tr>
<tr><td>GL_STENCIL_BUFFER_BIT</td><td>Stencil Buffer</td></tr>
</table>

Frame Buffer

④의 glEnable(GL_STENCIL_TEST)은 Stencil Buffer를 사용할 수 있게 활성화시킨다. ⑤의 glColorMask 함수는 Frame Buffer 색상 구성 요소의 작성을 활성화 및 비활성화시키는 기능을 가지고 있는데, <표 3-11>은 glColorMask 함수에 대한 Prototype으로서 glColorMask 함수에 대하여 더 자세한 정보를 확인할 수 있다. 여기서 매개변수(Parameter)인 숫자 '0'은 GL_FALSE, '1'은 GL_TRUE의 의미를 가진다.

〈표 3-11〉 glColorMask 함수의 Prototype

<table>
<tr><td colspan="2">void glColorMask (GLboolean red, GLboolean green, GLboolean blue, GLboolean alpha);</td></tr>
<tr><td>Parameters Help</td><td>red // Frame Buffer 안에 red가 쓰여질 수 있는지 없는지의 여부
// Default : GL_TRUE
green // Frame Buffer 안에 green이 쓰여질 수 있는지 없는지의 여부
// Default : GL_TRUE
blue // Frame Buffer 안에 blue가 쓰여질 수 있는지 없는지의 여부
// Default : GL_TRUE
alpha // Frame Buffer 안에 alpha가 쓰여질 수 있는지 없는지의 여부
// Default : GL_TRUE</td></tr>
</table>

⑥의 glDisable(GL_DEPTH_TEST)은 Depth TEST를 비활성화시킨다. ⑦의 glStencilFunc 함수는 Stencil TEST를 위한 function과 Reference 값을 설정하는데,

<표 3-12>는 glStencilFunc 함수에 대한 Prototype으로서 glStencilFunc 함수에 대하여 더 자세한 정보를 확인할 수 있다.

〈표 3-12〉 glStencilFunc 함수의 Prototype

<table>
<tr><th colspan="3">void glStencilFunc (GLenum func, GLint ref, GLuint mask);</th></tr>
<tr><td rowspan="11">Parameters Help</td><td colspan="2">func // TEST function</td></tr>
<tr><th>Value</th><th>Description</th></tr>
<tr><td>GL_NEVER</td><td>항상 실패</td></tr>
<tr><td>GL_LESS</td><td>만약 (ref & mask) < (stencil & mask)이면 통과</td></tr>
<tr><td>GL_LEQUAL</td><td>만약 (ref & mask) ≤ (stencil & mask)이면 통과</td></tr>
<tr><td>GL_GREATER</td><td>만약 (ref & mask) > (stencil & mask)이면 통과</td></tr>
<tr><td>GL_GEQUAL</td><td>만약 (ref & mask) ≥ (stencil & mask)이면 통과</td></tr>
<tr><td>GL_EQUAL</td><td>만약 (ref & mask) = (stencil & mask)이면 통과</td></tr>
<tr><td>GL_NOTEQUAL</td><td>만약 (ref & mask) ≠ (stencil & mask)이면 통과</td></tr>
<tr><td>GL_ALWAYS</td><td>항상 통과</td></tr>
<tr><td colspan="2">ref // Stencil Buffer의 Reference 값
mask // TEST가 끝났을 때 저장된 Stencil 값과 Reference 값이 AND되는 Mask</td></tr>
</table>

⑧의 glStencilOp(GL_KEEP, GL_KEEP, GL_REPLACE)은 Stencil TEST 동작을 설정하는데, <표 3-13>에 glStencilOp 함수에 대한 Prototype에서 더 자세한 정보를 확인할 수 있다.

〈표 3-13〉 glStencilOp 함수의 Prototype

```
void glStencilOp ( GLenum fail, GLenum zfail, GLenum zpass );
```

Parameters Help

fail // Stencil TEST가 실패하였을 때 취할 조치

Value	Description
GL_KEEP	현재 값을 유지한다.
GL_ZERO	Stencil Buffer의 값을 0으로 설정한다.
GL_REPLACE	Stencil Buffer의 값을 glStencilFunc 함수에서 정의한 것과 같이 ref로 설정한다.
GE_INCR	현재 Stencil Buffer의 값을 증가시킨다. 최대로 표현할 수 없는 unsigned 값으로 고정
GL_DECR	Stencil Buffer의 값을 감소시킨다. 0으로 고정
GE_INVERT	비트는 현재 Stencil Buffer의 값을 반전시킨다.

zfail // Stencil TEST는 통과하지만 Depth TEST는 실패할 때 Stencil 작업
// 실패와 같은 동일한 기호 상수를 허용한다.

zpass // Stencil TEST와 Depth TEST 모두 통과하거나 Stencil TEST가 통과하고
// Depth Buffer가 같거나 Depth TEST가 활성화되지 않을 때 Stencil 작업
// 실패와 같은 동일한 기호 상수를 허용한다.

⑨의 glColorMask(1, 1, 1, 1)은 ⑤와 같은 함수이지만 매개변수는 정반대를 가지고 있다. <표 3-11>의 glColorMask의 Prototype을 참조하기 바란다. ⑩의 glEnable(GL_DEPTH_TEST)은 Depth TEST를 활성화한다. ⑪의 glStencilFunc(GL_EQUAL, 1, 1)은 ⑦과 같은 함수이므로 <표 3-12>에서 glStencilFunc의 Prototype을 참조하기 바란다. ⑫의 glStencilOp(GL_KEEP, GL_KEEP, GL_KEEP)은 ⑧과 같은 함수이므로 <표 3-13>에서 glStencilOp의 Prototype을 참조하기 바란다. ⑬의 glDisable(GL_STENCIL_TEST)은 Stencil TEST를 비활성화한다. ⑭의 glEnable(GL_BLEND)은 Blend를 활성화하고 ⑮의 glDisable(GL_BLEND)은 Blend를 비활성화한다. ⑯의 glutInitDisplayMode에서 매개변수(Parameter)인 GLUT_DEPTH는 Depth Buffer를 사용하기 위해 선언한 것이고, GLUT_STENCIL은 Stencil Buffer를 사용하기 위해 선언한 것이다.

Project 3 – I

Reflections in a Mirror	
구현 기능	[코드 3-8]을 참조하여 거울(Mirror)을 왼쪽 편에 세워놓고 오른쪽 부분에는 Cone, Cube 및 Octahedron 등을 생성하여 거울에 반사되게 하라. – Mouse Callback 함수를 사용하여 Mouse 왼쪽 버튼으로 각 객체들을 이동시켰을 때 거울에 그대로 반사되어야 한다. – 각 객체들은 Solid 혹은 Wire-frame 방식을 적절히 혼합하여 Modeling한다.
구현 결과	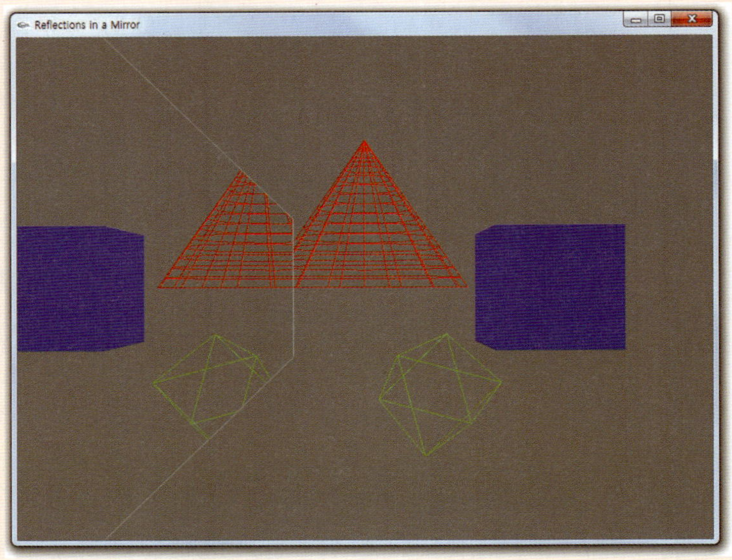

7. 구조 변형 변환(Structure Deforming Transformation)

구조 변형 변환 (Structure Deforming Transformation)

상수 값의 크기 조절 인수(Constant Scale Factor)

Tapering Transformation

구조 변형 변환(Structure Deforming Transformation)은 객체를 구성하는 X축, Y축 및 Z축의 좌표 값에 상수 값의 크기 조절 인수(Constant Scale Factor)를 곱해주는 Scale Transformation에 추가적으로 다양한 함수를 할당하는 것으로서 Tapering Transformation, Bending Transformation 및 Twisting Transformation 등과 같은 종류들이 있다. Tapering Transformation은 특정 축에 해당하는 객체의 형태를 점점 가늘게 축소시키는 과정을 말하는데, (수식 3-38)과 같이 Vertex의 Z축 좌표에 따라 X축과 Y축의 Scale 비율을 조절하는 것이다. 즉, X와 Y축 방향의 크기 조절 인수(Constant Scale Factor)를 Z축 방향의 함수로 설정한 것이다.

$$S_x = f(z),\ S_y = g(z) \quad \text{(수식 3-38)}$$

Bending Transformation

Bending Transformation은 특정한 축(Axis)을 기준으로 객체가 휘는 변환을 의미하는데, [그림 3-20]과 같이 Bend Axis(휨 축), Bend Radius(휨 반경), Bend Allowance(휨 영역) 및 Bend Angle(휨 각도) 등과 같이 여러 가지 변수 값을 제어함으로써 다양한 형태의 Bending 결과를 가져올 수 있다.

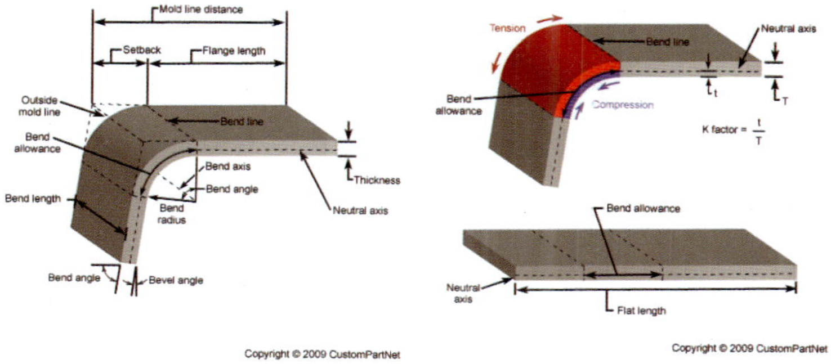

[그림 3-20] Bending Diagram

Twisting Transformation

Twisting Transformation은 특정한 축(Axis)을 기준으로 객체가 비틀어지는 변환을 의미하는데, (수식 3-39) 및 [그림 3-21]과 같이 Z축 값이 커질수록 Z축을 기준으로 회전하는 회전각 ϕ가 증가하게 하는 것이다.

$$\phi = f(z) \quad \text{(수식 3-39)}$$

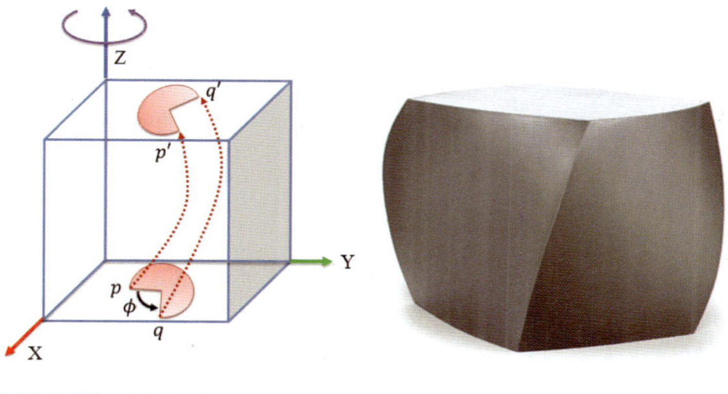

[그림 3-21] Twisting Transformation

[그림 3-22]는 구조 변형 변환(Structure Deforming Transformation)의 여러 가지 종류들 중의 하나인 Twisting Transformation을 구현한 결과이고, [코드 3-9]는 그 소스 코드이다.

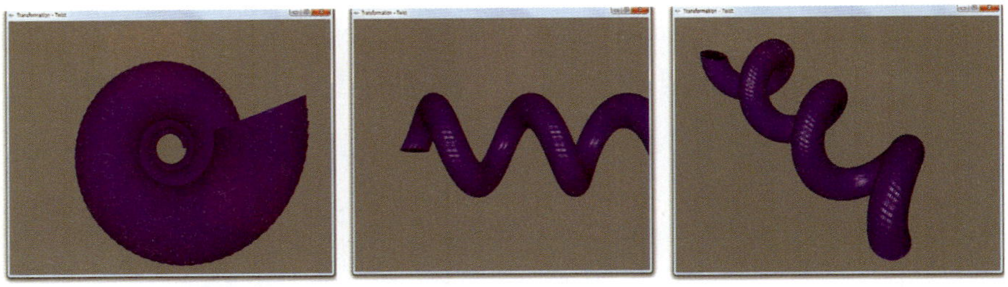

[그림 3-22] 구조 변형 변환 - Twisting의 구현 결과

[코드 3-9]는 Twisting Transformation을 구현한 결과에 대한 소스 코드이지만, Twisting Transformation을 직접적으로 지원하는 OpenGL 함수는 없다. 그러므로 기본적인 OpenGL 함수를 포함한 C/C++ 코드를 사용하여 Twisting Transformation을 구현하였으며, 기존의 Modeling된 객체를 Twisting한 것이 아니라 Twisting을 적용하면서 객체를 생성하였다. 또한 각 소스 코드의 주석은 별도로 설명하지 않고 소스 코드 내부에 주석으로 처리하였으니 참고하기 바란다.

코드 3-9 구조 변형 변환(Structure Deforming Transformation) – Twisting

```
#include <Windows.h>
#include <glut.h>
#include <math.h>

// 변수 선언 (전체 소스 코드 참조)

// Normal Vector를 감소시킨다.
void ReduceToUnit(float vector[3]) {
    float length;

    // Vector의 길이를 계산한다.
    length = (float)sqrt((vector[0]*vector[0]) + (vector[1]*vector[1]) + (vector[2]*vector[2]));

    if(length == 0.0f)          // 0으로 나눔으로써 Error가 발생되는 것을 방지한다.
        length = 1.0f;          // Vector에 대한 허용 값을 0에 가깝게 한다.
```

```
    // Unit Normal Vector의 길이 결과에 의해 각 요소(Element)를 분리한다.
    vector[0] /= length;    vector[1] /= length;    vector[2] /= length;
}

// 3개의 점(Point)을 사용하여 Quad에 대한 Normal을 계산한다.
void calcNormal(float v[3][3], float out[3]) {
    float v1[3],v2[3];                      // Vector 1 (x, y, z) & Vector 2 (x, y, z)
    static const int x = 0;                 // X 좌표 정의
    static const int y = 1;                 // Y 좌표 정의
    static const int z = 2;                 // Z 좌표 정의

    // 차감(Subtract)하여 2개의 점(Point) 사이의 Vector를 찾는다.
    // x, y, z는 한 점(Point)에서 다른 점까지의 좌표들이다.
    // 점(Point) 1에서 점(Point) 0까지의 Vector를 계산한다.
    v1[x] = v[0][x] - v[1][x];              // Vector 1.x=Vertex[0].x-Vertex[1].x
    v1[y] = v[0][y] - v[1][y];              // Vector 1.y=Vertex[0].y-Vertex[1].y
    v1[z] = v[0][z] - v[1][z];              // Vector 1.z=Vertex[0].y-Vertex[1].z

    // 점(Point) 2에서 점(Point) 1까지의 Vector를 계산한다.
    v2[x] = v[1][x] - v[2][x];              // Vector 2.x=Vertex[0].x-Vertex[1].x
    v2[y] = v[1][y] - v[2][y];              // Vector 2.y=Vertex[0].y-Vertex[1].y
    v2[z] = v[1][z] - v[2][z];              // Vector 2.z=Vertex[0].z-Vertex[1].z

    // Surface Normal을 제공하기 위하여 Cross Product를 계산한다.
    out[x] = v1[y]*v2[z] - v1[z]*v2[y];     // Cross Product for Y - Z
    out[y] = v1[z]*v2[x] - v1[x]*v2[z];     // Cross Product for X - Z
    out[z] = v1[x]*v2[y] - v1[y]*v2[x];     // Cross Product for X - Y

    ReduceToUnit(out);                      // Vector들을 정규화(Normalize)한다.
}

void ProcessHelix() {                       // Helix를 그린다.
    GLfloat x, y, z;                        // x, y, z 좌표
    GLfloat phi, theta, v, u;               // 각도
    GLfloat r;                              // Twist의 반지름(Radius)
    int twists = 3;                         // Twist의 개수

    GLfloat glfMaterialColor[]={0.4f,0.2f,0.8f,1.0f};    // Material Color를 설정한다.
    GLfloat specular[]={1.0f,1.0f,1.0f,1.0f};            // Specular Light를 설정한다.

    glMaterialfv(GL_FRONT_AND_BACK,GL_AMBIENT_AND_DIFFUSE,glfMaterialColor);
    glMaterialfv(GL_FRONT_AND_BACK,GL_SPECULAR,specular);
```

```
r = 3.5f;                                       // 반지름(Radius)

glBegin(GL_QUADS);
    for(phi=0; phi <= 360; phi+=5.0) {
        for(theta=0; theta<=360*twists; theta+=5.0) {
            v=(phi/180.0f*3.142f);              // 첫 번째 점(Point)의 각도를 계산한다.
            u=(theta/180.0f*3.142f);            // 첫 번째 점(Point)의 각도를 계산한다.

            x=float(cos(u)*(2.0f+cos(v) ))*r;                // X 위치를 계산한다.
            y=float(sin(u)*(2.0f+cos(v) ))*r;                // Y 위치를 계산한다.
            z=float((( u-(2.0f*3.142f)) + sin(v) ) * r);     // Z 위치를 계산한다.

            vertexes[0][0]=x;                   // 첫 번째 Vertex의 X 값을 설정한다.
            vertexes[0][1]=y;                   // 첫 번째 Vertex의 Y 값을 설정한다.
            vertexes[0][2]=z;                   // 첫 번째 Vertex의 Z 값을 설정한다.

            v=(phi/180.0f*3.142f);              // 두 번째 점(Point)의 각도를 계산한다.
            u=((theta+20)/180.0f*3.142f);       // 두 번째 점(Point)의 각도를 계산한다.

            x=float(cos(u)*(2.0f+cos(v) ))*r;                // X 위치를 계산한다.
            y=float(sin(u)*(2.0f+cos(v) ))*r;                // Y 위치를 계산한다.
            z=float((( u-(2.0f*3.142f)) + sin(v) ) * r);     // Z 위치를 계산한다.

            vertexes[1][0]=x;                   // 두 번째 Vertex의 X 값을 설정한다.
            vertexes[1][1]=y;                   // 두 번째 Vertex의 Y 값을 설정한다.
            vertexes[1][2]=z;                   // 두 번째 Vertex의 Z 값을 설정한다.

            v=((phi+20)/180.0f*3.142f);         // 세 번째 점(Point)의 각도를 계산한다.
            u=((theta+20)/180.0f*3.142f);       // 세 번째 점(Point)의 각도를 계산한다.

            x=float(cos(u)*(2.0f+cos(v) ))*r;                // X 위치를 계산한다.
            y=float(sin(u)*(2.0f+cos(v) ))*r;                // Y 위치를 계산한다.
            z=float((( u-(2.0f*3.142f)) + sin(v) ) * r);     // Z 위치를 계산한다.

            vertexes[2][0]=x;                   // 세 번째 Vertex의 X 값을 설정한다.
            vertexes[2][1]=y;                   // 세 번째 Vertex의 Y 값을 설정한다.
            vertexes[2][2]=z;                   // 세 번째 Vertex의 Z 값을 설정한다.

            v=((phi+20)/180.0f*3.142f);         // 네 번째 점(Point)의 각도를 계산한다.
            u=((theta)/180.0f*3.142f);          // 네 번째 점(Point)의 각도를 계산한다.

            x=float(cos(u)*(2.0f+cos(v) ))*r;                // X 위치를 계산한다.
```

```
            y=float(sin(u)*(2.0f+cos(v))*r);                    // Y 위치를 계산한다.
            z=float((( u-(2.0f*3.142f)) + sin(v) ) * r);  // Z 위치를 계산한다.

            vertexes[3][0]=x;                              // 네 번째 Vertex의 X 값을 설정한다.
            vertexes[3][1]=y;                              // 네 번째 Vertex의 Y 값을 설정한다.
            vertexes[3][2]=z;                              // 네 번째 Vertex의 Z 값을 설정한다.

            calcNormal(vertexes,normal);                   // Quad Normal을 계산한다.

            glNormal3f(normal[0],normal[1],normal[2]); // Normal을 설정한다.

            // Quad를 Render한다.
            glVertex3f(vertexes[0][0],vertexes[0][1],vertexes[0][2]);
            glVertex3f(vertexes[1][0],vertexes[1][1],vertexes[1][2]);
            glVertex3f(vertexes[2][0],vertexes[2][1],vertexes[2][2]);
            glVertex3f(vertexes[3][0],vertexes[3][1],vertexes[3][2]);
        }
    }
    glEnd();
}

void InitGL() {
 . . . . . . . . . . .
}

void MyReshape(int w, int h) {
 . . . . . . . . . . .
}

void MyDisplay() {
 . . . . . . . . . . .

    ProcessHelix();

    glutSwapBuffers();
}

void MyMouse(int button, int state, int x, int y) {
 . . . . . . . . . . .
}

void MyMotion(int x, int y) {
```

```
    . . . . . . . . . . .
}

void main(int argc, char ** argv) {
    . . . . . . . . . . .
}
```

02 Section

계층 구조(Hierarchy Structure) Modeling

1. Matrix Stack

Matrix Stack(행렬 스택)

FILO(First In Last Out)

LIFO(Last In First Out)

기하 변환에서 [그림 3-14]는 2개 이상의 변환 함수들을 연속적으로 사용하고 있었다. 이것은 복합 변환이고 일일이 함수 한 개씩 확인하지 않으면 최종적으로 연산이 종료된 상태의 Matrix만 확인할 수 있을 것이다. 즉, 복합 변환의 결과만 알 수 있기 때문에 중간 과정을 추적하기란 불가능하다는 것이다. 그러므로 OpenGL에서는 Matrix Stack(행렬 스택)을 제공하여 객체의 좌표계가 변화하는 과정을 추적하기가 가능하다. [그림 3-23]은 Matrix Stack의 원리를 보여주고 있는데, 여기서 Stack은 FILO(First In Last Out) 혹은 LIFO(Last In First Out)의 특성을 가지고 있다.

[그림 3-23] Matrix Stack

OpenGL에서 Matrix Stack을 사용할 때 GL_MODELVIEW 모드에서는 최소한 32개의 깊이를 가지고, GL_PROJECTION 및 GL_TEXTURE 모드에서는 최소한 2개의 깊이 값을 가진다. OpenGL에서 Matrix Stack을 구현하기 위해서는 현재 Matrix를 Push하고 Pop하기 위한 glPushMatrix 함수와 glPopMatrix 함수를 사용하며, <표 3-10>은 두 함수의 Prototype이다.

〈표 3-14〉 glPushMatrix 함수와 glPopMatrix 함수의 Prototype

void glPushMatrix ( ); void glPopMatrix ( );	
Parameters Help	No Parameters

[코드 3-10]은 glPushMatrix 함수와 glPopMatrix 함수를 사용하기 위한 일반적인 형태로서, Matrix Stack을 표현하기 위해서는 반드시 glPushMatrix 함수로 시작해서 glPopMatrix 함수로 끝나야 한다.

코드 3-10 Matrix Stack의 일반적인 사용 형태

```
glPushMatrix( );
        glTranslatef(...);
        glRotatef(...);
        glScalef(...);
        ...
        Draw_TransformedObject(...);
glPopMatrix( );
```

[그림 3-23]과 [코드 3-24]는 하나의 Matrix Stack을 사용할 경우에 대한 것이지만, [그림 3-24]와 [코드 3-11]은 여러 개의 Matrix Stack을 사용하는 경우이다. 즉, 가족 관계에 있어서 부모와 자식 사이의 관계처럼 하나의 Matrix Stack 안에 또 다른 Matrix Stack이 여러 개 존재할 수 있고, 형제 및 자매처럼 하나의 Matrix Stack과 동일한 Level의 Matrix Stack이 여러 개 존재할 수도 있다. 여기서 Matrix Stack을 복합적으로 사용할 경우에 필히 신경을 써야 하는 것은 glPushMatrix 함수로 시작해서 glPopMatrix 함수로 끝나는 과정을 조심해야 한다는 것이다. 즉, glPushMatrix 함수와 glPopMatrix 함수의 시작과 끝에 해당하는 짝이 잘 맞아야 한

다는 것이다. 이와 같은 Matrix Stack은 부모, 자식, 형제 및 자매 등으로 구성된 가족 관계와 같은 계층 구조(Hierarchy Structure)를 갖는 Modeling에 필수적으로 사용되고 있다.

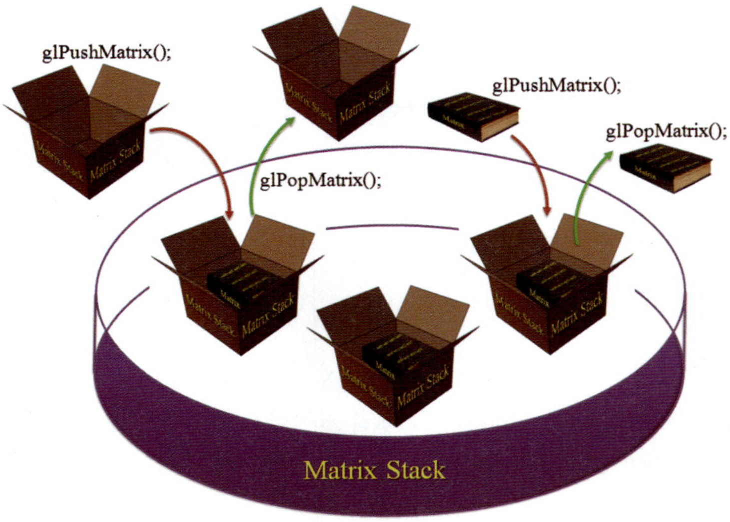

[그림 3-24] Matrix Stack의 응용

코드 3-11

Matrix Stack의 복합적인 사용 형태

```
glPushMatrix( ); ········································ ①
    glTranslatef(...);
    glRotatef(...);
    glScalef(...);
    ...
    Draw_TransformedObject_01(...);

    glPushMatrix( ); ···································· ②
        glTranslatef(...);
        glRotatef(...);
        glScalef(...);
        ...
        Draw_TransformedObject_02(...);
    glPopMatrix( ); ····································· ③

glPopMatrix( ); ········································· ④
```

[코드 3-11]에서 ①의 glPushMatrix 함수는 ④의 glPopMatrix 함수와 짝이 되어 하나의 Matrix Stack을 이루고 있으며 ②의 glPushMatrix 함수는 ③의 glPopMatrix 함수와 짝이 되어 하나의 Matrix Stack을 이루고 있다. 여기서 ①에서 ④까지가 부모라면 ②에서 ③까지는 그 자식이 되는 구조를 가지고 있다.

2. 태양계(Solar System) Modeling

Matrix Stack에 대하여 이해를 하였다면 [그림 3-25]와 같이 간단한 계층 구조를 갖는 Solar System의 일부분을 Modeling 해보자. Solar System은 원래 서로 다른 크기를 가진 여러 개의 행성들로 이루어져 있으나 [그림 3-25]에서는 Sun, Earth 및 Moon을 중심으로 단순화한 Solar System을 Modeling하기 위한 것이다.

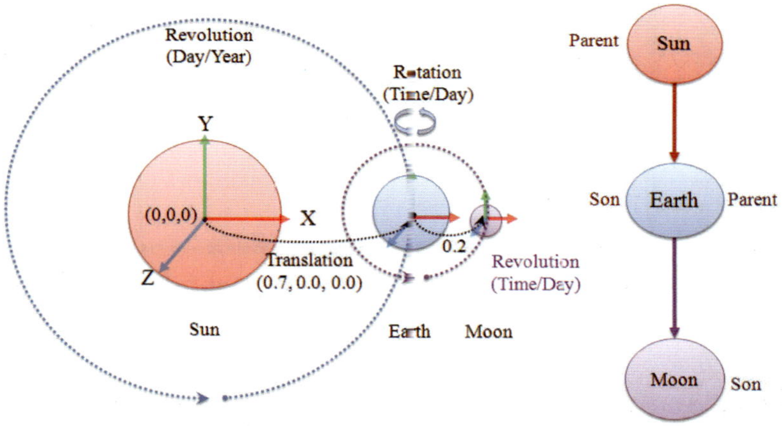

[그림 3-25] Solar System의 계층 구조도

Sun은 원점(0, 0, 0)을 중심으로 적당한 크기의 반지름을 갖는 Sphere로 생성하고, Earth는 Sun으로부터 X축 방향으로 0.7만큼 이동시킨 위치에 Sun보다 훨씬 작은 크기의 반지름을 갖는 Sphere로 생성한다. 또한 Earth로부터 X축 방향으로 0.2만큼 이동시킨 위치에서 Earth보다 훨씬 작은 크기의 반지름을 갖는 Moon을 Sphere로 생성한다. Sun은 원점을 중심으로 고정시키고, Earth는 Sun을 중심으로 하고 Sun의 Y축을 기준 축으로 설정하여 시계 반대방향(CCW)으로 일정한 회전 각만큼 공전(Revolution) 및 자전(Rotation)을 한다. 그리고 Moon은 Earth를 중심으로 하고 마찬가지 Earth의 Y축을 기준 축으로 설정하여 시계 반대방향(CCW)으로 일정한 회

전 각만큼 공전을 하도록 한다. 여기서 Sun은 부모이고 Earth는 그 자식이며, 또한 Moon은 Earth의 자식이 된다. 그러므로 Moon은 Sun의 손자가 되는 것이다. 이러한 계층 구조를 이해하고 Matrix Stack으로 구현하여야 한다. [그림 3-26]은 [그림 3-25]에서 설명한 단순화된 Solar System을 Wire-Frame Modeling 방식으로 구현한 결과이고, [코드 3-12]는 그 소스 코드이다.

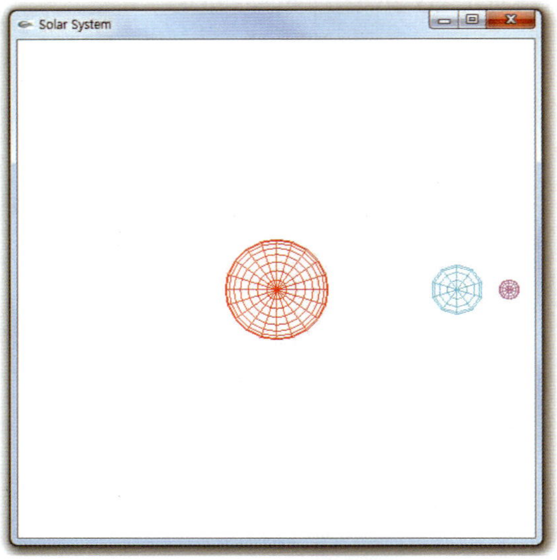

[그림 3-26] 계층 구조를 가지는 Solar System의 구현 결과

코드 3-12 계층 구조를 가지는 Solar System

```
#include <glut.h>
#include <glu.h>

static int Day = 0, Time = 0;

void MyDisplay( ) {
  glClear (GL_COLOR_BUFFER_BIT);
  glMatrixMode(GL_MODELVIEW);
  glLoadIdentity( );
  glColor3f (1.0, 0.3, 0.3); ........................................ ①
  glutWireSphere(0.2, 20, 16);....................................... ②
  glPushMatrix( ); .................................................. ③
     glRotatef ((GLfloat) Day, 0.0, 1.0, 0.0); .................... (③-1)
```

```
        glTranslatef (0.7, 0.0, 0.0); ················································ (③-2)
        glRotatef ((GLfloat) Time, 0.0, 1.0, 0.0); ·································· (③-3)
        glColor3f (0.3, 0.8, 0.9); ···················································· (③-4)
        glutWireSphere(0.1, 10, 8); ··················································· (③-5)
        glPushMatrix( ); ······························································ ④
            glRotatef ((GLfloat) Time, 0.0, 1 0, 0.0); ······························ (④-1)
            glTranslatef (0.2, 0.0, 0.0); ·············································· (④-2)
            glColor3f (0.9, 0.5, 0.9); ················································ (④-3)
            glutWireSphere(0.04, 10, 8); ··············································· (④-4)
        glPopMatrix( ); ······························································· ⑤
    glPopMatrix();······································································ ⑥
    glutSwapBuffers();
}

void MyKeyboard (unsigned char key, int x, int y) {
    switch (key) {
        case 'd':
            Day = (Day + 10) % 360;
            break;
        case 't':
            Time = (Time + 5) % 360;
            break;
        default:
            break;
    }
    glutPostRedisplay();
}

int main(int argc, char** argv) {
    glutInit(&argc, argv);
    glutInitDisplayMode (GLUT_DOUBLE | GLUT_RGB);
    glutInitWindowSize (500, 500);
    glutInitWindowPosition (0, 0);
    glutCreateWindow("Solar System");
    glClearColor (1.0, 1.0, 1.0, 1.0);
    glMatrixMode(GL_PROJECTION);
    glLoadIdentity( );
    glOrtho(-1.0, 1.0, -1.0, 1.0, -1.0, 1 0);
    glutDisplayFunc(MyDisplay);
    glutKeyboardFunc(MyKeyboard);
    glutMainLoop( );
    return 0;
}
```

[코드 3-12]에서 ①의 glColor3f(1.0, 0.3, 0.3) 함수는 현재 색상을 설정하는 것으로서 <표 3-15>와 같은 glColor3f 함수에 대한 Prototype을 가지고 있다. 매개변수(Parameter)의 숫자들은 순서대로 Red, Green, Blue의 색상 값을 의미하며, 0.0~1.0의 범위를 가진다.

〈표 3-15〉 glColor3f 함수의 Prototype

void glColor3f (GLfloat *red*, GLfloat *green*, GLfloat *blue*);	
Parameters Help	*red* // 현재 색상을 위한 새로운 red 값 *green* // 현재 색상을 위한 새로운 green 값 *blue* // 현재 색상을 위한 새로운 blue 값

[그림 3-27]은 <표 3-15>의 glColor3f 함수의 매개변수(Parameter)를 설정하는데 도움을 주기 위하여 RGB Color를 표현한 것으로서 3D 공간을 구성하는 X축, Y축 및 Z축과 같이 Red, Green 및 Blue를 각각의 축으로 구성하여 표현한 것이다.

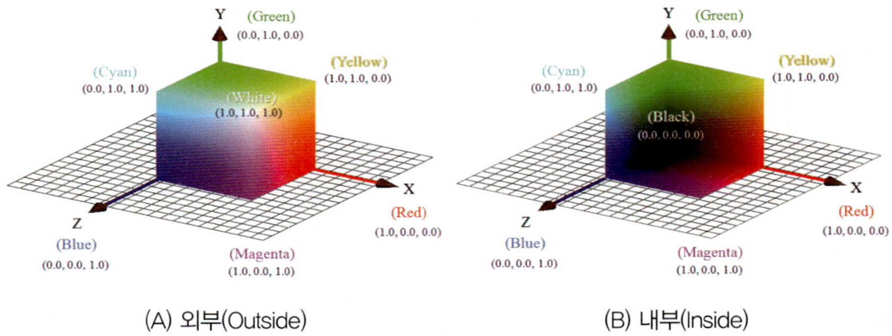

[그림 3-27] RGB Color

[그림 3-27]의 (A)는 RGB 3개의 축을 정면에서 바라본 모습이고, (B)는 정면의 White 색상을 가지는 Vertex(1.0, 1.0, 1.0)을 숨긴 상태에서 원점(0.0, 0.0, 0.0)을 포함한 내부를 바라본 모습이다. 여기서 White 색상을 가지는 Vertex(1.0, 1.0, 1.0)과 Black 색상을 가지는 원점(0.0, 0.0, 0.0) 사이에는 Gray Color를 가지는 Line이 있다는 것을 참고하기 바란다. <표 3-16>은 <표 3-15>의 glColor3f 함수와 관련된 몇 가지 함수들에 대한 Prototype이므로 더 자세한 정보들을 확인할 수 있다.

〈표 3-16〉 glColor* 함수의 Prototype

```
void glColor3{ b s i f d ub us ui } ( TYPE r, TYPE g, TYPE b );
void glColor4{ b s i f d ub us ui } ( TYPE r, TYPE g, TYPE b, TYPE a );
void glColor3{ b s i f d ub us ui }v ( const TYPE *v );
void glColor4{ b s i f d ub us ui }v ( const TYPE *v );
```

Parameters Help	TYPE // GLbyte, GLshort, GLint, GLfloat, GLdouble, GLubyte, GLushort, // GLuint

<표 3-17>은 <표 3-16>의 glColor* 함수에 적용할 수 있는 접미사들에 대한 구체적인 설명이다.

〈표 3-17〉 glColor* 함수에 적용될 접미사

접미사	데이터 형	최솟값	최솟값에 매핑될 수	최댓값	최댓값에 매핑될 수
b (byte)	1byte 정수형	−128	−1.0	127	1.0
s (short)	2바이트 정수형	−32,768	−1.0	32,767	1.0
i (integer)	4바이트 정수형	−2,147,483,648	−1.0	2,147,483,648	1.0
f (float)					
d (double)					
ub (unsigned byte)	부호 없는 1byte 정수형	0	0.0	255	1.0
us (unsigned short)	부호 없는 2byte 정수형	0	0.0	65,535	1.0
ui (unsigned integer)	부호 없는 4byte 정수형	0	0.0	4,294,967,295	1.0

②의 함수 glutWireSphere(0.2, 20, 16)은 Wire-Frame 형태의 Sphere를 Modeling하는 함수로서 0.2 크기의 반지름과 20개의 Slice 및 16개의 Stack을 가지는 Sun을 Modeling한 것이다. ③의 함수 glPushMatrix()은 Sun의 자식을 위한

Matrix Stack을 시작하는 부분이고, ⑥의 함수 glPopMatrix()은 ③의 Matrix Stack을 종료하는 부분이다. ④의 함수 glPushMatrix()은 ③의 자식을 위한 Matrix Stack을 시작하는 부분이고, ⑤의 함수 glPopMatrix()은 ④의 Matrix Stack을 종료하는 부분이다. 여기서 ③에서 ⑥까지가 Earth를 Modeling하는 부분이고, ④에서 ⑤까지가 Moon을 Modeling하는 부분이다. 즉, Sun에 해당하는 ②가 부모이고, Earth에 해당하는 ③에서 ⑥까지가 ②의 자식이며, Moon에 해당하는 ④에서 ⑤까지가 Earth에 해당하는 ③에서 ⑥까지의 자식이 된다.

(③−1)에서 (③−5)까지는 Earth의 자전(Rotation)과 공전(Revolution)을 나타낸 것인데, [그림 3−30]에서 설명한 것처럼 코드를 보고 Matrix의 연산 과정을 분석해보면 다음과 같다. 즉, (③−5)는 Earth에 해당하는 Sphere를 Modeling하고, (③−4)는 (③−5)에서 Modeling한 Earth에 해당하는 Sphere에 색상을 적용한다. 그리고 (③−3)은 (③−5)에서 Modeling한 Earth의 원점(중심점) 즉, 자신의 모델 좌표계 원점을 중심으로 하는 Y축을 기준 축으로 설정하고 회전각 Time만큼 시계 반대방향(CCW)으로 회전을 시키는 Earth의 자전(Rotation)을 수행한다. (③−2)는 Sun으로부터 Earth를 X축 방향으로 0.7만큼 이동시키고, (③−1)은 ②에서 Modeling한 Sun에 해당하는 Sphere의 원점(중심점) 즉, 자신의 모델 좌표계 원점을 중심으로 하는 Y축을 기준 축으로 설정하고 회전각 Day만큼 시계 반대방향(CCW)으로 회전을 시키는 Earth의 공전(Revolution)을 수행한다.

마찬가지로 (④−1)에서 (④−4)까지는 Moon의 공전(Revolution)을 나타낸 것인데, [그림 3−14]에서 설명한 것처럼 코드를 보고 Matrix의 연산 과정을 분석해보면 다음과 같다. 즉, (④−4)는 Moon에 해당하는 Sphere를 Modeling하고, (④−3)는 (④−4)에서 Modeling한 Moon에 해당하는 Sphere에 색상을 적용한다. 그리고 (④−2)는 Earth로부터 Moon을 X축 방향으로 0.2만큼 이동시키고, (④−1)은 (③−5)에서 Modeling한 Earth에 해당하는 Sphere의 원점(중심점) 즉, 자신의 모델 좌표계 원점을 중심으로 하는 Y축을 기준 축으로 설정하고 회전각 Time만큼 시계 반대방향(CCW)으로 회전을 시키는 Moon의 공전(Revolution)을 수행한다.

Matrix Stack을 사용한 계층 구조 Modeling을 구현할 때 필수적으로 알아야할 매우 중요한 것은 자식(Son)에 해당하는 Matrix Stack의 변환(Transformation)에 대한 기준은 바로 위의 부모(Parent)에 해당하는 Matrix Stack이라는 것이다. 즉, Earth에 해당하는 (③−1)의 glRotatef 함수와 (③−2)의 glTranslatef 함수를 수행하기 위한 기준은 그 부모인 Sun에 해당하는 ②라는 것이다. 또한 Moon에 해당하는 (④−1)의 glRotatef 함수와 (④−2)의 glTranslatef 함수를 수행하기 위한 기준은 그 부모인

Earth에 해당하는 (③−5)라는 것이다.

추가적으로 알아두어야 할 필수적인 사항은 (③−2)와 (④−2)는 3D 공간에서 객체의 회전을 위한 기준점인 Pivot이 된다는 것이다. 즉, (③−2)는 Earth를 Modeling하기 위한 중심점이면서 자전을 위한 기준점이 되고, (④−2)는 Moon을 Modeling하기 위한 중심점이면서 자전을 위한 기준점이 된다는 것이다.

Project 3 − II

Solar System − Modeling	
구현 기능	[코드 3−12]를 사용하여 다음 항목을 추가 및 보완하라. − 태양(Sun)을 비롯하여 수성(Mercury), 금성(Venus), 지구(Earth), 달(Moon), 화성(Mars), 목성(Jupiter), 토성(Saturn), 천왕성(Uranus), 해왕성(Neptune) 등 10개의 행성(Planet)들을 모두 Modeling한다. − 토성(Saturn)은 GLU (Quadrics) Modeling 기법을 사용하여 서로 다른 임의의 색상을 가지는 토성의 고리를 3개 이상 생성하여야 한다. − 첫 장면(Scene)에서 각 행성들의 위치는 서로 다르게 배치한다. 단, 태양(Sun)은 원점(0, 0, 0)에 고정되어야 한다. − 장면(Scene)의 배경은 검정색으로 설정한다. − 모든 행성들의 크기(Size), 색상(Color) 및 공전 각도(Angle)는 서로 달라야 한다. − 태양(Sun)으로부터 모든 행성들까지의 각 거리는 적당히 설정한다. − 모든 행성들은 태양(Sun)을 중심으로 Y축 기준으로 각각 지정된 공전 각도에 따라 자동 회전 가능해야 한다. − Mouse Callback을 사용하여 Mouse 왼쪽 Button을 Click할 경우 전체 행성들이 태양을 중심으로 공전이 가능하여야 한다. − Mouse Callback을 사용하여 Mouse 오른쪽 Button을 Click할 경우 전체 행성들이 태양을 중심으로 하는 공전이 정지하여야 한다. − Keyboard Callback을 사용하여 <↑> 및 <↓> Key는 Camera의 Elevation이 가능하여야 하며, <←> 및 <→> Key는 Camera의 Twist가 가능하도록 하여야 한다. 단, Elevation 및 Twist는 180도 이내의 범위에서 가능하도록 제약조건을 부여하도록 한다.
구현 결과	

3. 로봇 팔(Robot Arm) Modeling

Solar System이 계층 구조를 Modeling하기 위한 일반적이고 기본적인 구조라면, Robot Arm은 인체의 골격 구조를 모방한 계층 구조 Modeling의 좋은 예이다. [코드 3-13]은 Robot Arm을 Modeling하기 위한 Matrix Stack의 구조를 나타내는 것으로서 Body를 기준으로 Body에서 Upper Arm, Upper Arm에서 Lower Arm, Lower Arm에서 Hand까지 3단계의 계층을 가진다.

코드 3-13 Robot Arm을 Modeling하기 위한 Matrix Stack의 구조

```
void drawArm( ) {
    glMatrixMode(GL_MODELVIEW);
    glLoadIdentity( );
    Draw_Body( ); ······································· ①
    glPushMatrix( ); ···································· ②
        GoToShoulderCoordinates( );
        Draw_UpperArm( );
        glPushMatrix( ); ································ ③
            GoToElbowCoordinates( );
            Draw_LowerArm( );
            glPushMatrix( ); ···························· ④
                GoToWristCoordinates( );
                Draw_Hand( );
            glPopMatrix( ); ····························· ⑤
        glPopMatrix( ); ································· ⑥
    glPopMatrix( ); ····································· ⑦
}
```

[코드 3-13]의 ①은 Body를 Modeling한 것으로서 계층 구조에서 최상위인 부모(Parent, Root)가 된다. ②는 Body의 자식인 Upper Arm을 위한 Matrix Stack의 시작 부분이고, ⑦은 Upper Arm을 위한 Matrix Stack의 끝 부분이다. ③은 Upper Arm의 자식인 Lower Arm을 위한 Matrix Stack의 시작 부분이고, ⑥은 Lower Arm을 위한 Matrix Stack의 끝 부분이다. ④는 마지막 계층으로서 Lower Arm의 자식인 Hand를 위한 Matrix Stack의 시작 부분이고, ⑤는 Hand을 위한 Matrix Stack의 끝 부분이다.

[그림 3-28]은 이와 같은 계층 구조를 가지는 Robot Arm의 단순화된 Modeling의 구현 결과이고, [코드 3-14]는 그 소스 코드이다.

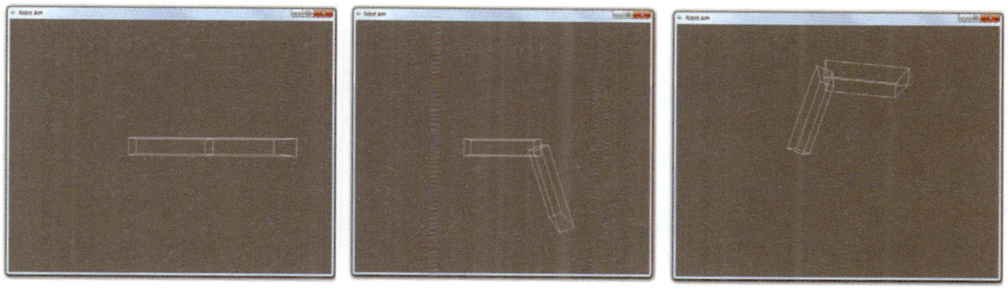

[그림 3-28] Robot Arm의 구현 결과

코드 3-14

Robot Arm

```
#include <stdlib.h>
#include <glut.h>

static int shoulder = 0, elbow = 0;

void MyInit(void) {
  glClearColor (1.0, 1.0, 1.0, 1.0);
  glShadeModel (GL_FLAT);
}

void MyDisplay(void) {
   glClear (GL_COLOR_BUFFER_BIT ;
   glPushMatrix(); ·························································· ①
       glTranslatef (-1.0, 0.0, 0.0); ················································ (①-1)
       glRotatef ((GLfloat) shoulder, 0.0, 0.0, 1.0); ································· (①-2)
       glTranslatef (1.0, 0.0, 0.0); ················································· (①-3)
       glPushMatrix(); ······················································· ②
            glColor3f(1.0, 1.0, 1.0)
            glScalef (2.0, 0.4, 1.0);
            glutWireCube (1.0);
       glPopMatrix(); ························································ ③

       glTranslatef (1.0, 0.0, 0.0); ················································· (①-4)
       glRotatef ((GLfloat) elbow, 0.0, 0.0, 1.0); ···································· (①-5)
       glTranslatef (1.0, 0.0, 0.0); ················································· (①-6)
       glPushMatrix(); ······················································· ④
            glColor3f(1.0, 1.0, 1.0);
```

```
                glScalef (2.0, 0.4, 1.0);
                glutWireCube (1.0);
            glPopMatrix(); ··························································· ⑤
        glPopMatrix(); ······························································· ⑥

    glutSwapBuffers();
}

void MyReshape (int w, int h) {
    glViewport (0, 0, (GLsizei) w, (GLsizei) h);
    glMatrixMode (GL_PROJECTION);
    glLoadIdentity ();

    gluPerspective(65.0, (GLfloat) w/(GLfloat) h, 1.0, 20.0);
    glMatrixMode(GL_MODELVIEW);
    glLoadIdentity();
    glTranslatef (0.0, 0.0, -5.0);
}

void MyKeyboard (unsigned char key, int x, int y) {
    switch (key) {
        case 's':
            shoulder = (shoulder + 5) % 360;
            break;
        case 'S':
            shoulder = (shoulder - 5) % 360;
            break;
        case 'e':
            elbow = (elbow + 5) % 360;
            break;
        case 'E':
            elbow = (elbow - 5) % 360;
            break;
        case 27:
            exit(0);
            break;
        default:
            break;
    }
    glutPostRedisplay();
}
```

```
int main(int argc, char** argv) {
   glutInit(&argc, argv);
   glutInitDisplayMode (GLUT_DOUBLE   GLUT_RGB);
   glutInitWindowSize (800, 600);
   glutInitWindowPosition (100, 100);
   glutCreateWindow (argv[0]);
   MyInit ();
   glutDisplayFunc(MyDisplay);
   glutReshapeFunc(MyReshape);
   glutKeyboardFunc(MyKeyboard);

   glutMainLoop();
   return 0;
}
```

Pivot

[코드 3-14]는 Upper Arm과 Lower Arm을 계층 구조로 Modeling하는 것이다. 시각적으로는 Window에 보이지 않으면서 Body의 역할을 하는 ①에서 ⑥까지를 포함하여 Cube로 Modeling한 Upper Arm에 해당하는 ②에서 ③까지 그리고 마찬가지 Cube로 Modeling한 Lower Arm에 해당하는 ④에서 ⑤까지에 대한 설명은 Push와 Pop에 대해 충분히 이해를 하였다고 보고 생략하기로 한다. 그러나 (①-1)에서 (①-3)까지와 (①-4)에서 (①-6)까지는 매우 중요한 부분이기 때문에 잘 알아두지 않으면 계층 구조를 구현하는 데 많은 어려움을 겪게 된다. [코드 3-12]의 Solar System에서 생성된 객체들은 대부분이 Sphere로 이루어져 있기 때문에 회전의 중심점인 Pivot이 세계 좌표계(World Coordinate System)의 원점이면서 Sun의 원점이거나 각 Sphere의 원점으로 설정되어 객체들의 회전에 큰 문제가 없었다. 그러나 [코드 3-14]의 Robot Arm에서 생성된 객체들은 Robot의 Upper Arm와 Lower Arm을 표현하는 Cube로 이루어져 있기 때문에 Pivot의 위치는 매우 중요하다. 왜냐하면, [그림 3-29]와 같이 Cube에서 Pivot의 위치가 어디에 있느냐에 따라 회전하는 중심점이 달라서 예상치 못한 객체의 회전이 발생할 수 있기 때문이다.

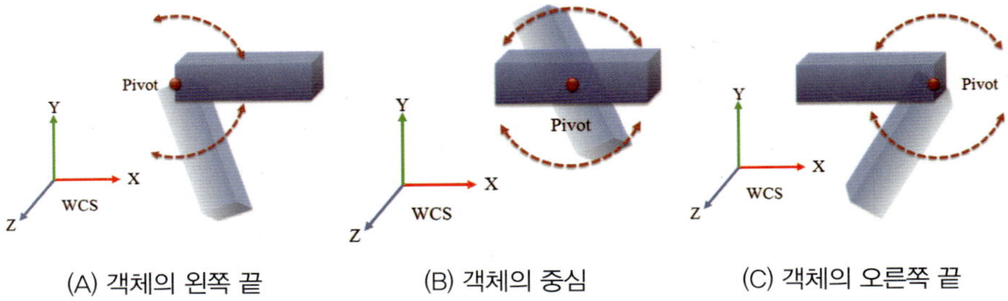

[그림 3-29] 회전의 중심점인 Pivot의 위치에 따른 객체의 회전 방향

[그림 3-30]의 (A)는 [코드 3-4]의 ②와 ③ 및 ④와 ⑤의 사이에 있는 Cube 생성 및 Scale에 대한 이해를 돕기 위한 것으로서 Scale은 좌우로 동일하게 크기 조절이 된다는 것에 주의해야 한다.

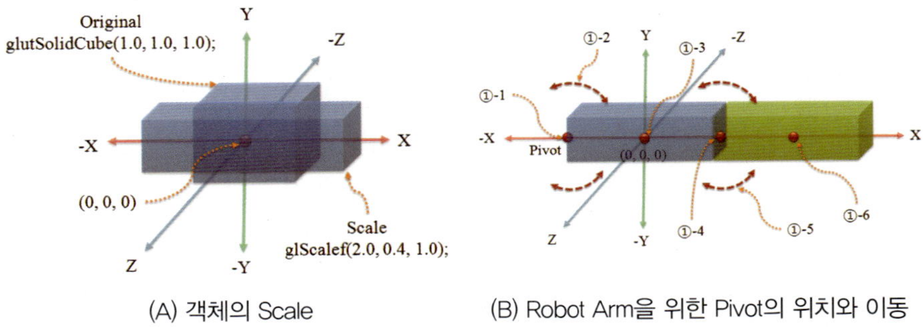

[그림 3-30] 3D 공간에서 객체의 Scale, Pivot의 위치 및 이동에 따른 영향

관절(Joint)

(B)는 (①−1)에서 (①−3) 및 (①−4)에서 (①−6)까지의 이해를 돕기 위한 것으로서 Robot Arm에 해당하는 Upper Arm과 Lower Arm의 회전을 위한 중심점인 Pivot의 위치를 설정하고 이동하는 과정을 보여주고 있다. 회전을 위한 중심점인 Pivot은 Robot뿐만 아니라 인체에 있어서 **관절(Joint)**의 위치를 설정하는 매우 중요한 의미를 가지므로 반드시 이해를 하여야 한다.

[코드 3-14]를 구현함에 있어서 3D 공간에서 원점(0, 0, 0)의 위치와 X축, Y축 및 Z축 등의 기준 축을 직접 보면서 참조하고 싶으면 [코드 3-15]를 [코드 3-14]에 추가하여 사용하면 된다.

코드 3-15 X축, Y축 및 Z축

```
void XYZ() {
    glColor3f(1.0, 0.0, 0.0);
    glBegin(GL_LINES)  // X축
        glVertex3f(-2.0, 0.0, 0.0);
        glVertex3f(2.0, 0.0, 0.0);
    glEnd();

    glColor3f(0.0, 1.0, 0.0);
    glBegin(GL_LINES)  // Y축
        glVertex3f(0.0, -2.0, 0.0);
        glVertex3f(0.0, 2.0, 0.0);
    glEnd();

    glColor3f(0.0, 0.0, 1.0);
    glBegin(GL_LINES)  // Z축
        glVertex3f(0.0, 0.0, -2.0);
        glVertex3f(0.0, 0.0, 2.0);
    glEnd();
}
```

Project 3 – III

Application of Robot Arm

구현 기능	[코드 3–14]를 사용하여 다음과 같이 확장 구현한다. – 손가락 4~5개를 가진 Robot Arm 제작(각 손가락 당 관절은 2개 이상) – Number 〈1〉 Key를 누르면 첫 번째 손가락을 접었다 펼쳤다 반복 – Number 〈2〉 Key를 누르면 두 번째 손가락을 접었다 펼쳤다 반복 – Number 〈3〉 Key를 누르면 세 번째 손가락을 접었다 펼쳤다 반복 – Number 〈4〉 Key를 누르면 네 번째 손가락을 접었다 펼쳤다 반복 – Number 〈5〉 Key를 누르면 팔꿈치를 접었다 펼쳤다 반복 – Number 〈0〉 Key를 누르면 모든 손가락을 접었다 펼쳤다 반복 – Mouse 왼쪽 Button을 Click하면 어깨, 팔꿈치 및 모든 손가락을 움직여서 Robot Arm이 특정 물건을 잡는 것처럼 회전. 단, 어깨와 팔꿈치부터 물건이 있는 방향으로 각각 회전을 먼저하고 마지막에 손가락을 한꺼번에 회전(Mouse Callback 함수 등 사용) – Mouse 오른쪽 Button을 Click하면 팔꿈치 및 모든 손가락을 움직여서 Robot Arm의 원래 위치와 자세로 되돌아가도록 한다(Mouse Callback 함수 등 사용). – 위의 모든 조건들의 회전 각도는 0 ~180도의 범위로 제한되어져야 하며, 인체의 팔과 유사하게 각 관절마다 DOF(Degree of Freedom)를 지켜야 한다. – Cube가 아닌 Cylinder, Cone 등으로 Robot Arm을 다양한 Modeling 함수를 사용하여 Modeling하여도 좋다.

구현 결과	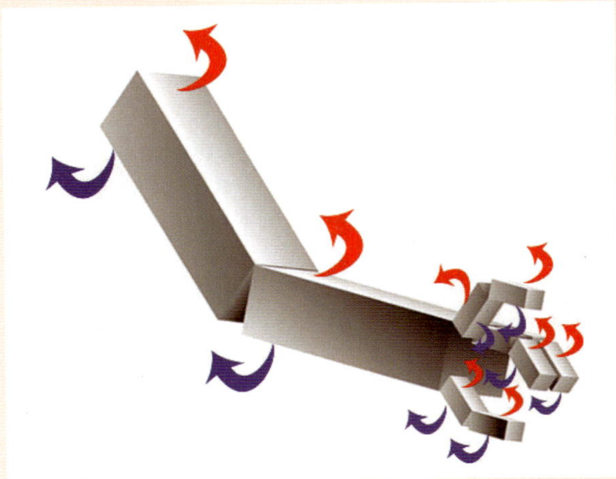

[코드 3-14]를 완전히 이해하였다면, [그림 3-31]과 같이 인체의 전신 골격을 Matrix Stack을 사용하여 Modeling해 보도록 한다. 여기서 주의해야할 점은 Solar System의 경우 가장 Root가 되는 것이 Sun이었다면, 인체의 전신 골격의 경우 Root가 되는 것은 Body라는 것이다. 원칙적으로 정밀한 캐릭터 애니메이션을 목적으로 인체의 골격을 Modeling하는 경우에는 인체의 Body도 세부적으로 척추 하나하나까지 모두 구분하여 Modeling하고, 그 중에서 골반(Pelvis)을 Root로 설정하기도 한다.

골반(Pelvis)

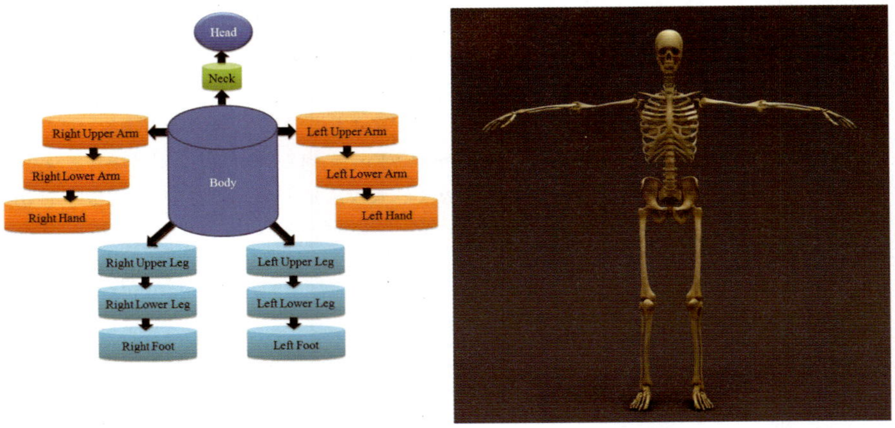

[그림 3-31] 전신 Modeling을 위한 골격의 구조

3D 공간에서 인체의 전신 골격을 Modeling하는 목적은 캐릭터 애니메이션에 사용하기 위함이기 때문에 각 관절의 위치에 따른 Pivot의 위치를 가능한 정확히 설정하여야 한다. 그리고 [그림 3-31]에서 인체의 전신 골격을 보면 양팔을 벌리고 어깨 넓이만큼 다리를 벌리고 서 있는 자세를 볼 수 있는데, 이것은 인체를 Modeling하기 위한 가장 기본적인 자세이다. 그 이유는 인체의 각 골격들을 Modeling할 때 겨드랑이와 사타구니 등 관절을 가지고 있는 모든 부분들에 해당하는 객체들 사이에 겹치는 현상이 발생되어 객체의 모양이 제대로 Modeling되었는지를 구분하기가 어려운 문제점을 가지고 있기 때문임을 참고하기 바란다. 또한 정밀한 캐릭터 Modeling의 경우에는 관절 부위 회전에 의한 객체의 변형(Deformation) 등과 직접적인 관련이 있는 부분이기 때문에 더욱더 신중해야 한다.

Project 3 –Ⅳ Robot Modeling(Robot Taekwon V)

구현 기능	[코드 3-14]를 사용하여 다음과 같이 확장 구현한다. – 로봇 태권 V의 이미지를 참고하고 모든 Modeling 방법을 사용하여 최대한 유사하게 전신(Full Body)을 Modeling한다. – 가운데 이미지를 초기 기본자세로 설정하여 Modeling한다. – Mouse 왼쪽 Button을 Click하면 왼쪽 이미지와 같은 자세가 되도록 한다. – Mouse 가운데 Button을 Click하면 가운데 이미지와 같은 기본자세가 되도록 한다. – Mouse 오른쪽 Button을 Click하면 오른쪽 이미지와 같은 자세가 되도록 한다. – 모든 관절들의 회전각도 범위는 실제 인체와 유사하여야 하며, DOF(Degree of Freedom)도 인체와 가능한 동일하게 구현한다. – Texture Mapping은 별도로 적용하지 않고, 색상은 적용한다.
참고이미지	

Project 3 – V Robot Modeling(Can Robot)

구현 기능	[코드 3–14]를 사용하여 다음과 같이 확장 구현한다. – 깡통 로봇의 이미지를 참고하고 모든 Modeling 방법을 사용하여 최대한 유사하게 전신(Full Body)을 Modeling한다. – 왼쪽과 오른쪽 이미지를 초기 기본자세로 설정하여 Modeling한다. – Mouse 오른쪽 Button을 Click하면 가운데 이미지와 같은 자세가 되도록 하고, 바로 왼쪽과 오른쪽 이미지처럼 기본자세로 되돌아가도록 한다. – 모든 관절들의 회전각도 범위는 실제 인체와 유사하여야 하며, DOF(Degree of Freedom)도 인체와 가능한 동일하게 구현한다. – Texture Mapping은 별도로 적용하지 않고, 색상은 적용한다.
참고이미지	  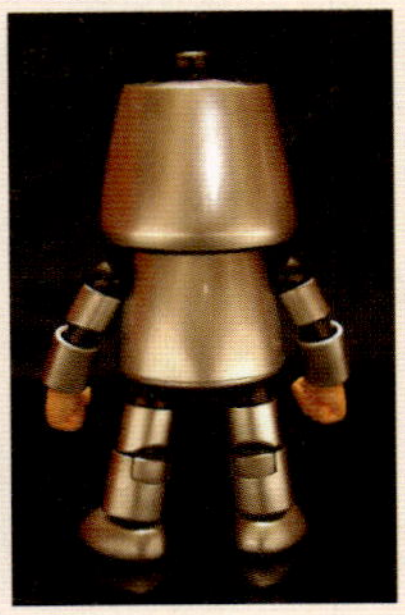

Project 3 – Ⅵ 손가락을 가지거나 가지지 않은 Robot Arm

구현 기능	[코드 3–14]를 사용하여 다음과 같이 확장 구현한다. – Robot Arm의 이미지를 참고하고 모든 Modeling 방법을 사용하여 최대한 유사하게 Modeling한다. – 손가락을 가지지 않은 Robot Arm은 Cone으로 마무리하고, 손가락을 가지는 Robot Arm은 3개의 손가락과 각 손가락마다 하나씩의 관절을 생성한다. – Robot Arm의 초기 기본자세는 Y축 방향으로 일직선이 되게 한다. – Mouse 오른쪽 Botton을 Click하면 모든 관절들이 일정한 회전각에 의해 자동적으로 움직이게 하고, 움직임이 끝나면 초기 기본자세로 되돌아간다. – 모든 관절들의 회전각 범위(DOF, Degree of Freedom)는 Robot Arm의 형태에 맞게 설정하여 구현한다. – Texture Mapping은 별도로 적용하지 않고, 색상은 적용한다. – X축, Y축 및 Z축 좌표와 문자들은 참고만 한다.

참고이미지	 

Section 03

Camera 시점 변환(Viewpoint Transformation)

1. 좌표계와 시점 변환

시점 좌표계(VCS, View Coordinate System)

전역 좌표계(WCS, World Coordinate System)

모델 좌표계(MCS, Model Coordinate System)

지역 좌표계(LCS, Local Coordinate System)

컴퓨터 그래픽스에서 시점(Viewpoint)은 3D 공간에서 객체를 바라보는 Camera의 위치를 말하는데, Camera에서 3D 공간과 그 내부의 객체들을 바라보려면 Camera를 중심으로 하는 새로운 좌표계가 구성되어야 한다. 이와 같은 Camera의 위치 즉, 시점을 중심으로 하는 좌표계를 **시점 좌표계(VCS, View Coordinate System)**라고 한다. 시점 좌표계를 구성하기 위해서는 [그림 3-32]와 같이 3D 공간에서 원점(0, 0, 0)을 중심으로 하는 **전역 좌표계(WCS, World Coordinate System)**가 있어야 하고, 3D 공간에 생성할 각 객체들에 대한 **모델 좌표계(MCS, Model Coordinate System)** 혹은 **지역 좌표계(LCS, Local Coordinate System)**가 있어야 한다.

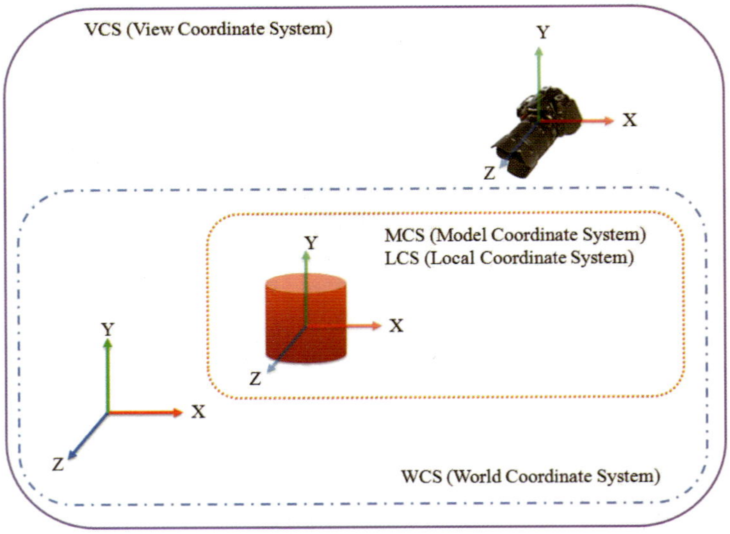

[그림 3-32] 시점 좌표계(VCS)를 구성하기 위한 좌표계들의 종류

> 모델 변환(Model Transformation)
> 시점 변환(Viewpoint Transformation)
> 뷰 변환(View Transformation)
> 투영 변환(Projection Transformation)
> 뷰포트 변환(Viewport Transformation)

[그림 3-32]와 같이 세계 좌표계(WCS)를 기준으로 지역 좌표계(LCS) 및 시점 좌표계(VCS)를 설정하기 위해서는 원하는 종류의 변환이 가해져야 한다. 즉, 설계한 객체에 대한 Translation, Rotation, Scale 및 Shear 등의 기하변환과 같은 **모델 변환**(Model Transformation)이 있고, 변환된 객체를 바라보는 Camera의 Translation 및 Rotation 등과 같이 Camera의 위치와 방향을 설정하는 **시점 변환**(Viewpoint Transformation) 혹은 **뷰 변환**(View Transformation)이 있다. 그리고 Camera의 렌즈(Lens)를 선택하고 촬영하여 2D 평면에 투영하는 **투영 변환**(Projection Transformation)이 있는데, 이때 2D 평면에 투영된 영상의 크기를 조절하는 **뷰포트 변환**(Viewport Transformation)이 있다.

이와 같은 모든 변환들은 Transformation Matrix로 표현되며, 3D 공간에서 객체에 변환을 가한다는 것은 객체의 좌표에 해당하는 Matrix를 곱한다는 것이다. 즉, 객체를 구성하고 있는 좌표에 Model Matrix를 곱하면 전역 좌표로 변경되고, 전역 좌표에 Viewpoint Matrix를 곱하면 시점 좌표가 된다. 결국 모든 변환은 전역 좌표계(WCS)를 기준으로 하는 모델 좌표계(MCS) 혹은 지역 좌표계(LCS)의 변환으로 볼 수 있다. OpenGL 프로그래밍에서 변환을 위해 가장 먼저 수행하여야 할 일은 변환의 종류를 설정하여야 하는데, glMatrixMode 함수를 사용하면 된다. glMatrixMode 함수는 현재의 Matrix 모드를 설정하는 기능을 하며, <표 3-18>의 glMatrixMode에 대한 Prototype에서 더 자세한 내용을 확인할 수 있다.

〈표 3-18〉 glMatrixMode 함수에 대한 Prototype

void glMatrixMode (GLenum *mode*);		
Parameters Help	*mode* // 후속 Matrix 연산을 위한 대상이 되는 Matrix Stack	
	Value	**Description**
	GL_MODELVIEW	Modelview Matrix Stack에 후속 Matrix 연산을 적용. 즉 Modeling에 대한 객체, Camera의 위치 및 방향 등에 대한 기하 변환을 지정한다. glTranslatef, glRotatef, glScalef 등과 같은 함수를 사용하여 객체를 변환하고 제어하는 Modeling Transformation이라고도 한다.
	GL_PROJECTION	Projection Matrix Stack에 후속 Matrix 연산을 적용. 즉 Modeling을 최종적으로 화면에 어떻게 표시할 것인지를 결정하는데, 직교 투영(glOrtho)이나 원근 투영(gluPerspective) 등과 같이 구분된다.
	GL_TEXTURE	Texture Matrix Stack에 후속 Matrix 연산을 적용. 즉 Texture Mapping을 적용하는 과정에서 Texture 좌표를 지정할 때 곱해진다.

glMatrixMode 함수는 3D 공간의 객체들을 2D 평면에 투영하기 위해서 필수적으로 사용되어져야 하는 매우 중요한 함수이다. 그러나 만약 glMatrixMode 함수를 사용하여 Matrix 모드를 지정하지 않으면 glMatrixMode의 매개변수(Parameter)들 중 GL_MODELVIEW가 기본적으로 사용되어진다. glMatrixMode 함수와 함께 사용되는 glLoadIdentity 함수는 Identity Matrix로서 변환된 회전이나 좌표 등의 Matrix를 처음 초기 상태로 되돌리는 기능을 하는데, glLoadIdentity 함수를 사용하게 되면 지역 좌표계(LCS)와 전역 좌표계(WCS) 및 시점 좌표계(VCS) 등 모든 좌표계가 동일하게 (수식 3-40)과 같이 4×4 크기의 동차 좌표계를 포함하는 4D Matrix로 초기화되어진다. 그러므로 OpenGL 프로그래밍을 시작할 때에는 glLoadIdentity 함수를 사용하여 Transformation Matrix를 초기화할 필요가 있다. glLoadIdentity 함수에 대한 Prototype은 이미 설명하였으므로 생략한다.

$$I = \begin{bmatrix} 1 & 0 & 0 & 0 \\ 0 & 1 & 0 & 0 \\ 0 & 0 & 1 & 0 \\ 0 & 0 & 0 & 1 \end{bmatrix} \quad \text{(수식 3-40)}$$

시점 좌표계(VCS)는 Camera를 어떻게 활용하느냐 즉, 시점을 어떻게 변환하느냐에 따라 직교 좌표계(Cartesian Coordinate System), 극 좌표계(Polar Coordinate System) 및 파일럿 시점 좌표계(Pilot View Coordinate System) 등으로 구분되어진다.

2. 직교 좌표계(Cartesian Coordinate System)

Rectangular Coordinate System

직교 좌표계(Cartesion Coordinate System)

투영면(Projection Plane)

뷰 면(View Plane)

직교(直交)란 직각으로 만난다는 것을 의미하며, Rectangular Coordinate System이라고도 하는 **직교 좌표계(Cartesion Coordinate System)**는 2D 공간에서 XY 평면을 이루는 서로 직교하는 X축과 Y축으로 정의하고, 3D 공간에서는 XY 평면, XZ 평면 및 YZ 평면이 서로 직교하며 각 평면들을 이루는 X축, Y축 및 Z축이 서로 직교하는 것으로 정의한다. 또한 2D 공간에서 X축과 Y축이 만나는 Point 혹은 3D 공간에서 X축과 Y축 및 Z축이 만나는 Point를 원점이라고 한다.

직교 좌표계에서 Camera의 위치는 시점 좌표계(VCS)의 원점에 해당하고 전역 좌표계(WCS)의 원점(0, 0, 0)을 향하는 방향이 시점 좌표계(VCS)의 Z축이 된다. 또한 시점 좌표계(VCS)의 Z축에 수직으로 서 있는 평면이 **투영면(Projection Plane)** 혹은 **뷰 면(View Plane)**이라고 하고, 투영면 내부에 View Window가 있어서 Camera의 필름(Film)에 해당한다고 볼 수 있다. 그리고 시점 좌표계(VCS)의 Y축은 View Window의 Y축과 평행하며 Y축과 Z축이 이루는 평면에 수직인 방향으로 X축이 존재하게 된다.

직교 좌표계로 표현하는 시점 좌표계(VCS)는 Camera의 위치, Camera가 바라보는 초점의 위치 및 Camera의 기울임(Orientation) 등의 속성 값을 가지는데, OpenGL에서는 gluLookAt 함수를 사용하여 구현할 수 있다. [그림 3-33]은 gluLookAt 함수에 대한 이해를 돕기 위한 것이다. 여기서 Camera의 속성 값들 중 Camera의 위치(Position)는 (eyeX, eyeY, eyeZ), Camera가 바라보는 초점(Focus)의 위치는 (atX, atY, atZ) 그리고 Camera의 기울임(Orientation)은 (upX, upY, upZ)로 표현하고 있다.

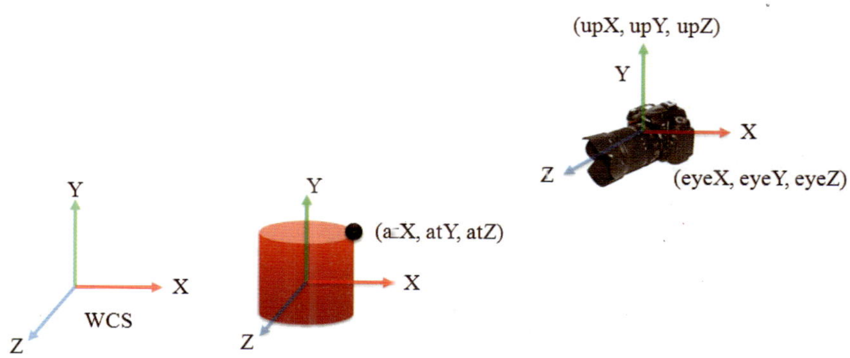

[그림 3-33] gluLookAt 함수를 구성하는 매개변수(Parameter)들의 의미

gluLookAt 함수에 대한 더 자세한 정보는 <표 3-19>의 gluLookAt 함수에 대한 Prototype에서 확인할 수 있다.

〈표 3-19〉 gluLookAt 함수에 대한 Prototype

void gluLookAt(GLdouble *eyex*, GLdouble *eyey*, GLdouble *eyez*, GLdouble *atx*, GLdouble *aty*, GLdouble *atz*, GLdouble *upx*, GLdouble *upy*, GLdouble *upz*);		
Parameters Help	*eyex, eyey, eyez*	// Camera의 위치(Position)
	atx, aty, atz	// Camera가 바라보는 초점(Focus)의 위치
	upx, upy, upz	// Camera의 기울임(Orientation)

여기서 $gluLookAt(e_x, e_y, e_z, a_x, a_y, a_z, u_x, u_y, u_z)$ 함수에 대한 Matrix에 대하여 살펴보자. gluLookAt 함수의 매개변수(Parameter)들을 사용하여 (수식 3-41)과 같이 Matrix F를 선언한다.

$$F = \begin{bmatrix} a_x - e_x \\ a_y - e_y \\ a_z - e_z \end{bmatrix} \quad \text{(수식 3-41)}$$

그리고 (수식 3-41)을 (수식 3-42)와 같이 정규화(Normalize)한다.

$$f = \frac{F}{\|F\|} \quad \text{(수식 3-42)}$$

(수식 3-43)과 같이 Camera의 기울임(Orientation)에 해당하는 좌표를 벡터로 표현하고, (수식 3-44)와 같이 정규화(Normalize)한다.

$$UP=\overrightarrow{(u_x, u_y, u_z)} \qquad \text{(수식 3-43)}$$

$$UP'=\frac{UP}{\|UP\|} \qquad \text{(수식 3-44)}$$

(수식 3-42)와 (수식 3-44)를 사용하여 (수식 3-45) 및 (수식 3-46)과 같이 선언하자.

$$s=f\times UP' \qquad \text{(수식 3-45)}$$

$$u=s\times f \qquad \text{(수식 3-46)}$$

마지막으로 (수식 3-47)은 gluLookAt 함수와 동일한 기능을 수행하기 위한 Viewing Matrix이다.

$$M=\begin{bmatrix} s_x & s_y & s_z & 0 \\ u_x & u_y & u_z & 0 \\ -f_x & -f_y & -f_z & 0 \\ 0 & 0 & 0 & 1 \end{bmatrix}\begin{bmatrix} 1 & 0 & 0 & -e_x \\ 0 & 1 & 0 & -e_y \\ 0 & 0 & 1 & -e_z \\ 0 & 0 & 0 & 1 \end{bmatrix} \qquad \text{(수식 3-47)}$$

만약 OpenGL에서 gluLookAt 함수가 없었다면 [코드 3-16]과 같이 (수식 3-47)의 Viewing Matrix를 배열로 선언하여 직접 곱셈을 수행하도록 구현하여야 한다.

코드 3-16 gluLookAt 함수를 표현하는 직교 좌표계

```
GLfloat sx =2.0, sy =1.0, sz =2.0 ......................... ①
GLfloat ux =0.0, uy =1.0, uz =0.0;
GLfloat fx =2.0, fy =1.5, fz =4.0;
GLfloat ex =4.0, ey =2.0, ez =5.0;

GLfloat LookAt_Matrix[4][4] = { ......................... ②
```

```
    { s_x, s_y, s_z, 0.0 },
    { u_x, u_y, u_z, 0.0 },
    { -f_x, -f_y, -f_z, 0.0 },
    { 0.0, 0.0, 0.0, 1.0 }
};
...
glMultMatrixf((float*) LookAt_Matrix); ........................ ③
glTranslatef(-e_x, -e_y, -e_z); ............................... ④
...
```

[코드 3-16]은 (수식 3-47)을 코드로 시점 좌표계(VCS)를 표현한 것으로서 ①은 ②의 Viewing Matrix에 사용될 변수 및 ④에 사용될 변수들을 선언하고 초기 값을 설정한 것이고, ②는 (수식 3-47)의 Viewing Matrix를 4×4 크기의 배열로 선언한 것이다. 그리고 ③은 ④의 Translation Matrix에 ②의 Viewing Matrix를 곱해줌으로써 실제적인 시점 좌표계를 실행하는 것이다. 마지막 ④는 Camera의 위치를 원점으로 이동시킨다. 이와 같이 [코드 3-16]에서는 OpenGL에서 gluLookAt 함수가 없을 경우 3D 공간에서 시점 좌표계(VCS)를 구현하기 위한 4×4 Matrix를 직접 코딩하여 구현하는 번거로움이 있다. 그러므로 OpenGL에서는 이와 같은 복잡한 Matrix의 곱셈을 단 하나의 함수로 해결해주기 위해 gluLookAt 함수를 사용하고 있다.

[그림 3-34]는 gluLookAt 함수를 사용하여 시점 좌표계를 구현한 결과로서 매개변수(Parameter)들의 값이 어떻게 설정되는가에 다라 Window에서는 서로 다른 위치에서 바라본 차주전자(Teapot)를 보여주고 있다는 것을 확인할 수 있다.

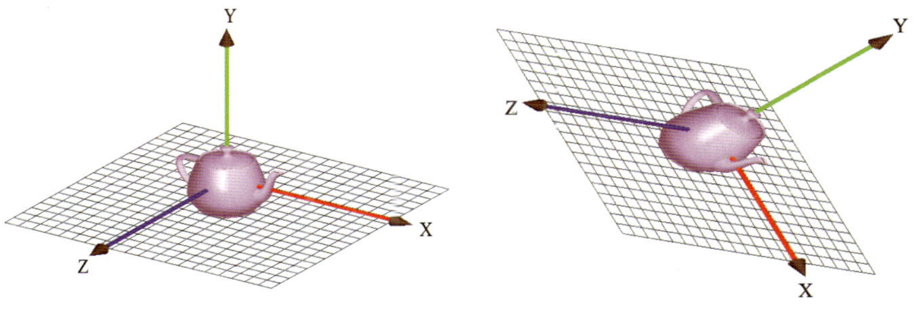

gluLookAt(1.0, 1.0, 1.0, 0.0, 0.0, 0.0, 0.0, 1.0, 0.0); gluLookAt(1.0, 1.0, 1.0, 0.0, 0.0, 0.0, 0.0, 1.0, 1.0);

[그림 3-34] 시점 좌표계 설정에 따라 다르게 보이는 차주전자(Teapot)의 모습

[그림 3-35]는 [그림 3-34]와 같은 다양한 결과를 직접 확인할 수 있도록 [코드

3-17]의 소스 코드를 사용하여 구현한 결과이다.

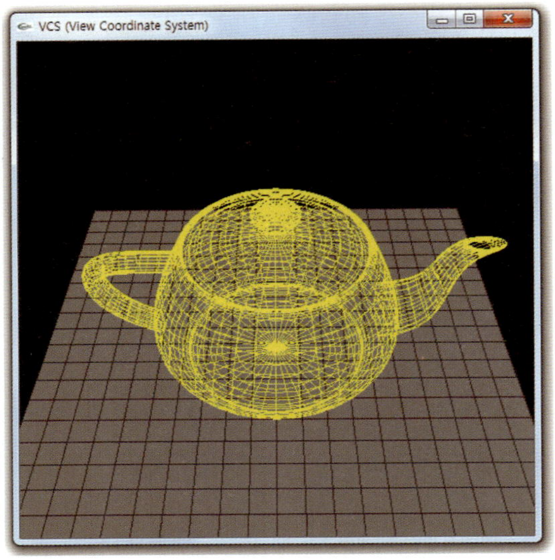

[그림 3-35] 시점 좌표계(VCS) 구현 결과

코드 3-17 gluLookAt 함수를 사용한 시점 좌표계

```
#include <glut.h>
#include <glu.h>

void DrawGround() {
    glColor3f( 0.5, 0.5, 0.5);
    glBegin(GL_POLYGON);
        glVertex3f(-2.0,-0.71, 2.0);
        glVertex3f( 2.0,-0.71, 2.0);
        glVertex3f( 2.0,-0.71,-2.0);
        glVertex3f(-2.0,-0.71,-2.0);
    glEnd();

    glColor3ub(50, 50, 50);
    glBegin(GL_LINES);
        for (float x = -2.0; x <= 2.2; x += 0.2) {
            glVertex3f(x,-0.7,-2.0);
            glVertex3f(x,-0.7, 2.0);
        }
```

```
        for (float z = -2.0; z <= 2.2; z -= 0.2) {
            glVertex3f(-2.0,-0.7, z);
            glVertex3f( 2.0,-0.7, z);
        }
    glEnd();
}

void MyDisplay( ) {
    glClear(GL_COLOR_BUFFER_BIT   GL_DEPTH_BUFFER_BIT);
    glMatrixMode(GL_MODELVIEW);
    glLoadIdentity( );

    gluLookAt(0.0, 3.5, 3.5, 0.0, 0.0, 0.0, 0.0, 1.0, 0.0); ..................... ①

    DrawGround();

    glColor3f(1.0, 1.0, 0.0);
    glutWireTeapot(1.0);

    glFlush();
}

void MyReshape (int w, int h) {
 . . . . . . . . . . .
}

int main(int argc, char** argv) {
    glutInit(&argc, argv);
    glutInitDisplayMode(GLUT_SINGLE | GLUT_RGBA);
    glutInitWindowSize(500, 500);
    glutInitWindowPosition(0, 0);
    glutCreateWindow("VCS (View Coordinate System)");
    glClearColor(0.0, 0.0, 0.0, 0.0);

    glutDisplayFunc(MyDisplay);
    glutReshapeFunc(MyReshape);

    glutMainLoop( );
    return 0;
}
```

[코드 3-17]에서 ①의 gluLookAt(0.0, 3.5, 3.5, 0.0, 0.0, 0.0, 0.0, 1.0, 0.0)은

Camera의 위치를 3D 공간의 한 Vertex(0.0, 3.5, 3.5)로 설정하고, Camera가 바라보는 초점(Focus)의 위치를 원점(0.0, 0.0, 0.0)으로 설정하였으며, Camera의 기울임(Orientation)은 (0.0, 1.0, 0.0)으로서 Y축 방향으로 Up 벡터가 설정되게 하였다. 즉, Camera의 셔터 버튼(Shutter Button)이 하늘 방향을 향하고 있다고 생각하면 이해가 빠를 것이다.

www.xmission.com/~nate/tutors.html에 가면 3D 공간에서 시점 좌표계(VCS)에 의한 Camera의 제어를 [그림 3-36]과 같이 한꺼번에 실시간으로 확인해볼 수 있는 Windows 프로그램이 있다. 본 프로그램은 World-space view, Screen-space view 및 Command Manipulation window로 구분하고 있으며, Mouse를 사용하여 실시간으로 제어가 가능하기 때문에 gluLookAt 함수를 이해하는 데 많은 도움이 될 것이다.

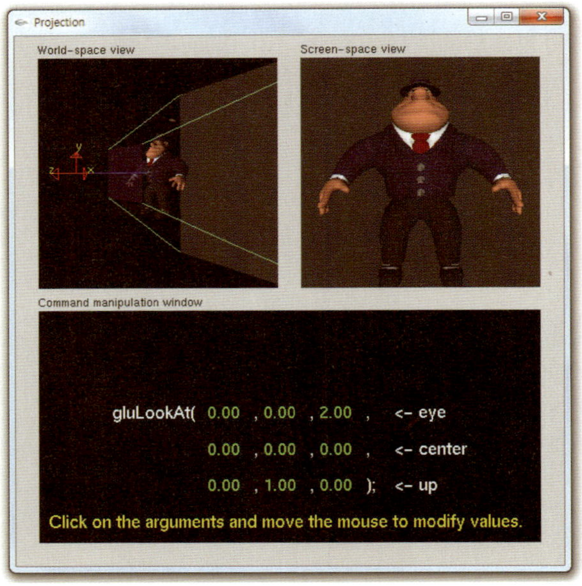

[그림 3-36] gluLookAt 함수를 사용한 직교 좌표계

Project 3 –Ⅶ Application–Ⅰ using gluLookAt

구현 기능

[코드 3–17]을 사용하여 다음과 같이 시점 좌표계를 확장 구현한다.

- 시점 좌표계를 Keyboard Callback 함수로 실시간 제어가 가능하도록 구현한다.
- 객체인 차주전자(Teapot)의 위치와 Camera가 바라보는 초점(Focus)의 위치는 고정시키고, Camera를 상/하/좌/우로 다음과 같이 구현한다.
- [↑] Key를 누르면 Camera의 Y축 좌표가 0.1씩 연속적으로 증가한다.
- [↓] Key를 누르면 Camera의 Y축 좌표가 0.1씩 연속적으로 감소한다.
- [←] Key를 누르면 Camera의 X축 좌표가 0.1씩 연속적으로 감소한다.
- [→] Key를 누르면 Camera의 X축 좌표가 0.1씩 연속적으로 증가한다.

구현 결과

Project 3 –Ⅷ Application–Ⅱ using gluLookAt

구현 기능

[코드 3–17]을 사용하여 다음과 같이 시점 좌표계를 확장 구현한다.

- 시점 좌표계를 Keyboard Callback 함수로 실시간 제어가 가능하도록 구현한다.
- Camera의 위치와 객체인 차주전자(Teapot)의 위치는 고정시키고, Camera가 바라보는 초점(Focus)의 위치를 상/하/좌/우로 이동하게 구현한다.
- [a] 및 [A] Key를 누르면 초점(Focus)의 X축 좌표가 0.1씩 연속적으로 증가한다.
- [f] 및 [F] Key를 누르면 초점(Focus)의 X축 좌표가 0.1씩 연속적으로 감소한다.
- [r] 및 [R] Key를 누르면 초점(Focus)의 Y축 좌표가 0.1씩 연속적으로 증가한다.
- [v] 및 [V] Key를 누르면 초점(Focus)의 Y축 좌표가 0.1씩 연속적으로 감소한다.
- [g] 및 [G] Key를 누르면 초점(Focus)의 Z축 좌표가 0.1씩 연속적으로 증가한다.
- [t] 및 [T] Key를 누르면 초점(Focus)의 Z축 좌표가 0.1씩 연속적으로 감소한다.

구현 결과

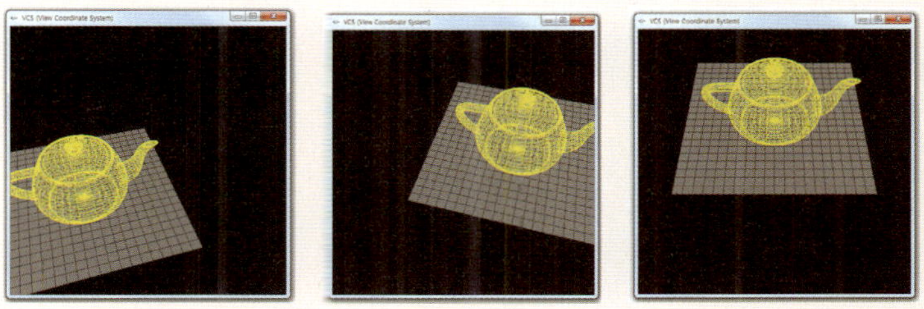

3. 극 좌표계(Polar Coordinate System, PCS)

극 좌표계
반지름(Radius)
방위각(Azimuth Angle)
고도각(Elevation Angle)

극 좌표계는 [그림 3-37]과 같이 원점(0, 0, 0)과 **반지름(Radius)**, **방위각(Azimuth Angle)**, **고도각(Elevation Angle)** 등의 요소를 사용하여 좌표를 표시하는 것을 말한다. 만약 원점을 중심으로 반지름 r이 정해지면 객체의 위치는 해당 반지름을 가진 Sphere의 면에 존재하게 된다고 본다. 여기서 방위각은 Z축을 기준으로 시계 반대방향(CCW)으로 회전하는 각도를 의미하며 지구상의 경도(Longitude)와 유사하고, 고도각은 X축을 기준으로 시계 반대방향(CCW)으로 회전하는 각도를 의미하며 지구상의 위도(Altitude)와 유사하다.

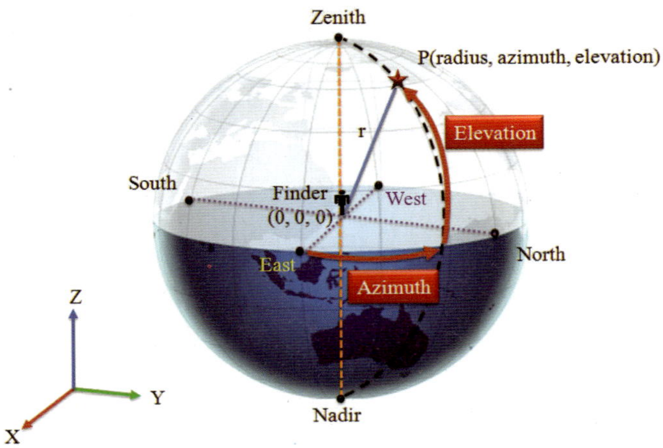

[그림 3-37] 방위각(Azimuth)과 고도각(Elevation)

원형 궤도(Circular Orbit)

만약 [그림 3-38]과 같이 Camera가 인공위성처럼 객체를 중심으로 상공을 맴돈다면 **원형 궤도(Circular Orbit)**를 따라 회전을 하여야 한다. 따라서 Camera의 위치를 극 좌표계에서 시점 좌표계로 변경하여야 하는 문제가 발생하는데, [코드 3-18]은 이와 같은 문제를 해결하도록 해준다.

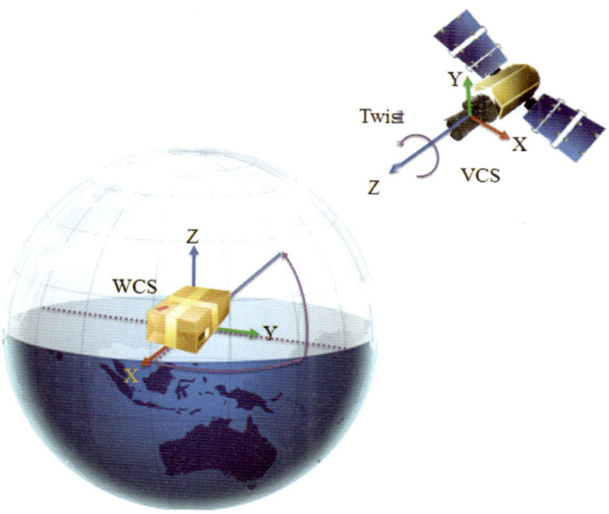

[그림 3-38] 극 좌표계 시점

[코드 3-18]의 ①은 시점 좌표계(VCS)를 전역 좌표계(WCS)로 이동시키는 것이다. 즉, Camera가 전역 좌표계의 원점을 중심으로 반지름 r만큼 떨어져 있으므로 시점을 전역 좌표계로 변경하려면 반지름 r만큼 반대로 이동하여야 한다. ②는 전역 좌표계로 이동된 시점 좌표계의 Z축을 중심으로 회전각 twist만큼 회전을 한다. 마찬가지 원래 시점 좌표계에서 Camera의 기울임(Orientation)이 전역 좌표계로 이동해 오면서 반대 방향의 기울임이 되는 것이다. 물론 Camera의 기울임을 표현하는 것이기 때문에 극 좌표계와 직접적인 관련이 있는 것은 아니다.

코드 3-18 Polar View

```
void PolarView(GLfloat radius, GLfloat elevation, GLfloat azimuth, GLfloat twist) {
    glTranslatef(0.0, 0.0, -radius); ······························· ①
    glRotatef(-twist, 0.0, 0.0, 1.0); ······························ ②
    glRotatef(-elevation, 1.0, 0.0, 0.0); ·························· ③
    glRotatef(azimuth, 0.0, 0.0, 1.0); ····························· ④
}
```

③은 원래 전역 좌표계에서 고도각이 X축을 기준 축으로 하면서 시계 반대 방향(CCW)으로 회전각 Elevation만큼 회전을 하는 것인데, 시점이 전역 좌표계로 이동하였기 때문에 반대 방향 즉, 시계방향(CW)으로 회전을 하게 된다. 마지막 ④는 원

래 전역 좌표계에서 방위각이 Z축을 기준 축으로 하면서 시계 반대 방향(CCW)으로 회전각 Azimuth만큼 회전을 하는 것인데, 마찬가지 시점이 전역 좌표계로 이동하였기 때문에 반대 방향 즉, 시계방향(CW)으로 회전을 하게 된다. [그림 3-39]는 극 좌표계로 구현한 결과로서, X축, Y축 및 Z축 방향에서 바라본 각각의 모습들이다.

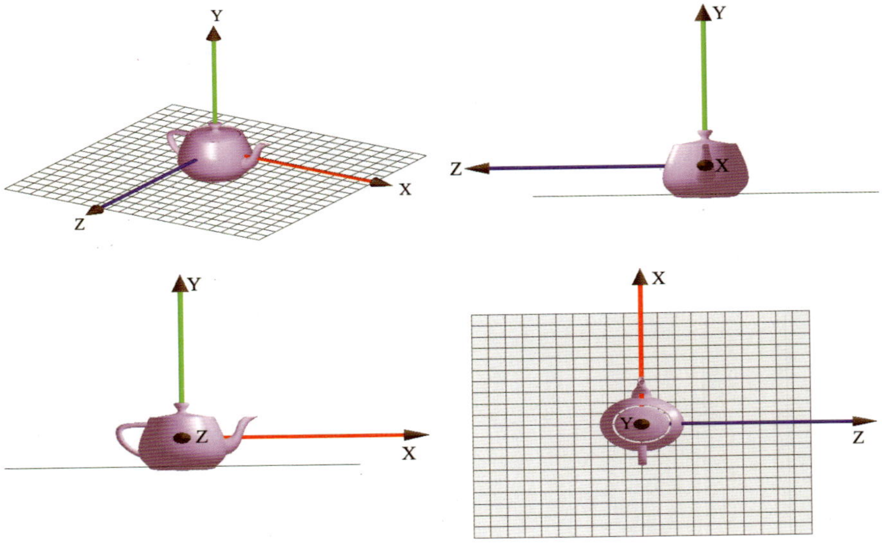

[그림 3-39] 극 좌표계(PCS)에 의해 구현된 결과

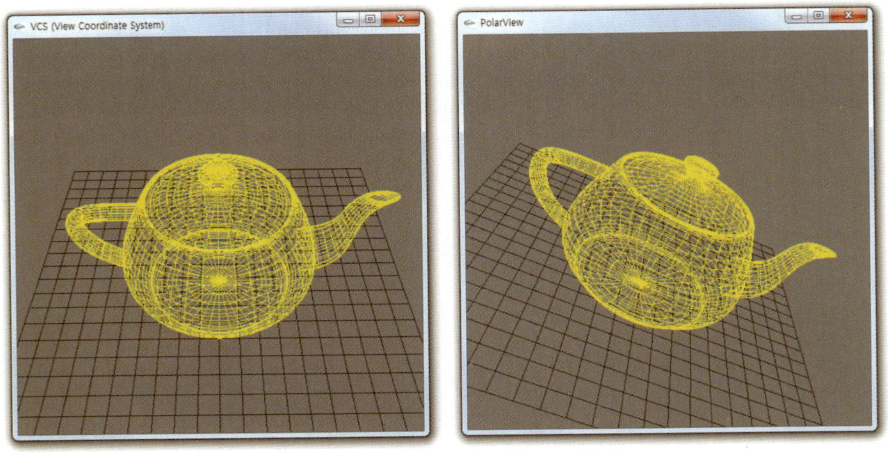

(A) VCS (View Coordinate System)　　(B) PCS (Polar View Coordinate System)

[그림 3-40] 시점 좌표계(VCS)와 극 좌표계(PCS)에 의해 구현된 결과

<표 3-30>은 gluLookAt 함수를 사용하여 구현한 시점 좌표계(VCS)와 극 좌표계(PCS)의 구현 결과를 비교해보기 위하여 나타낸 것이고, [코드 3-19]는 극 좌표계에 의해 구현된 결과의 소스 코드이다.

코드 3-19 Polar View를 이용한 극 좌표계

```
...

void PolarView(GLfloat radius, GLfloat elevation, GLfloat azimuth, GLfloat twist) {  ...... ①
    glTranslatef(0.0, 0.0, -radius);
    glRotatef(-twist, 0.0, 0.0, 1.0);
    glRotatef(-elevation, 1.0, 0.0, 0.0);
    glRotatef(azimuth, 0.0, 0.0, 1.0);
}

void MyDisplay( ) {
    glClear(GL_COLOR_BUFFER_BIT | GL_DEPTH_BUFFER_BIT);
    glMatrixMode(GL_MODELVIEW);
    glLoadIdentity( );

    //gluLookAt(0.0, 3.5, 3.5, 0.0, 0.0, 0.0, 0.0, 1.0, 0.0);
    PolarView(0.1, 30.0, 10.0, 5.0); .............................................. ②

    DrawGround();

    glColor3f(1.0, 1.0, 0.0);
    glutWireTeapot(1.0);

    glFlush();
}

...
```

[코드 3-19]의 ①은 극 좌표계를 위한 함수를 선언한 것이고, ②는 ①의 극 좌표계 함수를 호출하여 사용한 것이다. 여기서 주의할 점은 기존의 직교 좌표계의 특성을 가진 gluLookAt 함수를 사용한 부분에 극 좌표계에 해당하는 함수 ②를 삽입하면 되고, 기존의 gluLookAt 함수는 주석처리(// 혹은 /* ~ */)를 하거나 삭제하여야 한다는 것이다.

Project 3 –IX Application using PVCS(Polar View Coordinate System)

구현 기능	[코드 3–19]를 사용하여 다음과 같이 시점 좌표계를 확장 구현한다. – 극 좌표계를 Keyboard Callback 함수로 다음과 같이 실시간 제어가 가능하도록 구현한다. – ↑ Key를 누르면 PolarView의 Elevation을 1.0씩 연속적으로 증가시킨다. – ↓ Key를 누르면 PolarView의 Elevation을 1.0씩 연속적으로 감소시킨다. – ← Key를 누르면 PolarView의 Azimuth를 1.0씩 연속적으로 증가시킨다. – → Key를 누르면 PolarView의 Azimuth를 1.0씩 연속적으로 감소시킨다. – Page Up Key를 누르면 PolarView의 Radius를 0.1씩 연속적으로 증가시킨다. – Page Down Key를 누르면 PolarView의 Radius를 0.1씩 연속적으로 감소시킨다. – Home Key를 누르면 PolarView의 Twist를 1.0씩 연속적으로 증가시킨다. – End Key를 누르면 PolarView의 Twist를 1.0씩 연속적으로 감소시킨다.
구현 결과	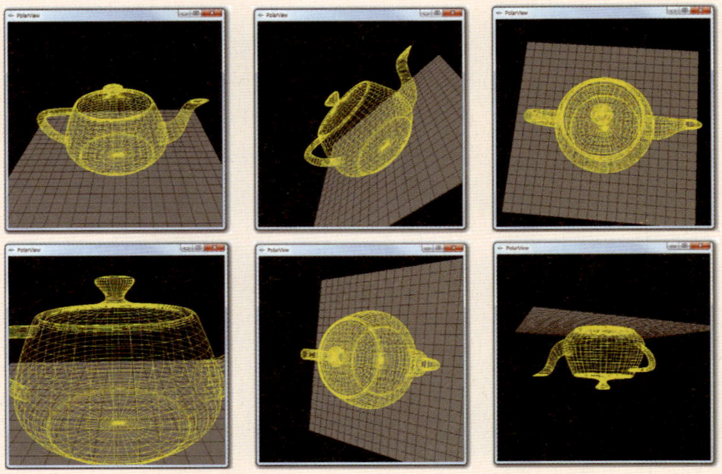

4. 파일럿 시점 좌표계(Pilot View Coordinate System)

파일럿 시점 좌표계
Rolling
Pitch
Tilting
Yaw
Panning
Dolling

파일럿 시점 좌표계는 비행기 조종사가 비행기를 조종하면서 지형을 바라보는 것과 같이 Camera를 조정할 수 있는 것을 말하는데, [그림 3–41]과 같은 구조를 가지고 있다. 여기서 Rolling은 비행기에 부착된 Camera의 Z축을 기준 축으로 하면서 시계 반대방향(CCW)으로 회전하는 것을 의미하고, Pitch 혹은 Tilting은 Camera의 X축을 기준 축으로 하면서 시계 반대방향(CCW)으로 회전하는 것이고, Yaw 혹은 Panning은 Camera의 Y축을 기준 축으로 하면서 시계 반대방향(CCW)으로 회전하는 것이다. 마지막 Dolling은 객체의 지역 좌표계(LCS) 혹은 모델 좌표계(MCS)의 원점으로부터 비행기까지의 거리를 말한다.

비행기는 제자리에 멈춰 서 있지 않고 연속적으로 이동하기 때문에 Camera의 위치 및 각도 변화에 따라서 항상 새로운 X축, Y축 및 Z축을 중심으로 하는 시점 좌표계가 형성된다. 그러므로 비행기 조종사의 눈(Eye) 혹은 Camera에 보이는 모든 객체들은 항상 변화된 새로운 시점 좌표계를 기준으로 변환하게 된다.

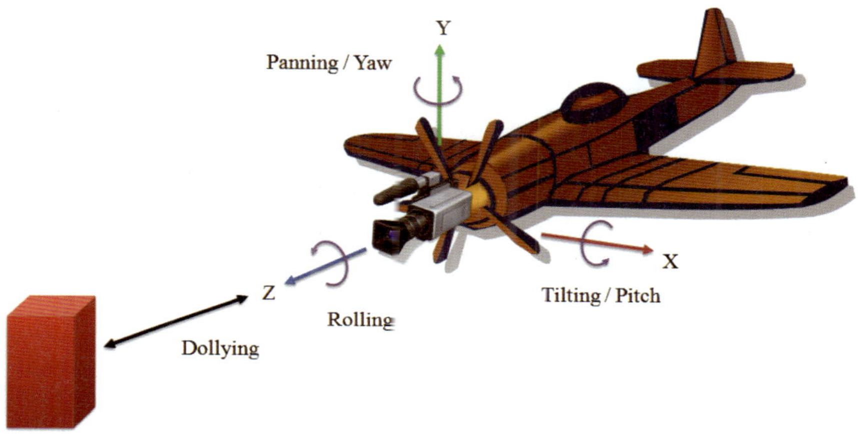

[그림 3-41] 파일럿 시점 좌표계(PVCS, Pilot View Coordinate System)

[코드 3-20]은 파일럿 시점 좌표계(PVCS, Pilot View Coordinate System)를 구현하기 위한 함수이다.

코드 3-20 Pilot View

```
void PilotView(GLdouble planex, GLdouble planey, GLdouble planez,
          GLfloat roll, GLfloat pitch, GLfloat yaw) {
    glRotatef(roll, 0.0, 0.0, 1.0); ······························ ①
    glRotatef(pitch, 0.0, 1.0, 0.0); ····························· ②
    glRotatef(yaw, 1.0, 0.0, 0.0); ······························· ③
    glTranslatef(-planex, -planey, -planez); ····················· ④
}
```

[코드 3-20]의 ①은 Rolling, ②는 Pitch, ③은 Yaw, ④는 Dollying을 제어하기 위한 것이다. [그림 3-42]는 직교 좌표계의 특성을 가지는 VCS(View Coordinate System, 시점 좌표계)와 PVCS(Pilot View Coordinate System, 파일럿 시점 좌표계)

의 구현 결과를 비교하기 위한 것이고, [코드 3-21]은 PVCS(Pilot View Coordinate System, 파일럿 시점 좌표계)를 구현한 소스 코드이다.

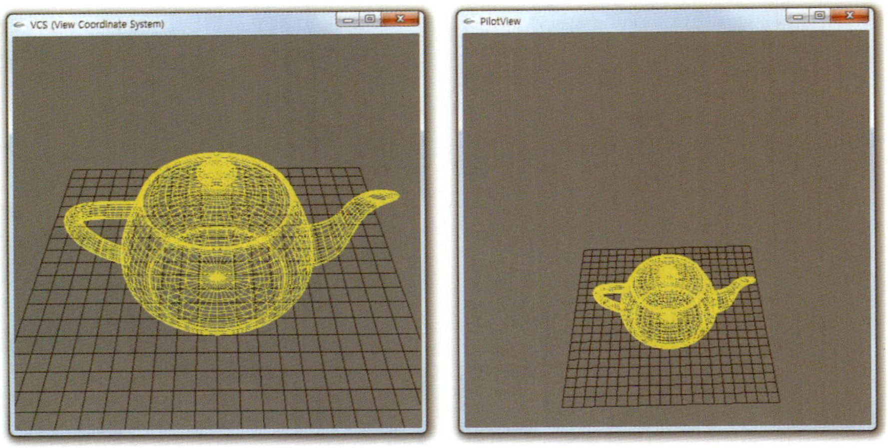

(A) VCS (View Coordinate System) (B) PVCS(Pilot View Coordinate System)

[그림 3-42] 시점 좌표계(VCS)와 파일럿 시점 좌표계(PVCS)의 구현 결과

코드 3-21 Pilot View를 이용한 PVCS(Pilot View Coordinate System, 파일럿 시점 좌표계)

```
...

void PilotView(GLdouble planex, GLdouble planey, GLdouble planez,
          GLfloat roll, GLfloat pitch, GLfloat yaw) { ........................ ①
   glRotatef(roll, 0.0, 0.0, 1.0);
   glRotatef(pitch, 0.0, 1.0, 0.0);
   glRotatef(yaw, 1.0, 0.0, 0.0);
   glTranslatef(-planex, -planey, -planez);
}

void MyDisplay( ) {
   glClear(GL_COLOR_BUFFER_BIT | GL_DEPTH_BUFFER_BIT);
   glMatrixMode(GL_MODELVIEW);
   glLoadIdentity( );

   // gluLookAt(0.0, 3.5, 3.5, 0.0, 0.0, 0.0, 0.0, 1.0, 0.0);
   PilotView(0.0, 3.0, 1.0, 0.0, 10.0, 0.0); ........................ ②

   DrawGround();
```

```
    glColor3f(1.0, 1.0, 0.0);
    glutWireTeapot(1.0);

    glFlush();
}

...
```

[코드 3-21]의 ①은 파일럿 시점 좌표계를 위한 함수를 선언한 것이고, ②는 ①의 함수를 호출하여 사용한 것이다. 여기서 주의할 점은 기존의 직교 좌표계의 특성을 가진 gluLookAt 함수를 사용한 부분에 파일럿 시점 좌표계에 해당하는 함수 ②를 삽입하면 되고, 기존의 gluLookAt 함수는 주석처리(// 혹은 /* ~ */)를 하거나 삭제하여야 한다는 것이다.

Project 3 – X　Application using PilotView

구현 기능	[코드 3-21]을 사용하여 다음과 같이 시점 좌표계를 확장 구현한다. – PilotView 좌표계를 Keyboard Callback 함수로 다음과 같이 실시간 제어가 가능하도록 구현한다. – [↑] Key를 누르면 PilotView의 Pitch를 1.0씩 연속적으로 증가시킨다. – [↓] Key를 누르면 PilotView의 Pitch를 1.0씩 연속적으로 감소시킨다. – [←] Key를 누르면 PilotView의 Yaw를 1.0씩 연속적으로 증가시킨다. – [→] Key를 누르면 PilotView의 Yaw를 1.0씩 연속적으로 감소시킨다. – [Page Up] Key를 누르면 PilotView의 planeZ를 0.1씩 연속적으로 증가시킨다. – [Page Down] Key를 누르면 PilotView의 planeZ를 0.1씩 연속적으로 감소시킨다. – [Home] Key를 누르면 PilotView의 Roll을 1.0씩 연속적으로 증가시킨다. – [End] Key를 누르면 PilotView의 Roll을 1.0씩 연속적으로 감소시킨다.
구현 결과	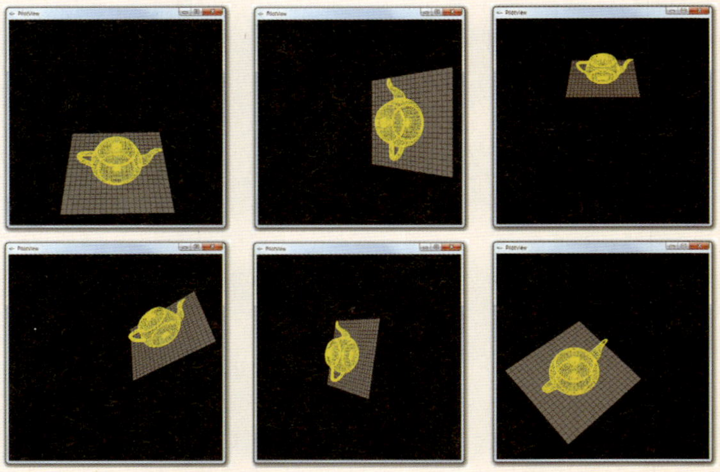

요약 SUMMARY

1. 기하 변환(Geometry Transformation)은 이동(Translation), 회전(Rotation), 크기 조절(Scale) 및 전단(Shear) 등과 같은 변환을 말한다. 또한 추가적으로 반사(Reflection) 및 구조 변형 변환(Structure Deforming Transformation)으로의 확장도 가능하다. 이와 같은 3D 공간에서의 모든 기하 변환은 등차좌표계를 사용한 4×4 Matrix로 표현하며 복합 변환의 경우 Matrix의 곱으로 표현한다.

2. 계층 구조(Hierarchy Structure) Modeling은 부모–자식(Parent–Son) 관계를 형성하면서 Modeling하는 것으로서 행렬 스택(Matrix Stack)을 기본적으로 사용하며, glPushMatrix()와 glPopMatrix()로 구성되어져 있다.

3. 계층 구조 Modeling의 예로서 태양계(Solar System) Modeling이 있는데, 태양(Sun)을 부모로 설정하고 수성, 금성 및 지구 등은 자식(Son)으로 설정하여 계층구조를 가지게 Modeling하는 것을 말한다. 또한 지구(Earth)에는 달(Moon)이 있어서 지구(Earth)는 달(Moon)의 부모가 되며 달(Moon)은 지구(Earth)의 자식(Son)이 된다.

4. 계층 구조 Modeling의 또 다른 예로서 로봇 팔(Robot Arm) Modeling이 있는데, 어깨(Shoulder)를 부모로 설정하게 된다면 팔의 위쪽(Upper Arm)이 어깨(Shoulder)의 자식이 되고, 팔의 아래쪽(Lower Arm)은 Upper Arm의 자식이 된다. 또한 손목(Wrist)은 Lower Arm의 자식이 되고 손(Hand)은 손목(Wrist)의 자식이 된다

5. Camera 시점 변환을 위해서는 좌표계와 시점 변환에 대하여 알아야 한다. 객체와 관련된 좌표계는 WCS(World Coordinate System, 세계좌표계)와 LCS(Local Coordinate System, 지역 좌표계) 혹은 MCS(Model Coordinate System, 모델 좌표계)로 구분한다. 또한 Camera의 시점 변환을 위해서는 시점을 중심으로 하는 VCS(View Coordinate System, 시점 좌표계)가 구성되어져야 한다.

6. CCS(Cartesian Coordinate System, 직교 좌표계)는 RCS(Rectangular Coordinate System)라고도 한다. CCS는 2D 공간에서 XY 평면을 이루는 직교하는 X축과 Y축으로 정의하고, 3D 공간에서는 XY 평면, XZ 평면 및 YZ 평면이 서로 직교하며 각 평면들을 이루는 X축, Y축 및 Z축이 서로 직교하는 것을 말한다.

7. PCS(Polar Coordinate System, 극 좌표계)는 원점(0,0,0)과 반지름(Radius), 방위각(Azimuth Angel) 및 고도각(Elevation Angle) 등의 요소를 사용하여 좌표를 표시하는 것을 말한다.

8. PVCS(Polot View Coordinate System, 파일럿 시점 좌표계)는 비행기 조종사가 비행기를 조종하면서 지형을 바라보는 것과 같이 Camera를 조정할 수 있는 것을 말한다.

연습문제

1. 동차 좌표계(Homogeneous Coordinate System)란 무엇인지 설명하시오.

2. 기하 변환(Geometric Transformation)이란 무엇인지 예를 들어 기술하시오.

3. 2차원 및 3차원 공간에서 기하 변환의 일종인 이동(Translation)을 설명하기 위한 수식과 행렬(Matrix)을 그림과 함께 그 원리를 기술하시오. 또한 3차원 공간에서 객체의 이동(Translation)을 구현하기 위한 OpenGL 함수는 어떤 것이 있는지 예를 들어 기술하시오.

4. 2차원 및 3차원 공간에서 기하 변환의 일종인 회전(Rotation)을 설명하기 위한 수식과 행렬(Matrix)을 그림과 함께 그 원리를 기술하시오. 또한 3차원 공간에서 객체의 회전(Rotation)을 구현하기 위한 OpenGL 함수는 어떤 것이 있는지 예를 들어 기술하시오.

5. 2차원 및 3차원 공간에서 기하 변환의 일종인 크기조절(Scale)을 설명하기 위한 수식과 행렬(Matrix)을 그림과 함께 그 원리를 기술하시오. 또한 3차원 공간에서 객체의 크기조절(Scale)을 구현하기 위한 OpenGL 함수는 어떤 것이 있는지 예를 들어 기술하시오.

6. 2차원 및 3차원 공간에서 기하 변환의 일종인 전단(Shear)을 설명하기 위한 수식과 행렬(Matrix)을 그림과 함께 그 원리를 기술하시오. 또한 3차원 공간에서 객체의 전단(Shear)을 구현하기 위한 OpenGL 함수는 직접적으로 존재하지 않는데, 어떻게 구현할 수 있는지 하나의 예를 들어 기술하시오.

7. 2차원 및 3차원 공간에서 기하 변환 즉, 이동(Translation), 회전(Rotation), 크기조절(Scale) 및 전단(Shear) 등을 복합적으로 사용하는 복합 변환(Composite Transformation)을 구현하고자 한다. 실제적인 복합 변환을 위한 행렬(Matrix)의 순서가 어떻게 되는지 그리고 OpenGL 함수는 어떤 순서로 진행되는지 그림과 함께 예를 들어 기술하시오.

8. 3차원 공간에서 임의의 한 점 $P(3.0,\ 4.0,\ 5.0)$을 X축으로 6.0만큼, Y축으로 −2만큼, Z축으로 −1만큼 이동(Translation)한 다음, Y축을 기준 축으로 45°회

전(Rotation)하면 새로운 한 점 P'가 된다. 점 P'의 좌표를 계산하시오.

9. 3차원 공간에서 임의의 한 점 $P(-3.0, 4.0, -5.0)$을 X축으로 6.0만큼, Y축으로 2만큼, Z축으로 7만큼 이동(Translation)한 다음, Z축을 기준 축으로 90°회전(Rotation)하고 마지막으로 "Shear along Y according to X" 하면 새로운 한 점 P'가 된다. 점 P'의 좌표를 계산하시오.

10. 반사 변환(Reflection Transformation)이란 무엇이며, 거울에서 반사 변환을 구현하기 위한 방법을 그림과 함께 예를 들어 기술하시오. 또한 이를 구현하기 위해서 필요한 OpenGL 함수들의 종류와 그 기능을 간단히 기술하시오.

11. 3차원 공간에서 임의의 한 점 $P(5.0, 4.0, 3.0)$을 XY 평면을 기준 평면으로 설정하고 반사(Reflection) 변환을 구현한 다음, YZ 평면을 기준 평면으로 설정하고 두 번째 반사(Reflection) 변환을 구현하면 새로운 한 점 P'가 생성된다. 점 P'의 좌표를 계산하시오.

12. 기하 변환에 있어서 구조 자체를 과감하게 변형시키는 구조 변형 변환(Structure Deforming Transformation)의 종류에는 어떤 것들이 있는지 예를 들어 기술하시오.

13. 계층 구조(Hierarchy Structure)를 Modeling하기 위해서는 Matrix Stack을 사용하여야 한다. Matrix Stack이란 무엇이며, OpenGL 함수를 사용하여 어떻게 구현하는지 그림과 함께 예를 들어 기술하시오.

14. 계층 구조 Modeling을 설명하기 위해서 태양계(Solar System)를 예로 들 수 있다. 태양계의 경우 태양과 8개의 행성들이 어떤 식으로 계층 구조를 가지게 되는지 그림과 함께 기술하시오. 또한 Pivot이 무엇인지 설명하고, 태양계에서 Pivot은 어디에 몇 개가 위치하는지 그림과 함께 기술하시오.

15. [Project 3-Ⅱ]에서는 지구(Earth)의 자전축 기울기가 Y축 즉, 수직으로 고정되어져 있다. 그러나 실제 지구의 자전축 기울기는 약 23.44°이다. 또한 태양계(Solar System)를 구성하고 있는 모든 행성들의 자전축 기울기는 아래 표와 같이 각각 일정한 각도(Angle)를 가지고 있다. 그러므로 [Project 3-Ⅱ]에서 태양계(Solar System)를 구성하고 있는 모든 행성들의 실제 자전축 기울기를 적용하여 다시 구현하도록 한다.

행성	자전축 기울기(°)	지구의 자전축 기울기
수성	0.0352	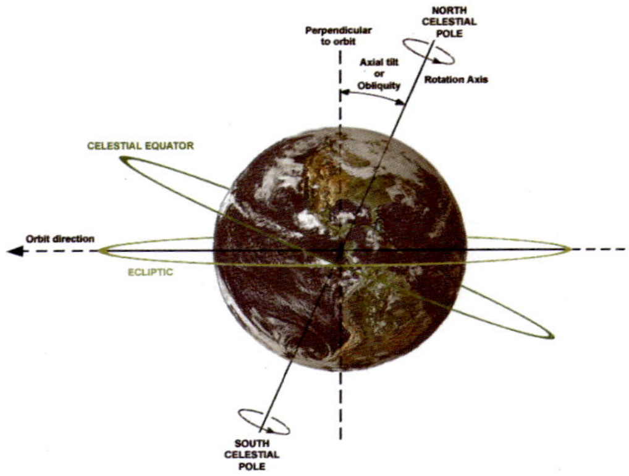
금성	177.4	
지구	23.44	
달	6.688	
화성	25.19	
목성	3.13	
토성	26.73	
천왕성	97.77	
해왕성	28.32	참조 : http://ko.wikipedia.org/wiki – 자전축 기울기

16. 계층 구조 Modeling을 설명하기 위해서 로봇 팔(Robot Arm)을 예로 들 수 있다. 하나의 관절(Joint)을 가지는 로봇 팔의 경우 Pivot이 어느 위치에 존재하는가에 따라 계층 구조에 의한 객체의 회전(Rotation) 중심점이 달라진다. 로봇 팔을 구성하는 객체에서 Pivot의 위치에 따른 회전 중심점이 어떻게 달라지는지 그림과 함께 기술하시오. 또한 이를 구현하기 위해서 OpenGL 함수를 어떻게 사용해야 하는지 예를 들어 기술하시오.

17. RGB(A) Color Model, CMY(K) Color Model, Gray Color Model에 대해서 3차원 분포도를 그림으로 표현하고 각각 비교 설명하시오.

18. Camera의 시점 좌표계(VCS, View Coordinate System)란 무엇인지 그림 및 OpenGL 함수와 함께 그 용도를 포함하여 기술하시오. 이때 시점 좌표계를 설명하기 위해 함께 사용되는 모델 좌표계(MCS, Model Coordinate System) 혹은 지역 좌표계(LCS, Local Coordinate System) 및 세계 좌표계(WCS, World Coordinate System)란 무엇인지 그림과 함께 기술하시오.

19. 직교 좌표계(CCS, Cartesian Coordinate System)란 무엇인지 그림과 함께 그 용도를 포함하여 기술하시오. 또한 이를 구현하기 위한 OpenGL 함수를 예를 들어 그림과 함께 기술하시오.

20. 극 좌표계(PCS, Polar Coordinate System)란 무엇인지 그림과 함께 그 용도를 포함하여 기술하시오. 또한 이를 구현하기 위한 OpenGL 함수를 예를 들어 그

림과 함께 기술하시오.

21. 파일럿 시점 좌표계(PVCS, Pi ot View Coordinate System)란 무엇인지 그림과 함께 그 용도를 포함하여 기술하시오. 또한 이를 구현하기 위한 OpenGL 함수를 예를 들어 그림과 함께 기술하시오.

참고문헌

01 Graphics – Example Programs,
http://users.encs.concordia.ca/~grogono/Graphics/examples.html

02 Robot Taekwon V,
http://image2.plamart.co.kr/images/sub4/1187085091.jpg
http://image2.plamart.co.kr/images/sub4/1187085098.jpg
http://image2.plamart.co.kr/images/sub4/1187085105.jpg

03 Can Robot,
http://oprostudio.egloos.com/917001

04 3D Transformation,
http://www.xmission.com/~nate/tutors.html

05 주우석, "IT CookBook, OpenGL로 배우는 컴퓨터 그래픽스", 한빛미디어(주), 2006.

06 Bending,
http://www.custompartnet.com/wu/sheet-metal-forming

COMPUTER GRAPHICS

04 CHAPTER

투영(Projection)과 Viewport 변환

CONTENTS

CHAPTER 04

투영(Projection)과 Viewport 변환

Section 01 좌표 변환(Coordinate Transformation) Pipeline

OpenGL에서 좌표 변환에 대한 Pipeline은 [그림 4-1]과 같이 6단계의 과정을 거치게 된다. 즉, 객체를 Modeling하기 위해서는 MCS(Model Coordinate System, 모델 좌표계) 및 LCS(Local Coordinate System, 지역 좌표계)가 사용되며, Modeling된 객체를 3D 공간에 위치시키기 위해서는 WCS(World Coordinate System, 세계 좌표계)가 필요하다. 그리고 Camera를 사용하여 객체를 보기 위해서는 VCS(View Coordinate System, 시점 좌표계)가 사용되며, 시점으로부터 보이지 않는 부분을 잘라내기 위해서는 CCS(Clip Coordinate System, 절단 좌표계)가 필요하다. 또한 3D 좌표를 Monitor의 Window에 출력하기 위한 준비 과정으로서 2D 좌표로 변환하는 과정인 NDCS(Normalized Device Coordinate System, 정규 좌표계)가 사용된다. 마지막으로 우리가 Window에서 결과를 눈으로 직접 볼 수 있도록 해주는 SCS(Screen Coordinate System, 화면 좌표계)가 사용된다. 본 절에서는 [그림 4-1]과 같은 6단계의 과정에 대하여 순서대로 살펴보도록 한다.

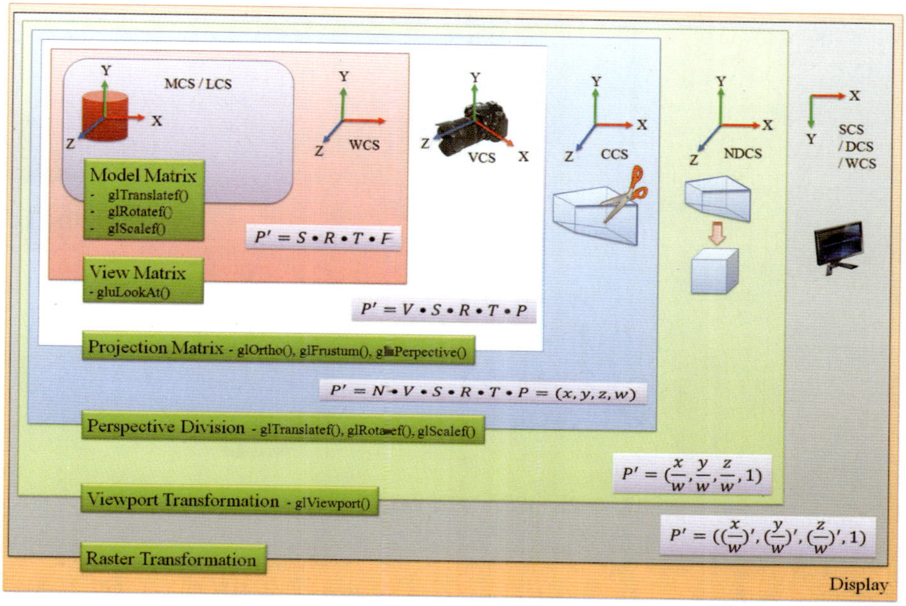

[그림 4-1] OpenGL의 좌표 변환 Pipeline

> MCS(Model Coordinate System, 모델 좌표계)
>
> LCS(Local Coordinate System, 지역 좌표계)
>
> WCS(World Coordinate System, 세계 좌표계)

MCS(Model Coordinate System, 모델 좌표계)는 LCS(Local Coordinate System, 지역 좌표계)라고도 하는데, [그림 4-2]와 같이 개별적인 객체마다 설계상의 편의 위주로 설정한 좌표계를 말한다. 이 좌표계는 객체에게 어떠한 변환(Transform)이 적용하기 전 객체의 초기 위치(Position)나 방향(Orientation)을 의미하며, 객체를 변환시키기 위해서는 glRotatef, glTranslatef 및 glScalef 함수를 사용한다. WCS(World Coordinate System, 세계 좌표계)는 [그림 4-2]와 같이 장면(Scene) 안의 MCS/LCS를 가지는 모든 객체들을 한꺼번에 표현할 수 있는 기준 좌표계를 말한다.

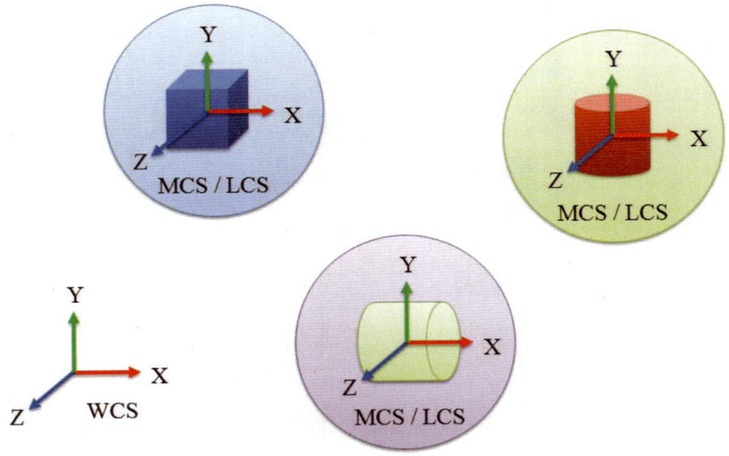

[그림 4-2] MCS/LCS와 WCS의 관계

VCS(View Coordinate System, 시점 좌표계)

VCS(View Coordinate System, **시점 좌표계**)는 [그림 4-3]과 같이 객체를 바라보는 시점을 기준으로 표현하는 좌표계를 말한다.

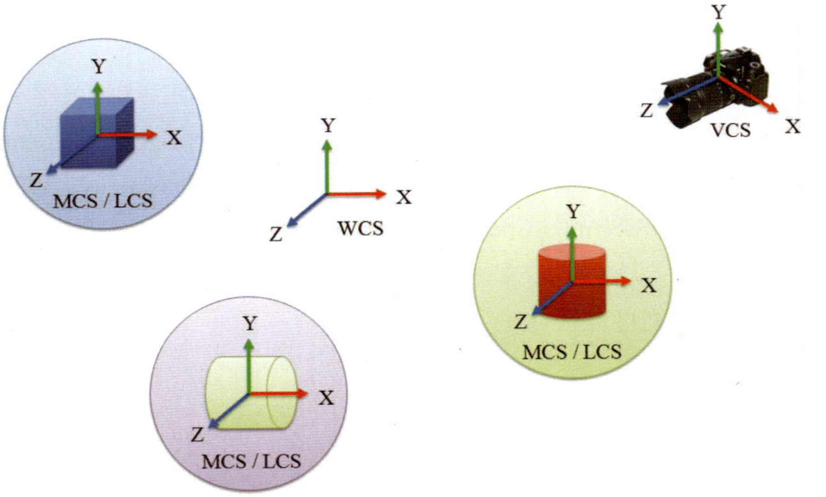

[그림 4-3] VCS(View Coordinate System)

VC(View Coordinate, 시점 좌표)

VC(View Coordinate, **시점 좌표**)는 (수식 4-1)과 같이 객체의 MC(Model Coordinate, 모델 좌표) 혹은 LC(Local Coordinate, 지역 좌표)와 GL_MODELVIEW Matrix를 곱함으로써 계산되어진다. 객체는 OpenGL에서 GL_MODELVIEW

Matrix를 사용하여 객체 공간에서 시점 공간으로 변환되어진다. GL_MODELVIEW Matrix는 Model Matrix와 View Matrix의 조합이다. Model 변환은 객체 공간(Object Space)에서 세계 공간(World Space)으로 변환되는 것이다. 즉, MCS(Model Coordinate System, 모델 좌표계)에서 WCS(World Coordinate System, 세계 좌표계)로 변환되는 것을 말한다. 그리고 View 변환은 세계 공간(World Space)에서 시점 공간(Viewpoint Space)으로 변환되는 것이다. 즉, WCS(World Coordinate System, 세계 좌표계)에서 VCS(View Coordinate System, 시점 좌표계)로 변환되는 것을 말한다.

$$\begin{bmatrix} x_{view} \\ y_{view} \\ z_{view} \\ w_{view} \end{bmatrix} = M_{Model\,View} \cdot \begin{bmatrix} x_{obj} \\ y_{obj} \\ z_{obj} \\ w_{obj} \end{bmatrix} = M_{View} \cdot M_{Model} \cdot \begin{bmatrix} x_{obj} \\ y_{obj} \\ z_{obj} \\ w_{obj} \end{bmatrix} \quad \text{(수식 4-1)}$$

OpenGL에서는 별도로 지원하는 Camera Matrix 혹은 View Matrix는 없다. 그러므로 Camera나 View를 변형하는 시뮬레이션을 하기 위해서 3D 객체나 조명 등을 포함하는 장면(Scene)은 View 변환의 역(Inverse)으로 변환되어져야 한다. 즉, OpenGL은 Camera가 항상 원점(0, 0, 0)에 위치하고 시점 공간 좌표에서 －Z축을 바라보고 있다고 정의하고 있으며, 변환되어질 수 없도록 하고 있다. 법선 벡터(Normal Vector)는 객체 좌표에서 조명 계산을 위한 시점 좌표로 변환되어진다. 그리고 법선 벡터들은 Vertex들과는 다른 방법으로 변환되어진다. 즉, (수식 4-2)와 같이 법선 벡터에 의한 GL_MODELVIEW Matrix의 역(Inverse)의 전치 행렬(Transpose)을 곱해주는 것이다.

$$\begin{bmatrix} nx_{view} \\ ny_{view} \\ nz_{view} \\ nw_{view} \end{bmatrix} = (M^{-1}{}_{Model\,View})^{T} \cdot \begin{bmatrix} nx_{obj} \\ ny_{obj} \\ nz_{obj} \\ nw_{obj} \end{bmatrix} \quad \text{(수식 4-2)}$$

여기서 GL_MODELVIEW Matrix에 대하여 살펴보고 넘어가자. OpenGL에서는 GL_MODELVIEW, GL_PROJECTION, GL_TEXTURE 및 GL_COLOR 등과 같이 4가지 종류의 Matrix를 가지고 있다. 또한 Matrix는 각각의 변환을 위하여 (수식 4-3)과 같이 4×4 크기의 Transform Matrix를 사용하는데, 열(Column) 우선순위

의 1D 배열로 저장되어진다.

$$Transform = \begin{bmatrix} m_0 & m_4 & m_8 & m_{12} \\ m_1 & m_5 & m_9 & m_{13} \\ m_2 & m_6 & m_{10} & m_{14} \\ m_3 & m_7 & m_{11} & m_{15} \end{bmatrix} \quad \text{(수식 4-3)}$$

그러므로 표준 변환을 위해서는 행(Row) 우선순위로 변환하여야 하며, 전치 행렬(Transpose)을 사용하면 된다. OpenGL에서는 glMatrixMode 함수를 사용하여 Matrix를 표현할 수 있다. 즉, [그림 4-4]와 같은 GL_MODELVIEW Matrix를 OpenGL에서 사용하기 위해서는 함수 glMatrixMode(GL_MODELVIEW)을 사용하면 된다.

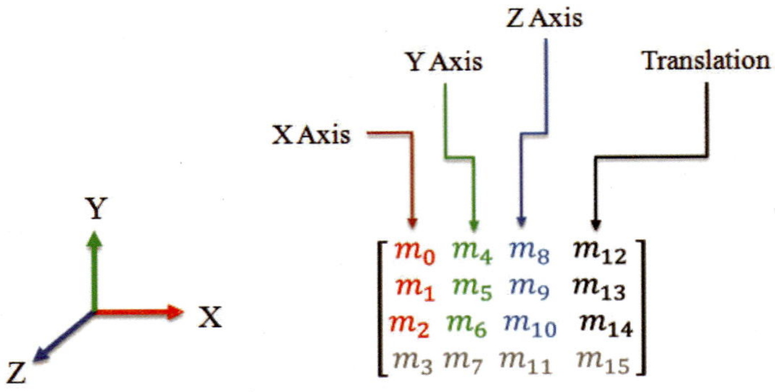

[그림 4-4] GL_MODELVIEW Matrix

GL_MODELVIEW Matrix는 하나의 Matrix에서 Viewing Matrix와 Modeling Matrix를 결합하고 있다. View 변환을 위해서는 역(Inverse) 변환으로 전체 장면(Scene)을 이동할 필요가 있다. 예를 들어 gluLookAt() 함수는 Viewing 변환을 설정하는 데 사용되어진다. [그림 4-4]와 같이 GL_MODELVIEW Matrix의 m_{12}, m_{13}, m_{14}는 glTranslatef 함수를 위한 것이고, m_{15}는 동차 좌표(Homogeneous Coordinate)를 위한 것으로서 특별히 투영 변환(Projection Transformation)을 위해 사용되어진다. m_0, m_1, m_2와 m_4, m_5, m_6 및 m_8, m_9, m_{10}은 glRotatef 및 glScalef 함수와 같은 Euclidean과 의사(Affine) 변환을 위한 것이다. 또한 이들 세 집합들은 실제적으로 3개의 직교축(Orthogonal Axis)을 표현하고 있다. 즉, m_0, m_1, m_2은

동차 좌표
(Homogeneous
Coordinate)

Vector(1, 0, 0)을 가지는 +X축을 의미하고, m_4, m_5, m_6은 Vector(0, 1, 0)을 가지는 +Y축을 의미하며, m_8, m_9, m_{10}은 Vector (0, 0, 1)을 가지는 +Z축을 의미한다.

CCS(Clip Coordinate System, 절단 좌표계)

CCS(Clip Coordinate System, 절단 좌표계)는 시점으로부터 보이지 않는 객체를 잘라내기 편하게 설정한 좌표계로서 [그림 4-4]와 같이 X축, Y축 및 Z축 모두 -1에서 +1의 크기를 가지는 정육면체(Cube)로 구성되어져 있다. 그리고 VCS(View Coordinate System, 시점 좌표계)에서 Translation, Rotation 및 Scale Transformation을 적용한 좌표계이기도 하다. 시점 좌표는 (수식 4-4)와 같이 GL_PROJECTION Matrix와 곱셈을 하면 CC(Clip Coordinate, 절단 좌표)가 된다. 여기서 GL_PROJECTION Matrix는 Frustum과 같은 View Volume을 정의하는데, Vertex 데이터가 Perspective 혹은 Orthogonal과 같이 화면에 투영하는 방법을 말한다. 그것을 CC(Clip Coordinate, 절단 좌표)라고 하는 이유는 변환된 Vertex (x, y, z)가 $\pm w$와 비교하여 절단(Clip)된다는 것 때문이다.

$$\begin{bmatrix} x_{clip} \\ y_{clip} \\ z_{clip} \\ w_{clip} \end{bmatrix} = M_{Projection} \cdot \begin{bmatrix} x_{view} \\ y_{view} \\ z_{view} \\ w_{view} \end{bmatrix} \quad \text{(수식 4-4)}$$

NDCS(Normalized Device Coordinate System, 정규 좌표계)

NDCS(Normalized Device Coordinate System, 정규 좌표계)는 3D 좌표에서 2D 좌표로의 변환 시에 사용하는 좌표계로서 [그림 4-5]와 같이 정육면체(Cube)의 정중앙에 원점(0,0,0)이 위치하고 X축, Y축 및 Z축이 모두 -1에서 +1까지의 크기를 가지는 정육면체(Cube)가 되도록 구성되어진다. 그리고 이것이 2D 좌표계로 변환된 상태에서는 화면(Screen)의 정중앙에 원점(0,0)이 위치하고 X축과 Y축이 모두 -1에서 +1까지의 크기를 가지도록 구성되어진다.

즉, NDCS는 VCS(View Coordinate System, 시점 좌표계)에서 원근 분할(Perspective Division)을 적용하여 X축, Y축 및 Z축으로 정규화된 좌표계이다. 이것은 (수식 4-5)와 같이 w로 CC(Clip Coordinate)를 나눔으로써 계산되어진다.

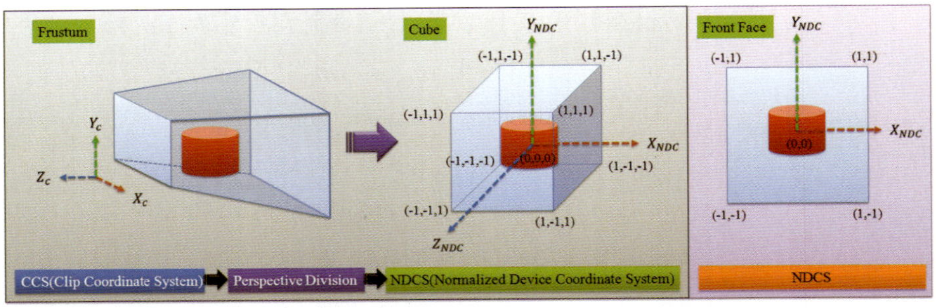

[그림 4-5] NDCS(Normalized Device Coordinate System)

$$\begin{bmatrix} x_{ndc} \\ y_{ndc} \\ z_{ndc} \end{bmatrix} = \begin{bmatrix} \frac{x_{clip}}{w_{clip}} \\ \frac{y_{clip}}{w_{clip}} \\ \frac{z_{clip}}{w_{clip}} \end{bmatrix} \quad \text{(수식 4-5)}$$

SCS(Screen Coordinate System, 화면 좌표계)

NDC(Normalized Device Coordinate, 정규 좌표)

NDCS를 사용하는 이유는 해상도에 따른 SCS(Screen Coordinate System, 화면 좌표계)로의 계산이 매우 단순화되기 때문이다. NDC(Normalized Device Coordinate, 정규 좌표)를 사용하여 SC(Screen Coordinate, 화면 좌표)를 계산하는 방법은 (수식 4-6)과 같다.

$$SC = Resolution \times \frac{NDC + 1.0}{2.0} \quad \text{(수식 4-6)}$$

DCS(Device Coordinate System, 장치 좌표계)

VCS(Viewport Coordinate System, 뷰포트 좌표계)

WCS(Window Coordinate System, 윈도우 좌표계)

그러므로 (수식 4-6)에서 Resolution(해상도)을 제외한 나머지 부분을 미리 계산해두면 해상도가 변하는 경우에도 언제든지 쉽게 SC(Screen Coordinates, 화면 좌표)를 계산할 수 있게 된다.

SCS(Screen Coordinate System, 화면 좌표계)는 DCS(Device Coordinate System, 장치 좌표계), VCS(Viewport Coordinate System, 뷰포트 좌표계) 또는 WCS(Window Coordinate System, 윈도우 좌표계)라고도 하는데, 화면을 Pixel 단위로 표시하는 좌표계를 말한다. 이것은 Viewport 변환으로 NDC를 적용함으로써 계산되어진다. NDC는 Rendering된 화면에 적용하기 위하여 Scale과 Translation을 적용한다. 또한 SCS는 마지막에 Fragment가 되기 위하여 OpenGL Pipeline의 Rasterization 과정으로 전달되어진다. glViewport() 함수는 최종 이미지가 Mapping되어지는

Rendering 영역의 사각형을 정의하는 데 사용되어진다. 그리고 glDepthRange() 함수는 SC(Screen Coordinate, 화면 좌표)의 Z축 값을 결정하는 데 사용되어진다. SC(Screen Coordinate, 화면 좌표)는 (수식 4-7)과 같이 glViewport(x, y, w, h) 함수와 glDepthRange(n, f) 함수의 주어진 매개변수(Parameter)를 사용하여 계산되어진다.

$$\begin{bmatrix} x_w \\ y_w \\ z_w \end{bmatrix} = \begin{bmatrix} \frac{w}{2} x_{ndc} + \left(x + \frac{w}{2}\right) \\ \frac{h}{2} y_{ndc} + \left(y + \frac{h}{2}\right) \\ \frac{f-n}{2} z_{ndc} + \frac{f+n}{2} \end{bmatrix} \qquad \text{(수식 4-7)}$$

Viewport 변환 공식은 (수식 4-8)과 같이 간단하게 NDC(Normalized Devide Coordinate, 정규 좌표)와 SC(Screen Coordinate, 화면 좌표) 사이의 선형 관계(Linear Relationship)에 의해 얻어진다.

$$\begin{cases} -1 \rightarrow x \\ -1 \rightarrow x+w \end{cases} \begin{cases} -1 \rightarrow y \\ -1 \rightarrow y+h \end{cases} \begin{cases} -1 \rightarrow n \\ 1 \rightarrow f \end{cases} \qquad \text{(수식 4-8)}$$

02 Section 정사 투영(Orthographic Projection)

평행 투영(Parallel Projection)

정사 투영(Orthographic Projection)

축측 투영(Axonometric Projection)

경사 투영(Oblique Projection)

평행 투영(Parallel Projection)은 태양(Sun)이 지구(Earth)로부터 엄청 멀리 떨어져 있기 때문에 지구로 들어오는 태양의 빛이 수평으로 들어온다는 것과 유사하게, 시점(Viewpoint)이 객체로부터 매우 먼 거리에 있다고 가정하여 수직으로 놓여 있는 2D 평면에 평행하게 투영하는 것을 말한다. 평행 투영은 **정사 투영**(Orthographic Projection), **축측 투영**(Axonometric Projection) 및 **경사 투영**(Oblique Projection) 등으로 나누는데, 본 장에서는 정사 투영에 대하여 학습하도록 한다. 참고로 축측 투영(Axonometric Projection)에서 축측(Axonometric)이라 함은 '축을 따라 측정(To

등각 투영도(Isometric View)
부등각 투영도(Anisometric View)
이등각 투영(Dimetric Projection)
삼등각 투영(Trimetric Projection)

measure along axes)'을 줄인 말로서 척도를 같게 하거나 서로 다르게 해서 그린다는 의미이다. 그러므로 축측 투영이란 서로 직각으로 만나는 길이, 높이 및 폭 등의 세 모서리를 축으로 하여 그리는 도법으로서 객체의 모양을 한눈에 표현하는 데 많이 사용되는 도법이다. 예를 들어 세 개의 모서리가 이루는 각이 모두 120°로 같다면 **등각 투영도**(Isometric View)라고 하고, 그 이외의 방법들은 **부등각 투영도**(Anisometric View)라고 한다. 부등각 투영도에는 **이등각 투영**(Dimetric Projection)과 **삼등각 투영**(Trimetric Projection)이 있는데, 세 개의 모서리 중 두 모서리는 같은 척도로 그리고 나머지 하나는 다른 척도로 그리는 방법을 이등각 투영(Dimetric Projection)이라 한다. 또한 세 모서리의 척도를 각각 다르게 해서 그리는 방법을 삼등각 투영(Trimetric Projection)이라고 한다.

직교 투영
평면도(Top View)
입면도(Front View)
측면도(Side View)

직교 투영 혹은 정사 투영이라고 하는 Orthographic Projection은 2D 평면에 3D 객체를 표현하기 위한 방법으로서 수직 평면을 향해 객체의 평행 투영(Parallel Projection)을 하는 것이다. 정사 투영의 종류는 [그림 4-6]과 같이 **평면도**(Top View, 상하), **입면도**(Front View, 전후), **측면도**(Side View, 좌우) 등 3가지로 구성되어진다.

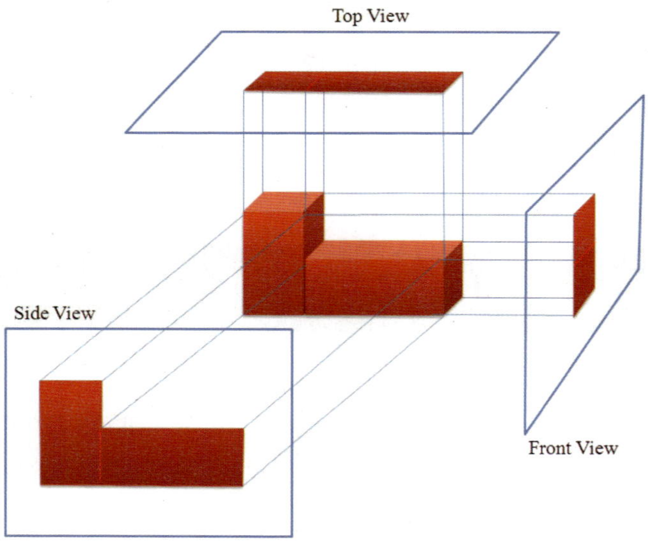

[그림 4-6] 정사 투영의 3가지 종류

어파인 변환(Affine Transformation)

정사 투영은 어파인 변환의 특성을 그대로 지니고 있는데, 여기서 어파인 변환(Affine Transformation)에 대하여 이해하고 가도록 하자. 기하 변환(Geometry

강체 변환(Rigid Body Transformation)

유사 변환(Similarity Transformation)

어파인 변환(Affine Transformation)

Transformation)에 있어서 이동(Translation)과 회전(Rotation)을 합하여 **강체 변환(Rigid Body Transformation)**이라고 하고, 강체 변환에 균등한 크기 조절(Scale) 변환 및 반사 변환(Reflection Transformation)을 추가시킨 것을 **유사 변환(Similarity Transformation)**이라고 한다. 또한 유사 변환에 차등 크기 조절(Scale) 변환과 전단 변환(Shear Transformation)을 추가한 것이 **어파인 변환(Affine Transformation)**이다. 어파인 변환은 객체의 타입이 그대로 유지된다는 특성을 가지고 있으며 Affine Transformation Matrix의 마지막 행(Row)의 값들이 항상 (0, 0, 0, 1)을 가지는 특징을 가지고 있다. 이와 같은 어파인 변환은 공학 및 자연과학 등 거의 모든 문제 해결에 사용되고 있다.

OpenGL에서 정사 투영(Orthographic Projection)을 구현하기 위해서는 glOrtho 함수를 사용하여야 하는데, [그림 4-7]에서 glOrtho 함수에 대한 구조를 알아보자.

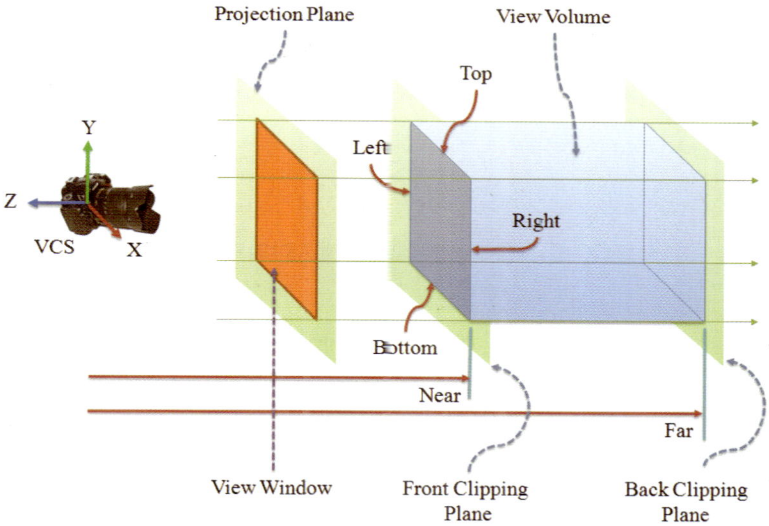

[그림 4-7] glOrtho 함수에 대한 구조

[그림 4-7]과 같이 객체로부터 무한대만큼의 거리에 있는 시점(Viewpoint) 즉, Camera에서 객체를 향해 평행하게 들어오는 투영선은 왼쪽(Left), 오른쪽(Right), 위(Top) 및 아래(Bottom)를 포함하여 객체들이 시점으로부터 제대로 보이기 시작하는 앞(Near)과 마지막으로 잘 볼 수 있는 뒤(Far) 등으로 구분되어진다. 이것은 [그림 4-8]과 같이 사람 눈(Eye)의 구조를 보면 이해하기 쉬울 것이다. 즉, 사람은 두 개의 눈을 가지고 있는데, 왼쪽 눈과 오른쪽 눈은 각각 시야의 각을 가지고 있고 두

개 시야의 각이 처음으로 만나는 위치에서부터 사물들을 제대로 볼 수 있으며, 이것을 Near이라고 한다. 또한 두 개 시야의 각들이 사물을 제대로 볼 수 있는 거리는 무한대가 아니기 때문에 어느 정도 거리까지만 제대로 볼 수 있다고 가정하고 한계를 정하여야 하는데, 이것을 Far라고 한다. [그림 4-7]에서 View Window는 OpenGL 프로그램을 구현하고 실행할 때 모니터 화면에 나타나는 Window에 보이는 것으로서 View Volume을 평행하게 투영한 결과이다.

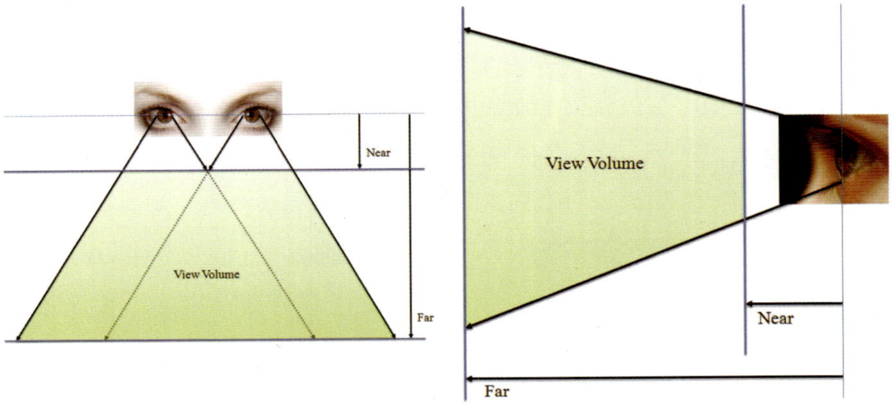

[그림 4-8] 사람의 눈에 대한 두 개 시야의 각(Angle)

View Volume

결국 정사 투영(Orthographic Projection)은 육면체를 형성하게 되며, 이것을 View Volume이라고 한다. 즉, View Volume 영역 안에 있는 모든 객체들은 시점(Viewpoint) 혹은 Camera로부터 볼 수 있는 것이고, View Volume 영역 밖에 있는 나머지 객체들은 볼 수가 없게 된다. 이와 같은 정사 투영은 OpenGL에서 glOrtho 함수를 사용하여 구현할 수 있는데, <표 4-1>은 glOrtho 함수의 Prototype에 대하여 설명하고 있다. 여기서 주의할 점은 시점(Viewpoint) 혹은 Camera를 중심으로 View Volume이 형성되기 때문에 매개변수(Parameter)들 중 Near와 Far는 양의 정수를 가지는 -Z축 방향으로의 거리라는 것이다.

〈표 4-1〉 glOrtho 함수에 대한 Prototype

void glOrtho (GLdouble *left*, GLdouble *right* GLdouble *bottom*, GLdouble *top*, GLdouble *near*, GLdouble *far*);		
Parameters Help	*left*	// 왼쪽 수직 절단면을 위한 X축 좌표
	right	// 오른쪽 수직 절단면을 위한 X축 좌표
	bottom	// 아래쪽 수평 절단면을 위한 Y축 좌표
	top	// 위쪽 수평 절단면을 위한 Y축 좌표
	near	// 전방 절단면을 위한 −Z축 방향의 거리(양수)
	far	// 후방 절단면을 위한 −Z축 방향의 거리(양수)

여기서 $glOrtho(l, r, b, t, n, f)$ 함수에 대한 Matrix에 대하여 살펴보자. glOrtho 함수는 순서대로 *left*, *right*, *bottom*, *top*, *near*, *far* 등 6개의 매개변수(Parameter)들을 가지는데 (수식 4-9)와 같은 Matrix O_p을 가진다.

$$O_p = \begin{bmatrix} \frac{2}{r-l} & 0 & 0 & -\left(\frac{r+l}{r-l}\right) \\ 0 & \frac{2}{t-b} & 0 & -\left(\frac{t+b}{t-b}\right) \\ 0 & 0 & \frac{-2}{f-n} & -\left(\frac{f+n}{f-n}\right) \\ 0 & 0 & 0 & 1 \end{bmatrix} \quad \text{(수식 4-9)}$$

만약 OpenGL에서 glOrtho 함수가 없었다면 [코드 4-1]과 같이 (수식 4-9)의 정사 투영(Orthographic Projection) Matrix를 배열로 선언하여 직접 곱셈을 수행하도록 구현하여야 한다.

코드 4-1 glOrtho Matrix로 표현하는 정사 투영

```
GLfloat l =-1.0, r =-1.0, b =-1.0, t =-1.0, n =-1.0, f =-1.0 ············ ①

GLfloat Ortho_Matrix[4][4] = { ············ ②
  { 2/(r-l), 0.0, 0.0, -((r+l)/(r-l))},
  { 0.0, 2/(t-b), 0.0, -((t+b)/(t-b))},
  { 0.0, 0.0, -2/(f-n), -((f+n)/(f-n))},
  { 0.0, 0.0, 0.0, 1.0 }
```

```
};
...
glMultMatrixf((float*) Ortho_Matrix); ........................................ ③
...
```

[코드 4-1]은 (수식 4-1)의 정사 투영(Orthographic Projection) Matrix를 코드로 표현한 것으로서 ①은 ②의 정사 투영 Matrix에 사용될 변수들을 선언하고 초기 값을 설정한 것이다. 그리고 ②는 (수식 4-1)의 정사 투영 Matrix를 4×4 크기의 배열로 선언한 것이다. 또한 ③은 3D 공간에 있는 각 객체들에게 ②의 Matrix를 곱해줌으로써 실제적인 정사 투영을 수행하는 것이다. 이와 같이 [코드 4-1]에서는 OpenGL에서 glOrtho 함수가 없을 경우 3D 공간에서 정사 투영을 구현하기 위한 4×4 Matrix를 직접 코딩하여 구현하는 번거로움이 있다. 그러므로 OpenGL에서는 이와 같은 복잡한 Matrix의 곱셈을 단 하나의 함수로 해결해주기 위해 glOrtho 함수를 사용하고 있다. 정사 투영에 대한 OpenGL 예제는 원근 투영(Perspective Projection – gluPerspective 함수)을 학습한 이후에 확인해보도록 하고, 여기서는 [그림 4-9]와 같이 3D 공간에서 정사 투영(Orthographic Projection – glOrtho 함수)을 실시간으로 확인해보기 위하여 http://www.xmission.com/~nate/tutors.html 을 참조하기 바란다.

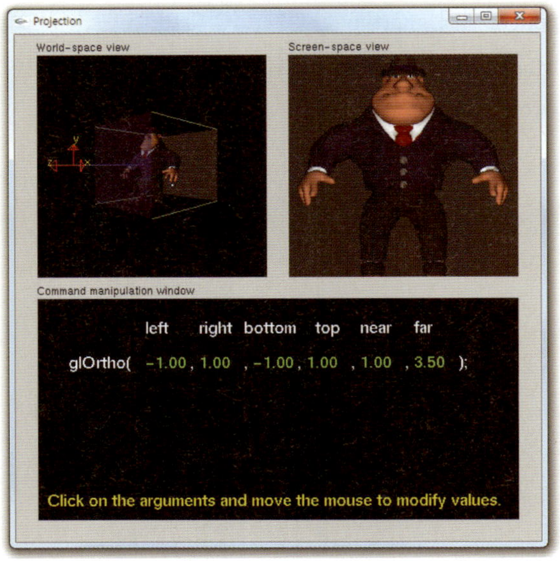

[그림 4-9] 정사 투영(Orthographic Projection)

03 Section 원근 투영(Perspective Projection)

원근 투영(Perspective Projection)

소실점(Vanishing Point)

정사 투영(Orthographic Projection)은 시점(Viewpoint) 혹은 Camera가 객체로부터 무한대의 거리에 있다고 가정하고 투영을 위한 모든 투영선이 평행하게 들어오는 모습을 취하고 있다. 그러나 원근 투영(Perspective Projection)은 정사 투영(Orthographic Projection)과 다르게 시점(Viewpoint) 혹은 Camera가 객체로부터 일정한 유한 거리에 있다고 가정하고 투영을 위한 모든 투영선이 시점에서 출발하여 방사선 형태로 퍼지는 모습을 취하고 있다. 이것은 정사 투영에서 [그림 4-8]을 인용하여 이미 언급한 것과 같이 사람이 가지고 있는 두 개의 눈에 대한 시야의 각과 더 밀접한 관계가 있다. 즉, 원근 투영의 특징은 시점(Viewpoint)과 객체의 거리가 유한하기 때문에 원근감(Depth Feeling)이 그대로 드러날 수 있다는 것이다. 그러므로 3D 공간에서 2D 평면으로 객체들을 원근 투영함에 있어서는 [그림 4-10]과 같이 3가지 종류의 소실점(Vanishing Point)에 따른 원근 투영 방법을 가질 수 있다. 여기서 소실점은 시점의 높이에서 평행선이 만나는 점을 의미하는데, 이로 인하여 원근 투영 결과는 정사 투영과 달리 변환 이전의 각과 거리가 변환 이후에 그대로 유지되지 않는다는 것이다. 그러므로 객체 Vertex 간의 거리에 대한 크기 조절 비율까지 달라질 수 있다.

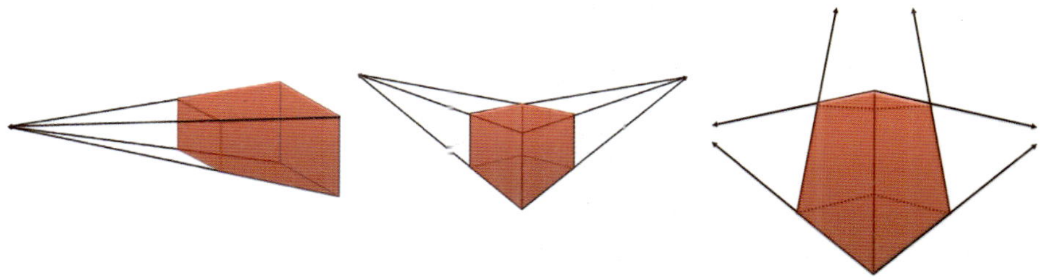

(A) One-Point Projection (B) Two-Point Projection (C) Three-Point Projection

[그림 4-10] 소실점의 개수에 따른 원근 투영 방법

[그림 4-11], [그림 4-12] 및 [그림 4-13]은 3가지 종류의 소실점에 따른 원근 투영의 결과를 이해할 수 있는 것으로서 [그림 4-10]의 (A), (B) 및 (C)의 순서대로 나열한 것이다. 이것은 Camera나 사람의 눈이 사물을 포착하는 방법과 매우 같은 특성을 가지고 있다.

[그림 4-11] 소실점의 개수에 따른 예시 - One Point

[그림 4-12] 소실점의 개수에 따른 예시 - Two Point

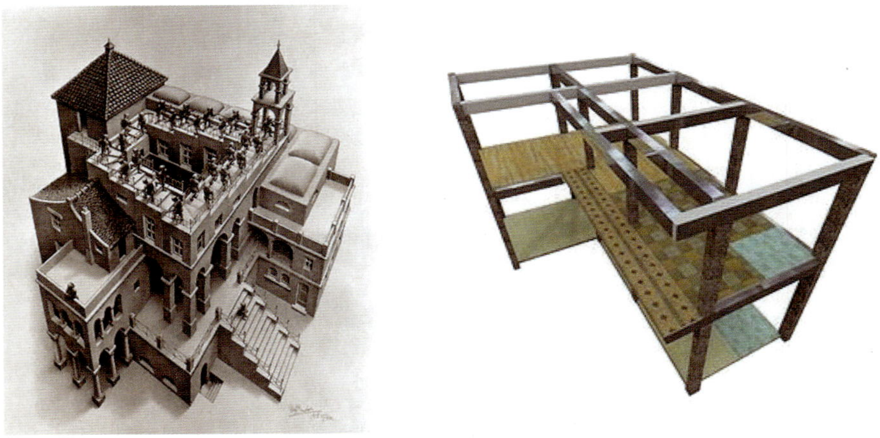

[그림 4-13] 소실점의 개수에 따른 예시 - Three Point

View Volume

OpenGL에서 지원하는 원근 투영을 위한 함수는 glFrustum과 gluPerspective로 구분되어진다. gluPerspective 함수는 시점(Viewpoint)이나 Camera로부터의 시선이 정확히 View Volume의 중심점을 통과하며 View Volume이 시선을 기준으로 대칭적으로 놓여있으나 glFrustum 함수는 그러한 제약조건이 없다는 차이점을 가지고 있다. [그림 4-14]는 glFrustum 함수의 구조에 대하여 나타내고 있는데, 정사 투영(Orthographic Projection)인 glOrtho 함수와 마찬가지로 *left*, *right*, *top*, *bottom*, *near*, *far* 등 6가지 매개변수(Parameter)로 구성되어져 있다. 그러나 정사 투영인 glOrtho 함수는 투영선이 나란하게 뻗어 나가지만 원근 투영의 하나인 glFrustum 함수는 방사형으로 뻗어나가는 것이 다르다.

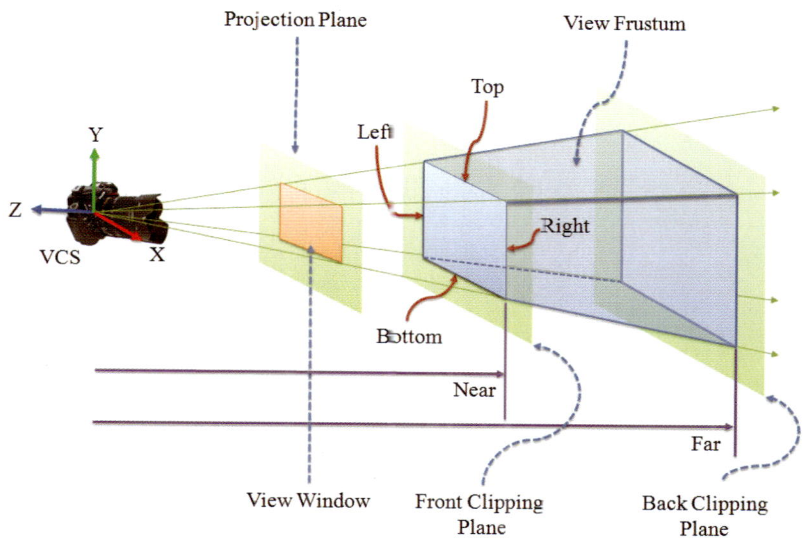

[그림 4-14] glFrustum 함수의 구조

View Frustum

glFrustum 함수에 의해 생성되는 View Frustum을 형성하는 속성들에 대하여 알아보면 다음과 같다. 즉, Camera에서 객체를 향해 방사형으로 뻗어가는 투영선은 왼쪽(Left), 오른쪽(Right), 위(Top), 아래(Bottom)를 포함하여 객체들이 시점으로부터 제대로 보이기 시작하는 앞(Near)과 마지막으로 잘 볼 수 있는 뒤(Far) 등으로 구분되어진다. 여기서 Near와 Far는 정사 투영에서 이미 언급하였던 [그림 4-8]과 같은 사람 눈의 구조를 보면 이해하기 쉬울 것이다. 즉, 사람은 두 개의 눈을 가지고 있는데, 왼쪽 눈과 오른쪽 눈은 각각 시야의 각을 가지고 있고 두 개 시야의 각이 처음으로 만나는 위치에서부터 사물들을 제대로 볼 수 있으며, 이것을 Near라고 한다. 또한 두 개 시야의 각들이 사물을 제대로 볼 수 있는 거리는 무한대가 아니기 때문에 어느 정도 거리까지만 제대로 볼 수 있다고 가정하고 한계를 정하여야 하는데, 이것을 Far라고 한다. 결국 원근 투영(Perspective Projection) 중의 하나인

View Frustum

glFrustum 함수는 육면체를 형성하게 되며, 이것을 View Frustum이라고 한다. 즉, View Frustum 영역 안에 있는 모든 객체들은 시점(Viewpoint) 혹은 Camera로부터 볼 수 있는 것이고, View Frustum 영역 밖에 있는 나머지 객체들은 볼 수가 없게 된다. [그림 4-14]의 View Window는 정사 투영(Orthographic Projection)에서와 같이 View Frustum의 내용을 2D 평면인 투영면(Projection Plane)에 원근 투영한 결과로서 OpenGL 프로그램을 실행하였을 때 Monitor에 보이는 Window의 내용이 된다. <표 4-2>는 glFrustum 함수의 Prototype에 대하여 설명하고 있다. 여기서 주의할 점은 정사 투영인 glOrtho 함수에서와 마찬가지로 시점(Viewpoint) 혹은 Camera를 중심으로 View Frustum이 형성되기 때문에 매개변수(Parameter)들 중 Near와 Far는 양의 정수를 가지는 −Z축 방향으로의 거리라는 것이다.

〈표 4-2〉 glFrustum 함수에 대한 Prototype

void glFrustum (GLdouble *left*, GLdouble *right*, GLdouble *bottom*, GLdouble *top*, GLdouble *near*, GLdouble *far*);		
Parameters Help	*left*	// 왼쪽 수직 절단면을 위한 X축 좌표
	right	// 오른쪽 수직 절단면을 위한 X축 좌표
	bottom	// 아래쪽 수평 절단면을 위한 Y축 좌표
	top	// 위쪽 수평 절단면을 위한 Y축 좌표
	near	// 전방 절단면을 위한 −Z축 방향까지의 거리(양수)
	far	// 후방 절단면을 위한 −Z축 방향까지의 거리(양수)

여기서 $glFrustum(l, r, b, t, n, f)$함수에 대한 Matrix에 대하여 살펴보자. glFrustum 함수는 순서대로 *left*, *right*, *bottom*, *top*, *near*, *far* 등 6개의 매개변수(Parameter)들을 가지는데 (수식 4-10)과 같은 Matrix F_p을 가진다.

$$F_p = \begin{bmatrix} \frac{2n}{r-l} & 0 & \frac{r+l}{r-l} & 0 \\ 0 & \frac{2n}{t-b} & \frac{t+b}{t-b} & 0 \\ 0 & 0 & -\left(\frac{f+n}{f-n}\right) & -\left(\frac{2fn}{f-n}\right) \\ 0 & 0 & -1 & 0 \end{bmatrix} \quad \text{(수식 4-10)}$$

만약 OpenGL에서 glFurstum 함수가 없었다면 [코드 4-2]와 같이 (수식 4-10)의 glFrustum 함수를 위한 원근 투영(Perspective Projection) Matrix를 배열로 선언하

여 직접 곱셈을 수행하도록 구현하여야 한다.

코드 4-2 glFrustum Matrix로 표현하는 원근 투영

GLfloat l =−1.0, r =−1.0, b =−1.0, t =−1.0, n =−1.0, f =−1.0 ······ ①

GLfloat Frustum_Matrix[4][4] = { ······ ②

$\{ \frac{2n}{r-l}, 0.0, \frac{r+l}{r-l}, 0.0\},$

$\{ 0.0, \frac{2n}{t-b}, \frac{t+b}{t-b}, 0.0\},$

$\{ 0.0, 0.0, -\left(\frac{f+n}{f-n}\right), -\left(\frac{2fn}{f-n}\right)\},$

$\{ 0.0, 0.0, -1.0, 0.0 \}$

};

...

glMultMatrixf((float*) Frustum_Matrix); ······ ③

...

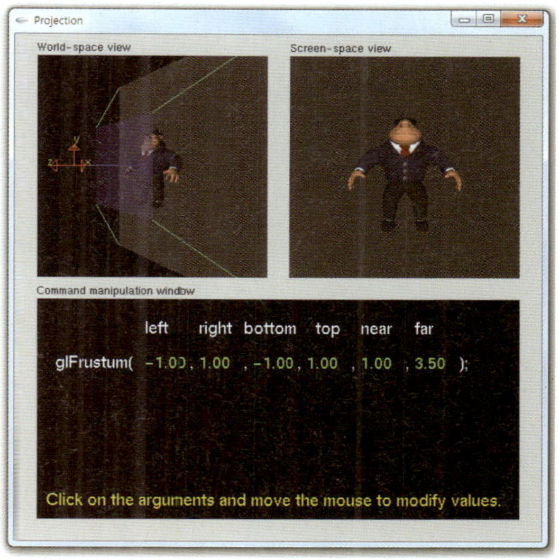

[그림 4-15] glFrustum 함수를 이용한 원근 투영

[코드 4-2]는 (수식 4-10)의 원근 투영(Perspective Projection – Frustum) Matrix를 코드로 표현한 것으로서 ①은 ②의 원근 투영 Matrix에 사용될 변수들을 선언하고 초기 값을 설정한 것이다. 그리고 ②는 (수식 4-10)의 원근 투영 Matrix를 4×4 크기의 배열로 선언한 것이다. 또한 ③은 3D 공간에 있는 각 객체들에게 ②의 Matrix를 곱해줌으로써 실제적인 원근 투영을 수행하는 것이다. 이와 같이 [코드 4-2]에서는 OpenGL에서 glFrustum 함수가 없을 경우 3D 공간에서 원근 투영을 구현하기 위한 4×4 Matrix를 직접 코딩하여 구현하는 번거로움이 있다. 그러므로 OpenGL에서는 이와 같은 복잡한 Matrix의 곱셈을 단 하나의 함수로 해결해

주기 위해 glFrustum 함수를 사용하고 있다. 원근 투영에 대한 OpenGL 예제는 원근 투영(Perspective Projection – gluPerspective)을 학습한 이후에 확인해보도록 하고, 여기서는 [그림 4-15]와 같이 3D 공간에서 원근 투영(Perspective Projection – glFrustum 함수)을 실시간으로 확인해보기 위하여 http://www.xmission.com/~nate/tutors.html을 참조하기 바란다.

View Volume

Fovy

Field of View angle, in degrees, in the Y-direction

gluPerspective 함수는 시점(Viewpoint)이나 Camera로부터의 시선이 정확히 View Volume의 중심점을 통과하며 View Volume이 시선을 기준으로 대칭적으로 놓여있다고 이미 언급하였었다. gluPerspective 함수는 [그림 4-16]과 같은 구조를 가지는데, glFrustum 함수의 구조에서와 마찬가지로 시점(Viewpoint) 혹은 Camera를 기준으로 방사형의 투영선들로 이루어진 View Volume을 형성하고 있다. 그러나 정사 투영을 위한 glOrtho 함수와 원근 투영을 위한 함수들 중의 하나인 glFrustum 함수와 같이 *left*, *right*, *top*, *bottom* 등의 매개변수(Parameter)를 사용하지는 않는다. [그림 4-16]의 Fovy는 'Field of View angle, in degrees, in the Y-direction'의 약자로서 Y축 방향으로 시약의 각(Angle)을 정의한다. 그리고 Aspect Ratio는 Fovy를 Height로 표현하고 X축 방향으로 시약의 각을 Width로 표현할 경우, 둘 사이의 종횡비를 Width/Height로 표현한 것이다. 만약 Aspect Ratio가 1.0이면 Width와 Height의 크기가 동일하기 때문에 View Window도 정사각형이 되지만, 그렇지 않을 경우에는 모두 직사각형의 형태가 된다.

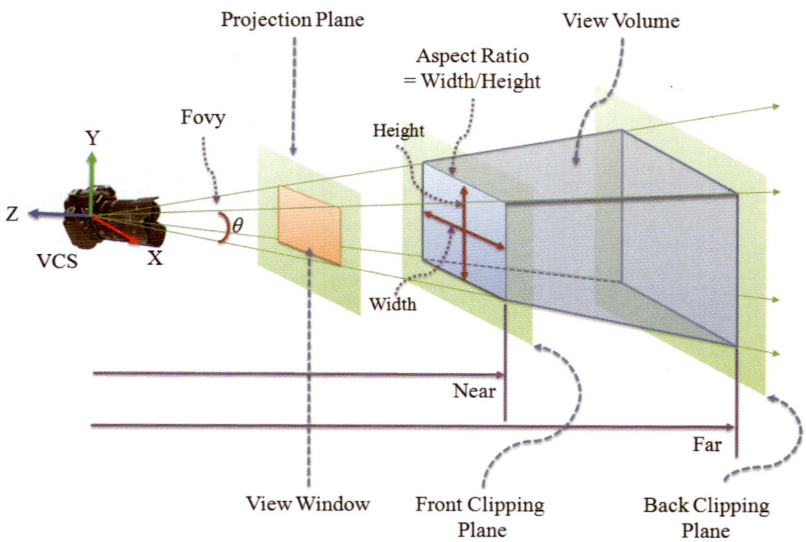

[그림 4-16] gluPerspective 함수의 구조

<표 4-3>은 gluPerspective 함수에 대한 Prototype이다. 여기서 주의할 점은 정사 투영(Orthographic Projection)인 glOrtho 함수 및 원근 투영(Perspective Projection)의 하나인 glFrustum 함수에서와 마찬가지로 시점(Viewpoint) 혹은 Camera를 중심으로 View Volume이 형성되기 때문에 매개변수(Parameter)들 중 Near와 Far는 양의 정수를 가지는 −Z축 방향으로의 거리라는 것이다.

〈표 4-3〉 gluPerspective 함수에 대한 Prototype

void gluPerspective (GLdouble *fov*, GLdouble *aspect*, GLdouble *near*, GLdouble *far*);		
Parameters Help	*fov*	// Field of View angles, 시야(視野)의 각
	aspect	// Viewport의 종횡비(Aspect Ratio) : Width/Height
	near	// 전방 절단면을 위한 −Z축 방향까지의 거리(양수)
	far	// 후방 절단면을 위한 −Z축 방향까지의 거리(양수)

여기서 $gluPerspective(fovy, Aspect, n, f)$ 함수에 대한 Matrix에 대하여 살펴보자. gluPerspective 함수는 순서대로 *fovy*, *Aspect*, *near*, *far* 등 4개의 매개변수(Parameter)들을 가지는데 (수식 4-11)과 같은 Matrix P_p을 가진다.

$$P_p = \begin{bmatrix} \dfrac{\cot\left(\dfrac{fovy}{2}\right)}{Aspect} & 0 & 0 & 0 \\ 0 & \cot\left(\dfrac{fovy}{2}\right) & 0 & 0 \\ 0 & 0 & \dfrac{f+n}{n-f} & \dfrac{2*f*n}{n-f} \\ 0 & 0 & -1 & 0 \end{bmatrix} \quad \text{(수식 4-11)}$$

만약 OpenGL에서 gluPerspective 함수가 없었다면 [코드 4-3]과 같이 (수식 4-11)의 gluPerspective 함수를 위한 원근 투영(Perspective Projection) Matrix를 배열로 선언하여 직접 곱셈을 수행하도록 구현하여야 한다.

코드 4-3 gluPerspective Matrix로 표현하는 원근 투영

```
GLfloat fovy =45.0, Aspect =1.0, n =-1.0, f =-1.0 ············ ①

GLfloat Perspective_Matrix[4][4] = { ············ ②
    { cot(fovy/2)/Aspect, 0.0, 0.0, 0.0},
    { 0.0, cot(fovy/2), 0.0, 0.0},
    { 0.0, 0.0, (f+n)/(n-f), 2fn/(n-f)},
    { 0.0, 0.0, -1.0, 0.0 }
};
...
glMultMatrixf((float*) Perspective_Matrix); ············ ③
...
```

[코드 4-3]은 (수식 4-11)의 원근 투영(Perspective Projection) Matrix를 코드로 표현한 것으로서 ①은 ②의 원근 투영 Matrix에 사용될 매개변수(Parameter)들을 선언하고 초기 값을 설정한 것이다. 그리고 ②는 (수식 4-11)의 원근 투영 Matrix를 4×4 크기의 배열로 선언한 것이다. 또한 ③은 3D 공간에 있는 각 객체들에게 ②의 Matrix를 곱해줌으로써 실제적인 원근 투영을 수행하는 것이다. 이와 같이 [코드 4-3]에서는 OpenGL에서 gluPerspective 함수가 없을 경우 3D 공간에서 원근 투영을 구현하기 위한 4 × 4 Matrix를 직접 코딩하여 구현하는 번거로움이 있다. 그러므로 OpenGL에서는 이와 같은 복잡한 Matrix의 곱셈을 단 하나의 함수로 해결해주기 위해 gluPerspective 함수를 사용하고 있다. [그림 4-17]은 정사 투영(Orthographic Projection)과 원근 투영(Perspective Projection)의 구현 결과이고, [코드 4-4]는 그 소스 코드이다.

(A) 정사 투영(glOrtho) (B) 원근 투영(glFrustum) (C) 원근 투영(gluPerspective)

[그림 4-17] 정사 투영과 원근 투영의 구현 결과

코드 4-4 정사 투영과 원근 투영

```
#include <glut.h>

void MyInit(void) {
  glClearColor (0.0, 0.0, 0.0, 0.0);
  glShadeModel (GL_SMOOTH);
}

void MyDisplay(void) {
  glClear (GL_COLOR_BUFFER_BIT);

  gluLookAt (0.0, 0.0, 5.0, 0.0, 0.0, 0.0, 0.0, 1.0, 0.0);

  glColor3f (1.0, 1.0, 1.0);
  glutWireTeapot(1.5);

  glutSwapBuffers();
}

void MyReshape (int w, int h) {
  glViewport (0, 0, (GLsizei) w, (GLsizei) h);
  glMatrixMode (GL_PROJECTION);
  glLoadIdentity ();

//  glOrtho(-3.0, 3.0, -3.0, 3.0, 0.0, 5.0); ............ ①
//  glFrustum(-1.0, 1.0, -1.0, 1.0, 1.5, 20.0); ......... ②
    gluPerspective(60.0, (GLfloat) w/(GLfloat) h, 1.0, 20.0); ...... ③
    glMatrixMode(GL_MODELVIEW);
```

```
  glLoadIdentity();
}

int main(int argc, char** argv) {
  glutInit(&argc, argv);
  glutInitDisplayMode (GLUT_DOUBLE | GLUT_RGB);
  glutInitWindowSize (500, 500);
  glutInitWindowPosition (100, 100);
  glutCreateWindow ("Projection - gluPerspective");
  MyInit ();
  glutDisplayFunc(MyDisplay);
  glutReshapeFunc(MyReshape);

  glutMainLoop();
  return 0;
}
```

[코드 4-4]의 ①은 정사 투영을 위한 glOrtho 함수를 사용한 예이고, ②는 원근 투영을 위한 glFrustum 함수를 사용한 예이다. 그리고 ③은 원근 투영을 위한 gluPerspective 함수를 사용한 예인데, [코드 4-4]에서 투영 변환을 위해서는 ①, ② 및 ③ 중의 하나를 선택하여야 한다. 왜냐하면 두 가지 이상의 투영 변환 함수를 함께 사용할 수 없기 때문이다. 또한 2D 평면에 투영한 객체들을 본인이 원하는 시점(Viewpoint)에서 잘 보기 위해서는 gluLookAt 함수를 함께 사용하여 조정하면 된다.

3D 공간에서 [그림 4-18]과 같이 원근 투영(Perspective Projection)을 실시간으로 직접 확인해보기 위해서는 http://www.xmission.com/~nate/tutors.html을 참조하기 바란다.

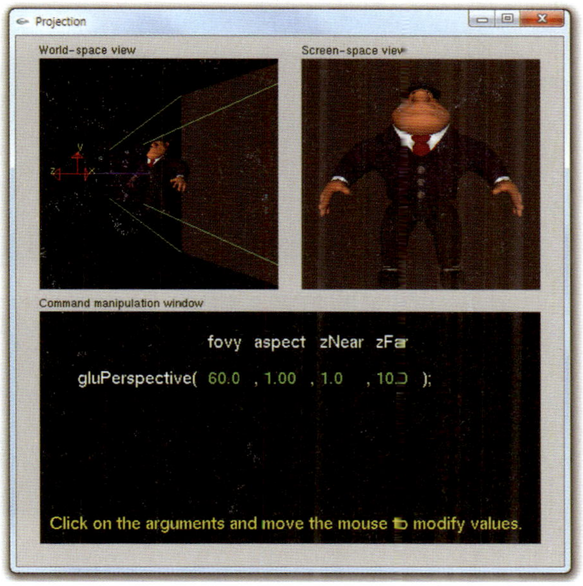

[그림 4-18] gluPerspective 함수를 이용한 원근 투영

Project 4 – I Solar System – Perspective Projection

구현 기능	[코드 4-4] 및 [Project 3-II]의 결과물을 사용하여 다음 항목을 추가 및 보완한다. – View Volume을 원근 투영(Perspective Projection)으로 설정하고, Viewport와 Window Size는 1024 × 768로 설정한다. – Keyboard Callback을 사용하여 Camera의 회전(Rotation)이 가능하도록 한다. 단, 극 좌표계를 사용하여야 하며, 이를 위한 사용자 인터페이스는 Keyboard의 ↑, ↓, ← 및 → Key를 사용한다. – Keyboard Callback을 사용하여 Camera의 확대 및 축소(Zoom In/Out)가 가능하도록 하여야 하며, 이를 위한 사용자 인터페이스는 Keyboard의 Page Up Key와 Page Down Key를 사용한다. – 극 좌표계를 사용하기 때문에 태양(Sun)이 항상 Viewport와 Window의 중앙에 위치하도록 한다.

구현 결과	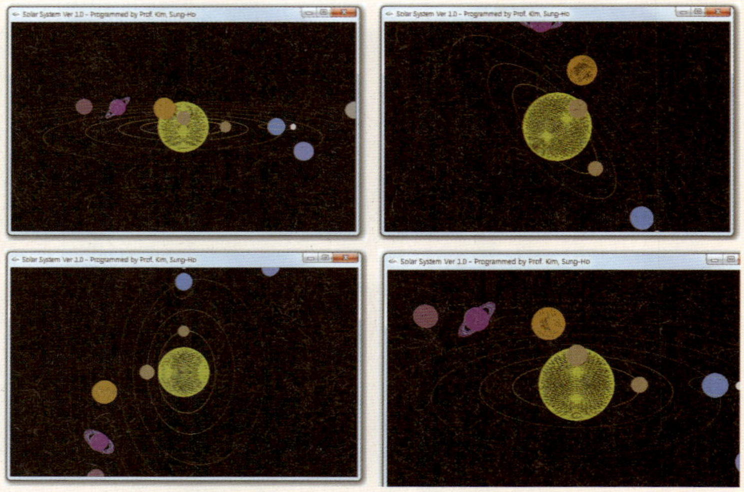

04 Section Z-Buffer Algorithm

Z-Buffer
깊이 버퍼(Depth Buffer)

Z-Buffer는 3D 그래픽스의 이미지 심도(Depth) 좌표 관리 방식으로서 하드웨어 혹은 소프트웨어로 처리되어진다. 즉, 정사 투영(Orthographic Projection) 및 원근 투영(Perspective Projection)에서 View Volume 영역 내에 있는 객체들 중 어떤 객체는 Window에 보이도록 하고 어떤 객체들 혹은 객체들의 일부분은 보이지 않도록 해야 하는지에 대한 문제의 해결책이다. Z-Buffer는 깊이 버퍼(Depth Buffer)라고도 하는데, [그림 4-19]에서 잘 표현하고 있으니 이해하기 쉬울 것이다.

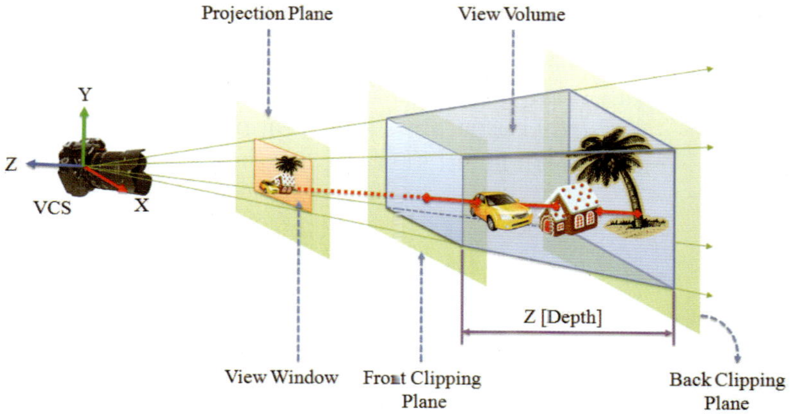

[그림 4-19] Z-Buffer에 대한 이해

View Volume
Z-Buffer
Depth Buffer
Hidden Surface/Line Removal

3D 공간에 있는 객체들을 2D 평면에 투영시키기 위해서는 시점(Viewpoint) 혹은 Camera로부터 투영선들이 나란히 혹은 방사형으로 퍼져나가면서 각 속성값들에 의해서 View Volume이 생성되어진다. 이때 View Volume 영역 내에 존재하고 있는 모든 객체들에 대하여 시점(Viewpoint) 혹은 Camera로부터 각 객체들의 Vertex들까지 거리값을 Scanline 순서대로 모두 저장해 두었다가 시점 혹은 Camera로부터 가장 가까운 Vertex들만 Window에 표시하는 것이 Z-Buffer의 기능이다. 즉, [그림 4-19]에서 자동차를 지나가는 하나의 투영선을 볼 때 Z-Buffer에는 시점 혹은 Camera로부터 순서대로 자동차, 집, 나무 등으로 순서대로 -Z축의 값들이 저장되며, 2D 평면에 투영된 View Window에서는 Monitor의 Window에 보이는 결과물과 동일하게 그려진다. 결국 자동차 뒤에 집의 일부분이 가려져서 보이고, 집 뒤에 나무의 일부분이 가려져서 하나의 그림처럼 보인다. 이와 같은 Z-Buffer 혹은 Depth Buffer는 Rendering 과정의 한 부분인 Hidden Surface/Line Removal을 위해 사용되어진다. [코드 4-5]는 Z-Buffer를 구현하기 위한 핵심 코드로서, glutInitDisplayMode의 매개변수(Parameter)들 중 GLUT_DEPTH는 Depth Buffer를 사용할 수 있도록 설정해두는 것이다. 그리고 glEnable(GL_DEPTH_TEST)는 깊이 버퍼를 활성화시키는 것이고, glClear 함수의 매개변수(Parameter)들 중 GL_DEPTH_BUFFER_BIT은 Depth Buffer를 초기화한다. 마지막 glDisable(GL_DEPTH_TEST)는 Depth Buffer를 비활성화함으로써 끝나게 된다.

코드 4-5

Z-Buffer

```
glutInitDisplayMode(GLUT_RGBA | GLUT_DEPTH)
glEnable(GL_DEPTH_TEST)
glClear(GL_COLOR_BUFFER_BIT | GL_DEPTH_BUFFER_BIT)
glDisable(GL_DEPTH_TEST)
```

은면 제거(Hidden Surface Removal)

후면 제거(Back Surface Removal)

[그림 4-20]은 Z-Buffer를 사용하여 은면 제거(Hidden Surface Removal) 및 후면 제거(Back Surface Removal)의 구현 결과를 비교한 것이고, [코드 4-6]은 그 소스 코드이다.

(a) 후면 제거 및 은면 제거 모두 적용 안 한 상태

(b) 후면 제거만 적용한 상태

```
glEnable(GL_CULL_FACE);
glFrontFace(GL_CW);
glCullFace(GL_BACK);
//glEnable(GL_DEPTH_TEST);
```

(c) 은면 제거만 적용한 상태

```
//glEnable(GL_CULL_FACE);
glFrontFace(GL_CW);
//glCullFace(GL_BACK);
glEnable(GL_DEPTH_TEST);
```

(d) 후면 제거 및 은면 제거 모두 적용한 상태

```
glEnable(GL_CULL_FACE);
glFrontFace(GL_CW);
glCullFace(GL_BACK);
glEnable(GL_DEPTH_TEST);
```

[그림 4-20] 은면 제거 및 후면 제거의 효과 비교

코드 4-6 은면 제거 및 후면 제거

```
#include <glut.h>
#include <glu.h>

void InitLight( ) {
    . . . . . . . . . . .
}

void InitVisibility( ) {
    glEnable(GL_CULL_FACE); ........................................ ①
    glFrontFace(GL_CW); ............................................ ②
    glCullFace(GL_BACK); ........................................... ③
    glEnable(GL_DEPTH_TEST); ....................................... ④
}

void MyDisplay( ) {
    glClear(GL_COLOR_BUFFER_BIT | GL_DEPTH_BUFFER_BIT); ............ ⑤
    glMatrixMode(GL_MODELVIEW);
```

```
        glLoadIdentity( );

        gluLookAt(0.0, 0.4, 0.5, 0.0, -0.5, -1.0, 0.0, 1.0, 0.0);
        glutSolidTeapot(0.58);
        glFlush( );
}

void MyReshape (int w, int h) {
 . . . . . . . . . . .
}

int main(int argc, char** argv) {
        glutInit(&argc, argv);
        glutInitDisplayMode(GLUT_SINGLE | GLUT_RGBA | GLUT_DEPTH); .................. ⑥
        glutInitWindowSize(500, 500);
        glutInitWindowPosition(0, 0);
        glutCreateWindow("Z-Buffer Algorithm");
        glClearColor(0.5, 0.5, 0.5, 0.0);
        InitLight( );
        InitVisibility( );
        glutDisplayFunc(MyDisplay);
        glutReshapeFunc(MyReshape);

        glutMainLoop( );
        return 0;
}
```

[코드 4-6]에서 ①의 glEnable(GL_CULL_FACE)은 GL_CULL_FACE를 활성화시키는 것인데, 깊이 정보를 활용하여 시점(Viewpoint) 혹은 Camera로부터 보이지 않는 면을 Window에 표시되지 않도록 하는 것을 말한다. ②의 glFrontFace(GL_CW)은 다각형의 Vertex를 시계 방향으로 앞면이 정해지도록 하는 기능을 하는데, glFrontFace 함수에 대해서는 <표 4-4>의 glFrontFace 함수에 대한 Prototype에서 더 자세한 정보를 확인할 수 있다.

〈표 4-4〉 glFrontFace 함수에 대한 Prototype

void glFrontFace (GLenum *mode*);	
Parameters Help	*mode* // 다각형의 앞면과 뒷면을 지정. GL_CW, GL_CCW // Default : GL_CCW

③의 glCullFace(GL_BACK)은 다각형의 앞면과 뒷면 중 어디를 Window에 안 보이게 할 것인가를 결정하는데, glCullFace 함수에 대해서는 <표 4-5>의 glCullFace 함수에 대한 Prototype에서 더 자세한 정보를 확인할 수 있다.

〈표 4-5〉 glCullFace 함수에 대한 Prototype

void glCullFace (GLenum *mode*);	

Parameters Help	*mode* // Window에 보이지 않도록 하기 위한 다각형의 면을 선택
	// GL_FRONT, GL_BACK, GL_FRONT_AND_BACK
	// Default : GL_BACK

④의 glEnable(GL_DEPTH_TEST)은 Depth Buffer를 비활성화하며, ⑤의 매개변수(Parameter)들 중 GL_DEPTH_BUFFER_BIT는 Depth Buffer를 초기화한다. ⑥의 매개변수(Parameter)들 중 GLUT_DEPTH는 Depth Buffer를 사용할 수 있게 설정한다.

05 Section Viewport 변환(Transformation)

정사 투영(Orthographic Projection)과 원근 투영(Perspective Projection)에서 이미 언급하였듯이 [그림 4-21]의 View Window는 3D 공간에서 View Volume에 존재하는 여러 가지 객체들을 2D 평면인 Projection Plane에 있는 View Window에 투영함으로써 Monitor Window에 그대로 보여주고 있다. 여기서 View Window의 크기를 Viewport의 크기라고 생각해도 무관하다. 그리고 Monitor에 나타나는 Window를 WCS(Window Coordinate System, 윈도우 좌표계)라고 하며 SCS(Screen Coordinate System, 화면 좌표계) 또는 VCS(Viewport Coordinate System, 뷰포트 좌표계)라고도 한다. 단, Viewport의 크기가 Window의 크기가 동일할 때만 통상적으로 사용되는 것이고, Viewport의 크기가 Window의 크기와 다를 때에는 Window 좌표계와 Viewport 좌표계의 의미가 달라진다.

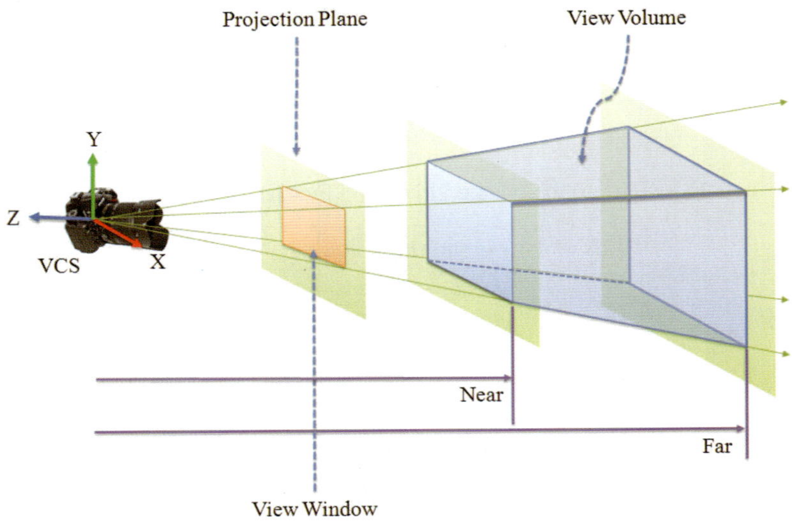

[그림 4-21] Viewport와 View Window

WCS(Window Coordinate System, 윈도우 좌표계)

WCS(Window Coordinate System, 윈도우 좌표계)는 [그림 4-22]와 같이 GLUT 좌표계를 사용하는데, Monitor의 왼쪽 윗부분에 해당하는 모서리 부분을 원점 (0, 0)으로 하고 오른쪽 방향이 X축, 아래 방향이 Y축이 된다. 그러므로 함수 glutInitWindowPosition(x, y)와 glutInitWindowSize(width, height)는 Window 좌표계와 매우 밀접한 관계를 가지고 있다.

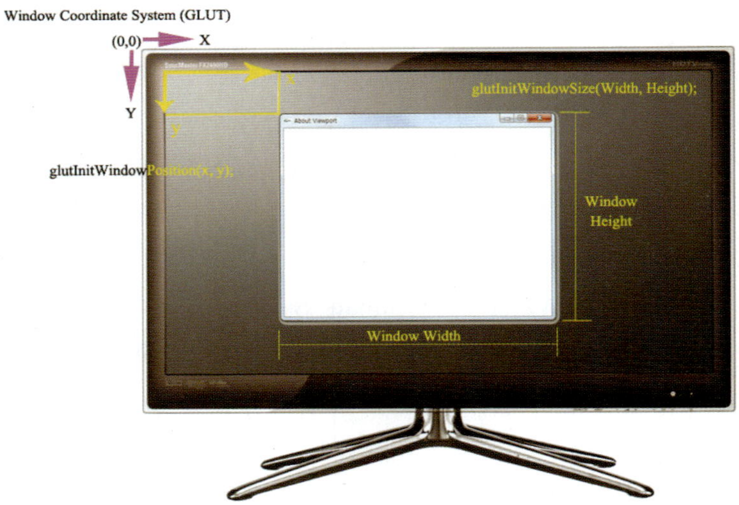

[그림 4-22] GLUT 좌표계에서 Window의 위치 및 크기(Position & Size)

WCS(Window Coordinate System, 윈도우 좌표계)

[그림 4-22]와 같이 GLUT 좌표계를 기반으로 하는 WCS(Window Coordinate System, 윈도우 좌표계)에 대한 내용은 <표 4-6>의 함수 glutInitWindowPosition와 <표 4-7>의 함수 glutInitWindowSize에 대한 Prototype에서 더 자세한 정보를 확인할 수 있다.

〈표 4-6〉 glutInitWindowPosition 함수의 Prototype

void glutInitWindowPosition (int *x*, int *y*);	
Parameters Help	*x* // 화면의 좌 상단을 원점으로 하는 Window의 좌 상단 X축 좌표 *y* // 화면의 좌 상단을 원점으로 하는 Window의 좌 상단 Y축 좌표

〈표 4-7〉 glutInitWindowSize 함수의 Prototype

void glutInitWindowSize (int *Width*, int *Height*);	
Parameters Help	*Width* // Window의 Width(넓이), (단위: pixel) *Height* // Window의 Height(높이), (단위: pixel)

WCS(Window Coordinate System, 윈도우 좌표계)가 VCS(Viewport Coordinate System, 뷰포트 좌표계)와 서로 다르다면 Viewport는 어떻게 구성되어지는가에 대한 해답은 [그림 4-23]에 있다. [그림 4-23]에서 View Window의 내용을 WCS(Window Coordinate System, 윈도우 좌표계)를 기반으로 생성된 Window 내부에 그려주기 위한 Viewport는 [그림 4-23]과 같이 GL 좌표계를 사용하며 Window의 왼쪽 아랫부분을 원점(0, 0)으로 하고 있다. 그리고 원점(0, 0)을 기준으로 오른쪽 방향을 X축, 위쪽 방향을 Y축으로 설정한다.

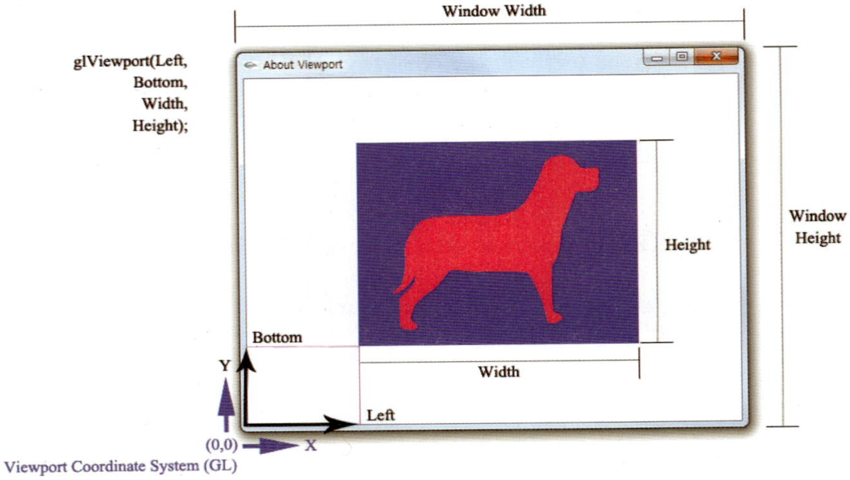

[그림 4-23] GL 좌표계에서의 Viewport

만약 glViewport(Left, Bottom, Width, Height)라고 한다면 [그림 4-23]과 같이 GL 좌표계를 사용하는 Window의 왼쪽 아래 원점을 기준으로 오른쪽으로 Left, 위쪽으로 Bottom만큼 이동한 위치에서 넓이를 Width만큼, 높이를 Height만큼의 크기로 Viewport를 생성한다. 즉, 파란색 바탕의 적색 개(Dog) 그림이 [그림 4-21]의 View Window에 투영된 것이고 Window 내부에 적당한 크기의 Viewport로 자리를 잡게 되는 것이다. 물론 glViewport 함수의 매개변수(Parameter)들 중 Left와 Bottom이 모두 숫자 0의 값을 가지며 Width와 Height 값이 glutInitWindowSize 함수에서 사용된 Window의 Width와 Height의 값과 동일하다면 Window와 Viewport 크기는 동일하게 된다. glViewport 함수에 대해서는 <표 4-8>의 glViewport 함수에 대한 Prototype에서 더 자세한 정보를 확인할 수 있다.

〈표 4-8〉 glViewport 함수에 대한 Prototype

void glViewport (GLint *left*, GLint *bottom*, GLsizei *width*, GLsizei *height*);		
Parameters Help	*left*	// Window의 좌 하단을 원점으로 하는 Viewport의 X축 좌표
	bottom	// Window의 좌 하단을 원점으로 하는 Viewport의 Y축 좌표
	width	// Viewport의 Width(넓이) (단위 : Pixel)
	height	// Viewport의 Height(높이) (단위 : Pixel)

여기서 $glViewport(l, b, w, h)$ 함수에 대한 Matrix에 대하여 살펴보자.

glViewport 함수는 순서대로 l, b, w h 등 4개의 매개변수(Parameter)들을 가지는데 (수식 4-12)와 같은 Matrix V_p을 가진다.

$$V_p = \begin{bmatrix} \frac{w}{2} & 0 & 0 & \frac{w}{2}+l \\ 0 & \frac{h}{2} & 0 & \frac{h}{2}+b \\ 0 & 0 & 0 & 1 \\ 0 & 0 & 0 & 1 \end{bmatrix} \quad \text{(수식 4-12)}$$

만약 OpenGL에서 glViewport 함수가 없었다면 [코드 4-7]과 같이 (수식 4-12)의 glViewport 함수를 위한 Matrix를 배열로 선언하여 직접 곱셈을 수행하도록 구현하여야 한다.

코드 4-7 glViewport Matrix로 표현하는 viewport

```
GLfloat l = -1.0, b = -1.0, w = 45.0, h = 1.0; ······ ①

GLfloat Viewport_Matrix[4][4] = { ······ ②
    { w/2, 0.0, 0.0, w/2 },
    { 0.0, h/2, 0.0, h/2+b },
    { 0.0, 0.0, 0, 1 },
    { 0.0, 0.0, 0.0, 0.0 }
};
...
glMultMatrixf((float*) Viewport_Matrix); ······ ③
...
```

[코드 4-7]은 (수식 4-12)의 Viewport Matrix를 코드로 표현한 것으로서 ①은 ②의 Viewport Matrix에 사용될 매개변수(Parameter)들을 선언하고 초기 값을 설정한 것이다. 그리고 ②는 (수식 4-12)의 Viewport Matrix를 4×4 크기의 배열로 선언한 것이다. 또한 ③은 3D 공간에 있는 각 객체들에게 ②의 Matrix를 곱해줌으로써 실제적인 Viewport를 수행하는 것이다. 이와 같이 [코드 4-6]에서는 OpenGL에서 glViewport 함수가 없을 경우 3D 공간에서 Viewport를 구현하기 위한 4×4 Matrix를 직접 코딩하여 구현하는 번거로움이 있다. 그러므로 OpenGL에서는 이와 같은 복잡한 Matrix의 곱셈을 단 하나의 함수로 해결해주기 위해 glViewport 함수

를 사용하고 있다. [그림 4-24]는 하나의 Window에 4개의 서로 다른 Viewport를 구현한 결과이고, [코드 4-8]은 그 소스 코드이다.

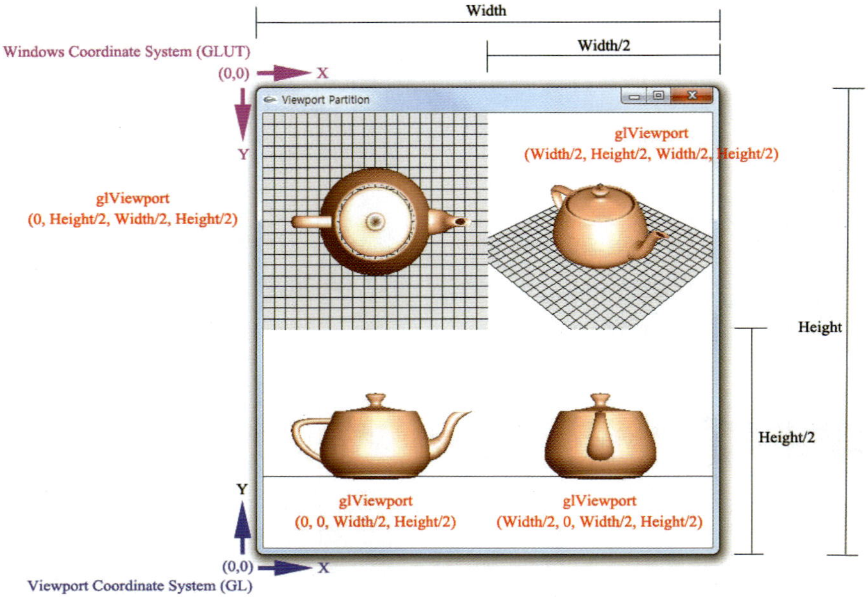

[그림 4-24] 하나의 Window에 4개의 Viewport를 생성

코드 4-8 One Window Multi Viewport

```
#include <glut.h>
#include <glu.h>

int Width, Height;

void InitLight( ) {
  . . . . . . . . . . .
}

void DrawGround() {
  . . . . . . . . . . .
}

void DrawScene( ) {
    glDisable(GL_LIGHTING);
```

```
    DrawGround();
    glEnable(GL_LIGHTING);

    glColor3f(0.3, 0.3, 0.7);
    glutSolidTeapot(1.0);
}

void MyDisplay( ) {
    glClear(GL_COLOR_BUFFER_BIT | GL_DEPTH_BUFFER_BIT);
    glColor3f(1.0, 1.0, 1.0);

    glViewport(0, 0, Width/2, Height/2); ·············· ①
    glPushMatrix( );
        gluLookAt(0.0, 0.0, 5.0,  0.0, 0.0, 0.0, 0.0,  0.0, 1.0, 0.0);
        DrawScene( );
    glPopMatrix( );

    glViewport(Width/2, 0, Width/2, Height/2); ·············· ②
    glPushMatrix( );
        gluLookAt(5.0, 0.0, 0.0, 0.0, 0.0, 0.0, 0.0,  0.0, 1.0, 0.0);
        DrawScene( );
    glPopMatrix( );

    glViewport(0, Height/2, Width/2, Height/2); ·············· ③
    glPushMatrix( );
        gluLookAt(0.0, 4.0, 0.0,  0.0, 0.0, 0.0, 0.0,  0.0, 0.0, -1.0);
        DrawScene( );
    glPopMatrix( );

    glViewport(Width/2, Height/2, Width/2, Height/2); ·············· ④
    glMatrixMode(GL_PROJECTION);
    glPushMatrix( );
        glLoadIdentity( );
        gluPerspective(30, 1.0, 3.0, 50.0)
        glMatrixMode(GL_MODELVIEW)
        glPushMatrix( );
            gluLookAt(5.0, 5.0, 5.0,  0.0, 0.0, 0.0, 0.0,  0.0, 1.0, 0.0);
            DrawScene( );
        glPopMatrix( );
        glMatrixMode(GL_PROJECTION);
    glPopMatrix( );
```

```
    glFlush( );
}

void MyReshape(int w, int h) {
  . . . . . . . . . . .
}

int main(int argc, char** argv) {
    Width = 500; Height = 500; ·············································· ⑤
    glutInitDisplayMode(GLUT_SINGLE | GLUT_RGBA | GLUT_DEPTH);
    glutInitWindowSize(Width, Height); ····································· ⑥
    glutInitWindowPosition(0, 0); ·········································· ⑦
    glutCreateWindow ("Viewport Partition & Orthographic and Perspective Projection");
    InitLight();
    glutDisplayFunc(MyDisplay);
    glutReshapeFunc(MyReshape);

    glutMainLoop( );
    return 0;
}
```

[코드 4-8]에서 ①의 glViewport(0, 0, Width/2, Height/2)은 ⑥에서 지정한 Width와 Height만큼의 크기를 갖는 Window에서 왼쪽 아래 부분에 있는 GL 좌표계의 원점(0, 0)을 기준으로 하며 또한 시작점으로 설정하고 Width/2만큼의 넓이와 Height/2만큼의 높이를 가지는 Viewport를 생성한다. ②의 glViewport(Width/2, 0, Width/2, Height/2)은 ⑥에서 지정한 Width와 Height만큼의 크기를 갖는 Window에서 왼쪽 아래 부분에 있는 GL 좌표계의 원점을 기준으로 하고, (Width/2, 0)을 시작점으로 Width/2만큼의 넓이와 Height/2만큼의 높이를 가지는 Viewport를 생성한다. ③의 glViewport(0, Height/2, Width/2, Height/2)은 ⑥에서 지정한 Width와 Height만큼의 크기를 갖는 Window에서 왼쪽 아래 부분에 있는 GL 좌표계의 원점을 기준으로 하고, (0, Height/2)을 시작점으로 Width/2만큼의 넓이와 Height/2만큼의 높이를 가지는 Viewport를 생성한다. ④의 glViewport(Width/2, Height/2, Width/2, Height/2)은 ⑥에서 지정한 Width와 Height만큼의 크기를 갖는 Window에서 왼쪽 아래 부분에 있는 GL 좌표계의 원점을 기준으로 하고, (Width/2, Height/2)을 시작점으로 Width/2만큼의 넓이와 Height/2만큼의 높이를 가지는 Viewport를 생성한다. ⑤는 GLUT 좌표계를 가지는 Window의 Width

와 Height값을 위한 정수형 변수를 선언하고 Pixel 단위의 초기 값을 설정한다. ⑥의 glutInitWindowSize(Width, Height)은 ⑤에서 설정한 Width와 Height 값만큼의 Window 크기를 설정한다. ⑦의 glutInitWindowPosition(0, 0)은 GLUT 좌표계를 가지는 Window를 모니터에 출력할 대 Window의 시작점(왼쪽 위)의 위치를 지정한다.

왜곡(Distortion) 현상

만약 Viewport를 설정하지 않으면 기본적으로 Window와 같은 크기의 Viewport를 자동적으로 생성하게 되는데, 사용자에 의해 Window의 크기를 조절할 경우 Viewport의 내부에 보이는 객체들의 모양도 자동적으로 크기가 조절되어 [그림 4-25]와 같은 왜곡(Distortion) 현상이 발생하게 된다. 그러므로 이와 같은 객체의 왜곡 현상을 방지하기 위해서는 필수적으로 [코드 4-9]와 같이 glViewport 함수를 사용하여 Viewport를 설정해주어야 한다.

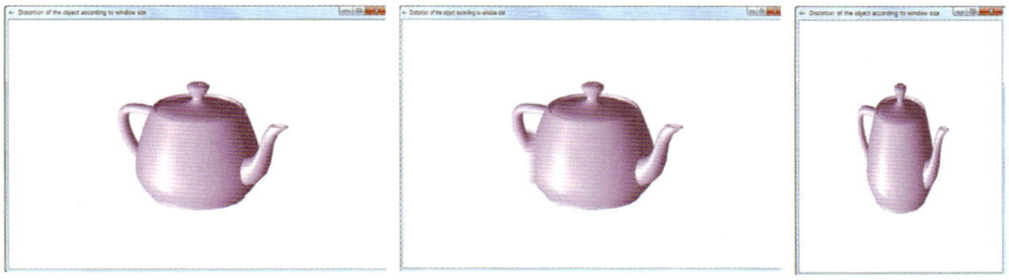

[그림 4-25] Window 변형에 따른 객체의 왜곡 현상

코드 4-9

객체의 왜곡 현상 방지

```
void MyReshape(int  w, int  h) {
    glViewport(0, 0, (Glsizei)w, (Glsizei)h); ············································ ①
    glMatrixMode(GL_PROJECTION);
    glLoadIdentity();

    gluPerspective(30, (Gldouble)w/(Gldouble)h, 1.0, 50.0); ································ ②
    glMatrixMode(GL_MODELVIEW);
    glLoadIdentity();

    gluLookAt(5.0, 5.0, 5.0, 0.0, 0.0, 0.0, 0.0, 1.0, 0.0);
    glutPostRedisplay();
}
```

[코드 4-9]에서 ①은 사용자에 의해 변형된 Window의 크기 즉, Window의

Width와 Height 값을 실시간으로 재입력 받아 Window와 같은 크기의 Viewport를 다시 생성하는 것이다. ②는 실시간으로 재입력 받은 Window의 Width와 Height 값을 사용하여 원근 투영(Perspective Projection)의 매개변수(Parameter)로 재사용하는 것이다. 그러므로 Window의 크기가 변경되어도 [그림 4-26]과 같이 Viewport 내부에 보이는 객체들의 모양은 다시 그려지기 때문에 왜곡 현상이 발생되지 않는다.

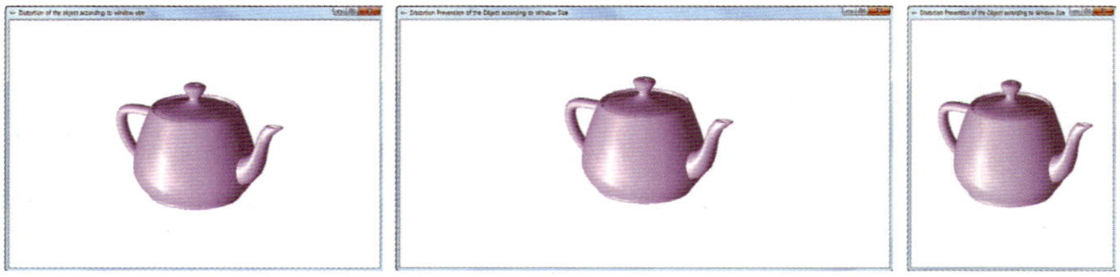

[그림 4-26] Window 변형에 따른 객체의 왜곡 현상 방지

Project 4 - II Application of Viewport Partition

구현 기능	[코드 4-8]을 사용하여 다음과 같이 확장 구현한다. - 하나의 Window를 4개의 Viewport로 분할한다. - Window 및 Viewport 각각의 크기는 필요에 따라 변형하여 설정하여도 좋다. - 오른쪽 상단의 Viewport는 gluPerspective 함수를 사용하여 원근 투영이 되게 한다. - 오른쪽 상단의 Viewport를 제외하고 나머지 모든 Viewport들은 glOrtho 함수를 사용하여 평행 투영이 되게 한다. - 왼쪽 하단의 Viewport는 극 좌표계(PCS)로 설정한다. - 오른쪽 하단의 Viewport는 직교 좌표계(RCS)로 설정한다. - 모든 Viewport들은 각각 Keyboard Callback 및 Mouse Callback 함수 등을 사용하여 Camera의 이동, 회전 및 크기 조절 등의 제어를 할 수 있도록 한다. - 모든 Viewport들은 객체를 기본적으로 Viewport의 중심부에 위치하도록 하고, Keyboard나 Mouse로 제어할 경우에도 항상 중심부에 위치하도록 한다. - Window의 크기를 임의로 변경하거나 Full Screen 크기로 변경하였을 경우에는 Window의 크기에 상관없이 객체(Object)의 형태가 왜곡되지 않도록 하여야 한다.
구현 결과	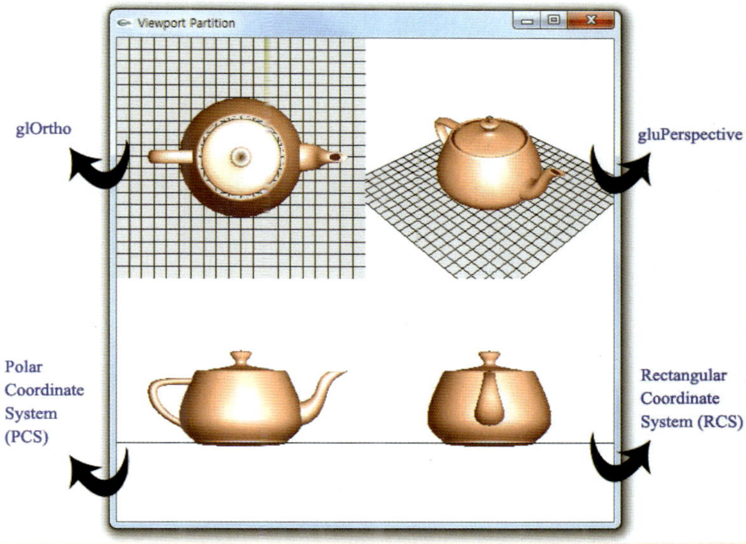

요약 SUMMARY

1. OpenGL에서 좌표 변환은 MCS(Model Coordinate System, 모델 좌표계) 및 LCS(Local Coordinate System, 지역 좌표계), WCS(World Coordinate System, 세계 좌표계), VCS(View Coordinate System, 시점 좌표계), CCS(Clip Coordinate System, 절단 좌표계), NDCS(Normalized Device Coordinate System, 정규 좌표계), SCS(Screen Coordinate System, 화면 좌표계) 등의 순서로 사용되어진다.

2. 정사 투영(Orthographic Projection)은 평행 투영(Parallel Projection)의 한 종류로서 시점(Viewpoint)이 객체로부터 매우 먼 거리에 있다고 가정하여 수직으로 놓여 있는 2D 평면에 평행하게 투영하는 것을 말한다. OpenGL에서 정사 투영을 위한 함수는 glOrtho()를 사용한다.

3. 원근 투영(Perspective Projection)은 시점(Viewpoint) 혹은 Camera가 객체로부터 일정한 유한 거리에 있다고 가정하고 투영을 위한 모든 투영선이 시점에서 출발하여 방사선 형태로 퍼지는 모습을 취하는 것을 말한다. OpenGL에서 원근 투영을 위한 함수는 glFrustum() 및 gluPerspective()를 사용한다.

4. Z-Buffer는 Depth Buffer라고도 하며, 투영에 있어서 View Volume 영역 내에 있는 객체들 중 어떤 객체는 Window에 보이도록 하고 어떤 객체들 혹은 객체의 일부분은 보이지 않도록 하는 것에 대한 해결책이다. 즉, 시점(Viewpoint) 및 Camera로부터 투영선이 방사형으로 퍼져나갈 때 가장 가까운 거리에 있는 객체의 Vertex들만 Window에 표시하는 것이다.

5. Viewport는 View Volume 영역 내의 모든 객체들을 2D 평면인 Projection Plane에 있는 View Window에 투영함으로써 View Window에 보여줄 수 있는 것을 말한다. 단, Window는 모니터 좌표계를 사용하고 Viewport는 GL 좌표계를 사용한다.

연습문제

1. OpenGL에서 사용되는 전체적인 좌표 변환 Pipeline을 그림과 함께 기술하시오.

2. WCS(World Coordinate System) 및 MCS(Model Coordinate System) / LCS(Local Coordinate System)의 각각의 정의와 그 관계를 그림과 함께 기술하시오.

3. WCS(World Coordinate System), MCS(Model Coordinate System) / LCS(Local Coordinate System) 및 VCS(View Coordinate System)의 각각의 정의와 그 관계를 그림과 함께 기술하시오.

4. NDCS(Normalized Device Coordinate System)란 무엇인지 그림과 함께 기술하시오.

5. 투영(Projection)이란 무엇인지 설명하고, 그 종류를 예를 들어 기술하시오.

6. 정사 투영(Orthographic Projection)이란 무엇인지 3가지 종류를 그림과 함께 기술하시오. 또한 정사 투영을 구현하기 위한 OpenGL 함수를 그림과 함께 기술하시오.

7. 원근 투영(Perspective Projection)이란 무엇인지 3가지 종류의 소실점의 개수에 따른 예를 들어 그림과 함께 기술하시오. 또한 원근 투영을 구현하기 위한 OpenGL 함수들을 그림과 함께 기술하시오.

8. Rendering의 정의 및 Rendering 과정에서 거치게 되는 3가지 과정에 대하여 그림과 함께 간단히 기술하시오.

9. Rendering 과정에 속하는 은면/은선 제거(Hidden Surface/Line Removal)의 한 종류인 Z-Buffer Algorithm이란 무엇인지 그림과 함께 설명하고 사용목적을 기술하시오. 또한 OpenGL 함수를 사용할 때 어떻게 구현될 수 있는지 예를 들어 기술하시오.

10. Viewport란 무엇인지 그림과 함께 기술하시오. 또한 OpenGL 함수를 사용하여 구현할 때 GLUT 좌표계를 기반으로 하는 WCS(Window Coordinate System)

와 GL 좌표계를 기반으로 하는 VCS(Viewport Coordinate System)을 사용하여 어떻게 구별되는지 그림과 함께 기술하시오.

11. Viewport를 OpenGL로 구현할 때 잘못하면 객체의 왜곡현상이 발생할 수 있다. 왜곡현상이란 무엇이며, 이를 해결하기 위해서 OpenGL 함수를 어떻게 사용하는지 예를 들어 기술하시오.

참고문헌

01 Perspective,
http://en.wikipedia.org/wiki/Perspective_(graphical)

02 주우석, "IT CookBook, OpenGL로 배우는 컴퓨터 그래픽스", 한빛미디어(주), 2006.

03 OpenGL Transformation,
http://www.songho.ca/opengl/gl_transform.html

04 Ascending and Descending,
http://www.mcescher.com/Biography/lw435f2.jpg

05 청주 가로수길,
http://www.visitkorea.or.kr/kor/ut/where/popup_pic.jsp?cid=249949&imgUrl=/cms/resource/47/233947_image2_1.jpg&imgAlt=%EC%B2%AD%EC%A3%BC+%EA%B0%80%EB%A1%9C%EC%88%98%EA%B8%B8

05 CHAPTER

조명(Lighting)과 음영(Shading)

COMPUTER GRAPHICS

CONTENTS

CHAPTER 05 조명(Lighting)과 음영(Shading)

Section 01 조명(Lighting)

조명(Lighting, Illumination)

광원(Light Source)

VCS(View Coordinate System, 시점 좌표계)

CCS(Clip Coordinate System, 절단 좌표계)

일반적으로 **조명**(Lighting, Illumination)은 태양과 같은 자연적인 광선(Ray)도 있지만 주로 인공적인 광선(Ray of Light)에 의한 것을 가리키며 전등이 조명의 우위를 차지하고 있다. 컴퓨터 그래픽스에서는 조명이 객체의 Vertex에 색상(Color)을 부여하는 것으로서, **광원**(Light Source)과 객체의 특성을 감안하여 빛의 세기에 따라 객체의 Vertex에서 밝기를 표현하는 것이다. 즉, 다양한 특성을 가지고 있는 객체는 빛을 흡수(Absorption), 반사(Reflection), 투과(Transmission) 및 굴절(Refraction) 등과 같은 효과를 나타낸다. 인간이 눈을 통하여 사물을 본다는 것은 인간의 눈으로 빛이 직접 혹은 반사되어 들어오기 때문이며, 인간이 사물의 색상을 구별하는 것은 광원, 객체, 관찰자 위치 및 광원과 객체의 특성 등에 의해 결정되어진다. [그림 5-1]은 OpenGL의 좌표 변환 Pipeline에서 조명이 적용되어져야 할 위치를 표현한 것으로서, VCS(View Coordinate System, **시점 좌표계**)에서 CCS(Clip Coordinate System, **절단 좌표계**) 사이에 존재한다. 즉, VCS 과정에서 조명을 적용하고 CCS 과정에서 View Volume 외부에 있는 불필요한 부분을 잘라내는 것이다.

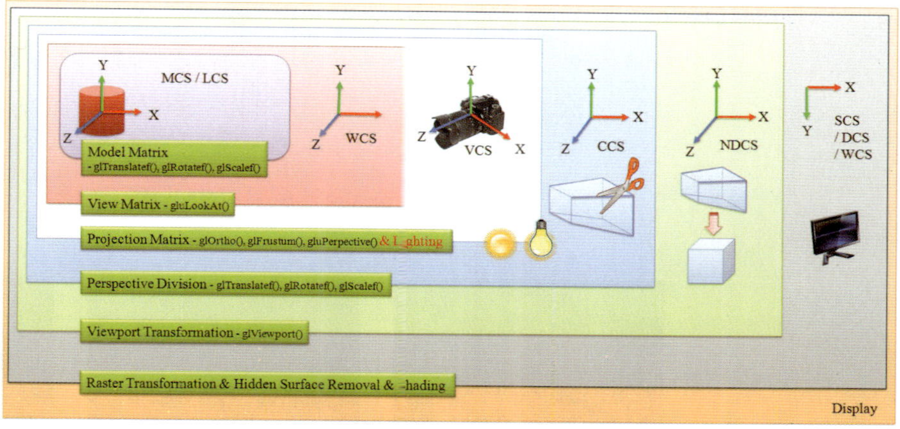

[그림 5-1] 좌표 변환 Pipeline에서 조명(Lighting)의 위치

기하 변환(Geometry Transformation)

WCS(World Coordinate System, 세계 좌표계)

MCS(Model Coordinate System, 모델 좌표계)

LCS(Local Coordinate System, 지역 좌표계)

전역 조명(Global Illumination)

지역 조명(Local Illumination)

컴퓨터 그래픽스에서는 인간의 눈을 대신하는 Camera를 통하여 객체들을 볼 수 있는데, [그림 5-2]와 같이 광원과 객체의 특성 및 Camera의 위치에 따라 다양하게 표현되어질 수 있다. 이때 **기하 변환**(Geometry Transformation)에서는 WCS(World Coordinate System, **세계 좌표계**)와 MCS(Model Coordinate System, **모델 좌표계**) 혹은 LCS(Local Coordinate System, **지역 좌표계**)로 구분되듯이 조명은 **전역 조명**(Global Illumination)과 **지역 조명**(Local Illumination)으로 구분할 수 있다. 전역 조명은 광원으로부터 들어오는 빛이 다른 객체의 면(Face)에 부딪쳐 다시 반사되어 들어오는 빛까지 모두 고려한 것이고, 지역 조명은 광원으로부터 객체의 면(Face)으로 직접 들어오는 빛을 고려한 것이다.

[그림 5-2] 조명과 반사에 의한 사물의 인식

음영(Shading)

이와 같은 전역 조명과 지역 조명 등을 모두 포함하는 조명 즉, 광원으로부터 빛이 다양한 특성을 가진 객체의 표면에 부딪칠 때 [그림 5-3]과 같이 여러 가지 종류의 음영 표현이 나타나게 된다. 여기서 음영(Shading)은 객체를 구성하는 모든 Vertex들에게 색상을 부여하는 것을 의미하며, 광원의 위치, 세기 및 광원과의 거리 등과 객체를 구성하는 Vertex들의 위치에 따라 서로 다른 음영이 부여된다.

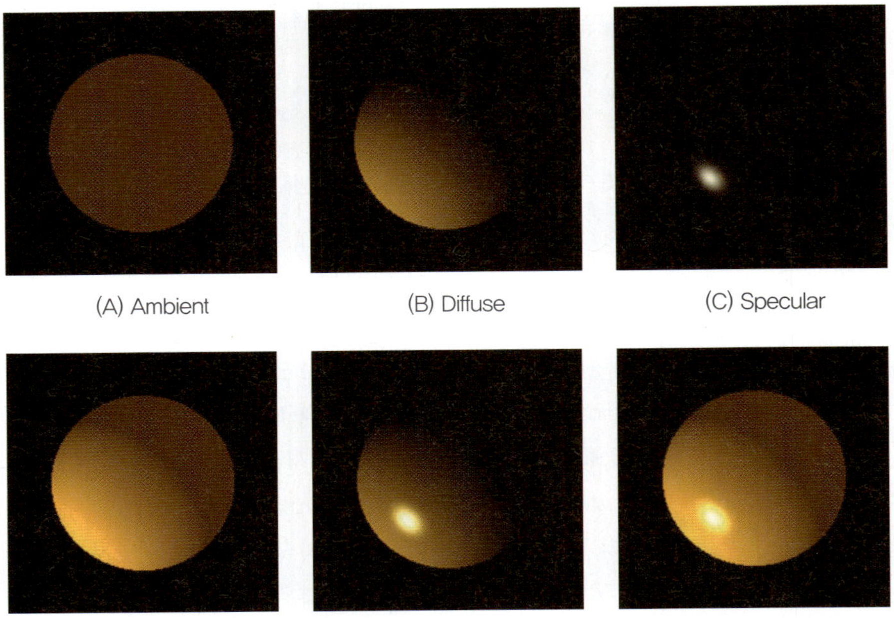

(A) Ambient (B) Diffuse (C) Specular

(D) Ambient & Diffuse (E) Diffuse & Specular (F) Ambient & Diffuse & Specular

[그림 5-3] 광원의 종류에 따른 객체의 음영 표현

방사 광원(Emissive Light Source)

반사 광원(Reflection Light Source)

광원은 방사 광원(Emissive Light Source)과 반사 광원(Reflection Light Source)으로 구분되어지는데, 방사 광원은 자기 스스로 빛을 방사하는 광원을 의미하고, 반사 광원은 방사 광원에 의해 객체에 부딪혀서 반사되어 들어오는 광원을 의미한다.

02 Section 방사 광원(Emissive Light Source)

점광원(Point Light Source)

방향성 광원(Directional Light Source)

위치성 광원(Positional Light Source)

옴니 광원(Omni Light Source)

방사 광원은 **점광원**(Point Light Source)과 **방향성 광원**(Directional Light Source)으로 구분되어지는데, 점광원은 **위치성 광원**(Positional Light Source) 혹은 **옴니 광원**(Omni Light Source)이라고도 한다. 즉, 점광원은 빛이 모든 방향을 향하여 방사(Emission) 형으로 퍼져나가는 것으로서 광원의 위치에 따라 매우 다른 음영 표현이 가능하다. 그러므로 광원의 위치가 객체들로부터 가능한 가까운 곳에 위치해야 할 필요가 있는 경우에 사용하면 좋다. [그림 5-4]는 점광원의 3가지 종류를 나타낸 것이고, 그 이외에도 불타고 있는 장작불 등과 같이 스스로 빛을 발산하는 것이면 모두 점광원에 해당된다.

(A) 태양(Sun) (B) 전등 (C) 촛불

[그림 5-4] 점광원(Point Light Source)으 종류

[그림 5-5]는 3D 공간에 하나의 점광원이 있을 때 좌우에 각각 하나씩의 Sphere 객체에 조명(빛)이 비추어지는 모습을 구현한 결과이며, 점광원의 위치에 따른 음영 표현의 변화도 포함하고 있다.

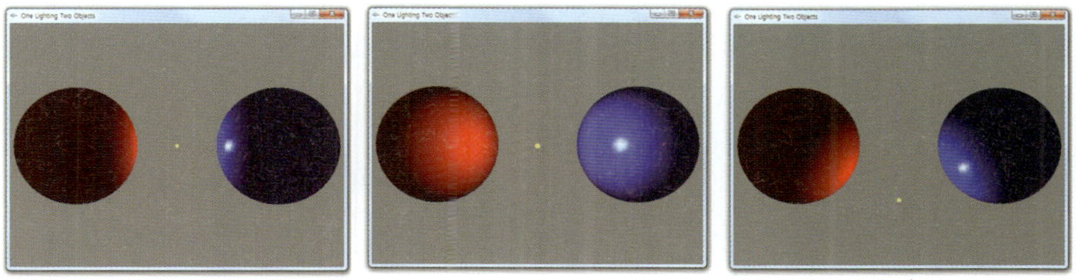

[그림 5-5] 점광원에 의한 두 개 객체의 음영 표현

감쇠(Attenuation)

[그림 5-6]은 광원으로부터 나오는 빛의 감쇠(Attenuation) 비율을 조정해봄으로써 객체에 나타나는 효과를 구현한 결과이다. [코드 5-1]은 [그림 5-5]와 [그림 5-6]의 결과를 모두 포함하는 소스 코드이다.

[그림 5-6] 광원으로부터 나오는 빛의 감쇠 비율 조정에 의한 구현 효과

코드 5-1 한 개 광원에 의한 두 개 객체의 음영 표현 및 빛의 감쇠 효과

```
#include <iostream>
#include <iomanip>
using namespace std;
#include <glut.h>

int window_width = 640;
int window_height = 480;

const GLfloat red[] = { 0.8f, 0.0, 0.0, 1.0 };
const GLfloat blue[] = { 0.0, 0.2f, 1.0, 1.0 };
const GLfloat white[] = { 1.0, 1.0, 1.0, 1.0 };
const GLfloat black[] = { 0.0, 0.0, 0.0, 1.0 };
const GLfloat polished[] = { 100.0 };
const GLfloat dull[] = { 0.0 };
const GLfloat light_pos[] = { 0.0, 0.0, 0.0, 1.0 }; ·········· ①

GLfloat move_y = 0.0;
GLfloat move_z = 0.0;
GLfloat const_att = 1.0; ·········· ②

void MyDisplay () {
    glClear(GL_COLOR_BUFFER_BIT | GL_DEPTH_BUFFER_BIT);
    glMatrixMode(GL_MODELVIEW);
    glLoadIdentity();
```

```
    glShadeModel(GL_SMOOTH);

    glTranslatef(0.0, 0.0, -20.0);
    glPushMatrix();
        glTranslatef(0.0, move_y, move_z)
        glLightf(GL_LIGHT0, GL_CONSTANT_ATTENUATION, const_att);  ·········· ③
        glLightfv(GL_LIGHT0, GL_POSITION, light_pos); ·························· ④
        glDisable(GL_LIGHTING); ················································ ⑤
        glColor3d(0.9, 0.9, 0.5);
        glutSolidSphere(0.1, 10, 10);
        glEnable(GL_LIGHTING);·················································· ⑥
    glPopMatrix();

    glTranslatef(-5.0, 0.0, 0.0);
    glMaterialfv(GL_FRONT, GL_AMBIENT_AND_DIFFUSE, red);
    glMaterialfv(GL_FRONT, GL_SPECULAR, black);
    glMaterialfv(GL_FRONT, GL_SHININESS, dull);
    glutSolidSphere(3.0, 40, 40);

    glTranslatef(10.0, 0.0, 0.0);
    glMaterialfv(GL_FRONT, GL_AMBIENT_AND_DIFFUSE, blue);
    glMaterialfv(GL_FRONT, GL_SPECULAR, white);
    glMaterialfv(GL_FRONT, GL_SHININESS, polished);
    glutSolidSphere(3.0, 40, 40);

    glutSwapBuffers();
    glFlush();
}

void Mouse_Movement (int x, int y) {
    move_z = (10.0 * x) / window_width
    move_y = 5.0 - (10.0 * y) / window_height;

    glutPostRedisplay();
}

void MyReshape (int w, int h) {
  . . . . . . . . . .
}

void MySpecial(int key, int x, int y) {
  . . . . . . . . . .
```

```
}

void MyInit() {
    glEnable(GL_LIGHTING);
    glEnable(GL_LIGHT0);························································ ⑦
    glLightfv(GL_LIGHT0, GL_DIFFUSE, white);
    glLightfv(GL_LIGHT0, GL_SPECULAR, white);

    glEnable(GL_DEPTH_TEST);
}

int main (int argc, char **argv) {
 . . . . . . . . . . .
}
```

[코드 5-1]의 ①은 Light0에 대한 3D 공간에서의 광원의 위치(x, y, z)를 지정하는 실수형 변수 선언 및 (x, y, z, w) 형태의 초기 값을 설정하는 것으로서, ④에서 호출하여 사용한다. 여기서 마지막 변수 w=0이면 원점에서 좌표(x, y, z)를 향하는 벡터 방향의 방향성 광원이고, w=1 혹은 w≠0이면 좌표(x/w, y/w, z/w)에 위치한 위치성 광원을 의미한다. ②는 ③에서 사용할 빛의 감쇠(Attenuation) 비율을 지정하는 변수를 선언하고 초기 값을 설정한 것이다. ③의 glLightf(GL_LIGHT0, GL_CONSTANT_ATTENUATION, const_att)은 ②의 초기 값을 가진 변수를 호출하여 빛의 감쇠 비율을 적용하고 있다. 여기서 glLightf 함수는 광원을 생성하고 활성화하는 기능을 하는 것으로서 <표 5-1>의 glLight* 함수에 대한 Prototype에서 더 자세한 정보를 확인할 수 있다.

〈표 5-1〉 광원의 생성을 위한 glLight* 함수의 Prototype

void glLight{if} (Glenum *LightSourceID*, Glenum *Parameter*, TYPE *value*); void glLight{if}v (Glenum *LightSourceID*, Glenum *Parameter*, TYPE **value*);	
Parameters Help	*LightSourceID* // 광원의 번호, GL_LIGHT0 ~ GL_LIGHT7 *Parameter* // 광원의 속성, <표 5-2> 참조 *value* // 광원의 속성을 지정하는 값, RGBA Array

또한 glLight* 함수의 두 번째 매개변수(Parameter)인 광원의 속성에 대한 정보는 <표 5-2>에서 자세하게 확인할 수 있다.

〈표 5-2〉 광원의 속성을 나타내기 위한 glLight*() 함수의 매개변수(Parameter)들

Parameter Name	Default Value	Description
GL_POSITION	(0.0, 0.0, 1.0, 0.0)	광원의 위치 (x y, z, w) w=1 혹은 w≠0이면 Point Light, w=0이면 원점에서 좌표(x, y, z)를 향하는 벡터 방향의 Direction Light(방향성 광원)
GL_SPOT_DIRECTION	(0.0, 0.0, −1.0)	Spotlight의 방향 벡터 (X, Y, Z)
GL_SPOT_CUTOFF	180.0	Spotlight의 조명 각
GL_SPOT_EXPONENT	0.0	Spotlight의 Cosine 승수
GL_AMBIENT	(0.0, 0.0, 0.0, 0.0)	주변반사를 위한 광원의 RGBA
GL_DIFFUSE	(1.0, 1.0, 1.0, 1.0) 또는 (0.0, 0.0, 0.0, 1.0)	난반사를 위한 광원의 RGBA 0번 조명의 기본 값은 흰색, 나머지는 검정색
GL_SPECULAR	(1.0, 1.0, 1.0, 1.0) 또는 (0.0, 0.0, 0.0, 1.0)	정반사를 위한 광원의 RGBA 0번 조명의 기본 값은 흰색, 나머지는 검정색
GL_CONSTANT_ATTENUNATION	1.0	감쇠 비율 상수(계수)
GL_LINEAR_ATTENUNATION	0.0	선형 감쇠 비율(1차 계수)
GL_QUADRATIC_ATTENUNATION	0.0	2차 감쇠 비율(계수)

감쇠 인자(A_f, Attenuation factor)

위치 광원으로부터 나오는 빛을 감쇠시키기 위해서는 (수식 5-1)과 같이 감쇠 인자(A_f, Attenuation factor)를 사용한다.

$$A_f = \frac{1}{k_c + dk_l + d^2 k_q} \quad \text{(수식 5-1)}$$

여기서 각 변수들은 <표 5-3>과 같은 속성들을 가지고 있다.

〈표 5-3〉 감쇠 인자를 위한 변수들의 속성

변 수	의 미	기본값(Default)
d	광원의 위치와 정점 사이의 거리	
k_c	GL_CONSTANT_ATTENUATION	1.0
k_l	GL_LINEAR_ATTENUATION	0
k_q	GL_QUADRATIC_ATTENUATION	0

[코드 5-2]는 <표 5-3>과 같이 감쇠 인자를 위한 변수들의 속성을 OpenGL 함수로 표현한 것이다.

코드 5-2 감쇠 인자를 적용한 광원

```
glLightf (GL_LIGHT0, GL_CONSTANT_ATTENUATION, 2.0);
glLightf (GL_LIGHT0, GL_LINEAR_ATTENUATION, 1.0);
glLightf (GL_LIGHT0, GL_QUADRATIC_ATTENUATION, 0.5);
```

④의 glLightfv(GL_LIGHT0, GL_POSITION, light_pos)은 ①의 초기값을 가진 변수를 호출하여 지정된 위치에 광원을 활성화시킨다. ⑤의 glDisable(GL_LIGHTING)은 <표 5-4>와 같이 glEnable과 glDisable 함수를 사용하여 조명의 활성화 및 비활성화를 수행하는 함수로서 비활성화를 수행한다.

〈표 5-4〉 조명의 활성화 및 비활성화를 위한 함수의 Prototype

void glEnable (Glenum *capability*); void glDisable (Glenum *capability*);	
Parameters Help	*capability* // GL_LIGHTING

만약 광원 자체를 활성화하기 위해서는 glDisable(GL_LIGHTING)으로 조명을 비활성화해야 한다. 왜냐하면 조명이 활성화되면 glColor3f() 함수에 의해 설정된 색상은 모두 무시되기 때문이다. 그런 다음 광원으로 표현할 객체를 생성하고 glEnable(GL_LIGHTING)으로 조명을 활성화한다. ⑥의 glEnable(GL_LIGHTING)은 ⑤와 반대로 광원을 활성화한다. ⑦의 glEnable(GL_LIGHT0)은 Light0을 활성

화하는 것으로서 <표 5-5>와 같이 glEnable과 glDisable 함수를 사용하여 광원의 정의 및 활성화와 비활성화를 표현한다. 3D 공간에서 광원은 모두 8개까지 생성이 가능하며 광원의 순서는 GL_LIGHT0 ~ GL_LIGHT7과 같다.

〈표 5-5〉 광원의 정의 및 활성화를 위한 함수의 Prototype

void glEnable (Glenum *LightSourceID*); void glDisable (Glenum *LightSourceID*);	
Parameters Help	*LightSourceID* // 광원의 번호, GL_LIGHT0 ~ GL_LIGHT7

3D 공간에서 광원의 위치를 [그림 5-7]과 같이 실시간으로 직접 제어하고 그 결과를 확인해보기 위하여 http://www.xmission.com/~nate/tutors.html을 참조하기 바란다.

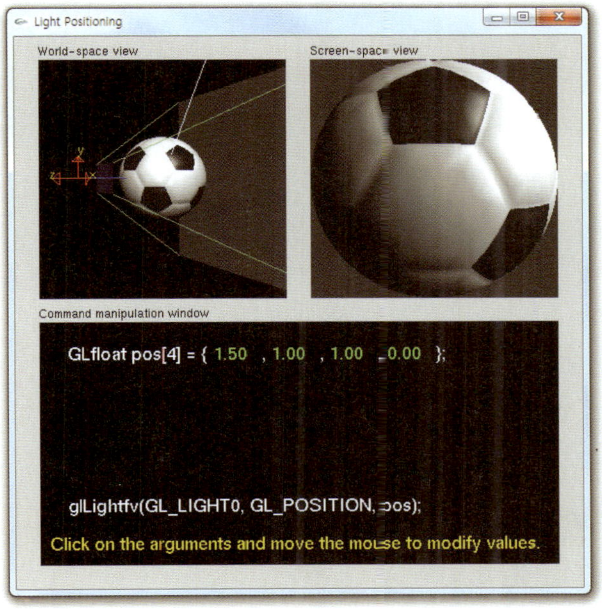

[그림 5-7] 광원의 위치에 따른 조명 효과

방향성 광원(Directional Light Source)

방향성 광원(Directional Light Source)은 빛이 객체의 면(Face)을 향하여 일정한 방향으로 진행하는 것으로서 빛의 위치보다는 방향이 더 중요하게 생각될 경우에 유용하다. 그러므로 점광원과 반대로 광원의 위치가 객체들로부터 가능한 먼 곳에 위치해야할 필요가 있는 경우에 사용하면 좋다. [그림 5−8]은 방향성 광원의 2가지 종류에 대하여 소개하고 있는데, 그 이외에도 객체를 향하여 평행하게 일직선으로 들어오는 빛은 모두 방향성 광원에 해당한다고 볼 수 있다.

[그림 5−8] 방향성 광원의 종류

Spotlight

[그림 5−8]의 오른쪽은 Spotlight인데, Spotlight는 점광원인 위치성 광원과 유사한 특성을 가지고 있다. 즉, 빛이 방사형으로 진행하고, 광원이 일정한 가까운 거리에 존재하기 때문이다. 그러나 한 쪽 방향을 향하여 진행하고 있다는 것 때문에 방향성 광원과도 유사한 특성을 지니고 있다. [코드 5−3]은 Spotlight의 특성을 OpenGL 함수로 표현하기 위한 핵심 부분만을 추출한 것으로서 ①은 ③에서 사용하기 위한 빛을 방사하기 위한 방향 벡터를 실수형 변수로 선언하고 초기 값을 설정한 것이다. ②는 [그림 5−8]에서 Spotlight의 Cutoff의 각도를 45도로 설정하여 Spotlight가 빛을 방사하도록 설정하였다. 그리고 ③은 Spotlight가 빛을 방사하기 위한 방향을 ①에서 호출하여 수행하도록 하고 있다.

코드 5−3

SpotLight

```
GLfloat spot_direction[] = { -1.0, -1.0, 0.0 }; ............................ ①

glLightf (GL_LIGHT0, GL_SPOT_CUTOFF, 45.0); ................................ ②
glLightfv (GL_LIGHT0, GL_SPOT_DIRECTION, spot_direction); .................. ③
```

[그림 5−9]는 Spotlight의 구현 결과로서 Camera 위치를 세 곳으로 각각 설정하여 객체를 바라본 모습이고, [코드 5−4]는 그 소스 코드이다.

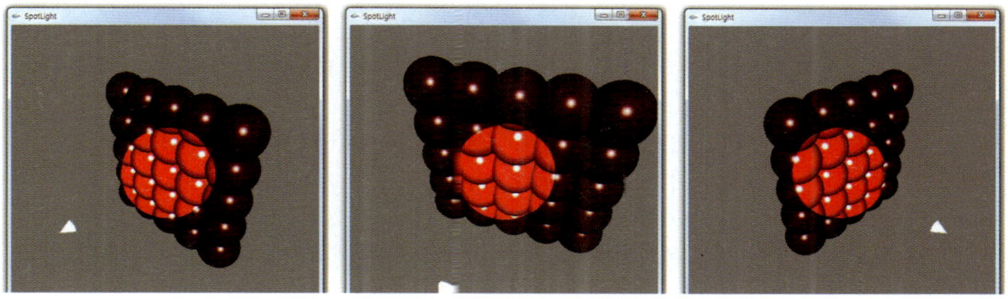

[그림 5-9] Spotlight의 구현 결과

코드 5-4 Spotlight

```
#include <glut.h>
#include <glu.h>

void MyLightInit( ) {
    GLfloat global_ambient[ ] = {0.5, 0.5, 0.5, 1.0};

    GLfloat Light0_Ambient[ ] =  {1.0, 1.0, 1.0, 1.0}; ······························ ①
    GLfloat Light0_Diffuse[ ] =  {1.0, 1.0, 1.0, 1.0}; ······························ ②
    GLfloat Light0_Specular[ ] = {1.0, 1.0, 1.0, 1.0}; ······························ ③

    GLfloat Light1_Ambient[ ] =  {0.3, 0.3, 0.3, 1.0};
    GLfloat Light1_Diffuse[ ] =  {0.3, 0.3, 0.3, 0.3};
    GLfloat Light1_Specular[ ] = {1.0, 1.0, 1.0, 1.0};

    GLfloat Light0_Position[ ] = {0.0, 0.0, 1.0, 1.0}; ······························ ④
    GLfloat Light0_Direction[ ]  = {0.0, 0.0, -1.0}; ································ ⑤
    GLfloat Light0_Cutoff[ ] = {7.0}; ··············································· ⑥

    GLfloat Light1_Position[ ] = {0.0, 0.0, 1.0, 1.0};

    glLightfv(GL_LIGHT0, GL_AMBIENT, Light0_Ambient);  ······························ ⑦
    glLightfv(GL_LIGHT0, GL_DIFFUSE, Light0_Diffuse);  ······························ ⑧
    glLightfv(GL_LIGHT0, GL_SPECULAR, Light0_Specular); ····························· ⑨

    glLightfv(GL_LIGHT1, GL_AMBIENT, Light1_Ambient);
    glLightfv(GL_LIGHT1, GL_DIFFUSE, Light1_Diffuse);
    glLightfv(GL_LIGHT1, GL_SPECULAR, Light1_Specular);

    glLightfv(GL_LIGHT0, GL_POSITION, Light0_Position);······························ ⑩
    glLightfv(GL_LIGHT0, GL_SPOT_DIRECTION, Light0_Direction); ······················ ⑪
```

```
    glLightfv(GL_LIGHT0, GL_SPOT_CUTOFF, Light0_Cutoff); ..................... ⑫
    glLightf(GL_LIGHT0, GL_SPOT_EXPONENT, 1.0); .............................. ⑬

    GLfloat material_ambient[ ] = {0.0, 0.0, 0.0, 1.0};
    GLfloat material_diffuse[ ] = {1.0, 0.0, 0.0, 1.0};
    GLfloat material_specular[ ] = {1.0, 1.0, 1.0, 1.0};
    GLfloat material_shininess[ ] = {127.0};

    glMaterialfv(GL_FRONT, GL_DIFFUSE, material_diffuse);
    glMaterialfv(GL_FRONT, GL_SPECULAR, material_specular);
    glMaterialfv(GL_FRONT, GL_AMBIENT, material_ambient);
    glMaterialfv(GL_FRONT, GL_SHININESS, material_shininess);

    glLightModelfv(GL_LIGHT_MODEL_AMBIENT, global_ambient);
    glLightModeli(GL_LIGHT_MODEL_LOCAL_VIEWER, GL_TRUE);

    glShadeModel(GL_SMOOTH);
    glEnable(GL_DEPTH_TEST);
    glEnable(GL_LIGHTING); ................................................... ⑭
    glEnable(GL_LIGHT0); ..................................................... ⑮
    glEnable(GL_LIGHT1);
}

void MyDisplay( ) {
    glClear(GL_COLOR_BUFFER_BIT | GL_DEPTH_BUFFER_BIT);
    glMatrixMode(GL_MODELVIEW);
    glLoadIdentity( );

    gluLookAt(1.5, 1.5, 1.5, 0.0, 0.0, 0.0, 0.0, 1.0, 0.0);

    for(int i=0; i<5; i++) {
        for(int j=0; j<5; j++) {
            glPushMatrix();
                glTranslatef(-0.5+i*0.3, -0.5+j*0.3, 0.0);
                glutSolidSphere(0.2, 500, 500);
            glPopMatrix();
        }
    }

    glDisable(GL_LIGHTING);
    glTranslatef(0.0, 0.0, 1.0);
    glutWireCone(0.05, 0.1, 50, 50);
```

```
    glEnable(GL_LIGHTING);

    glFlush( );
}

void MyReshape (int w, int h) {
  . . . . . . . . . .
}

int main(int argc, char** argv) {
  . . . . . . . . . .
}
```

코사인 승수(cos^e)

[코드 5-4]의 ①은 Light0의 Ambient Light에 대한 실수형 변수 선언 및 RGBA 형태의 초기 값을 설정한 것이고, ②는 Light0의 Diffuse Light에 대한 실수형 변수 선언 및 RGBA 형태의 초기 값을 설정한 것이다. 그리고 ③은 Light0의 Specular Light에 대한 실수형 변수 선언 및 RGBA 형태의 초기값을 설정한 것이고, ④는 Light0에 대한 3D 공간에서의 위치를 지정하는 실수형 변수 선언 및 (x, y, z, w) 형태의 초기 값을 설정한다. 여기서 마지막 변수 w=0이면 원점에서 좌표(x, y, z)를 향하는 벡터 방향의 방향성 광원이고, w=1 혹은 w≠0이면 좌표(x/w, y/w, z/w)에 위치한 위치성 광원을 의미한다. ⑤는 Light0에 대한 방향을 실수형 변수로 선언하고 초기값을 설정한 것이다. ⑥은 Light0이 Spotlight이므로 Spotlight의 Cutoff를 실수형 변수로 선언하고 초기값을 설정한 것이다. ⑦은 Light0의 Ambient Light를 ①의 값을 호출하여 실행하는 것이다. ⑧은 Light0의 Diffuse Light를 ②의 값을 호출하여 실행하는 것이고, ⑨는 Light0의 Specular Light를 ③의 값을 호출하여 실행하는 것이다. ⑩은 Light0의 위치를 ④의 값을 호출하여 실행하는 것이고, ⑪은 Light0의 방향을 ⑤의 값을 호출하여 실행하는 것이다. ⑫는 Light0인 Spotlight의 Cutoff 값을 ⑥을 호출하여 실행하는 것이고, ⑬은 Light0인 광원으로부터 나오는 빛의 세기를 거리에 따라 감쇠시키기 위한 것을 **코사인 승수(cos^e)**로 표현한 것으로서 0~128까지 범위의 값을 가진다. Spotlight는 광원을 중심으로 Cone 모양으로 뻗어나가는 빛의 중심축 방향이 가장 밝고 Cone 모양의 표면으로 갈수록 어두워지는데, 이것은 광원으로부터 Cone 모양의 중심을 향한 벡터와 광원으로부터 해당 Vertex를 향한 벡터가 이루는 각의 Cosine에 비례하여 감소한다. 그러므로 코사인 승수(cos^e)의 값이 커질수록 Cone의 중심축 방향에서 외곽으로 갈수록 급격하게 어두워지는

특성을 가진다. ⑭는 광원의 활성화 및 비활성화를 지정하는데, 여기서는 광원을 활성화시키고 있다. ⑮는 광원의 정의 및 활성화에 대한 구체적인 내용을 표현한 것으로서 Light0의 광원을 활성화한다.

03 Section 반사 광원(Reflection Light Source)

광원 벡터(Light Source Vector)

입사각(Incidence Angle)

반사각(Reflection Angle)

조명은 광원을 향하는 **광원 벡터**(Light Source Vector)와 임의의 점(Point)에서 표면에 수직인 법선 벡터(Normal Vector)가 이루는 각 즉, **입사각**(Incidence Angle)과 **반사각**(Reflection Angle) 등으로 구분할 수 있는데, 광원 벡터와 법선 벡터 및 입사각 사이의 관계는 (수식 5-2)와 같이 표현할 수 있다.

$$N \cdot L = |N||L| \cos\theta (1)(1) \cos\theta = \cos\theta \qquad \text{(수식 5-2)}$$

내적(Inner Product, Dot Product, Scalar Product)

외적(Outer Product, Vector Product, Cross Product)

여기서 N은 [그림 5-10]과 같이 법선 벡터(Normal Vector)이고, L은 광원 벡터(Light Source Vector)를 의미한다. 또한 θ는 N과 L이 이루는 입사각을 의미하고, N과 L의 내적(Inner Product)으로 표현한다. 여기서 **내적**(Inner Product, Dot Product, Scalar Product)은 두 벡터의 이항 연산 결과가 Scalar이며 연산 기호는 '·'을 사용한다. 또한 두 벡터의 이항 연산의 결과가 두 벡터와 공통으로 수직인 벡터일 때를 **외적**(Outer Product, Vector Product, Cross Product)이라고 하며 연산 기호는 '×'를 사용한다.

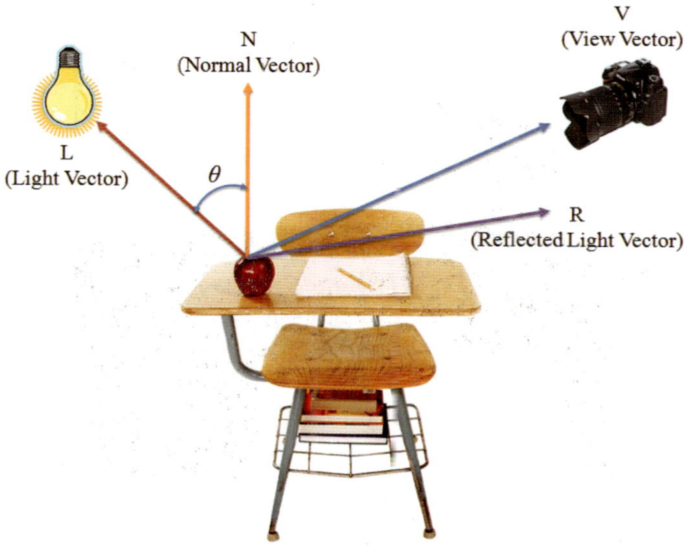

[그림 5-10] 조명의 입사각(Incidence Angle)과 반사각(Reflection Angle)

시점 벡터(View Vector)

반사광 벡터(Reflected Light Vector)

[그림 5-10]에서 *V*는 Camera와 같이 시점을 향하는 **시점 벡터(View Vector)**이고, *R*은 **반사광 벡터(Reflected Light Vector)**이다. 여기서 반사광 벡터를 구성하는 반사광의 세기는 광원의 위치, 시점의 위치 및 객체의 면(Face)이 놓여있는 방향 등과 같이 여러 가지 요소들에 의해 결정된다. 이와 같은 반사광은 주변 반사(Ambient Reflection), 난반사(확산 반사, Diffuse Reflection) 및 정반사(거울 반사, Specular Reflection) 등으로 구분할 수 있다.

1. 주변 반사(Ambient Reflection)

주변 반사

주변광(Ambient Light)

주변 반사는 광원에 의해 직접 빛이 들어오는 것이 아니라 최소 한 번 이상 임의의 객체에 빛이 부딪쳐서 반사되어 들어와 해당 객체의 면(Face)에 밝기를 부여해주는 것을 의미한다. 광원에 의해 빛이 직접 들어오는 것이 아니기 때문에 들어오는 빛을 다시 반사시킬 수 있을 정도는 아니지만 매우 미약하게나마 다시 반사되는 빛은 존재하고 있다. 그러므로 인간의 눈을 통하여 객체를 볼 수 있을 것이고 그때의 빛을 **주변광(Ambient Light)**이라고 한다. 그러나 주변 반사에 의해 해당 객체로 들어오는 빛은 360도 모든 방향에서 들어올 수 있기 때문에 빛의 근원지(Source)를 추적하기란 거의 불가능하다. 그래서 주변광은 시점(Viewpoint)과 무관하게 객체의 모든 면(Face)에 대해 일정한 크기의 밝기를 가진다고 가정한다.

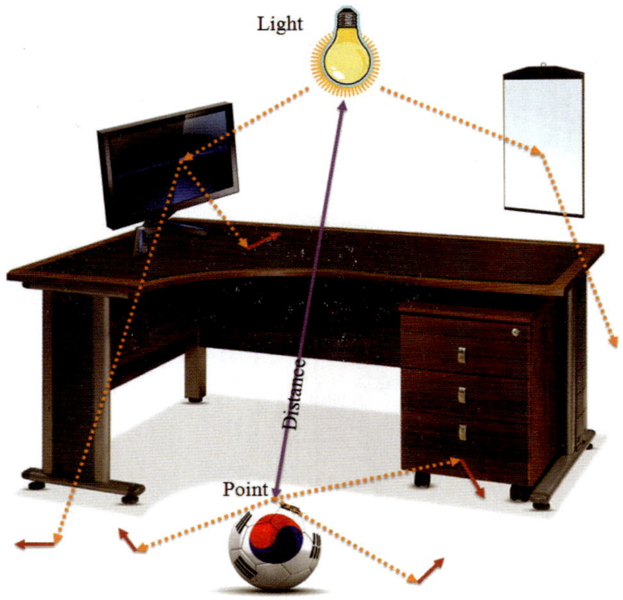

[그림 5-11] 광원과 주변 반사

[그림 5-11]은 하나의 광원이 있을 때 광원으로부터 나오는 빛이 주변의 다양한 객체들과 부딪쳐서 반사되고, 그 반사된 빛은 또 다른 객체와 부딪쳐서 반사되어 여러 가지 방향에서 들어오는 주변 반사를 형성하고 있음을 보여주고 있다. 광원으로부터 나오는 빛의 세기는 광원과 객체와의 거리가 가까울수록 강해지고, 멀어질수록 약해진다. (수식 5-3)은 이와 같은 빛의 세기에 대한 속성을 이용하여 주변광의 세기를 수식으로 표현한 것이다.

$$Ambient\ Reflection = \frac{K_a I_a}{D^2} \qquad \text{(수식 5-3)}$$

여기서 K_a는 주변광의 계수로서 주변광의 세기를 조절하는 데 사용할 수 있다. 만약 K_a을 증가시키면 광원의 위치나 객체면의 방향과 상관없이 객체의 모든 면의 밝기가 동시에 증가하게 된다. 주변광에 의한 객체면의 색상은 광원으로부터 나오는 빛의 색상과 객체가 가지고 있는 색상에 따라 최종적으로 결정되어진다. I_a는 주변광의 세기이고, D는 객체와 광원과의 거리를 의미한다.

2. 난반사(확산 반사, Diffuse Reflection)

난반사
완전 난반사(Perfect Diffuse Reflection)
방향성 난반사(Directional Diffuse Reflection)

난반사는 광원으로부터 나오는 빛이 객체의 면에 직접 부딪쳐서 여러 방향으로 흩어지면서 반사되는 것으로서 [그림 5-12]와 같이 **완전 난반사(Perfect Diffuse Reflection)**와 **방향성 난반사(Directional Diffuse Reflection)**로 구분되어진다. 완전 난반사는 광원으로부터 들어오는 빛이 객체의 면에 부딪치면서 사방으로 흩어지는 특성을 가지고 있고, 방향성 난반사는 광원으로부터 들어오는 빛이 객체의 면에 부딪치면서 일정한 방향을 향하여 반사되는 특성을 가지고 있다. 그러므로 완전 난반사는 객체의 면이 거친 경우에 해당하고, 방향성 난반사는 객체의 면이 부드러운 경우에 해당한다. 물론 모든 객체들의 표면이 거치거나 부드러운 것으로만 구분되는 것은 아니기 때문에 객체 표면의 특성에 따라 난반사의 유형은 다양하게 나타날 것이다.

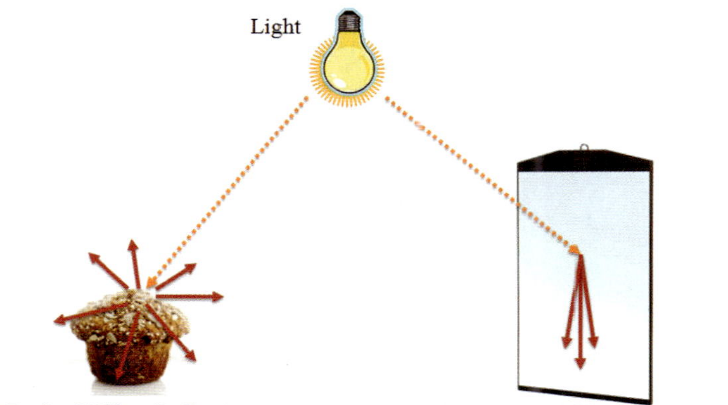

[그림 5-12] 완전 난반사와 방향성 난반사

난반사광(Diffuse Reflection Light)

[그림 5-12]와 같이 광원으로부터 들어오는 빛이 객체의 면에 부딪쳐서 반사되는 **난반사광(Diffuse Reflection Light)**의 세기는 Camera 즉, 시점(Viewpoint)의 위치가 어디에 있는가에 따라 객체의 밝기는 달라질 수 있다. 또한 빛이 들어오는 위치에 놓여있는 객체의 면(Face)이 정면인지 비스듬한지에 따라 반사되는 난반사광의 크기가 달라진다. 그러므로 광원으로부터 들어오는 빛을 받은 객체의 면(Face)이 가지는 밝기는 (수식 5-4)와 같이 광원 벡터(Light Source Vector)와 객체의 법선 벡터(Normal Vector)가 이루는 입사각 θ의 Cosine에 정비례한다.

$$Diffuse\ Reflection \propto \cos\theta \qquad \text{(수식 5-4)}$$

즉, 입사각 θ이 0도이면, 광원으로부터 들어오는 빛은 객체의 표면에 수직 방향으로 들어오게 되며 $\cos\theta = \cos(0) = 1$이 되어 가장 밝고 강한 반사광이 된다. 그리고 입사각 θ이 90도이면, $\cos\theta = \cos(90) = 0$이 되어 반사되는 반사광은 전혀 없게 된다. 이와 같이 난반사광의 세기는 입사각에 큰 영향을 받기도 하지만 광원의 세기와 광원 및 객체와의 거리에도 영향을 주게 된다.

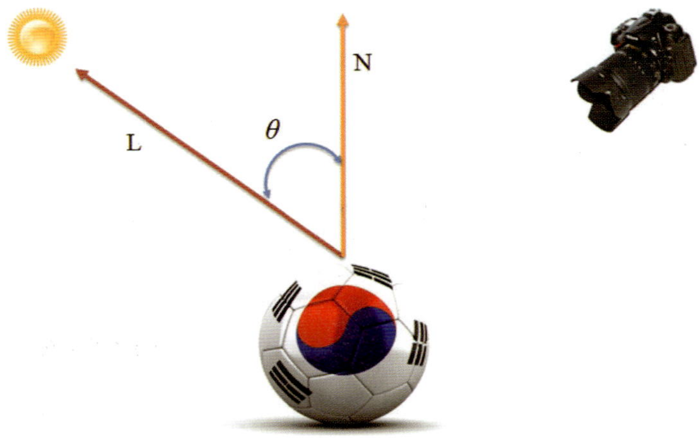

[그림 5-13] 난반사광의 세기

[그림 5-13]과 같이 시점의 위치에 상관없는 난반사광의 세기는 (수식 5-5)와 같이 구체적으로 표현할 수 있다.

$$Diffuse\ Reflection = \frac{K_d I_d \cos\theta}{D^2} = \frac{K_d I_d (N \cdot L)}{D^2} \qquad \text{(수식 5-5)}$$

여기서 K_d는 난반사광의 계수로서 난반사광의 세기를 조절하기 위하여 사용할 수 있다. 만약 광원으로부터 들어오는 모든 빛을 흡수하는 성질을 가진 객체라면 K_d는 0에 가깝게 될 것이고, 광원으로부터 들어오는 모든 빛을 반사하는 성질을 가진 객체라면 K_d는 1에 가깝게 될 것이다. I_d는 난반사광의 세기이며, D는 광원과 객체 사이의 거리를 의미한다. 또한 N은 객체의 면과 수직인 방향의 법선 벡터(Normal Vector)이고, L은 광원 벡터(Light Vector)를 의미한다. [그림 5-14]는 광원의 위치에 따라 Sphere 객체 표면이 반사하는 난반사의 효과를 나타낸다. 난반사에서 객체의 색상은 광원의 색상과 객체의 색상 및 객체 표면의 특성 등에 의해 최종적으로 결정되어진다.

[그림 5-14] 광원의 위치에 따른 난반사의 효과

[그림 5-15]는 난반사광의 계수(K_d)와 주변광의 계수(K_a)의 관계를 Sphere 객체를 상대로 표현한 것으로서, 각각의 계수 값의 변화에 따라 서로 다른 결과를 보여주고 있음을 확인할 수 있다.

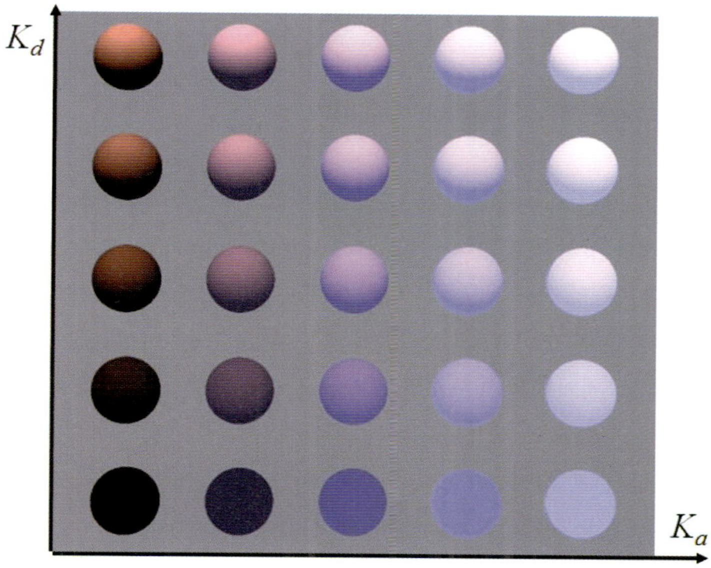

[그림 5-15] 난반사광의 계수(K_d)와 주변광의 계수(K_a)의 관계

3. 정반사(거울 반사/경면 반사, Specular Reflection)

정반사

광원으로부터 들어오는 빛을 일정한 방향으로 거의 모두 반사하는 것을 정반사라고

거울 반사
경면 반사

하며, 거울과 같이 광원으로부터 들어오는 빛을 일정한 방향으로 100%에 가깝게 모두 반사하는 경우를 **거울 반사** 혹은 **경면 반사**라고 하기도 한다. 난반사와 정반사는 쉽게 구별할 수 있는데, 난반사는 광원의 색상과 객체의 색상 및 객체 표면의 특성에 따라 최종적인 객체의 색상이 결정되지만, 정반사는 광원으로부터 들어오는 빛을 그대로 반사하기 때문에 시점으로 반사되어 들어오는 색상은 빛의 색상이 된다. [그림 5-16]은 정반사와 난반사의 차이점을 Sphere 객체를 대상으로 비교한 것인데, 정반사의 경우 Highlight 부분을 보면 빛의 색상이 그대로 보이고 있음을 확인할 수 있다.

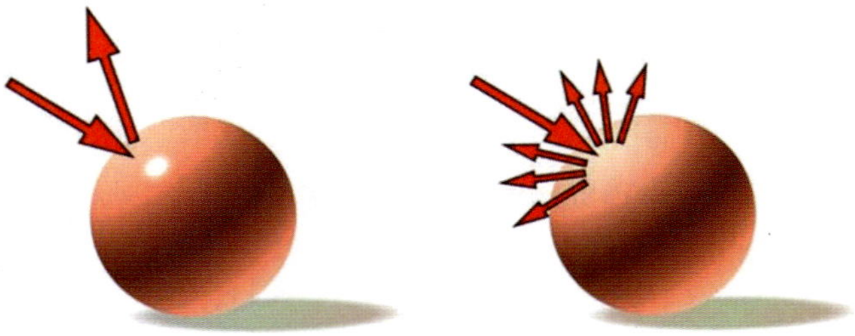

(A) 정반사 (B) 난반사

[그림 5-16] 정반사와 난반사의 비교

정반사광(Specular Reflection Light)

[그림 5-16]과 같이 광원으로부터 들어오는 빛이 객체의 면(Face)에 부딪쳐서 일정한 방향으로 그대로 반사되는 **정반사광(Specular Reflection Light)**의 세기는 Camera 즉, 시점(Viewpoint)의 위치가 반사광의 방향과 정반대의 위치에 있을 경우 가장 크다. 또한 빛이 들어오는 위치에 놓여있는 객체의 면(Face)이 정면인지 비스듬한지에 따라 반사되는 정반사광의 방향은 달라진다. 그러므로 광원으로부터 들어오는 빛을 받은 객체의 면(Face)이 가지는 밝기는 [그림 5-17]와 같이 반사광(Reflection Light)과 시점 벡터(View Vector)가 이루는 각을 ϕ라고 할 때 시점(V)으로 들어오는 정반사광의 크기는 $\cos\phi$에 정비례한다.

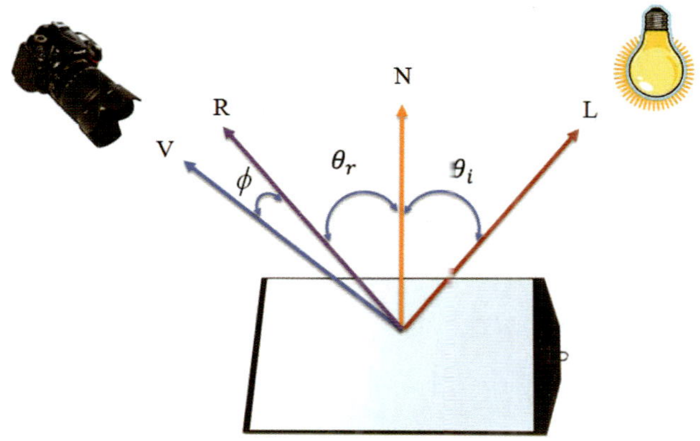

[그림 5-17] 정반사

광택 계수(Shininess Coefficient)

또한 객체의 표면이 얼마나 매끄러운지를 표현할 수 있게 하기 위하여 승수 n을 추가하는데, 이를 **광택 계수**(Shininess Coefficient)라고 한다. 결국 정반사는 (수식 5-6)과 같이 $\cos^n \phi$에 정비례한다.

$$Specular\ Reflection \propto \cos^n \phi \qquad \text{(수식 5-6)}$$

정반사는 (수식 5-6)에서 광택 계수(승수 n)를 크게 함으로써 [그림 5-18]과 같이 객체의 Highlight 부분이 아주 좁은 시야에서만 확인할 수 있게 하고, Highlight의 반지름이 작아지는 대신 선명하게 된다. 그러나 광택 계수의 크기를 작게 하면 Highlight의 반지름이 커지면서 점차적으로 부드러운 모습을 갖추게 된다.

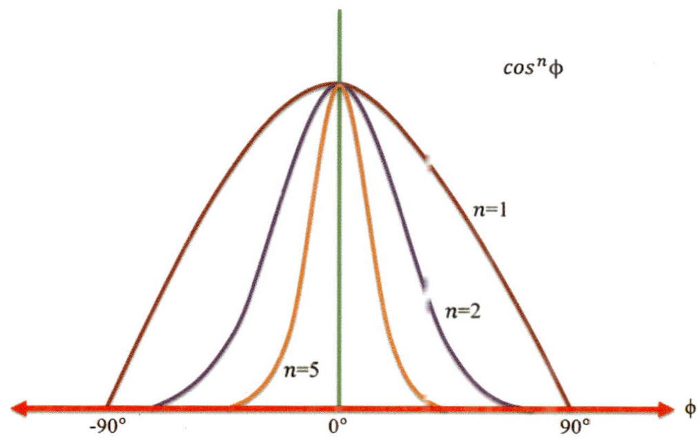

[그림 5-18] 광택 계수 n에 따른 $\cos^2 \phi$

이와 같은 정반사를 구체적으로 표현하면 (수식 5-7)과 같다.

$$Specular\ Reflection = \frac{K_s I_s \cos^n \phi}{D^2} = \frac{K_s I_s (V \cdot R)^n}{D^2} \quad \text{(수식 5-7)}$$

정반사광의 계수 (Specular Reflective Coefficient)

여기서 K_s는 정반사광의 계수(Specular Reflective Coefficient), I_s는 광원의 정반사광의 세기, D는 광원과 객체 사이의 거리를 의미한다. [그림 5-19]는 정반사광의 계수인 K_s와 광택 계수 n에 값의 변화에 따른 정반사의 결과를 Sphere 객체에 표현하여 나타낸 것이다.

[그림 5-19] 정반사광의 계수(K_s)와 광택 계수(n)의 관계

4. 반사광의 합성

객체의 표면을 밝게 해주는 광원들의 종류는 점광원과 방향성 광원 등으로 구분되어지며, 이들 광원들에 의해 주변 반사, 난반사 및 정반사 등의 요소들이 영향을 주게 된다. 즉, 주변 반사는 주변 객체들에 의해 해당 객체로 반사되어 들어오는 반사광이고, 난반사는 객체의 표면이 얼마나 거친지 부드러운지에 따라 다양하게 반사되는 반사광이며, 정반사는 객체의 표면이 얼마나 부드럽고 매끄러운지에 따라 빛

이 일정한 방향으로 모두 반사되는 반사광이다. [그림 5-20]은 3가지 종류의 반사광을 한꺼번에 표현한 것으로서 주변 반사, 난반사 및 정반사를 각각 표현한 것보다 더욱더 실감나게 보이고 있음을 확인할 수 있다.

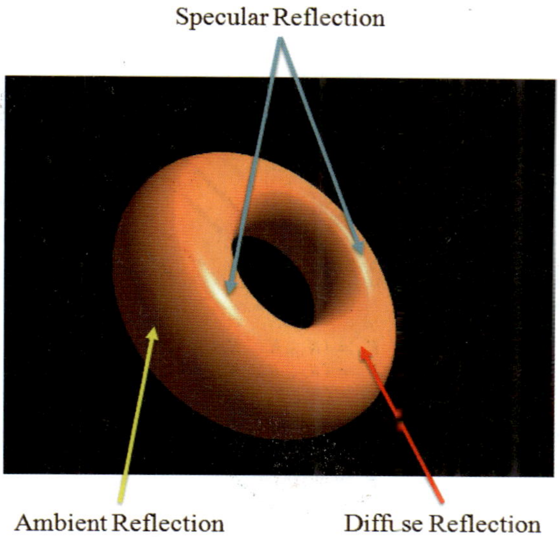

[그림 5-20] 반사광의 종류에 따른 객체의 모습

(수식 5-8)은 3가지 반사광을 모두 합한 것으로서 객체를 구성하는 모든 면(Face)들의 색상은 항상 3가지 반사광을 이루는 R, G, B 성분에 의해서 결정된다.

$$I = Ambient\ Reflection + Diffuse\ Reflection + Specular\ Reflection$$
$$= \frac{1}{a+bD+cD^2}(K_a I_a + K_d I_d (N \cdot L) + K_s I_s (R \cdot V)^n) \quad \text{(수식 5-8)}$$

여기서 N, L, R, V는 법선 벡터(Normal Vector), 광원 벡터(Light Vector), 반사광 벡터(Reflection Light Vector) 및 시점 벡터(View Vector)를 의미하며 모두 단위 벡터이다. (수식 5-8)을 실제 구현에 사용하고자 할 경우에는 세 가지 요인을 고려하여야 한다. 첫째, 광원이 여러 개인 경우에는 각각의 광원에서 나오는 빛을 모두 고려하여 R, G, B에 대하여 별도로 합산해 주어야 한다. 둘째, 주변 반사, 난반사 및 정반사와 같이 반사의 종류별로 광원에서 들어오는 빛의 세기가 I_a, I_d, I_s 등과 같이 모두 다르다는 것이다. 셋째, 주변 반사, 난반사 및 정반사 등 3가지 반사의 종류별로 반사광의 색상이 K_a, K_d, K_s와 같이 모두 달라야 한다. 결국 객체로부터 반사되는 여러 가지 반사광을 시점에서 보기 위해서는 [그림 5-21]과 같이 3가지 종류의 반사광에 대한 계수를 각각 고려하여야 한다는 것이다.

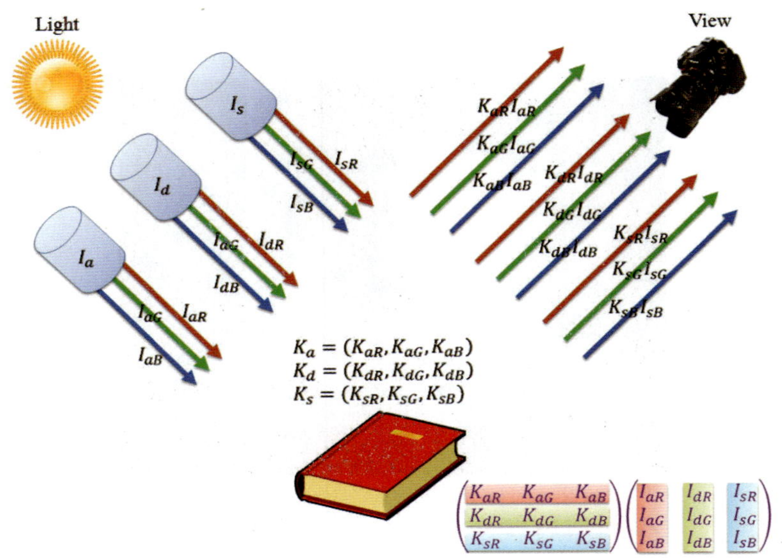

[그림 5-21] 조명의 매개변수(Parameter)들

3가지 종류의 반사광에 대한 계수는 광원의 특성에 대한 계수와 객체에 관한 계수로 구분되어진다. 광원의 특성에 대한 계수 I_a, I_d, I_s은 주변광, 난반사광, 정반사광 등에 대한 광원의 세기를 나타낸다. 각 계수들은 모두 R, G, B 색상으로 구분하여 표현되어진다. 객체의 특성에 관한 계수 K_a, K_d, K_s은 주변광, 난반사광 및 정반사광 등에 대한 반사 계수를 나타낸다. 마찬가지로 각 계수는 모두 R, G, B 색상으로 구분하여 표현되어진다. 여기서 광원의 특성과 객체의 특성을 모두 3가지 종류별로 각각 구분하는 이유는 각 성분별로 세부적으로 계수를 표현하여 정밀한 조명 효과를 제공하고 조절할 수 있도록 하기 위해서이다.

[그림 5-22]는 이와 같은 광원의 특성과 객체의 특성을 모두 세부적으로 고려하고 구현한 결과이고, [코드 5-5]은 그 소스 코드이다.

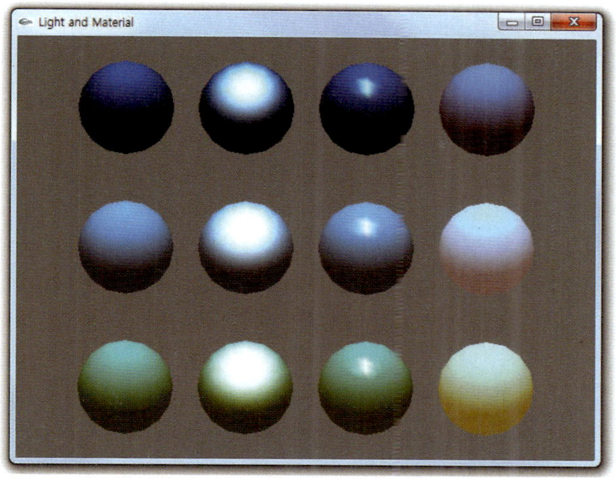

[그림 5-22] 광원의 특성과 객체의 특성을 고려하여 구현한 결과

코드 5-5 조명과 재질

```
#include <glut.h>

void MyInit(void) {
    GLfloat ambient[] = { 0.0, 0.0, 0.0, 1.0 };  ················ ①
    GLfloat diffuse[] = { 1.0, 1.0, 1.0, 1.0 };  ················ ②
    GLfloat specular[] = { 1.0, 1.0, 1.0, 1.0 };  ··············· ③
    GLfloat position[] = { 0.0, 3.0, 2.0, 0.0 };  ··············· ④
    GLfloat lmodel_ambient[] = { 0.4, 0.4, 0.4, 1.0 };  ········· ⑤
    GLfloat local_view[] = { 0.0 };  ···························· ⑥

    glClearColor(0.0, 0.0, 0.0, 0.0);
    glEnable(GL_DEPTH_TEST);
    glShadeModel(GL_SMOOTH);

    glLightfv(GL_LIGHT0, GL_AMBIENT, ambient);  ················· ⑦
    glLightfv(GL_LIGHT0, GL_DIFFUSE, diffuse);  ················· ⑧
    glLightfv(GL_LIGHT0, GL_POSITION, position);  ··············· ⑨
    glLightModelfv(GL_LIGHT_MODEL_AMBIENT, lmodel_ambient);  ···· ⑩
    glLightModelfv(GL_LIGHT_MODEL_LOCAL_VIEWER, local_view);  ··· ⑪

    glEnable(GL_LIGHTING);  ····································· ⑫
    glEnable(GL_LIGHT0);  ······································· ⑬
}
```

```
void MyDisplay() {
    GLfloat no_mat[] = { 0.0, 0.0, 0.0, 1.0 }; ........................ ⑭
    GLfloat mat_ambient[] = { 0.7, 0.7, 0.7, 1.0 }; .................... ⑮
    GLfloat mat_ambient_color[] = { 0.8, 0.8, 0.2, 1.0 }; .............. ⑯
    GLfloat mat_diffuse[] = { 0.1, 0.5, 0.8, 1.0 }; .................... ⑰
    GLfloat mat_specular[] = { 1.0, 1.0, 1.0, 1.0 }; ................... ⑱
    GLfloat no_shininess[] = { 0.0 }; .................................. ⑲
    GLfloat low_shininess[] = { 5.0 }; ................................. ⑳
    GLfloat high_shininess[] = { 100.0 }; .............................. ㉑
    GLfloat mat_emission[] = {0.3, 0.2, 0.2, 0.0}; ..................... ㉒

    glClear(GL_COLOR_BUFFER_BIT | GL_DEPTH_BUFFER_BIT); ................ ㉓

    // 1행(Row) 1열(Column)에 Sphere를 그린다.
    // Diffuse Reflection only; no ambient or specular
    glPushMatrix();
        glTranslatef (-3.75, 3.0, 0.0);
        glMaterialfv(GL_FRONT, GL_AMBIENT, no_mat); .................... ㉔
        glMaterialfv(GL_FRONT, GL_DIFFUSE, mat_diffuse); ............... ㉕
        glMaterialfv(GL_FRONT, GL_SPECULAR, no_mat); ................... ㉖
        glMaterialfv(GL_FRONT, GL_SHININESS, no_shininess); ............ ㉗
        glMaterialfv(GL_FRONT, GL_EMISSION, no_mat); ................... ㉘
        glutSolidSphere(1.0, 16, 16);
    glPopMatrix();

    // 1행(Row) 2열(Column)에 Sphere를 그린다.
    // Diffuse and Specular Reflection; low shininess; no ambient
    . . . . . . . . . . .

    // 1행(Row) 3열(Column)에 Sphere를 그린다.
    // Diffuse and Specular Reflection; high shininess; no ambient
    . . . . . . . . . . .

    // 1행(Row) 4열(Column)에 Sphere를 그린다.
    // Diffuse Reflection; emission; no ambient or specular reflection
    . . . . . . . . . . .

    // 2행(Row) 1열(Column)에 Sphere를 그린다.
    // Ambient and Diffuse Reflection; no specular
    . . . . . . . . . . .

    // 2행(Row) 2열(Column)에 Sphere를 그린다.
```

```
    // Ambient, Diffuse and Specular Reflection; low shininess
    . . . . . . . . . . .

    // 2행(Row) 3열(Column)에 Sphere를 그린다.
    // Ambient, Diffuse and Specular Reflection; high shininess
    . . . . . . . . . . .

    // 2행(Row) 4열(Column)에 Sphere를 그린다.
    // Ambient and Diffuse Reflection; emission; no specular
    . . . . . . . . . . .

    // 3행(Row) 1열(Column)에 Sphere를 그린다.
    // Colored Ambient and Diffuse Reflection; no specular
    . . . . . . . . . . .

    // 3행(Row) 2열(Column)에 Sphere를 그린다.
    // Colored Ambient, Diffuse and Specular Reflection; low shininess
    . . . . . . . . . . .

    // 3행(Row) 3열(Column)에 Sphere를 그린다.
    // Colored Ambient, Diffuse and Specular Reflection; high shininess
    . . . . . . . . . . .

    // 3행(Row) 4열(Column)에 Sphere를 그린다.
    // Colored Ambient and Diffuse Reflection; emission; no specular
    . . . . . . . . . . .

    glFlush();
}

void MyReshape(int w, int h) {
    . . . . . . . . . . .
}

int main(int argc, char** argv) {
. . . . . . . . . . .
}
```

[코드 5-5]의 ①은 Light0을 위한 주변광(Ambient Light)에 대한 실수형 변수 선언 및 RGBA로 구성된 초기값을 설정한 것이고, ⑦에서 호출하여 사용되어진다. ②는 Light0을 위한 확산광(Diffuse Light)에 대한 실수형 변수 선언 및 RGBA로 구성

된 초기값을 설정한 것이고, ⑧에서 호출하여 사용되어진다. ③은 Light0을 위한 경면광(Specular Light)에 대한 실수형 변수 선언 및 RGBA로 구성된 초기값을 설정한 것이고, ④는 3D 공간에서 Light0의 위치에 대한 실수형 변수 선언 및 (x, y, z, w)로 구성된 초기값을 설정한 것이고, ⑨에서 호출하여 사용되어진다. ⑤는 조명 모델의 매개변수(Parameter)의 값으로 사용되기 위한 실수형 변수 선언 및 RGBA로 구성된 초기값을 설정한 것이고, ⑩에서 호출되어 사용되어진다. ⑥은 조명 모델의 매개변수(Parameter)의 값으로 사용되기 위한 실수형 변수 선언 및 RGBA로 구성된 초기값을 설정한 것이고, ⑪에서 호출되어 사용되어진다. ⑦은 Light0의 주변광을 ①의 값을 호출하여 실행한다. ⑧은 Light0의 확산광을 ②의 값을 호출하여 실행한다. ⑨는 Light0의 위치를 설정하는 것으로서 ④의 값을 호출하여 실행한다. ⑩과 ⑪의 glLightModelfv 함수는 조명 모델의 매개변수(Parameter)를 설정하는 것으로서 <표 5-6>의 glLightModelfv 함수에 대한 Prototype에서 더 자세한 정보를 확인할 수 있다.

〈표 5-6〉 glLightModelfv 함수에 대한 Prototype

<table>
<tr><th colspan="2">void glLightModelfv (GLenum pname, const GLfloat *params);</th></tr>
<tr><td rowspan="3">Parameters Help</td><td>pname // 조명 모델 매개변수(Parameters)</td></tr>
<tr><td>
<table>
<tr><th>Value</th><th>Description</th></tr>
<tr><td>GL_LIGHT_MODEL_AMBIENT</td><td>params 매개변수(Parameter)는 전체 장면의 주변 RGBA 세기를 정의하는 네 개의 부동 소수점 값(R, G, B, A)으로 구성.
Default : (0.2, 0.2, 0.2, 1.0)</td></tr>
<tr><td>GL_LIGHT_MODEL_LOCAL_VIEWER</td><td>params 매개변수(Parameter)는 정반사 각도가 어떻게 계산되는지를 지정하는 하나의 부동 소수점 값으로 구성.
Default : 0</td></tr>
<tr><td>GL_LIGHT_MODEL_TWO_SIDE</td><td>params 매개변수(Parameter)는 한쪽(0) 혹은 양쪽(1) 조명 계산이 다각형에 대한 완료 여부를 지정하는 하나의 부동 소수점 값으로 구성.
Default : 0</td></tr>
</table>
</td></tr>
<tr><td>params // 값 혹은 값에 대한 Pointer</td></tr>
</table>

⑫는 광원을 활성화시켜주고, ⑬은 광원 Light0을 활성화시킨다. ⑭~㉒는 객체

의 재질(Material)에 대한 특성들을 위한 실수형 변수 선언 및 RGBA로 구성된 초기 값을 각각 설정한 것이다. ㉓의 glClear 함수는 미리 설정된 값으로 Buffer를 지우는 기능을 하는데, 매개변수(Parameter)들 중 GL_COLOR_BUFFER_BIT은 색상을 적용하기 위해 색상 Buffer를 지운다. ㉔~㉘은 객체의 재질(Material)에 대한 특성들을 ⑭~㉒에서 각각 호출하여 객체의 표면에 적용한다. 객체의 재질에 대한 특성은 <표 5-7>의 glMaterial* 함수에 대한 Prototype에서 더 자세히 확인할 수 있다.

〈표 5-7〉 glMaterial* 함수에 대한 Prototype

```
void glMaterialf ( Glenum face, Glenum pname, GLfloat param );
void glMateriali ( GLenum face, GLenum pname, GLint param );
void glMaterialfv ( GLenum face, GLenum pname, const GLfloat *params );
void glMaterialiv ( GLenum face, GLenum pname, const GLint *params );
```

Parameters Help	*face*	// 재질을 지정할 면을 설정
		// GL_FRONT, GL_BACK, GL_FRONT_AND_BACK
	pname	// 재질 속성의 종류. <표 5-8> 참조
	param / params	// 재질의 속성을 지정하는 값. RGBA 혹은 단일 실수값

여기서 <표 5-7>의 glMaterial* 함수의 두 번째 매개변수(Parameter)에 대해서는 <표 5-8>에서 더 자세히 확인할 수 있다.

〈표 5-8〉 객체의 특성을 나타내기 위한 glMaterial*() 함수의 매개변수(Parameter)들

Parameter Name	Default Value	Description
GL_AMBIENT	(0.2, 0.2, 0.2, 1.0)	주변 반사에 대한 객체의 색상
GL_DIFFUSE	(0.8, 0.8, 0.8, 1.0)	확산 반사에 대한 객체의 색상
GL_AMBIENT_AND_DIFFUSE		주변 반사와 확산 반사에 대한 객체의 색상
GL_SPECULAR	(0.0, 0.0, 0.0, 1.0)	경면 반사에 대한 객체의 색상
GL_SHINENESS	0.0	경면 반사의 광택 계수
GL_EMISSION	(0.0, 0.0, 0.0, 1.0)	객체의 발광 색상
GL_COLOR_INDEXES	(0, 1, 1)	주변 반사, 확산 반사, 경면 반사에 대한 색상의 Index

04 Section 음영(Shading)

음영(Shading, Surface Rendering)

음영(Shading, Surface Rendering)은 3D 공간에서 객체, 표면 및 다각형 등이 사진과 같이 사실적인 효과(Photo-realistic Effect)를 보여줄 수 있도록 하기 위해 조명으로부터의 거리 및 각도 등에 영향을 받아 색상을 변경하는 과정을 말한다. 즉, [그림 5-23]과 같이 여러 가지 종류의 조명 결과를 이용하여 객체의 표면에 색상을 부여하는 것으로서 Rendering 과정 중의 하나이다.

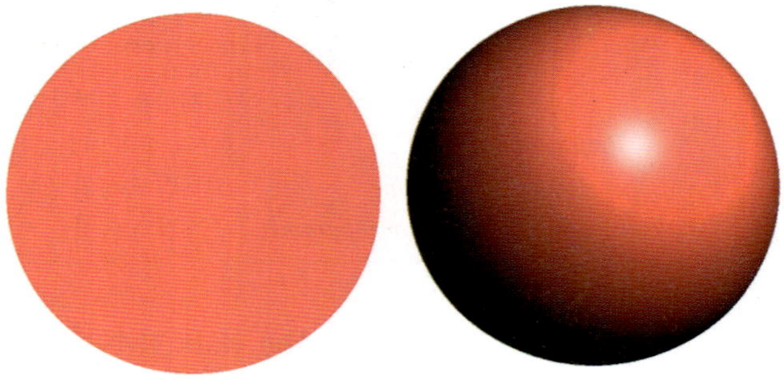

(A) Shading 적용 전 (B) Shading 적용 후

[그림 5-23] Shading 적용 전과 후의 비교

이와 같은 음영은 Flat Shading, Gouraud Shading 및 Phong Shading 등과 같은 3가지 표현 기법들이 주로 사용되어진다. 본 절에서는 이와 같은 3가지 종류의 음영 표현법에 대한 원리를 이해하고 OpenGL 소스 코드를 통한 구현 방법에 대하여 학습한다.

1. Flat Shading

Flat Shading
Constant Shading
Facet Shading

Flat Shading은 Constant Shading 또는 Facet Shading이라고도 하는데, 하나의 다각형(Polygon) 전체를 동일한 색상으로 부여해줌으로써 음영을 표현하는 매우 빠르고 간단한 방법이다. Flat Shading은 광원(Light Source)과 시점(Viewpoint)이 거리상으로 멀리 떨어져 있다고 가정하는 것에서부터 시작한다. 또한 하나의 다각형 표면을 구성하는 모든 Vertex들이 동일한 법선 벡터(Normal Vector)를 가지고 있다고 가정하여 다각형 내부의 모든 Vertex에서의 광원 벡터(Light Source Vector)와 시점 벡터(View Vector)가 동일한 것으로 가정한다. 결국 하나의 다각형은 광원 벡터, 법선 벡터 및 시점 벡터가 모두 동일하게 되어 조명에 의한 음영 표현도 다각형 내의 모든 Vertex들에서 동일하게 된다. 그러므로 하나의 다각형을 구성하는 Vertex들의 위치를 평균하여 하나의 중심점(Centroid)을 구하고, 중심점에서의 광원 벡터, 법선 벡터 및 시점 벡터를 기준으로 광원에 의한 빛이 들어오면 다각형 표면의 색상을 모두 하나로 채우게 된다.

마하 밴드 효과(Mach Band Effect)

그러나 Flat Shading은 [그림 5-24]와 같이 마하 밴드 효과(Mach Band Effect)라는 문제점을 가지고 있는데, 다각형과 다각형 사이에 각각의 음영 표현에 따른 색상의 차이가 커서 경계선이 뚜렷하게 나타난다는 것이다. 즉, 마하 밴드 효과는 다각형과 다각형이 만나는 경계선 부분에 별도로 경계선을 넣지 않아도 경계선을 추가적으로 그려 넣은 것처럼 보이는 것이다.

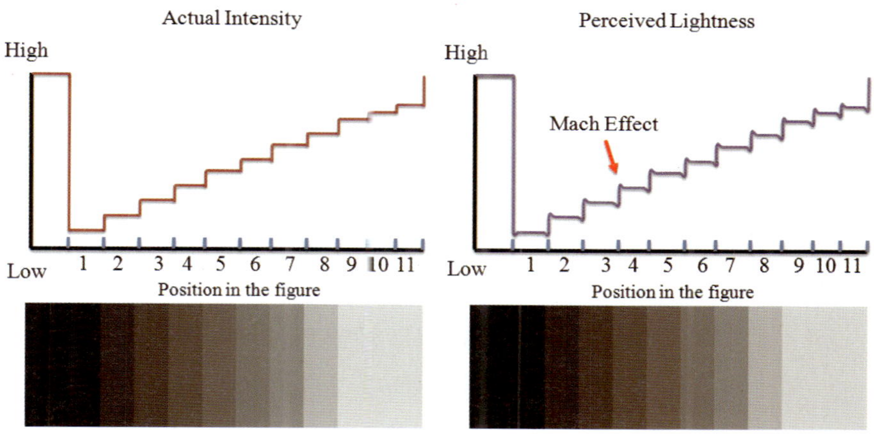

[그림 5-24] 마하 밴드 효과(Mach Band Effect)

[그림 5-25]는 3D 공간에 Cone, Torus 및 Sphere 등의 객체를 생성하고 Flat Shading으로 음영을 표현하여 구현한 결과인데, 다각형과 다각형 사이의 경계 부분에서 마하 밴드 효과를 쉽게 확인할 수 있다.

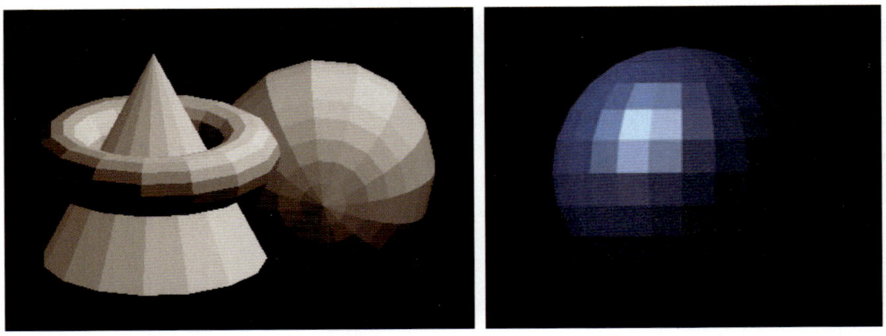

[그림 5-25] Flat Shading의 구현 결과

2. Gouraud Shading

Gouraud Shading

Flat Shading이 하나의 다각형 내부를 동일한 색상으로 채우는 음영 표현 방법이라면 Gouraud Shading은 하나의 다각형을 구성하는 Vertex들에 모두 서로 다른 색상을 부여하는 방법이다. 그러나 하나의 다각형을 구성하는 Vertex들의 개수는 너무 많고 방대하기 때문에 다각형 내부의 모든 Vertex들에 각각의 색상을 부여한다는 것은 불가능하다. 그러므로 다각형과 다각형들이 만나는 Vertex를 기준으로 계산을 하게 된다. 그리고 광원으로부터 들어오는 빛은 다각형의 법선 벡터(Normal Vector)로 입사한다고 보기 때문에 다각형과 다각형들이 만나는 Vertex의 법선 벡터를 알아야 한다. 그러나 서로 다른 기울기를 가진 각 다각형과 다각형들이 만나는 Vertex를 포함하는 평면을 형성하여 법선 벡터를 구하여야 하는데, 매우 어렵고 난해한 부분이다. 그러므로 해당 Vertex에서의 법선 벡터는 인접한 다각형들의 법선 벡터들을 평균하여 구하도록 한다.

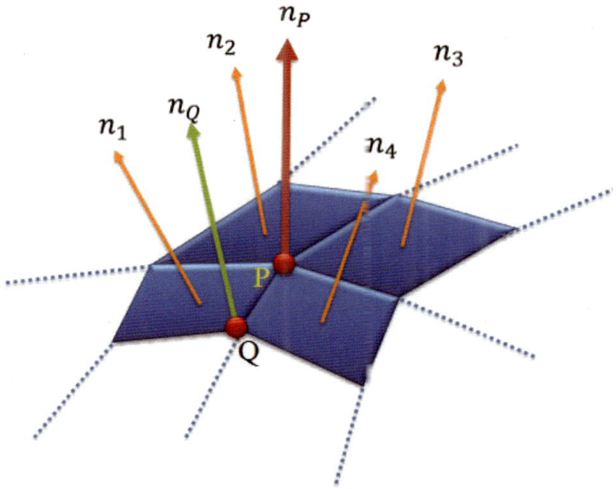

[그림 5-26] Vertex들의 법선 벡터

즉, [그림 5-26]과 같이 인접한 4개의 다각형들이 가지는 법선 벡터 n_1, n_2, n_3 및 n_4가 있다고 가정할 때 Vertex P에서의 법선 벡터는 (수식 5-9)와 같이 구할 수 있다.

$$n_p = = \frac{n_1 - n_2 + n_3 + n_4}{|n_1 - n_2 + n_3 + n_4|} \qquad \text{(수식 5-9)}$$

그리고 인접한 2개의 다각형들이 가지는 법선 벡터 n_1 및 n_4가 있다고 가정할 때 Vertex Q에서의 법선 벡터는 (수식 5-10)과 같이 구할 수 있다.

$$n_Q = \frac{n_1 + n_4}{|n_1 + n_4|} \qquad \text{(수식 5-10)}$$

양방향 선형 보간법(Bilinear Interpolation)
쌍 선형
이중 선형 보간법
선형 보간(Linear Interpolation)

이와 같은 방법으로 계산하여 구한 다각형과 다각형들이 만나는 Vertex들에 대한 법선 벡터를 사용하여 각 다각형들에 대한 음영을 표현하기 위해 [그림 5-27]과 같이 **양방향 선형 보간법(Bilinear Interpolation)**을 수행한다. 여기서 양방향 선형 보간법(Bilinear Interpolation)이란 **쌍 선형**, **이중 선형 보간법**이라고도 하며, 먼저 한쪽 방향으로 **선형 보간(Linear Interpolation)**을 수행하고, 그런 다음 다른 한쪽 방향으로 선형 보간(Linear Interpolation)을 수행하는 것이다. 즉, 일반적인 2D 격자(Grid)에서

보간(Interpolation)

두 개의 변수 x와 y의 보간(Interpolation) 기능을 위한 선형 보간(Linear Interpolation)의 확장 기능이라고 할 수 있다. 그러므로 [그림 5-27]에서 3개의 Vertex들에 대한 법선 벡터를 [그림 5-26]과 같은 방법으로 계산하여 미리 알고 있다고 가정하고 3개의 Vertex들에 대한 색상 I_1, I_2 및 I_3을 부여하자. 3개의 Vertex으로 구성된 다각형 내부의 한 Vertex에 해당하는 색상 I_6을 구하려면 먼저 I_1과 I_2에 선형 보간법을 적용하여 I_4를 구한다. 그리고 I_1과 I_3에 선형 보간법을 적용하여 I_5을 구한다. 그런 다음 I_4와 I_5에 선형 보간법을 적용하여 I_6을 구한다.

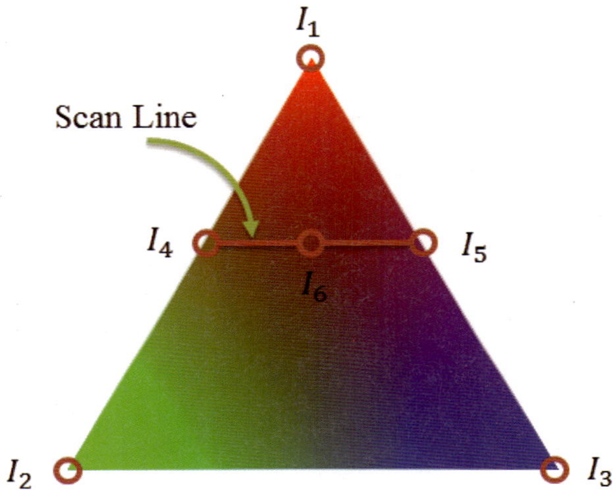

[그림 5-27] Gouraud Shading의 선형 보간법

결국 Gouraud Shading은 [그림 5-27]과 같은 방법으로 다각형 내부의 모든 Vertex들에 대한 색상을 계산하고 부여함으로써 음영 표현이 가능해진다. Gouraud Shading은 Flat Shading과 비교하면 [그림 5-28]과 같이 훨씬 더 부드러운 음영 효과를 표현할 수 있음을 확인할 수 있다.

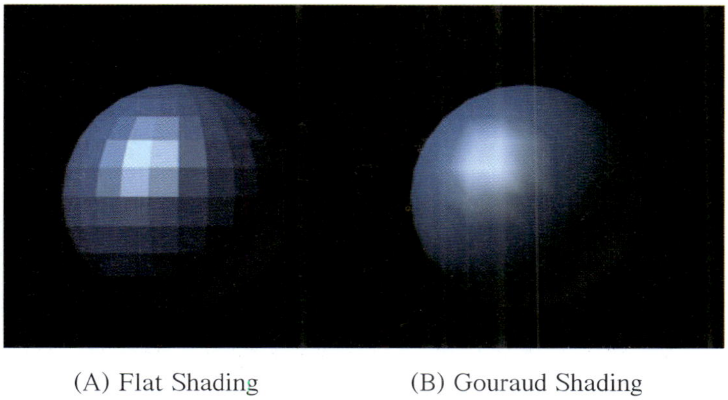

[그림 5-28] Flat Shading과 Gouraud Shading의 비교

정반사광(Specular Reflection Light)
경면광(Specular Light)

그러나 Gouraud Shading은 실제적인 Vertex의 법선 벡터와 근사적으로 계산된 법선 벡터가 완전히 일치한다고 볼 수 없기 때문에 **정반사광(Specular Reflection Light)**을 고려하지 않아서 **경면광(Specular Light)**에 의한 Highlight 표현이 불가능하다. 또한 [그림 5-27]과 같이 모든 다각형에 대하여 선형 보간법을 수행하기 때문에 Flat Shading보다 너무 많은 계산 시간을 필요로 한다. 그리고 다각형 내부는 Flat Shading보다 훨씬 더 부드러운 색상의 변화를 보여주고 있으나 다각형과 다각형들이 만나는 경계 부분에서는 Flat Shading과 같이 마하 밴드 효과(Mach Band Effect)가 여전히 남아 있는 문제점을 가지고 있다.

추가적으로, 어떤 경우에는 Gouraud Shading으로 음영을 표현하였으나 Flat Shading과 동일한 효과를 나타내는 경우가 발생하기도 한다. 예를 들어 [그림 5-29]와 같이 'o'으로 표현한 6개 Vertex에서의 법선 벡터는 모두 수직 방향을 나타내고 있다고 가정하자. 그럴 경우 각 Vertex들의 법선 벡터가 모두 수직으로 위를 향하기 때문에 모두 동일한 밝기를 가지며, 결국 Gouraud Shading을 적용하여도 다각형 내부가 모두 동일한 색상으로 표현되어진다.

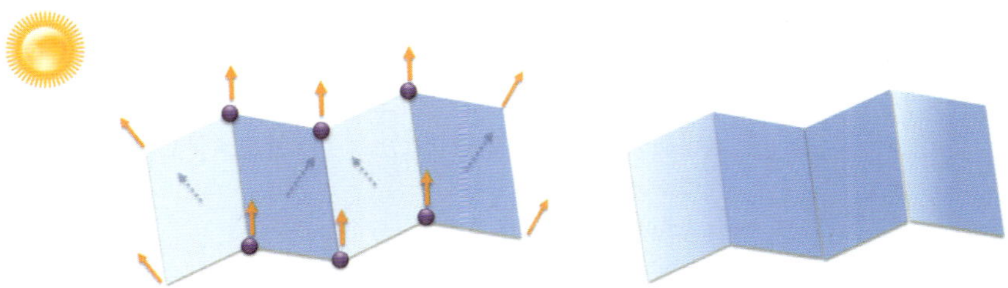

[그림 5-29] Gouraud Shading의 경우에 따른 오류

[그림 5-30]은 하나의 광원에 의한 객체의 Flat Shading을 구현한 결과이고, [그림 5-31]은 하나의 광원에 의한 객체의 Gouraud Shading을 구현한 결과이다. 그리고 [코드 5-6]은 그 소스 코드이다.

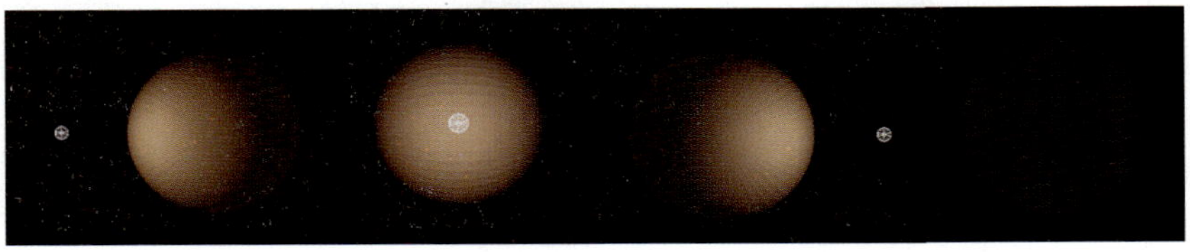

[그림 5-30] 광원에 의한 객체의 Flat Shading의 구현 결과

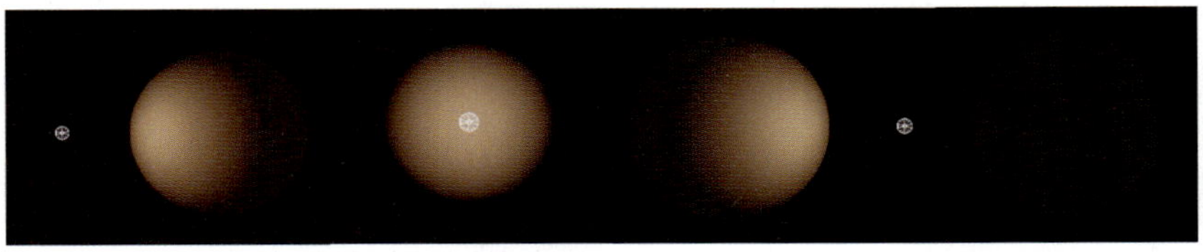

[그림 5-31] 광원에 의한 객체의 Gouraud Shading의 구현 결과

코드 5-6 광원에 의한 객체의 Flat Shading 및 Gouraud Shading

```
#include <glut.h>

static int SpinAngle = 0;

void InitLight( ) {
	GLfloat light0_ambient[ ] = {0.5, 0.4, 0.3, 1.0};
	GLfloat light0_diffuse[ ] = {0.8, 0.7, 0.6, 1.0};
	GLfloat light0_specular[ ] = {1.0, 1.0, 1.0, 1.0};

	GLfloat material_ambient[ ] = {0.4, 0.4, 0.4, 1.0};
	GLfloat material_diffuse[ ] =  {0.9, 0.9, 0.9, 1.0};
	GLfloat material_specular[ ] =  {1.0, 1.0, 1.0, 1.0};
	GLfloat material_shininess[ ] = {25.0};

	glShadeModel(GL_SMOOTH); ……………………………………………………… ①
	glEnable(GL_DEPTH_TEST);
	glEnable(GL_LIGHTING);
	glEnable(GL_LIGHT0);
	glLightfv(GL_LIGHT0, GL_AMBIENT, light0_ambient);
```

```
    glLightfv(GL_LIGHT0, GL_DIFFUSE, light0_diffuse);
    glLightfv(GL_LIGHT0, GL_SPECULAR, light0_specular);
}

void MyDisplay( ) {
    GLfloat LightPosition[ ] = {0.0, 0.0, 1.5, 1.0};
    glClear (GL_COLOR_BUFFER_BIT | GL_DEPTH_BUFFER_BIT);
    glPushMatrix( );
        glTranslatef(0.0, 0.0, -5.0);
        glPushMatrix( );
            glLightfv(GL_LIGHT0, GL_POSITION, LightPosition);
            glTranslatef(0.0, 0.0, 1.0);
            glDisable(GL_LIGHTING);
            glColor3f(0.9, 0.9, 0.9);
            glutWireSphere(0.06, 10, 10);
            glEnable(GL_LIGHTING);
        glPopMatrix();

        glRotatef(SpinAngle, 1.0, 0.0, 0.0);
        glTranslatef(1.5, 0.0, 0.0);
        glutSolidSphere(0.8, 400, 400);
    glPopMatrix( );
    glFlush( );
}

void MyReshape(int w, int h) {
. . . . . . . . . . .
}

void MyMouse(int button, int state, int x, int y) {
. . . . . . . . . . .
}

int main(int argc, char** argv) {
    glutInit(&argc, argv);
    glutInitDisplayMode(GLUT_SINGLE | GLUT_RGB | GLUT_DEPTH);
    glutInitWindowSize(800, 500);
    glutInitWindowPosition(100, 100);
    glutCreateWindow("Flat Shading & Gouraud Shading");
    InitLight( );
    glutDisplayFunc(MyDisplay);
    glutReshapeFunc(MyReshape);
```

```
        glutMouseFunc(MyMouse);

        glutMainLoop( );
        return 0;
}
```

[코드 5-6]의 ①은 음영(Shading)을 구현하기 위한 OpenGL 함수로서 <표 5-9>와 같이 glShadeModel 함수의 Prototype을 보면 더 많은 정보를 확인할 수 있다. 즉, ①의 glShadeModel(GL_SMOOTH)은 Gouraud Shading을 구현하도록 설정하고 있다. 만약 객체의 표면을 Flat Shading으로 표현하고 싶으면 ①의 glShadeModel(GL_SMOOTH)을 glShadeModel(GL_FLAT)로 변경하면 된다.

〈표 5-9〉 glShadeModel 함수에 대한 Prototype

void glShadeMode (Glenum *mode*);		

Parameters Help	*mode*	// Shading의 종류를 설정한다.
		// GL_FLAT 및 GL_SMOOTH. Default : GL_SMOOTH
		// Phong Shading은 지원을 하지 않으므로 별도로 구현해야 한다.

Project 5 – I	Solar System – Shading
구현 기능	[코드 5-12] 및 [Project 4-I]을 참고하여 다음 항목들을 추가 및 보완하라. – 태양(Sun)이 스스로 빛을 내도록 하고, 주변 행성들은 태양의 빛을 받아 음영 표현이 되도록 한다. – Keyboard Callback을 설정하고, <PgUp> 및 <PgDn> Key를 사용하여 Zoom In/Out이 가능하도록 한다.
구현 결과	

3. Phong Shading

Phong Shading
반사광(Reflection Light)
양방향 선형 보간법(Bilinear Interpolation)

Gouraud Shading의 단점을 보완하기 위한 Phong Shading은 Gouraud Shading에서와 같이 다각형과 다각형들이 만나는 부분의 Vertex에 대한 법선 벡터(Normal Vector)들을 먼저 구한다. 그리고 이와 같은 Vertex들의 법선 벡터들을 대상으로 보간법(Interpolation)을 적용하여 하나의 다각형 내부에 존재하는 모든 Vertex마다 색상이 아닌 법선 벡터를 계산한다. 마지막으로 다각형 내부에 있는 모든 법선 벡터마다 **반사광(Reflection Light)**의 세기를 구하여 음영을 표현하는 방법이다. Phong Shading은 Gouraud Shading과 같이 **양방향 선형 보간법(Bilinear Interpolation)**을 사용하며 Gouraud Shading이 각 Vertex들의 색상을 기준으로 보간법을 적용한다면, Phong Shading은 [그림 5-32]와 같이 색상이 아닌 법선 벡터를 기준으로 보간법을 수행한다는 것이 다른 점이다.

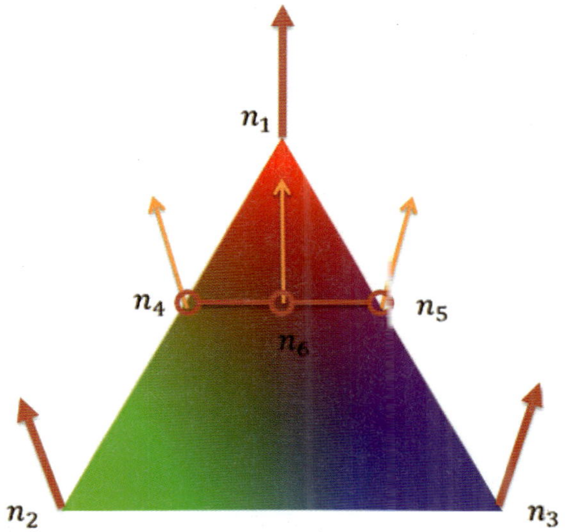

[그림 5-32] Phong Shading의 선형 보간법

[그림 5-33]의 (A)는 하나의 다각형이 가지는 임의의 Vertex P와 Q의 법선 벡터를 사용하여 선분 PQ 사이에 존재하는 각 Vertex마다의 법선 벡터에 보간법을 적용하여 나타낸 것이다.

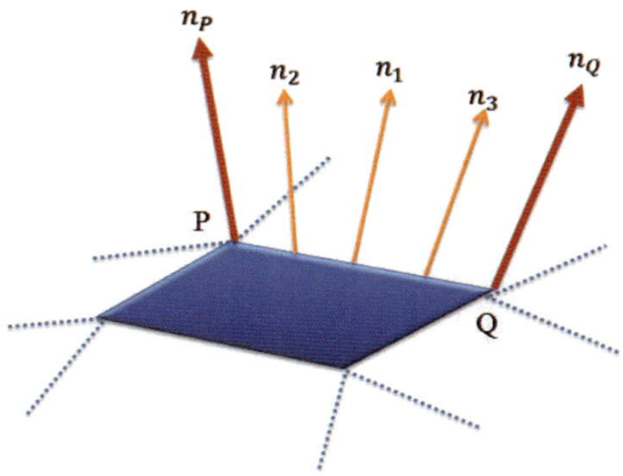

(A) 평면 다각형에서의 법선 벡터

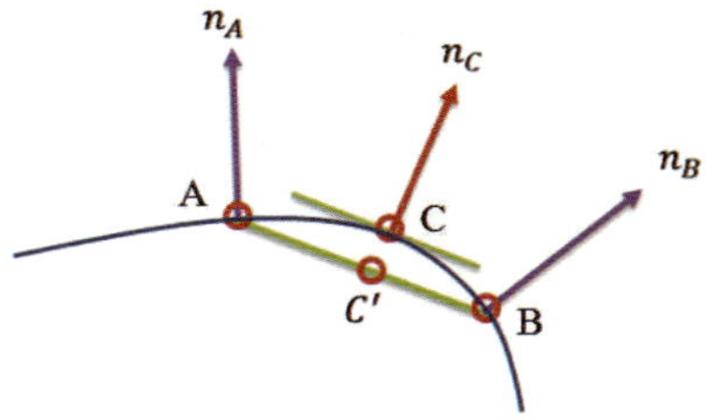

(B) 곡면에서의 법선 벡터

[그림 5-33] Phong Shading을 위한 법선 벡터

[그림 5-33]의 (B)는 타원형 원구의 단면과 같이 곡면에서의 법선 벡터를 구하는 방법에 대한 것이다. 즉, 평면 다각형에서의 법선 벡터를 계산하는 방법으로 선분 AB 사이의 Vertex들에 대한 법선 벡터를 계산할 경우 Vertex C'에 대한 법선 벡터를 구하게 되지만, 이것은 Vertex C에서의 법선 벡터와 거의 동일하다고 본다. 그러므로 Vertex C'에서의 색상이 Vertex C에서 그대로 표현되어지므로 더욱더 현실적인 형태를 갖추게 된다. 즉, Phong Shading은 (B)와 같은 곡면을 (A)와 같은 방법으로 법선 벡터를 구하고 원래 곡면의 방향을 복원하여 반사광의 세기를 계산해줌으로써 더욱더 사실적이고 현실적인 정밀한 표현을 가능하게 한다. 이와 같이 Phong Shading은 곡면의 기울기가 복원되므로 경면광(Specular Light)을 부여할 수 있어서 Highlight 표현이 가능하다. [그림 5-34]는 Flat Shading, Gouraud Shading 및 Phong Shading을 구현한 결과를 비교한 것이다.

(A) Flat Shading

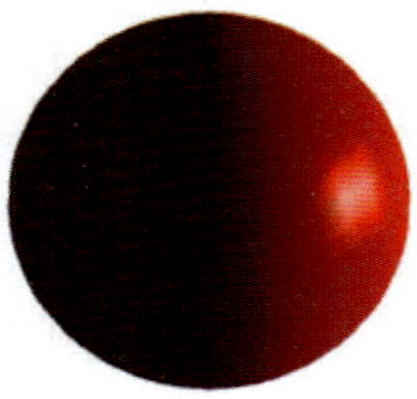

(B) Gouraud Shading

(C) Phong Shading

[그림 5-34] Flat Shading, Gouraud Shading 및 Phong Shading의 비교

OpenGL은 Flat Shading과 Gouraud Shading을 glShadeMode 함수로서 지원하지

만 Phong Shading은 지원하지 않는다. 그러므로 Phong Shading은 OpenGL 프로그래밍을 수행하는 프로그래머가 직접 구현하여야 한다. 본 절에서는 Phong Shading을 구현하기 위하여 GLSL을 사용하기로 한다. 그러므로 GLSL에 대하여 간단히 알아보고 GLSL을 사용하여 Phong Shading을 구현해보도록 하자.

3.1 GLSL의 소개

GLSL(OpenGL Shading Language)
HLSL(High Level Shader Language)
ARB(Architecture Review Board)

glslang으로도 불려지는 GLSL(OpenGL Shading Language)은 C 언어와 유사하며 OpenGL에서 Shading을 위한 상위 단계의 언어이다. GLSL은 [그림 5-35]와 같이 Microsoft사의 Direct3D API에서 사용되는 Shading 언어인 HLSL(High Level Shader Language)과 유사하며 Assembler나 하드웨어에 의존하지 않고 개발자가 Graphics Pipeline을 직접 제어할 수 있도록 OpenGL ARB(Architecture Review Board)에 의해 정의된 것이다. 여기서 OpenGL ARB란 OpenGL을 3D 컴퓨터 그래픽스 라이브러리의 표준으로 정착시키기 위한 일환으로 SGI, DEC, IBM, Cray Research, Fujitsu, Hewlett-Packard, Hitachi, Intel, Microsoft, Mitsubishi, NEC, Samsung, Siemens Nixdoft, Sony 및 Sun Microsystems 등의 업계 선두 PC, Workstation 및 Super Computer 업체들이 주축이 되어 고성능 2D 및 3D 그래픽스용으로 OpenGL을 전략적인 개방 표준으로 도입하기 위해 구성된 공식 기구이다. 결국 OpenGL ARB가 발족함으로써 OpenGL은 여러 컴퓨터 업체들이 함께 관리하는 3차원 컴퓨터 그래픽스의 표준이 되었다.

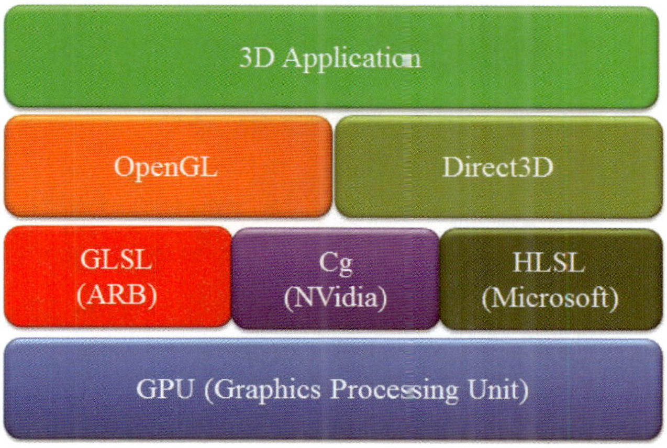

[그림 5-35] 3D를 위해 사용되는 Shading Languages

[그림 5-35]와 같이 GLSL은 NVidia 사의 Shading 언어인 Cg와는 경쟁 관계에 있기도 하다. GLSL은 OpenGL과 마찬가지로 Macintosh, Windows, Linux 등 여러 운영체제 간의 호환성을 지원하고, GLSL을 지원하는 어떠한 제조사의 그래픽스 카드에서도 동작하는 Shader를 사용할 수 있다. 또한 하드웨어 제조사는 그래픽스 카드 장치 드라이버에 GLSL 컴파일러를 포함할 수 있도록 지원함으로써 그래픽스 카드의 Micro Architecture에 최적화된 코드를 만들 수 있다. [그림 5-36]은 OpenGL 4.2의 Pipeline인데, 각종 Shader들을 포함한 적색으로 표시된 단계들이 GLSL과 관련된 부분이다.

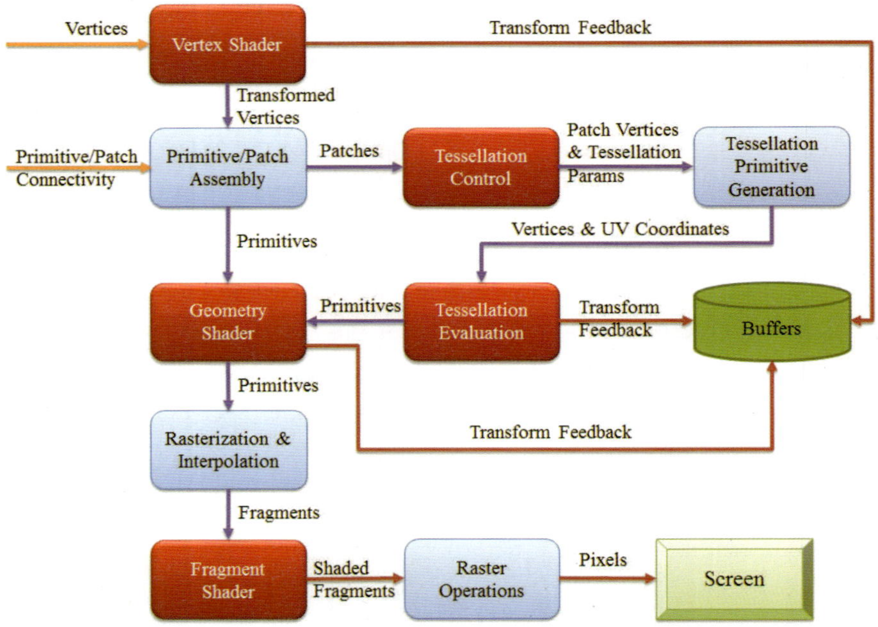

[그림 5-36] GLSL을 포함하는 OpenGL 4.2의 Pipeline

[그림 5-36]에서는 각종 Shader를 포함한 GLSL과 관련하여 적색으로 표시된 각 단계들이 많은데, 이들 단계들에 대한 자세한 설명은 너무 광범위하고 방대하기 때문에 본 절에서는 생략하기로 한다. 다만 Vertex Shader, Geometry Shader, Fragment Shader에 대하여 간단히 살펴보면 다음과 같다.

Vertex Shader
Graphics Primitive

Vertex Shader는 각각의 Vertex에서 작동하는데, 한 번에 Vertex 하나씩 처리한다. Shader는 Graphics Primitive를 만드는 다른 Vertex들에 대한 정보를 가지고 있지 않고, Vertex가 속하는 Primitive의 유형에 대한 단서를 가지고 있지 않다. 각 입력

Vertex를 위해 Shader는 단일 Vertex를 출력한다. 각 Vertex는 위치(Position), 법선 벡터(Normal Vector) 및 Texture 좌표와 같이 사용자가 정의한 입력 속성의 집합을 가진다. Vertex Shader는 그리기(Draw) 호출에 있어서 모든 Vertex들을 위한 읽기 전용의 전역 변수들의 역할을 균일 변수들에 액세스(Access)할 수 있다.

Geometry Shader

Vertex Shader와는 반대로 Geometry Shader는 Primitive의 전반적인 정보를 가지고 있다. 각 입력 Primitive를 위해 Geometry Shader는 지정된 경우 인접 정보를 구성하는 Primitive를 만드는 모든 Vertex에 액세스(Access)할 수 있다.

Fragment Shader

Fragment Shader는 Fragment, Pixel, Position 및 Rasterization 과정에서 계산된 모든 보간 데이터에 Access할 수 있다. Fragment Shader는 이러한 특성과 Pixel의 위치에 따라 계산을 수행한다. Pixel의 위치는 고정되어 있으며, Fragment Shader는 다른 Pixel의 속성을 작성할 수 없지만 Pixel의 깊이를 변경할 수 있다. Fragment Shader는 현재 Pixel의 위치에서나 다른 Pixel의 위치에서도 Frame Buffer에 Access할 수 없다. Fragment Shader는 Vertex Shader와 유사하게 단지 현재의 Pixel 및 현재 Pixel과 관련된 데이터에 Access할 수 있다.

3.2 GLSL의 설치

OpenGL 1.4의 Extension으로 소개된 GLSL은 OpenGL ARB에 의해 OpenGL 2.0 core에 공식적으로 포함된 Extension이다. 그러므로 GLSL은 GLEW를 사용하여 Extension함으로써 Shader를 구현할 수 있게 되었다. GLEW(OpenGL Extension Wrangler library)는 Platform에 독립된 개방형 소스(Open-Source) C/C++ 확장 로딩(Loading) 라이브러리(Library)이다. 본 절에서는 GLSL을 사용하기 위하여 GLEW를 설치하기 위한 과정을 소개한다.

GLEW(OpenGL Extension Wrangler library)

Microsoft Visual Studio C++ 환경에서 OpenGL을 기반으로 Shader를 구현하기 위해 GLEW를 사용하기 위해서는 GLEW를 별도로 다운로드 받아서 본인의 컴퓨터에 설치하고 환경설정을 하여야 하는데, 다음과 같은 순서를 따르면 쉽게 처리할 수 있다.

1. http://glew.sourceforge.net/에 접속하여 최신 버전의 GLEW를 다운로드 받는다.
2. 임의의 위치(바탕화면 등)에 새로운 폴더(예, GLEW)를 생성하고, 다운로드 받은 압축 파일(glew-*.*.*.zip)을 푼다.

3. 본인의 PC에 설치된 MS Visual Studio C++의 버전에 맞게 <표 5-10>과 같이 해당 파일들을 복사 후 지정한 폴더 위치에 붙여넣기한다. (※ 'gl' 폴더가 없을 경우 직접 생성 후 사용한다.)

〈표 5-10〉 OpenGL Library - GLEW의 설치

Classification	Folder Location	Files
Header File (*.h)	(32 bit의 경우) C:\Program Files\Microsoft Visual Studio\VC98\include\gl C:\Program Files\Microsoft Visual Studio 8\VC\include\gl C:\Program Files\Microsoft Visual Studio 9.0\VC\include\gl C:\Program Files\Microsoft Visual Studio 10.0\VC\include\gl C:\Program Files\Microsoft Visual Studio 11.0\VC\include\gl C:\Program Files\Microsoft Visual Studio 12.0\VC\include\gl (64 bit의 경우) C:\Program Files (x86)\ ... (뒷부분은 위와 동일)	glew.h
Library File (*.lib)	(32 bit의 경우) C:\Program Files\Microsoft Visual Studio\VC98\lib C:\Program Files\Microsoft Visual Studio 8\VC\lib C:\Program Files\Microsoft Visual Studio 9.0\VC\lib C:\Program Files\Microsoft Visual Studio 10.0\VC\lib C:\Program Files\Microsoft Visual Studio 11.0\VC\lib C:\Program Files\Microsoft Visual Studio 12.0\VC\lib (64 bit의 경우) C:\Program Files (x86)\ ... (뒷부분은 위와 동일)	glew32.lib, glews32s.lib
Dynamic Link Library File (*.dll)	(32 bit의 경우) C:\Windows\system32 (64 bit의 경우) C:\Windows\system32 C:\Windows\SysWOW64	glew32.dll

4. 본인의 PC에 설치된 MS Visual Studio C++의 버전에 맞게 <표 5-11>에서 <표 5-13>까지와 같이 프로젝트 설정(Project Setting)에서 라이브러리 파일(*.lib)들을 직접 입력하고, 옵션(Option)에서 GLEW의 폴더 설정을 필히 추가해야 한다.

〈표 5-11〉 OpenGL – GLEW 환경설정 – I

Section	Microsoft Visual Studio C++ 6.0
Project > Setting...	Setting For : All Configurations로 변경 General : Not Using MFC 확인 Link > Object/library modules : glew32.lib glew32s.lib 추가 입력한다. 단, 파일들 사이에 ','을 입력하지 않고 <Space bar> Key를 사용하여 공백으로 띄워준다.
Tools > Options...	Directories -> Show directories for: Include files를 선택한 후, 아래 Directories: 부분에 GLEW의 헤더 파일(*.h)들이 있는 폴더 C:\Program Files\Microsoft Visual Studio\VC98\include\gl을 추가 지정해준다. Directories -> Show directories for: Library files를 선택한 후, 아래 Directories: 부분에 GLEW의 라이브러리 파일(*.lib)들이 있는 폴더 C:\Program Files\Microsoft Visual Studio\VC98\lib을 추가해준다. 단, 기본적으로 설정되어 있지 않을 경우에만 추가해준다.

〈표 5-12〉 OpenGL – GLEW 환경설정 – II

Section	Microsoft Visual Studio C++ 2005 (v 8) / 2008 (v 9.0)
Project > Properties...	Configuration Properties -> Linker -> Input >> Additional Dependencies : glew32.lib glew32s.lib 추가 입력한다. 단, 파일들 사이에 ','을 입력하지 않고 <Space bar> Key를 사용하여 공백으로 띄워준다.
Tools > Options...	Projects and Solutions -> VC++ Directories -> Show directories for : Include files를 선택, 아래 부분의 "줄 추가" 아이콘을 클릭한 후, GLEW의 헤더 파일(*.h)들이 있는 폴더 C:\Program Files\Microsoft Visual Studio 8\VC\include\gl 또는 C:\Program Files\Microsoft Visual Studio 9.0\VC\include\gl을 추가 지정해준다. Projects and Solutions -> VC++ Directories -> Show directories for : Library files를 선택 , 아래 부분의 "줄 추가" 아이콘을 클릭한 후, GLEW의 라이브러리 파일(*.lib)들이 있는 폴더 C:\Program Files\Microsoft Visual Studio 8\VC\lib 또는 C:\Program Files\Microsoft Visual Studio 9.0\VC\lib을 추가 지정해준다. 단, 기본적으로 설정되어 있지 않을 경우에만 추가해준다.

〈표 5-13〉 OpenGL – GLEW 환경설정 – III

Section	Microsoft Visual Studio C++ 2010 (v 10.0) / 2012 (v 11.0) / 2013 (v 12.0)
Project > Properties...	Configuration Properties –> Linker –> Input >> Additional Dependencies : glew32.lib glew32s.lib 추가 입력한다. 단, 파일들 사이에 ','을 입력하지 않고 <Space bar> Key를 사용하여 공백으로 띄워준다. Configuration Properties –> VC++ Directories >> Include Directories : C:\Program Files\Microsoft Visual Studio 10.0\VC\include\gl 또는 C:\Program Files\Microsoft Visual Studio 11.0\VC\include\gl 또는 C:\Program Files\Microsoft Visual Studio 12.0\VC\include\gl을 추가 지정해준다. Configuration Properties –> VC++ Directories >> Library Directories : C:\Program Files\Microsoft Visual Studio 10.0\VC\lib 또는 C:\Program Files\Microsoft Visual Studio 11.0\VC\lib 또는 C:\Program Files\Microsoft Visual Studio 12.0\VC\lib을 추가 지정해준다. 단, 기본적으로 설정되어 있지 않을 경우에만 추가해준다.

3.3 GLSL을 위해 GLEW를 사용한 Phong Shading

OpenGL에서 Flat Shading과 Gouraud Shading은 glShadeMode 함수로 표현이 가능하지만, Phong Shading을 위한 함수는 지원하지 않는다고 이미 언급하였다. 그러므로 본 절에서는 GLSL을 사용하여 Phong Shading을 구현해보도록 한다. [그림 5-37]은 GLSL을 위해 GLEW을 사용하여 Phong Shading을 구현한 결과이고, [코드 5-7]은 그 소스 코드이다.

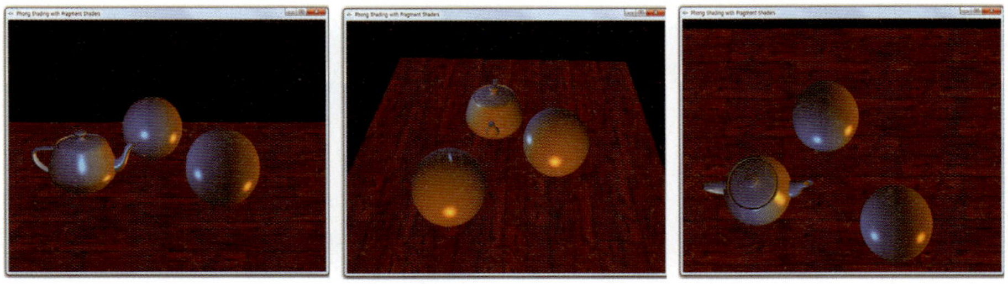

[그림 5-37] GLEW를 사용하여 Phong Shading을 구현한 결과

코드 5-7 **Phong Shading**

```
#include <stdlib.h>
#include <stdio.h>
#include <glew.h>
#include <glaux.h>
#include <glut.h>
#include <assert.h>

// 변수 선언 (전체 소스 코드 참조)

// Modelview에 의해 벡터를 변환할 수 있는 새로운 도우미 변환 기능
void transformvec (const GLfloat input[4], GLfloat output[4]) {
  . . . . . . . . . .
}

void MyDisplay() {
    glClear(GL_COLOR_BUFFER_BIT | GL_DEPTH_BUFFER_BIT);
    glMatrixMode( GL_MODELVIEW );
    glLoadIdentity();

    glTranslatef( 0.0f, 0.0f, g_fDistance );
    glRotatef( -g_fSpinY, 1.0f, 0.0f, 0.0f );
    glRotatef( -g_fSpinX, 0.0f, 1.0f, 0.0f );

    // Teapot을 제외하고 Light를 끈다.
    glUniform1i(islight, 0); ........................................ ①
    glUniform1i(istex, texturing);
    // geometry3.h에 있는 함수로서 Texture를 가지고 그리기 위한 것이다.
    drawtexture(FLOOR, texNames[0]);
    glUniform1i(istex, 0);

    glMatrixMode(GL_MODELVIEW);
    {
        . . . . . . . . . .

        transformvec(light_direction, light0);
        transformvec(light_position1, light1);

        glUniform3fv(light0dirn, 1, light0); .......................... ②
        glUniform4fv(light0color, 1, light_specular); ................. ③
        glUniform4fv(light1posn, 1, light1);
        glUniform4fv(light1color, 1, light_specular1);
```

```
        glUniform4fv(ambient, 1, Small);
        glUniform4fv(diffuse, 1, medium);
        glUniform4fv(specular, 1, one);
        glUniform1fv(shininess, 1, high);

        if (DEMO > 4)
            glUniform1i(islight, lighting); // Teapot을 위해 조명(Lighting)을 켠다.
    }

    glColor3f(0.0, 1.0, 1.0);
    glPushMatrix();
        // Teapot, Sphere 그리기 (전체 소스 코드 참조)

        glUniform1i(islight, 0);            // 조명(Lighting)을 끈다.
    glPopMatrix();

    glutSwapBuffers();
    glFlush ();
}

void animation_L() {
 . . . . . . . . . . .
}

void animation_R() {
 . . . . . . . . . . .
}

void MyMouse(int button, int state, int x, int y) {
 . . . . . . . . . . .
}

void MyMotion(int x, int y) {
 . . . . . . . . . . .
}

void MyKeyboard (unsigned char key, int x, int y) {
 . . . . . . . . . . .
}

void MyReshape(int w, int h) {
 . . . . . . . . . . .
```

```
}

void MyInit () {
    glClearColor (0.0, 0.0, 0.0, 0.0);
    glMatrixMode(GL_PROJECTION);
    glLoadIdentity();

    glMatrixMode(GL_MODELVIEW);
    glLoadIdentity();

    vertexshader = initshaders(GL_VERTEX_SHADER, "shaders/light.vert.glsl"); ………… ④
    fragmentshader = initshaders(GL_FRAGMENT_SHADER, "shaders/light.frag.glsl");
    shaderprogram = initprogram(vertexshader, fragmentshader); ………………………………… ⑤

    // 조명(Lighting)에 대해 Shader 매개변수 Mapping을 올바르게 설정한다.
    islight = glGetUniformLocation(shaderprogram, "islight"); ………………………………… ⑥
    light0dirn = glGetUniformLocation(shaderprogram, "light0dirn");
    light0color = glGetUniformLocation(shaderprogram, "light0color");
    light1posn = glGetUniformLocation(shaderprogram, "light1posn");
    light1color = glGetUniformLocation(shaderprogram, "light1color");
    ambient = glGetUniformLocation(shaderprogram, "ambient");
    diffuse = glGetUniformLocation(shaderprogram, "diffuse");
    specular = glGetUniformLocation(shaderprogram, "specular");
    shininess = glGetUniformLocation(shaderprogram, "shininess");

    // 장면(Scene)을 위한 Geometry를 설정한다.
    glGenBuffers(numperobj*numobjects+ncolors+1, buffers); ………………………………… ⑦

    // geometry3.h에 있는 함수로서 Texture 파일(*.ppm)을 읽고,
    // Texture 좌표들을 위한 버퍼(Buffer)를 설정한다.
    inittexture("wood.ppm", shaderprogram);

    // geometry3.h에 있는 함수로서 객체(Object)를 초기화한다.
    initobject(FLOOR, (GLfloat *) floorverts, sizeof(floorverts), (GLfloat *) floorcol,
            sizeof (floorcol), (GLubyte *) floorinds, sizeof (floorinds), GL_POLYGON);

    glEnable(GL_DEPTH_TEST);
    glDepthFunc (GL_LESS);
}

int main(int argc, char** argv) {
    glutInit(&argc, argv);
```

```
    glutInitDisplayMode (GLUT_DOUBLE | GLUT_RGB | GLUT_DEPTH);
    glutInitWindowSize (800, 600);
    glutInitWindowPosition (100, 100);
    glutCreateWindow ("Phong Shading with Fragment Shaders");
    glewInit() ··············································· ⑧
    MyInit();
    glutDisplayFunc(MyDisplay);
    glutReshapeFunc(MyReshape);
    glutKeyboardFunc(MyKeyboard);
    glutMouseFunc(MyMouse);
    glutMotionFunc(MyMotion);

    glutMainLoop();
    return 0;
}
```

Uniform 변수

Uniform 변수는 Primitive에 의해 변경될 수 있는 변수로서 glBegin과 glEnd 함수 사이에서는 변경될 수 없다. 그러므로 Vertex의 속성을 위해서는 사용할 수 없다. Uniform 변수는 Primitive 및 Frame 또는 전체 장면(Scene) 동안에 유지해야 할 변수에 적당하며 Vertex Shader나 Fragment Shader에서 읽을 수 있지만 쓸 수는 없는 특징이 있다. <표 5-14>는 현재 프로그램 객체를 위한 Uniform 변수에 값을 할당하는 glUniform 함수들에 대한 Prototype이다. [코드 5-7]에서 ①의 glUniform1i(islight, 0), ②의 glUniform3fv(light0dirn, 1, light0) 및 ③의 glUniform4fv(light0color, 1, light_specular)은 Uniform 변수에 값을 할당하는 함수들이다.

〈표 5-14〉 Uniform 변수에 값을 할당하는 함수에 대한 Prototype

GLint glUniform{1,2,3,4}ivf (GLint *location*, GLsizei *count*, GLfloat **v*); GLint glUniform1f (GLint *location*, GLfloat *v0*); GLint glUniform2f (GLint *location*, GLfloat *v0*, GLfloat *v1*); GLint glUniform3f (GLint *location*, GLfloat *v0*, GLfloat *v1*, GLfloat *v2*); GLint glUniform4f (GLint *location*, GLfloat *v0*, GLfloat *v1*, GLfloat *v2*, GLfloat *v3*); GLint glUniform1fv (GLint *location*, GLsizei *count*, const GLfloat **value*); GLint glUniform2fv (GLint *location*, GLsizei *count*, const GLfloat **value*); GLint glUniform3fv (GLint *location*, GLsizei *count*, const GLfloat **value*); GLint glUniform4fv (GLint *location*, GLsizei *count*, const GLfloat **value*); GLint glUniform2fv (GLint *location*, GLsizei *count*, GLboolean *transpose*, const GLfloat **value*); GLint glUniform3fv (GLint *location*, GLsizei *count*, GLboolean *transpose*, const GLfloat **value*); GLint glUniform4fv (GLint *location*, GLsizei *count*, GLboolean *transpose*, const GLfloat **value*); GLint glUniform2x3fv (GLint *location*, GLsizei *count*, GLboolean *transpose*, const GLfloat **value*); GLint glUniform3x2fv (GLint *location*, GLsizei *count*, GLboolean *transpose*, const GLfloat **value*); GLint glUniform2x4fv (GLint *location*, GLsizei *count*, GLboolean *transpose*, const GLfloat **value*); GLint glUniform4x2fv (GLint *location*, GLsizei *count*, GLboolean *transpose*, const GLfloat **value*); GLint glUniform3x4fv (GLint *location*, GLsizei *count*, GLboolean *transpose*, const GLfloat **value*); GLint glUniform4x3fv (GLint *location*, GLsizei *count*, GLboolean *transpose*, const GLfloat **value*);	

Parameters Help	*location* // 수정할 Uniform 변수의 위치를 지정
	count // 수정되어지는 요소의 개수를 지정
	transpose // Uniform 변수에 Load되는 값과 같이 Matrix를
	// Transpose하는지에 대한 여부를 지정
	v // 지정된 Uniform 변수를 의해 사용되기 위한 새로운 값을 지정
	// v0, v1, v2, v3 등의 실수 값
	value // 지정된 Uniform 변수를 Update하기 위해 사용되는 *Count* 값의
	// 배열에 대한 Pointer를 지정

<표 5-14>에서 매개변수(Parameter)를 실수가 아닌 정수 값을 가진 함수를 사용하려면 각 함수의 끝 혹은 끝 부분에 있는 'f'을 'i'로 변경하면 된다. 또한 Boolean 형식의 함수는 존재하지 않는데, 필요하다면 실수나 정수형 함수에 대해서 false일 경우 0으로 할당하여 사용하면 가능하다. ④의 vertexshader = initshaders(GL_VERTEX_SHADER, "shaders/light.vert.glsl")에서 함수 initshaders는 Vertex Shader 및 Fragment Shader을 초기화하는 기능을 한다. 그러므로 외부에서 [코드 5-8]과 같은 Shader 파일("light.vert.glsl")을 호출하여 사용한다. 여기서 [코드 5-8]에 대해서는 자세한 설명을 하지 않도록 하며, 본인이 직접 GLSL에 대하여 충분한 시간을 갖고 학습해 보길 바란다.

코드 5-8 light.vert.glsl

```
# version 120

varying vec4 color;
varying vec3 mynormal;
varying vec4 myvertex;

void main() {
   gl_TexCoord[0] = gl_MultiTexCoord0;
   gl_Position = gl_ProjectionMatrix * gl_ModelViewMatrix * gl_Vertex;
   color = gl_Color;
   mynormal = gl_Normal;
   myvertex = gl_Vertex;

   vec3 direction2 = (gl_ModelViewMatrix * vec4(lightdirn,0.0)).xyz;
   vec3 normal2 = (gl_ModelViewMatrixInverseTranspose * vec4(gl_Normal,0.0)).xyz;
   vec3 normal = normalize(normal2);
   vec3 direction = normalize(direction2);

   color = DirectionalLight(direction, lightcolor, normal, gl_Color);
}
```

[코드 5-7]에서 ⑤ shaderprogram = initprogram(vertexshader, fragmentshader)의 함수 initprogram은 Vertex Shader 및 Fragment Shader로 프로그램을 초기화하는 기능을 한다. ⑥의 islight = glGetUniformLocation(shaderprogram, "islight")에서 함수 glGetUniformLocation은 프로그램 객체 안에 지정된 Uniform 변수의 위치를 나타내는 정수 값을 반환하는 기능을 하는 함수이다. glGetUniformLocation 함수에 대해서는 <표 5-15>의 glGetUniformLocation 함수에 대한 Prototype에서 더 자세한 정보를 확인할 수 있다.

〈표 5-15〉 glGetUniformLocation 함수에 대한 Prototype

GLint glGetUniformLocation (GLint *program*, const GLchar **name*);	
Parameters Help	*program* // 질의(Query)하기 위한 프로그램 객체를 지정. 즉, 프로그램의 Handle *name* // 질의(Query)되어질 수 있는 Uniform 변수의 이름 // 공백을 포함하지 않는 null 종료된 문자열로 구성

⑦의 glGenBuffers(numperobj*numobjects+ncolors+1, buffers)는 Buffer 객체

이름을 생성하는 함수이며, <표 5-16>의 함수 glGenBuffers에 대한 Prototype에서 더 자세한 정보를 확인할 수 있다.

〈표 5-16〉 glGenBuffers 함수에 대한 Prototype

GLint glGenBuffers (GLsizei *n*, GLuint **buffers*);		
Parameters Help	*n*	// 생성되기 위한 Buffer 객체 이름의 개수를 지정한다.
	buffers	// 생성된 Buffer 객체 이름이 저장되어 있는 배열을 지정한다.

⑧의 glewInit 함수는 Extension 함수들의 주소를 가져오는 기능을 수행하는 함수로서 GLEW를 초기화하는 것이다. 여기서 주의할 것은 main 함수 내에서 GLUT를 사용한 Window와 관련된 함수들을 모두 호출하고 난 이후에 glewInit을 호출하여야 한다는 점이다. 그렇지 않으면 프로그램이 실행되지 않을 뿐만 아니라 Error가 발생한다. 그러므로 main 함수에서 glewInit의 위치도 매우 중요하므로 잘 알아두기 바란다.

05 Section Ray Tracing

Ray Casting

조명(Light)은 광선(Ray)을 발사하여 표면에 도달하게 되는데, 표면은 다시 광선을 흡수(Absorption), 반사(Reflection), 굴절(Refraction) 및 형광발산(Fluorescence Radiating) 등의 요소들을 결합하는 특성을 가지고 있다. 인간의 눈은 이와 같은 결합된 요소들의 특성을 받아들임으로 인하여 객체의 색상과 모양을 인지하게 된다. 여기서 4가지 요소들은 하나의 광선(Ray)에서 파생되어 나오는 특성들이기 때문에 모든 요소들의 합은 100%로 볼 때, 반사 80%와 흡수 20% 등과 같이 구분할 수 있다. 광선(Ray)에 대한 초창기 연구에서는 Ray Casting이 있었는데, Ray Casting은 인간의 눈으로부터 각 Pixel마다 하나씩의 광선(Ray)을 발사하여 광선의 경로와 부딪치는 가장 가까운 객체를 찾는 것에 착안하여 조명으로부터 발사되는 1차 광선(Ray)과 그림자 광선만 처리하고, 첫 번째 광선(Ray)이 객체의 표면에 도달하여 발생하는 반사 및 굴절 등과 같은 나머지 요소들은 처리하지 않는 방법이다. Ray Casting은 평면이 아닌 굴곡형의 객체 즉, Cone, Cylinder, Cube 및 Sphere 등과 같은 Solid 객체들을 쉽게 처리할 수 있다는 장점은 가지고 있었으나, 더 이상의 광선(Ray)을 추적하지 않는다는 단점을 가지고 있었다.

Ray Tracing

Eye-based Ray Tracing

Light-based Ray Tracing

그러나 1차 광선(Ray)이 객체의 표면의 도달할 때 그림자 광선뿐만 아니라 객체의 표면에서 진행되는 흡수, 반사, 굴절 및 형광발산 등을 생성하고 각각의 광선들 즉, 2차 광선들은 다시 새로운 객체의 표면에 도달할 때까지 계속 진행되어지는 Ray Tracing이 연구 개발되었으며, 기존 Ray Casting의 단점을 해결할 수 있었다. 2차 광선들은 객체의 특성에 따라 기하급수적으로 파생되어 널리 퍼져나가며, 3차 광선, 4차 광선 등 객체에 부딪힐 때마다 연속적으로 진행되어간다. 컴퓨터 그래픽스에서는 이와 같은 Ray Tracing의 자연현상을 3D로 Rendering하기 위하여 자연현상 그대로 혹은 자연현상과 정반대의 방법으로 광선들을 역추적하는 방법들을 고안하였다. 즉, 인간의 눈을 기준으로 하는 Eye-based Ray Tracing과 조명을 기준으로 하는 Light-based Ray Tracing 등이 그것이다. 일반적으로 컴퓨터 그래픽스에서는 Light-based Ray Tracing보다는 Eye-based Ray Tracing을 주로 사용하고 있다. 이와 같은 Ray Tracing은 Scan-line 및 Ray Casting과 비교하여 좀 더 사실적인 조명 시뮬레이션을 구현할 수 있으며, 반사 및 그림자 효과를 자연스럽게 표현할 수 있다는 장점을 가지고 있다. 또한 강렬한 시각적 효과를 생성하기가 쉽고, 2차 광선, 3차 광선 등등 연속적인 광선들의 계산을 위한 병렬처리가 가능하다는 장점도 가지고 있다. 그러나 사실적으로 표현하는 데에 한계가 있다는 단점을 가지고 있으며, 사실적으로 제대로 보여주기 위해서는 자연현상의 하나인 물리 효과(Physical Effect)를 추가적으로 표현할 수 있어야 한다.

[그림 5-38]은 Ray Tracing의 이해를 돕기 위한 것으로서 1차 광선에서 2차 광선 및 3차 광선에 대한 몇 가지 종류를 표현하였다. 또한 본 Ray Tracing은 컴퓨터 그래픽스에서 일반적으로 많이 사용하는 Eye-based Ray Tracing 즉, 인간의 눈에 해당하는 카메라를 기준으로 광선들을 역추적하는 과정으로 표현하였다.

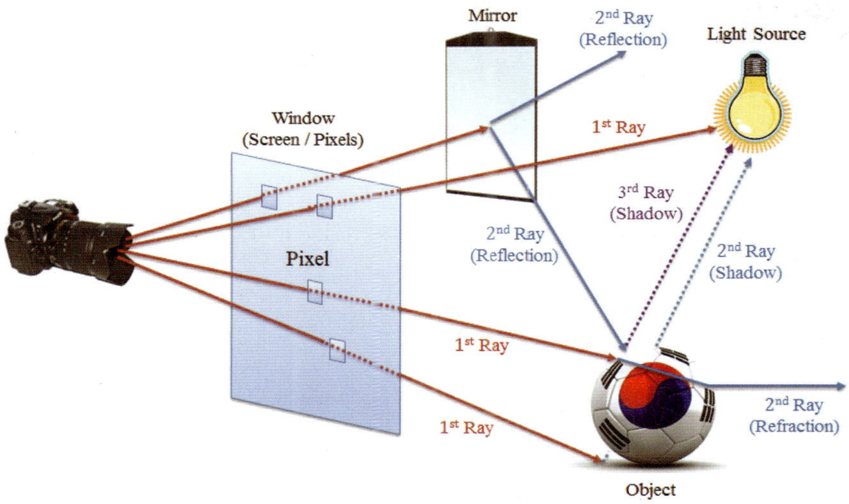

[그림 5-38] Eye-based Ray Tracing

[그림 5-39]는 Ray Tracing의 구현 결과이고, [코드 5-9]는 그 소스 코드이다. 본 소스 코드는 OpenGL에서 Ray Tracing을 구현하기 위한 함수를 직접적으로 제공하지 않기 때문에 OpenGL 함수보다는 순수한 C/C++ 코드가 대부분을 차지하고 있다. 다소 복잡하고 어렵게 느껴질 수도 있지만, 그래도 본 소스 코드를 참고하여 Ray Tracing이 어떻게 구현되어지는지 잘 분석해보고 Ray Tracing과 관련된 응용 프로그램을 구현함에 있어서 많은 도움이 되길 바란다.

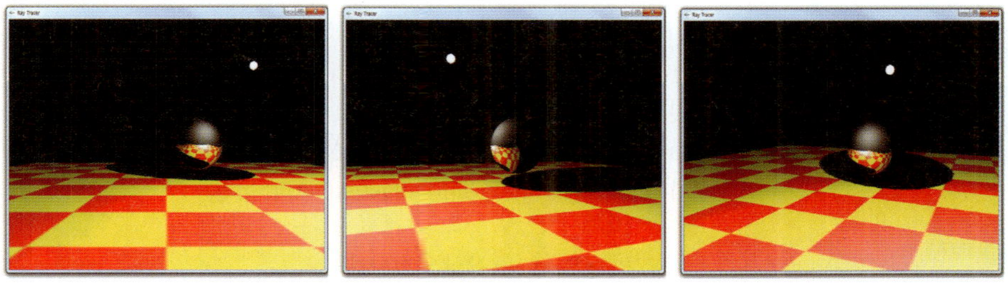

[그림 5-39] Ray Tracing의 구현 결과

코드 5-9 Ray Tracing

```
// Header File을 Include (전체 소스 코드 참조)

// 변수 및 구조체 선언 (전체 소스 코드 참조)

// 그림자(Shadow) 색상 표현하기
GLboolean seelight(float p[3], float dir[3]) {
    float c[3], b, a, d, t, dist[3];

    vsub(c, p, objpos);
    b = -dprod(c, dir);
    a = dprod(c, c) - SPHERE_RADIUS * SPHERE_RADIUS;

    if ((d = b * b - a) < 0.0 || (b < 0.0 && a > 0.0))    return GL_FALSE;

    d = sqrt(d);
    t = b - d;

    if (t < EPSILON) {
        t = b + d;
        if (t < EPSILON)    return GL_FALSE;
    }

    vsub(dist, lightpos, p);
    if (dprod(dist, dist) < t * t)   return GL_FALSE;

    return GL_TRUE;
}

// 그림자(Shadow)와 격자(Grid) 모양 바닥의 색상 표현하기
int colorcheckmap(float ppos[3], float c[3]) {
    static float norm[3] = { 0.0f, 0.0f, 1.0f };
    float ldir[3], vdir[3], h[3], dfact, kfact, r, g, b;

    // 그림자(Shadow) 색상 표현하기
    int x = (int) ((ppos[0] + BASESIZE / 2) * (10.0f / BASESIZE));
    if ((x < 0) || (x > 10))    return GL_FALSE;

    int y = (int) ((ppos[1] + BASESIZE / 2) * (10.0f / BASESIZE));
    if ((y < 0) || (y > 10))    return GL_FALSE;

    r = 255.0f;
```

```
    if (y & 1) {
        if (x & 1)    g = 255.0f;
        else          g = 0.0f;
    } else {
        if (x & 1)    g = 0.0f;
        else          g = 255.0f;
    }
    b = 0.0f;

    vsub(ldir, lightpos, ppos);
    vnormalize(ldir, ldir);

    if (seelight(ppos, ldir)) {
        c[0] = r * 0.05f;    c[1] = g * 0.05f;    c[2] = b * 0.05f;
        return GL_TRUE;
    }

    // 격자(Grid) 모양의 바닥 색상 표현하기
    dfact = dprod(ldir, norm);
    if (dfact < 0.0f)    dfact = 0.0f;

    vsub(vdir, obs, ppos);
    vnormalize(vdir, vdir);

    h[0] = 0.5f * (vdir[0] + ldir[0]);
    h[1] = 0.5f * (vdir[1] + ldir[1]);
    h[2] = 0.5f * (vdir[2] + ldir[2]);

    kfact = dprod(h, norm);
    kfact = pow((double)kfact, 6.0) * 7.0 * 255.0;

    r = r * dfact + kfact;    g = g * dfact + kfact;    b = b * dfact + kfact;
    c[0] = clamp255(r);       c[1] = clamp255(g);       c[2] = clamp255(b);

    return GL_TRUE;
}

// 격자(Grid) 모양의 바닥에 Texture Mapping된 결과의 Update
void updatecheckmap(int slot) {
    . . . . . . . . . .

    // 기존의 1D Texture 이미지의 한 부분을 지정하며 Texture를 Update한다.
```

```
    glTexSubImage2D(GL_TEXTURE_2D, 0, 0, slot * TEX_CHECK_SLOT_SIZE,
            TEX_CHECK_WIDTH, TEX_CHECK_SLOT_SIZE, GL_RGB,
            GL_UNSIGNED_BYTE, &checkmap[slot * TEX_CHECK_SLOT_SIZE][0][0]); … ①

    glutPostRedisplay();
}

// 객체(Object)에 반사되어 Texture Mapping된 결과의 Update
void updatereflectmap(int slot) {
 . . . . . . . . . . .
}

void drawbase() {     // 격자(Grid) 모양의 바닥 그리기
 . . . . . . . . . . .
}

void drawobj() {     // Sphere를 사용하여 조명(Lighting)과 객체(Object) 그리기
 . . . . . . . . . . .
}

// 객체(Object)와 격자(Grid) 모양의 바닥에 Texture Mapping된 결과를 Update
void updatemaps() {
 . . . . . . . . . . .
}

void MyDisplay() {
 . . . . . . . . . . .

    glPushMatrix();
        drawbase();
        drawobj();
        glColor3f(1.0, 1.0, 1.0);
        glDisable(GL_TEXTURE_2D);
        glPushMatrix();
            glTranslatef(lightpos[0], lightpos[1], lightpos[2]);
            glCallList(lightdlist);
        glPopMatrix();
    glPopMatrix();

 . . . . . . . . . . .

    updatemaps();
```

```
    glutSwapBuffers();
}

void inittextures() {        // 객체(Object)와 격자(Grid) 모양의 바닥에 Texture Mapping
  . . . . . . . . . . .
}

void initspherepos() {    // 객체(Object)에 조명(Lighting)이 반사되는 위치 표현하기
  . . . . . . . . . . .
}

void initdlists() {          // gluSphere 함수를 사용하여 조명(Lighting)과 객체(Object) 그리기
  . . . . . . . . . . .
}

void MySpecial(int key, int x, int y) {
  . . . . . . . . . . .
}

void MyKeyboard(unsigned char key, int x, int y) {
  . . . . . . . . . . .
}

void MyReshape(int w, int h) {
  . . . . . . . . . . .
}

void MyMouse(int button, int state, int x, int y) {
  . . . . . . . . . . .
}

void MyMotion(int x, int y) {
  . . . . . . . . . . .
}

void InitGL() {
  . . . . . . . . . . .
}

int main(int ac, char **av) {
  . . . . . . . . . . .
}
```

[코드 5-9]에서 ①의 glTexSubImage2D(GL_TEXTURE_2D, 0, 0, slot * TEX_CHECK_SLOT_SIZE, TEX_CHECK_WIDTH, TEX_CHECK_SLOT_SIZE, GL_RGB, GL_UNSIGNED_BYTE, &checkmap[slot * TEX_CHECK_SLOT_SIZE][0][0])은 기존의 1D Texture 이미지의 한 부분을 지정하며 Texture를 Update한다. glTexSubImage2D 함수에 대해서는 <표 5-17>의 glTexSubImage2D 함수에 대한 Prototype에서 자세한 정보를 확인할 수 있다.

〈표 5-17〉 glTexSubImage2D 함수의 Prototype

void glTexSubImage2D (GLenum *target*, GLint *level*, GLint *xoffset*, GLint *yoffset*,
GLsizei *width*, GLsizei *height*, GLenum *format*, GLenum *type*,
const GLvoid **pixels*);

Parameters Help

target // Target Texture. GL_TEXTURE_2D
level // LOD(Level-of-Detail) 번호
// Level 0은 기본 이미지. Level n은 n번째 MipMap 축소 이미지
xoffset // Texture 배열에서 X축 방향으로의 Texel offset
yoffset // Texture 배열에서 Y축 방향으로의 Texel offset
width // Texture sub-image의 넓이(Width)
height // Texture sub-image의 높이(height)
format // Pixel 데이터의 format

Value	Meaning
GL_COLOR_INDEX	각 요소는 Color Index인 단일 값으로 구성되어진다.
GL_RED	각 요소는 단일 Red 성분으로 구성되어진다.
GL_GREEN	각 요소는 단일 Green 성분으로 구성되어진다.
GL_BLUE	각 요소는 단일 Blue 성분으로 구성되어진다.
GL_ALPHA	각 요소는 단일 Alpha 성분으로 구성되어진다.
GL_RGB	각 요소는 RGB 성분으로 구성되어진다.
GL_RGBA	각 요소는 RGBA 성분으로 구성되어진다.
GL_LUMINANCE	각 요소는 단일 Luminance 값으로 구성되어진다.
GL_LUMINANCE_ALPHA	각 요소는 Luminance/Alpha의 쌍(Pair)으로 구성되어진다.

type	// Pixel 데이터의 데이터 형식(Type)
	// GL_UNSIGNED_BYTE, GL_BYTE, GL_BITMAP,
	// GL_UNSIGNED_SHORT, GL_SHORT, GL_UNSIGNED_INT,
	// GL_INT 및 GL_FLOAT

pixels	// 메모리에서 이미지 데이터를 가리키는 Pointer

요약 SUMMARY

1 조명은 일반적으로 인공적인 광선(Ray)에 의한 것을 말하며, 전등이 조명의 우위를 차지하고 있다. 또한 조명은 방사 광원(Emissive Light Source)과 반사 광원(Reflection Light Source)으로 구분한다. 방사 광원은 스스로 빛을 내는 것으로서 태양, 형광등, 백열등, 촛불 및 장작불 등을 말한다. 그리고 반사 광원은 방사 광원에 의한 빛이 객체에 부딪쳐서 반사되는 빛을 말한다.

2 반사 광원에는 주변 반사(Ambient Reflection), 난반사(Diffuse Reflection, 확산 반사) 및 정반사(Specular Reflection, 거울 반사/ 경면 반사) 등이 있다. 주변 반사는 광원에 의해 직접 빛이 들어오는 것이 아니라 최소한 한 번 이상 임의의 객체에 빛이 부딪쳐서 반사되어 들어와 해당 객체의 면(Face)에 밝기를 부여하는 것을 말한다. 난반사는 광원으로부터 나오는 빛이 객체의 면에 직접 부딪쳐서 여러 방향으로 흩어지면서 반사되는 것을 말한다. 정반사는 광원으로부터 들어오는 빛을 일정한 방향으로 거의 모두 반사하는 것을 말한다. 일반적으로 객체에 보여지는 조명 효과라 함은 이와 같은 주변 반사, 난반사 및 정반사를 모두 표현한 것을 말한다.

3 음영(Shading)은 3D 공간에서 객체, 표면 및 다각형 등이 사실적인 효과를 보여줄 수 있도록 하기 위해 조명으로부터의 거리 및 각도 등이 영향을 받아 색상을 변경하는 과정을 말한다. 음영을 표현하기 위한 기법으로는 Flat Shading, Gouraud Shading 및 Phong Shading 등이 있다. 단, Flat Shading 및 Gouraud Shading은 OpenGL에서 함수를 지원하기 때문에 구현이 쉽지만 Phong Shading은 OpenGL 함수를 지원하지 않기 때문에 GLSL(OpenGL Shading Language)을 사용하여 구현하여야 한다.

4 조명은 광선(Ray)을 발사하여 표면에 도달하게 되는데, 표면은 다시 광선을 흡수(Absorption), 반사(Reflection), 굴절(Refraction) 및 형광발산(Fluorescence Radiating) 등의 요소들을 결합하는 특성을 가지고 있다. Ray Tracing은 이와 같은 요소들을 모두 추적하여 인간의 눈(Eye)으로 인식할 수 있도록 하기 위한 방법을 말한다.

연습문제

1. 조명(Lighting)이란 무엇인지 기술하고, 어떤 종류들이 있으며 그 특성들은 무엇인지 기술하시오. 또한 전체적인 좌표 변환 Pipeline에서 조명의 위치는 어디인지 그림과 함께 기술하시오.

2. 방사 광원(Emissive Light Source)이란 무엇이고, 어떤 종류들이 있으며 그 특성이 무엇인지 기술하시오. 또한 OpenGL 함수를 사용하여 방사 광원을 구현하기 위한 코드를 예를 들어 기술하시오.

3. 방사 광원을 OpenGL로 구현하기 위해서는 방사 광원의 특성인 감쇠 인자(Attenuation Factor)를 적용하여야 한다. 감쇠 인자란 무엇인지 설명하고, 감쇠 인자를 적용하기 위한 OpenGL 함수와 매개 변수들은 어떻게 구성되어 있는지 기술하시오.

4. 방사 광원(Reflection Light Source)이란 무엇이고, 어떤 종류들이 있으며 그 특성이 무엇인지 기술하시오. 또한 OpenGL 함수를 사용하여 반사 광원을 구현하기 위한 코드를 예를 들어 기술하시오.

5. Rendering 과정에 속하는 음영(Shading, Surface Rendering)이란 무엇인지 그림과 함께 기술하시오. 또한 음영을 표현하기 위한 3가지 종류(Flat Shading, Gouraud Shading 및 Phong Shading)의 원리를 그림과 함께 비교하여 기술하고, 이를 구현하기 위한 OpenGL 함수를 예를 들어 기술하시오.

6. GLSL(OpenGL Shading Language)은 Shading을 구현하기 위하여 사용되는 Library 중의 하나인데, Phong Shading을 구현하기 위하여 사용되기도 한다. GLSL이란 무엇이며 유사한 기능을 가진 다른 Library는 어떤 것들이 있는지 그림과 함께 비교하고 설명하시오

7. GLSL을 구현하기 위해서는 GLEW(OpenGL Extension Wrangler Library)를 사용하는데, Microsoft Visual Studio C++의 환경에서 GLEW를 설치하기 위한 방법과 필요한 파일들을 기술하시오.

8. Ray Tracing이란 무엇인지 그 원리를 그림과 함께 기술하시오. 또한 Ray Tracing의 2가지 종류를 그림과 함께 기술하시오.

참고문헌

01 난반사와 정반사의 비교,
http://micro.magnet.fsu.edu/primer/java/reflection/specular/index.html

02 Cg Toolkit, http://developer.nvidia.com/cg-toolkit-download

03 Phong Shading with Fragment Shaders,
http://www-inst.eecs.berkeley.edu/~cs184/sp12/assignments.html

04 Featured Articles, http://www.flipcode.com/archives/articles.shtml

05 주우석, "IT CookBook, OpenGL로 배우는 컴퓨터 그래픽스", 한빛미디어(주), 2006.

06 Ray Tracing, http://mi.eng.cam.ac.uk/~gmt11/3g4/glut/glut.htm

COMPUTER GRAPHICS

06 CHAPTER

Texture Mapping

CONTENTS

CHAPTER 06

Texture Mapping

Section 01 Texture Mapping의 종류

Texture Mapping

Texture Mapping은 컴퓨터 그래픽스 분야에서 가상의 3D 공간에서 객체의 표면에 세부적인 질감의 묘사를 하거나 색상을 칠하는 기법이다. 일반적으로는 수식이나 2D의 Image를 3D 객체의 표면에 여러 가지 방법을 통하여 적용하고 이에 따라 실제의 물체처럼 보이고 느껴지도록 그 세부 묘사를 하는 것이다.

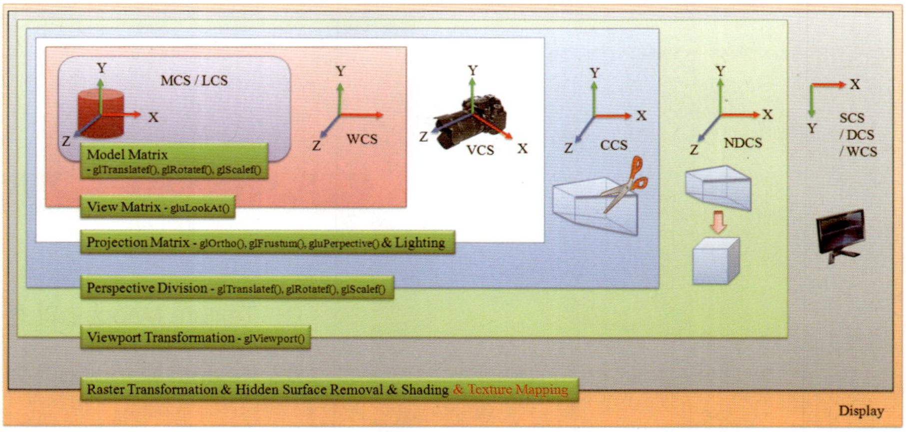

[그림 6-1] 좌표 변환 Pipeline에서 Texture Mapping의 위치

Rendering
은면 제거(Hidden Surface Removal)
음영(Shading)
Texture Map
Texture Image

[그림 6-1]은 OpenGL에서의 좌표 변환 Pipeline을 나타낸 것으로서 마지막 과정 즉, Rendering 과정에서 은면 제거(Hidden Surface Removal) 및 음영(Shading)과 함께 Texture Mapping이 위치하고 있음을 확인할 수 있다. Texture Mapping을 위해 사용되는 수식이나 2D Image 등을 Texture Map 혹은 Texture Image라고 하는데,

[그림 6-2]와 같은 해상도를 유지하여야 한다. 즉, 2D Image의 넓이(Width)와 높이(Height)는 각각 2^n크기를 가지고 있어야 한다. 그러나 넓이와 높이가 동일한 크기를 가질 필요는 없다. OpenGL에서 Texture Mapping을 위해 주로 사용하는 2D Image 파일의 종류는 <표 6-1>과 같이 여러 가지 종류의 파일 포맷이 있으며, 각각의 Image를 읽어서 3D 객체의 표면에 Mapping하기 위한 코드는 모두 다르다. 왜냐하면 각각의 2D Image 파일의 포맷이 다르기 때문이며, 각 파일의 속성들이 다르기 때문이다.

[그림 6-2] Texture Mapping을 위한 비트맵(*.bmp) 파일의 해상도

〈표 6-1〉 Texture Mapping이 가능한 2D Image File Format

File Format	Extension	Description
TGA	*.tga	Truevision TARGA
DDS	*.dds	DirectDraw Surface
PNG	*.png	Portable Network Graphics
JPEG	*.jpg	Joint Photographic Experts Group
PCX	*.pcx	ZSoft PCX
BMP	*.bmp	Windows/OS2 Bitmap
GL_ARB_texture_compression		using TGA texture loader

이와 같은 Texture Mapping은 일반적으로 2D Image를 Texture Image로 변환한 후 Texture Image의 일부분 혹은 전체를 지정하여 3D 객체의 표면에 Mapping하는 수동 Texture Mapping 방법이 있고, 2D Texture Image를 OpenGL이 자동으로 3D

수동 Texture Mapping

자동 Texture Mapping
고급 Texture Mapping
중개면(Intermediate Surface)
MIP Maps
LOD(Level of Detail)
Blending
Bump Mapping
Environment Mapping

객체의 표면에 Mapping하는 자동 Texture Mapping 방법이 있다.

고급 Texture Mapping의 종류로는 Sphere 및 Cylinder 등과 같이 곡면으로 구성된 객체에 Texture Image를 Mapping하기 위하여 중개면(Intermediate Surface)을 이용하는 곡면 Texture Mapping이 있고, 다양한 해상도를 가진 2D Image를 사용하여 LOD(Level of Detail) 기능이 가능한 MipMap이 있으며 MIP Maps라고도 한다. 여기서 LOD(Level of Detail)는 Camera로부터 객체까지의 거리에 따라 객체의 다각형 개수가 서로 다른 크기를 가지고 Modeling된 3D 객체를 선택적으로 사용할 수 있도록 하는 것이다. 추가적인 고급 Texture Mapping의 종류로는 Transparency 효과를 표현하기 위하여 Blending을 이용한 Texture Mapping, Bump Mapping 및 Environment Mapping 등이 있는데, Transparency 효과는 3D 객체의 표면에 Mapping할 Texture Image에서 원하지 않는 부분에 Alpha Channel을 적용하여 투명하게 표현함으로써 객체의 내부를 볼 수 있도록 하는 기법이다. 그리고 Bump Mapping은 객체의 표면마다 법선 벡터(Normal Vector)를 조작하여 실제로 굴곡이 있는 것처럼 보이도록 하는 기법이고, 마지막 Environment Mapping은 객체 주변의 배경들이 객체에 그대로 반사된 모습을 표현하는 기법이다.

본 절에서는 이와 같은 여러 가지 종류의 Texture Mapping 기법들 중 수동 Texture Mapping 기법과 자동 Texture Mapping 기법 등으로 구분한 일반적인 Texture Mapping 기법에 대하여 알아본다. 또한 각각의 Texture Mapping 종류에 따른 소스 코드를 이해하고 스스로 응용해 볼 수 있도록 한다.

1. 수동 Texture Mapping

1.1 수동 Texture Mapping의 원리

Texel(Texture Element)
Pixel(Picture Element)

Texel(Texture Element)은 3D 공간에서 Texture Mapping을 위해 사용되어질 Texture의 기본 단위로서 2D Image의 기본 단위인 Pixel(Picture Element)과 마찬가지로 (R, G, B, A)의 값을 저장한다. 예를 들어 [그림 6-3]의 (A)는 3D 공간에서 사용할 Texture Image의 좌표계로서 Texture 좌표는 정규화 형태로 표현되어 왼쪽 아래(Left Bottom) 부분이 원점(0, 0)이고 오른쪽(Right)이 S축 혹은 U축, 위쪽(Up)이 T축 혹은 V축으로 구성되어진다. (A)에서의 Texel은 10×7 크기의 2D 배열 크기로 표현할 때의 크기이다.

[그림 6-3] Texel과 Pixel의 비교

일반적으로 2D Image는 해상도에 따라 X축과 Y축 모두 Pixel의 개수가 각각 정해지지만, 일단 3D 공간으로 가져온 2D Image는 Texture Image로 변경되어 S축 및 T축 모두 0.0~1.0 사이의 좌표 값을 갖는다. 결국 Texture Mapping은 좌표 (x, y)를 가지는 Pixel 단위의 2D Image를 3D 공간에 가져와서 좌표 (s, t) 혹은 좌표 (u, v)를 가지는 Texel 단위의 2D Texture Image로 변경한다. 그리고 2D Texture Image는 좌표 (x, y, z)를 가지는 Vertex 및 다각형(Polygon) 등으로 구성된 3D 객체 표면의 일부분 혹은 전체로 적당하게 Mapping되는 것이다. Texture Mapping은 수동 Texture Mapping과 자동 Texture Mapping으로 구분할 수 있는데, [그림 6-4]는 수동 Texture Mapping의 원리를 설명하고 있으며, 수동 Texture Mapping은 UV Mapping이라고도 한다. [코드 6-1]은 [그림 6-4]의 수동 Texture Mapping과 직접적으로 관련된 부분의 소스 코드이다.

UV Mapping

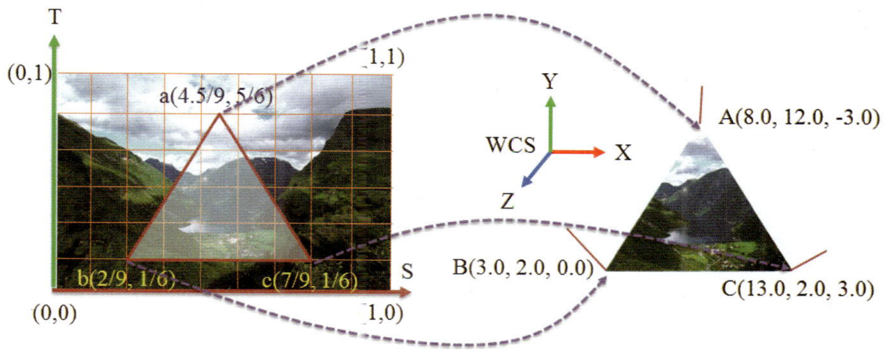

(A) Texture의 좌표 (B) 3D 공간에서 다각형의 좌표

[그림 6-4] 수동 Texture Mapping의 원리

코드 6-1 수동 Texture Mapping

```
glBegin(GL_POLYGON);
    glNormal3f(0.0, 0.0, 1.0);
    glTexCoord2f(4.5/9, 5/6); ········································· ①
    glVertex3f(8.0, 12.0, -3.0); ······································ ②

    glNormal3f(0.0, 0.0, 1.0);
    glTexCoord2f(2/9, 1/6); ··········································· ③
    glVertex3f(3.0, 2.0, 0.0); ········································ ④

    glNormal3f(0.0, 0.0, 1.0);
    glTexCoord2f(7/9, 1/6); ··········································· ⑤
    glVertex3f(13.0, 2.0, 3.0); ······································· ⑥
glEnd( );
```

[코드 6−1]의 ①은 [그림 6−4]의 (A)에 있는 Texture의 Vertex a의 좌표이고, ②는 (B)에 있는 3D 공간에서 다각형의 Vertex A의 좌표로서 ①을 ②에 Mapping시킨다. ③은 (A)에 있는 Texture의 Vertex b의 좌표이고, ④는 (B)에 있는 3D 공간에서 다각형의 Vertex B의 좌표로서 ③을 ④에 Mapping시킨다. ⑤는 (A)에 있는 Texture의 Vertex c의 좌표이고, ⑥은 (B)에 있는 3D 공간에서 다각형의 Vertex C의 좌표로서 ⑤를 ⑥에 Mapping시킨다.

[그림 6−5]와 [그림 6−6]은 수작업에 의한 Texture Mapping의 여러 가지 유형을 보여주고 있다. Texture는 S축 및 T축 모두 0.0~1.0 사이의 좌표 값을 갖지만, 3D 공간에 있는 객체의 다각형 표면에 Mapping하기 위한 Texture의 일부분 혹은 전체는 여러 가지 모양을 가질 수 있다. [그림 6−5]의 윗부분은 Texture 전체 즉, (0.0, 0.0), (1.0, 0.0), (1.0, 1.0) 및 (0.0, 1.0)을 객체의 다각형 표면에 그대로 Mapping하는 것이고, 아래 부분은 Texture의 일부분 즉, (0.0, 0.0), (0.5, 0.0), (0.5, 0.5) 및 (0.0, 0.5)을 기울어진 객체의 다각형 표면에 Mapping하는 것이다.

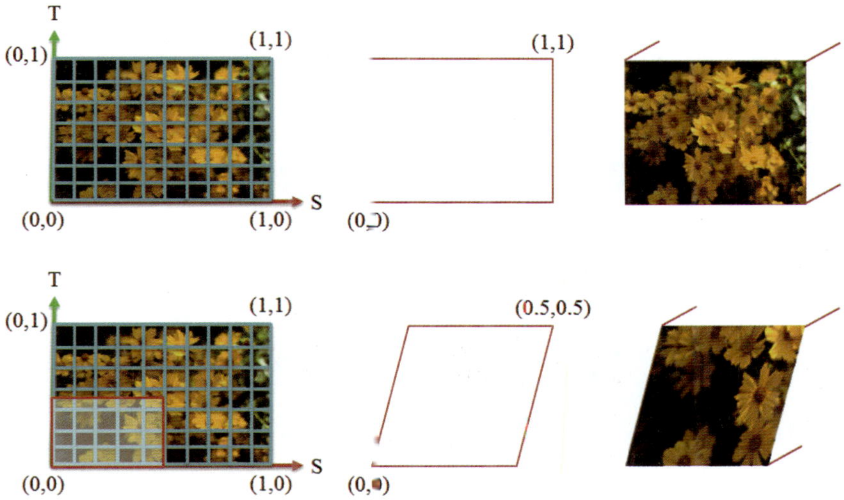

[그림 6-5] 수작업에 의한 Texel의 좌표 명시 및 그 결과 – Ⅰ

[그림 6-6]의 윗부분은 Texture 전체 즉, (0.0, 0.0), (1.0, 0.0), (1.0, 1.0) 및 (0.0, 1.0)을 객체의 다각형 표면에 Texture 좌표를 2배로 증가시켜서 Mapping하는 것으로서 S축과 T축 모두 중복 Mapping이 된다. 그리고 [그림 6-6]의 아래 부분은 Texture의 일부분 즉, (2.7/10, 1.0/7), (7.7/10, 1.0/7) 및 (5.0/10, 6.0/7)을 삼각형 모양을 가지는 객체의 다각형 표면에 Mapping하는 것이다.

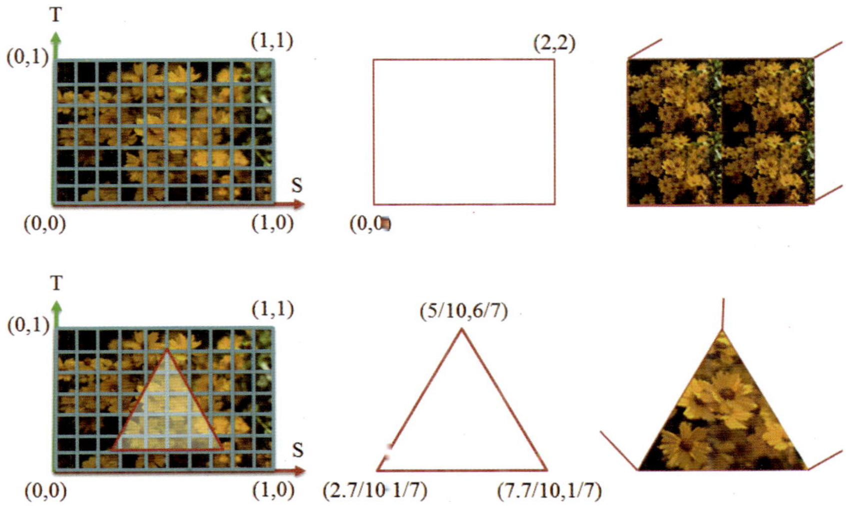

[그림 6-6] 수작업에 의한 Texel의 좌표 명시 및 그 결과 – Ⅱ

[그림 6-7]은 [그림 6-5]에서 [그림 6-6]까지와 같은 수작업에 의한 Texture Mapping의 구현 결과이고, [코드 6-2]는 그 소스 코드이다.

[그림 6-7] 수작업에 의한 Texel의 좌표 명시에 대한 구현 결과

코드 6-2 수작업에 의한 Texel의 좌표 명시 및 Texture Mapping

```
#include <windows.h>
#include <stdlib.h>
#include <glut.h>
#include <glaux.h>

GLuint g_textureID = -1;

struct Vertex {
    float tu, tv;
    float x, y, z;
};

Vertex g_quadVertices[] = { ······························ ①
    { 0.0f,0.0f, -1.0f,-1.0f, 0.0f },
    { 1.0f,0.0f,  1.0f,-1.0f, 0.0f },
    { 1.0f,1.0f,  1.0f, 1.0f, 0.0f },
    { 0.0f,1.0f, -1.0f, 1.0f, 0.0f }
};
```

```
Vertex g_parallelogramVertices[] = { ............................................. ②
  . . . . . . . . . . .
};

Vertex g_triangleVertices[] = { ................................................ ③
  . . . . . . . . . . .
};

Vertex g_polygonVertices[] = { ................................................. ④
  . . . . . . . . . . .
};

void loadTexture( ) {
    AUX_RGBImageRec *pTextureImage = auxDIBImageLoad( "flower.bmp" ); ......... ⑤

    if( pTextureImage != NULL ) {
        glGenTextures( 1, &g_textureID ); ..................................... ⑥
        glBindTexture( GL_TEXTURE_2D, g_textureID ); .......................... ⑦
        glTexParameteri( GL_TEXTURE_2D,GL_TEXTURE_MIN_FILTER, GL_LINEAR ); ⑧
        glTexParameteri( GL_TEXTURE_2D,GL_TEXTURE_MAG_FILTER, GL_LINEAR );  ⑨
        glTexImage2D( GL_TEXTURE_2D, 0, 3, pTextureImage->sizeX,
                      pTextureImage->sizeY, 0, GL_RGB,
                      GL_UNSIGNED_BYTE, pTextureImage->data ); ............... ⑩
    }

    if( pTextureImage ) {
        if( pTextureImage->data )
            free( pTextureImage->data ) ..................................... (⑤-1)

        free( pTextureImage ); .............................................. (⑤-2)
    }
}

void MyInit( ) {
    loadTexture();

    glClearColor( 0.0f, 0.0f, 0.0f, 1.0f );
    glEnable( GL_TEXTURE_2D ); ................................................ ⑪

    glMatrixMode( GL_PROJECTION );
    glLoadIdentity();
    gluPerspective( 45.0f, 640.0f / 480.0f, 0.1f, 100.0f);
```

```
}

void MyRender( ) {
    glClear( GL_COLOR_BUFFER_BIT | GL_DEPTH_BUFFER_BIT );
    glMatrixMode( GL_MODELVIEW );
    glLoadIdentity();

    glTranslatef( -2.0f, 1.0f, -6.0f );
    glBindTexture( GL_TEXTURE_2D, g_textureID ); ············ ⑫
    glInterleavedArrays( GL_T2F_V3F, 0, g_quadVertices ); ············ ⑬
    glDrawArrays( GL_QUADS, 0, 4 ); ············ ⑭
    glTranslatef( 2.0f, -0.0f, 6.0f );

    glTranslatef( 1.0f, 0.0f, -6.0f );
    glBindTexture( GL_TEXTURE_2D, g_textureID ); ············ ⑮
    glInterleavedArrays( GL_T2F_V3F, 0, g_parallelogramVertices ); ············ ⑯
    glDrawArrays( GL_QUADS, 0, 4 ); ············ ⑰
    glTranslatef(-1.0f, 0.0f, 6.0f );

    glTranslatef( -2.0f, -2.2f, -6.0f );
    glBindTexture( GL_TEXTURE_2D, g_textureID ); ············ ⑱
    glInterleavedArrays( GL_T2F_V3F, 0, g_triangleVertices ); ············ ⑲
    glDrawArrays( GL_TRIANGLES, 0, 3 ); ············ ⑳
    glTranslatef( 2.0f, 2.2f, 6.0f );

    glTranslatef( 1.0f, -2.2f, -6.0f );
    glBindTexture( GL_TEXTURE_2D, g_textureID ); ············ ㉑
    glInterleavedArrays( GL_T2F_V3F, 0, g_polygonVertices ); ············ ㉒
    glDrawArrays( GL_POLYGON, 0, 5 ); ············ ㉓
    glTranslatef(-1.0f, 2.2f, 6.0f );

    glutSwapBuffers();
}

void MyReshape (int w, int h) {
  . . . . . . . . . .
}

void main (int argc, char ** argv) {
  . . . . . . . . . .
}
```

[코드 6-2]에서 ①의 2D 배열 변수 g_quadVertices은 3D 공간에 생성할 사각형 객체에 Texture Mapping하기 위한 (s, t)로 이루어진 Texture 좌표들과 (x, y, z)로 이루어진 사각형 객체의 Vertex 좌표들로 구성되어져 있으며, ⑬에서 호출하여 사용한다. ②의 2D 배열 변수 g_parallelogramVertices은 3D 공간에 생성할 평행 사변형 객체에 Texture Mapping하기 위한 (s, t)로 이루어진 Texture 좌표들과 (x, y, z)로 이루어진 평행사변형 객체의 Vertex 좌표들로 구성되어져 있으며, ⑯에서 호출하여 사용한다. ③의 2D 배열 변수 g_triangleVertices은 3D 공간에 생성할 삼각형 객체에 Texture Mapping하기 위한 (s, t)로 이루어진 Texture 좌표들과 (x, y, z)로 이루어진 삼각형 객체의 Vertex 좌표들로 구성되어져 있으며, ⑲에서 호출하여 사용한다. ④의 2D 배열 변수 g_polygonVertices은 3D 공간에 생성할 다각형 객체에 Texture Mapping하기 위한 (s, t)로 이루어진 Texture 좌표들과 (x, y, z)로 이루어진 다각형 객체의 Vertex 좌표들로 구성되어져 있으며, ㉒에서 호출하여 사용한다. ⑤의 AUX_RGBImageRec *pTextureImage = auxDIBImageLoad에서 auxDIBImageLoad 함수는 비트맵 Image(*.bmp) 파일을 읽어 들이기 위해서 사용되어지고, AUX_RGBImageRec 형식(Type)을 가지는 변수 pTextureImage에 저장하게 된다. 여기서 AUX_RGBImageRec은 Texture를 위한 저장 공간을 만드는 데 사용되어진다. ⑥의 glGenTextures(1, &g_textureID)는 Texture 이름들을 생성하는 기능을 수행하는데, <표 6-2>의 glGenTextures 함수에 대한 Prototype에서 더 자세한 정보를 확인할 수 있다.

〈표 6-2〉 glGenTextures 함수에 대한 Prototype

void glGenTextures (GLsizei *N*, GLuint **TextureNameArray*);		
Parameters Help	*N*	// 생성되기 위한 Texture 이름들의 개수

	TextureNameArray	// Texture 객체명이 저장될 배열명
		// 생성된 Texture 이름들이 저장되는 배열에서의 첫 번째
		// 요소에 대한 Pointer

⑦의 glBindTexture(GL_TEXTURE_2D, g_textureID)은 Texture 대상에 한정된 이름을 가진 Texture의 생성을 가능하게 한다. 즉, 객체에 Mapping하기를 원하는 Texture인 g_textureID를 연결시켜주는 기능을 수행한다. glBindTexture 함수에 대해서는 <표 6-3>의 glBindTexture 함수에 대한 Prototype에서 더 자세한 정보를 확인할 수 있다.

〈표 6-3〉 glBindTexture 함수에 대한 Prototype

void glBindTexture (Glenum *target*, Gluint *TextureName*);		
Parameters Help	*target* *TextureName*	// Texture의 종류 // 프로그래머가 사용하는 Texture명

glTexParameter 함수는 OpenGL에서 Texture Mapping의 중요한 부분이며, 이 함수는 Rendering되는 Texture의 동작과 모양을 결정하는데, glTexParameter 함수에 대해서는 <표 6-4>의 glTexParameter 함수에 대한 Prototype에서 더 자세한 정보를 확인할 수 있다. ⑧의 glTexParameteri(GL_TEXTURE_2D,GL_TEXTURE_MIN_FILTER, GL_LINEAR)은 Texture 매개변수(Parameter)들을 설정하는데, 여기서는 Minification과 Magnification Filtering 방법을 정의하고 있다.

〈표 6-4〉 glTexParameter* 함수에 대한 Prototype

void glTexParameter{if} (Glenum *target*, Glenum *pname*, TYPE *param*);		

Parameters
Help
	target
	
	pname
	
	param
		// Texture의 표현
		// GL_TEXTURE_1D, GL_TEXTURE_2D
		// 단일값을 가진 Texture 매개변수(Parameter)의 상징적 이름
		// GL_TEXTURE_WRAP_S, GL_TEXTURE_WRAP_T,
		// GL_TEXTURE_MAG_FILTER, GL_TEXTURE_MIN_FILTER, ...
		// <표 6-5> 및 <표 6-6> 참조
		// pname의 값
		// GL_REPEAT, GL_CLAMP, ...
		// <표 6-7> 참조

〈표 6-5〉 glTexParameter*() 함수의 두 번째 및 세 번째 매개변수(Parameter)

target	pname	param
GL_TEXTURE_1D GL_TEXTURE_2D	GL_TEXTURE_WRAP_S	GL_REPEAT, GL_CLAMP
	GL_TEXTURE_WRAP_T	GL_REPEAT, GL_CLAMP
	GL_TEXTURE_MAG_FILTER	GL_NEAREST, GL_LINEAR
	GL_TEXTURE_MIN_FILTER	GL_NEAREST, GL_LINEAR, GL_NEAREST_MIPMAP_NEAREST, GL_NEAREST_MIPMAP_LINEAR, GL_LINEAR_MIPMAP_LINEAR, GL_LINEAR_MIPMAP_NEAREST
	GL_TEXTURE_BORDER_ COLOR	[0.0, 1.0]의 범위를 가지는 4개의 RGBA 값

〈표 6-6〉 glTexParameter*() 함수의 드 번째 매개변수(Parameter)

Texture Parameter	Accepted values & Description	
GL_TEXTURE_MIN_FILTER	Accepted values	GL_NEAREST, GL_LINEAR, GL_NEAREST_MIPMAP_NEAREST, GL_LINEAR_MIPMAP_NEAREST, GL_NEAREST_MIPMAP_LINEAR, GL_LINEAR_MIPMAP_LINEAR
	Description	Texture Minification 함수는 하나의 Pixel이 하나 이상의 Texel에 Mapping할 때 사용한다. 즉, Texture Image가 축소되어져야 한다는 것을 의미한다. <그림 6-8> 참조 Default setting : GL_NEAREST_MIPMAP_LINEAR
GL_TEXTURE_MAG_FILTER	Accepted values	GL_NEAREST 및 GL_LINEAR
	Description	Texture Magnification 함수는 Texture되는 Pixel이 하나의 Texel과 같거나 작은 영역에 Mapping할 때 사용되어진다. 즉, Texture Image가 확대되어져야 한다는 것을 의미한다. <그림 6-7> 참조 Default setting : GL_LINEAR
GL_TEXTURE_WRAP_S	Accepted values	GL_CLAMP 및 GL_REPEAT
	Description	S축의 Texture 좌표를 위한 Wrap 매개변수(Parameter)를 설정한다. Default setting : GL_REPEAT
GL_TEXTURE_WRAP_T	Accepted values	GL_CLAMP 및 GL_REPEAT
	Description	T축의 Texture 좌표를 위한 Wrap 매개변수(Parameter)를 설정한다. Default setting : GL_REPEAT
GL_TEXTURE_BORDER_COLOR	Accepted values	[0, 1]의 범위를 가지는 4개의 RGBA값
	Description	Texture의 Border 색상을 설정한다. Default setting : (0, 0, 0, 0)
GL_TEXTURE_PRIORITY	Accepted values	[0, 1]의 범위
	Description	메모리에서 Texture의 상주하는 우선순위를 설정한다. 즉, OpenGL이 비디오 메모리에서 Texture들을 Swapping하는 것을 막기 위해서 사용한다.

〈표 6-7〉 glTexParameter*() 함수의 세 번째 매개변수(Parameter)

Parameter	Description
GL_CLAMP	[0, 1]의 범위를 가지는 Texture 좌표를 고정시킨다.
GL_REPEAT	Texture 좌표의 정수 부분을 무시하고 소수 부분만 패턴(Pattern)을 반복시키는 데 사용한다.
GL_NEAREST	Texture되는 Pixel의 중심으로부터 가장 가까운 Texture 요소의 값을 되돌려준다.
GL_LINEAR	Texture되는 Pixel의 중심으로부터 가장 가까운 4개의 Texture 요소의 가중 평균을 되돌려준다.
GL_NEAREST_MIPMAP_NEAREST	Texture되는 Pixel의 크기와 가장 가깝게 일치하고 Texture 값을 계산하기 위한 GL_NEAREST 기준을 사용하는 MipMap을 선택한다.
GL_LINEAR_MIPMAP_NEAREST	Texture되는 Pixel의 크기와 가장 가깝게 일치하고 Texture 값을 계산하기 위한 GL_LINEAR 기준을 사용하는 MipMap을 선택한다.
GL_NEAREST_MIPMAP_LINEAR	Texture되는 Pixel의 크기와 가장 가깝게 일치하고 각 MipMap으로부터 Texture 값을 계산하기 위한 GL_NEAREST 기준을 사용하는 두 개의 MipMap을 선택한다.
GL_LINEAR_MIPMAP_LINEAR	Texture되는 Pixel의 크기와 가장 가깝게 일치하고 각 MipMap으로부터 Texture 값을 계산하기 위한 GL_LINEAR 기준을 사용하는 두 개의 MipMap을 선택한다.

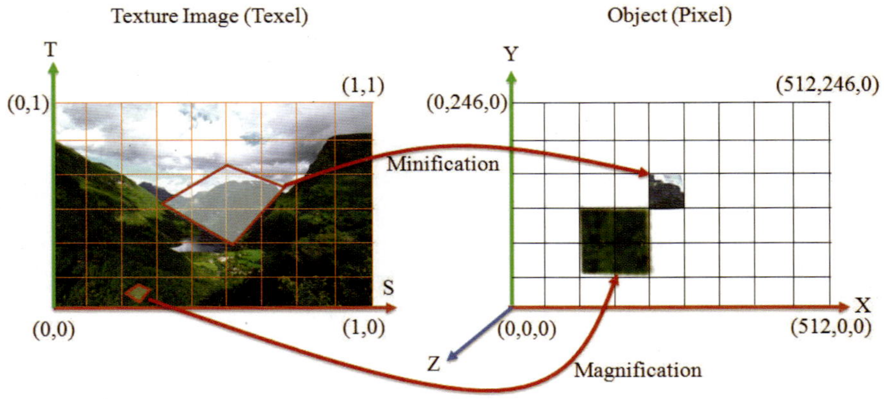

[그림 6-8] 확장(Magnificatioin)과 축소(Minification)의 관계

확대(Magnification)

만약 [그림 6-8]과 같이 작은 크기의 Texel을 큰 크기의 객체 표면에 확대(Magnification)를 적용하여 Texture Mapping을 할 경우에는 [그림 6-9]와 같이

Aliasing 현상이 발생할 가능성이 매우 높다. 그러므로 Anti-Aliasing을 적용하여 Aliasing 현상을 줄여야할 필요가 있다. Anti-Aliasing에 관해서는 본 장의 마지막 부분에서 별도로 다루기로 한다.

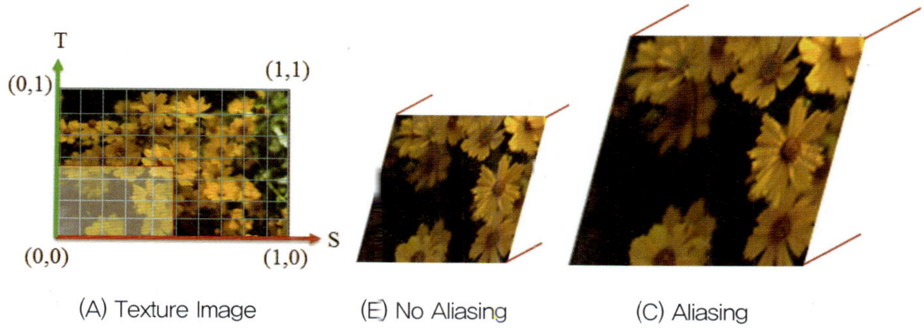

[그림 6-9] Aliasing의 발생

⑨의 glTexParameteri(GL_TEXTURE_2D,GL_TEXTURE_MAG_FILTER, GL_LINEAR)은 ⑧과 같이 Texture 매개변수(Parameter)들을 설정하는데, 여기서는 Minification과 Magnification Filtering 방법을 정의하고 있다. ⑩의 glTexImage2D(GL_TEXTURE_2D, 0, 3, pTextureImage->sizeX, pTextureImage->sizeY, 0, GL_RGB, GL_UNSIGNED_BYTE, pTextureImage->data)은 2D Texture Image를 정의하는 기능을 수행하는데, glTexImage2D 함수에 대해서는 <표 6-8>의 glTexImage2D 함수에 대한 Prototype에서 더 자세한 정보를 확인할 수 있다.

〈표 6-8〉 glTexImage2D 함수에 대한 Prototype

void glTexImage2D (Glenum *target*, Glint *level*, Glint *internalformat*, Glsizei *width*, Glsizei *height*, Glint *border*, Glenum *format*, Glenum *type*, const GLvoid **texture*);		
Parameters Help	*target*	// Target Texture. GL_TEXTURE_2D

	level	// LOD(Level of Detail) 단계
		// MipMap의 단계
		// 사용하지 않을 경우와 기본 Image 단계 : 0

	internalformat	// Texture에서 색상 요소의 번호. <표 6-9> 참조
	width	// Texture Image의 넓이. 2^n+2 (border)
	height	// Texture Image의 높이. 2^m+2 (border)
	border	// 윤곽선(Outline) 두께(단위 : Texel). 0 혹은 1
	format	// Pixel 데이터의 포맷(Format). <표 6-10> 참조
	type	// Pixel 데이터의 데이터 형식(Type). <표 6-10> 참조
	texture	// 실제 Texture 영상이 저장된 배열명 // Memory에서 Image 데이터를 위한 Pointer

〈표 6-9〉 glTexImage2D 함수의 매개변수(Parameter)들 중 *Internal format* 상수

상 수 명	Texel 구성 요소
GL_RGBA	R, G, B, A
GL_RGB	R, G, B
GL_ALPHA	A
GL_LUMINANCE	Intensity
GL_LUMINANCE_ALPHA	Intensity, A

〈표 6-10〉 glTexImage2D 함수의 매개변수(Parameter)들 중 *format, type* 상수

Parameter	상 수 명	의 미
format	GL_COLOR_INDEX	Color Index
	GL_RGB	R, G, B value
	GL_RGBA	R, G, B, A value
	GL_RED	Red value
	GL_GREEN	Green value
	GL_BLUE	Blue value
	GL_ALPHA	Alpha value
type	GL_UNSIGNED_BYTE	unsigned 8 bit integer
	GL_BYTE	signed 8 bit integer
	GL_UNSIGNED_SHORT	unsigned 16 bit integer
	GL_SHORT	signed 16 bit integer
	GL_INT	signed 32 bit integer
	GL_FLOAT	single precision floating point

(⑤-1)과 (⑤-2)는 ⑤에서 선언하고 loadTexture 함수의 상단 부분에서 사용한 이후 loadTexture 함수의 마지막 부분에서 Texture Image 메모리와 Image 구조를 해제(Free)하는 데 사용되어진다. ⑪의 glEnable(GL_TEXTURE_2D)은 2D Texture Mapping이 가능하도록 하기 위하여 사용한다. 만약 glEnable(GL_TEXTURE_2D) 함수를 사용하지 않으면 Texture Mapping을 위하여 지금까지 수행한 모든 함수들의 기능이 필요 없어지게 된다. <표 6-11>은 ⑪과 같이 Texture Mapping 기능을 활성화하거나 비활성화를 하기 위한 함수의 Prototype이다.

〈표 6-11〉 Texture 기능 활성화 및 비활성화를 위한 함수의 Prototype

void glEnable (Glenum *mode*); void glDisable (Glenum *mode*);	
Parameters Help	*mode : GL_TEXTURE_1D* // 1D Texture *GL_TEXTURE_2D* // 2D Texture

⑫의 glBindTexture(GL_TEXTURE_2D, g_textureID)은 ⑦과 같이 객체에 Mapping하기를 원하는 Texture 즉, g_textureID를 연결시켜주는 기능을 수행한다. ⑬의 glInterleavedArrays(GL_T2F_V3F, 0, g_quadVertices)은 전체 배열에서 몇 개의 Interleaved 배열을 활성화하고 동시에 정의하는 기능을 수행한다. <표 6-12>는 glInterleavedArrays 함수에 대한 Prototype으로서 glInterleavedArrays 함수에 대하여 더 자세한 정보를 확인할 수 있다.

〈표 6-12〉 glInterleavedArrays 함수의 Prototype

void glInterleavedArrays (GLenum *format* GLsizei *stride*, const GLvoid **pointer*);	
Parameters Help	*format* // 활성화화기 위한 배열의 유형(Type) // GL_V2F, GL_V3F, GL_C4UB_V2F, GL_C4UB_V3F, GL_C3F_V3F, GL_N3F_V3F, GL_C4F_N3F_V3F, GL_T2F_V3F, GL_T4F_V4F, GL_T2F_C4UB_V3F, GL_T2F_C3F_V3F, GL_T2F_N3F_V3F, GL_T2F_C4F_N3F_V3F, or GL_T4F_C4F_N3F_V4F *stride* // 각 집합 배열 요소 사이의 Bytes에서의 Offset *pointer* // 전체 배열의 첫 번째 요소에 대한 Pointer

⑭의 glDrawArrays(GL_QUADS, 0, 4)은 Rendering하기 위한 다중 Primitive들을 정의하는데, glDrawArrays 함수에 대해서는 <표 6-13>의 glDrawArrays 함수에 대한 Prototype에서 더 자세한 정보를 확인할 수 있다. 즉, glDrawArrays(GL_QUADS, 0, 4)은 4개의 Vertex들르 구성된 사각형을 0번 Index부터 시작하여 생성한다는 의미이다.

〈표 6-13〉 glDrawArrays 함수의 Prototype

void glDrawArrays (GLenum *mode*, GLint *first*, GLsizei *count*);	
Parameters Help	*mode* // Rendering하기 위한 Primitive들의 종류 // GL_POINTS, GL_LINE_STRIP, GL_LINE_LOOP, GL_LINES, GL_TRIANGLE_STRIP, GL_TRIANGLE_FAN, GL_TRIANGLES, GL_QUAD_STRIP, GL_QUADS 및 GL_POLYGON *first* // 활성화된 배열에서 시작하는 Index *count* // Rendering하기 위한 Index들의 개수

⑮의 glBindTexture(GL_TEXTURE_2D, g_textureID)은 ⑦과 같이 객체에 Mapping하기를 원하는 Texture 즉, g_textureID를 연결시켜주는 기능을 수행한다. ⑯의 glInterleavedArrays(GL_T2F_V3F, 0, g_parallelogramVertices)은 ⑬과 같이 전체 배열에서 몇 개의 Interleaved 배열을 활성화하고 동시에 정의하는 기능을 수행한다. ⑰의 glDrawArrays(GL_QUADS, 0, 4)은 ⑭와 같이 Render하기 위한 다중 Primitive들을 정의한다. ⑱의 glBindTexture(GL_TEXTURE_2D, g_textureID)은 ⑦과 같이 객체에 Mapping하기를 원하는 Texture 즉, g_textureID를 연결시켜주는 기능을 수행한다. ⑲의 glInterleavedArrays(GL_T2F_V3F, 0, g_triangleVertices)은 ⑬과 같이 전체 배열에서 몇 개의 Interleaved 배열을 활성화하고 동시에 정의하는 기능을 수행한다. ⑳의 glDrawArrays(GL_TRIANGLES, 0, 3)은 ⑭와 같이 Render하기 위한 다중 Primitive들을 정의한다. ㉑의 glBindTexture(GL_TEXTURE_2D, g_textureID)은 ⑦과 같이 객체에 Mapping하기를 원하는 Texture 즉, g_textureID를 연결시켜주는 기능을 수행한다. ㉒의 glInterleavedArrays(GL_T2F_V3F, 0, g_polygonVertices)은 ⑬과 같이 전체 배열에서 몇 개의 Interleaved 배열을 활성화하고 동시에 정의하는 기능을 수행한다. ㉓의 glDrawArrays(GL_POLYGON, 0, 5)은 ⑭와 같이 Render하기 위한 다중 Primitive들을 정의한다.

[코드 6-2]를 참고하여 여러 명의 서로 다른 인물 사진들로 구성된 Pixel 단위의 Image 하나를 [그림 6-10]과 같이 Texel 단위의 Texture Image로 변경하고, 이를 3D 공간에 있는 6면체의 각 면에 분리하여 Texture Mapping하여 보자.

[그림 6-10] 6장의 인물 사진을 모두 포함하는 하나의 Texture Image

[그림 6-10]은 S축과 T축으로 구성된 2D Texture Image로서 [0.0, 1.0]의 범위를 가지는 좌표 (s, t)를 확인할 수 있다. 편의상 6장의 인물 사진을 S축과 T축으로 각각 3등분하여 좌표 (s, t)를 설정하였다. 그리고 왼쪽 아래(Left Bottom)에서 오른쪽 위(Right Up) 방향으로 순서대로 번호를 매겨둔 것은 Texture Mapping 프로그램에서 번호 순서대로 사용하기 위하서이다. 물론 본 Texture Image는 Photoshop 등과 같은 2D Image 편집 소프트웨어에서 미리 6장의 인물 사진 파일을 이용하여 편집한 것이다. [그림 6-11]은 [그림 6-10]의 Image를 사용하여 3D 공간에서 6면체의 각 면에 Texture Mapping을 수행한 결과이고, [코드 6-3]은 그 소스 코드이다.

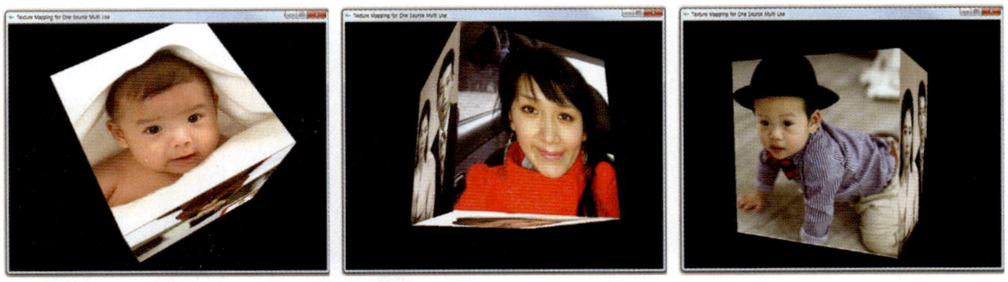

[그림 6-11] One Image Multi Mapping 구현 결과

코드 6-3 Texture Mapping – One Image Multi Mapping

```
#include <glaux.h>
#include <glut.h>
#include <glu.h>
#include <stdio.h>

// 변수 선언 (전체 소스 코드 참조)

void MyReshape(int w, int h) {
  . . . . . . . . . .
}

void MyDisplay( ) {
    glClear(GL_COLOR_BUFFER_BIT|GL_DEPTH_BUFFER_BIT);
    glMatrixMode( GL_MODELVIEW );
    glLoadIdentity();

    glTranslatef( 0.0f, 0.0f, g_fDistance );
    glRotatef( -g_fSpinY, 1.0f, 0.0f, 0.0f );
    glRotatef( -g_fSpinX, 0.0f, 1.0f, 0.0f );

    glBindTexture(GL_TEXTURE_2D, texture[0]); ............ ①

    glBegin(GL_QUADS);
        // Front Side ............ ②
        glTexCoord2f(0.0f, 0.0f); glVertex3f(-1.0f, -1.0f,  1.0f);
        glTexCoord2f(0.33f, 0.0f); glVertex3f( 1.0f, -1.0f,  1.0f);
        glTexCoord2f(0.33f, 0.5f); glVertex3f( 1.0f,  1.0f,  1.0f);
        glTexCoord2f(0.0f, 0.5f); glVertex3f(-1.0f,  1.0f,  1.0f);

        // Back Side ............ ③
```

```
. . . . . . . . . . .

        // Top Side ·························································· ④
. . . . . . . . . . .

        // Bottom Side ······················································· ⑤
. . . . . . . . . . .

        // Right Side ························································ ⑥
. . . . . . . . . . .

        // Left Side ························································· ⑦
. . . . . . . . . . .

    glEnd();

    glutSwapBuffers();
}

AUX_RGBImageRec * LoadBMP(char *Filename) { ·································· ⑧
    FILE * File = NULL;
    if(!Filename) return NULL;
    File = fopen(Filename, "r");
    if(File) {
        fclose(File);
        return auxDIBImageLoad(Filename); ·································· ⑨
    }
    return NULL;
}

int LoadGLTextures( ) {
    int Status = TRUE, i;
    AUX_RGBImageRec *TextureImage; ········································· ⑩

    for(i=0;i<TEXTURE_NUM;i++) {
        TextureImage=NULL;
        if (TextureImage=LoadBMP(texture_name[i])) { ·························· ⑪
            glGenTextures(1, &texture[i]);
            glBindTexture(GL_TEXTURE_2D, texture[i]);
            glTexParameteri(GL_TEXTURE_2D,GL_TEXTURE_MIN_FILTER,GL_LINEAR);
            glTexParameteri(GL_TEXTURE_2D,GL_TEXTURE_MAG_FILTER,GL_LINEAR);
            glTexImage2D(GL_TEXTURE_2D, 0, 3, TextureImage->sizeX,
```

```
                TextureImage->sizeY, 0, GL_RGB, GL_UNSIGNED_BYTE,
                TextureImage->data);
        } else {
            MessageBox(NULL,"Image file has a error !",texture_name[i],MB_ICONERROR);
            Status=false
        }

        if (TextureImage) {
            if (TextureImage->data) free(TextureImage->data);
                free(TextureImage);
        }
    }
    return Status;
}

void MyMouse(int button, int state, int x, int y) {
 . . . . . . . . . .
}

void MyMotion(int x, int y) {
 . . . . . . . . . .
}

void main(int argc, char ** argv) {
 . . . . . . . . . .
}
```

[코드 6-3]에서 ①의 glBindTexture(GL_TEXTURE_2D, texture[0])은 Texture 대상에 한정된 이름을 가진 Texture의 생성을 가능하게 한다. 즉, 객체에 Mapping 하기를 원하는 Texture로서 texture[0]을 연결시켜주는 기능을 수행한다. ② 이하의 4줄 소스 코드들은 6면체의 앞면(Front Side)에 [그림 6-10]의 (1)에 해당하는 인물 사진을 Texture Mapping하기 위한 것으로서 Texture Image의 Texel 좌표 (s, t) 4개와 4개의 Vertex로 구성된 사각형(다각형) 객체의 Vertex 좌표 (x, y, z)들을 일대일로 연결할 수 있도록 나열한 것이다. 또한 Texture Image의 좌표와 Vertex의 좌표들은 시계 반대방향(CCW)으로 순서대로 나열하여 다각형을 형성하도록 하고 있다. ③ 이하의 4줄 소스 코드들은 뒷면(Back Side)에 [그림 6-10]의 (2)에 해당하는 인물 사진을 Texture Mapping하기 위한 것으로서 Texture Image의 Texel 좌표 (s, t) 4개와 4개의 Vertex로 구성된 사각형(다각형) 객체의 Vertex 좌표 (x, y, z)들

을 일대일로 연결할 수 있도록 나열한 것이다. 또한 Texture Image의 좌표와 Vertex의 좌표들은 시계 반대방향(CCW)으로 순서대로 나열하여 다각형을 형성하도록 하고 있다. ④ 이하의 4줄 소스 코드들은 6면체의 윗면(Top Side)에 [그림 6-10]의 (3)에 해당하는 인물 사진을 Texture Mapping하기 위한 것으로서 Texture Image의 Texel 좌표 (s, t) 4개와 4개의 Vertex로 구성된 사각형(다각형) 객체의 Vertex 좌표 (x, y, z)들을 일대일로 연결할 수 있도록 나열한 것이다. 또한 Texture Image의 좌표와 Vertex의 좌표들은 시계 반대방향(CCW)으로 순서대로 나열하여 다각형을 형성하도록 하고 있다. ⑤ 이하의 4줄 소스 코드들은 6면체의 아래면(Bottom Side)에 [그림 6-10]의 (4)에 해당하는 인물 사진을 Texture Mapping하기 위한 것으로서 Texture Image의 Texel 좌표 (s, t) 4개와 4개의 Vertex로 구성된 사각형(다각형) 객체의 Vertex 좌표 (x, y, z)들을 일대일로 연결할 수 있도록 나열한 것이다. 또한 Texture Image의 좌표와 Vertex의 좌표들은 시계 반대방향(CCW)으로 순서대로 나열하여 다각형을 형성하도록 하고 있다. ⑥ 이하의 4줄 소스 코드들은 6면체의 오른쪽 면(Right Side)에 [그림 6-10]의 (5)에 해당하는 인물 사진을 Texture Mapping하기 위한 것으로서 Texture Image의 Texel 좌표 (s, t) 4개와 4개의 Vertex로 구성된 사각형(다각형) 객체의 Vertex 좌표 (x, y, z)들을 일대일로 연결할 수 있도록 나열한 것이다. 또한 Texture Image의 좌표와 Vertex의 좌표들은 시계 반대방향(CCW)으로 순서대로 나열하여 다각형을 형성하도록 하고 있다. ⑦ 이하의 4줄 소스 코드들은 6면체의 왼쪽 면(Left Side)에 [그림 6-10]의 (6)에 해당하는 인물 사진을 Texture Mapping하기 위한 것으로서 Texture Image의 Texel 좌표 (s, t) 4개와 4개의 Vertex로 구성된 사각형(다각형) 객체의 Vertex 좌표 (x, y, z)들을 일대일로 연결할 수 있도록 나열한 것이다. 또한 Texture Image의 좌표와 Vertex의 좌표들은 시계 반대방향(CCW)으로 순서대로 나열하여 다각형을 형성하도록 하고 있다.

⑧의 AUX_RGBImageRec * LoadBMP(char *Filename)은 비트맵 Image(*.bmp) 파일을 읽어 들이기 위해서 사용되어지며 여기서 AUX_RGBImageRec은 Texture를 위한 저장 공간을 만드는 데 사용되어진다. ⑨에서 auxDIBImageLoad(Filename)은 비트맵 Image(*.bmp) 파일을 읽어 들이기 위해서 사용되어진다. ⑩의 AUX_RGBImageRec *TextureImage은 AUX_RGBImageRec 형식(Type)을 가지는 변수 TextureImage을 선언하고 있다. ⑪의 TextureImage = LoadBMP(texture_name[i])은 읽어 들인 비트맵 파일(*.bmp) 파일을 AUX_RGBImageRec 형식(Type)을 가지는 변수 TextureImage에 넘겨주어 저장하게 한다.

Project 6 – I Application–I of One Image Multi Mapping

구현 기능

여러 장의 가족사진들을 Photoshop을 사용하여 하나의 Texture Image로 변환하고, 벽(Wall)에 걸린 액자 여러 개를 Texture Mapping으로 완성한다.

- Texture Image는 Photoshop에서 비트맵 파일(*.bmp)로 저장하여 사용한다.
- Texture Image 크기는 화질을 고려하여 800×600 혹은 1024×768 등 고화질로 설정한다.
- 각 액자들은 벽(Wall)에 걸어놓은 것처럼 표현되야 한다.
- 벽(Wall)과 바닥(Floor)의 Texture Image는 별도의 비트맵 파일(*.bmp)을 가지고 사용하여야 한다.

구현 결과

Project 6 – II

Application–II of One Image Multi Mapping

구현 기능	OpenGL Library를 사용하여 구현 결과와 같은 비행기를 3D로 모델링한 다음, 아래 Image를 Texture Image로 변환하여 Texture Mapping을 완성한다. – Texture Image는 http://www.3dbrianmorris.com/Tutorials/Polyfighter_UVW_Unwrap/에서 PF_sources.zip을 참고하기 바란다. 
구현 결과	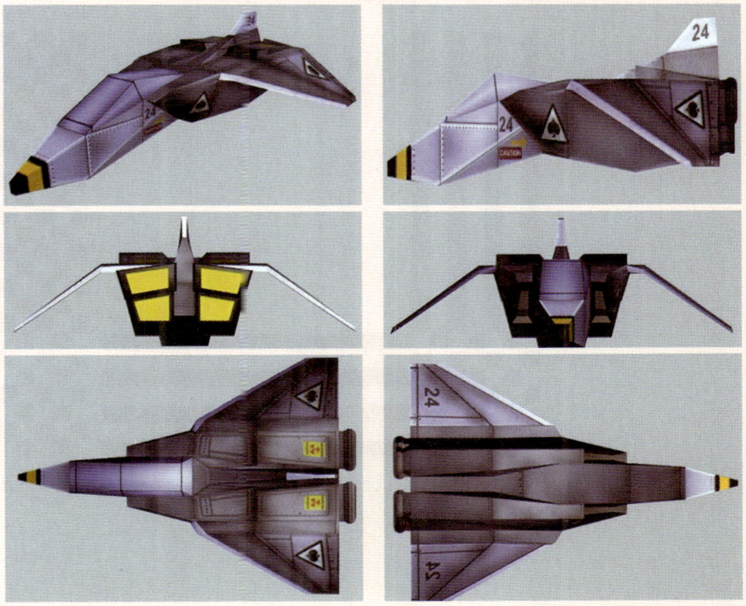

1.2 Wrap Mapping

<표 6-4>의 glTexParameter* 함수는 매개변수(Parameter)가 매우 많고 다양한데, [코드 6-2]에서 사용하지 않는 매개변수들 중 자주 사용되는 것을 사용하여 추가적으로 알아보도록 하자. [그림 6-12], [그림 6-13] 및 [그림 6-14]는 glTexParameter* 함수를 사용하여 구현한 몇 가지 결과들을 비교한 것이다.

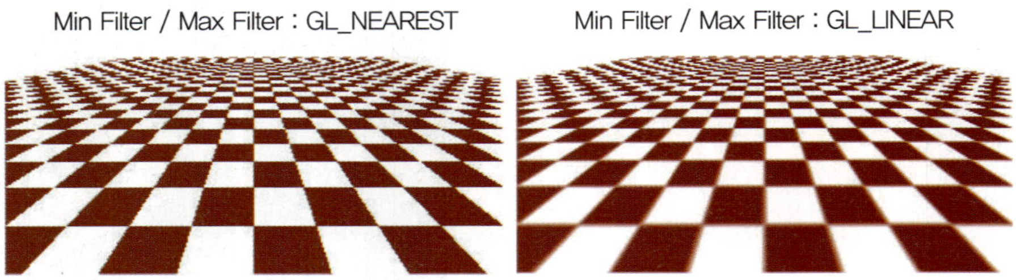

[그림 6-12] glTexParameter*() 함수의 세 번째 매개변수(Parameter) 구현 결과 비교 – I

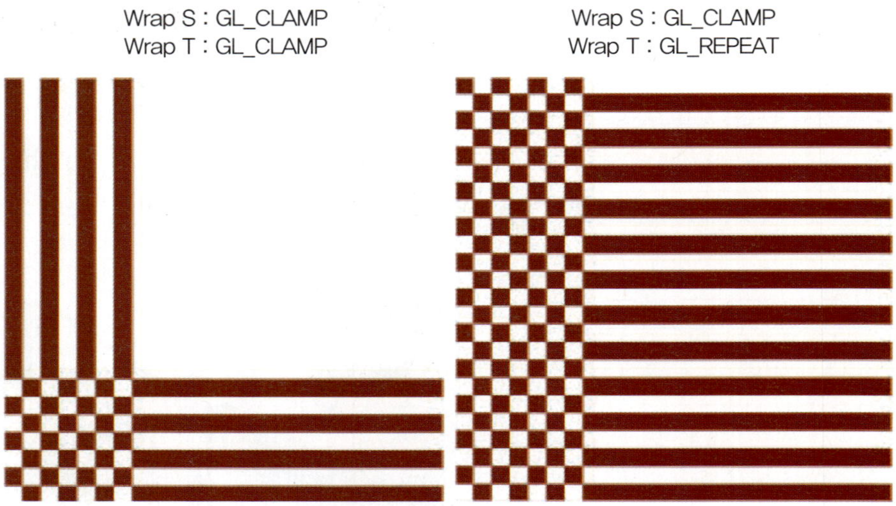

[그림 6-13] glTexParameter*() 함수의 세 번째 매개변수(Parameter) 구현 결과 비교 – II

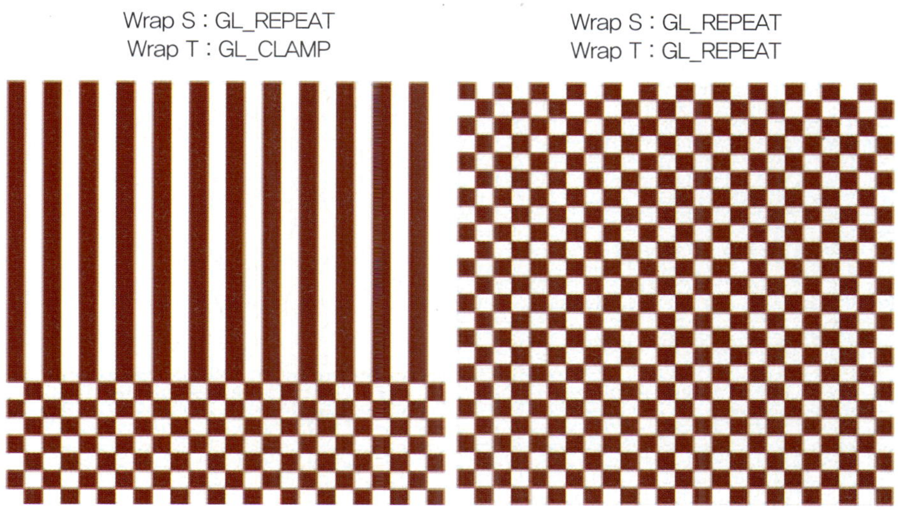

[그림 6-14] glTexParameter*() 함수의 세 번째 매개변수(Parameter) 구현 결과 비교 – III

그리고 [그림 6-15]는 [그림 6-12], [그림 6-13] 및 [그림 6-14]를 참고하여 정육면체(Cube)에 직접 적용하여 구현한 결과이고, [코드 6-4]는 그 소스 코드이다.

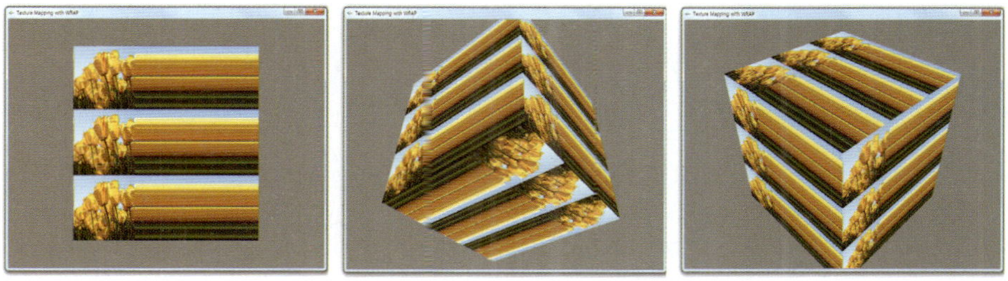

[그림 6-15] Texture Mapping – Wrap을 구현한 결과

코드 6-4 Texture Mapping – Wrap

```
#include <Windows.h>
#include <stdlib.h>
#include <stdio.h>
#include <glu.h>
#include <glut.h>
```

```
#include <glaux.h>

// 변수 선언 (전체 소스 코드 참조)

void MyReshape(int w, int h) {
 . . . . . . . . . . .
}

void MyDisplay( ){
    glClear(GL_COLOR_BUFFER_BIT|GL_DEPTH_BUFFER_BIT);
    glMatrixMode( GL_MODELVIEW );
    glLoadIdentity();

    glTranslatef( 0.0f, 0.0f, g_fDistance );
    glRotatef( -g_fSpinY, 1.0f, 0.0f, 0.0f );
    glRotatef( -g_fSpinX, 0.0f, 1.0f, 0.0f );

    glBindTexture(GL_TEXTURE_2D, texture[0]); ······························ ①

    glBegin(GL_QUADS);
    . . . . . . . . . . .
    glEnd();

    glutSwapBuffers();
}

AUX_RGBImageRec * LoadBMP(char *Filename) {
    FILE * File = NULL;
    if(!Filename) return NULL;
    File = fopen(Filename, "r");
    if(File) {
        fclose(File);
        return auxDIBImageLoad(Filename);
    }
    return NULL;
}

int LoadGLTextures() {
    int Status = TRUE, i;
    AUX_RGBImageRec *TextureImage;

    for(i=0; i<TEXTURE_NUM; i++) {
```

```
        TextureImage = NULL;
        if (TextureImage = LoadBMP(texture_name[i])) {
            glGenTextures(1, &texture[i]);
            glBindTexture(GL_TEXTURE_2D, texture[i]);
            glTexParameteri(GL_TEXTURE_2D,GL_TEXTURE_WRAP_S,GL_CLAMP); ··· ②
            glTexParameteri(GL_TEXTURE_2D,GL_TEXTURE_WRAP_T,GL_REPEAT); ··· ③
            glTexParameteri(GL_TEXTURE_2D,GL_TEXTURE_MIN_FILTER,GL_LINEAR);
            glTexParameteri(GL_TEXTURE_2D,GL_TEXTURE_MAG_FILTER,GL_LINEAR);
            glTexImage2D(GL_TEXTURE_2D, 0, 3, TextureImage->sizeX,
                        TextureImage->sizeY, 0,
                        GL_RGB, GL_UNSIGNED_BYTE, TextureImage->data);
        } else {
            MessageBox(NULL,"Image file has a error !",texture_name[i],MB_ICONERROR);
            Status=false
        }

        if (TextureImage) {
            if (TextureImage->data) free(TextureImage->data);
            free(TextureImage);
        }
    }
    return Status;
}

void MyMouse(int button, int state, int x, int y) {
 . . . . . . . . . .
}

void MyMotion(int x, int y) {
 . . . . . . . . . .
}

void main(int argc, char ** argv) {
 . . . . . . . . . .
}
```

[코드 6-4]에서 ①의 glBindTexture(GL_TEXTURE_2D, texture[0])은 객체에 Mapping하기를 원하는 Texture 즉, texture[0]을 연결시켜주는 기능을 수행한다. ②의 glTexParameteri(GL_TEXTURE_2D,GL_TEXTURE_WRAP_S,GL_CLAMP)와 ③의 glTexParameteri(GL_TEXTURE_2D,GL_TEXTURE_WRAP_T,GL_REPEAT)은 [그림 6-13]의 오른쪽 그림과 같은 결과를 나타낸다.

Project 6 – III　Application–I of Texture Mapping with Wrap

구현 기능

[코드 6–4]를 다음과 같이 확장 구현한다.

– 6개의 모든 면마다 각각 서로 다른 Texture Mapping의 결과가 출력되게 한다.
– 한 면(Face)마다 Repeat를 위한 Texture의 최대 개수는 3이다.

구현 결과

앞면

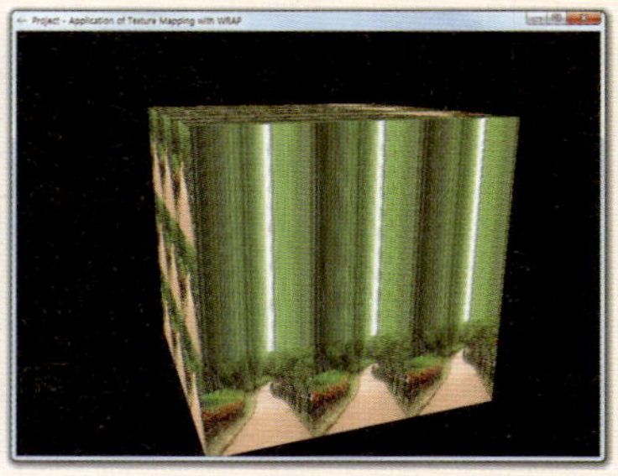

뒷면

윗면

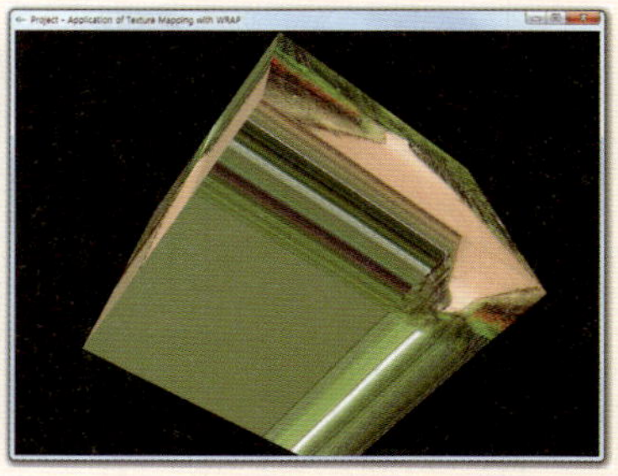

아랫면

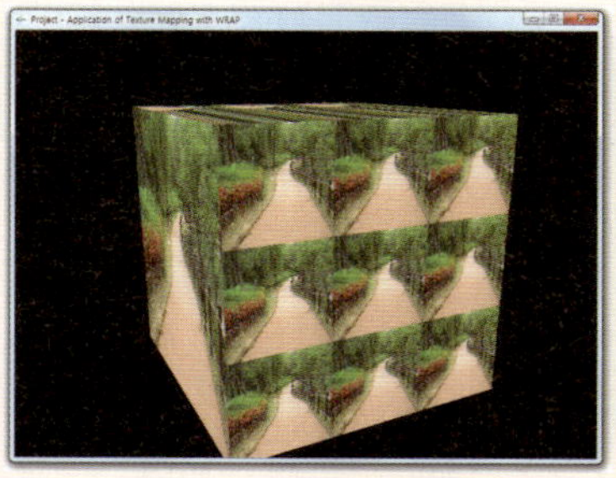

우측면

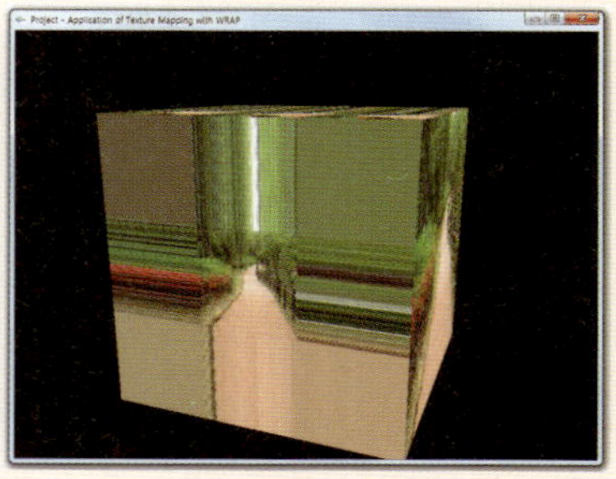

좌측면

Project 6 – IV

Application–II of Texture Mapping with Wrap

구현 기능	[코드 6–4]를 다음과 같이 확장 구현한다. – s, t축 모두 10개씩의 Texture Mapping이 반복되도록 Repeat로 출력한다.
구현 결과	

Project 6 – V

Application–III of Texture Mapping with Wrap

구현 기능	[코드 6–4]를 다음과 같이 확장 구현한다. – s, t축 모두 3개씩의 Texture Mapping이 반복되도록 Repeat와 Clamp로 출력한다.
구현 결과	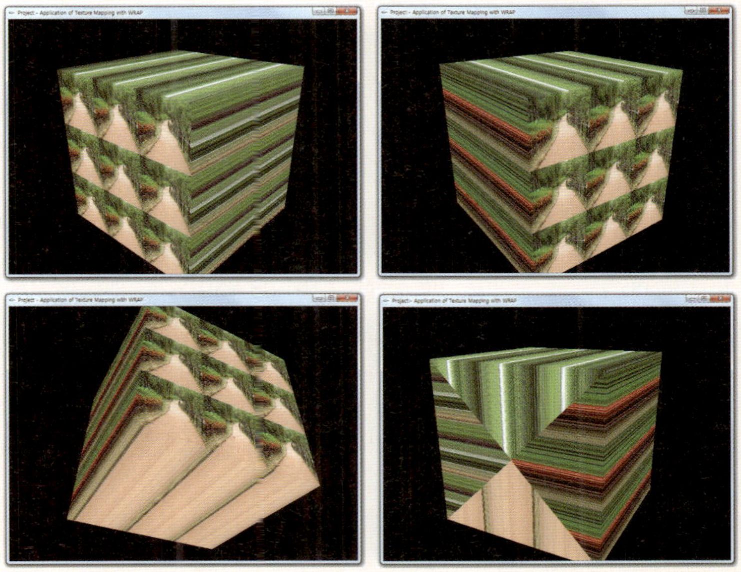

1.3 Blend Mapping

Texture의 매개변수(Parameter)를 설정하는 것이 glTexParameter* 함수라면 Texture 환경(Environment) 매개변수(Parameter)를 설정하는 것은 glTexEnv* 함수이다. <표 6-14>는 glTexEnv* 함수에 대한 Prototype으로서 glTexEnv* 함수에 대한 더 자세한 정보를 확인할 수 있다.

〈표 6-14〉 glTexEnv* 함수에 대한 Prototype

<table>
<tr><th colspan="2">void glTexEnv{ifx} (Glenum target, Glenum pname, TYPE params);</th></tr>
<tr><td>Parameters Help</td><td>
target // Texture Environment. GL_TEXTURE_ENV
pname // 하나의 값을 가지는 Texture Envrionment 매개변수(Parameter)의 상징적 이름
<table>
<tr><th>Value</th><th>Description</th></tr>
<tr><td>GL_TEXTURE_ENV_MODE</td><td>Texture의 색상과 객체면의 색상을 어떻게 조합할 것인가를 명시</td></tr>
<tr><td>GL_TEXTURE_ENV_COLOR</td><td>GL_TEXTURE_ENV_MODE의 타입 매개변수(Parameter)가 GL_BLEND일 때만 사용</td></tr>
</table>
params // 하나의 상징적 상수
<table>
<tr><th>Value</th><th>Description</th></tr>
<tr><td>GL_REPLACE</td><td>기존 객체면의 색을 완전히 Texture 색상으로 대체</td></tr>
<tr><td>GL_MODULATE</td><td>기존 객체면 색과 Texture 색상을 곱해서 최종 색을 결정</td></tr>
<tr><td>GL_DECAL</td><td>객체면 위에 Texture 색상을 덧칠하는 효과</td></tr>
<tr><td>GL_BLEND</td><td>객체면 위에 Texture 색상을 혼합하는 효과
RGBA 색상</td></tr>
</table>
</td></tr>
</table>

[그림 6-16] 및 [그림 6-17]은 glTexEnv* 함수의 여러 가지 매개변수(Parameter)들을 사용하여 구현한 결과들을 비교한 것이다. 그리고 [코드 6-5]는 그 소스 코드이다.

GL_DECAL	GL_REPLACE

(A) path.bmp / (B) lawn.bmp	(A) path.bmp / (B) lawn.bmp

(A) lawn.bmp / (B) path.bmp	(A) lawn.bmp / (B) path.bmp

[그림 6-16] Multi Texture Mapping의 구현 결과 비교 – I

GL_MODULATE	GL_BLEND

(A) path.bmp / (B) lawn.bmp	(A) path.bmp / (B) lawn.bmp

(A) lawn.bmp / (B) path.bmp　　(A) lawn.bmp / (B) path.bmp

[그림 6-17] Multi Texture Mapping의 구현 결과 비교 – II

코드 6-5 Texture Mapping – Multi Texture Mapping

```
#include <windows.h>
#include <stdlib.h>
#include <stdio.h>
#include <glu.h>
#include <glut.h>
#include <glaux.h>
#include <glext.h>     // http://www.opengl.org/registry/에서 Download 및 설치
                       // 설치 위치는 <표 1-2> 참조
// 변수 선언 (전체 소스 코드 참조)

void MyReshape(int w, int h) {
 . . . . . . . . . . .
}

void loadTexture( void ) {
    AUX_RGBImageRec *pTextureImage = auxDIBImageLoad( "path.bmp" );

    if( pTextureImage != NULL ) {
        glGenTextures( 1, &g_textureID_0 );
        glBindTexture(GL_TEXTURE_2D, g_textureID_0);
        glTexParameteri( GL_TEXTURE_2D,GL_TEXTURE_MIN_FILTER, GL_LINEAR );
        glTexParameteri( GL_TEXTURE_2D,GL_TEXTURE_MAG_FILTER, GL_LINEAR );
        glTexImage2D( GL_TEXTURE_2D, 0, 3, pTextureImage->sizeX,
                    pTextureImage->sizeY, 0, GL_RGB, GL_UNSIGNED_BYTE,
                    pTextureImage->data );
    }
```

```
    if( pTextureImage ) {
        if( pTextureImage->data )
            free( pTextureImage->data );

        free( pTextureImage );
    }

    pTextureImage = auxDIBImageLoad( "lawn.bmp" );

    . . . . . . . . . . .
}

void MyInit( ) {
    loadTexture();

    glClearColor( 0.0f, 0.0f, 0.0f, 1.0f );
    glEnable(GL_TEXTURE_2D);

    glMatrixMode( GL_PROJECTION );
    glLoadIdentity();
    gluPerspective( 45.0f, 640.0f / 480.0f, 0.1f, 100.0f);

    char *ext = (char*)glGetString( GL_EXTENSIONS );

    if( strstr( ext, "GL_ARB_multitexture" ) == NULL ) {
        MessageBox(NULL,"GL_ARB_multitexture extension was not found",
                "ERROR",MB_OK|MB_ICONEXCLAMATION);
        return;
    } else {
        glActiveTextureARB       =
        (PFNGLCLIENTACTIVETEXTUREARBPROC)wglGetProcAddress("glActiveTextureARB");
        glMultiTexCoord2fARB     =
        (PFNGLMULTITEXCOORD2FARBPROC)wglGetProcAddress("glMultiTexCoord2fARB");
        glClientActiveTextureARB =
        (PFNGLACTIVETEXTUREARBPROC)wglGetProcAddress("glClientActiveTextureARB");

        if( !glActiveTextureARB || !glMultiTexCoord2fARB || !glClientActiveTextureARB ) {
            MessageBox(NULL,"One or more GL_ARB_multitexture functions were not
              found", "ERROR",MB_OK MB_ICONEXCLAMATION);
            return;
        }
    }
}
```

```
void MyDisplay( ) {
    glClear( GL_COLOR_BUFFER_BIT | GL_DEPTH_BUFFER_BIT );

    glMatrixMode( GL_MODELVIEW );
    glLoadIdentity();
    glTranslatef( 0.0f, 0.0f, -4.0f );

    glRotatef( -g_fSpinY, 1.0f, 0.0f, 0.0f );
    glRotatef( -g_fSpinX, 0.0f, 1.0f, 0.0f );

    glActiveTextureARB( GL_TEXTURE0_ARB );
    glBindTexture( GL_TEXTURE_2D, g_textureID_0 );

    glActiveTextureARB( GL_TEXTURE1_ARB );
    if( g_bModulate == true )
        glTexEnvi( GL_TEXTURE_ENV, GL_TEXTURE_ENV_MODE, GL_DECAL );  …… ①
    else
        glTexEnvi( GL_TEXTURE_ENV, GL_TEXTURE_ENV_MODE, GL_BLEND );  …… ②

    glBindTexture( GL_TEXTURE_2D, g_textureID_1 );
    glEnable( GL_TEXTURE_2D );

    glBegin(GL_QUADS);
    {
     . . . . . . . . . .
    }
    glEnd();

    glutSwapBuffers();
}

void MyMouse(int button, int state, int x, int y) {
 . . . . . . . . . .
}

void MyMotion(int x, int y) {
 . . . . . . . . . .
}

void main(int argc, char ** argv) {
 . . . . . . . . . .
}
```

[코드 6-5]에서 ①의 glTexEnvi(GL_TEXTURE_ENV, GL_TEXTURE_ENV_MODE, GL_DECAL)과 ②의 glTexEnvi(GL_TEXTURE_ENV, GL_TEXTURE_ENV_MODE, GL_BLEND)은 환경(Environment) 매개변수(Parameter)를 설정하는 함수들로서 ①은 객체면 위에 Texture의 색상을 덧칠하는 효과를 제공하고 ②는 객체면 위에 Texture의 색상을 혼합하는 효과를 제공한다.

1.4 접합부 불일치 문제

접합부(Seam)

Texture Mapping은 평면 다각형에서만 가능한 것이 아니다. 즉, Sphere, Cone 및 Cylinder 등과 같이 곡면으로 형성된 객체에서도 Texture Mapping은 가능하다. 그러나 곡면에 대한 Texture Mapping은 평면 다각형으로 곡면을 둘러싸야만 가능한데, 예상치 못한 문제점이 발생할 수 있다. 예를 들어 [그림 6-18]과 같이 Cylinder에 Texture Image를 Mapping하고자 한다면 Cylinder의 기둥에 해당하는 곡면을 둘러싸야 하는데, 이때 Texture Image의 왼쪽 부분과 오른쪽 부분이 만나서 하나로 겹쳐져야 한다. 이를 **접합부(Seam)**라고 말하는데, 접합부에 해당하는 부분의 좌우 Image가 정확하게 하나의 그림과 같이 일치하도록 겹치지 않으면 Texture Mapping 결과는 매우 어색하게 표현될 것이다. 그러므로 이와 같은 접합부 불일치 문제점을 해결하고자 한다면 Photoshop과 같은 2D Image 편집 소프트웨어를 사용하여 사전(in advance)에 접합부에 해당하는 좌우 끝부분의 Image가 일치하도록 편집해두어야 한다.

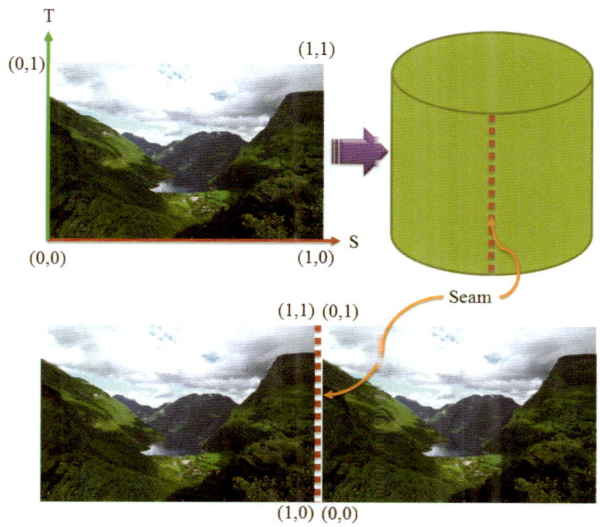

[그림 6-18] 곡면의 Texture Mapping에서 나타나는 접합부 불일치

[그림 6-19]는 Sphere와 Cylinder에 대하여 접합부 불일치 현상이 나타나는 경우에 해당하는 구현 결과이고, [코드 6-6]은 그 소스 코드이다.

[그림 6-19] 접합부 불일치에 대한 구현 결과

코드 6-6 Texture Mapping - 접합부 불일치 현상

```
#include <windows.h>
#include <stdlib.h>
#include <glu.h>
#include <glut.h>
#include <glaux.h>

GLuint g_textureID = -1;

void loadTexture(void) {
    AUX_RGBImageRec *pTextureImage = auxDIBImageLoad( "flower.bmp" );

    if( pTextureImage != NULL ) {
        glGenTextures( 1, &g_textureID );

        glBindTexture( GL_TEXTURE_2D, g_textureID );

        glTexParameteri( GL_TEXTURE_2D,GL_TEXTURE_MIN_FILTER, GL_LINEAR );
        glTexParameteri( GL_TEXTURE_2D,GL_TEXTURE_MAG_FILTER, GL_LINEAR );

        glTexImage2D( GL_TEXTURE_2D, 0, 3, pTextureImage->sizeX,
```

```
                pTextureImage->sizeY, 0,
                GL_RGB, GL_UNSIGNED_BYTE, pTextureImage->data );
    }

 . . . . . . . . . . .
}

void MyInit() {
 . . . . . . . . . . .
}

void MyRender( ) {
    glClear( GL_COLOR_BUFFER_BIT | GL_DEPTH_BUFFER_BIT );

    GLUquadricObj *qobj;
    qobj = gluNewQuadric();
    gluQuadricDrawStyle(qobj, GLU_FILL);
    gluQuadricTexture(qobj, GL_TRUE);
    gluQuadricNormals(qobj, GLU_SMOOTH);

    // Sphere, Cylinder 그리고 Texture Mapping 적용하기(전체 소스 코드 참조)

    gluDeleteQuadric(qobj);
    glutSwapBuffers();
}

void MyReshape(int w, int h) {
 . . . . . . . . . . .
}

void main(int argc, char ** argv) {
 . . . . . . . . . . .
}
```

[코드 6-6]에서 Texture Image가 Sphere 및 Cylinder의 곡면에 Texture Mapping 하였을 때 접합부 불일치 현상과 직접적으로 관련된 함수를 사용한 것은 전혀 없으며, 다만 Texture Image의 자체적인 문제임을 알아두기 바란다.

2. 자동 Texture Mapping

자동 Texture Mapping

수동 Texture Mapping이 Texture Image의 전체 혹은 일부분에 해당하는 Texture 좌표를 glTexCoord2f 함수를 사용하여 직접 지정한 후 객체의 표면에 Mapping하는 방법이라면, **자동 Texture Mapping**은 glGenTex* 함수를 사용하여 OpenGL이 자동으로 Texture 좌표를 산출하도록 하는 것이다. [그림 6-20]은 glTexGen* 함수를 사용하여 Texture 좌표를 자동으로 생성하여 Mapping한 결과이고, [코드 6-7]은 그 소스 코드이다.

[그림 6-20] 자동 Texture Mapping의 구현 결과

코드 6-7 Texture Mapping – 자동 Texture Mapping

```
#include <stdio.h>
#include <glaux.h>
#include <glut.h>

// 변수 선언 (전체 소스 코드 참조)

AUX_RGBImageRec *LoadBMP(char *Filename) {
 . . . . . . . . . . .
}

int LoadGLTextures() {
    int Status=FALSE;
    AUX_RGBImageRec *TextureImage[1];
    memset(TextureImage,0,sizeof(void *)*1);

    if (TextureImage[0]=LoadBMP("Lights.bmp")) {
        Status=TRUE;
        glGenTextures(1, &texture[0]);
```

```
        glBindTexture(GL_TEXTURE_2D, texture[0]);
        gluBuild2DMipmaps(GL_TEXTURE_2D, 3, TextureImage[0]->sizeX,
                TextureImage[0]->sizeY, GL_RGB, GL_UNSIGNED_BYTE,
                TextureImage[0]->data);
        glTexParameteri(GL_TEXTURE_2D,GL_TEXTURE_MAG_FILTER,GL_LINEAR);
        glTexParameteri(GL_TEXTURE_2D, GL_TEXTURE_MIN_FILTER,
                    GL_LINEAR_MIPMAP_NEAREST);
        glTexGeni(GL_S, GL_TEXTURE_GEN_MODE, GL_OBJECT_LINEAR); ·············· ①
        glTexGeni(GL_T, GL_TEXTURE_GEN_MODE, GL_OBJECT_LINEAR); ·············· ②
        glEnable(GL_TEXTURE_GEN_S); ··························································· ③
        glEnable(GL_TEXTURE_GEN_T); ··························································· ④
    }

    if (TextureImage[0]) {
        if (TextureImage[0]->data) {
            free(TextureImage[0]->data);
        }

        free(TextureImage[0]);
    }

    return Status;
}

int InitGL(GLvoid) {
  . . . . . . . . . .
}

void DrawGLScene() {
  . . . . . . . . . .
}

void MyMouse(int button, int state, int x, int y) {
  . . . . . . . . . .
}

void MyMotion(int x, int y) {
  . . . . . . . . . .
}

void MyReshape (int w, int h) {
  . . . . . . . . . .
```

```
}

void main (int argc, char ** argv) {
  . . . . . . . . . . .
}
```

[코드 6-7]에서 ①과 ②의 glTexGeni 함수는 Texture 좌표들의 생성을 조절하는 기능을 수행하는데, glTexGen* 함수에 대해서는 <표 6-15>의 glTexGen* 함수에 대한 Prototype에서 더 자세한 정보를 확인할 수 있다. 또한 glTexGen* 함수의 매개변수(Parameter)에 대한 더 자세한 정보는 <표 6-16>에서 확인할 수 있다.

〈표 6-15〉 glTexGen* 함수를 위한 Prototype

void glTexGen{ifd} (GLenum *coord*, GLenum *pname*, TYPE *param*); void glTexGen{ifd}v (GLenum *coord*, GLenum *pname*, TYPE **param*);	

Parameters Help	*coord* // Texture 좌표가 산출되도록 지시
	// GL_S, GL_T, GL_R 및 GL_Q
	pname // Texture 좌표 생성 함수의 상징적인 이름
	// GL_TEXTURE_GEN_MODE
	param // 단일 값을 가진 Texture 생성 매개변수
	// GL_OBJECT_LINEAR, GL_EYE_LINEAR, GL_SPHERE_MAP

〈표 6-16〉 glTexGen*() 함수 매개변수(Parameter)들

coord	pname	param
GL_S GL_T GL_R GL_Q	GL_TEXTURE_GEN_MODE	GL_OBJECT_LINEAR GL_EYE_LINEAR GL_SPHERE_MAP
	GL_OBJECT_PLANE	Plane Coefficient Array
	GL_EYE_PLANE	Plane Coefficient Array

여기서 glTexGen* 함수의 두 번째 매개변수(Parameter)들 중 GL_TEXTURE_GEN_MODE는 기본적인 Texture 좌표들을 생성하는 것이고, GL_OBJECT_PLANE와 GL_EYE_PLANE는 평면으로부터 Vertex들의 거리를 기반으로 하는 Texture 좌표들을 생성한다.

glTexGen* 함수의 세 번째 매개변수(Parameter)들 중 GL_OBJECT_LINEAR는

객체의 MCS(Model Coordinate System, 모델 좌표계) 혹은 LCS(Local Coordinate System, 지역 좌표계)를 기반으로 Texture 좌표를 계산하는 것이다. 즉, GL_OBJECT_LINEAR은 (수식 6-1)과 같은 평면의 방정식을 사용하여 지형(Terrain)을 위한 Texture Mapping에서 사용할 수 있으며, 지형 Vertex의 고도(Altitude)를 해발(Sea Level)로부터 거리로 계산한다.

> 고도(Altitude)
> 해발(Sea Level)

$$g = p_1 x_0 + p_2 y_0 + p_3 z_0 + p_4 w_0 \qquad \text{(수식 6–1)}$$

여기서 g는 glTexGen* 함수의 첫 번째 매개변수(Parameter)인 *coord*에 지정된 좌표를 위해 계산되어지는 값이다. 그리고 p_1, p_2, p_3 및 p_4는 glTexGen* 함수의 세 번째 매개변수(Parameter)에 제공된 4가지 값들이다. 또한 x_0, y_0, z_0 및 w_0는 객체의 Vertex 좌표들이다.

glTexGen* 함수의 세 번째 매개변수(Parameter)들 중 GL_EYE_LINEAR는 객체의 윤곽선이 VCS(View Coordinate System, 시각 좌표계)를 기반으로 Texture 좌표를 계산하는 것으로서 (수식 6-2)와 같은 평면의 방정식을 사용한다.

$$g = p'_1 x_e + p'_2 y_e + p'_3 z_e + p'_4 w_e \qquad \text{(수식 6–2)}$$

여기서 g는 glTexGen* 함수의 첫 번째 매개변수(Parameter)인 *coord*에 지정된 좌표를 위해 계산되어지는 값이다. 그리고 p'_1, p'_2, p'_3 및 p'_4는 glTexGen* 함수의 세 번째 매개변수(Parameter)에 제공된 4가지 값들로서 (수식 6-3)과 같이 표현할 수 있다.

$$(p'_1, p'_2, p'_3, p'_4) = (p_1, p_2, p_3, p_4) M^{-1} \qquad \text{(수식 6–3)}$$

여기서 M은 glTexGen 함수가 호출될 때의 Modelview Matrix이다. 만약 M이 빈약한 조건을 가지고 있거나 단수일 경우, Texture 좌표들은 부정확하거나 정의되지 않을 수 있는 결과 함수에 의해 생성되어진다. (수식 6-2)에서 x_e, y_e, z_e 및 w_e는 VCS(View Coordinate System, 시각 좌표계)를 기반으로 하는 객체의 Vertex 좌표들이다. 기본적으로 모든 Texture 성성 기능은 GL_EYE_LINEAR로 설정되고 비활성화되어 있다.

단위 벡터(Unit Vector)

glTexGen* 함수의 세 번째 매개변수(Parameter)들 중 GL_SPHERE_MAP은 Environment Mapping을 위한 Texture 좌표를 생성하는 것이다. 만약 glTexGen* 함수의 첫 번째 매개변수(Parameter)인 *coord*가 GL_S 혹은 GL_T이고 세 번째 매개변수(Parameter)가 GL_SPHERE_MAP이라면, T축의 Texture 좌표들은 (수식 6-7)과 같이 생성되어진다. 먼저 VCS(View Coordinate System, 시각 좌표계)를 기반으로 원점에서 다각형의 Vertex을 가리키는 단위 벡터(Unit Vector)를 u라고 하고, VCS(View Coordinate System, 시각 좌표계)로 변환한 이후 현재의 법선 벡터(Normal Vector)를 n'라고 하자. 또한 반사 벡터 $f=(f_x, f_y, f_z)^T$을 (수식 6-4)와 같다고 가정할 수 있다.

$$f=u-2n'n'^T u \qquad \text{(수식 6-4)}$$

마지막으로 m을 (수식 6-5)와 같다고 하자.

$$m=2\sqrt{f_x^2+f_y^2+(f_z+1)^2} \qquad \text{(수식 6-5)}$$

그러면 S축과 T축의 Texture 좌표들을 위해 할당한 Vertex들은 (수식 6-6) 및 (수식 6-7)과 같이 표현할 수 있다.

$$s=\frac{f_x}{m}+\frac{1}{2} \qquad \text{(수식 6-6)}$$

$$t=\frac{f_y}{m}+\frac{1}{2} \qquad \text{(수식 6-7)}$$

(수식 6-6) 및 (수식 6-7)의 S축으로의 평면 방정식은 (1, 0, 0, 0)이고, T축으로의 평면 방정식은 (0, 1, 0, 0)이다. 그리고 모든 R축과 Q축으로의 평면 방정식은 (0, 0, 0, 0)이다. ③의 glEnable(GL_TEXTURE_GEN_S)와 ④의 glEnable(GL_TEXTURE_GEN_T)은 Texture 좌표 생성 함수를 활성화하는데, ③은 ①을 활성화하고 ④는 ②를 활성화시킨다. glEnable 함수를 사용하여 Texture 좌표 생성 함수를 활성화시키고 비활성화시키기 위한 매개변수(Parameter)들은 GL_TEXTURE_GEN_S, GL_TEXTURE_GEN_T 이외에도 GL_TEXTURE_GEN_R 및 GL_TEXTURE_GEN_Q 등이 있다.

02 Section Texture Mapping이 가능한 객체 생성

1. Sphere의 Texture Mapping

[그림 6-21]은 원구(Sphere)의 생성 방법에 따른 Texture Mapping 결과를 나타낸 것이고, [코드 6-8] 및 [코드 6-9]는 Texture Mapping이 가능한 Sphere를 생성하기 위한 함수 및 그 소스 코드이다. 여기서 주의할 것은 [그림 6-21]의 첫 번째 결과와 같이 GLUT Library를 이용한 glutSolidSphere 함수만 사용하면 Texture Mapping이 제대로 되지 않는다는 것이다.

glutSolidSphere(1.0, 50, 50);　　[코드 6-8] oglSphere　　[코드 6-9] renderSphere

[그림 6-21] 원구(Sphere)의 생성 방법에 따른 Texture Mapping 구현 결과

코드 6-8 Texture Mapping이 가능한 Sphere 생성 – oglSphere

```
void oglSphere (double radius) {
    int slices = 50;
    GLUquadricObj *obj = gluNewQuadric();

    gluQuadricTexture(obj, GL_TRUE);
    gluQuadricNormals(obj, GLU_SMOOTH);
    gluSphere(obj, radius, slices, slices);

    gluDeleteQuadric(obj);
}

void MyDisplay() {
    ...
    glBindTexture(GL_TEXTURE_2D, texture);
    ...
    oglSphere(1.0);
    ...
}
```

코드 6-9 Texture Mapping이 가능한 Sphere 생성 – renderSphere

```
#include <math.h>

void renderSphere( float cx, float cy, float cz, float r, int p ) {
    // cx, cy, cz : Sphere의 중심 좌표, r : radius(반지름), p : precision(정밀도)
    const float PI     = 3.14159265358979f;
    const float TWOPI = 6.28318530717958f;
    const float PIDIV2 = 1.57079632679489f;

    float theta1 = 0.0, theta2 = 0.0, theta3 = 0.0;
    float ex = 0.0f, ey = 0.0f, ez = 0.0f;
    float px = 0.0f, py = 0.0f, pz = 0.0f;

    if( r < 0 ) r = -r;      // radius는 양의 정수이어야 한다.
    if( p < 0 ) p = -p;      // precision은 양의 정수이어야 한다.

    if( p < 4 || r <= 0 ) {
        glBegin( GL_POINTS );
            glVertex3f( cx, cy, cz );
        glEnd();
        return;
    }

    for(int i = 0; i < p/2; ++i ) {
        theta1 = i * TWOPI / p - PIDIV2;
        theta2 = (i + 1) * TWOPI / p - PIDIV2;

        glBegin(GL_TRIANGLE_STRIP);
        {
            for(int j = 0; j <= p; ++j ) {
                theta3 = j * TWOPI / p;

                ex = cos(theta2) * cos(theta3);
                ey = sin(theta2);
                ez = cos(theta2) * sin(theta3);
                px = cx + r * ex;
                py = cy + r * ey;
                pz = cz + r * ez;

                glNormal3f( ex, ey, ez );
                glTexCoord2f( -(j/(float)p) , 2*(i+1)/(float)p );
                glVertex3f( px, py, pz );
```

```
                ex = cos(theta1) * cos(theta3);
                ey = sin(theta1);
                ez = cos(theta1) * sin(theta3);
                px = cx + r * ex;
                py = cy + r * ey;
                pz = cz + r * ez;

                glNormal3f( ex, ey, ez );
                glTexCoord2f( -(j/(float)p), 2*i/(float)p );
                glVertex3f( px, py, pz );
            }
        }
        glEnd();
    }
}

......

void MyDisplay() {
    ...
    renderSphere( 0.0, 0.0, 0.0, 1.0, 30 );
    ...
}
```

2. Cube의 Texture Mapping

[그림 6-22]는 정육면체(Cube)의 생성 방법에 따른 Texture Mapping 결과를 나타낸 것이고, [코드 6-10] 및 [코드 6-11]은 Texture Image가 정육면체(Cube)에 Mapping되는 경우에 해당하는 소스 코드들이다. 여기서 주의할 것은 [그림 6-22]의 첫 번째 구현 결과와 같이 GLUT Library를 이용한 glutSolidCube 함수만 사용하면 Texture Mapping이 되지 않는다는 점이다. 또한 두 번째 및 세 번째 구현 결과가 다른데, 각 면마다 제대로 된 Texture Image를 Mapping하기 위해서는 세 번째 구현 결과가 더 적당할 것이다. 왜냐하면 두 번째 구현 결과는 Texture Mapping이 되기는 하지만 우리가 원하는 결과가 아니기 때문이다.

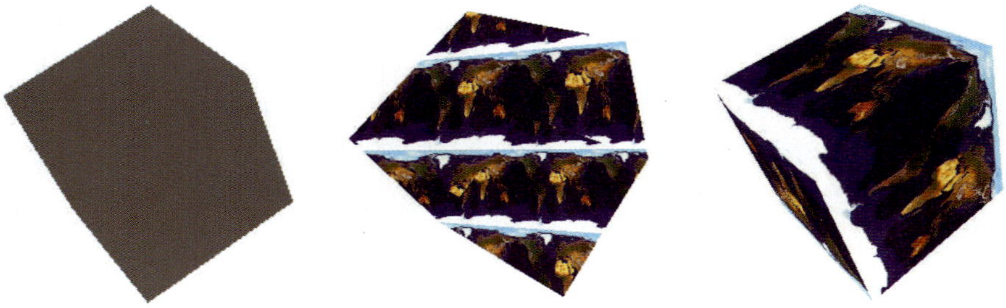

glutSolidCube(1.0);　　[코드 6-10] MK_Cube　　[코드 6-11] renderCube

[그림 6-22] 정육면체(Cube)의 생성 방법에 따른 Texture Mapping 구현 결과

코드 6-10 Texture Mapping이 가능한 Cube 생성 - MK_Cube

```
#include <windows.h>
#include <stdio.h>
#include <glut.h>
#include <glu.h>

GLuint texture;
GLfloat angle = 0.0;

GLuint LoadTexture( const char * filename, int width, int height ) {
    GLuint texture;
    unsigned char * data;
    FILE * file;

    file = fopen( filename, "rb" );
    if ( file == NULL ) return 0;
    data = (unsigned char *)malloc( width * height * 3 );
    fread( data, width * height * 3, 1, file );
    fclose( file );

    glGenTextures( 1, &texture );
    glBindTexture( GL_TEXTURE_2D, texture );
    glTexEnvf( GL_TEXTURE_ENV, GL_TEXTURE_ENV_MODE, GL_MODULATE );

    glTexParameterf( GL_TEXTURE_2D, GL_TEXTURE_MIN_FILTER,
                GL_LINEAR_MIPMAP_LINEAR );
    glTexParameterf( GL_TEXTURE_2D, GL_TEXTURE_MAG_FILTER,
                GL_LINEAR_MIPMAP_LINEAR );

    glTexParameterf( GL_TEXTURE_2D, GL_TEXTURE_WRAP_S, GL_REPEAT );
```

```
    glTexParameterf( GL_TEXTURE_2D, GL_TEXTURE_WRAP_T, GL_REPEAT );

    gluBuild2DMipmaps( GL_TEXTURE_2D, 3, width, height, GL_RGB,
                       GL_UNSIGNED_BYTE, data )
    free( data );
    return texture;
}

void MK_Cube ( ) {
    texture = LoadTexture("Earth.raw", 256, 256);
    glEnable( GL_TEXTURE_2D );
    glEnable(GL_TEXTURE_GEN_S)
    glEnable(GL_TEXTURE_GEN_T)

    glBindTexture( GL_TEXTURE_2D, texture );
    glRotatef( angle, 1.0f, 1.0f, 1.0f );
    glutSolidCube(2.0);
}

void MyDisplay ( ) {
    glClearColor (1.0,1.0,1.0,1.0);
    glClear (GL_COLOR_BUFFER_BIT);
    glLoadIdentity();
    gluLookAt (0.0, 0.0, 5.0, 0.0, 0.0, 0.0, 0.0, 1.0, 0.0);

    MK_Cube( );
    glDeleteTextures( 1, &texture );
    glutSwapBuffers();
    angle ++;
}

void MyReshape (int w, int h) {
 . . . . . . . . . .
}

int main (int argc, char **argv) {
 . . . . . . . . . .
}
```

코드 6-11 Texture Mapping이 가능한 Cube – renderCube

```
void renderCube( ) {
    glBegin(GL_QUADS);
        glTexCoord2f(0.0f, 0.0f); glVertex3f(-1.0f, -1.0f,  1.0f);  // Front Side
        glTexCoord2f(1.0f, 0.0f); glVertex3f( 1.0f, -1.0f,  1.0f);
        glTexCoord2f(1.0f, 1.0f); glVertex3f( 1.0f,  1.0f,  1.0f);
        glTexCoord2f(0.0f, 1.0f); glVertex3f(-1.0f,  1.0f,  1.0f);

        glTexCoord2f(1.0f, 0.0f); glVertex3f(-1.0f, -1.0f, -1.0f); // Back Side
        glTexCoord2f(1.0f, 1.0f); glVertex3f(-1.0f,  1.0f, -1.0f);
        glTexCoord2f(0.0f, 1.0f); glVertex3f( 1.0f,  1.0f, -1.0f);
        glTexCoord2f(0.0f, 0.0f); glVertex3f( 1.0f, -1.0f, -1.0f);

        glTexCoord2f(0.0f, 1.0f); glVertex3f(-1.0f,  1.0f, -1.0f);  // Top Side
        glTexCoord2f(0.0f, 0.0f); glVertex3f(-1.0f,  1.0f,  1.0f);
        glTexCoord2f(1.0f, 0.0f); glVertex3f( 1.0f,  1.0f,  1.0f);
        glTexCoord2f(1.0f, 1.0f); glVertex3f( 1.0f,  1.0f, -1.0f);

        glTexCoord2f(1.0f, 1.0f); glVertex3f(-1.0f, -1.0f, -1.0f); // Bottom Side
        glTexCoord2f(0.0f, 1.0f); glVertex3f( 1.0f, -1.0f, -1.0f);
        glTexCoord2f(0.0f, 0.0f); glVertex3f( 1.0f, -1.0f,  1.0f);
        glTexCoord2f(1.0f, 0.0f); glVertex3f(-1.0f, -1.0f,  1.0f);

        glTexCoord2f(1.0f, 0.0f); glVertex3f( 1.0f, -1.0f, -1.0f);  // Right Side
        glTexCoord2f(1.0f, 1.0f); glVertex3f( 1.0f,  1.0f, -1.0f);
        glTexCoord2f(0.0f, 1.0f); glVertex3f( 1.0f,  1.0f,  1.0f);
        glTexCoord2f(0.0f, 0.0f); glVertex3f( 1.0f, -1.0f,  1.0f);

        glTexCoord2f(0.0f, 0.0f); glVertex3f(-1.0f, -1.0f, -1.0f); // Left Side
        glTexCoord2f(1.0f, 0.0f); glVertex3f(-1.0f, -1.0f,  1.0f);
        glTexCoord2f(1.0f, 1.0f); glVertex3f(-1.0f,  1.0f,  1.0f);
        glTexCoord2f(0.0f, 1.0f); glVertex3f(-1.0f,  1.0f, -1.0f);
    glEnd();
}

......

void MyDisplay() {
    ...
    glBindTexture(GL_TEXTURE_2D, texture);
    ...
    renderCube();
    ...
}
```

3. 기타 객체들을 위한 Texture Mapping

3D 객체를 구성하기 위한 Primitive들은 여러 가지가 있지만, 본 절에서는 Teapot, Cylinder 및 Disk 등을 사용하여 Texture Mapping하기 위한 방법을 알아본다. [그림 6-23]는 3가지 객체들에게 Texture Image를 Mapping한 결과들이고, [코드 6-12] 및 [코드 6-13]은 Cylinder와 Disk에 Texture Mapping을 하기 위한 소스 코드이다. 여기서 GLUT Library를 사용한 glutSolidTeapot 함수는 glutSolidCube와는 다르게 Texture Mapping이 가능하다.

glutSolidTeapot(1.0); [코드 6-12] oglCylinder [코드 6-13] oglDisk

[그림 6-23] 기타 객체들의 Texture Mapping 구현 결과

코드 6-12

Texture Mapping이 가능한 Cylinder – oglCylinder

```
void oglCylinder (double base_radius, double top_radius, double height) {
    int slices = 50, stacks = 50;
    GLUquadricObj *obj = gluNewQuadric();

    gluQuadricTexture(obj, GL_TRUE);
    gluQuadricNormals(obj, GLU_SMOOTH);
    gluCylinder(obj, base_radius, top_radius, height, slices, stacks);

    gluDeleteQuadric(obj);
}

void MyDisplay( ) {
    …
    glBindTexture(GL_TEXTURE_2D, texture);
    …
    oglCylinder(1.0, 1.0, 1.5);
    …
}
```

코드 6-13 Texture Mapping이 가능한 Disk – oglDisk

```
void oglDisk (double innerradius, double outerradius) {
    int slices = 50, loops = 50;
    GLUquadricObj *obj = gluNewQuadric();

    gluQuadricTexture(obj, GL_TRUE);
    gluQuadricNormals(obj, GLU_SMOOTH);
    gluDisk(obj, innerradius, outerradius, slices, loops);

    gluDeleteQuadric(obj);
}

void MyDisplay( ) {
    ...
    glBindTexture(GL_TEXTURE_2D, texture);
    ...
    oglDisk(0.3, 1.2);
    ...
}
```

03 Section 고급 Texture Mapping

1. MipMap Mapping

MipMap
해상도(Resolution)

MipMap은 Rendering 속도를 높이고 해상도(Resolution)가 달라질 때마다 시각적인 품질을 높이기 위하여 미리 다양한 크기의 같은 그림을 만들고 하나의 Texture Image 혹은 Texture Map으로 묶어 놓거나 해상도에 따른 각각의 Texture Image를 별도의 파일로 저장하는 것을 의미한다. 예를 들어, 512×512 크기의 해상도를 가진 2D Texture Image를 사용하여 MipMap을 만든다면, 256×256, 128×128, 64×64, 32×32, 16×16, 8×8, 4×4, 2×2, 1×1 등과 같이 넓이(Width) 및 높이(Height)가 각각 2^n 크기의 해상도를 가지는 다양한 크기의 같은 그림을 모두 생성한다.

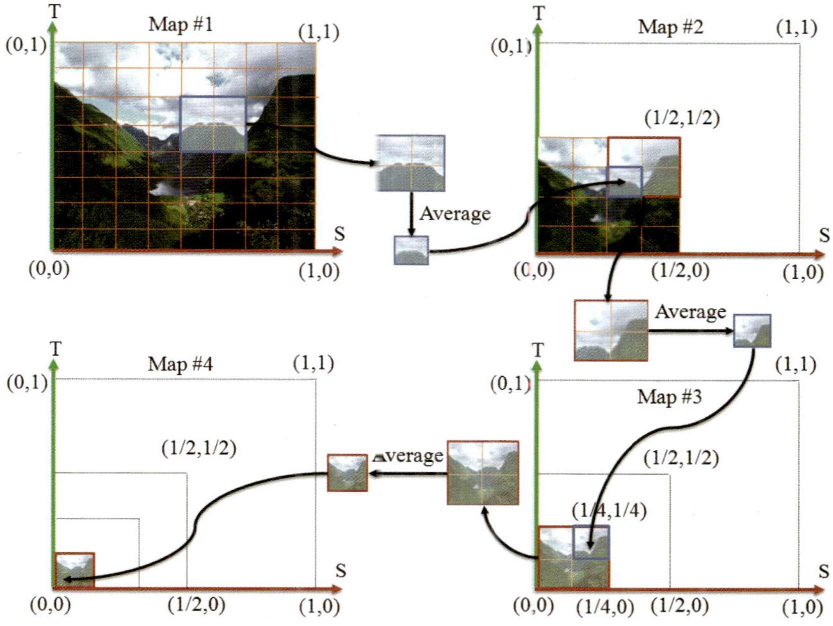

[그림 6-24] MipMap의 생성 과정

그런 다음 'TextureMaps.bmp'와 같이 하나의 Texture Image로 저장하거나 'TextureMap256.bmp', 'TextureMap128', 'TextureMap64', ... 등과 같이 해상도에 따라 각각 별도의 파일로 저장한다. 이와 같은 MipMap을 사용하여 3D 공간에서 객체의 표면에 MipMap Mapping을 적용하면 Window에서 각 해상도에 해당하는 Texture Image를 선택하여 보여줌으로써 시각적인 품질을 높여줄 수 있다. 만약 Texture Mapping을 위하여 MipMap Mapping 방법을 사용하게 된다면, Texture Image를 위한 메모리 사용량은 늘어나지만 전송량이 줄어들어 처리 속도는 매우 빨라질 수 있다.

MipMap Mapping

[그림 6-24]는 S축과 T축으로 구성된 2D Texture Image를 사용하여 MipMap을 생성하기 위한 과정을 나타낸 것이다. 즉, 512×512 크기의 해상도를 가진 2D Texture Image의 경우 256×256 크기의 해상도를 가진 2D Texture Image를 생성하기 위해서는 넓이와 높이의 해상도를 각각 $\frac{1}{2}$씩 줄여주어야 한다. 이를 위해서는 512×512 크기의 해상도를 가진 2D Texture Image의 2×2 크기를 가지는 Texel들의 평균을 각각 구하고, 그 결과를 256×256 크기의 해상도를 가진 2D Texture Image의 하나의 Texel로 설정하게 된다. 이와 같은 방법으로 2D Texture Image가

Aliasing
Anti-Aliasing

최소화될 때까지 계속 반복하게 되면, 모든 MipMap의 생성이 끝난다. 그러나 MipMap을 생성하게 될 경우 Aliasing 현상이 발생될 수 있으며, Anti-Aliasing으로 처리해줄 필요성도 있다.

[그림 6-25]는 32×32 크기의 해상도를 가진 Texture Image 혹은 Texture Color를 사용하여 16×16, 8×8, 4×4, 2×2 및 1×1 크기의 해상도를 가지는 MipMap을 생성하고 이를 하나의 Texture Image 혹은 Texture 메모리에 저장하기 위한 구현 결과이고, [코드 6-14]는 그 소스 코드이다.

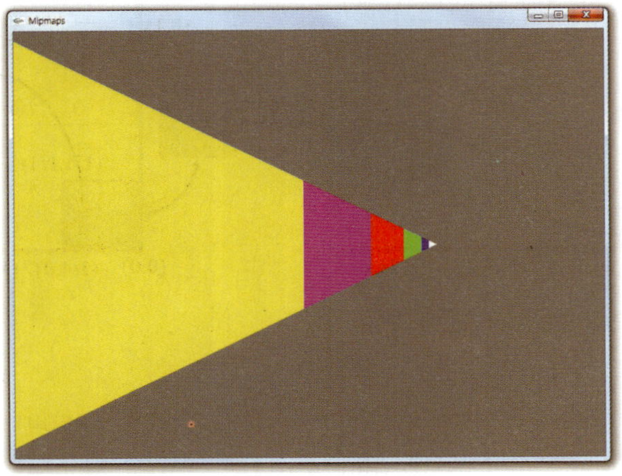

[그림 6-25] MipMap Mapping의 구현 결과

코드 6-14 Texture Mapping – MipMap Mapping

```
#include <stdlib.h>
#include <glut.h>

GLubyte mipmapImage32[32][32][4]; ········ ①
GLubyte mipmapImage16[16][16][4]; ········ ②
GLubyte mipmapImage8[8][8][4]; ········ ③
GLubyte mipmapImage4[4][4][4]; ········ ④
GLubyte mipmapImage2[2][2][4]; ········ ⑤
GLubyte mipmapImage1[1][1][4]; ········ ⑥

void makeImages( ) { ········ ⑦
  for (int i = 0; i < 32; i++) {
    for (int j = 0; j < 32; j++) {
```

```
            mipmapImage32[i][j][0] = 255;
            mipmapImage32[i][j][1] = 255;
            mipmapImage32[i][j][2] = 0;
            mipmapImage32[i][j][3] = 255;
        }
    }
    for (int i = 0; i < 16; i++) {
        for (int j = 0; j < 16; j++) {
            mipmapImage16[i][j][0] = 255;
            mipmapImage16[i][j][1] = 0;
            mipmapImage16[i][j][2] = 255;
            mipmapImage16[i][j][3] = 255;
        }
    }
    for (int i = 0; i < 8; i++) {
        for (int j = 0; j < 8; j++) {
            mipmapImage8[i][j][0] = 255;
            mipmapImage8[i][j][1] = 0;
            mipmapImage8[i][j][2] = 0;
            mipmapImage8[i][j][3] = 255;
        }
    }
    for (int i = 0; i < 4; i++) {
        for (int j = 0; j < 4; j++) {
            mipmapImage4[i][j][0] = 0;
            mipmapImage4[i][j][1] = 255;
            mipmapImage4[i][j][2] = 0;
            mipmapImage4[i][j][3] = 255;
        }
    }
    for (int i = 0; i < 2; i++) {
        for (int j = 0; j < 2; j++) {
            mipmapImage2[i][j][0] = 0;
            mipmapImage2[i][j][1] = 0;
            mipmapImage2[i][j][2] = 255;
            mipmapImage2[i][j][3] = 255;
        }
    }
    mipmapImage1[0][0][0] = 255;
    mipmapImage1[0][0][1] = 255;
    mipmapImage1[0][0][2] = 255;
    mipmapImage1[0][0][3] = 255;
}
```

```
void MyInit(void) {
  glEnable(GL_DEPTH_TEST);
  glShadeModel(GL_FLAT);

  glTranslatef(0.0, 0.0, -3.6);
  makeImages();
  glPixelStorei(GL_UNPACK_ALIGNMENT, 1); ······························ ⑧

  glTexParameteri(GL_TEXTURE_2D, GL_TEXTURE_WRAP_S, GL_REPEAT);
  glTexParameteri(GL_TEXTURE_2D, GL_TEXTURE_WRAP_T, GL_REPEAT);
  glTexParameteri(GL_TEXTURE_2D, GL_TEXTURE_MAG_FILTER, GL_NEAREST);
  glTexParameteri(GL_TEXTURE_2D, GL_TEXTURE_MIN_FILTER,
                  GL_NEAREST_MIPMAP_NEAREST);
  glTexImage2D(GL_TEXTURE_2D, 0, GL_RGBA, 32, 32, 0,
               GL_RGBA, GL_UNSIGNED_BYTE, mipmapImage32); ·············· ⑨
  glTexImage2D(GL_TEXTURE_2D, 1, GL_RGBA, 16, 16, 0,
               GL_RGBA, GL_UNSIGNED_BYTE, mipmapImage16); ·············· ⑩
  glTexImage2D(GL_TEXTURE_2D, 2, GL_RGBA, 8, 8, 0,
               GL_RGBA, GL_UNSIGNED_BYTE, mipmapImage8); ··············· ⑪
  glTexImage2D(GL_TEXTURE_2D, 3, GL_RGBA, 4, 4, 0,
               GL_RGBA, GL_UNSIGNED_BYTE, mipmapImage4); ··············· ⑫
  glTexImage2D(GL_TEXTURE_2D, 4, GL_RGBA, 2, 2, 0,
               GL_RGBA, GL_UNSIGNED_BYTE, mipmapImage2); ··············· ⑬
  glTexImage2D(GL_TEXTURE_2D, 5, GL_RGBA, 1, 1, 0,
               GL_RGBA, GL_UNSIGNED_BYTE, mipmapImage1); ··············· ⑭

  glTexEnvf(GL_TEXTURE_ENV, GL_TEXTURE_ENV_MODE, GL_DECAL);
  glEnable(GL_TEXTURE_2D);
}

void MyDisplay( ) {
  . . . . . . . . . .
}

void MyReshape(int w, int h) {
  . . . . . . . . . .
}

int main(int argc, char** argv) {
  . . . . . . . . . .
}
```

[코드 6-14]에서 ①의 GLubyte mipmapImage32[32][32][4]에서 ⑥의 GLubyte mipmapImage1[1][1][4]까지는 32×32, 16×16, 8×8, 4×4, 2×2 및 1×1 크기의 해상도를 가지는 MipMap을 생성하여 저장하기 위한 3D 배열 변수를 각각 선언한 것이다. 여기서 3D 배열 변수의 마지막 숫자 4는 (Red, Green, Blue, Alpha) 값을 저장하기 위한 것으로 사용된다. ⑦의 void makeImages()는 ①에서 ⑥까지 선언한 3D 배열 변수에 각각의 해상도에 맞게 적당한 색상 값을 지정하기 위한 함수이다. ⑧의 glPixelStorei(GL_UNPACK_ALIGNMENT, 1)은 Pixel 저장 모드를 설정하는 함수로서 <표 6-17>의 glPixelStorei 함수에 대한 Prototype에서 더 자세한 정보를 확인할 수 있다.

〈표 6-17〉 glPixelStorei 함수에 대한 Prototype

void glPixelStorei (GLenum *pname*, GLint *param*);		
Parameters Help	*pname* // 설정하기 위한 매개변수(Parameter)의 상징적 이름	
	Storage Parameter	**Description**
	GL_PACK_SWAP_BYTES	Multibyte Color Components, Depth Components, Color Index, Stencil Index들에 대한 Byte 순서가 역순으로 된다.
	GL_PACK_LSB_FIRST	Bit들이 Least Significant에서 Most Significant까지 Byte 내에 정렬된다.
	GL_PACK_ROW_LENGTH	하나의 Row에서 Pixel들의 개수를 정의한다.
	GL_PACK_SKIP_PIXELS	i n Components 혹은 Index로 Pointer를 증가시킨다. 여기서 n은 각 Pixel의 Components 혹은 Index들의 번호이다.
	GL_PACK_SKIP_ROWS	j k Components 혹은 Index로 Pointer를 증가시킨다. 여기서 k는 각 Row의 Components 혹은 Index들의 번호이다.
	GL_PACK_ALIGNMENT	Memory에서 각 Pixel Row의 시작에 대한 정렬 요구 사항을 지정한다. 즉, 1(Byte 정렬), 2(짝수 Byte로 정렬된 Rows), 4(Word 정렬), 8(Row가 이중 단어 경계에서 시작)
	param // pname을 설정하기 위한 값	

⑨의 glTexImage2D(GL_TEXTURE_2D, 0, GL_RGBA, 32, 32, 0, GL_RGBA, GL_UNSIGNED_BYTE, mipmapImage32)에서 ⑭의 glTexImage2D(GL_

TEXTURE_2D, 5, GL_RGBA, 1, 1, 0, GL_RGBA, GL_UNSIGNED_BYTE, mipmapImage1)까지는 2D Texture Image를 정의하는 기능을 수행한다. glTexImage2D 함수의 두 번째 매개변수(Parameter)는 MipMap의 단계를 의미하며, 여기서는 32×32, 16×16, 8×8, 4×4, 2×2 및 1×1와 같이 모두 6단계로 구성되어지기 때문에 0에서 5까지 나열되고 있다. 그리고 네 번째와 다섯 번째 매개변수(Parameter)들은 MipMap의 넓이와 높이를 지정하는 것으로서 마찬가지로 32×32, 16×16, 8×8, 4×4, 2×2 및 1×1와 같이 나열되고 있다.

[그림 6-25]와 [코드 6-14]가 하나의 Texture Image에 다양한 크기의 MipMap을 저장하고 있다면, [그림 6-26] 및 [코드 6-15]는 MipMap의 해상도에 따라 각각의 파일을 가지고 있는 경우에 해당하는 구현 결과와 그 소스 코드이다.

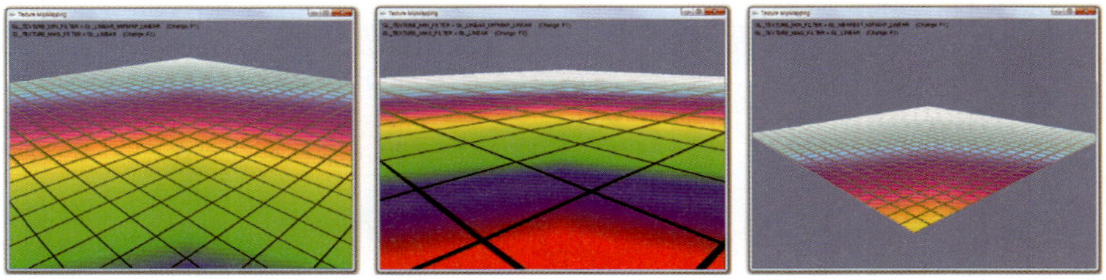

[그림 6-26] Texture MipMap의 구현 결과

코드 6-15 Texture Mapping – Texture MipMap

```
// Header File을 Include (전체 소스 코드 참조)

// 변수 및 구조체 선언 (전체 소스 코드 참조)

void loadMipMapTexture() {
    AUX_RGBImageRec *pTextureImage256base = auxDIBImageLoad( "texbase256.bmp" );

      . . . . . . . . . . .

    AUX_RGBImageRec *pTexArray[6]; ............................ ①

    pTexArray[0] = auxDIBImageLoad( "tex256.bmp" ); ........... ②
    pTexArray[1] = auxDIBImageLoad( "tex128.bmp" ); ........... ③
    pTexArray[2] = auxDIBImageLoad( "tex64.bmp" );  ........... ④
    pTexArray[3] = auxDIBImageLoad( "tex32.bmp" );  ........... ⑤
    pTexArray[4] = auxDIBImageLoad( "tex16.bmp" );  ........... ⑥
```

```
    pTexArray[5] = auxDIBImageLoad( "tex8.bmp" ); ············································ ⑦

    glTexImage2D( GL_TEXTURE_2D, 0, 3, pTexArray[0]->sizeX, pTexArray[0]->sizeY, 0,
                GL_RGB, GL_UNSIGNED_BYTE, pTexArray[0]->data);  ······················ ⑧

    glTexImage2D( GL_TEXTURE_2D, 1, 3, pTexArray[1]->sizeX, pTexArray[1]->sizeY, 0,
                GL_RGB, GL_UNSIGNED_BYTE, pTexArray[1]->data);························ ⑨

    glTexImage2D( GL_TEXTURE_2D, 2, 3, pTexArray[2]->sizeX, pTexArray[2]->sizeY, 0,
                GL_RGB, GL_UNSIGNED_BYTE, pTexArray[2]->data);  ······················ ⑩

    glTexImage2D( GL_TEXTURE_2D, 3, 3, pTexArray[3]->sizeX, pTexArray[3]->sizeY, 0,
                GL_RGB, GL_UNSIGNED_BYTE, pTexArray[3]->data);  ······················ ⑪

    glTexImage2D( GL_TEXTURE_2D, 4, 3, pTexArray[4]->sizeX, pTexArray[4]->sizeY, 0,
                GL_RGB, GL_UNSIGNED_BYTE, pTexArray[4]->data);  ······················ ⑫

    glTexImage2D( GL_TEXTURE_2D, 5, 3, pTexArray[5]->sizeX, pTexArray[5]->sizeY, 0,
                GL_RGB, GL_UNSIGNED_BYTE, pTexArray[5]->data);  ······················ ⑬

    for( int i = 0; i < 6; ++i ) {
        if( pTexArray[i] ) {
            if( pTexArray[i]->data )
                free( pTexArray[i]->data ); ·············································· ⑭

            free( pTexArray[i] ); ··········· ············································ ⑮
        }
    }
}

void MyInit() {
  . . . . . . . . . . .
}

void updateViewMatrix() {
  . . . . . . . . . . .
}

void setMinificationFilter() {
  . . . . . . . . . . .
}
```

```
void setMagnificationFilter() {
 . . . . . . . . . . .
}

void MyRender() {
 . . . . . . . . . . .
}

void MyReshape(int w, int h) {
 . . . . . . . . . . .
}

void MySpecial(int key, int x, int y) {
 . . . . . . . . . . .
}

void MyMouse(int button, int state, int x, int y) {
 . . . . . . . . . . .
}

void MyMotion(int x, int y) {
 . . . . . . . . . . .
}

void main(int argc, char ** argv) {
 . . . . . . . . . . .
}
```

[코드 6-15]에서 ①의 AUX_RGBImageRec *pTexArray[6]은 각각의 해상도에 따른 MipMap 파일 6개를 읽어서 저장하기 위한 배열 변수를 선언한 것이다. ②의 pTexArray[0] = auxDIBImageLoad("tex256.bmp")에서 ⑦의 pTexArray[5] = auxDIBImageLoad("tex8.bmp")까지는 각각의 해상도에 따른 MipMap 파일 6개를 읽어서 ①에서 선언한 배열 변수에 하나씩 저장하는 것이다. ⑧의 glTexImage2D(GL_TEXTURE_2D, 0, 3, pTexArray[0]->sizeX, pTexArray[0]->sizeY, 0, GL_RGB, GL_UNSIGNED_BYTE, pTexArray[0]->data)에서 ⑬의 glTexImage2D(GL_TEXTURE_2D, 5, 3, pTexArray[5]->sizeX, pTexArray[5]->sizeY, 0, GL_RGB, GL_UNSIGNED_BYTE, pTexArray[5]->data)까지는 ②에서 ⑦까지 저장된 배열 변수의 값을 각각 사용하여 2D Texture Image를 정의하는 기능을 수행한다.

⑭의 free(pTexArray[i]->data)와 ⑮의 free(pTexArray[i])는 6개의 MipMap 파일을 저장해두었던 배열 변수의 데이터와 변수를 위해 할당해둔 메모리를 모두 지우는 기능을 수행한다. [코드 6-15]에서 구체적으로 설명하지 않은 부분은 각자 분석해보기 바란다.

2. Blending을 사용한 Transparency

Blending

Transparency

불투명도(Opacity of Color)

Z-Buffer

Depth Buffer

OpenGL에서 대부분의 특수 효과들은 Blending을 이용하는데, 이미 화면에 그려진 Pixel의 색상과 추가적으로 같은 위치에 그려질 Pixel의 색상을 조합하는 방식을 말한다. 그러므로 Blending을 이용하여 Transparency 효과를 나타낼 수 있다. Transparency는 RGB(Red, Green, Blue) 색상을 사용하는 대신 RGBA(Red, Green, Blue, Alpha) 색상을 사용하여 **불투명도**(Opacity of Color)를 조절함으로써 투명한 효과가 나타날 수 있도록 하는 것이다. 불투명도(Opacity of Color)를 조절하는 것은 Alpha 값을 사용하는데, Alpha의 값이 1.0인 경우는 완전한 불투명 상태를 의미하며, Alpha의 값이 0.0이면 완전한 투명 상태가 된다. Alpha 값을 이용하여 객체의 Transparency 효과를 표현하기 위해서는 Z-Buffer 혹은 Depth Buffer를 비활성화하고 Blending 모드를 활성화시킨 다음 Blending 함수를 적용하면 된다. [그림 6-27]은 이와 같은 과정으로 Transparency 효과를 나타낸 구현 결과이고, [코드 6-16]은 그 소스 코드이다.

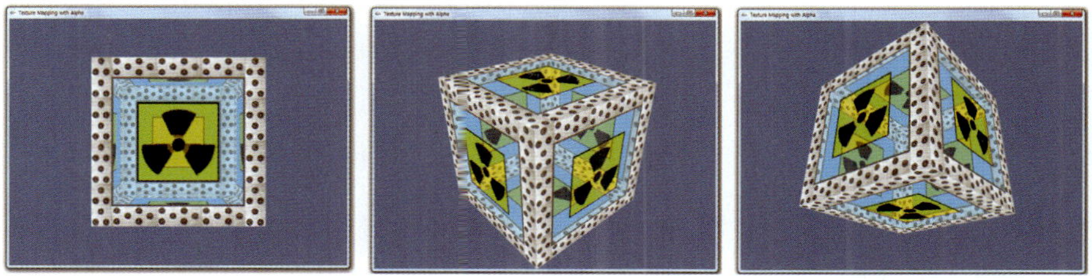

[그림 6-27] Texture Mapping의 Transparency 구현 결과

코드 6-16 Texture Mapping – Transparency

```
#include <windows.h>
#include <stdlib.h>
#include <glu.h>
#include <glut.h>
#include "tga.h"

// 변수 및 구조체 선언 (전체 소스 코드 참조)

Vertex g_cubeVertices[] = {
    { 0.0f, 0.0f,-1.0f,-1.0f, 1.0f }, { 1.0f, 0.0f, 1.0f,-1.0f, 1.0f }, { 1.0f, 1.0f, 1.0f, 1.0f,
    1.0f }, { 0.0f, 1.0f,-1.0f, 1.0f,1.0f }, { 1.0f, 0.0f,-1.0f,-1.0f,-1.0f }, { 1.0f, 1.0f,-1.0f,
    1.0f,-1.0f },
    { 0.0f, 1.0f, 1.0f, 1.0f,-1.0f }, { 0.0f, 0.0f, 1.0f,-1.0f,-1.0f },

    { 0.0f,1.0f, -1.0f, 1.0f,-1.0f },    { 0.0f,0.0f, -1.0f, 1.0f, 1.0f },
    { 1.0f,0.0f,  1.0f, 1.0f, 1.0f },    { 1.0f,1.0f,  1.0f, 1.0f,-1.0f },

    { 1.0f,1.0f, -1.0f,-1.0f,-1.0f },    { 0.0f,1.0f,  1.0f,-1.0f,-1.0f },
    { 0.0f,0.0f,  1.0f,-1.0f, 1.0f },    { 1.0f,0.0f, -1.0f,-1.0f, 1.0f },

    { 1.0f,0.0f,  1.0f,-1.0f,-1.0f },    { 1.0f,1.0f,  1.0f, 1.0f,-1.0f },
    { 0.0f,1.0f,  1.0f, 1.0f, 1.0f },    { 0.0f,0.0f,  1.0f,-1.0f, 1.0f },

    { 0.0f,0.0f, -1.0f,-1.0f,-1.0f },    { 1.0f,0.0f, -1.0f,-1.0f, 1.0f },
    { 1.0f,1.0f, -1.0f, 1.0f, 1.0f },    { 0.0f,1.0f, -1.0f, 1.0f,-1.0f }
};

void MyReshape(int w, int h) {
 . . . . . . . . . .
}

void MySpecial(int key, int x, int y) {
 . . . . . . . . . .
}

void MyMouse(int button, int state, int x, int y) {
 . . . . . . . . . .
}

void MyMotion(int x, int y) {
 . . . . . . . . . .
```

```
}

void loadTexture( void ) {
    tgaImageFile tgaImage;
    tgaImage.load( "radiation_box.tga" );

     . . . . . . . . . . .
}

void MyInit() {
  . . . . . . . . . . .
}

void MyRender() {
    glClear( GL_COLOR_BUFFER_BIT | GL_DEPTH_BUFFER_BIT ); ························· ①
    glMatrixMode( GL_MODELVIEW );
    glLoadIdentity();

    glTranslatef( 0.0f, 0.0f, g_fDistance );
    glRotatef( -g_fSpinY, 1.0f, 0.0f, 0.0f );
    glRotatef( -g_fSpinX, 0.0f, 1.0f, 0.0f );

    if( g_bBlending == true ) {
        glDisable( GL_DEPTH_TEST ); ······················································ ②
        glEnable( GL_BLEND ); ··························································· ③
        glBlendFunc( GL_SRC_ALPHA, GL_ONE_MINUS_SRC_ALPHA ); ······················ ④

        glBindTexture( GL_TEXTURE_2D, g_textureID );

        if( g_bSortUsingCullModeTrick == true ) {
            glEnable( GL_CULL_FACE ); ···················································· ⑤

            glCullFace( GL_FRONT ); ······················································ ⑥
            glInterleavedArrays( GL_T2F_V3F, 0, g_cubeVertices );
            glDrawArrays( GL_QUADS, 0, 24 );

            glCullFace( GL_BACK ); ······················································· ⑦
            glInterleavedArrays( GL_T2F_V3F, 0, g_cubeVertices );
            glDrawArrays( GL_QUADS, 0, 24 );

            glDisable( GL_CULL_FACE ); ··················································· ⑧
        } else {
```

```
            glInterleavedArrays( GL_T2F_V3F, 0, g_cubeVertices );
            glDrawArrays( GL_QUADS, 0, 24 );
        }
    } else {
        glDisable( GL_BLEND );
        glEnable( GL_DEPTH_TEST );

        glBindTexture( GL_TEXTURE_2D, g_textureID );
        glInterleavedArrays( GL_T2F_V3F, 0, g_cubeVertices );
        glDrawArrays( GL_QUADS, 0, 24 );
    }

    glutSwapBuffers();
}

void main(int argc, char ** argv) {
 . . . . . . . . . . .
}
```

Z-Buffer
Depth Buffer

[코드 6-16]에서 ①의 glClear(GL_COLOR_BUFFER_BIT | GL_DEPTH_BUFFER_BIT)에서 GL_DEPTH_BUFFER_BIT는 Z-Buffer 즉, Depth Buffer를 사용하기 위해 Buffer를 초기화한다. Alpha 값을 이용하여 객체의 Transparency 효과를 표현하기 위해서는 ②와 같이 Z-Buffer 혹은 Depth Buffer를 비활성화하고 ③과 같이 Blending 모드를 활성화시킨 다음 ④와 같이 Blending 함수를 적용하면 된다. ②의 glDisable(GL_DEPTH_TEST)은 ①에서 초기화한 Depth Buffer를 비활성화시킨다. 왜냐하면 Blending을 수행함에 있어서 임의의 객체 앞에 투명한 객체를 그릴 때 투명한 객체를 통하여 그 뒤에 있는 객체가 보여야 하기 때문이다. ③의 glEnable(GL_BLEND)은 Blending 모드를 활성화시킨다. ④의 glBlendFunc(GL_SRC_ALPHA, GL_ONE_MINUS_SRC_ALPHA)은 Blending 수행을 지정하는 함수로서 소스(Source)와 대상(Destination)의 색상을 어떻게 Blending할 것인지를 상수값을 이용하여 지정한다. 여기에서 GL_SRC_ALPHA는 입력으로 들어오는 Pixel의 Alpha 값이 입력 Pixel의 Blending 비율이 되게 하는 것이고, GL_ONE_MINUS_SRC_ALPHA는 1에서 GL_SRC_ALPHA 값을 뺀 나머지 값이 원래 Buffer에 들어있던 Pixel의 Blending 비율이 되게 하라는 의미이다. 예를 들어 소스(Source)에 해당하는 객체가 가지고 있는 Alpha 값이 60%라면, 대상(Destination)에 해당하는 객체는 1.0 - 0.6 = 0.4 즉, 40%의 Alpha 값을 가지게 된다. 결국 소스(Source)와 대

상(Destination) 객체들이 Blending되어 Window에 투명하게 표현되어진다. ④의 glBlendFunc 함수에서 사용된 매개 변수(Parameter)들에 대해서는 <표 6-18>과 같이 glBlendFunc 함수의 Prototype에서 더 자세한 정보를 확인할 수 있다.

〈표 6-18〉 glBlendFunc 함수의 Prototype

void glBlendFunc (GLenum *sfactor*, GLenum *dfactor*);

Parameters Help

sfactor // Red, Green, Blue 및 Alpha Source Blending 요소가 어떻게
// 계산되는지를 정의한다.

dfactor // Red, Green, Blue 및 Alpha Destination Blending 요소가 어떻게
// 계산되는지를 정의한다.

Symbolic Constants	Scale Factor (fR, fG, fB, fA)
GL_ZERO	(0, 0, 0, 0)
GL_ONE	(1, 1, 1 ,1)
GL_DST_COLOR	$\left(\frac{Rd}{kR}, \frac{Gd}{kG}, \frac{Bd}{kB}, \frac{Ad}{kA}\right)$
GL_SRC_COLOR	$\left(\frac{Rs}{kR}, \frac{Gs}{kG}, \frac{Bs}{kB}, \frac{As}{kA}\right)$
GL_ONE_MINUS_DST_COLOR	$(1, 1, 1, 1)-\left(\frac{Rd}{kR}, \frac{Gd}{kG}, \frac{Bd}{kB}, \frac{Ad}{kA}\right)$
GL_ONE_MINUS_SRC_COLOR	$(1, 1, 1, 1)-\left(\frac{Rs}{kR}, \frac{Gs}{kG}, \frac{Bs}{kB}, \frac{As}{kA}\right)$
GL_SRC_ALPHA	$\left(\frac{As}{kA}, \frac{As}{kA}, \frac{As}{kA}, \frac{As}{kA}\right)$
GL_ONE_MINUS_SRC_ALPHA	$(1, 1, 1, 1)-\left(\frac{As}{kA}, \frac{As}{kA}, \frac{As}{kA}, \frac{As}{kA}\right)$
GL_DST_ALPHA	$\left(\frac{Ad}{kA}, \frac{Ad}{kA}, \frac{Ad}{kA}, \frac{Ad}{kA}\right)$
GL_ONE_MINUS_DST_ALPHA	$(1, 1, 1, 1)-\left(\frac{Ad}{kA}, \frac{Ad}{kA}, \frac{Ad}{kA}, \frac{Ad}{kA}\right)$
GL_SRC_ALPHA_SATURATE	$\left(\frac{\min(As, kA-Ad)}{kA}, \frac{\min(As, kA-Ad)}{kA}, \frac{\min(As, kA-Ad)}{kA}, 1\right),$

<표 6-18>에서 (Rs, Gs, Bs, As)은 소스 색상 요소(Source Color Component)들을 의미하고, (Rd, Gd, Bd, Ad)은 대상 색상 요소(Destination Color Component)들을 의미한다. 참고로 glBlendColor 함수에 의해 색상은 (Rc, Gc, Bc, Ac)로 표현한다. 이들 모두 0과 (kR, kG, kB, kA) 사이의 정수값을 가진다. 여기서 (kR, kG, kB, kA)은 (수식 6-8)과 같다.

$$\begin{aligned} kR &= 2^{mR}-1 \\ kG &= 2^{mG}-1 \\ kB &= 2^{mB}-1 \\ kA &= 2^{mA}-1 \end{aligned} \qquad \text{(수식 6-8)}$$

(수식 6-8)에서 (mR, mG, mB, mA)는 Red, Green, Blue 및 Alpha의 bit plane들의 개수를 의미한다. 즉, 256 색상을 사용하는 Pixel Image의 경우 (R, G, B, A) 각각 2^8=256이 되므로 8bit plane을 가진다고 볼 수 있다. Scale Factor는 (fR, fG, fB, fA)와 같은 방식으로 표현하는데, 소스(Source) Scale Factor는 (sR, sG, sB, sA)이고, 대상(Destination) Scale Factor는 (dR, dG, dB, dA)으로 나타낸다. 이와 같은 모든 Scale Factor들은 0에서 1까지 범위의 정수 값을 가진다.

RGBA 모드에서 그림을 그렸을 때 Pixel의 혼합 RGBA 값을 결정하기 위해 시스템은 (수식 6-9)를 사용하여 Blending 효과를 표현한다.

$$\begin{aligned} R(d) &= \min(kR,\ Rs \times sR + Rd \times dR) \\ G(d) &= \min(kG,\ Gs \times sG + Gd \times dG) \\ B(d) &= \min(kB,\ Bs \times sB + Bd \times dB) \\ A(d) &= \min(kA,\ As \times sA + Ad \times dA) \end{aligned} \qquad \text{(수식 6-9)}$$

만약 glBlendFunc 함수의 첫 번째 매개변수(Parameter) *sfactor*가 GL_SRC_ALPHA이고, 두 번째 매개변수(Parameter) *dfactor*가 GL_ONE_MINUS_SRC_ALPHA이고, As가 kA와 같다면 Rd = Rs, Gd = Gs, Bd = Bs, Ad = As가 된다. 결국 ④의 glBlendFunc(GL_SRC_ALPHA, GL_ONE_MINUS_SRC_ALPHA)은 (수식 6-10)과 같은 Blending 방정식을 사용하여 Transparency 효과를 표현하고 있다.

$$
\begin{aligned}
R &= A_s \cdot R_s + (1 - A_s) \cdot R_d \\
G &= A_s \cdot G_s + (1 - A_s) \cdot G_d \\
B &= A_s \cdot B_s + (1 - A_s) \cdot B_d \\
A &= A_s \cdot A_s + (1 - A_s) \cdot A_d
\end{aligned}
\qquad \text{(수식 6-10)}
$$

⑤의 glEnable(GL_CULL_FACE)는 객체 표면의 앞면(Front)에 대해서만 그리고 뒷면(Back)을 그리지 않게 해주는 기능을 활성화하는데, 그럴 경우 투명한 면을 통하여 그 뒷면이 보이지 않게 된다. ⑥의 glCullFace(GL_FRONT)은 객체 표면의 앞면을 제거하고 뒷면을 보여준다. ⑦의 glCullFace(GL_BACK)은 ⑥과 반대로 객체 표면의 뒷면을 제거하고 앞면을 보여준다. ⑧의 glDisable(GL_CULL_FACE)은 ⑤와 반대로 객체 표면의 앞면에 대해서만 그리고 뒷면을 그리지 않게 해주는 기능을 비활성화한다.

Project 6 -VI

Solar System – Texture Mapping	
구현 기능	[코드 6-8], [코드 6-9] 및 [코드 6-16]을 참고하여 [Project 5-I]에 다음 항목을 추가하여 Project를 향상시키도록 한다. – 태양(Sun)을 비롯한 모든 행성들의 Texture Image를 사용하여 Texture Mapping 한다.
구현 결과	

3. Bump Mapping

Bump Mapping

Bump Mapping은 객체의 표면에 Mapping하기 위한 Texture Image의 Texel에 대한 RGB 색상뿐만 아니라 법선 벡터(Normal Vector)를 추가적으로 조작하여 실제 굴곡

법선 매핑(Normal Mapping)

시차 매핑(Parallax Mapping)

법선 범프 맵(Normal Bump Map)

법선 맵(Normal Map)

Height Map

이 있는 것처럼 특수하게 표현하는 Mapping 방법을 말한다. Bump Mapping을 위해 주로 사용되는 기술은 **법선 매핑(Normal Mapping)**과 **시차 매핑(Parallax Mapping)**이 있다. 법선 맵(Normal Map)을 이용하는 Bump Mapping은 법선 벡터만을 사용하지만 시차 매핑은 법선 벡터에 굴곡의 높낮이 정보도 이용한다. 법선 맵(Normal Map)은 **법선 범프 맵(Normal Bump Map)**이라고도 하는데, Mesh 표면의 법선 벡터(Normal Vector)를 Texture 파일에 저장해 놓은 것을 의미한다.

법선 맵(Normal Map)을 생성하는 두 가지 방법이 있는데, 첫째는 **Height Map**을 이용하는 것이고, 둘째는 객체 비교를 하는 것이다. Height Map을 이용하는 방법은 먼저 Texture Image로 사용할 Pixel 컬러 Image를 흑백으로 변환하고 Height Map을 생성한다. 그리고 Height Map에서 Texel들 간의 높낮이를 비교하여 미분 벡터(Differential Vector)를 만든다. 미분 벡터들은 다시 RGB 색상으로 변환하여 Texel에 저장하면 법선 맵이 완성된다. 미분 벡터를 이용한 법선 벡터를 추출하는 방법은 인접한 Pixel들 간의 높낮이를 비교하여 X축 방향의 미분 벡터 $V_x=(1, 0, d_x)$와 Y축 방향의 미분 벡터 $V_y=(1, 0, d_y)$을 먼저 만들고, 두 개의 미분 벡터를 사용하여 $V_x \times V_y$을 계산하면 된다. 객체 비교를 하여 법선 맵을 생성하는 방법은 Height Map보다 더 많이 사용되는 방법으로서 객체를 Low Polygon과 High Polygon으로 두 개의 모델을 생성한 뒤 두 모델의 차이를 비교해서 법선 맵을 생성하는 것이다.

객체의 법선 벡터(Normal Vector)를 조작하여 굴곡이 있는 것처럼 표현하기 위한 기교적인 방법으로는 난반사광과 정반사광을 이용하는 것이다. 즉, 난반사광(Diffuse Reflection Light) 성분을 계산할 때 난반사광(Diffuse Reflection Light) 계수를 부분적으로 변경해줌으로써 명암 변화에 따라 마치 굴국처럼 보이게 하는 것이다. 또한 정반사광(Specular Reflection Light) 성분을 계산할 때 객체 표면의 거친 정도를 함수 형태로 변화시키는 것이다.

[그림 6-28]은 정육면체의 모든 면에 각각 Bump Mapping을 구현한 결과이고 [코드 6-17]은 그 소스 코드이다.

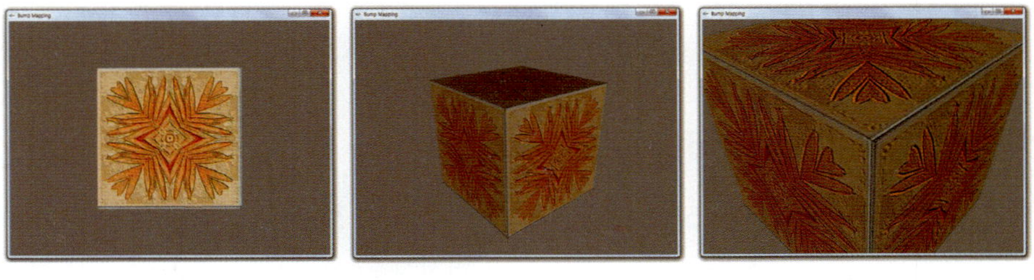

[그림 6-28] Bump Mapping의 구현 결과

코드 6-17 Texture Mapping – Bump Mapping

```
// Header File을 Include (전체 소스 코드 참조)

GLuint    texture[3]; ·························································· ①
GLuint    bump[3];  ···························································· ②
GLuint    invbump[3]; ·························································· ③

// 변수 선언 (전체 소스 코드 참조)

// Data는 2xTexCoord, 3xVertex Format에서 Cube의 면(Face)들을 포함한다.
// Cube의 Tessellation은 절대적으로 최소점이다.
GLfloat data[]= {
    // Front Face
    0.0f, 0.0f,-1.0f, -1.0f, +1.0f,     1.0f, 0.0f,+1.0f, -1.0f, +1.0f,
    1.0f, 1.0f,+1.0f, +1.0f, +1.0f,     0.0f, 1.0f,-1.0f, +1.0f, +1.0f,

    // Back Face, Top Face, Bottom Face, Right Face 및 Left Face
    . . . . . . . . . . .
};

int LoadGLTextures( ) {
    bool status = true;
    AUX_RGBImageRec *Image = NULL;
    char *alpha = NULL;

    if (Image=auxDIBImageLoad("Base.bmp")) {
        glGenTextures(3, texture); ······················································ ④

        // Nearest Filtered Texture, Linear Filtered Texture 및 MipMapped Texture 생성
        . . . . . . . . . . .
    } else
        status = false;

    if (Image) {
        if (Image->data) delete Image->data;
        delete Image;
        Image=NULL;
    }

    if (Image = auxDIBImageLoad("Bump.bmp")) {
        glPixelTransferf(GL_RED_SCALE,0.5f); ········································ ⑤
        glPixelTransferf(GL_GREEN_SCALE,0.5f); ······································ ⑥
```

```
        glPixelTransferf(GL_BLUE_SCALE,0.5f); ........................ ⑦

        glTexParameteri(GL_TEXTURE_2D, GL_TEXTURE_WRAP_S, GL_CLAMP);
        glTexParameteri(GL_TEXTURE_2D, GL_TEXTURE_WRAP_T, GL_CLAMP);
        glTexParameterfv(GL_TEXTURE_2D, GL_TEXTURE_BORDER_COLOR, Gray);

        glGenTextures(3, bump); ...................................... ⑧

        // Nearest Filtered Texture, Linear Filtered Texture 및 MipMapped Texture 생성
        . . . . . . . . . . .

        for (int i=0; i<3*Image->sizeX*Image->sizeY; i++)// Invert The Bumpmap
            Image->data[i]=255-Image->data[i] ........................ ⑨

        glGenTextures(3, invbump); ................................... ⑩

        // Nearest Filtered Texture, Linear Filtered Texture 및 MipMapped Texture 생성
        . . . . . . . . . . .

        glPixelTransferf(GL_RED_SCALE,1.0f); ......................... ⑪
        glPixelTransferf(GL_GREEN_SCALE,1.0f); ....................... ⑫
        glPixelTransferf(GL_BLUE_SCALE,1.0f); ........................ ⑬
    } else
        status = false;

    if (Image) {
        if (Image->data) delete Image->data;
        delete Image;
    }

    return status;
}

void doCube () {
 . . . . . . . . . . .
}

// v=vM 계산. M은 열(Column) 우선순위의 4×4 Matrix, v는 행(Row) 우선순위의 4차원 Matrix
void VMatMult(GLfloat *M, GLfloat *v) {
 . . . . . . . . . . .
}
```

```
void SetUpBumps(GLfloat *n, GLfloat *c, GLfloat *l, GLfloat *s, GLfloat *t) { ············· ⑭
    GLfloat v[3];
    GLfloat lenQ;

    // 현재 Vector c에서 조명의 위치까지의 v를 계산하고, v를 정규화(Normalize)한다.
    v[0]=l[0]-c[0];
    v[1]=l[1]-c[1];
    v[2]=l[2]-c[2];
    lenQ=(GLfloat) sqrt(v[0]*v[0]+v[1]*v[1]+v[2]*v[2]);
    v[0]/=lenQ;v[1]/=lenQ;v[2]/=lenQ;

    // 각 Texture 좌표축을 따라 2개의 값을 얻게 되도록 v를 투영(Project)한다.
    c[0]=(s[0]*v[0]+s[1]*v[1]+s[2]*v[2])*MAX_EMBOSS;
    c[1]=(t[0]*v[0]+t[1]*v[1]+t[2]*v[2])*MAX_EMBOSS;
}

void DrawGLScene( ) {
. . . . . . . . . .

    // Pass #1 : Texture "Bump"를 사용한다.
    // No Blend, No Lighting, No Offset Texture-Coordinates
    glBindTexture(GL_TEXTURE_2D, bump[filter]);
    glDisable(GL_BLEND); ··········································· ⑮
    glDisable(GL_LIGHTING); ········································ ⑯
    doCube(); ······················································ ⑰

    // Pass #2 : Texture "Invbump"을 사용한다.
    // Blend GL_ONE To GL_ONE, No Lighting, Offset Texture Coordinates
    glBindTexture(GL_TEXTURE_2D,invbump[filter]);
    glBlendFunc(GL_ONE,GL_ONE); ···································· ⑱
    glDepthFunc(GL_LEQUAL); ········································ ⑲
    glEnable(GL_BLEND); ············································ ⑳

    glBegin(GL_QUADS); ············································· ㉑
        // Front Face, Back Face, Top Face, Bottom Face, Right Face 및 Left Face
        . . . . . . . . . .
    glEnd(); ······················································· ㉒

    // Pass #3 : Texture "Base"을 사용한다.
    // Blend GL_DST_COLOR To GL_SRC_COLOR (Multiplies By 2), Lighting Enabled
    // No Offset Texture-Coordinates
    if (!emboss) {
```

```
        glTexEnvf (GL_TEXTURE_ENV, GL_TEXTURE_ENV_MODE, GL_MODULATE);
        glBindTexture(GL_TEXTURE_2D,texture[filter]);
        glBlendFunc(GL_DST_COLOR, GL_SRC_COLOR); ································ ㉓
        glEnable(GL_LIGHTING);··························································· ㉔
        doCube();·································································· ㉕
    }

    glutSwapBuffers();
}

int InitGL( ) {
 . . . . . . . . . . .
}

void MyReshape (int w, int h) {
 . . . . . . . . . . .
}

void MyMouse(int button, int state, int x, int y) {
 . . . . . . . . . . .
}

void MyMotion(int x, int y) {
 . . . . . . . . . . .
}

void MySpecial(int key, int x, int y) {
 . . . . . . . . . . .
}

int main (int argc, char **argv) {
 . . . . . . . . . . .
}
```

[코드 6-17]에서 ①의 GLuint texture[3]은 Nearest Filtered Texture와 Linear Filtered Texture 및 MipMapped Texture 생성을 위한 3가지의 기본적인 Texture Mapping을 위한 배열 변수이다. ②의 GLuint bump[3]은 Nearest Filtered Texture와 Linear Filtered Texture 및 MipMapped Texture 생성을 위한 3가지의 Bump Mapping을 위한 배열 변수이다. ③의 GLuint invbump[3]은 Nearest Filtered Texture와 Linear Filtered Texture 및 MipMapped Texture 생성을 위

한 3가지의 Invert Bump Mapping을 위한 배열 변수이다. ④의 glGenTextures(3, texture)은 ①에서 선언한 것과 같이 3가지 종류의 Texture를 생성한다. ⑤의 glPixelTransferf(GL_RED_SCALE, 0.5f)와 ⑥의 glPixelTransferf(GL_GREEN_SCALE, 0.5f) 및 ⑦의 glPixelTransferf(GL_BLUE_SCALE, 0.5f)은 Pixel Transfer 모드를 설정하는 것으로서 Pixel 단위로 Bitmap이 Texture로 변환되는지를 지정하는 기능을 한다. 여기서는 Bitmap의 RGB 요소들을 50%로 설정하였다. glPixelTransferf 함수에 대한 더 자세한 정보는 <표 6-19>의 Prototype에서 확인할 수 있다.

〈표 6-19〉 glPixelTransferf 함수에 대한 Prototype

void glPixelTransferf (GLenum *pname*, GLfloat *param*);

Parameters Help

pname // Pixel Transfer 매개변수(Parameter)가 설정되기 위한 상징적 이름
param // pname의 값

Pname	Type	Initial Value	Valid Range
GL_MAP_COLOR	Boolean	false	true/false
GL_MAP_STENCIL	Boolean	false	true/false
GL_INDEX_SHIFT	integer	0	(∞, ∞)
GL_INDEX_OFFSET	integer	0	(∞, ∞)
GL_RED_SCALE	integer	1.0	(∞, ∞)
GL_GREEN_SCALE	float	1.0	(∞, ∞)
GL_BLUE_SCALE	float	1.0	(∞, ∞)
GL_ALPHA_SCALE	float	1.0	(∞, ∞)
GL_DEPTH_SCALE	float	1.0	(∞, ∞)
GL_RED_BIAS	float	0.0	(∞, ∞)
GL_GREEN_BIAS	float	0.0	(∞, ∞)
GL_BLUE_BIAS	float	0.0	(∞, ∞)
GL_ALPHA_BIAS	float	0.0	(∞, ∞)
GL_DEPTH_BIAS	float	0.0	(∞, ∞)

⑧의 glGenTextures(3, bump)은 ②에서 선언한 것과 같이 3가지 종류의 Bump Map을 위한 Texture를 생성한다. ⑨는 Bump Map을 반전시켜준다. ⑩의 glGenTextures(3, invbump)은 ③에서 선언한 것과 같이 3가지 종류의 반전된 Bump

Map을 위한 Texture를 생성한다. ⑪의 glPixelTransferf(GL_RED_SCALE, 1.0f)와 ⑫의 glPixelTransferf(GL_GREEN_SCALE, 1.0f) 및 ⑬의 glPixelTransferf(GL_BLUE_SCALE, 1.0f)은 ⑤, ⑥ 및 ⑦과 같은 기능을 하는 것으로서 여기서는 Bitmap의 RGB 요소들을 100%로 설정하였다. ⑭의 void SetUpBumps(GLfloat *n, GLfloat *c, GLfloat *l, GLfloat *s, GLfloat *t)는 Emboss Bump Mapping Algorithm을 실행하는 함수로서 Emboss Bump Mapping Algorithm에 대해서는 <표 6-20>에서 더 자세한 정보를 확인할 수 있다.

Emboss Bump Mapping

〈표 6-20〉 Emboss Bump Mapping을 위한 Algorithm

0) 모든 좌표들은 MCS(Model Coordinate System, 모델 좌표계) 혹은 LCS(Local Coordinate System, 지역 좌표계) 및 WCS(World Coordinate System, 세계 좌표계) 공간에 둔다.
1) 실제 Vertex의 위치에서 조명의 위치까지의 벡터 v를 구한다.
2) 벡터 v를 정규화한다.
3) 벡터 v를 접선 공간(Tangent Space)으로 투영한다. 이것은 현재 Vertex에서 표면에 닿는 평면이 된다. 일반적으로 평면에서 작업 중이라면 이것은 평면 자체가 된다.
4) Offset (s, t)의 Texture 좌표는 투영된 벡터 v의 (x, y) 좌표이다.

Multi Texture

Bump Texture

Invert Bump Texture

Multi Texture를 사용하지 않는 Bump Mapping은 3종류의 과정으로 구현되어진다. 첫 번째 과정은 Bump Texture를 사용하는 것으로서, No Blend, No Lighting, No Offset Texture-Coordinates를 설정하여 Bump Map만을 사용한 6면체가 표현된다. 즉, ⑮의 glDisable(GL_BLEND)은 Blending 모드를 비활성화하는 것이고, ⑯의 glDisable(GL_LIGHTING)은 조명을 비활성화하며, ⑰의 doCube()은 Offset이 없는 Texture 좌표를 사용하여 Cube를 생성한다. 두 번째 과정은 Invert Bump Texture를 사용하는 것으로서, Blending을 위한 매개변수(Parameter)로 GL_ONE과 GL_ONE을 사용, No Lighting 및 Offset Texture Coordinates를 설정하여 육면체를 Emboss Bump Mapping으로 색상 없이 표현된다. 즉, ⑱의 glBlendFunc(GL_ONE, GL_ONE)은 GL_ONE과 GL_ONE을 매개변수(Parameter)로 사용하여 Blending을 수행하는 것이고, ⑲의 glDepthFunc(GL_LEQUAL)은 Depth Buffer 비교를 위해 사용되어지는 값을 지정하는 함수로서 <표 6-21>의 glDepthFunc 함수에 대한 Prototype에서 더 자세한 정보를 확인할 수 있다.

〈표 6-21〉 glDepthFunc 함수에 대한 Prototype

void glDepthFunc (Glenum *func*);		
Parameters Help	*func* // Depth-Comparison 함수를 지정한다.	
	Value	**Description**
	GL_NEVER	통과하지 못한다.
	GL_LESS	만약 들어오는 z 값이 저장된 z 값보다 작으면 통과 Default Value
	GL_LEQUAL	만약 들어오는 z 값이 저장된 z 값보다 작거나 같으면 통과
	GL_EQUAL	만약 들어오는 z 값이 저장된 z 값과 같으면 통과
	GL_GREATER	만약 들어오는 z 값이 저장된 z 값보다 크면 통과
	GL_NOTEQUAL	만약 들어오는 z 값이 저장된 z 값과 같지 않으면 통과
	GL_GEQUAL	만약 들어오는 z 값이 저장된 z 값보다 크거나 같으면 통과
	GL_ALWAYS	항상 통과

Base Bump Texture

⑳의 glEnable(GL_BLEND)은 Blending 모드를 활성화한다. ㉑의 glBegin(GL_QUADS)에서 ㉒의 glEnd()까지는 Offset Texture Coordinates를 설정하여 육면체를 생성하는 것이다. 세 번째 과정은 색상을 가진 Texture인 Base Bump Texture를 사용하는 것으로서, Blending을 위한 매개변수(Parameter)로 GL_DST_COLOR와 GL_SRC_COLOR를 사용, Lighting Enabled, No Offset Texture-Coordinates을 설정하여 6면체 생성과 조명에 대한 구현을 끝낸다. 즉, ㉓의 glBlendFunc(GL_DST_COLOR, GL_SRC_COLOR)은 매개변수(Parameter)로 GL_DST_COLOR와 GL_SRC_COLOR를 사용하여 Blending을 수행하는 것이고, ㉔의 glEnable(GL_LIGHTING)은 조명을 활성화하며, ㉕의 doCube()은 Offset이 없는 Texture 좌표를 사용하여 정육면체(Cube)를 생성한다.

Project 6 -VII	Application of Bump Mapping
구현 기능	[코드 6-17]을 충분히 이해하였으면 아래 구현 결과와 같이 정육면체의 각 면에 Bump Mapping을 구현한다. - Solid Modeling 방법으로 작은 Sphere를 생성하여 조명(점광원)의 역할을 하게 한다. - 조명은 정육면체 주변을 연속적으로 회전하도록 하여 Bump Mapping의 효과를 극대화하며, Keyboard Callback 혹은 Mouse Callback을 사용하여 조명의 회전에 대한 On/Off 기능을 추가한다. - Keyboard Callback 혹은 Mouse Callback을 사용하여 Bump Mapping 효과에 대한 On/Off 기능을 추가한다. - Mouse Callback을 사용하여 정육면체에 대한 자유로운 회전이 가능하도록 한다.
구현 결과	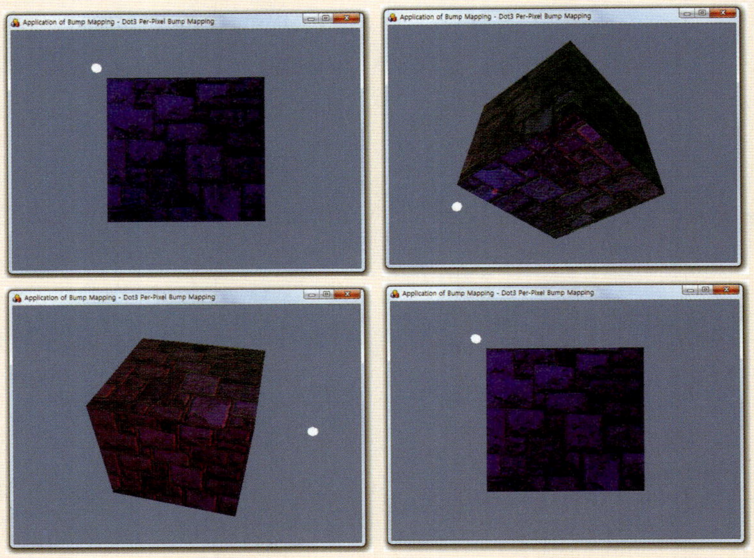

4. 곡면의 Texture Mapping

일반적으로 평면으로 이루어진 다각형을 기반으로 Texture Mapping 하는 것은 Texture Image의 Texel 좌표를 지정하여 다각형의 표면에 Mapping하는 것과 같이 다소 간단한 방법이다. 그러나 Sphere와 같이 곡면(Curved Surface)으로 구성된 객체에 Texture Image를 Mapping하기란 그렇게 간단하지 않다. [그림 6-29]과 같이 반지름 r인 Sphere의 표면에서 임의의 한 점 P의 좌표는 CCS(Cartesian Coordinate System, 직교 좌표계)를 가지는 3D 공간에서는 하나의 Vertex로서 (x, y, z)와 같이

CCS(Cartesian Coordinate System, 직교 좌표계)

SCS(Spherical Coordinate System, 원구 좌표계)

표현하지만 SCS(Spherical Coordinate System, **원구 좌표계**)에서는 (u, v)와 같이 표현되어진다.

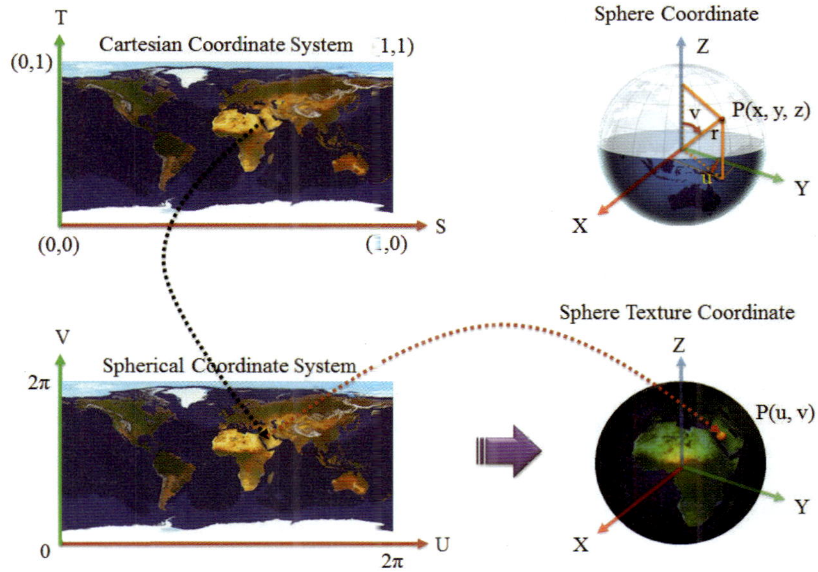

[그림 6-29] 곡면을 위한 Texture Mapping

파라미터 곡면 (Parametric Curved Surface)

이것은 지구 표면을 위도(Latitude)와 경도(Longitude)로 표현하는 것과 유사한 방식으로 **파라미터 곡면**(Parametric Curved Surface)이라고 한다. Texture Image에서 S축 방향의 값이 0에서 1까지 범위의 값을 가질 때 U의 값은 0에서 2π까지 각도(Angle)를 표현하여야 한다. 또한 T축 방향의 값이 0에서 1까지 범위의 값을 가질 때 V의 값은 0에서 2π까지 각도(Angle)로 표현하여야 한다. <표 6-22>는 CCS(Cartesian Coordinate System, 직교 좌표계)와 SCS(Spherical Coordinate System, 원구 좌표계) 사이의 관계 및 ST 좌표와 UV 좌표 사이의 관계에 대하여 3D 공간에 있는 Sphere의 표면 위의 한 점 P(x, y, z)을 기준으로 설명하고 있다.

〈표 6-22〉 곡면을 위한 변수들의 값

직교 좌표계와 원구 좌표계 사이의 관계	ST 좌표계와 UV 좌표계 사이의 관계
$x=r\cdot \cos v\cdot \cos u$ $y=r\cdot \sin v$ $z=r\cdot \cos v\cdot \sin u$	$u=2\pi s,\ v=2\pi t$ $x=r\cdot \cos 2\pi t\cdot \cos 2\pi s$ $y=r\cdot \sin 2\pi t$ $z=r\cdot \cos 2\pi t\cdot \sin 2\pi s$

예를 들어, Sphere의 반지름 r=2.0일 때 Texture Image의 (s, t) = $(\frac{1}{2}, \frac{1}{2})$인 Texel의 Texture는 (u, v) = $(2\pi\cdot\frac{1}{2}, 2\pi\cdot\frac{1}{2}) = \pi, \pi)$인 점(Point)으로 사상된다. 또한 사상된 이 점은 3D 공간에서 Sphere 표면의 한 점 P(x, y, z) = $(2\cdot \cos\pi\cdot \cos\pi, 2\cdot \sin\pi, 2\cdot \cos\pi\cdot \sin\pi)$ = (2, 0, 0)으로 사상되어 Texture Mapping된다. [코드 6-18]은 [코드 6-9]에서 이미 사용하였던 코드로서 파라미터 곡면(Parametric Curved Surface)의 Texture Mapping이 가능한 Sphere를 생성해주는 부분이다.

코드 6-18 Parametric Curved Surface의 Texture Mapping – renderSphere

```
#include <math.h>

......

void renderSphere( float cx, float cy, float cz, float r, int p ) { ...... ①
   // cx, cy, cz : Sphere의 중심 좌표, r : radius(반지름), p : precision(정밀도)
   const float PI     = 3.14159265358979f;
   const float TWOPI = 6.28318530717958f;
   const float PIDIV2 = 1.57079632679489f;

   float theta1 = 0.0, theta2 = 0.0, theta3 = 0.0;
   float ex = 0.0f, ey = 0.0f, ez = 0.0f;
   float px = 0.0f, py = 0.0f, pz = 0.0f;

   if( r < 0 ) r = -r;     // 반지름 r이 음수이면 양수로 변경
   if( p < 0 ) p = -p;     // 정밀도 p가 음수이면 양수로 변경

   if( p < 4 || r <= 0 ) { // 정밀도 p가 4보다 작거나 반지름 r이 0보다 작거나 같으면
      glBegin( GL_POINTS );
         glVertex3f( cx, cy, cz );
      glEnd();
      return;
   }
```

```
    for(int i = 0; i < p/2; ++i ) {
        theta1 = i * TWOPI / p - PIDIV2;
        theta2 = (i + 1) * TWOPI / p - PIDIV2;

        glBegin(GL_TRIANGLE_STRIP);
        {
            for(int j = 0; j <= p; ++j ) {
                theta3 = j * TWOPI / p;

                ex = cos(theta2) * cos(theta3); ........................ ②
                ey = sin(theta2); ...................................... ③
                ez = cos(theta2) * sin(theta3); ........................ ④
                px = cx + r * ex; ...................................... ⑤
                py = cy + r * ey; ...................................... ⑥
                pz = cz + r * ez; ...................................... ⑦

                glNormal3f( ex, ey, ez );
                glTexCoord2f( -(j/(float)p) , 2*(i+1)/(float)p );
                glVertex3f( px, py, pz );

                ex = cos(theta1) * cos(theta3); ........................ ⑧
                ey = sin(theta1); ...................................... ⑨
                ez = cos(theta1) * sin(theta3); ........................ ⑩
                px = cx + r * ex; ...................................... ⑪
                py = cy + r * ey; ...................................... ⑫
                pz = cz + r * ez; ...................................... ⑬

                glNormal3f( ex, ey, ez );
                glTexCoord2f( -(j/(float)p), 2*i/(float)p );
                glVertex3f( px, py, pz );
            }
        }
        glEnd();
    }
}

......

void MyDisplay() {
    ...
    renderSphere( 0.0, 0.0, 0.0, 1.0, 30 ); ........................... ⑭
    ...
}
......
```

[코드 6-18]에서 ①의 renderSphere(float cx, float cy, float cz, float r, int p) 함수는 삼각함수를 사용하여 Texture Mapping이 가능한 Sphere를 생성하기 위한 것으로서 5개의 매개변수(Parameter)를 가진다. 먼저 cx, cy, cz는 Sphere의 중심 좌표를 의미하고, r은 radius(반지름)이며, p는 precision(정밀도)을 의미한다. ②에서 ⑬까지는 <표 6-22>의 수식을 그대로 표현한 것이다. ⑭의 renderSphere(0.0, 0.0, 0.0, 1.0, 30)은 ①의 함수를 호출하여 실행하기 위한 것으로서 Sphere의 중심은 (0.0, 0.0, 0.0)으로 설정하고 반지름(Radius)은 1.0, 마지막 정밀도는 30으로 설정하였다.

2단계(Two-Step, Two-Stage) Mapping

중개면(Intermediate Surface)

S Mapping

O Mapping

Sphere와 같이 곡면을 수학적인 매개변수(Parameter)로 표현할 수 없을 때는 2단계(Two-Step, Two-Stage) Mapping을 사용하여야 한다. 2단계 Mapping의 첫 번째 단계는 Texture Image를 중개면(Intermediate Surface)에 입히는 S Mapping이고, 두 번째 단계는 중개면 내부에 Texture Image를 Mapping할 객체를 넣고 실제로 Texture Image를 Mapping하는 작업을 말하며 O Mapping이라고 한다. 여기서 중개면(Intermediate Surface)은 Texture Image를 Mapping하기 위한 대상 객체 표면에 가장 가깝게 접근하기 위한 원기둥(Cylinder), 정육면체(Cube) 및 원구(Sphere) 등 다양한 입체적인 표면을 의미하는데, 어떤 중개면(Intermediate Surface)을 사용하느냐에 따라 Texture Mapping된 결과가 달라질 수 있다.

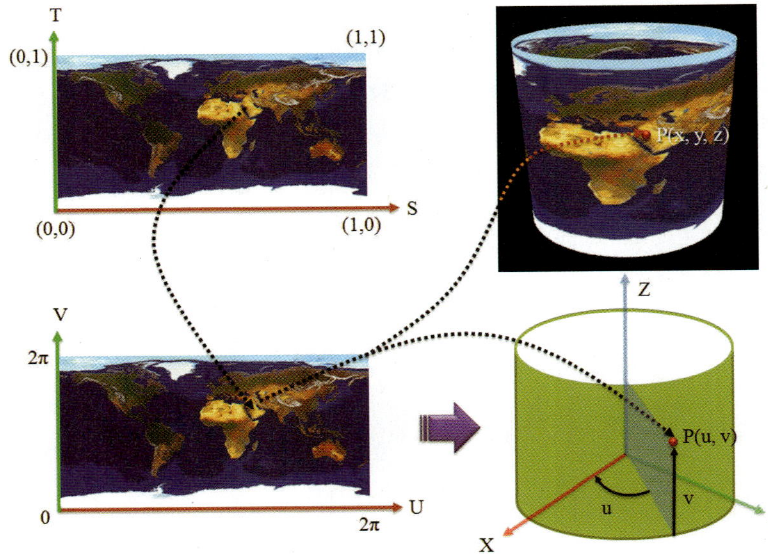

[그림 6-30] S Mapping – 원기둥 중개면

[그림 6-30]은 2 단계 Mapping의 첫 번째 단계인 S Mapping의 원기둥 중개면(Intermediate Surface)을 표현한 것이다. 여기서 S축과 T축을 가진 CCS(Cartesian Coordinate System, 직교 좌표계)로 구성된 Texture Image의 (s, t) 좌표에서 U축과 V축으로 구성된 중개면 좌표계의 (u, v) 좌표로 사상되는 과정을 살펴보자. (s, t) 좌표들로 구성된 Texture Image에서 S축 방향의 값이 0에서 1까지 범위의 값을 가질 때, (u, v) 좌표들로 구성된 원기둥 중개면 좌표계의 U축 방향의 값은 0에서 2π까지 각도(Angle)를 표현하여야 한다. 또한 (s, t) 좌표들로 구성된 Texture Image에서 T축 방향의 값이 0에서 1까지 범위의 값을 가질 때, (u, v) 좌표들로 구성된 원기둥 중개면 좌표계의 V축 방향의 값은 0에서 2π까지 각도(Angle)로 표현하여야 한다.

ISCS (Intermediate Surface Coordinate System, 중개면 좌표계)

<표 6-23>은 CCS(Cartesian Coordinate System, 직교 좌표계)와 ISCS(Intermediate Surface Coordinate System, 중개면 좌표계) 사이의 관계 및 ST 좌표와 UV 좌표 사이의 관계에 대하여 3D 공간에 있는 Cylinder 표면 위의 한 점 P(x, y, z)을 기준으로 설명하고 있다.

〈표 6-23〉 S Mapping을 위한 변수들의 값

직교 좌표계와 중개면 좌표계 사이의 관계	ST 좌표와 UV 좌표 사이의 관계
$x = r \cdot \cos u$ $y = r \cdot \sin u$ $z = v$	$u = 2\pi s,\ v = t$ $x = r \cdot \cos 2\pi s$ $y = r \cdot \sin 2\pi s$ $z = t$

예를 들어, Cylinder의 반지름 r=2.0일 때 Texture Image의 (s, t) = $(\frac{1}{2}, \frac{1}{2})$인 Texel의 Texture는 (u, v) = $(2\pi \cdot \frac{1}{2}, \frac{1}{2}) = (\pi, \frac{1}{2})$인 점으로 사상된다. 또한 사상된 이 점은 3D 공간에서 Sphere 표면의 한 점 P(x, y, z) = $(2 \cdot \cos \pi,\ 2 \cdot \sin \pi,\ \frac{1}{2})$ = $(-2,\ 0,\ \frac{1}{2})$으로 사상되어 Texture Mapping 된다. [그림 6-31]는 2 단계 Mapping의 첫 번째 단계인 S Mapping을 위한 중개면(Intermediate Surface)의 몇 가지 종류를 표현한 것이다.

S Mapping

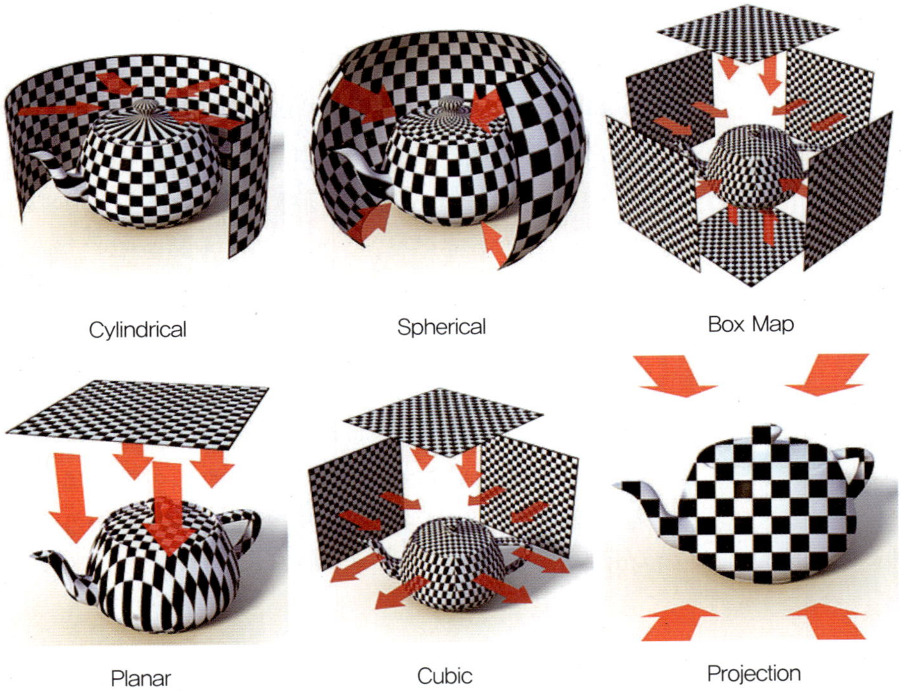

[그림 6-31] 중개면의 종류

O Mapping

<표 6-24>는 2단계의 두 번째 단계인 O Mapping의 결과들로서 다양한 중개면(Intermediate Surface)들의 유형(Type)에 따른 Texture Mapping 결과를 정육면체(Cube), 원구(Sphere) 및 원기둥(Cylinder) 등과 같은 세 개의 객체에 적용한 것들이다.

〈표 6-24〉 중개면(Intermediate Surface)의 유형(Type)에 따른 Texture Mapping

Object / Type	Cube	Sphere	Cylinder
Planar Mapping			

Cubic Mapping			
Cylindrical Mapping			
Rectangular Cylindrical Mapping		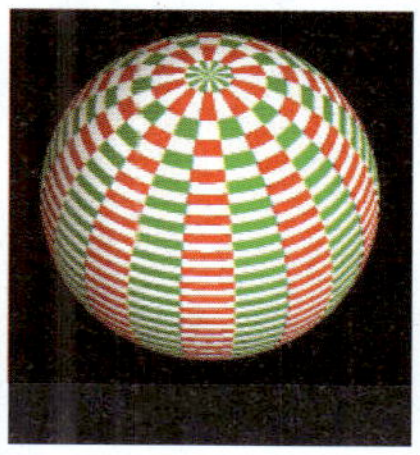	
Spherical Mapping			

중개면의 어느 부분이 객체의 어느 부분으로 Mapping되는지에 따라 [그림 6-32]와 같이 4가지 방법이 존재하며, <표 6-25>는 4가지 방법들을 비교하여 정리한 것이다.

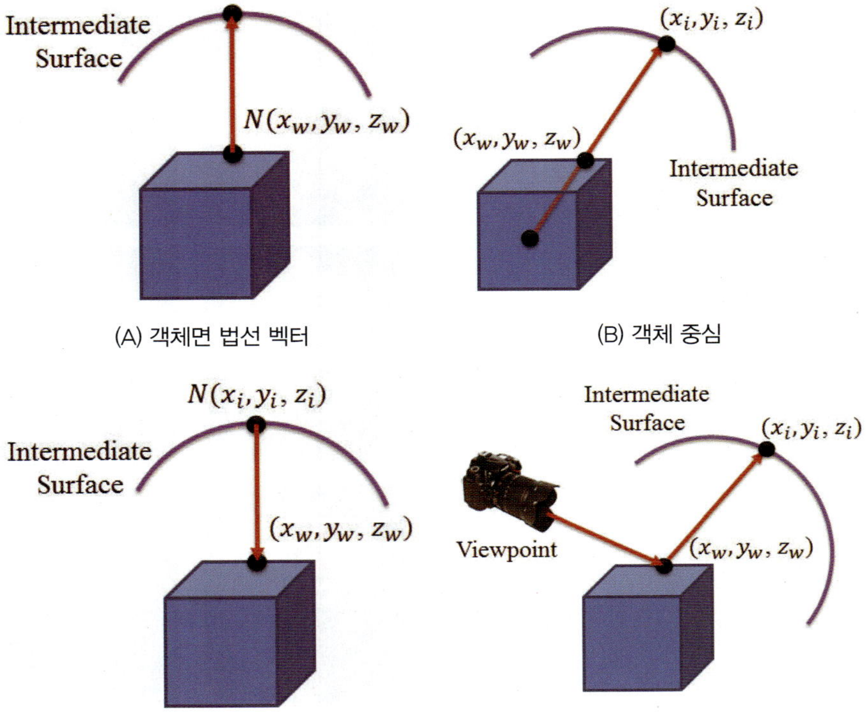

(A) 객체면 법선 벡터 (B) 객체 중심

(C) 중개면 법선 벡터 (D) 시점 반사 벡터

[그림 6-32] O Mapping의 4가지 종류

〈표 6-25〉 O Mapping의 4가지 종류의 비교

구 분	설 명
객체면 법선 벡터	객체면의 법선 벡터가 중개면(Intermediate Surface)과 만나는 점을 구한 뒤 그 점의 Texture 값을 해당 객체면의 Texture로 사상하는 방법
객체 중심	객체 중심으로부터 객체면(Intermediate Surface)을 향한 직선과 교차하는 중개면의 Texture를 해당 객체면의 Texture로 사용하는 방법
중개면 법선 벡터	중개면(Intermediate Surface)의 법선 벡터의 연장선과 객체 면이 만나는 곳을 구하여 해당 면에 중개면의 Texture를 뿌리는 방법
시점 반사 벡터	시점(Viewpoint)으로부터 객체 면을 향한 직선이 표면에 반사되어 중개면(Intermediate Surface)과 만나는 곳의 Texture를 객체면의 Texture로 사용하는 방법

Texture 왜곡 (Distortion) 현상

만약 중개면(Intermediate Surface)이 대상 표면으로부터 많은 차이를 두고 있다면 예상치 못한 Texture 왜곡(Distortion) 현상이 발생할 수도 있으나 Algorithm이 단

Spherical Mapping

순하기 때문에 아직도 실무에서는 많이 사용하고 있다. [그림 6-33]은 Spherical Mapping의 구현 결과이고, [코드 6-19]는 Spherical Mapping을 위한 소스 코드의 핵심 부분이다. 2단계 Mapping에 대한 나머지 부분들은 각자 구현해보기 바란다.

[그림 6-33] Spherical Mapping 구현 결과

코드 6-19

Texture Mapping – Spherical Map

```
void MyDisplay() {
    glClear(GL_COLOR_BUFFER_BIT GL_DEPTH_BUFFER_BIT);
    glLoadIdentity();

    ......

    // 자동 Texture 좌표 생성을 활성화한다.
    glTexGeni(GL_S, GL_TEXTURE_GEN_MODE, GL_SPHERE_MAP);
    glTexGeni(GL_T, GL_TEXTURE_GEN_MODE, GL_SPHERE_MAP);
    glEnable(GL_TEXTURE_GEN_S);
    glEnable(GL_TEXTURE_GEN_T);

    // Texture Mapping할 Texture가 texImage에 Load되었다고 가정한다.
    glBindTexture(GL_TEXTURE_2D, texImage);

    //glutSolidTeapot(1.0);
    //glutSolidCube(1.5);
    GLUquadricObj *obj = gluNewQuadric();
    gluQuadricTexture(obj, GL_TRUE)
    gluQuadricNormals(obj, GLU_SMOOTH);
    gluCylinder(obj, 0.7, 0.7, 1.5, 50, 50);
    gluDisk(obj, 0.0, 0.7, 50, 1);
    glTranslatef(0.0, 0.0, 1.5);
    gluDisk(obj, 0.0, 0.7, 50, 1);
    glTranslatef(0.0, 0.0, -1.5);
```

```
    gluDeleteQuadric(obj);

    glDisable(GL_TEXTURE_GEN_S);      // Sphere Mapping – S축
    glDisable(GL_TEXTURE_GEN_T);      // Sphere Mapping – T축

    glutSwapBuffers();
}

......
```

Project 6–VIII Implementation of Projected Texture Mapping

구현 기능	아래 구현 결과와 같이 Teapot에 Projected Texture Mapping을 구현한다. – Texture Image는 bmp 파일을 사용하면 되며, 구현이 가능한 경우 pcx, tga 파일도 사용할 수 있도록 한다. – Texture Image의 해상도는 256×256 혹은 512×512 정도로 설정하면 된다. – Texture Image가 Teapot에 Projection이 된 것을 확인하기 위하여 Keyboard Callback을 사용하여 Teapot을 상하좌우로 이동시켜 확인할 수 있도록 한다. – 마찬가지로 Mouse Callback을 사용하여 Teapot을 자유자재로 회전시켜 Texture Image가 Teapot에 Projection이 된 것을 확인할 수 있도록 한다.
구현 결과	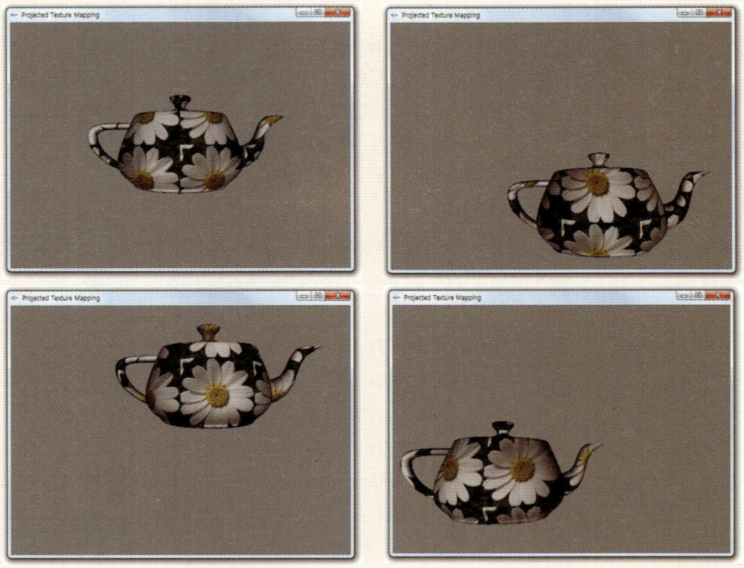

5. Environment Mapping

Environment Mapping
광선 추적(Ray Tracing)
Sphere Mapping
Cube Mapping
Vertex Shader
Fragment Shader

Environment Mapping은 객체 주변의 배경들이 객체의 표면에 반사된 모습을 표현하는 Texture Mapping 방법으로서 광선 추적(Ray Tracing)을 사용하지 않고 고도의 반사 표면을 시뮬레이션하는 기법이다. 그러므로 광선 추적(Ray Tracing)을 수행하였을 경우와 같이 복잡한 계산이 발생하지 않는 장점이 있다. 그러나 정반사(Specular Reflection)에 해당하는 거울(Mirror)과 같은 반사 효과만을 표현할 수 있는 단점도 가지고 있다. Environment Mapping에는 Sphere Mapping 및 Cube Mapping 등과 같은 종류가 있으며, Vertex Shader 및 Fragment Shader 등과 같은 Shader가 세부적으로 사용되기도 한다.

어안 렌즈(Fish Eye Lens)

본 절에서는 Sphere Mapping을 사용한 Environment Mapping에 대하여 살펴보도록 한다. Sphere Mapping은 3D 공간에 있는 금속이나 반사 객체에 반사를 추가하기 위한 빠른 방법이다. Cube Mapping이나 실제 생활처럼 그렇게 정확하지는 않지만 속도는 매우 빠르다. Sphere Mapping을 구현하기 위해서는 Sphere Map이 필요한데, 어안 렌즈(Fish Eye Lens)를 사용하지 않고 품질 좋은 Sphere Map을 생성하기 위해서는 Photoshop을 사용하면 좋다. 그러므로 Photoshop을 사용하여 [그림 6-34]의 (B)와 같은 Sphere Map을 생성하기 위한 3 단계의 과정을 알고 넘어가도록 하자.

(A) Background Image (B) Sphere Map Image

[그림 6-34] Sphere Mapping을 위한 Background Image와 Sphere Map Image

첫 번째는 [그림 6-34]의 (A)와 같이 Sphere Mapping을 위한 환경(Environment) 사진을 준비하는 것이다. 그리고 Photoshop에서 사진을 열고 메뉴 [Select > All]을 사용하여 전체 Image를 선택한다. 선택한 Image를 복사(Ctrl+C)하고 메뉴 [File >

New]를 사용하여 복사한 Image와 동일한 크기의 새로운 Photoshop 파일을 만들어 붙여넣기(Ctrl+V)한다. 복사 Image를 생성하는 이유는 Photoshop에서 Filter를 사용하기 위해서이다.

두 번째는 Environment Mapping을 하기 위한 사진의 해상도는 넓이(Width)와 높이(Height)가 모두 동일하게 2^n이 되어야 하기 때문에 128×128, 256×256, 512×512, 1024×1024 등과 같이 되도록 Photoshop에서 Image의 크기를 조절한다.

왜곡(Distort)
Sphere Map

마지막 세 번째는 Filter 메뉴에서 왜곡(Distort)을 선택하고 그 하부 메뉴들 중에서 'Spherize...'를 적용한다. 이때 대화창 [Spherize]에서 Mode : Normal, Amount : 100%로 설정되어져 있는 것을 확인할 수 있는데, Image를 클릭하면 수정 모드로 변경되어진다. 그러나 수정할 필요 없이 그대로 'OK' 버튼을 클릭하여 빠져나가면 된다. 그러면 [그림 6-34]의 (B)와 같이 Image의 중심부가 풍선과 같이 부풀어 오른 것처럼 변형되어 보이게 된다. 이제 Sphere Map 파일을 비트맵 파일(*.bmp)로 저장한다.

[그림 6-35]는 Sphere Mapping 기법을 사용하여 구현한 Environment Mapping의 구현 결과이고, [코드 6-20]은 그 소스 코드이다.

[그림 6-35] Sphere Mapping을 사용한 Environment Mapping의 구현 결과

코드 6-20 Texture Mapping – Environment Mapping (Sphere Mapping)

```
// Header File을 Include (전체 소스 코드 참조)

// 변수 선언 (전체 소스 코드 참조)

AUX_RGBImageRec *LoadBMP(char *Filename) {
. . . . . . . . . .
}

void LoadGLTextures() {
    AUX_RGBImageRec *TextureImage[2];
    memset(TextureImage,0,sizeof(void *)*2);

    if ((TextureImage[0] = LoadBMP("Background.bmp")) &&
        (TextureImage[1] = LoadBMP("SphereMap.bmp"))) { ········· ①
        glGenTextures(6, &texture[0]);

        for (int i=0; i<2; i++) {
        // Nearest Filtered Texture, Linear Filtered Texture 및 MipMapped Texture 생성
        . . . . . . . . . .
        }

        for (int i=0; i<2; i++) {
            if (TextureImage[i]) {
                if (TextureImage[i]->data) {
                    free(TextureImage[i]->data);
                }
                free(TextureImage[i]);
            }
        }
    }
}

void glDrawCube() {
. . . . . . . . . .
}

void DrawGLScene() {
    glClear(GL_COLOR_BUFFER_BIT | GL_DEPTH_BUFFER_BIT);
    glLoadIdentity();

    glTranslatef(0.0f, 0.0f, z);
```

```
    glEnable(GL_TEXTURE_GEN_S);  ............................................ ②
    glEnable(GL_TEXTURE_GEN_T);  ............................................ ③

    glBindTexture(GL_TEXTURE_2D, texture[filter+(filter+1)]); ............... ④
    glPushMatrix();
        glRotatef(xrot,1.0f,0.0f,0.0f);
        glRotatef(yrot,0.0f,1.0f,0.0f);

        switch(object) {
            case 0:
                glDrawCube();
                break;
            case 1:
                glTranslatef(0.0f,0.0f,-1.5f);
                gluCylinder(quadratic,2.0f,2.0f,4.0f,32,32);
                break;
            case 2:
                gluSphere(quadratic,2.5,32,32);
                break;
            case 3:
                glutSolidTeapot(1.5);
                break;
        };
    glPopMatrix();

    glDisable(GL_TEXTURE_GEN_S);  ........................................... ⑤
    glDisable(GL_TEXTURE_GEN_T);  ........................................... ⑥

    glBindTexture(GL_TEXTURE_2D, texture[filter*2]);
    . . . . . . . . . .

    glutSwapBuffers();
}

void MyReshape(int w, int h) {
    . . . . . . . . . .
}

void MySpecial(int key, int x, int y) {
    . . . . . . . . . .
}
```

```
void MyMouse(int button, int state, int x, int y) {
 . . . . . . . . . . .
}

void MyMotion(int x, int y) {
 . . . . . . . . . . .
}

void InitGL() {
 . . . . . . . . . . .

    glTexGeni(GL_S, GL_TEXTURE_GEN_MODE, GL_SPHERE_MAP); ························ ⑦
    glTexGeni(GL_T, GL_TEXTURE_GEN_MODE, GL_SPHERE_MAP); ························ ⑧
}

void main(int argc, char **argv) {
 . . . . . . . . . . .
}
```

[코드 6-20]에서 ①의 (TextureImage[1] = LoadBMP("SphereMap.bmp"))은 Photoshop에서 미리 제작해둔 Sphere Map Image 파일을 읽어서 AUX_RGBImageRec 형식의 배열 변수 TextureImage에 저장하는 것이다. ②의 glEnable(GL_TEXTURE_GEN_S)은 Sphere Mapping을 위한 Texture의 S축에 대한 좌표를 명시하도록 활성화한다. ③의 glEnable(GL_TEXTURE_GEN_T)은 Sphere Mapping을 위한 Texture의 T축에 대한 좌표를 명시하도록 활성화한다. ④의 glBindTexture(GL_TEXTURE_2D, texture[filter+(filter+1)])은 ①에서 배열 변수 TextureImage에 저장해둔 Sphere Map Image를 객체에 등록한다. ⑤의 glDisable(GL_TEXTURE_GEN_S)은 ②와 반대로 Texture의 S축에 대한 좌표를 명시하지 않도록 비활성화한다. ⑥의 glDisable(GL_TEXTURE_GEN_T)은 ③과 반대로 Texture의 T축에 대한 좌표를 명시하지 않도록 비활성화한다. ⑦의 glTexGeni(GL_S, GL_TEXTURE_GEN_MODE, GL_SPHERE_MAP)은 Sphere Map에 대한 Texture의 S축 좌표의 생성을 조절하는 기능을 수행하고, ⑧의 glTexGeni(GL_T, GL_TEXTURE_GEN_MODE, GL_SPHERE_MAP)은 Sphere Map에 대한 Texture의 T축 좌표의 생성을 조절하는 기능을 수행한다.

Project 6 –IX	Application of Environment Mapping
구현 기능	[코드 6–20]을 참조하고 아래 구현 결과와 같이 Sphere에 Environment Mapping을 구현한다. – Solid Modeling 방법으로 적당한 크기의 Sphere를 Modeling하여 Window의 가운데에 배치한다. – Solid Modeling 방법으로 작은 크기의 Sphere 2개(Yellow, Blue Color) Modeling하고, Window의 가운데에 배치된 Sphere를 중심으로 서로 반대 방향으로 자동 회전시킨다. – 품질(Quality) 좋은 배경 Image 6장을 사용하여 Skybox를 생성하고 Texture Mapping한다. – Skybox에 Texture Mapping된 Image들과 작은 크기의 Sphere 2개가 모두 Window의 가운데에 배치된 Sphere에 Environment Mapping되게 한다.
구현 결과	

6. 색상을 이용한 Texture Mapping

1D Texture Mapping

Texture Mapping의 대부분은 외부에서 2D Image 파일을 읽어오고 그것을 2D Texture Image로 변환하여 3D 공간에 있는 객체의 표면에 Mapping하는 기법을 사용하고 있다. 그러나 외부에서 2D Image를 가져오지 않고 색상(Color)만 사용하여 Texture Mapping을 수행하는 1D Texture Mapping에 대하여 알아보자. [그림 6–36] 및 [그림 6–37]은 색상만을 사용하여 Texture Mapping을 수행한 구현 결과이고, [코드 6-21]은 그 소스 코드이다.

glTexEnvf(GL_TEXTURE_ENV, GL_TEXTURE_ENV_MODE, GL_MODULATE);

[그림 6-36] 1D Texture Mapping의 구현 결과 – I

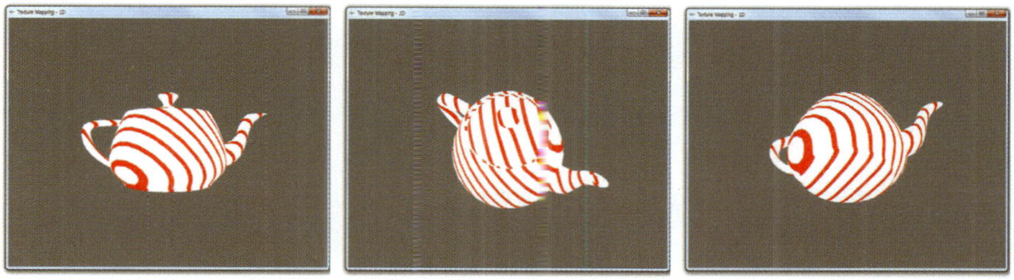

glTexEnvf(GL_TEXTURE_ENV, GL_TEXTURE_ENV_MODE, GL_REPLACE);

[그림 6-37] 1D Texture Mapping의 구현 결과 – II

코드 6-21 Texture Mapping – 1D Texture Mapping

```
#include <stdio.h>
#include <glaux.h>
#include <glut.h>

GLfloat mat_diffuse[]     = {0.25, 0.25, 1.0, 0.0};
GLfloat mat_specular[]    = {1.0, 1.0, 1.0, 0.0};
GLfloat light_position[]  = {10.0, 10.0, 20.0, 1.0};
GLfloat ref_plane[]       = {1.5, 1.5, 1.5, 0.0};

unsigned int MyTextureObject;

#define stripeImageWidth 32
GLubyte stripeImage[4*stripeImageWidth]; ........................ ①
```

```
float g_fDistance  = -4.5f;
float g_fSpinX     = 0.0f;
float g_fSpinY     = 0.0f;

static POINT ptLastMousePosit;
static POINT ptCurrentMousePosit;
static bool  bMousing;

void MyStripeImage( ) { ............................................................ ②
    for (int j = 0; j < stripeImageWidth; j++) {
        stripeImage[4*j] = 255;
        stripeImage[4*j+1] = (j < 8) ? 0 : 255;
        stripeImage[4*j+2] = (j < 8) ? 0 : 255;
        stripeImage[4*j+3] = 0;
    }
}

void MyDisplay( ) {
 . . . . . . . . . . .
}

void MyMouse(int button, int state, int x, int y) {
 . . . . . . . . . . .
}

void MyMotion(int x, int y) {
 . . . . . . . . . . .
}

void Init( ) {
    glMaterialfv(GL_FRONT, GL_DIFFUSE, mat_diffuse);
    glMaterialfv(GL_FRONT, GL_SPECULAR, mat_specular);
    glMaterialf(GL_FRONT, GL_SHININESS, 25.0);
    glLightfv(GL_LIGHT0, GL_POSITION, light_position);
    glEnable(GL_LIGHTING);
    glEnable(GL_LIGHT0);
    glEnable(GL_DEPTH_TEST);
    glShadeModel(GL_SMOOTH);

    MyStripeImage();
    glGenTextures(1, &MyTextureObject);
    glBindTexture(GL_TEXTURE_1D, MyTextureObject);
```

```
    glTexImage1D(GL_TEXTURE_1D 0, 4, stripeImageWidth, 0, GL_RGBA,
            GL_UNSIGNED_BYTE, stripeImage); ................................... ③
    glTexGeni(GL_S, GL_TEXTURE_GEN_MODE, GL_OBJECT_LINEAR);................... ④
    glTexGenfv(GL_S, GL_OBJECT_PLANE, ref_plane);............................. ⑤
    glTexParameterf(GL_TEXTURE_1D, GL_TEXTURE_WRAP_S, GL_REPEAT); ......... ⑥
    glTexParameterf(GL_TEXTURE_1D, GL_TEXTURE_MAG_FILTER, GL_LINEAR); ... ⑦
    glTexParameterf(GL_TEXTURE_1D, GL_TEXTURE_MIN_FILTER, GL_LINEAR); ... ⑧
    glTexEnvf(GL_TEXTURE_ENV,GL_TEXTURE_ENV_MODE,GL_MODULATE); ...... ⑨
    glEnable(GL_TEXTURE_GEN_S) ................................................ ⑩
    glEnable(GL_TEXTURE_1D);..... ............................................. ⑪
}

void MyReshape(int w, int h) {
 . . . . . . . . . . .
}

void main(int argc, char **argv) {
 . . . . . . . . . . .
}
```

[코드 6-21]에서 ①의 GLubyte stripeImage[4*stripeImageWidth]은 ②에서 설정하여 저장할 색상들을 위한 GLubyte 형식의 배열 변수를 선언한 것이다. ②의 MyStripeImage() 함수는 ①에서 선언한 배열 변수 stripeImage에 일정한 색상을 입력하는 기능을 수행하는 기능을 수행한다. ③의 glTexImage1D(GL_TEXTURE_1D, 0, 4, stripeImageWidth, 0, GL_RGBA, GL_UNSIGNED_BYTE, stripeImage)은 1D Texture Image를 정의하는 기능을 수행하는데, <표 6-26>의 glTexImage1D 함수에 대한 Prototype에서 더 자세한 정보를 확인할 수 있다.

〈표 6-26〉 glTexImage1D 함수에 대한 Prototype

void glTexImage1D (GLenum *target*, GLint *level*, GLint *internalformat*, GLsizei *width*, GLint *border*, GLint *format*, GLenum *type*, const GLvoid **pixels*);	

Parameters
Help
	target // Target Texture. GL_TEXTURE_1D
	level // LOD(Level of Detail)의 단계
	// 0은 기본 Image 단계, n은 n번째 MipMap 축소 Image
	internalformat // Texture에서 색상 구성 요소의 수를 지정
	// 1, 2, 3 및 4 중 하나 혹은 아래의 상징적인 상수들 중 하나를 선택
	
	GL_ALPHA, GL_ALPHA4, GL_ALPHA8, GL_ALPHA12,
	GL_ALPHA16, GL_LUMINANCE, GL_LUMINANCE4,
	GL_LUMINANCE8, GL_LUMINANCE12, GL_LUMINANCE16,
	GL_LUMINANCE_ALPHA, GL_LUMINANCE4_ALPHA4,
	GL_LUMINANCE6_ALPHA2, GL_LUMINANCE8_ALPHA8,
	GL_LUMINANCE12_ALPHA4, GL_LUMINANCE12_ALPHA12,
	GL_LUMINANCE16_ALPHA16, GL_INTENSITY, GL_INTENSITY4,
	GL_INTENSITY8, GL_INTENSITY12, GL_INTENSITY16, GL_RGB,
	GL_R3_G3_B2, GL_RGB4, GL_RGB5, GL_RGB8, GL_RGB10,
	GL_RGB12, GL_RGB16, GL_RGBA, GL_RGBA2, GL_RGBA4,
	GL_RGB5_A1, GL_RGBA8, GL_RGB10_A2, GL_RGBA12, GL_RGBA16
	
	width // Texture Image의 넓이(Width)
	// 즉, 정수 n에 대하여 2^n+2(*border*)
	// Texture Image의 높이(Height) : 1
	border // 경계선(Border)의 넓이(Width). 0 혹은 1
	format // Pixel 데이터의 Format. <표 6-27> 참조
	type // Pixel 데이터의 데이터 형식(Type)
	// GL_UNSIGNED_BYTE, GL_BYTE, GL_BITMAP,
	// GL_UNSIGNED_SHORT, GL_SHORT, GL_UNSIGNED_INT,
	// GL_INT, GL_FLOAT
	pixels // Memory에서 Image 데이터에 대한 Pointer

〈표 6-27〉 glTexImage1D 함수의 매개변수(Parameter) *format*의 상징적인 값과 의미

Value	Meaning
GL_COLOR_INDEX	각 요소는 단일 값, 색상 Index
GL_RED	각 요소는 단일 Red 구성 요소
GL_GREEN	각 요소는 단일 Green 구성 요소
GL_BLUE	각 요소는 단일 Blue 구성 요소
GL_ALPHA	각 요소는 단일 Red 구성 요소
GL_RGB	각 요소는 RGB 세 개의 구성 요소

GL_RGBA	각 요소는 완전한 RGBA 구성 요소
GL_BGR_EXT	각 Pixel은 Blue, Green, Red 및 Alpha와 같은 순서로 4개의 구성 요소를 가진 Group
GL_BGRA_EXT	각 Pixel은 Blue, Green, Red 및 Alpha와 같은 순서로 4개의 구성 요소를 가진 Group
GL_LUMINANCE	각 요소는 하나의 휘도(Luminance) 값
GL_LIMINANCE_ALPHA	각 요소는 휘도(Luminance)/Alpha 쌍(Pair)

④의 glTexGeni(GL_S, GL_TEXTURE_GEN_MODE, GL_OBJECT_LINEAR)은 Texture의 S축 좌표의 생성을 조절하는 기능을 수행하는 것으로서 매개변수(Parameter)인 GL_OBJECT_LINEAR은 해발(Sea Level)로부터의 거리로서 지형(Terrain)의 Vertex에 대한 고도(Altitude)를 계산한다. 생성된 Texture 좌표는 MCS(Model Coordinate System, 모델 좌표계)에 있으므로 Texture는 객체에 고정되어있고 ⑤의 함수를 이용하여 평면을 참조하게 된다. ⑤의 glTexGenfv(GL_S, GL_OBJECT_PLANE, ref_plane)은 평면으로부터 Vertex들의 거리를 기반으로 하는 Texture 좌표를 생성한다. 즉, 생성된 Texture 좌표는 Vertex에서 평면까지의 거리로서 매개변수(Parameter)인 ref_plane이 (1.5, 1.5, 1.5, 0.0)이므로 평면의 방정식은 $1.5x+1.5y+1.5z+0.0w=1.5x+1.5y+1.5z=0$이 된다. ⑥의 glTexParameterf(GL_TEXTURE_1D, GL_TEXTURE_WRAP_S, GL_REPEAT)와 ⑦의 glTexParameterf(GL_TEXTURE_1D, GL_TEXTURE_MAG_FILTER, GL_LINEAR) 및 ⑧의 glTexParameterf(GL_TEXTURE_1D, GL_TEXTURE_MIN_FILTER, GL_LINEAR)은 1D Texture의 매개변수(Parameter)들을 설정하는 기능을 수행한다. ⑥은 1D Texture의 S축에 대한 반복 Mapping 기능을 수행하고, ⑦은 1D Texture의 Magnification Filter 기능을 Linear 형식으로 수행하고 ⑧은 1D Texture의 Minification Filter 기능을 Linear 형식으로 수행한다. ⑨의 glTexEnvf(GL_TEXTURE_ENV, GL_TEXTURE_ENV_MODE, GL_MODULATE)은 Texture Environment 매개변수(Parameter)를 설정하는 기능을 수행하는데, [그림 6-36]과 같이 마지막 매개변수(Parameter) GL_MODULATE은 여러 개의 색상을 Blending하는 기능을 가지고 있는데, 최종 색상은 glColor* 함수이지만, Texture가 영향을 준다. 만약 [그림 6-37]과 같이 마지막 매개변수(Parameter)가 GL_REPLACE라면 Texture가 우선하고, GL_DECAL이라면 glColor* 함수나 조명 등이 Texture에 영향을 주지 않는다. ⑩의 glEnable(GL_TEXTURE_GEN_S)은 Texture의 S축 좌표를 자동적으로 할당할 수 있도록 활성화한다. ⑪의 glEnable(GL_TEXTURE_1D)은 1D

Blending

Texture Mapping을 활성화한다.

7. Anti-aliasing

Aliasing
Anti-aliasing
Multisample Anti-aliasing
Supersample Anti-aliasing
Spatial Anti-aliasing
Temporal Anti-aliasing

Aliasing은 Digital Sound나 Image를 제작함에 있어서 Sound의 경우에는 주파수를 추출할 때 올바른 주파수와 잘못된 주파수가 함께 생성되어 와글와글거리는 소리가 만들어지는 것을 말하고, Image의 경우에는 가장자리가 톱니(Saw Tooth)나 계단(Stairs) 모양으로 들쭉날쭉하게 되는 현상을 의미한다. 이와 같은 현상들을 제거하거나 최소화시키기 위한 것이 바로 Anti-aliasing이며, Multisample Anti-aliasing, Supersample Anti-aliasing, Spatial Anti-aliasing 및 Temporal Anti-aliasing 등으로 구분하기도 한다. Multisample Anti-aliasing은 Image의 품질(Quality)을 향상시키기 위하여 컴퓨터 그래픽스 분야에서 많이 사용하는 기법이고, Supersample Anti-aliasing은 일반적인 Anti-aliasing 기법이다. Spatial Anti-aliasing은 낮은 해상도(Resolution)에서 고해상도 Image를 나타낼 때 발생하는 Aliasing 현상을 최소화하기 위한 기법이다. Temporal Anti-aliasing은 일시적인 Aliasing 현상을 감소시키거나 제거하기 위한 기법이다. 본 절에서는 이와 같은 4가지의 Anti-aliasing에 대하여 살펴보기보다는 객체의 종류에 따른 2가지 Anti-aliasing 방법에 대하여 자세하게 살펴보기로 한다. 첫 번째는 점(Point)이나 라인(Line) 등으로 구성된 객체의 Anti-aliasing을 구현하기 위한 방법이고, 두 번째는 3D 객체나 표면(Surface) 등으로 구성된 객체의 Anti-aliasing을 구현하기 위한 방법이다. 단, 본 절에서 기술한 Anti-aliasing 방법들은 Texture Mapping을 적용할 경우 Anti-aliasing 효과를 확인하기가 쉽지 않기 때문에 Anti-aliasing의 효과를 극대화하여 시각적으로 비교 확인할 수 있도록 하기 위하여 Texture Mapping은 적용하지 않았다. 그러므로 객체들에게 Texture Mapping을 적용하고 그 상태에서의 Anti-aliasing 효과를 확인하는 것은 각자의 과제로 남기도록 한다.

첫 번째 Anti-aliasing 방법은 OpenGL에서 glEnable(GL_POINT_SMOOTH), glEnable(GL_LINE_SMOOTH) 및 glEnable(GL_POLYGON_SMOOTH) 함수들을 사용하여 Anti-aliasing을 적용하는 것이다. 이 함수는 Anti-aliasing되기 위한 범위에 따라 부분적인 Alpha 값을 할당할 수 있는 점(Point), 라인(Line) 및 다각형(Polygon) 등의 가장자리에 Pixel을 부여한다. 이때 Alpha 값을 사용하기 때문에 glEnable(GL_BLEND) 함수를 사용하여 Blend가 활성화되도록 하여야 한다. 그리고 Anti-aliasing을 위해서 사용되는 우수한 성능의 Blending 함수는

glBlendFunc(GL_SRC_ALPHA_SATURATE, GL_ONE) 및 glBlendFunc(GL_SRC_ALPHA, GL_ONE_MINUS_SRC_ALPHA) 등과 같은 glBlendFunc 함수를 사용하는 것이다. 만약 glBlendFunc 함수를 사용하지 않으면 Anti-aliasing 효과는 나타나지 않는다. 가장 빠르거나 가장 품질(Quality)이 좋게 하기 위한 Anti-aliasing 효과를 얻기 위해서는 glHint 함수를 사용하도록 한다. OpenGL로 Anti-aliasing을 구현하기 위해서는 일반적으로 Prefiltering 혹은 Supersampling 방법을 사용한다. 본 절에서는 이와 같이 Point 및 Line 등의 객체들에 대한 Anti-aliasing을 구현해보고 소스 코드를 이해할 수 있도록 한다. [그림 6-38]은 수십 개의 라인(Line)들 및 점(Point)으로 구성된 객체를 생성하고 이들 객체들에게 Anti-aliasing을 적용한 구현 결과이고, [코드 6-22]는 그 소스 코드이다.

Prefiltering
Supersampling

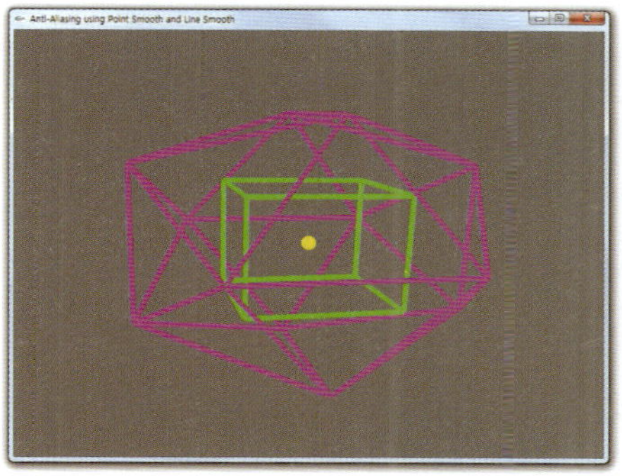

(A) Aliasing

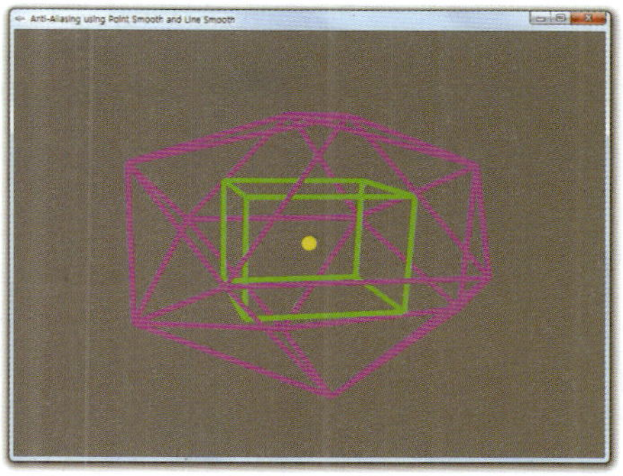

(B) Anti-aliasing

[그림 6-38] Point 및 Line들을 위한 Anti-aliasing의 구현 결과

코드 6-22 Point Smooth 및 Line Smooth를 사용한 Anti-aliasing

```
#include <Windows.h>
#include <math.h>
#include <stdio.h>
#include <glut.h>

// 변수 선언 (전체 소스 코드 참조)

void initgfx() {
    glClearColor( 0.0, 0.0, 0.0, 0.0 );
    glShadeModel( GL_FLAT );
    glEnable( GL_BLEND ); .................................................. ①
```

```
    glBlendFunc( GL_SRC_ALPHA, GL_ONE_MINUS_SRC_ALPHA ); ························ ②

    glLineWidth( 10.5 );

    glEnable( GL_DEPTH_TEST );
}

void Antialiasing() {
    antialiasFlag = !antialiasFlag;

    if ( antialiasFlag == GL_TRUE ) {
        glEnable( GL_POINT_SMOOTH ); ·············································· ③
        glHint( GL_POINT_SMOOTH_HINT, GL_NICEST ); ································ ④
        glEnable( GL_LINE_SMOOTH );················································ ⑤
        glHint( GL_LINE_SMOOTH_HINT, GL_NICEST ); ································· ⑥
    } else {
        glDisable( GL_POINT_SMOOTH );
        glDisable( GL_LINE_SMOOTH );
    }
}

void MySpecial(int key, int x, int y) {
 . . . . . . . . . . .
}

void MyMouse(int button, int state, int x, int y) {
 . . . . . . . . . . .
}

void MyMotion(int x, int y) {
 . . . . . . . . . . .
}

void MyReshape(int w, int h) {
 . . . . . . . . . . .
}

void drawScene() {
 . . . . . . . . . . .
}

void main( int argc, char **argv ) {
 . . . . . . . . . . .
}
```

[코드 6-22]에서 ①의 glEnable(GL_BLEND)은 Blending 기능을 활성화하는 것이고, ②의 glBlendFunc(GL_SRC_ALPHA, GL_ONE_MINUS_SRC_ALPHA)은 Blending 수행을 지정하는 함수로서 소스(Source)와 대상(Destination)의 색상을 어떻게 Blending할 것인지를 상수 값을 이용하여 지정한다. 여기에서 GL_SRC_ALPHA는 입력으로 들어오는 Pixel의 Alpha 값이 입력 Pixel의 Blending 비율이 되게 하는 것이고, GL_ONE_MINUS_SRC_ALPHA는 1에서 GL_SRC_ALPHA 값을 뺀 나머지 값이 원래 Buffer에 들어있던 Pixel의 Blending 비율이 되게 하라는 의미이다. glBlendFunc 함수에 대해서는 <표 6-18>의 glBlendFunc 함수에 대한 Prototype에서 더 자세한 정보를 확인할 수 있다. ③의 glEnable(GL_POINT_SMOOTH)은 점(Point)에 대한 Anti-aliasing으로서 사각형 형태의 점(Point)을 둥글게 표현하도록 활성화시키는 것이고, ④의 glHint(GL_POINT_SMOOTH_HINT, GL_NICEST)은 점(Point)의 Sampling 품질(Quality)을 설정하기 위한 함수이다. glHint 함수에 대해서는 <표 6-28>의 glHint 함수에 대한 Prototype에서 더 자세한 정보를 확인할 수 있다.

〈표 6-28〉 glHint 함수에 대한 Prototype

void glHint (GLenum *target*, GLenum *mode*);		
Parameters Help	*target* // 제어할 수 있는 동작을 나타내는 상징적인 상수	
	Value	**Meaning**
	GL_FOG_HINT	안개 효과 계산이 Pixel마다 이루어지는지(GL_NICEST) Vertex마다 이루어지는지(GL_FASTEST) 여부를 설정
	GL_LINE_SMOOTH_HINT	Anti-aliasing에서 Line의 Sampling 품질(Quality)을 설정
	GL_POINT_SMOOTH_HINT	Anti-aliasing에서 Point의 Sampling 품질(Quality)을 설정
	GL_POLYGON_SMOOTH_HINT	Anti-aliasing에서 Polygon의 Sampling 품질(Quality)을 설정
	GL_PERSPECTIVE_CORRECTION_HINT	Color와 Texture 좌표 보간(Interpolation)의 품질(Quality)을 설정
	GL_TEXTURE_COMPRESSION_HINT	압축 Texture Image의 품질과 성능을 설정
	GL_FRAGMENT_SHADER_DERIVATIVE_HINT	GLSL Fragment 처리를 위한 파생된 계산의 정확성을 설정
	GL_GENERATE_MIPMAP_HINT	Mipmap Image를 생성할 때 Filtering의 품질을 설정

mode // 원하는 동작을 나타내는 상징적인 상수

Value	Meaning
GL_FASTEST	고성능 (빠르게)
GL_NICEST	고품질
GL_DONT_CARE	신경 쓰지 않음

⑤의 glEnable(GL_LINE_SMOOTH)은 Line에 대한 Anti-aliasing을 활성화시키는 것이고, ⑥의 glHint(GL_LINE_SMOOTH_HINT, GL_NICEST)은 Line의 Sampling 품질(Quality)을 설정하는 함수로서 <표 6-28>에서 더 자세한 정보를 확인할 수 있다.

Accumulation Buffer
Soft Shadow
Motion Blur
Color Buffer
반올림 에러(Rounding Errors)
떨림(Jitter)

첫 번째 Anti-aliasing 방법이 Point 및 Line 등과 같은 객체에 한정된 Anti-aliasing 방법이라면, 두 번째 Anti-aliasing 방법은 3D 객체 및 표면(Surface)에 대한 Anti-aliasing을 적용하기 위한 방법이다. 두 번째 Anti-aliasing은 Accumulation Buffer를 사용하는데, Accumulation Buffer는 Field의 사진 깊이를 시뮬레이션하고, 다중 광원으로부터 결과를 얻는 Soft Shadow를 계산하고, Motion Blur를 계산하고, 장면의 Anti-aliasing을 구현하기 위하여 사용되어지는 Buffer이다. 그러나 OpenGL에서는 Accumulation Buffer에 직접 데이터를 쓸 수가 없다. 일반적으로 일련의 Image들은 표준 Color Buffer 중 하나에 생성되며, Accumulation Buffer에 한 번에 하나를 축적하고 있다. 축적이 끝나면 그 결과는 시각적으로 확인할 수 있도록 하기 위하여 Color Buffer에 다시 복사되어진다. 반올림 에러(Rounding Errors)를 줄이기 위해서 Accumulation Buffer는 표준 Color Buffer보다 더 높은 정밀도 즉, bits/color를 가질 수 있다. 장면을 여러 번 Rendering하는 것은 분명 한 번만 Rendering하는 것보다 시간이 더 많이 걸리지만, 그 결과는 더 우수한 품질(Quality)을 나타낸다. 그러므로 Rendering 회수는 프로그래머가 잘 판단해서 결정하여야 한다. OpenGL에서 Accumulation Buffer를 사용하기 위해서는 glAccum 함수를 사용하면 되는데, 장면에 대한 Anti-aliasing을 구현하기 위해서는 먼저 Accumulation Buffer를 지워야 한다. 그런 다음, 함수 glAccum(GL_ACCUM, 1.0/n)을 사용하여 데이터를 축적하는데, 하나의 Pixel보다 더 작은 크기의 떨림(Jitter)과 같은 정도의 약간 다른 위치에 Image를 그려주는 소스 코드를 n번 반복한다. 그리고 마지막으로 함수 glAccum(GL_RETURN, 1.0)을 호출해줌으로써 Accumulation Buffer를 사용한 Anti-aliasing은 끝나게 된다. 본 절에서는 이와 같이 Accumulation Buffer를 사용

하여 Multisample Anti-aliasing을 구현해보고 소스 코드를 이해할 수 있도록 한다. [그림 6-39]는 Accumulation Buffer를 사용하여 Multisample Anti-aliasing을 구현한 결과이고, [코드 6-23]은 그 소스 코드이다.

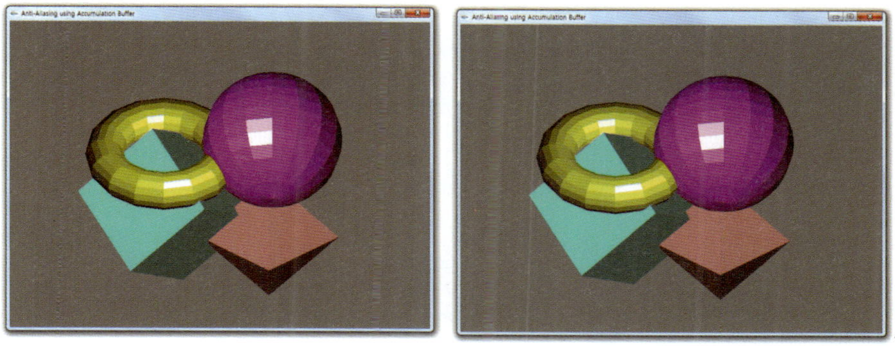

(A) Aliasing　　(B) Multisample Anti-aliasing

[그림 6-39] Multisample Anti-aliasing의 구현 결과

코드 6-23 Multisample Anti-aliasing using Accumulation Buffer

```
#include <Windows.h>
#include <stdlib.h>
#include <glut.h>
#include <glext.h>          // http://www.opengl.org/registry/에서 Download 및 설치
                            // 설치 위치는 <표 1-2> 참조

typedef struct {
    GLfloat x, y;
} jitter_point;

// 2 jitter points
jitter_point j2[] = {
    { 0.246490, 0.249999},   {-0.246490, -0.249999}
};

// 3 jitter, 4 jitter, 8 jitter, 15 jitter points 및 24 jitter points
. . . . . . . . . .

// 변수 선언 (전체 소스 코드 참조)

void MyInit() {
```

```
    . . . . . . . . . . .

    glClearColor(0.0, 0.0, 0.0, 0.0);
    glClearAccum(0.0, 0.0, 0.0, 0.0);··························· ①
}

void displayObjects() {
  . . . . . . . . . . .
}

#define ACSIZE    8

void MyDisplay() {
    GLint viewport[4];
    GLint  iMultiSample  = 0;
    GLint  iNumSamples = 0;

      glClear( GL_COLOR_BUFFER_BIT | GL_DEPTH_BUFFER_BIT | GL_ACCUM_
BUFFER_BIT );
    glMatrixMode( GL_MODELVIEW );
    glLoadIdentity();

    glGetIntegerv (GL_VIEWPORT, viewport);  ·················· ②
    glGetIntegerv (GL_SAMPLE_BUFFERS, &iMultiSample);  ········ ③
    glGetIntegerv (GL_SAMPLES, &iNumSamples);  ················ ④

    glEnable(GL_MULTISAMPLE);·································· ⑤
    glHint(GL_MULTISAMPLE_FILTER_HINT_NV, GL_NICEST);·········· ⑥

    glTranslatef( 0.0f, 0.0f, g_fDistance );
    glRotatef( -g_fSpinY, 1.0f, 0.0f, 0.0f );
    glRotatef( -g_fSpinX, 0.0f, 1.0f, 0.0f );

    for (int jitter = 0; jitter < ACSIZE; jitter++) {
        glClear(GL_COLOR_BUFFER_BIT | GL_DEPTH_BUFFER_BIT);
        glPushMatrix ();
            glTranslatef (j8[jitter].x*4.5/viewport[2], j8[jitter].y*4.5/viewport[3], 0.0); ······ ⑦
            displayObjects ();
        glPopMatrix ();
        glAccum(GL_ACCUM, 1.0/ACSIZE);  ························ ⑧
    }
    glAccum (GL_RETURN, 1.0);  ································· ⑨
```

```
    glFlush();
    glutSwapBuffers();
}

void MySpecial(int key, int x, int y) {
 . . . . . . . . . . .
}

void MyMouse(int button, int state, int x, int y) {
 . . . . . . . . . . .
}

void MyMotion(int x, int y) {
 . . . . . . . . . . .
}

void MyReshape(int w, int h) {
 . . . . . . . . . . .
}

int main(int argc, char** argv) {
    glutInit(&argc, argv);
    glutInitDisplayMode (GLUT_DOUBLE | GLUT_RGB | GLUT_ACCUM | GLUT_DEPTH);  … ⑩
    . . . . . . . . . . .
}
```

[코드 6-23]에서 ①의 glClearAccum(0.0, 0.0, 0.0, 0.0)은 Accumulation Buffer를 위한 Clear 값을 설정하는 함수로서, glClearAccum 함수에 대해서는 <표 6-29>의 glClearAccum 함수에 대한 Prototype에서 더 자세한 정보를 확인할 수 있다.

〈표 6-29〉 glClearAccum 함수에 대한 Prototype

void glClearAccum (GLfloat *red*, GLfloat *green*, GLfloat *blue*, GLfloat *alpha*);		
Parameters Help	*red*	// Accumulation Buffer가 Clear될 때 사용된 Red값. Default : 0
	green	// Accumulation Buffer가 Clear될 때 사용된 Green값. Default : 0
	blue	// Accumulation Buffer가 Clear될 때 사용된 Blue값. Default : 0
	alpha	// Accumulation Buffer가 Clear될 때 사용된 Alpha값. Default : 0

②의 glGetIntegerv (GL_VIEWPORT, viewport), ③의 glGetIntegerv (GL_

SAMPLE_BUFFERS, &iMultiSample) 및 ④의 glGetIntegerv (GL_SAMPLES, &iNumSamples)은 선택된 매개변수(Parameter)의 값이나 값들을 반환하는 함수로서 glGetIntegerv 함수에 대해서는 <표 6-30>의 glGetIntegerv 함수에 대한 Prototype에서 더 자세한 정보를 확인할 수 있다.

〈표 6-30〉 glGetIntegerv 함수에 대한 Prototype

<table>
<tr><th colspan="2">void glGetIntegerv (GLenum pname, GLboolean *params);</th></tr>
<tr><td rowspan="3">Parameters Help</td><td>pname // 반환하기 위한 Parameter값</td></tr>
<tr><td>
<table>
<tr><th>Value</th><th>Meaning</th></tr>
<tr><td>GL_VIEWPORT</td><td>params Parameter는 4개의 값 즉, Viewport의 X와 Y축 Window 좌표를 반환한다.</td></tr>
<tr><td>GL_SAMPLE_BUFFERS</td><td>params Parameter는 현재 연결된 Frame Buffer와 관련된 Sample Buffer들의 수를 나타내는 단일 정수 값을 반환한다.</td></tr>
<tr><td>GL_SAMPLES</td><td>params Parameter는 현재 연결된 Frame Buffer와 범위 Mask 크기를 나타내는 단일 정수 값을 반환한다.</td></tr>
<tr><td>......</td><td>......</td></tr>
</table>
</td></tr>
<tr><td>params // 설정된 Parameter의 값이나 값들을 반환한다.</td></tr>
</table>

⑤의 glEnable(GL_MULTISAMPLE)은 Multisampling을 활성화하는 것이고, ⑥의 glHint(GL_MULTISAMPLE_FILTER_HINT_NV, GL_NICEST)은 <표 6-28>의 glHint 함수에 대한 Prototype을 참고하기 바란다. ⑦의 glTranslatef (j8[jitter].x*4.5/viewport[2], j8[jitter].y*4.5/viewport[3], 0.0)은 떨림(Jitter)을 구현하기 위한 것으로서 매개변수(Parameter)들 중 정수 '4.5'는 WCS(World Coordinate System, 세계좌표계)에서 왼쪽(Left), 오른쪽(Right), 하단(Bottom) 및 상단(Top) 사이의 거리이며, WCS(World Coordinate System, 세계좌표계)에 부분적인 Pixel의 움직임을 변환시켜준다. ⑧의 glAccum(GL_ACCUM, 1.0/ACSIZE) 및 ⑨의 glAccum (GL_RETURN, 1.0)은 Accumulation Buffer를 작동(연산)하는 함수로서 glAccum 함수에 대해서는 <표 6-31>의 glAccum 함수에 대한 Prototype에서 더 자세한 정보를 확인할 수 있다.

〈표 6-31〉 glAccum 함수에 대한 Prototype

void glAccum (GLenum *op*, GLfloat *value*);		
Parameters Help	*op* // Accmulation Buffer 연산	
	Value	**Meaning**
	GL_ACCUM	Reading을 위해 현재 선택된 Buffer에서 R, G, B 및 A 값을 가져온다.
	GL_LOAD	Accumulation Buffer에서 현재 값이 새로운 값의 계산에 사용되지 않는 것을 제외하고 GL_ACCUM과 유사하다.
	GL_ADD	Accumulation Buffer에 각 R, G, B 및 A 값을 추가한다.
	GL_MULT	Accumulation Buffer에 각 R, G, B 및 A 값을 곱하고 대응하는 Accumulation Buffer 위치에 크기 조절된 구성 요소를 반환한다
	GL_RETURN	Writing을 위해 현재 선택된 Color Buffer나 Buffer들에게 Accumulation Buffer 값을 전송한다.
	value // Accumulation Buffer 연산에 사용된 부동 소수점(Floating-point) 값	

⑩의 glutInitDisplayMode (GLUT_DOUBLE | GLUT_RGB | GLUT_ACCUM | GLUT_DEPTH)는 초기 Display 모드를 설정하는 함수인데, 여기서 매개변수(Parameter) GLUT_ACCUM은 Accumulation Buffer로 Window를 선택하기 위한 Bit mask를 의미한다.

요약 SUMMARY

1. Texture Mapping은 수동 Texture Mapping과 자동 Texture Mapping으로 구분할 수 있다.

2. 수동 Texture Mapping에는 Wrap Mapping, Blend Mapping 등의 Mapping 방법들이 있다. 그러나 접합부 불일치 등의 문제점을 가지고 있기도 하다.

3. Texture Mapping은 모든 Modeling 방법으로 생성된 객체에 적용될 수 있는 것이 아니기 때문에 Texture Mapping이 가능한 객체 생성 방법에 대하여 알아야 한다.

4. 고급 Texture Mapping 방법에는 Mipmap Mapping, Blending을 사용한 Transparency, Bump Mapping, 곡면의 Texture Mapping, Environment Mapping, 색상을 이용한 Texture Mapping 및 Anti-aliasing 등으로 구분할 수 있다. MipMap Mapping은 LOD(Level of Detail)의 의미로서 지형이나 배경이 매우 거대한 영역으로 구성되어져 있는 경우에 매우 유용한 기법이다. 그러므로 게임이나 애니메이션 등에서 필수적으로 사용되고 있다. Bump Mapping은 Texture Mapping된 객체의 표면이 굴곡을 형성하여 더욱더 입체적으로 표현할 수 있도록 하기 위한 방법이다.

연습문제

1. 전체적인 좌표 변환 Pipeline에서 Texture Mapping의 위치가 어떻게 되는지 그림과 함께 기술하시오.

2. Texture Mapping의 정의, 종류 및 그 원리에 대하여 그림과 함께 간단히 기술하시오.

3. Texture Mapping이 가능한 2D Image File의 Format 종류와 그 특성을 기술하시오.

4. Texture Mapping은 수동과 자동으로 구분되는데, 수동 Texture Mapping의 원리를 그림과 함께 기술하시오.

5. Texture Mapping 과정 중에 Aliasing 현상이 발생할 수 있다. Aliasing이란 무엇인지 그림과 함께 기술하시오. 또한 Aliasing 현상을 방지하기 위한 Anti-aliasing이란 무엇이며, 어떤 종류들이 있는지 기술하시오.

6. 수동 Texture Mapping에서 Wrap Mapping이란 무엇인지 설명하고, 어떤 종류가 있는지 OpenGL 함수를 사용하여 그림과 함께 예를 들어 기술하시오.

7. 수동 Texture Mapping에서 Blend Mapping이란 무엇인지 설명하고, 어떤 종류가 있는지 OpenGL 함수를 사용하여 그림과 함께 예를 들어 기술하시오.

8. 수동 Texture Mapping에서 발생하기 쉬운 접합부 불일치 문제가 있다. 접합부 불일치란 무엇인지 그림과 함께 기술하시오. 또한 이 문제를 해결하기 위한 방법은 무엇인지 그림과 함께 기술하시오.

9. 3D Primitive를 Modeling하기 위한 OpenGL 함수들은 각 Library마다 다양한 함수들이 존재하고 있다. 그러나 수동 Texture Mapping이든지 자동 Texture Mapping이든지 Texture Mapping이 가능한 것과 그렇지 않은 것이 있다. 그렇다면 Texture Mapping이 가능한 3D Primitive를 생성하는 함수들과 그렇지 않은 함수들을 구분하여 기술하시오. 또한 Texture Mapping이 가능하지 않다면 OpenGL 함수를 사용하여 가능하게 하기 위한 방법을 기술하시오.

10. MipMap Mapping이란 무엇인지 설명하고, 그 원리를 그림과 함께 기술하시오. 또한 MipMap Mapping을 사용하기 위한 목적을 예를 들어 기술하시오.

11. Blending을 사용하여 Transparency를 표현할 수 있는데, OpenGL에서는 어떤 함수를 사용하여 Transparency를 구현할 수 있는지 예를 들어 기술하시오. 또한 그 원리를 기술하시오.

12. Bump Mapping이란 무엇인지 설명하고, Emboss Bump Mapping을 위한 Algorithm을 기술하시오. 또한 OpenGL 함수를 사용하여 어떻게 구현할 수 있는지 예를 들어 기술하시오.

13. 곡면을 Texture Mapping 하기 위해서는 2 단계 Mapping 즉, S Mapping과 O Mapping을 사용하여야 한다. S Mapping과 O Mapping이란 무엇인지 그림과 함께 기술하시오. 또한 이를 위해서는 중개면(Intermediate Surface)을 사용하게 되는데, 중개면이란 무엇인지 설명하고 어떤 종류들이 있는지 그림과 함께 기술하시오.

14. Environment Mapping이란 무엇인지 설명하고, 파라미터 곡면(Parametric Curved Surface) 및 2단계 Mapping과 어떤 관련이 있는지 기술하시오.

15. Texture Mapping을 구현할 때 2D Image를 사용하지 않고 Color만을 사용하여 Mapping할 수 있는데, 이를 OpenGL 함수를 사용하여 구현하기 위한 방법을 그림과 함께 코드를 예를 들어 기술하시오.

16. Anti-aliasing의 정의, 종류 및 용도 등에 대하여 기술하시오.

참고문헌

01 Advanced OpenGL Texture Mapping,
http://www.flipcode.com/archives/Advanced_OpenGL_Texture_Mapping.shtml

02 Code Sampler,
http://www.codesampler.com/oglsrc.htm

03 Texture Mapping,
http://www.it.hiof.no/~borres/j3d/explain/texture/p-texture.html

04 Images for Texture Mapping,
http://www.3dbrianmorris.com/Tutorials/Polyfighter_UVW_Unwrap/Polyfighter_Unwrap.htm

05 Solar System Textures,
http://flatplanet.sourceforge.net/maps/alien.html
http://maps.jpl.nasa.gov/
http://make.larsi.org/graphics/SolarSystem/
http://www.solarsystemscope.com/scope.swf

06 Texture Map Loader,
http://tfc.duke.free.fr/

07 Texture Mapping Schemes in Common Usage,
http://local.wasp.uwa.edu.au/~pbourke/texture_colour/texturemap/

08 주우석, "IT CookBook, OpenGL로 배우는 컴퓨터 그래픽스", 한빛미디어(주), 2006.

09 Advanced Computer Graphics
http://cse.csusb.edu/tong/courses/cs520/notes/texture.php

10 Texture Locator,
http://docs.luxology.com/modo/601/help/pages/shaderendering/ShaderItems/TextureLocator.html

11 Multisample Anti-Aliasing,
http://www.dhpoware.com/demos/glMultiSampleAntiAliasing.html

12 Code samples for the OpenGL v1.1 Programming Guide (Redbook),
http://www.opengl.org/archives/resources/code/samples/redbook/

13 The Bankslab Stimulus AntiAliasing Guide for OpenGL,
http://bankslab.berkeley.edu/members/chris/AntiAliasing/AntiAliasingInOpenGL.html

14 Textures,
http://nccastaff.bournemouth.ac.uk/jmacey/RobTheBloke/www/opengl_programming.html#3

PART 02

3차원 컴퓨터 그래픽스 응용

COMPUTER GRAPHICS

COMPUTER GRAPHICS

07 CHAPTER

그림자(Shadow)

CONTENTS

CHAPTER 07 그림자(Shadow)

그림자(Shadow)는 수많은 모양과 변형으로 나타날 수 있다. 그림자는 Rendering 된 이미지에서 현실성을 증가시켜주고 객체들 사이에 공간적 관계를 보여준다. 우리는 그림자가 [그림 7-1]과 같이 **암영부(Umbra)**와 **반영부(Penumbra)**로 구성되어진다는 것을 알 수 있는데, 암영부는 광원으로부터 빛을 전혀 보지 못하는 그림자 부분을 말한다. 그리고 반영부는 광원에서 일부 빛을 받는 그림자 부분을 의미한다. 즉, 반영부는 암영부와 객체의 조명 부분 사이의 통로 역할을 한다. 그림자는 객체의 형태와 특성을 판단하는 데 도움을 주고 우리가 보는 것에 대한 깊이와 거리를 결정하는 데 결정적인 역할을 한다. 3D 컴퓨터 그래픽스에서 그림자를 계산하여 표현한다는 것은 현실 세계의 믿을 만한 복사본을 생성하기 위한 매우 중요한 수단이다.

암영부(Umbra)
반영부(Penumbra)

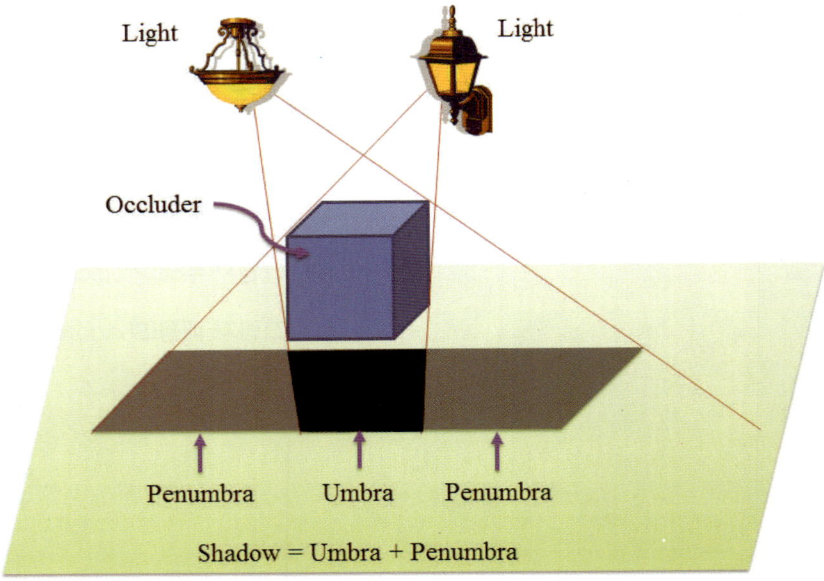

[그림 7-1] 그림자(Shadow)의 정의

그림자 Algorithm은 Rasterized 기반 Rendering Pipeline의 표준적인 기능을 가지고 있지 않다. 즉, Rendering Pipeline은 3D 장면으로부터 2D 이미지를 생성하고, 지역 정보를 사용하여 조명 모델을 평가하지만 객체들 사이의 공간적인 관계는 고려되지 않는다. 또한 OpenGL에서는 그림자를 만들기 위한 직접적인 함수 지원을 하지 않는다. 그러나 다행히도 OpenGL Library로 그림자 기능을 구현하기 위한 몇 가지 방법들이 있다. OpenGL에서는 그림자를 만들기 위한 방법으로는 그림자 볼륨(Shadow Volumes), 그림자 매핑(Shadow Maps) 및 그림자 투영(Projection Shadows) 등이 있다. 본 장에서는 이와 같은 그림자를 만들기 위한 세 가지 방법들에 대하여 학습한다.

01 Section 그림자 볼륨(Shadow Volumes)

Shadow Volumes
Stencil Buffer
Shadow Map

Shadow Volumes은 Rendering된 장면에 그림자를 추가하기 위해 3D 컴퓨터 그래픽스에서 사용되는 기법 중의 하나이다. Shadow Volumes은 두 개의 가상 세계로 나누어지는데, 하나는 그림자가 있는 영역이고 나머지 하나는 그림자가 없는 영역이다. Shadow Volumes의 Stencil Buffer는 3D 컴퓨터 그래픽스 하드웨어에서 사용하기 위한 가장 실용적인 범용의 실시간 그림자 생성 기법으로 사용되고 있다.

Shadow Volumes의 중요한 장점은 Shadow Map의 정확성이 그림자가 생성되어지는 각도(Angle)뿐만 아니라 그림자에게 할당된 Texture 메모리에 따라 달라진다는 것 때문에 Pixel 단위로 정확하게 표현할 수 있다는 것이다. 그러나 그림자 생성 단위가 다각형 단위로 한정되어 있다는 단점을 가지고 있다. 예를 들어, 직사각형 Mesh에 나뭇잎 바깥 부분이 Alpha가 0인 나뭇잎 Texture를 Mapping하였다면, 이것의 그림자는 나뭇잎 모양이 아니라 직사각형 모양으로 투영이 된다는 것이다. Shadow Volumes의 또 다른 단점으로는 구현하고자 하는 경우에 따라서 GPU가 몰입하여 그림자를 생성하는 데 많은 시간이 필요하다는 것이다. 왜냐하면 어떤 Vertex가 객체의 윤곽을 이루는지 확인하기 위해 모든 Vertex들을 사용하여 Shadow Volumes을 생성하기 때문이다. Shadow Volumes 기법으로 그림자를 생성하는 모든 객체들은 Volume으로 정의하는 공간에 있는 영역을 생성할 것이다. 그런 다음 Stencil Buffer는 그림자와 장면에 있는 객체들 사이의 교차 지점을 찾는 데 사용된다. [그림 7-2]는 Shadow Volumes에 대한 개념을 표현한 것으로서 View Volume과 Shadow Volume이 중첩되는 곳이 그림자 영향권이 된다.

Stencil Buffer
Depth Test

Shadow Volumes은 그림자를 생성하는 객체의 모서리를 교차하는 광원에서 광선으로 구성되어 있으며, 장면 밖으로 계속되어진다. 이것은 음영(Shading) 혹은 일부분 음영 처리되는 객체를 포함하는 다각형 표면을 제공한다. Stencil Buffer는 Shadow Volumes 내부에 있는 객체들의 일부가 어떤 계산을 하는 데 사용되어진다. 장면에 있는 모든 Pixel의 경우 Stencil 값은 Shadow Volumes의 테두리가 그림자로 가는 길에 교차하는 경우에는 증가할 것이고, 테두리가 나가면서 교차하는 경우에는 감소한다. Stencil 작업은 단순히 증가하거나 Depth Test가 통과(Pass)하면 감소하도록 설정되어 있다. 이 결과는 0과 같지 않은 Stencil 값을 가진 장면에 있는 모든 Pixel들이 그림자 안에 있는 객체의 부분을 식별하는 것이다. Shadow Volumes의 모양은 그림자를 생성하는 객체의 모서리에 의해 결정되기 때문에 그것은 복잡한 Shadow Volumes을 만들 수 있다.

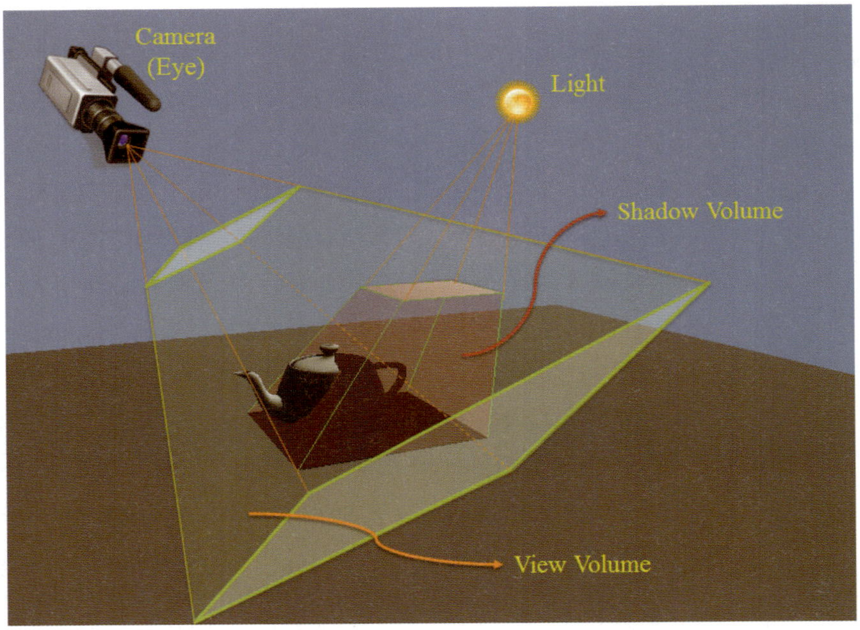

[그림 7-2] Shadow Volumes

그림자를 생성하는 간단한 하나의 객체와 광원에 대한 Algorithm은 <표 7-1>과 같이 정리되어질 수 있다.

〈표 7-1〉 하나의 그림자와 광원을 위한 Algorithm

1. Color Buffer와 Depth Buffer는 쓰기 위해 개방하고 Depth Test는 활성화한다.
2. 그림자에 그리기를 위한 속성을 설정하고, 광원(Light Source)의 전원을 끈다.
3. 전체 장면을 Rendering한다.
4. Shadow Volumes을 둘러싸고 있는 다각형을 계산한다.
5. 데이터를 저장하기 위해 Color Buffer 및 Depth Buffer를 비활성화하고 Depth Test는 활성화를 유지한다.
6. 만약 시점(Viewpoint) 혹은 Camera가 Shadow Volume의 외부에 있다면 Stencil Buffer를 0으로 설정하여 지우고, Shadow Volumes의 내부에 있다면 Stencil Buffer를 1로 설정한다.
7. 항상 통과(Pass)하는 Stencil Test를 설정한다.
8. 만약 Depth Test가 통과(Pass)하면 증가하기 위해 Stencil Operation을 설정한다.
9. Back Face Culling을 활성화한다.
10. Shadow Volumes을 Rendering한다. 이것은 눈에 보이는 표면(Surface)의 전면(Front)에 있는 즉, 앞에 마주하고 있는 모든 다각형에 대한 Stencil을 증가시킬 것이다.
11. 만약 Depth Test가 통과(Pass)하면 줄이기 위한 Stencil Operation을 설정한다.
12. Front Face Culling을 활성화하고 Back Face Culling을 비활성화한다.
13. Shadow Volumes을 Rendering한다. 이것은 눈에 보이는 객체의 전면(Front)에 있는 모든 Back Facing 그림자 다각형을 감소시킨다. Stencil Buffer는 그림자가 생성될 위치에 대한 양(+)의 값을 가진다.
14. Stencil Function을 0으로 설정한다.
15. 아무것도 하지 않는 Stencil Operation을 설정한다. Depth Buffer를 지우고, 데이터를 저장하기 위해 Color Buffer와 Depth Buffer를 활성화한다.
16. 광원(Light Source)을 켠다.
17. 전체 장면을 Rendering한다.

<표 7-1>은 하나의 객체에 의한 그림자와 하나의 광원에 한정된 Algorithm이지만, 여러 개의 광원을 포함하도록 쉽게 확장할 수 있다. 여러 개의 광원이 존재할 경우 모든 광원들에 대하여 Algorithm의 두 번째 라운드 즉, <표 7-1>의 11, 12 및 13번 과정을 반복한다. 그것은 Stencil Buffer를 0으로 설정하고, Shadow Volumes을 계산하며 Stencil Buffer를 업데이트하기 위해 Rendering한다. 또한 어떤 그림자를 외부 객체들을 위한 Pixel값을 교체하는 대신에 현재 광원을 켜고 적절한 Blending 함수를 선택한다. 만약 그림자를 생성하는 객체가 매우 복잡한 경우에는 이 방법으로 인해 문제가 발생할 수 있으며, 따라서 적당한 Shadow Volumes을 계산하기 어렵게 만든다. 그러므로 본 방법은 Stencil Buffer와 Depth Buffer의 사용에 대한 철저한 지식을 필요로 한다. [그림 7-3]은 Shadow Volumes의 구현 결과이고 [코드

Stencil Buffer
Depth Buffer

7-1]은 그 소스 코드이다.

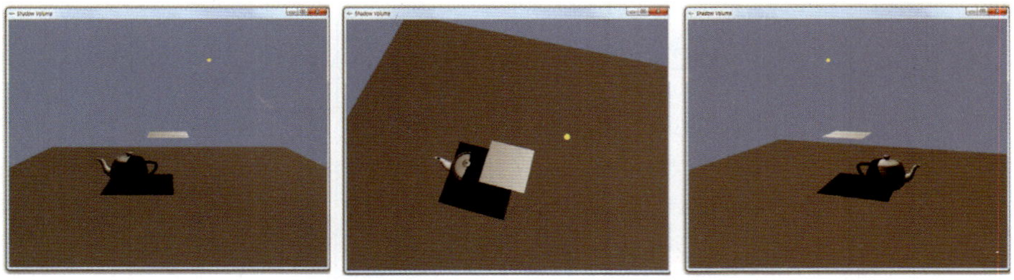

[그림 7-3] Shadow Volumes의 구현 결과

코드 7-1

Shadow Volumes

```
// Header File을 Include(전체 소스 코드 참조)

// 변수 선언 (전체 소스 코드 참조)

// GL_C3F_V3F : Color3f, Vertex3f
struct Vertex {
    float r, g, b;
    float x, y, z;
};

Vertex g_shadowCasterVerts[] = { ······························ ①
    { 1.0, 1.0, 1.0,  -1.0f, 2.5f, -1.0f },   { 1.0, 1.0, 1.0,  -1.0f, 2.5f,  1.0f },
    { 1.0, 1.0, 1.0,   1.0f, 2.5f,  1.0f },   { 1.0, 1.0, 1.0,   1.0f, 2.5f, -1.0f },
};

float g_shadowCasterNormal[] = { 0.0f, 1.0f, 0.0f };

struct ShadowCaster { ······························ ②
    Vertex *verts;          // 실제 Shadow Casting 객체의 Vertex들
    float  *normal;         // 조명(Lighting)을 위한 표면 법선
    int    numVerts;        // Vertex들의 전체 개수
    int    shadowVolume;    // Shadow Volume을 유지하기 위한 Display List
};

// 변수 선언 (전체 소스 코드 참조)

void MyReshape(int w, int h) {
  . . . . . . . . . .
```

```
}

void extendVertex( float newVert[3], float lightPosit[3], Vertex vert, float ext ) {
    float lightDir[3];

    // 조명의 위치에서 원래의 Vertex를 가리키는 하나의 Vector를 생성한다.
    lightDir[0] = vert.x - lightPosit[0];
    lightDir[1] = vert.y - lightPosit[1];
    lightDir[2] = vert.z - lightPosit[2];

    // 그런 다음, 새로운 위치로 원래의 Vertex를 확장하기 위한 Vector를 사용한다.
    // 새로운 Vector를 확장하거나 돌출하기 위한 거리는 변수 t에 의해 지정된다.
    newVert[0] = lightPosit[0] + lightDir[0] * ext;
    newVert[1] = lightPosit[1] + lightDir[1] * ext;
    newVert[2] = lightPosit[2] + lightDir[2] * ext;
}

void buildShadowVolume( ShadowCaster *caster, float lightPosit[3], float ext ) { ………… ③
    if( caster->shadowVolume != -1 )
        glDeleteLists( caster->shadowVolume, 0 ); ………………………………………… (③-1)

    caster->shadowVolume = glGenLists(1); ………………………………………………… (③-2)

    glNewList( caster->shadowVolume, GL_COMPILE ); ……………………………………… (③-3)
    {
        glDisable( GL_LIGHTING );

        glBegin( GL_QUADS );
        {
            glColor3f( 0.2f, 0.8f, 0.4f );
            float vExtended[3];

            // Shadow Casting 객체의 각 Vertex를 위해서 그 Edge로부터 Quad를 정의하고
            // 돌출하는 데 도움이 되는 Edge를 찾는다.
            for( int i = 0; i < caster->numVerts; ++i ) {
                // 현재 돌출중인 Edge를 정의한다.
                int e0 = i, e1 = i+1;

                // 만약 Edge의 두 번째 Vertex가 배열의 영역 밖에 있다면, 그것을 다시 0으로
                // 설정한다.
                if( e1 >= caster->numVerts ) e1 = 0;
```

```
            // 돌출된 Quad의 v0는 Edge의 첫 번째 Vertex 혹은 e0을 사용할 것이다.
              glVertex3f( caster->verts[e0].x, caster->verts[e0].y, caster->verts[e0].z );

            // Quad의 v1이 Edge의 첫 번째 Vertex에 의해 생성되고
            // 약간의 양(Amount)에 의해 확장한다.
            extendVertex( vExtended, lightPosit, caster->verts[e0], ext );
            glVertex3f( vExtended[0], vExtended[1], vExtended[2] );

            // Quad의 v2는 Edge의 두 번째 Vertex에 의해 생성되어지고
            // 약간의 양(Amount)에 의해 확장한다.
            extendVertex( vExtended, lightPosit, caster->verts[e1], ext );
            glVertex3f( vExtended[0], vExtended[1], vExtended[2] );

            // 돌출된 v3는 Edge의 두 번째 Vertex 혹은 e1을 사용할 것이다.
            glVertex3f( caster->verts[e1].x, caster->verts[e1].y, caster->verts[e1].z );
          }
        }
        glEnd();

        glEnable( GL_LIGHTING );
    }
    glEndList();
}

void MyInit( ) {
 . . . . . . . . . . .
}

void renderScene( ) {
 . . . . . . . . . . .
}

void MyRender( ) {
    buildShadowVolume( &g_shadowCaster, g_lightPosition, g_fAmountOfExtrusion ); …… ④
    glClear( GL_COLOR_BUFFER_BIT | GL_DEPTH_BUFFER_BIT | GL_STENCIL_BUFFER_BIT ); ⑤

    glColorMask( GL_FALSE, GL_FALSE, GL_FALSE, GL_FALSE ); …………………… ⑥
    renderScene();

    // Shadowing을 위한 Stencil을 생성하기 위한 적절한 상태를 설정한다.
    glEnable( GL_CULL_FACE ); ………………………………………………………… ⑦
    glEnable( GL_STENCIL_TEST );……………………………………………………… ⑧
```

```
glDepthMask( GL_FALSE );                                     ⑨
glStencilFunc( GL_ALWAYS, 0, 0 );                            ⑩

// Shadow Volume을 Rendering하고 전면(Front Facing) 다각형이 Rendering되는 모든
// Stencil을 증가시킨다.
glStencilOp( GL_KEEP, GL_KEEP, GL_INCR );                    ⑪
glCullFace( GL_BACK );                                       ⑫
glCallList( g_shadowCaster.shadowVolume );                   ⑬

// Shadow Volume을 Rendering하고 후면(Back Facing) 다각형이 Rendering되는 모든
// Stencil을 감소시킨다.
glStencilOp( GL_KEEP, GL_KEEP, GL_DECR );                    ⑭
glCullFace( GL_FRONT );                                      ⑮
glCallList( g_shadowCaster.shadowVolume );                   ⑯

// 완료되면, 더 일반적인 어떤 것으로 다시 상태를 설정한다.
glDepthMask( GL_TRUE );                                      ⑰
glDepthFunc( GL_LEQUAL );                                    ⑱
glColorMask( GL_TRUE, GL_TRUE, GL_TRUE, GL_TRUE );           ⑲
glStencilOp( GL_KEEP, GL_KEEP, GL_KEEP );                    ⑳
glCullFace( GL_BACK );                                       ㉑
glDisable( GL_CULL_FACE );                                   ㉒

glStencilFunc( GL_EQUAL, 1, 1 );                             ㉓
glDisable( GL_LIGHT0 );                                      ㉔
renderScene();

glStencilFunc( GL_EQUAL, 0, 1 );                             ㉕
glEnable( GL_LIGHT0 );                                       ㉖
renderScene();

glDepthFunc( GL_LESS );                                      ㉗
glDisable( GL_STENCIL_TEST);                                 ㉘

if( g_bRenderShadowVolume )                                  ㉙
{
    glPolygonMode( GL_FRONT_AND_BACK, GL_LINE );
    glCallList( g_shadowCaster.shadowVolume );
    glPolygonMode( GL_FRONT_AND_BACK, GL_FILL );
}

glutSwapBuffers();
```

```
}

void MySpecial(int key, int x, int y) {
  . . . . . . . . . .
}

void MyMouse(int button, int state, int x, int y) {
  . . . . . . . . . .
}

void MyMotion(int x, int y) {
  . . . . . . . . . .
}

void main(int argc, char ** argv) {
  . . . . . . . . . .
}
```

[코드 7-1]에서 ①은 그림자 부분을 표현하기 위한 Vertex들의 색상과 좌표값을 가진 배열 변수를 선언한 것이다. ②는 그림자 부분과 관련된 정보 즉, 실제 그림자 부분을 표현하는 객체의 Vertex들, 조명을 위한 표면의 법선 벡터(Normal Vector), Vertex들의 전체 개수 및 Shadow Volumes을 형성하기 위한 Display List 등으로 구성된 구조체이다. ③의 buildShadowVolume(ShadowCaster *caster, float lightPosit[3], float ext) 함수는 Shadow Volumes을 생성하기 위한 것이다. (③-1)의 if(caster->shadowVolume != -1) glDeleteLists(caster->shadowVolume, 0)은 Shadow Volumes을 보여주기 위한 On/Off 기능을 수행한다. 여기서는 Shadow Volumes을 알아볼 수 있는 경계선(Boundary)을 숨기는 역할을 한다. (③-2)의 caster->shadowVolume = glGenLists(1)은 비어있는 Display List들의 연속적인 집합을 생성하는 기능을 수행하며, 숫자 1은 비어있는 Display List의 개수를 의미한다. (③-3)glNewList(caster->shadowVolume, GL_COMPILE)은 Display List를 생성하거나 교체하는 역할을 수행하는데, <표 7-2>의 glNewList 함수에 대한 Prototype에서 더 자세한 정보를 확인할 수 있다.

〈표 7-2〉 glNewList 함수에 대한 Prototype

<table>
<tr><th colspan="3">void glNewList (GLuint *list*, GLenum *mode*)</th></tr>
<tr><td rowspan="3">Parameters
Help</td><td colspan="2">*list* // Display List 이름
mode // 편집 모드</td></tr>
<tr><td>Value</td><td>Meaning</td></tr>
<tr><td>GL_COMPILE</td><td>명령들이 단순히 컴파일된다.</td></tr>
<tr><td></td><td>GL_COMPILE_AND_EXECUTE</td><td>명령들이 Display List에서 컴파일되는 대로 실행되어진다.</td></tr>
</table>

④의 buildShadowVolume(&g_shadowCaster, g_lightPosition, g_fAmountOfExtrusion)은 ③을 호출하여 실행하는 것으로서 Shadow Volumes을 구축한다. ⑤의 glClear 함수에서 매개변수(Parameter) GL_COLOR_BUFFER_BIT는 색상을 적용하기 위해 버퍼를 활성화하고, 매개변수(Parameter) GL_DEPTH_BUFFER_BIT는 데이터를 설정하기 위하여 Depth Buffer를 지운다. 그리고 매개변수(Parameter) GL_STENCIL_BUFFER_BIT는 데이터를 설정하기 위하여 Stencil Buffer를 지운다. ⑥의 glColorMask(GL_FALSE, GL_FALSE, GL_FALSE, GL_FALSE)는 Frame Buffer 색상 구성 요소의 작성을 활성화하거나 비활성화하는 함수인데, 여기서는 Window에 색상 표현을 하지 못하도록 하고 있다. glColorMask 함수에 대해서는 <표 7-3>의 Prototype에서 더 자세한 정보를 확인할 수 있다.

Depth Buffer
Frame Buffer

〈표 7-3〉 glColorMask 함수에 대한 Prototype

<table>
<tr><th colspan="2">void glColorMask (GLboolean *red*, GLboolean *green*, GLboolean *blue*, GLboolean *alpha*);</th></tr>
<tr><td>Parameters
Help</td><td>*red* // Frame Buffer에 Red가 쓰일 수 있는지 없는지의 여부를 지정한다.
// Default : GL_TRUE
green // Frame Buffer에 Green이 쓰일 수 있는지 없는지의 여부를 지정한다.
// Default : GL_TRUE
blue // Frame Buffer에 Blue가 쓰일 수 있는지 없는지의 여부를 지정한다.
// Default : GL_TRUE
alpha // Frame Buffer에 Alpha가 쓰일 수 있는지 없는지의 여부를 지정한다.
// Default : GL_TRUE</td></tr>
</table>

⑦에서 ⑩까지는 그림자 생성을 위한 Stencil을 만드는 데 적당한 상태를 설정하는 부분으로서, ⑦의 glEnable(GL_CULL_FACE)은 Window에 표시할 필요가 없는 면(Face)을 절대로 그려주지 않도록 활성화하는 것이고, ⑧의 glEnable(GL_

Stencil Buffer
Depth Buffer

STENCIL_TEST)은 Stencil Buffer를 사용하여 활성화한다. ⑨의 glDepthMask(GL_FALSE)은 Depth Buffer에 데이터를 저장할 수 있도록 활성화하거나 비활성화하는 기능을 수행하는 함수로서, 매개변수(Parameter) GL_FALSE는 Depth Buffer에 데이터를 작성하지 못하도록 비활성화하고 있다. ⑩의 glStencilFunc(GL_ALWAYS, 0, 0)은 Stencil Test를 위한 기준값이나 함수를 설정하는데, 매개변수(Parameter) GL_ALWAYS는 Test 함수가 항상 통과(Pass)하도록 하는 것이고, 숫자 0은 Stencil Test를 위한 기준 값이 0이라는 의미이다. glStencilFunc 함수에 대해서는 <표 7-4>의 glStencilFunc 함수에 대한 Prototype에서 더 자세한 정보를 확인할 수 있다.

〈표 7-4〉 glStencilFunc 함수에 대한 Prototype

void glStencilFunc (GLenum *func*, GLint *ref*, GLuint *mask*);

Parameters Help

func // Test 함수 즉, Stencil Test의 비교 함수

Value	Meaning
GL_NEVER	항상 실패 즉, 항상 Fragment를 받아들이지 않는다.
GL_LESS	만약 (ref & mask) < (stencil & mask) 이면 통과
GL_LEQUAL	만약 (ref & mask) ≤ (stencil & mask) 이면 통과
GL_GREATER	만약 (ref & mask) > (stencil & mask) 이면 통과
GL_GEQUAL	만약 (ref & mask) ≥ (stencil & mask) 이면 통과
GL_EQUAL	만약 (ref & mask) = (stencil & mask) 이면 통과
GL_NOTEQUAL	만약 (ref & mask) ≠ (stencil & mask) 이면 통과
GL_ALWAYS	항상 통과 즉, 항상 Fragment를 받아들인다. Default Value

ref // Stencil Test를 위한 기준값. Default : 0
// 영역 $[0, 2^n-1]$으로 고정
// n은 Stencil Buffer에서 Bit plane의 개수이다.
mask // 기준값과 Test가 끝났을 때 저장된 Stencil 값에 대한 AND 연산을
// 수행하는 Mask. Default : 1

⑪에서 ⑬까지는 전면 다각형(Front Facing Polygon)이 Rendering되는 위치마다 Stencil을 증가시키고 Shadow Volumes을 Rendering하는 과정으로서, ⑪의 glStencilOp(GL_KEEP, GL_KEEP, GL_INCR)은 Stencil Test 동작을 설정하는 기능을 한다. glStencilOp 함수의 매개변수(Parameter)들에 대해서는 <표 7-5>의 glStencilOp 함수에 대한 Prototype에서 더 자세한 정보를 확인할 수 있다.

〈표 7-5〉 glStencilOp 함수에 대한 Prototype

void glStencilOp (GLenum *fail*, GLenum *zfail*, GLenum *zpass*);

Parameters Help

fail // Stencil Test가 실패하였을 때 취할 조치

Value	Meaning
GL_KEEP	현재값을 유지한다.
GL_ZERO	Stencil Buffer의 값을 0으로 설정한다.
GL_REPLACE	Stencil Buffer의 값을 glStencilFunc 함수의 매개변수(Parameter) ref의 값으로 설정한다.
GL_INCR	Stencil Buffer의 값을 증가시킨다.
GL_DECR	Stencil Buffer의 값을 감소시킨다.
GL_INVERT	현재 Stencil Buffer의 값을 전도(Bitwise inverts)시킨다.

zfail // Stencil이 Stencil Test가 통과할 때 행동하고, Depth Test는 실패한다.
// fail과 같은 상징적 상수를 허용한다.

zpass // Stencil은 Stencil Test와 Depth Test가 통과할 때는 행동하지만,
// Stencil Test가 통과하고 Depth Buffer나 Depth Testing이 없을 때는
// 활성화되지 않는다. fail과 같은 상징적 상수를 허용한다.

⑫의 glCullFace(GL_BACK)은 전면 방향(Front Facing)이나 후면 방향(Back Facing)의 단면(깍은 면)중 어느 면을 그리지 않을 것인지를 지정해주는 것이다. 매개변수(Parameter)가 GL_FRONT이면 전면을 그리지 않고, GL_BACK은 후면을 그리지 않고, GL_FRONT_AND_BACK은 전면과 후면 즉, 다각형 전체를 그리지 않게 된다. glCullFace 함수를 사용하여 전면이나 후면을 그리지 않게 설정하는 이유는 다각형의 개수를 줄여서 처리속도를 향상시켜주기 위해서이다. glCullFace 함수는 glDisable(GL_CULL_FACE) 및 glEnable(GL_CULL_FACE) 등과 함께 사용하여 표현할 수 있는데, 예를 들어 glDisable(GL_CUULL_FACE)는 전면과 후면을 모두 그리지 않는 것을 비활성화함으로써 결국은 양쪽 면 모두를 그리게 된다. 또한 glEnable(GL_CULL_FACE) 및 glCullFace(GL_BACK)은 전면과 후면 모두를 그리지 않는 것을 활성화하고 다시 후면을 그리지 않게 설정하고 있으므로 결국은 전면만 그리게 된다. 그리고 glEnable(GL_CULL_FACE) 및 glCullFace(GL_FRONT)는 전면과 후면 모두를 그리지 않는 것을 활성화하고 다시 전면을 그리지 않게 설정하고 있으므로 결국은 후면만 그리게 된다. ⑬의 glCallList(g_shadowCaster.shadowVolume)은 Display List를 실행하는 함수로서 매개변수(Parameter) g_ shadowCaster.shadowVolume은 실행되기 위한 Display List의 정수형 이름이다.

⑭에서 ⑯까지는 후면 다각형(Back Facing Polygon)이 Rendering되는 위치마다 Stencil을 감소시키고 Shadow Volumes을 Rendering하는 과정으로서, ⑭의 glStencilOp(GL_KEEP, GL_KEEP, GL_DECR)은 ⑪ 및 <표 7-5>를 참조하고, ⑮의 glCullFace(GL_FRONT)은 ⑫를 참조한다. 또한 ⑯의 glCallList(g_shadowCaster.shadowVolume)은 ⑬과 같이 Display List를 실행하는 함수이다.

Depth Buffer

⑰에서 ㉘까지는 모든 수행이 끝났을 때, 추가적인 상태를 설정하는 과정이다. ⑰의 glDepthMask(GL_TRUE)은 ⑨와 같이 Depth Buffer에 데이터를 저장할 수 있도록 활성화하거나 비활성화하는 기능을 수행하는 함수로서, 매개변수(Parameter) GL_TRUE는 Depth Buffer에 데이터를 작성할 수 있도록 활성화한다. ⑱의 glDepthFunc(GL_LEQUAL)은 Depth Buffer 비교를 위해 사용되어지는 값을 지정하는 함수로서 매개변수(Parameter) GL_LEQUAL은 만약 들어오는 z 값이 저장된 z 값보다 작거나 같으면 통과한다는 의미이다. ⑲의 glColorMask(GL_TRUE, GL_TRUE, GL_TRUE, GL_TRUE)은 ⑥ 및 <표 7-3>을 참조하기 바란다. ⑳의 glStencilOp(GL_KEEP, GL_KEEP, GL_KEEP)은 ⑪ 및 <표 7-5>를 참조하고, ㉑의 glCullFace(GL_BACK) 및 ㉒의 glDisable(GL_CULL_FACE)은 ⑫를 참조하기 바란다. ㉓의 glStencilFunc(GL_EQUAL, 1, 1)은 ⑩ 및 <표 7-4>를 참조하고, ㉔의 glDisable(GL_LIGHT0)은 조명 LIGHT0을 비활성화한다. ㉕의 glStencilFunc(GL_EQUAL, 0, 1)은 ⑩ 및 <표 7-4>를 참조하고, ㉖의 glEnable(GL_LIGHT0)은 조명 LIGHT0을 다시 활성화한다. ㉗의 glDepthFunc(GL_LESS)은 Depth Buffer 비교를 위해 사용되어지는 값을 지정하는 함수로서 매개변수(Parameter) GL_LESS는 만약 들어오는 z 값이 저장된 z 값보다 작으면 통과한다는 의미이며, Default 값이다. ㉘의 glDisable(GL_STENCIL_TEST)은 Stencil Test를 비활성화한다. ㉙는 Shadow Volumes을 시각적으로 확인할 수 있도록 하거나 숨기는 기능을 하는 기능을 하는데, 여기서 glPolygonMode(GL_FRONT_AND_BACK, GL_LINE) 및 glPolygonMode(GL_FRONT_AND_BACK, GL_FILL)은 다각형 Rasterization 모드를 선택하는 기능을 하는데, <표 7-6>의 glPolygonMode 함수에 대한 Prototype에서 더 자세한 정보를 확인할 수 있다.

〈표 7-6〉 glPolygonMode 함수에 대한 Prototype

<table>
<tr><th colspan="2">void glPolygonMode (GLenum face, GLenum mode);</th></tr>
<tr><td>Parameters Help</td><td>
face // mode가 적용되는 다각형
// 즉, 전면 다각형(GL_FRONT), 후면 다각형(GL_BACK) 및
// 전면과 후면 다각형(GL_FRONT_AND_BACK)
mode // 다각형들이 Rasterize되는 방법
<table>
<tr><th>Value</th><th>Meaning</th></tr>
<tr><td>GL_POINT</td><td>경계 Edge의 시작으로 표시된 다각형 Vertex들이 Point로 그려져 있다. GL_POINT_SIZE 및 GL_POINT_SMOOOTH 등과 같은 Point 속성들은 Point들의 Rasterization을 조절한다.</td></tr>
<tr><td>GL_LINE</td><td>다각형의 경계 Edge는 Line Segment로 그려져 있다. GL_LINE_WIDTH 및 GL_LINE_SMOOTH 등과 같은 Line 속성들은 Line들의 Rasterization을 조절한다.</td></tr>
<tr><td>GL_FILL</td><td>다각형의 내부가 채워져 있다. GL_POLYGON_STIPPLE 및 GL_POLYGON_SMOOTH 등과 같은 다각형 속성들은 다각형의 Rasterization을 조절한다.</td></tr>
</table>
</td></tr>
</table>

02 Section 그림자 투영(Projection Shadows/Planar Shadows)

Projection Transformation

그림자를 구현하기 위한 쉬운 방법 중의 하나는 Projection Transformation을 사용하여 생성하는 것이다. 객체는 단순하게 Y축의 값이 모두 0인 X축과 Z축으로 구성된 평면에 투영되어지고 독립된 Primitive처럼 Rendering되어진다. 그림자를 계산한다는 것은 Orthographic 및 Perspective Projection Matrix를 적용하는 것과 관련이 있으며, 원하는 그림자의 색상에 투영된 객체를 Rendering하는 것이다. <표 7-7>은 간단하게 객체의 그림자를 평면에 투영하여 생성할 수 있는 방법을 정리한 것이고, [그림 7-4]는 구현 방법에 대한 이해를 돕기 위한 그림이다. 또한 [코드 7-2]는 <표 7-7>을 참고하여 [그림 7-4]와 같이 구현하기 위한 소스 코드의 일부분이다.

〈표 7-7〉 간단한 그림자 투영(Projection Shadow) 방법

1. 일반적인 방법으로 그림자를 생성하는 객체를 포함하여 장면을 Rendering한다.
2. Model View Matrix를 초기화(Identity)하고 glScalef(1.0, 0.0, 1.0)을 호출한다.
3. 변환(Transformation)의 나머지 부분이 그림자를 생성하는 객체의 위치와 방향을 지정하는 데 필요한 호출을 하게 한다.
4. 올바른 그림자의 색상을 생성하기 위해 필요한 OpenGL 상태를 설정한다.
5. 그림자를 생성하는 객체를 Rendering한다.

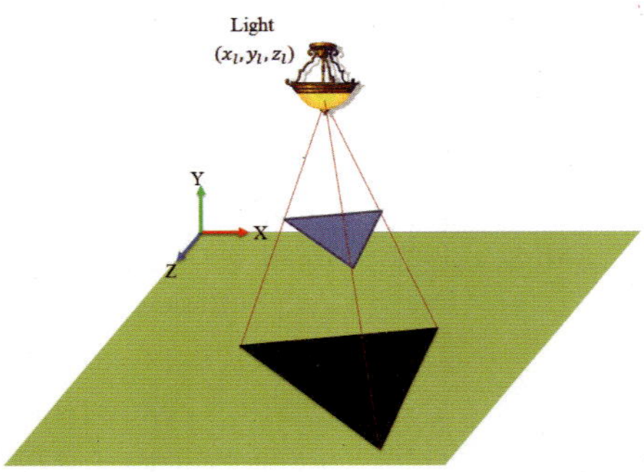

(A) 조명이 임의의 Y축 값을 가진 경우

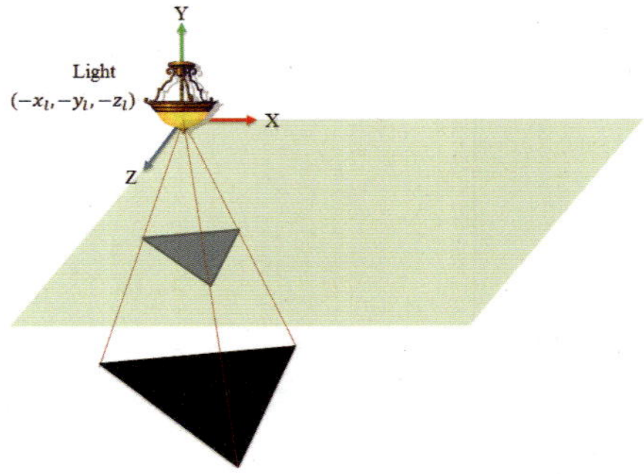

(B) 조명이 Y축 값을 가지지 않은 경우(Y=0)

[그림 7-4] 간단한 Projection Shadow

(수식 7-1)은 [그림 7-4]와 같이 간단하게 Y축의 값이 모두 0이고 X축과 Z축으로 구성된 평면에 그림자를 투영하기 위한 간단한 Projection Shadow Matrix이며, [코드 7-2]에서 사용하고 있다.

$$M = \begin{bmatrix} 1 & 0 & 0 & 0 \\ 0 & 1 & 0 & 0 \\ 0 & 0 & 1 & 0 \\ 0 & \frac{1}{-y_1} & 0 & 0 \end{bmatrix} \quad \text{(수식 7-1)}$$

코드 7-2 간단한 Projection Shadow

```
......
Glfloat ShadowP[16], xl, yl, zl;
ShadowP[0] = ShadowP[5] = ShadowP[10  = 1.0, ShadowP[13] = -1.0/yl;
......
glColor3fv(0.0, 0.0, 1.0);
glBegin(GL_POLYGON);
    glVertex(1.0, 1.0, 1.0);
    glVertex(1.5, 1.0, 0.0);
    glVertex(0.5, 1.0, 0.5);
glEnd();

glMatrixMode(GL_MODELVIEW);
glPushMatrix();
    glTranslatef(xl, yl, zl);
    glMultMatrixf(ShadowP);
    glTranslatef(-xl, -yl, -zl);
    glColor3fv(0.0, 0.0, 0.0);
    glBegin(GL_POLYGON);
        glVertex(1.0, 1.0, 1.0);
        glVertex(1.5, 1.0, 0.0);
        glVertex(0.5, 1.0, 0.5);
    glEnd();
glPopMatrix();
......
```

그림자 투영(Projection Shadow)

평면 그림자(Planar Shadow 혹은 Planar Projected Shadow)

그림자 투영(Projection Shadow)의 일종인 평면 그림자(Planar Shadow 혹은 Planar Projected Shadow)는 평면에 객체의 그림자를 생성하는 기법으로서 [그림 7-5]와 같이 광원으로부터 Vertex를 통과하는 직선을 연장해서 평면과 교차하는 위치에 새로운 Vertex를 만들고 그림자 모델을 제작하여 평면 위에 Rendering한다. 그런 이유로 원래의 객체를 사용하여 그림자 모델을 생성하고 다시 Rendering하기 때문에 일반 Rendering 속도보다 약 2배에 가까운 처리 속도를 가진다.

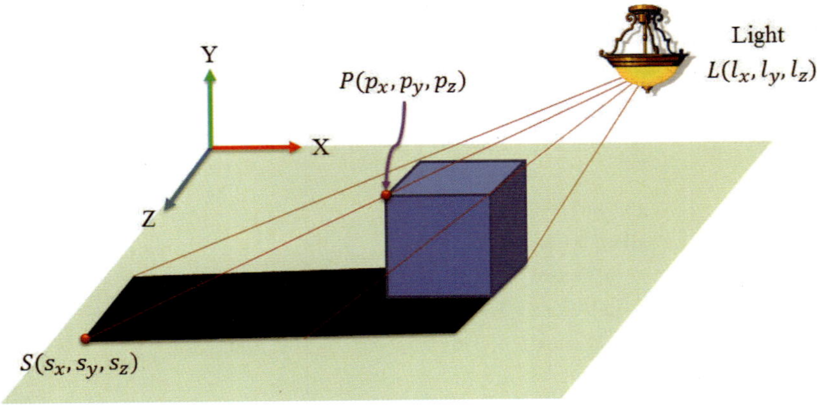

[그림 7-5] Planar Shadow

(수식 7-2)는 Y=0이고 X축과 Z축이 이루는 평면에 그림자를 투영하기 위한 Planar Shadow Matrix이며, 여기서 $L(l_x, l_y, l_z)$는 광원의 위치를 나타내는 벡터이다.

$$M = \begin{bmatrix} l_y & -l_x & 0 & 0 \\ 0 & 0 & 0 & 0 \\ 0 & -l_z & l_y & 0 \\ 0 & -1 & 0 & l_y \end{bmatrix} \qquad \text{(수식 7-2)}$$

(수식 7-2)의 Planar Shadow Matrix를 사용하여 평면에 생성된 그림자 객체의 한 점 $S(s_x, s_y, s_z)$은 (수식 7-3)과 같이 계산하여 구할 수 있다. 여기서 $P(p_x, p_y, p_z)$는 객체의 한 점(Point)이다.

$$\begin{bmatrix} s_x \\ 0 \\ s_y \\ 1 \end{bmatrix} = \begin{bmatrix} l_y & -l_x & 0 & 0 \\ 0 & 0 & 0 & 0 \\ 0 & -l_z & l_y & 0 \\ 0 & -1 & 0 & l_y \end{bmatrix} \begin{bmatrix} p_x \\ p_y \\ p_z \\ 1 \end{bmatrix} \qquad \text{(수식 7-3)}$$

평면 그림자(Planar Shadow 혹은 Planar Projected Shadow)

평면 그림자(Planar Shadow 혹은 Planar Projected Shadow)를 생성하는 기법은 그림자 객체를 별도로 제작하여 사용할 수 있다는 것과 Shader Language와 같은 전문적인 Library를 사용하지 않아도 간단히 구현할 수 있다는 장점을 가지고 있다. 그러나 2D 평면에서만 사용 가능하며, Texture Mapping된 객체 위에 존재하는 또 다른 객체에 그림자를 생성할 수 없고, 한 번에 하나의 객체에 대한 그림자만 Rendering 된다는 단점을 가지고 있다.

평면 그림자(Planar Shadow 혹은 Planar Projected Shadow)의 단점을 향상시킨 그림자 투영(Projection Shadow)을 위해 평면과 하나의 차 주전자 및 광원이 있다고 생각해보자. 평면과 광원 사이에 차 주전자가 있을 때, 우리는 평면에서 그림자를 확인할 수 있을 것이다. 그렇다면 우리는 평면에 보이는 그림자의 모양과 위치를 어떻게 찾을 수 있을 것인가? 우리는 광원에서 시작하는 벡터들을 상상하면서 차 주전자의 테두리를 통과하고 그 벡터들이 평면을 통해 절단되기까지 계속한다. 광원에서 시작하는 벡터가 평면을 관통하는 점(Point)들을 찾기 위해서는 다음과 같은 과정을 거치면 된다. 광원으로부터 평면을 향하는 벡터들이 있을 때, [그림 7-6]과 같이 한 점 $P(p_x, p_y, p_z)$을 거치면서 또 다른 한 점 $A(a_x, a_y, a_z)$와 같은 방향을 이루고 있는 라인 L_v을 모든 점 $X(x_x, x_y, x_z)$들의 집합이라고 하자.

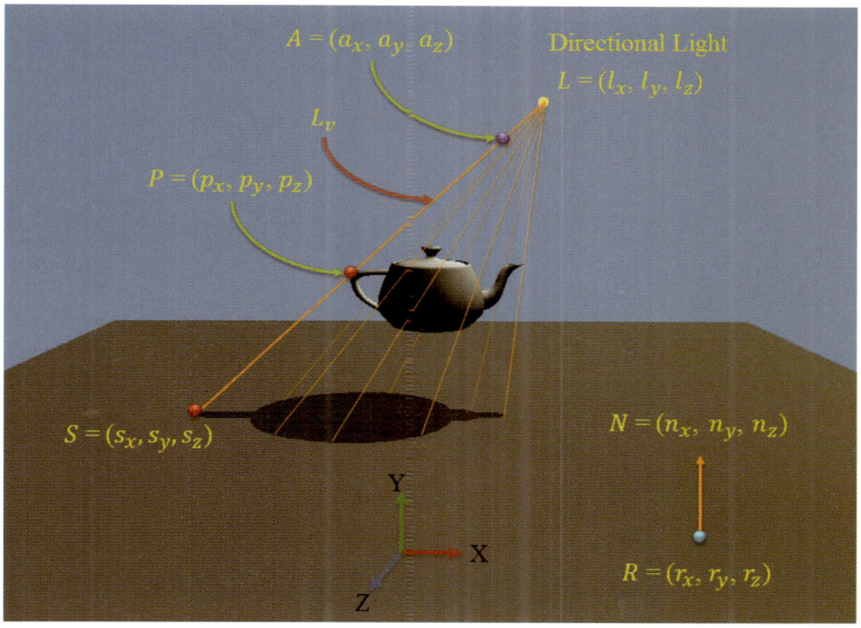

[그림 7-6] Projection Shadow

즉, X는 라인 L_v 위의 임의의 한 점(Point)을 의미하며, (수식 7-4)와 같이 표현할 수 있다.

$$X = P + tA \qquad \text{(수식 7-4)}$$

(수식 7-4)에서 X의 좌표 값 즉, (x_x, x_y, x_z)은 (수식 7-5)와 같이 계산되어 진다.

$$x_x = p_x + ta_x, \quad x_y = p_y + t_y, \quad x_z = p_z + ta_z \qquad \text{(수식 7-5)}$$

일반적으로 평면을 위한 방정식은 (수식 7-6)과 같이 표현할 수 있다.

$$n_x r_x + n_y r_y + n_z r_z + d = 0 \qquad \text{(수식 7-6)}$$

여기서 평면의 법선 벡터(Normal Vector)는 $N(n_x, n_y, n_z)$이고, 평면에서 임의의 한 점 $R(r_x, r_y, r_z)$을 가진다고 본다. 평면에 존재하는 라인 L_v 위의 한 점 $X(x_x, x_y, x_z)$을 찾기 위하여 (수식 7-7)과 같은 관계를 가질 수 있다.

$$n_x(p_x + ta_x) + n_y(p_y + ta_y) + n_z(p_z + ta_z) = n_x r_x + n_y r_y + n_z r_z \qquad \text{(수식 7-7)}$$

그리고 (수식 7-7)로부터 (수식 7-8)과 같이 t을 구할 수 있다.

$$t = \frac{n_x(r_x - p_x) + n_y(r_y - p_y) + n_z(r_z - p_z)}{n_x a_x + n_y a_y + n_z a_z} \qquad \text{(수식 7-8)}$$

(수식 7-8)에서 구한 t을 이용하여 평면에 존재하는 라인 L_v 위의 한 점 $X(x_x, x_y, x_z)$을 찾기 위해서는 (수식 7-5)에 t을 대입하면 된다. 이들은 빛의 방향 벡터 A을 가지며 객체가 그림자를 만들어내는 점 P을 통해서 실행되는 직선 L_v과 평면이 만나는 한 점 X에 대한 좌표들이다. 이것은 차 주전자가 평면에 투영되는 그림자를 찾을 수 있다는 것을 의미하며, 결국 한 점 X는 [그림 7-6]에서 그림자의 한 점 S가 된다. 그리고 그림자의 한 점 S는 (수식 7-9)와 같이 최종적으로 표현되어 진다.

$$s = l + \left[\frac{n \cdot l + d}{n \cdot l - n \cdot p}\right](p - l) \qquad \text{(수식 7-9)}$$

여기서 (수식 7−9)를 각 좌표축에 대하여 별도로 구분하여 표현하면 (수식 7−10), (수식 7−11) 및 (수식 7−12)와 같다.

$$s_x = l_x = \left[\frac{n \cdot l + d}{n \cdot l - n \cdot p}\right](p_x - l_x) \quad \text{(수식 7–10)}$$

$$s_y = l_y + \left[\frac{n \cdot l + d}{n \cdot l - n \cdot p}\right](p_y - l_y) \quad \text{(수식 7–11)}$$

$$s_z = l_z + \left[\frac{n \cdot l + d}{n \cdot l - n \cdot p}\right](p_z - l_z) \quad \text{(수식 7–12)}$$

그리고 이 세 가지 수식을 한꺼번에 Matrix를 사용하여 그림자의 한 점 $S(s_x, s_y, s_z)$을 표현하면 (수식 7−13)과 같다.

$$\begin{bmatrix} s_x \\ s_y \\ s_y \\ 1 \end{bmatrix} = \begin{bmatrix} n \cdot l + d - l_x \cdot n_x & -l_x \cdot n_y & -l_x \cdot n_z & -l_x \cdot d \\ -l_y \cdot n_x & n \cdot l + d - l_y \cdot n_y & -l_y \cdot n_z & -l_y \cdot d \\ -l_z \cdot n_z & -l_z \cdot n_y & n \cdot l + d - l_z \cdot n_z & -l_z \cdot d \\ -n_x & -n_y & -n_z & n \cdot l \end{bmatrix} \begin{bmatrix} p_x \\ p_y \\ p_z \\ 1 \end{bmatrix} \quad \text{(수식 7–13)}$$

[그림 7−7]은 그림자 투영(Projection Shadows)에 대한 구현 결과이고, [코드 7−3]은 그 소스 코드이다.

[그림 7–7] Projection Shadows의 구현 결과

코드 7-3 Projection Shadows

```
#include <windows.h>
#include <stdlib.h>
#include <glut.h>

// 변수 선언 (전체 소스 코드 참조)

struct Vertex {
    float nx, ny, nz;
    float x, y, z;
};

Vertex g_floorQuad[] = {
    { 0.0f, 1.0f, 0.0f, -5.0f, 0.0f, -5.0f },    { 0.0f, 1.0f, 0.0f, -5.0f, 0.0f, 5.0f },
    { 0.0f, 1.0f, 0.0f, 5.0f, 0.0f, 5.0f },    { 0.0f, 1.0f, 0.0f, 5.0f, 0.0f, -5.0f },
};

// 변수 선언 (전체 소스 코드 참조)

void MyReshape(int w, int h) {
 . . . . . . . . . . .
}

void buildShadowMatrix( float fMatrix[16], float fLightPos[4], float fPlane[4] ) {  ………… ①
    float dotp;

    // 평면과 조명의 위치 사이에 내적(Dot Product)을 계산한다.
    dotp = fPlane[0] * fLightPos[0] + fPlane[1] * fLightPos[1] +
           fPlane[1] * fLightPos[2] + fPlane[3] * fLightPos[3];

    // 첫 번째 Column
    fMatrix[0]  = dotp - fLightPos[0] * fPlane[0];
    fMatrix[4]  = 0.0f - fLightPos[0] * fPlane[1];
    fMatrix[8]  = 0.0f - fLightPos[0] * fPlane[2];
    fMatrix[12] = 0.0f - fLightPos[0] * fPlane[3];

    // 두 번째, 세 번째 및 네 번째 Column
    . . . . . . . . . . .
}

void findPlane( GLfloat plane[4], GLfloat v0[3], GLfloat v1[3], GLfloat v2[3] ) {  ………… ②
    GLfloat vec0[3], vec1[3];
```

```
    // 외적(Cross Product)을 위해 2개의 벡터가 필요하다.
    vec0[0] = v1[0] - v0[0];     vec0[1] = v1[1] - v0[1];     vec0[2] = v1[2] - v0[2];
    vec1[0] = v2[0] - v0[0];     vec1[1] = v2[1] - v0[1];     vec1[2] = v2[2] - v0[2];

    // 평면 방정식의 A, B 및 C를 얻기 위하여 외적(Cross Product)를 수행한다.
    plane[0] =   vec0[1] * vec1[2] - vec0[2] * vec1[1];
    plane[1] = -(vec0[0] * vec1[2] - vec0[2] * vec1[0]);
    plane[2] =   vec0[0] * vec1[1] - vec0[1] * vec1[0];
    plane[3] = -(plane[0] * v0[0] + plane[1] * v0[1] + plane[2] * v0[2]);
}

void renderFloor( ) {
 . . . . . . . . . . .
}

void MyRender( ) {
    GLfloat shadowPlane[4];
    GLfloat v0[3], v1[3], v2[3];

    v0[0] = g_floorQuad[0].x;    v0[1] = g_floorQuad[0].y;    v0[2] = g_floorQuad[0].z;
    v1[0] = g_floorQuad[1].x;    v1[1] = g_floorQuad[1].y;    v1[2] = g_floorQuad[1].z;
    v2[0] = g_floorQuad[2].x;    v2[1] = g_floorQuad[2].y;    v2[2] = g_floorQuad[2].z;

    findPlane( shadowPlane, v0, v1, v2 ); ················································ ③

    // 조명의 현재 위치와 평면의 방정식을 사용하여 Shadow Matrix를 완성한다.
    buildShadowMatrix( g_shadowMatrix, g_lightPosition, shadowPlane ); ·················· ④

    glClear( GL_COLOR_BUFFER_BIT | GL_DEPTH_BUFFER_BIT );
    glMatrixMode( GL_MODELVIEW );
    glLoadIdentity();
    glTranslatef( 0.0f, -2.0f, -15.0f );
    glRotatef( -g_fSpinY_L, 1.0f, 0.0f, 0.0f );
    glRotatef( -g_fSpinX_L, 0.0f, 1.0f, 0.0f );

    renderFloor();

    // Shadow Matrix를 사용하여 차 주전자를 Rendering함으로써 그림자를 생성한다.
    glDisable(GL_DEPTH_TEST);
    glDisable(GL_LIGHTING);

    glColor3f(0.2f, 0.2f, 0.2f);
```

```
glPushMatrix();
{
    glMultMatrixf((GLfloat *)g_shadowMatrix);

    // 차 주전자의 위치와 방향 설정
    glTranslatef( 0.0f, 2.5f, 0.0f );
    glRotatef( -g_fSpinY_R, 1.0f, 0.0f, 0.0f );
    glRotatef( -g_fSpinX_R, 0.0f, 1.0f, 0.0f );
    glutSolidTeapot( 1.0 );
}
glPopMatrix();

glEnable(GL_DEPTH_TEST);
glEnable(GL_LIGHTING);

// 원구(Sphere)를 사용하여 조명의 위치를 Rendering한다.
glDisable( GL_LIGHTING );

glPushMatrix();
{
    // 조명의 위치 설정
    glLightfv( GL_LIGHT0, GL_POSITION, g_lightPosition );

    // 조명을 표현할 원구(Sphere)의 위치 설정
    glTranslatef( g_lightPosition[0], g_lightPosition[1], g_lightPosition[2] );
    glColor3f(1.0f, 1.0f, 0.5f);
    glutSolidSphere( 0.1, 8, 8 );
}
glPopMatrix();

glEnable( GL_LIGHTING );

// 정상적인 차 주전자를 Rendering한다.
glPushMatrix();
{
    // 차 주전자의 위치와 방향
    glTranslatef( 0.0f, 2.5f, 0.0f );
    glRotatef( -g_fSpinY_R, 1.0f, 0.0f, 0.0f );
    glRotatef( -g_fSpinX_R, 0.0f, 1.0f, 0.0f );
    glutSolidTeapot( 1.0 );
}
glPopMatrix();
```

```
    glutSwapBuffers();
}

void MyInit( ) {
 . . . . . . . . . . .
}

void MySpecial(int key, int x, int y) {
 . . . . . . . . . . .
}

void MyMouse(int button, int state, int x, int y) {
 . . . . . . . . . . .
}

void MyMotion(int x, int y) {
 . . . . . . . . . . .
}

void main(int argc, char ** argv) {
 . . . . . . . . . . .
}
```

[코드 7-3]에서 ①의 void buildShadowMatrix(float fMatrix[16], float fLightPos[4], float fPlane[4])은 (수식 7-13)의 그림자 투영(Projection Shadow) Matrix를 사용하여 그림자를 생성할 수 있도록 하는 핵심적인 함수로서 4×4 크기의 배열 변수로 표현하고 있다. 더 세부적인 사항은 코드 내부에 있는 주석문을 참고하기 바란다. ②의 void findPlane(GLfloat plane[4], GLfloat v0[3], GLfloat v1[3], GLfloat v2[3])은 3개의 Vertex을 가지는 평면의 방정식을 표현하기 위한 함수로서 세부적인 사항은 코드 내부에 있는 주석문을 참고하기 바란다. ③의 findPlane(shadowPlane, v0, v1, v2)은 ②의 함수를 호출하여 직접 실행함으로써 평면의 방정식을 완성한다. ④의 buildShadowMatrix(g_shadowMatrix, g_lightPosition, shadowPlane)은 ①의 함수를 호출하여 직접 실행함으로써 조명의 현재 위치와 평면의 방정식을 사용하여 Shadow Matrix를 완성한다. 나머지 세부적인 코드들에 대한 설명은 코드 내부에 있는 주석문을 참고하기 바란다.

그림자 투영(Projection Shadow)

그림자 투영(Projection Shadow) 기법은 구현하기가 쉬운 장점이 있지만, 편평한 표면을 가진 평면이 아닌 다양한 형태로 구성된 객체에 대한 그림자를 생성하기에는 다소 어렵다는 단점을 가지고 있다. 그리고 그림자의 색상을 조절할 수 있는 방법에 대한 한계를 가지고 있다.

03 Section 그림자 매핑(Shadow Maps/Mapping)

그림자 매핑(Shadow Maps 혹은 Shadow Mapping)

Shadow Fragment

기본적인 **그림자 매핑(Shadow Maps 혹은 Shadow Mapping)**을 위한 Algorithm은 크게 2-Pass 과정으로 구성되어 있다. 첫 번째 Pass에서는 장면이 조명의 관점(Point of View)에서 Rendering 된다는 것이고, 여기서는 각 **Shadow Fragment**의 깊이(Depth)값만 계산한다. Fragment(단편)란 각 Pixel마다의 깊이값, 보간된 Vertex의 색상, 보간(Interpolation)된 Texture의 좌표 등과 같은 정보들과 Pixel 자체의 위치 정보 등을 하나로 묶은 것을 말한다. 두 번째 Pass에서는 장면이 현재 Shadow Fragment가 그림자 영역 안에 있는지를 보기 위해 추가적인 테스트 과정을 포함하여 정상적으로 Rendering한다. <표 7-8>은 이와 같은 2-Pass 과정을 거치는 Shadow Mapping에 대한 Algorithm을 정리한 것이다.

〈표 7-8〉 Shadow Mapping을 위한 2-Pass Algorithm

Pass 1	1. 3D 공간에서 조명의 관점(Point of View)으로부터 Depth Buffer를 Rendering한다. – Rendering된 결과는 Depth Map 혹은 Shadow Map이 되며, Pass 2에서 사용되어진다. – 기본적으로 2D 함수는 조명에 가장 가까운 Depth를 나타낸다.
Pass 2	1. 3D 공간에서 Camera의 관점(Point of View)으로부터 장면을 Rendering한다. – Window 좌표로 변환되는 모든 Shadow Fragment를 위하여, 1) 조명에 대한 Shadow Fragment의 XYZ 위치를 결정한다. 2) 조명의 위치는 Depth Map을 생성하는 데 사용된 Frustum과 일치하도록 설정하여야 한다. 3) 2개의 값 즉, z_a와 z_b을 비교한다. – z_a : Depth Map에 기록된 조명의 깊이(Depth)값 – z_b : Shadow Fragment에 대한 조명의 깊이(Depth)값 2. 만약 [그림 7-7]의 (A)와 같이 $z_b > z_a$이면, 현재 Shadow Fragment보다 조명에 가까운 위치에 어떤 객체가 존재하고 있다는 것으로서 Shadow Fragment은 그림자가 된다. 3. 만약 [그림 7-7]의 (B)와 같이 $z_b = z_a$이면 그 Shadow Fragment는 그림자가 되지 않는다.

[그림 7-8]은 <표 7-8>의 이해를 돕기 위하여 Shadow Mapping의 깊이 비교(Depth Comparison)를 보여주고 있다. (A)는 Shadow Fragment에 대한 조명 깊이(Depth)를 의미하는 z_b가 Depth Map에 기록된 조명의 깊이(Depth)를 의미하는 z_a보다 큰 경우이고, (B)는 z_b와 z_a가 같은 경우이다. 이것은 Shadow Fragment의 하나인 점 P와 광원 사이에 어떤 객체가 존재하지 않기 때문이므로 점 P는 그림자 영역 안에 있지 않다는 것을 의미한다.

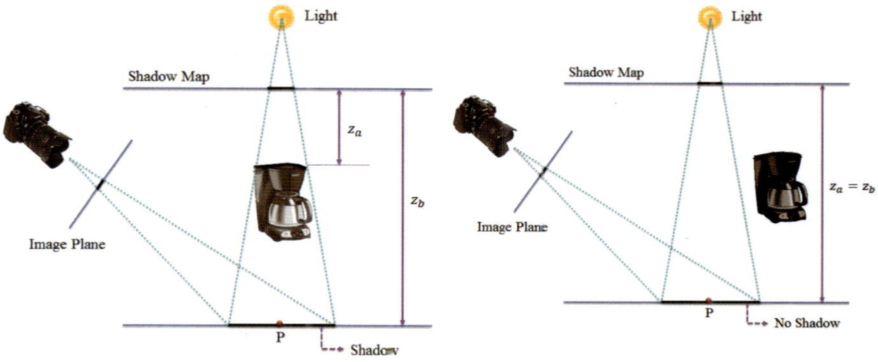

(A) $z_b > z_a$일 경우　　(B) $z_b = z_a$일 경우

[그림 7-8] Shadow Mapping의 깊이 비교(Depth Comparison)

Shadow Mapping
Occluder(가리개)

Shadow Mapping은 그림자를 투영하는 객체 즉, Occluder(가리개)들을 위한 Silhouette을 찾는 데 시간을 낭비하지 않으며, 그림자의 결과를 잘라낼 필요도 없다. 또한 Rendering되어질 수 있는 모든 객체는 Shadow Mapping으로 그림자를 생성할 수 있다는 장점을 가지고 있다. 그러나 Shadow Mapping은 Point들로 구성되어져 있기 때문에 Aliasing 문제를 얻을 수 있다는 단점을 가지고 있다. Texture가 배치될 때, 그것은 원래 Shadow Texel의 형태가 Pixel과 부합하는지를 확인하지 않는다. 이것은 그림자의 경계 부분에서 들쭉날쭉하게 보이는 결과를 가져올 수 있다. [그림 7-9]는 <표 7-8>의 Algorithm을 기반으로 Shadow Maps 혹은 Shadow Mapping을 구현한 결과이고, [코드 7-4]는 그 소스 코드이다. 코드에 대한 설명은 주석(Comment)을 참고하기 바란다.

[그림 7-9] Shadow Maps의 구현 결과

코드 7-4

Shadow Maps

```
// Header File을 Include(전체 소스 코드 참조)

// 변수 및 구조체 선언 (전체 소스 코드 참조)

void VMatMult(GLmatrix16f M, GLvector4f v) {
  . . . . . . . . . . .
}

void DrawGLObject(glObject o) {
  . . . . . . . . . . .
}

int ReadObject(char *st, glObject *o) {
  . . . . . . . . . . .
}

void SetConnectivity(glObject *o) {
  . . . . . . . . . . .
}

void CalcPlane(glObject o, sPlane *plane) {
  . . . . . . . . . . .
}

int InitGLObjects( ) {
  . . . . . . . . . . .
}

int InitGL( ) {
  . . . . . . . . . . .
}
```

```
void DrawGLRoom( ) {
. . . . . . . . . . .
}

void  CastShadow(glObject *o, float *lp) {
    unsigned int    k, jj;
    unsigned int    p1, p2;
    sPoint         v1, v2;
    float          side;

    for (int i=0;i<o->nPlanes;i++) {
    // 평면의 앞이나 뒤에 조명이 있는지를 확인한다.
        side =o->planes[i].PlaneEq.a*lp[0] + o->planes[i].PlaneEq.b*lp[1] +
            o->planes[i].PlaneEq.c*lp[2] + o->planes[i].PlaneEq.d*lp[3];
        if (side > 0) o->planes[i].visible = TRUE;
        else o->planes[i].visible = FALSE;
    }

. . . . . . . . . . .

    // First pass : Stencil Operation이 Stencil 값을 감소시킨다.
    glFrontFace(GL_CCW);
    glStencilOp(GL_KEEP, GL_KEEP, GL_INCR);
    for (int i=0; i<o->nPlanes;i++) {
        if (o->planes[i].visible)
            for (int j=0;j<3;j++) {
                k = o->planes[i].neigh[j];
                if ((!k) || (!o->planes[k-1].visible)) {
                    // 여기서 Edge를 가지고 다각형을 그려야 한다.
                    p1 = o->planes[i].p[j];
                    jj = (j+1)%3;
                    p2 = o->planes[i].p[jj];

                    // Vector의 길이를 계산한다.
                    . . . . . . . . . . .

                    // 다각형을 그린다.
                    . . . . . . . . . . .
                }
            }
    }

    // Second pass : Stencil Operation이 Stencil 값을 증가시킨다.
```

```
    glFrontFace(GL_CW);
    glStencilOp(GL_KEEP, GL_KEEP, GL_DECR);
    for (int i=0; i<o->nPlanes;i++) {
        if (o->planes[i].visible)
            for (int j=0;j<3;j++) {
                k = o->planes[i].neigh[j];
                if ((!k) || (!o->planes[k-1].visible)) {
                    // 여기서 Edge를 가지고 다각형을 그려야 한다.
                    p1 = o->planes[i].p[j];
                    jj = (j+1)%3;
                    p2 = o->planes[i].p[jj];

                    // Vector의 길이를 계산한다.
                    . . . . . . . . . . .

                    // 다각형을 그린다.
                    . . . . . . . . . . .
                }
            }
    }

    glFrontFace(GL_CCW);
    glColorMask(1, 1, 1, 1);

    // 전체 장면을 포함하는 Shadowing Rectangle을 그린다.
    . . . . . . . . . . .
}

void DrawGLScene( ) {
. . . . . . . . . . .

    // LCS(Local Coordinate System, 지역 좌표계)를 기준으로 조명의 위치를 계산한다.
    glLoadIdentity();
    glRotatef(-yrot, 0.0f, 1.0f, 0.0f);
    glRotatef(-xrot, 1.0f, 0.0f, 0.0f);

    glGetFloatv(GL_MODELVIEW_MATRIX, Minv); // ModelView Matrix를 검색한다.
    lp[0] = LightPos[0];      // Light Position 배열 lp[0]에 조명의 X축 위치를 저장한다.
    lp[1] = LightPos[1];      // Light Position 배열 lp[1]에 조명의 Y축 위치를 저장한다.
    lp[2] = LightPos[2];      // Light Position 배열 lp[2]에 조명의 Z축 위치를 저장한다.
    lp[3] = LightPos[3];      // Light Position 배열 lp[3]에 조명의 방향을 저장한다.

    VMatMult(Minv, lp);  // lp 배열에 회전된 조명 Vector를 저장한다.
```

```
glTranslatef(-ObjPos[0], -ObjPos[1], -ObjPos[2]);

glGetFloatv(GL_MODELVIEW_MATRIX,Minv);     // ModelView Matrix를 검색한다.
wlp[0] = 0.0f;    // World Local Coord 배열 wlp[0]에 X축 값을 0으로 저장한다.
wlp[1] = 0.0f;    // World Local Coord 배열 wlp[0]에 Y축 값을 0으로 저장한다.
wlp[2] = 0.0f;    // World Local Coord 배열 wlp[0]에 Z축 값을 0으로 저장한다.
wlp[3] = 1.0f;

// wlp 배열에 LCS(Local Coordinate System, 지역 좌표계)를 기준으로
// WCS(World Coordinate System, 세계 좌표계) 원점의 위치를 저장한다.
VMatMult(Minv, wlp);

// LCS(Local Coordinate System, 지역 좌표계)를 기준으로 한 조명의 위치를 추가한다.
lp[0] += wlp[0];
lp[1] += wlp[1];
lp[2] += wlp[2];

glColor4f(0.7f, 0.4f, 0.0f, 1.0f);
glLoadIdentity();
glTranslatef(0.0f, 0.0f, -20.0f);
DrawGLRoom();

glTranslatef(ObjPos[0], ObjPos[1], ObjPos[2]);     // 객체를 위치를 설정한다.
glRotatef(xrot, 1.0f, 0.0f, 0.0f);
glRotatef(yrot, 0.0f, 1.0f, 0.0f);
DrawGLObject(obj);

// Silhouette을 기반으로 하는 Shadow를 Casting하기 위한 절차
CastShadow(&obj, lp);
glColor4f(0.7f, 0.4f, 0.0f, 1.0f);
glDisable(GL_LIGHTING);
glDepthMask(GL_FALSE);

// LCS(Local Coordinate System, 지역 좌표계) 상태에서 조명의 위치를 이동한다.
glTranslatef(lp[0], lp[1], lp[2]);
gluSphere(q, 0.2f, 16, 8);
glEnable(GL_LIGHTING);
glDepthMask(GL_TRUE);

xrot += xspeed;
yrot += yspeed;

glFlush();
```

```
    glutPostRedisplay();
    glutSwapBuffers();
}

void MyReshape (int w, int h) {
  . . . . . . . . . . .
}

void MyKeyboard (unsigned char key, int x, int y) {
  . . . . . . . . . . .
}

void MySpecial(int key, int x, int y) {
  . . . . . . . . . . .
}

int main (int argc, char **argv) {
  . . . . . . . . . . .
}
```

요약 SUMMARY

1. 그림자(Shadow)는 Rendering된 이미지에 현실성을 증가시키기 위해 객체들 사이에 공간적 관계를 보여주기 위한 목적을 가지고 있다. OpenGL에서 그림자를 표현하기 위한 대표적인 방법으로는 Shadow Volumes, Shadow Maps 및 Projection Shadows 등이 있다.

2. Shadow Volumes은 Rendering 된 장면에 그림자를 추가하기 위해 3D 컴퓨터 그래픽스에서 사용되는 기법 중의 하나이다. Shadow Volumes은 그림자가 있는 영역과 그림자가 없는 영역으로 구분한다. OpenGL에서는 Shadow Volumes을 구현하기 위하여 Stencil Buffer를 사용하며, 3D 컴퓨터 그래픽스 하드웨어에서 사용하기 위한 가장 실용적인 범용의 실시간 그림자 생성 기법으로 사용되고 있다.

3. Projection Shadows는 Planar Shadows라고도 하는데, Y축의 값이 모두 0인 X축과 Z축으로 구성된 평면에 객체를 투영하고 독립된 Primitive처럼 Rendering하는 것을 말한다.

4. Shadow Maps는 2-Pass로 구성되어져 있는데, Pass-1은 3D 공간에서 조명의 관점(Point of View)으로부터 Depth Buffer를 Rendering한다. Pass-2는 3D 공간에서 Camera의 관점으로부터 장면을 Rendering한다.

연습문제

1. 그림자(Shadow)는 암영부(Umbra)와 반영부(Penumbra)로 구성되어진다. 암영부와 반영부란 무엇인지 그림과 함께 기술하시오.

2. 그림자 볼륨(Shadow Volumes)이란 무엇인지 그림과 함께 그 원리를 기술하시오. 또한 이를 구현하기 위해 하나의 그림자와 광원을 위한 Algorithm을 기술하시오.

3. 그림자 투영(Projection Shadows/Planar Shadows)란 무엇인지 그림과 함께 그 원리를 기술하시오. 또한 간단한 그림자 투영을 생성하기 위한 방법을 기술하시오.

4. 그림자 매핑(Shadow Maps/Mapping)이란 무엇인지 그림과 함께 그 원리를 기술하시오. 또한 그림자 매핑을 위한 2-Pass Algorithm을 기술하시오.

참고문헌

01 Shadow,
http://www.ia.hiof.no/~borres/cgraph/explain/shadow/p-shadow.html

02 Advanced Computer Graphics,
http://www.eng.utah.edu/~cs5610/lectures/

03 Programming with OpenGL : Advanced Rendering,
http://www.dcs.ed.ac.uk/teaching/cs4/www/graphics/Web/advanced_ogl.pdf

04 Shadow,
http://excelsior.cs.ucsb.edu/courses/cs180/discussion/Shadows.pdf

05 Computer Graphics Shadow Algorithms,
http://cg.informatik.uni-freiburg.de/course_notes/graphics_07_shadows.pdf

06 Shadow Mapping,
http://www.paulsprojects.net/tutorials/smt/smt.html

07 Shadow Mapping,
http://http.developer.nvidia.com/CgTutorial/cg_tutorial_chapter09.html

08 CHAPTER

Particle Systems

CONTENTS

Chapter 08 Particle Systems

Section 01 폭발(Explosion)

폭발(Explosion)
볼륨(Volume, 용적, 부피, 체적, 크기 등)
충격파(Shock Wave)
초음속(Supersonic)

폭발(Explosion)은 일반적으로 높은 온도와 가스의 방출 등에 의한 극단적인 방식으로 **볼륨**(Volume, 용적, 부피, 체적, 크기 등)과 에너지 방출의 급속한 증가를 의미한다. 이러한 폭발은 **충격파**(Shock Wave)를 생성하는데, 만약 충격파가 **초음속**(Supersonic) 폭발일 경우에는 폭발의 원인이 높은 폭발성이라고 한다. [그림 8-1]은 OpenGL을 이용하여 간단한 폭발의 효과를 가시적으로 확인할 수 있도록 구현한 결과이고, [코드 8-1]은 그 소스 코드이다.

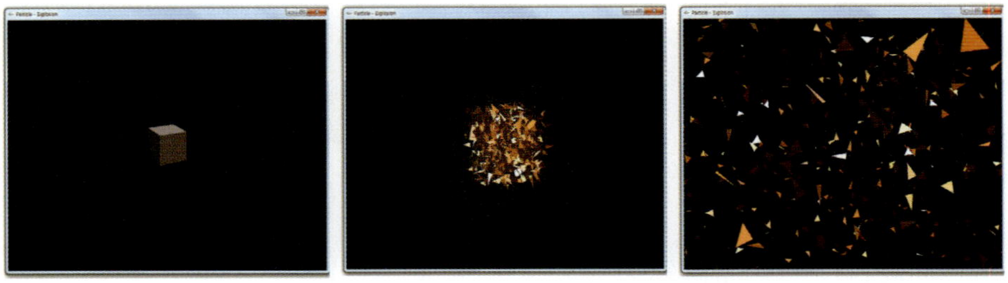

[그림 8-1] Explosion의 구현 결과

코드 8-1 Particle System – Explosion

```
// Header File을 Include (전체 소스 코드 참조)

#define NUM_PARTICLES    10000 ·································· ①
#define NUM_DEBRIS       1000 ··································· ②

// 변수 선언 (전체 소스 코드 참조)
```

```
struct particleData { ............................................ ③
    float   position[3];
    float   speed[3];
    float   color[3];
};
typedef struct particleData    particleData;

struct  debrisData { ............................................. ④
    float   position[3];
    float   speed[3];
    float   orientation[3];
    float   orientationSpeed[3];
    float   color[3];
    float   scale[3];
};
typedef struct debrisData    debrisData;

particleData     particles[NUM_PARTICLES];
debrisData       debris[NUM_DEBRIS];

int fuel = 0, wantNormalize = 0;

void newSpeed (float dest[3]) {
    float x = (2.0 * ((GLfloat) rand ()) / ( GLfloat) RAND_MAX)) - 1.0;
    float y = (2.0 * ((GLfloat) rand ()) / ( GLfloat) RAND_MAX)) - 1.0;
    float z = (2.0 * ((GLfloat) rand ()) / ( GLfloat) RAND_MAX)) - 1.0;

    if (wantNormalize) {
        float len = sqrt (x * x + y * y + z * z);

        if (len) {
            x = x / len;
            y = y / len;
            z = z / len;
        }
    }

    dest[0] = x;  .................................................. ⑤
    dest[1] = y;  .................................................. ⑥
    dest[2] = z;  .................................................. ⑦
}
```

```
void newExplosion ( ) {
    for (int i = 0; i < NUM_PARTICLES; i++) {  ............................ ⑧
        particles[i].position[0] = 0.0;
        particles[i].position[1] = 0.0;
        particles[i].position[2] = 0.0;

        particles[i].color[0] = 1.0;
        particles[i].color[1] = 1.0;
        particles[i].color[2] = 0.5;

        newSpeed (particles[i].speed);
    }

    for (int i = 0; i < NUM_DEBRIS; i++) {  ............................ ⑨
        debris[i].position[0] = 0.0;
        debris[i].position[1] = 0.0;
        debris[i].position[2] = 0.0;

        debris[i].orientation[0] = 0.0;
        debris[i].orientation[1] = 0.0;
        debris[i].orientation[2] = 0.0;

        debris[i].color[0] = 0.7;
        debris[i].color[1] = 0.7;
        debris[i].color[2] = 0.7;

        debris[i].scale[0] = (2.0 * ((GLfloat) rand ()) / ((GLfloat) RAND_MAX)) - 1.0;
        debris[i].scale[1] = (2.0 * ((GLfloat) rand ()) / ((GLfloat) RAND_MAX)) - 1.0;
        debris[i].scale[2] = (2.0 * ((GLfloat) rand ()) / ((GLfloat) RAND_MAX)) - 1.0;

        newSpeed (debris[i].speed);
        newSpeed (debris[i].orientationSpeed);
    }

    fuel = 1000;  ............................ ⑩
}

void MyDisplay ( ) {
    glClear(GL_COLOR_BUFFER_BIT | GL_DEPTH_BUFFER_BIT);
    glMatrixMode( GL_MODELVIEW );
    glLoadIdentity();
```

```
glTranslatef( 0.0f, 0.0f, g_fDistance )
glRotatef( -g_fSpinY, 1.0f, 0.0f, 0.0f );
glRotatef( -g_fSpinX, 0.0f, 1.0f, 0.0f );

if (fuel == 0) { ............................................................................. ⑪
    glEnable (GL_LIGHTING);
    glDisable (GL_LIGHT0);
    glEnable (GL_DEPTH_TEST);
    glutSolidCube (1.0);
}

if (fuel > 0) { .............................................................................. ⑫
    glPushMatrix ();
        glDisable (GL_LIGHTING);
        glDisable (GL_DEPTH_TEST);
        glBegin (GL_POINTS);
            for (int i = 0; i < NUM_PARTICLES; i++) {
                glColor3fv (particles[i].color);
                glVertex3fv (particles[i].position);
            }
        glEnd ();
    glPopMatrix ();

    glEnable (GL_LIGHTING);
    glEnable (GL_LIGHT0);
    glEnable (GL_DEPTH_TEST);
    glNormal3f (0.0, 0.0, 1.0);

    for (int i = 0; i < NUM_DEBRIS; i++) {
        glColor3fv (debris[i].color);

        glPushMatrix ();
            glTranslatef (debris[i].position[0],
            debris[i].position[1],
            debris[i].position[2]);

            glRotatef (debris[i].orientation[0], 1.0, 0.0, 0.0);
            glRotatef (debris[i].orientation[1], 0.0, 1.0, 0.0);
            glRotatef (debris[i].orientation[2], 0.0, 0.0, 1.0);

            glScalef (debris[i].scale[0], debris[i].scale[1], debris[i].scale[2]);
```

```
                glBegin (GL_TRIANGLES);
                    glVertex3f (0.0, 0.5, 0.0);
                    glVertex3f (-0.25, 0.0, 0.0);
                    glVertex3f (0.25, 0.0, 0.0);
                glEnd ();
            glPopMatrix ();
        }
    }

    glutSwapBuffers ();
}

void MyIdle ( ) {
    if (fuel > 0) {
        for (int i = 0; i < NUM_PARTICLES; i++) { ............ ⑬
            particles[i].position[0] += particles[i].speed[0] * 0.2;
            particles[i].position[1] += particles[i].speed[1] * 0.2;
            particles[i].position[2] += particles[i].speed[2] * 0.2;

            particles[i].color[0] -= 1.0 / 500.0;
            if (particles[i].color[0] < 0.0) {
                particles[i].color[0] = 0.0;
            }

            particles[i].color[1] -= 1.0 / 100.0;
            if (particles[i].color[1] < 0.0) {
                particles[i].color[1] = 0.0;
            }

            particles[i].color[2] -= 1.0 / 50.0;
            if (particles[i].color[2] < 0.0) {
                particles[i].color[2] = 0.0;
            }
        }

        for (int i = 0; i < NUM_DEBRIS; i++) { ............ ⑭
            debris[i].position[0] += debris[i].speed[0] * 0.1;
            debris[i].position[1] += debris[i].speed[1] * 0.1;
            debris[i].position[2] += debris[i].speed[2] * 0.1;

            debris[i].orientation[0] += debris[i].orientationSpeed[0] * 10;
            debris[i].orientation[1] += debris[i].orientationSpeed[1] * 10;
```

```
            debris[i].orientation[2] += debris[i].orientationSpeed[2] * 10;
        }

        --fuel; ............................................................ ⑮
    }

    glutPostRedisplay( );
}

void MyReshape (int w, int h) {
 . . . . . . . . . . .
}

void MyMouse(int button, int state, int x, int y) {
 . . . . . . . . . . .
}

void MyMotion(int x, int y) {
 . . . . . . . . . . .
}

void InitGL() {
 . . . . . . . . . . .
}

int main (int argc, char **argv) {
 . . . . . . . . . . .
}
```

[코드 8-1]에서 ①의 #define NUM_PARTICLES 10000은 Particle의 개수를 지정한 변수이고, ②의 #define NUM_DEBRIS 1000은 파편(Debris)의 개수를 지정한 변수이다. ③은 Particle 데이터의 구조체(Struct)를 선언한 것인데, 각각 3개의 크기를 가지는 배열 변수로서 Particle의 위치(Position), 속도(Speed) 및 색상(Color) 등으로 구성되어져 있다. 그리고 Particle 데이터의 구조체 이름을 particleData로 재설정하였다. ④는 파편 데이터의 구조체(Struct)를 선언한 것인데, 각각 3개의 크기를 가지는 배열 변수로서 파편의 위치(Position), 속도(Speed), 방향(Orientatioin), 방향 속도(Orientation Speed), 색상(Color) 및 크기조절(Scale) 등으로 구성되어져 있다. 그리고 파편 데이터의 구조체 이름을 debrisData로 재설정하였다. ⑤, ⑥ 및 ⑦은 파편의 속도를 설정하기 위한 배열 변수로서 Random 함수에 의해 생성된 3개

의 값을 입력받게 된다. ⑧은 ①에서 지정한 Particle의 개수만큼 Particle의 위치와 색상을 입력받아 Particle의 속도를 계산한다. 그리고 ⑨는 ②에서 지정한 파편의 개수만큼 파편의 위치, 방향, 색상, 축소 및 확대 등을 입력받고 속도와 방향의 속도 등에 대한 파편의 속도를 계산한다. ⑩은 ①과 ②에서 지정한 Particle와 파편의 개수만큼 폭파 효과가 연속적으로 나타날 수 있도록 해주는 반복 횟수를 위한 변수와 그 정수값이다. ⑩의 값이 0보다 클 경우에는 ⑫에서 효과가 발생하고 ⑮에서는 ⑩의 값을 −1씩 줄여주며, ⑩의 값이 0이 되면 ⑪에서 고정되어 정지하게 된다. 여기서 ⑪은 ⑩의 값이 0일 경우인데, 조명을 활성화하고 0번 조명은 비활성화한 다음 Depth Test를 활성화하고 반지름 1.0인 Sphere를 생성한다. ⑫는 ⑩의 값이 0보다 클 경우에 해당하는 것으로서 3개의 Vertex로 이루어진 Primitive를 생성하여 ①에서 지정한 Particle의 개수만큼 Particle의 색상과 위치를 수행하도록 한다. 그리고 ②에서 지정한 파편의 개수만큼 파편의 위치로 이동, 파편의 방향으로 회전, 파편의 크기 조절을 하도록 한다. ⑬과 ⑭ 등은 Idle Callback을 수행하는 것으로서 ⑬은 ①에서 지정한 Particle의 개수만큼 Particle의 속도와 색상값을 수행하고 ⑭는 ②에서 지정한 파편의 개수만큼 파편의 속도와 방향의 속도 값을 수행하고 있다. 그리고 마지막 ⑮는 ⑩의 값을 −1씩 줄여감으로써 Idle Callback의 효과를 확인할 수 있도록 하고 있다.

Section 02 폭죽(Firecracker)

폭죽(Firecracker)

폭죽(Firecracker)은 대량의 잡음(Noise)을 생산하기 위해 설계된 폭발(Explosion)의 작은 형태로서 시각적인 효과는 부수적인 사항이다. 그러나 대량의 잡음은 사운드(Sound)로 표현하여야 하는데, 본 절에서는 사운드 부분을 제외하고 시각적인 3D 그래픽스 부분에 한정된 폭죽의 형태를 표현하고자 한다. OpenGL로 폭죽을 구현하기 위해서 본 절에서는 (수식 8−1)과 같은 ModelView Matrix를 사용하도록 한다.

$$M=\begin{bmatrix} r_x & r_y & r_z & -(r\cdot e) \\ u_x & u_y & u_z & -(u\cdot e) \\ -l_x & -l_y & -l_z & (l\cdot e) \\ 0 & 0 & 0 & 1 \end{bmatrix} \qquad \text{(수식 8-1)}$$

여기서 r은 Right Vector를 의미하며, (r_x, r_y, r_z)으로 구성되어진다. u는 Up Vector를 의미하며, (u_x, u_y, u_z)로 구성되어진다. l은 Look Vector를 의미하며, (l_x, l_y, l_z)로 구성되어진다. e는 WCS(World Coordinate System, 세계 좌표계)에서의 Camera의 위치(Eye position)을 의미하며, (e_x, e_y, e_z)로 구성되어진다. [그림 8-2]는 (수식 8-1)을 사용하여 폭죽을 구현할 결과이고, [코드 8-2]는 그 소스 코드이다.

[그림 8-2] Firecracker의 구현 결과

코드 8-2 Particle System – Firecracker

```
// Header File을 Include (전체 소스 코드 참조)

// 변수 및 구조체 선언 (전체 소스 코드 참조)

Vertex g_floorVertices[] = {  ······························ ①
    { 0.0f,1.0f, -25.0f, 0.0f, -15.0f },
    { 1.0f,1.0f,  25.0f, 0.0f, -15.0f },
    { 1.0f,0.0f,  25.0f, 0.0f,  15.0f },
    { 0.0f,0.0f, -25.0f, 0.0f,  15.0f }
};

int g_nActiveSystem = 1;
CParticleSystem *g_pParticleSystems;
```

```
void loadTexture( ) {
 . . . . . . . . . . .
}

void MyInit( ) {
 . . . . . . . . . . .
}

void InitParticles( ) { ........................................................................ ②
    g_pParticleSystems = new CParticleSystem();
    g_pParticleSystems->SetTexture( "particle.bmp" );
    g_pParticleSystems->SetMaxParticles( 500 );
    g_pParticleSystems->SetNumToRelease( 500 );
    g_pParticleSystems->SetReleaseInterval( 0.1f );
    g_pParticleSystems->SetLifeCycle( 1.0f );
    g_pParticleSystems->SetSize( 30.0f );
    g_pParticleSystems->SetColor( vector3f( 1.0f, 0.0f, 0.0f ));
    g_pParticleSystems->SetPosition( vector3f( 0.0f, 5.0f, 0.0f) );
    g_pParticleSystems->SetVelocity( vector3f( 0.0f, 0.0f, 0.0f) );
    g_pParticleSystems->SetGravity( vector3f( 0.0f, 0.0f, 0.0f) );
    g_pParticleSystems->SetWind( vector3f( 0.0f, 0.0f, 0.0f) );
    g_pParticleSystems->SetVelocityVar( 10.0f );

    g_pParticleSystems->Init();
}

void updateViewMatrix( ) {...................................................................... ③
    matrix4x4f view;
    view.identity();

    g_vLook.normalize();

    g_vRight = vector3f::crossProduct(g_vLook, g_vUp);
    g_vRight.normalize();

    g_vUp = vector3f::crossProduct(g_vRight, g_vLook);
    g_vUp.normalize();

    view.m[0] =  g_vRight.x;        view.m[1] =  g_vUp.x;
    view.m[2] = -g_vLook.x;         view.m[3] =  0.0f;

    view.m[4] =  g_vRight.y;        view.m[5] =  g_vUp.y;
```

```
    view.m[6] = -g_vLook.y;         view.m[7] = 0.0f;

    view.m[8]  = g_vRight.z;        view.m[9]  = g_vUp.z;
    view.m[10] = -g_vLook.z;        view.m[11] = 0.0f;

    view.m[12] = -vector3f::dotProduct(g_vRight, g_vEye);
    view.m[13] = -vector3f::dotProduct(g_vUp, g_vEye);
    view.m[14] =  vector3f::dotProduct(g_vLook, g_vEye);
    view.m[15] =  1.0f;

    glMultMatrixf( view.m );
}

void MyDisplay( ) {
    glClear( GL_COLOR_BUFFER_BIT | GL_DEPTH_BUFFER_BIT );
    glMatrixMode( GL_MODELVIEW );
    glLoadIdentity();

    glRotatef( -g_fSpinY, 1.0f, 0.0f, 0.0f );
    glRotatef( -g_fSpinX, 0.0f, 1.0f, 0.0f );

    updateViewMatrix(); ······························································ ④
    g_pParticleSystems->Update( (float)g_fElpasedTime );································ ⑤

    // Render the floor...
    . . . . . . . . . . .

    // Particle System을 Render하기 위한 준비
    glEnable( GL_DEPTH_TEST ); ························································ ⑥
    glDepthMask( GL_FALSE ); ·························································· ⑦

    glEnable( GL_BLEND ); ····························································· ⑧
    glBlendFunc( GL_DST_ALPHA, GL_ONE ); ·············································· ⑨

    // Particle System의 Render
    glBindTexture( GL_TEXTURE_2D, g_pParticleSystems->GetTextureID() ); ··············· ⑩
    g_pParticleSystems->Render(); ····················································· ⑪

    // Reset OpenGL states...
    glDepthMask( GL_TRUE ); ··························································· ⑫
    glDisable( GL_BLEND ); ···························································· ⑬
```

```
    glutPostRedisplay();
    glutSwapBuffers( );
}

void MyReshape(int w, int h) {
 . . . . . . . . . . .
}

void MyMouse(int button, int state, int x, int y) {
 . . . . . . . . . . .
}

void MyMotion(int x, int y) {
 . . . . . . . . . . .
}

void MySpecial(int key, int x, int y) {
 . . . . . . . . . . .
}

int main(int argc, char ** argv) {
 . . . . . . . . . . .
}
```

[코드 8-2]에서 ①의 g_floorVertices은 배경 이미지를 Texture Mapping하기 위한 Texel 좌표와 4개의 Vertex로 이루어진 다각형의 좌표들로 구성된 배열 변수이다. ②의 InitParticles 함수는 Particle System을 선언하고 각각의 속성 값을 설정하고 있다. ③의 updateViewMatrix 함수는 (수식 8-1)을 코드로 구현한 것이고, ④는 ③의 함수를 호출하여 실행하고 있다. 또한 ⑤의 g_pParticleSystems->Update((float)g_fElpasedTime)은 진행된 시간만큼 Particle System을 Update하고 있다.

Depth Mask

Particle System을 Rendering하기 위한 준비를 하기 위해서 ⑥의 glEnable(GL_DEPTH_TEST)와 같이 Depth Test를 활성화하고, ⑦의 glDepthMask(GL_FALSE)와 같이 Depth Mask를 False로 설정하는 것은 Z-Buffer를 단지 읽을 수만 있도록 하는 설정하는 것이다. 이것은 Camera의 거리에 따라 정렬되지 않는 Particle의 목록을 Rendering에서 생성된 그래픽스적인 인공물(Artifact)들을 제거하는 데 도움이 된다. glDepthMask 함수에 대해서는 <표 8-1>의 glDepthMask 함수에 대한 Prototype에서 더 자세한 정보를 확인할 수 있다.

〈표 8-1〉 glDepthMask 함수에 대한 Prototype

void glDepthMask (GLboolean *flag*);	

Parameters Help	*flag* // Depth Buffer가 쓰기에 대하여 활성화되는지에 대한 여부를 지정
	// 만약 flag = 0 즉, FALSE이면, Depth Buffer 쓰기는 비활성화된다.
	// 만약 flag = 1 즉, TRUE이면, Depth Buffer 쓰기는 활성화된다.

⑧의 glEnable(GL_BLEND)와 같이 Blending을 활성화하고 ⑨의 glBlendFunc(GL_DST_ALPHA, GL_ONE)와 같이 Blending을 수행하는 것은 Particle들이 Alpha Blending으로 제대로 서로 겹쳐질 수 있도록 한다. ⑩의 glBindTexture(GL_TEXTURE_2D, g_pParticleSystems->GetTextureID())은 Particle에 Texture Mapping을 위한 Map을 연결시켜주고, ⑪의 g_pParticleSystems->Render()은 Particle System을 Rendering한다. 그리고 ⑫의 glDepthMask(GL_TRUE)과 ⑬의 glDisable(GL_BLEND)은 OpenGL 상태를 원래의 상태로 Reset한다.

03 Section 안개(Fog)

가시거리(Visibility Range)

안개(Fog)는 대기(Atmosphere)에 떠다니는 작은 물방울(Waterdrop)들의 모임 중에서 지표면과 접촉하며 가시거리(Visibility Range)가 1Km 이하인 것을 의미한다. 안개는 습도가 높고 기온이 이슬점(Dew Point, 공기가 포화되어 수증기가 응결할 때의 온도) 이하일 때 잘 형성된다. 또한 안개는 구름의 종류인 하층운이 지표면까지 하강하여 생기기도 한다. 하층운은 2km 이하에서 형성되는 구름으로서 지표면에 닿으면 안개로 불리며 비를 머금고 있는 경우가 많다. 이와 같은 안개는 관측자의 입장에 따라서 부르는 호칭이 달라지는데, 높은 산 위의 것은 지상에서 관측하면 구름이 되고, 산 위에서 관측하면 안개라고 할 수 있다. 안개는 그 밀도에 따라 짙은 안개와 옅은 안개 등으로 분류되기도 한다. [그림 8-3]은 적당한 간격을 이루고 있는 Teapot 5개를 생성하고 안개의 생성 방식에 따른 안개의 효과를 구현한 결과이고, [코드 8-3]은 그 소스 코드이다.

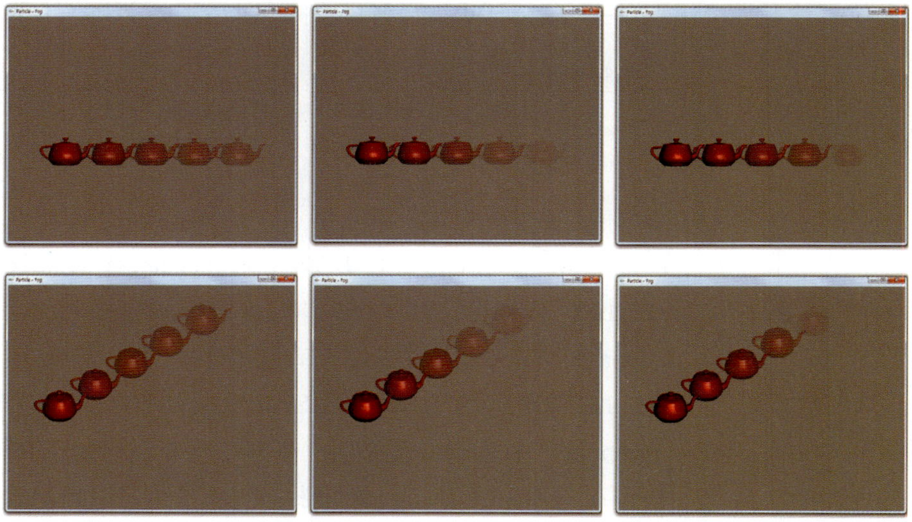

[그림 8-3] glFog 함수의 매개변수(Parameter)들의 종류에 따른 구현 결과

코드 8-3 Particle System – Fog

```
#include <Windows.h>
#include <math.h>
#include <stdio.h>
#include <glut.h>

// 변수 선언 (전체 소스 코드 참조)

static void MyInit( ) {
    GLfloat position[] = { 0.5, 0.5, 3.0, 0.0 };
    glEnable(GL_DEPTH_TEST);
    glLightfv(GL_LIGHT0, GL_POSITION, position);
    glEnable(GL_LIGHTING);
    glEnable(GL_LIGHT0);
    {
        GLfloat mat[3] = {0.1745, 0.01175, 0.01175};
        glMaterialfv (GL_FRONT, GL_AMBIENT, mat);
        mat[0] = 0.61424; mat[1] = 0.04136; mat[2] = 0.04136;
        glMaterialfv (GL_FRONT, GL_DIFFUSE, mat);
        mat[0] = 0.727811; mat[1] = 0.626959; mat[2] = 0.626959;
        glMaterialfv (GL_FRONT, GL_SPECULAR, mat);
        glMaterialf (GL_FRONT, GL_SHININESS, 0.6*128.0);
```

```
    }

    glEnable(GL_FOG); ........................................................ ①
    {
        GLfloat fogColor[4] = {0.5, 0.5, 0.5, 1.0};........................... ②
        fogMode = GL_EXP; ..................................................... ③
        glFogi  (GL_FOG_MODE, fogMode); ....................................... ④
        glFogfv (GL_FOG_COLOR, fogColor); ..................................... ⑤
        glFogf  (GL_FOG_DENSITY, 0.35); ....................................... ⑥
        glHint  (GL_FOG_HINT, GL_DONT_CARE); .................................. ⑦
        glFogf  (GL_FOG_START, 1.0); .......................................... ⑧
        glFogf  (GL_FOG_END, 5.0); ............................................ ⑨
    }
    glClearColor(0.5, 0.5, 0.5, 1.0);
}

static void renderSphere (GLfloat x, GLfloat y, GLfloat z) {
 . . . . . . . . . . .
}

void MyDisplay( ) {
 . . . . . . . . . . .
}

void MyReshape(int w, int h) {
 . . . . . . . . . . .
}

void MyKeyboard(unsigned char key, int x, int y) {
 . . . . . . . . . . .
}

void MyMouse(int button, int state, int x, int y) {
 . . . . . . . . . . .
}

void MyMotion(int x, int y) {
 . . . . . . . . . . .
}

int main(int argc, char** argv) {
 . . . . . . . . . . .
}
```

[코드 8-3]에서 ①의 glEnable (GL_FOG)은 안개 효과를 활성화하는 것으로서 ②~⑨와 같이 세부적인 사항을 추가하고 있다. ②의 GLfloat fogColor[4] = {0.5, 0.5, 0.5, 1.0}은 안개의 색상을 (R, G, B, A)의 순서대로 설정한 실수형 변수이다. ③의 fogMode = GL_EXP은 안개 효과를 생성하기 위한 안개 생성 방식에 대한 변수를 선언한 것이다. 여기서 GL_EXP에 대한 자세한 설명은 ④의 glFogi 함수에서 하기로 한다. ④의 glFogi (GL_FOG_MODE, fogMode), ⑤의 glFogfv (GL_FOG_COLOR, fogColor), ⑥의 glFogf (GL_FOG_DENSITY, 0.35), ⑧의 glFogf (GL_FOG_START, 1.0) 및 ⑨의 glFogf (GL_FOG_END, 5.0)은 <표 8-2>의 glFog* 함수에 대한 Prototype에서 더 자세한 설명을 확인할 수 있다.

〈표 8-2〉 glFog* 함수에 대한 Prototype

<table>
<tr><td colspan="4">glFog{if} (GLenum pname, TYPE param);
glFog{if}[v] (GLenum pname, TYPE *params);</td></tr>
<tr><td rowspan="10">Parameters Help</td><td colspan="3">pname // 안개 효과를 계산하기 위한 매개변수(Parameter)
param / params // pname을 설정하기 위한 값</td></tr>
<tr><td>pname</td><td>param / params</td><td>의미</td></tr>
<tr><td>GL_FOG_MODE</td><td>GL_EXP, GL_EXP2, GL_LINEAR</td><td>안개 함수 (f)
<표 8-3> 참조</td></tr>
<tr><td>GL_FOG_DENSITY</td><td>density</td><td>안개 함수의 밀도값
Default : 1.0</td></tr>
<tr><td>GL_FOG_START</td><td>start</td><td>안개 함수의 시작 거리
Default : 0.0</td></tr>
<tr><td>GL_FOG_END</td><td>end</td><td>안개 함수의 종료 거리
Default : 1.0</td></tr>
<tr><td>GL_FOG_COLOR</td><td>color[4]</td><td>안개의 색상(RGBA, C_f)
Default : (0.0, 0.0, 0.0, 0.0)</td></tr>
<tr><td>GL_FOG_INDEX</td><td>index</td><td>안개의 색상 인덱스
(Color Index, I_f)
Default : 0.0</td></tr>
<tr><td rowspan="2">GL_FOG_COORD_SRC</td><td>GL_FOG_COORD</td><td>현재의 안개 좌표가 안개 색상 계산에서 거리값으로 사용되어야 한다는 것을 지정</td></tr>
<tr><td>GL_FRAGMENT_DEPTH</td><td>현재 Fragment의 깊이가 안개 계산의 거리값으로 사용되어야 한다는 것을 지정</td></tr>
</table>

〈표 8-3〉 안개의 좌표 : GL_FOG_MODE의 Parameter

Parameter	방 정 식	값의 범위
GL_EXP	$f=e^{-(density \cdot z)}$	[0, 1]
GL_EXP2	$f=e^{-(density \cdot z)^2}$	[0, 1]
GL_LINEAR	$f=\frac{end-z}{end-start}$	[0, 1]

<표 8-3>에서 *z*는 시점(Viewpoint)과 객체 사이의 거리이고, *density*, *start* 및 *end*는 glFog*() 함수의 매개변수(Parameter)들이다. 여기서 안개 효과의 밀도를 나타내는 density는 [그림 8-4]와 같이 시점으로부터 거리에 따라 다양하게 설정되어 진다.

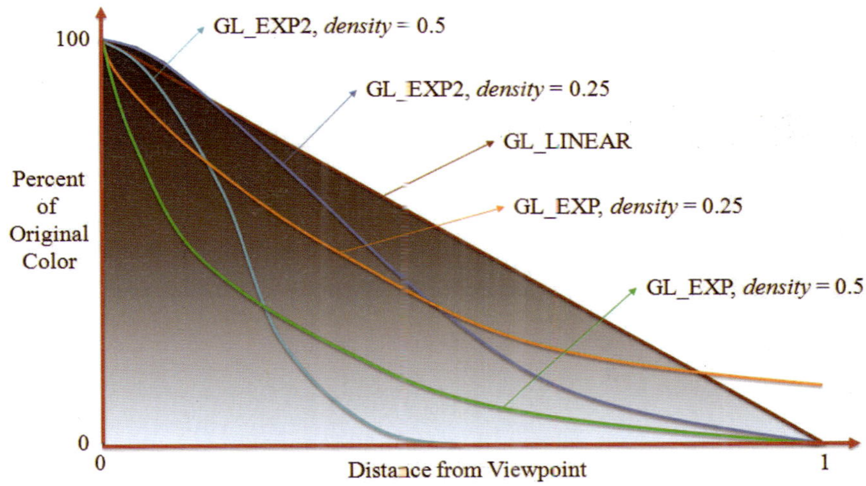

[그림 8-4] 다양한 Parameter에 대한 안개 효과의 밀도 방정식

OpenGL 1.4 버전 이상에서는 glFog(GL_FOG_COORD_SRC, GL_FOG_COORD) 혹은 glFog(GL_FOG_COORDINATE_SOURCE, GL_FOG_COORDINATE) 함수를 호출하여 Per-Vertex 기준으로 *z*값을 직접 지정할 수 있다. 명시적으로 안개 좌표 모드에서는 glFogCoord*() 함수를 사용하여 각 Vertex에서 안개 좌표를 직접 지정할 수 있다. 안개 방정식에서 안개를 계산하는 데 사용하는 좌표를 직접 설정하는 glFogCoord* 함수에 대해서는 <표 8-4>의 glFogCoord* 함수에 대한 Prototype에서 더 자세한 정보를 확인할 수 있다.

〈표 8-4〉 glFogCoord* 함수에 대한 Prototype

void glFogCoord{fd} (TYPE *z*); void glFogCoord(fd)v (TYPE **z*);	
Parameters Help	*z* // 현재의 안개 거리를 나타내는 단일값을 포함하는 배열에 대한 Pointer를 지정한다.

만약 GL_FOG_COORD이 현재의 안개 좌표 소스라면, 현재의 안개 좌표는 안개를 계산하기 위하여 현재의 안개 방정식 (GL_LINEAR, GL_EXP 및 GL_EXP2)에 의해 사용되어진다. *z*값은 Camera 좌표 거리를 나타내는 양수이어야 한다. 만약 안개 좌표가 음수이면, 이상한 색상의 결과를 가져오기 때문에 안개 좌표가 음수가 되지 않도록 유의하여야 한다. [코드 8-4]는 [코드 8-3]에서 안개 생성과 관련된 부분에 한하여 glFogCoord* 함수를 적용해줌으로써 전체적으로 변경된 핵심 부분이다. 그러므로 [코드 8-4]를 참고하여 [코드 8-3]을 변경함으로써 전체 코드를 다시 완성하고 그 구현 결과를 직접 확인해보라.

코드 8-4 glFogCoord 함수를 적용한 안개 효과

```
......
static GLfloat f1, f2, f3;
......
static void MyInit( ) {
    ......
    glEnable(GL_FOG);
    {
        GLfloat fogColor[4] = {0.5, 0.5, 0.5, 1.0};
        glFogi  (GL_FOG_MODE, GL_EXP);
        glFogfv (GL_FOG_COLOR, fogColor);
        glFogf  (GL_FOG_DENSITY, 0.35);
        glHint  (GL_FOG_HINT, GL_DONT_CARE);
        glFogi  (GL_FOG_COORD_SRC, GL_FOG_COORD);
    }
    glClearColor(0.5, 0.5, 0.5, 1.0);
}

void MyDisplay( ) {
    glClear (GL_COLOR_BUFFER_BIT | GL_DEPTH_BUFFER_BIT);

    glColor3f (1.0, 0.75, 0.0);
    glBegin (GL_TRIANGLES);
```

```
        glFogCoordf (f1);
        glVertex3f(2.0, −2.0, 0.0);
        glFogCoordf (f2);
        glVertex3f(−2.0, 2.0, −5.0);
        glFogCoordf (f3);
        glVertex3f(0.0, 2.0, −10.0);
    glEnd();

    glutSwapBuffers();
}

void MyKeyboard (unsigned char key, int x, int y) {
    switch (key) {
        case ‘c’ :
            glFogi (GL_FOG_COORD_SRC  GL_FRAGMENT_DEPTH);
            break;
        case ‘C’ :
            glFogi (GL_FOG_COORD_SRC  GL_FOG_COORD);
            break;
        case ‘1’ :
            f1 += 0.25;
            break;
        case ‘2’ :
            f2 += 0.25;
            break;
        case ‘3’ :
            f3 += 0.25;
            break;
        case ‘8’ :
            if (f1 > 0.25)   f1 −= 0.25;
            break;
        case ‘9’ :
            if (f2 > 0.25)   f2 −= 0.25;
            break;
        case ‘0’ :
            if (f3 > 0.25)   f3 −= 0.25;
            break;
        default :
            break;
    }
    glutPostRedisplay();
}
......
```

RGBA 모드에서의 안개 효과는 안개 함수의 요소 f를 (수식 8-2)와 같이 최종적인 안개 효과의 색상을 결정하는 데 사용한다.

$$C = fC_i + (1-f)C_f \qquad \text{(수식 8-2)}$$

여기서 C는 혼합된 최종 색상값, C_i는 객체의 색상값을 나타내고, C_f는 GL_FOG_COLOR로 설정된 안개 효과의 색상값, f는 안개 함수를 나타낸다.

색상 인덱스(Color Index) 모드에서의 최종적인 안개 효과는 (수식 8-3)과 같이 계산된다.

$$I = I_i + (1-f)I_f \qquad \text{(수식 8-3)}$$

여기서 I_i는 입력된 Fragment들의 색상 인덱스(Color Index)를 나타내고, I_f는 GL_FOG_INDEX로 설정된 안개 효과의 색상 인덱스(Color Index)를 나타낸다.

⑦의 glHint(GL_FOG_HINT, GL_DONT_CARE)는 구현과 관련된 힌트를 지정하는 것으로서 <표 8-5>의 glHint 함수에 대한 Prototype에서 더 자세한 정보를 확인할 수 있다.

〈표 8-5〉 glHint 함수에 대한 Prototype

void glHint (GLenum *target*, GLenum *mode*);		
Parameters Help	*target* // 제어되기 위한 동작을 나타내는 상징적 상수	
	Value	**Meaning**
	GL_FOG_HINT	안개 계산의 정확성을 나타낸다.
	GL_LINE_SMOOTH_HINT	Anti-aliasing된 라인의 Sampling 품질을 나타낸다.
	GL_PERSPECTIVE_CORRECTION_HINT	색상과 Texture 좌표 보간(Interpolation)의 품질을 나타낸다.
	GL_POINT_SMOOTH_HINT	Anti-aliasing된 점들의 Sampling 품질을 나타낸다.
	GL_POLYGON_SMOOTH_HINT	Anti-aliasing된 다각형들의 Sampling 품질을 나타낸다.

mode // 원하는 동작을 나타내는 상징적 상수

Value	Meaning
GL_FASTEST	가장 효율적인 Option이 선택되어야 한다.
GL_NICEST	가장 올바르거나 가장 품질이 좋은 Option이 선택되어야 한다.
GL_DONT_CARE	Client 기본 설정이 필요하지 않다.

04 Section 불(Fire)

불(Fire)은 사전적인 의미로 열(Heat), 조명(Light) 및 다양한 반응 제품을 방출하는 연소 발열 화학 공정에서 재료의 급속한 산화(Oxidation)를 말한다. 불꽃(Flame)은 불(Fire)의 가시적인 부분으로서 불순물(Impurities)에 따라 불꽃의 색상과 불의 농도가 달라진다. [그림 8-5]는 불(Fire)을 OpenGL로 구현한 결과이고, [코드 8-4]는 그 소스 코드이다.

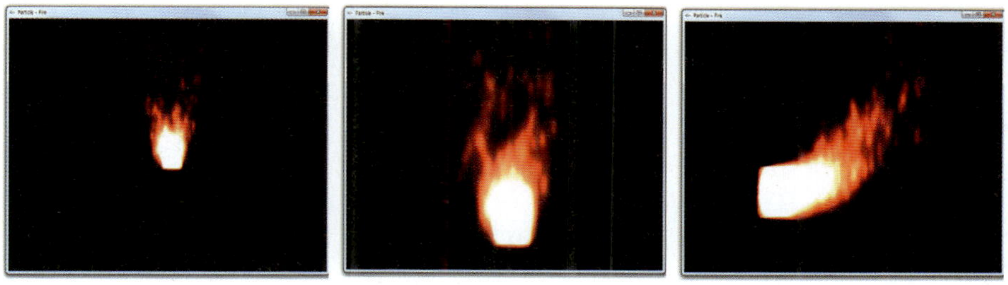

[그림 8-5] 불(Fire)의 구현 결과

코드 8-5 Particle System – Fire

```
#include <windows.h>
#include <stdio.h>
#include <glaux.h>
#include <glut.h>
#include <glu.h>
#include <math.h>

#define MAX_PARTICLES   1000 ····························· ①
// 변수 선언 (전체 소스 코드 참조)

typedef struct { ········································ ②
   bool  active;   float  life;   float  fade;
   float  r;   float  g;   float  b;
   float  x;   float  y;   float  z;
   float  xi;   float  yi;   float  zi;
   float  xg;   float  yg;   float  zg;
} particles;
particles particle[MAX_PARTICLES];

GLuint  texture[1];
bool    keys[256];

AUX_RGBImageRec *LoadBMP(CHAR *Filename) {
   . . . . . . . . . . .
}

void LoadGLTextures( ) {
   . . . . . . . . . . .
}

int InitGL( ) {
    LoadGLTextures( );

    glEnable(GL_BLEND); ································· ③
    glBlendFunc(GL_SRC_ALPHA, GL_ONE_MINUS_SRC_ALPHA); ·· ④
    glEnable(GL_ALPHA_TEST); ···························· ⑤
    glAlphaFunc(GL_GREATER, 0); ························· ⑥
    glEnable(GL_TEXTURE_2D); ···························· ⑦
    glShadeModel(GL_SMOOTH); ···························· ⑧
    glClearColor(0.0f, 0.0f, 0.0f, 0.5f); ··············· ⑨
    glClearDepth(1.0f); ································· ⑩
```

```
    glDisable(GL_DEPTH_TEST); ············································ ⑪

    for (int loop=0; loop<MAX_PARTICLES; loop++) { ······················ ⑫
        particle[loop].active= true;
        particle[loop].life= 1.0f;
        particle[loop].fade= float(rand()%100)/1000.0f+0.002f;
        particle[loop].r= 1.0f;
        particle[loop].g= 0.3f;
        particle[loop].b= 0.2f;
        particle[loop].xi= float((rand()%50)-26.0f);
        particle[loop].yi= float((rand()%50)-25.0f);
        particle[loop].zi= float((rand()%50)-25.0f);
        particle[loop].xg= 0.0f;
        particle[loop].yg= 0.6f;
        particle[loop].zg= 0.0f;
    }
    glHint(GL_PERSPECTIVE_CORRECTION_HINT, GL_NICEST); ··················· ⑬
    glBlendFunc(GL_SRC_ALPHA, GL_ONE); ··································· ⑭
    glEnable(GL_BLEND); ·················································· ⑮
    return TRUE;
}

void DrawGLScene( ) {
    glClear(GL_COLOR_BUFFER_BIT | GL_DEPTH_BUFFER_BIT);
    glMatrixMode( GL_MODELVIEW );
    glLoadIdentity();

    glRotatef( -g_fSpinY, 1.0f, 0.0f, 0.0f );
    glRotatef( -g_fSpinX, 0.0f, 1.0f, 0.0f );

    for (int loop=0;loop<MAX_PARTICLES;loop++) { ························· ⑯
        if (particle[loop].active) {
            float x = particle[loop].x;
            float y = particle[loop].y;
            float z = particle[loop].z+zoom;

            glBindTexture(GL_TEXTURE_2D, texture[0]);
            glColor4f(particle[loop].r,particle[loop].g,particle[loop].b,particle[loop].life);
            glBegin(GL_TRIANGLE_FAN);
                glTexCoord2d(0,0); glVertex3f(x-0.7f,y-2.7f,z);
                glTexCoord2d(1,0); glVertex3f(x+0.7f,y-2.7f,z);
                glTexCoord2d(1,1); glVertex3f(x+0.7f,y+0.7f,z);
```

```
        glTexCoord2d(0,1); glVertex3f(x-0.7f,y+0.7f,z);
    glEnd();

    particle[loop].x    += particle[loop].xi/(slowdown*1000);
    particle[loop].y    += particle[loop].yi/(slowdown*1000);
    particle[loop].z    += particle[loop].zi/(slowdown*1000);
    particle[loop].xi   += particle[loop].xg;
    particle[loop].yi   += particle[loop].yg;
    particle[loop].zi   += particle[loop].zg;
    particle[loop].life -= particle[loop].fade;

    if (particle[loop].life < 0.0f) {
        particle[loop].life = 1.0f;
        particle[loop].fade = float(rand()%100)/1000.0f+0.003f;
        if(loop%2 == 0) {
            particle[loop].x = 1.0f;
            particle[loop].y = 0.0f;
            particle[loop].z = 0.0f;
        }
        if(loop%2 == 1) {
            particle[loop].x = 0.0f;
            particle[loop].y = 0.0f;
            particle[loop].z = 0.0f;
        }
        particle[loop].xi = xspeed+float((rand()%60)-32.0f);
        particle[loop].yi = yspeed+float((rand()%60)-30.0f);
        particle[loop].zi = float((rand()%60)-30.0f);
        particle[loop].r = 1.0f;
        particle[loop].g = 0.3f;
        particle[loop].b = 0.2f;
    }

    if (keys[VK_NUMPAD8] && (particle[loop].yg < 1.5f))
      particle[loop].yg += 0.01f;
    if (keys[VK_NUMPAD2] && (particle[loop].yg > -1.5f))
      particle[loop].yg -= 0.01f;
    if (keys[VK_NUMPAD6] && (particle[loop].xg < 1.5f))
      particle[loop].xg += 0.01f;
    if (keys[VK_NUMPAD4] && (particle[loop].xg > -1.5f))
      particle[loop].xg -= 0.01f;
    if (keys[VK_TAB]) {
       particle[loop].x = 0.0f;
```

```
                particle[loop].y = 0.0f;
                particle[loop].z = 0.0f;
                particle[loop].xi = float((rand()%50)-26.0f);
                particle[loop].yi = float((rand()%50)-25.0f);
                particle[loop].zi = float((rand()%50)-25.0f);
            }
        }
    }

    glutPostRedisplay();
    glutSwapBuffers();
}

void MySpecial(int key, int x, int y) {
 . . . . . . . . . . .
}

void MyMouse(int button, int state, int x, int y) {
 . . . . . . . . . . .
}

void MyMotion(int x, int y) {
 . . . . . . . . . . .
}

void MyReshape(int w, int h) {
 . . . . . . . . . . .
}

void main(int argc, char **argv) {
 . . . . . . . . . . .
}
```

[코드 8-5]에서 ①의 #define MAX_PARTICLES 1000은 Particle의 최대 개수를 나타내는 변수를 선언한 것이고, ②는 Particle System을 구조체(Struct)로 표현한 것으로서, 구조체(Struct)의 이름을 ①의 개수만큼을 포함하는 particle로 선언하였다. ③의 glEnable(GL_BLEND)은 Blending을 활성화하는 것이고, ④는 glBlendFunc(GL_SRC_ALPHA, GL_ONE_MINUS_SRC_ALPHA)으로 Blending을 수행하고 있다. ⑤의 glEnable(GL_ALPHA_TEST)은 Alpha Test를 활성화하고, ⑥의 glAlphaFunc(GL_GREATER, 0)은 Alpha Test를 수행하고 있다. glAlphaFunc

Alpha Test

함수의 매개변수(Parameter)에 대해서는 <표 8-6>의 glAlphaFunc 함수에 대한 Prototype에서 더 자세한 정보를 확인할 수 있다.

〈표 8-6〉 glAlphaFunc 함수에 대한 Prototype

<table>
<tr><th colspan="2">void glAlphaFunc (GLenum func, GLclampf ref);</th></tr>
<tr><td>Parameters Help</td><td>func // Alpha 비교 함수
<table>
<tr><th>Value</th><th>Meaning</th></tr>
<tr><td>GL_NEVER</td><td>절대로 통과하지 않는다.</td></tr>
<tr><td>GL_LESS</td><td>만약 들어오는 Alpha 값이 기준 값보다 작으면 통과한다.</td></tr>
<tr><td>GL_EQUAL</td><td>만약 들어오는 Alpha 값과 같으면 통과한다.</td></tr>
<tr><td>GL_LEQUAL</td><td>만약 들어오는 Alpha 값보다 작거나 같으면 통과한다.</td></tr>
<tr><td>GL_GREATER</td><td>만약 들어오는 Alpha 값보다 더 크면 통과한다.</td></tr>
<tr><td>GL_NOTEQUAL</td><td>만약 들어오는 Alpha 값과 같지 않으면 통과한다.</td></tr>
<tr><td>GL_GEQUAL</td><td>만약 들어오는 Alpha 값보다 더 크거나 같으면 통과한다.</td></tr>
<tr><td>GL_ALWAYS</td><td>항상 통과한다. Default.</td></tr>
</table>
ref // 입력된 Alpha값과 비교하기 위한 기준값으로서 [0, 1]의 범위를 가진다.
// Default : 0</td></tr>
</table>

Gouraud Shading

⑦의 glEnable(GL_TEXTURE_2D)은 2D Texture Mapping이 가능하도록 활성화하는 것이고, ⑧의 glShadeModel(GL_SMOOTH)은 Shading의 세 가지 종류들 즉, Flat Shading, Gouraud Shading 및 Phong Shading 중에서 Gouraud Shading을 수행하는 것이다. ⑨의 glClearColor(0.0f, 0.0f, 0.0f, 0.5f)은 (R, G, B, A)의 속성 값을 가지는 것으로서 배경 색상을 검정색으로 처리하고 Alpha Channel은 50%로 설정하였다. ⑩의 glClearDepth(1.0f)은 Depth Buffer에 대한 명확한 값을 지정한다. glClearDepth 함수에 대해서는 <표 8-7>의 glClearDepth 함수에 대한 Prototype에서 더 자세한 정보를 확인할 수 있다.

〈표 8-7〉 glClearDepth 함수에 대한 Prototype

void glClearDepth (GLclampd *depth*);	
Parameters Help	*depth* // Depth Buffer가 지워질 때 사용된 Depth 값

⑪의 glDisable(GL_DEPTH_TEST)은 Depth Test를 비활성화하는 것이고, ⑫는 ①에서 지정한 Particle의 최대 개수인 MAX_PARTICLES 만큼 Particle 구조체(Struct)의 속성값을 설정하는 것이다. ⑬의 glHint(GL_PERSPECTIVE_CORRECTION_HINT, GL_NICEST)은 구현 고유의 힌트를 지정하는 것으로서 매개변수(Parameter) GL_PERSPECTIVE_CORRECTION_HINT는 색상과 Texture 좌표 보간(Interpolation)의 품질을 나타내며, GL_NICEST는 가장 올바르거나 가장 품질이 좋은 Option이 선택되어야 한다는 것을 의미한다. glHint 함수에 대해서는 <표 8-5>의 glHint 함수에 대한 Prototype에서 더 자세한 정보를 확인할 수 있다. ⑭의 glBlendFunc(GL_SRC_ALPHA, GL_ONE)은 Blending을 수행하는 것인데, ⑮의 glEnable(GL_BLEND)으로 Blending을 활성화함으로써 가능해진다. ⑭의 glBlendFunc(GL_SRC_ALPHA, GL_ONE)와 같이 Blending을 수행하는 것은 Particle들이 Alpha Blending으로 제대로 겹쳐질 수 있도록 하는 것이다. ⑯은 ①에서 지정한 Particle의 최대 개수인 MAX_PARTICLES 만큼 4개의 Vertex로 구성된 다각형을 사용하여 Particle를 구성하고 Particle의 위치에 따른 Texture Mapping과 위치 조절, 시간에 따른 Particle의 사라짐, 색상 적용 등의 효과를 적용한다.

05 Section 불꽃(Flames)

불꽃(Flames)은 불(Fire)에서 시각적으로 보이는 기체 모양의 부분을 말한다. 이것은 얇은 영역에서 일어나는 발열 반응에 의해 발생한다. 불타오르는 촛불의 불꽃과 같은 경우에는 이온화된 기체의 구성 요소를 가질 정도로 충분히 뜨거우며 Plasma(전리 기체 - 원자핵과 전자가 분리된 가스 상태)로 간주할 수도 있다. 불꽃이라 하면 일반적으로 불꽃놀이, 불꽃 축제, 불꽃 쇼 등을 떠올리는데, 본 절에서는 누구나 쉽게 손에 들고 소규모로 간단하게 불꽃놀이를 할 수 있는 장면을 떠올릴 수 있는 불꽃을 구현해보도록 한다. [그림 8-6]은 이와 같은 소규모 불꽃놀이와 같은 불꽃을 구현한 결과이고, [코드 8-6]은 그 소스 코드이다.

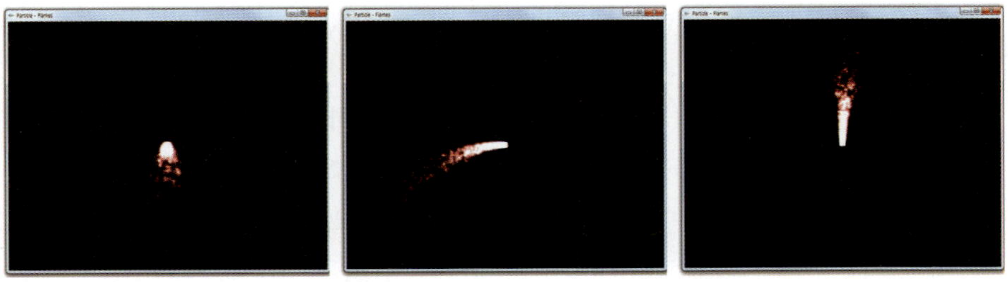

[그림 8-6] 불꽃(Flames)의 구현 결과

코드 8-6

Particle System – Flames

```
// Header File을 Include (전체 소스 코드 참조)

#define    MAX_PARTICLES    1000 ........................................ ①

// 변수 선언 (전체 소스 코드 참조)

typedef struct { ................................................... ②
    bool    active;    float   life;    float   fade;
    float   r;         float   g;       float   b;
    float   x;         float   y;       float   z;
    float   xi;        float   yi;      float   zi;
    float   xg;        float   yg;      float   zg;
} particles;
particles particle[MAX_PARTICLES];

static GLfloat colors[12][3]= ......................................... ③
{
    {1.0f,0.5f,0.5f}, {1.0f,0.75f,0.5f}, {1.0f,1.0f,0.5f}, {0.75f,1.0f,0.5f},
    {0.5f,1.0f,0.5f}, {0.5f,1.0f,0.75f}, {0.5f,1.0f,1.0f}, {0.5f,0.75f,1.0f},
    {0.5f,0.5f,1.0f}, {0.75f,0.5f,1.0f}, {1.0f,0.5f,1.0f}, {1.0f,0.5f,0.75f}
};

AUX_RGBImageRec * LoadBMP(char * Filename) {
    . . . . . . . . . . .
}

int LoadGLTextures( ) {
    . . . . . . . . . . .
}

void MyInit( ) {
```

```
    LoadGLTextures();

    glShadeModel(GL_SMOOTH);
    glClearColor(0.0f, 0.0f, 0.0f, 0.0f);
    glClearDepth(1.0f); ........................................ ④
    glDisable(GL_DEPTH_TEST); .................................. ⑤
    glEnable(GL_BLEND); ........................................ ⑥
    glBlendFunc(GL_SRC_ALPHA,GL_ONE); .......................... ⑦
    glHint(GL_PERSPECTIVE_CORRECTION_HINT,GL_NICEST); .......... ⑧
    glHint(GL_POINT_SMOOTH_HINT,GL_NICEST); .................... ⑨
    glEnable(GL_TEXTURE_2D);
    glBindTexture(GL_TEXTURE_2D,texture[0]);

    for (int loop=0; loop<MAX_PARTICLES; loop++) { ............. ⑩
        particle[loop].active = true;
        particle[loop].life = 1.0f;
        particle[loop].fade = float(rand()%100)/1000.0f+0.003f;
        particle[loop].r = colors[loop*(12/MAX_PARTICLES)][0];
        particle[loop].g = colors[loop*(12/MAX_PARTICLES)][1];
        particle[loop].b = colors[loop*(12/MAX_PARTICLES)][2];
        particle[loop].xi = float((rand()%50)-26.0f)*10.0f;
        particle[loop].yi = float((rand()%50)-25.0f)*10.0f;
        particle[loop].zi = float((rand()%50)-25.0f)*10.0f;
        particle[loop].xg = 0.0f;
        particle[loop].yg = -0.8f;
        particle[loop].zg = 0.0f;
    }
}

void MyDisplay( ) {
    glClear(GL_COLOR_BUFFER_BIT | GL_DEPTH_BUFFER_BIT);
    glMatrixMode( GL_MODELVIEW );
    glLoadIdentity();

    glTranslatef( 0.0f, 0.0f, g_fDistance );
    glRotatef( -g_fSpinY, 1.0f, 0.0f, 0.0f );
    glRotatef( -g_fSpinX, 0.0f, 1.0f, 0.0f );

    for (int loop=0; loop<MAX_PARTICLES; loop++) { ............. ⑪
        if (particle[loop].active) {
            float x = particle[loop].x;
            float y = particle[loop].y;
```

```
            float z = particle[loop].z+zoom;

            glColor4f(particle[loop].r,particle[loop].g,particle[loop].b,particle[loop].life);

            glBegin(GL_TRIANGLE_STRIP);
                glTexCoord2d(1,1); glVertex3f(x+0.5f,y+0.5f,z);
                glTexCoord2d(0,1); glVertex3f(x-0.5f,y+0.5f,z);
                glTexCoord2d(1,0); glVertex3f(x+0.5f,y-0.5f,z);
                glTexCoord2d(0,0); glVertex3f(x-0.5f,y-0.5f,z);
            glEnd();

            particle[loop].x += particle[loop].xi/(slowdown*1000);
            particle[loop].y += particle[loop].yi/(slowdown*1000);
            particle[loop].z += particle[loop].zi/(slowdown*1000);

            particle[loop].xi += particle[loop].xg;
            particle[loop].yi += particle[loop].yg;
            particle[loop].zi += particle[loop].zg;
            particle[loop].life -= particle[loop].fade;

            if (particle[loop].life < 0.0f) {
                particle[loop].life = 1.0f;
                particle[loop].fade = float(rand()%100)/1000.0f+0.003f;
                particle[loop].x = 0.0f;
                particle[loop].y = 0.0f;
                particle[loop].z = 0.0f;
                particle[loop].xi = xspeed+float((rand()%60)-32.0f);
                particle[loop].yi = yspeed+float((rand()%60)-30.0f);
                particle[loop].zi = float((rand()%60)-30.0f);
                particle[loop].r = colors[col][0];
                particle[loop].g = colors[col][1];
                particle[loop].b = colors[col][2];
            }
        }
    }

    glutPostRedisplay();
    glutSwapBuffers();
}

void MyReshape(int w, int h) {
. . . . . . . . . . .
```

```
}

void MyMouse(int button, int state, int x, int y) {
 . . . . . . . . . .
}

void MyMotion(int x, int y) {
 . . . . . . . . . .
}

void MySpecial(int key, int x, int y) {
 . . . . . . . . . .
}

int main(int argc, char ** argv) {
 . . . . . . . . . .
}
```

[코드 8-6]에서 ①의 #define MAX_PARTICLES 1000은 Particle의 최대 개수를 나타내는 변수와 그 값을 선언한 것이고, ②는 Particle을 위한 구조체(Struct)를 선언한 것으로서 여러 가지 속성값들과 함께 구조체의 이름을 particle로 선언하고 ①에서 지정한 Particle의 최대 개수만큼 배열을 만든다. ③은 (R, G, B)와 같이 3개의 실수(float)형 값으로 구성된 색상 12개를 가지는 12×3 크기의 2D 배열 변수 colors를 선언하고 그 값들을 지정한 것이다. ④의 glClearDepth(1.0f)은 Depth Buffer에 대한 명확한 값을 지정하는 것이다. ⑤의 glDisable(GL_DEPTH_TEST)은 Depth Test를 비활성화하는 것이다. ⑥의 glEnable(GL_BLEND)은 Blending을 활성화하는 것이고, ⑦의 glBlendFunc(GL_SRC_ALPHA, GL_ONE)은 Blending을 수행하는 것이다. 즉, Particle들이 Alpha Blending으로 제대로 겹쳐질 수 있도록 하는 기능을 수행한다. ⑧의 glHint(GL_PERSPECTIVE_CORRECTION_HINT, GL_NICEST)과 ⑨의 glHint(GL_POINT_SMOOTH_HINT, GL_NICEST)은 구현 고유의 힌트(Hint)를 지정하는 것으로서 매개변수(Parameter) GL_PERSPECTIVE_CORRECTION_HINT은 색상과 Texture 좌표 보간(Interpolation)의 품질을 나타내며, GL_NICEST은 가장 올바르거나 가장 품질이 좋은 Option이 선택되어야 한다는 것을 의미한다. 그리고 GL_POINT_SMOOTH_HINT은 Anti-aliasing된 점(Point)들의 Sampling 품질을 가리키는 것이다. ⑩은 Particle의 최대 개수인 MAX_PARTICLES만큼 Particle의 기본적인 속성값들을 구조체(Struct) particle에 채워 넣어 초기화하는 것

Alpha Blending

이고 ⑪은 불꽃이 자연스럽게 표현되기 위한 구조체(Struct) particle의 각 속성값들을 연속적으로 생성하고 있다.

06 Section 눈(Snow)

눈(Snow)은 구름(Cloud)에서 낙하하는 눈송이(Snowflake)로 이루어진 투명한 얼음 결정체의 형태로 구성되어져 있다. 눈은 작은 얼음 Particle로 구성되어져 있기 때문에 과립상의 재료(Granular Material)라고 한다. 눈송이는 크기와 모양에 있어서 매우 다양한 종류로 구성되어져 있다. [그림 8-7]는 이와 같이 다양한 모양과 크기를 가지는 눈이 내리는 장면을 구현한 결과이고, [코드 8-7]은 그 소스 코드이다.

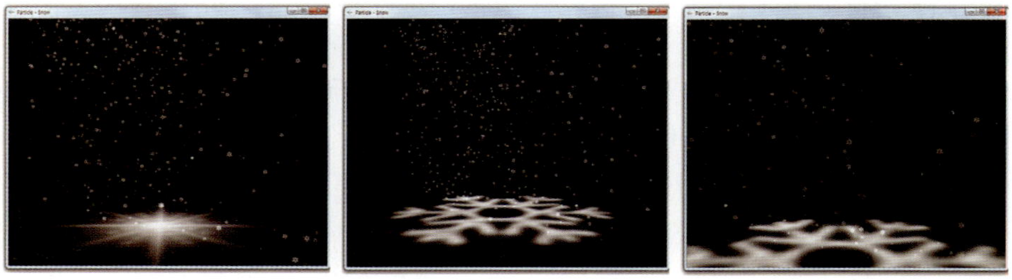

[그림 8-7] 눈(Snow)의 구현 결과

코드 8-7 Particle System – Snow

```
// Header File을 Include (전체 소스 코드 참조)

int winddir = 45; ................................................ ①
GLfloat windspeed = 0.0005f; ..................................... ②

// 변수 선언 (전체 소스 코드 참조)

struct particle { ................................................ ③
    GLfloat x,y,z;
```

```
    GLfloat r,g,b;
    GLfloat xd,yd,zd;
    GLfloat cs;
} p[1000];

GLuint g_textureID[3];

void LoadTexture() {
 . . . . . . . . . . .
}

void DrawGLScene() {
    glClear(GL_COLOR_BUFFER_BIT | GL_DEPTH_BUFFER_BIT);
    glMatrixMode( GL_MODELVIEW );
    glLoadIdentity();

    glTranslatef( 0.0f, 0.0f, g_fDistance );
    glRotatef( -g_fSpinY, 1.0f, 0.0f, 0.0f );
    glRotatef( -g_fSpinX, 0.0f, 1.0f, 0.0f );

    glPushMatrix();
        glBindTexture(GL_TEXTURE_2D, g_textureID[2]);
        glColor4ub(255, 255, 255, 255);
        glNormal3f(0.0f,1.0f,0.0f);
        glBegin(GL_QUADS);
            glTexCoord2f(0.0f,0.0f);    glVertex3f(-1.0f, -0.5f, 1.0f);
            glTexCoord2f(1.0f,0.0f);    glVertex3f(-1.0f, -0.5f,-1.0f);
            glTexCoord2f(1.0f,1.0f);    glVertex3f( 1.0f, -0.5f,-1.0f);
            glTexCoord2f(0.0f,1.0f);    glVertex3f( 1.0f, -0.5f, 1.0f);
        glEnd();
    glPopMatrix();

    glPushMatrix();
        for (int i=0; i<1000; i++) { ........................................ ④
            p[i].x += cos(winddir*.0174532925f)*windspeed;
            p[i].y += p[i].yd;
            p[i].z += sin(winddir*.0174532925f)*windspeed;

            if (p[i].y<= -0.5f) {
                p[i].xd = -(rand()/32767.0f-0.5f)/200.0f;
                p[i].zd = -(rand()/32767.0f-0.5f)/200.0f;
                p[i].yd = -rand()/32767.0f/100.0f;
```

```
                p[i].x  = (rand()/32767.0f-1.0f);
                p[i].y  = 1.0f;
                p[i].z  = (rand()/32767.0f-1.0f);
                p[i].b  = rand()/32767.0f;
                p[i].g  = p[i].b;
                p[i].r  = p[i].b;
            }
        }

        for (int i=0; i<1000; i++) { ........................................................... ⑤
            float dif = 0.0;
            if(i%3 == 0)         dif = 0.01;
            else if(i%3 == 1)    dif = 0.02;
            else if(i%3 == 2)    dif = 0.03;

            glEnable( GL_BLEND );
            glBlendFunc( GL_SRC_ALPHA, GL_ONE );
            glColor3f(p[i].r, p[i].g, p[i].b);
            glBindTexture( GL_TEXTURE_2D, g_textureID[i%3] );
            glBegin(GL_QUADS);
                glTexCoord2f(0.0f, 0.0f); glVertex3f(p[i].x - dif, p[i].y - dif, p[i].z);
                glTexCoord2f(1.0f, 0.0f); glVertex3f(p[i].x,       p[i].y - dif, p[i].z);
                glTexCoord2f(1.0f, 1.0f); glVertex3f(p[i].x,       p[i].y,       p[i].z);
                glTexCoord2f(0.0f, 1.0f); glVertex3f(p[i].x - dif, p[i].y,       p[i].z);
            glEnd();
        }
    glPopMatrix();

    glutPostRedisplay();
    glutSwapBuffers();
}

int InitGL( ) {
    LoadTexture();

    for (int i=0; i<1000; i++) { ........................................................... ⑥
        p[i].xd = -(rand()/32767.0f-0.5f)/200.0f;
        p[i].zd = -(rand()/32767.0f-0.5f)/200.0f;
        p[i].yd = -rand()/32767.0f/100.0f;
        p[i].x  = (rand()/32767.0f-1.0f);
        p[i].y  = 1.0f;
        p[i].z  = (rand()/32767.0f-1.0f);
```

```
        p[i].b  = rand()/32767.0f;
        p[i].g  = p[i].b;
        p[i].r  = p[i].b;
    }

    glShadeModel(GL_SMOOTH);
    glClearColor(0.0f, 0.0f, 0.0f, 0.5f);
    glClearDepth(1.0f);······························································· ⑦
    glEnable( GL_TEXTURE_2D ); ······················································ ⑧
    glEnable( GL_BLEND );  ·························································· ⑨
    glBlendFunc( GL_SRC_ALPHA, GL_ONE ); ············································ ⑩
    glEnable(GL_DEPTH_TEST); ························································ ⑪
    glDepthFunc(GL_LEQUAL);  ························································ ⑫
    glHint(GL_PERSPECTIVE_CORRECTION_HINT, GL_NICEST);  ····························· ⑬

    return true
}

void MySpecial(int key, int x, int y) {
 . . . . . . . . . .
}

void MyMouse(int button, int state, int x, int y) {
 . . . . . . . . . .
}

void MyMotion(int x, int y) {
 . . . . . . . . . .
}

void MyReshape(int w, int h) {
 . . . . . . . . . .
}

void main(int argc, char **argv) {
 . . . . . . . . . .
}
```

[코드 8-7]에서 ①의 int winddir = 45는 바람의 방향에 따라 눈이 내리는 방향을 설정할 때 사용하기 위한 정수형 변수를 선언하고 초기값을 설정한 것이다. ②의 GLfloat windspeed = 0.0005f는 눈이 얼마나 빨리 내리는지에 영향을 주기 위

한 바람의 속도를 설정할 때 사용하기 위한 실수형 변수를 선언하고 초기값을 설정한 것이다. ③은 눈에 해당하는 Particle을 구조체(Struct)로 선언한 것이고 구조체의 이름을 p로 설정하고 있다. 그리고 Particle의 크기를 1000개 가지는 구조체 배열로 선언하였다. ④는 바람의 방향과 속도에 따른 눈의 Particle 1000개를 위한 구조체 배열 p의 각 속성들에 대한 값을 설정한 것인데, 여기서 ①과 ②에서 설정한 변수 및 값이 사용된다. ⑤는 눈의 Particle 1000개를 위한 서로 다른 크기의 다각형을 생성하고 glEnable(GL_BLEND)으로 Blending을 활성화한 다음 glBlendFunc(GL_SRC_ALPHA, GL_ONE)으로 Blending을 수행함으로써 투명도 효과를 볼 수 있는 Texture Mapping된 눈의 Particle들을 생성한다. ⑥은 눈의 Particle 1000개를 위한 구조체 배열 p의 각 속성들에 대한 초기값을 설정한 것이다. ⑦의 glClearDepth(1.0f)은 Depth Buffer에 대한 명확한 값을 지정하는 것이다. ⑧의 glEnable(GL_TEXTURE_2D)은 2D Texture Mapping이 가능하도록 활성화시키는 것이다. ⑨의 glEnable(GL_BLEND)은 Blending을 활성화하는 것이고, ⑩의 glBlendFunc(GL_SRC_ALPHA, GL_ONE)은 Blending을 수행하는 것이다. 즉, Particle들이 Alpha Blending으로 제대로 겹쳐질 수 있도록 하는 기능을 수행한다. ⑪의 glEnable(GL_DEPTH_TEST)은 Depth Test를 활성화하고 ⑫의 glDepthFunc(GL_LEQUAL)은 Depth Buffer 비교를 위해 사용된 값을 지정한다. 여기서 매개변수(Parameter) GL_LEQUAL은 입력되어지는 z값이 저장된 z값보다 작거나 같으면 통과하는 기능을 수행한다. ⑬의 glHint(GL_PERSPECTIVE_CORRECTION_HINT, GL_NICEST)은 구현 고유의 힌트(Hint)를 지정하는 것으로서 매개변수(Parameter) GL_PERSPECTIVE_CORRECTION_HINT는 색상과 Texture 좌표 보간(Interpolation)의 품질을 나타내며, GL_NICEST는 가장 올바르거나 가장 품질이 좋은 Option이 선택되어야 한다는 것을 의미한다.

07 Section 비(Rain)

비(Rain)는 대기 수증기에서 응축(Condensation)하는 물방울(Waterdrop)의 형태를 가진 액체 상태의 물(Water)이고, 중력에 의해 떨어지기에 충분할 정도로 응결(Condensation)되어진 상태로 떨어지게 된다. [그림 8-8]은 이와 같이 비(Rain)가 내리는 장면을 구현한 결과이고, [코드 8-8]은 그 소스 코드이다. [코드 8-8]은 [코드 8-7]의 눈(Snow)이 내리는 장면을 구현한 소스 코드에서 비(Rin)에 해당하는 Particle을 구성하는 다각형의 모양과 크기를 변경하였을 뿐 차이가 있는 부분은 거의 없다.

[그림 8-8] 비(Rain)의 구현 결과

코드 8-8 Particle System – Rain

```
// Header File을 Include (전체 소스 코드 참조)

// 변수 및 구조체 선언 (전체 소스 코드 참조)

void LoadTexture() {
  . . . . . . . . . . .
}

void DrawGLScene() {
    glClear(GL_COLOR_BUFFER_BIT | GL_DEPTH_BUFFER_BIT);
    glMatrixMode( GL_MODELVIEW );
    glLoadIdentity();

    glTranslatef( 0.0f, 0.0f, g_fDistance );
    glRotatef( -g_fSpinY, 1.0f, 0.0f, 0.0f );
    glRotatef( -g_fSpinX, 0.0f, 1.0f, 0.0f );
```

```
glPushMatrix();
glColor4ub(255,255,255,255);
glNormal3f(0.0f,1.0f,0.0f);
glEnable( GL_TEXTURE_2D );
glBindTexture(GL_TEXTURE_2D, g_textureID);
glRotatef(90.0, 0.0, 1.0, 0.0);
glBegin(GL_QUADS);
    glTexCoord2f(0.0f,0.0f);    glVertex3f(-1.5f, -0.5f, 2.0f);
    glTexCoord2f(1.0f,0.0f);    glVertex3f(-1.5f, -0.5f,-2.0f);
    glTexCoord2f(1.0f,1.0f);    glVertex3f( 1.5f, -0.5f,-2.0f);
    glTexCoord2f(0.0f,1.0f);    glVertex3f( 1.5f, -0.5f, 2.0f);
glEnd();
glPopMatrix();

glPushMatrix();
    for (int i=0; i<1000; i++) {
        p[i].x  += cos(winddir*.0174532925f)*windspeed;
        p[i].y  += p[i].yd;
        p[i].z  += sin(winddir*.0174532925f)*windspeed;
        p[i].yd -= rand()/32767.0f/100000.0f;

        if (p[i].y<= -0.5f) {
            p[i].xd = -(rand()/32767.0f-0.5f)/200.0f;
            p[i].zd = -(rand()/32767.0f-0.5f)/200.0f;
            p[i].yd = -rand()/32767.0f/100.0f;
            p[i].x  = (rand()/32767.0f-1.0f);
            p[i].y  = 1.0f;
            p[i].z  = (rand()/32767.0f-1.0f);
            p[i].b  = rand()/32767.0f;
            p[i].g  = p[i].b;
            p[i].r  = p[i].b;
        }
    }

    for (int i=0; i<1000; i++) {
        float difx = 0.0, dify = 0.0;
        if(i%3 == 0) {
            difx = 0.005;
            dify = 0.01;
        } else if(i%3 == 1) {
            difx = 0.005;
            dify = 0.03;
```

```
            } else {
                difx = 0.005;
                dify = 0.05;
            }

            glDisable(GL_TEXTURE_2D);
            glColor3f(0.5, 0.5, 0.5);
            glBegin(GL_QUADS);
            glTexCoord2f(0.0f, 0.0f); glVertex3f(p[i].x - difx, p[i].y - dify, p[i].z);
            glTexCoord2f(1.0f, 0.0f); glVertex3f(p[i].x,        p[i].y - dify, p[i].z);
            glTexCoord2f(1.0f, 1.0f); glVertex3f(p[i].x,        p[i].y,        p[i].z);
            glTexCoord2f(0.0f, 1.0f); glVertex3f(p[i].x - difx, p[i].y,        p[i].z);
            glEnd();
        }
    glPopMatrix();

    glutPostRedisplay();
    glutSwapBuffers();
}

int InitGL( ) {
 . . . . . . . . . . .
}

void MySpecial(int key, int x, int y) {
 . . . . . . . . . . .
}

void MyMouse(int button, int state, int x, int y) {
 . . . . . . . . . . .
}

void MyMotion(int x, int y) {
 . . . . . . . . . . .
}

void MyReshape(int w, int h) {
 . . . . . . . . . . .
}

void main(int argc, char **argv) {
 . . . . . . . . . . .
}
```

08 Section 연기(Smoke)

연기(Smoke)는 물질이 대량으로 개입하거나 혼합되는 공기의 수량과 함께 연소 또는 열분해를 당할 때 공기로 운반되는 고체와 액체 Particle 및 방출되는 가스의 집합이라고 말할 수 있다. 연기는 일반적으로 난로, 촛불, 램프 및 벽난로 등과 같은 제품으로부터 원하지 않게 화재가 발생되어 나타나는 현상이기도 하지만, 산불 등과 같이 자연 발생으로 인한 원인에 의해 나타나기도 한다. 또한 연기는 의사소통을 위한 신호의 수단으로 사용되기도 하고, 해충을 통제하기 위한 목적으로 사용되기도 한다. 그리고 연기는 훈제 연어 요리 및 담배의 연기 등과 같은 부분에서도 쉽게 확인할 수 있다. [그림 8-9]는 이와 같은 연기(Smoke)의 종류들 중 논이나 밭과 같은 지형에서 작은 불씨들이 남아 있을 때 쉽게 볼 수 있는 연기를 구현한 결과이고, [코드 8-9]는 그 소스 코드이다.

[그림 8-9] Smoke의 구현 결과

코드 8-9 Particle System - Smoke

```
// Header File을 Include (전체 소스 코드 참조)

// 변수 및 구조체 선언 (전체 소스 코드 참조)

void loadTexture( ) {
  . . . . . . . . . . .
}

void MyInit( ) {
  . . . . . . . . . . .
}
```

```
void InitParticles( ) {
    g_pParticleSystems = new CParticleSystem();
    g_pParticleSystems->SetTexture( "particle.bmp" );
    g_pParticleSystems->SetMaxParticles( 500 );
    g_pParticleSystems->SetNumToRelease( 5 );
    g_pParticleSystems->SetReleaseInterval( 0.05f );
    g_pParticleSystems->SetLifeCycle( 4.0f );
    g_pParticleSystems->SetSize( 50.0f );
    g_pParticleSystems->SetColor( vector3f( 1.0f, 1.0f, 1.0f ));
    g_pParticleSystems->SetPosition( vector3f( 0.0f, 0.0f, 0.0f ) );
    g_pParticleSystems->SetVelocity( vector3f( 0.0f, 5.0f, 0.0f ) );
    g_pParticleSystems->SetGravity( vector3f( 0.0f, 0.0f, 0.0f ) );
    g_pParticleSystems->SetWind( vector3f( 2.0f, 0.0f, 0.0f ) );
    g_pParticleSystems->SetVelocityVar( 1.5f );
    g_pParticleSystems->Init();
}

void updateViewMatrix( ) {
 . . . . . . . . . . .
}

void MyDisplay( ) {
 . . . . . . . . . . .
}

void MyReshape(int w, int h) {
 . . . . . . . . . . .
}

void MyMouse(int button, int state, int x, int y) {
 . . . . . . . . . . .
}

void MyMotion(int x, int y) {
 . . . . . . . . . . .
}

void MySpecial(int key, int x, int y) {
 . . . . . . . . . . .
}

int main(int argc, char ** argv) {
 . . . . . . . . . . .
}
```

[코드 8-9]는 폭죽에 대한 소스 코드 [코드 8-2]와 거의 같으며, 다만 InitParticles 함수에서 Particle System에 대한 속성값이 많이 다르다. 그러므로 핵심적인 소스 코드 부분에 대한 설명은 [코드 8-2]을 참고하기 바란다.

Project 8 - I Real-Time Realistic Cloud Rendering 및 Lighting

구현 기능	[코드 8-9]를 참고하고 다음 기능들을 추가하여 아래 구현 결과와 같이 태양(Sun) 및 태양 주변에 수 개 이상의 구름(Cloud)들을 완성하도록 한다. – 하늘(Sky)은 Skybox와 유사한 Skydome을 사용하여 구현하고, Y축 값이 0(Zero)인 지표면 전체는 땅(Ground) 혹은 바다(Sea)로 설정하도록 한다. – Mouse Callback을 설정하고 Mouse를 움직이면 Y축을 기준으로 360도 회전(Rotation)이 가능하게 하고, X축을 기준으로 범위 [-90, 90]도 내에서 회전이 가능하게 한다. – Mouse Callback을 설정하고 Right Button을 Click하면 Wire-frame Modeling 형식으로 보이게 하고, Left Button을 Click하면 기본 형식으로서 Wire-frame Modeling 형식이 해제되도록 한다. – Keyboard Callback을 설정하고 ↑ Key 및 ↓ Key를 사용하여 Camera의 Zoom In/Out이 가능하게 한다. 단, 적당한 거리에서 더 이상 Zoom In/Out이 진행되지 않도록 임계값(Threshold)을 설정하여야 한다. – Keyboard Callback을 설정하고 ← Key 및 → Key를 사용하여 Camera가 좌우로 이동이 가능하게 한다. 단, 적당한 거리에서 더 이상 이동이 진행되지 않도록 임계값(Threshold)을 설정하여야 한다. 또한 태양(Sun)은 이동하지 않고 고정되어져 있어야 한다.
구현 결과	

09 Section 폭포(Waterfall)

폭포(Waterfall)는 개울(Stream)이나 하천(River)의 줄기에서 물(Water)이 수직 강하를 통해 흐르는 곳을 말한다. 또한 폭포는 평판 모양의 빙산(Iceberg)이나 얼음 선반(Ice Shelf)의 가장자리 위에 떨어지는 빙하(Glacier)가 녹은 물에서도 발생한다. [그림 8-10]은 산과 강이 함께 인접해있는 계곡에서 암벽을 거쳐 강으로 떨어지는 폭포를 구현한 결과이고, [코드 8-10]은 그 소스 코드이다.

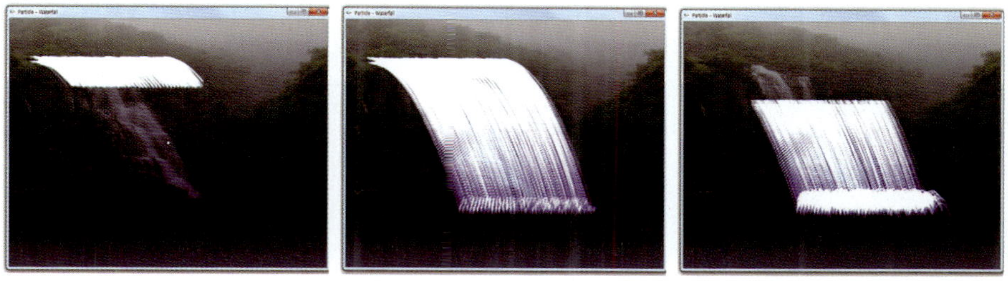

[그림 8-10] 폭포(Waterfall)의 구현 결과

코드 8-10 Particle System - Waterfall

```
// Header File을 Include (전체 소스 코드 참조)

#define MAX_PARTICLES   1000 ........................................ ①
#define MAX_TAIL        100  ........................................ ②

typedef struct { ................................................... ③
    float  life;
    float  fade;
    float  r,g,b;
    float  x,y,z;
    float  xSpeed,ySpeed,zSpeed;
    float  xg,yg,zg;
} PARTICLES;
PARTICLES particle[MAX_PARTICLES][MAX_TAIL];
PARTICLES bubble[MAX_PARTICLES];

GLint TailLen; ..................................................... ④
```

```
GLuint g_textureID[2];
GLfloat speedFator = 0.033f;  ........................................ ⑤

// 변수 선언 (전체 소스 코드 참조)

void LoadTexture( ) {
  . . . . . . . . . . .
}

void DrawParticle( ) {  ............................................... ⑥
    glPushMatrix();
        glBlendFunc(GL_SRC_ALPHA, GL_ONE);
        glEnable(GL_BLEND);
        glEnable(GL_TEXTURE_2D);

        for (int loop=0; loop<MAX_PARTICLES; loop++) {
            glDisable(GL_DEPTH_TEST);
            glBindTexture(GL_TEXTURE_2D, g_textureID[0]);

            for(TailLen=MAX_TAIL-1; TailLen>0; TailLen--) {
                // Y축에 따라 폭포 Particle의 색상 변화 설정
                if (particle[loop][TailLen].y > -23.0f) {
                    float k = (particle[loop][TailLen].y+29)*0.01590909+0.00454545;
                    glColor4f(k,k,0.8,0.8);
                } else {
                    glColor4f(0.7, 0.7, 0.9, 0.9);
                }

                // MAX_TAIL 개수만큼 폭포 Particle을 위한 다각형의 생성
                glBegin(GL_TRIANGLE_STRIP);
                    glTexCoord2f(1.0f, 1.0f); glVertex3f(particle[loop][TailLen].x + 0.3f,
                        particle[loop][TailLen].y + 0.3f, particle[loop][TailLen].z);
                    glTexCoord2f(0.0f, 1.0f); glVertex3f(particle[loop][TailLen].x - 0.3f,
                        particle[loop][TailLen].y + 0.3f, particle[loop][TailLen].z);
                    glTexCoord2f(1.0f, 0.0f); glVertex3f(particle[loop][TailLen].x + 0.3f,
                        particle[loop][TailLen].y - 0.3f, particle[loop][TailLen].z);
                    glTexCoord2f(0.0f, 0.0f); glVertex3f(particle[loop][TailLen].x - 0.3f,
                    particle[loop][TailLen].y - 0.3f, particle[loop][TailLen].z);
                glEnd();

                // MAX_TAIL 개수만큼 폭포 Particle을 배치
                particle[loop][TailLen].x = particle[loop][TailLen-1].x;
```

```
            particle[loop][TailLen].y = particle[loop][TailLen-1].y;
            particle[loop][TailLen].z = particle[loop][TailLen-1].z;
        }
        glEnable(GL_DEPTH_TEST);

        // 폭포 Particle이 낙하하는 방향 설정
        particle[loop][0].x += particle[loop][0].xSpeed/(speedFator*1000.0f);
        particle[loop][0].y += particle[loop][0].ySpeed/(speedFator*1000.0f);
        particle[loop][0].z += particle[loop][0].zSpeed/(speedFator*1000.0f);

        particle[loop][0].xSpeed += particle[loop][0].xg/(speedFator*1000.0f);
        particle[loop][0].ySpeed += particle[loop][0].yg/(speedFator*1000.0f);
        particle[loop][0].zSpeed += particle[loop][0].zg/(speedFator*1000.0f);

        particle[loop][0].life -= particle[loop][0].fade;

        // 폭포 Particle이 River의 수면게 도착하는 순간 Particle의 이동 방향 설정
        if(particle[loop][TailLen].y < -18) {
            particle[loop][TailLen].xSpeed = rand()%2 + 1;
            particle[loop][TailLen].ySpeed = rand()%2 + 8;
            particle[loop][TailLen].zSpeed = rand()%2 + 2;
        }

        // 폭포 Particle들의 초기 상태
        if (particle[loop][0].life == 0.0f) {
            particle[loop][0].life = 1.0f;
            particle[loop][0].fade = ((-1)*float(rand()%3)+96)/10000;

            particle[loop][0].x = float(rand()%35) - 35.0f;
            particle[loop][0].y = float(rand()%2) + 20;
            particle[loop][0].z = float(-1*(rand()%10));

            particle[loop][0].xSpeed = 8.0f + float(rand()%2);
            particle[loop][0].ySpeed = 0;
            particle[loop][0].zSpeed = 0;

            particle[loop][0].xg = 0.0f;
            particle[loop][0].yg =-9.8f;
            particle[loop][0].zg = 0.0f;
        }
    }
    glDisable(GL_TEXTURE_2D);
```

```
        glDisable(GL_BLEND);
    glPopMatrix();
}

void DrawMountain( ) {
 . . . . . . . . . . .
}

void DrawRiver( ) {
 . . . . . . . . . . .
}

void DrawGLScene( ) {
 . . . . . . . . . . .
}

void InitGL( ) {
 . . . . . . . . . . .
}

void MySpecial(int key, int x, int y) {
 . . . . . . . . . . .
}

void MyMouse(int button, int state, int x, int y) {
 . . . . . . . . . . .
}

void MyMotion(int x, int y) {
 . . . . . . . . . . .
}

void MyReshape(int w, int h) {
 . . . . . . . . . . .
}

void main(int argc, char **argv) {
 . . . . . . . . . . .
}
```

[코드 8-10]에서 ①의 #define MAX_PARTICLES 1000은 폭포를 구현할 때 사용할 Particle의 최대 개수를 위한 변수 선언과 값을 설정한 것이고, ②의 #define

MAX_TAIL 100은 ①에서 설정한 Particle들이 낙하할 때 뒤따라 함께 낙하하기 위한 Particle들의 개수를 위한 변수 선언과 값이다. ③은 폭포에 사용될 Particle을 위한 구조체 PARTICLES를 선언한 것이고, 구조체의 이름은 다시 particle로 설정하는데 MAX_PARTICLES × MAX_TAIL의 크기를 가지는 2D 배열이다. ④의 GLint TailLen은 ⑥에서 ②를 사용하기 위한 정수형 변수를 선언한 것이다. ⑤의 GLfloat speedFator = 0.033f은 ⑥에서 폭포가 낙하하는 속도를 계산할 때 사용하기 위한 실수형 변수를 선언하고 그 값을 설정한 것이다. ⑥의 void DrawParticle 함수는 실제 폭포를 구현하기 위한 핵심적인 부분으로서 glEnable(GL_BLEND)으로 Blending을 활성화하고 glBlendFunc(GL_SRC_ALPHA, GL_ONE)으로 Blending을 수행하여 Particle들이 투명하게 나타나도록 하고 있다. 또한 glEnable(GL_TEXTURE_2D)으로 Texture Mapping을 수행하도록 활성화한다. 4개의 Vertex로 구성된 다각형을 생성하여 폭포를 위한 Particle을 생성하고 ①과 ②에서 정한 Particle의 개수만큼 폭포 Particle들의 속성 즉, Particle의 위치와 낙하하는 방향 등을 계산한다. 또한 폭포 Particle이 강(River)의 수면에 떨어지는 순간 정해진 방향으로 Particle들이 이동하는 방향을 설정하는 것도 함께 계산해주고 있다.

10 Section 분수(Fountain)

분수(Fountain)는 일반적으로 장식용이나 관상용의 효과를 위해 물(Water)을 힘차게 분출하는 것으로 많이 알고 있고 또한 사용되고 있는데, 농작물에게 수분을 보충해주기 위한 Sprinkler 등에서도 많이 볼 수 있다. 분수는 분출되는 물방울(Waterdrop)의 크기에 따라 다양한 구형을 가지고 있는데, 본 절에서는 관상용으로 사용되는 분수를 고려해보도록 한다 [그림 8-11]은 작은 물방울들을 분출하는 작은 분수의 구현 결과이고, [코드 8-11]은 그 소스 코드이다.

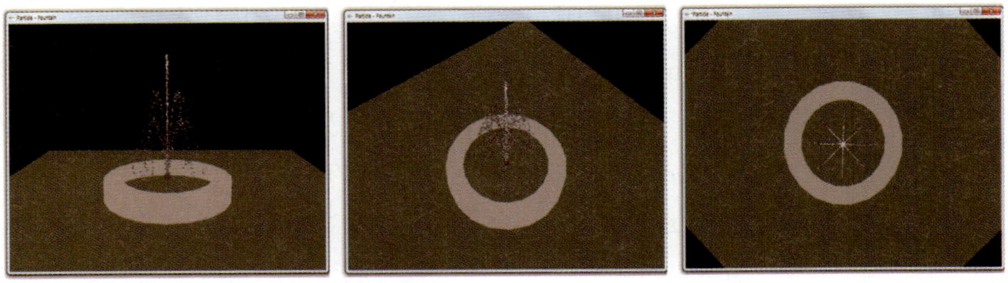

[그림 8-11] 분수(Fountain)의 구현 결과

코드 8-11 Particle System - Fountain

```
#include <windows.h>
#include <stdlib.h>
#include <glut.h>
#include <math.h>

// 변수, 구조체 및 Class 선언 (전체 소스 코드 참조)

void CDrop::SetConstantSpeed(SVertex NewSpeed) {
    ConstantSpeed = NewSpeed;
}

void CDrop::SetAccFactor (GLfloat NewAccFactor) {
    AccFactor = NewAccFactor;
}

void CDrop::SetTime(GLfloat NewTime) {
    time = NewTime;
}

void CDrop::GetNewPosition(SVertex * PositionVertex) {  // 물방울의 시간에 따른 위치 계산
    SVertex Position;
    time += 1.0;
    Position.x = ConstantSpeed.x * time;
    Position.y = ConstantSpeed.y * time - AccFactor * time * time;
    Position.z = ConstantSpeed.z * time;
    PositionVertex->x = Position.x;
    PositionVertex->y = Position.y + WaterHeight;
    PositionVertex->z = Position.z;

    if (Position.y < 0.0) {
```

```
        time = time - int(time);
        // 물방울 Particle이 바닥에 떨어지면 time은 0으로 되돌아간다.
        if (time > 0.0) time -= 1.0;
    }
}

CDrop * FountainDrops;
SVertex * FountainVertices;          // 물방울을 위한 Vertex들에 대한 좌표들의 집합
GLint Steps = 3;                     // 물줄기의 단계
GLint RaysPerStep = 8;               // 뻗어나가는 물줄기의 개수
GLint DropsPerRay = 50;              // 물줄기마다 떨어지는 물방울 Particle의 개수
GLfloat DropsComplete = Steps * RaysPerStep * DropsPerRay;
GLfloat AngleOfDeepestStep = 80;     // 물줄기가 뻗어나가는 각도
GLfloat AccFactor = 0.011;

GLfloat GetRandomFloat(GLfloat range) {
    return (GLfloat)rand() / (GLfloat)RAND_MAX * range * RandomFactor;
}

void InitFountain( ) {
    FountainDrops = new CDrop [ DropsComplete ];
    FountainVertices = new SVertex [ DropsComplete ];
    SVertex NewSpeed;
    GLfloat DropAccFactor;
    GLfloat TimeNeeded;
    GLfloat StepAngle;
    GLfloat RayAngle;

    for (int k = 0; k <Steps; k++) {
        for (int j = 0; j < RaysPerStep; j++) {
            for (int i = 0; i < DropsPerRay; i++) {
                DropAccFactor = AccFactor + GetRandomFloat(0.0005);

                // Y축 방향으로의 분수 단계별 각도(Angle)
                StepAngle = AngleOfDeepestStep + (90.0-AngleOfDeepestStep)
                        * GLfloat(k) / (Steps-1) +
                        GetRandomFloat(0.2+0.8*(Steps-k-1)/(Steps-1));

                // Y축 방향으로의 물줄기 단계(Step)에 의해 발생되는 속도(Speed)
                NewSpeed.x = cos ( StepAngle * PI / 180.0) * (0.2+0.04*k);
                NewSpeed.y = sin ( StepAngle * PI / 180.0) * (0.2+0.04*k);
```

```
                // 사방으로 뻗어나가는 물줄기(Ray)에 의해 발생되는 속도(Speed)
                RayAngle = (GLfloat)j / (GLfloat)RaysPerStep * 360.0;

                // NewSppe.x는 반지름(Radius)
                NewSpeed.z = NewSpeed.x * sin ( RayAngle * PI /180.0);
                NewSpeed.x = NewSpeed.x * cos ( RayAngle * PI /180.0);

                // 얼마나 많은 단계들이 물방울이 나타나고 다시 아래로 떨어지는 것을 요구하는지 계산
                TimeNeeded = NewSpeed.y/ DropAccFactor;
                FountainDrops[i+j*DropsPerRay+k*
                    DropsPerRay*RaysPerStep].SetConstantSpeed ( NewSpeed );
                FountainDrops[i+j*DropsPerRay+k*DropsPerRay*
                    RaysPerStep].SetAccFactor (DropAccFactor);
                FountainDrops[i+j*DropsPerRay+k*DropsPerRay*
                    RaysPerStep].SetTime(TimeNeeded * i / DropsPerRay);
            }
        }
    }

    // 배열을 활성화하거나 비활성화한다.
    glEnableClientState(GL_VERTEX_ARRAY); ·································· ①

    // Vertex 데이터의 배열을 정의
    glVertexPointer(3, GL_FLOAT, 0, FountainVertices);   ························ ②
}

void DrawFountain( ) {
    glColor4f(0.8, 0.8, 0.8, 0.8);

    if (DoUpdateScene) {   // Vertex들의 좌표에 물방울을 생성한다.
        for (int i = 0; i < DropsComplete; i++) {
            FountainDrops[i].GetNewPosition(&FountainVertices[i]);
        }
        // Rendering하기 위한 다중 Primitive들을 지정한다.
        glDrawArrays( GL_POINTS, 0, DropsComplete ); ·························· ③
    }
}

void Display( ) {
    glClear(GL_COLOR_BUFFER_BIT | GL_DEPTH_BUFFER_BIT);
    glLoadIdentity();
```

```
    glTranslatef(0.0,0.0,-5.0);
    glRotatef( -g_fSpinY, 1.0f, 0.0f, 0.0f );
    glRotatef( -g_fSpinX, 0.0f, 1.0f, 0.0f );

    glEnable(GL_DEPTH_TEST);
    glClearColor(0.1, 0.1, 0.1, 0.0);
    glEnable(GL_POINT_SMOOTH);
    glEnable(GL_BLEND);
    glBlendFunc(GL_SRC_ALPHA, GL_ONE_MINUS_SRC_ALPHA);
    glPolygonMode(GL_FRONT_AND_BACK, GL_FILL);

    DrawFountain();

    . . . . . . . . . . .

    glutSwapBuffers();
}

void Reshape(int x, int y) {
 . . . . . . . . . . .

    // 물방울 Particle의 크기
    glPointSize(GLfloat(x)/300.0); ·································· ④
}

void MyMouse(int button, int state, int x, int y) {
 . . . . . . . . . . .
}

void MyMotion(int x, int y) {
 . . . . . . . . . . .
}

int main(int argc, char **argv) {
 . . . . . . . . . . .
}
```

[코드 8-11]에서 ①의 glEnableClientState(GL_VERTEX_ARRAY)은 배열을 활성화하거나 비활성화하는 것으로서 <표 8-8>의 glEnableClientState 함수에 대한 Prototype에서 더 자세한 정보를 확인할 수 있다.

〈표 8-8〉 glEnableClientState 함수에 대한 Prototype

void glEnableClientState (GLenum *array*);		
Parameters Help	*array* // 활성화하거나 비활성화하기 위한 배열을 위한 상징적 상수	
	Value	**Meaning**
	GL_COLOR_ARRAY	활성화되면, Color Array를 사용한다.
	GL_EDGE_FLAG_ARRAY	활성화되면, Edge Flag Array를 사용한다.
	GL_INDEX_ARRAY	활성화되면, Index Array를 사용한다.
	GL_NORMAL_ARRAY	활성화되면, Normal Array를 사용한다.
	GL_TEXTURE_COORD_ARRAY	활성화되면, Texture Coordinate Array를 사용한다.
	GL_VERTEX_ARRAY	활성화되면, Vertex Array를 사용한다.

②의 glVertexPointer(3, GL_FLOAT, 0, FountainVertices)은 Vertex 데이터의 배열을 정의하는 것으로서 <표 8-9>의 glVertexPointer 함수에 대한 Prototype에서 더 자세한 정보를 확인할 수 있다.

〈표 8-9〉 glVertexPointer 함수에 대한 Prototype

void glVertexPointer (GLint *size*, GLenum *type*, GLsizei *stride*, const GLvoid * *pointer*);		
Parameters Help	*size*	// Vertex마다의 좌표의 개수 // 2, 3 혹은 4로 한정
	type	// 배열에서 각 좌표의 데이터 형식(Type) // GL_SHORT, GL_FLOAT, GL_DOUBLE
	stride	// 연속적인 Vertex들 사이의 Byte Offset // 0일 때 Vertex들은 배열에서 단단하게 압축(Pack)되어진다.
	pointer	// 배열에서 첫 번째 Vertex의 첫 번째 좌표에 대한 Pointer

③의 glDrawArrays(GL_POINTS, 0, DropsComplete)은 Rendering하기 위한 다중 Primitive들을 지정하는 것으로서 <표 8-10>의 glDrawArrays 함수에 대한 Prototype에서 더 자세한 정보를 확인할 수 있다.

〈표 8-10〉 glDrawArrays 함수에 대한 Prototype

void glDrawArrays (GLenum *mode*, GLint *first*, GLsizei *count*);		

Parameters Help	*mode*	// Rendering하기 위한 Primitive의 종류
		// GL_POINTS, GL_LINE_STRIP, GL_LINE_LOOP, GL_LINES,
		// GL_TRIANGLE_STRIP, GL_TRIANGLE_FAN, GL_TRIANGLES,
		// GL_QUAD_STRIP, GL_QUADS, GL_POLYGON

	first	// 활성화된 배열에서 시작하는 Index
	count	// Rendering하기 위한 Index들의 개수

④의 glPointSize(GLfloat(x)/300.0)은 점(Point)의 크기를 지정하는 것으로서 <표 8-11>의 glPointSize 함수에 대한 Prototype에서 더 자세한 정보를 확인할 수 있다.

〈표 8-11〉 glPointSize 함수에 대한 Prototype

void glPointSize (GLfloat *size*);		
Parameters Help	*size*	// Rasterize된 점(Point)의 직경(Diameter) // Default : 1.0

11 Section 물결(Wave)

물결(Wave)은 물(Water)이 어떠한 힘에 의해 밀리거나 아래 혹은 위로 일렁거리는 것을 의미한다. 즉, 물의 움직임으로 인하여 수면이 올라갔다 내려갔다 하는 운동이나 그 모양을 말하며 바람이 해수면상에서 불 때 생기는 물결과 어느 해역에서 발생한 물결이 바람이 없는 다른 해역까지 진행하여 감쇄함으로써 생기는 너울(Billow)을 포함하여 말하기도 한다. 이와 같은 물결을 모두 Particle들로 표현하기란 너무 방대한 데이터들을 취급해야 하는 어려움이 있기 때문에 본 절에서는 격자(Grid)를 사용하여 물결 효과를 나타내기로 한다. [그림 8-12]는 깊은 바다를 배경으로 물결의 높낮이가 다소 높은 물결을 구현한 결과이고, [코드 8-12]는 그 소스 코드이다.

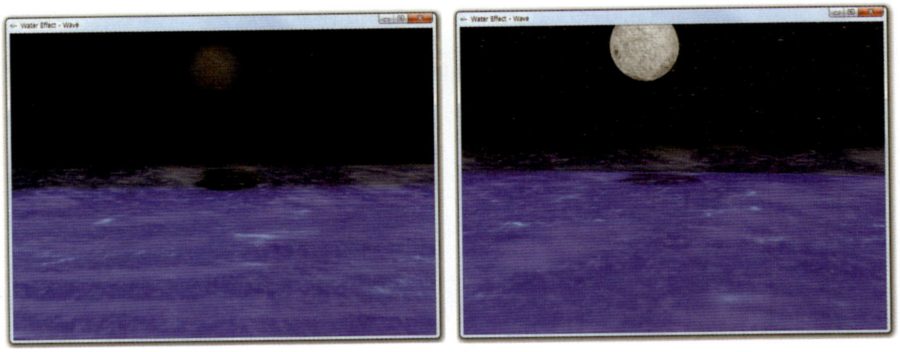

[그림 8-12] Wave의 구현 결과

코드 8-12

Particle System - Wave

```
// Header File을 Include (전체 소스 코드 참조)

// 변수 및 구조체 선언 (전체 소스 코드 참조)

void CreaGrid( ) {     // 물결을 표현하기 위한 격자(Grid) 생성
    double xd, yd, zd;
    double inx  = (double)-GRX/2;
    double inz  = (double)-GRZ/2;
    double incz = (double)GRZ/DIMZ;
    double incx = (double)GRX/DIMX;
    double fan  = ((double)360/DIMX);
    double an   = 0;

    for(int z = 0; z < DIMZ; z++) {
        zd = (double)z*incz+inz;

        for(int x=0; x<DIMX; x++) {
            xd = (double)x*incx+inx;
            buf[x][z].x  = xd;
            buf[x][z].y  = sin(an*3.141/180)/2;          // 상위 격자(Grid) (수면)의 Y축 값
            buf[x][z].yy = -4+sin(an*3.141/180)/3;  // 하위 격자(Grid) (수중)의 Y축 값
            buf[x][z].z  = zd;
        }

        an += fan;
    }
}
```

```
void ScrollQuad( ) {             // 물결이 일어나게 하기 위해 격자(Grid)의 높낮이 조절
    double tt, tty;

    for(int x = 0; x < DIMX; x++) {
        tt  = buf[x][0].y;                  // 상위 격자(Grid) (수면)의 Y축 값
        tty = buf[x][0].yy;                 // 하위 격자(Grid) (수중)의 Y축 값

        for(int z = 0; z < DIMZ-1; z++) {
            buf[x][z].y  = buf[x][z+1].y;   // 상위 격자(Grid) (수면)의 Y축 값
            buf[x][z].yy = buf[x][z+1].yy;  // 하위 격자(Grid) (수중)의 Y축 값
        }

        buf[x][DIMZ-1].y  = tt;             // 상위 격자(Grid) (수면)의 Y축 값
        buf[x][DIMZ-1].yy = tty;            // 하위 격자(Grid) (수중)의 Y축 값
    }
}

void ViewQuad_texture( ) {   // 물결을 표현하는 격자(Grid)에 Texture Mapping
    float fx = (float)1/DIMX, fz = (float)1/DIMZ;

    glBlendFunc(GL_SRC_ALPHA,GL_ONE);
    glEnable(GL_BLEND);
    glEnable(GL_TEXTURE_2D);
    glBindTexture( GL_TEXTURE_2D, texture[0] );

    for(int z = 0; z < DIMZ-1; z++) {
        for(int x = 0; x < DIMX-1; x++) {
            // 상위 격자(Grid) (수면)에 대한 Texture Mapping
            glBindTexture( GL_TEXTURE_2D, texture[0] );
            glBegin(GL_QUADS);
                glTexCoord2d( (float)x*fx, fzz+(float)z*fz );           // glTexCoord2d( 0,0 );
                glVertex3f(buf[x][z].x, buf[x][z].y, buf[x][z].z);

                glTexCoord2d( (float)x*fx-fx, fzz+(float)z*fz );        // glTexCoord2d( 1,0 );
                glVertex3f(buf[x+1][z].x, buf[x+1][z].y, buf[x+1][z].z);

                glTexCoord2d( (float)x*fx-fx, fzz+(float)z*fz+fz ); // glTexCoord2d( 1,1 );
                glVertex3f(buf[x+1][z+1].x, buf[x+1][z+1].y, buf[x+1][z+1].z);

                glTexCoord2d( (float)x*fx, fzz+(float)z*fz+fz );        // glTexCoord2d( 0,1 );
                glVertex3f(buf[x][z+1].x, buf[x][z+1].y, buf[x][z+1].z);
            glEnd();
```

```
            // 하위 격자(Grid) (수중)에 대한 Texture Mapping
            glBindTexture( GL_TEXTURE_2D, texture[1] );
            glBegin(GL_QUADS);
                glTexCoord2d( fxx+(float)x*fx, fzz+(float)z*fz );          //glTexCoord2d( 0,0 );
                glVertex3f(buf[x][z].x, buf[x][z].yy, buf[x][z].z);

                glTexCoord2d( fxx+(float)x*fx+fx, fzz+(float)z*fz );       //glTexCoord2d( 1,0 );
                glVertex3f(buf[x+1][z].x, buf[x+1][z].yy, buf[x+1][z].z);

                glTexCoord2d( fxx+(float)x*fx+fx, fzz+(float)z*fz+fz );//glTexCoord2d( 1,1 );
                glVertex3f(buf[x+1][z+1].x, buf[x+1][z+1].yy, buf[x+1][z+1].z);

                glTexCoord2d( fxx+(float)x*fx, fzz+(float)z*fz+fz );       //glTexCoord2d( 0,1 );
                glVertex3f(buf[x][z+1].x, buf[x][z+1].yy, buf[x][z+1].z);
            glEnd();
        }
    }

    glDisable(GL_TEXTURE_2D);
    glDisable(GL_BLEND);

    // Texture Mapping된 Texture의 좌표를 이동시킨다.
    // 그러므로 수면에 Mapping된 Texture가 물결과 함께 이동하는 것처럼 보이게 한다.
    fzz += 0.001;
    if(fzz == 1)     fzz = 0;
}

AUX_RGBImageRec *LoadBMP(char *Filename) {
 . . . . . . . . . . .
}

void LoadGLTextures() {
 . . . . . . . . . . .
}

int InitGL( ) {
 . . . . . . . . . . .
}

void DrawGLScene( ) {
    glClear(GL_COLOR_BUFFER_BIT | GL_DEPTH_BUFFER_BIT);
```

```
    glLoadIdentity();

    glTranslatef( 0.0f, 0.0f, g_fDistance );
    glRotatef( -g_fSpinY, 1.0f, 0.0f, 0.0f );
    glRotatef( -g_fSpinX, 0.0f, 1.0f, 0.0f );

    gluLookAt(5, 8, (float)GRZ/2+10, 0, 0, 0, 0.0f, 1.0f, 0.0f);
    ScrollQuad();
    ViewQuad_texture();

    // 달(Moon)
    glEnable(GL_TEXTURE_2D);
    glPushMatrix();
        glTranslatef(-4,12,-20);
        glRotatef(90,1,1,0);
        glBindTexture(GL_TEXTURE_2D, texture[2]);
        gluSphere(quadratic,4,16,16);
    glPopMatrix();
    glDisable(GL_TEXTURE_2D);

    glutPostRedisplay();
    glutSwapBuffers();
}

void MyReshape(int w, int h) {
 . . . . . . . . . . .
}

void MySpecial(int key, int x, int y) {
 . . . . . . . . . . .
}

void MyMouse(int button, int state, int x, int y) {
 . . . . . . . . . . .
}

void MyMotion(int x, int y) {
 . . . . . . . . . . .
}

void main(int argc, char ** argv) {
 . . . . . . . . . . .
}
```

Project 8 – II Perfect Water Wave Effect

<table>
<tr><td>구현 기능</td><td>다음과 같은 기능을 가진 Water Wave Effect를 구현하라.
– 미니 수영장을 Modeling하고, 수영장 바닥은 돌(Stone) 이미지로 Texture Mapping하라.
– 빗방울(Raindrop) 한 개 혹은 다수 개가 떨어지는 효과를 구현하라.
– 파도(Wave)가 일어나는 효과를 구현하라.
– 물 표면에 돌(Stone)을 던지면 일어나는 파장(Wavelength)과 같은 효과를 구현하라.
– 한 쪽 모서리에서 파장이 일어나는 효과를 구현하라.</td></tr>
<tr><td>구현 결과</td><td>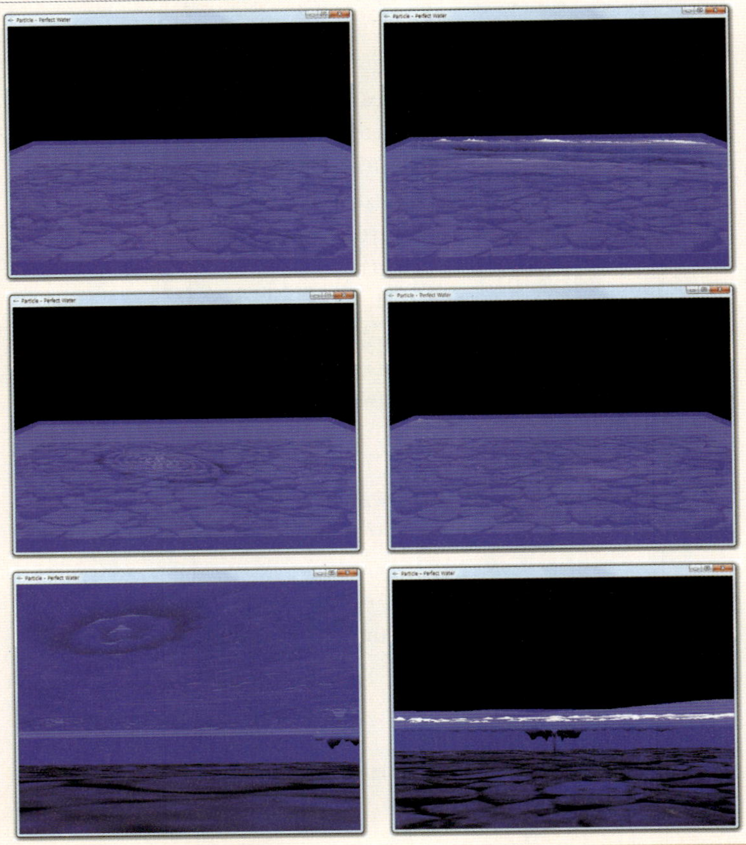</td></tr>
</table>

요약 SUMMARY

1. Particle은 아주 작은 입자이며, Particle System은 미세한 객체들로 구성된 다양한 효과를 표현하기 위한 방법을 말한다.

2. Particle을 이용한 Particle System에는 폭발(Explosion), 폭죽(Firecracker), 안개(Fog), 불(Fire), 불꽃(Flames), 눈(Snow), 비(Rain), 연기(Smoke), 폭포(Waterfall) 및 분수(Fountain) 등이 있다. 본 장에서는 이와 같은 Particle System을 구현하였으며, 추가적으로는 Particle을 직접적으로 이용하지는 않지만 Wave를 이용한 물결 효과를 표현하였다.

연습문제

1. 폭발(Explosion)이란 무엇인지 기술하시오. 또한 폭발을 구현하기 위해서 필요한 구조체에는 어떤 속성들이 포함되어져야 하는지 코드를 예를 들어 기술하시오.

2. 폭죽(Firecracker)이란 무엇인지 기술하시오. 또한 폭죽을 구현하기 위해서 필요한 OpenGL 함수들은 어떤 것들이 있는지 코드를 예를 들어 기술하시오.

3. 안개(Fog)란 무엇인지 기술하고, 다양한 안개 효과의 밀도 방정식을 그림과 함께 기술하시오. 또한 안개 효과를 구현하기 위해서 필요한 OpenGL 함수들을 코드의 예를 들어 기술하시오.

4. 불(Fire) 및 불꽃(Flames)을 구현하기 위해서 필요한 구조체에는 어떤 속성들이 포함되어져야 하는지 코드를 예를 들어 기술하시오.

5. 눈(Snow) 및 비(Rain)를 구현하기 위해서 필요한 구조체에는 어떤 속성들이 포함되어져야 하는지 코드를 예를 들어 기술하시오.

6. 연기(Smoke)란 무엇인지 기술하고, 연기를 구현하기 위해서는 어떤 속성들이 필요한지 코드를 예를 들어 기술하시오.

7. 폭포(Waterfall)란 무엇인지 기술하고, 폭포를 구현하기 위해서 필요한 구조체에는 어떤 속성들이 포함되어져야 하는지 코드를 예를 들어 기술하시오.

8. 분수(Fountain)란 무엇인지 기술하고, 분수를 구현하기 위해서 필요한 구조체에는 어떤 속성들이 포함되어져야 하는지 코드를 예를 들어 기술하시오.

9. 물결(Wave)이란 무엇인지 기술하고, 물결을 구현하기 위해서 필요한 구조체에는 어떤 속성들이 포함되어져야 하는지 코드를 예를 들어 기술하시오.

참고문헌

01 OpenGL Colony,
http://www.codecolony.de/opengl.htm

02 Nehe,
http://nehe.gamedev.net

03 Particle System Explosion Demo,
http://www.student.nada.kth.se/~nv91-gta/OpenGL/examples/explosion.html

04 Water (OpenGL Visual Demo),
http://www.fileplanet.com/123665/120000/fileinfo/Water-(OpenGL-Visual-Demo)

05 Fire,
http://en.pudn.com/downloads104/sourcecode/windows/opengl/detail426959_en.html

06 Waterfall,
http://en.pudn.com/downloads58/sourcecode/windows/opengl/detail205719_en.html

07 Real-Time Realistic Cloud Rendering and Lighting,
http://www.gamedev.net/page/resources/_/technical/game-programming/real-time-realistic-cloud-rendering-and-lighting-r2273

COMPUTER GRAPHICS

09 CHAPTER

유용한 기능들

CONTENTS

CHAPTER 09

유용한 기능들

Section 01 Skybox

Skybox
Cube Mapping
Skydome

Skybox는 컴퓨터 게임이나 비디오 게임 등의 영역에 대한 공간 개념이 실제보다 더 크게 보이도록 하기 위하여 만든 배경을 말한다. 만약 Skybox가 사용되면, 3D 공간은 입방체(Cuboid)로 둘러싸여지게 되며 하늘, 먼 산, 먼 건물 그리고 연결할 수 없는 객체들이 [그림 9-1]의 (A)와 같이 Cube Mapping을 사용하여 정육면체(Cube)의 면(Face)들로 투영되어진다. 그러므로 멀리 떨어져있는 3D 환경을 구축할 수 있다. Skydome은 Skybox와 동일한 개념을 사용하는데, 정육면체(Cube)를 사용하는 대신 원구(Sphere) 혹은 반구(Hemisphere)를 사용하는 것이 다르다. 본 절에서는 [그림 9-1]의 (A)와 같이 정육면체(Cube)를 사용하여 3D 공간의 거대한 배경을 생성하기 위한 Skybox에 대하여 알아본다. [그림 9-1]의 (B), (C) 및 (D)는 Skybox의 구현 결과이고, [코드 9-1]은 그 소스 코드이다. 소스 코드에 대한 설명은 주석(Comment)을 참고하기 바란다.

(A) Skybox의 원리

(B) (C) (D)

[그림 9-1] Skybox의 구현 결과

코드 9-1

Skybox

```
// Header File을 Include (전체 소스 코드 참조)

// 변수 선언 (전체 소스 코드 참조)

GLuint tex[7];   // Texture Mapping을 하기 위한 Texture 이미지의 개수를 위한 배열 변수

AUX_RGBImageRec *LoadBMP(char *Filename) {  // Bitmap 이미지를 호출한다.
  . . . . . . . . . . .
}

void LoadGLTextures( ) {  // Bitmap 이미지 7개를 호출하여 Texture 이미지로 변환한다.
    AUX_RGBImageRec *texRec[7];
    memset(texRec, 0, sizeof(void *)*7);

    if((texRec[0]=LoadBMP("skybox1_posz.bmp")) &&
      (texRec[1]=LoadBMP("skybox1_negz.bmp")) &&
      (texRec[2]=LoadBMP("skybox1_posx.bmp")) &&
      (texRec[3]=LoadBMP("skybox1_negx.bmp")) &&
      (texRec[4]=LoadBMP("skybox1_posy.bmp")) &&
      (texRec[5]=LoadBMP("skybox1_negy.bmp")) &&
      (texRec[6]=LoadBMP("Lawn2.bmp")) ) {

        for(int i=0; i<7; i++) {
            glGenTextures(1, &tex[i]);
            glBindTexture(GL_TEXTURE_2D, tex[i]);
            glTexParameteri(GL_TEXTURE_2D, GL_TEXTURE_MIN_FILTER, GL_LINEAR);
            glTexParameteri(GL_TEXTURE_2D, GL_TEXTURE_MAG_FILTER, GL_LINEAR);
            glTexImage2D(GL_TEXTURE_2D, 0, 3, texRec[i]->sizeX, texRec[i]->sizeY, 0,
                    GL_RGB, GL_UNSIGNED_BYTE, texRec[i]->data);
```

```
        }
    }

    for(int i=0; i<7; i++) {
        if(texRec[i]) {
            if(texRec[i]->data) free(texRec[i]->data);
            free(texRec[i]);
        }
    }

    glEnable(GL_TEXTURE_2D);
    glTexEnvi(GL_TEXTURE_ENV, GL_TEXTURE_ENV_MODE, GL_MODULATE);
}

void MyDisplay( ) {
    glClear(GL_COLOR_BUFFER_BIT | GL_DEPTH_BUFFER_BIT);
    glMatrixMode( GL_MODELVIEW );
    glLoadIdentity();

    glTranslatef( 0.0f, 0.0f, g_fDistance );
    glRotatef( -g_fSpinY, 1.0f, 0.0f, 0.0f );
    glRotatef( -g_fSpinX, 0.0f, 1.0f, 0.0f );

    gluLookAt(eyex, eyey, eyez, 0.0, 50.0, 0.0, 0.0, 1.0, 0.0); // Camera의 위치를 제어한다.

    float r = 1000.0f;

    // Skybox의 앞면을 Rendering한다.
    glBindTexture(GL_TEXTURE_2D, tex[0]);
    glBegin(GL_QUADS);
        glTexCoord2f(0, 0); glVertex3f( -r, -r/2, -r );
        glTexCoord2f(1, 0); glVertex3f(  r, -r/2, -r );
        glTexCoord2f(1, 1); glVertex3f(  r, r, -r );
        glTexCoord2f(0, 1); glVertex3f( -r, r, -r );
    glEnd();

    // Skybox의 뒷면을 Rendering한다.
    glBindTexture(GL_TEXTURE_2D, tex[1]);
    . . . . . . . . . . .

    // Skybox의 오른쪽 면을 Rendering 한다.
    glBindTexture(GL_TEXTURE_2D, tex[2]);
    . . . . . . . . . . .
```

```
    // Skybox의 왼쪽 면을 Rendering한다.
    glBindTexture(GL_TEXTURE_2D, tex[3]);
    . . . . . . . . . . .

    // Skybox의 윗면을 Rendering한다.
    glBindTexture(GL_TEXTURE_2D, tex[4]);
    . . . . . . . . . . .

    // Skybox의 아랫면을 Rendering한다.
    glBindTexture(GL_TEXTURE_2D, tex[5]);
    . . . . . . . . . . .

    // Skybox의 지표면을 Rendering한다.
    glBindTexture(GL_TEXTURE_2D, tex[6]);
    . . . . . . . . . . .

    glutSwapBuffers();
}

void MySpecial(int key, int x, int y) {
. . . . . . . . . . .
}

void MyMouse(int button, int state, int x, int y) {
. . . . . . . . . . .
}

void MyMotion(int x, int y) {
. . . . . . . . . . .
}

void MyReshape(int w, int h) {
. . . . . . . . . . .
}

void main(int argc, char **argv) {
. . . . . . . . . . .
}
```

02 Section Picking

Picking
Selection Mode

Picking은 GL 좌표계로 구성된 Viewport 내부의 객체들 중 특정 객체를 Mouse를 사용하여 선택할 수 있는 기법을 말한다. OpenGL에서 Picking을 구현하기 위한 방법으로는 Selection Mode 및 Ray Packing 등과 같은 2가지 방법으로 구분할 수 있다.

Selection Mode는 소위 Selection Mode에서 장면을 Rendering하는 특별한 OpenGL의 기능을 사용하는 것에서 유래되었다. 즉, OpenGL은 Selection Mode에서 Frame Buffer에 Rendering하지 않지만 나중에 Picking이 발생하는 Point에서 읽어 와서 객체의 깊이 정보를 수집한다. Selection Mode를 사용하여 Mouse를 Click한 위치에 있는 객체를 검출하기 위한 Picking 과정은 <표 9-1>과 같이 5 단계로 처리되어진다.

〈표 9-1〉 Selection Mode에서 Picking 처리 과정

1. Mouse의 GLUT 좌표계를 가지는 Window 좌표(x, y)를 구한다.
2. Selection Mode를 입력한다.
3. Cursor 주변의 Window의 작은 영역만 Rendering되도록 View Volume을 재정의한다.
4. 모든 Primitive들을 사용하거나 Picking 작업과 관련된 부분에 한정된 장면을 Rendering한다.
5. Selection Mode를 종료하고 화면의 작은 부분에서 Rendering된 객체들을 식별한다.

[그림 9-2]는 <표 9-1>을 기반으로 Picking을 구현한 결과이고, [코드 9-2]는 그 소스 코드이다.

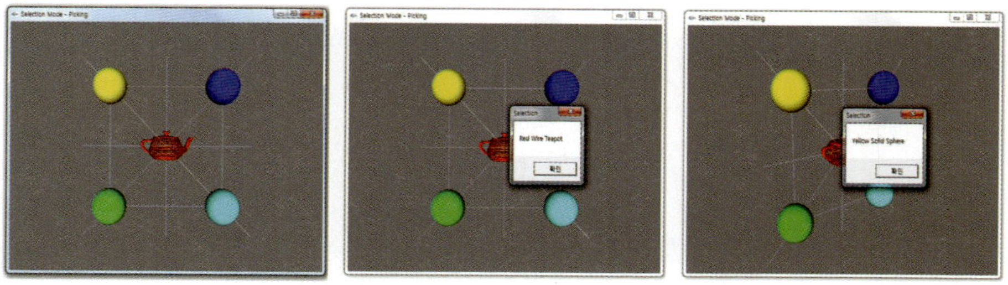

[그림 9-2] Selection Mode에서 Picking 구현 결과

코드 9-2 Picking – Selection Mode

```
#include <windows.h>
#include <stdio.h>
#include <glut.h>
#include <glu.h>

// 변수 선언 (전체 소스 코드 참조)

void DrawGLScene() {
    glClear(GL_COLOR_BUFFER_BIT | GL_DEPTH_BUFFER_BIT);
    glMatrixMode( GL_MODELVIEW );
    glLoadIdentity();

    glTranslatef( 0.0f, 0.0f, g_fDistance );
    glRotatef( -g_fSpinY, 1.0f, 0.0f, 0.0f );
    glRotatef( -g_fSpinX, 0.0f, 1.0f, 0.0f );

    glInitNames(); ......................................................... ①

    glEnable(GL_LIGHTING);

    glPushName(100); ...................................................... ②
    glPushMatrix();
        glColor3f(1.0f, 0.0f, 0.0f);
        glutWireSphere(0.3, 30, 30);
    glPopMatrix();
    glPopName(); ........................................................... ③

    glPushName(101);
    . . . . . . . . . . .
    glPopName();

    glPushName(102);
    . . . . . . . . . . .
    glPopName();

    glPushName(103);
    . . . . . . . . . . .
    glPopName();

    glPushName(104);
    . . . . . . . . . . .
```

```
    glPopName();

    glDisable(GL_LIGHTING);

    glPushName(105);
    . . . . . . . . . . .
    glPopName();

    glColor3f(1.0f, 1.0f, 1.0f);
    glBegin(GL_LINES);
        glVertex2f(-1.5f, 1.5f);
        glVertex2f(1.5f, -1.5f);
    glEnd();

    glutSwapBuffers();
}

void ProcessSelect(GLuint index[64]) { ··················· ④
    switch(index[3]) { ··················· ⑤
        case 100: MessageBox(NULL, "Red Wire Sphere", "Selection", MB_OK); break; ··· ⑥
        . . . . . . . . . . .
    }
}

void SelectObjects(GLint x, GLint y) {
    GLuint selectBuff[64];
    GLint hits, viewport[4];

    glSelectBuffer(64, selectBuff); ··················· ⑦
    glGetIntegerv(GL_VIEWPORT, viewport); ··················· ⑧
    glMatrixMode(GL_PROJECTION);
    glPushMatrix();
        glRenderMode(GL_SELECT); ··················· ⑨
        glLoadIdentity();
        gluPickMatrix(x, viewport[3]-y, 2, 2, viewport); ··················· ⑩

        gluPerspective(45.0f,1.0, 0.1f, 100.0f);
        glMatrixMode(GL_MODELVIEW);
        glLoadIdentity();

        DrawGLScene();
```

```
        hits = glRenderMode(GL_RENDER); ....................... ⑪
        if(hits>0) ProcessSelect(selectBuff); ................. ⑫
        glMatrixMode(GL_PROJECTION);
    glPopMatrix();
    glMatrixMode(GL_MODELVIEW);
}

void MyMouse(int button, int state, int x, int y) {
  . . . . . . . . . . .
}

void MyMotion(int x, int y) {
  . . . . . . . . . . .
}

int InitGL( ) {
  . . . . . . . . . . .
}

void MyReshape( int w, int h ) {
  . . . . . . . . . . .
}

int main(int argc, char** argv) {
  . . . . . . . . . . .
}
```

<표 9-1>에서 ①의 glInitNames()는 Name Stack을 초기화한다. 여기서 Name Stack이란 Mouse로 객체를 선택할 때 객체의 이름을 저장할 수 있도록 해주는 공간이다. 다만, 객체의 이름을 일반 문자가 아닌 숫자로 지정해준다는 점이 특징이다. ②의 glPushName(100)은 Name Stack을 Push하는데, 매개변수(Parameter)는 Name Stack에 Push되기 위한 정수형 이름으로서 여기서는 100이 그 이름이다. 즉, 빨간색의 WireSphere에 대한 이름을 100이라고 붙여준 것이다. ③의 glPopName()은 Name Stack을 Pop하는데, glPushMatrix() 및 glPopMatrix()와 같이 ②의 glPushName(100)과 짝을 이루고 있다.

④의 void ProcessSelect(GLuint index[64])는 ⑫에서 호출하여 실행하는 함수로서 Window에서 Mouse로 클릭한 위치의 좌표 (x, y)에서의 Picking 결과를 출력하기 위한 기능을 수행한다. ⑤의 switch(index[3])은 index[64]에서 선택된 객체의

이름이 저장된 index[3]을 검사하기 위한 것이다. 이 함수는 Mouse로 선택한 하나의 객체에 대해서만 검사를 하는 것이지만, 여러 개의 객체를 한꺼번에 검사할 수도 있다. 즉, Mouse를 사용하여 객체를 선택하게 되면 처음 선택된 객체는 Buffer의 4번째인 index[3]에 객체의 이름을 저장하고, 두 번째 선택한 객체는 Buffer의 8번째인 index[7]에 저장되게 된다. 또한 세 번째 선택한 객체는 Buffer의 12번째인 index[11]에 저장되게 되는 것과 같이 4의 배수 크기로 저장되며 총 64/4 = 16개의 객체를 저장할 수 있으면 동시에 16개의 겹친 객체를 구별할 수도 있다.

⑥의 case 100: MessageBox(NULL, "Red Wire Sphere", "Selection", MB_OK)은 Mouse로 선택한 객체가 100 즉, 빨간색의 WireSphere라면 MessageBox 함수에 의해 "Red Wire Sphere"라는 문자를 새로운 Dialog Box에서 출력하는 것이다. 그리고 새로운 Dialog Box의 제목(Title)은 "Selection"으로 하고, 'OK' Push Button을 한 개 포함하도록 한다. MessageBox 함수에 대해서는 <표 9-2>의 MessageBox 함수에 대한 Prototype에서 더 자세한 정보를 확인할 수 있다. 단, MessageBox는 OpenGL과는 전혀 상관없는 Window 함수임을 참고하기 바란다.

〈표 9-2〉 MessageBox 함수에 대한 Prototype

int MessageBox (HWND *hWnd*, LPCTSTR *lpText*, LPCTSTR *lpCaption*, UINT *uType*);		
Parameters Help	*hWnd*	// 생성되기 위한 Message Box의 Owner Window에 대한 Handle. // 만약 NULL이면, Message Box는 Owner Window가 없어진다.

	lpText	// 표시되어지기 위한 Message
		// Message가 2줄 이상이라면, 각 라인들 사이에 CR(Carriage Return)
		// 즉, "\r"을 사용하거나 LR(Line Feed) 즉, "\n"을 사용한다.

	lpCaption	// Dialog Box의 제목(Title) // 만약 NULL이면, Default Title = Error
	uType	// Dialog Box의 내용이나 동작

⑦의 glSelectBuffer(64, selectBuff)은 Selection Mode에 값들을 위한 Buffer를 구축한다. 여기서 두 번째 매개변수(Parameter) selectBuff는 정수형 배열 변수로서 총 64개를 저장할 수 있도록 하고 있다. 또한 첫 번째 매개변수(Parameter)인 정수 64는 Buffer의 크기를 지정한 것으로서 selectBuff의 크기와 동일하게 설정하여야 한다. glSelectBuffer 함수에 대해서는 <표 9-3>의 glSelectBuffer 함수에 대한 Prototype에서 더 자세한 정보를 확인할 수 있다.

〈표 9-3〉 glSelectBuffer 함수에 대한 Prototype

void glSelectBuffer (GLsizei *size*, GLuint **buffer*);	
Parameters Help	*size* // Buffer의 크기 *buffer* // Selection Data를 반환한다.

⑧의 glGetIntegerv(GL_VIEWPORT, viewport)는 선택된 매개변수(Parameter)의 값이나 값들을 반환한다. 여기서 매개변수(Parameter) GL_VIEWPORT는 4개의 값 즉, Window의 넓이(Width)와 높이(Height)에 의한 Viewport의 X와 Y의 Window 좌표를 반환한다. 즉, 두 번째 매개변수(Parameter) viewport를 통하여 MyReshape (int w, int h) 함수에 있는 glViewport(0, 0, w, h)로부터 4개의 값인 0, 0, w, h를 가져오게 된다. 결국 viewport[0] = 0, viewport[1] = 0, viewport[2] = w, viewport[3] = h와 같이 저장되게 된다. glGetIntegerv 함수에 대해서는 <표 9-4>의 glGetIntegerv 함수에 대한 Prototype에서 더 자세한 정보를 확인할 수 있다.

〈표 9-4〉 glGetIntegerv 함수에 대한 Prototype

void glGetIntegerv (GLenum *pname*, GLboolean **params*);	
Parameters Help	*pname* // 반환하기 위한 매개변수(Parameter)의 상징적인 값 *params* // 지정된 매개변수(Parameter)의 값이나 값들을 반환한다.

⑨의 glRenderMode(GL_SELECT)은 Rasterization Mode를 설정한다. glRenderMode 함수에 대해서는 <표 9-5>의 glRenderMode 함수에 대한 Prototype에서 더 자세한 정보를 확인할 수 있다.

〈표 9-5〉 glRenderMode 함수에 대한 Prototype

void glRenderMode (GLenum *mode*);	
Parameters Help	*mode* // Rasterization Mode

Value	Meaning
GL_RENDER	Render Mode. Default value. Zero를 반환
GL_SELECT	Selection Mode. Select Buffer에 전송된 Hit Record들의 개수를 반환
GL_FEEDBACK	Feedback Mode. Feedback Buffer에 전송된 값들의 개수를 반환

⑩의 gluPickMatrix(x, viewport[3]−y, 2, 2, viewport)은 Picking 영역을 정의한다. 여기서 매개변수(Parameter) x는 GLUT 좌표계를 가지는 Window에서 Mouse로 클릭한 위치의 x 좌표이고, viewport[3]−y는 viewport의 높이(Height) 값에서 y 값을 뺀 것인데 viewport가 GL 좌표계를 가지기 때문에 GLUT 좌표계에 맞도록 하기 위한 것이다. 매개변수(Parameter)의 3번째와 4번째 정수 2는 Mouse로 클릭한 위치의 좌표(x, y)에서 X축 방향과 Y축 방향으로 각각 2 Pixel 만큼의 여유를 가지고 함께 선택되도록 하기 위한 것이다. gluPickMatrix 함수에 대해서는 <표 9−6>의 gluPickMatrix 함수에 대한 Prototype에서 더 자세한 정보를 확인할 수 있다.

〈표 9−6〉 gluPickMatrix 함수에 대한 Prototype

void gluPickMatrix (GLdouble *x*, GLdouble *y*, GLdouble *height*, GLdouble *width*, GLint *viewport[4]*);		
Parameters Help	*x*	// Picking 영역의 X Window 좌표
	y	// Picking 영역의 Y Window 좌표
	height	// Window 좌표에서 Picking 영역의 높이(Height)
	width	// Window 좌표에서 Picking 영역의 넓이(Width)
	viewport[4]	// 현재의 Viewport

⑪의 hits = glRenderMode(GL_RENDER)에서 glRenderMode 함수에 대해서는 ⑨의 glRenderMode(GL_SELECT)을 참조하도록 한다. 여기서 정수형 변수 hits는 Mouse로 클릭하였을 때 선택된 객체가 몇 개인가를 지정하는 기능을 수행한다. 만약 하나의 객체를 선택하면 1이 되고, 겹쳐져 있는 객체를 선택하면 2가 되어 2개의 객체를 선택하게 된다. ⑪에서 hits은 객체를 Selection Buffer에 그리지 말고 Render Buffer에 그리라는 것이다. 여기서 hits의 값은 glRenderMode(GL_RENDER)에 의해 0의 값을 넘겨받게 되는데, 반환 값을 넘겨받는 이유는 몇 개의 객체가 선택되었는지를 조사하여 객체가 선택되었는지 그렇지 않은지를 판단하기 위해서이다. ⑫의 if(hits>0) ProcessSelect(selectBuff)는 ⑪의 hits의 값이 0보다 크면 ④의 ProcessSelect(GLuint index[64]) 함수를 호출하여 선택된 객체를 조사하게 된다. ⑬의 SelectObjects(ptCurrentMousePosit.x, ptCurrentMousePosit.y)은 Window에서 Mouse의 현재 좌표(x, y)의 값을 넘겨받아 Picking을 위한 SelectObjects(GLint x, GLint y) 함수를 호출하여 실행한다.

Selection Buffer
Render Buffer

Ray Picking

Picking을 구현하기 위한 두 번째 방법인 Ray Picking은 OpenGL과는 독립적으로 수행할 수 있으며, Z축 방향으로 발사되는 Ray가 객체에 도달할 때까지 장면을 관통하는 Ray를 시뮬레이션함으로써 해당하는 객체를 찾아내는 방법이다. 그러므로 Mouse Cursor의 위치와 Camera의 위치를 알아야 한다. Ray Picking은 추가적인 Rendering 과정이 필요하지 않다는 것과 장면 그래프에서 읽기 전용 작업과 동시에 코드의 나머지 부분으로부터 독립적으로 수행되어질 수 있다는 장점을 가지고 있다. 그러나 Ray Picking은 작은 나므 가지들과 나뭇잎들을 가진 나무와 같이 작은 세부적인 사항을 많이 가지고 있는 장면에서의 Picking을 생각해본다면 단순히 비현실적이고 비실용적인 경우도 있다. [그림 9-3]은 점 p에서의 Ray Picking을 나타낸 것이고, [코드 9-3]은 Ray Picking의 의사 코드(Pseudo Code)를 표현한 것이다.

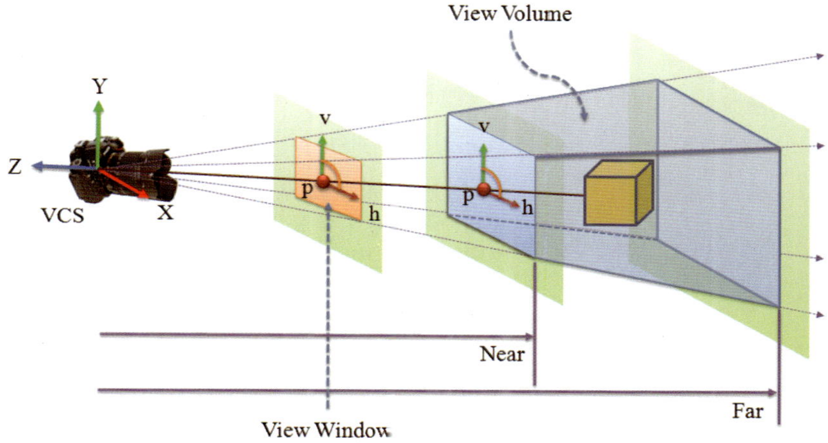

[그림 9-3] Ray Picking

코드 9-3 Ray Picking을 위한 Pseudo Code

```
x = getMouseX();
y = getMouseY();

view = cameraLookAt - cameraPosition;
normalize view;

h = crossProduct( view, cameraUp );   // 외적(Cross Product)
normalize h;

v = crossProduct( h, view);           // 외적(Cross Product)
normalize v;
```

[코드 9−3]에서 cameraLookAt은 WCS(World Coordinate System, 세계 좌표계)에서 gluLookAt(eyex, eyey, eyez, atx, aty, atz, upx, upy, upz) 함수의 매개변수(Parameter)들 중 Camera가 바라보는 초점(Focus)의 위치(atx, aty, atz)를 말하고, cameraPosition은 gluLookAt 함수의 매개변수(Parameter)들 중 Camera의 위치(eyex, eyey, eyez)를 의미한다. 그리고 cameraUp은 gluLookAt 함수의 매개변수(Parameter)들 중 Camera의 Up Vector(upx, upy, upz)를 의미한다. [그림 9−3] 및 [코드 9−3]을 이해하였으면, OpenGL을 사용하여 Ray Picking을 직접 구현해보기 바란다.

Project 9 − I Application of Selection Mode − Picking

구현 기능	[코드 9−2]을 참고하여 다음 항목들을 구현하라. − 삼각형과 사각형 객체를 Window의 중앙에 배치한다. − 아래는 구분선과 함께 삼각형과 사각형에 적용할 색상 Button을 육면체로 6개 생성하여 적당한 거리를 갖도록 배치한다. 6개의 색상 Button은 Red, Green, Blue, Yellow, Magenta, Cyan 등으로 구성한다. − 삼각형과 사각형 객체들 중 하나를 선택할 때 객체를 선택하였다는 것을 알기 쉽게 하기 위하여 객체를 포함하는 조금 큰 테두리선을 생성한다. − 선택된 객체는 주변을 임의의 거리만큼 자동적으로 이동하도록 한다. − Mouse 왼쪽 Button을 선택하면 Picking이 되게 하고, 오른쪽 Button은 장면을 회전할 수 있게 한다. 그리고 가운데 Button은 초기 상태로 되돌아가게 한다. − Keyboard의 〈r〉Key 혹은 〈R〉Key를 누르면 장면 전체가 적당한 각도를 가지고 자동적으로 회전이 되게 한다. − 문자는 Mouse Cursor의 좌표(x, y) 및 사용 방법에 대한 것으로서 옵션(Option)이다. 문자 : * Mouse Position : %03d, %03d * Picking − Left Button / Initialization − Middle Button / Orientation − Right Button * Rotatioin − R key / Rotation Speed − Up Arrow & Down Arrow
구현 결과	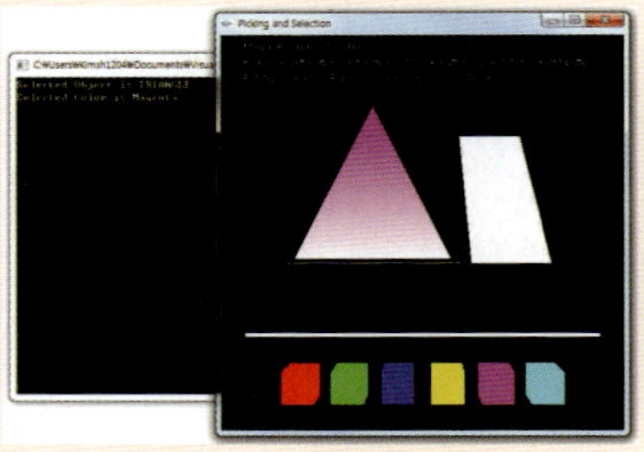 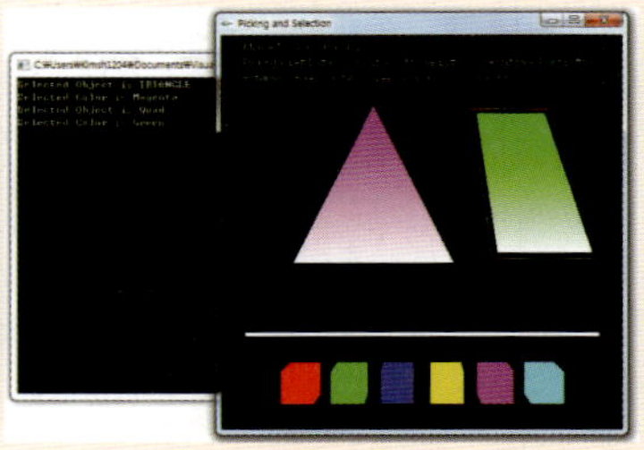

03 Section Billboard

Billboard

Billboard는 특정 객체가 항상 Camera 즉, 시점(Viewpoint)을 바라보도록 하는 것을 의미한다. 그러므로 시점인 Camera가 어느 위치로 이동하더라도 객체는 항상 Camera를 바라보기 때문에 항상 같은 면을 보여주게 된다. 이와 같은 Billboard를 사용하는 이유는 나무(Tree)와 같이 장면에 있어서 중요성이 높지 않은 객체들이 많이 분포되어 있어야 할 경우 모두 3D로 구현하게 되면 메모리 부족 현상과 속도 저하의 원인이 되기 때문이다. 그러므로 이와 같은 중요도가 낮은 객체들을 2D로 구현하여 항상 앞면만 보여주게 함으로서 메모리 낭비를 막고 속도 저하를 줄일 수 있는 장점을 가지게 된다. Billboard를 구현하기 위한 방법에는 Algorithm에 따라 여러 가지가 있지만 본 절에서는 특정 축(예, Y축)을 따라 Texture Mapping된 다각형 즉, 객체를 회전하고 방향을 지정하기 위한 방법에 대하여 알아본다.

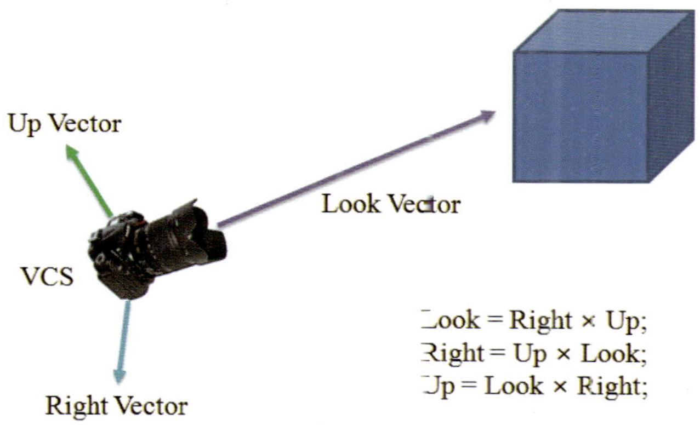

[그림 9-4] Billboard가 형성되기 위한 구조

[그림 9-4]는 Billboard가 형성되기 위한 시점(Viewpoint) 즉, Camera를 기준으로 객체를 정면으로 바라보기 위한 구조로서 Camera는 Up Vector, Right Vector, Look Vector를 가지고 있다. 그리고 (수식 9-1)은 이 구조를 Matrix로 표현한 것으로서 Matrix View에서 사용될 것이다.

$$M=\begin{bmatrix} r_x & u_x & l_x & p_x \\ r_y & u_y & l_y & p_y \\ r_z & u_z & l_z & p_z \\ 0 & 0 & 0 & 1 \end{bmatrix} \quad \text{(수식 9-1)}$$

(수식 9-1)에서 r은 right vector, u는 up vector, l은 look vector 그리고 (p_x, p_y, p_z)는 Billboard의 WCS(World Coordinate System, 세계 좌표계)에서의 위치를 의미한다. [그림 9-5]는 Y축을 기준으로 Texture Mapping된 나무를 Billboard로 구현한 결과이고, [코드 9-4]는 그 소스 코드이다.

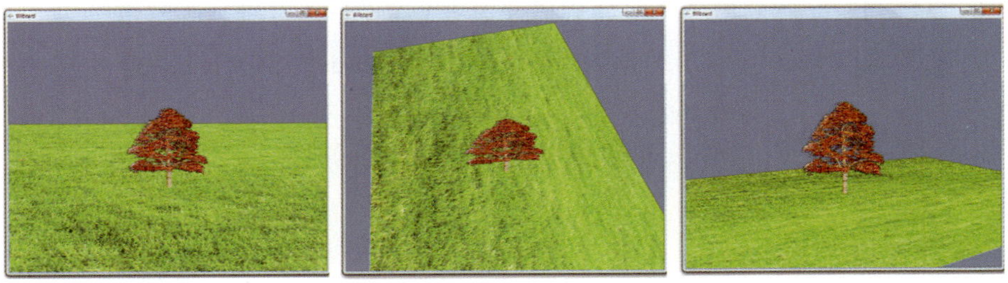

[그림 9-5] Billboard의 구현 결과

코드 9-4 Billboard

```
// Header File을 Include (전체 소스 코드 참조)

// 변수 선언 (전체 소스 코드 참조)

void LoadTexture( ) {
  . . . . . . . . . . .
}

void buildAxisAlignedBBMatrix( float m[16], float x, float y, float z ) {   ······················ ①
    float pi    = 3.141592654f;

    // Model View Matrix에서 카메라의 Yaw 각도(Angle)를 구하고, 음수로 변경한다.
    float theta = -180 * atan2f(m[8], m[10]) / pi;
    float d     = x*x + y*y + z*z;
    float ct    = cosf(DEGTORAD(theta));
    float st    = sinf(DEGTORAD(theta));
```

```
    // 정규화(Normalize)한다.
    if( d > 0 ) {
        d = 1/d;            x *= d;            y *= d;            z *= d;
    }

    // View Matrix를 초기화한다.
    m[ 0] = 1; m[ 1] = 0; m[ 2] = 0; m[ 3] = 0;
    m[ 4] = 0; m[ 5] = 1; m[ 6] = 0; m[ 7] = 0;
    m[ 8] = 0; m[ 9] = 0; m[10] = 1; m[11] = 0;
    m[12] = 0; m[13] = 0; m[14] = 0; m[15] = 1;

    // 임의의 축(Axis)과 각도(Angle)를 사용하여 3D 회전 Matrix를 구축한다.
    // R=u·u' + cos(θ)·(l-u·u')+ sin(θ)·S
    //      [ 0  -z   y ]
    // S =  [ z   0  -x ],  u' =(x, y, z), u : Up Vector, l : Look Vector
    //      [-y   x   0 ]
    m[0] = x*x + ct*(1-x*x) + st*0;          m[4] = x*y + ct*(0-x*y) + st*-z;
    m[8] = x*z + ct*(0-x*z) + st*y;

    m[1] = y*x + ct*(0-y*x) + st*z;          m[5] = y*y + ct*(1-y*y) + st*0;
    m[9] = y*z + ct*(0-y*z) + st*-x;

    m[2] = z*x + ct*(0-z*x) + st*-y;         m[6] = z*y + ct*(0-z*y) + st*x;
    m[10]= z*z + ct*(1-z*z) + st*0;
}

void DrawGLScene( ) {
    glClear( GL_COLOR_BUFFER_BIT | GL_DEPTH_BUFFER_BIT );
    glMatrixMode( GL_MODELVIEW );
    glLoadIdentity();

    gluLookAt(0.0, 3.0, 5.0, 0.0, 0.0, 0.0, 0.0, 1.0, 0.0);

    glTranslatef( 0.0f, 0.0f, g_fDistance );
    glRotatef( -g_fSpinY, 1.0f, 0.0f, 0.0f );
    glRotatef( -g_fSpinX, 0.0f, 1.0f, 0.0f );

    glRotatef(-180.0, 0.0, 1.0, 0.0);
    // Texture Mapping된 바닥(Floor)을 그린다.
    . . . . . . . . . . .
    glRotatef(180.0, 0.0, 1.0, 0.0);
```

```
    if( g_bBillboard == true ) {  // Billboard 기능을 수행한다.
        float mat[16];

        glGetFloatv( GL_MODELVIEW_MATRIX, mat );··································②
        // Y축을 기준으로 Billboard 회전
        buildAxisAlignedBBMatrix( mat, 0.0f, 1.0f, 0.0f ); ·······················③
        glMultMatrixf( mat ); ······················································④
    }

    // Alpha Blending 및 Texture Mapping이 적용된 나무(Tree)를 그린다.
    . . . . . . . . . . .

    glutSwapBuffers();
}

void InitGL( ) {
  . . . . . . . . . . .
}

void MySpecial(int key, int x, int y) {
  . . . . . . . . . . .
}

void MyMouse(int button, int state, int x, int y) {
  . . . . . . . . . . .
}

void MyMotion(int x, int y) {
  . . . . . . . . . . .
}

void MyReshape(int w, int h) {
  . . . . . . . . . . .
}

void main(int argc, char **argv) {
  . . . . . . . . . . .
}
```

[코드 9-4]에서 ①의 buildAxisAlignedBBMatrix(float m[16], float x, float y, float z)은 Billboard Matrix와 임의의 축을 기준으로 Billboard를 수행하도록 하

는 핵심적인 함수이다. ②의 glGetFloatv(GL_MODELVIEW_MATRIX, mat)은 선택된 매개변수(Parameter)의 값이나 값들을 반환하는 기능을 수행하는 것으로서 GL_MODELVIEW_MATRIX는 Modelview Matrix Stack의 꼭대기에 있는 Model View Matrix 즉, 16개의 값들을 반환한다. ③의 buildAxisAlignedBBMatrix(mat, 0.0f, 1.0f, 0.0f)은 4×4 크기의 16개 실수값으로 구성된 Matrix인 mat와 Y축을 기준으로 하는 Billboard를 수행하기 위하여 ①을 호출하여 실행하도록 한다. ④의 glMultMatrixf(mat)은 임의의 Matrix에 현재의 Matrix를 곱하는 것으로서 매개변수(Parameter) mat는 4×4 크기의 16개 실수 값으로 구성된 Matrix이다. glMultMatrixf 함수에 대해서는 <표 9-7>에서 glMultMatrixf 함수에 대한 Prototype에서 더 자세한 정보를 확인할 수 있다.

〈표 9-7〉 glMultMatirxf 함수에 대한 Prototype

void glMultMatrixf (const GLdouble *m);	
Parameters Help	*m* // 16개의 연속적인 값을 열(Column) 우선으로 저장한 4×4 크기의 Matrix에 // 대한 Pointer

Alpha Channel

2차원 나무(Tree) 이미지는 직사각형이나 정사각형의 모양을 가지고 있지 않고 불규칙한 모형을 가지고 있기 때문에 나무를 이용한 Billboard를 구현하기 위해서는 2차원 나무 이미지에서 배경 부분 및 불필요한 부분을 투명하게 처리해주어야 한다. 그렇지 않으면 배경 부분까지 그대로 Window에 나타나기 때문에 매우 부자연스럽게 된다. 2차원 이미지의 불필요한 배경 부분을 투명하게 처리하기 위해서는 Photoshop에서 Alpha Channel을 추가하고 다시 저장하여야 하는데, 그 과정은 [그림 9-6]과 같다.

(A) 나무 이미지 불러오기 (B) [Magic Wand Tool]로 배경 선택하기 (C) 메뉴 [Select 〉 Inverse]

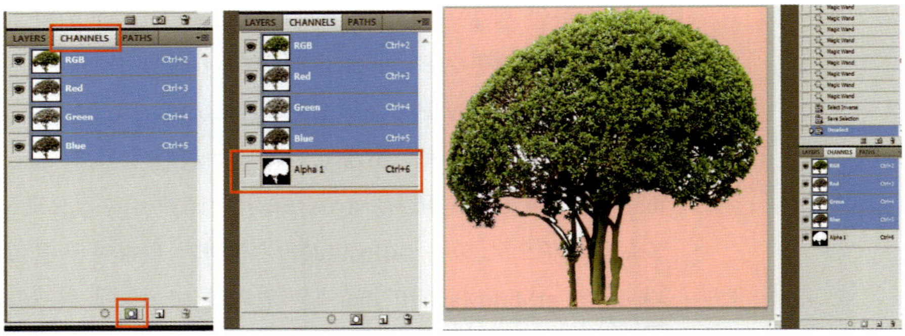

(D) CHANNELS – Save selection as Channel 클릭

(E) Alpha Channel 생성

(F) Indicates channel visibility 클릭 및 메뉴 [Select 〉 Deselect]

[그림 9-6] Photoshop에서 Alpha Channel을 생성하기 위한 과정

즉, [그림 9-6]의 (A)와 같이 Photoshop에 2차원 나무 이미지를 읽어온다. 나무 이미지를 읽어오기 위한 이미지 파일 포맷은 *.jpg, *.bmp, *.gif, *.pcx, *.tif 등 Photoshop에서 읽어올 수 있는 이미지 파일 포맷이라면 특별한 제한은 거의 없다. 그런 다음 (B)와 같이 Photoshop의 'Magic Wand Tool'을 사용하여 배경 부분을 모두 선택해준다. 그리고 (C)와 같이 메뉴 [Select > Inverse]를 사용하여 배경 부분이 아닌 나무 부분이 선택되게 한다. 그리고 (D)와 같이 CHANNELS panel을 선택하고, 아이콘 메뉴 [Save selection as Channel]을 클릭하여, (E)와 같이 Alpha Channel이 생성되게 한다. 또한 (F)와 같이 Alpha Channel의 Indicates channel visibility 부분을 클릭하면 배경 부분이 적색으로 변경됨을 확인할 수 있다. 그런 다음 메뉴 [Select > Deselect]을 선택하여 선택된 부분을 모두 해제하면 2차원 이미지의 배경 부분에 Alpha Channel을 추구하는 과정이 모두 끝난다. 마지막으로 Alpha Channel을 생성한 이미지를 저장하면 되는데, 이 때에 주의해야 할 사항이 한 가지 있다. 그것은 이미지 파일의 해상도가 [그림 6-2]에서 언급한 것과 같이 가로와 세로의 해상도가 각각 2^n이어야 한다는 것이다. 그렇지 않으면 Billboard 프로그램 실행 시 Error가 발생한다. 그러므로 Photoshop의 메뉴 [Image > Image Size...]을 선택하고, 대화창 [Image Size]의 Pixel Dimensions에서 Width와 Height를 Pixels 단위로 각각 2^n 즉, 256×256, 256×512, 512×256, 512×512, 1024×512, 512×1024, 1024×1024 등과 같이 되도록 수정하고 OK 버튼을 클릭하여 대화창을 빠져나온다. 그런 다음 메뉴 [File > Save As...]을 선택하고, 대화창 [Save As]의 아래 부분에서 Format :을 'Targa(*.TGA;*.VDA;*.ICB;*.VST)'으로 변경해준다. 또한

Save Options의 Save:에서 '✓ Alpha Channels'이 체크되어 있는지를 확인하고 저장하고자 하는 위치를 설정하여 저장하면 된다.

Project 9 – II

Application of Billboard

구현 기능	[코드 9-4]를 참고하고 다음 항목을 추가하여 Project를 향상시키도록 한다. – 서로 다른 형태의 2차원 나무(Tree) 이미지를 5개 사용하여 Alpha Channel을 가진 Tga 파일을 생성하고, 구현 결과와 같이 하나의 Window에 모두 나타내도록 한다. – 모든 나무들이 잘 보이도록 적당한 거리를 두어 서로 다른 위치에 배치하여야 한다.
구현 결과	

Project 9 – III

Solar System – Sun Shine	
구현 기능	[코드 9–4]를 참고하여 [Project 6–Ⅵ]에 다음 항목을 추가하여 Project를 향상시키도록 한다. – 태양이 스스로 빛을 내는 것처럼 보이도록 Alpha Blending 효과를 적용한다. 단, Camera의 이동 방향 및 위치에 상관없이 항상 Alpha Blending 효과가 동일하게 보여야 한다.
구현 결과	

04 Section Height Map

Displacement Map
Height Field
Height Map
Bump Mapping

Displacement Map 및 Height Field라고도 하는 Height Map은 표면의 높낮이(Elevation) 데이터와 같은 값들을 저장하기 위하여 사용된 Raster 이미지를 말한다. Height Map은 객체의 표면 위에 Vertex들의 실제 기하학적인 위치를 치환하는 Displacement Mapping에서 재질에 그림자를 만드는 것을 계산하기 위한 Bump Mapping과 같은 목적을 위해서 사용하기도 하지만, 실제적으로는 지형의 높낮이를 표현하기 위하여 사용하는 경우가 더 많다. Height Map을 생성하기 위해서는 몇 가지 조건이 있는데, 첫째 Height Map을 생성하기 위한 이미지(사진)의 해상도는 반드시 정사각형(Square)이어야 하며, 각각 2^n이어야 한다. 즉, $2^5 \times 2^5 = 32 \times 32$ $2^6 \times 2^6 = 64 \times 64$, $2^7 \times 2^7 = 128 \times 128$, $2^8 \times 2^8 = 256 \times 256$, $2^9 \times 2^9 = 512 \times 512$,

$2^{10} \times 2^{10} = 1024 \times 1024$ 등과 같은 해상도를 가지고 있어야 한다. 둘째, 모든 Pixel 들에 대한 밝기 값을 0~255까지 범위의 값을 가지기 위하여 256 색상의 Gray Color로 설정되어야 한다. 여기서 Pixel이 밝기 값이 0과 가까울수록 고도 데이터에서 평면(Plane)이나 계곡(Valley) 등과 같이 낮은 지대를 의미하고, 255와 가까울수록 산봉우리(Peak) 등과 같이 높은 고지대 혹은 정상(Peak)을 의미한다. [그림 9-7]은 이와 같은 조건을 만족하는 Height Map을 사용하여 지형의 높낮이(Elevation)를 구현한 결과이고, [코드 9-5]는 그 소스 코드이다.

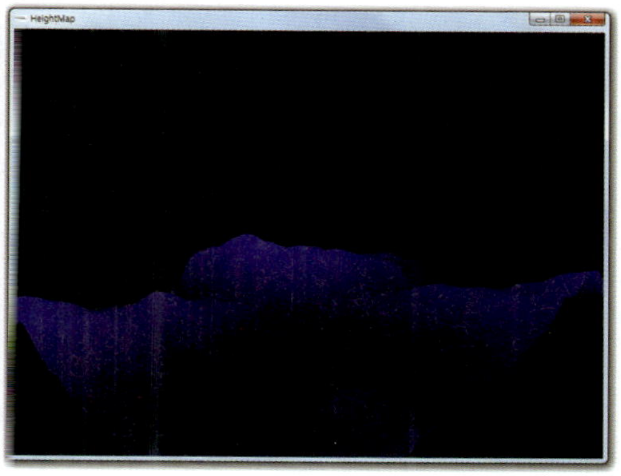

[그림 9-7] Height Map의 구현 결과

코드 9-5 Height Map

```
// Header File을 Include (전체 소스 코드 참조)

// 변수 선언 (전체 소스 코드 참조)

void LoadRawFile(LPSTR strName, int nSize, BYTE * pHeightMap) {  ......................... ①
    FILE * pFile = NULL;

    pFile = fopen( strName, "rb" );
    if ( pFile == NULL ) {
        MessageBox(NULL, "Can't Find The Height Map!", "Error", MB_OK);
        return
    }

    fread( pHeightMap, 1, nSize, pFile );

    int result = ferror( pFile );
```

```
    if (result) {
        MessageBox(NULL, "Failed To Get Data!", "Error", MB_OK);
    }

    fclose(pFile);
}

int InitGL( ) {
    glShadeModel(GL_SMOOTH);
    glClearColor(0.0f, 0.0f, 0.0f, 0.5f);
    glClearDepth(1.0f);
    glEnable(GL_DEPTH_TEST);
    glDepthFunc(GL_LEQUAL);
    glHint(GL_PERSPECTIVE_CORRECTION_HINT, GL_NICEST);

    LoadRawFile("Terrain.raw", MAP_SIZE * MAP_SIZE, g_HeightMap);  ..................... ②

    return TRUE;
}

int Height(BYTE * pHeightMap, int X, int Y) {  ..................................... ③
    int x = X % MAP_SIZE;
    int y = Y % MAP_SIZE;

    if(!pHeightMap) return 0;

    return pHeightMap[x + (y * MAP_SIZE)];
}

void SetVertexColor(BYTE * pHeightMap, int x, int y) {  ............................ ④
    if(!pHeightMap) return;

    float fColor = -0.15f + (Height(pHeightMap, x, y ) / 256.0f);
    glColor3f(0.0, 0.0, fColor );
}

void RenderHeightMap(BYTE pHeightMap[]) {  ......................................... ⑤
    int X = 0, Y = 0;
    int x, y, z;

    if(!pHeightMap) return;
```

```
if(bRender)     glBegin( GL_QUADS );
else            glBegin( GL_LINES );
for ( X = 0; X < (MAP_SIZE-STEP_SIZE); X += STEP_SIZE )
    for ( Y = 0; Y < (MAP_SIZE-STEP_SIZE); Y += STEP_SIZE ) {
        // 왼쪽 아래(Bottom Left) Vertex를 위한 (X, Y, Z) 값을 구한다.
        x = X;
        y = Height(pHeightMap, X, Y );
        z = Y;

        // 현재 Vertex의 색상 값을 설정한다.
        SetVertexColor(pHeightMap, x, z);

        glVertex3i(x, y, z);

        // 왼쪽 위(Top Left) Vertex를 위한 (X, Y, Z) 값을 구한다.
        x = X;
        y = Height(pHeightMap, X, Y + STEP_SIZE );
        z = Y + STEP_SIZE ;

        // 현재 Vertex의 색상 값을 설정한다.
        SetVertexColor(pHeightMap, x, z);

        glVertex3i(x, y, z);

        // 오른쪽 위(Top Right) Vertex를 위한 (X, Y, Z) 값을 구한다.
        x = X + STEP_SIZE;
        y = Height(pHeightMap, X + STEP_SIZE, Y + STEP_SIZE );
        z = Y + STEP_SIZE ;

        // 현재 Vertex의 색상 값을 설정한다.
        SetVertexColor(pHeightMap, x, z);

        glVertex3i(x, y, z);

        // 오른쪽 아래(Bottom Right) Vertex를 위한 (X, Y, Z) 값을 구한다.
        x = X + STEP_SIZE;
        y = Height(pHeightMap, X + STEP_SIZE, Y );
        z = Y;

        // 현재 Vertex의 색상 값을 설정한다.
        SetVertexColor(pHeightMap, x, z);
```

```
            glVertex3i(x, y, z);
        }
    glEnd();

    glColor4f(1.0f, 1.0f, 1.0f, 1.0f);
}

void DrawGLScene( ) {
    glClear(GL_COLOR_BUFFER_BIT | GL_DEPTH_BUFFER_BIT);
    glMatrixMode( GL_MODELVIEW );
    glLoadIdentity();

    gluLookAt(200.0, 60.0, 200.0, 130.0, 50.0, 130.0, 0.0, 1.0, 0.0);
    glTranslatef( 0.0f, 0.0f, g_fDistance );
    glScalef(scaleValue, scaleValue * HEIGHT_RATIO, scaleValue); ··········· ⑥

    RenderHeightMap(g_HeightMap); ··········································· ⑦

    glutSwapBuffers();
}

void MySpecial(int key, int x, int y) {
 . . . . . . . . . . .
}

void MyReshape(int w, int h) {
 . . . . . . . . . . .
}

void main(int argc, char **argv) {
 . . . . . . . . . . .
}
```

[코드 9-5]에서 ①의 LoadRawFile(LPSTR strName, int nSize, BYTE * pHeightMap)은 Height Map 즉, Raster 이미지인 Raw File(*.raw)을 읽어오기 위한 함수이다. 여기서 Height Map을 위해서는 일반적으로 Raw File(*.raw)을 사용하는데, 그 이유는 압축을 하지 않고 현재 이미지에 깊이 정보를 가지고 있기 때문이다. ②의 LoadRawFile("Terrain.raw", MAP_SIZE * MAP_SIZE, g_HeightMap)은 실제 Raw File 즉, "Terrain.raw" 파일을 읽어오기 위하여 ①을 호출하여 실행하는 것이다. ③의 int Height(BYTE *pHeightMap, int X, int Y)은 해상도에 따른

Pixel의 높낮이 값을 계산한다. ④의 SetVertexColor(BYTE *pHeightMap, int x, int y)은 밝기 값에 따른 Pixel의 색상을 계산해준다. ⑤의 RenderHeightMap(BYTE pHeightMap[])은 모든 Pixel들의 높낮이 값을 사용하여 Height Map을 입체적으로 표현하기 위한 3D 공간에서의 Vertex들에 대한 좌표(x, y, z)를 생성해준다. ⑥의 glScalef(scaleValue, scaleValue * HEIGHT_RATIO, scaleValue)는 Height Map에 의한 높낮이 데이터들을 넓게 확장하기 위한 것이다. 즉, X축과 Z축으로 0.15배, Y축으로 0.15×1.5배로 확장하게 된다. ⑦의 RenderHeightMap(g_HeightMap)은 Height Map을 읽어서 3D 공간에 Vertex들에 대한 높낮이를 구현하기 위한 함수 즉, ⑤를 호출하여 실행하는 것이다.

Project 9 –IV Terrain Mapping using Height Map

<table>
<tr><td>구현 기능</td><td>[코드 9–5]를 참고하고 다음 항목을 추가하여 Project를 향상시키도록 한다.
– Photoshop을 사용하여 1024×1024 크기의 Height Map을 생성하고, Raw File로 저장하여 Terrain Map(*.raw)을 생성한다.
– Terrain Map(*.raw)을 사용하여 Height Map에 Texture Mapping한다.
– Skybox를 추가한다.
– Mouse Callback을 설정하고 Left Button을 Click하면 Rotation이 가능하게 한다.
– Mouse Callback을 설정하고 Right Button을 Click하면 Wire–frame Modeling 형식으로 보이게 하며, On/Off 기능이 가능하여야 한다.
– Keyboard Callback을 설정하고 ↑ Key 및 ↓ Key를 사용하여 Zoom In/Out이 가능하게 한다. 단, 적당한 거리에서 더 이상 Zoom In/Out이 진행되지 않도록 임계값(Threshold)을 설정하여야 한다.</td></tr>
<tr><td>구현 결과</td><td></td></tr>
</table>

05 Section Cel Shading(Cartoon Rendering)

Cel Shading
비사실적인(Non-Photorealistic) Rendering
Cartoon Shading
Toon Shading
Cartoon Rendering

Cel Shading은 손(Hand)으로 직접 그린 것처럼 표현하기 위한 비사실적인(Non-Photorealistic) Rendering의 한 형태로서 Cartoon Shading, Toon Shading 및 Cartoon Rendering 등과 같은 용어들로 알려져 있다. 그래서 Cel Shading은 주로 만화책이나 만화의 스타일을 모방하기 위해서 사용된다. 일반적으로 Full 3D로 제작한 캐릭터가 등장하는 애니메이션이나 영화 같은 경우 부자연스러운 부분이 매우 많아서 다소 거부감을 느낄 수가 있다. 왜냐하면 우리는 그 동안 시각적으로 손으로 직접 그린 2D에 익숙해져 있었기 때문이다. 그러므로 일부에서는 이와 같은 거부감을 다소 줄이면서 3D의 장점을 제공해주기 위하여 모든 작업을 3D로 제작하고 그 결과물은 Cel Shading으로 Rendering하여 사용하기도 한다. [그림 9-8]은 3D로 제작된 하나의 Model 데이터(*.obj)를 읽어 와서 Cel Shading으로 Rendering한 결과이고, [코드 9-6]은 그 소스 코드이다.

[그림 9-8] Cel-Shading의 구현 결과

코드 9-6 Cel-Shading

```
// Header File을 Include (전체 소스 코드 참조)

// 변수 및 구조체 선언 (전체 소스 코드 참조)

BOOL ReadMesh ( ) {          // Model 파일을 읽어온다.
. . . . . . . . . . .
}

// 2개 벡터 사이의 각도를 계산한다.
```

```
inline float DotProduct (VECTOR &V1, VECTOR &V2) {
    return V1.X * V2.X + V1.Y * V2.Y + V1.Z * V2.Z; // 각도를 반환한다.
}

// 벡터의 길이를 계산한다.
inline float Magnitude (VECTOR &V) {
    return sqrtf (V.X * V.X + V.Y * V.Y + V.Z * V.Z); // 벡터의 길이를 반환한다.
}

void Normalize (VECTOR &V) {  // 1의 크기를 가지는 단위 벡터를 계산한다.
. . . . . . . . . . .
}

// 매개변수(Parameter)로 입력된 Matrix를 사용하여 벡터를 회전한다.
void RotateVector (MATRIX &M, VECTOR &V, VECTOR &D) {
. . . . . . . . . . .
}

BOOL Initialize ( ) {
. . . . . . . . . . .

    // Shader 파일을 가져온다.
    In = fopen ("shader.txt", "r");
    // shader.txt 파일의 내용 : 0.0~1.0까지의 범위를 가지는 32개의 실수 값
    // 0.2  0.2  0.2  0.2  0.5  0.5  0.5  0.5  0.5  0.5  0.5  0.5  0.5  0.5  1.0  1.0  1.0
    // 1.0  1.0  1.0  1.0  1.0  1.0  1.0  1.0  1.0  1.0  1.0  1.0  1.0  1.0  1.0


    if (In) {
        for (int i = 0; i < 32; i++) {
            if (feof (In))
                break;
            // 현재 라인을 가져온다.
            fgets (Line, 255, In);
            // 값들을 복사한다.
            shaderData[i][0] = shaderData[i][1] = shaderData[i][2] = float(atof (Line));
        }

        fclose (In);
    } else
        return FALSE;
```

```
    glGenTextures (1, &shaderTexture[0]);
    glBindTexture (GL_TEXTURE_1D, shaderTexture[0]);

    glTexParameteri (GL_TEXTURE_1D, GL_TEXTURE_MAG_FILTER, GL_NEAREST);
    glTexParameteri (GL_TEXTURE_1D, GL_TEXTURE_MIN_FILTER, GL_NEAREST);
    glTexImage1D (GL_TEXTURE_1D, 0, GL_RGB, 32, 0, GL_RGB , GL_FLOAT,
shaderData);

    lightAngle.X = 0.0f;        // 조명의 X축 방향을 설정한다.
    lightAngle.Y = 0.0f;        // 조명의 Y축 방향을 설정한다.
    lightAngle.Z = 1.0f;        // 조명의 Z축 방향을 설정한다.

    Normalize (lightAngle);     // 조명의 방향을 정규화(Normalize)한다.

    return ReadMesh ();
}

void Draw ( ) {
    glClear(GL_COLOR_BUFFER_BIT | GL_DEPTH_BUFFER_BIT);
    glMatrixMode( GL_MODELVIEW );
    glLoadIdentity();

    glTranslatef( 0.0f, 0.0f, g_fDistance );

    MATRIX TmpMatrix;
    VECTOR TmpVector, TmpNormal;

    if (outlineSmooth) {                        // Anti-aliasing된 라인을 보기 원한다면
        glHint (GL_LINE_SMOOTH_HINT, GL_NICEST);
        glEnable (GL_LINE_SMOOTH);      // Anti-aliasing을 활성화한다.
    } else
        glDisable (GL_LINE_SMOOTH);     // Anti-aliasing을 비활성화한다.

    glGetFloatv (GL_MODELVIEW_MATRIX, TmpMatrix.Data); // 생성된 Matrix를 얻는다.

    glEnable (GL_TEXTURE_1D);           // 1D Texture Mapping을 활성화한다.
    glBindTexture (GL_TEXTURE_1D, shaderTexture[0]);      // Texture를 연결한다.
    glColor3f (1.0f, 1.0f, 1.0f);       // Model의 색상을 설정한다.

    glBegin (GL_TRIANGLES);
        for (int i = 0; i < polyNum; i++) { // 각 다각형들을 위한 Loop
            for (int j = 0; j < 3; j++) {   // 각 Vertex들을 위한 Loop
```

```
            // 현재 Vertex들의 Normal Value들로 TmpNormal Structure를 채운다.
            TmpNormal.X = polyData[i].Verts[j].Nor.X;
            TmpNormal.Y = polyData[i].Verts[j].Nor.Y;
            TmpNormal.Z = polyData[i].Verts[j].Nor.Z;

            // Matrix로 회전시킨다
            RotateVector (TmpMatrix, TmpNormal, TmpVector);
            // 새로운 Normal을 정구화(Normalize)한다.
            Normalize (TmpVector);
            // Shade 값을 계산한다
            float TmpShade = DotProduct (TmpVector, lightAngle);

            if (TmpShade < 0.0f)     TmpShade = 0.0f;

            // Shade 값으로 Texture 좌표를 설정한다.
            glTexCoord1f (TmpShade);
            // Vertex의 위치를 보낸다.
            glVertex3fv (&polyData[i].Verts[j].Pos.X);
        }
    }
glEnd ();

glDisable (GL_TEXTURE_1D);  // 1D Texture Mapping을 비활성화한다.

if (outlineDraw) {                    // Outline을 그리기를 원한다면
    glEnable (GL_BLEND);              // Blending 활성화
    glBlendFunc(GL_SRC_ALPHA,GL_ONE_MINUS_SRC_ALPHA); // Blend Mode 설정
    glPolygonMode (GL_BACK, GL_LINE); // 다각형 뒷면을 Wire-fame 형태로 그린다.
    glLineWidth (outlineWidth); // 라인(Line)의 넓이 설정. Default : 1.0
    glCullFace (GL_FRONT);      // 다각형의 앞면(Front Face)을 그리지 않는다.
    glDepthFunc (GL_LEQUAL);    // Depth Buffer 비교를 위해 사용된 값을 정의.
                                // 만약 입력되는 Z 값이 저장된 Z 값보다 작거나 같으면 통과
    glColor3fv (&outlineColor[0]); // Outline 색상을 설정한다.

    glBegin (GL_TRIANGLES);
        for (int i = 0; i < polyNum; i++) {            // 각 다각형을 위한 Loop
            for (int j = 0; j < 3; j++) {              // 각 Vertex를 위한 Loop
                glVertex3fv (&polyData[i].Verts[j].Pos.X);   // Vertex의 위치를 보낸다.
            }
        }
    glEnd ();
```

```
        glDepthFunc (GL_LESS);      // Depth Buffer 비교를 위해 사용된 값을 재설정.
                                    // 만약 입력되는 Z 값이 저장된 Z 값보다 작으면 통과
        glCullFace (GL_BACK);       // 다각형의 뒷면(Back Face)을 그리지 않는다.
        glPolygonMode (GL_BACK, GL_FILL); // 다각형 뒷면을 Wire-frame 형태로 그린다.
        glDisable (GL_BLEND);       // Blending 비활성화
    }

    glutSwapBuffers();
}

void MySpecial(int key, int x, int y) {
 . . . . . . . . . . .
}

void MyReshape(int w, int h) {
 . . . . . . . . . . .
}

void main(int argc, char **argv) {
 . . . . . . . . . . .
}
```

06 Section Load 3D Model

3D Model 데이터는 3D Studio Max, Maya, Alias/Wavefront, Bryce, Cinema 4D, Houdini 3D, LightWave 3D, Poser, Rhino 3D, Softimage 등 매우 다양한 3D 그래픽스 소프트웨어에 의해서 만들어진다. 또한 3D 그래픽스 소프트웨어에 의해서 만들어지는 3D Model 데이터의 종류에는 *.max, *.obj, *.3ds, *.ase, *.fbx, *.dae, *.wrl, *.dem, *.w3d 등 소프트웨어의 종류에 따라 상당히 많은 파일 포맷들로 구분되어진다. OpenGL에서는 이와 같은 다양한 3D Model 파일들을 읽어서 Window에 보여줄 수 있는데, 본 절에서는 *.3ds, *.ase, *.obj와 같은 3가지 종류의 3D Model 파일을 Window에서 볼 수 있도록 한다.

1. 3D Studio MAX Model(*.3ds) Loader

3D Studio MAX에서 사용되는 *.3ds 파일은 Chunk(큰 덩어리, 두꺼운 조각)들로 이루어져 있는데, Chunk는 데이터의 흐름을 유도하고 실제 데이터를 구성하는 역할을 한다. Chunk는 <표 9-8>과 같은 구조를 가지는데, 자신을 식별하는 Chunk ID 및 다음 Chunk의 상대적인 위치를 서술하고 있다.

〈표 9-8〉 Chunk의 구조

```
start    end    size    name
------------------------------------------------------------------
0        1      2       Chunk ID
2        5      4       현재 위치에 대한 다음 Chunk의 상대적인 위치(Next Chunk)
```

Chunk들은 계층적으로 구성된 Chunk ID에 의해서 쉽게 식별되어지는데, <표 9-9>와 같이 3DS 파일의 Primary Chunk ID는 0x4D4D이며, 언제나 파일의 첫 번째에 나타나는 Chunk이다.

〈표 9-9〉 계층적인 Chunk 구조를 가진 3ds 파일

```
MAIN3DS  (0x4D4D)                                // Primary Chunk
   |
   |   EDIT3DS  (0x3D3D)                         // Main Chunk - Object Mesh data의 시작
   |      |
   |      |---- EDIT_MATERIAL (0xAFFF)           // Text Information
   |      |        |
   |      |        |---- MAT_NAME01 (0xA000)     // Object Name
   |      |
   |    .....
   |
   |--- KEYF3DS (0xB000)                         // Key-frame 데이터의 시작
          |
          |---- KEYF_UNKNWN01 (0xB00A)
            ......
```

[그림 9-9]는 <표 9-9>와 같이 계층적인 Chunk들로 구성된 *.3ds 파일을 읽어서 Window에 보여주기 위한 구현 결과이고, [코드 9-7]은 그 소스 코드이다. 소스 코드에 대한 설명은 주석(Comment)을 참고하기 바란다.

[그림 9-9] 3D Studio MAX Model(*.3ds) 읽어오기의 구현 결과

코드 9-7 3D Studio MAX Model(*.3ds) Loader

```
// Header File을 Include (전체 소스 코드 참조)

// 변수, 구조체 및 Class 선언 (전체 소스 코드 참조)

// 3D Studio MAX Model(*.3ds) 파일을 읽어오기 위한 함수
void Load3dsObject (object *obj, char *filename) {
    FILE *file;
    char temp;           // 객체의 이름을 읽기 위한 문자형 임시 변수
    short chunkID;       // 현재 Chunk의 ID를 저장하기 위한 변수
    int chunkLength;
    short useless;

    // Binary Mode에서 파일을 읽어온다.
    file = fopen (filename, "rb");

    // 현재의 위치가 전체의 길이보다 작을 경우
    while (ftell(file) < filelength (fileno (file))) {
        fread (&chunkID, 2, 1, file);        // 2byte 크기를 가지는 chunkID 1개를 읽어온다.
        fread (&chunkLength, 4, 1, file);    // 4byte 크기를 가지는 chunkLength 1개를 읽어온다.

        switch (chunkID) {
            case 0x4d4d:     // 특별한 이름이나 값을 가지고 있지 않은 Chunk일 경우 Skip
                break;
            case 0x3d3d:     // 특별한 이름이나 값을 가지고 있지 않은 Chunk일 경우 Skip
                break;
            case 0x4000:     // 이름을 가지고 있는 Chunk일 경우
                for(int i=0; i<20; i++) {
                    fread (&temp, 1, 1, file);
                    obj->name[i]=temp;
                    if(temp == '\0')break
                }
```

```
            break;
        case 0x3f80:   // 특별한 이름이나 값을 가지고 있지 않은 Chunk일 경우 Skip
            break;
        case 0x4100:   // 특별한 이름이나 값을 가지고 있지 않은 Chunk일 경우 Skip
            break;
        case 0x4110:   // 좌표 뒤에 Vertex들의 개수를 가지는 Chunk일 경우
            fread (&obj->numVerts, sizeof (unsigned short), 1, file);
            for (int i=0; i<obj->numVerts; i++) {
                fread (&obj->v[i].x, sizeof(float), 1, file);
                fread (&obj->v[i].y, sizeof(float), 1, file);
                fread (&obj->v[i].z, sizeof(float), 1, file);
            }
            break;
        case 0x4120:  // Index들과 numPolys을 가진 Chunk일 경우
            fread (&obj->numPolys, sizeof (unsigned short), 1, file);
            for (int i=0; i<obj->numPolys; i++) {
                fread (&obj->p[i].a, sizeof (unsigned short), 1, file);
                fread (&obj->p[i].b, sizeof (unsigned short), 1, file);
                fread (&obj->p[i].c, sizeof (unsigned short), 1, file);
                fread (&useless, sizeof (unsigned short), 1, file);
            }
            break;
        case 0x4140:  // Texture 좌표를 가진 Chunk일 경우
            fread (&useless, sizeof (unsigned short), 1, file);
            for (int i=0; i<obj->numVerts; i++) {
                fread (&obj->m[i].u, sizeof (float), 1, file);
                fread (&obj->m[i].v, sizeof (float), 1, file);
            }
            break;
        default:
            // 지정한 위치로 File Pointer를 이동한다.
            // SEEK_CUR은 File Pointer의 현재 위치를 의미한다.
            fseek(file, chunkLength-6, SEEK_CUR);
        }
    }
    fclose (file);
}

void MyInit( ) {
    glClearColor( 0.0f, 0.0f, 0.0f, 1.0f );
    glEnable( GL_TEXTURE_2D );
    glEnable( GL_DEPTH_TEST );
```

```
    // 3D Studio MAX Model(*.3ds) 파일 읽어오기
    Load3dsObject(&g_Obj3ds, "spaceship.3ds");

    // Texture Mapping을 위한 Texture Map 파일 읽어오기
    AUX_RGBImageRec *pTextureImage = auxDIBImageLoad( "spaceshiptexture.bmp" );

    . . . . . . . . . . .
}

void DrawObject(object *obj) {
    glBegin(GL_TRIANGLES);
    for (int i=0; i<obj->numPolys; i++) {
        // Texture Map의 좌표 지정 및 Texture Mapping을 위한 정점의 좌표 설정
        glTexCoord2f( obj->m[ obj->p[i].a ].u, obj->m[ obj->p[i].a ].v);
        glVertex3f( obj->v[ obj->p[i].a ].x, obj->v[ obj->p[i].a ].y, obj->v[ obj->p[i].a ].z);

        glTexCoord2f( obj->m[ obj->p[i].b ].u, obj->m[ obj->p[i].b ].v);
        glVertex3f( obj->v[ obj->p[i].b ].x, obj->v[ obj->p[i].b ].y, obj->v[ obj->p[i].b ].z);

        glTexCoord2f( obj->m[ obj->p[i].c ].u, obj->m[ obj->p[i].c ].v);
        glVertex3f( obj->v[ obj->p[i].c ].x, obj->v[ obj->p[i].c ].y, obj->v[ obj->p[i].c ].z);
    }
    glEnd();

}

void MyDisplay( ) {
    glClear( GL_COLOR_BUFFER_BIT | GL_DEPTH_BUFFER_BIT );
    glMatrixMode( GL_MODELVIEW );
    glLoadIdentity();

    glTranslatef( 0.0f, 0.0f, g_fDistance );

    if(g_bRenderInWireFrame)  // 만약 Wire-frame Mode가 선택되면,
        // 앞면 및 뒷면 모두 Wire-frame Mode로 설정
        glPolygonMode(GL_FRONT_AND_BACK, GL_LINE);
    else
        // 앞면 및 뒷면 모두 Wire-frame Mode를 해제하고, 다각형의 내부를 모두 채운다.
        glPolygonMode(GL_FRONT_AND_BACK, GL_FILL);

    DrawObject(&g_Obj3ds);  // Window에 3D Model을 그린다.
```

```
    glutPostRedisplay();
    glutSwapBuffers();
}

void MyReshape(int w, int h) {
  . . . . . . . . . . .
}

void MySpecial(int key, int x, int y) {
  . . . . . . . . . . .
}

int main(int argc,char **argv) {
  . . . . . . . . . . .
}
```

2. 3D Studio MAX Model(*.ase) Loader

ASE 파일은 크게 3개의 단위 즉, '*SCENE', '*MATERIAL_LIST' 및 '*GEOMOBJECT'로 구분되어진다. *SCENE은 애니메이션을 포함하는 장면(Scene)에 대한 정보를 포함하고 있으며, *MATERIAL_LIST는 재질(Material) 및 Texture 등에 대한 정보를 포함하고, *GEOMOBJECT은 객체에 대한 Vertex, Index 및 UV 등과 같은 정보를 포함하고 있다. <표 9-10>은 이와 같이 3개의 단위로 구성된 ASE 파일의 Format을 간략하게 설명하고 있다.

〈표 9-10〉 ASE 파일의 Format

```
*SCENE
  *SCENE_FIRSTFRAME     0
  *SCENE_LASTFRAME    100
  *SCENE_FRAMESPEED    30
  *SCENE_TICKSPERFRAME 160

*MATERIAL_LIST                          // Material의 집합
  *MATERIAL_COUNT        1              // Material의 총 개수
  *MATERIAL    0 {                      // Material의 ID
    *MATERIAL_NAME      "Material #2"
    *MATERIAL_CLASS     "Standard"      // SubMaterial을 포함하지 않는다.
```

```
    *MATERIAL_CLASS      "Multi/Sub-Object"
    *MATERIAL_AMBIENT 0.1000 0.1000 0.1000      // 주변광
    *MATERIAL_DIFFUSE 0.7000 0.7000 0.7000      // 확산광
    *MATERIAL_SPECULAR 0.9000 0.9000 0.9000  // 정반사광
    *NUMSUBMTLS          15              // 현재 Material이 가진 SubMaterial의 개수
    *SUBMATERIAL   0 {                   // SubMaterial의 ID
       *MAP_DIFFUSE {
       *BITMAP "F:\Turret\Turret\Maps\T_Siren1.bmp"

*GEOMOBJECT                              // 객체의 형태에 대한 정보를 가지고 있는 집합
  *NODE_NAME      "Box01"                // 해당 객체의 이름
  *NODE_PARENT    "Box00"                // 부모 객체의 이름. 없을 경우에는 삭제
  *NODE_TM {
    *TM_ROW0 1.0000 0.0000 0.0000   // 해당 객체에 적용될 4 × 4 크기의 Matrix
    *TM_ROW1 0.0000 1.0000 0.0000
    *TM_ROW2 0.0000 0.0000 1.0000
    *TM_ROW3 0.0000 0.0000 0.0000
    *TM_POS   0.0000 0.0000 0.0000    // 해당 객체의 좌표
    *TM_ROTAXIS 0.0000 0.0000 0.0000
    *TM_ROTANGLE 0.0000
    *TM_SCALE    1.0000 1.0000 1.0000
 }
 // 객체를 이루는 Vertex, Face 및 Texture Mapping에 사용될 정보들을 가지고 있는 집합
 *MESH {
   *MESH_NUMVERTEX     8              // Vertex의 개수
   *MESH_NUMFACES      12             // Vertex의 개수
   *MESH_VERTEX_LIST {                // Vertex의 집합
     *MESH_VERTEX    0 -10.0000  -10.0000 0.0000  // Index, (X, Y, Z) 좌표 값
     ......
   }
   *MESH_FACE_LIST {                  // Face의 집합
     *MESH_FACE 0: A: 0 B: 2 C: 3 AB: 1 BC: 1 CA: 0 *MESH_SMOOTHING 2 *MESH_
MTLID 1
      // Face의 정보
      // 해당 Face의 ID와 A:, B:, C:에 해당하는 값이 Face를 구성하는 Vertex의 ID
      // 그리고 *MESH_MTLD는 해당 Face에 적용될 SubMaterial의 ID를 의미한다.
      ......
   }
   *MESH_NUMTVERTEX      12                 // Texture Mapping에 사용될 Vertex의 개수
   *MESH_TVERTLIST {                        // Texture Mapping에 사용될 Vertex의 집합
     *MESH_TVERT 0 0.0000 0.0000 0.0000   // Texture Mapping에 사용될 Vertex의 정보
     ......
```

```
    }
    *MESH_NUMTVFACES      12              // Texture Mapping에 사용될 Face의 개수
    *MESH_TFACELIST {                     // Texture Mapping에 사용될 Face의 집합
      *MESH_TFACE 0 9 11 10               // Texture Mapping에 사용될 Face의 정보
      ......
    }
    *MESH_NUMCVERTEX      0
    *MESH_NORMALS {
     *MESH_FACENORMAL    0 0.0000 0.0000 -1.0000
     *MESH_VERTEXNORMAL 0 0.0000 0.0000 -1.0000
     *MESH_VERTEXNORMAL 2 0.0000 0.0000 -1.0000
     *MESH_VERTEXNORMAL 3 0.0000 0.0000 -1.0000
    }
  }
  *TM_ANIMATION {
    *NODE_NAME "Box01"                    // 해당 객체의 이름
    *CONTROL_POS_TRACK {
      *CONTROL_POS_SAMPLE 0 0.0000 0.0000 0.0000
      *CONTROL_POS_SAMPLE 800 7.8125 0.0000 0.0000
    }
    *CONTROL_ROT_TRACK {
      *CONTROL_ROT_SAMPLE 800 -1.0000 0.0000 0.0000 0.2454
      *CONTROL_ROT_SAMPLE 1500 -1.0000 0.0000 0.0000 0.5400
   }
   *CONTROL_SCALE_TRACK {
     *CONTROL_SCALE_SAMPLE 0 1.0000 1.0000 1.0000 0.0000 0.0000 0.0000 0.0000
     *CONTROL_SCALE_SAMPLE 800 1.1563 1.1563 1.1563 0.0000 0.0000 0.0000 0.0000
   }
  }
  *MATERIAL_REF 0                         // 해당 객체가 참조할 Material의 ID
}
```

[그림 9-10]은 <표 9-10>의 ASE 파일의 Format을 Parsing하여 Window에서 읽어오기 위한 구현 결과이고, [코드 9-8]은 그 소스 코드이다. 소스 코드에 대한 설명은 주석(Comment)을 참고하기 바란다.

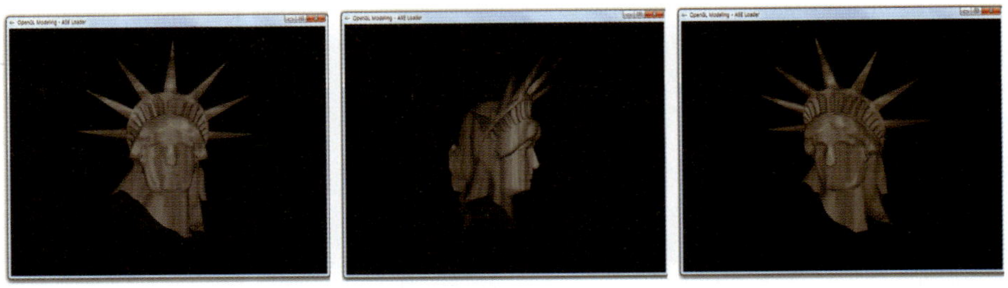

[그림 9-10] 3DS MAX Model(*.ase) 읽어오기의 구현 결과

코드 9-8 3DS MAX Model(*.ase) Loader

```
#include <stdio.h>
#include <stdlib.h>
#include <glut.h>
#include <glaux.h>
#include "Ase.h"

// 변수 선언 (전체 소스 코드 참조)

// Texture 이미지를 생성한다.
void CreateTexture(UINT textureArray[], LPSTR strFileName, int textureID) {
 . . . . . . . . . . .
}

void MyInit( ) {
    glEnable(GL_TEXTURE_2D);
    glEnable(GL_DEPTH_TEST);

    // ASE 파일 읽어오기
    g_LoadASE.ImportASE(&g_3DModel, "statue.ASE");

    for(int i = 0; i < g_3DModel.numOfMaterials; i++) {
        // Material 안에 읽어오기 위한 파일 이름이 있을 경우
        if(strlen(g_3DModel.pMaterials[i].strFile) > 0) {
            // Texture ID[i]와 함께 Bitmap을 읽어오기 위한 Texture 파일의 이름을 사용한다.
            CreateTexture(g_Texture, g_3DModel.pMaterials[i].strFile, i);
        }

        // Material을 위한 Texture ID를 설정한다.
        g_3DModel.pMaterials[i].texureId = i;
    }
```

```
    glEnable(GL_LIGHT0);
    glEnable(GL_LIGHTING);
    glEnable(GL_COLOR_MATERIAL); // Material의 색상을 활성화한다.
}

void RenderScene() {
    glClear( GL_COLOR_BUFFER_BIT | GL_DEPTH_BUFFER_BIT );
    glMatrixMode( GL_MODELVIEW );
    glLoadIdentity();

    glTranslatef( 0.0f, 0.0f, g_fDistance );

    for(int i = 0; i < g_3DModel.numOfObjects; i++) {
        // 유효한 객체를 가지고 있는지 확인한다. 즉, 만약 size()가 Vector Class에 있지 않다면
        if(g_3DModel.pObject.size() <= 0)    break;

        // Display하는 현재 객체를 구한다.
        t3DObject *pObject = &g_3DModel.pObject[i];

        // 만약 객체가 Texture Map을 가지고 있다면
        if(pObject->bHasTexture) {
            // Texture Mapping을 활성화하고 색상을 비활성화한다.
            glEnable(GL_TEXTURE_2D);
            glColor3ub(255, 255, 255); // 다시 색상을 정상적으로 재설정한다.
            // Material ID로 객체에 Texture Map을 연결한다.
            glBindTexture(GL_TEXTURE_2D, g_Texture[pObject->materialID]);
        } else {
            // Texture Mapping을 비활성화하고 색상을 활성화한다.
            glDisable(GL_TEXTURE_2D);
            glColor3ub(255, 255, 255); // 다시 색상을 정상적으로 재설정한다.
        }

        glBegin(g_ViewMode);

        // 객체의 모든 면(Face)들을 거쳐서 그리는 과정
        for(int j = 0; j < pObject->numOfFaces; j++) {
            // Triangle의 각 모서리를 거쳐서 그리는 과정
            for(int whichVertex = 0; whichVertex < 3; whichVertex++) {
                // 면(Face)의 각 Point을 위한 Vertex Index를 구한다.
                int vertIndex = pObject->pFaces[j].vertIndex[whichVertex];

                // Vertex를 위한 Normals를 준다.
```

```
                glNormal3f(pObject->pNormals[ vertIndex ].x,
                        pObject->pNormals[ vertIndex ].y,
                        pObject->pNormals[ vertIndex ].z);

                // 만약 객체가 Texture를 가진다면
                if(pObject->bHasTexture) {
                    // 객체에 적용된 UVW Map이 있는지 확인하거나,
                    // 그렇지 않고 Texel 좌표를 가지고 있지 않다면
                    if(pObject->pTexVerts) {
                        // Texture 좌표 Index를 구한다.
                        int coordIndex = pObject->pFaces[j].coordIndex[whichVertex];

                        // Rendering되고 있는 현재 Vertex에 UV 좌표를 할당한다.
                        glTexCoord2f(pObject->pTexVerts[ coordIndex ].x,
                            pObject->pTexVerts[ coordIndex ].y);
                    }
                } else {
                    if(g_3DModel.pMaterials.size() && pObject->materialID >= 0) {
                        // 객체가 Texture를 가지지 않기 때문에 색상을 구하고 설정한다.
                        float *pColor =
                            g_3DModel.pMaterials[pObject->materialID].fColor;

                        // Model에 현재 색상을 할당한다.
                        glColor3f(pColor[0], pColor[1], pColor[2]);
                    }
                }

            // 객체의 현재 Vertex에 전달한다.
            glVertex3f(pObject->pVerts[ vertIndex ].x, pObject->pVerts[ vertIndex ].y,
                        pObject->pVerts[ vertIndex ].z);
        }
    }

    glEnd();
    }

    glutPostRedisplay();
    glutSwapBuffers();
}

void MyReshape(int w, int h) {
 . . . . . . . . . . .
```

```
}

void MySpecial(int key, int x, int y) {
 . . . . . . . . . . .
}

int main(int argc,char **argv) {
 . . . . . . . . . . .
}
```

3. Wavefront OBJ Model(*.obj) Loader

OBJ 파일은 고급화된 시각적인 애니메이션 Package를 위하여 Wavefront Technology가 개발한 기하학적으로 도형을 정의하는 파일 포맷이다. OBJ 파일 포맷은 3D 기하학을 나타내는 간단한 데이터 포맷으로서 각 Vertex의 위치, 각 Texture 좌표 Vertex의 UV 위치, Normals, Vertex들의 목록으로 정의된 각 다각형을 만드는 면(Face)들 및 Texture Vertex들로 구성되어져 있다. Vertex들은 기본적으로 시계 반대방향(CCW, Counter Clock-Wise) 순서대로 저장된다. OBJ 파일은 ASCII 형식(*.obj)과 Binary 형식(*.moc)으로 구분할 수 있는데, 본 절에서는 ASCII 형식에 대하여 알아본다. <표 9-11>은 ASCII 형식의 OBJ 파일에 대한 구조를 간략하게 나타낸 것이다.

〈표 9-11〉 OBJ 파일 Format

```
# List of Vertices, with (x, y, z[,w]) coordinates, w is optional and defaults to 1.0.
v 0.123 0.234 0.345 1.0
v ...
...

# Texture coordinates, in (u[,v][,w]) coordinates, v and w are optional and default to 0.
vt 0.500 -1.352 [0.234]
vt ...
...

# Normals in (x, y, z) form; normals might not be unit.
vn 0.707 0.000 0.707
vn ...
```

```
...

# Parameter space vertices in (u[,v][,w]) form; free form geometry statement
vp 0.310000 3.210000 2.100000
vp ...
...

# Face Definitions
# p    Point:                        p v1
# l    Line:                         l v1 v2 ... vn
# f    Face:                         f v1 v2 ... vn
# f    Face with texture coords:     f v1/t1 v2/t2 .... vn/tn
# f    Face with vertex normals:     f v1//n1 v2//n2 .... vn//nn
# f    Face with txt and norms:      f v1/t1/n1 v2/t2/n2 .... vn/tn/nn
f 1 2 3
f 3/1 4/2 5/3
f 6/4/1 3/5/3 7/6/5
f ...
...

# Grouping:
g        Group name:                g groupname

# Display/Render Attributes
# usemtl  Material name:
usemtl materialname

# mtllib   Material library:
mtllib materiallibname.mtl
```

GLM(OpenGL Mathematics)

GLSL(OpenGL Shading Language)

본 절에서는 OBJ 파일을 Window에 읽어오기 위하여 GLM(OpenGL Mathematics)을 사용하기로 한다. GLM은 GLSL(OpenGL Shading Language)을 기반으로 하는 그래픽스 소프트웨어를 위한 C++ Mathematics Library이다. 기본적으로 GLM은 Wavefront OBJ 파일을 읽어올 수 있으며, 3D Studio MAX에서 바라보는 것과 같이 Window 화면에 정확하게 똑같이 그리는 기능을 수행한다. 즉, OpenGL에서 Texture을 설정하고 화면에 Texture Mapping된 결과물을 가져오기 위하여 GLM으로부터 그리는 함수(Draw Function)를 호출한다는 것이다. 만약 3D Studio MAX에서 Material을 위한 작업을 별도로 하였다면 Material 파일(*.mtl)도 함께 가져오기 바란다. 왜냐하면 GLM은 Material 파일(*.mtl)을 Parsing할 수 있어서 OpenGL의

Window에서 그대로 표현할 수 있기 때문이다. 이와 같은 GLM은 <표 9-12>와 같이 5가지 파일들로 구성되어져 있다.

〈표 9-12〉 GLM의 구성

File Name	Meaning
glm.cpp	3D Model을 조작하기 위한 코드
glm.h	glm.cpp를 위한 header 파일
glmimg.cpp	작은 이미지와 Texture를 조작하기 위한 Library
Texture.cpp	TGA Texture Loader
Texture.h	TGA Texture Loader를 위한 Header 파일

<표 9-12>의 Header 파일은 OpenGL Library 폴더에 저장하여도 되지만, 현재 Project 폴더에 소스 파일들과 함께 두고 사용하여도 무관하다. [그림 9-11]은 GLM을 사용하여 OBJ 파일을 Window에 읽어오기 위한 구현 결과이고, [코드 9-9]는 그 소스 코드이다.

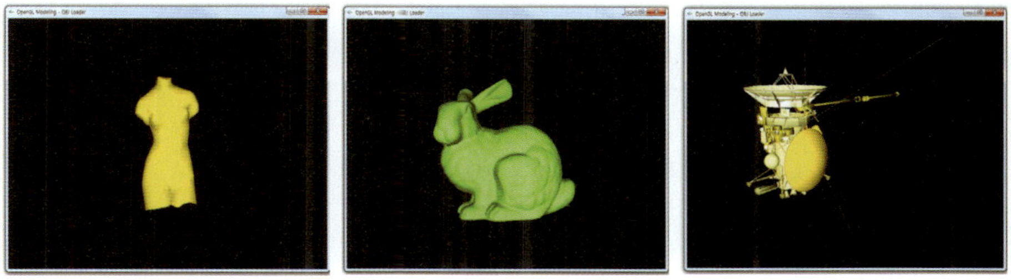

[그림 9-11] Wavefront OBJ Model(*.obj) Loader의 구현 결과

코드 9-9 Wavefront OBJ Model(*.obj) Loader

```
#include <windows.h>
#include <stdio.h>
#include <string.h>
#include <glut.h>
#include "glm.h"

float g_fDistance = -5.0f;
GLMmodel* pmodel = NULL; // GLMmodel 객체를 위한 Pointer 변수
```

```
void DrawModel( ) {
    if (!pmodel) {
        // 지정한 파일을 읽고 GLMmodel 객체를 가리키는 Pointer에 정보를 남긴다.
        pmodel = glmReadOBJ("cassini.obj"); ............................ ①
        if (!pmodel) exit(0);
        glmUnitize(pmodel); ............................................. ②
        glmFacetNormals(pmodel); ........................................ ③
        glmVertexNormals(pmodel, 90.0); ................................. ④
    }
    // 지정된 모드를 사용하여 현재의 OpenGL 문맥으로 Model을 Rendering한다.
    glmDraw(pmodel, GLM_SMOOTH | GLM_MATERIAL); ......................... ⑤
}

void MyDisplay( ) {
  . . . . . . . . . . .
}

void MyInit( ) {
  . . . . . . . . . . .
}

void MyReshape(int w, int h) {
  . . . . . . . . . . .
}

void MySpecial(int key, int x, int y) {
  . . . . . . . . . . .
}

int main(int argc, char **argv) {
  . . . . . . . . . . .
}
```

[코드 9-9]에서 ①의 pmodel = glmReadOBJ("cassini.obj")에서 함수 glmReadOBJ은 obj 파일을 읽어오기 위해서 사용하는 함수로서 3D 모델에 대한 Pointer를 GLMmodel* 형식을 가지는 pmodel 변수에 반환한다. 그러므로 Pointer를 유지하기 위해 GLMmodel*와 같은 올바른 데이터 유형으로 변수를 선언하여야 한다. 함수 glmReadOBJ에 대한 더 자세한 정보는 <표 9-13>의 함수 glmReadOBJ에 대한 Prototype에서 확인할 수 있다.

〈표 9-13〉 glmReadOBJ 함수에 대한 Prototype

GLMmodel *glmReadOBJ (const char *filename);	
Parameters Help	*filename* // 읽어오기 위한 Wavefront OBJ 파일

②의 glmUnitize(pmodel)은 원점 주변의 단위 육면체에 맞게 모델을 크기조절하고 원점으로 모델을 이동시킴으로써 모델을 결합하는 기능을 수행한다. 그리고 사용된 크기조절 인자(scalefactor)를 반환한다. 함수 glmUnitize에 대한 더 자세한 정보는 <표 9-14>의 함수 glmUnitize에 대한 Prototype에서 확인할 수 있다.

〈표 9-14〉 glmUnitize 함수에 대한 Prototype

void glmUnitize (GLMmodel *model);	
Parameters Help	*model* // 제대로 초기화된 GLMmodel 구조

③의 glmFacetNormals(pmodel)은 각 삼각형(Triangle)의 측면에서 파생된 두 개 벡터의 외적(Cross Product)을 계산함으로써 모델에 대한 Facet Normal Vector를 생성하는 함수로서 시계 반대 방향(CCW)으로 설정한다. 여기서 Facet은 일반적으로 깍은 면, 표면의 조각 및 면(Face) 등의 의미를 가진다. 함수 glmFacetNormals에 대한 더 자세한 정보는 <표 9-15>의 함수 glmFacetNormals에 대한 Prototype에서 확인할 수 있다.

〈표 9-15〉 glmFacetNormals 함수에 대한 Prototype

void glmFacetNormals (GLMmodel *model);	
Parameters Help	*model* // 초기화된 GLMmodel 구조

④의 glmVertexNormals(pmodel, 90.0)은 Model에 부드러운 Vertex Normal Vector를 생성하는 함수로서 3가지 단계를 거치게 된다. 첫째, 각 Vertex가 들어있는 모든 삼각형의 목록을 작성한다. 둘째, 각 Vertex가 들어있는 삼각형의 모든 Facet Normal Vector 평균의 목록에 있는 각 Vertex를 통해 반복(Loop)한다. 마지막 셋째, 생성된 부드러운 법선 벡터(Normal Vector)로 Vertex에 있는 삼각형의 법선 인덱스(Normal Index)를 설정한다. 사용하는 각도는 모델에 따라 다르지만 일반

적으로 90도가 출발하기에 좋은 각도이다. 함수 glmVertexNormals에 대한 더 자세한 정보는 <표 9-16>의 함수 glmVertexNormals에 대한 Prototype에서 확인할 수 있다.

〈표 9-16〉 glmVertexNormals 함수에 대한 Prototype

void glmVertexNormals (GLModel *model*, GLfloat *angle*);	
Parameters Help	*model* // 초기화된 GLMmodel 구조 *angle* // 가로질러 부드럽게 하기 위한 최대의 각도

⑤의 glmDraw(pmodel, GLM_SMOOTH | GLM_MATERIAL)은 지정된 모드를 사용하여 현재의 OpenGL 문맥에 Model을 Rendering하는 함수이다. 함수 glmDraw에 대한 더 자세한 정보는 <표 9-17>의 함수 glmDraw에 대한 Prototype에서 확인할 수 있다. 단, GLM_FLAT과 GLM_SMOOTH은 둘 다 지정하지 않아야 한다.

〈표 9-17〉 glmDraw 함수에 대한 Prototype

void glmDraw (GLMmodel *model*, GLuint *mode*);

Parameters Help

model // 초기화된 GLMmodel 구조
mode // Rendering되기 위한 것을 설명하는 값들의 bitwise OR

Value	Description
GLM_NONE	Vertex로 Rendering
GLM_FLAT	Facet Normals로 Rendering
GLM_SMOOTH	Vertex Normals로 Rendering
GLM_TEXTURE	Texture Coords로 Rendering

기타 3D Model들을 Load하기 위한 Reference Site	
Site	http://tfc.duke.free.fr/
Models	Doom 3's Ultralight MD5 Viewer (*.md5mesh, *.md5anim)
	Doom 3's MD5 Viewer (*.md5mesh, *.md5anim)
	Quake 3's MD3 Viewer
	Quake 2's MD2 Viewer (*.mdl)
	Quake 2's MD2 Viewer + ARB Bump Mapping
	Quake's MDL Viewer (*.mdl)

07 Section Text

OpenGL에서는 문자(Text)를 출력하기 위한 별도의 함수를 지원하지는 않는다. 왜냐하면 각 Platform의 운영체제(OS)에 따라 문자를 출력하는 방법이 모두 다르기 때문이다. 그러므로 각 Platform의 운영체제에 맞게 OpenGL API를 확장하여 문자를 출력할 수 있게 하고 있는데, 각 Platform마다 사용하고 있는 OpenGL 확장 Library에 대해서는 <표 1-12>에서 이미 정리하여 설명하였지만, 동일한 내용을 <표 9-18>에서 다시 한 번 살펴보도록 한다.

〈표 9-18〉 운영 체제에 따른 OpenGL 확장 Library들

Operating System	OpenGL Library	Sample Code Prototype
Unix (X Window System)	GLX (The OpenGL Extension to the X Window System)	glXSwapBuffers(...);
Apple Macintosh	AGL (Apple Graphics Library / The OpenGL Extension to the Apple Macintosh)	aglSwapBuffers (...);
IBM OS/2 Warp	PGL (The Presentation Manager to OpenGL Interface)	pglSwapBuffers (...);
Microsoft Windows	WGL (The OpenGL Extension to the Windows)	wglSwapLayerBuffers(...);

1장 OpenGL과 Modeling에서 이미 언급하였듯이 이때 사용되는 OpenGL 확장 Library는 동일한 운영체제에서만 수행 가능하다는 것을 명심하여야 한다. 일반적으로 우리가 사용하고 있는 개인용 컴퓨터들은 많은 글꼴(Font)들을 가지고 있는데, OpenGL에서는 이와 같은 글꼴들을 2가지 방법으로 출력할 수 있다. 첫째 방법은 각 문자를 Bitmap 방식으로 처리하여 사용하는 것이고, 둘째 방법은 각 문자를 하나의 객체로 처리하여 사용하는 것이며 Outline Font라고 한다. 만약 첫째 방법처럼 Bitmap 방식으로 각 문자들을 처리하여 사용하는 경우에는 각 문자가 하나의 객체가 아니기 때문에 객체에 적용할 수 있는 Rotation, Scale 및 Texture Mapping 등과 같은 기능들을 적용할 수 없거나 제약될 수도 있다. 그러나 각 문자

Outline Font

를 하나의 객체로 사용하는 둘째 방법은 각 문자가 객체이기 때문에 기하학적인 변형(Transformation) 및 Texture Mapping 등과 같은 효과들을 적용할 수 있다. 그러나 Bitmap 방식으로 각 문자를 처리하는 첫째 방법에 비하여 각 문자를 객체로 처리하는 둘째 방법은 각 문자를 처리하는 데 너무 많은 부담(Overhead)을 주거나 연산 시간이 많이 소요된다는 단점을 가지고 있다. 본 절에서는 Windows 환경에서 문자를 출력하기 위한 OpenGL 확장 Library인 WGL을 기반으로 첫째 방법을 사용하여 2D 문자를 출력하고, 둘째 방법을 사용하여 3D 문자를 출력해보도록 한다. 단, Windows 환경에서 문자를 출력하여야 하기 때문에 본 절에서만은 Win32 Console Application을 사용하지 않고, Win32 Project로 설정하여야 함을 명심하기 바란다.

1. 2D Text

Bitmap 방식으로 문자를 처리하여 화면에 출력하기 위해서는 Windows 프로그래밍을 기반으로 구현하여야 하는데, 본 절에서는 Windows 프로그래밍에 대한 별도의 설명은 생략하고 문자 생성, 출력과 관련된 Windows 함수 및 OpenGL 함수에 대해서만 자세히 살펴보기로 한다. 그러므로 Windows 프로그래밍에 대한 간단한 설명은 [코드 9-10]의 주석을 참고하기 바란다. [그림 9-12]는 2D 문자를 Bitmap 방식으로 처리하여 화면에 출력한 구현 결과이고, [코드 9-10]은 그 소스 코드이다.

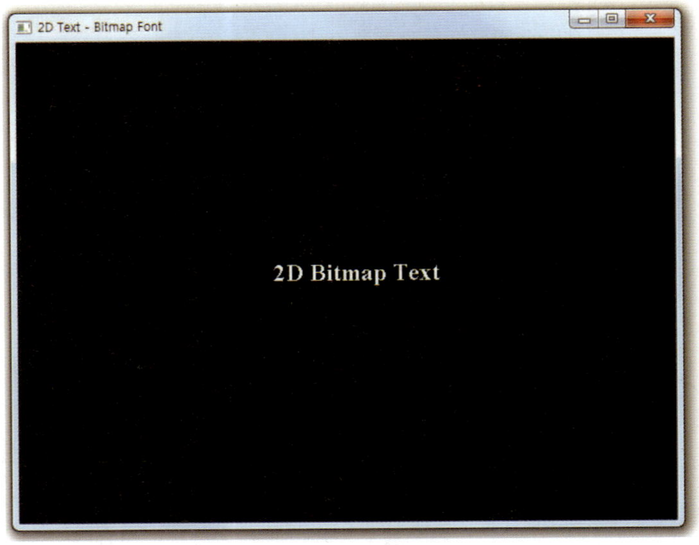

[그림 9-12] 2D 문자 – Bitmap Font 구현 결과

코드 9-10

2D Text – Bitmap Font

```
// Header File을 Include (전체 소스 코드 참조)

// 변수 선언 (전체 소스 코드 참조)

GLvoid BuildFont() {                      // Build our Bitmap font
    HFONT       font;                     // Windows font ID
    HFONT       oldfont;                  // Used for good house keeping

    base = glGenLists(96);                // Storage for 96 characters

    font = CreateFont( ··························································· ①
        -24,                              // Height of font
        0,                                // Width of font
        0,                                // Angle of escapement
        0,                                // Orientation angle
        FW_BOLD,                          // Font weight
        FALSE,                            // Italic
        FALSE,                            // Underline
        FALSE,                            // Strikeout
        ANSI_CHARSET,                     // Character set identifier
        OUT_TT_PRECIS,                    // Output precision
        CLIP_DEFAULT_PRECIS,              // Clipping precision
        ANTIALIASED_QUALITY,              // Output quality
        FF_DONTCARE|DEFAULT_PITCH,        // Family and pitch
        "Courier New");                   // Font name

    oldfont = (HFONT)SelectObject(hDC, font);   // Selects the font we want
    // Builds 96 characters starting at character 32
    wglUseFontBitmaps(hDC, 32, 96, base); ·············································· ②

    SelectObject(hDC, oldfont);           // Selects the font we want
    DeleteObject(font);                   // Delete the font
}

GLvoid KillFont() {                       // Delete the font list
    glDeleteLists(base, 96);              // Delete all 96 characters ··············· ③
}

GLvoid glPrint(const char *fmt, ...){
    char text[256];                       // Holds our string
    va_list ap;                           // Pointer to list of arguments
```

```
    if (fmt == NULL)                // If there's no text
    return;                         // Do nothing

    va_start(ap, fmt);              // Parses the string for variables
    vsprintf(text, fmt, ap);        // And converts symbols to actual numbers
    va_end(ap);                     // Results are stored in text

    glPushAttrib(GL_LIST_BIT);      // Pushes the display list bits ............ ④
    glListBase(base - 32);          // Sets the base character to 32 ........... ⑤
    glCallLists(strlen(text), GL_UNSIGNED_BYTE, text); // Draws the display list text··· ⑥
    glPopAttrib();                  // Pops the display list bits .............. ⑦
}

// Resize and initialize the GL Window
GLvoid ReSizeGLScene(GLsizei width, GLsizei height) {
 . . . . . . . . . .
}

int InitGL() {
 . . . . . . . . . .

    BuildFont();                        // Build the font

    return TRUE;
}

int DrawGLScene() {                     // Here's where we do all the drawing
    // Clear screen and depth buffer
    glClear(GL_COLOR_BUFFER_BIT | GL_DEPTH_BUFFER_BIT);
    glLoadIdentity();                   // Reset the current Modelview matrix

    glTranslatef( 0.0f, 0.0f, g_fDistance );
    glRotatef( -g_fSpinY, 1.0f, 0.0f, 0.0f );
    glRotatef( -g_fSpinX, 0.0f, 1.0f, 0.0f );

    glRasterPos2f(-1.45f, 0.0f);        // Position the text on the screen ......... ⑧
    glPrint("2D Bitmap Text");

    return TRUE;
}

GLvoid KillGLWindow() {                 // Properly kill the Window
```

```
 . . . . . . . . . . .
}

BOOL CreateGLWindow(char* title, int width, int height, int bits) {
 . . . . . . . . . . .
}

LRESULT CALLBACK WndProc(HWND   hWnd,    // Handle for this window
        UINT        uMsg,                // Message for this window
        WPARAM      wParam,              // Additional message information
        LPARAM      lParam)              // Additional message information
    {
     . . . . . . . . . . .
}

int WINAPI WinMain(HINSTANCE   hInstance,     // Instance
        HINSTANCE   hPrevInstance,            // Previous Instance
        LPSTR       lpCmdLine,                // Command Line parameters
        int         nCmdShow)                 // Window Show state
    {
     . . . . . . . . . . .
}
```

[코드 9-10]에서 ①의 CreateFont는 Win32 Console Application에서는 사용할 수 없고, Win32 Project에서는 사용 가능한 문자 생성과 관련된 Windows 함수로서, 지정된 특성을 가진 논리적인 글꼴을 생성해주는 기능을 수행한다. CreateFont 함수는 매우 많은 매개변수(Parameter)들을 가지고 있는데, 본 절에서는 문자를 이용한 Symbol을 생성하기 위한 부분에 한정된 매개변수(Parameter)에 대해서만 살펴보기로 하고 나머지 매개변수(Parameter)들은 각자 알아보기 바란다. <표 9-19>는 CreateFont 함수의 Prototype인데, 매개변수(Parameter)들 중 *fdwCharSet*는 Symbol 문자 출력을 설정할 수 있는 부분이다.

〈표 9-19〉 CreateFont 함수의 Prototype

nFont CreateFont (__in int *nHeight*, __in int *nWidth*, __in int *nEscapement*, __in int *nOrientation*, __in int *fnWeight*, __in DWORD *fdwItalic*, __in DWORD *fdwUnderline*, __in DWORD *fdwStrikeOut*, __in DWORD *fdwCharSet*, __in DWORD *fdwOutputPrecision*, __in DWORD *fdwClipPrecision*, __in DWORD *fdwQuality*, __in DWORD *fdwPitchAndFamily*, __in LPCTSTR *lpszFace*);	
Parameters Help	...... *fdwCharSet* // 문자 집합을 설정한다. ANSI_CHARSET // 현재 시스템이 영문일 경우 ANSI 문자 집합 BALTIC_CHARSET // 발트의 리투아니아어 문자 집합 CHINESEBIG5_CHARSET // 중국어 번체 문자 집합 DEFAULT_CHARSET // 현재 운영 체제를 기반으로 하는 문자 집합 EASTEUROPE_CHARSET // 동유럽의 슬로베니아어 문자 집합 GB2312_CHARSET // 중국어 간체 문자 집합 GREEK_CHARSET // 그리스어 문자 집합 HANGUL_CHARSET // 한글 문자 집합 MAC_CHARSET // MAC 문자 집합 OEM_CHARSET // 운영 체제에 종속적인 문자 집합 RUSSIAN_CHARSET // 러시아어 문자 집합 SHIFTJIS_CHARSET // 일본어 문자 집합 SYMBOL_CHARSET // Symbol 문자 집합 TURKISH_CHARSET // 터키어 문자 집합 VIETNAMESE_CHARSET // 베트남어 문자 집합 JOHAB_CHARSET // 한글 Windows의 경우 한글 조합형 문자 집합 ARABIC_CHARSET // 중동 국가 Windows의 경우 아라비아어 문자 집합 HEBREW_CHARSET // 중동 국가 Windows의 경우 히브리어 문자 집합 THAI_CHARSET // 태국 Windows의 경우 태국어 문자 집합 ......

②의 wglUseFontBitmaps(hDC, 32, 96, base)은 현재의 OpenGL Rendering Context에서 사용하기 위한 Bitmap Display List의 집합을 생성하는 기능을 하는 함수이다. Bitmap Display List의 집합은 Device Context에서 현재 선택된 글꼴(Font)의 Glyph(그림 문자, 상형 문자)를 기준으로 하며, OpenGL 이미지에서 문자를 그리기 위해 Bitmap을 사용한다. wglUseFontBitmaps 함수는 hdc 매개변수(Parameter)의 선택된 글꼴(Font)의 첫 번째 Glyph(그림 문자, 상형 문자)로 시작하는 계수

(Count) Glyph 실행의 Display List를 생성한다. wglUseFontBitmaps 함수의 각 매개변수(Parameter)들에 대해서는 <표 9-20>의 wglUseFontBitmaps 함수에 대한 Prototype에서 더 자세한 정보를 확인할 수 있다.

〈표 9-20〉 wglUseFontBitmaps 함수에 대한 Prototype

void wglUseFontBitmaps (HDC *hdc*, DWORD *first*, DWORD *count*, DWORD *listBase*);	
Parameters Help	*hdc* // 현재 선택된 글꼴(Font)이 현재 OpenGL Rendering Context에 있는 Glyph(그림 문자, 상형 문자) Bitmap Display List를 형성하는 데 사용될 Device Context를 지정한다. *first* // Glyph(그림 문자, 상형 문자) Bitmap Display List를 형성하기 위해 사용될 첫 번째 Glyph(그림 문자, 상형 문자)를 지정한다. *count* // Glyph(그림 문자, 상형 문자) Bitmap Display List를 형성하기 위해서 사용될 Glyph(그림 문자, 상형 문자)의 개수를 지정한다. *listBase* // 시작하는 Display List를 지정한다.

③의 glDeleteLists(base, 96)은 Display List의 연속적인 그룹(Group)을 삭제하는 기능을 하는 함수로서 <표 9-21>의 glDeleteLists 함수에 대한 Prototype에서 더 자세한 정보를 확인할 수 있다.

〈표 9-21〉 glDeleteLists 함수에 대한 Prototype

void glDeleteLists (GLuint *list*, GLsizei *range*);	
Parameters Help	*list* // 삭제하기 위한 첫 번째 Display List의 정수 이름 *range* // 삭제하기 위한 Display List의 개수

④의 glPushAttrib(GL_LIST_BIT)은 속성(Attribute) Stack을 Push하는 기능을 수행하는 함수로서 Display List 비트(bit)를 Push한다. glPushAttrib 함수의 매개변수(Parameter)들에 대해서는 <표 9-22>의 glPushAttrib 함수에 대한 Prototype에서 더 자세한 정보를 확인할 수 있다.

〈표 9-22〉 glPushAttrib 함수에 대한 Prototype

void glPushAttrib (GLbitfield *mask*);	
Parameters Help	*mask* // 저장하기 위한 속성(Attribute)을 가리키는 mask GL_ACCUM_BUFFER_BIT GL_COLOR_BUFFER_BIT GL_CURRENT_BIT GL_DEPTH_BUFFER_BIT GL_ENABLE_BIT GL_EVAL_BIT GL_FOG_BIT GL_HINT_BIT GL_LIGHTING_BIT GL_LINE_BIT GL_LIST_BIT GL_PIXEL_MODE_BIT GL_POINT_BIT GL_POLYGON_BIT GL_POLYGON_STIPPLE_BIT GL_SCISSOR_BIT GL_STENCIL_BIFFER_BIT GL_TEXTURE_BIT GL_TRANSFORM_BIT GL_VIEWPORT_BIT

⑤의 glListBase(base - 32)은 glCallLists 함수를 위한 Display List Base를 설정하는 함수로서 base 문자를 32로 설정한다. glListBase 함수에 대해서는 <표 9-23>의 glListBase 함수에 대한 Prototype에서 더 자세한 정보를 확인할 수 있다.

〈표 9-23〉 glListBase 함수에 대한 Prototype

void glListBase (GLuint *base*);	
Parameters Help	*base* // Display List 이름을 생성하기 위해 glCallLists offset에 추가될 정수값의 Offset. Default value : 0

⑥의 glCallLists(strlen(text), GL_UNSIGNED_BYTE, text)은 Display List의 목록(List)을 실행하는 함수로서 Display List를 그려준다. glCallLists 함수에 대해서는 <표 9-24>의 glCallLists 함수에 대한 Prototype에서 더 자세한 정보를 확인할 수 있다.

〈표 9-24〉 glCallLists 함수에 대한 Prototype

void glCallLists (GLsizei *n*, GLenum *type*, const GLvoid **lists*);

Parameters Help

n // 실행되기 위한 Display List의 개수

type // lists값의 유형(Type)

Value	Meaning
GL_BYTE	lists 매개변수(Parameter)가 범위 [−128~127]에서 signed byte들의 배열로 취급
GL_UNSIGNED_BYTE	lists 매개변수(Parameter)가 범위 [0~255]에서 unsigned byte들의 배열로 취급
GL_SHORT	lists 매개변수(Parameter)가 범위 [−32768~32767]에서 signed 2−byte 정수들의 배열로 취급
GL_UNSIGNED_SHORT	lists 매개변수(Parameter)가 범위 [0~65535]에서 unsigned 2−byte 정수들의 배열로 취급
GL_INT	lists 매개변수(Parameter)가 signed 4−byte 정수들의 배열로 취급
GL_UNSIGNED_INT	lists 매개변수(Parameter)가 unsigned 4−byte 정수들의 배열로 취급
GL_FLOAT	lists 매개변수(Parameter)가 4−byte 부동 소수점(floating−point) 값들의 배열로 취급
GL_2_BYTES	lists 매개변수(Parameter)가 unsigned byte들의 배열로 취급 byte들의 각 쌍(Pair)은 단일 Display List 이름을 지정하며, 그 쌍(Pair)의 값은 첫 번째 byte의 unsigned 값을 256배 한 것과 두 번째 byte의 unsigned 값을 더한 것으로 계산
GL_3_BYTES	lists 매개변수(Parameter)가 unsigned byte들의 배열로 취급 byte들의 각 세 쌍(Triplet)은 단일 Display List 이름을 지정하며, 그 세 쌍(Triplet)의 값은 첫 번째 byte의 unsigned 값을 65536배 한 것과 두 번째 byte의 unsigned 값을 256배 한 것과 세 번째 byte의 unsinged 값을 더한 것으로 계산
GL_4_BYTES	lists 매개변수(Parameter)가 unsigned byte들의 배열로 취급 byte들의 각 네 쌍(Quadruplet)은 단일 Display List 이름을 지정하며, 그 네 쌍(Quadruplet)의 값은 첫 번째 byte의 unsigned 값을 16777216배 한 것과 두 번째 byte의 unsigned 값을 65536배 한 것을 더한 것과 세 번째 byte의 unsigned 값을 256배 한 것을 더한 것과 마지막 네 번째 byte의 unsigned 값을 더한 것으로 계산

lists // Display List에서 이름 Offset의 배열 주소

// Offset의 구형(Type)에 따라 Offset이 bytes, shorts, ints 및 floats 등과 같이 될 수 있기 때문에 Pointer 유형(Type)은 void이다.

⑦의 glPopAttrib()은 속성(Attribute) Stack을 Pop하는 함수로서 Display List 비트(bit)를 Pop한다. glPushMatrix 함수와 glPopMatrix 함수가 짝을 이루듯이 glPopAttrib 함수는 ④의 glPushAttrib 함수와 짝을 이루게 된다. glPopAttrib 함수는 <표 9-25>와 같이 매개변수(Parameter)를 가지지 않는다.

〈표 9-25〉 glPopAttrib 함수에 대한 Prototype

void glPopAttrib ( );	
Parameters Help	No Parameters

⑧의 glRasterPos2f(-1.45f, 0.0f)은 Pixel 연산을 위해 Raster 위치를 지정하는 함수로서 화면에 문자(Text)를 배치한다. glRasterPos2f 함수에 대해서는 <표 9-26>의 glRasterPos2f 함수에 대한 Prototype에서 더 자세한 정보를 확인할 수 있다.

〈표 9-26〉 glRasterPos 함수에 대한 Prototype

void glRasterPos (GLfloat *x*, GLfloat *y*);	
Parameters Help	*x* // 현재 Raster 위치를 위한 X축 좌표를 지정한다. *y* // 현재 Raster 위치를 위한 Y축 좌표를 지정한다.

2. 3D Text

2D 문자 출력과 마찬가지로 3D 문자를 출력하기 위해서는 Windows 프로그래밍을 기반으로 구현하여야 하는데, 본 절에서는 전체 Windows 프로그래밍에 대한 별도의 설명은 생략하고 문자 출력과 관련된 Windows 함수 및 OpenGL 함수에 대해서만 자세히 살펴보기로 한다. 그러므로 Windows 프로그래밍에 대한 간단한 설명은 [코드 9-10] 및 [코드 9-11]과 같이 소스 코드의 주석을 참고하기 바란다. [그림 9-13]은 각 문자를 객체로 처리하여 화면에 3D로 출력한 구현 결과이고, [코드 9-11]은 그 소스 코드이다. [코드 9-11]은 Windows 프로그래밍이기 때문에 [코드 9-10]과 같은 구조를 가지고 있다. 그러므로 [코드 9-11]은 [코드 9-10]과 동일한 코드 부분은 생략(……)을 하고, 변경되거나 추가된 부분을 포함하는 함수들만 표현하였다.

[그림 9-13] 3D Text - Outline Font 구현 결과

코드 9-11 3D Text - Outline Font

```
#include <windows.h>
#include <math.h>
#include <stdio.h>
#include <stdarg.h>
#include <gl\glu.h>
#include <gl\glaux.h>

......

// Storage for information about our outline font characters
GLYPHMETRICSFLOAT gmf[256];  ............................................ ①

......

GLvoid BuildFont() {
    HFONT        font;              // Windows font ID

    base = glGenLists(256);         // Storage For 256 Characters

    font = CreateFont(-12,          // Height of font
        ......
        "Times New Roman");         // Font name

    SelectObject(hDC, font);        // Selects the font we want

    wglUseFontOutlines(  ............................................ ②
            hDC,                    // Select the current DC
            0,                      // Starting character
            255,                    // Number of display lists to build
            base,                   // Starting display lists
```

```
        0.0f,                  // Deviation from the true outlines
        0.2f,                  // Font thickness in the Z direction
        WGL_FONT_POLYGONS,     // Use polygons, not lines
        gmf);                  // Address of buffer to receive data
}

......

GLvoid glPrint(const char *fmt, ...) {   // Custom GL "Print" routine
 . . . . . . . . . . .
}

......

int InitGL() {                         // All setup for OpenGL goes here
 . . . . . . . . . . .

    BuildFont();                       // Build the font

    glPolygonMode(GL_FRONT, GL_LINE);............................ ③

    return TRUE;
}

int DrawGLScene() {
    glClear(GL_COLOR_BUFFER_BIT | GL_DEPTH_BUFFER_BIT);
    glLoadIdentity();

    glTranslatef( 0.0f, 0.0f, g_fDistance );
    glRotatef( -g_fSpinY, 1.0f, 0.0f, 0.0f );
    glRotatef( -g_fSpinX, 0.0f, 1.0f, 0.0f );

    glPolygonMode(GL_FRONT, GL_FILL); ............................ ④
    glScalef(2.0, 2.0, 2.0);
    glColor3f(0.0, 1.0, 0.0);
    glPrint("3D Text");

    return TRUE;
}
......

int WINAPI WinMain(HINSTANCE   hInstance,        // Instance
```

```
    HINSTANCE  hPrevInstance,        // Previous Instance
    LPSTR      lpCmdLine,            // Command Line parameters
    int        nCmdShow)             // Window Show state
  {
   . . . . . . . . . . .
}
```

Glyph(그림 문자, 상형 문자)

[코드 9-11]에서 ①의 GLYPHMETRICSFLOAT gmf[256]은 GLYPHMETRICSFLOAT 구조체로서 문자 Cell에 Glyph(그림 문자, 상형 문자)의 위치와 방향에 대한 정보를 포함하고 있는데, <표 9-27>의 GLYPHMETRICSFLOAT 구조체에 대한 Prototype에서 더 자세한 정보를 확인할 수 있다.

〈표 9-27〉 GLYPHMETRICSFLOAT 구조체의 Prototype

```
typedef struct _GLYPHMETRICSFLOAT {
    FLOAT      gmfBlackBoxX ;
    FLOAT      gmfBlackBoxY ;
    POINTFLOAT gmfptGlyphOrigin ;
    FLOAT      gmfCellIncX ;
    FLOAT      gmfCellIncY ;
} GLYPHMETRICSFLOAT, *PGLYPHMETRICSFLOAT ;
```

Parameters Help	*gmfBlackBoxX*	// Glyph(그림 문자, 상형 문자)를 완전히 포함하는 가장 작은 // 사각형 즉, Glyph의 검정색 박스의 넓이를 지정한다.
	gmfBlackBoxY	// Glyph(그림 문자, 상형 문자)를 완전히 포함하는 가장 작은 // 사각형 즉, Glyph의 검정색 박스의 높이를 지정한다.

	gmfptGlyphOrigin	// Glyph(그림 문자, 상형 문자)를 완전히 포함하는 가장
		// 작은 사각형 즉, Glyph의 검정색 박스의 Upper Left
		// 모서리의 X축과 Y축의 좌표를 지정한다.

	gmfCellIncX	// 현재 문자 Cell의 원점에서 다음 문자 Cell의 원점까지 // 수평(Horizontal) 거리를 지정한다.
	gmfCellIncY	// 현재 문자 Cell의 원점에서 다음 문자 Cell의 원점까지 // 수직(Vertical) 거리를 지정한다.

②의 wglUseFontOutlines 함수는 현재 Rendering Context에 사용할 수 있도록 하는 Device Context의 현재 선택된 Outline Font의 각 Glyph(그림 문자, 상형 문자)에 대해 Display List의 집합을 생성한다. Display List는 TrueType 글꼴(Font)의 3D 문자를 그리는 데 사용되어진다. 각 Display Lists는 부동 소수점(Float-point) 좌표의 Glyph(그림 문자, 상형 문자) Outline(윤곽선)을 기술한다. Glyph의 실행은 지정된

Glyph(그림 문자, 상형 문자) Outline(윤곽선)

Device Context의 글꼴(Font)의 첫 번째 Glyph로 시작한다. wglUseFontOutlines 함수에 대해서는 <표 9-28>의 wglUseFontOutlines 함수에 대한 Prototype에서 더 자세한 정보를 확인할 수 있다.

〈표 9-28〉 wglUseFontOutlines 함수의 Prototype

BOOL wglUseFontOutlines (HDC *hdc*, DWORD *first*, DWORD *count*, DWORD *listBase*, FLOAT *deviation*, FLOAT *extrusion*, int *format*, LPGLYPHMETRICSFLOAT *lpgmf*);		

Parameters Help	*hdc*	// 희망하는 Outline Font를 가진 Device Context를 지정한다.
		// hdc의 Outline Font는 현재 Rendering Context에서
		// Display List를 생성하기 위해서 사용되어진다.

	first	// Font Outline Display List를 구성하는 // Glyph(그림 문자, 상형 문자) 집합의 첫 번째를 지정한다.
	count	// Font Outline Display List를 형성하기 위해 사용되는 Glyph 집합의 // Glyph의 개수를 지정한다.
	listBase	// 시작하는 Display List를 지정한다.

	deviation	// 원본 Outline에서 최대 화음(Chordal) 편차(Deviation)를 지정한다.
		// 편차가 0일 때 화음 편차는 원본 Font의 하나의 Design Unit과 같다.
		// 편차의 값은 0보다 크거나 같아야 한다.

	extrusion	// Font가 -Z 축 방향으로 얼마나 돌출(Extrusion)되었는지를 지정한다.
		// 그 값은 0보다 크거나 같아야 한다.
		// 돌출(Extrudion)이 0인 경우 Display List는 돌출되지 않는다.

	format	// Display List에서 사용하기 위해 WGL_FONT_LINES 및
		// WGL_FONT_POLYGONS를 지정한다.
		// WGL_FONT_LINES는 Line Segment로 Font를 생성한다.
		// WGL_FONT_POLYGONS는 Polygon으로 Font를 생성한다.

	lpgmf	// Glyph(그림 문자, 상형 문자)의 Matrix들을 받기 위한
		// 계수 GLYPHMETRICSFLOAT 구조의 배열을 가리킨다.
		// 만약 NULL이면 Glyph Matrix는 반환하지 않는다.

③의 glPolygonMode(GL_FRONT, GL_LINE)와 ④의 glPolygonMode(GL_FRONT, GL_FILL)은 다각형(Polygon) Rasterization 모드(mode)를 선택하는 함수이다. glPolygonMode 함수에 대해서는 <표 9-29>의 glPolygonMode 함수에 대한 Prototype에서 더 자세한 정보를 확인할 수 있다.

〈표 9-29〉 glPolygonMode 함수의 Prototype

<table>
<tr><th colspan="3">void glPolygonMode (GLenum face, GLenum mode);</th></tr>
<tr><td rowspan="4">Parameters Help</td><td colspan="2">face // mode가 적용되는 다각형(Polygon)
// 전면 다각형 : GL_FRONT
// 후면 다각형 : GL_BACK
// 전면과 후면 다각형 : GL_FRONT_AND_BACK
mode // 다각형이 Rasterization되는 것</td></tr>
<tr><td>Value</td><td>Meaning</td></tr>
<tr><td>GL_POINT</td><td>경계(Boundary) Edge의 시작으로 표시된 다각형 Vertex들이 Point로 그려진다.
GL_POINT_SIZE와 GL_POINT_SMOOTH와 같은 Point 속성(Attribute)들이 Point의 Rasterization을 조절한다.</td></tr>
<tr><td>GL_LINE</td><td>다각형의 경계 Edge가 Line Segment로 그려진다.
GL_LINE_WIDTH와 GL_LINE_SMOOTH와 같은 Line 속성(Attribute)들이 Line의 Rasterization을 조절한다.</td></tr>
<tr><td></td><td>GL_FILL</td><td>다각형의 내부를 채운다. GL_FRONT_AND_BACK
GL_POLYGON_STIPPLE와 GL_POLYGON_SMOOTH와 같은 다각형 속성(Attribute)들이 다각형의 Rasterization을 조절한다.
Default.</td></tr>
</table>

요약 SUMMARY

1. 3차원 컴퓨터 그래픽스 및 컴퓨터 게임 등에서 매우 많이 사용되는 유용한 기능들이 있다. 즉, Skybox, Picking, Billboard, Height Map, Cel-Shading, Load 3D Model 및 Text 등이 그것이다. 본 장에서는 이와 같은 유용한 기능들을 OpenGL을 사용하여 구현하였다.

2. Skybox는 애니메이션이나 컴퓨터 게임 등에서 거대한 배경 영역을 표현하기 위한 목적으로 사용되는 방법으로서 장면의 상하좌우를 모두 포함하는 매우 큰 크기의 정육면체(Cube)나 원구(Sphere) 등과 같은 유형의 객체를 한 개 생성하고 Texture Mapping하는 것을 말한다.

3. Picking은 Window의 특정 부분을 Mouse로 Click하였을 경우, Click한 위치의 Vertex를 포함하는 특정 객체를 선택할 수 있도록 하기 위한 것이다.

4. Billboard는 컴퓨터 게임이나 애니메이션 등에 있어서 도로나 건물 주변의 나무(Tree) 등과 같이 동일하거나 유사한 모형을 가진 객체를 3D로 Modeling하지 않고 2D 평면에 Transparency를 포함한 Texture Mapping하고 2D 객체가 항상 Camera 및 시점(Viewpoint)을 향하도록 하는 것을 말한다. Billboard를 사용하는 이유는 Memory 절약을 위한 목적이 가장 크며, 장면에서 중요성이 낮은 객체들에 대하여 경제적으로 시간적으로 낭비하지 않도록 하기 위해서이다.

5. Height Map은 흑백으로 표현된 2D Texture 이미지를 X축과 Z축으로 구성된 2D 평면에 Mapping하고, Texture 이미지의 각 Pixel들을 256 단계로 구분하여 Y축 좌표를 생성함으로써 굴곡을 가진 지형(Terrain)을 쉽게 생성하기 위한 방법을 말한다.

6. Cel-Shading은 Cartoon Rendering, Cartoon Shading 및 Toon Shading 등과 같은 용어들로 사용되는데, 손으로 직접 그린 것처럼 표현하기 위한 비사실적인 Rendering의 한 형태이다.

7. Load 3D Model은 OpenGL을 사용하여 3D Model을 읽어올 수 있는 방법에 대한 것이다. 3D Model은 *.max, *.obj, *.3ds, *.ase, *.dae, *.fbx, *.wrl, *.dem 및 *.w3d 등이 있다.

8. Text는 Win32 Project로 구현하여야 하며, 2D 및 3D Text로 구분하고 있다. 즉, 장면에 2D 및 3D Text를 생성하며, 글꼴(Font) 및 크기(Size) 등을 지정하여 원하는 Text를 구현할 수 있다.

연습문제

1. Skybox란 무엇인지 기술하고, 그림과 함께 그 원리를 기술하시오. 또한 OpenGL 함수를 사용하여 어떻게 구현하는지 코드와 함께 기술하시오.

2. Picking이란 무엇인지 그리고 어떤 종류가 있는지 기술하고, Selection Mode에서 Picking을 처리하는 과정을 기술하시오. 또한 Picking을 구현하기 위해서 사용되는 OpenGL 함수들을 예를 들어 기술하시오.

3. Billboard란 무엇인지 기술하고, 그림과 함께 그 원리를 기술하시오. 또한 Billboard의 사용목적과 그 이유를 기술하시오.

4. Height Map이란 무엇인지 그림과 함께 그 원리를 기술하시오. 또한 Height Map의 사용 목적을 예를 들어 기술하시오.

5. Cel Shading(Cartoon Rendering)이란 무엇인지 기술하고 같은 의미의 용어를 모두 찾아 기술하시오.

6. 3D Model에는 3D Studio MAX를 사용하여 제작한 *.3ds, *.ase, *.obj 등의 File Format도 있지만, 그 외에도 *.mdl 등과 같이 다양한 3D Model File Format들이 있다. 하나의 3D Model (*.mdl)을 Window에 나타나게 하는 코드를 구현하시오.

7. OpenGL 함수를 사용하여 2차원 및 3차원 문자(Text)를 출력하기 위해서는 Win32 Project 환경에서 작업을 하여야 한다. 또한 운영체제의 언어에 따라 지원되는 문자가 있고 그렇지 않은 문자가 있을 수 있다. 영문, 한글을 제외한 외국어 중 하나를 선택하고 선택한 외국어 문자를 출력하는 코드를 구현하시오.

참고문헌

01 Billboard,
http://www.codesampler.com/oglsrc/oglsrc_8.htm

02 Picking,
http://blog.naver.com/baboneo/80006294852
http://www.glprogramming.com/red/chapter13.html

03 Picking Tutorial,
http://mecadserv1.technion.ac.il/public_html/LabCourses/interActiveGraphics/ogl_course/ogl_LAB/Picking_Tutorial_1.htm

04 OpenGL Picking in 3D,
http://schabby.de/picking-opengl-ray-tracing/

05 Cell Shading(Cartoon Rendering),
http://nehe.gamedev.net

06 GLM,
http://glm.g-truc.net/

07 Cube Representative UV Unwrapping.png
http://en.wikipedia.org/wiki/File:Cube_Representative_UV_Unwrapping.png

10 CHAPTER

Motion Animation

COMPUTER GRAPHICS

CONTENTS

CHAPTER 10 Motion Animation

Section 01 BVH Player

Motion Capture
광학식(Optical)
자기식(Magnetic)
기계식(Mechanic)
음향식(Acustic)
BVH(Biovision Hierarchy)
HTR(Hierarchical Translation Rotation)
ASF(Acclaim Skeleton File)/AMC(Acclaim Motion Capture), ASK(Alias SKeleton)/SDL(Alias Scene Description Language format)

Motion Capture는 실제로 존재하는 인간을 포함하는 생명체나 각종 물체의 동작을 캡처하여 수치적인 데이터로 저장하고 컴퓨터에서 만든 가상의 캐릭터나 객체에 캡처한 모션 데이터를 적용하여 실제처럼 동작하게 하기 위한 과정을 말한다. 이와 같은 Motion Capture를 위해서는 광학식(Optical), 자기식(Magnetic), 기계식(Mechanic) 및 음향식(Acustic) 등 여러 가지 종류의 Motion Capture System들이 있다. Motion Capture File Format은 Motion Capture System의 종류에 따라 여러 가지가 있는데, 골격(Skeleton)의 이동(Translation) 및 회전(Rotation) 데이터로 구성된 BVH(Biovision Hierarchy), HTR(Hierarchical Translation Rotation), ASF(Acclaim Skeleton File)/AMC(Acclaim Motion Capture), ASK(Alias SKeleton)/SDL(Alias Scene Description Language format) 및 기타 등으로 구분할 수 있다. 본 절에서는 이동 및 회전 데이터로 구성된 BVH File에 대하여 알아보도록 한다. BVH File Format은 Biovision 사에서 개발한 것으로서 Header와 Data 부분으로 구성되어져 있으며, [그림 10-1]과 같이 Hips을 ROOT로 하는 계층 구조를 가지고 있다.

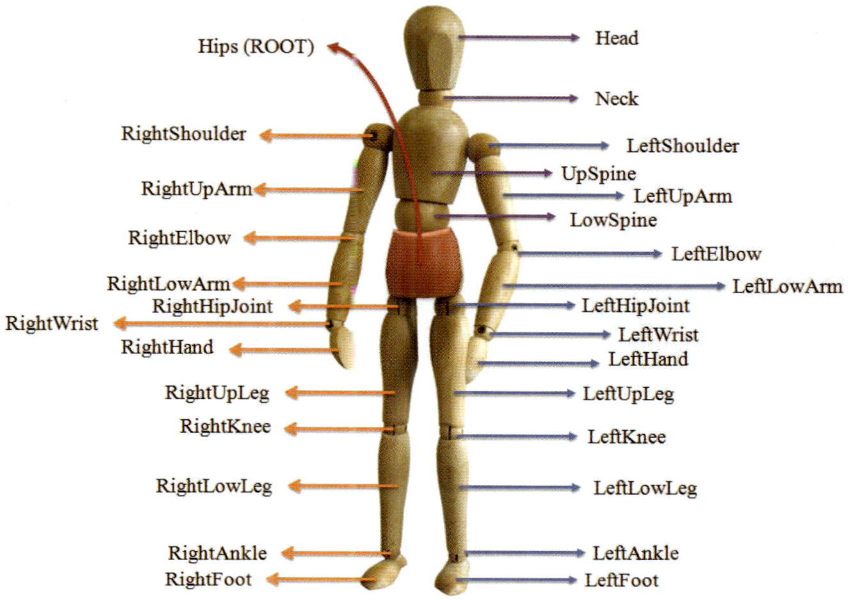

[그림 10-1] BVH File의 골격 구조

관절(Joint)
뼈(Bone)

[그림 10-1]의 ROOT는 3D 공간에서 Hips 관절(Joint)의 위치를 지정한다. Root의 아래 부분은 부모 관절에 대한 골격 관절의 위치를 지정하는 정보를 포함하는 관절들로 구성된다. 부모 관절과 자식 관절을 위한 상대적인 위치 지정은 두 관절 사이에 뼈(Bone)의 길이를 가늠하는 것이 가능하다. 만약 자식 관절이 없다면 End Site로 설정되어진다. [코드 10-1]은 BVH File의 구조를 간단히 나타낸 것인데, ROOT로 시작하는 HIERARCHY와 각 관절들의 실제적인 이동 및 회전 값을 가진 MOTION으로 구분되어진다. ROOT와 각 JOINT들은 BVH File에서 제공되는 이동 및 회전 좌표의 순차적인 시간 프레임을 처리하는 CHANNELS을 지정한다.

코드 10-1 BVH File의 구조

```
HIERARCHY
ROOT Hips
{
  OFFSET -28.535 97.2468 142.275
  CHANNELS 6 Xposition Yposition Zposition Zrotation Xrotation Yrotation
  JOINT LeftUpLeg
  {
```

```
  OFFSET 8.91 -6.27 -2.145
  CHANNELS 3 Zrotation Xrotation Yrotation
  JOINT LeftUpLegRoll
  {
    OFFSET 0 -22.7323 0
    CHANNELS 3 Zrotation Xrotation Yrotation
    JOINT LeftLeg
    {
    ......
    }
  }
}
JOINT RightUpLeg
{
  OFFSET -8.91 -6.27 -2.145
  CHANNELS 3 Zrotation Xrotation Yrotation
  JOINT RightUpLegRoll
  {
  ......
  }
}
}

MOTION
Frames:132
Frame Time:0.0416667
-28.535 97.2468 142.275 0.500945 2.55689 -0.355277 -0.292849 -18.038 -0.652422
2.07741e-021 3.81786e-018 -0.0623525 5.95945e-008 33.3289 0.813123 4.7972e-021
......
```

그리고 MOTION은 첫 번째 줄에 전체 Frame 수를 지정하고, 두 번째 줄에 초당 Sampling 속도를 나타낸다. 세 번째 줄은 Frame의 개수에 대응되는 수만큼 CHANNELS에서 지정한 것에 따라 처리되기 위한 이동 및 회전 좌표를 각 라인마다 제공해준다. [그림 10-2]는 [코드 10-1]과 같은 BVH 모션 File을 읽어서 가시화한 구현 결과이고, [코드 10-2]는 그 소스 코드이다. 소스 코드에 대한 설명은 주석(Comment)을 참고하기 바란다.

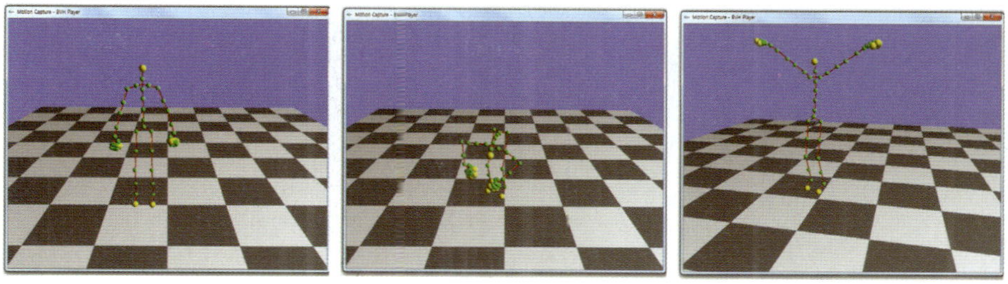

[그림 10-2] BVH Player의 구현 결과

코드 10-2 BVH Player

```
#include <windows.h>
#include <glut.h>
#include "BVH.h"                    // BVH header File을 호출한다.

// 변수 선언 (전체 소스 코드 참조)
BVH     *bvh = NULL;                // BVH Class를 위한 Pointer 변수를 선언한다.

void MyDisplay() {
    glClear( GL_COLOR_BUFFER_BIT | GL_DEPTH_BUFFER_BIT | GL_STENCIL_BUFFER_BIT );
    glMatrixMode( GL_MODELVIEW );
    glLoadIdentity();

    glTranslatef( 0.0, 0.0, - camera_distance );
    glRotatef( - camera_pitch, 1.0, 0.0, 0.0 );
    glRotatef( - camera_yaw, 0.0, 1.0, 0.0 );
    glTranslatef( 0.0, -0.5, 0.0 );

    float  light0_position[] = { 10.0, 10.0, 10.0, 1.0 };
    glLightfv( GL_LIGHT0, GL_POSITION, light0_position );

    float  size = 1.5f;
    int  num_x = 10, num_z = 10;
    double  ox, oz;

    glBegin( GL_QUADS );
        glNormal3d( 0.0, 1.0, 0.0 );
        ox = -(num_x * size) / 2;
        for ( int x=0; x<num_x; x++, ox+=size ) {
            oz = -(num_z * size) / 2;
            for ( int z=0; z<num_z; z++, oz+=size ) {
            if ( ((x + z) % 2) == 0 )
```

```
                glColor3f( 0.5, 0.5, 0.5 );
            else
                glColor3f( 1.0, 1.0, 1.0 );
            glVertex3d( ox, 0.0, oz );
            glVertex3d( ox, 0.0, oz+size );
            glVertex3d( ox+size, 0.0, oz+size );
            glVertex3d( ox+size, 0.0, oz );
            }
        }
    glEnd();

    glColor3f( 1.0f, 0.0f, 0.0f );

    // Figure Rendering, 즉, BVH File의 첫 Frame으로부터 0.02 크기의 비율로 Figure를 그린다.
    if ( bvh ) bvh->RenderFigure( frame_no, 0.02f );

    glutSwapBuffers();
}

void MyReshape( int w, int h ) {
. . . . . . . . . . .
}

void MyMouse( int button, int state, int mx, int my ) {
. . . . . . . . . . .
}

void MyMotion( int mx, int my ) {
. . . . . . . . . . .
}

void MyKeyboard( unsigned char key, int mx, int my ) {
    // Animation의 Play/Pause에 대한 On/Off
    if ( key == 's' ) on_animation = !on_animation;
    // Pause 상태에서 한 Frame 앞으로 이동
    else if ( ( key == 'n' ) && !on_animation ) {
        animation_time += bvh->GetInterval();
        frame_no ++;
        frame_no = frame_no % bvh->GetNumFrame();
    // Pause 상태에서 한 Frame 뒤로 이동
    } else if ( ( key == 'p' ) && !on_animation && ( frame_no > 0 ) && bvh ) {
        animation_time -= bvh->GetInterval();
        frame_no --;
```

```
        frame_no = frame_no % bvh->GetNumFrame();
    // Animation을 중지하고 초기 상태 즉, 0 Frame으로 되돌아간다.
    } else if ( key == 'r' ) {
        animation_time = 0.0f;
        frame_no = 0;
    }

    glutPostRedisplay();
}

void MyIdle() {
    if ( on_animation ) {
        static DWORD last_time = 0;
        DWORD curr_time = timeGetTime();

        // Animation을 진행하기 위한 Frame과 Frame 사이의 시간 간격 설정
        float delta = ( curr_time - last_time ) * 0.001f;
        if ( delta > 0.03f ) delta = 0.03f;

        last_time = curr_time;
        animation_time += delta;    // Animation 진행 시간

        // Animation 시간에 따른 Frame 번호 변경
        if ( bvh ) {
            frame_no = animation_time / bvh->GetInterval();
            frame_no = frame_no % bvh->GetNumFrame();
        } else
            frame_no = 0;

        glutPostRedisplay();
    }
}

void MyInit() {
 . . . . . . . . . . .

    glClearColor( 0.5, 0.5, 0.8, 0.0 );

    bvh = new BVH( "back_flip.bvh" ); // BVH File을 읽어 온다.
}

int main( int argc, char ** argv ) {
 . . . . . . . . . . .
}
```

Project 10 – I | BVH Player with Multi Character

구현 기능	[코드 10-2]를 참고하고 다음 항목을 추가하여 Project를 향상시키도록 한다. – 2개 이상의 캐릭터가 Window에 나타나게 한다. – 서로 다른 Motion Data를 각 캐릭터에 적용하여 자동 재생되게 한다.
구현 결과	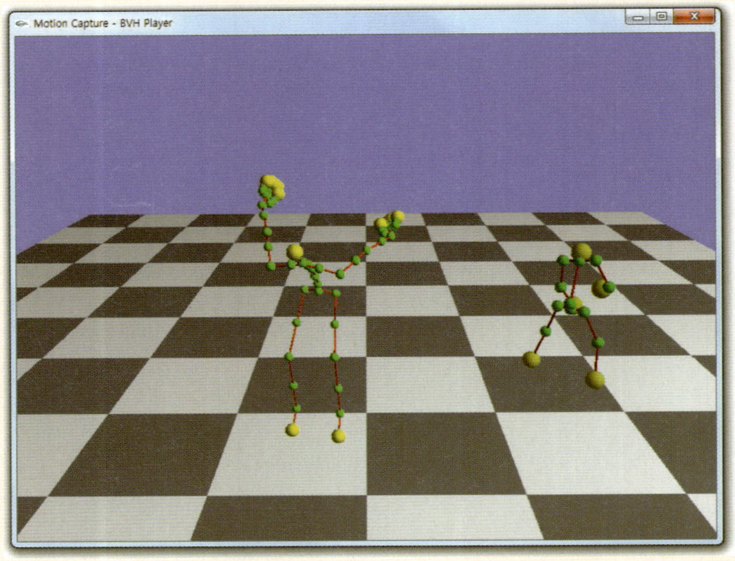

요약 SUMMARY

1. 모션 애니메이션은 Motion Capture System을 사용하여 Capture한 데이터를 사용한 애니메이션 제작 방법을 말한다.

2. Motion Capture System에는 Mechanical System, Acustic System, Magnetic System 및 Optical System 등이 있으며, System의 종류에 따라 *. bvh, *.asf, *.amc, *.ask, *.sdl, *.htr, *.trc 등 다양한 File Format을 가지고 있다.

3. 본 장에서는 Motion Capture 데이터들 중에서 주로 많이 사용되는 File Format *.bvh를 사용하여 Player를 구현하였다. BVH는 Biovision Hierarchy의 약자로서 Biovision 사의 Motion File Format이다. BVH File Format은 HIERARCHY와 MOTION으로 구분되어져 있다.

연습문제

1. Motion Capture란 무엇인지 설명하고, 그 종류와 특성에 대하여 기술하시오.

2. Motion Capture File Format의 종류를 나열하고 각 특성을 비교하여 설명하시오.

3. Character Animation을 구현하기 위해서는 계층구조를 가지는 객체들을 생성하고 사용하여야 한다. Character Animation에 사용하기 위한 인간의 신체를 Modeling하고, 계층구조가 이루어지게 구현하기 위한 방법을 그림과 함께 기술하시오. 즉, 하나의 Root을 설정하고 나머지는 계층적으로 연결되어져야 한다.

4. BVH File Format을 제외한 Motion Capture File Format을 몇 개 찾은 다음, 각 File Format을 분석하고 이를 사용하여 Character Animation을 구현하시오.

참고문헌

01 BVH Motion File Player,
http://www.cs.man.ac.uk/~toby/bvh/

PART 03

고급 이론 및 확장

COMPUTER GRAPHICS

COMPUTER GRAPHICS

11 CHAPTER

곡선(Curves) 및 곡면(Surfaces)

CONTENTS

CHAPTER 11

곡선(Curves) 및 곡면(Surfaces)

곡선(Curve)

곡면(Surface)

곡률(Curvature, 기하학의 여러 분야에서 사용되는 개념으로서 굽은 정도를 의미)

Spline

Spline은 **곡선(Curve)** 및 **곡면(Surface)**을 표현하기 위해서 필요한 매우 중요한 도구로서 수학적 함수를 사용하여 그려진 선(Line)을 의미한다. 그런데 단순한 선(Line)이 아니라 Spline이라고 부르는 이유는 **곡률(Curvature, 기하학의 여러 분야에서 사용되는 개념으로서 굽은 정도를 의미)**을 가진 선이기 때문이다. Spline의 어원(語源)은 배(Ship, Boat)의 선체(Hull)나 건물의 돔(둥근 천장이나 지붕, Dome)을 디자인하기 위해서 제도사(Draftsman)들이 사용한 운형(雲形)의 자에서 기원한 것이다. 즉, 과거에는 배(Ship, Boat)나 건물을 디자인할 때 선의 곡률(曲律)이 매우 중요하였는데, 제도사들은 가늘고 긴 철사나 나무 등으로 그 곡률을 맞추기 위하여 운형의 자를 사용하였으며 그 자를 Spline이라고 하였다고 한다. 또한 Spline을 유연하게 조절하기 위하여 납덩이를 필요한 곳곳에 매달아 납덩이의 무게에 따라 곡률을 세밀하게 조정하였다고 한다. 현재 우리가 사용하고 있는 Spline은 이와 같은 유래에 착안하여 곡률을 사용하는 선을 그리는 프로그램으로 승화시킨 것이라고 할 수 있다. 본 절에서는 Spline의 다양한 원리를 이해하기 위하여 Cardinal Spline, Hermite Spline, Bezier Spline, B−Spline(Basis Spline), Clamped B−Spline, NURBS 등에 대하여 살펴보기로 하며, Cubic Curves에 대한 원리를 먼저 이해하고 넘어가도록 하자. Cubic Curves의 기본 공식은 (수식 11−1)과 같이 매개변수(Parametric) 표현에 의해 주어진다.

$$Q(t) = a + bt + ct^2 + dt^3 \qquad \text{(수식 11−1)}$$

여기서 a, b, c 및 d는 상수 Vector들이고, $Q(t)$는 매개변수(Parameter) 값 t에 대응하는 곡선(Curve) 위의 제어점을 의미한다. $Q(t)$의 성분을 분리하여 구체적으로 표현하면 (수식 11−2)와 같이 나타낼 수 있다.

$$Q_x(t)=a_x+b_xt+c_xt^2+d_xt^3$$
$$Q_y(t)=a_y+b_yt+c_yt^2+d_yt^3 \quad \text{(수식 11-2)}$$
$$Q_z(t)=a_z+b_zt+c_zt^2+d_zt^3$$

(수식 11-2)를 Matrix로 표현하면 (수식 11-3)과 같다.

$$Q(t)=\begin{bmatrix} a_x & b_x & c_x & d_x \\ a_y & b_y & c_y & d_y \\ a_z & b_z & c_z & d_z \end{bmatrix}\begin{bmatrix} 1 \\ t \\ t^2 \\ t^3 \end{bmatrix}=CT(t) \quad \text{(수식 11-3)}$$

여기서 $T(t)=<1, t, t^2, t^3>$이고, C는 계수들의 Matrix를 나타낸다. t에서 곡선(Curve)에 접선(Tangent, 기울기) 방향을 주는 $Q(t)$의 미분 계수는 Matrix C가 상수이기 때문에 수식을 계산하기가 쉽다. 그러므로 (수식 11-3)에 대한 미분 계수를 구하면 (수식 11-4)와 같이 나타낼 수 있다.

$$Q'(t)=C\frac{d}{dt}T(t)=C\begin{bmatrix} 0 \\ 1 \\ 2t \\ 3t^2 \end{bmatrix} \quad \text{(수식 11-4)}$$

> Parametric Continuity
> Geometric Continuity
> 접선(Tangent, 기울기) Vector
> 제어점(Control Point)
> 미분 계수(Derivatives)

긴 곡선(Curve) 경로는 일반적으로 여러 개의 작은 Cubic 조각들로 이루어져 있는데, 그 조각들은 해당 끝점(Endpoint)에 연결되어진다. 두 개의 인접한 곡선(Curve)이 함께 연결되는 제어점에서는 Parametric Continuity과 Geometric Continuity 개념이 있다. G^n 연속성(Continuity)은 n번째 순서 Parametric Continuity을 나타내기 위해 사용되어지는 것이고, C^n 연속성은 n번째 순서 Geometric Continuity을 나타내기 위해 사용되어지는 것이다. 즉, 두 개의 곡선들이 만약 그들의 접선(Tangent, 기울기) Vector들이 연결된 제어점(Control Point)에서 크기와 방향이 모두 같다면 C^1 연속성을 가진다고 말한다. 그리고 만약 접선(Tangent, 기울기) Vector들이 방향은 같으나 크기가 다르다면 C^1 연속성을 가진다고 말한다. 일반적으로 두 개의 곡선들은 만약 그들의 n번째 미분 계수가 같다면 C^n 연속성과 만난다. 그리고 만약 n번째 미분 계수(Derivatives)가 0(Zero)가 아니고 방향이 같으며 크기가 다르다면 두 개의 곡선들은 G^n 연속성과 만난다. 만약 n번째 미분계수(Derivatives)가 0(Zero)라면 C^n 연속성은 G^n 연속성을 의미한다. 즉, C^n 연속성과 G^n 연속성은 동일하고, 단순히 곡선이 공통된 끝점(Endpoint)을 공유한다는 것을 의미한다. 예를 들면, [그림 11-1]의 (A)와 같이 C^0 연속성은 $Q_i(1)=Q_{i+1}(0)$과 같이 인접한 Curve들이 같은 끝점(Endpoint)을 공유한다.

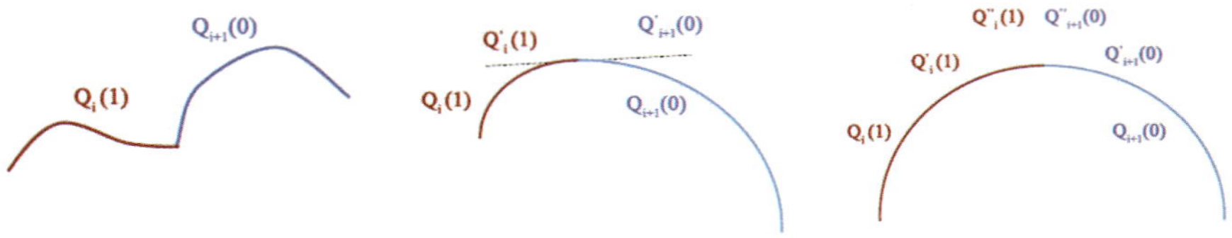

(A) C^0 연속성 (B) C^1 연속성 (C) C^2 연속성

[그림 11-1] C^n 연속성

그리고 (B)와 같이 C^1 연속성은 C^0 연속성과 같이 인접한 Curve들이 동일한 끝점을 공유하는 것과 함께 $Q_i'(1)=Q_{i+1}'(0)$와 같이 동일한 미분계수(Derivative) 즉 접선(Tangent, 기울기)을 가진다. 또한 (C)와 같이 C^2 연속성은 C^1 연속성에 추가적으로 동일한 2차 미분계수를 가진다.

본 장에서 기술하는 Cubic Curve들은 $t=0$과 $t=1$에서의 $Q(t)$의 값들과 같은 끝점(Endpoint) 위치 및 $Q'(t)$의 값들과 같은 접선(Tangent, 기울기) 방향과 같은 특정 기하학적인 제약 조건으로 정의한다. 임의의 Cubic Curve들은 4개의 계수를 가지고 있기 때문에 우리는 특정 Curve를 정의하기 위해서 4개의 제약 조건을 필요로 한다. 이와 같은 제약 조건 g_1, g_2, g_3 및 g_4을 호출함으로써 우리는 (수식 11-5)와 같은 Curve $Q(t)$을 나타낼 수 있다.

$$Q(t)=(a_1+b_1t+c_1t^2+d_1t^3)g_1+(a_2+b_2t+c_2t^2+d_2t^3)g_2 +(a_3+b_3t+c_3t^2+d_3t^3)g_3+(a_4+b_4t+c_4t^2+d_4t^3)g_4 \quad \text{(수식 11-5)}$$

Blending Functions

이것은 4개의 기하학적인 상수들의 가중치 합(Weighted Sum)이 된다. 여기서 수식 $a_i+b_it+c_it^2+d_it^3$은 Blending Functions라고 한다. (수식 11-5)는 Matrix를 사용하여 (수식 11-6)과 같이 표현할 수 있다.

$$Q(t)=[g_1 \quad g_2 \quad g_3 \quad g_4]\begin{bmatrix} c_1 & b_1 & c_1 & d_1 \\ c_2 & b_2 & c_2 & d_2 \\ c_3 & b_3 & c_3 & d_3 \\ c_4 & b_4 & c_4 & d_4 \end{bmatrix}\begin{bmatrix} 1 \\ t \\ t^2 \\ t^3 \end{bmatrix}=GMT(t) \quad \text{(수식 11-6)}$$

여기서 Matrix G는 Geometry Matrix이며 (수식 11-7)과 같이 정의되어질 수 있다.

$$G=[g_1 \quad g_2 \quad g_3 \quad g_4]\begin{bmatrix} (g_1)_x & (g_2)_x & (g_3)_x & (g_4)_x \\ (g_1)_y & (g_2)_y & (g_3)_y & (g_4)_y \\ (g_1)_z & (g_2)_z & (g_3)_z & (g_4)_z \end{bmatrix} \quad \text{(수식 11-7)}$$

(수식 11-6)에서 4×4 Matrix M은 Basis Matrix이며 (수식 11-8)과 같이 정의되어질 수 있다.

$$M=\begin{bmatrix} c_1 & b_1 & c_1 & d_1 \\ c_2 & b_2 & c_2 & d_2 \\ c_3 & b_3 & c_3 & d_3 \\ c_4 & b_4 & c_4 & d_4 \end{bmatrix} \quad \text{(수식 11-8)}$$

Cubic Curve의 각 Class에 대한 관한 일정한 Basis Matrix M이 있으며, 각 Class의 특정 Curve들의 모양은 전적으로 Geometry Matrix G에 의해 결정되어진다.

01 Section Spline 곡선(Curve)

1. Cardinal Spline Curve

Cardinal Spline

Cardinal Hermite Spline

Cardinal Spline은 Cardinal Hermite Spline의 일종으로서 큰 곡선(Curve)을 형성하기 위해 결합된 개별적인 곡선(Curve)들의 순서이며 Hermite 형식을 만족하는 3차원 Spline 곡선(Curve)을 생성한다. 그리고 Spline은 제어점(Control Point)과 장력(Tension) 매개변수(Parameter)의 배열에 의해 지정된다. Cardinal Spline은 배열에서 각 제어점(Control Point)을 통해 매끄럽게 통과하는데, 곡선의 날카로운 모서리도 없고 곡선의 팽팽함에 있어서 갑작스러운 변화는 없다. Cardinal Spline은 제어점의 위치와 곡선(Curve)이 그리는 궤적(Locus)의 직접적인 상관관계에 장점이 있는데, 특정한 지점을 지나는 곡선(Curve)을 그리기 위해서는 제어점을 간단히 특정한 지점에 위치시키면 된다. 그러나 제어점의 위치가 의도하는 곡률(Curvature)에서 조금이라도 벗어나게 되면 직접적인 상관관계는 부드럽고 완만한 곡선을 그리기 위해서는 오히려 불편함이 될 수도 있다.

Spline Curve Segment
Cardinal Spline Curve

Spline Curve Segment는 2개의 내부 제어점을 통과하고 Segment들이 만나는 제어점에서 1차 미분 계수(Derivative)에서 연속이다. Spline Curve Segment는 제어점 P_2에서 시작하고 P_3에서 끝나며, P_1과 P_4는 Curve의 모양을 결정하기 위해서 사용되어진다. 4개의 제어점 P_1, P_2, P_3 및 P_4을 가진 Cardinal Spline Curve $C(t)$의 Basis Matrix는 (수식 11-9)와 같은 제약 조건에 따라 유도되어진다.

$$\begin{aligned} C(0) &= P_2 \\ C(1) &= P_3 \\ T_2 = C'(0) &= \frac{1}{2}(1-t)(P_3-P_1) \\ T_3 = C'(1) &= \frac{1}{2}(1-t)(P_4-P_2) \end{aligned} \qquad \text{(수식 11–9)}$$

장력(Tension)

여기서 $C'(0)$ 및 $C'(1)$은 제어점 P_2 및 P_3에 대한 미분계수(Derivative)로서 각 제어점에 대한 접선(Tangent, 기울기) T_2 및 T_3을 말하고, 매개변수(Parameter) t는 [0, 1]의 범위를 가지는 장력(Tension)으로서 Cardinal Spline Curve의 제어점들에 견고함(Tightness)을 조절한다. 여기서 만약 장력 t의 값이 0(Zero)이면, Catmull-Rom Spline Curve라고 한다. Catmull-Rom Spline은 Key-Frame 사이의 보정(보간, Interpolation)된 모션을 부드럽게 하기 위해서 자주 사용되어지는데, **4 Catmull-Rom Spline Curve**에서 자세히 설명한다.

(수식 11-9)를 Matrix로 표현하면 (수식 11-10)과 같다.

$$C(t)=\begin{bmatrix}a\\b\\c\\d\end{bmatrix}=TM_cP_k=\begin{bmatrix}t^3 & t^2 & t & 1\end{bmatrix}M_c\begin{bmatrix}P_1\\P_2\\P_3\\P_4\end{bmatrix} \quad \text{(수식 11-10)}$$

여기서 M_c는 Cardinal Spline Curve의 Basis Matrix로서 (수식 11−11)과 같다.

$$M_c=\begin{bmatrix}-s & 2-s & s-2 & s\\ 2s & s-3 & 3-2s & -s\\ -s & 0 & s & 0\\ 0 & 1 & 0 & 0\end{bmatrix},\quad s=\frac{(1-t)}{2} \quad \text{(수식 11-11)}$$

여기서 s는 장력(Tension) 매개변수(Parameter)로서 Curve의 모양을 결정하는 역할을 한다. (수식 11−11)에 장력 매개변수(Parameter) s를 대입하면 (수식 11−12)와 같다.

$$M_c=\begin{bmatrix}-\frac{(1-t)}{2} & 2-\frac{(1-t)}{2} & \frac{(1-t)}{2}-2 & \frac{(1-t)}{2}\\ (1-t) & \frac{(1-t)}{2}-3 & 3-(1-t) & -\frac{(1-t)}{2}\\ -\frac{(1-t)}{2} & 0 & \frac{(1-t)}{2} & 0\\ 0 & 1 & 0 & 0\end{bmatrix} \quad \text{(수식 11-12)}$$

결국 (수식 11−10)에 (수식 11−12)를 대입하면, Cardinal Spline Curve $C(t)$는 (수식 11−13)과 같다.

$$C(t)=\begin{bmatrix}a\\b\\c\\d\end{bmatrix}=[t^3t^2t1]\begin{bmatrix}-\frac{(1-t)}{2} & 2-\frac{(1-t)}{2} & \frac{(1-t)}{2}-2 & \frac{(1-t)}{2}\\ (1-t) & \frac{1-t}{2}-3 & 3-(1-t) & -\frac{(1-t)}{2}\\ -\frac{(1-t)}{2} & 0 & \frac{(1-t)}{2} & 0\\ 0 & 1 & 0 & 0\end{bmatrix}\begin{bmatrix}P_1\\P_2\\P_3\\P_4\end{bmatrix} \quad \text{(수식 11-13)}$$

[그림 11−2]는 Cardinal Spline Curve의 구현 결과이고, [코드 11−1]은 그 소스 코드이다.

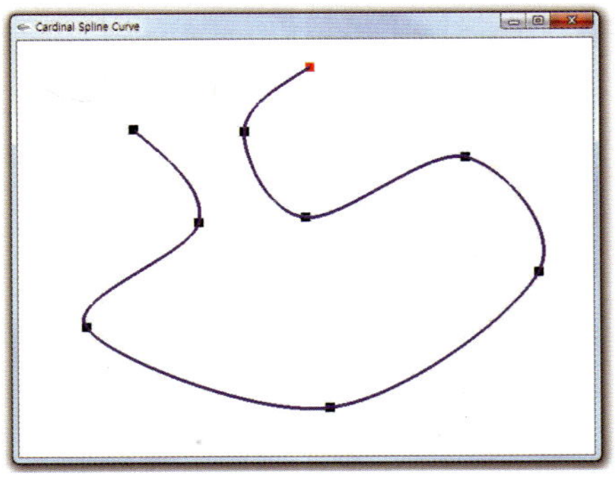

(A) Tension = 0.5

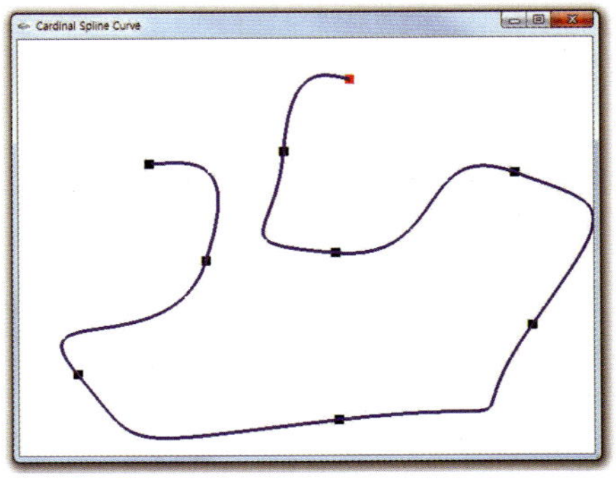

(B) Tension = 1.5

[그림 11-2] Cardinal Spline Curve의 구현 결과

코드 11-1 Cardinal Spline Curve

```
#include <vector>
using std::vector;
#include <glut.h>

// 변수 선언 (전체 소스 코드 참조)

// Cardinal Spline Curve, 제어점의 주어진 Vector,
// 각 Spline Segment가 그리기 위한 Line Segments의 개수 및 Tension 그리기
void drawCardinalSpline (
    const vector<vector<GLdouble> > & v,         // 제어점
    int segs,                                    // Segments의 개수
    double s) {                                  // 장력(Tension) 매개변수(Parameter)

    int n = verts.size();                        // 제어점의 개수

    if (n <= 2) {                                // 제어점의 개수가 2보다 작거나 같은 경우
        if (n == 1) {
            glBegin(GL_POINTS);
                glVertex2dv(&v[0][0]);           // 단일 제어점 표시
            glEnd();
        } else if (n == 2) {
            glBegin(GL_LINES);                   // 2개의 제어점을 직선으로 연결하기
                glVertex2dv(&v[0][0]);
                glVertex2dv(&v[1][0]);
            glEnd();
        }
```

```
    return
}

// 제어점의 개수 n >= 3인 경우
double xa, xb, xc, xd;        // X축 다항식(Polynomial)을 위한 계수
double ya, yb, yc, yd;        // Y축 다항식(Polynomial)을 위한 계수

glBegin(GL_LINE_STRIP);
    // 첫 번째 Segment 그리기
    // 첫 번째 제어점에 2차 미분계수(Derivative)=0이라는 제약조건을 사용
```

// (수식 11-10) 및 (수식 11-11)에서

$$M_c\begin{bmatrix}P_1\\P_2\\P_3\\P_4\end{bmatrix}=\begin{bmatrix}-s & 2-s & s-2 & s\\2s & s-3 & 3-2s & -s\\-s & 0 & s & 0\\0 & 1 & 0 & 0\end{bmatrix}\begin{bmatrix}P_1\\P_2\\P_3\\P_4\end{bmatrix}$$

```
    xa = (1.0-s)/2*verts[0][0] - 1.0/2*verts[1][0] + s/2*verts[2][0];
    xb = 0.0;
    xc = (s-3.0)/2*verts[0][0] + 3.0/2*verts[1][0] + -s/2*verts[2][0];
    xd = verts[0][0];

    ya = (1.0-s)/2*verts[0][1] - 1.0/2*verts[1][1] + s/2*verts[2][1];
    yb = 0.0;
    yc = (s-3.0)/2*verts[0][1] + 3.0/2*verts[1][1] + -s/2*verts[2][1];
    yd = verts[0][1];

    for (int k = 1; k <= segs; ++k) {
```

// (수식 11-10)에서

$$[t^3\ \ t^2\ \ t\ \ 1]M_c\begin{bmatrix}P_1\\P_2\\P_3\\P_4\end{bmatrix}$$

```
        double t = double(k)/segs;
        double x = xa*t*t*t + xb*t*t + xc*t + xd;  // x_a t^3 + x_b t^2 + x_c t + x_d
        double y = ya*t*t*t + yb*t*t + yc*t + yd;  // y_a t^3 + y_b t^2 + y_c t + y_d

        glVertex2d(x, y);      // 첫 번째 Segment 표시
    }

    // 중간 Segment 그리기
    glVertex2dv(&verts[1][0]);
    for (int j = 0; j < n-3; ++j) {
```

```
//(수식 11-10) 및 (수식 11-11)에서 M_c [P1 P2 P3 P4]^T = [[-s, 2-s, s-2, s], [2s, s-3, 3-2s, -s], [-s, 0, s, 0], [0, 1, 0, 0]] [P1 P2 P3 P4]^T
    xa =  -s*verts[j][0] + (2.0-s)*verts[j+1][0] +   (s-2.0)*verts[j+2][0] + s*verts[j+3][0];
    xb = 2.0*s*verts[j][0] + (s-3.0)*verts[j+1][0] + (3.0-2.0*s)*verts[j+2][0] - s*verts[j+3][0];
    xc =  -s*verts[j][0] +      s*verts[j+2][0];
    xd =       verts[j+1][0];

    ya =  -s*verts[j][1] + (2.0-c)*verts[j+1][1] +   (s-2.0)*verts[j+2][1] + s*verts[j+3][1];
    yb = 2.0*s*verts[j][1] + (s-3.0)*verts[j+1][1] + (3.0-2.0*s)*verts[j+2][1] - s*verts[j+3][1];
    yc =  -s*verts[j][1] +      s*verts[j+2][1];
    yd =       verts[j+1][1];

    for (int k = 1; k <= segs; ++k) {

        // (수식 11-10)에서 [t^3  t^2  t  1] M_c [P1 P2 P3 P4]^T

        double t = double(k)/segs;
        double x = xa*t*t*t + xb*t*t + xc*t + xd;  // x_a t^3 + x_b t^2 + x_c t + x_d
        double y = ya*t*t*t + yb*t*t + yc*t + yd;  // y_a t^3 + y_b t^2 + y_c t + y_d

        glVertex2d(x, y);      // 중간 Segment 표시
    }
}

// 마지막 Segment 그리기
// 마지막 제어점에 2차 미분계수(Derivative)=0이라는 제약 조건을 사용
// (수식 11-10) 및 (수식 11-11)에서 M_c [P1 P2 P3 P4]^T = [[-s, 2-s, s-2, s], [2s, s-3, 3-2s, -s], [-, 0, s, 0], [0, 1, 0, 0]] [P1 P2 P3 P4]^T
xa =  -s/2*verts[n-3][0] + 1.0/2*verts[n-2][0] +   (s-1.0)/2*verts[n-1][0];
xb = 3.0*s/2*verts[n-3][0] - 3.0/2*verts[n-2][0] + (3.0-3.0*s)/2*verts[n-1][0];
xc =    -s*verts[n-3][0] +   s*verts[n-1][0];
xd =       verts[n-2][0];

ya =  -s/2*verts[n-3][1] + 1.0/2*verts[n-2][1] +   (s-1.0)/2*verts[n-1][1];
yb = 3.0*s/2*verts[n-3][1] - 3.0/2*verts[n-2][1] + (3.0-3.0*s)/2*verts[n-1][1];
```

```
        yc =    -s*verts[n-3][1] +   s*verts[n-1][1];
        yd =       verts[n-2][1];

        for (int k = 1; k <= segs; ++k) {
```

// (수식 11-10)에서 $[t^3\ t^2\ t\ 1]M_c\begin{bmatrix}P_1\\P_2\\P_3\\P_4\end{bmatrix}$

```
            double t = double(k)/segs;
            double x = xa*t*t*t + xb*t*t + xc*t + xd;  // x_a t^3 + x_b t^2 + x_c t + x_d
            double y = ya*t*t*t + yb*t*t + yc*t + yd;  // y_a t^3 + y_b t^2 + y_c t + y_d

            glVertex2d(x, y);       // 마지막 Segment 표시
        }

    glEnd();
}

void MyDisplay() {
    glClear(GL_COLOR_BUFFER_BIT);

    // 제어점(Control Point) 그리기
    glPointSize(vertsize);
    glBegin(GL_POINTS);
        for (int i=0; i<verts.size(); ++i) {
            if (i==selectedvert)       // Mouse로 Click한 마지막 제어점
                glColor3d(1.0, 0.0, 0.0);
            else                       // Mouse로 Click한 기존의 제어점
                glColor3d(0.0, 0.0, 0.0);

            glVertex2dv(&verts[i][0]); // 제어점 표시
        }
    glEnd();

    // Cardinal Spline Curve 그리기
    glColor3d(0.0, 0.0, 1.0);
    glPointSize(curvewid);
    glLineWidth(curvewid);
    drawCardinalSpline(verts, numcurvesegments, tension);   // Cardinal Spline Curve 그리기

    glutSwapBuffers();
}
```

```
void MySpecial(int key, int x, int y) {
    if(key == GLUT_KEY_PAGE_UP) {
        tension += tensionchg;      // 장력(Tension) 증가
    } else if(key == GLUT_KEY_PAGE_DOWN) {
        tension -= tensionchg;      // 장력(Tension) 감소
    }

    glutPostRedisplay();
}

void MyMouse(int button, int state, int x, int y) {
    switch (button) {
        case GLUT_LEFT_BUTTON:
            if (state == GLUT_DOWN) {
                int mousex = x;
                int mousey = startwinsize-y;

                // 제어점이 Click으로 선택되었는지를 확인
                int i;
                for (i = 0; i < verts.size(); ++i) {
                    int slop = (vertsize/2)+2;
                    if (mousex >= verts[i][0]-slop && mousex <= verts[i][0]+slop
                        && mousey >= verts[i][1]-slop && mousey <= verts[i][1]+slop)
                        break;
                }

                // 만약 기존의 제어점을 Mouse로 Click하여 선택하지 않으면, 새로운 제어점을 생성
                if (i == verts.size()) {
                    verts.push_back(vector<GLdouble>(2));
                    verts[i][0] = mousex;
                    verts[i][1] = mousey;
                }

                // 제어점을 선택하고 움직일(Drag) 준비
                selectedvert = i;
                savemx = mousex; savemy = mousey;
                savevert = verts[i];
                currentlymoving = true;
            } else
                currentlymoving = false;
            break;
        case GLUT_MIDDLE_BUTTON:
```

```
            if (state == GLUT_DOWN) {
                tension = 0.5;
            }
            break;
        case GLUT_RIGHT_BUTTON:
            if (state == GLUT_DOWN) {
                if (verts.size() > 0) {   // 마지막으로 생성된 제어점을 삭제
                    verts.pop_back();
                    selectedvert = -1;
                    currentlymoving = false;
                }
            }
            break;
        default:
            break;
    }

    glutPostRedisplay();
}

void MyMotion(int x, int y) {
    if (!currentlymoving) return;

    int mousex = x;
    int mousey = startwinsize-y;

    // Mouse로 Click한 후 움직일(Drag) 때 제어점의 이동 좌표 계산
    verts[selectedvert][0] = savevert[0]+mousex-savemx;
    verts[selectedvert][1] = savevert[1]+mousey-savemy;

    glutPostRedisplay();
}

void MyReshape(int w, int h) {
 . . . . . . . . . . .
}

void MyInit() {
    currentlymoving = false;
    selectedvert = -1;      // Mouse로 Click하여 생성된 제어점이 없는 상태
    tension = 0.5;
    glClearColor(1.0, 1.0, 1.0, 0.0);
```

```
}

int main(int argc, char ** argv) {
  . . . . . . . . . . .
}
```

2. Hermite Spline Curve

Cubic Hermite Spline Curve

Cubic Hermite Spline Curve는 4개의 제어점의 위치에 의해 조건을 명시하는 Cardinal Spline Curve와는 달리 양 끝점(Endpoint) P_1과 P_2 및 두 점에 있는 접선(Tangent, 기울기) 방향 T_1과 T_2에 의해 정의되어진다. Geometry Matrix를 정의하기 위해 이와 같은 4개의 값을 사용함으로써 우리는 (수식 11-4)와 같이 Hermite Spline Curve $H(t)$을 표현할 수 있다.

$$H(t) = G_H \cdot M_H \cdot T_H = [P_1\ P_2\ T_1\ T_2]\, M_H \begin{bmatrix} 1 \\ t \\ t^2 \\ t^3 \end{bmatrix} \qquad \text{(수식 11–14)}$$

여기서 M_H는 우리가 결정하는 데 필요한 4×4 Basis Matrix이다. Geometry Matrix는 $G_H = [P_1\ P_2\ T_1\ T_2]$로서 기하학적 제약 조건(Constraints)을 적용함으로써 (수식 11-5)와 같이 4개의 수식을 얻는다.

$$\begin{aligned} H(0) &= [P_1\ P_2\ T_1\ T_2] M_H < 1,\ 0,\ 0,\ 0 \geqq P_1 \\ H(1) &= [P_1\ P_2\ T_1\ T_2] M_H < 1,\ 1,\ 1,\ 1 \geqq P_2 \\ H'(0) &= [P_1\ P_2\ T_1\ T_2] M_H < 0,\ 1,\ 0,\ 0 \geqq T_1 \\ H'(1) &= [P_1\ P_2\ T_1\ T_2] M_H < 0,\ 1,\ 2,\ 3 \geqq T_2 \end{aligned} \qquad \text{(수식 11–15)}$$

(수식 11-5)를 하나의 수식으로 표현하면, (수식 11-16)과 같이 표현할 수 있다.

$$[P_1\ P_2\ T_1\ T_2]M_H\begin{bmatrix}1 & 1 & 0 & 0\\0 & 1 & 1 & 1\\0 & 1 & 0 & 2\\0 & 1 & 0 & 3\end{bmatrix}=[P_1\ P_2\ T_1\ T_2] \qquad \text{(수식 11-16)}$$

여기서 M_H는 (수식 11-17)과 같이 주어져야 한다는 것을 추론할 수 있다.

$$M_H=\begin{bmatrix}1 & 1 & 0 & 0\\0 & 1 & 1 & 1\\0 & 1 & 0 & 2\\0 & 1 & 0 & 3\end{bmatrix}^{-1}=\begin{bmatrix}1 & 0 & -3 & 2\\0 & 0 & 3 & -2\\0 & 1 & -2 & 1\\0 & 0 & 1 & 1\end{bmatrix} \qquad \text{(수식 11-17)}$$

Basis Matrix M_H는 기하학적인 제약 조건(Constraints) P_1, P_2, T_1 및 T_2의 가중치 합(Weighted Sum)으로서 (수식 11-8)과 같이 Hermite Spline Curve $H(t)$을 쓰도록 허용하는 Blending Functions의 계수를 제공한다.

$$\begin{aligned}H(t)&=[P_1\ \ P_2\ \ T_1\ \ T_2]\begin{bmatrix}1 & 0 & -3 & 2\\0 & 0 & 3 & -2\\0 & 1 & -2 & 1\\0 & 0 & -1 & 1\end{bmatrix}\begin{bmatrix}1\\t\\t^2\\t^3\end{bmatrix},\ 0\le t\le 1\\&=(1-3t^2+2t^3)P_1+t^3(3-2t)P_2+t(t-1)^2T_1+t^2(t-1)T_2 \qquad \text{(수식 11-18)}\\&=\begin{bmatrix}t^3 & t^2 & t & 1\end{bmatrix}\begin{bmatrix}2 & -2 & 1 & 1\\-3 & 3 & -2 & -1\\0 & 0 & 1 & 0\\1 & 0 & 0 & 0\end{bmatrix}\begin{bmatrix}P_1\\P_2\\T_1\\T_2\end{bmatrix}\end{aligned}$$

2개의 제어점 P_1 및 P_2와 각 제어점의 접선 T_1 및 T_2을 가지는 Cubic Hermite Curve에 대한 기본적인 형태는 그림 11-3]의 (A)와 같이 나타낼 수 있다. 또한 Cubic Hermite Curve에 대한 Blending Functions 및 Basis Functions는 [그림 11-3]의 (B)와 같이 나타낼 수 있으며, 제어점 P_1에 대응하는 가중치(Weight)는 $t=0$에서 0(Zero)이 아니며, 제어점 P_2에 대응하는 가중치는 $t=1$에서 0(Zero)이 아니다.

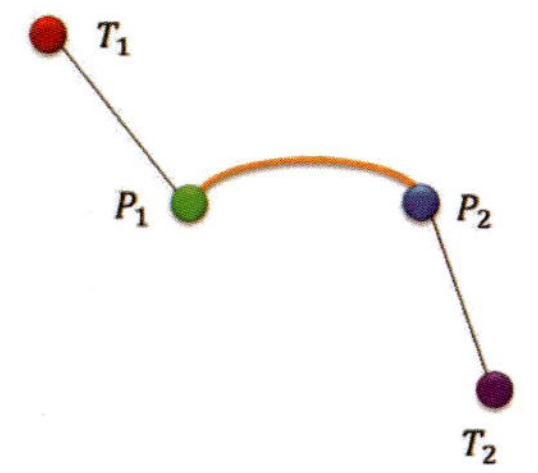

(A) 2개의 제어점(P_1, P_2) 및 각 제어점에 대한 장력(T_1, T_2)에 의해 생성된 Cubic Hermite Curve의 기본적인 형태

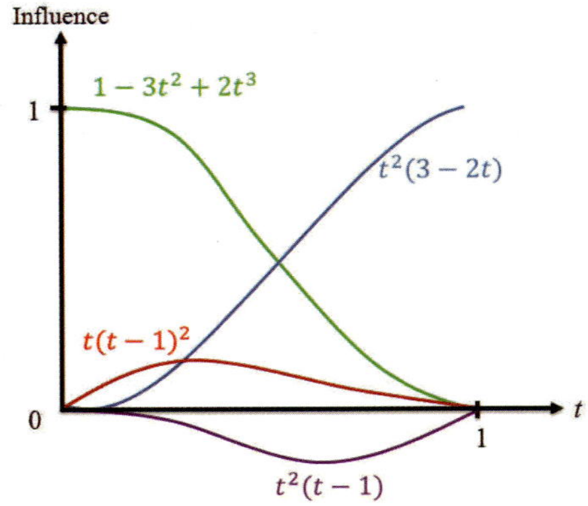

(B) Cubic Hermite Curve를 위한 Blending Functions / Basis Functions

[그림 11-3] Cubic Hermite Curve를 위한 기본적인 형태 및 Blending Functions / Basis Functions

[그림 11-4]는 일반적인 끝점(Endpoint)을 공유하는 두 개의 Hermite Spline Curve $H_1(t)$와 $H_2(t)$을 보여준다. 만약 $H_1(t)$에 대응하는 Geometry Matrix가 $[P_1\ P_2\ T_1\ T_2]$에 의해 주어진다면, G^1 연속성은 $H_2(t)$을 위한 Geometry Matrix가 $u>0$일 때 $[P_2\ P_3\ uT_2\ T_3]$와 같을 때 달성되어지고, C^1 연속성은 $u=1$일 때 달성되어진다.

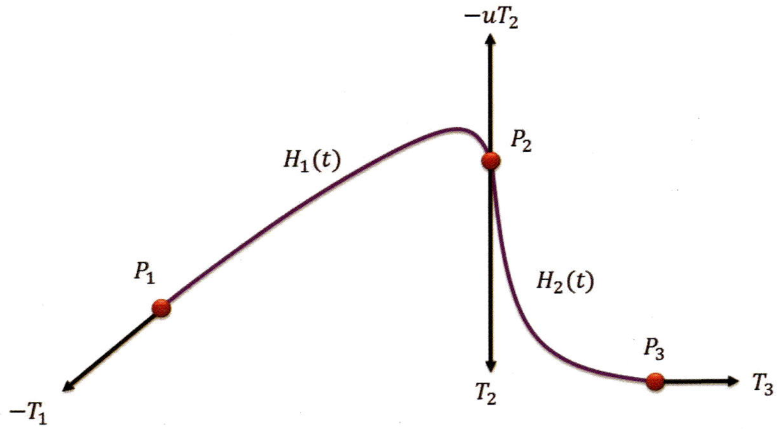

[그림 11-4] 끝점(Endpoint) P_2을 공유하는 두 개의 Hermite Spline Curves

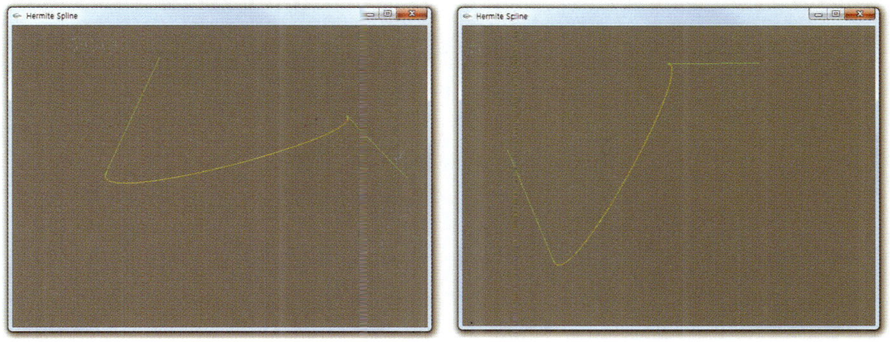

[그림 11-5] Hermite Spline Curve의 구현 결과

[그림 11-5]는 Hermite Spline Curve의 구현 결과이고, [코드 11-2]는 그 소스 코드이다. 소스 코드에서 Hermite Spline Curve와 직접적으로 관련된 부분에 대한 해설은 주석을 참고하기 바란다.

코드 11-2 Hermite Spline Curve

```
#include <stdlib.h>
#include <glut.h>

float Geometry[4][3] = {
    { 10,10,0 },          // 제어점(Control Point) 1 (P1)
    {-10,5,-2 },          // 제어점(Control Point) 2 (P2)
    { 5,-5,0 },           // 접선(Tangent) 1 (T1)
    { 5,10,0 }            // 접선(Tangent) 2 (T2)
};
unsigned int LOD = 20;

void OnReshape(int w, int h) {
  . . . . . . . . . . .
}

void OnDraw() {
    glClear(GL_DEPTH_BUFFER_BIT|GL_COLOR_BUFFER_BIT);
    glLoadIdentity();
    gluLookAt(1,10,30,0,5,0,0,1,0);

    glColor3f(0.5,0.5,1);
    glEnable(GL_DEPTH_TEST);
```

```
glBegin(GL_LINE_STRIP);
    // 매개변수(Parametric) 시간(time, t)값의 범위 : [0, 1]
    for(int i=0; i != LOD; ++i) {
        float t = (float)i/(LOD−1);          // 매개변수(Parameter) 값 t
        // Blending Functions 계산
        float b0 =  2*t*t*t − 3*t*t + 1;     // 1−3t^2+2t^3
        float b1 = −2*t*t*t + 3*t*t;         // t^2(3−2t)
        float b2 = t*t*t − 2*t*t + t;        // t(t−1)^2
        float b3 = t*t*t − t*t;              // t^2(t−1)

        // 제어점의 x, y 및 z축 좌표값 계산
        // H(t) = (1−3t^2+2t^3)P1 + t^2(3−2t)P2 + t(t−1)^2T1 + t^2(t−1)T2
        float x = b0*Geometry[0][0] + b1*Geometry[1][0] + b2*Geometry[2][0] + b3*Geometry[3][0] ;
        float y = b0*Geometry[0][1] + b1*Geometry[1][1] + b2*Geometry[2][1] + b3*Geometry[3][1] ;
        float z = b0*Geometry[0][2] + b1*Geometry[1][2] + b2*Geometry[2][2] + b3*Geometry[3][2] ;

        glVertex3f( x, y, z );    // 제어점을 표시
    }
glEnd();

glColor3f(0,1,0.5);
glPointSize(5);
glBegin(GL_POINTS);                     // 제어점을 표시
    glVertex3fv( Geometry[0] );         // 제어점(Control Point) 1 (P1)
    glVertex3fv( Geometry[1] );         // 제어점(Control Point) 2 (P2)
glEnd();

glColor3f(0.5,1,0.5);
glPushMatrix();
    glTranslatef(Geometry[0][0], Geometry[0][1], Geometry[0][2]);// 제어점 1 (P1)로 이동
    glBegin(GL_LINES);                  // 접선(Tangent) 1 표시
        glVertex3f( 0,0,0 );
        glVertex3fv( Geometry[2] );     // 접선(Tangent) 1 (T1)
    glEnd();
glPopMatrix();

glPushMatrix();
    glTranslatef(Geometry[1][0], Geometry[1][1], Geometry[1][2]);// 제어점 2 (P2)로 이동
    glBegin(GL_LINES);                  // 접선(Tangent) 2 표시
        glVertex3f( 0,0,0 );
        glVertex3fv( Geometry[3] );     // 접선(Tangent) 2 (T2)
    glEnd();
```

```
    glPopMatrix();

    glutSwapBuffers();
}

int main(int argc,char** argv) {
 . . . . . . . . . . .
}
```

3. Bezier Spline Curve

Bezier Spline Curve

Parametric Curve라고 하는 Bezier Spline Curve는 각 제어점들 사이에서 일정한 비율의 제어점들을 연결하는 직선을 생성하는 과정을 반복하면서 최종적으로 하나의 제어점을 구하며 그 제어점들을 연속적으로 이어나가는 곡선(Curve)을 말한다. 즉, [그림 11−6]의 (A)와 같이 차수(Degree)가 2인 Bezier Spline Curve를 살펴보면, 먼저 제어점 P_1에서 P_2 사이에 일정한 비율의 제어점 P_1^1을 구하고, 제어점 P_2에서 P_3 사이에 동일한 비율의 제어점 P_2^1을 구한 후 제어점 P_1^1과 P_2^1을 연결한 직선을 다시 구한다. 그리고 그 직선 위에서 동일한 비율의 제어점 P''을 구하면 궁극적인 마지막 하나의 제어점을 구하게 되는 것이고, 그 제어점 P''들을 (A−①), (A−②) 및 (A−③)과 같이 연속적으로 이어나가면 Bezier Spline Curve가 된다. 결국 차수(Degree)가 높아질수록 이와 같은 과정을 차수의 수만큼 반복적으로 수행하여야 한다.

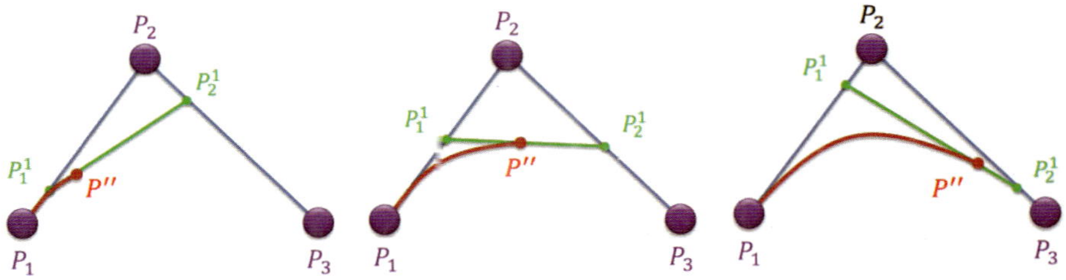

(A−①) 초기 (A−②) 중기 (A−③) 말기

(A) 2차 Bezier Spline Curve

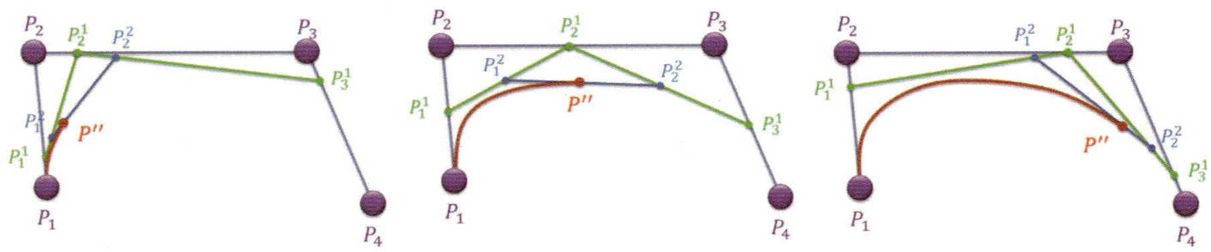

(B-①) 초기　　(B-②) 중기　　(B-③) 말기

(B) 3차 Bezier Spline Curve

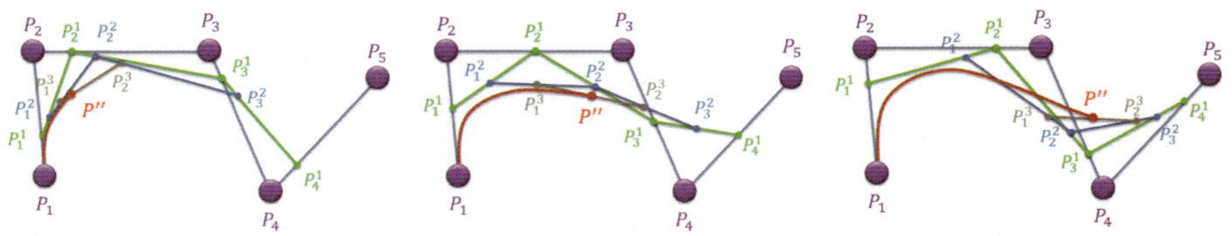

(C-①) 초기　　(C-②) 중기　　(C-③) 말기

(C) 4차 Bezier Spline Curve

[그림 11-6] Bezier Spline Curve의 생성 과정

지금부터 [그림 11-6]과 같은 Bezier Spline Curve를 수식을 이용하여 자세히 살펴보도록 하자. 만약 P_0, P_1, $\cdots$, P_n과 같이 $n+1$개의 제어점(Control Point)들이 주어졌을 때, Bezier Spline Curve $B(t)$는 (수식 11-19)에 의해서 정의되어진다.

$$B(t)=\sum_{k=0}^{n} B_{n,k}(t)P_k \qquad \text{(수식 11-19)}$$

여기서 Blending Functions $B_{n,k}(t)$는 (수식 11-20)에 의해 정의된 Bernstein Polynomial이다.

$$B_{n,k}=\binom{n}{k}t^k(1-t)^{n-k}, \quad \binom{n}{k}=\frac{n!}{k!(n-k)!} \qquad \text{(수식 11-20)}$$

(수식 11-20)에서 $\binom{n}{k}$은 이항 계수(Binomial Coefficient)를 의미한다. 즉, 이항 계수는 조합(Combination)이나 조합 번호(Combinatorial Number)로 알려진 n개의 가능성으로부터 k개의 정렬되지 않은 결과를 선택(Picking)하는 방법의 개수이다. 처음과 마지막 제어점들 P_0와 P_n은 Curve에 의해 보간(Interpolate)되고 내부 제어

점들 $P_1, P_2, \cdots, P_{n-1}$은 Curve이 의해 접근하게 된다. Bernstein Polynomial은 (수식 11−21)의 순환(Recurrence) 관계에 의해 생성되어질 수 있다.

$$B_{n,k}(t)=(1-t)B_{n-1,k-1}+tB_{n-1,k} \qquad \text{(수식 11–21)}$$

Bernstein Polynomial

여기서 $B_{0,0}=1$이고 $k<0$ 및 $k>n$일 때마다 $B_{0,0}=0$이 된다. [그림 11−7]과 같이 순환 관계에 의해서 생성된 Bernstein Polynomial은 Pascal의 삼각형에서 이항 계수를 계산하는 데 사용된 것과 유사한 방법을 사용하여 계산되어질 수 있다. 그리고 각 값은 두 개의 가장 가까운 값들의 가중치 평균이며, 여기서 가중치는 t와 $1-t$이다. [그림 11−7]의 왼쪽과 오른쪽 Edge들의 누락된 값들은 0(Zero)으로 간주한다.

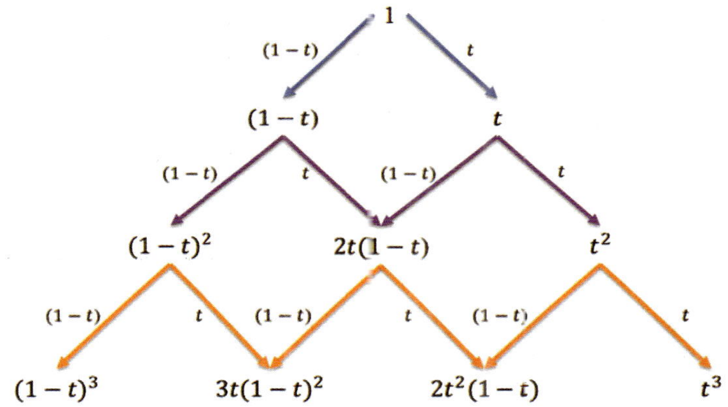

[그림 11−7] (수식 11−21)에 주어진 순환 관계에 의해 생성된 Bernstein Polynomials

Cubic Bezier Curve

일반적인 Bezier Curve는 Cubic Bezier Curve를 말하며, Cubic Bezier Curve는 (수식 11−22)에서 $n=3$인 경우의 값을 구함으로써 위치들이 모두 한데 어우러지는 4개의 제어점들을 가지고 있다.

$$\begin{aligned} B(t) &= \sum_{k=0}^{3} B_{3,k}(t)P_k \\ &= (1-t)^3P_0 + 3t(1-t)^2P_1 + 3t^2(1-t)P_2 + t^3P_3 \end{aligned} \qquad \text{(수식 11–22)}$$

Cubic Bezier Curve를 위한 Geometry Matrix는 $G_B=[P_0\ P_1\ P_2\ P_3]^{-1}$이다. (수식 11−22)에서 Cubic Bezier Curve를 위한 Basis Matrix M_B을 도출할 수 있으며,

(수식 11−23)과 같이 $B(t)$을 나타낼 수 있다.

$$B(t)=[t^3\ \ t^2\ \ t\ \ 1]\begin{bmatrix}-1 & 3 & -3 & 1\\ 3 & -6 & 3 & 0\\ -3 & 3 & 0 & 0\\ 1 & 0 & 0 & 0\end{bmatrix}\begin{bmatrix}P_0\\ P_1\\ P_2\\ P_3\end{bmatrix} \qquad \text{(수식 11–23)}$$

(수식 11−23)에서 4개의 Bernstein Polynomial은 [그림 11−7]에서 확인할 수 있다. 여기서 Function $B_{3,k}$는 차수가 3인 Bernstein Polynomial을 의미한다.

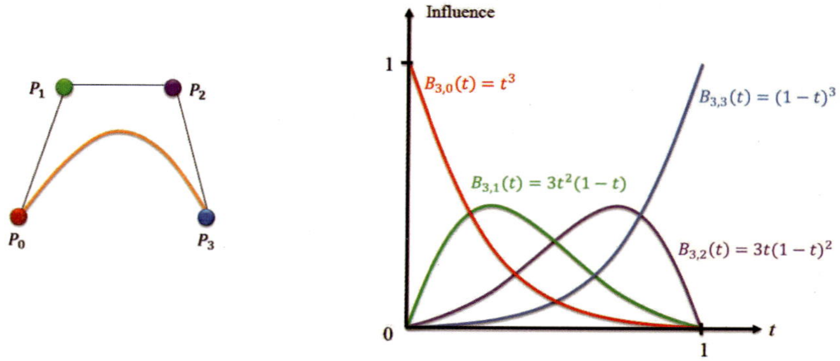

(A) 4개의 제어점에 의해 생성된 Cubic Bezier Curve의 기본적인 형태

(B) 차수가 3인 Cubic Bezier Curve를 위한 Blending Functions / Basis Functions

[그림 11–8] Cubic Bezier Curve의 기본적인 형태 및 Blending Functions / Basis Functions

Bezier Curve가 끝점(Endpoint) P_0와 P_1을 보간(Interpolate)함으로써 (수식 11−24) 및 (수식 11−25)을 알 수 있다.

$$B_{3,k}(0)=\begin{cases}1, & \text{if } k=0\ ;\\ 0, & \text{if } k=1,\ 2,\ 3\ ;\end{cases} \qquad \text{(수식 11–24)}$$

$$B_{3,k}(1)=\begin{cases}1, & \text{if } k=0,\ 1,\ 2\ ;\\ 0, & \text{if } =3\end{cases} \qquad \text{(수식 11–25)}$$

Bernstein Polynomial의 모든 추가적인 속성들은 (수식 11−26)과 같이 t의 모든 값들의 합(Sum)이 1이 되는 것이다.

$$\sum_{k=0}^{3} B_{3,k}(t)=1 \qquad \text{(수식 11-26)}$$

Convex Hull

어파인 가산(Affine Addition)

[그림 11-9]는 Bezier Curve가 가정할 수 있는 모양의 일부를 보여준다. Bezier Curve의 유용한 속성은 제어점들의 Convex Hull 안에 전체적으로 포함되어진다는 것이다. 여기서 Convex Hull이란 주어진 점(Point)들의 어파인 가산(Affine Addition)에 의해 만들어진 점들의 집합으로서 볼록한 형태의 폐쇄된 다각형(외곽선)을 의미한다. 그것은 Bezier Curve $B(t)$의 모든 4개의 제어점들을 포함하는 가장 작은 다면체(Polyhedron)가 $t=0$ 및 $t=1$ 사이 Curve의 모든 제어점을 포함한다는 것이다.

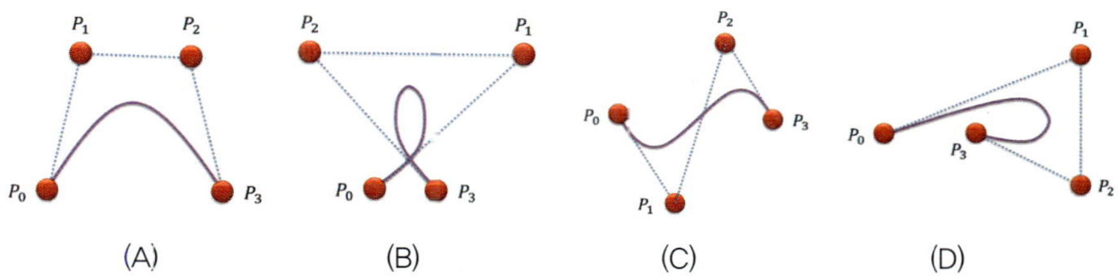

[그림 11-9] 제어점들 P_0, P_1, P_2 및 P_3을 가지는 Bezier Curve의 다양성

즉, Bernstein Polynomial이 [0, 1]의 범위에서 음수가 아니며 합(Sum)이 1이라는 사실의 결과이다. Curve의 접선(Tangent, 기울기) 방향을 제공하는 Bezier Curve $B(t)$의 미분계수(Derivative)는 (수식 11-27)과 같이 표현되어질 수 있다.

$$B'(t)=[P_0 \ P_1 \ P_2 \ P_3]\begin{bmatrix} -3 & 6 & -3 \\ 3 & -12 & 9 \\ 0 & 6 & -9 \\ 0 & 0 & 3 \end{bmatrix}\begin{bmatrix} 1 \\ t \\ t^2 \end{bmatrix} \qquad \text{(수식 11-27)}$$

여기서 $t=0$ 및 $t=1$일 경우의 미분계수를 구하면 (수식 11-28)과 같아진다.

$$\begin{aligned} B'(0)&=3(P_1-P_0) \\ B'(1)&=3(P_3-P_2) \end{aligned} \qquad \text{(수식 11-28)}$$

이것은 끝점(Endpoint)에서 접선(Tangent, 기울기)의 방향이 끝점(Endpoint)들과 인접한 내부 제어점들 사이의 차이에 대한 배수임을 보여준다.

[그림 11-10]은 4개의 제어점을 사용하여 Cubic Bezier Spline Curve를 구현한 결과이고, [코드 11-3]은 그 소스 코드이다.

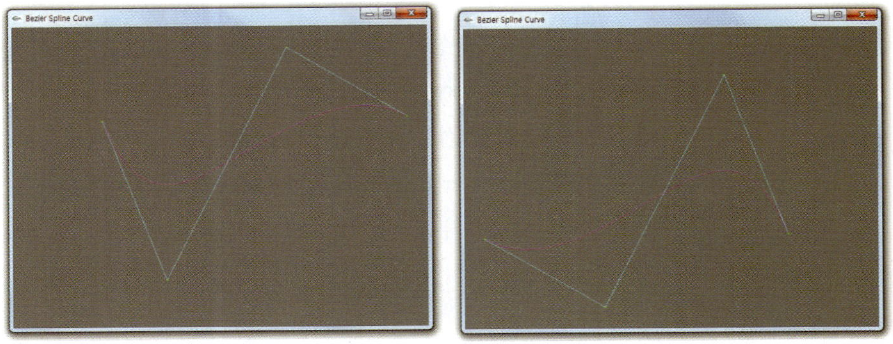

[그림 11-10] Bezier Spline Curve의 구현 결과

코드 11-3

Cubic Bezier Spline Curve

```
#include <stdlib.h>
#include <glut.h>

float Points[4][3] = {
    { 15,  5,  0 },
    {  5, 10,  2 },
    { -5, -10, -5 },
    {-10,  5, -2 }
};

unsigned int LOD=20;

void OnReshape(int w, int h) {
 . . . . . . . . . . .
}

void OnDraw() {
    glClear(GL_DEPTH_BUFFER_BIT|GL_COLOR_BUFFER_BIT);
    glLoadIdentity();
    gluLookAt(0, 0, 30, 0, 0, 0, 0, 1, 0);
```

```
glColor3f(1,0,1);

glBegin(GL_LINE_STRIP);
    for(int i=0; i != LOD; ++i) {
        // 매개변수(Parametric) 시간(time, t)의 값을 0에서 1로 사용한다.
        float t = (float)i/(LOD-1);
        // Blending Functioins에서 자주 사용하기 때문에 1.0f-t를 미리 계산해둔다.
        float it = 1.0f-t;

        // Blending Functions을 계산한다.
        float b0 = t*t*t;          // t^3
        float b1 = 3*t*t*it;       // 3t^2(1-t)
        float b2 = 3*t*it*it;      // 3t(1-t)^2
        float b3 =  it*it*it;      // (1-t)^3

        // 각각의 Blending Functions을 가중치로 Control Vertex들을 합산하여
        // Curve Point의 X, Y 및 Z를 계산한다.
        float x = b0*Points[0][0] - b1*Points[1][0] + b2*Points[2][0] + b3*Points[3][0] ;
        float y = b0*Points[0][1] - b1*Points[1][1] + b2*Points[2][1] + b3*Points[3][1] ;
        float z = b0*Points[0][2] - b1*Points[1][2] + b2*Points[2][2] + b3*Points[3][2] ;

        // 점(Point)을 설정한다.
        glVertex3f( x, y, z );
    }
glEnd();

// Control Vertex들을 그린다.
glColor3f(0,1,0);
glPointSize(5);
glBegin(GL_POINTS);
    for(int i=0;i!=4;++i) {
        glVertex3fv( Points[i] );
    }
glEnd();

// Curve의 Hull을 그린다.
glColor3f(0,1,1);
glBegin(GL_LINE_STRIP);
    for(int i=0;i!=4;++i) {
        glVertex3fv( Points[i] );
    }
glEnd();
```

```
    glutSwapBuffers();
}

int main(int argc,char** argv) {
 . . . . . . . . . . .
}
```

4. Catmull-Rom Spline Curve

Catmull-Rom Spline Curve

Catmull-Rom Spline Curve는 Edwin Catmull과 Raphael Rom에 의해서 개발되었으며 제어점들 사이를 자연스럽게 연결하여 곡선(Curve)을 형성하는 방법 중의 하나이다. 즉, Bezier Spline Curve는 중간의 제어점들을 모두 지나지 않으면서 제어점들의 영향으로 휘어지는 특성을 가지고 있는 반면에 Catmull-Rom Spline Curve는 모든 제어점들을 지나도록 하고 있다.

만약 $n \geq 3$인 조건에서 $n+1$개의 제어점들이 주어졌을 때, Catmull-Rom Spline Curve는 구분적인 Cubic Spline Curve를 사용하여 제어점 $\{P_0, P_1, \cdots, P_n\}$들을 보간(Interpolate)한다. 각 제어점 P_i에 접선(Tangent) 방향 T_i은 (수식 11-29)에 의해 주어진다.

$$T_i = \frac{1}{2}(P_{i+1} - P_{i-1}) \qquad \text{(수식 11-29)}$$

Hermite Spline Curve가 접선(Tangent) T_i와 T_{i+1} 및 끝점(Endpoint) P_i와 P_{i+1}을 가지는 것처럼 Catmull-Rom Spline Curve의 각 부분 $C_i(t)$을 (수식 11-30)과 같이 표현할 수 있다.

$$C_i(t) = [P_i \ \ P_{i+1} \ \ T_i \ \ T_{i+1}] M_H \begin{bmatrix} 1 \\ t \\ t^2 \\ t^3 \end{bmatrix} \qquad \text{(수식 11-30)}$$

여기서 M_H은 Hermite Spline Curve의 Basis Matrix이다. 우리는 4개의 제어점들로 Geometry Matrix $G_{CR} = [P_{i-1} \ \ P_i \ \ P_{i+1} \ \ P_{i+2}]^{-1}$을 표현할 수 있는 Basis Matrix M_{CR}을 찾고자 한다. 그러므로 (수식 11-31)을 준수하도록 한다.

$$[P_i \ P_{i+1} \ T_i \ T_{i+1}] = [P_{i-1} \ P_i \ T_{i+1} \ T_{i+2}] \begin{bmatrix} 0 & 0 & -\frac{1}{2} & 0 \\ 1 & 0 & 0 & -\frac{1}{2} \\ 0 & 1 & 4 & -3 \\ 0 & 0 & -1 & 1 \end{bmatrix} \qquad \text{(수식 11-31)}$$

(수식 11−30)에 (수식 11−31)을 대입하는 것은 Basis Matrix M_{CR}이 (수식 11−30)의 오른쪽 4×4 크기의 Matrix와 Hermite Basis Matrix M_H의 곱(Product)이어야만 한다는 것을 보여준다. 그러므로 Basis Matrix M_{CR}은 (수식 11−32)와 같다.

$$M_{CR} = \frac{1}{2} \begin{bmatrix} 0 & 0 & -1 & 0 \\ 2 & 0 & 0 & -1 \\ 0 & 2 & 1 & 0 \\ 0 & 0 & 0 & 1 \end{bmatrix} \begin{bmatrix} 1 & 0 & -3 & 2 \\ 0 & 0 & 3 & -2 \\ 0 & 1 & -2 & 1 \\ 0 & 0 & -1 & 1 \end{bmatrix} = \frac{1}{2} \begin{bmatrix} 0 & -1 & 2 & -1 \\ 2 & 0 & -5 & 3 \\ 0 & 1 & 4 & -3 \\ 0 & 0 & -1 & 1 \end{bmatrix} \qquad \text{(수식 11-32)}$$

결국 Catmull−Rom Spline Curve의 부분 $C_i(t)$을 (수식 11−33)과 같이 표현할 수 있다.

$$\begin{aligned} C_i(t) &= [t^3 \ t^2 \ t \ 1] M_{CR} \begin{bmatrix} P_{i-1} \\ P_i \\ P_{i+1} \\ P_{i+2} \end{bmatrix} \\ &= [t^3 \ t^2 \ t \ 1] \left[\frac{1}{2} \begin{bmatrix} -1 & 3 & -3 & 1 \\ 2 & -5 & 4 & -1 \\ -1 & 0 & 1 & 0 \\ 0 & 2 & 0 & 0 \end{bmatrix} \begin{bmatrix} P_{i-1} \\ P_i \\ P_{i+1} \\ P_{i+2} \end{bmatrix} \right], \ 0 \le t \le 1 \end{aligned} \qquad \text{(수식 11-33)}$$

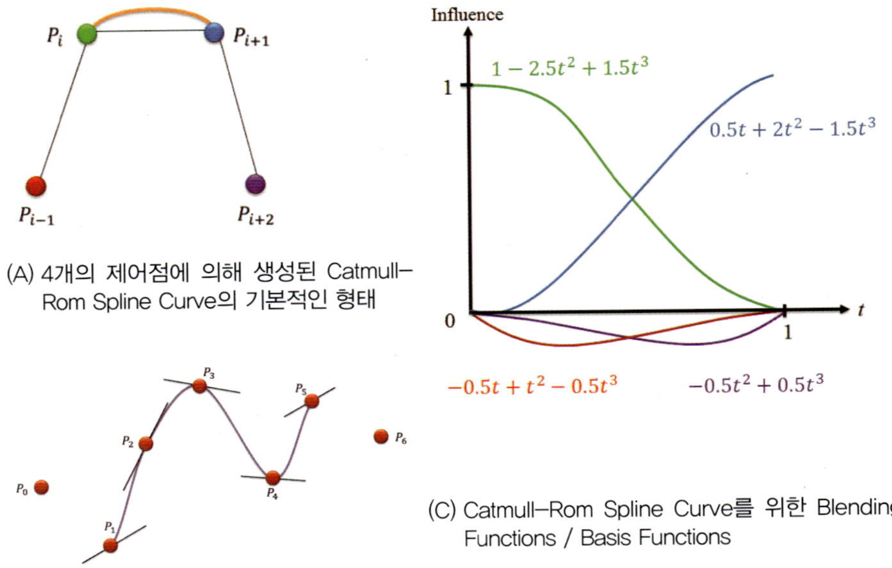

(A) 4개의 제어점에 의해 생성된 Catmull-Rom Spline Curve의 기본적인 형태

(B) 7개의 제어점에 의해 생성된 Catmull-Rom Spline Curve 및 접선들

(C) Catmull-Rom Spline Curve를 위한 Blending Functions / Basis Functions

[그림 11-11] Catmull-Rom Spline Curve의 기본적인 형태 및 Blending Functions / Basis Functions

[그림 11-11]은 제어점들에 의해 생성된 Catmull-Rom Spline Curve, Blending Functions 및 Basis Functions을 나타낸다. 여기서 (A)는 4개의 제어점에 의해 생성된 Catmull-Rom Spline Curve의 일반적인 형태를 나타내며, (B)는 7개의 제어점들에서 접선(Tangent) 방향이 두 개의 인접한 제어점들을 연결하는 Line Segment에 평행하는 방식으로 제어점들의 집합을 보간(Interpolate)하고 있음을 나타낸다. (C)는 Catmull-Rom Spline Curve를 위한 Blending Functions 및 Basis Functions을 나타낸다. [그림 11-12]는 Catmull-Rom Spline Curve의 구현 결과이고, [코드 11-4]는 그 소스 코드이다.

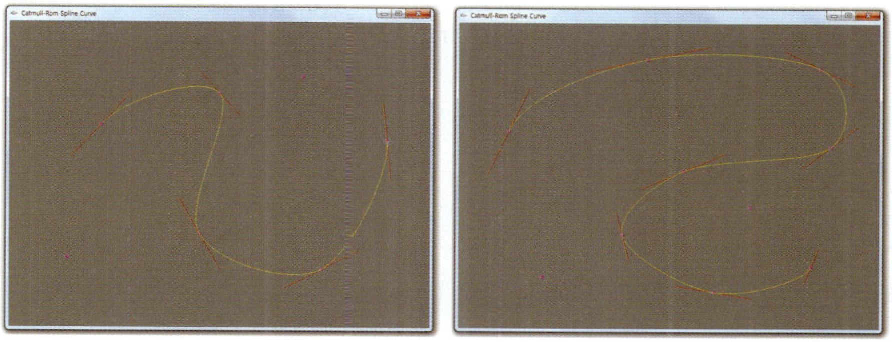

[그림 11-12] Catmull-Rom Spline Curve의 구현 결과

코드 11-4

Catmull-Rom Spline Curve

```
#include <stdio.h>
#include <math.h>
#include <glut.h>

int windowWidth=800, windowHeight=600;
float cpx[20], cpy[20], cpz[20];   // 제어점들의 배열 변수
int numPts = 0, indx = -1;

int MyPick(float x, float y) {        // Mouse로 선택한 제어점의 Index값을 반환하는 함수
    for(int i = 0; i < numPts; i ++)
        if(fabs(x - cpx[i]) < 0.2  &&  fabs(y - cpy[i]) < 0.2)
            return i;
}

void MyDisplay() {
  . . . . . . . . . . .

    glBegin(GL_POINTS);
        for(int i = 0; i < numPts; i++)
            glVertex3f(cpx[i], cpy[i], cpz[i]);      // 제어점을 표시
    glEnd();

    if(numPts > 3) {
        glColor3f(1.0, 0.0, 0.0);
        glBegin(GL_LINES);                       // 접선(Tangent)을 그린다.
            for(int i = 1; i < numPts-1; i++) {
                dx = 0.2*(cpx[i+1]-cpx[i-1]);
                dy = 0.2*(cpy[i+1]-cpy[i-1]);
```

```
                dz = 0.2*(cpz[i+1]-cpz[i-1]);

                glVertex3f(cpx[i]-dx, cpy[i]-dy, cpz[i]-dz);
                glVertex3f(cpx[i]+dx, cpy[i]+dy, cpz[i]+dz);
            }
        glEnd();

        glColor3f(1.0, 1.0, 0.0);
        glBegin(GL_LINE_STRIP);
            for(int i = 1; i < numPts-2; i++) {
                for(int k = 0;  k < 50; k++) {        // 50개의 점(Point)들
                    float t = k*0.02;                 // 보간(Interpolation) 매개변수
                    // Catmull-Rom Spline Curve의 제어점에 대한 좌표 값 생성
```

$$// \ [P_{i-1} \ \ P_i \ \ P_{i+1} \ \ P_{i+2}] \begin{bmatrix} -0.5t+t^2-0.5t^3 \\ 1-2.5t^2+1.5t^3 \\ 0.5t+2t^2-1.5t^3 \\ -0.5t^2+0.5t^3 \end{bmatrix}$$

```
                    xcr = cpx[i] + 0.5*t*(-cpx[i-1]+cpx[i+1])
                        + t*t*(cpx[i-1] - 2.5*cpx[i] + 2*cpx[i+1] - 0.5*cpx[i+2])
                        + t*t*t*(-0.5*cpx[i-1] + 1.5*cpx[i] - 1.5*cpx[i+1] + 0.5*cpx[i+2]);
                    ycr = cpy[i] + 0.5*t*(-cpy[i-1]+cpy[i+1])
                        + t*t*(cpy[i-1] - 2.5*cpy[i] + 2*cpy[i+1] - 0.5*cpy[i+2])
                        + t*t*t*(-0.5*cpy[i-1] + 1.5*cpy[i] - 1.5*cpy[i+1] + 0.5*cpy[i+2]);
                    zcr = cpz[i] + 0.5*t*(-cpz[i-1]+cpz[i+1])
                        + t*t*(cpz[i-1] - 2.5*cpz[i] + 2*cpz[i+1] - 0.5*cpz[i+2])
                        + t*t*t*(-0.5*cpz[i-1] + 1.5*cpz[i] - 1.5*cpz[i+1] + 0.5*cpz[i+2]);

                    glVertex3f(xcr, ycr, zcr);
                }
            }
        glEnd();
    }
    glFlush();
}

void MyMotion(int x, int y) {
    // Mouse로 제어점을 선택 및 이동하기 위한 Window 좌표 설정
    float xW = (float)(x*8.0)/windowWidth;
    float yW = (float)(windowHeight-y)*6.0/windowHeight;

    // Window 좌표를 선택된 제어점의 Index에 맞게 제어점의 좌표를 변경
    if(indx > -1) {
```

```
        cpx[indx] = xW;
        cpy[indx] = yW;
    }

    glutPostRedisplay();
}

void MyMouse(int button, int state, int x, int y) {
    // Mouse로 제어점의 좌표 생성 및 제어점을 선택하기 위한 Window 좌표 설정
    float xW = (float)(x*8.0)/windowWidth;
    float yW = (float)(windowHeight-y)*6.0/windowHeight;

    // Mouse 왼쪽 Button을 Click하면 제어점의 Window 좌표 생성
    if(button==GLUT_LEFT_BUTTON && state ==GLUT_DOWN) {
        cpx[numPts] = xW;
        cpy[numPts] = yW;
        numPts++;
    // Mouse 오른쪽 Button을 Click하면 제어점의 Index를 선택
    } else if(button==GLUT_RIGHT_BUTTON && state ==GLUT_DOWN)
        indx = MyPick(xW, yW);

    glutPostRedisplay();
}

void MyReshape(int w, int h) {
 . . . . . . . . . . .
}

void main(int argc, char **argv) {
 . . . . . . . . . . .
}
```

Project 11 – I Application of Catmull-Rom Spline Curve

구현 기능

[코드 11-4]를 사용하여 다음과 같이 확장 구현한다.

- Mouse 왼쪽 Button을 Click하면 제어점(Control Point)이 생성된다. 단, 최대로 생성할 수 있는 제어점들의 개수는 64개로 설정한다.
- Cardinal Spline Curve와 같이 처음과 마지막 제어점도 Spline Curve로 연결한다.
- 모든 제어점들은 각각의 접선(Tangent, 기울기)을 생성하고, 모든 접선들의 양쪽 끝에는 접선의 제어점을 생성하도록 한다. 단, 처음과 마지막 제어점에 대한 접선은 안쪽 방향으로만 생성한다.
- Mouse 왼쪽 Button을 사용하여 접선의 제어점을 Click 및 드래그(Drag)하면 접선의 길이와 방향이 변경되어져야 하며, 동시에 Spline Curve의 모양도 접선의 크기와 방향에 맞게 변경되어져야 한다. 단, Mouse로 접선의 제어점을 Click 및 드래그(Drag)할 때 제어점이 선택되었음을 알려주기 위해 제어점의 안쪽을 적색으로 표시한다.

구현 결과

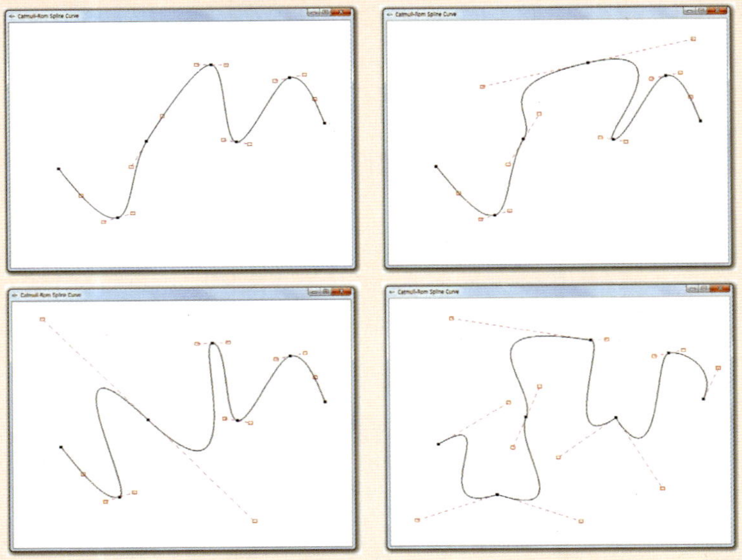

5. B-Spline(Basis Spline) Curve

B-Spline Curve

B-Spline Curve는 어디서나 C^2 연속성을 제공하고 Local Control Property를 보유하고 있다. B-Spline Curve는 일반적으로 제어점들의 집합을 보간(Interpolate)하지 않고 그들의 위치에 근접한다. B-Spline은 Constant B-Spline, Linear B-Spline, Uniform B-Spline, Uniform Quadratic B-Spline, Cubic B-Spline, Uniform Cubic

B-Spline, B-Spline Globalization, P-Spline(Penalized B-Spline), Non-Uniform B-Spline, NURBS(Non-Uniform Rational B-Spline) 등으로 구분할 수 있는데, 일반적으로 B-Spline이라고 하면 Uniform Cubic B-Spline을 의미한다. 그러므로 본 절에서는 Uniform Cubic B-Spline Curve에 대하여 알아보기로 한다.

Uniform Cubic B-Spline

Hermite Spline이나 Bezier Spline Curve와 같이 B-Spline의 각 부분은 Basis Matrix와 Geometry Matrix의 관점에서 Cubic Curve로 표현되어질 수 있다. B-Spline에서 "B"는 Basis를 의미하며, Basis Matrix와 Geometry Matrix를 사용하지 않는 자연적인 Cubic Spline으로부터 Curve를 구별한다. B-Spline에서 사용하는 (수식 11-34)의 Geometry Matrix G는 Catmull-Rom Spline Curve에서 사용하는 것과 동일하다.

$$G=[P_{i-1}\ \ P_i\ \ P_{i+1}\ \ P_{i+2}] \quad \text{(수식 11-34)}$$

만약 $n+1$개의 제어점들의 집합 $\{P_0, P_1, \cdots, P_n\}$이 주어지면 B-Spline Curve는 제어점 P_i와 P_{i+1}의 쌍에 대응하는 $n-2$개의 Cubic Curve $Q_i(t)$로 구성되어진다. 이와 같은 부분들의 각각은 (수식 11-35)와 같이 가중치 합(Weighted Sum)으로 표현되어진다.

$$Q_i(t)=\sum_{k=0}^{3} B_k(t)P_{i+k-1} \quad \text{(수식 11-35)}$$

Knot

여기서 Blending Functions $B_k(t)$는 전체 Curve가 C^2 연속성을 가지는 제약 조건을 부과함으로써 결정되어진다. B-Spline의 부분들이 함께 연결되는 제어점들의 집합 $\{Q_2(0), Q_3(0), \cdots, Q_{n-1}(0)\}$은 Knot라고 부른다. 만약 Curve의 끝점(Endpoint) $Q_1(0)$와 $Q_{n-1}(1)$을 Knot로 분류하면, Curve는 $n-1$개의 Knot를 보유하는 $n+1$개의 제어점을 가지게 된다. 그리고 만약 Knot가 전체 Curve를 따라 동일한 매개변수(Parameter) 값에 이격(Space)된다면, B-Spline은 Uniform이라고 부른다. 이와 같은 시점에서 Curve의 각 부분 $Q_i(t)$이 매개변수(Parameter)의 범위 [0, 1]에 해당하는 경우를 고려하면 Uniform B-Spline을 다루게 된다. [그림 11-13]은 8개의 제어점들 P_i을 사용하여 구성된 B-Spline Curve이다. 여기서 Diamond 모양의 객체들은 $Q_i(0)$과 $Q_i(1)$의 값에 대응하는 6개의 Knot의 위치를 가리킨다.

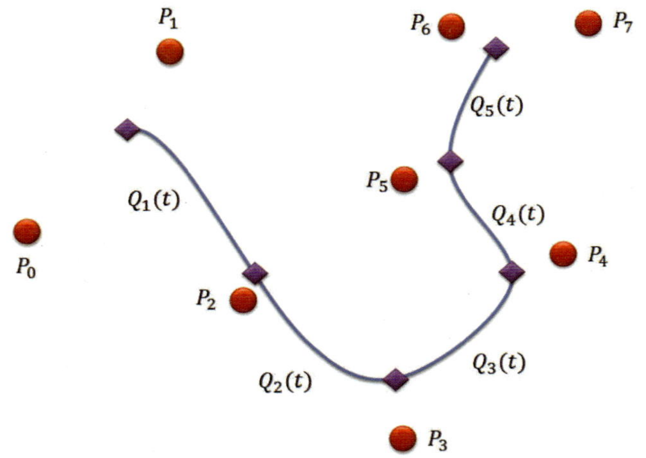

[그림 11-13] 8개의 제어점 P_i을 사용하여 구성된 B-Spline Curve

Blending Functions $B_k(t)$는 (수식 11-36)으로 이어지는 각 Knot에서 C^2 연속성을 요구하여 찾을 수 있다.

$$\begin{aligned} Q_i(1) &= Q_{i+1}(0) \\ Q_i'(1) &= Q_{i+1}'(0) \\ Q_i''(1) &= Q_{i+1}''(0) \end{aligned} \qquad \text{(수식 11-36)}$$

(수식 11-36)을 이와 같은 요구사항에 맞게 (수식 11-35)를 확장하면 (수식 11-37)과 같게 된다.

$$\begin{aligned} Q_i(t) &= B_0(1)P_{i-1} + B_1(1)P_i + B_2(1)P_{i+1} + B_3(1)P_{i+2} \\ &= B_0(0)P_i + B_1(0)P_{i+1} + B_2(0)P_{i+2} + B_3(0)P_{i+3} \end{aligned} \qquad \text{(수식 11-37)}$$

(수식 11-37)이 제어점들 P_i의 임의의 선택을 만족해야만 하기 때문에 (수식 11-37)에서 각 제어점의 계수들은 모두 왼쪽과 오른쪽 측면에서 같아야 한다. 즉, 3개의 제어점들은 (수식 11-37)의 양쪽 측면에 나타나 있으며, 2개의 제어점들은 한쪽 측면에만 나타나게 된다. 그러므로 (수식 11-38)과 같이 5개의 상등(Equality)식을 얻는다.

$$
\begin{aligned}
&B_0(1)=0\\
&B_1(1)-B_0(0)=0\\
&B_2(1)-B_1(0)=0\\
&B_3(1)-B_2(0)=0\\
&\quad -B_3(0)=0
\end{aligned}
\qquad \text{(수식 11-38)}
$$

첫 번째와 두 번째 미분 계수(Derivative)를 동일한 절차를 적용함으로써 (수식 11−39) 및 (수식 11−40)과 같은 결과를 얻을 수 있다.

$$
\begin{aligned}
&B_0'(1)=0\\
&B_1'(1)-B_0'(0)=0\\
&B_2'(1)-B_1'(0)=0\\
&B_3'(1)-B_2'(0)=0\\
&\quad -B_3'(0)=0
\end{aligned}
\qquad \text{(수식 11-39)}
$$

$$
\begin{aligned}
&B_0''(1)=0\\
&B_1''(1)-B_0''(0)=0\\
&B_2''(1)-B_1''(0)=0\\
&B_3''(1)-B_2''(0)=0\\
&\quad -B_3''(0)=0
\end{aligned}
\qquad \text{(수식 11-40)}
$$

(수식 11−38)에서 (수식 11−40)까지는 모두 15개의 수식을 제공해주지만, $B_0(t)$, $B_1(t)$, $B_2(t)$ 및 $B_3(t)$의 계수들은 16개의 미지수들이다. 그러므로 (수식 11−41)을 최종적으로 제공함으로써 $t=0$에서 합(Sum)이 1이 되기 위해 Blending Functions을 강요함으로써 이 문제를 해결할 수 있다.

$$B_0(0)+B_1(0)+B_2(0)+B_3(0)=1 \qquad \text{(수식 11-41)}$$

(수식 11−38)에서 (수식 11−40)까지의 모든 수식들을 해결하면 (수식 11−41)와 같이 Uniform Cubic B−Spline을 위한 Blending Functions을 얻을 수 있다.

$$B_0(t)=\frac{(1-t)^3}{6}$$
$$B_1(t)=\frac{4-6t^2+3t^3}{6}$$
$$B_2(t)=\frac{1+3t+3t^2-3t^3}{6} \quad \text{(수식 11-42)}$$
$$B_3(t)=\frac{t^3}{6}$$

Uniform Cubic B-Spline Curve의 Blending Functions $B_0(t)$, $B_1(t)$, $B_2(t)$ 및 $B_3(t)$는 [그림 11-14]에서 다시 확인할 수 있다.

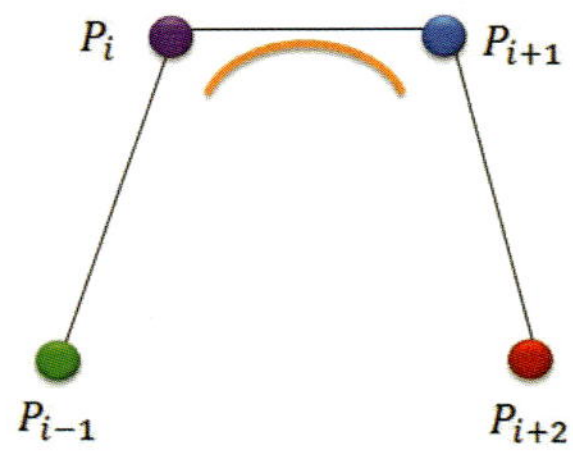

(A) 4개 제어점에 의해 생성된 Uniform Cubic B-Spline Curve의 기본적인 형태

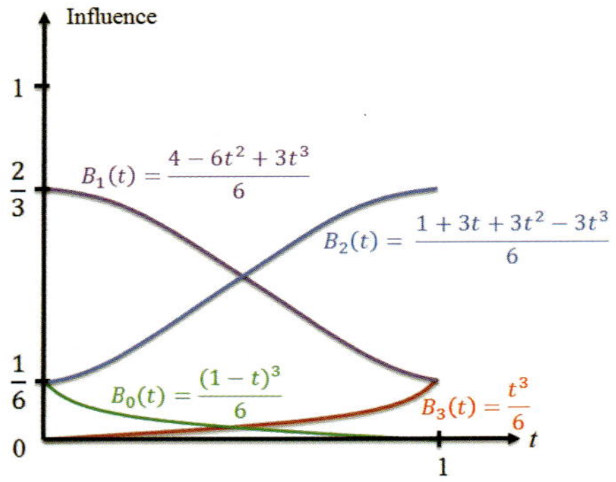

(B) Uniform Cubic B-Spline Curve를 위한 Blending Functions / Basis Functions

[그림 11-14] Uniform Cubic B-Spline Curve의 기본적인 형태 및 Blending Functions / Basis Functions

(수식 11-37)에 (수식 11-42)를 대입하여 Matrix로 표현하면, 최종적인 B-Spline Curve $Q_i(t)$는 (수식 11-43)와 같다.

$$Q_i(t)=TMG'=\begin{bmatrix}t^3 & t^2 & t & 1\end{bmatrix}\frac{1}{6}\begin{bmatrix}-1 & 3 & -3 & 1\\ 3 & -6 & 3 & 0\\ -3 & 0 & 3 & 0\\ 1 & 4 & 1 & 0\end{bmatrix}\begin{bmatrix}P_{i-1}\\ P_i\\ P_{i+1}\\ P_{i+2}\end{bmatrix} \quad \text{(수식 11-43)}$$

Cubic Power Basis Vector

Geometry Matrix

여기서 Cubic Power Basis Vector $T=\begin{bmatrix}t^3 & t^2 & t & 1\end{bmatrix}$이고, Geometry Matrix

$G=[P_{i-1}\ \ P_i\ \ P_{i+1}\ \ P_{i+2}]$이며, 가운데 부분에 있는 4×4 Matrix는 Basis Matrix M을 말한다.

Hermite Spline Curve, Bezier Spline Curve 및 Catmull-Rom Spline Curve들의 Blending Functions과 B-Spline의 Blending Functions 사이의 차이점은 하나 이상의 Functions이 양쪽 끝점(Endpoint)에서 0(Zero)이 아니라는 것이다. 제어점들은 보간(Interpolate)은 하지 않지만, Knot에 의해 접근한다는 사실은 Blending Functions의 속성에 대한 결과이다.

제어점들은 중복될 수 있지만, 동일한 제어점이 B-Spline Curve를 따라 연속적으로 나타날 때마다 하나의 연속성에 대한 비용을 발생시킨다. 제어점 중복이 특별히 유용한 하나의 위치는 끝점(Endpoint)에 있다. 첫 번째 제어점이 3번 중복되는 경우라면 $P_0=P_1=P_2$가 된다. B-Spline Curve의 첫 번째 구성 요소 $Q_1(t)$는 (수식 11-44)에 의해 주어진다.

$$\begin{aligned}Q_1(t)&=B_0(t)P_0+B_1(t)P_1=B_2(t)P_2+B_3(t)P_3\\&=[B_0(t)+B_1(t)+B_2(t)]P_0-B_3(t)P_3\end{aligned}\qquad\text{(수식 11-44)}$$

선형 보간(Linear Interpolation)

(수식 11-44)는 두 개의 제어점 P_0와 P_3 사이의 선형 보간(Linear Interpolation)이다. 여기서 $t=0$ 및 $t=1$의 값들을 적용함으로써 $Q_1(0)=P_0$와 $Q_1(1)=\frac{5}{6}P_0+\frac{1}{6}P_3$을 알 수 있다. Curve $Q_1(t)$는 두 개의 제어점 P_0와 P_3로부터 실행되는 직선(Straight Line)의 처음 6번째를 찾아낸다. 마찬가지로 B-Spline Curve의 마지막 제어점 P_n을 3번 중복시키는 것은 마지막 구성 성분 $Q_{n-2}(t)$가 두 개의 제어점 P_{n-3}에서 P_n까지 실행되는 직선의 마지막 6번째를 찾아내는 결과를 가져온다. [그림 11-15]는 [그림 11-13]에 처음과 마지막 제어점들 모두에 3번 중복한 B-Spline Curve의 결과를 보여준다. 여기서 Diamond 모양의 객체들은 8개의 Knot의 위치를 가리키며, 구성 성분 $Q_1(t)$와 $Q_9(t)$는 직선이다.

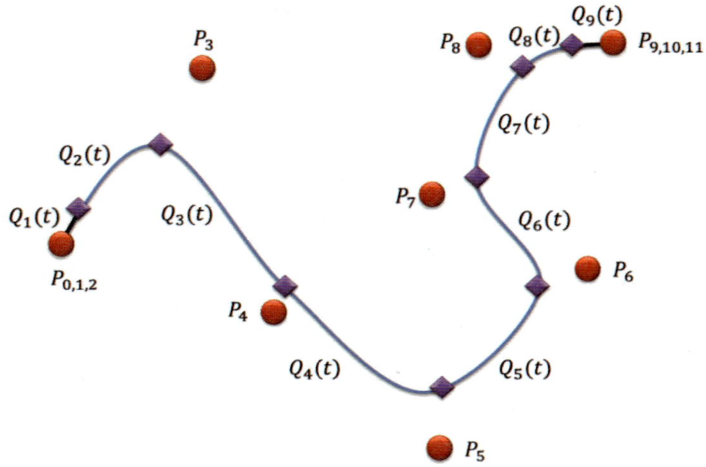

[그림 11-15] [그림 11-13]에 처음과 마지막 제어점들 모두에 3번 중복한 B-Spline Curve의 결과

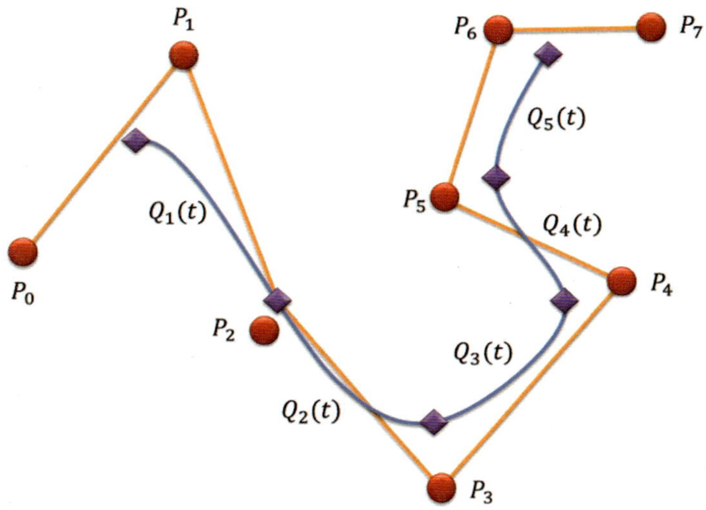

[그림 11-16] [그림 11-13]에서 내부 제어점들 중 하나를 3번 중복한 B-Spline Curve의 결과

[그림 11-16]은 [그림 11-13]에서 내부 제어점들 중 하나를 3번 중복한 B-Spline Curve 결과를 보여주고 있다. 여기서 Diamond 모양의 객체들은 8개 Knot의 위치를 가리키고 있다. 이 Curve는 중복된 제어점을 보간(Interpolate)하지만 그 제어점에서 C^0 연속성을 나타내고 있다. 이것은 첫 번째 Curve의 마지막 제어점이 두 번째 Curve의 첫 번째 제어점과 동일하며 각각은 3번 중복되는 것으로서 서로 다른 2개의 B-Spline Curve와 동일한 결과를 가져온다.

B-Spline Curve는 [그림 11-17]과 같이 3가지 유형을 가지고 있다. 첫째는 Open B-Spline Curve로서 [그림 11-17]의 (A)와 같이 Knot Vector가 어떤 특별한 구조를 가지지 않을 경우 생성된 B-Spline Curve는 Control Polyline의 처음과 마지막 Knot를 만나게 하지 않는 것이다.

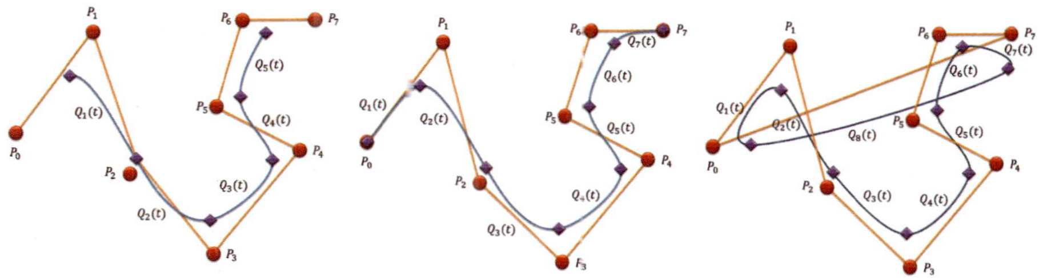

[그림 11-17] B-Spline Curve의 3가지 유형

둘째는 Clamped B-Spline Curve로서 [그림 11-17]의 (B)와 같은 경우이다. 즉, Bezier Curve가 그렇듯이 각각 처음과 마지막 제어점에서 처음과 마지막 Knot에 접하도록 Curve를 고정(Clamp)시킬 수 있게 하는 것이다. 이를 위해서는 처음과 마지막 제어점에 각각의 Knot가 존재하여야 한다. 셋째는 Closed B-Spline Curve로서 [그림 11-17]의 (C)와 같은 경우이다. 즉, 생성된 Curve의 처음과 마지막 부분이 Closed Loop를 형성함으로써 모드 연결되어지게 하는 것이다.

B-Spline Curve는 Bezier Curve보다 더 많은 장점을 가지고 있다. 첫째, B-Spline Curve는 Bezier Curve가 될 수 있다. 둘째, B-Spline Curve는 Bezier Curve가 가지고 있는 모든 중요한 속성들을 만족한다. 셋째, B-Spline Curve는 Bezier Curve보다 더 많은 제어 유연성(Control Flexibility)을 제공한다. 예를 들면, B-Spline Curve의 차수는 제어점들의 개수에서 분리되어진다는 것이다. 즉, 낮은 차수의 Curve를 사용할 수 있으면서도 여전히 많은 수의 제어점들을 유지할 수 있다는 것이다. 또한 전체 Curve의 모양을 변형시키지 않고 제어점들의 위치를 변경할 수도 있다. B-Spline Curve가 강한 Convex Hull Property를 만족하기 때문에 더 미세한 형상 제어를 할 수 있다. Knot를 변경하는 것처럼 Curve의 모양을 설계하고 편집하기 위한 다른 기술들이 있다. 그러나 B-Spline Curve는 여전이 다항식 Curve이고, 다항식 Curve는 원형(Circle) 및 타원(Ellipse) 등과 같은 매우 유용하면서 간단한 Curve들을 나타낼 수가 없다는 단점을 가지고 있다. 따라서 NURBS(Non-

Convex Hull Property

Uniform Rational B-Spline) Curve와 같은 B-Spline Curve의 일반화를 위한 보완이 필요하다.

[그림 11-18]은 4개의 제어점을 사용하여 Uniform B-Spline Curve를 구현한 결과이고, [코드 11-5]는 그 소스 코드이다.

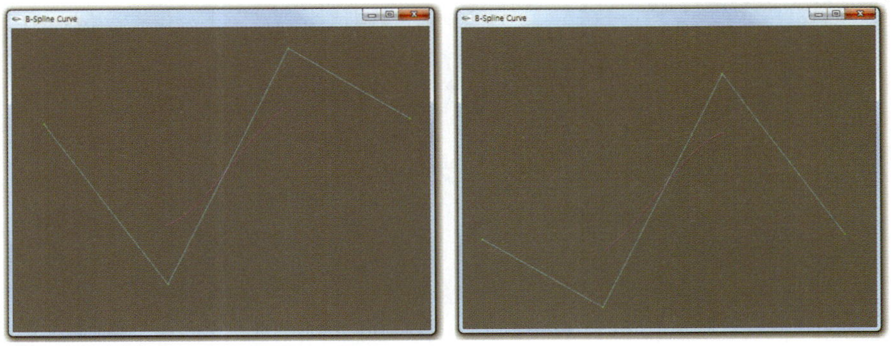

[그림 11-18] B-Spline Curve의 구현 결과

코드 11-5 B-Spline (Basis Spline) Curve

```
#include <stdlib.h>
#include <glut.h>

float Points[4][3] = {
    { 15,  5,  0 },
    {  5, 10,  2 },
    { -5, -10, -5 },
    {-10,  5, -2 }
};

unsigned int LOD = 20;

void OnReshape(int w, int h) {
  . . . . . . . . . . .
}

void OnDraw() {
    glClear(GL_DEPTH_BUFFER_BIT|GL_COLOR_BUFFER_BIT);
    glLoadIdentity();
    gluLookAt(0, 0, 30, 0, 0, 0, 0, 1, 0);
```

```
glColor3f(1,0,1);

glBegin(GL_LINE_STRIP);
    // 매개변수(Parametric) 시간(Time, t)의 값을 0에서 1로 설정한다.
    for(int i=0; i!=LOD; ++i) {
        float t = (float)i/(LOD-1);

        // Blending Functions에서 자주 사용되기 때문에 미리 it값을 1.0f-t로 설정해둔다.
        float it = 1.0f-t;

        // Blending Functions을 계산한다.
        float b0 = it*it*it/6.0f;                        // B0(t)=(1-t)^3/6

        float b1 = (3*t*t*t - 6*t*t +4)/6.0f;            // B1(t)=(4-6t^2+3t^3)/6

        float b2 = (-3*t*t*t + 3*t*t + 3*t + 1)/6.0f;    // B2(t)=(1+3t+3t^2-3t^3)/6

        float b3 =  t*t*t/6.0f;                          // B3(t)=t^3/6

        // 각각 Blending Functions에 의해 곱해진 제어점들을 합산한다.
        float x = b0*Points[0][0] + b1*Points[1][0] + b2*Points[2][0] + b3*Points[3][0] ;
        float y = b0*Points[0][1] + b1*Points[1][1] + b2*Points[2][1] + b3*Points[3][1] ;
        float z = b0*Points[0][2] + b1*Points[1][2] + b2*Points[2][2] + b3*Points[3][2] ;

        // 점(Point)을 지정한다.
        glVertex3f( x,y,z );
    }
glEnd();

// 제어점(Control Point)들을 그린다.
glColor3f(0,1,0);
glPointSize(3);
glBegin(GL_POINTS);
    for(int i=0;i!=4;++i) {
        glVertex3fv( Points[i] );
    }
glEnd();

// Curve의 Hull을 그린다.
glColor3f(0,1,1);
glBegin(GL_LINE_STRIP);
    for(int i=0;i!=4;++i) {
```

```
            glVertex3fv( Points[i] );
        }
    glEnd();

    glutSwapBuffers();
}

int main(int argc,char** argv) {
 . . . . . . . . . . .
}
```

6. Clamped B-Spline Curve

B-Spline Curve를 학습 및 이해하고, 특별히 [그림 11-17]의 (B)를 이해하였다면 Clamped B-Spline Curve에 대한 추가적인 설명은 생략하도록 한다. [그림 11-19]는 4개의 제어점을 사용하여 Uniform Clamped B-Spline Curve를 구현한 결과이고, [코드 11-6]은 그 소스 코드이다.

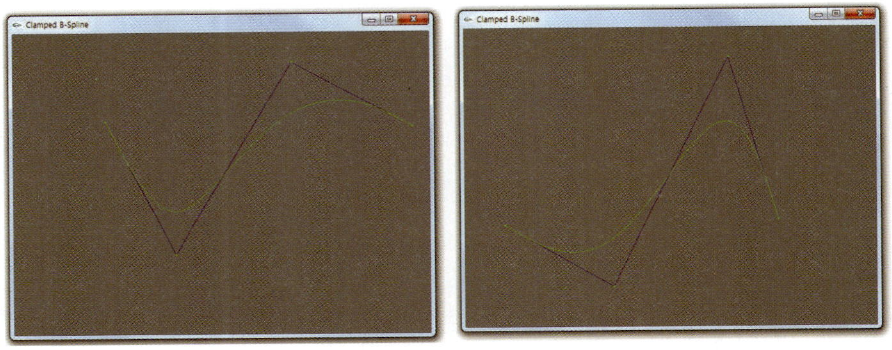

[그림 11-19] Clamped B-Spline Curve의 구현 결과

코드 11-6 Uniform Clamped B-Spline Curve

```
#include <stdlib.h>
#include <glut.h>

float Points[4][3] = {
    { 15,  5,  0 },
```

```
    { 5, 10, 2 },
    { -5, -10, -5 },
    {-10, 5, -2}
};

#define NUM_POINTS 4

// 아래의 4개 Index 집합들은 Clamped Cubic B-Spline을 생성하기 위해 그려져야 할 필요가 있는 Curve들이다. 모두 5개의 Curve Segment들이 그려지게 된다.
// 0 0 0 1
//   0 0 1 2
//     0 1 2 3
//       1 2 3 3
//         2 3 3 3
// Knot Vector들을 이해하려고 할 때 기억하라.

// Curve에 대한 세부 정보의 단계
unsigned int LOD = 20;

// Clamped B-Spline을 만들기 위해 필요한 Curve Segment들의 개수는 NUM_POINTS+1에 의해 정의되어진다.
#define NUM_SEGMENTS (NUM_POINTS+1)

// Clamped Curve들을 처리하기 위해 Curve는 Curve의 시작 부분에서 3개의 추가 제어점들과 마지막 부분에서 3개의 추가 제어점들을 가진다고 간주한다. 점(Point)들의 반복을 단순하게 하기 위해서 Index를 -3에서 시작하도록 한다. 만약 배열 Index로 값을 사용한다면, 그것은 끔찍한 충돌이 발생하게 될 것이다. 그러므로 만약 요청한 Index가 범위를 벗어난다면, 처음과 마지막 점(Point)을 반환하는 함수를 사용한다. 이것은 Curve 계산을 매우 간단하게 해준다.
float* GetPoint(int i) {
    // 첫 번째 점(Point)을 반환한다.
    if (i<0)    returnPoints[0];
    // 마지막 점(Point)을 반환한다.
    if (i<NUM_POINTS)    return Points[i];

    return Points[NUM_POINTS-1]
}

void OnDraw() {
    glClear(GL_COLOR_BUFFER_BIT);
    glLoadIdentity();
    gluLookAt(1, 10, 30, 0, 0, 0, 0, 1, 0);
    glColor3f(0.5,0.2,0);
```

```
glPointSize(3);

// Curve Hull을 그린다.
glColor3f(0.3,0,0.5);
glBegin(GL_LINE_STRIP);
    for(int i=0; I != NUM_POINTS; ++i) {
        glVertex3fv( Points[i] );
    }
glEnd();

glColor3f(0,1,0);

glBegin(GL_LINE_STRIP);
    // 전체적으로 NUM_POINTS+1개의 Curve들을 그린다. 그리고 Index는 -3에서 시작한다.
    // Curve의 각 부분(Section)은 다음 Vertex Index에서 시작한다.
    for(int start_cv=-3, j=0; j != NUM_SEGMENTS; ++j, ++start_cv) {

        // Curve의 각 부분(Section)을 위하여 Division들의 LOD 개수만큼 그린다.
        for(int i=0; i != LOD; ++i) {

            // Curve Segment를 위하여 매개변수(Parametric) 시간(time, t)의 값을 0에서 1로
               사용한다.
            float t = (float)i/LOD;

            // Blending Functions에서 it 변수가 자주 사용되기 때문에 1.0f-t를 미리 설정해
               둔다.
            float it = 1.0f-t;

            // B-Spline Curve를 위한 Blending Functions들을 계산한다.
            float b0 = it*it*it/6.0f;                          // B0(t)=(1-t)^3/6

            float b1 = (3*t*t*t - 6*t*t +4)/6.0f;              // B1(t)=(4-6t^2+3t^3)/6

            float b2 = (-3*t*t*t +3*t*t + 3*t + 1)/6.0f;  // B2(t)=(1+3t+3t^2-3t^3)/6

            float b3 =  t*t*t/6.0f;                            // B3(t)=t^3/6


            // Curve Point의 X축, Y축 및 Z축 좌표를 계산한다.
            float x = b0 * GetPoint( start_cv + 0 )[0] + b1 * GetPoint( start_cv + 1 )[0] +
                      b2 * GetPoint( start_cv + 2 )[0] + b3 * GetPoint( start_cv + 3 )[0] ;
```

```
                float y = b0 * GetPoint( start_cv + 0 )[1] + b1 * GetPoint( start_cv + 1 )[1] +
                        b2 * GetPoint( start_cv + 2 )[1] + b3 * GetPoint( start_cv + 3 )[1] ;

                float z = b0 * GetPoint( start_cv + 0 )[2] + b1 * GetPoint( start_cv + 1 )[2] +
                        b2 * GetPoint( start_cv + 2 )[2] + b3 * GetPoint( start_cv + 3 )[2] ;

                // 점(Point)을 지정한다.
                glVertex3f( x, y, z );
            }
        }

        // Curve의 마지막 점(Point)을 지정한다.
        glVertex3fv( Points[NUM_POINTS-1] );
    glEnd();

    // Control Vertex를 그린다.
    glBegin(GL_POINTS);
        for(int i=0; i != NUM_POINTS; ++i) {
            glVertex3fv( Points[i] );
        }
    glEnd();

    glutSwapBuffers();
}

void OnReshape(int w, int h) {
  . . . . . . . . . . .
}

int main(int argc,char** argv) {
  . . . . . . . . . . .
}
```

7. NURBS(Non-Uniform Rational B-Spline) Curve

NURBS

NURBS는 3차원 공간에서 기하학적인 객체를 수학적으로 표현하는 방식 중의 하나이다. 2차원 형태를 지닌 간단한 선분(Segment of a Line), 원(Circle), 호(Arc) 및 곡선(Curve)부터 3차원 형태를 지닌 복잡한 유기적 형태의 곡면(Surface)까지 매우 정확하게 나타낼 수 있고 수정 및 편집도 매우 쉬운 장점을 가지고 있다. 그러므로 Image, Animation 및 곡면을 기반으로 하는 각종 객체를 생산하는 산업 분야에까지 매우 다양하게 사용되고 있다. NURBS를 기반으로 하는 곡선(Curve)과 곡면(Surface)은 원리가 비슷하며 같은 요소들에 의해 제어된다. 이와 같은 요소들은 차수(Degree), 제어점(Control Point), Knot(매듭) 및 계산 방식(Evaluation Rule) 등이 있다.

위수(Order)

차수(Degree)는 양의 정수이며, 1차, 2차, 3차 및 5차가 주로 사용되어진다. 예를 들어 NURBS로 원(Circle)을 그릴 경우의 차수는 2차이며, 자유롭게 그려진 곡면(Surface)의 형상은 3차 및 5차가 대부분이다. NURBS 곡선(Curve)에서 차수를 변경하면 Curve의 형태는 변하게 된다. NURSB 곡선(Curve)을 그릴 때 위수(Order)라는 것이 있는데, 양의 정수를 가지며 차수에 1을 더한 것을 의미한다. 위수(Order)는 Curve의 주어진 제어점에 영향을 미치는 주변의 제어점들의 개수를 정의하는 역할을 한다.

Non-Rational NURBS Curve

NURBS Curve는 차수에 1을 더한 개수 이상의 제어점들을 가지는데, NURBS Curve의 형태를 변경할 때 제어점을 움직이는 것이 가장 많이 사용되며 쉬운 방법이다. 제어점들은 가중치(Weight)와 관련이 있으며 대부분이 양수를 가진다. 하나의 NURBS Curve의 모든 제어점들이 1과 같이 모두 같은 가중치(Weight)를 가질 경우를 Non-Rational NURBS Curve라고 한다.

Knot는 차수(Degree)에 제어점들의 개수를 더한 후 다시 1을 뺀 수들의 목록을 말한다. 여기서 목록은 처음부터 뒤로 갈수록 값이 커져야 하며, 같은 값이 반복될 경우 반복되는 횟수는 차수보다 크면 안 된다. 예를 들어 11개의 제어점들을 가진 NURBS Curve를 위한 차수가 3인 Knot는 0,0,0,1,2,2,2,3,7,7,9,9,9와 같이 될 수 있다. 여기서 숫자 2가 3번 반복되어 반복 횟수가 차수보다 크지 않기 때문에 문제가 되지 않지만, 2가 4번 반복된다면 Knot가 될 수 없다. 이와 같이 특정 숫자가 반복되는 경우, 반복되는 횟수를 'Knot의 반복 횟수(Knot's Multiplicity)'라고 한다. 또한 반복 횟수가 차수와 같은 경우를 '최대 반복(Full Multiplicity) Knot'이라고 한다. 그리고 반복이 없이 한 번만 나타나는 경우를 '단순(Simple) Knot'이라고 한다. Knot에서 숫자들의 의미를 살펴보면, 시작과 끝이 아니라 중간에 반복되는 숫자들이 많다면 NURBS Curve는 덜 부드럽다는 것을 말한다. 또한 최대 반복 Knot가 중간에 있을 경우에는 훨씬 더 급하게 휘어지는 것을 말한다. 그러므로 제어점들을 움직여서 NURBS Curve의 형태를 변경할 수도 있지만, Knot의 숫자들을 나열할 때 NURBS Curve의 형태를 잘 고려하여 배치하는 것도 매우 중요하다고 볼 수 있다.

여기서 제어점과 Knot의 관계에 대하여 알아둘 필요가 있다. 1차 NURBS Curve의 경우에는 하나의 Knot가 하나의 제어점과 짝을 이루고 있다. 그러나 차수가 높아질수록 차수에 2를 곱한 수만큼은 Knot가 차수에 1을 더한 수만큼의 제어점과 대응하게 된다. 예를 들어 [그림 11-20]과 같이 3차 NURBS Curve가 Knot 0,0,0,1,2,5,8,8,8 및 P_1, P_2, ‥ , P_7과 같은 7개의 제어점들을 가지고 있다고 가정하자.

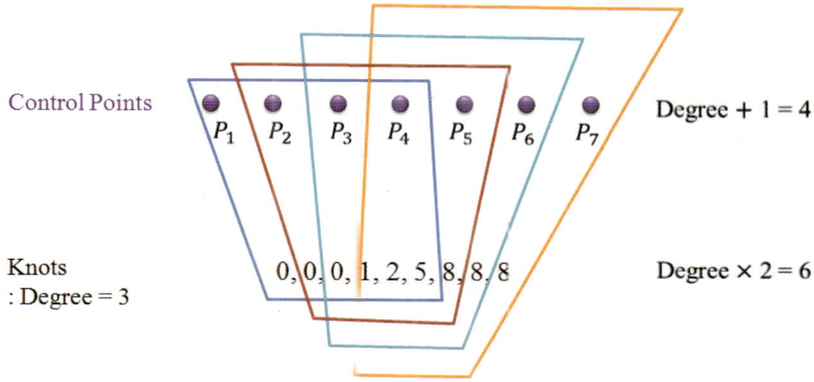

[그림 11-20] 제어점들과 Knot의 관계

결국 차수가 3이므로 '차수(3) − 1 = 4'인 제어점 P_1에서 P_4까지 제어점들은 '차수(3) × 2 = 6'인 6개의 Knot들 즉, 0,0,0,1,2,5와 Group으로 묶이게 된다. 또한 P_2에서 P_5까지 제어점들은 Knot의 0,0,1,2,5,8과 Group으로 묶이게 되며, P_3에서 P_6까지 제어점은 0,1,2,5,8,8과 Group으로 묶이게 된다. 그리고 마지막 P_4에서 P_7까지 제어점들은 1,2,5,8,8,8과 Group으로 묶이게 된다.

NURBS Curve를 계산하기 위해서는 매개변수(Parameter)를 제어점과 연결하는 수학적 공식으로 이해하면 가장 수울 것이다. 물론 차수, 제어점, Knot 등이 모두 관련이 있다. 즉, 매개변수(Parameter)들로부터 제어점의 위치를 산출해내는데, 여기에 차수, Knot 및 제어점들이 매개변수들을 작동하게 하는 방법들이다.

만약 $n+1$개의 제어점들의 집합 $\{P_0, P_1, \cdots, P_n\}$이 주어지면 Uniform B-Spline Curve와 같이 Non-Uniform B-Spline Curve는 $n-2$개의 Cubic Curve $Q_i(u)$로 구성되어진다. 여기서 i는 $1 \le i \le n-2$의 범위를 가진다. 제어점 P_i에 대응하는 Knot 값 t_i의 유일한 제약 조건(Restriction)은 이전의 Knot 값 t_{i-1}보다 작지 않다는 것이다. Non-Uniform B-Spline Curve는 **동차(Homogeneous) 좌표**로 확장함으로써 더 유연하게 만들 수 있다. 가중치 ω_i는 각 제어점 P_i에 할당되어지고 각 제어점은 (수식 11-45)와 같이 표현할 수 있다.

동차(Homogeneous) 좌표

$$P_i = \langle w_i x_i,\ w_i y_i,\ w_i z_i,\ w_i \rangle \qquad \text{(수식 11-45)}$$

여기서 3D 공간에 있는 제어점들 P_i의 위치는 가중치 ω 좌표로 나눔으로써 얻어진다. Non-Uniform B-Spline Curve의 각 부분 $Q_i(u)$은 (수식 11-46)과 같이 표현되어진다.

$$Q_i(u) = \sum_{k=0}^{3} N_{i+k-1,\,3}(u) P_{i+k-1} \qquad \text{(수식 11-46)}$$

그러므로 Non-Uniform B-Spline Curve를 따라 몇 개의 제어점에서 ω 좌표는 (수식 11-47)과 같이 가중치 합(Weighted Sum)으로 주어진다.

$$[Q_i(u)]_w = \sum_{k=0}^{3} N_{i+k-1,\,3}(u) w_{i+k-1} \qquad \text{(수식 11-47)}$$

Cox-de-Boor Algorithm

일반적으로 Non-Uniform B-Spline Curve의 Basis Functions $N_{i,\,n}(u)$에서 i는 i번째 제어점을 의미하고, n은 Basis Functions의 차수(Degree)를 의미한다. 그러므로 (수식 11-47)에서 $N_{i+k-1,\,3}(u)$은 $i+k-1$번째 제어점과 차수가 3임을 의미하는 Basis Functions이다. Non-Uniform B-Spline Curve의 Basis Functions 혹은 Blending Functions $N_{i,\,n}(u)$은 Cox-de-Boor Algorithm으로 알려진 (수식 11-48)과 같은 재귀 공식(Recursive Formula)에 의해서 주어진다.

$$\begin{aligned} N_{i,\,0}(u) &= \begin{cases} 1, & \text{if } u \in [t_{i-2},\ t_{i-1}) \\ 0, & otherwise \end{cases} \\ N_{i,\,k}(u) &= (u - t_{i-2}) \frac{N_{i,\,k-1}(u)}{t_{i+k-2} - t_{i-2}} + (t_{i+k-1} - u) \frac{N_{i+1,\,k-1}(u)}{t_{i+k-1} - t_{i-1}} \end{aligned} \qquad \text{(수식 11-48)}$$

그러므로 매개변수(Parameter) 값 u에 있는 3D 위치 $\tilde{Q}(u)$는 (수식 11-49)와 같다.

$$\tilde{Q}_i(u) = \frac{\sum_{k=0}^{3} N_{i+k-1,\,3}(u) w_{i+k-1} \langle x_{i+k-1},\ y_{i+k-1},\ z_{i+k-1} \rangle}{\sum_{k=0}^{3} N_{i+k-1,\,3}(u) w_{i+k-1}} \qquad \text{(수식 11-49)}$$

그리고 (수식 11−49)은 (수식 11−50)과 같이 다시 표현할 수 있다.

$$\tilde{Q}_i(u)=\sum_{k=0}^{3} R_{i+k-1}(u)<x_{i+k-1},\ y_{i+k-1},\ z_{i+k-1}> \quad \text{(수식 11−50)}$$

여기서 $R_{i+k-1}(u)$는 (수식 11−51)과 같다.

$$R_{i+k-1}(u)=\frac{N_{i+k-1,3}(u)w_{i+k-1}}{\sum_{l=0}^{3} N_{i+l-1,3}(u)w_{i+l-1}} \quad \text{(수식 11−51)}$$

Curve들의 제어점들은 두 개 수식의 비율로 표현되므로 이와 같은 Curve들을 NURBS(Non−Uniform Rational B−Spline) Curve라고 부른다. NURBS의 가중치(Weight)는 Curve의 모양에 영향을 미치는 제어점들이 얼마나 강하게 연관되어져 있는지에 영향을 준다.

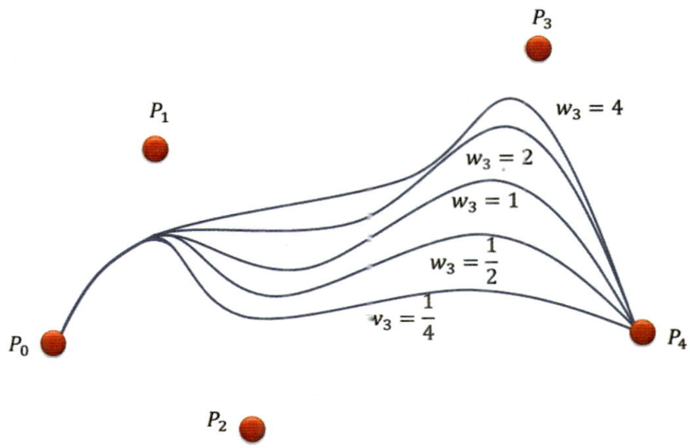

[그림 11−21] NURBS : 제어점 P_3에 대응하는 가중치 w_3의 변경에 따른 결과

즉, [그림 11−21]과 같이 가중치 w_i가 더 커질수록 NURBS Curve는 제어점 P_i을 향해 당기게 되는 원인이 되며, 반대로 가중치가 더 작아질수록 NURBS Curve는 제어점으로부터 멀어지게 되는 원인이 된다. 제어점 P_i와 같이 가중치 w_i는 전체 NURBS Curve의 최대 4개 부분들에 영향을 준다. 그러므로 단일 가중치의 영향은

전체 NURBS Curve의 지역 부분에 한정되어진다.

[그림 11-22]는 NURBS Curve의 구현 결과이고, [코드 11-7]은 그 소스 코드이다.

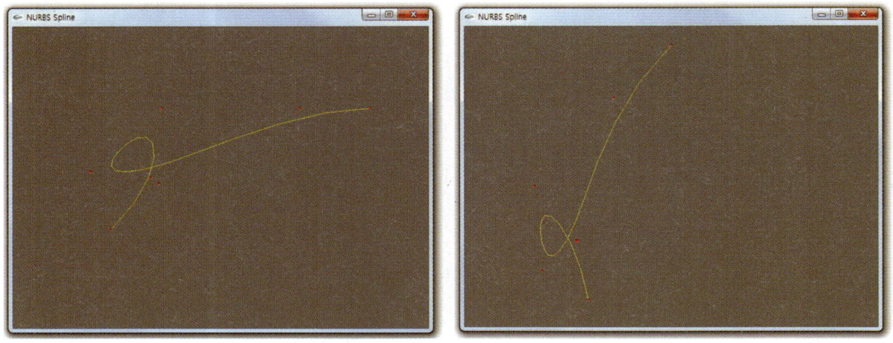

[그림 11-22] NURBS Curve의 구현 결과

코드 11-7 NURBS(Non-Uniform Rational B-Spline) Curve

```
#include <stdlib.h>
#include <glut.h>

float g_Points[7][3] = {      // 제어점(Control Point)들의 좌표
    { 10,10,0 }, { 5,10,2 }, { -5,5,0 }, {-10,5,-2}, {-4,10,0}, {-4,5,2}, {-8,1,0}
};

float g_Knots[] = {0.0f,0.0f,0.0f,0.0f,1.0f,2.0f,3.0f,4.0f,4.0f,4.0f,4.0f}; // 차수(Degree)가 4인 Knot
unsigned int g_num_cvs=7;
unsigned int g_degree=3;
unsigned int g_order=g_degree+1;
unsigned int g_num_knots=g_num_cvs+g_order;

unsigned int LOD=20;

// CoxDeBoor Algorithm : (수식 11-48)
```

$$// \ N_{i,0}(u)=\begin{cases}1, & \text{if } u\in[t_{i-2},\ t_{i-1})\\ 0, & otherwise\end{cases}$$

$$// \ N_{i,k}(u)=(u-t_{i-2})\frac{N_{i,k-1}(u)}{t_{i+k-2}-t_{i-2}}+(t_{i+k-1}-u)\frac{N_{i+1,k-1}(u)}{t_{i+k-1}-t_{i-1}}$$

```
float CoxDeBoor(float u, int i, int k, const float* Knots) {
    if(k==1) {
        if( Knots[i] <= u && u <= Knots[i+1] ) {
```

```
            return 1.0f;
        }
        return 0.0f;
    }

    float Den1 = Knots[i+k-1] - Knots[i];
    float Den2 = Knots[i+k] - Knots[i+1];
    float Eq1=0, Eq2=0;
    if(Den1>0) {
        Eq1 = ((u-Knots[i]) / Den1) * CoxDeBoor(u, i, k-1, Knots);
    }
    if(Den2>0) {
        Eq2 = (Knots[i+k]-u) / Den2 * CoxDeBoor(u, i+1, k-1, Knots);
    }
    return Eq1+Eq2;
}

void GetOutpoint(float t,float OutPoint[]) {
    // 평가(Evaluate)된 Curve 제어점을 얻기 위해 제어점에서 Curve에 있는 모든 Control Vertex
의 효과를 합산(Sum)한다.
    for(unsigned int i=0; i != g_num_cvs; ++i) {
        // Curve에 있는 제어점의 효과를 계산
        float Val = CoxDeBoor(t, i, g_order, g_Knots);
        if(Val>0.001f) {
            // Curve의 부분에 대한 Control Vertex의 합산(Sum) 효과
            OutPoint[0] += Val * g_Points[i][0];
            OutPoint[1] += Val * g_Points[i][1];
            OutPoint[2] += Val * g_Points[i][2];
        }
    }
}

void OnDraw() {
    glClear(GL_DEPTH_BUFFER_BIT|GL_COLOR_BUFFER_BIT);
    glLoadIdentity();
    gluLookAt(1, 10, 26, 0, 5, 0, 0, 1, 0);

    glColor3f(1,1,0);
    glEnable(GL_DEPTH_TEST);
    glBegin(GL_LINE_STRIP);
        for(int i=0; i != LOD; ++i) {
            float t  = g_Knots[g_num_knots-1] * i / (float)(LOD-1);
```

```
            if(i==LOD-1)      t-=0.001f;

            float Outpoint[3]={0,0,0};
            GetOutpoint(t, Outpoint);
            glVertex3fv(Outpoint);
        }
    glEnd();

    glColor3f(1,0,0);
    glPointSize(3);
    glBegin(GL_POINTS);
        for(int i=0; i != g_num_cvs; ++i) {
            glVertex3fv(g_Points[i]);    // 제어점들을 표시
        }
    glEnd();

    glutSwapBuffers();
}

void OnReshape(int w, int h) {
 . . . . . . . . . . .
}

int main(int argc,char** argv) {
 . . . . . . . . . . .
}
```

Project 11 -II

Application of Cubic Spline Curves

구현 기능	[코드 11-2], [코드 11-3], [코드 11-5] 및 [코드 11-7]을 참고하여 다음과 같이 확장 구현한다. - 3차원 공간에 4개의 제어점에 해당하는 Vertex를 설정한다. - Window에서 Mouse 오른쪽 Button을 Click하면 Menu가 나타난다. - Menu에는 Control Polygon, Hermite Spline Curve, Bezier Spline Curve, Uniform B-Spline Curve 및 NURBS Curve를 표시하여야 한다. 여기서 Control Polygon은 4개의 제어점을 직선으로 연결한 상태를 말한다. - Menu에서 특정한 Curve를 선택하면 Window에 선택한 Curve를 나타내어야 한다. - 제어점의 크기는 5.0, 색상은 Blue 즉, (0.0, 1.0, 0.0)으로 설정하고, 제어점을 연결하는 직선의 넓이는 2.0, 색상은 Red 즉, (1.0, 0.0, 0.0)으로 설정한다. 또한 Curve의 색상은 White 즉, (1.0, 1.0, 1.0)으로 설정하고, 넓이는 4.0으로 설정한다. - Window의 해상도는 640×480으로 설정하고, 배경색은 Black 즉, (0.0, 0.0, 0.0)으로 설정한다.

구현 결과

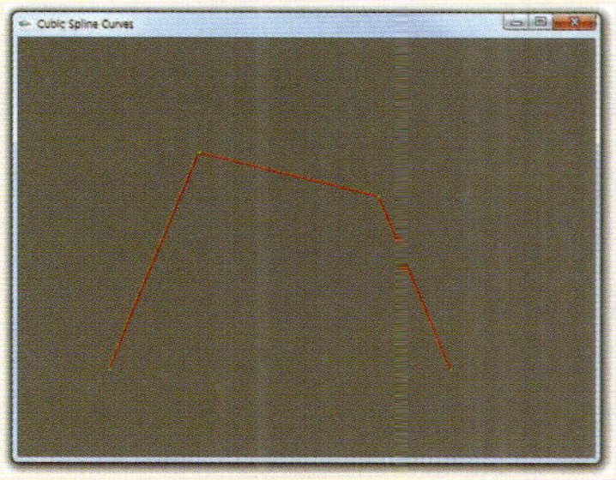

Control Polygon

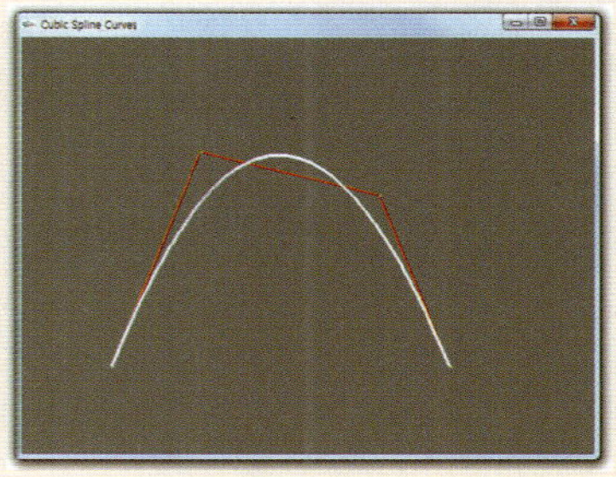

Cubic Hermite Spline Curve

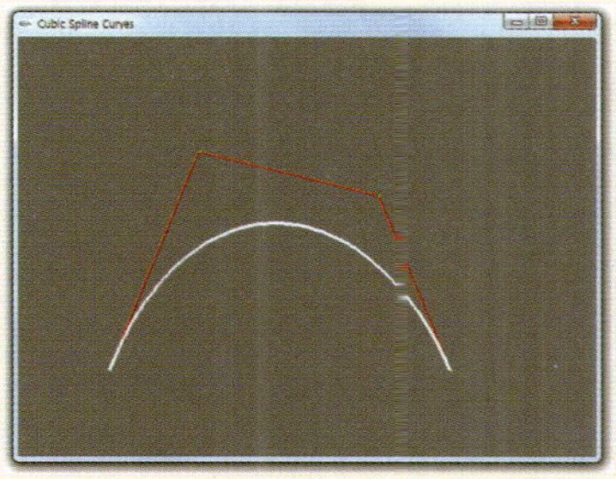

Cubic Bezier Spline Curve

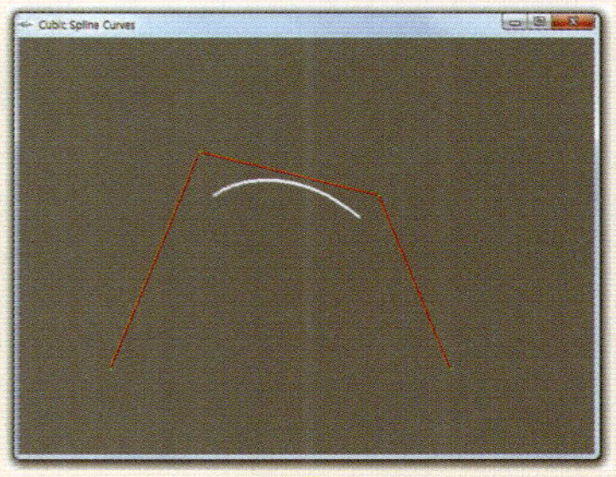

Cubic Uniform B–Spline Curve

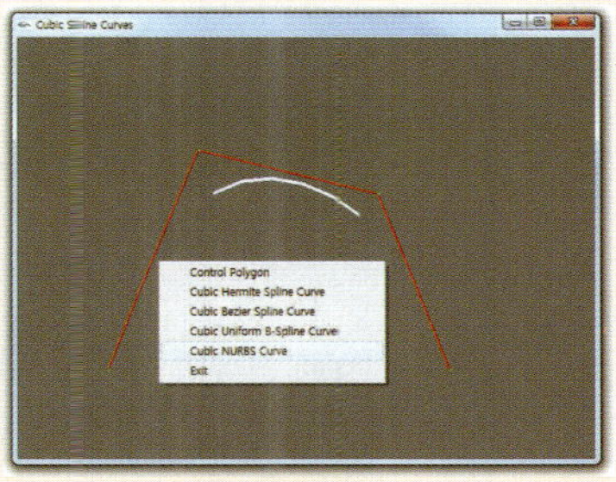

NURBS Curve

Project 11– III Path Animation using Spline Curves

구현 기능	Spline Curves들 중 하나를 선택하여 다음과 같이 Path Animation을 구현한다. – 함수 glutSolidTeapot(1.5)을 사용하여 Teapot을 Spline Curves의 시작 점 위치에 배치한다. – Window의 해상도는 640×480으로 설정하고, 배경색은 Black 즉, (0.0, 0.0, 0.0)으로 설정한다. – Timer Callback 함수를 사용하여 Teapot이 Spline Curves의 시작 위치에서 끝점 위치까지 Spline Curves를 따라가면서 자동적으로 이동(Translation)하도록 한다. 이때 Key Frame의 개수는 Spline Curves의 길이에 따라 Animation이 자연스럽게 나타나도록 적당하게 설정하도록 한다. – 끝점(Endpoint)에 도착한 Teapot은 다시 Spline Curves의 끝점 위치에서 시작 위치까지 Spline Curves를 반대로 따라가면서 자동적으로 이동(Translation)하도록 한다. – Teapot이 Spline Curves의 시작 위치에서 끝점 위치까지 혹은 끝점 위치에서 시작 위치까지의 이동(Translation) 과정을 무한대로 반복하게 한다. – Mouse Callback 함수를 사용하여 Mouse 왼쪽 Button을 Click 및 Drag할 경우 Teapot 및 Spline Curves를 자유자재로 회전하여 볼 수 있도록 한다. – Keyboard Callback 함수를 사용하여 Teapot 및 Spline Curves를 Zoom In/Out으로 확인할 수 있도록 한다.
구현 결과	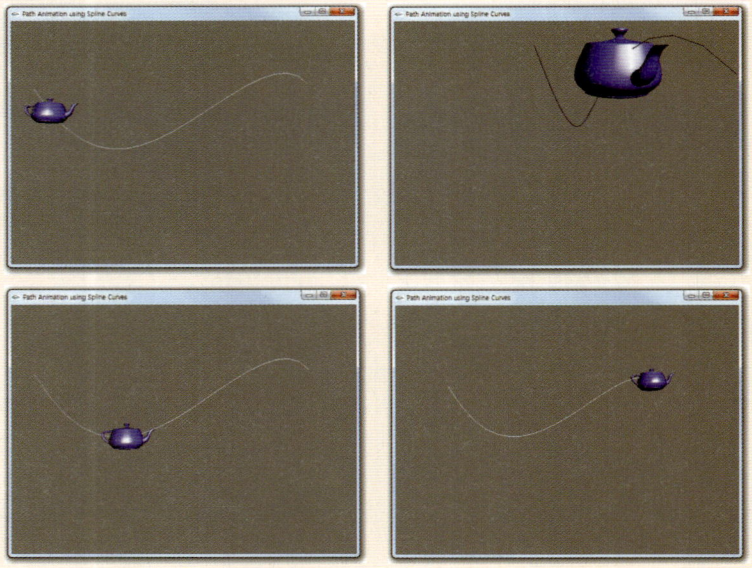

02 Section

Spline 곡면(Surface)

1. Hermite Spline Surface

Hermite Spline Curve

Hermite Spline Curve $H(t)$의 Geometry Matrix G_H는 2개의 제어점들과 2개의 접선(Tangent) Vector들로 구성되어져 있다. 여기서 G_H에 있는 제어점들의 방향 (s, t)의 s에 의해 매개변수(Parameterize)로 표시되어 몇 가지 경로를 따라 3차원 공간에서 변화를 주면, (수식 11-52)와 같은 Hermite Spline Surface $H(s, t)$이 된다.

$$\begin{aligned} H(s,t) &= G_H(s) \cdot M_H \cdot T_H \\ &= [P_1(s) P_2(s) T_0(s) T_1(s)] \cdot M_H \cdot T_H \end{aligned} \qquad \text{(수식 11-52)}$$

여기서 M_H는 Hermite Matrix이며 Hermite Spline Curve $H(t)$에서는 Basis Matrix라고 한다. 또한 T_H는 Cubic Power Basis Vector라고 하고 (수식 11-53)과 같다.

$$T_H = \begin{bmatrix} 1 \\ t \\ t^2 \\ t^3 \end{bmatrix} \qquad \text{(수식 11-53)}$$

Parametric Bi-Cubic Surface

만약 고정된 s_1이 있다면, $G_H(s_1)$이 일정하기 때문에 $H(s_1, t)$는 Curve가 된다. 만약 s가 약간 다른 값을 가진다고 가정하고 s_2를 적용하면 마찬가지로 약간 다른 Curve $H(s_2, t)$를 얻게 된다. 만약 s의 값에 지속적인 변화를 준다면, 이와 같은 Curve들의 집합은 $G_H(s)$가 Cubic이라는 전제 하에 *Parametric Bi-Cubic Surface*를 정의하게 된다.

(수식 11-52)에서 Hermite Spline Surface $H(s, t)$의 x 성분을 살펴보면 (수식 11-54)와 같다.

$$\begin{aligned} H_x(s,t) &= G_{H_x}(s) \cdot M_H \cdot T_H \\ &= [P_{1,x}(s) P_{2,x}(s) T_{0,x}(s) T_{1,x}(s)] \cdot M_H \cdot T_H \end{aligned} \qquad \text{(수식 11-54)}$$

여기서 $P_{1,x}(s)$을 s에서의 Hermite 다항식(Polynomial)으로 (수식 11-55)와 같이 표현할 수가 있다.

$$P_{1,x}(s)=\begin{bmatrix} g_{01} & g_{11} & g_{21} & g_{31} \end{bmatrix} \cdot M_H \cdot S_H = S_H^T \cdot M_H^T \cdot \begin{bmatrix} g_{00} \\ g_{10} \\ g_{20} \\ g_{30} \end{bmatrix} \quad \text{(수식 11-55)}$$

여기서 S_H을 (수식 11-56)과 같다고 하자.

$$S_H=\begin{bmatrix} 1 \\ s \\ s^2 \\ s^3 \end{bmatrix} \quad \text{(수식 11-56)}$$

또한 (수식 11-56)에서 $S_H^T=\begin{bmatrix} 1 & s & s^2 & s^3 \end{bmatrix}$임을 알 수 있으며, 이와 유사하게 $P_{2,x}(s)$, $T_{1,x}(s)$ 및 $T_{2,x}(s)$이 (수식 11-57)과 같음을 알 수 있다.

$$P_{2,x}(s)=S_H^T \cdot M_H^T \cdot \begin{bmatrix} g_{01} \\ g_{11} \\ g_{21} \\ g_{31} \end{bmatrix}$$

$$T_{1,x}(s)=S_H^T \cdot M_H^T \cdot \begin{bmatrix} g_{02} \\ g_{12} \\ g_{22} \\ g_{32} \end{bmatrix} \quad \text{(수식 11-57)}$$

$$T_{2,x}(s)=S_H^T \cdot M_H^T \cdot \begin{bmatrix} g_{03} \\ g_{13} \\ g_{23} \\ g_{33} \end{bmatrix}$$

(수식 11-55)에서 (수식 11-57)까지를 모두 하나로 합하면, $G_{H_x(s)}$는 (수식 11-58)과 같이 됨을 알 수 있다.

$$G_{H_x}(s)=S_H^T \cdot M_H^T \cdot \begin{bmatrix} g_{00} & g_{01} & g_{02} & g_{03} \\ g_{10} & g_{11} & g_{12} & g_{13} \\ g_{20} & g_{21} & g_{22} & g_{23} \\ g_{30} & g_{31} & g_{32} & g_{33} \end{bmatrix} \quad \text{(수식 11-58)}$$

또한 (수식 11-58)을 (수식 11-54)에 치환하면, Hermite Spline Surface $H_x(s, t)$은 (수식 11-59)와 같다.

$$H_x(s, t)=S_H^T \cdot M_H^T \cdot \begin{bmatrix} g_{00} & g_{01} & g_{02} & g_{03} \\ g_{10} & g_{11} & g_{12} & g_{13} \\ g_{20} & g_{21} & g_{22} & g_{23} \\ g_{30} & g_{31} & g_{32} & g_{33} \end{bmatrix} \cdot M_H \cdot T_H \quad \text{(수식 11-59)}$$

(수식 11-60)의 $[g_{ij}]$는 Herm te Spline Curve $H(t)$의 Geometry Matrix G_H와 같이 Hermite Spline Surface $H_s, t)$의 Geometry Matrix G_H에 대한 x 성분에 대한 Hermite Spline Surface의 Matrix를 나타낸 것이다.

$$[g_{ij}]=\begin{bmatrix} x(0,\ 0) & x(0,\ 1) & \frac{\delta}{\delta t}x(0,\ 0) & \frac{\delta}{\delta t}x(0,\ 1) \\ x(1,\ 0) & x(1,\ 1) & \frac{\delta}{\delta t}x(1,\ 0) & \frac{\delta}{\delta t}x(1,\ 1) \\ \frac{\delta}{\delta s}x(0,\ 0) & \frac{\delta}{\delta s}x(0,\ 1) & \frac{\delta^2}{\delta s\delta t}x(0,\ 0) & \frac{\delta}{\delta s\delta t}x(0,\ 1) \\ \frac{\delta}{\delta s}x(1,\ 0) & \frac{\delta}{\delta s}x(1,\ 1) & \frac{\delta^2}{\delta s\delta t}x(1,\ 0) & \frac{\delta^2}{\delta s\delta t}x(1,\ 1) \end{bmatrix} \quad \text{(수식 11-60)}$$

여기서 $x(s, t)$은 [그림 11-23]과 같이 x 성분에 대한 Hermite Spline Surface $H_x(s, t)$을 말한다. 또한 y 및 z 성분에 대한 유사한 Matrix도 각각 가지고 있으며, (수식 11-60)에서 x 대신 y 및 z로 치환하면 된다는 것을 알아두기 바란다. 그리고 (수식 11-61)은 (수식 11-59)에 (수식 11-60)을 치환하여 최종적인 Hermite Spline Surface $H_x(s, t)$을 나타낸 것이다.

$$H_x(s,\ t)=S_H^T\cdot M_H^T\cdot\begin{bmatrix} x(0,\ 0) & x(0,\ 1) & \frac{\delta}{\delta t}x(0,\ 0) & \frac{\delta}{\delta t}x(0,\ 1) \\ x(1,\ 0) & x(1,\ 1) & \frac{\delta}{\delta t}x(1,\ 0) & \frac{\delta}{\delta t}x(1,\ 1) \\ \frac{\delta}{\delta s}x(0,\ 0) & \frac{\delta}{\delta s}x(0,\ 1) & \frac{\delta^2}{\delta s\delta t}x(0,\ 0) & \frac{\delta^2}{\delta s\delta t}x(0,\ 1) \\ \frac{\delta}{\delta s}x(1,\ 0) & \frac{\delta}{\delta s}x(1,\ 1) & \frac{\delta^2}{\delta s\delta t}x(1,\ 0) & \frac{\delta^2}{\delta s\delta t}x(1,\ 1) \end{bmatrix}\cdot M_H\cdot T_H$$

(수식 11–61)

Twist Vector
Ferguson Surface
F–Surface

[그림 11−23]은 (수식 11−61)의 내부 성분들의 분포도를 이해하기 쉽도록 구분하여 나타낸 것이다. 혼합된 2차 부분 미분계수(Derivative) Vector들은 종종 Twist Vector라고 말하는데, 큰 값들이 한쪽 구석(Corner)에서 나선형과 같은 Twist를 일으키기 때문이다. 이때 Twist가 모두 0(Zero)일 때를 Ferguson Surface 혹은 F–Surface라고 부른다.

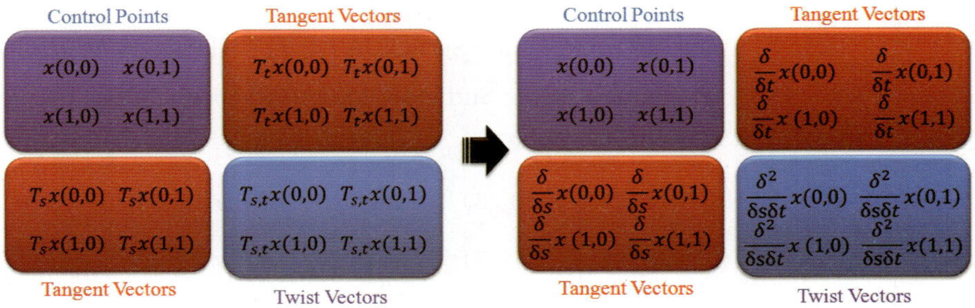

[그림 11−23] $[g_{ij}]$의 x 성분 분포도

결국 Hermite Spline Curve $H(t)$가 2개의 제어점들과 2개의 접선(Tangent, 기울기) Vector들로 구성되어진 것과는 다르게 Hermite Spline Surface $H(s,\ t)$는 [그림 11−24]와 같이 $x(0,\ 0)$, $x(0,\ 1)$, $x(1,\ 0)$ 및 $x(1,\ 1)$ 등과 같은 4개의 제어점들에 의해 생성된 8개의 접선(Tangent, 기울기) Vector 즉, $T_s(0,\ 0)$, $T_s(0,\ 1)$, $T_s(1,\ 0)$, $T_s(1,\ 1)$ 및 $T_t(0,\ 0)$, $T_t(0,\ 1)$, $T_t(1,\ 0)$, $T_t(1,\ 1)$등으로 구성되어져 있다. 또한 각 제어점들은 $T_{s,t}(0,\ 0)$, $T_{s,t}(0,\ 1)$, $T_{s,t}(1,\ 0)$ 및 $T_{s,t}(1,\ 1)$ 등과 같이 각각의 2차 미분계수(Derivative) Vector들로 구성되어져 있다.

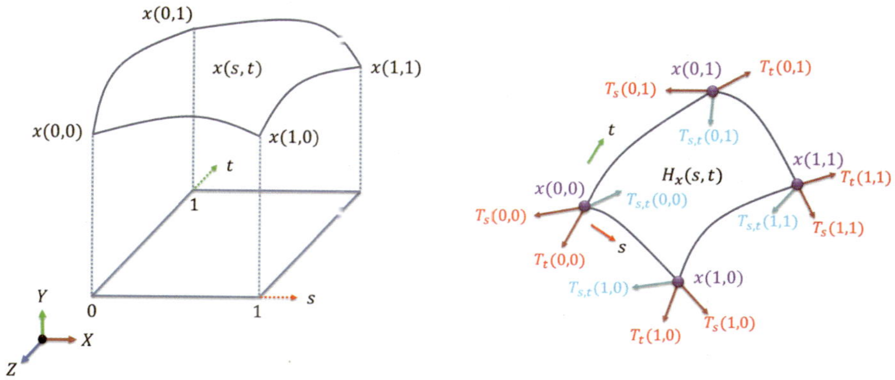

(A) 4개의 제어점에 의해 생성된 Hermite Spline Surface이 기본적인 형태

(B) 각 제어점에 생성된 접선 Vector 및 2차 미분계수 Vector

[그림 11-24] Hermite Spline Surface $H_x(s,\ t)$의 구성도

[그림 11-25]는 Hermite Spline Surface를 구현한 결과이고, [코드 11-8]은 그 소스 코드이다.

(A) Wire-frame Hermite Spline Surface: Tension 0.50

(B) Wire-frame Hermite Spline Surface: Tension 1.50

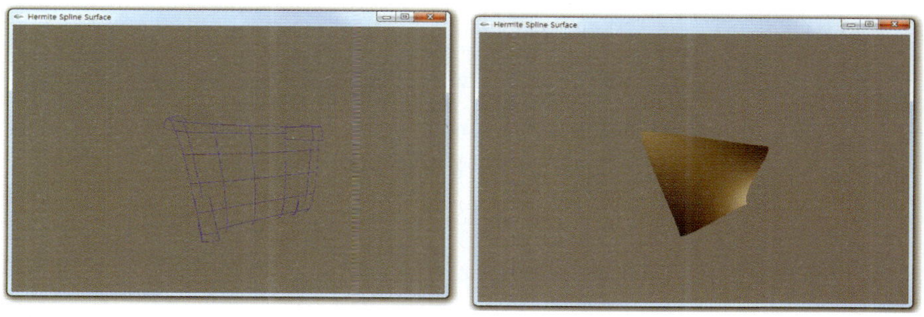

(C) Wire-frame Hermite Spline Surface: Tension 3.50

(D) Mesh를 채우고 조명을 적용한 Hermite Spline Surface : Tension 0.50

[그림 11-25] Hermite Spline Surface의 구현 결과

코드 11-8 Hermite Spline Surface

```
#include <stdlib.h>
#include <glut.h>

#define NUMSTEPS 0.01
#define tension    0.50

GLfloat P[4][4][3] = {
    {{-4.5, -4.5, 12.0}, {-1.5, -4.5, 6.0}, {1.5, -4.5, -3.0}, {4.5, -4.5, 6.0}},
    {{-4.5, -1.5, 3.0}, {-1.5, -1.5, 9.0}, {1.5, -1.5, 0.0}, {4.5, -1.5, -3.0}},
    {{-4.5, 1.5, 12.0}, {-1.5, 1.5, 0.0}, {1.5, 1.5, 9.0}, {4.5, 1.5, 12.0}},
    {{-4.5, 4.5, -6.0}, {-1.5, 4.5, -6.0}, {1.5, 4.5, 0.0}, {4.5, 4.5, -3.0}}
};

GLfloat B[4][4][3];

// S_H^T·M_H^T=T_H^T·M_H^T
GLfloat SM[] = {1.0f, 1.0f, 0.0f, 0.0f,
            0.0f, 0.0f, 1.0f, 1.0f,
            0.0f, 0.33333333333333f, 0.0f, 0.0f,
            0.0f, 0.0f, -0.33333333333333f, 0.0f};
// M_H·T_H
GLfloat MT[] = {1.0f, 0.0f, 0.0f, 0.0f,
            1.0f, 0.0f, 0.33333333333333f, 0.0f,
            0.0f, 1.0f, 0.0f, -0.33333333333333f,
            0.0f, 1.0f, 0.0f, 0.0f};

GLfloat StartPt_s(int ii, int jj) {          // P1=x(0, 0), P1=x(0, 1)
    return P[jj][1][ii];
}

GLfloat EndPt_s(int ii, int jj) {            // P2=x(1, 0), P2=x(1, 1)
    return P[jj][2][ii];
}

GLfloat StartTan_s(int ii, int jj) {         // Ts(0, 0), Ts(0, 1)
    return( (1-tension)*(P[jj][2][ii] - P[jj][0][ii])/2 );
}

GLfloat EndTan_s(int ii, int jj) {           // Ts(1, 0), Ts(1, 1)
    return( (1-tension)*(P[jj][3][ii] - P[jj][1][ii])/2 );
}
```

```
GLfloat StartPt_t(int ii, int jj) {        // P1=x(0, 0), P1=x(1, 0)
    return P[1][jj][ii];
}

GLfloat EndPt_t(int ii, int jj) {          // P2=x(0, 1), P2=x(1, 1)
    return P[2][jj][ii];
}

GLfloat StartTan_t(int ii, int jj) {       // Tt(0, 0), Tt(0, 1)
    return( (1-tension)*(P[2][jj][ii] - P[0][jj][ii])/2 );
}

GLfloat EndTan_t(int ii, int jj) {         // Tt(1, 0), Tt(1, 1)
    return( (1-tension)*(P[3][jj][ii] - P[1][jj][ii])/2 );
}

void Spline_s(int piece_s, int piece_e) {
    double t, vv[3];
    double inc;
    inc = NUMSTEPS;

    for(int j=piece_s-1; j<piece_e; j++) {
        glBegin(GL_LINE_STRIP);
            for(t=0; t<=1; t+=inc) {
                for(int i=0; i<3; i++) {
                    // (수식 11-18)의 Hermite Spline Curve
                    // H(t)=(1-3t²+2t³)P1+t²(3-2t)P2+t(t-1)²T1+t²(t-1)T2
                    vv[i] = ((2*t*t*t)-(3*t*t)+1)*StartPt_s(i,j) + ((-2*t*t*t)+(3*t*t))*EndPt_s(i,j)
                        + ((t*t*t)-(2*t*t)+t)*StartTan_s(i,j)  + ((t*t*t)-(t*t))*EndTan_s(i,j);
                }
                glColor3d(1.0,1.0,1.0);
                glVertex3dv(vv);
            }
        glEnd();
    }
}

void Spline_t(int piece_s,int piece_e) {
    double t, vv[3];
    double inc;
    inc = NUMSTEPS;
```

```
    for(int j=piece_s-1; j<piece_e; j++) {
        glBegin(GL_LINE_STRIP);
            for(t=0; t<1; t+=inc) {
                for(int i=0; i<3; i++) {
                    // (수식 11-18)의 Hermite Spline Curve
                    // H(t)=(1-3t²+2t³)P1+t²(3-2t)P2+t(t-1)²T1+t²(t-1)T2
                    vv[i] = ((2*t*t*t)-(3*t*t)+1)*StartPt_t(i,j)+((-2*t*t*t)+(3*t*t))*EndPt_t(i,j)
                        + ((t*t*t)-(2*t*t)+t)*StartTan_t(i,j) +((t*t*t)-(t*t))*EndTan_t(i,j);
                }
                glColor3d(1.0,1.0,1.0);
                glVertex3dv(vv);
            }
        glEnd();
    }
}

void Spline_Grid() {
    Spline_s(2, 3);
    Spline_t(2, 3);
}

void convert(int ii) {            // 2차원 Evaluator를 정의하기 위한 제어점들의 배열을 생성
    GLfloat p00 = StartPt_s(ii,1),   p01 = EndPt_s(ii,1),   p10 = EndPt_t(ii,1);
    GLfloat p11 = EndPt_t(ii,2),     p00s = StartTan_t(ii,1), p01s = EndTan_t(ii,1);
    GLfloat p10s = StartTan_t(ii,2), p11s = EndTan_t(ii,2),  p00t = StartTan_s(ii,1);
    GLfloat p01t = EndTan_s(ii,1),   p10t = StartTan_s(ii,2), p11t = EndTan_s(ii,2);

    // (수식 11-60)의 [gij]
    GLfloat g[] = {p00, p10, p00s, p10s,
                   p01, p11, p01s, p11s,
                   p00t, p10t, 0.0f, 0.0f,
                   p01t, p11t, 0.0f, 0.0f};
    GLfloat m[16];

    glMatrixMode(GL_MODELVIEW);
    glLoadMatrixf (SM); ............................................................ ①
    glMultMatrixf (g); ............................................................. ②
    glMultMatrixf (MT); ............................................................ ③
    glGetFloatv(GL_MODELVIEW_MATRIX, m); ........................................... ④

    for(int i=0; i<4; i++) {
        for(int j=0; j<4; j++) {
```

```
            B[i][j][ii]=m[4*i+j];        // 2차원 Evaluator를 정의하기 위한 제어점들의 배열
        }
    }
}

void Bvertex() {
    for(int i = 0; i < 3; i++) {
        convert(i);   // 2차원 Evaluator를 정의하기 위한 제어점들의 배열 생성 함수 호출
    }

    glLoadIdentity();
}

void initlights() {
    . . . . . . . . . . .
}

void MyInit() {
    Bvertex();  // 2차원 Evaluator를 정의하기 위한 제어점들의 배열 생성을 위한 함수 호출
    glClearColor (0.0, 0.0, 0.0, 0.0);
    glMap2f(GL_MAP2_VERTEX_3, 0, 1, 3, 4, 0, 1, 12, 4, &B[0][0][0]);  ..................... ⑤
    glEnable(GL_MAP2_VERTEX_3);  ............................................................ ⑥
    glMapGrid2f(100, 0.0, 1.0, 100, 0.0, 1.0);  ............................................. ⑦
    glEnable(GL_DEPTH_TEST);
    glShadeModel(GL_FLAT);
    glEnable(GL_LINE_SMOOTH);
    glEnable(GL_POINT_SMOOTH)

    // 조명을 적용하고 Mesh 내부가 채워진 Hermite Spline Surface를 표현하기 위해서 사용
    // initlights();
}

void MyDisplay() {
    glClear(GL_COLOR_BUFFER_BIT | GL_DEPTH_BUFFER_BIT);
    glMatrixMode(GL_MODELVIEW);
    glLoadIdentity();

    glColor3f(0.0, 0.0, 0.0);
    glPushMatrix ();
        glRotatef(10.0, 1.0, 1.0, 1.0);
        glEvalMesh2(GL_FILL, 0, 100, 0, 100);  .............................................. ⑧
        glColor3f(0.0, 1.0, 0.0);
```

```
        glLineWidth(1.0);

        for (int j = 0; j <= 8; j++) {
            glBegin(GL_LINE_STRIP);
                for (int i = 0; i <= 100; i++)
                    glEvalCoord2f((GLfloat)i/100.0, (GLfloat)j/8.0); ........ ⑨
            glEnd();
            glBegin(GL_LINE_STRIP);
                for (int i = 0; i <= 100; i++)
                    glEvalCoord2f((GLfloat)j/8.0, (GLfloat)i/100.0); ........ ⑩
            glEnd();
        }

        // Spline_Grid();
    glPopMatrix ();

    /* // 제어점을 Window에 출력
    glDisable(GL_LIGHTING);
    glColor3f(1.0, 0.0, 0.0);
    glPointSize(3);
    glBegin(GL_POINTS);
        for(int i=0; i!=4; ++i) {
            for(int j=0; j!=4; ++j) {
                glVertex3fv(P[i][j]);
            }
        }
    glEnd();
    */
    glFlush();
}

void MyReshape(GLsizei w, GLsizei h) {
 . . . . . . . . . . .
}

int main(int argc, char** argv) {
 . . . . . . . . . . .
}
```

[코드 11-8]에서 ①의 glLoadMatrixf (SM)은 임의의 Matrix로 현재의 Matrix를 교체하는 역할을 하는 함수이다. 여기서는 SM 즉, $S_H^T \cdot M_H^T$ 혹은 $T_H^T \cdot M_H^T$으로 교

체한다. glLoadMatrixf 함수에 대해서는 <표 11-1>의 glLoadMatrixf 함수에 대한 Prototype에서 자세한 정보를 확인할 수 있다.

〈표 11-1〉 glLoadMatrixf 함수에 대한 Prototype

void glLoadMatrixf (const GLfloat *m*);	
Parameters Help	*m* // 열(Column) 우선순위로 저장된 4×4 Matrix에 대한 Pointer

②의 glMultMatrixf (g) 및 ③의 glMultMatrixf (MT)은 임의의 Matrix에 현재의 Matrix를 곱하는 함수이다. ②에서는 (수식 11-60)을 의미하는 *g*[]을 곱하고, ③에서는 MT 즉, $M_H \cdot T_H$을 곱한다 glMultMatrixf 함수에 대해서는 <표 11-2>의 glMultMatrixf 함수에 대한 Prototype에서 자세한 정보를 확인할 수 있다.

〈표 11-2〉 glMultiMatrixf 함수에 대한 Prototype

void glMultiMatrixf (const GLdouble *m*);	
Parameters Help	*m* // 열(Column) 우선순위로 저장된 4×4 Matrix에 대한 Pointer

④의 glGetFloatv(GL_MODELVIEW_MATRIX, m)은 선택된 매개변수(Parameter)의 값이나 값들을 반환하는 함수이다. 여기서는 ①×②×③의 결과 즉, $SM \cdot g \cdot MT$을 4×4 크기의 Matrix *m*에 반환하는 기능을 한다. glGetFloatv 함수에 대해서는 <표 11-3>의 glGetFloatv 함수에 대한 Prototype에서 자세한 정보를 확인할 수 있다.

〈표 11-3〉 glGetFloatv 함수에 대한 Prototype

<table>
<tr><td colspan="3">void glGetFloatv (GLenum pname, GLboolean *params);</td></tr>
<tr><td rowspan="6">Parameters Help</td><td colspan="2">pname // 반환되기 위한 매개변수(Parameter) 값</td></tr>
<tr><td>Value</td><td>Meaning</td></tr>
<tr><td>…</td><td>…</td></tr>
<tr><td>GL_MODELVIEW_MATRIX</td><td>params 매개변수(Parameter)가 16개의 값 즉, Modelview Matrix Stack의 상단에 있는 Modelview Matrix를 반환한다.</td></tr>
<tr><td>…</td><td>…</td></tr>
<tr><td colspan="2">params // 정의된 매개변수(Parameter)의 값이나 값들을 반환한다.</td></tr>
</table>

Evaluator

⑤의 glMap2f(GL_MAP2_VERTEX_3, 0, 1, 3, 4, 0, 1, 12, 4, &B[0][0][0])은 2차원 Evaluator를 정의하는 함수이다. 여기서 Evaluator란 제어점(Control Point)을 사용하여 곡선(Curve)이나 곡면(Surface)에 제어점을 지정하는 방법을 제공하는 것을 말한다. 또한 B-Splines, NURBS(Non-Uniform Rational B-Spline) surfaces, Bezier 곡선 및 곡면, Hermite Spline 등을 포함하는 어떤 정도의 다항식 Spline 혹은 Surface를 기술하도록 허용한다. glMap2f 함수에 대해서는 <표 11-4>의 glMap2f 함수에 대한 Prototype에서 자세한 정보를 확인할 수 있다.

〈표 11-4〉 glMap2f 함수에 대한 Prototype

void glMap2f (GLenum *target*, GLfloat *u*1, GLfloat *u*2, GLint *ustride*, GLint *uorder*,
GLfloat *v*1, GLfloat *v*2, GLint *vstride*, GLint *vorder*, const GLfloat **points*);

Parameters Help

target // Evaluator에 의해 생성된 값들의 종류

Value	Meaning
GL_MAP2_VERTEX_3	각 제어점은 x, y 및 z을 나타내는 3개의 부동 소수점 값
GL_MAP2_VERTEX_4	각 제어점은 x, y, z 및 w을 나타내는 4개의 부동 소수점 값
GL_MAP2_INDEX	각 제어점은 Color Index를 나타내는 하나의 부동 소수점 값
GL_MAP2_COLOR_4	각 제어점은 Red, Green, Blud 및 Alpha를 나타내는 부동 소수점 값
GL_MAP2_NORMAL	각 제어점은 Normal Vector의 x, y 및 z 성분을 나타내는 3개의 부동 소수점 값
GL_MAP2_TEXTURE_COORD_1	각 제어점은 s Texture Coordinate를 나타내는 하나의 부동 소수점 값
GL_MAP2_TEXTURE_COORD_2	각 제어점은 s 및 t Texture Coordinate를 나타내는 하나의 부동 소수점 값
GL_MAP2_TEXTURE_COORD_3	각 제어점은 s, t 및 r Texture Coordinate를 나타내는 하나의 부동 소수점 값
GL_MAP2_TEXTURE_COORD_4	각 제어점은 s, t, r 및 q Texture Coordinate를 나타내는 하나의 부동 소수점 값

	*u*1	// 이 명령어에 의해 지정된 수식에 의해 평가되는 2개의 변수들 중의 하나로서 *u*의 Linear Mapping
	*u*2	// 이 명령어에 의해 지정된 수식에 의해 평가되는 2개의 변수들 중의 하나로서 *u*의 Linear Mapping
	ustride	// 제어점 R_{ij}의 시작과 제어점 *R*(*i*+1)*j*의 시작 사이의 float 및 double 형의 개수이며, 여기서 *i*와 *j*는 *u* 및 *v* 제어점 각각에 대한 Index들이다.
	uorder	// *u*축에 있는 제어점 배열의 차원으로서 양수이어야 한다.
	*v*1	// 이 명령어에 의해 지정된 수식에 의해 평가되는 2개의 변수들 중의 하나로서 *v*의 Linear Mapping
	*v*2	// 이 명령어에 의해 지정된 수식에 의해 평가되는 2개의 변수들 중의 하나로서 *v*의 Linear Mapping
	vstride	// 제어점 R_{ij}의 시작과 제어점 *Ri*(*j*+1)의 시작 사이의 float 및 double 형의 개수이며, 여기서 *i*와 *j*는 *u* 및 *v* 제어점 각각에 대한 Index들이다.
	vorder	// *v*축에 있는 제어점 배열의 차원으로서 양수이어야 한다.
	points	// 제어점들의 배열에 대한 Pointer

⑥의 glEnable(GL_MAP2_VERTEX_3)은 Evaluator Map을 활성화한다. 즉, 제어점들을 설정한 후 활성화한다는 의미이다. ⑦의 glMapGrid2f(100, 0.0, 1.0, 100, 0.0, 1.0)은 1차원 Mesh를 정의하는 함수이다. glMapGrid2f 함수에 대해서는 <표 11-5>의 glMapGrid2f 함수에 대한 Prototype에서 자세한 정보를 확인할 수 있다.

〈표 11-5〉 glMapGrid2f 함수에 대한 Prototype

void glMapGrid2f (GLint *un*, GLfloat *u*1 GLfloat *u2*, GLint *vn*, GLfloat *v1*, GLfloat *v2*);		
Parameters Help	*un*	// Gird 영역의 범위 [$u1$, $u2$]에서 몇 개로 분할(Partition)할지에 대한 분할 개수로서 양수이어야 한다.
	*u*1	// 정수형 격자(Grid) Domain 값 $i=0$에 대한 Mapping으로 사용된 값 // *u*의 시작 값
	*u*2	// 정수형 격자(Grid) Domain 값 $i=un$에 대한 Mapping으로 사용된 값 // *u*의 마지막 값
	vn	// Gird 영역의 범위 [$v1$, $v2$]에서 몇 개로 분할(Partition)할지에 대한 분할 개수로서 양수이어야 한다.
	*v*1	// 정수형 격자(Grid) Domain 값 $j=0$에 대한 Mapping으로 사용된 값 // *v*의 시작 값
	*v*2	// 정수형 격자(Grid) Domain 값 $j=un$에 대한 Mapping으로 사용된 값 // *v*의 마지막 값

⑧의 glEvalMesh2(GL_FILL, 0, 100, 0, 100)은 제어점이나 선(Line)의 2차원 격자(Grid)를 계산하는 함수이다. glEvalMesh2 함수에 대해서는 <표 11-6>의

glEvalMesh2 함수에 대한 Prototype에서 자세한 정보를 확인할 수 있다.

〈표 11-6〉 glEvalMesh2 함수에 대한 Prototype

void glEvalMesh2f (GLenum *mode*, GLint *i1*, GLint *i2*, GLint *j1*, GLint *j2*);	
Parameters Help	*mode* // 점(Point), 선(Line) 및 다각형(Polygon)의 2차원 Mesh를 어떻게 계산하는지에 대한 여부를 지정하는 값으로서 GL_POINT, GL_LINE 및 GL_FILL 등이 허용되어진다. *i1* // 격자(Grid) Domain 변수 *i*를 위한 첫 번째 정수형 값 *i2* // 격자(Grid) Domain 변수 *i*를 위한 마지막 정수형 값 *j1* // 격자(Grid) Domain 변수 *j*를 위한 첫 번째 정수형 값 *j2* // 격자(Grid) Domain 변수 *j*를 위한 마지막 정수형 값

⑨의 glEvalCoord2f((GLfloat)i/100.0, (GLfloat)j/8.0) 및 ⑩의 glEvalCoord2f((GLfloat)j/8.0, (GLfloat)i/100.0)은 활성화된 2차원 Map을 평가하는 함수이다. glEvalCoord2f 함수에 대해서는 <표 11-7>의 glEvalCoord2f 함수에 대한 Prototype에서 자세한 정보를 확인할 수 있다.

〈표 11-7〉 glEvalCoord2f 함수에 대한 Prototype

void glEvalCoord2f (GLfloat *u*, GLfloat *v*);	
Parameters Help	*u* // glMap2f 함수에서 정의된 Basis Functions에 Domain 좌표 *u*인 값 *v* // glMap2f 함수에서 정의된 Basis Functions에 Domain 좌표 *v*인 값

2. Bezier Spline Surface

Bezier Spline Surface

Bezier Spline Surface $C(u, v)$는 단순히 2개 곡선(Curve)의 Tensor Product 즉, 2개 매개변수(Parametric) 방향 (u, v)에서 Bezier Spline Curve의 확장 기능으로서 (수식 11-62)에 의해 값을 구할 수 있다.

$$C(u, v)=\sum_{i=0}^{n}\sum_{j=0}^{m}P_{ij}B_{i,n}(u)B_{j,m}(v) \qquad \text{(수식 11-62)}$$

여기서 매개변수 방향 (u, v)은 각각 n 및 m 차수를 가진다. 일반적으로는 [그림 11-26]과 같이 차수 $n=m$인 경우가 많으며, $(n+1)\times(m+1)$개의 제어점들을 생성한다.

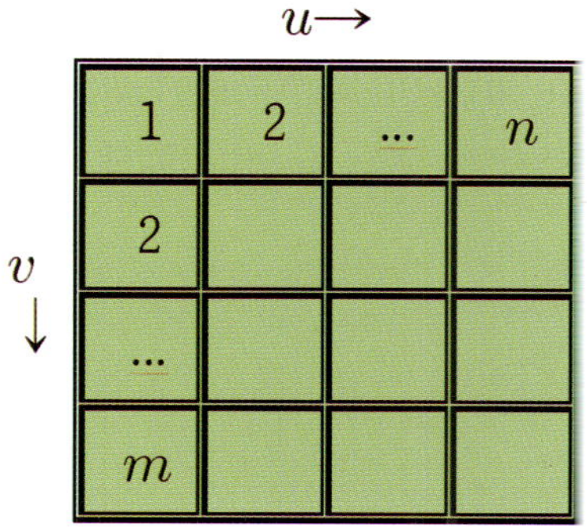

[그림 11-26] Bezier Spline Surface을 위한 매개변수 방향$(u,\ v)$ 및 차수$(n,\ m)$

[그림 11-27]은 2D Evaluators를 사용하여 생성한 Wire-frame Bezier Spline Surface의 구현 결과이고, [코드 11-9]는 그 소스 코드이다.

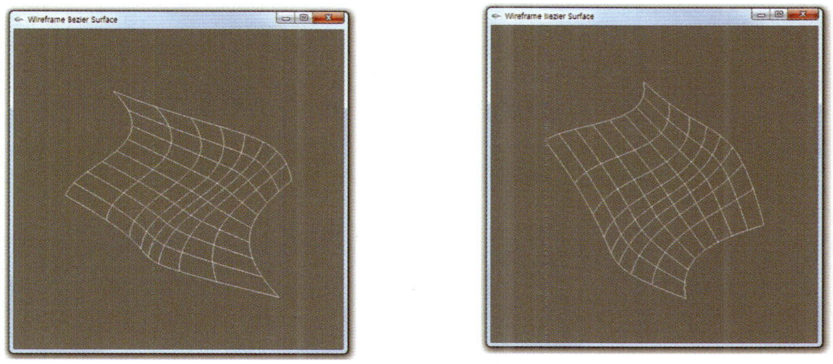

[그림 11-27] 2D Evaluators를 사용한 Wire-frame Bezier Spline Surface의 구현 결과

코드 11-9 Wire-frame Bezier Spline Surface using 2D Evaluators

```
#include <stdlib.h>
#include <glut.h>

GLfloat ctrlpoints[4][4][3] = {
    {{-1.5, -1.5, 4.0}, {-0.5, -1.5, 2.0}, {0.5, -1.5, -1.0}, {1.5, -1.5, 2.0}},
    {{-1.5, -0.5, 1.0}, {-0.5, -0.5, 3.0}, {0.5, -0.5, 0.0}, {1.5, -0.5, -1.0}},
    {{-1.5, 0.5, 4.0}, {-0.5, 0.5, 0.0},  {0.5, 0.5, 3.0}, {1.5, 0.5, 4.0}},
    {{-1.5, 1.5, -2.0}, {-0.5, 1.5, -2.0}, {0.5, 1.5, 0.0}, {1.5, 1.5, -1.0}}
};
```

```
void MyDisplay() {
    glClear(GL_COLOR_BUFFER_BIT | GL_DEPTH_BUFFER_BIT);
    glColor3f(1.0, 1.0, 1.0);
    glPushMatrix ();
        glRotatef(85.0, 1.0, 1.0, 1.0);
        for (int j = 0; j <= 8; j++) {
            glBegin(GL_LINE_STRIP);
                for (int i = 0; i <= 30; i++)
                    glEvalCoord2f((GLfloat)i/30.0, (GLfloat)j/8.0);   // <표 11-7> 참조
            glEnd();
            glBegin(GL_LINE_STRIP);
                for (int i = 0; i <= 30; i++)
                    glEvalCoord2f((GLfloat)j/8.0, (GLfloat)i/30.0);   // <표 11-7> 참조
            glEnd();
        }
    glPopMatrix ();
    glFlush();
}

void MyInit() {
    glClearColor (0.0, 0.0, 0.0, 0.0);

    // <표 11-4> 참조
    glMap2f(GL_MAP2_VERTEX_3, 0, 1, 3, 4, 0, 1, 12, 4, &ctrlpoints[0][0][0]);
    glEnable(GL_MAP2_VERTEX_3); // Evaluator Map 활성화 즉, 제어점들을 생성한 후 활성화

    // glMapGrid2f() - u1에서 u2, v1에서 v2로 가는 격자(Grid)를 균등하게 정의
    // 20 - u 분할의 개수, 0.0 - u1(u의 시작), 1.0 - u2(u의 마지막)
    // 20 - v 분할의 개수, 0.0 - v1(v의 시작), 1.0 - v2(v의 마지막)
    glMapGrid2f(20, 0.0, 1.0, 20, 0.0, 1.0);          // <표 11-5> Prototype 참조
    glEnable(GL_DEPTH_TEST);
    glShadeModel(GL_FLAT);
}

void MyReshape(int w, int h) {
 . . . . . . . . . . .
}

int main(int argc, char** argv) {
 . . . . . . . . . . .
}
```

[그림 11-28]은 2D Evaluators를 사용하여 생성한 Bezier Spline Curve에 Mesh를 채우고 조명을 추가한 Bezier Spline Surface의 구현 결과이고, [코드 11-10]은 그 소스 코드이다.

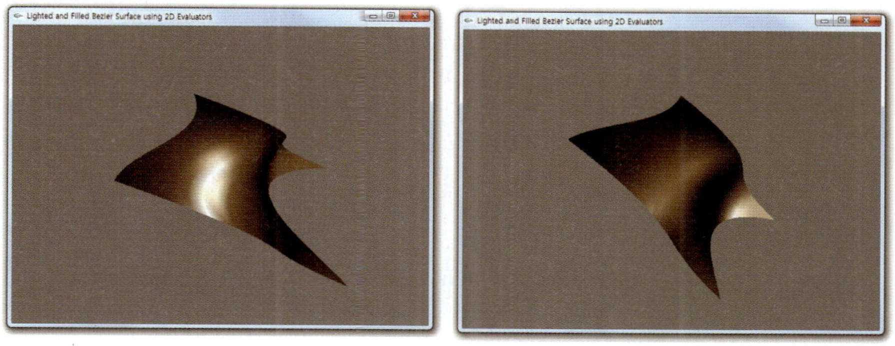

[그림 11-28] 2D Evaluators를 사용하여 생성한 Bezier Spline Curve에 Mesh를 채우고 조명을 추가한 Bezier Spline Surface의 구현 결과

코드 11-10 2D Evaluators를 사용하여 Mesh를 채우고 조명을 추가한 Bizier Spline Surface

```
#include <stdlib.h>
#include <glut.h>

GLfloat ctrlpoints[4][4][3] = {
    {{-1.5, -1.5, 3.0}, {-0.5, -1.5, 1.0}, {0.5, -1.5, 1.5}, {1.5, -1.5, 2.0}},
    {{-1.5, -2.5, -3.0}, {-0.5, -0.5, -1.0}, {0.5, 0.5, 1.0}, {1.5, 2.5, 3.0}},
    {{-1.5, -1.5, 1.0}, {-0.5, -0.5, 0.0}, {0.5, -0.5, 3.0}, {1.5, 0.5, 1.0}},
    {{-1.5, 1.5, -2.0}, {-0.5, 1.5, -2.0}, {0.5, 1.5, 0.0}, {1.5, 1.5, -2.0}}
};

void initlights() {
. . . . . . . . . . .
}

void MyDisplay() {
    glClear(GL_COLOR_BUFFER_BIT | GL_DEPTH_BUFFER_BIT);
    glPushMatrix();
        glRotatef(85.0, 1.0, 1.0, 1.0)
        glEvalMesh2(GL_FILL, 0, 20  0, 20);    // <표 11-6> 참조
    glPopMatrix();
    glFlush();
```

```
}

void MyInit() {
    glClearColor(0.0, 0.0, 0.0, 0.0);
    glEnable(GL_DEPTH_TEST);
    // <표 11-4> 참조
    glMap2f(GL_MAP2_VERTEX_3, 0, 1, 3, 4, 0, 1, 12, 4, &ctrlpoints[0][0][0]);
    glEnable(GL_MAP2_VERTEX_3);  // 제어점들을 활성화한 후 Evaluator Map을 활성화
    glEnable(GL_AUTO_NORMAL);    // 조명을 사용하기 위해 Normal Vector 자동 생성 활성화
    glMapGrid2f(20, 0.0, 1.0, 20, 0.0, 1.0);    // <표 11-5> 참조
    initlights();
}

void MyReshape(int w, int h) {
 . . . . . . . . . . .
}

int main(int argc, char **argv) {
 . . . . . . . . . . .
}
```

3. B-Spline Surface

B-Spline Surface

B-Spline Surface는 B-Spline Curve의 확장으로서 **B-Spline Curve**에 대한 이해를 하였다고 가정하고, B-Spline에 대한 기본적인 이론은 생략하도록 한다. 일반적으로 Bezier Spline Curve에서 Basis Functions은 가중치(Weight)로 사용되어진다. 그러나 B-Spline Curve에서 Basis Functions은 Bezier Spline Curve의 Basis Functions과 같은 방식으로 사용되지만, Bezier Spline Curve의 Basis Functions보다 훨씬 더 복잡한 두 가지의 특성을 가지고 있다. 첫째는 범위가 Knot에 의해 세분화되어진다는 것이다. 둘째는 Basis Functions이 전체 간격에서 0(Zero)이 아닌 것이 없다는 것이다. 그러므로 Bezier Spline Surface가 G^1 연속성을 보장하는 반면, B-Spline Surface는 C^2 연속성을 보장하므로 Bezier Spline Surface보다 상대적으로 작은 개수의 제어점들을 가지고 있을지라도 규칙적인 Cubic Surface를 제대로 표현할 수 있다는 장점을 가지고 있다. 이와 같은 장점을 가지고 있는 B-Spline Surface $Q(u, v)$는 (수식 11-63)으로 정의할 수 있다.

$$Q(u, v)=\sum_{i=0}^{m}\sum_{j=0}^{n} N_{i,p}(u)N_{j,p}(v)p_{i,j} \quad \text{(수식 11-63)}$$

여기서 $p_{i,j}$는 제어점들이고, i는 $0 \le i \le m$의 범위를 가지며, j는 $0 \le j \le n$의 범위를 가진다. 또한 m은 행(Row)의 개수, n은 열(Column)의 개수를 의미한다. u 방향으로 h개의 Knot를 가지는 Knot Vector $U=\{u_0, u_1, \cdots, u_h\}$이며, v 방향으로 k개의 Knot를 가지는 Knot Vector $V=\{v_0, v_1, \cdots, v_k\}$이다. 그리고 u 방향에서의 차수(Degree) p와 v 방향에서의 차수 q을 가진다. $N_{i,p}(u)$와 $N_{i,q}(v)$는 각 차수 p와 q에 대한 B-Spline Basis Functions이다. 각 방향을 위한 기본적인 항등식은 $h=m+p+1$ 및 $k=n+q+1$이어야 한다. [그림 11-29]는 u 및 v 방향에서의 각 차수의 변화에 따른 B-Spline Surface의 차이를 보여주고 있다.

B-Spline Basis Functions

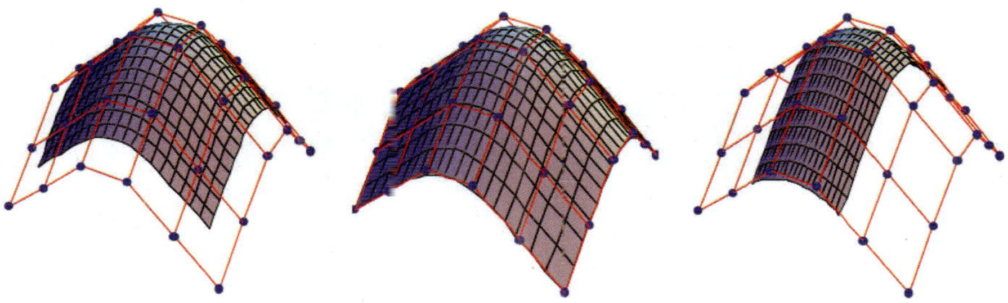

(A) (Periodic, Periodic) $(p, q)=(3, 3)$ (B) (Non-Periodic, Non-Periodic) $(p, q)=(3, 3)$ (C) (Periodic, Non-Periodic) $(p, q)=(5, 2)$

[그림 11-29] 차수의 변화에 따른 B-Spline Surface의 변화

B-Spline Basis Functions $N_{i,p}(u)$ 및 $N_{j,q}(v)$에 대하여 조금 더 살펴보자. 제어점 $p_{i,j}$의 계수는 u 방향의 $N_{i,p}(u)$와 v 방향의 $N_{j,q}(v)$에 대한 1차원 B-Spline Basis Functions의 곱(Product)이다. 이와 같은 모든 곱(Product)들은 2차원 B-Spline Functions이 된다. 2차원 Basis Functions은 Wire-frame Surface로 표시되는데, 제어점들에 대한 행(Row)의 값이 동일하기 때문에 u 방향에서의 Basis Functions은 v 방향에서의 Basis Functions이 변화하는 동안 고정되어져 있게 된다. B-Spline Curve의 Basis Functions은 약간의 연속적인 Knot 범위(Span)에서 일반적으로 0(Zero)이 아니기 때문에 2차원 B-Spline Basis Functions은 최소한 1차원 Basis Functions이 0(Zero)이 아닌 2개의 Knot 범위의 곱(Product)이 0(Zero)이 아니다.

B-Spline Curve는 Clamped, Closed 및 Open 형으로 구분할 수 있기 때문에, B-Spline Surface는 각 방향에서 3가지 유형을 가질 수 있다. 즉, u 방향으로는 Clamped, v 방향으로는 Closed된 B-Spline Surface를 요청할 수도 있다. 만약 B-Spline Surface가 u 및 v 방향 모두 Clamped 유형을 가진다면, Surface는 제어점 $p_{0,0}$, $p_{m,0}$, $p_{0,n}$ 및 $p_{m,n}$을 통과하고, 이러한 4개의 제어점들에 Control Net 8개의 다리에 접선(Tangent, 기울기)이 된다. 만약 B-Spline Surface가 한 쪽 방향에서 Closed 유형을 가진다면, 이 방향에 있는 모든 Curve들은 Closed Curve가 되고 Surface는 관(Tube)이 된다. 만약 B-Spline Surface가 u 및 v 방향 모두 Open 유형이라면, Surface는 제어점 $p_{0,0}$, $p_{m,0}$, $p_{0,n}$ 및 $p_{m,n}$을 통과하지 않는다. [그림 11-30]은 양쪽 모든 방향에서 B-Spline Surface의 3가지 유형 즉, Clamped, Closed 및 Open 유형을 보여준다.

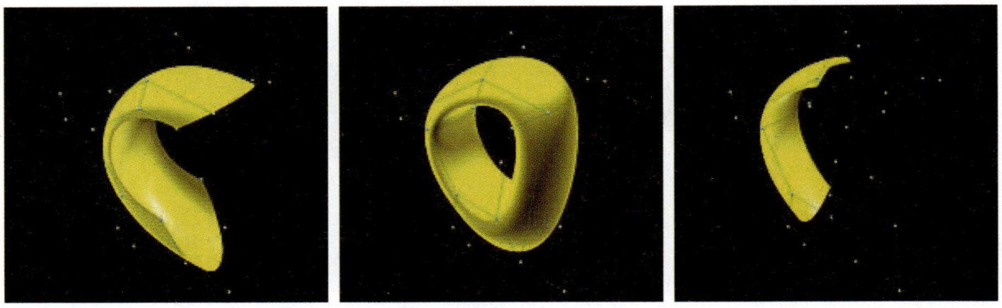

(A) Clamped (B) Closed (C) Open

[그림 11-30] B-Spline Surface의 3가지 유형

[그림 11-30]에서와 같이 3가지 유형의 모든 B-Spline Surface들은 같은 제어점들의 집합에 의해 정의되어져 있지만, B-Spline Curve와 같이 그들의 Knot Vector들은 서로 다르다.

Patch(곡선을 특정한 단위로 분리함)

B-Spline Surface에서 각 Patch는 제어점들을 혼합함으로써 정의되어진다. 즉, Patch(곡선을 특정한 단위로 분리함)에 있는 제어점 $Q(u, v)$는 [그림 11-31]과 같이 제어점에 의해 정의된 Parametric Curve의 Tensor Product 혹은 Cartesian Product 이다. 즉, 양방향의 Spline을 직접 곱하는 형식을 취한다는 의미이다.

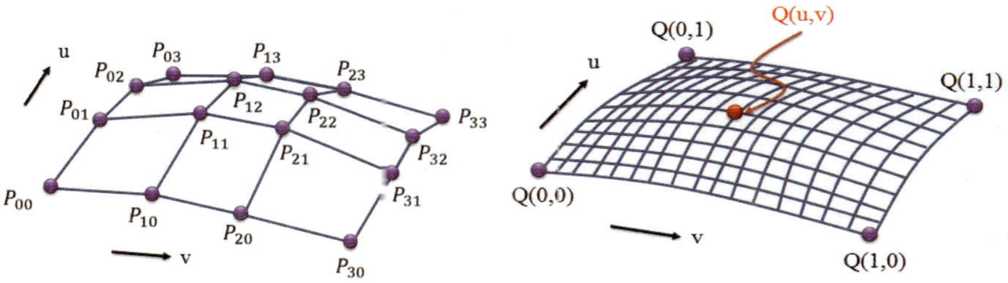

[그림 11-31] Parametric Curve의 Tension Product

Bezier Spline Surface에서와 같이 제어점들의 집합은 일반적으로 Control Net이라고 하고 u와 v의 범위는 0과 1 사이이다. 따라서 B-Spline Surface은 직사각형 표면 Patch를 정사각형 단위로 Mapping한다. 모든 Patch의 제어점에서 $Q(u, v)$는 다항식 Blending Functions과 제어 점들을 조합함으로써 (수식 11-63)을 (수식 11-64)와 같이 정의할 수 있다.

$$Q(u, v)=UM\begin{bmatrix} p_{1,1} & p_{1,2} & p_{1.3} & p_{1,4} \\ p_{2,1} & p_{2,2} & p_{2,3} & p_{2,4} \\ p_{3,1} & p_{3,2} & p_{3,3} & p_{3,4} \\ p_{4,1} & p_{4,2} & p_{4,2} & p_{4,4} \end{bmatrix}M^TV^T \qquad \text{(수식 11-64)}$$

여기서 $U=[u^3\ \ u^2\ \ u\ \ 1]$이고, $V=[v^3\ \ v^2\ \ v\ \ 1]$이며, Parametric Cubic Curve를 위한 Blending Functions M은 (수식 11-65)와 같다.

$$M=\frac{1}{6}\begin{bmatrix} -1 & 3 & -3 & 1 \\ 3 & -6 & 3 & 0 \\ -3 & 0 & 3 & 0 \\ 1 & 4 & 1 & 0 \end{bmatrix} \qquad \text{(수식 11-65)}$$

(수식 11-65)을 (수식 11-64)에 대입하면, 결국 B-Spline Surface $Q(u, v)$는 (수식 11-66)과 같게 된다.

$$Q(u, v)=\begin{bmatrix}u^3\\u^2\\u\\1\end{bmatrix}\frac{1}{6}\begin{bmatrix}-1 & 3 & -3 & 1\\3 & -6 & 3 & 0\\-3 & 0 & 3 & 0\\1 & 4 & 1 & 0\end{bmatrix}\begin{bmatrix}p_{1,1} & p_{1,2} & p_{1.3} & p_{1,4}\\p_{2,1} & p_{2,2} & p_{2,3} & p_{2,4}\\p_{3,1} & p_{3,2} & p_{3,3} & p_{3,4}\\p_{4,1} & p_{4,2} & p_{4,2} & p_{4,4}\end{bmatrix}\frac{1}{6}\begin{bmatrix}-1 & 3 & -3 & 1\\3 & -6 & 3 & 0\\-3 & 0 & 3 & 0\\1 & 4 & 1 & 0\end{bmatrix}^T\begin{bmatrix}v^3\\v^2\\v\\1\end{bmatrix}$$

(수식 11-66)

B-Spline Surface에는 8가지의 중요한 속성들이 있다.

첫째는 Non Negativity로서 $N_{i,p}(u)N_{j,q}(v)$는 모든 p, q, i, j에 대하여 Non Negative이고 u와 v는 모두 0과 1 사이의 범위를 가진다.

둘째는 Partition of Unity으로서 모든 $N_{i,p}(u)N_{j,q}(v)$의 합(Sum)은 1이고 u와 v는 모두 0과 1 사이의 범위를 가진다.

Convex Hull Property

셋째는 Strong Convex Hull Property로서 만약 (u, v)가 $[u_i, u_{i+1})\times[v_j, v_{j+1})$이라면, $Q(u, v)$는 제어점 $p_{h,k}$에 의해 정의된 Convex Hull에 존재하게 되며 $i-p\le h\le i$ 및 $j-q\le k\le j$와 같은 조건을 포함한다.

넷째는 Local Modification Scheme으로서 제어점의 위치를 변경하는 것은 간격(Interval) $[u_i, u_{i+p+1})$에 있는 Curve $p(u)$에만 영향을 미친다는 것을 의미한다. 그러므로 $N_{i,p}(u)N_{j,q}(v)$은 만약 (u, v)가 직사각형 $[u_i, u_{i+1})\times[v_j, v_{j+1})$의 외부에 있다면 0(Zero)가 된다.

다섯째는 만약 $u(resp., v)$이 $s(resp., t)$의 Knot이면, $Q(u, v)$는 $u(resp., v)$ 방향에서 $C^{p-s}(resp., {}^{q-t})$ 연속이다.

여섯째는 Affine Invariance(불변성)로서 변형된 제어점들에 의해 정의된 Surface들과 모든 제어점들에 변형을 적용할 수 있는 B-Spline Surface에 Affine 변형을 적용하는 것이 Surface의 방정식에 동일한 변환을 적용하여 얻는 것과 동일하다는 것을 의미한다.

일곱째는 Variation Diminishing Property로서 이와 같은 것은 Surface에 존재하지 않는다.

마지막 여덟째는 만약 $U=\{0, \cdots, 0, 1, \cdots, 1\}$, $V=\{0, \cdots, 0, 1, \cdots, 1\}$이면, B-Spline Surface는 4개의 Corner Point들 즉, $Q(0, 0)=p_{0,0}$, $Q(1, 0)=p_{m,0}$, $Q(0, 1)=p_{0,n}$ 및 $Q(1, 1)=p_{m,n}$을 보간(Interpolate)한다. 만약 $m=p$, $n=q$ 및 $U=\{0, \cdots, 0, 1, \cdots, 1\}$, $V=\{0, \cdots, 0, 1, \cdots, 1\}$이면, B-Spline Surface는 Bezier Spline Surface가 된다.

[그림 11-32]는 10×10개의 제어점을 가지고 BiCubic B-Spline Surface를 구현

한 결과이고, [코드 11-11]은 그 소스 코드이다.

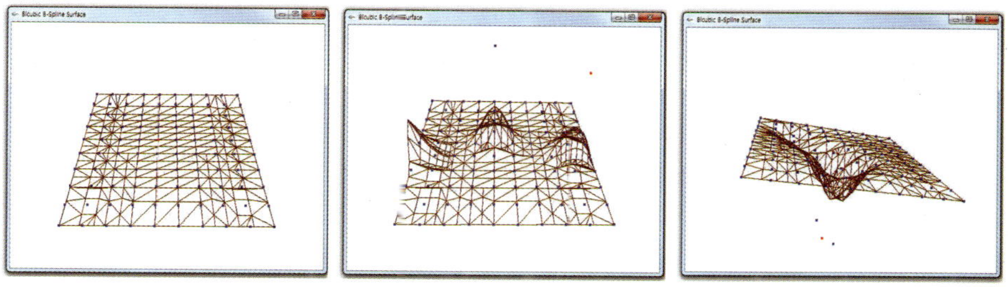

[그림 11-32] Bicubic B-Spline Surface의 구현 결과

코드 11-11 Bicubic B-Spline Surface

```
#include <Windows.h>
#include <iostream>
using namespace std;
#include <glut.h>

// 변수 선언 (전체 소스 코드 참조)

// 매개변수(Parameter) u를 따르는 표준 Knot Vector
static float uknots[14] = {0.0, 0.0, 0.0, 0.0, 1.0, 2.0, 3.0, 4.0, 5.0, 6.0, 7.0, 7.0, 7.0, 7.0};

// 매개변수(Parameter) v를 따르는 표준 Knot Vector
static float vknots[14] = {0.0, 0.0, 0.0, 0.0, 1.0, 2.0, 3.0, 4.0, 5.0, 6.0, 7.0, 7.0, 7.0, 7.0};

void resetControlPoints() { // 제어점 Control Point) 생성 및 재설정
    for (int i = 0; i < 10; i++)
        for (int j = 0; j < 10; j++) {
            controlPoints[i][j][0] = 4.5 - j;
            controlPoints[i][j][1] = 0.0
            controlPoints[i][j][2] = 4.5 - i;
        }

    rowCount = columnCount = 5;
}

void setup() {
    glClearColor(1.0, 1.0, 1.0, 0.0);
```

```
    nurbsObject = gluNewNurbsRenderer();  // NURBS 객체 생성. <표 11-8> 참조
    // NURBS 속성 정의. <표 11-9> 참조
    gluNurbsProperty(nurbsObject, GLU_SAMPLING_METHOD, GLU_PATH_LENGTH);
    gluNurbsProperty(nurbsObject, GLU_SAMPLING_TOLERANCE, 100.0);
    gluNurbsProperty(nurbsObject, GLU_DISPLAY_MODE, GLU_OUTLINE_POLYGON);

    resetControlPoints();  // 제어점 생성 및 재설정
}

void MyDisplay() {
 . . . . . . . . . . .

    // Spline Surface를 그린다.
    glColor3f(0.5, 0.0, 0.0);
    gluBeginSurface(nurbsObject);  // NURBS Surface 정의 시작. <표 11-10> 참조
    gluNurbsSurface(nurbsObject, 14, uknots, 14, vknots, 30, 3, controlPoints[0][0], 4, 4,
                GL_MAP2_VERTEX_3);  // NURBS Surface의 모양 정의. <표 11-11> 참조
    gluEndSurface(nurbsObject);  // NURBS Surface 정의 끝. <표 11-12> 참조

    // 제어점을 Blue Color로 그린다.
    glPointSize(5.0);
    glColor3f(0.0, 0.0, 1.0);
    glBegin(GL_POINTS);
        for (int i = 0; i < 10; i++)
            for (int j = 0; j < 10; j++)
                glVertex3fv(controlPoints[i][j]);  // 모든 제어점 표시
    glEnd();

    // 현재 선택된 제어점을 Red Color로 그린다.
    glColor3f(1.0, 0.0, 0.0);
    glBegin(GL_POINTS);
        glVertex3fv(controlPoints[rowCount][columnCount]);  // 현재 선택된 제어점 표시
    glEnd();

    glutSwapBuffers();
}

void MyMouse(int button, int state, int x, int y) {
 . . . . . . . . . . .
}

void MyMotion(int x, int y) {
```

```
    . . . . . . . . . . .
}

void MyKeyboard(unsigned char key, int x, int y) {
    . . . . . . . . . . .
}

void MySpecial(int key, int x, int y) {   // 현재 위치에 있는 제어점의 Vertex 값 조절
    . . . . . . . . . . .
}

void MyReshape(int w, int h) {
    . . . . . . . . . . .
}

int main(int argc, char **argv) {
    . . . . . . . . . . .
}
```

4. NURBS(Non-Uniform Rational B-Spline) Surface

NURBS Surface $S(u, v)$는 (수식 11-67)과 같이 각각 Index i 및 j와 함께 두 개의 독립적인 매개변수(Parameter) u 및 v을 사용하여 2개 NURBS Curve들의 Tension Product 혹은 Tensor Product에 의해 얻어진다.

$$S(u, v)=\sum_{i=1}^{k}\sum_{j=1}^{l}R_{i,j}(u, v)P_{i,j} \qquad \text{(수식 11-67)}$$

여기서 $P_{i,j}$는 제어점이고, Rational Basis Functions $R_{i,j}(u, v)$는 (수식 11-68)과 같다.

$$R_{i,j}(u, v)=\frac{N_{i,n}(u)N_{n.m}(v)w_{i,j}}{\sum_{p=1}^{k}\sum_{q=1}^{l}N_{p,n}(u)N_{q.m}(v)w_{p,q}} \qquad \text{(수식 11-68)}$$

여기서 $N_{i,n}(u)$는 NURBS Curve에서 사용되는 Basis Functions이다. 나머지 모든 변수들에 대해서는 **NURBS Curve**를 참조하기 바란다.

[그림 11-33]은 NURBS Surface 구현 결과이고, [코드 11-12]는 그 소스 코드이다.

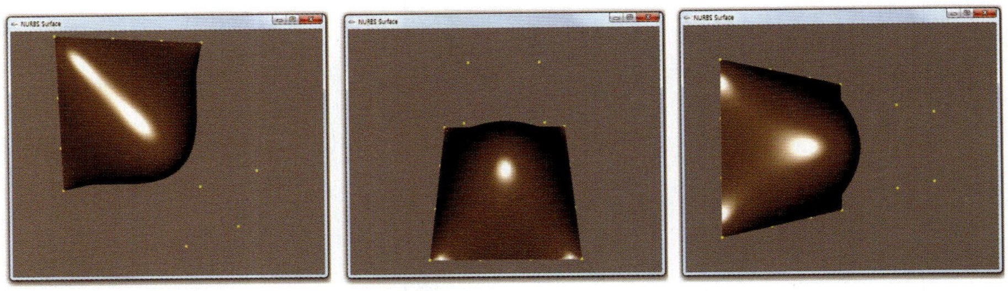

[그림 11-33] NURBS Surface의 구현 결과

코드 11-12

NURBS Surface

```
#include <stdlib.h>
#include <stdio.h>
#include <glut.h>

GLfloat ctlpoints[4][4][3];             // 제어점들을 저장하기 위한 배열
int showPoints = 1;
GLUnurbsObj *theNurb;                   // NURBS 객체 선언

// Surface의 제어점들을 초기화
// 제어점들의 범위 : x, y 및 z축 모두 [-3, 3]
void init_surface() {
    for (int u = 0; u < 4; u++) {
        for (int v = 0; v < 4; v++) {
            ctlpoints[u][v][0] = 2.0*((GLfloat)u - 1.5);
            ctlpoints[u][v][1] = 2.0*((GLfloat)v - 1.5);

            if ( (u == 1 || u == 2) && (v == 1 || v == 2))
                ctlpoints[u][v][2] = 3.0;
            else
                ctlpoints[u][v][2] = -3.0;
        }
    }
}
```

```
void MyInit() {
 . . . . . . . . . . .

    init_surface();      // Surface의 제어점들을 초기화하기 위한 함수 호출

    theNurb = gluNewNurbsRenderer ); ........................................ ①
    gluNurbsProperty(theNurb, GLU_SAMPLING_TOLERANCE, 25.0);.................. ②
    gluNurbsProperty(theNurb, GLU_DISPLAY_MODE, GLU_FILL); ................... ③
}

void MyDisplay() {
    GLfloat knots[8] = {0.0, 0.0, 0.0, 0.0, 1.0, 1.0, 1.0, 1.0};      // Knot 배열 선언

    glClear(GL_COLOR_BUFFER_BIT | GL_DEPTH_BUFFER_BIT);
    glPushMatrix();
        glRotatef(330.0, 1.0, 0.0, 0.0);
        glScalef (0.5, 0.5, 0.5);
        gluBeginSurface(theNurb);................................................ ④
        gluNurbsSurface(theNurb, 8, knots, 8, knots, 4 * 3, 3, &ctlpoints[0][0][0], 4, 4,
                GL_MAP2_VERTEX_3); ...................................... ⑤
        gluEndSurface(theNurb); ................................................. ⑥

        if (showPoints) {   // 제어점들을 보여줄 경우
            glPointSize(5.0);
            glDisable(GL_LIGHTING)
            glColor3f(1.0, 1.0, 0.0);
            glBegin(GL_POINTS);
                for (int i = 0; i < 4; i++) {
                    for (int j = 0; j < 4; j++) {
                        // 제어점들의 Vertex 좌표
                        glVertex3f(ctlpoints[i][j][0], ctlpoints[i][j][1], ctlpoints[i][j][2]);
                    }
                }
            glEnd();
            glEnable(GL_LIGHTING);
        }
    glPopMatrix();
    glFlush();
}

void MyReshape(int w, int h) {
 . . . . . . . . . . .
```

```
}

void MyKeyboard(unsigned char key, int x, int y) {
 . . . . . . . . . . .
}

int main(int argc, char** argv) {
 . . . . . . . . . . .
}
```

[코드 11-12]에서 ①의 gluNewNurbsRenderer은 NURBS 객체를 생성하는 함수이고, 생성된 NURBS 객체는 NURBS 객체 선언 변수인 theNurb로 넘겨준다. gluNewNurbsRenderer 함수에 대해서는 <표 11-8>의 gluNewNurbsRenderer 함수에 대한 Prototype에서 자세한 정보를 확인할 수 있다.

〈표 11-8〉 gluNewNurbsRenderer 함수에 대한 Prototype

GLUnurbs *gluNewNurbsRenderer (void);	
Parameters Help	No Parameters

②의 gluNurbsProperty(theNurb, GLU_SAMPLING_TOLERANCE, 25.0) 및 ③의 gluNurbsProperty(theNurb, GLU_DISPLAY_MODE, GLU_FILL)은 NURBS 속성을 설정하는 함수이다. gluNurbsProperty 함수에 대해서는 <표 11-9>의 gluNurbsProperty 함수에 대한 Prototype에서 자세한 정보를 확인할 수 있다.

〈표 11-9〉 gluNurbsProperty 함수에 대한 Prototype

void gluNurbsProperty (GLUnurbs **nobj*, GLenum *property*, GLfloat *value*);	
Parameters Help	*nobj* // NURBS 객체 *property* // 설정하기 위한 속성

Value	Meaning
GLU_SAMPLING_TOLERANCE	− Sampling 방법이 GLU_PATH_LENGTH를 설정하기 위해 사용되어질 때 Pixel 단위의 최대 길이를 지정 − Default Value : 50 Pixels
GLU_DISPLAY_MODE	− NURBS Surface가 어떻게 Render되는지를 정의하는 Value Parameter -> GLU_FILL : Surface가 Polygon으로 Render. Default Value -> GLU_OUTLINE_POLYGON : NURBS Library만 Tessellation에 의해 생성된 Polygon의 윤곽선을 그린다. -> GLU_OUTLINE_PATCH : Patch 및 사용자에 의해 정의된 Trim Curve만 윤곽선이 그려진다.
GLU_CULLING	− Value Parameter는 Boolean Value − 만약 Value가 GL_TRUE이면, 현재 Viewport의 외부에 위치하는 제어점들을 가진 NURBS Curve는 Tessellation 전에 삭제되어진다. − Default Value : GL_FALSE (이유 NURSB Curve는 제어점들의 Convex Hull 내에 완전하게 속할 수 없기 때문)
GLU_AUTO_LOAD_MATRIX	− Value Parameter는 Boolean Value − 만약 Value가 GL_TRUE이면, NURBS 코드는 각 NURBS Curve를 위한 Sampling 및 Culling Matrix들을 계산하기 위하여 OpenGL 서버로부터 Projection Matrix, Modelview Matrix, Viewport를 Download한다. − 만약 Value가 GL_FALSE이면, 프로그래머는 Sampling 및 Culling Matrix들을 구성하기 위하여 NURBS Renderer를 위한 Projection Matrix, Modelview Matrix, Viewport를 제공하여야 한다.
GLU_PARAMETRIC_TOLERANCE	− Sampling 방법이 GLU_PARAMETRIC_ERROR로 설정할 때 사용하기 위한 Pixel 단위의 최대 거리를 지정 − Default Value : 0.5

	GLU_SAMPLING_METHOD	– NURBS Surface를 Tessellation하기 위한 방법을 설정한다. –> GLU_PATH_LENGTH : Default Value Tessellation Polygon들의 Edge들의 Pixel 단위의 최대 길이를 가진 Render된 Surface들이 GLU_SAMPLING_TOLERANCE에 의해 지정된 값보다 더 크지 않게 지정 –> GLU_PARAMETRIC_ERROR : Surface Rendering에서 Tessellation Polygon들과 Surface들 사이의 Pixel 단위의 최대 길이를 지정하는 GLU_PARAMETRIC_TOLERANCE의 값을 지정 –> GLU_DOMAIN_DISTANCE : Parametric 좌표에서 단위 길이 당 얼마나 많은 샘플 점(Point)들이 u 및 v 차원에 속할 수 있는지를 지정
	GLU_U_STEP	– Parametric 좌표에서 u 차원을 따라 속해있는 단위 길이 당 샘플 점(Point)들의 개수를 지정 – Default Value : 100 – GLU_SAMPLING_METHOD가 GLU_DOMAIN_DISTANCE로 설정된 경우에 사용
	GLU_V_STEP	– Parametric 좌표에서 v 차원을 따라 속해있는 단위 길이 당 샘플 점(Point)들의 개수를 지정 – Default Value : 100 – GLU_SAMPLING_METHOD가 GLU_DOMAIN_DISTANCE로 설정된 경우에 사용
	value	// 지정된 속성을 설정하기 위한 값 (숫자 값 혹은 다음 값들 중 하나)

Value	Meaning
GLU_PATH_LENGTH	– Default Value – 최대 길이, Pixel 단위 및 Tessellation Polygon들의 Edge들의 Redner된 Surface가 GLU_SAMPLING_TOLERANCE에 의해 지정된 값보다 더 크지 않도록 지정
GLU_PARAMETRIC_ERROR	Surface Rendering에서 Tessellation Polygon들과 Surface들 사이에 Pixel 단위로 최대 거리를 지정하는 GLU_PARAMETRIC_TOLERANCE의 값을 지정
GLU_DOMAIN_DISTANCE	Parametric 좌표에서 단위 길이당 얼마나 많은 점(Point)들이 u 및 v 차원에 속할 수 있는지를 지정

④의 gluBeginSurface(theNurb)는 NURBS Surface 정의를 구분하는 함수이다. gluBeginSurface 함수에 대해서는 <표 11-10>의 gluBeginSurface 함수에 대한 Prototype에서 자세한 정보를 확인할 수 있다.

〈표 11-10〉 gluBeginSurface 함수에 대한 Prototype

void gluBeginSurface (GLUnurbs *nobj);	
Parameters Help	*nobj* // NURBS 객체

⑤의 gluNurbsSurface(theNurb, 8, knots, 8, knots, 4 * 3, 3, &ctlpoints[0][0][0], 4, 4, GL_MAP2_VERTEX_3)는 NURBS Surface의 모양을 정의하는 함수이다. gluNurbsSurface 함수에 대해서는 <표 11-11>의 gluNurbsSurface 함수에 대한 Prototype에서 자세한 정보를 확인할 수 있다.

〈표 11-11〉 gluNurbsSurface 함수에 대한 Prototype

void gluNurbsSurface (GLUnurbs **nobj*, GLint *sknot_count*, float **sknot*, GLint *tknot_count*, GLfloat **tknot*, GLint *s_stride*, GLint *t_stride*, GLfloat **ctlarray*, GLint *sorder*, GLint *torder*, GLenum *type*);	
Parameters Help	*nobj* // NURBS 객체 *sknot_count* // Parametric u 혹은 s 방향의 Knot의 개수 *sknot* // Parametric u 혹은 s 방향에서 *sknot_count* 크기의 Knot 배열 *tknot_count* // Parametric v 혹은 t 방향의 Knot의 개수 *tknot* // Parametric v 혹은 t 방향에서 *tknot_count* 크기의 Knot 배열 *s_stride* // *ctlarray*에서 Parametric u 혹은 s 방향의 연속적인 제어점들 사이의 Offset *t_stride* // *ctlarray*에서 Parametric v 혹은 t 방향의 연속적인 제어점들 사이의 Offset *ctlarray* // NURBS 객체를 위한 제어점들을 포함하는 배열 *sorder* // Parametric u 혹은 s 방향에서 NURBS Surface의 차수 *torder* // Parametric v 혹은 t 방향에서 NURBS Surface의 차수 *type* // Surface의 유형(Type) // GL_MAP2_VERTEX_3, GL_MAP2_COLOR_4

⑥의 gluEndSurface(theNurb)은 NURBS Surface 정의를 구분하는 함수로서 ④의 gluBeginSurface(theNurb)와 짝을 이룬다. gluEndSurface 함수에 대해서는 <표 11-12>의 gluEndSurface 함수에 대한 Prototype에서 자세한 정보를 확인할 수 있다.

〈표 11-12〉 gluEndSurface 함수에 대한 Prototype

void gluEndSurface (GLUnurbs **nobj*);	
Parameters Help	*nobj* // NURBS 객체

03 Section Subdivision 곡면(Surface)

Subdivision
Subdivision Surface
Mesh 분할법

Subdivision 및 Subdivision Surface는 간단한 Mesh의 각 Edge 및 면(Face) 등에 일정한 분할(Subdivide) 규칙을 적용함으로써 하나의 다각형을 단위 면적당 더 작게 나누어서 새로운 점(Point) 및 면(Face)을 생성시켜 부드러운 Mesh를 생성하는 방법을 말한다. 혹자는 Subdivision을 『Mesh 분할법』이라고 말하기도 하는데, 본 절에서는 Subdivision을 원어 그대로 사용하기로 한다. Subdivision 및 Subdivision Surface는 NURBS(Non-Uniform Rational B-Spline)를 사용하지 않고도 매우 높은 품질(Quality)의 Modeling이 가능하다는 것과 기존의 Modeling 방법들보다 훨씬 쉽다는 장점들 때문에 3D 관련 분야에서 매우 많이 사용되고 있다. 최근 주로 많이 사용되는 3D Modeling Tool들 즉, LightWave3D, MAX, MAYA, Softimage 등에서도 Subdivision Surface의 기능을 도입하였으며, 서로 다른 명칭을 사용하고는 있지만 매우 많이 사용되고 있다. NURBS Surface가 자동차와 같은 기계 및 제품 등의 Modeling에 주로 많이 사용하고 있다면, Subdivision Surface는 인간을 포함한 각종 캐릭터 등 보다 세부적인 Modeling을 위해서 주로 많이 사용되고 있다.

Subdivision Surface는 선형 다각형 Mesh를 통해 부드러운 Surface를 나타내는 방법이며, 재귀적(Recursively)으로 정의되어진다. 재귀적 과정은 주어진 다각형 Mesh로 시작하며, 세부적인 계획은 다시 Mesh에 적용되어진다. 즉, Mesh를 분할(Subdivide)함으로써 새로운 Vertex와 면(Face)을 생성하게 한다. Mesh의 새로운 Vertex의 위치는 인근에 오래된 Vertex의 위치에 따라 계산되어진다. 물론 일부 세부적인 부분에서는 오래된 Vertex들의 위치도 새로 생성된 Vertex의 위치를 기준으로 변경될 수도 있다. 이와 같은 과정은 원본 면(Face)보다 많은 다각형의 면(Face)을 포함하는 밀도가 높은 Mesh를 만들어낸다. 그리고 그 결과 Mesh는 다시 더 세부적인 방식을 통해 전달된다. 극한(Limit) Subdivision Surface는 반복적으로 무한히 많은 시간을 적용하고, 이 과정에서 생산된 Surface를 말한다. 그러나 실제 사용에 있어서 이 Algorithm은 미리 설정한 제한된 시간 및 반복 횟수에 의해 결정되어진다.

Subdivision은 다음과 같은 3가지의 특징을 가지고 있다. 첫째, Subdivision은 간결한 분할 규칙을 이용해 초기 Mesh를 부드럽게 만들 수 있다. 둘째, Mesh의 각 점에 영향을 받는 부분이 일정 영역으로 국한된다. 셋째, Subdivision을 매 단계마다 적용 Mesh의 모든 점에 대해서 연속성이 보장된다. 이와 같은 3가지의 특징을 가진 Subdivision은 기본적인 다각형 Mesh인 Control Mesh 단계, 새로운 제어점을 추가하여 세부적인 Mesh를 생성하는 Refinement(세련, 정밀, 정교) 단계 및 부드러운 Surface를 생성하는 Smoothing 단계 등으로 구분하여 진행할 수 있다.

근사 기법 (Approximating Schemes)

보간 기법(Interpolating Schemes)

Face Split

Vertex Split

Subdivision Surface는 크게 **근사 기법**(Approximating Schemes)과 **보간 기법**(Interpolating Schemes)으로 구분한다. 근사 기법은 Subdivision으로 생성되는 결과 Mesh가 초기 기본 Mesh의 Vertex를 지나지 않고 근사하게 되는 Subdivision 방법이다. 즉, 면(Face)과 Edge를 분할하여 새로 생성되는 점(Point)들의 위치를 정하는 Splitting 단계를 거치고 기존의 점(Point)들의 위치를 재조정하는 Averaging 단계를 거치게 된다. 근사 기법에는 Midpoint Subdivision, Catmull–Clark Subdivision, Doo–Sabin Subdivision, Loop Subdivision, Mid–Edge Subdivision, $\sqrt{3}$ Subdivision 등이 있다. 보간 기법(Interpolating Schemes)에는 Butterfly Subdivision, Midedge Subdivision, Kobbelt Subdivision 등이 있으며, 매 단계 Subdivision마다 이전 단계에 존재하던 Vertex의 위치가 변하지 않고 면(Face)이나 Edge를 분할하여 새로 생성되는 점(Point)들의 위치만 규칙에 의해 정하는 Subdivision 방법이다. 보간 기법은 Subdivision 결과로 축소화(Shrinkage)가 발생하지 않는다는 장점이 있으며, 초기 입력 데이터를 모두 지나는 결과를 얻을 수 있으므로 CAD 데이터 등 정밀도를 요구하는 응용분야에서 활용될 수 있다. <표 11–13>은 Subdivision Scheme의 분류를 나타낸 것으로서 근사 기법과 보간 기법에 해당하는 대표적인 Subdivision Surface Schemes들이다. 여기서 Face Split와 Vertex Split은 Subdivision Mesh의 방법을 말한다. Face Split은 Vertex들로 구성된 면(Face)을 기준으로 Split하는 것이고, Vertex Split는 Vertex들을 기준으로 Split하는 것을 말한다. 또한 Face Split의 Triangular Meshes 및 Quadrilateral Meshes는 Subdivision Mesh를 위한 3개 및 4개의 Vertex들로 구성된 Mesh의 형태를 구분하기 위한 것이다. <표 11–13>에서 괄호 안의 C^1 및 C^2는 연속성을 말한다.

〈표 11-13〉 Subdivision Scheme의 분류

Face Split			Vertex Split
Meshes / Categories	Triangular Meshes	Quadrilateral Meshes	Doo-Sabin (C^1) Midedge (C^1)
Approximating Schemes	Loop (C^2) $\sqrt{3}$ (C^2)	Catmull-Clark (C^2)	
Interpolating Shemes	Modified Butterfly (C^1)	Kobbelt (C^1)	

[그림 11-34]는 (A)와 같은 육면체(Cube) 원형을 가지고 (B) Midpoint Subdivision, (C) Catmull-Clark Subdivision, (D) Doo-Sabin Subdivision, (E) Loop Subdivision 및 (F) $\sqrt{3}$ Subdivision 등의 Subdivision 규칙을 적용하여 구현한 결과를 나타낸 것이다.

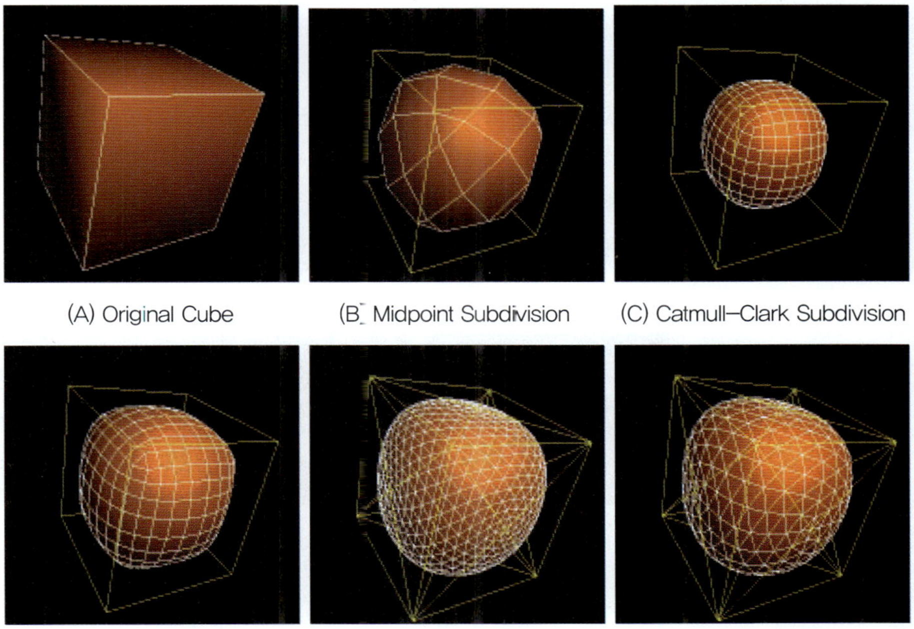

(A) Original Cube (B) Midpoint Subdivision (C) Catmull-Clark Subdivision

(D) Doo-Sabin Subdivision (E) Loop Subdivision (F) $\sqrt{3}$ Subdivision

[그림 11-34] 육면체(Cube)에 여러 가지 종류의 Subdivision 규칙을 적용한 결과

[그림 11-34]의 (F)와 같은 $\sqrt{3}$ Subdivision Surface Scheme은 삼각 Mesh를 필요로 하며, 중간 지점을 제외한 최소한의 면(Face)을 만드는 방법으로서 Loop

Subdivision Surface Scheme만큼 부드러운 Surface를 생성하지는 못하지만 계산은 빠르다. $\sqrt{3}$ Subdivision Surface Scheme에 대한 더 자세한 사항은 참고 문헌을 참고하기 바란다. 본 절에서는 이와 같은 다양한 Subdivision 규칙들 중에서 근사 기법의 Catmull–Clark Subdivision, Doo–Sabin Subdivision, Loop Subdivision 등에 대하여 살펴보기로 한다.

1. Catmull–Clark Subdivision Surface

Catmull–Clark Subdivision

Loop Subdivision

Catmull–Clark Subdivision은 사각 Mesh에 사용하기 위해 Bi–Cubic Uniform B–Spline에 기반한 기법이다. 임의의 초기 Mesh를 위해 Catmull–Carck Subdivision은 C^1 연속성이 보장된 특징 점(Extraordinary Vertex)을 제외한 모든 규칙 점(Regular Vertex)에서는 C^2 연속성이 보장되는 Limit Surface를 생성한다. 연속성 성질은 Loop Subdivision과 같으며, 임의의 다각형 Mesh는 사각 Mesh로 변환이 가능하므로 적용 대상이 많다. Catmull–Clark Subdivision은 임의의 다면체(Polyhedron)의 Mesh로 시작하며, Mesh에 있는 모든 Vertex들은 원래의 점(Point)이라고 한다. [그림 11–35]는 육면체(Cube)에 Catmull–Clark Subdivision을 적용한 구현 결과를 나타낸 것이다. 이와 같은 Catmull–Clark Subdivision Surface 기능을 포함하고 있는 3D S/W에는 3DS MAX, AutoCAD, Blenderm Cinema4D, Houdini, LightWave3D, Maya, SketchUp, Softimage XSI 등이 있다.

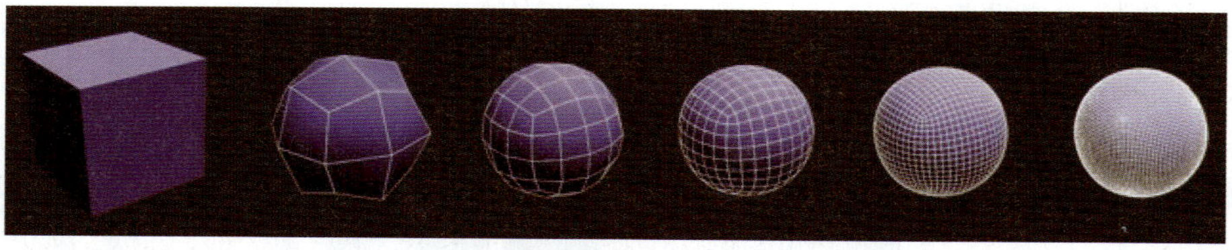

[그림 11–35] Catmull–Clark Subdivision의 구현 결과 예시

[그림 11–35]와 같은 Catmull–Clark Subdivision Surface를 생성하기 위해서는 [규칙 11–1]과 같은 과정을 거친다.

규칙 11-1

Catmull-Clark Subdivision

1. 각 면(Face)의 중심부에 Face Point를 추가한다. 즉, 각 면(Face)에 대한 모든 원래의 점(Point)의 중심이 되기 위한 각 Face Point를 설정한다. Face Point는 면(Face)의 모든 점(Point)들의 평균으로 생성된다.

2. 각 Edge에 (수식 11-69)와 같이 Edge Point E을 추가한다.

$$E=\frac{F_0+2M+F_1}{4} \qquad \text{(수식 11-69)}$$

여기서 F_0 및 F_1은 2개의 면(Face)의 Face Point로서, Edge Point는 두 개의 인접한 면(Face)의 Face Point들로 구성된 Segment의 중심과 Edge의 중심 사이의 평균으로 생성되어진다.

3. 각 면(Face)을 위해 모든 Edge Point에 Face Point를 연결한다. 사변형(Quadrilateral)의 경우 이 과정은 각각 기존의 사변형을 4개의 새로운 사변형으로 분할한다.

4. 각 원래의 Vertex V_{old}을 (수식 11-70)과 같이 새로운 위치 V_{nnew}로 이동시킨다.

$$V_{nnew}=\frac{F_{avg}+2M_{avg}+(n-3)V_{old}}{n} \qquad \text{(수식 11-70)}$$

여기서 V_{old}는 원래의 Vertex이고, F_{avg}는 Face Point들의 평균이며, M_{avg}은 V_{old}을 접하고 있는 Edge를 위한 n개의 Edge 중간 지점의 평균이다. 여기서 각 Edge 중간 지점은 두 개의 끝점(Endpoint) Vertex들의 평균을 말한다. 각 가중치 $(n-3)$은 V_{old}의 무게 중심(Barycenter)이고, 2 및 1은 M_{avg} 및 F_{avg}의 무게 중심(Barycenter)이다.

새로운 Mesh는 일반적으로 평면이 아닌 단지 사변형(Quadrilateral)로 구성되며, 기존 Mesh보다 일반적으로 더 부드럽게 보인다. 반복된 Subdivision 결과는 어느 정도 더 부드러운 Mesh를 만들어낸다. 그것은 상세 과정에서 얻은 Limit Surface가 특별점(Extraordinary Vertex)에서 최소한 C^1 및 다른 곳에서 최소한 C^2를 보여준다. 여기서 n은 얼마나 많은 미분 계수(Derivative)들이 연속성인지를 가리키는 것으로서 C^n 연속성이라고 말한다. 한 번 반복 후 Surface에 있는 특별점(Extraordinary Point)의 개수는 일정하게 유지된다. Catmull-Clark Subdivision Surface의 Limit Surface는 어떤 순환적인 방법 없이 직접 계산(Evaluate)할 수도 있으나 계산이 느린 단점을 가지고 있다.

Catmull-Clark Subdivision은 모든 새로운 Vertex들이 같은 가중치(Weight)를

사용하여 생성되지 않는다. 새로 생성되는 Vertex는 각 사변형(Quadrilateral)의 중심부, 각 Edge의 중심부, 각각의 이전 Vertex 가까이에 생성된다. 이와 같은 새로운 Vertex 생성을 위한 3가지 유형은 서로 다른 가중치(Weight)들을 가지는데, [그림 11-36]과 같이 이전 Vertex들의 혼합으로 새로운 Vertex를 생성한다.

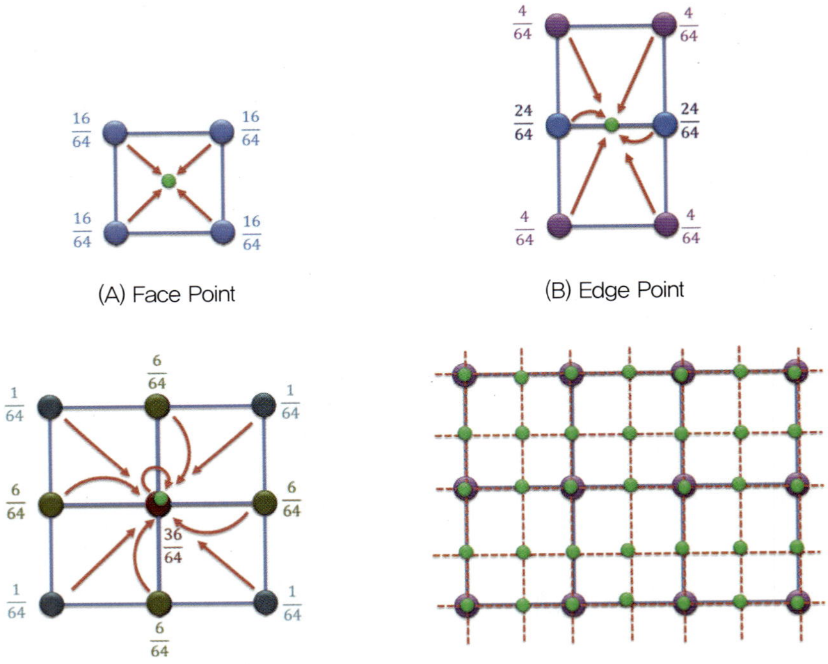

(A) Face Point (B) Edge Point

(C) Original Point (D) (A)+(B)+(C)

[그림 11-36] Catmull-Clark Subdivision Surface를 위한 새로운 Vertex 생성 및 가중치

[그림 11-36]의 (A)는 Face Point로서 4개의 제어점으로 구성된 사변형(Quadrilateral)의 가운데 지점에 새로운 Vertex를 생성하는 것이다. 즉, 4개의 제어점들이 동일한 가중치를 가지면서 정가운데에 있는 중심부에 새로운 Vertex를 생성하게 된다. (B)는 Edge Point로서 제어점과 제어점 사이의 Edge 부분에 새로운 Vertex를 생성한다. 즉, 가중치가 낮으면서 멀리 떨어져 있는 제어점들보다 가중치가 높은 제어점들 사이에 있는 Edge에 새로운 Vertex를 생성한다. (C)는 Original Point로서 기존의 제어점을 기준으로 약간 수정한 위치에 새로운 Vertex를 생성한다. 즉, 정 가운데에 있는 제어점의 가중치가 가장 높고, 멀어질수록 가중치가 작아

지므로 정 가운데에 있는 중심부의 제어점과 매우 가까운 위치에 새로운 Vertex를 생성하게 된다. (D)는 (A), (B) 및 (C)의 3가지 유형을 모두 포함하여 Subdivision Surface를 생성한 것이다.

[그림 11-37]은 Catmull-Clark Subdivision Surface를 구현하기 위한 기본 형태의 구현 결과이고, [코드 11-13]은 그 소스 코드이다. 본 소스 코드는 현재 Subdivision의 최대 Level 3에서 사변형(Quadrilateral)을 그려준다. 그리고 올바른 위치에 새로운 Face Point를 배치하지만, 원래 Vertex를 움직이지 않고 이전 Edge의 중간 지점에 Edge Point를 두고 있다. 그러므로 [코드 11-13]을 이해하고 Catmull-Clark Subdivision Surface의 규칙에 따라 올바르게 Vertex를 위치시키도록 [코드 11-13]을 수정해보라. 단, 경계 부분의 Vertex는 적당한 Edge의 중간 지점에 남겨두고, 모서리 부분의 Vertex는 그대로 남겨두기 바란다.

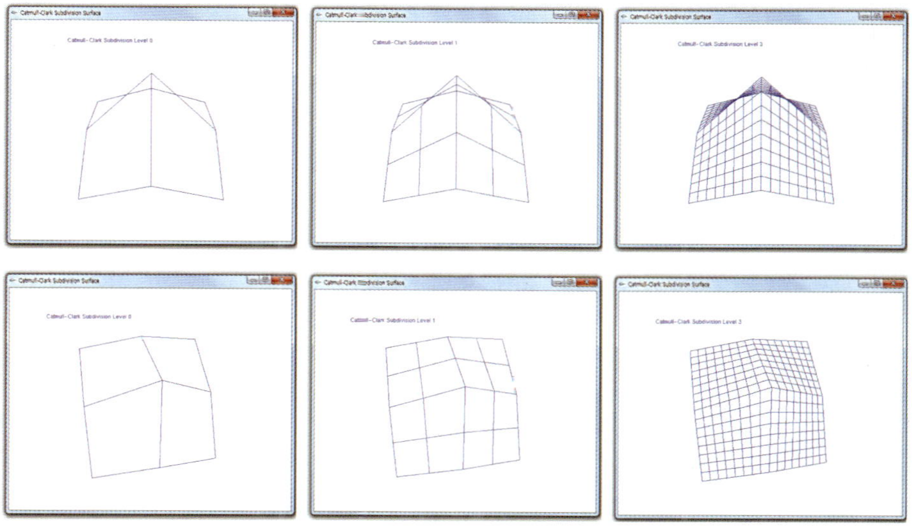

(A) Level 0 (B) Level 1 (C) Level 3

[그림 11-37] Catmull-Clark Subdivision Surface의 구현 결과

코드 11-13 Catmull-Clark Subdivision Surface

```
// Header File을 Include (전체 소스 코드 참조)

// 변수 및 구조체 선언 (전체 소스 코드 참조)

void renderBitmapCharacher(float x, float y, float z, void *font,char *string) {
    char *c;
    glRasterPos3f(x, y, z);
    for (c=string; *c != '\0'; c++) {
        glutBitmapCharacter(font, *c);
    }
}

// Catmull-Clark Subdivision surface를 위한 점(Point)들을 저장 (Level 0 ~ 3)
Vector3 CCSurf[17][17][4];

int L, R, T, B;
int DrawLevel = 0;
// 점(Point)의 연결 순서
// 3-----2
// |     |
// 0-----1

void InitCCSurf() {
    int level=0;
    L=B=0;
    R=T=16;

    CCSurf[L][B][level] = Vector3(-1, -0.3, 1);     CCSurf[R][B][level] = Vector3( 1, -0.3, 1);
    CCSurf[R][T][level] = Vector3( 1, -0.3, -1);    CCSurf[L][T][level] = Vector3(-1, -0.3, -1);

    // 관련된 Geometry와 Edge 중심점(Midpoint)들을 위한 중심부 설정
    CCSurf[(R-L)/2][(T-B)/2][level] = Vector3(0, 1, 0); CCSurf[(R-L)/2][B][level] = Vector3(0, 0, 1);
    CCSurf[R][(T-B)/2][level] = Vector3(1, 0, 0);     CCSurf[(R-L)/2][T][level] = Vector3(0, 0, -1);
    CCSurf[L][(T-B)/2][level] = Vector3(-1, 0, 0);
}

// 주어진 Level에 Patch의 주어진 부분을 그리기 위한 Routine
void DrawPatch(int Lev, int Lft, int Rght, int Bot, int Top) {
    Vector3 v1, v2, norm;
    int skip = (Rght-Lft)/powf(2,(Lev+1));
```

```
    for (int i=Lft; i <Rght; i += skip) {
        for (int j=Bot; j<Top; j+=skip) {
            glBegin(GL_LINE_LOOP);
                glColor3f(0.0, 0.0, 1.0);
                glVertex3f(CCSurf[i][j][Lev].x, CCSurf[i][j][Lev].y, CCSurf[i][j][Lev].z);
                glVertex3f(CCSurf[i+skip][j][Lev].x, CCSurf[i+skip][j][Lev].y, CCSurf[i+skip][j][Lev].z);
                  glVertex3f(CCSurf[i+skip][j+skip][Lev].x,CCSurf[i+skip][j+skip][Lev].y,
                  CCSurf[i+skip][j+skip][Lev].z);
                  glVertex3f(CCSurf[i][j+skip][Lev].x, CCSurf[i][j+skip][Lev].y, CCSurf[i]
                  [j+skip][Lev].z);
            glEnd();
        }
    }
}

// Face Point를 설정하고 Edge 중심점(Midpoint)을 계산
void SubdivFace(int L1, int R1, int B1, int T1, int Lev) {
    // 이전 Level 위치를 사용하여 Edge들의 합을 계산
    float div =2;

    // Bottom Edge
    if (CCSurf[L1+(R1-L1)/2][B1][Lev].level < Lev) {
        CCSurf[L1+(R1-L1)/2][B1][Lev] = Vector3 (
            CCSurf[L1][B1][Lev-1].x+CCSurf[R1][B1][Lev-1].x,
            CCSurf[L1][B1][Lev-1].y+CCSurf[R1][B1][Lev-1].y,
            CCSurf[L1][B1][Lev-1].z+CCSurf[R1][B1][Lev-1].z);

        CCSurf[L1+(R1-L1)/2][B1][Lev].x /= div;
        CCSurf[L1+(R1-L1)/2][B1][Lev].y /= div;
        CCSurf[L1+(R1-L1)/2][B1][Lev].z /= div;
        CCSurf[L1+(R1-L1)/2][B1][Lev].level = Lev;
    }

    // Top Edge, Left Edge 및 Right Edge
    . . . . . . . . . .

    // Face Point를 중심부로 설정
    CCSurf[L1+(R1-L1)/2][B1+(T1-B1)/2][Lev] = Vector3 (
        (CCSurf[L1][B1+(T1-B1)/2][Lev].x+CCSurf[R1][B1+(T1-B1)/2][Lev].x)/2.0,
        (CCSurf[L1][B1+(T1-B1)/2][Lev].y+CCSurf[R1][B1+(T1-B1)/2][Lev].y)/2.0,
        (CCSurf[L1][B1+(T1-B1)/2][Lev].z+CCSurf[R1][B1+(T1-B1)/2][Lev].z)/2.0);
```

```
    // 이전과 같게 하기 위하여 현재 Level을 원본으로 설정
    CCSurf[R1][B1][Lev] = CCSurf[R1][B1][Lev-1]; CCSurf[R1][T1][Lev] = CCSurf[R1][T1][Lev-1];
    CCSurf[L1][B1][Lev] = CCSurf[L1][B1][Lev-1]; CCSurf[L1][T1][Lev] = CCSurf[L1][T1][Lev-1];
}

// 주어진 Level에서 Patch의 주어진 위치를 Subdivide하기 위한 Routine
void SubDivPatch(int Lev, int Lft, int Rght, int Bot, int Top) {
    Vector3 v1, v2, norm;
    int skip = (Rght-Lft)/powf(2,Lev);

    // Edge를 포함하는 면(Face)들을 Subdivide
    for (int i=Lft; i <Rght; i +=skip) {
        for (int j=Bot; j<Top; j+=skip) {
            SubdivFace(i, i+skip, j, j+skip, Lev);
        }
    }
}

void MyDisplay() {
. . . . . . . . . . .
}

void MyMouse(int button, int state, int x, int y) {
. . . . . . . . . . .
}

void MyMotion(int x, int y) {
. . . . . . . . . . .
}

void MyReshape(int w, int h) {
. . . . . . . . . . .
}

void InitGL() {
. . . . . . . . . . .
}

int main( int argc, char** argv ) {
. . . . . . . . . . .
}
```

2. Doo-Sabin Subdivision Surface

Doo-Sabin Subdivision

Doo-Sabin Subdivision Surface

Doo-Sabin Subdivision은 임의의 초기 Mesh를 위한 임의의 위상(Topology)을 가진 C^1 Limit Surface를 생성하기 위해 그들의 Subdivision 절차를 생성하는 Bi-Quadratic Uniform B-Spline Surface의 분석 표현을 사용하였다. 이 과정은 각각 원래의 Vertex에서 새로운 면(Face)을 생성하고, 각 원래의 Edge를 따르는 n개의 새로운 면(Face)을 생성하며, 각 원래의 면(Face)에서 $n \times n$개의 새로운 면(Face)을 생성한다. Doo-Sabin Subdivision 방법의 주요 특징은 모든 Vertex 주변에 4개의 면(Face)을 생성하는 것이다. 그러나 Vertex에서 생성되는 면(Face)들이 반드시 동일 평면상에 있을 수 없다는 단점을 가지고 있다. Doo-Sabin Subdivision Surface는 반복적으로 정의되어진다. 즉, 각 세부적인 반복 과정은 현재의 Mesh를 더 부드럽고 더 세련된 Mesh로 대체한다. 수많은 반복 과정 후 Surface는 점차 부드러운 Limit Surface에 수렴하게 된다. [그림 11-38]의 (A)는 T 모양의 사변형 Mesh에 2번의 세부적인 반복 효과를 보여주고 있으며, (B)는 제어점을 포함하는 Wire-frame Mesh 및 Limit Surface를 보여준다.

(A) T 모양의 사변형 Mesh에 2번의 세부적인 반복 효과 적용

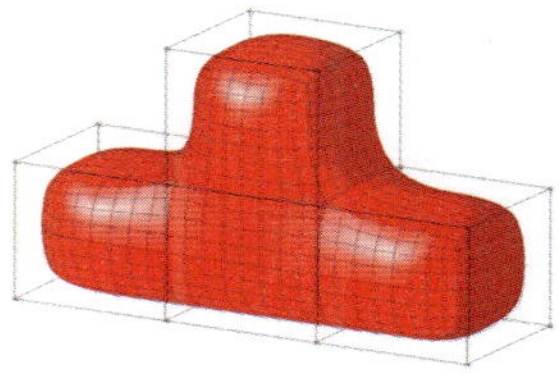

(B) Limit Surface

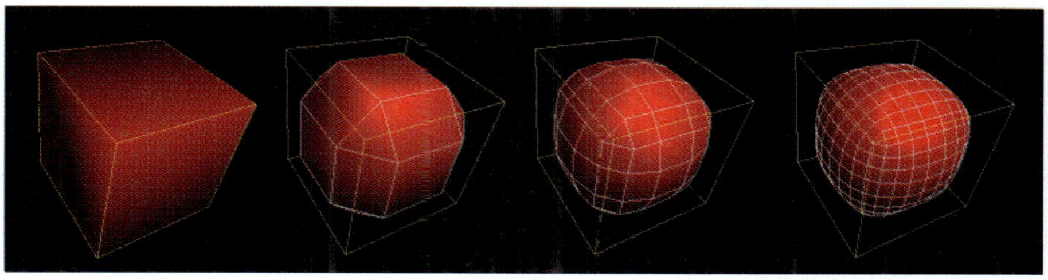

(C) Doo-Sabin Subdivision을 육면체(Cube)에 적용한 결과

[그림 11-38] Doo-Sabin Subdivision Surface의 예시

Catmull-Clark Subdivision Surface와 같이 Doo-Sabin Limit Surface는 어떤 재귀적인 세부 과정 없이 직접 평가되어질 수 있다. 또한 품질(Quality)과 속도 면

에서 Catmull−Clark Subdivision Surface 기법과 매우 유사하다. 그러나 Doo−Sabin Subdivision Matrix가 일반적으로 대각선화를 할 수 없기 때문에 Catmull−Clark Subdivision Surface와 같이 효율적으로 계산되어지지 않는다. Doo−Sabin Subdivision Matrix S_k^{DS}는 (수식 11−71)과 같다.

$$S_k^{DS} = (\alpha_{ij})_{k \times k} \tag{수식 11–71}$$

여기서 α_{ij}는 가중치(Weight)를 $i \times j$ 크기의 Matrix로 표현한 것이다. 만약 k개의 Vertex로 구성된 면(Face)이 있을 경우 k개의 Vertex들이 가지고 있는 가중치 α_{ij}는 (수식 11−72) 및 (수식 11−73)과 같이 표현할 수 있다.

$$\alpha_{ij} = \frac{1}{4} + \frac{5}{4k},\ i = j \tag{수식 11–72}$$

$$\alpha_{ij} = \frac{3 + 2\cos\left(\frac{2\pi(i-j)}{k}\right)}{4k},\ i \neq j \tag{수식 11–73}$$

여기서 만약 $k=4$이면, Doo−Sabin Subdivision Matrix S_k^{DS}는 (수식 11−74)와 같다.

$$S_4^{DS} = \frac{1}{16}\begin{bmatrix} 9 & 3 & 1 & 3 \\ 3 & 9 & 3 & 1 \\ 1 & 3 & 9 & 3 \\ 3 & 1 & 3 & 9 \end{bmatrix} \tag{수식 11–74}$$

[그림 11−39]는 Doo−Sabin Subdivision Surface Scheme을 나타내고 있다.

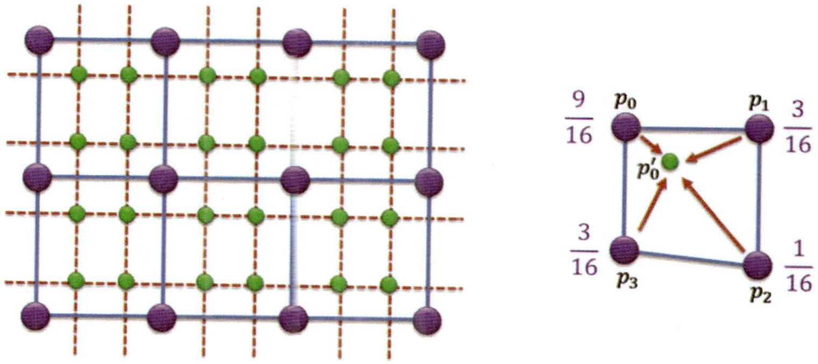

(A) 기존의 점(Point) 및 라인(Line)들 사이에 세부적인 Vertex들 생성

(B) 기존의 점(Point)들에 대한 가중치(Weight)를 기준으로 세부적인 Vertex들 중 하나를 생성

[그림 11-39] Doo-Sabin Subdivision Surface Scheme

[그림 11-39]의 (B)와 같이 4개의 Vertex들로 구성된 하나의 면(Face)에 대한 Doo-Sabin Subdivision Surface를 얻기 위해서 (수식 11-74)를 (수식 11-71)에 대입하면, (수식 11-75)와 같음을 알 수 있다.

$$\begin{bmatrix} p_0' \\ p_1' \\ p_2' \\ p_3' \end{bmatrix} = S_4^{DS} \begin{bmatrix} p_0 \\ p_1 \\ p_2 \\ p_3 \end{bmatrix} = \frac{1}{16} \begin{bmatrix} 9 & 3 & 1 & 3 \\ 3 & 9 & 3 & 1 \\ 1 & 3 & 9 & 3 \\ 3 & 1 & 3 & 9 \end{bmatrix} \begin{bmatrix} p_0 \\ p_1 \\ p_2 \\ p_3 \end{bmatrix} \quad \text{(수식 11-75)}$$

[그림 11-39]는 기존의 4개 Vertex p_0, p_1, p_2 및 p_3들로 구성된 하나의 면(Face)으로부터 (수식 11-75)에 의해 4개 Vertex들의 가중치를 각각 적용하고, 이들로부터 새로 생성된 p_0'을 나타낸다.

[그림 11-40]은 육면체(Cube)를 사용하여 Doo-Sabin Subdivision Surface를 구현한 결과이고, [코드 11-14]는 그 소스 코드이다.

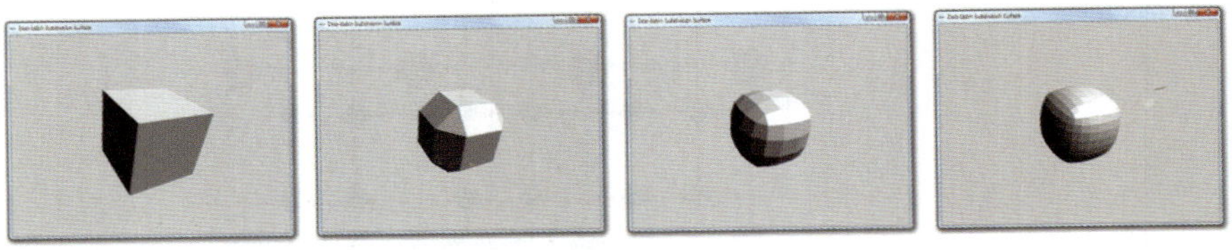

(A) Level 0 (B) Level 1 (C) Level 2 (D) Level 3

[그림 11-40] Doo-Sabin Subdivision Surface의 구현 결과

코드 11-14 Doo-Sabin Subdivision Surface

```
// Header File을 Include (전체 소스 코드 참조)

// 변수 및 구조체 선언 (전체 소스 코드 참조)

int charToInt(char *ptr) {
 . . . . . . . . . . .
}

bool ReadObj(const char *filename) {
 . . . . . . . . . . .
}

void initialzeHalfEdge() {
 . . . . . . . . . . .
}

void DooSabin() {
    int **table = (int**)malloc(sizeof(int*)*faces.size());
    bool **isEdgePair = (bool**)malloc(sizeof(bool*)*faces.size());
    for(int i=0; i<faces.size(); ++i) {
        table[i] = (int*)malloc(sizeof(int)*20);
        isEdgePair[i] = (bool*)malloc(sizeof(bool)*20);
    }
    for(int i=0; i<faces.size(); ++i) {
        for(int j=0; j<20; ++j) {
            table[i][j] = -1;
            isEdgePair[i][j] = false;
        }
    }
    objVertix.clear();
    objVertixIndex.clear();
```

```
// 면(Face)과 면(Face)들을 위해 표(Table)를 초기화
int indexPoint = 1;
for(vector<Face*>::iterator ptrF=faces.begin(); ptrF!=faces.end(); ++ptrF) {
    HalfEdge* tempHalfEdge = (*ptrF)->edge;
    vector<int> subVerticesIndex;
    do {
        Point subPoint;
        subPoint.x = (tempHalfEdge->midEdgePoint.x +
                tempHalfEdge->next->midEdgePoint.x + (*ptrF)->midFacePoint.x +
                tempHalfEdge->vert->point.x) / 4;
        subPoint.y = (tempHalfEdge->midEdgePoint.y +
                tempHalfEdge->next->midEdgePoint.y + (*ptrF)->midFacePoint.y +
                tempHalfEdge->vert->point.y) / 4;
        subPoint.z = (tempHalfEdge->midEdgePoint.z +
                tempHalfEdge->next->midEdgePoint.z + (*ptrF)->midFacePoint.z +
                tempHalfEdge->vert->point.z) / 4;
        objVertix.push_back(subPoint);
        table[(*ptrF)->index][tempHalfEdge->next->index] = indexPoint;
        subVerticesIndex.push_back(indexPoint);
        indexPoint++;
        tempHalfEdge = tempHalfEdge->next;
    } while(tempHalfEdge!=(*ptrF)->edge);

    objVertixIndex.push_back(subVerticesIndex);
}

// Vertex들과 면(Face)을 위하여...
for(vector<Vertex*>::iterator ptrV=vertices.begin(); ptrV!=vertices.end(); ++ptrV) {
    HalfEdge *tempHalfEdge = (*ptrV)->edge;
    vector<int> subVerticesIndex1
    do {
        int tempIndexPoint;
        tempIndexPoint = table[tempHalfEdge->face->index][tempHalfEdge->index];
        subVerticesIndex1.push_back(tempIndexPoint);
        tempHalfEdge = tempHalfEdge->pair->next;
    } while(tempHalfEdge!=(*ptrV)->edge);

    // 역(Reverse)
    vector<int> subVerticesIndex2;
    for(vector<int>::reverse_iterator ptrSubV=subVerticesIndex1.rbegin();
    ptrSubV!=subVerticesIndex1.rend(); ++ptrSubV)
    subVerticesIndex2.push_back((*ptrSubV));
```

```
            objVertixIndex.push_back(subVerticesIndex2);
        }

        // Edge와 면(Face)들을 위하여...
        for(vector<HalfEdge*>::iterator ptrE=edges.begin(); ptrE!=edges.end(); ++ptrE) {
            HalfEdge *tempHalfEdge = (*ptrE);
            if(!isEdgePair[tempHalfEdge->face->index][tempHalfEdge->index]) {
                isEdgePair[tempHalfEdge->face->index][tempHalfEdge->index] = true;
                vector<int> subVerticesIndex;
                int tempIndexPoint1;
                int tempIndexPoint2;
                int tempIndexPoint3;
                int tempIndexPoint4;
                tempIndexPoint1 = table[tempHalfEdge->face->index][tempHalfEdge->index];
                tempIndexPoint2 = table[tempHalfEdge->next->face->index][tempHalfEdge->next->index];
                HalfEdge *tempHalfEdgePair = tempHalfEdge->pair;
                isEdgePair[tempHalfEdgePair->face->index][tempHalfEdgePair->index] = true;
                tempIndexPoint3 = table[tempHalfEdgePair->face->index][tempHalfEdgePair->index];
                tempIndexPoint4 =
                    table[tempHalfEdgePair->next->face->index][tempHalfEdgePair->next->index];
                subVerticesIndex.push_back(tempIndexPoint1);
                subVerticesIndex.push_back(tempIndexPoint4);
                subVerticesIndex.push_back(tempIndexPoint3);
                subVerticesIndex.push_back(tempIndexPoint2);

                objVertixIndex.push_back(subVerticesIndex);
            }
        }
        for(int i=0; i<faces.size(); ++i) {
            free(table[i]);
            free(isEdgePair[i]);
        }

        free(table);       free(isEdgePair);
        edges.clear();      faces.clear();        vertices.clear();
}

void InitGL() {
 . . . . . . . . . . .

    ReadObj("cube.obj");
}
```

```
void MyDisplay() {
 . . . . . . . . . . .
}

void MySpecial(int key, int x, int y) {
 . . . . . . . . . . .
}

void MyMouse(int button, int state, int x, int y) {
 . . . . . . . . . . .
}

void MyMotion(int x, int y) {
 . . . . . . . . . . .
}

void MyReshape(int w, int h) {
 . . . . . . . . . . .
}

int main(int argc, char **argv) {
 . . . . . . . . . . .
}
```

3. Loop Subdivision Surface

Loop Subdivision Surface

Loop Subdivision Surface는 3개의 면(Face)을 보유하고 있는 모든 다각형에서 삼각 Mesh를 사용하는 대표적인 근사 Subdivision이다. 4개의 작은 삼각형으로 모든 원래의 삼각형을 분할하기 위하여 Edge의 중간 지점에 새로운 Vertex를 도입함으로써 Mesh를 Subdivision한다. Subdivision Surface Algorithm들 중에서 가장 부드러운 Surface를 만들어낸다고 볼 수 있으며, 계산 속도가 매우 빠른 장점을 가지고 있다. Loop Subdivision Surface는 C^1 연속성이 보장된 특징 점(Extraordinary Vertex)을 제외한 모든 규칙 점(Regular Vertex)에서는 C^2 연속성 Limit Surface를 생성하는 규칙을 제공하기 위해 6개 방향 Vector의 Quartic Box-Spline에 기반한 기법이다. Mesh를 Subdivision하기 위해서는 정밀함(Refinement) 및 부드러움(Smoothing)을 포함하여야 한다. Loop Subdivision Surface는 이전 Vertex들의 위치에 따라 새로운 Edge와 Vertex의 위치를 계산하기 위한 규칙이 있는데, [그림 11-41]은 그 규칙을 보여주고 있다. [그림 11-41]의 (A)는 새로운 Vertex가 삽입되는 것이며, 여기서 새로운 Vertex는 지역 인근에 있는 원래의 Vertex들의 가중치 평균으로 위치를 선택하는 것을 말한다. (B)는 하나의 단계에서 다음 단계로 이동되어지는 기존의 Vertex를 의미한다. 여기서 기존의 Vertex는 원래의 Vertex와 이웃하는 Vertex들의 가중치 평균으로 새로운 위치를 선택하는 것을 말한다. 이러한 규칙은 Crease & Boundary를 따라 Cubic Spline Curve를 만들어낸다. 또한 만들어진 Curve는 Crease & Boundary의 제어점에 따라 달라진다.

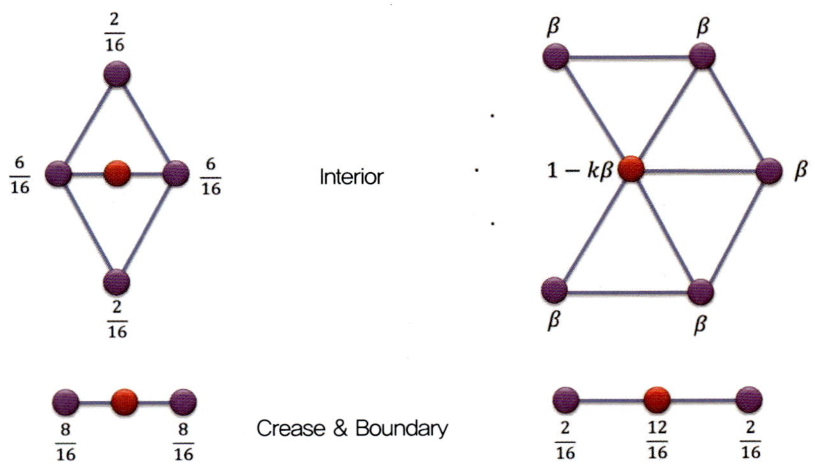

(A) 홀수 Vertex들을 위한 Masks　　(B) 짝수 Vertex들을 위한 Masks

[그림 11-41] Loop Subdivision Surface 규칙

Loop Subdivision Scheme에서 새로운 Vertex의 위치 P_{nnew}를 결정하기 위해서는 (수식 11-76)을 사용한다.

$$P_{nnew} = (1-k\beta)_{old} + \sum(\beta \times_{old}) \qquad \text{(수식 11-76)}$$

여기서 P_{old}는 원래의 위치, V_{old}는 각각 원래의 Vertex를 말한다. 또한 가중치(Weight) β는 $0 \le \beta \le \frac{1}{k}$의 범위를 가지며, β가 증가함에 따라 인접한 Vertex들로부터의 기여도가 더 중요한 역할을 하게 된다. 여기서 k는 Vertex의 개수를 말한다. 가중치 β을 선택하기 위해서는 Limit Surface의 특성을 분석하고, Surface와 부드러움의 연속성에 관심을 가져야하며, Matrix의 고유값(Eigenvalue)을 계산하는 것을 포함하여야 한다. (수식 11−77)은 원래의 Loop Subdivision Scheme의 가중치 $\beta(k)$을 나타낸 것이고, (수식 11−78)은 Warren에 의해 제안된 가중치 $\beta(k)$를 나타낸 것이다.

$$\beta(k)=\frac{1}{k}\left(\frac{5}{8}-\left(\frac{3}{8}+\frac{1}{4}\cos\frac{2\pi}{k}\right)^2\right) \quad \text{(수식 11-77)}$$

$$\beta(k)=\left\{\begin{matrix} \frac{3}{8k} & k>3 \\ \frac{3}{16} & k=3 \end{matrix}\right\} \quad \text{(수식 11-78)}$$

Subdivision의 부드러움(Smoothness)을 결정하기 위해서는 Subdivision Scheme을 반복적으로 적용하여야 하고, 극한(한계)에 있는 이웃들을 확인하여야 한다. 그러나 너무 많이 반복하여 무한 계산을 하는 것은 가능한 피하도록 하고 적당한 단계에서 멈추도록 한다. [그림 11−42]는 Subdivision의 부드러움(Smoothness)을 위한 것으로서 기존 Vertex들의 선형 조합(Linear Combination)으로 새로운 위치 및 Vertex들을 계산하는 과정을 보여준다.

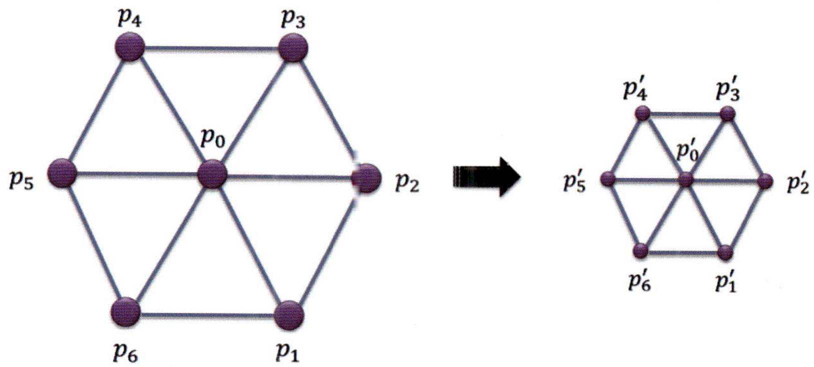

[그림 11−42] 기존 Vertex들에 대한 위치의 선형 조합으로 새로운 위치 계산

[그림 11−42]와 같은 방법으로 Subdivision의 부드러움(Smoothness)을 위해서는 (수식 11−79)와 같은 Subdivision Matrix를 사용하여야 한다.

$$\begin{bmatrix} p_0^{(n)} \\ p_1^{(n)} \\ p_2^{(n)} \\ p_3^{(n)} \\ p_4^{(n)} \\ p_5^{(n)} \\ p_6^{(n)} \end{bmatrix} = \frac{1}{16}\begin{bmatrix} 10 & 1 & 1 & 1 & 1 & 1 & 1 \\ 6 & 6 & 2 & 0 & 0 & 0 & 2 \\ 6 & 2 & 6 & 2 & 0 & 0 & 0 \\ 6 & 0 & 2 & 6 & 2 & 0 & 0 \\ 6 & 0 & 0 & 2 & 6 & 2 & 0 \\ 6 & 0 & 0 & 0 & 2 & 6 & 2 \\ 6 & 2 & 0 & 0 & 2 & 2 & 6 \end{bmatrix}^n \begin{bmatrix} p_0 \\ p_1 \\ p_2 \\ p_3 \\ p_4 \\ p_5 \\ p_6 \end{bmatrix} \qquad \text{(수식 11-79)}$$

만약 p_0의 극한(Limit) 위치를 찾기 위해서는 (수식 11-79)와 같은 Subdivision Matrix를 반복적으로 적용하여야 한다. [그림 11-43]은 Loop Subdivision Surface의 구현 결과이고, [코드 11-15] 및 [코드 11-16]은 그 소스 코드들로서 [코드 11-15]는 Main 부분이고, [코드 11-16]은 Loop Subdivision Surface Algorithm 부분이다.

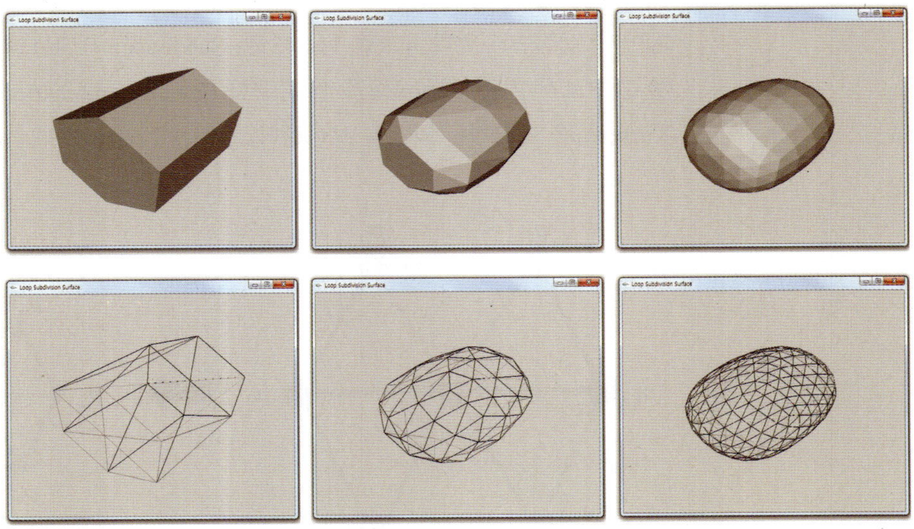

(A) Level 0 (B) Level 1 (C) Level 2

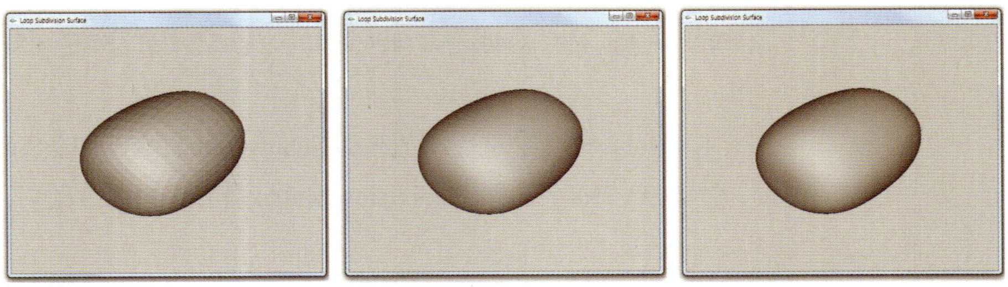

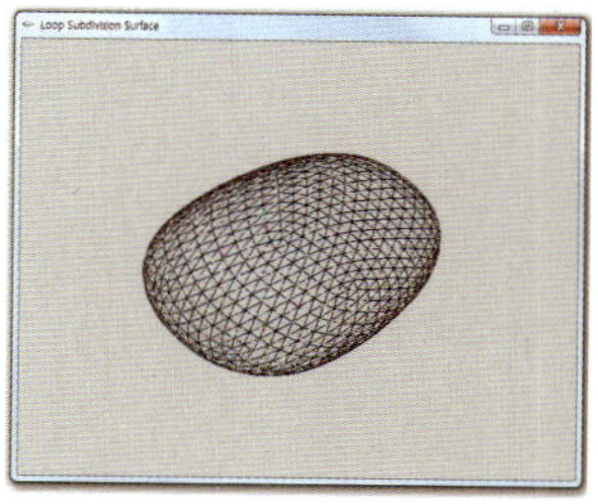

(D) Level 3

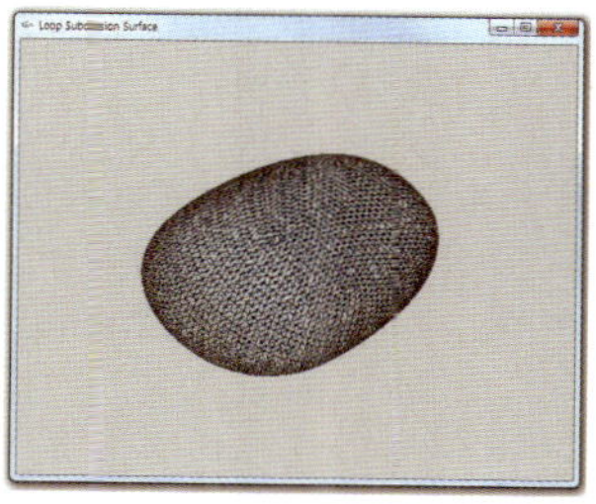

(E) Level 4

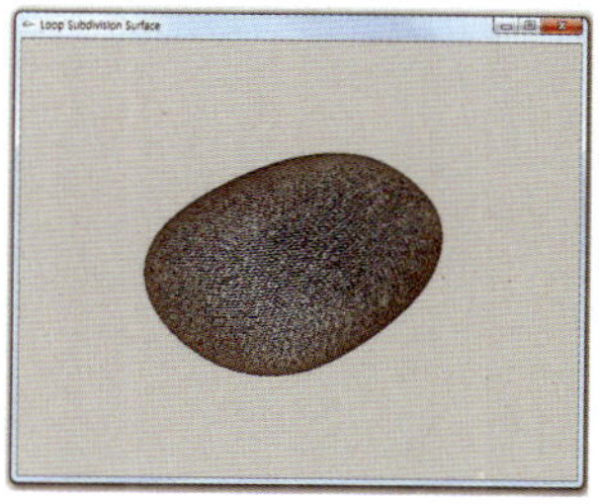

(F) Level 5

[그림 11-43] Loop Subdivision Surface의 구현 결과

코드 11-15

Loop Subdivision Surface – Main

```
// Header File을 Include (전체 소스 코드 참조)

// 변수 선언 (전체 소스 코드 참조)

WingedEdge* we = NULL;      // 새로운 Model

void DrawModel() {
  . . . . . . . . . . .
}

void MyReshape(int width, int height) {
  . . . . . . . . . . .
}

void MyDisplay() {
  . . . . . . . . . . .

    DrawModel();

    glutSwapBuffers();
}

void MyMouse(int button, int state, int x, int y) {
    . . . . . . . . . . .
     ...
       case GLUT_RIGHT_BUTTON
          if (state == GLUT_DOWN) {
              if( faceCount(we) >= 65536) break;
              else {
```

```
                subdivide(we);
                refine(we);
                unitize(we);
                facetNormals(we);
                printf("%d Doritos!\n", faceCount(we));
                break;
            }
        }
        break;
    . . . . . . . . . . .
}

void MyMotion(int x, int y) {
. . . . . . . . . . .
}

void MyKeyboard(unsigned char key, int x, int y) {
. . . . . . . . . . .
}

int main(int argc, char** argv) {
. . . . . . . . . . .
}
```

코드 11-16 Loop Subdivision Surface – Loop Algorithm

```
// Header File을 Include (전체 소스 코드 참조)

// 변수 선언 (전체 소스 코드 참조)

long writeOBJ(WingedEdge* we, char* filename) {
. . . . . . . . . . .
}

WingedEdge* readOBJ(char* filename) {
. . . . . . . . . . .
}
```

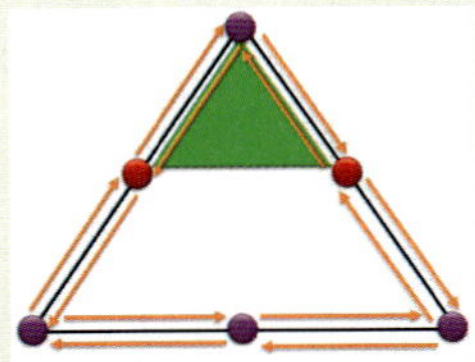

```
// First Pass : 삼각형(Triangle)의 Edge 가운데 지점에 새로운 Vertex를 추가한다.
// 새로운 Edge Pointer들이 추가되어지고, 기존의 Edge Pointer들은 새로운 Vertex들을 수용하기
// 위하여 Update된다. 삼각형(Triangle)의 면(Face)이
// 초기 Edge에 의해 정의되기 때문에 하나의 Corner로 조정되어진다.
```

```
GLvoid firstPass(Model* model, FILE* file) {
    GLuint numVertices;
    GLuint numFaces;
    char buf[128];

    numVertices = numFaces = 0;

    while (fscanf(file, "%s", buf) != EOF) {
        switch (buf[0]) {
            case "#": // 주석
                fgets(buf, sizeof(buf), file);
                break;
            case "v": // Vertex
                // 간단한 경우를 제외하고 모두 무시
                numVertices++;
                fgets(buf, sizeof(buf), file);
                break;
            case "f": // 면(Face)
                numFaces++;
                fgets(buf, sizeof(buf), file);
                break;
            default:
                fgets(buf, sizeof(buf), file);
                break;
        }
    }

    model->numFaces = numFaces;
    model->numVertices = numVertices;
}
```

```
// Second Pass :
// 4개의 삼각형(Triangle)들로 Subdivision을 완료하기 위해 Edge들이 추가되어진다.
WingedEdge* secondPass(Model* model, FILE* file) {
    GLuint numVertices;
    GLuint numTriangles;
    GLuint v, f;
    GLuint v1, v2, v3;
    GLfloat x, y, z;

    Vertex** vertices = new Vertex*[model->numVertices];      // Vertex들의 배열
    Triangle** triangles = new Triangle*[model->numFaces];    // 삼각형들의 배열
```

```
Edge** edges = new Edge*[3 * model->numFaces];            // Edge들의 배열
// 면(Face)들의 목록(List)
WingedEdge* we;
Face* previous;
Face* current;
Vertex* currv;
Vertex* prevv;
char buf[128];

numVertices = numTriangles= 0;

while (fscanf(file, "%s", buf) != EOF) {
    switch (buf[0]) {
        case "#": // 주석
            fgets(buf, sizeof(buf), file);
            break;
        case "v": // Vertex
            fscanf(file, "%f %f %f", &x, &y, &z);
            vertices[numVertices] = new Vertex ;
            vertices[numVertices]->x = x;
            vertices[numVertices]->y = y;
            vertices[numVertices]->z = z;
            numVertices++;
            break;
        case "f": // 면(Face)
            fscanf(file, "%d %d %d", &v1, &v2, &v3);
            triangles[numTriangles] = new Triangle ;
            triangles[numTriangles]->verts[0] = v1 -1;
            triangles[numTriangles]->verts[1] = v2 -1;
            triangles[numTriangles]->verts[2] = v3 -1;
            numTriangles++;
            break;
        default:
            fgets(buf, sizeof(buf), file);
            break;
    }
}

we = new WingedEdge ;
we->faces = new Face ;                  // 첫 번째 Node를 할당한다.
previous = current = we->faces;         // 모든 길(Road)은 초기 Node에 연결되어 있다.
```

```
    for (int i=0; i < numTriangles; i-+) {
        previous->next = current;     // 현재 Node 목록에 마지막 Node를 연결한다.
        for (int j=0; j<3; j++) {
            // Half Edge들을 생성하고 Vertex와 면(Face)을 Edge에 알려준다.
            edges[3*i+j] = new Edge
            edges[3*i+j]->head = vertices[triangles[i]->verts[j%3]];
            edges[3*i+j]->tail = vertices[triangles[i]->verts[(j+1)%3]];
            edges[3*i+j]->left = current;
        }
        current->edge = edges[3*i];     // 면(Face)으로 Edge를 연결한다.
        for (int j=0; j<3; j++) {
            edges[3*i+j]->prev = edges[3*i+(j+1)%3];
            edges[3*i+j]->next = edges[3*i+(j+2)%3];
        }
        // 다음 면(Face) 앞에...
        previous = current;
        if (i+1 < numTriangles) current = new Face ;
    }
    for (int i = 0; i < 3 * numTriangles -1; i++) {
        if (edges[i]->twin == NULL) {
            for (int j = i+1; j < 3 * numTriangles; j++) {
                if (edges[j]->twin == NULL) {
                    if (edges[j]->head == edges[i]->tail && edges[i]->head == edges[j]->tail) {
                        edges[i]->twin = edges[j];
                        edges[j]->twin = edges[i];
                    }
                }
            }
        }
    }

    prevv = we->vertices = vertices[0];     // 처음부터 시작

    for (int i = 1; i < numVertices; i++) {
        currv = vertices[i];
        prevv->next = currv;
        prevv = currv;
    }

    return we;
}
```

```
// unitize : 원점으로 이동시키고 원점 주변에서 단위 Cube에 맞게 크기 조절(Scale)을 함으로써 Model을 결합(Unitize)한다. 그러므로 마지막에는 사용된 Scale factor를 반환한다.
// 매개변수(Parameter) we는 Winged Edge Data Class에 대한 Pointer이다. 여기서 Winged란 Edge를 기준으로 나비의 날개처럼 양쪽으로 면(Face)을 가진 것을 말한다.
GLfloat unitize(WingedEdge* we) {
    GLfloat maxx, minx, maxy, miny, maxz, minz;
    GLfloat cx, cy, cz, w, h, d;
    GLfloat scale;
    Vertex* vertex;

    assert(we);
    assert(we->vertices);

    vertex = we->vertices;

    // 최댓값과 최솟값을 구한다.
    maxx = minx = vertex->x;
    maxy = miny = vertex->y;
    maxz = minz = vertex->z;
    while (vertex) {
        if (maxx < vertex->x) maxx = vertex->x;
        if (minx > vertex->x) minx = vertex->x;

        if (maxy < vertex->y) maxy = vertex->y;
        if (miny > vertex->y) miny = vertex->y;

        if (maxz < vertex->z) maxz = vertex->z;
        if (minz > vertex->z) minz = vertex->z;

        vertex = vertex->next;
    }

    // Model의 넓이(Width), 높이(Height), 깊이(Depth)를 계산한다.
    w = sabs(maxx) + sabs(minx);
    h = sabs(maxy) + sabs(miny);
    d = sabs(maxz) + sabs(minz);

    // Model의 중심부를 계산한다.
    cx = (maxx + minx) / 2.0;
    cy = (maxy + miny) / 2.0;
    cz = (maxz + minz) / 2.0;
```

```
    // Unitizing을 위한 Scale factor를 계산한다.
    scale = 2.0 / sqrt(w*w+h*h+d*d);

    // 중심부로 이동하고 크기 조절을 한다.
    vertex = we->vertices;
    while (vertex) {
        vertex->x -= cx;
        vertex->y -= cy;
        vertex->z -= cz;
        vertex->x *= scale;
        vertex->y *= scale;
        vertex->z *= scale;

        vertex = vertex->next;
    }

    return scale;
}

// glmFacetNormals : 각 삼각형(Triangle)의 측면으로부터 파생된 2개 Vector의 Cross Product
를 적용함으로써 Model에 대한 Facet Normal을 생성한다. 그리고 시계 반대 방향으로 처리된다
고 가정한다. 매개변수(Parameter) we는 Winged Edge Data Class에 대한 Pointer이다. 여기서
Winged란 Edge를 기준으로 나비의 날개처럼 양쪽으로 면(Face)을 가진 것을 말한다.
GLvoid facetNormals(WingedEdge* we) {
    Face* face;
    Edge* edge;
    Vertex* edge1;
    Vertex* edge2;

    assert(we);
    assert(we->faces);
    assert(we->faces->edge);
    face = we->faces;

    while (face) {
        edge1 = new Vertex ;
        edge2 = new Vertex ;

        edge1->x = face->edge->tail->x - face->edge->head->x;
        edge1->y = face->edge->tail->y - face->edge->head->y;
        edge1->z = face->edge->tail->z - face->edge->head->z;
```

```
        edge2->x = face->edge->prev->tail->x - face->edge->prev->head->x;
        edge2->y = face->edge->prev->tail->y - face->edge->prev->head->y;
        edge2->z = face->edge->prev->tail->z - face->edge->prev->head->z;

        face->normal = scross(edge1, edge2);
        snormalize(face->normal);

        free(edge1); free(edge2);

        face = face->next;
    }
}

GLvoid vertexNormals(WingedEdge* we) {
}

GLfloat sabs(GLfloat f) {
    return (f < 0 ? -f : f);
}

GLfloat smax(GLfloat a, GLfloat b) {
    return (b > a ? b : a);
}

GLfloat sdot(Vertex* u, Vertex* v) {
    assert(u); assert(v);

    return u->x * v->x + u->y * v->y + u->z * v->z;
}

Vertex* scross(Vertex* u, Vertex* v) {
 . . . . . . . . . . .
}

GLvoid snormalize(Vertex* v) {
 . . . . . . . . . . .
}

GLboolean sequal(Vertex* u, Vertex* v, GLfloat epsilon) {
 . . . . . . . . . . .
}
```

```
GLvoid subdivide(WingedEdge* we) {
    Vertex* vertex;

    vertex =we->vertices;
    while (vertex) {
        vertex->newpoint = GL_FALSE;
        vertex = vertex->next;
    }
    firstDivision(we->faces);
    secondDivision(we->faces);
}

GLvoid firstDivision(Face* face) {
    Edge* edge;
    Vertex* vertex;
    Vertex* m;
    Edge* newedge;
    Edge* twinedge;

    edge = face->edge;

    do {
        assert(edge);
        assert(edge->next);
        assert(edge->next->twin);
        assert(edge->next->twin->next);

        if (edge->next->twin->next->twin != edge) {
            // 중심점(Midpoint)을 구한다.
            m = midpoint(edge->head, edge->tail);
            m->newpoint = GL_TRUE;

            // 목록(List)에 새로운 Vertex를 삽입한다.
            vertex = edge->tail->next;
            edge->tail->next = m;
            m->next = vertex;

            // 새로운 Edge를 생성한다.
            newedge = new Edge ;
            newedge->head = edge->head;
            newedge->tail = m;
            newedge->prev = edge;
```

```
            newedge->next = edge->next;
            edge->next->prev = newedge;
            edge->next = newedge;
            newedge->twin = edge->twin;
            edge->head = m;
            edge->twin->twin = newedge;

            // Twin을 위한 새로운 Edge를 생성한다.
            twinedge = new Edge ;
            twinedge->head = edge->twin->head;
            twinedge->tail = m;
            twinedge->prev = edge->twin;
            twinedge->next = edge->twin->next;
            edge->twin->next->prev = twinedge;
            edge->twin->next = twinedge;
            twinedge->twin = edge;
            edge->twin->head = m;
            edge->twin = twinedge;

            firstDivision(edge->next->twin->left);
        }
        edge = edge->next->next;
    } while (edge != face->edge);
}

GLvoid secondDivision(Face* faces) {
    Edge* edge;
    Vertex* vertex;
    Vertex* m;
    Edge* newedge;
    Edge* twinedge;
    Face* face;
    Face* newface;
    Face* faceptr;

    face = faces;

    // 첫째, 몇 가지 새로운 Edge를 추가한다.
    while (face) {
        edge = face->edge;
        do {
            newedge = new Edge ;
```

```
            newedge->head = edge->prev->tail;
            newedge->tail = edge->head;
            newedge->next = edge->prev;
            newedge->prev = edge;
            newedge->left = NULL;

            // 새로운 Edge를 추적할 수 있는 방법
            edge->prev->prev = newedge;

            twinedge = new Edge ;
            twinedge->head = newedge->tail;
            twinedge->tail = newedge->head;
            twinedge->twin = newedge;
            newedge->twin = twinedge;
            twinedge->left = NULL;

            edge = edge->next->next;
        } while (edge != face->edge)
        face = face->next;
    }

    face = faces;
    while (face) {
        if (face->edge->right != face->edge->left) {      // 새로운 면(Face)을 Skip
            // 3개 방향의 면(Face)을 추가한다.
            newedge = edge = face->edge;
            do {
                if (edge != newedge) { // 실제 새로운 면(Face)이면
                    newface = new Face ;
                    // 목록(List)에 새로운 면(Face)을 추가한다.
                    faceptr = face->next;
                    face->next = newface;
                    newface->next = faceptr;
                } else {
                    newface = face;
                }

                // 새로운 면(Face)에 관한 모든 Edge들을 알려준다.
                edge->left = newface;
                edge->prev->left = newface;
                edge->prev->prev->left = newface;
```

```
        // 새로운 면(Face)에 Edge를 지정한다.
        assert(newface);
        newface->edge = edge;
        edge->right = edge->left;      // 새로운 면(Face)으로 표시한다.
        edge = edge->next->next;
    } while (edge != newedge);

    edge = face->edge;
    edge->right = edge->left;

    // 내부 면(Face)을 추가한다.
    newface = new Face ;

    // 목록(List)에 새로운 면(Face)을 추가한다.
    faceptr = face->next;
    face->next = newface;
    newface->next = faceptr;

    // 새로운 면(Face)에 Edge를 지정한다.
    newface->edge = edge->prev->prev->twin;

    // 내부 Edge를 완료한다.
    do {
        newedge = edge->prev->prev->twin;
        newedge->next = edge->next->prev->twin;
        newedge->next->prev = newedge;

        // 새로운 면(Face)에 관한 모든 Edge를 알려준다.
        newedge->left = newface;
        newedge->right = newedge->left;
        edge = edge->next->next;
    } while (edge != face->edge);

    // 외부 Edge를 계산한다.
    edge = face->edge;
    do {
        edge->next = edge->prev->prev;
        edge = edge->next->twin->next->twin->prev;
    } while (edge != face->edge);
    edge = face->edge;
    do {
        edge->prev->prev = edge->next;
```

```
                edge = edge->next->twin->next->twin->prev;
            } while (edge != face->edge);
        }
        face = face->next;
    }
    face = faces;
    while (face) {      // 오른쪽 면(Face)을 추가한다.
        edge = face->edge;
        do {
            edge->right = edge->twin->left;
            edge = edge->next;
        } while (edge != face->edge);
        face = face->next;
    }
}
// Third Pass : Loop Subdivision Surface의 Mask가 적용되어진다.
// Vertex들은 부드러운 효과를 생성하기 위해 "Averaged" 및 "Refined"된다.
// 각 Vertex v에 대한 새로운 위치는 주변의 상대적인 위치와 개수에 의해 정의되어진다.
// α 함수는 주변의 Vertex 개수에 기반한 각 Vertex에 가중치를 적용한다.
GLvoid refine(WingedEdge* we) {
. . . . . . . . . . .
}

// 미리 생성된 몇 가지의 β들을 반환한다.
GLfloat beta(GLuint k) {
    // (수식 11-77)의 β(k)=1/k(5/8-(3/8+1/4 cos 2π/k)^2)
    return (1.0/k * (5/8 - ( 3/8 + 1/4*cos(2*M_PI/k) ) * ( 3/8 + 1/4*cos(2*M_PI/k) ) ) );
}

GLfloat alpha(GLuint k) {
    GLfloat b;

    if (k <= 20) return ALPHA[k-1];

    b = beta(k);

    return k * (1 - b) / b;        // α(k)=n(1-β(k))/β(k)
}

Vertex* midpoint(Vertex* v1, Vertex* v2) {
. . . . . . . . . . .
```

```
}

long faceCount(WingedEdge* we) {
 . . . . . . . . . . .
}

long vertexCount(WingedEdge* we) {
 . . . . . . . . . . .
}
```

Project 11-IV CGAL Polyhedron for Subdivision Algorithms

구현 기능

CGAL(Computational Geometry Algorithms Library)은 Microsoft Visual Studio C++ Library로서 www.cgal.org에서 이용할 수 있다. 특히 CGAL은 Geometry kernels, Arithmetic 및 algebra, Convex hull algorithms, Polygons 및 polyhedra, Polygon 및 polyhedron operations, Arrangements, Triangulations, Delaunay triangulations, Voronoi diagrams, Mesh generation, Geometry processing, Search structures, Shape analysis, fitting, 및 distances, Interpolation, Kinetic data structures 등을 모두 표현할 수 있는 Open Source 기반의 강력한 Geometry Library이다. 그러나 CGAL을 사용하기 위해서는 OpenGL을 비롯하여 STL, GMP, MPFR, ZLIB, Cmake, QT, MinGW 및 Boost 등과 같은 추가적인 Library들을 다운로드 받아 설치하여야 한다.

1. STL(Standard Template Library, http://www.sgi.com/tech/stl/index.html)
2. GMP(The GNU Multiple Precision Arithmetic Library, http://gmplib.org/)
3. MPFR(Multiple Precision Floating-Point Reliably, http://www.mpfr.org)
4. ZLIB(A Massively Spiffy Yet Delicately Unobtrusive Compression Library, http://www.zlib.net/)
5. Cmake (http://www.cmake.org/)
6. QT (http://qt.digia.com/)
7. MinGW (Minimalist GNU for Windows, http://sourceforge.net/projects/mingw/)
8. Boost (http://www.boostpro.com/ 및 http://www.boost.org/)

CGAL 및 추가적인 Library들을 설치하기 위해서는 www.cgal.org -> Documentation -> Installation을 참고하기 바란다. 그리고 모든 설치가 끝나면 www.cgal.org -> Documentation -> Tutorials의 "A Tutorial on CGAL Polyhedron for Subdivision Algorithms"에서 소스 코드를 다운로드 받아 다양한 Subdivision Algorithm들이 제대로 실행되는지를 확인하고 분석해보라.

구현 결과	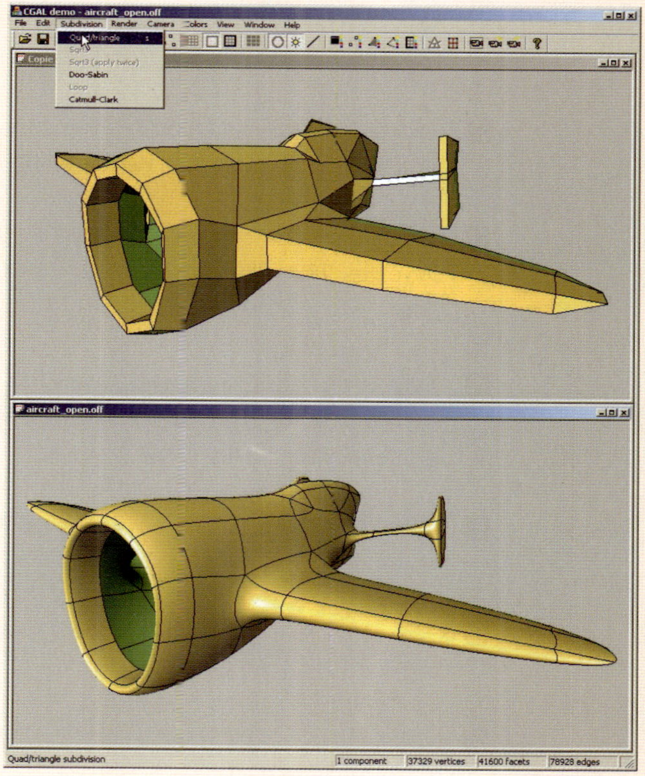

CGAL demo - aircraft_open.off
File Edit Subdivision Render Camera Colors View Window Help
Quad/triangle
Sqrt3
Sqrt3 (apply twice)
Doo-Sabin
Loop
Catmull-Clark
aircraft_open.off
Quad/triangle subdivision
1 component
37329 vertices
41600 facets
78928 edges

요약 SUMMARY

1. Spline 곡선에는 Cardinal Spline Curve, Hermite Spline Curve, Bezier Spline Curve, Catmull–Rom Spline Curve, B–Spline(Basis Spline) Curve, Clamped B–Spline Curve 및 NURBS Curve 등이 있다.

2. Cardinal Spline Curve는 Cardinal Hermite Spline의 일종으로서 큰 곡선을 형성하기 위해 결합된 개별적인 곡선들의 순서이며 Hermite 형식을 만족하는 3차원 Spline 곡선을 생성한다.

3. Cubic Hermite Spline Curve는 4개 제어점의 위치에 의해 조건을 명시하는 Cardinal Spline Curve와는 다르게 양 끝점(Endpoint) 및 각 점의 접선(Tangent, 기울기) 방향에 의해 정의되어진다.

4. Bezier Spline Curve는 Parametric Curve라고도 하며, 각 제어점들 사이에서 일정한 비율의 제어점들을 연결하는 직선을 생성하는 과정을 반복하면서 하나의 제어점을 구하며 그 제어점들을 연속적으로 이어나가는 곡선을 말한다.

5. Catmull–Rom Spline Curve는 제어점들 사이를 자연스럽게 연결하여 곡선을 형성하는 방법 중의 하나이다.

6. B–Spline Curve는 제어점들의 집합을 보간(Interpolation)하지 않고 그들의 위치에 근접하는 방법이다.

7. NURBS Curve는 3차원 공간에서 기하학적인 객체를 수학적으로 표현하는 방식 중의 하나인 NURBS(Non–Uniform Rational B–Spline)를 기반으로 곡선을 형성하는 방법이다.

8. Spline 곡면에는 Hermite Spline Surface, Bezier Spline Surface, B–Spline Surface, NURBS Surface 등이 있다.

9. Hermite Spline Surface는 Hermite Spline Curve의 Geometry Matrix는 2개의 제어점들과 2개의 접선(Tangent, 기울기) Vector들로 구성되어져 있다. 여기서 Geometry Matrix에 있는 제어점들의 방향 (s, t)의 s에 의해 매개변수로 표시되어 몇 가지 경로를 따라 3차원 공간에서 변화를 주면 Hermite Spline Surface가 된다.

10. Bezier Spline Surface는 단순히 2개 곡선의 Tensor Product 즉, 2개 매개변수 방향 (u, v)에서 Bezier Spline Curve의 확장에 의해 구할 수 있다.

11. B–Spline Surface는 B–Spline Curve의 확장이다.

12. NURBS Surface는 제어점들의 Index와 함께 두 개의 독립적인 매개변수 u 및 v을 사용하여 2개 NURBS Curve들의 Tension Product에 의해 구해진다.

13 Subdivision 곡면에는 근사 기법(Approximating Schemes)과 보간 기법(Interpolating Schemes)으로 구분하는데, 근사 기법에는 Midpoint Subdivision Surface, Catmull–Clark Subdivision Surface, Doo–San Subdivision Surface, Loop Subdivision Surface, Mid–Edge Subdivision Surface, $\sqrt{3}$ Subdivision Surface 등이 있다. 그리고 보간 기법에는 Butterfly Subdivision Surface, Midedge Subdivision Surface, Kobbelt Subdivision 등이 있다.

14 Catmull–Clark Subdivision Surface는 사각 Mesh에 사용하기 위해 Bi–Cubic Uniform B–Spline에 기반한 기법이다.

15 Doo–San Subdivision Surface는 임의의 초기 Mesh를 위한 임의의 위상(Topology)을 가진 C^1 Limit Surface를 생성하기 위해 그들의 Subdivision 절차를 생성하는 Bi–Quadratic Uniform B–Spline Surface의 분석 표현을 사용한다.

16 Loop Subdivision Surface는 3개의 면(Face)을 보유하고 있는 모든 다각형에서 삼각 Mesh를 사용하는 대표적인 근사 Subdivision이다.

연습문제

1. 곡선(Curves) 및 곡면(Surfaces)이란 무엇인지 그림을 사용하여 비교하고 차이점을 기술하시오.

2. 연속성이란 무엇인지 기술하고, C^0 연속성, C^1 연속성 및 C^2 연속성에 대하여 그림과 함께 비교 설명하시오.

3. Spline Curve란 무엇인지 설명하고, Spline Curve의 종류와 그 특성을 비교하고 차이점을 간단히 기술시오.

4. Cardinal Spline Curve란 무엇인지 설명하고 그림과 함께 그 원리를 기술하시오.

5. Hermite Spline Curve란 무엇인지 설명하고 그림과 함께 그 원리를 기술하시오.

6. Bezier Spline Curve란 무엇인지 설명하고 그림과 함께 그 원리를 기술하시오.

7. Catmull–Rom Spline Curve란 무엇인지 설명하고 그림과 함께 그 원리를 기술하시오.

8. B–Spline(Basis Spline) Curve란 무엇인지 설명하고 그림과 함께 그 원리를 기술하시오.

9. Clamped B–Spline Curve란 무엇인지 설명하고 그림과 함께 그 원리를 기술하시오.

10. NURBS(Non–Uniform Rational B–Spline Curve란 무엇인지 설명하고 그림과 함께 그 원리를 기술하시오.

11. Spline Surface란 무엇인지 설명하고, Spline Surface의 종류와 그 특성을 비교하고 차이점을 간단히 설명하시오.

12. Hermite Spline Surface란 무엇인지 설명하고 그림과 함께 그 원리를 기술하시오.

13. Bezier Spline Surface란 무엇인지 설명하고 그림과 함께 그 원리를 기술하시오.

14. B-Spline Surface란 무엇인지 설명하고 그림과 함께 그 원리를 기술하시오.

15. Subdivision Surface란 무엇인지 설명하고, Subdivision Surface의 종류와 그 특성을 비교하고 차이점을 간단히 기술하시오.

16. Catmull-Clark Subdivision Surface란 무엇인지 설명하고 그림과 함께 그 원리를 기술하시오.

17. Doo-Sabin Subdivision Surface란 무엇인지 설명하고 그림과 함께 그 원리를 기술하시오.

18. Loop Subdivision Surface란 무엇인지 설명하고 그림과 함께 그 원리를 기술하시오.

참고문헌

01 Cubic Hermite Spline,
http://en.wikipedia.org/wiki/Cubic_Hermite_spline

02 Parametric Curves And Surfaces,
http://nccastaff.bournemouth.ac.uk/jmacey/RobTheBloke/www/opengl_programming.html#3

03 Evaluators and NURBS,
http://www.glprogramming.com/red/chapter12.html

04 Non-uniform rational B-spline,
http://en.wikipedia.org/wiki/Non-uniform_rational_B-spline

05 NURBS 곡선 및 곡면의 응용,
http://user.dankook.ac.kr/~mtcl/introduce/nurbs.htm

06 Spline에 관해...,
http://gamepro.tistory.com/137

07 Code samples for the OpenGL v1.1 Programming Guide (Redbook),
http://www.opengl.org/archives/resources/code/samples/redbook/

08 Advanced Computer Graphics,
http://cse.csusb.edu/tong/courses/cs520/notes/curves.php

09 Hermite Example,
http://ccom.unh.edu/vislab/VisCourse/OpenGLstuff.html

10 Hermite Surface Drawing Problem,
http://www.opengl.org/discussion_boards/showthread.php/147428-Hermite-surface-drawing-problem

11 An Introduction to NURBS,
http://www.nar-associates.com/nurbs/c_code.html

12 B-Spline Surfaces : Construction,
http://www.cs.mtu.edu/~shene/COURSES/cs3621/NOTES/surface/bspline-construct.html

13 Eric Lengyel, "Mathematics for 3D Game Programming and Computer Graphics, Third Edition", Course Technology

14 David F. Rogers, "An Introduction to NURBS : with Historical Perspective", Morgan Kaufmann Publishers

15 David Salomon, "Curves and Surfaces for Computer Graphics", Springer Verlag

16 Hermite Surface,
http://ezekiel.vancouver.wsu.edu/~cs442/lectures/bezier/hermite-surface/hermite.pdf

17 NURBS,
http://ko.wikipedia.org/wiki/%EB%84%99%EC%8A%A4

18 Cardinal.cpp,
http://www.cs.uaf.edu/2011/fall/cs381/code/cardinal.cpp

19 Drawing Wire Frame Curves and Surface Patches,
http://ps-2.kev009.com/wl/techlib/manuals/adoclib/aixprggd/gl32prgd/drawwfcv.htm

20 Curve 2D,
http://www.cs.uml.edu/~kdaniels/courses/GEOM_580_S11/Curve2D.cpp

21 Computer Graphics Through OpenGL: From Theory to Experiments,
http://www.sumantaguha.com/

22 Base Code for the Catmull–Clark Subdivision Surface,
http://users.csc.calpoly.edu/~zwood/teaching/csc572/

23 Advanced Graphics,
http://www.cl.cam.ac.uk/teaching/0910/AdvGraph/ex2.html

24 Doo–Sabin Subdivision Surface,
http://en.wikipedia.org/wiki/Doo%E2%80%93Sabin_subdivision_surface
https://github.com/shihongzhi/Doo-Sabin

25 An Introduction to subdivision curves and surfaces,
http://www.cl.cam.ac.uk/teaching/2002/AdvGraph/smeg.pdf

26 Loop's Subdivision,
http://2n1.org/opengl/proj2/

27 Loop–Subdivision Surfaces
http://www.mgrundmann.com/projects/cg/subdivision.html

28 A Tutorial on CGAL Polyhedron for Subdivision Algorithms,
http://www.cgal.org/Tutorials/Polyhedron/index.html

29 Subdivisioni Surfaces,
https://www.student.cs.uwaterloo.ca/~cs779/Gallery/Winter2003/ijrutherford/

30 $\sqrt{3}$ Subdivision,
http://ezekiel.vancouver.wsu.edu/~cs548/papers/sqrt3-subdivision-kobbelt.pdf

31 Common Spline Equations for Graphics,
http://www.blackpawn.com/texts/splines/

COMPUTER GRAPHICS

12 CHAPTER

OpenGL과 GUI

CONTENTS

CHAPTER 12

OpenGL과 GUI

Section 01

GLUI를 사용한 GUI

1. GLUI 설치

GLUI(OpenGL User Interface)

GLUT(OpenGL Utility Toolkit)

GLUI(OpenGL User Interface)는 GLUT(OpenGL Utility Toolkit) 기반의 사용자 인터페이스(User Interface) Library로서, Windows 프로그램에서 주로 사용되는 MFC와 유사한 점을 가지고 있기도 하다. GLUI는 OpenGL을 사용하여 응용 프로그램을 제작할 때 [그림 12-1]과 같이 Button, Check Box, Radio Button, Label, Panel 및 Text Box 등과 같은 Control Library를 제공해준다. <표 12-1>은 이와 같은 주요 Control 항목들을 정리한 것으로서, Control Type, Class Name 등 Control과 관련된 모든 정보들을 간략히 요약하였다.

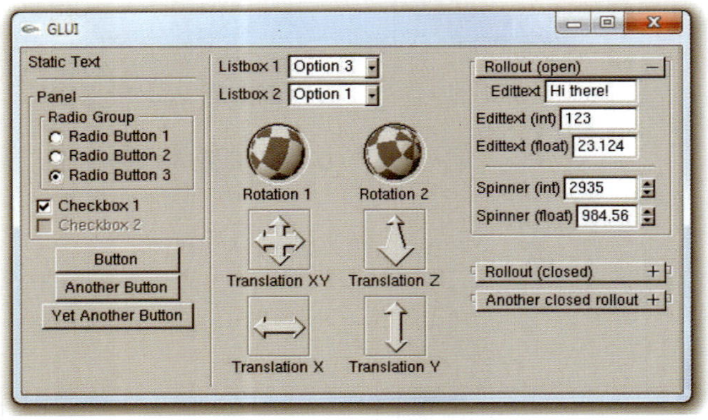

[그림 12-1] GLUI의 주요 Control 항목들의 구현 결과 모음

〈표 12-1〉 GLUI의 주요 Control 항목들

Control Type	Class Name	Used for...	Set/Get Values	Live Var?	Callback?
Panel	GLUI_Panel	grouping controls into boxes	–	–	N
Column	GLUI_Column	grouping controls into columns	–	–	N
Rollout	GLUI_Rollout	grouping controls into collapsible boxes	–	–	N
Button	GLUI_Button	invoking user actions	–	–	Y
Checkbox	GLUI_Checkbox	handling booleans	get_int_val set_int_val	int	Y
Radio Group, Radio Button	GLUI_ RadioGroup, GLUI_ RadioButton	handling mutually-exclusive options	get_int_val set_int_val	int	Y
Static Text	GLUI_StaticText	plain text labels	set_text	–	N
Editable Text	GLUI_EditText	text that can be edited – and optionally interpreted as integers or floats. Upper and lower bounds can be placed on integers and floats	get_int_val set_int_val	int	Y
			get_float_val set_float_val	float	
			get_text set_text	text	
Rotation	GLUI_Rotation	Inputting rotation values via an arcball	get_float_array_val	float[16]	Y
Translation	GLUI_ Translation	Inputting X, Y, and Z values	get_x get_y get_z	float[1] or float[2]	Y
Listbox	GLUI_Listbox	Choosing from a list of items	get_int_val	int	Y

Spinner	GLUI_Spinner	interactively manipulating numeric values. Supports single clicks, click-hold, and click-drag. Upper and lower bounds can be specified	get_int_val set_int_val	int	Y
			get_float_val set_float_val	float	
Separator	GLUI_Separator	separating controls with simple horizontal lines	-	-	N

GLUI Library는 GLUI_Master_Object, GLUI 및 GLUI_Control과 같이 3개의 main class들로 구성되어져 있다. 특히 GLUI_Master라고 부르는 하나의 전역 GLUI_Master_Object 객체가 있는데, 모든 GLUI Window 생성은 이 객체를 통하여 수행되어져야 한다. 이것은 GLUI Library가 하나의 전역 객체를 가진 모든 Window를 추적할 수 있도록 한다. GLUI_Master는 GLUI의 현재 버전을 검색하고 GLUT의 Idle callback 함수를 설정하는 데에도 사용되어진다.

OpenGL과 마찬가지로 GLUI도 어떠한 시스템에도 종속적이지 않고 Window를 다양하고 쉽게 꾸밀 수 있으며 또한 구현된 결과도 어떠한 시스템에서든지 동일한 형태를 유지한다는 장점을 가지고 있다. 그러나 단순한 사용자 인터페이스 때문에 디자인 면에서는 그렇게 좋아보이지는 않는다는 단점을 가지고 있다. 본 절에서는 이와 같은 GLUI Library를 설치하고 Sample 코드를 사용하여 그 결과를 직접 확인하도록 한다.

GUI(Graphics User Interface)

Microsoft Visual Studio C++을 기반으로 GLUI를 사용하여 OpenGL에 GUI(Graphics User Interface)를 구현하기 위해서는 GLUI Library를 별도로 Download 받아서 본인의 컴퓨터에 설치하고 환경설정을 하여야 하는데, 다음과 같은 순서를 따르면 쉽게 처리할 수 있다.

1. http://glui.sourceforge.net/에서 최신 버전의 GLUI Library를 다운로드 받는다.
2. 바탕 화면 등과 같은 임의의 위치에 특정 폴더(예, GLUI)를 생성하고 Download 받은 GLUI Library 압축 파일을 푼다.
3. 압축을 푼 GLUI 폴더에는 src와 www 폴더가 있는데, src 폴더 아래에 있는 msvc 폴더로 들어가서 glui.sln 파일을 더블클릭하여 Microsoft Visual Studio

C++을 실행한다. 만약 필요하면 본인이 가지고 있는 Microsoft Visual Studio C++의 버전에 맞게 Solution을 변환한다.

4. _glui library를 선택한 다음, Mouse 오른쪽 Button을 Click하고 [Project Only > Rebuild Only _glui library]을 선택하여 컴파일을 수행하면 GLUI Library가 생성된다. 여기서 _glui library은 glui32.lib 파일을 생성하는 것이고, _gluidll library는 glui32.dll 파일을 생성하는 것이다. 단, glui32.dll 파일은 GLUI를 구현하는 데 필수적으로 사용되지는 않는다.
5. Library를 생성한 다음, msvc 폴더 아래에 있는 lib 폴더에 저장되어 있는 glui32d.lib를 glui32.lib로 파일명을 변경한다. 여기서 파일 glui32d.lib의 'd'는 Debug mode에서 생성된 Library라는 것을 의미한다.
6. 본인의 PC에 설치된 Microsoft Visual Studio C++의 버전에 맞게 다음 <표 12-2>와 같이 GLUI Library 파일들을 복사(Ctrl+C)한 후 지정한 폴더 위치에 붙여넣기(Ctrl+V)한다. 여기서 glui.h 파일은 src 폴더 아래에 있는 include\GL 폴더에 있다.

〈표 12-2〉 GLUI Library 설치

Classification	Folder Location	Files
Header File (*.h)	(32 bit의 경우) C:\Program Files\Microsoft Visual Studio\VC98\include\gl C:\Program Files\Microsoft Visual Studio 8\VC\include\gl C:\Program Files\Microsoft Visual Studio 9.0\VC\include\gl C:\Program Files\Microsoft Visual Studio 10.0\VC\include\gl C:\Program Files\Microsoft Visual Studio 11.0\VC\include\gl C:\Program Files\Microsoft Visual Studio 12.0\VC\include\gl (64 bit의 경우) C:\Program Files (x86)\ ... (뒷부분은 위와 동일)	glui.h
Library File (*.lib)	(32 bit의 경우) C:\Program Files\Microsoft Visual Studio\VC98\lib C:\Program Files\Microsoft Visual Studio 8\VC\lib C:\Program Files\Microsoft Visual Studio 9.0\VC\lib C:\Program Files\Microsoft Visual Studio 10.0\VC\lib C:\Program Files\Microsoft Visual Studio 11.0\VC\lib C:\Program Files\Microsoft Visual Studio 12.0\VC\lib (64 bit의 경우) C:\Program Files (x86)\ ... (뒷부분은 위와 동일)	glui32.lib
Dynamic Link Library File (*.dll)	(32 bit의 경우) C:\Windows\system32 (64 bit의 경우) C:\Windows\system32 C:\Windows\SysWOW64	glui32.dll (Option)

7. 본인의 PC에 설치된 Microsoft Visual Studio C++의 버전에 맞게 <표 12-3>에서 <표 12-5>까지와 같이 프로젝트 설정(Project Setting)에서 라이브러리 파일(*.lib)들을 직접 입력하고, 옵션(Option)에서 GLUI Library의 폴더 설정을 필히 추가해야 한다.

〈표 12-3〉 GLUI Library 환경설정 – I

Section	Microsoft Visual Studio C++ 6.0
Project > Setting...	Setting For : All Configurations 로 변경 General : Not Using MFC 확인 Link > Object/library modules : glui32.lib 추가 입력한다. 단, 파일들 사이에 ','을 입력하지 않고 <Space bar> Key를 사용하여 공백으로 띄워 준다.
Tools > Options...	Directories -> Show directories for: Include files를 선택한 후, 아래 Directories: 부분에 GLUI Library의 Header File(*.h)들이 있는 폴더 C:\Program Files\Microsoft Visual Studio\VC98\include\gl을 추가 지정해준다. Directories -> Show directories for: Library files를 선택한 후, 아래 Directories: 부분에 GLUI Library의 Library File(*.lib)들이 있는 폴더 C:\Program Files\Microsoft Visual Studio\VC98\lib을 추가해준다. 단, 기본적으로 설정되어있지 않을 경우에만 추가해준다.

〈표 12-4〉 GLUI Library 환경설정 – II

Section	Microsoft Visual Studio C++ 2005 (v 8) / 2008 (v 9.0)
Project > Properties...	Configuration Properties -> Linker -> Input >> Additional Dependencies : glui32.lib 추가 입력한다. 단, 파일들 사이에 ','을 입력하지 않고 <Space bar> Key를 사용하여 공백으로 띄워준다.
Tools > Options...	Projects and Solutions -> VC++ Directories -> Show directories for : Include files를 선택, 아래 부분의 "줄 추가" 아이콘을 클릭한 후, GLUI Library의 Header File(*.h)들이 있는 폴더 C:\Program Files\Microsoft Visual Studio 8\VC\include\gl 또는 C:\Program Files\Microsoft Visual Studio 9.0\VC\include\gl을 추가 지정해준다. Projects and Solutions -> VC++ Directories -> Show directories for : Library files를 선택 , 아래 부분의 "줄 추가" 아이콘을 클릭한 후, GLUI Library의 Library File(*.lib)들이 있는 폴더 C:\Program Files\Microsoft Visual Studio 8\VC\lib 또는 C:\Program Files\Microsoft Visual Studio 9.0\VC\lib을 추가 지정해준다. 단, 기본적으로 설정되어 있지 않을 경우에만 추가해준다.

〈표 12-5〉 GLUI Library 환경설정 – III

Section	Microsoft Visual Studio C++ 2010 (v 10.0) / 2012 (v 11.0) / 2013 (v 12.0)
Project > Properties...	Configuration Properties -> Linker -> Input >> Additional Dependencies : glui32.lib 추가 입력한다. 단, 파일들 사이에 ','을 입력하지 않고 <Space bar> Key를 사용하여 공백으로 띄워준다. Configuration Properties -> VC++ Directories >> Include Directories : C:\Program Files\Microsoft Visual Studio 10.0\VC\include\gl 또는 C:\Program Files\Microsoft Visual Studio 11.0\VC\include\gl 또는 C:\Program Files\Microsoft Visual Studio 12.0\VC\include\gl을 추가 지정해준다. Configuration Properties -> VC++ Directories >> Library Directories : C:\Program Files\Microsoft Visual Studio 10.0\VC\lib 또는 C:\Program Files\Microsoft Visual Studio 11.0\VC\lib 또는 C:\Program Files\Microsoft Visual Studio 12.0\VC\lib을 추가 지정해준다. 단, 기본적으로 설정되어 있지 않을 경우에만 추가해준다.

8. Microsoft Visual Studio C++의 새로운 프로젝트(New Project)를 생성하고 [코드 12-3]의 코드를 입력하여 Error 없이 실행이 제대로 되는지 확인한다. 만약, 제대로 실행되지 않고 "error C2252: an explicit instantiation of a template can only occur at namespace scope"와 같은 Error가 발생될 경우에는 다음과 같은 순서대로 처리해준다.

   8-1. glui.h 파일을 열고, [코드 12-1]과 같은 부분(라인 번호 1718 및 1719)을 찾는다. 그리고 이 부분을 모두 선택하고 잘라내기(Ctrl+X)한 다음, [코드 12-2]와 같이 class GLUIAPI GLUI_CommandLine 밖의 영역 즉, class GLUIAPI GLUI_CommandLine 윗부분에 붙여넣기(Ctrl+V)한다.

코드 12-1 Original glui.h에서 class 밖으로 이동시켜야 할 부분

```
......
/************************************************************/
/*                                                          */
/*                   CommandLine class                      */
/*                                                          */
/************************************************************/

class GLUIAPI GLUI_CommandLine : public GLUI_EditText
{
```

```
public:
    typedef GLUI_EditText Super;

    enum { HIST_SIZE = 100 };

    #ifdef _MSC_VER
    // Explicit template instantiation needed for dll
    template class GLUIAPI std::allocator<GLUI_String>;
    template class GLUIAPI std::vector<GLUI_String, std::allocator<GLUI_String> >;
    #endif

    std::vector<GLUI_String> hist_list;
    int  curr_hist;
    int  oldest_hist;
    int  newest_hist;
    bool commit_flag;

public:
......
```

코드 12-2 Original glui.h에서 Error 부분을 class 밖으로 이동시킨 결과

```
......
/************************************************************/
/*                                                          */
/*                   CommandLine class                      */
/*                                                          */
/************************************************************/

#ifdef _MSC_VER
// Explicit template instantiation needed for dll
template class GLUIAPI std::allocator<GLUI_String>;
template class GLUIAPI std::vector<GLUI_String, std::allocator<GLUI_String> >;
#endif

class GLUIAPI GLUI_CommandLine : public GLUI_EditText
{
public:
    typedef GLUI_EditText Super;

    enum { HIST_SIZE = 100 };
```

```
    std::vector<GLUI_String> hist_list;
    int  curr_hist;
    int  oldest_hist;
    int  newest_hist;
    bool commit_flag;

public:
......
```

8-2. glui.h 파일의 제일 윗부분에 있는 #include <cstdlib> 다음 라인(Line)에 #include <iterator>을 추가시켜준다.

```
#include <cstdlib>
#include <iterator>
```

8-3. 프로젝트(Project)를 다시 컴파일(Compile)한다. 즉, [Build > Rebuild Solution]을 다시 실행시켜준다.

9. 만약 더 이상 어떠한 Error도 발생하지 않고 제대로 컴파일(Compile)된다면, [그림 12-2]와 같은 결과를 확인할 수 있을 것이다. [코드 12-3]은 [그림 12-2]의 구현 결과를 위한 소스 코드이다.

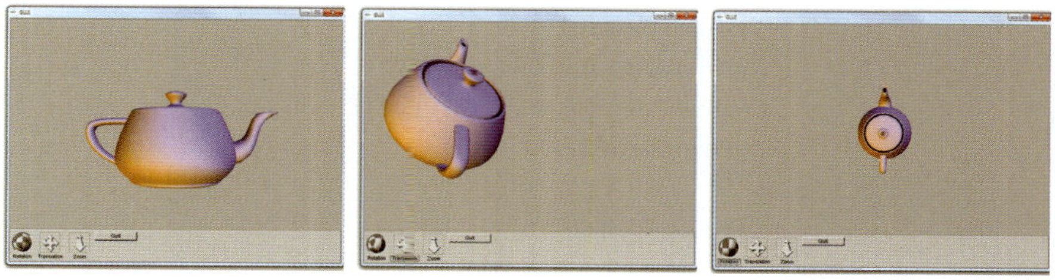

[그림 12-2] GLUI를 사용하여 Teapot을 제어하기 위한 GUI 구현 결과

코드 12-3 GLUI를 사용하여 Teapot을 제어하기 위한 GUI

```
#include <string.h>
#include <glui.h>

GLUI *glui2;  // main GLUI 객체

// 변수 선언 (전체 소스 코드 참조)

void MyReshape(int w, int h) {
  . . . . . . . . . . .
}

void MyDisplay() {
  glClearColor( .7f, .7f, .7f, 1.0f );
  glClear( GL_COLOR_BUFFER_BIT | GL_DEPTH_BUFFER_BIT );

  glMatrixMode( GL_PROJECTION );
  glLoadIdentity();
  glFrustum( -xy_aspect*.04, xy_aspect*.04, -.04, .04, .1, 15.0 );

  glMatrixMode( GL_MODELVIEW );

  glLoadIdentity();
  glMultMatrixf( lights_rotation );
  glLightfv(GL_LIGHT0, GL_POSITION, light0_position);

  glLoadIdentity();
  glTranslatef( 0.0, 0.0, -2.6f );
  glTranslatef( obj_pos[0], obj_pos[1], -obj_pos[2] );
  glMultMatrixf( view_rotate );

  glutSolidTeapot(.5);

  glEnable( GL_LIGHTING );

  glutSwapBuffers();
}

void InitGL() {
  . . . . . . . . . . .
}
```

```
void GLUI_Menu() {
  // mail_window에 의해 참조되는 GLUT Window의 내부에 Subwindow를 main_window의
  // 아래 부분에 생성한다.
  glui2 = GLUI_Master.create_glui_subwindow( main_window, GLUI_SUBWINDOW_
  BOTTOM ); ........................................................................ ①
  glui2->set_main_gfx_window( main_window ); ........................................ ②

  GLUI_Rotation *view_rot = new GLUI_Rotation(glui2, "Rotation", view_rotate ); ...... ③
  view_rot->set_spin( 1.0 ); ......................................................... ④
  new GLUI_Column( glui2, false );.................................................... ⑤

  GLUI_Translation *trans_xy =
   new GLUI_Translation(glui2, "Translation", GLUI_TRANSLATION_XY, obj_pos ); ...... ⑥
  trans_xy->set_speed( .005 ); ....................................................... ⑦
  new GLUI_Column( glui2, false );.................................................... ⑧

  GLUI_Translation *trans_z =
   new GLUI_Translation( glui2, "Zoom", GLUI_TRANSLATION_Z, &obj_pos[2] ); ......... ⑨
  trans_z->set_speed( .005 ); ........................................................ ⑩
  new GLUI_Column( glui2, false );.................................................... ⑪

  new GLUI_Button( glui2, "Quit", 0,(GLUI_Update_CB)exit ); .......................... ⑫
}

void main(int argc, char** argv) {
  glutInit(&argc, argv);
  glutInitDisplayMode( GLUT_RGB | GLUT_DOUBLE | GLUT_DEPTH );
  glutInitWindowPosition( 50, 50 );
  glutInitWindowSize( 800, 600 );
  main_window = glutCreateWindow( "GLUI" );
  glutDisplayFunc( MyDisplay );
  glutReshapeFunc( MyReshape );

  InitGL();
  GLUI_Menu();

  glutMainLoop();
}
```

[코드 12-3]에서 ①의 GLUI_Master.create_glui_subwindow (main_window, GLUI_SUBWINDOW_BOTTOM)은 기존의 GLUT 그래픽스 Window에 새로운 사

용자 인터페이스 Subwindow를 생성하는 함수로서 Subwindow를 기존의 GLUT 그래픽스 Window의 아래 부분에 배치한다. create_glui_subwindow 함수에 대해서는 <표 12-6>의 create_glui_subwindow 함수에 대한 Prototype에서 더 자세한 정보를 확인할 수 있다.

〈표 12-6〉 GLUI_Master_Object:create_glui_subwindow의 Prototype

GLUI *GLUI_Master_Object:create_glui_subwindow (int *parent_window*, long *position*);	

Parameters Help	*parent_window* // 존재하는 GLUT 그래픽스 Window의 ID
	position // 내장된 GLUT 그래픽스 Window를 기준으로 하는
	// 새로운 Subwindow의 위치(Position)
	// GLUI_SUBWINDOW_RIGHT, GLUI_SUBWINDOW_LEFT
	// GLUI_SUBWINDOW_TOP, GLUI_SUBWINDOW_BOTTOM

②의 glui2->set_main_gfx_window(main_window)은 생성한 GLUI Window가 main 그래픽스 Window가 어디에 있는지 알게 해 주는 함수로서 Widget(위젯, 도구)이 표시되는 Window를 설정한다. set_main_gfx_window 함수에 대해서는 <표 12-7>의 set_main_gfx_window 함수에 대한 Prototype에서 더 자세한 정보를 확인할 수 있다.

〈표 12-7〉 GLUI::set_main_gfx_window의 Prototype

void GLUI::set_main_gfx_window (int *window_id*);	
Parameters Help	*window_id* // main 그래픽스 Window의 ID

③의 GLUI_Rotation *view_rot = new GLUI_Rotation(glui2, "Rotation", view_rotate)은 Rotation Control을 설정하는 함수로서 GLUI_Rotation 함수에 대해서는 <표 12-8>의 GLUI_Rotation 함수에 대한 Prototype에서 더 자세한 정보를 확인할 수 있다.

〈표 12-8〉 GLUI_Rotation::GLUI_Rotation의 Prototype

GLUI_Rotation::GLUI_Rotation (GLUI_Node *parent, const char *name, float *live_var = NULL, int id = −1, GLUI_CB callback = GLUI_CB());		
Parameters Help	*parent*	// main GLUI 객체
	name	// Display하기 위한 Label

	live_var	// 만약 NULL이 아니면, 크기 16을 가지는 float 형 배열에 대한
		// Pointer이어야 한다. 만약 배열이 16보다 작게 지정된 경우에는
		// 응용 프로그램이 충돌하게 될 것이다. 이 배열은 4×4 Rotation
		// Matrix로 내부적으로 처리된다.

	id	// 만약 *callback*이 NULL이 아니면, callback 함수는 사용자가 // Control을 회전시킬 때마다 정수 *id*를 전달할 것이다.

	callback	// 만약 NULL이 아니면, 반환 값이 없는 단일 정수 매개 변수를 가진
		// 함수를 가리키도록 설정해야 한다. Control이 Rotation할 때마다
		// 호출되어질 것이다. 그리고 위에 주어진 단일값 *id*를 전달한다.

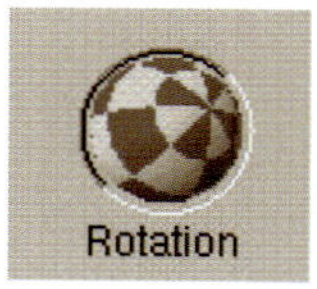

Rotation Control은 Arcball Control을 조작하여 사용자가 응용 프로그램에 입력 회전을 할 수 있도록 한다. Control은 사용자가 직접 조작하는 바둑판(Checkerboard) 질감을 가진 Sphere처럼 표시된다. Control의 회전은 16개의 Float형 값으로 구성된 배열로 이루어져 있으며, 4×4 Rotation Matrix를 사용하여 응용 프로그램에 전달된다. 또한 이 배열은 glMultMatrix() 함수를 사용하여 객체를 회전하기 위해 직접적으로 OpenGL로 전달된다.

④의 view_rot->set_spin(1.0)은 Rotation Control에서 Arcball이 Spinning(회전)할 때 Damping Factor(제동 요소)를 설정하는 기능을 수행한다. Damping Factor(제동 요소)는 값이 클수록 Damping(제동)을 덜 나타낸다. 일반적인 Damping Factor(제동 요소)에 대한 값은 0.95~0.99이다. 그리고 Damping Factor(제동 요소)가 최댓값 1에 가까울수록 Arcball은 Damping(제동)을 적용하지 않으며, 사용자가 한 번 Spin(회전)하면 무한정으로 회전할 것이다. 그러나 Damping Factor(제동 요소)가 최솟값 0에 가까울수록 Arcball의 회전은 모두 비활성화된다. 일반적으로 Spinning(회전)은 성능이 중요한 응용 프로그램의 속도를 저하시킬 수 있기 때문에 기본적으로 비활성화되어 있다. set_spin 함수에 대해서는 <표 12-9>의 set_spin 함수에 대한 Prototype에서 더 자세한 정보를 확인할 수 있다.

〈표 12-9〉 GLUI_Rotation::set_spin의 Prototype

void GLUI_Rotation::set_spin(float *damping_factor*);	
Parameters Help	*damping_factor* // 0과 1 사이의 Floating-point value(부동 소수점 값)

⑤의 new GLUI_Column(glui2, false), ⑧의 new GLUI_Column(glui2, false) 및 ⑪의 new GLUI_Column(glui2, false)은 열(Column)을 생성하는 함수들이다. Control은 Vertical Column(수직 열)으로 분류 및 그룹(Group)화할 수 있다. GLUI_Column::GLUI_Column 함수는 차후 Control에서 이전 Control을 구분하는 새로운 열(Column)을 만든다. GLUI_Column 함수에 대해서는 <표 12-10>의 GLUI_Column 함수에 대한 Prototype에서 더 자세한 정보를 확인할 수 있다.

〈표 12-10〉 GLUI_Column::GLUI_Column의 Prototype

GLUI_Column::GLUI_Column (GLUI_Node **parent*, int *draw_bar* = *true*);	
Parameters Help	*parent* // main GLUI 객체 *draw_bar* // 만약 true라면, 새로 생성된 Control과 이전의 Control 사이에 // 가시적인 bar를 생성한다.

⑥의 GLUI_Translation *trans_xy = new GLUI_Translation(glui2, "Translation", GLUI_TRANSLATION_XY, obj_pos)와 ⑨의 GLUI_Translation *trans_z = new GLUI_Translation(glui2, "Zoom", GLUI_TRANSLATION_Z, &obj_pos[2])은 Translation Control을 설정하는 함수로서 Translation Control은 사용자가 화면의 화살표를 클릭함으로써 3D 객체를 위한 X, Y 및 Z 값의 이동을 조작할 수 있게 한다. Translation의 변화 속도는 두 가지로 구분할 수 있는데, 100배 정도 빠른 움직임을 위해서는 <Shift> Key를 누른 상태에서 Translation Control을 사용하면 되고, 100배 정도 느린 움직임을 위해서는 <Ctrl> Key를 누른 상태에서 Translation Control을 사용하면 된다. Translation Control은 [그림 12-3]과 같이 4가지 유형(Type)을 가지고 있다.

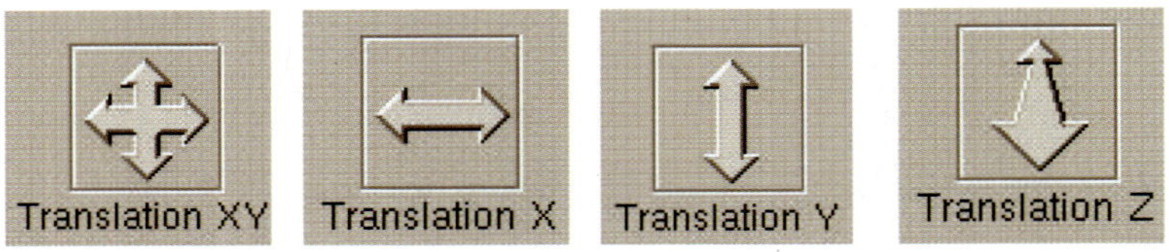

[그림 12-3] Translation Control의 4가지 유형(Type)

GLUI_Translation 함수에 대해서는 <표 12-11>의 GLUI_Translation 함수에 대한 Prototype에서 더 자세한 정보를 확인할 수 있다.

〈표 12-11〉 GLUI_Translation::GLUI_Translation의 Prototype

GLUI_Translation::GLUI_Translation	(GLUI_Node *parent, const char *name, int trans_type, float *live_var = NULL, int id = -1, GLUI_CB callback = GLUI_CB());

Parameters Help	*parent* // main GLUI 객체
	name // Display하기 위한 Label
	trans_type // Control이 제공해야 하는 Translation의 유형(Type)을 지정한다.
	// GLUI_TRANSLATION_XY - X축과 Y축의 Translation을 제공한다.
	// GLUI_TRANSLATION_X - X축에 대한 Translation을 제공한다.
	// GLUI_TRANSLATION_Y - Y축에 대한 Translation을 제공한다.
	// GLUI_TRANSLATION_Z - Y축에 대한 Translation을 제공한다.
	live_var // 만약 NULL이 아니면, Float 배열에 대한 Pointer이어야 한다.
	// 배열의 크기는 Translation 유형(Type)에 따라 달라진다.
	// 만약 Translation 유형(Type)이 XY인 경우에는 배열의 크기는
	// 2개가 되어야 한다. 반대로 XY가 아닌 경우에는 배열의 크기가
	// 1개가 되어야 한다.
	id // 만약 *callback*이 NULL이 아니면, 사용자가 Control을
	// Translate할 때마다 callback 함수는 정수 *id*를 전달할 것이다.
	callback // 만약 NULL이 아니면, 반환값이 없는 단일 정수 매개변수를
	// 가진 함수를 가리키도록 설정해야 한다.
	// Control이 Translate할 때마다 호출되어질 것이다.
	// 그리고 위에 주어진 단일값 *id*를 전달한다.

⑦의 trans_xy->set_speed(.005)와 ⑩의 trans_z->set_speed(.005)은 Translation Control이 사용자의 Mouse 움직임에 대한 응답을 얼마나 빨리 보여주는 가에 대한 결정을 하는 함수들이다. 사용자에게 전달된 모든 Translation은 처음 응용 프로그램에게 전달되기 전에 Speed Factor를 곱한다. Speed Factor의 기본 값은 1.0인데, 응용 프로그램이 낮은 속도의 Translation을 필요로 할 경우라면 1.0보다 작은 숫자로 속도를 설정하여야 한다. 반대로 높은 속도의 Translation이 필요한 경우라면 1.0보다 더 큰 값으로 Speed Factor를 설정하여야 한다. set_speed 함수에 대해서는 <표 12-12>의 set_speed 함수에 대한 Prototype에서 더 자세한 정보를 확인할 수 있다.

Speed Factor

〈표 12-12〉 GLUI_Translation::set_speed의 Prototype

void GLUI_Translation::set_speed(float *speed_factor*);	
Parameters Help	*speed_factor* // 응용 프로그램에게 전달하기 전에 모든 Translation에 // 곱(Multiply)하기 위한 값. Default : 1.0

⑫의 new GLUI_Button(glui2, "Quit", 0,(GLUI_Update_CB)exit)은 Button Control을 설정하는 함수로서 Button은 응용 프로그램에서 Event를 연쇄적으로 발생시킬 callback과 함께 사용되어진다. GLUI Window에 새로운 Button을 추가하는 것은 [그림 12-4]와 같이 panel이나 rollout에 선택적으로 포함할 수 있다.

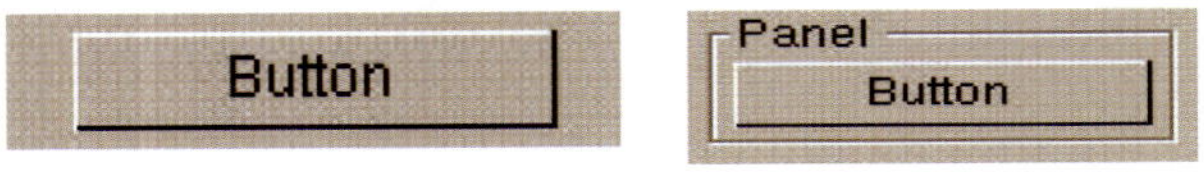

[그림 12-4] Button의 유형(Type)

GLUI_Button 함수에 대해서는 <표 12-13>의 GLUI_Button 함수에 대한 Prototype에서 더 자세한 정보를 확인할 수 있다.

〈표 12-13〉 GLUI_Button::GLUI_Button의 Prototype

GLUI_Button::GLUI_Button (GLUI_Node **parent*, const char **name*, int *id* = −1, GLUI_CB *cb* = *GLUI_CB()*);	
Parameters Help	*parent* // main GLUI 객체 *name* // Button의 내부에 입력될 문자 *id* // 만약 callback이 정의되어지면, 정수 값(*id*)을 전달할 것이다. *callback* // Button이 눌러졌을 때 호출되어지기 위한 callback 함수에 대한 Pointer

Project 12-1 Bezier Surface Controller using GLUI

구현 기능	[코드 12-3]을 참고하고 다음 항목을 추가하여 Project를 향상시키도록 한다. – 기존의 GLUT 그래픽스 Window에 Bezier Surface를 생성하고 Bezier Surface를 제어하기 위한 Control Point들을 추가한다. 단, Control Point들을 Mouse를 사용하여 Click 및 Drag하며 실시간으로 수행되어야 한다. – Bezier Surface를 GUI로 제어하기 위한 Subwindows를 오른쪽과 아래 부분에 Docking한다. – Subwindow에는 Rotation Control 및 Zoom Control을 비롯하여 Radio Button, Static Text, Check Box, Panel, Separator, Spinner 및 Editable Text 등의 기능을 적용한다.
구현 결과	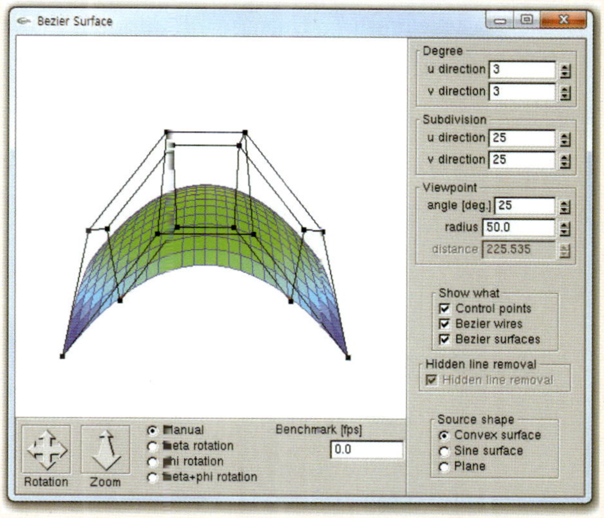

02 Section MFC를 사용한 GUI

1. MFC Application에 OpenGL 적용하기

MFC(The Microsoft Foundation Class Library)

MFC(The Microsoft Foundation Class Library)는 C++ 언어를 기반으로 하는 Windows Application을 제작하기 위한 C++ Class Library의 집합을 말한다. MFC

Library에는 Database Interface를 개발하기 위한 Graphics User Interface 요소들(Windows, Frame, Menu, Toolbar 및 Status Bar 등), 다른 Application들로부터의 Message 등과 같은 Event 처리, Keyboard 및 Mouse 입력 등을 위한 Library Class들을 포함하고 있다. MFC는 Win32 API의 Wrapper Class 역할을 하며, 운영체제의 확장된 지원을 프로그램하는 데 편리한 Class를 제공한다. 또한 String, 자료구조, Date 및 Time 등과 관련된 다양한 Class를 제공해준다. MFC는 객체지향(Object-Oriented)을 이용한 C++ 프로그래밍을 하면서도 Win32 SDK에서 제공해주는 함수들을 그대로 사용할 수 있으며, Win32 SDK를 사용하여 Windows Programming하는 것보다 훨씬 덜 복잡하고 유지보수가 쉽다. 그리고 MFC로 개발된 프로그램을 Macintosh 및 Unix 등의 Platform으로 Porting이 가능하다. 본 절에서는 이와 같은 MFC를 사용하여 가장 기본적인 GUI를 구축하고, 내부적으로는 OpenGL를 설정하기 위한 과정을 각 단계별로 자세하게 살펴보도록 한다. [그림 12-5]는 Microsoft Visual Studio C++에서 MFC Application을 개발하기 위한 첫 단계로서 메뉴 [File > New > Project...]을 선택하였을 때 나타나는 대화창 [New Project]를 보여주고 있다.

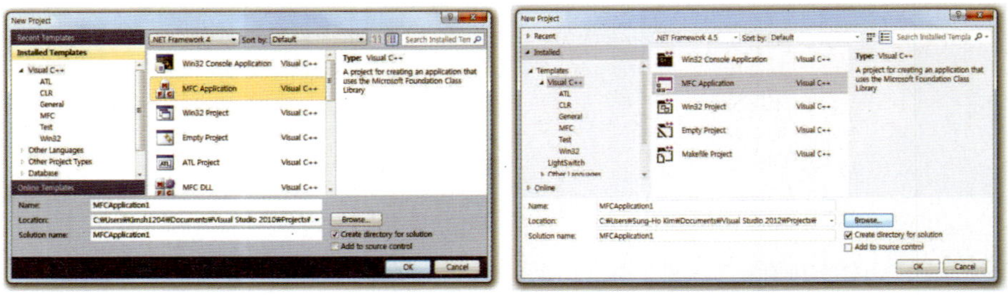

(A) Microsoft Visual Studio C++ 2010 (B) Microsoft Visual Studio C++ 2012

[그림 12-5] New Project – MFC Application

대화창 [New Project]의 Installed Templates – Visual C++의 MFC Application을 선택하고, 아래 부분의 Location을 'Browse' Button을 사용하여 설정하고, (Project) Name을 입력해준 다음 'OK' Button을 Click하여 대화창을 빠져나간다.

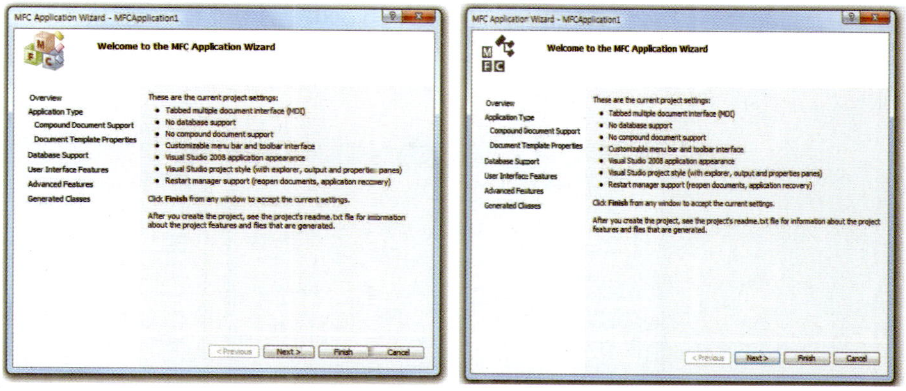

(A) Microsoft Visual Studio C++ 2010 (B) Microsoft Visual Studio C++ 2012

[그림 12-6] MFC Application Wizard – MFCApplication1

[그림 12-6]은 [그림 12-5]의 결과에 의해 생성된 새로운 대화창 [MFC Application Wizard]로서 MFC Application Wizard에 대한 안내문을 보여준다. 그러므로 편한 마음으로 읽고 나서 'Next' Button을 Click하여 넘어가도록 한다.

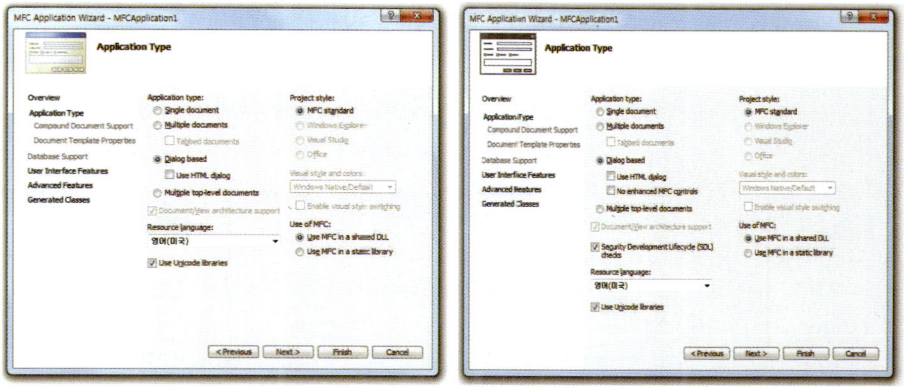

(A) Microsoft Visual Studio C++ 2010 (B) Microsoft Visual Studio C++ 2012

[그림 12-7] MFC Application Wizard – MFCApplication1 : Application Type

[그림 12-7]은 MFC Application Wizard에서 Application Type을 설정하는 과정이다. Application Type은 Single document, Multiple documents, Dialog based 및 Multiple top-level documents 등으로 구분하며, Project style은 MFC standard, Windows Explorer, Visual Studio 및 Office 등으로 구분되어진다. 본 과정에서는

Application type을 Dialog based로 설정하고, Project style은 MFC standard로 설정하도록 한다.

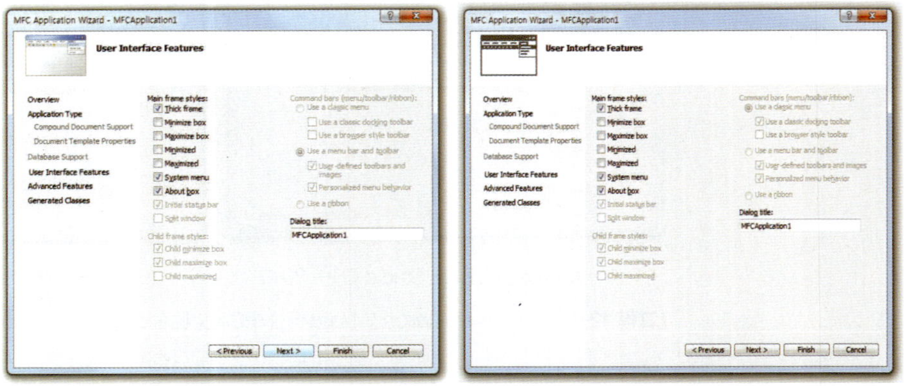

(A) Microsoft Visual Studio C++ 2010 (B) Microsoft Visual Studio C++ 2012

[그림 12-8] MFC Application Wizard – MFCApplication1 : User Interface Features

[그림 12-8]은 MFC Application Wizard에서 User Interface Features를 설정하는 과정이다. Main frame styles의 항목들 중에서 필요한 항목을 선택하고 'Next' Button을 Click하여 넘어가도록 한다. 특별히 설정할 항목이 없다고 판단되면 선택하지 말고 기본적으로 선택된 값들을 그대로 사용하도록 한다.

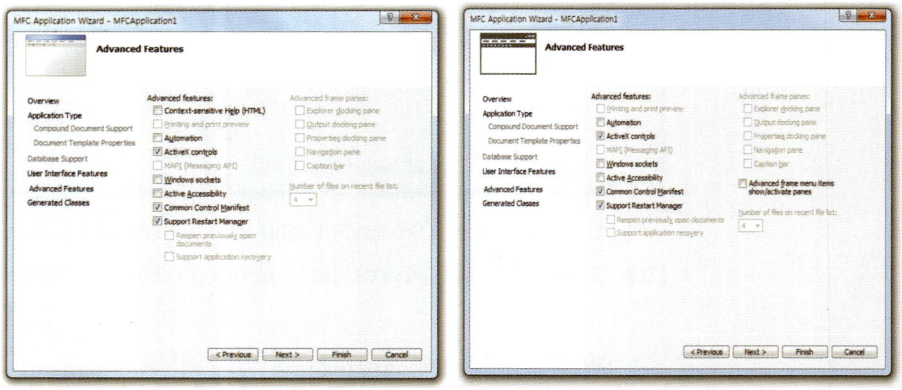

(A) Microsoft Visual Studio C++ 2010 (B) Microsoft Visual Studio C++ 2012

[그림 12-9] MFC Application Wizard – MFCApplication1 : Advanced Features

[그림 12-9]는 MFC Application Wizard에서 Advanced Features를 설정하는 과정이다. Advanced features 항목들 중에서 필요한 항목을 선택하고 'Next' Button을 Click하여 넘어가도록 한다.

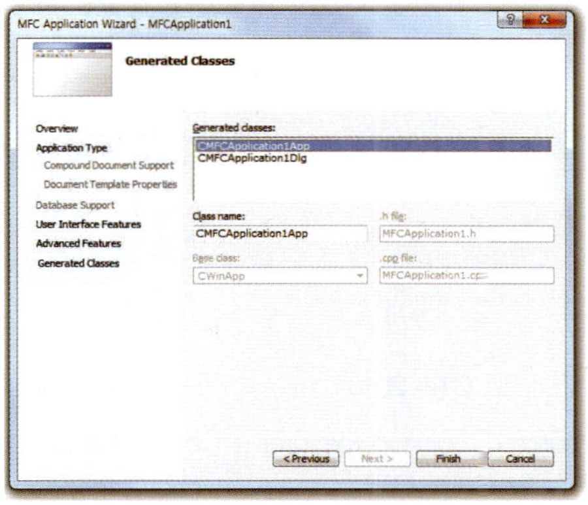

(A) Microsoft Visual Studio C++ 2010

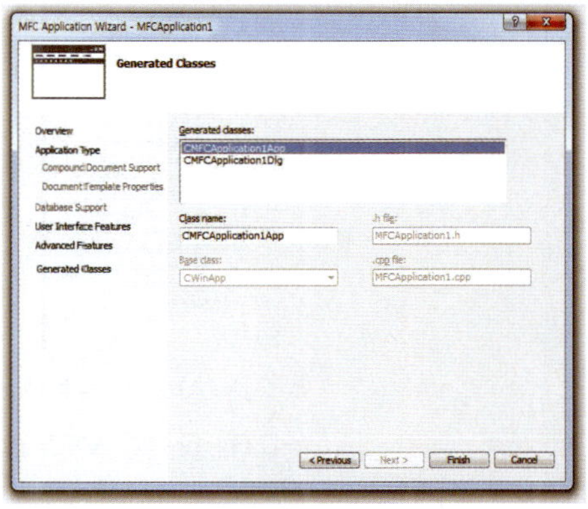

(B) Microsoft Visual Studio C++ 2012

[그림 12-10] MFC Application Wizard - MFCApplication1 : Generated Classes

[그림 12-10]은 MFC Application Wizard에서 Generated Classes를 확인하는 과정이다. Generated classes 항목들을 확인하고 'Next' Button을 Click하여 넘어가도록 한다.

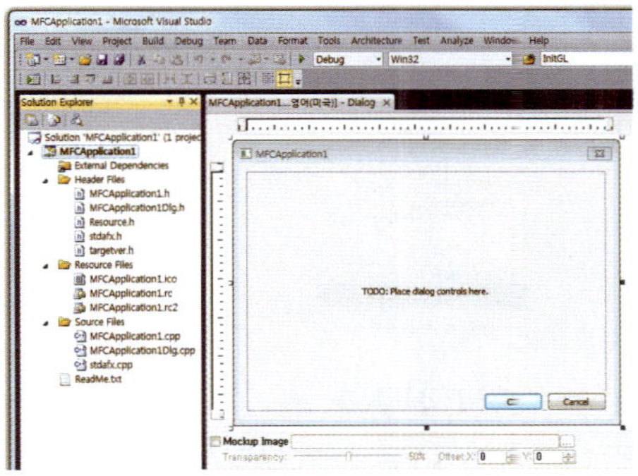

(A) Microsoft Visual Studio C++ 2010

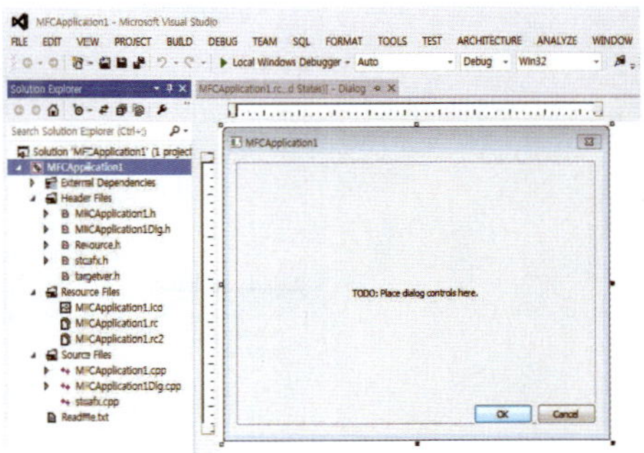

(B) Microsoft Visual Studio C++ 2012

[그림 12-11] MFCApplication1 : Solution Explorer

[그림 12-11]은 MFC Application 개발을 위한 Solution Explorer와 Dialog based Windows를 나타낸 것이다. Dialog based Windows의 중심부에 있는 문자 "TODO:

Place dialog controls here."은 필요하지 않으므로 Mouse로 선택하고 Keyboard의 <Delete> Key를 사용하여 삭제하도록 한다.

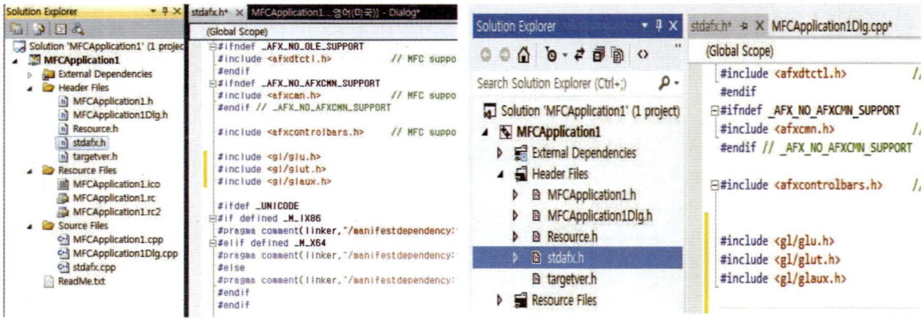

(A) Microsoft Visual Studio C++ 2010 (B) Microsoft Visual Studio C++ 2012

[그림 12-12] MFCApplication1 : Solution Explorer – Header Files – stdafx.h

[그림 12-12]는 MFC Application에 OpenGL을 설정하기 위하여 Header File을 추가하기 위한 과정이다. 즉, Solution Explorer의 Header Files에서 stdafx.h를 선택하고 OpenGL Library의 Header File들(glu.h, glut.h, glaux.h)을 Include해준다.

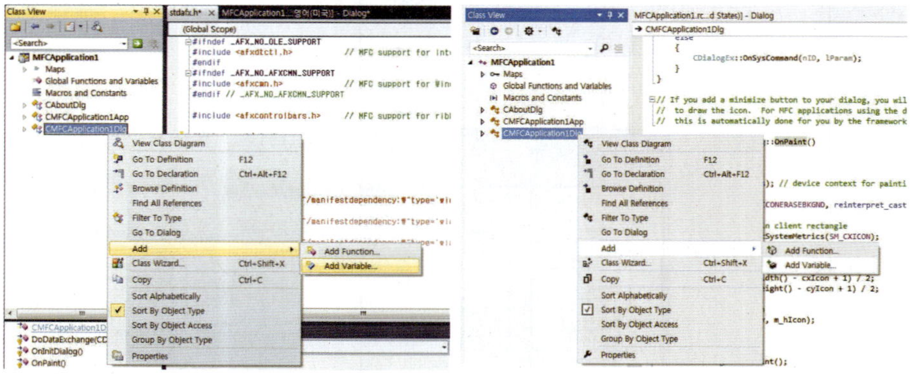

(A) Microsoft Visual Studio C++ 2010 (B) Microsoft Visual Studio C++ 2012

[그림 12-13] MFCApplication1 : Class View – CMFCApplicatioin1Dlg –> Add Variables...

[그림 12-13]에서 [그림 12-15]까지는 HGLRC Type의 변수 m_hRC 및 HDC Type의 변수 m_hDC를 생성하기 위하여 메뉴를 선택하는 것이다. 즉, Class View의 CMFCApplication1Dlg에서 Mouse 오른쪽 Button을 Click하여 메뉴들 중 [Add –

DC(Device Context)

HDC(Handle of Device Context)

HWND(Handle of Window)

RDC(Rendering Device Context)

GLRC(OpenGL Rendering Context)

HGLRC(Handle of GLRC)

Add Variable...]을 선택해준다. 여기서 DC, HDC 및 HGLRC 등의 Type에 대하여 간단히 이해를 하고 넘어가도록 한다. DC(Device Context)는 Windows에 Graphics 요소를 나타내기 위해서 필요한 것으로서 Graphics 객체들의 집합과 속성뿐만 아니라 Graphics Mode를 정의한 구조이다. 그러므로 Window에 문자나 그림을 나타내기 위해서는 DC를 이용하여야 한다. 하나의 Window는 Title bar, Menu bar, Scroll bar 및 테두리 등으로 구성되어져 있고, 실제로 문자나 그림을 그리는 것은 Client Area에 나타내게 된다. 또한 Client Area에 문자나 그림을 표현하려면 DC(Device Context)를 구하여야 하며, DC를 다루는 것은 HDC(Handle of Device Context)이다. 하나의 Window는 하나의 HWND(Handle of Window)를 가지고 있다. HDC는 HWND에서 만들며, Window에 문자나 그림을 그리는 Canvas를 만드는 것이라고 생각하면 된다. OpenGL은 Window에서 HDC에 문자나 그림을 그리듯이 RDC(Rendering Device Context)에 문자나 그림을 그리며, 이것을 GLRC(OpenGL Rendering Context)라고 한다. 또한 GLRC의 Handle인 HGLRC(Handle of GLRC)는 HDC에서 가지고 온다. 즉, HDC가 Window의 문자나 그림을 그리는 곳을 지정하고 HGLRC가 이를 연결하여 Rendering한 다음 그 이미지를 HDC에 출력하는 구조를 가지게 된다.

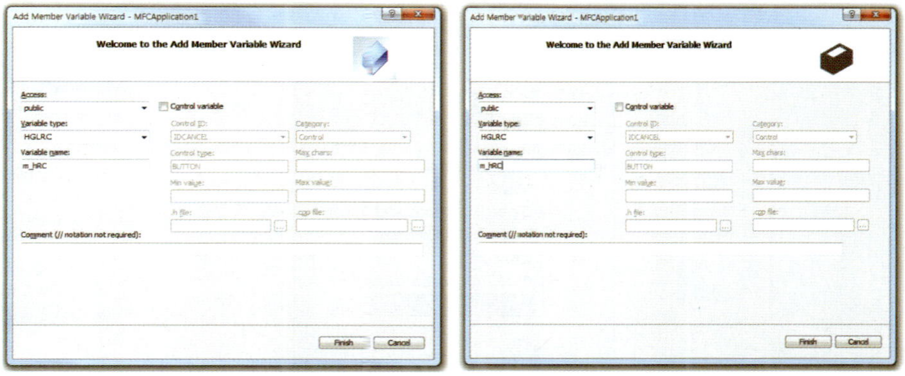

(A) Microsoft Visual Studio C++ 2010 (B) Microsoft Visual Studio C++ 2012

[그림 12-14] MFCApplication1 : Add Member Variable Wizard

[그림 12-14]는 HGLRC Type의 변수 m_hRC을 생성하기 위하여 Add Member Variable Wizard에서 Access, Variable type 및 Variable name을 설정하는 과정이다. 즉, Access : public, Variable type : HGLRC 및 Variable name : m_hRC를 입

력하도록 한다. 그런 다음 'Finish' Button을 Click하면 된다.

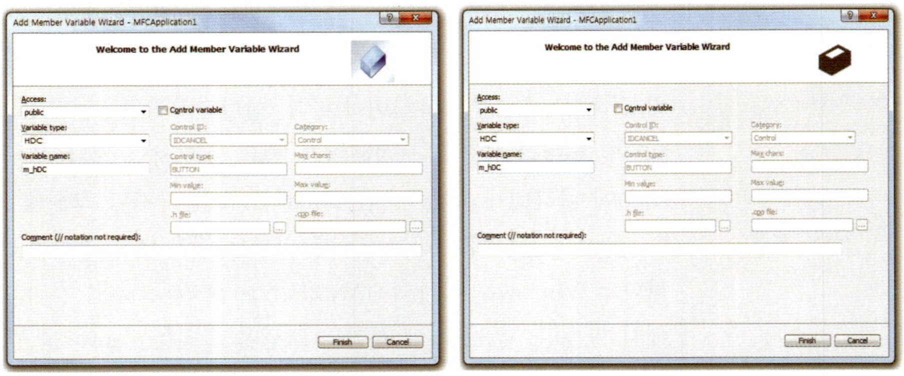

(A) Microsoft Visual Studio C++ 2010 (B) Microsoft Visual Studio C++ 2012

[그림 12-15] MFCApplication1 : Add Member Variable Wizard

[그림 12-15]는 HDC Type의 변수 m_hDC를 생성하기 위하여 Add Member Variable Wizard에서 Access, Variable type 및 Variable name을 설정하는 과정이다. 즉, Access : public, Variable type : HDC 및 Variable name : m_hDC를 입력하도록 한다. 그런 다음 'Finish' Button을 Click하면 된다.

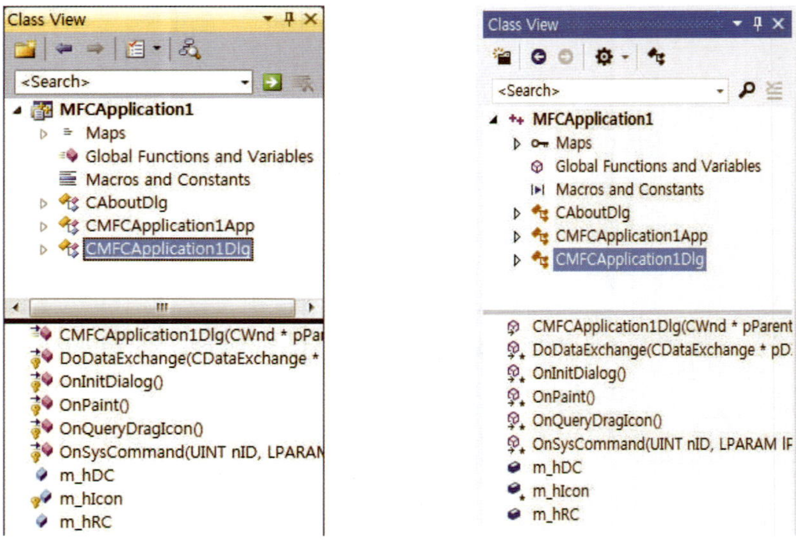

(A) Microsoft Visual Studio C++ 2010 (B) Microsoft Visual Studio C++ 2012

[그림 12-16] MFCApplication1 : Class View

변수 m_hDC 및 m_hRC가 생성되었는지를 [그림 12-16]과 같이 Class View에서 확인한다.

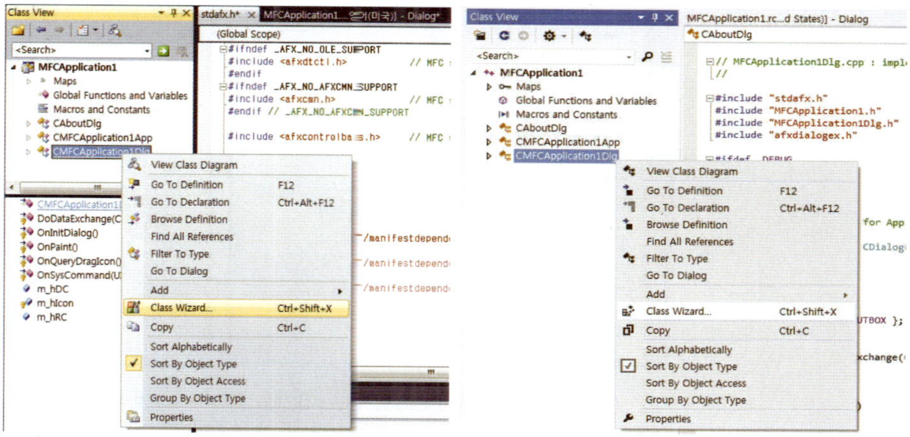

(A) Microsoft Visual Studio C++ 2010 (B) Microsoft Visual Studio C++ 2012

[그림 12-17] MFCApplication1 : Class View – CMFCApplication1Dlg –> Class Wizard

[그림 12-17]은 OnSize() 함수를 생성하기 위하여 메뉴를 선택하는 것이다. 즉, Class View의 CMFCApplication1Dlg을 Mouse 오른쪽 Button을 Click하여 Class Wizard를 선택한다.

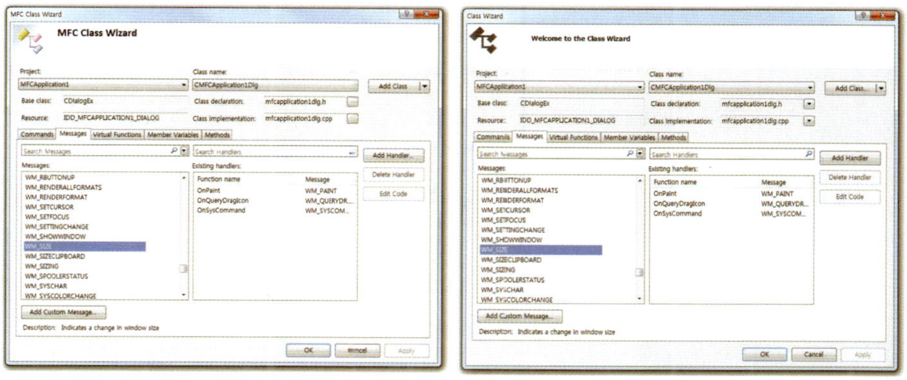

(A) Microsoft Visual Studio C++ 2010 (B) Microsoft Visual Studio C++ 2012

[그림 12-18] MFCApplication1 : MFC Class Wizard

[그림 12-18]은 대화창 [Class Wizard] 혹은 [MFC Class Wizard]에서

OnSize(...) 함수를 생성하기 위하여 Messages에서 해당하는 Message를 선택하는 과정이다. 즉, Messages에서 WM_SIZE를 선택하고 Mouse로 Double Click한다.

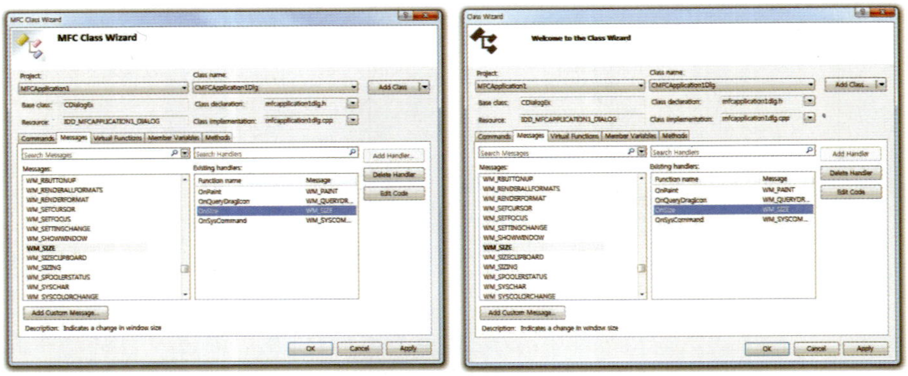

(A) Microsoft Visual Studio C++ 2010 (B) Microsoft Visual Studio C++ 2012

[그림 12-19] MFCApplication1 : MFC Class Wizard

[그림 12-19]는 [그림 12-18]과 같이 Messages에서 선택된 WM_SIZE에 의해 Existing handles에 OnSize가 추가되어지는 과정이다. 여기서 'Edit Code' Button을 Click한다.

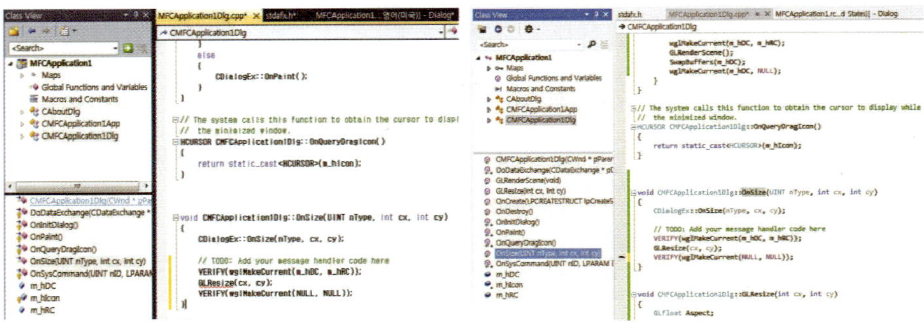

(A) Microsoft Visual Studio C++ 2010 (B) Microsoft Visual Studio C++ 2012

[그림 12-20] MFCApplication1 : Class View – OnSize

[그림 12-20]과 같이 Class View에 OnSize(...)이 생성되었음을 확인할 수 있으며, 오른쪽 CMFCApplication1Dlg.cpp 파일에서 함수 OnSize(...) 부분이 나타나게 된다. 여기에 [코드 12-4]와 같이 소스 코드를 입력한다.

코드 12-4 함수 OnSize(...)에 입력할 소스 코드

```
VERIFY(wglMakeCurrent(m_hDC, m_hRC));
GLResize(cx, cy);
VERIFY(wglMakeCurrent(NULL, NULL));
```

그러나 소스 코드를 입력하고 나면 GLResize(cx, cy) 함수 부분이 적색으로 표시되는 것을 확인할 수 있는데, 이 함수가 생성되어 있지 않기 때문이다. 그러므로 지금 바로 이 함수를 생성하도록 한다.

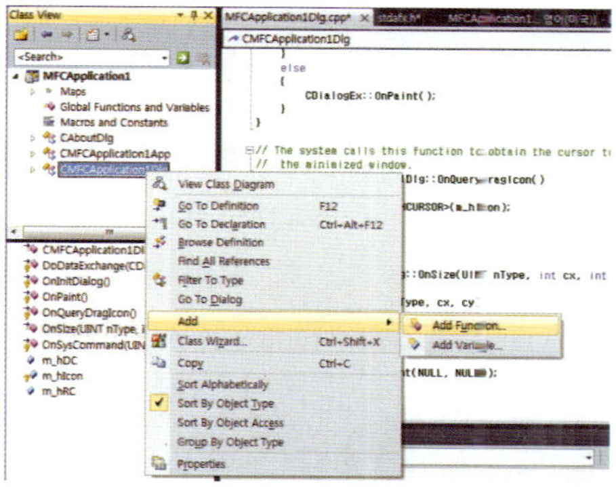

(A) Microsoft Visual Studio C++ 2010

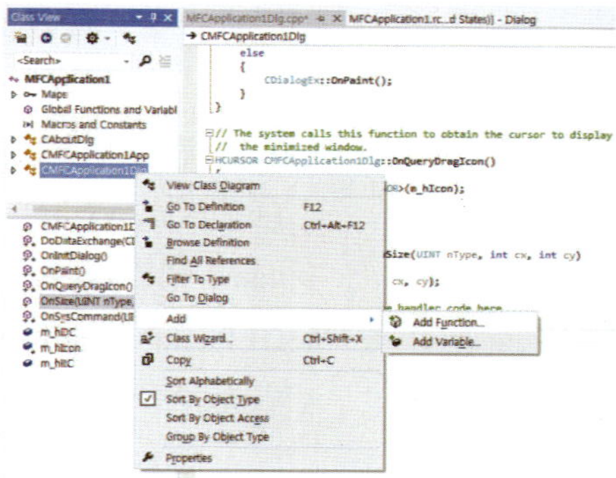

(B) Microsoft Visual Studio C++ 2012

[그림 12-21] MFCApplication1 : Class View – CMFCApplicatioin1Dlg –> Add Function...

[그림 12-21]은 [그림 12-20]에서 필요한 GLResize(cx, cy) 함수를 생성하기 위하여 메뉴를 선택하는 과정이다. 즉, Class View에서 CMFCApplication1Dlg을 Mouse 오른쪽 Button을 Click하여 메뉴 [Add > Add Function...]을 선택한다.

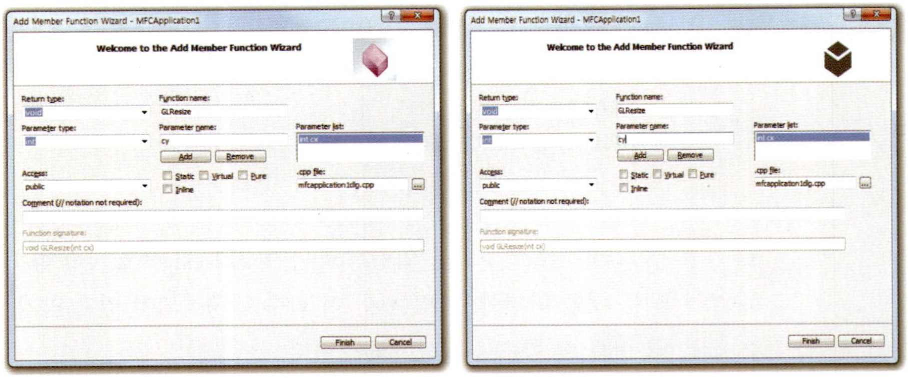

(A) Microsoft Visual Studio C++ 2010 (B) Microsoft Visual Studio C++ 2012

[그림 12-22] MFCApplication1 : Add Member Function Wizard

[그림 12-22]는 void형 함수 GLResize를 생성하기 위하여 Add Member Function Wizard에서 Return type, Function name, Parameter type, Parameter name 및 Access를 설정하는 과정이다. 즉, Return type : void, Function name : GLResize, Parameter type : int, Parameter name : cx 및 Access : public을 입력하도록 한다. 여기서 Parameter name을 입력한 다음 'Add' Button을 Click하여 Parameter list에 나타나도록 하여야 한다. 또한 Parameter가 2개이므로 cx 및 cy에 대하여 동일한 방법으로 추가시켜 주어야 한다. 그런 다음 'Finish' Button을 Click하면 된다.

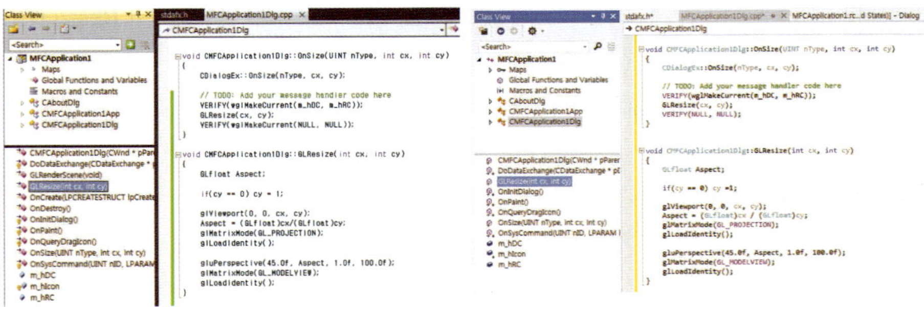

(A) Microsoft Visual Studio C++ 2010 (B) Microsoft Visual Studio C++ 2012

[그림 12-23] MFCApplication1 : Class View – GLResize

[그림 12-23]에서는 [그림 12-22]에 의해 GLResize(int cx, int cy) 함수가 생성되었음을 Class View에서 확인할 수 있으며, CMFCApplication1Dlg.cpp 파일에서

GLResize(int cx, int cy)를 나타내고 있다. 여기에 [코드 12-5]와 같이 소스 코드를 입력하도록 한다.

코드 12-5 함수 GLResize(int cx, int cy)에 입력할 소스 코드

```
GLfloat Aspect;

if(cy == 0) cy = 1;

glViewport(0, 0, cx, cy);
Aspect = (GLfloat)cx/(GLfloat)cy;
glMatrixMode(GL_PROJECTION);
glLoadIdentity();

gluPerspective(45.0f, Aspect, 1.0f, 100.0f);
glMatrixMode(GL_MODELVIEW);
glLoadIdentity();
```

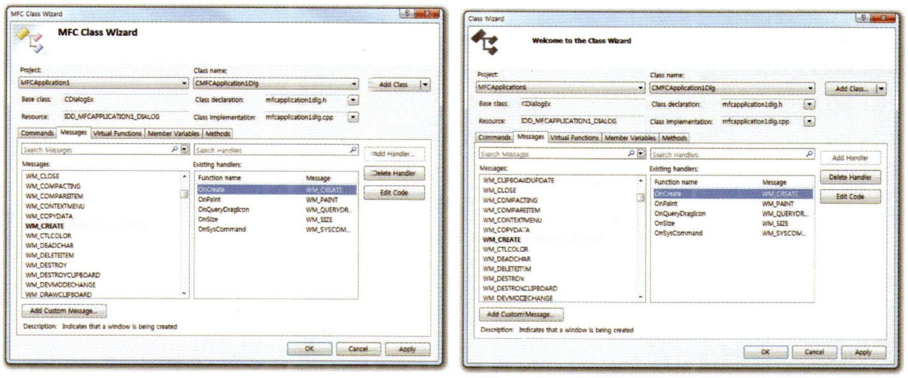

(A) Microsoft Visual Studio C++ 2010 (B) Microsoft Visual Studio C++ 2012

[그림 12-24] MFCApplication1 : MFC Class Wizard

[그림 12-24]는 [그림 12-17]에서 [그림 12-19]와 같은 방법으로 OnCreate(...) 함수를 생성하는 과정이다.

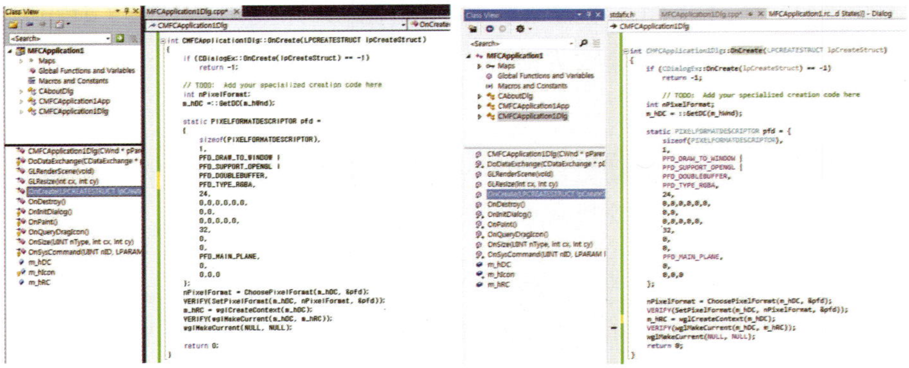

(A) Microsoft Visual Studio C++ 2010 (B) Microsoft Visual Studio C++ 2012

[그림 12-25] MFCApplication1 : Class View – OnCreate

[그림 12-25]에서는 Class View에서 생성된 OnCreate(...)을 확인할 수 있으며, MFCApplication1Dlg.cpp 파일에서는 OnCreate(...) 함수를 보여준다. 여기에 [코드 12-6]과 같이 소스 코드를 입력한다.

코드 12-6 함수 OnCreate(...)에 입력할 소스 코드

```
int nPixelFormat;
m_hDC =::GetDC(m_hWnd);

static PIXELFORMATDESCRIPTOR pfd =
{
    sizeof(PIXELFORMATDESCRIPTOR),
    1,
    PFD_DRAW_TO_WINDOW | PFD_SUPPORT_OPENGL | PFD_DOUBLEBUFFER,
    PFD_TYPE_RGBA,
    24,
    0,0,0,0,0,0,
    0,0,
    0,0,0,0,0,
    32,
    0,
    0,
    PFD_MAIN_PLANE,
    0,
    0,0,0
};
```

```
nPixelFormat = ChoosePixelFormat(m_hDC, &pfd);
VERIFY(SetPixelFormat(m_hDC, nPixelFormat, &pfd));
m_hRC = wglCreateContext(m_hDC);
VERIFY(wglMakeCurrent(m_hDC, m_hRC));
wglMakeCurrent(NULL, NULL);
```

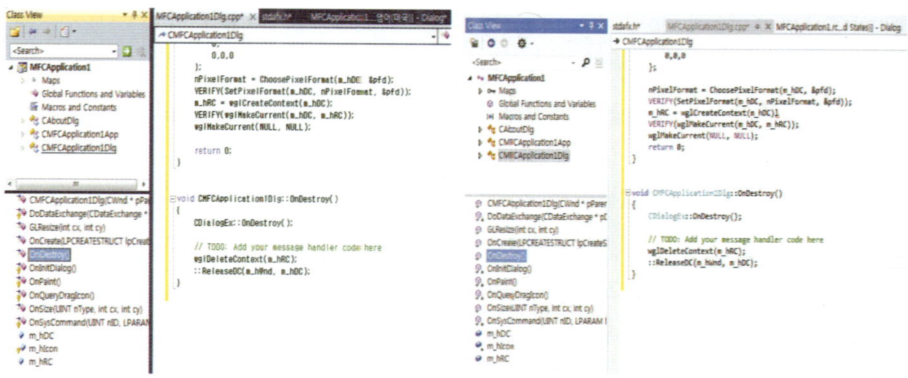

(A) Microsoft Visual Studio C++ 2010　　(B) Microsoft Visual Studio C++ 2012

[그림 12-26] MFCApplication1 : Class View – OnDestroy

[그림 12-17]에서 [그림 12-19]와 같은 방법으로 OnDestroy() 함수를 생성하고 [그림 12-26]과 같이 Class View에서 OnDestroy()을 확인한 다음, MFCApplicatioin1Dlg.cpp의 함수 OnDestroy() 부분에 [코드 12-7]과 같은 소스 코드를 입력한다.

코드 12-7 함수 OnDestroy()에 입력할 소스 코드

```
wglDeleteContext(m_hRC);
::ReleaseDC(m_hWnd, m_hDC);
```

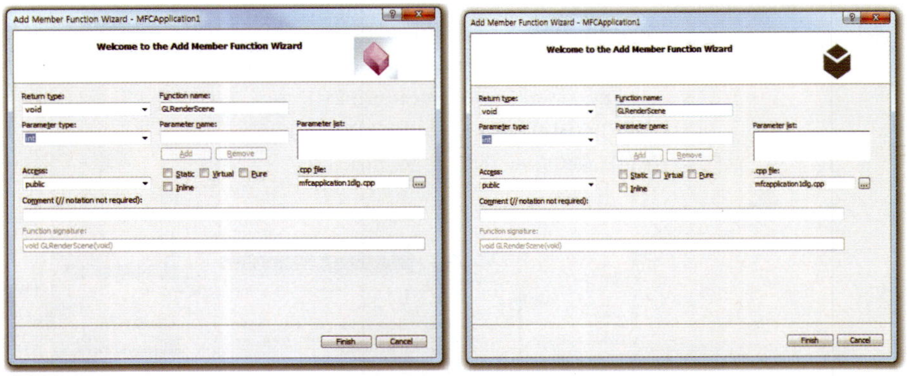

(A) Microsoft Visual Studio C++ 2010 (B) Microsoft Visual Studio C++ 2012

[그림 12-27] MFCApplication1 : Add Member Function Wizard

[그림 12-27]은 void형 함수 GLRenderScene을 생성하기 위하여 Add Member Function Wizard에서 Return type, Function name, Parameter type, Parameter name 및 Access를 설정하는 과정이다. 즉, Return type : void, Function name : GLRederScene 및 Access : public을 입력 및 선택하도록 한다. 여기서 GLRenderScene 함수는 Parameter를 가지지 않기 때문에 Parameter type 및 Parameter name을 입력하거나 선택하지 않는다.

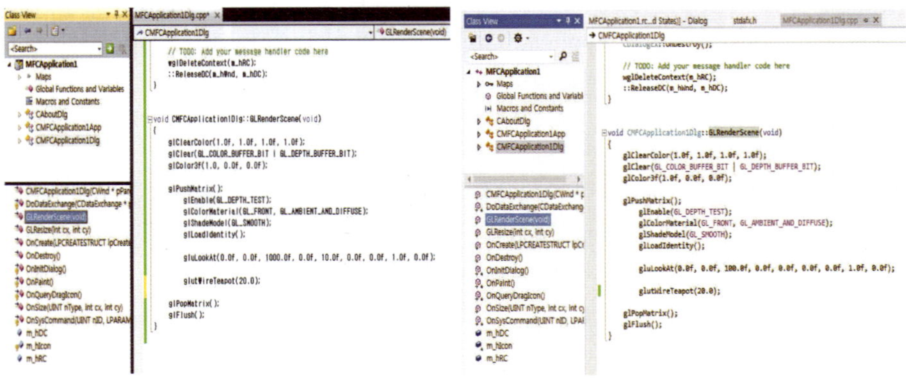

(A) Microsoft Visual Studio C++ 2010 (B) Microsoft Visual Studio C++ 2012

[그림 12-28] MFCApplication1 : Class View – GLRenderScene

[그림 12-28]에서는 [그림 12-27]에 의해 GLRenderScene(void) 함수가 생성되었음을 Class View에서 확인할 수 있으며, MFCApplication1Dlg.cpp 파일에서

GLRenderScene(void)로 나타내고 있다. 여기에 [코드 12-8]과 같이 소스 코드를 입력하도록 한다.

코드 12-8 함수 GLRenderScene(void)에 입력할 소스 코드

```
glClearColor(1.0f, 1.0f, 1.0f, 1.0f);
glClear(GL_COLOR_BUFFER_BIT | GL_DEPTH_BUFFER_BIT);
glColor3f(1.0f, 0.0f, 0.0f);

glPushMatrix();
glEnable(GL_DEPTH_TEST);
glColorMaterial(GL_FRONT, GL_AMBIENT_AND_DIFFUSE);
glShadeModel(GL_SMOOTH);
glLoadIdentity();

gluLookAt(0.0f, 0.0f, 100.0f, 0.0f, 0.0f, 0.0f, 0.0f, 1.0f, 0.0f);

glutWireTeapot(20.0);

glPopMatrix();
glFlush();
```

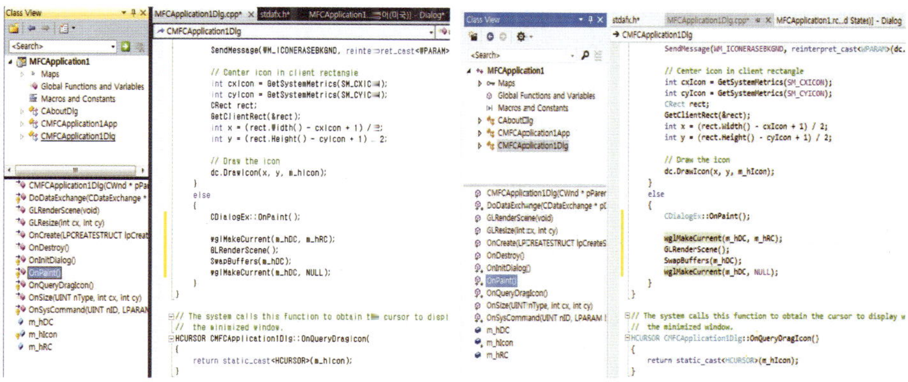

(A) Microsoft Visual Studio C++ 2010 (B) Microsoft Visual Studio C++ 2012

[그림 12-29] MFCApplication1 : Class View – OnPaint

마지막으로 [그림 12-29]와 같이 Class View에서 OnPaint()를 확인하고 Mouse를 Double Click하여 CMFCApplication1Dlg.cpp에서 OnPaint() 함수 부분이 나타나게 한다. 그런 다음 [코드 12-9]와 같이 소스 코드를 입력한다.

코드 12-9 함수 OnPaint()에 입력할 소스 코드

```
wglMakeCurrent(m_hDC, m_hRC);
GLRenderScene();
SwapBuffers(m_hDC);
wglMakeCurrent(m_hDC, NULL);
```

[그림 12-30]은 MFC Application에 OpenGL을 설정하여 구현한 최종 결과를 보여주고 있다. 즉, [그림 12-5]에서 [그림 12-29]까지의 과정을 모두 마치고 실행(Start Debugging 혹은 <F5>)하게 되면 확인할 수 있는 결과물이다.

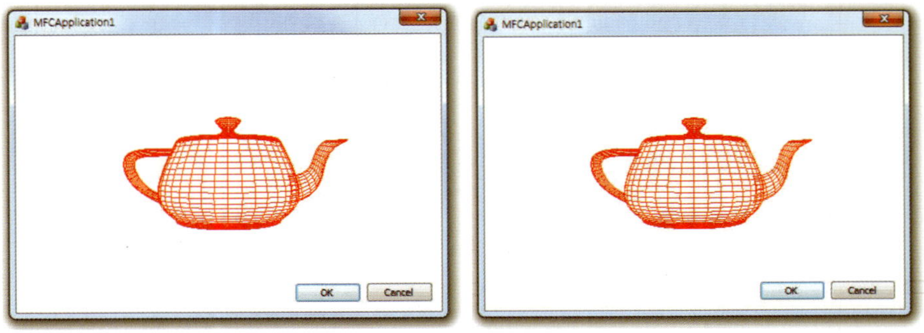

(A) Microsoft Visual Studio C++ 2010 (B) Microsoft Visual Studio C++ 2012

[그림 12-30] MFCApplication1 구현 결과

이와 같은 과정을 거치게 되면 MFC Application에 OpenGL 설정이 제대로 된 것이므로, 지금부터는 본인 스스로 다양한 MFC Application의 GUI 기능과 OpenGL 함수들을 적용하여 조금 더 향상된 3D Application을 개발해보도록 한다.

본 절에서는 [그림 12-7]과 같이 Application Type으로 'Dialog based', Project Style로 'MFC standard'를 선택하여 MFC Application을 제작하였으나, Application의 목적에 따라 다양하게 Application Type 및 Project Style을 선택할 수 있다. [그림 12-31]은 [그림 12-7]에서 어떤 Application Type 및 Project Style을 선택하는가에 따른 서로 다른 구현 결과들을 보여준다. 그러므로 본인이 개발하려는 MFC Application의 목적에 맞게 잘 선택하여 활용하기 바란다.

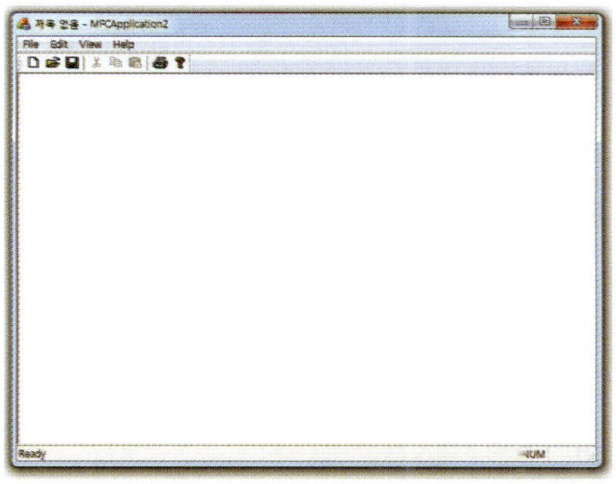

(A) Application type: Single document
Project style: MFC standard

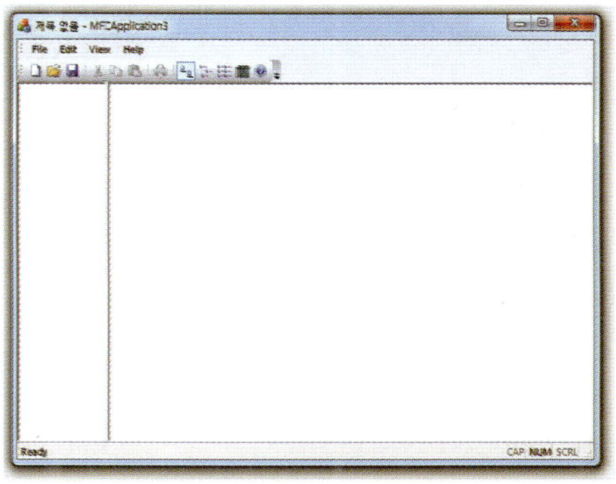

(B) Application type: Single document
Project style: Windows Explorer

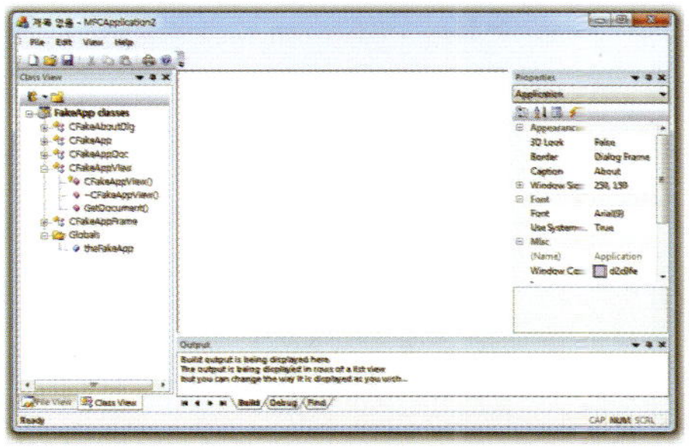

(C) Application type: Single document
Project style: Visual Studio

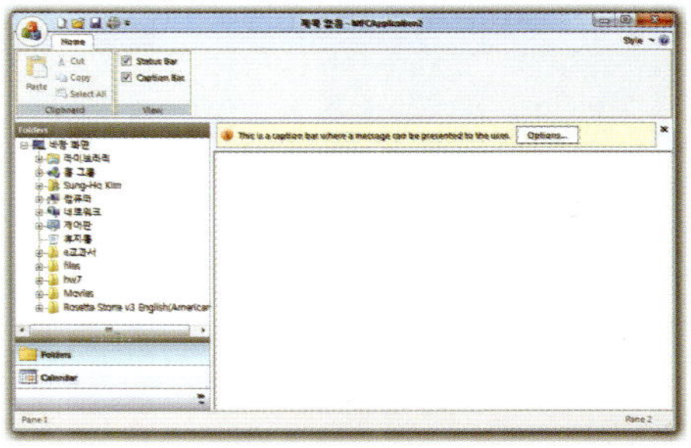

(D) Application type: Single document
Project style: Office

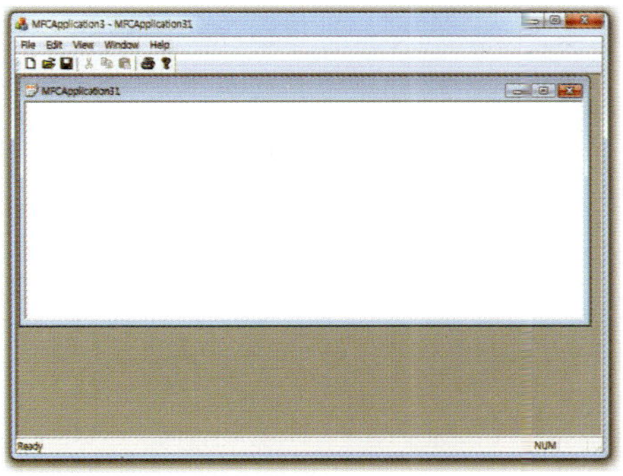

(E) Application type: Multiple document
Project style: MFC standard

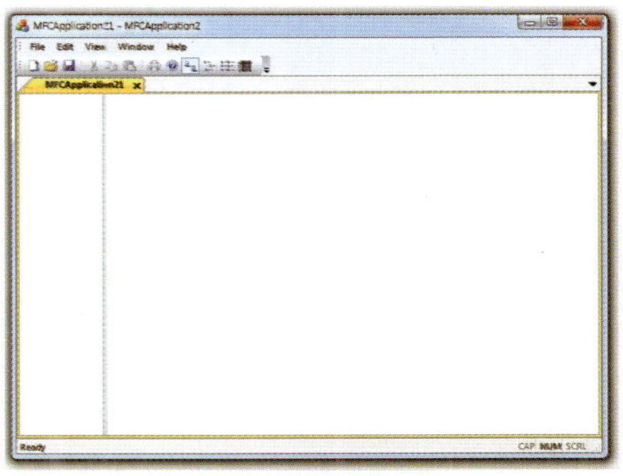

(F) Application type: Multiple document
Project style: Windows Explorer

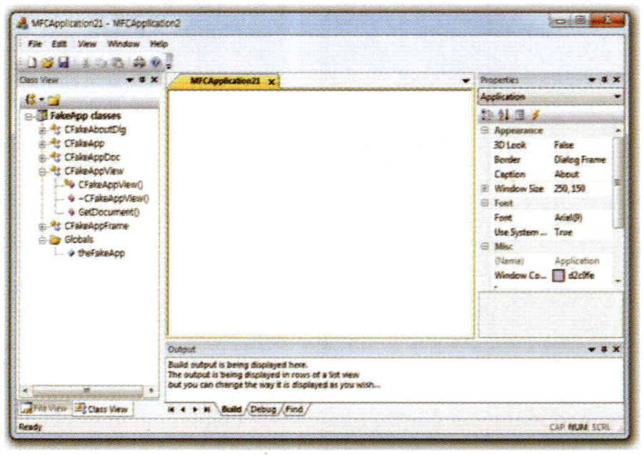

(G) Application type: Multiple document
Project style: Visual Studio

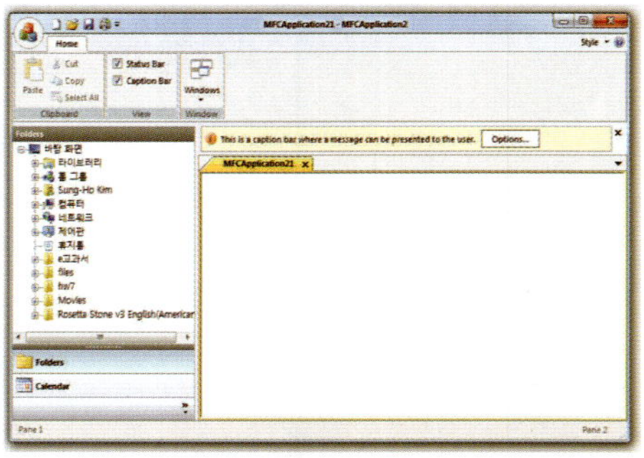

(H) Application type: Multiple document
Project style: Office

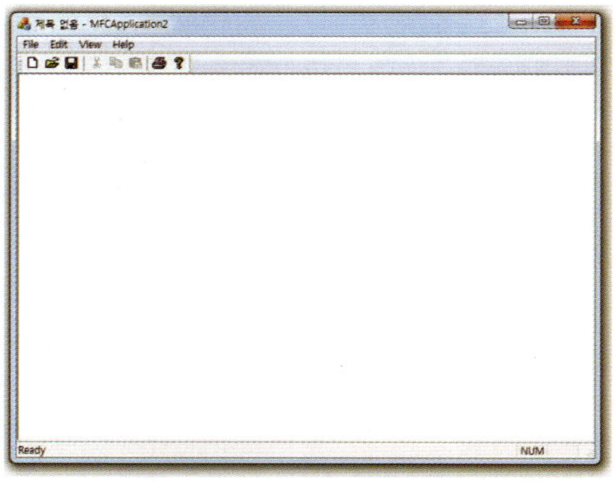

(I) Application type: Multiple top-level document
Project style: MFC standard

[그림 12-31] MFC Application Type의 종류에 따른 Application 구현 결과

Project 12-II Toolbox using MFC

구현 기능

[그림 12-31]과 같은 여러 가지 종류의 MFC Application Type 및 Project Style들 중 MFC Application Type : Multiple document 및 Project Style : MFC standard 을 선택하여 다음과 같은 기능들을 구현하라.

- Window를 왼쪽 Window와 오른쪽 Window 등과 같이 2개로 분리한다. 또한 왼쪽 Window에는 Toolbox Menu가 나타나게 하고 오른쪽 Window에는 OpenGL의 결과물이 나타나게 한다.
- 오른쪽 Window는 기본적으로 Mouse의 왼쪽 Button을 사용하여 객체의 회전이 가능하도록 하여야 하며 gluSphere(...) 함수를 사용하여 Sphere를 생성한다. 또한 Sphere의 색상은 기본적으로 White로 설정하고, 배경은 Black으로 설정한다.
- 왼쪽 Window의 Toolbox Menu에는 Colors, OpenGL, Animation 및 Scaling 등으로 하부 메뉴들을 구성한다.
- 왼쪽 Window의 Toolbox Menu의 Colors에는 배경 및 조명의 색상을 설정할 수 있게 한다.
- 왼쪽 Window의 Toolbox Menu의 OpenGL에는 Anti-aliasing, Shading(Flat, Gouraud) 및 Lighting 등의 기능을 구현하되, Check box를 사용하여 On/Off가 가능하게 한다. 또한 OpenGL의 결과물에 대해서는 Radio box를 사용하여 Vertex, Wire-frame 및 Face 등의 기능이 가능하게 한다.
- 왼쪽 Window의 Toolbox Menu의 Animation에서는 OpenGL로 구현된 객체를 특정 축을 기준으로 적당한 회전 값을 적용하여 자동으로 회전할 수 있도록 한다.
- 왼쪽 Window의 Toolbox Menu의 Scaling에서는 각 X축, Y축 및 Z축 등에 대하여 객체의 크기조절(Scale)을 할 수 있도록 한다. 또한 X축, Y축 및 Z축에 대하여 한꺼번에 크기조절(Scale)이 가능하도록 Check box를 사용하여 Link시킬 수 있도록 한다.

구현 결과

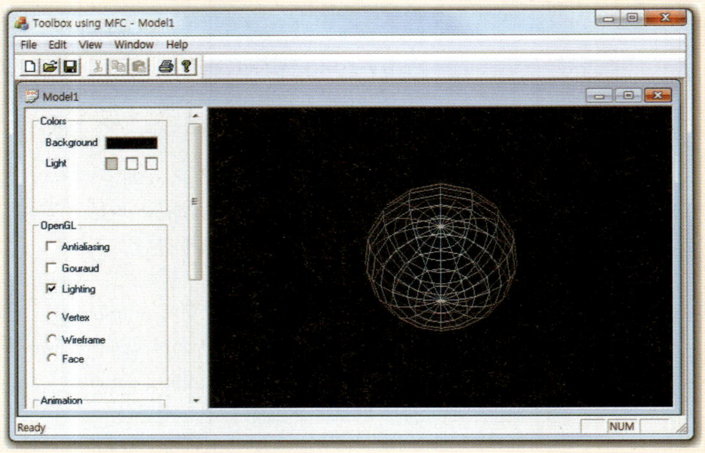
Toolbox using MFC - Model1
File Edit View Window Help
Model1
Colors
Background
Light
OpenGL
Antialiasing
Gouraud
Lighting
Vertex
Wireframe
Face
Animation
Ready
NUM

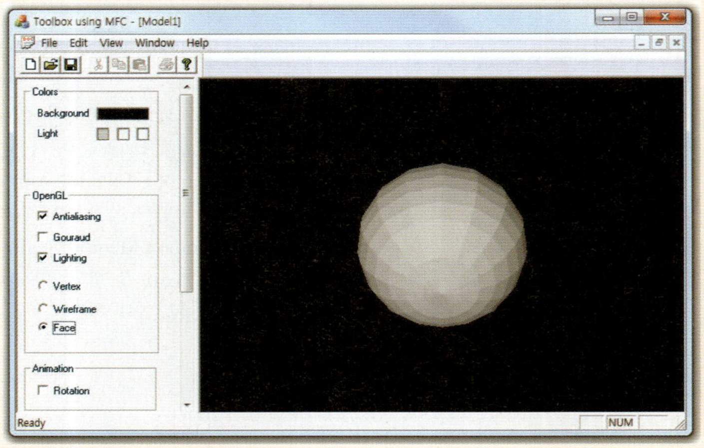
Toolbox using MFC - [Model1]
File Edit View Window Help
Colors
Background
Light
OpenGL
Antialiasing
Gouraud
Lighting
Vertex
Wireframe
Face
Animation
Rotation
Ready
NUM

구현 결과

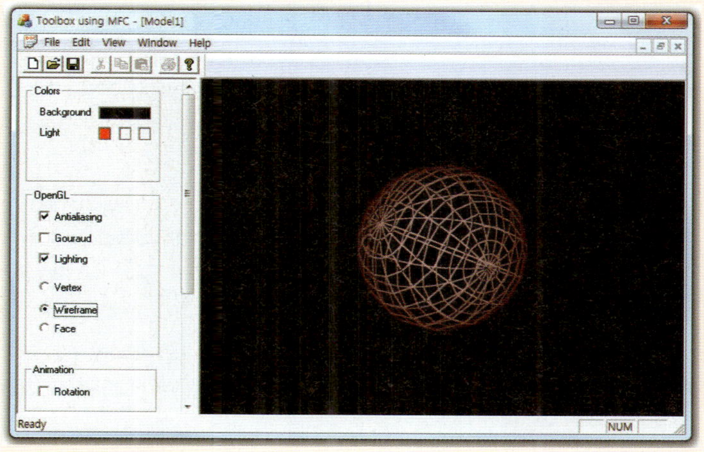
Toolbox using MFC - [Model1]
File Edit View Window Help
Colors
Background
Light
OpenGL
Antialiasing
Gouraud
Lighting
Vertex
Wireframe
Face
Animation
Rotation
Ready
NUM

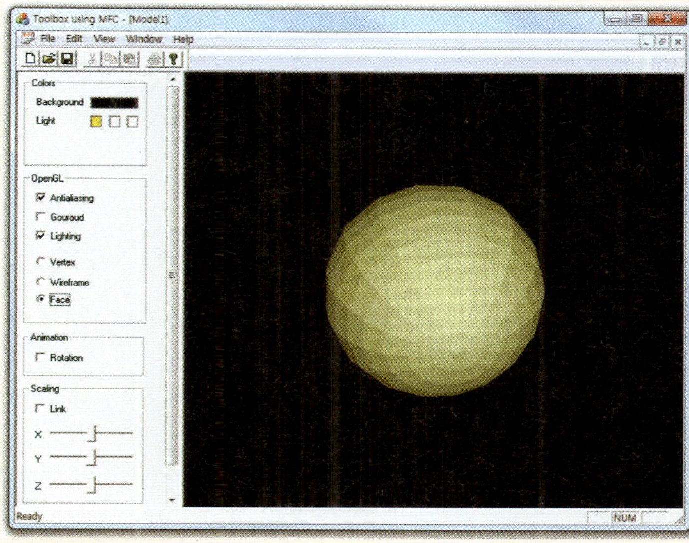
Toolbox using MFC - [Model1]
File Edit View Window Help
Colors
Background
Light
OpenGL
Antialiasing
Gouraud
Lighting
Vertex
Wireframe
Face
Animation
Rotation
Scaling
Link
X
Y
Z
Ready
NUM

요약 SUMMARY

1. OpenGL에서는 GLUI(OpenGL User Interface) Library를 사용하여 GUI(Graphics User Interface)를 구현할 수 있다.

2. GLUI는 Windows Programming에서 주로 사용되는 MFC와 유사한 기능을 가지고 있으며, Button, Check Box, Radio Button, Label, Panel 및 Text Box 등과 같은 Control Library을 제공해준다.

3. MFC(The Microsoft Foundation Class Library)는 C++ 언어를 기반으로 하는 Windows Application을 제작하기 위한 C++ Class Library의 집합을 말한다. MFC Library에는 Database Interface를 개발하기 위한 GUI(Graphics User Interface) 요소들(Windows, Frame, Menu, Toolbar 및 Status Bar 등), 다른 Application들로부터의 Message 등과 같은 Event 처리, Keyboard 및 Mouse 입력 등을 위한 Library Class들을 포함하고 있다.

연습문제

1. GUI(Graphics User Interface)란 무엇인지 기술하시오.

2. GLUI(OpenGL User Interface)란 무엇인지 설명하고, Microsoft Visual Studio C++ 환경에서 설치하는 방법과 설치되는 파일들을 구분하여 기술하시오.

3. GLUI를 사용하여 구현 가능한 GUI는 어떤 기능들이 있는지 그림과 함께 기술하시오.

4. MFC Application 환경에서 OpenGL을 적용하기 위한 과정을 간단히 순서대로 기술하시오.

참고문헌

01 Installing GLUI using VC++ on Windows,
http://masdel.wordpress.com/2010/06/13/installing-glui-using-vc-on-windows/

02 GLUI Documentation,
http://www.cs.uaf.edu/2006/fall/cs381/ref/glui/annotated.html

03 MFC Dialog 기반 OpenGL 세팅하기,
http://blog.naver.com/silzon/30021587464

04 Starting Rendering Modes,
http://www.codeguru.com/cpp/g-m/opengl/article.php/c2693/Starting-Rendering-Modes.htm

COMPUTER GRAPHICS

부록

APPENDIX

OpenGL API Reference

CONTENTS

부록 APPENDIX OpenGL API Reference

Section 01 GL(OpenGL Core Library) 함수

GL은 Rendering 기능을 제공하는 핵심 Library로서 OpenGL의 Library를 실제로 정의한다. 또한 비객체 지향적이며 처리 속도를 향상시키고 함수 오버로딩(Overloading)이 불가능하다. 이와 같은 GL 함수들은 다음과 같이 정리할 수 있다.

기 능	설 명
glAccum (GLenum *op*, GLfloat *value*);	Operates on the accumulation buffer
glAddSwapHintRectWIN (GLint *x*, GLint *y*, GLsizei *width*, GLsizei *height*);	Specifies a set of rectangles that are to be copied by SwapBuffers
glAlphaFunc (GLenum *func*, GLclampf *ref*);	Enables your application to set the alpha test function
glAreTexturesResident (GLsizei *n*, const GLuint **textures*, GLboolean **residences*);	Determines whether specified texture objects are resident in texture memory
glArrayElement (GLint *index*);	Specifies the array elements used to render a vertex
glBegin (GLenum *mode*); glEnd ();	Delimit the vertices of a primitive or a group of like primitives
glBindTexture (GLenum *target*, GLuint *texture*);	Enables the creation of a named texture that is bound to a texture target
glBitmap (GLSizei *width*, GLSizei *height*, GLfloat *xorig*, GLfloat *yorig*, GLfloat *xmove*, GLfloat *ymove*, const GLubyte **bitmap*);	Draws a bitmap
glBlendFunc (GLenum *sfactor*, GLenum *dfactor*);	Specifies pixel arithmetic

glCallList (GLuint *list*);	Executes a display list
glCallLists (GLsizei *n*, GLenum *type*, const GLvoid **lists*);	Executes a list of display lists
glClear (GLbitfield *mask*);	Clears buffers to preset values
glClearAccum (GLfloat *red*, GLfloat *green*, GLfloat *blue*, GLfloat *alpha*);	Specifies the clear values for the accumulation buffer
glClearColor (GLclampf *red*, GLclampf *green*, GLclampf *blue*, GLclampf *alpha*);	Specifies clear values for the color buffers
glClearDepth (GLclampd *depth*);	Specifies the clear value for the depth buffer
glClearIndex (GLfloat *c*);	Specifies the clear value for the color–index buffers
glClearStencil (GLint *s*);	Specifies the clear value for the stencil buffer
glClipPlane (GLenum *plane*, const GLdouble **equation*)	Specifies a plane against which all geometry is clipped
glColor{3,4}{b,d,f,i,s}{u}{v}	Set the current color
glColorMask (GLboolean *red*, GLboolean *green*, GLboolean *blue*, GLboolean *alpha*);	Enables and disables writing of frame–buffer color components
glColorMaterial (GLenum *face*, GLenum *mode*);	Causes a material color to track the current color
glColorPointer (GLint *size*, GLenum *type*, GLsizei *stride*, const GLvoid **pointer*);	Defines an array of colors
glColorTableEXT (GLenum *target*, GLenum *internalFormat*, GLsizei *width*, GLenum *format*, GLenum *type*, const GLvoid **data*);	Specifies the format and size of a palette for targeted paletted textures
glColorSubTableEXT (GLenum *target*, GLsizei *start*, GLsizei *count*, GLenum *format*, GLenum *type*, const GLvoid **data*);	Specifies a portion of the targeted texture's palette to be replaced
glCopyPixels (GLint *x*, GLint *y*, GLsizei *width*, GLsizei *height*, GLenum *type*);	Copies pixels in the framebuffer
glCopyTexImage1D (GLenum *target*, GLint *level*, GLenum *internalFormat*, GLint *x*, GLint *y*, GLsizei *width*, GLint *border*);	Copies pixels from the framebuffer into a one–dimensional texture image

glCopyTexImage2D (GLenum *target*, GLint *level*, GLenum *internalFormat*, GLint *x*, GLint *y*, GLsizei *width*, GLsizei *height*, GLint *border*);	Copies pixels from the framebuffer into a two-dimensional texture image
glCopyTexSubImage1D (GLenum *target*, GLint *level*, GLint *xoffset*, GLint *x*, GLint *y*, GLsizei *width*);	Copies a sub-image of a one-dimensional texture image from the framebuffer
glCopyTexSubImage2D (GLenum *target*, GLint *level*, GLint *xoffset*, GLint *yoffset*, GLint *x*, GLint *y*, GLsizei *width*, GLsizei *height*);	Copies a sub-image of a two-dimensional texture image from the framebuffer
glCullFace (GLenum *mode*);	Specifies whether front- or back-facing facets can be culled
glDeleteLists (GLuint *list*, GLsizei *range*);	Deletes a contiguous group of display lists
glDeleteTextures (GLsizei *n*, const GLuint **textures*);	Deletes named textures
glDepthFunc (GLenum *func*);	Specifies the value used for depth-buffer comparisons
glDepthMask (GLboolean *flag*);	Enables or disables writing into the depth buffer
glDepthRange (GLclampd *zNear*, GLclampd *zFar*);	Specifies the mapping of z values from normalized device coordinates to window coordinates
glDrawArrays (GLenum *mode*, GLint *first*, GLsizei *count*);	Specifies multiple primitives to render
glDrawBuffer (GLenum *mode*);	Specifies which color buffers are to be drawn into
glDrawElements (GLenum *mode*, GLsizei *count*, GLenum *type*, const GLvoid **indices*);	Renders primitives from array data
glDrawPixels (GLsizei *width*, GLsizei *height*, GLenum *format*, GLenum *type*, const GLvoid **pixels*);	Writes a block of pixels to the framebuffer
glEdgeFlag (GLboolean *flag*); glEdgeFlagv (const GLboolean **flag*);	Defines an array of edge flags
glEdgeFlagPointer (GLsizei *stride*, const GLvoid **pointer*);	Defines an array of edge flags
glEnable (GLenum *cap*); glDisable (GLenum *cap*);	Enable or disable OpenGL capabilities
glEnableClientState (GLenum *array*); glDisableClientState (GLenum *array*);	Enable and disable arrays respectively

glEvalCoord {1,2}{d,f}{v};	Evaluate enabled one– and two–dimensional maps
glEvalMesh1 (GLenum *mode*, GLint *i1*, GLint *i2*); glEvalMesh2 (GLenum *mode*, GLint *i1*, GLint *i2*, GLint *j1*, GLint *j2*);	Compute a one– or two–dimensional grid of points or lines
glEvalPoint1 (GLint *i*); glEvalPoint2 (GLint *i*, GLint *j*);	Generate and evaluate a single point in a mesh
glFeedbackBuffer (GLsizei *size*, GLenum *type*, GLfloat **buffer*);	Controls feedback mode
glFinish ();	Blocks until all OpenGL execution is complete
glFlush ();	Forces execution of OpenGL functions in finite time
glFog {f,i}{v};	Specify fog parameters
glFrontFace (GLenum *mode*);	Defines front– and back–facing polygons
glFrustum (GLdouble *left*, GLdouble *right*, GLdouble *bottom*, GLdouble *top*, GLdouble *zNear*, GLdouble *zFar*);	Multiplies the current matrix by a perspective matrix
glGenLists (GLsizei *range*);	Generates a contiguous set of empty display lists
glGenTextures (GLsizei n, GLuint **textures*);	Generates texture names
glGetBooleanv (GLenum *pname*, GLboolean **params*); glGetDoublev (GLenum *pname*, GLboolean **params*); glGetFloatv (GLenum *pname*, GLboolean **params*); glGetIntegerv (GLenum *pname*, GLboolean **params*);	Return the value or values of a selected parameter
glGetClipPlane (GLenum *plane*, GLdouble **equation*);	Returns the coefficients of the specified clipping plane
glGetColorTableEXT (GLenum *target*, GLenum *format*, GLenum *type*, const GLvoid **data*);	Gets the color table data of the current targeted texture palette

glGetColorTableParameterfvEXT (GLenum *target*, GLenum *pname*, GLfloat **params*); glGetColorTableParameterivEXT (GLenum *target*, GLenum *pname*, GLint **params*);	Get palette parameters from color tables
glGetError ();	Returns error information
glGetLightfv (GLenum *light*, GLenum *pname*, GLfloat **params*); glGetLightiv (GLenum *light*, GLenum *pname*, GLint **params*);	Return light source parameter values
glGetMap{d,f,i}{v};	Return evaluator parameters
glGetMaterialfv (GLenum *face*, GLenum *pname*, GLfloat **params*); glGetMaterialiv (GLenum *face*, GLenum *pname*, GLint **params*);	Return material parameters
glGetPixelMap{f,ui,us}{v};	Return the specified pixel map
glGetPointerv (GLenum *pname*, GLvoid ***params*);	Returns the address of a vertex data array
glGetPolygonStipple (GLubyte **mask*);	Returns the polygon stipple pattern
glGetString (GLenum *name*);	Returns a string describing the current OpenGL connection
glGetTexEnvfv (GLenum *target*, GLenum *pname*, GLfloat **params*); glGetTexEnviv (GLenum *target*, GLenum *pname*, GLint **params*);	Return texture environment parameters
glGetTexGen{d,f,i}{v};	Return texture coordinate generation parameters
glGetTexImage (GLenum *target*, GLint *level*, GLenum *format*, GLenum *type*, GLvoid **pixels*);	Returns a texture image
glGetTexLevelParameterfv (GLenum *target*, GLint *level*, GLenum *pname*, GLfloat **params*); glGetTexLevelParameteriv (GLenum *target*, GLint *level*, GLenum *pname*, GLint **params*);	Return texture parameter values for a specific level of detail

glGetTexParameterfv (GLenum *target*, GLint *level*, GLenum *pname*, GLfloat **params*); glGetTexParameteriv (GLenum *target*, GLint *level*, GLenum *pname*, GLint **params*);	Return texture parameter values
glHint (GLenum *target*, GLenum *mode*);	Specifies implementation–specific hints
glIndex{d,f,i,s}{v};	Set the current color index
glIndexMask (GLuint *mask*);	Controls the writing of individual bits in the color–index buffers
glIndexPointer (GLenum *type*, GLsizei *stride*, const GLvoid **pointer*);	Defines an array of color indexes
glInitNames ();	Initializes the name stack
glInterleavedArrays (GLenum *format* GLsizei *stride*, const GLvoid **pointer*);	Simultaneously specifies and enables several interleaved arrays in a larger aggregate array
glIsEnabled (GLenum *cap*);	Tests whether a capability is enabled
glIsList (GLuint *list*);	Tests for display list existence
glIsTexture (GLuint *texture*);	Determines if a name corresponds to a texture
glLight{f,i}{v};	Set light–source parameters
glLightModel{f,i}{v};	Set the lighting model parameters
glLineStipple (GLint *factor*, GLushort *pattern*);	Specifies the line stipple pattern
glLineWidth (GLfloat *width*);	Specifies the width of rasterized lines
glListBase (GLuint *base*);	Sets the display list base for glCallLists
glLoadIdentity ();	Replaces the current matrix with the identity matrix
glLoadMatrixd (const GLdouble **m*) glLoadMatrixf (const GLfloat **m*);	Replace the current matrix with an arbitrary matrix
glLoadName (GLuint *name*);	Loads a name onto the name stack
glLogicOp (GLenum *opcode*);	Specifies a logical pixel operation for color index rendering
glMap1d (GLenum *target*, GLdouble *u1*, GLdouble *u2*, GLint *stride*, GLint *order*, const GLdouble **points*); glMap1f (GLenum *target*, GLfloat *u1*, GLfloat *u2*, GLint *stride*, GLint *order*, const GLfloat **points*);	Define a one–dimensional evaluator

glMap2d (GLenum *target*, GLdouble *u1*, GLdouble *u2*, GLint *ustride*, GLint *uorder*, GLdouble *v1*, GLdouble *v2*, GLint *vstride*, GLint *vorder*, const GLdouble **points*); glMap2f (GLenum *target*, GLfloat *u1*, GLfloat *u2*, GLint *ustride*, GLint *uorder*, GLfloat *v1*, GLfloat *v2*, GLint *vstride*, GLint *vorder*, const GLfloat **points*);	Define a two–dimensional evaluator
glMapGrid{1,2}{d,f};	Define a one– or two–dimensional mesh
glMaterial{f,i}{v};	Specify material parameters for the lighting model
glMatrixMode (GLenum *mode*);	Specifies which matrix is the current matrix
glMultMatrixd (const GLdouble **m*); glMultMatrixf (const GLdouble **m*);	Multiply the current matrix by an arbitrary matrix
glNewList (GLuint *list*, GLenum *mode*); glEndList ();	Create or replace a display list
glNormal3{b,d,f,i,s}{v};	Set the current normal vector
glNormalPointer (GLenum *type*, GLsizei *stride*, const GLvoid **pointer*);	Defines an array of normals
glOrtho (GLdouble *left*, GLdouble *right*, GLdouble *bottom*, GLdouble *top*, GLdouble *zNear*, GLdouble *zFar*);	Multiplies the current matrix by an orthographic matrix
glPassThrough (GLfloat *token*);	Places a marker in the feedback buffer
glPixelMap{f,ui,us}{v};	Set up pixel transfer maps
glPixelStoref (GLenum *pname*, GLfloat *param*); glPixelStorei (GLenum *pname*, GLint *param*);	Set pixel storage modes
glPixelTransferf (GLenum *pname*, GLfloat *param*); glPixelTransferi (GLenum *pname*, GLint *param*);	Set pixel transfer modes
glPixelZoom (GLfloat *xfactor*, GLfloat *yfactor*);	Specifies the pixel zoom factors
glPointSize (GLfloat *size*);	Specifies the diameter of rasterized points

glPolygonMode (GLenum *face*, GLenum *mode*);	Selects a polygon rasterization mode
glPolygonOffset (GLfloat *factor*, GLfloat *units*);	Sets the scale and units OpenGL uses to calculate depth values
glPolygonStipple (const GLubyte **mask*);	Sets the polygon stippling pattern
glPrioritizeTextures (GLsizei *n*, const GLuint **textures*, const GLclampf **priorities*);	Sets the residence priority of textures
glPushAttrib (GLbitfield *mask*); glPopAttrib ();	Push and pop the attribute stack
glPushClientAttrib (GLbitfield *mask*) glPopClientAttrib ();	Save and restore groups of client−state variables on the client−attribute stack
glPushMatrix (); glPopMatrix ();	Push and pop the current matrix stack
glPushName (GLuint *name*); glPopName ();	Push and pop the name stack
glRasterPos(2,3,4){d,f,i,s}{v};	Specify the raster position for pixel operations
glReadBuffer (GLenum *mode*);	Selects a color buffer source for pixels
glReadPixels (GLint *x*, GLint *y*, GLsizei *width*, GLsizei *height*, GLenum *format*, GLenum *type*, GLvoid **pixels*);	Reads a block of pixels from the framebuffer
glRect{d,f,i,s}{v};	Draw a rectangle
glRenderMode (GLenum *mode*);	Sets the rasterization mode
glRotated (GLdouble *angle*, GLdouble *x*, GLdouble *y*, GLdouble *z*); glRotatef(GLfloat *angle*, GLfloat *x*, GLfloat *y*, GLfloat *z*);	Multiply the current matrix by a rotation matrix
glScaled (GLdouble *x*, GLdouble *y*, GLdouble *z*); glScalef (GLfloat *x*, GLfloat *y*, GLfloat *z*);	Multiply the current matrix by a general scaling matrix
glScissor (GLint *x*, GLint *y*, GLsizei *width*, GLsizei *height*);	Defines the scissor box
glSelectBuffer (GLsizei *size*, GLuint **buffer*);	Establishes a buffer for selection mode values
glShadeModel (GLenum *mode*);	Selects flat or smooth shading
glStencilFunc (GLenum *func*, GLint *ref*, GLuint *mask*);	Sets the function and reference value for stencil testing
glStencilMask (GLuint *mask*);	Controls the writing of individual bits in the stencil planes

glStencilOp (GLenum *fail*, GLenum *zfail*, GLenum *zpass*);	Sets the stencil test actions
glTexCoord{1,2,3,4}{d,f,i,s}{v};	Set the current texture coordinates
glTexCoordPointer (GLint *size*, GLenum *type*, GLsizei *stride*, const GLvoid **pointer*);	Defines an array of texture coordinates
glTexEnv{f,i}{v};	Set texture environment parameters
glTexGen{d,f,i}{v};	Control the generation of texture coordinates
glTexImage1D (GLenum *target*, GLint *level*, GLint *internalformat*, GLsizei *width*, GLint *border*, GLint *format*, GLenum *type*, const GLvoid **pixels*);	Specifies a one-dimensional texture image
glTexImage2D (GLenum *target*, GLint *level*, GLint *internalformat*, GLsizei *width*, GLint *border*, GLint *format*, GLenum *type*, const GLvoid **pixels*);	Specifies a two-dimensional texture image
glTexParameter{f,i}{v};	Set texture parameters
glTexSubImage1D (GLenum *target*, GLint *level*, GLint *xoffset*, GLsizei *width*, GLenum *format*, GLenum *type*, const GLvoid **pixels*);	Specifies a portion of an existing one-dimensional texture image. You cannot define a new texture with glTexSubImage1D
glTexSubImage2D (GLenum target, GLint *level*, GLint *xoffset*, GLint *yoffset*, GLsizei *width*, GLsizei *height*, GLenum *format*, GLenum *type*, const GLvoid **pixels*);	Specifies a portion of an existing one-dimensional texture image. You cannot define a new texture with glTexSubImage2D
glTranslated (GLdouble *x*, GLdouble *y*, GLdouble *z*); glTranslatef (GLfloat *x*, GLfloat *y*, GLfloat *z*);	Multiply the current matrix by a translation matrix
glVertex{2,3,4}{d,f,i,s}{v};	Specify a vertex
glVertexPointer (GLint *size*, GLenum *type*, GLsizei *stride*, const GLvoid **pointer*);	Defines an array of vertex data
glViewport (GLint *x*, GLint *y*, GLsizei *width*, GLsizei *height*);	Sets the viewport

02 Section GLU(OpenGL Utility Library) 함수

GLU는 Polygon, Cylinder, Surface 등의 생성 및 Matrix 연산 등 각종 50여 개의 함수를 제공한다. 특히 OpenGL Core Library의 도우미로서 Tessellation(다각형 분할), Projection(투영), Quadratic Surface(2차원 곡면), NURBS(Non-Uniform Rational B-Spline) 등 고급 기능을 지원하는 함수를 제공한다. GLU는 GL의 일부이며, GL의 도우미 역할을 하는 라이브러리로서 Sphere, Cones, Cylinder 등도 쉽게 생성할 수 있다. 이와 같은 GLU 함수들은 다음과 같이 정리할 수 있다.

기능	설명
gluBeginCurve (GLUnurbs *nobj); gluEndCurve (GLUnurbs *nobj);	Delimit a Non-Uniform Rational B-Spline (NURBS) curve definition
gluBeginPolygon (GLUtesselator *tess); gluEndPolygon (GLUtesselator *tess);	Delimit a polygon description
gluBeginSurface (GLUnurbs *nobj); gluEndSurface (GLUnurbs *nobj);	Delimit a NURBS surface definition
gluBeginTrim (GLUnurbs *nobj); gluEndTrim (GLUnurbs *nobj);	Delimit a NURBS trimming loop definition
gluBuild1DMipmaps (GLenum *target*, GLint *components*, GLint *width*, GLenum *format*, GLenum *type* const void **data*);	Creates 1-D mipmaps
gluBuild2DMipmaps (GLenum *target*, GLint *components*, GLint *width*, GLenum *format*, GLenum *type* const void **data*);	Creates 2-D mipmaps
gluCylinder (GLUquadric **qobj*, GLdouble *baseRadius*, GLdouble *topRadius*, GLdouble *height*, GLint *slices*, GLint *stacks*);	Draws a cylinder
gluDeleteNurbsRenderer (GLUnurbs **nobj*);	Destroys a NURBS object
gluDeleteQuadric (GLUquadricObj **state*);	Destroys a quadric object
gluDeleteTess (GLUtesselator **tess*);	Destroys a tessellation object

gluDisk (GLUquadric **qobj*, GLdouble *innerRadius*, GLdouble *outerRadius*, GLint *slices*, GLint *loops*);	Draws a disk
gluErrorString (GLenum *errCode*);	Produces an error string from an OpenGL or GLU error code. The error string is ANSI only
gluGetNurbsProperty (GLUnurbs **nobj*, GLenum *property*, GLfloat **value*);	Gets a NURBS property
gluGetString (GLenum *name*);	Gets a string that describes the GLU version number or supported GLU extension calls
gluGetTessProperty (GLUtesselator **tess*, GLenum *which*, GLdouble **value*);	Gets a tessellation object property
gluLoadSamplingMatrices (GLUnurbs **nobj*, const GLfloat *modelMatrix[16]*, const GLfloat *projMatrix[16]*, const GLint *viewport[4]*);	Loads NURBS sampling and culling matrices
gluLookAt (GLdouble *eyex*, GLdouble *eyey*, GLdouble *eyez*, GLdouble *centerx*, GLdouble *centery*, GLdouble *centerz*, GLdouble *upx*, GLdouble *upy*, GLdouble *upz*);	Defines a viewing transformation
gluNewNurbsRenderer ();	Creates a NURBS object
gluNewQuadric ();	Creates a quadric object
gluNewTess ();	Creates a tessellation object
gluNextContour (GLUtesselator **tess*, GLenum *type*);	Marks the beginning of another contour
gluNurbsCallback (GLUnurbs **nobj*, GLenum *which*, void (CALLBACK **fn*)());	Defines a callback for a NURBS object
gluNurbsCurve (GLUnurbs **nobj*, GLint *nknots*, GLfloat **knot*, GLint *stride*, GLfloat **ctlarray*, GLint *order*, GLenum *type*);	Defines the shape of a NURBS curve
gluNurbsProperty (GLUnurbs **nobj*, GLenum *property*, GLfloat *value*);	Sets a NURBS property

gluNurbsSurface (GLUnurbs **nobj*, GLint *sknot_count*, float **sknot*, GLint *tknot_count*, GLfloat **tknot*, GLint *s_stride*, GLint *t_stride*, GLfloat **ctlarray*, GLint *sorder*, GLint *torder*, GLenum *type*);	Defines the shape of a NURBS surface
gluOrtho2D (GLdouble *left*, GLdouble *right*, GLdouble *top*, GLdouble *bottom*);	Defines a 2–D orthographic projection matrix
gluPartialDisk (GLUquadric **qobj*, GLdouble *innerRadius*, GLdouble *outerRadius*, GLint *slices*, GLint *loops*, GLdouble *startAngle*, GLdouble *sweepAngle*);	Draws an arc of a disk
gluPerspective (GLdouble *fovy*, GLdouble *aspect*, GLdouble *zNear*, GLdouble *zFar*);	Sets up a perspective projection matrix
gluPickMatrix (GLdouble *x*, GLdouble *y*, GLdouble *height*, GLdouble *width*, GLint *viewport[4]*);	Defines a picking region
gluProject (GLdouble *objx*, GLdouble *objy*, GLdouble *objz*, const GLdouble *modelMatrix[16]*, const GLdouble *projMatrix[16]*, const GLint *viewport[4]*, GLdouble **winx*, GLdouble **winy*, GLdouble **winz*);	Maps object coordinates to window coordinates
gluPwlCurve (GLUnurbs **nobj*, GLint *count*, GLfloat **array*, GLint *stride*, GLenum *type*);	Describes a piecewise linear NURBS trimming curve
gluQuadricCallback (GLUquadric **qobj*, GLenum *which*, void (CALLBACK **fn*)());	Defines a callback for a quadric object
gluQuadricDrawStyle (GLUquadric **quadObject*, GLenum *drawStyle*);	Specifies the draw style desired for quadrics
gluQuadricNormals (GLUquadric **quadObject*, GLenum *normals*);	Specifies what kind of normals are to be used for quadrics

gluQuadricOrientation (GLUquadric **quadObject*, GLenum *orientation*);	Specifies inside or outside orientation for quadrics
gluQuadricTexture (GLUquadric **quadObject*, GLboolean *textureCoords*);	Specifies whether quadrics are to be textured
gluScaleImage (GLenum *format*, GLint *widthin*, GLint *heightin*, GLenum *typein*, const void **datain*, GLint *widthout*, GLint *heightout*, GLenum *typeout*, void **dataout*);	Scales an image to an arbitrary size
gluSphere (GLUquadric **qobj*, GLdouble *radius*, GLint *slices*, GLint *stacks*);	Draws a sphere
gluTessBeginContour (GLUtesselator **tess*); gluTessEndContour (GLUtesselator **tess*);	Delimit a contour description
gluTessBeginPolygon (GLUtesselator **tess*, void **polygon_data*); gluTessEndPolygon (GLUtesselator **tess*);	Delimit a polygon description
gluTessCallback (GLUtesselator **tess*, GLenum *which*, void (CALLBACK **fn*)());	Defines a callback for a tessellation object
gluTessNormal (GLUtesselator **tess*, GLdouble *x*, GLdouble *y*, GLdouble *z*);	Specifies a normal for a polygon
gluTessProperty (GLUtesselator **tess*, GLenum *which*, GLdouble *value*);	Sets the property of a tessellation object
gluTessVertex (GLUtesselator **tess*, GLdouble *coords[3]*, void **data*);	Specifies a vertex on a polygon
gluUnProject (GLdouble *winx*, GLdouble *winy*, GLdouble *winz*, const GLdouble *modelMatrix[16]*, const GLdouble *projMatrix[16]*, const GLint *viewport[4]*, GLdouble **objx*, GLdouble **objy*, GLdouble **objz*);	Maps window coordinates to object coordinates

Section 03 GLAUX(OpenGL Auxiliary Library) 함수

서로 다른 Platform(플랫폼, 응용 프로그램이 실행될 수 있는 기초를 이루는 컴퓨터 시스템)에 대한 세부 사항을 신경 쓰지 않고 OpenGL를 사용하기 위해 사용하는 라이브러리(Library)로서 주로 학습과 테스트를 위해서 사용된다. GUI(Graphics User Interface)에 대한 기능이 부족하기 때문에 유용한 응용 프로그램을 만들기에는 적절하지 못하다. 또한 Windows용 GLAUX는 Bug가 많고 충돌이 자주 발생하는 문제점을 가지고 있다. 이와 같은 GLAUX 함수들은 다음과 같이 정리할 수 있다.

기 능	설 명
auxInitDisplayMode (GLenum *mask*);	Tells auxInitWindow() whether to create an RGBA or color−index window, or a single− or double−buffered window
auxInitPosition (int *x*, int *y*, int *width*, int *height*);	Tells auxInitWindow() where to position a window on the screen
auxInitWindow (char **titleString*);	Opens a window with the characteristics specified by auxInitDisplayMode() and auxInitPosition()
auxCloseWindow ();	Closes the window that was opened with auxInitWindow()
auxQuit ();	Closes the window that was opened with auxInitWindow(), quits the program, and does general system cleanup
auxSwapBuffers ();	Swaps the front and back buffer of the window, if the window was declared with GL_DOUBLE in auxInitDisplayMode()
auxMainLoop (void (*displayFunc));	Specifies the function, displayFunc that's called when the window needs to be updated
auxReshapeFunc (void (*function) (GLsizei, GLsizei));	Specifies the function that's called whenever the window is resized, moved, or exposed
auxIdleFunc (void (*func));	Specifies the function, func, to be executed if no other events are pending
auxKeyDownFunc (int *key*, void (*function));	Specifies the function, function, that's called when the keyboard key indicated by key is pressed down

auxKeyUpFunc (int *key*, void (*function));	Specifies the function, function, that's called when the keyboard key indicated by key is released up
auxMouseFunc (int *button*, int *mode*, void (*function)(AUX_EVENTREC *));	Specifies the function, function, that's called when the mouse registers an event indicated by button and mode
auxGetMouseLoc (int **x*, int **y*);	Returns in (x, y) the coordinates of the mouse's current position relative to the window's coordinate system
auxPrintString (char **string*);	Prints string starting at the position specified by the GL raster position using a preloaded font.
auxGetColorMapSize ();	
auxSetOneColor (GLint *index*, GLfloat *red*, GLfloat *green*, GLfloat *blue*);	Loads a single index in the color map with specified red, green, and blue values.
auxSetFogRamp (int *density*, int *startIndex*);	
auxSetGreyRamp ();	Set up color table.
auxSetRGBMap (int , float *);	
auxRGBImageLoad (char *);	Load bitmap from given file do given bitmap structure.
auxDIBImageLoad (char *);	Load the bitmap file
auxCreateFont ();	Fast bitmap string drawing
auxDrawStr (char *);	Fast bitmap string drawing
auxWireSphere (GLdouble *radius*); auxSolidSphere (GLdouble *radius*);	Draws the specified wireframe or solid Sphere.
auxWireCube (GLdouble *size*); auxSolidCube (GLdouble *size*);	Draws the specified wireframe or solid Cube.
auxWireBox (GLdouble *width*, GLdouble *height*, GLdouble *depth*); auxSolidBox (GLdouble *width*, GLdouble *height*, GLdouble *depth*);	Draws the specified wireframe or solid Box.
auxWireTorus (GLdouble *innerRadius*, GLdouble *outerRadius*); auxSolidTorus (GLdouble *innerRadius*, GLdouble *outerRadius*);	Draws the specified wireframe or solid Torus.
auxWireCylinder (GLdouble *radius*, GLdouble *height*); auxSolidCylinder (GLdouble *radius*, GLdouble *height*);	Draws the specified wireframe or solid Cylinder.

auxWireIcosahedron (GLdouble *radius*); auxSolidIcosahedron (GLdouble *radius*);	Draws the specified wireframe or solid Icosahedron.
auxWireOctahedron (GLdouble *radius*); auxSolidOctahedron (GLdouble *radius*);	Draws the specified wireframe or solid Octahedron.
auxWireTetrahedron (GLdouble *radius*); auxSolidTetrahedron (GLdouble *radius*);	Draws the specified wireframe or solid Tetrahedron.
auxWireDodecahedron (GLdouble *radius*); auxSolidDodecahedron (GLdouble *radius*);	Draws the specified wireframe or solid Dodecahedron.
auxWireCone (GLdouble *radius*, GLdouble *height*); auxSolidCone (GLdouble *radius*, GLdouble *height*);	Draws the specified wireframe or solid Cone.
auxWireTeapot (GLdouble *size*); auxSolidTeapot (GLdouble *size*);	Draws the specified wireframe or solid Teapot.

04 Section GLUT(OpenGL Utility Toolkit) 함수

GLAUX는 윈도우를 제어하기 위한 함수를 제공하지만 GUI(Graphics User Interface)에 대한 기능이 부족하기 때문에 유용한 응용 프로그램을 만들기에는 적절하지 못하고, 특히 Windows용 GLAUX는 Bug가 많고 충돌이 자주 발생하는 문제점을 가지고 있다. 이와 같은 GLAUX의 문제점을 해소하기 위해 제작된 GLUT는 사용자 입력을 받아들이거나 화면 윈도우를 제어하기 위한 함수이다. 특히 윈도우 운영체제 기능과의 인터페이스 및 각종 유틸리티 함수를 제공한다. 즉, 프로그램 실행에 필요한 Window 초기화와 관리 기능을 가지는 Window 기능과 프로그램 실행 중에 발생하는 사용자 입력을 처리하는 Callback 기능이 대표적이라고 할 수 있다. 이와 같은 GLUT 함수들은 다음과 같이 정리할 수 있다.

기 능	설 명
glutInit (int **argcp*, char ***argv*);	Initialize the GLUT library and negotiate a session with the window system.
glutInitWindowSize (int *width*, int *height*); glutInitWindowPosition (int *x*, int *y*);	Set the initial window position and size respectively
glutInitDisplayMode (unsigned int *mode*);	Sets the initial display mode
glutMainLoop ();	Enters the GLUT event processing loop
glutCreateWindow (char **name*);	Creates a top-level window
glutCreateSubWindow (int *win*, int *x*, int *y*, int *width*, int *height*);	Creates a subwindow
glutSetWindow (int *win*); glutGetWindow ();	Sets the current window; Returns the identifier of the current window
glutDestroyWindow (int *win*);	Destroys the specified window
glutPostRedisplay ();	Marks the current window as needing to be redisplayed
glutSwapBuffers ();	Swaps the buffers of the current window if double buffered
glutPositionWindow (int *x*, int *y*);	Requests a change to the position of the current window
glutReshapeWindow (int *width*, int *height*);	Requests a change to the size of the current window

glutFullScreen ();	Requests that the current window be made full screen
glutPushWindow (); glutPopWindow ();	Change the stacking order of the current window relative to its siblings
glutShowWindow (); glutHideWindow (); glutIconifyWindow ();	Change the display status of the current window
glutSetWindowTitle (char **name*); glutSetIconTitle (char **name*);	Change the window or icon title respectively of the current top-level window
glutSetCursor (int *cursor*);	Changes the cursor image of the current window
glutEstablishOverlay ();	Establishes an overlay (if possible) for the current window
glutUseLayer (GLenum *layer*);	Changes the layer in use for the current window
glutRemoveOverlay ();	Removes the overlay (if one exists) from the current window
glutPostOverlayRedisplay ();	Marks the overlay of the current window as needing to be redisplayed
glutShowOverlay (); glutHideOverlay ();	Shows and hides the overlay of the current window
glutCreateMenu (void (*func)(int *value*));	Creates a new pop-up menu
glutSetMenu (int *menu*); glutGetMenu ();	Sets the current menu; returns the identifier of the current menu
glutDestroyMenu (int *menu*);	Destroys the specified menu
glutAddMenuEntry (char **name*, int *value*);	Adds a menu entry to the bottom of the current menu
glutAddSubMenu (char **name*, int *menu*);	Adds a sub-menu trigger to the bottom of the current menu
glutChangeToMenuEntry (int *entry*, char **name*, int *value*);	Changes the specified menu item in the current menu into a menu entry
glutChangeToSubMenu (int *entry*, char **name*, int *menu*);	Changes the specified menu item in the current menu into a sub-menu trigger
glutRemoveMenuItem (int *entry*);	Remove the specified menu item
glutAttachMenu (int *button*); glutDetachMenu (int *button*);	Attaches a mouse button for the current window to the identifier of the current menu; Detaches an attached mouse button from the current window

glutDisplayFunc (void (*func));	Sets the display callback for the current window
glutOverlayDisplayFunc (void (*func));	Sets the overlay display callback for the current window
glutReshapeFunc (void (*func)(int *width*, int *height*));	Sets the reshape callback for the current window
glutKeyboardFunc (void (*func)(unsigned char *key*, int *x*, int *y*));	Sets the keyboard callback for the current window
glutMouseFunc (void (*func)(int *button*, int *state*, int *x*, int *y*));	Sets the mouse callback for the current window
glutMotionFunc (void (*func)(int *x*, int *y*)); glutPassiveMotionFunc (void (*func) (int *x*, int *y*));	Set the motion and passive motion callbacks respectively for the current window
glutVisibilityFunc (void (*func)(int *state*));	Sets the visibility callback for the current window
glutEntryFunc (void (*func)(int *state*));	Sets the mouse enter/leave callback for the current window
glutSpecialFunc (void (*func)(int *key*, int *x*, int *y*));	Sets the special keyboard callback for the current window
glutSpaceballMotionFunc (void (*func) (int x, int y, int *z*));	Sets the Spaceball motion callback for the current window
glutSpaceballRotateFunc (void (*func) (int *x*, int *y*, int *z*));	Sets the Spaceball rotation callback for the current window
glutSpaceballButtonFunc (void (*func) (int *button*, int *state*));	Sets the Spaceball button callback for the current window
glutButtonBoxFunc (void (*func) (int *button*, int *state*));	Sets the dial & button box button callback for the current window
glutDialsFunc (void (*func)(int *dial*, int *value*));	Sets the dial & button box dials callback for the current window
glutTabletMotionFunc(void (*func)(int *x*, int *y*));	Sets the special keyboard callback for the current window
glutTabletButtonFunc (void (*func) (int *button*, int *state*, int *x*, int *y*));	Sets the special keyboard callback for the current window
glutMenuStatusFunc (void (*func) (int *status*, int *x*, int *y*)); glutMenuStateFunc (void (*func)(int *status*));	Sets the global menu status callback
glutIdleFunc (void (*func)(void));	Sets the global idle callback
glutTimerFunc (unsigned int *msecs*, void (*func)(int *value*), *value*);	Registers a timer callback to be triggered in a specified number of milliseconds

glutSetColor (int *cell*, GLfloat *red*, GLfloat *green*, GLfloat *blue*);	Sets the color of a colormap entry in the layer of use for the current window
glutGetColor (int *cell*, int *component*);	Retrieves a red, green, or blue component for a given color index colormap entry for the layer in use's logical colormap for the current window
glutCopyColormap (int *win*);	Copies the logical colormap for the layer in use from a specified window to the current window
glutGet (GLenum *state*);	Retrieves simple GLUT state represented by integers
glutLayerGet (GLenum *info*);	Retrieves GLUT state pertaining to the layers of the current window
glutDeviceGet (GLenum *info*);	Retrieves GLUT device information represented by integers
glutGetModifiers ();	Returns the modifier key state when certain callbacks were generated
glutExtensionSupported (char **extension*);	Helps to easily determine whether a given OpenGL extension is supported
glutBitmapCharacter (void **font*, int *character*);	Renders a bitmap character using OpenGL
glutBitmapWidth (GLUTbitmapFont *font*, int *character*);	Returns the width of a bitmap character
glutStrokeCharacter (void **font*, int *character*);	Renders a stroke character using OpenGL
glutStrokeWidth (GLUTstrokeFont *font*, int *character*);	Returns the width of a stroke character
glutSolidSphere (GLdouble *radius*, GLint *slices*, GLint *stacks*); glutWireSphere (GLdouble radius, GLint *slices*, GLint *stacks*);	Render a solid or wireframe sphere respectively
glutSolidCube (GLdouble *size*); glutWireCube (GLdouble *size*);	Render a solid or wireframe cube respectively
glutSolidCone (GLdouble *base*, GLdouble *height*, GLint *slices*, GLint *stacks*); glutWireCone (GLdouble *base*, GLdouble *height*, GLint *slices*, GLint *stacks*);	Render a solid or wireframe cone respectively

glutSolidTorus (GLdouble *innerRadius*, GLdouble *outerRadius*, GLint *nsides*, GLint *rings*); glutWireTorus (GLdouble *innerRadius*, GLdouble *outerRadius*, GLint *nsides*, GLint *rings*);	Render a solid or wireframe torus (doughnut) respectively
glutSolidDodecahedron (); glutWireDodecahedron ();	Render a solid or wireframe dodecahedron (12−sided regular solid) respectively
glutSolidOctahedron (); glutWireOctahedron ();	Render a solid or wireframe octahedron (8−sided regular solid) respectively
glutSolidTetrahedron (); glutWireTetrahedron ();	Render a solid or wireframe tetrahedron (4−sided regular solid) respectively
glutSolidIcosahedron (); glutWireIcosahedron ();	Render a solid or wireframe icosahedron (20−sided regular solid) respectively
glutSolidTeapot (GLdouble *size*); glutWireTeapot (GLdouble *size*);	Render a solid or wireframe teapot respectively

05 Section OpenGL 4.2 API Reference

http://www.khronos.org/files/opengl42-quick-reference-card.pdf의 Page 1~Page 6

OpenGL 4.2 API Reference Card

Page 1

OpenGL® is the only cross-platform graphics API that enables developers of software for PC, workstation, and supercomputing hardware to create high-performance, visually-compelling graphics software applications, in markets such as CAD, content creation, energy, entertainment, game development, manufacturing, medical, and virtual reality. **Specifications are available at www.opengl.org/registry**

- *see FunctionName* refers to functions on this reference card.
- Content shown in blue is removed from the OpenGL 4.2 core profile and present only in the OpenGL 4.2 compatibility profile. Profile selection is made at context creation.
- [n.n.n] and [Table n.n] refer to sections and tables in the OpenGL 4.2 core specification.
- [n.n.n] and [Table n.n] refer to sections and tables in the OpenGL 4.2 compatibility profile specification, and are shown only when they differ from the core profile.
- [n.n.n] refers to sections in the OpenGL Shading Language 4.20 specification.

OpenGL Operation

Floating-Point Numbers [2.1.1 - 2.1.2]

16-Bit	1-bit sign, 5-bit exponent, 10-bit mantissa
Unsigned 11-Bit	no sign bit, 5-bit exponent, 6-bit mantissa
Unsigned 10-Bit	no sign bit, 5-bit exponent, 5-bit mantissa

Command Letters [Table 2.1]
Letters are used in commands to denote types.

b -	byte (8 bits)	ub -	ubyte (8 bits)
s -	short (16 bits)	us -	ushort (16 bits)
i -	int (32 bits)	ui -	uint (32 bits)
i64 -	int64 (64 bits)	ui64 -	uint64 (64 bits)
f -	float (32 bits)	d -	double (64 bits)

OpenGL Errors [2.5]

enum **GetError**(void); Returns the numeric error code.

Vertex Arrays [2.8]

void VertexPointer(int *size*, enum *type*, sizei *stride*, const void **pointer*);
type: SHORT, INT, FLOAT, HALF_FLOAT, DOUBLE, [UNSIGNED_]INT_2_10_10_10_REV

void NormalPointer(enum *type*, sizei *stride*, const void **pointer*);
type: see VertexPointer, plus BYTE

void ColorPointer(int *size*, enum *type*, sizei *stride*, const void **pointer*);
type: see VertexPointer, plus BYTE, UINT, UNSIGNED_{BYTE, SHORT}

void SecondaryColorPointer(int *size*, enum *type*, sizei *stride*, const void **pointer*);
type: see ColorPointer

void IndexPointer(enum *type*, sizei *stride*, const void **pointer*);
type: UNSIGNED_BYTE, SHORT, INT, FLOAT, DOUBLE

void EdgeFlagPointer(sizei *stride*, const void **pointer*);

void FogCoordPointer(enum *type*, sizei *stride*, const void **pointer*);
type: FLOAT, HALF_FLOAT, DOUBLE

void TexCoordPointer(int *size*, enum *type*, sizei *stride*, const void **pointer*);
type: see VertexPointer

void **VertexAttribPointer**(uint *index*, int *size*, enum *type*, boolean *normalized*, sizei *stride*, const void **pointer*);
type: see ColorPointer, plus FIXED

void **VertexAttribIPointer**(uint *index*, int *size*, enum *type*, sizei *stride*, const void **pointer*);
type: BYTE, SHORT, UNSIGNED_{BYTE, SHORT}, INT, UINT
index: [0, MAX_VERTEX_ATTRIBS - 1]

void **VertexAttribLPointer**(uint *index*, int *size*, enum *type*, sizei *stride*, const void **pointer*);
type: DOUBLE
index: see VertexAttribIPointer

void EnableClientState(enum *array*);

void DisableClientState(enum *array*);
array: {VERTEX, NORMAL, COLOR, INDEX}_ARRAY, {SECONDARY_COLOR, EDGE_FLAG}_ARRAY, FOG_COORD_ARRAY, TEXTURE_COORD_ARRAY

void **EnableVertexAttribArray**(uint *index*);

void **DisableVertexAttribArray**(uint *index*);
index: [0, MAX_VERTEX_ATTRIBS - 1]

void **VertexAttribDivisor**(uint *index*, uint *divisor*);

void ClientActiveTexture(enum *texture*);
index: TEXTURE*i* (where *i* is [0, MAX_TEXTURE_COORDS - 1])

void ArrayElement(int *i*);

Enable/Disable(PRIMITIVE_RESTART)

void **PrimitiveRestartIndex**(uint *index*);

Drawing Commands [2.8.3] [2.8.2]

For all the functions in this section:
mode: POINTS, LINE_STRIP, LINE_LOOP, LINES, POLYGON, TRIANGLE_{STRIP, FAN}, TRIANGLES, QUAD_STRIP, QUADS, LINES_ADJACENCY, {LINE, TRIANGLE}_STRIP_ADJACENCY, PATCHES, TRIANGLES_ADJACENCY
type: UNSIGNED_{BYTE, SHORT, INT}

void **DrawArraysOneInstance**(enum *mode*, int *first*, sizei *count*, int *instance*, uint *baseinstance*);

void **DrawArrays**(enum *mode*, int *first*, sizei *count*);

void **DrawArraysInstanced**(enum *mode*, int *first*, sizei *count*, sizei *primcount*};

void **DrawArraysInstancedBaseInstance**(enum *mode*, int *first*, sizei *count*, sizei *primcount*, uint *baseinstance*);

void **DrawArraysIndirect**(enum *mode*, const void **indirect*);

void **MultiDrawArrays**(enum *mode*, const int **first*, const sizei **count*, sizei *primcount*);

void **DrawElements**(enum *mode*, sizei *count*, enum *type*, const void **indices*);

void **DrawElementsInstanced**(enum *mode*, sizei *count*, enum *type*, const void **indices*, sizei *primcount*);

void **DrawElementsInstancedBaseInstance**(enum *mode*, sizei *count*, enum *type*, const void **indices*, sizei *primcount*, uint *baseinstance*);

void
DrawElementsInstancedBaseVertex BaseInstance(enum *mode*, sizei *count*, enum *type*, const void **indices*, sizei *primcount*, int *basevertex*, uint *baseinstance*);

void **DrawElementsOneInstance**(enum *mode*, sizei *count*, enum *type*, const void **indices*, int *instance*, uint *baseinstance*);

void **MultiDrawElements**(enum *mode*, sizei **count*, enum *type*, const void ***indices*, sizei *primcount*);

void **DrawRangeElements**(enum *mode*, uint *start*, uint *end*, sizei *count*, enum *type*, const void **indices*);

void **DrawElementsBaseVertex**(enum *mode*, sizei *count*, enum *type*, const void **indices*, int *basevertex*);

void **DrawRangeElementsBaseVertex**(enum *mode*, uint *start*, uint *end*, sizei *count*, enum *type*, const void **indices*, int *basevertex*);

void **DrawElementsInstancedBaseVertex**(enum *mode*, sizei *count*, enum *type*, const void **indices*, sizei *primcount*, int *basevertex*);

void **DrawElementsIndirect**(enum *mode*, enum *type*, const void **indirect*);

void **MultiDrawElementsBaseVertex**(enum *mode*, sizei **count*, enum *type*, const void ***indices*, sizei *primcount*, int **basevertex*);

void InterleavedArrays(enum *format*, sizei *stride*, const void **pointer*);
format: V2F, V3F, C4UB_{V2F, V3F}, {C3F, N3F}_V3F, C4F_N3F_V3F, T2F_{C4UB, C3F, N3F}_V3F, T2F_V3F, T4F_V4F, T2F_C4F_N3F_{V3F, V4F}

OpenGL Command Syntax [2.3]

GL commands are formed from a return type, a name, and optionally up to 4 characters (or character pairs) from the Command Letters table (above), as shown by the prototype:

return-type **Name**{1234}{b s i i64 f d ub us ui ui64}{v} (*[args ,] T arg1 , . . . , T argN [, args]*);

The arguments enclosed in brackets ([args ,] and [, args]) may or may not be present.
The argument type T and the number N of arguments may be indicated by the command name suffixes. N is 1, 2, 3, or 4 if present, or else corresponds to the type letters from the Command Table (above). If "v" is present, an array of N items is passed by a pointer.

For brevity, the OpenGL documentation and this reference may omit the standard prefixes.
The actual names are of the forms: **glFunctionName(), GL_CONSTANT, GLtype**

Vertex Specification

Begin and End [2.6]

Enclose coordinate sets between Begin/End pairs to construct geometric objects.

void Begin(enum *mode*);
void End(void);
mode: see Drawing Commands [2.8.3] on this card

Separate Patches

void PatchParameteri(enum *pname*, int *value*);
pname: PATCH_VERTICES

Polygon Edges [2.6.2]

Flag each edge of polygon primitives as either boundary or non-boundary.

void EdgeFlag(boolean *flag*);
void EdgeFlagv(const boolean **flag*);

Vertex Specification [2.7]

Vertices have 2, 3, or 4 coordinates, and optionally a current normal, multiple current texture coordinate sets, multiple current generic vertex attributes, current color, current secondary color, and current fog coordinates.

void Vertex{234}{sifd}(T *coords*);

void Vertex{234}{sifd}v(const T *coords*);

void VertexP{234}ui(enum *type*, uint *coords*);

void VertexP{234}uiv(enum *type*, const uint **coords*);
type: INT_2_10_10_10_REV, UNSIGNED_INT_2_10_10_10_REV

void TexCoord{1234}{sifd}(T *coords*);

void TexCoord{1234}{sifd}v(const T *coords*);

void TexCoordP{1234}ui(enum *type*, uint *coords*);

void TexCoordP{1234}uiv(enum *type*, const uint **coords*);
type: see VertexP{234}uiv

void MultiTexCoord{1234}{sifd}(enum *texture*, T *coords*);

void MultiTexCoord{1234}{sifd}v(enum *texture*, const T *coords*);
texture: TEXTURE*i* (where *i* is [0, MAX_TEXTURE_COORDS - 1])

void MultiTexCoordP{1234}ui(enum *texture*, enum *type*, uint *coords*);

void MultiTexCoordP{1234}uiv(enum *texture*, enum *type*, const uint **coords*);

void Normal3{bsifd}(T *coords*);

void Normal3{bsifd}v(const T *coords*);

void NormalP3ui(enum *type*, uint *normal*);

void NormalP3uiv(enum *type*, uint **normal*);

void FogCoord{fd}(T *coord*);

void FogCoord{fd}v(const T *coord*);

void Color{34}{bsifd ubusui}(T *components*);

void Color{34}{bsifd ubusui}v(const T *components*);

void ColorP{34}ui(enum *type*, uint *coords*);

void ColorP{34}uiv(enum *type*, const uint **coords*);

void SecondaryColor3{bsifd ubusui}(T *components*);

void SecondaryColor3{bsifd ubusui}v(const T *components*);

void SecondaryColorP3ui(enum *type*, uint *coords*);

void SecondaryColorP3uiv(enum *type*, const uint **coords*);

void Index{sifd ub}(T *index*);

void Index{sifd ub}v(const T *index*);

The VertexAttrib* commands specify generic attributes with components of type float (VertexAttrib*), int or uint (VertexAttribI*), or double (VertexAttribL*d*).

void **VertexAttrib{1234}{sfd}**(uint *index*, T *values*);

void **VertexAttrib{123}{sfd}v**(uint *index*, const T *values*);

void **VertexAttrib4{bsifd ub us ui}v**(uint *index*, const T *values*);

void **VertexAttrib4Nub**(uint *index*, T *values*);

void **VertexAttrib4N{bsi ub us ui}v**(uint *index*, const T *values*);

void **VertexAttribI{1234}{i ui}**(uint *index*, T *values*);

void **VertexAttribI{1234}{i ui}v**(uint *index*, const T *values*);

void **VertexAttribI4{bs ub us}v**(uint *index*, const T *values*);

void **VertexAttribL{1234}d**(uint *index*, T *values*);

void **VertexAttribL{1234}dv**(uint *index*, const T *values*);

void **VertexAttribP{1234}ui**(uint *index*, enum *type*, boolean *normalized*, uint *value*)

void **VertexAttribP{1234}uiv**(uint *index*, enum *type*, boolean *normalized*, const uint **value*);
type: see VertexP{234}uiv

Buffer Objects [2.9-10]

void **GenBuffers**(sizei *n*, uint **buffers*);

void **DeleteBuffers**(sizei *n*, const uint **buffers*);

Creating and Binding Buffer Objects [2.9.1]

void **BindBuffer**(enum *target*, uint *buffer*);
target: PIXEL_{PACK, UNPACK}_BUFFER, {UNIFORM, ARRAY, TEXTURE}_BUFFER, COPY_{READ, WRITE}_BUFFER, DRAW_INDIRECT_BUFFER, ELEMENT_ARRAY_BUFFER, {TRANSFORM_FEEDBACK, ATOMIC_COUNTER}_BUFFER

void **BindBufferRange**(enum *target*, uint *index*, uint *buffer*, intptr *offset*, sizeiptr *size*);
target: ATOMIC_COUNTER_BUFFER, {TRANSFORM_FEEDBACK, UNIFORM}_BUFFER

void **BindBufferBase**(enum *target*, uint *index*, uint *buffer*);
target: see BindBufferRange

Creating Buffer Object Data Stores [2.9.2]

void **BufferSubData**(enum *target*, intptr *offset*, sizeiptr *size*, const void **data*);
target: see BindBuffer

void **BufferData**(enum *target*, sizeiptr *size*, const void **data*, enum *usage*);
usage: STREAM_{DRAW, READ, COPY}, {DYNAMIC, STATIC}_{DRAW, READ, COPY}
target: see BindBuffer

Mapping/Unmapping Buffer Data [2.9.3]

void ***MapBufferRange**(enum *target*, intptr *offset*, sizeiptr *length*, bitfield *access*);
access: The logical OR of MAP_{READ, WRITE}_BIT, MAP_INVALIDATE_{BUFFER, RANGE}_BIT, MAP_{FLUSH_EXPLICIT, UNSYNCHRONIZED}_BIT,
target: see BindBuffer

void ***MapBuffer**(enum *target*, enum *access*);
access: READ_ONLY, WRITE_ONLY, READ_WRITE

void **FlushMappedBufferRange**(enum *target*, intptr *offset*, sizeiptr *length*);
target: see BindBuffer

boolean **UnmapBuffer**(enum *target*);
target: see BindBuffer

(Buffer Objects Continue >)

www.opengl.org/registry

Page 2 — OpenGL 4.2 API Reference Card

Buffer Objects (cont.)

Copying Between Buffers [2.9.5]

```
void CopyBufferSubData(enum readtarget,
    enum writetarget, intptr readoffset,
    intptr writeoffset, sizeiptr size);
  readtarget and writetarget: see BindBuffer
```

Vertex Array Objects [2.10]

All states related to definition of data used by vertex processor is in a vertex array object.

```
void GenVertexArrays(sizei n, uint *arrays);
void DeleteVertexArrays(sizei n,
    const uint *arrays);
void BindVertexArray(uint array);
```

Vertex Array Object Queries [6.1.10] [6.1.16]

```
boolean IsVertexArray(uint array);
```

Buffer Object Queries [6.1.9] [6.1.15]

```
boolean IsBuffer(uint buffer);
void GetBufferParameteriv(enum target,
    enum pname, int *data);
  target: see BindBuffer
  pname: BUFFER_SIZE, BUFFER_USAGE,
    BUFFER_ACCESS{_FLAGS}, BUFFER_MAPPED,
    BUFFER_MAP_{OFFSET, LENGTH}
void GetBufferParameteri64v(enum target,
    enum pname, int64 *data);
  target: see BindBuffer
  pname: see GetBufferParameteriv,
void GetBufferSubData(enum target,
    intptr offset, sizeiptr size, void *data);
  target: see BindBuffer
void GetBufferPointerv(enum target,
    enum pname, void **params);
  target: see BindBuffer
  pname: BUFFER_MAP_POINTER
```

Rectangles, Matrices, Texture Coordinates

Rectangles [2.11]

Specify rectangles as two corner vertices.

```
void Rect{sifd}(T x1, T y1, T x2, T y2);
void Rect{sifd}v(const T v1[2], const T v2[2]);
```

Matrices [2.12.1]

```
void MatrixMode(enum mode);
  mode: TEXTURE, MODELVIEW, COLOR, PROJECTION
void LoadMatrix{fd}(const T m[16]);
void MultMatrix{fd}(const T m[16]);
void LoadTransposeMatrix{fd}(const T m[16]);
void MultTransposeMatrix{fd}(const T m[16]);
void LoadIdentity(void);
void Rotate{fd}(T θ, T x, T y, T z);
void Translate{fd}(T x, T y, T z);
void Scale{fd}(T x, T y, T z);
void Frustum(double l, double r, double b,
    double t, double n, double f);
void Ortho(double l, double r, double b,
    double t, double n, double f);
void PushMatrix(void);
void PopMatrix(void);
```

Texture Coordinates [2.12.3]

```
void TexGen{ifd}(enum coord, enum pname,
    T param);
void TexGen{ifd}v(enum coord,
    enum pname, const T params);
  coord: S, T, R, Q
  pname: TEXTURE_GEN_MODE, {OBJECT, EYE}_PLANE
Enable/Disable(arg);
  arg: TEXTURE_GEN_{S, T, R, Q}
```

Lighting and Color

```
Enable/Disable(LIGHTING)  // generic enable
Enable/Disable(LIGHTi)    // indiv. lights
```

Lighting Parameter Spec. [2.13.2]

```
void Material{if}(enum face, enum pname,
    T param);
void Material{if}v(enum face,
    enum pname, const T params);
  face: FRONT, BACK, FRONT_AND_BACK
  pname: AMBIENT, DIFFUSE, AMBIENT_AND_DIFFUSE,
    EMISSION, SHININESS, COLOR_INDEXES, SPECULAR
void Light{if}(enum light, enum pname,
    T param);
void Light{if}v(enum light, enum pname,
    const T params);
  light: LIGHTi (where i >= 0)
  pname: AMBIENT, DIFFUSE, SPECULAR, POSITION,
    SPOT_{DIRECTION, EXPONENT, CUTOFF},
    {CONSTANT, LINEAR,QUADRATIC}_ATTENUATION
void LightModel{if}(enum pname, T param);
void LightModel{if}v(enum pname,
    const T params);
  pname: LIGHT_MODEL_{AMBIENT, LOCAL_VIEWER},
    LIGHT_MODEL_{TWO_SIDE, COLOR_CONTROL}
```

ColorMaterial [4.3.1] [2.13.3, 3.7.5]

```
Enable/Disable(COLOR_MATERIAL)
void ColorMaterial(enum face, enum mode);
  face: FRONT, BACK, FRONT_AND_BACK
  mode: EMISSION, AMBIENT, DIFFUSE, SPECULAR,
    AMBIENT_AND_DIFFUSE
void ClampColor(enum target, enum clamp);
  target: CLAMP_{READ, FRAGMENT, VERTEX}_COLOR
  clamp: TRUE, FALSE, FIXED_ONLY
```

Flatshading [2.19] [2.22]

```
void ProvokingVertex(enum provokeMode);
  provokeMode: {FIRST, LAST}_VERTEX_CONVENTION
void ShadeModel(enum mode);
  mode: SMOOTH, FLAT
```

Queries [6.1.3]

```
void GetLight{if}v(enum light, enum value,
    T data);
void GetMaterial{if}v(enum face,
    enum value, T data);
  face: FRONT, BACK
```

Shaders and Programs

Shader Objects [2.11.1-2] [2.14.1-2]

```
uint CreateShader(enum type);
  type: {VERTEX, FRAGMENT, GEOMETRY}_SHADER,
    TESS_{EVALUATION, CONTROL}_SHADER
void ShaderSource(uint shader, sizei count,
    const char **string, const int *length);
void CompileShader(uint shader);
void ReleaseShaderCompiler(void);
void DeleteShader(uint shader);
void ShaderBinary(sizei count,
    const uint *shaders, enum binaryformat,
    const void *binary, sizei length);
```

Program Objects [2.11.3] [2.14.3]

```
uint CreateProgram(void);
void AttachShader(uint program,
    uint shader);
void DetachShader(uint program,
    uint shader);
void LinkProgram(uint program);
void UseProgram(uint program);
uint CreateShaderProgramv(enum type,
    sizei count, const char **strings);
void ProgramParameteri(uint program,
    enum pname, int value);
  pname: PROGRAM_SEPARABLE,
    PROGRAM_BINARY_{RETRIEVABLE_HINT},
  value: TRUE, FALSE
void DeleteProgram(uint program);
```

Program Pipeline Objects [2.11.4] [2.14.4]

```
void GenProgramPipelines(sizei n,
    uint *pipelines);
void DeleteProgramPipelines(sizei n,
    const uint *pipelines);
void BindProgramPipeline(uint pipeline);
void UseProgramStages(uint pipeline,
    bitfield stages, uint program);
  stages: ALL_SHADER_BITS or the bitwise OR of
    TESS_{CONTROL, EVALUATION}_SHADER_BIT,
    {VERTEX, GEOMETRY, FRAGMENT}_SHADER_BIT
void ActiveShaderProgram(uint pipeline,
    uint program);
```

Program Binaries [2.11.5] [2.14.5]

```
void GetProgramBinary(uint program,
    sizei bufSize, sizei *length,
    enum *binaryFormat, void *binary);
void ProgramBinary(uint program,
    enum binaryFormat, const void *binary,
    sizei length);
```

Vertex Attributes [2.11.6] [2.14.6]

Vertex shaders operate on array of 4-component items numbered from slot 0 to MAX_VERTEX_ATTRIBS - 1.

```
void GetActiveAttrib(uint program,
    uint index, sizei bufSize, sizei *length,
    int *size, enum *type, char *name);
  *type returns: FLOAT_{VECn, MATn, MATnxm},
    FLOAT, {UNSIGNED_}INT,
    {UNSIGNED_} INT_VECn
int GetAttribLocation(uint program,
    const char *name);
void BindAttribLocation(uint program,
    uint index, const char *name);
```

Uniform Variables [2.11.7] [2.14.7]

```
int GetUniformLocation(uint program,
    const char *name);
uint GetUniformBlockIndex(uint program,
    const char *uniformBlockName);
void GetActiveUniformBlockName(
    uint program, uint uniformBlockIndex,
    sizei bufSize, sizei *length,
    char *uniformBlockName);
void GetActiveUniformBlockiv(
    uint program, uint uniformBlockIndex,
    enum pname, int *params);
  pname: UNIFORM_BLOCK_{BINDING, DATA_SIZE},
    UNIFORM_BLOCK_NAME_{LENGTH, UNIFORM},
    UNIFORM_BLOCK_ACTIVE_UNIFORMS_INDICES, or
    UNIFORM_BLOCK_REFERENCED_BY_x_SHADER,
    where x may be one of VERTEX, FRAGMENT,
    GEOMETRY, TESS_CONTROL, or TESS_EVALUATION
void GetActiveAtomicCounterBufferBindingsiv(
    uint program, uint bufferBindingIndex,
    enum pname, int *params);
  pname: ATOMIC_COUNTER_BUFFER_BINDING,
    ATOMIC_COUNTER_BUFFER_DATA_SIZE,
    ATOMIC_COUNTER_BUFFER_ACTIVE_ATOMIC_
    {COUNTERS, COUNTER_INDICES}, ATOMIC_
    COUNTER_BUFFER_REFERENCED_BY_{VERTEX,
    TESS_CONTROL, GEOMETRY, FRAGMENT}_SHADER,
    UNIFORM_BLOCK_REFERENCED_BY_TESS_
    EVALUATION_SHADER
void GetUniformIndices(uint program,
    sizei uniformCount,
    const char **uniformNames,
    uint *uniformIndices);
void GetActiveUniformName(
    uint program, uint uniformIndex,
    sizei bufSize, sizei *length,
    char *uniformName);
void GetActiveUniform(uint program,
    uint index, sizei bufSize, sizei *length,
    int *size, enum *type, char *name);
  *type returns: DOUBLE, DOUBLE_{VECn, MATn,
    MATnxn}, FLOAT, FLOAT_{VECn, MATn, MATnxn},
    INT, INT_VECn, UNSIGNED_INT{_VECn}, BOOL,
    BOOL_VECn, or any value in [Table 2.13] [Table
    2.16]
```

(Shaders and Programs Continue >)

Rendering Control & Queries

Asynchronous Queries [2.15] [2.18]

```
void BeginQuery(enum target, uint id);
  target: PRIMITIVES_GENERATED{n},
    {ANY_}SAMPLES_PASSED, TIME_ELAPSED,
    TRANSFORM_FEEDBACK_PRIMITIVES_WRITTEN{n}
void EndQuery(enum target);
void BeginQueryIndexed(enum target, uint
    index, uint id);
void EndQueryIndexed(enum target,
    uint index);
void GenQueries(sizei n, uint *ids);
void DeleteQueries(sizei n, const uint *ids);
```

Conditional Rendering [2.16] [2.19]

```
void BeginConditionalRender(uint id,
    enum mode);
  mode: QUERY_WAIT, QUERY_NO_WAIT,
    QUERY_BY_REGION_{WAIT, NO_WAIT}
void EndConditionalRender(void);
```

Transform Feedback [2.17] [2.20]

```
void GenTransformFeedbacks(sizei n, uint *ids);
void DeleteTransformFeedbacks(sizei n,
    const uint *ids);
void BindTransformFeedback(
    enum target, uint id);
  target: TRANSFORM_FEEDBACK
void BeginTransformFeedback(
    enum primitiveMode);
  primitiveMode: TRIANGLES, LINES, POINTS
void EndTransformFeedback(void);
void PauseTransformFeedback(void);
void ResumeTransformFeedback(void);
void DrawTransformFeedback(
    enum mode, uint id);
  mode: see Drawing Commands [2.8.3] on this card
void DrawTransformFeedbackInstanced(
    enum mode, uint id, sizei primcount);
void DrawTransformFeedbackStream(
    enum mode, uint id, uint stream);
void
  DrawTransformFeedbackStreamInstanced(
    enum mode, uint id, uint stream,
    sizei primcount);
```

Transform Feedback Query [6.1.11] [6.1.17]

```
boolean IsTransformFeedback(uint id);
```

Current Raster Position [2.25]

```
void RasterPos{234}{sifd}(T coords);
void RasterPos{234}{sifd}v(const T coords);
void WindowPos{23}{sifd}(T coords);
void WindowPos{23}{sifd}v(const T coords);
```

Asynchronous Queries [6.1.7] [6.1.13]

```
boolean IsQuery(uint id);
void GetQueryiv(enum target,
    enum pname, int *params);
  target: see BeginQuery, plus TIMESTAMP
  pname: CURRENT_QUERY, QUERY_COUNTER_BITS
void GetQueryIndexediv(enum target,
    uint index, enum pname, int *params);
  target: see BeginQuery
  pname: CURRENT_QUERY, QUERY_COUNTER_BITS
void GetQueryObjectiv(uint id,
    enum pname, int *params);
void GetQueryObjectuiv(uint id,
    enum pname, uint *params);
void GetQueryObjecti64v(uint id,
    enum pname, int64 *params);
void GetQueryObjectui64v(uint id,
    enum pname, uint64 *params);
  pname: QUERY_RESULT{_AVAILABLE}
```

Viewport and Clipping

Controlling Viewport [2.14.1] [2.17.1]

```
void DepthRangeArrayv(uint first,
    sizei count, const clampd *v);
void DepthRangeIndexed(uint index,
    clampd n, clampd f);
void DepthRange(clampd n, clampd f);
void DepthRangef(clampf n, clampd f);
void ViewportArrayv(uint first, sizei count,
    const float *v);
void ViewportIndexedf(uint index, float x,
    float y, float w, float h);
void ViewportIndexedfv(uint index,
    const float *v);
void Viewport(int x, int y, sizei w, sizei h);
```

Clipping [2.20] [2.23, 6.1.3]

```
Enable/Disable(CLIP_DISTANCEi)
  i: [0, MAX_CLIP_DISTANCES - 1]
void ClipPlane(enum p, const double eqn[4]);
  p: CLIP_PLANEi (where i is [0, MAX_CLIP_PLANES - 1])
void GetClipPlane(enum plane,
    double eqn[4]);
```


www.opengl.org/registry

OpenGL 4.2 API Reference Card

Page 3

Shaders and Programs (cont.)

void **GetActiveUniformsiv**(uint *program*, sizei *uniformCount*, const uint **uniformIndices*, enum *pname*, int **params*);
pname: UNIFORM_{TYPE, SIZE, NAME_LENGTH}, UNIFORM_BLOCK_INDEX, UNIFORM_OFFSET, UNIFORM_{ARRAY, MATRIX}_STRIDE, UNIFORM_IS_ROW_MAJOR

Load Uniform Vars. In Default Uniform Block

void **Uniform{1234}{ifd}**(int *location*, T *value*);

void **Uniform{1234}{ifd}v**(int *location*, sizei *count*, const T *value*);

void **Uniform{1234}ui**(int *location*, T *value*);

void **Uniform{1234}uiv**(int *location*, sizei *count*, const T *value*);

void **UniformMatrix{234}{fd}v**(int *location*, sizei *count*, boolean *transpose*, const T **value*);

void **UniformMatrix{2x3,3x2,2x4,4x2, 3x4,4x3}{fd}v**(int *location*, sizei *count*, boolean *transpose*, const T **value*);

void **ProgramUniform{1234}{ifd}**(uint *program*, int *location*, T *value*);

void **ProgramUniform{1234}{ifd}v**(uint *program*, int *location*, sizei *count*, const T *value*);

void **ProgramUniform{1234}ui**(uint *program*, int *location*, T *value*);

void **ProgramUniform{1234}uiv**(uint *program*, int *location*, sizei *count*, const T *value*);

void **ProgramUniformMatrix{234}{fd}v**(uint *program*, int *location*, sizei *count*, boolean *transpose*, const float **value*);

void **ProgramUniformMatrixf{2x3,3x2,2x4, 4x2,3x4,4x3}{fd}v**(uint *program*, int *location*, sizei *count*, boolean *transpose*, const float **value*);

Uniform Buffer Object Bindings

void **UniformBlockBinding**(uint *program*, uint *uniformBlockIndex*, uint *uniformBlockBinding*);

Subroutine Uniform Variables [2.11.9] [2.14.9]

int **GetSubroutineUniformLocation**(uint *program*, enum *shadertype*, const char **name*);

uint **GetSubroutineIndex**(uint *program*, enum *shadertype*, const char **name*);

void **GetActiveSubroutineUniformiv**(uint *program*, enum *shadertype*, uint *index*, enum *pname*, int **values*);
pname: {NUM_}COMPATIBLE_SUBROUTINES, UNIFORM_SIZE, UNIFORM_NAME_LENGTH

void **GetActiveSubroutineUniformName**(uint *program*, enum *shadertype*, uint *index*, sizei *bufsize*, sizei **length*, char **name*);

void **GetActiveSubroutineName**(uint *program*, enum *shadertype*, uint *index*, sizei *bufsize*, sizei **length*, char **name*);

void **UniformSubroutinesuiv**(enum *shadertype*, sizei *count*, const uint **indices*);

Varying Variables [2.11.12] [2.14.12]

void **TransformFeedbackVaryings**(uint *program*, sizei *count*, const char ***varyings*, enum *bufferMode*);
bufferMode: {INTERLEAVED, SEPARATE}_ATTRIBS

void **GetTransformFeedbackVarying**(uint *program*, uint *index*, sizei *bufSize*, sizei **length*, sizei **size*, enum **type*, char **name*);
**type* returns NONE, FLOAT{_VEC*n*}, DOUBLE{_VEC*n*}, {UNSIGNED_}INT, {UNSIGNED_}INT_VEC*n*, MAT*nxm*, {FLOAT, DOUBLE}_MAT*n*, {FLOAT, DOUBLE}_MAT*nxm*

Shader Execution [2.11.13] [2.14.13]

void **ValidateProgram**(uint *program*);
void **ValidateProgramPipeline**(uint *pipeline*);

Shader Memory Access [2.11.14] [2.14.14]

void **MemoryBarrier**(bitfield *barriers*);
barriers: ALL_BARRIER_BITS or the OR of: {VERTEX_ATTRIB_ARRAY, ELEMENT_ARRAY, UNIFORM, TEXTURE_FETCH, BUFFER_UPDATE, SHADER_IMAGE_ACCESS, COMMAND, PIXEL_BUFFER, TEXTURE_UPDATE, FRAMEBUFFER, TRANSFORM_FEEDBACK, ATOMIC_COUNTER}_BARRIER_BIT

Tessellation Control Shaders [2.12.1-2] [2.15.1-2]

void **PatchParameterfv**(enum *pname*, const float **values*);
pname: PATCH_DEFAULT_{INNER, OUTER}_LEVEL

Fragment Shaders [3.10.2] [3.13.2]

void **BindFragDataLocation**(uint *program*, uint *colorNumber*, const char **name*);

void **BindFragDataLocationIndexed**(uint *program*, uint *colorNumber*, uint *index*, const char **name*);

int **GetFragDataLocation**(uint *program*, const char **name*);

int **GetFragDataIndex**(uint *program*, const char **name*);

Shader and Program Queries

Shader Queries [6.1.12] [6.1.18]

boolean **IsShader**(uint *shader*);

void **GetShaderiv**(uint *shader*, enum *pname*, int **params*);
pname: SHADER_TYPE, {GEOMETRY, VERTEX}_SHADER, TESS_{CONTROL, EVALUATION}_SHADER, FRAGMENT_SHADER, {DELETE, COMPILE}_STATUS, INFO_LOG_LENGTH, SHADER_SOURCE_LENGTH

void **GetShaderInfoLog**(uint *shader*, sizei *bufSize*, sizei **length*, char **infoLog*);

void **GetShaderSource**(uint *shader*, sizei *bufSize*, sizei **length*, char **source*);

void **GetShaderPrecisionFormat**(enum *shadertype*, enum *precisiontype*, int **range*, int **precision*);
shadertype: {VERTEX, FRAGMENT}_SHADER
precisiontype: LOW_{FLOAT, INT}, MEDIUM_{FLOAT, INT}, HIGH_{FLOAT, INT}

void **GetProgramStageiv**(uint program, enum *shadertype*, enum *pname*, int **values*);
pname: ACTIVE_SUBROUTINES, ACTIVE_SUBROUTINE_{UNIFORMS, MAX_LENGTH}, ACTIVE_SUBROUTINE_UNIFORM_LOCATIONS, ACTIVE_SUBROUTINE_UNIFORM_MAX_LENGTH

Program Queries [6.1.12] [6.1.18]

void **GetAttachedShaders**(uint *program*, sizei *maxCount*, sizei **count*, uint **shaders*);

void **GetVertexAttrib{d f i}v**(uint *index*, enum *pname*, T **params*);
pname: CURRENT_VERTEX_ATTRIB or VERTEX_ATTRIB_ARRAY_*x* where *x* is one of BUFFER_BINDING, DIVISOR, ENABLED, INTEGER, NORMALIZED, SIZE, STRIDE, or TYPE

void **GetVertexAttribI{i ui}v**(uint *index*, enum *pname*, T **params*);
pname: see GetVertexAttrib{d f i}v

void **GetVertexAttribLdv**(uint *index*, enum *pname*, double **params*);
pname: see GetVertexAttrib{d f i}v

void **GetVertexAttribPointerv**(uint *index*, enum *pname*, void ***pointer*);
pname: VERTEX_ATTRIB_ARRAY_POINTER

void **GetUniform{f d i ui}v**(uint *program*, int *location*, T **params*);

void **GetUniformSubroutineuiv**(enum *shadertype*, int *location*, uint **params*);

boolean **IsProgram**(uint *program*);

void **GetProgramiv**(uint *program*, enum *pname*, int **params*);
pname: DELETE_STATUS, LINK_STATUS, VALIDATE_STATUS, INFO_LOG_LENGTH, ATTACHED_SHADERS, ACTIVE_ATTRIBUTES, ACTIVE_UNIFORMS{_BLOCKS}, ACTIVE_ATTRIBUTES_MAX_LENGTH, ACTIVE_UNIFORM_MAX_LENGTH, TRANSFORM_FEEDBACK_BUFFER_MODE, TRANSFORM_FEEDBACK_VARYINGS, TRANSFORM_FEEDBACK_VARYING_MAX_LENGTH, ACTIVE_UNIFORM_BLOCK_MAX_NAME_LENGTH, GEOMETRY_VERTICES_OUT, GEOMETRY_{INPUT, OUTPUT}_TYPE, GEOMETRY_SHADER_INVOCATIONS, TESS_CONTROL_OUTPUT_VERTICES, TESS_GEN_{MODE, SPACING, VERTEX_ORDER}, TESS_GEN_POINT_MODE, PROGRAM_SEPARABLE, PROGRAM_BINARY_{LENGTH, RETRIEVABLE_HINT}

boolean **IsProgramPipeline**(uint *pipeline*);

void **GetProgramPipelineiv**(uint *pipeline*, enum *pname*, int **params*);

void **GetProgramInfoLog**(uint *program*, sizei *bufSize*, sizei **length*, char **infoLog*);

void **GetProgramPipelineInfoLog**(uint *pipeline*, sizei *bufSize*, sizei **length*, char **infoLog*);

Rasterization [3]

Enable/Disable(*target*)
target: RASTERIZER_DISCARD, MULTISAMPLE, SAMPLE_SHADING

Multisampling [3.3.1]

Use to antialias points, lines, polygons, bitmaps, and images.

void **GetMultisamplefv**(enum *pname*, uint *index*, float **val*);
pname: SAMPLE_POSITION

void **MinSampleShading**(clampf *value*);

Points [3.4]

void **PointSize**(float *size*);

void **PointParameter{if}**(enum *pname*, T *param*);

void **PointParameter{if}v**(enum *pname*, const T *params*);
pname: POINT_SIZE_MIN, POINT_SIZE_MAX, POINT_DISTANCE_ATTENUATION, POINT_FADE_THRESHOLD_SIZE, POINT_SPRITE_COORD_ORIGIN
param, params: The clamp bounds, if *pname* is POINT_SIZE_{MIN, MAX};
A pointer to coefficients *a*, *b*, and *c*, if *pname* is POINT_DISTANCE_ATTENUATION;
The fade threshold if *pname* is POINT_FADE_THRESHOLD_SIZE;
{LOWER|UPPER}_LEFT if *pname* is POINT_SPRITE_COORD_ORIGIN.

LOWER_LEFT, UPPER_LEFT, pointer to point fade threshold

Enable/Disable (*target*)
target: VERTEX_PROGRAM_POINT_SIZE, POINT_SMOOTH, POINT_SPRITE.

Line Segments [3.5]

void **LineWidth**(float *width*);
Enable/Disable(LINE_SMOOTH)

Other Line Seg. Features [3.5.2]

void **LineStipple**(int *factor*, ushort *pattern*);

Enable/Disable(LINE_STIPPLE)

void **GetIntegerv**(LINE_STIPPLE_PATTERN);

Polygons [3.6]

Enable/Disable(*target*)
target: POLYGON_STIPPLE, POLYGON_SMOOTH, CULL_FACE

void **FrontFace**(enum *dir*);
dir: CCW, CW

void **CullFace**(enum *mode*);
mode: FRONT, BACK, FRONT_AND_BACK

Stippling [3.6.2, 6.1.6]

void **PolygonStipple**(const ubyte **pattern*);

void **GetPolygonStipple**(void **pattern*);

Polygon Rasterization & Depth Offset [3.6.3 - 3.6.4] [3.6.4 - 3.6.5]

void **PolygonMode**(enum *face*, enum *mode*);
face: FRONT, BACK, FRONT_AND_BACK
mode: POINT, LINE, FILL

void **PolygonOffset**(float *factor*, float *units*);

Enable/Disable(*target*)
target: POLYGON_OFFSET_{POINT, LINE, FILL}

Pixel Storage Modes [3.7.1]

void **PixelStore{if}**(enum *pname*, T *param*);
pname: {UN}PACK_*x* (where *x* may be SWAP_BYTES, LSB_FIRST, ROW_LENGTH, SKIP_{PIXELS, ROWS}, ALIGNMENT, IMAGE_HEIGHT, SKIP_IMAGES), UNPACK_COMPRESSED_BLOCK_{WIDTH, HEIGHT, DEPTH, SIZE}

Pixel Transfer Modes [3.7.3, 6.1.3]

void **PixelTransfer{if}**(enum *param*, T *value*);
param: MAP_{COLOR, STENCIL}, *x*_{SCALE, BIAS}, INDEX_{SHIFT, OFFSET}, DEPTH_{SCALE, BIAS}, POST_CONVOLUTION_*x*_{SCALE, BIAS}, POST_COLOR_MATRIX_*x*_{SCALE, BIAS}, (where *x* is RED, GREEN, BLUE, or ALPHA) [Table 3.2]

void **PixelMap{ui us f}v**(enum *map*, sizei *size*, const T *values*);
map: PIXEL_MAP_*x*_TO_*x* (where *x* may be {I,S,R,G,B,A}), PIXEL_MAP_I_TO_{R,G,B,A} [Table 3.3]

void **GetPixelMap{ui us f}v**(enum *map*, T *data*);
map: see PixelMap{ui us f}v

Color Table Specification [3.7.3]

void **ColorTable**(enum *target*, enum *internalformat*, sizei *width*, enum *format*, enum *type*, const void **data*);
target: {PROXY_}COLOR_TABLE, {PROXY_}POST_CONVOLUTION_COLOR_TABLE, {PROXY_}POST_COLOR_MATRIX_COLOR_TABLE
internalformat: The formats in [Table 3.16] or [Tables 3.17-3.19] except RED, RG, DEPTH_{COMPONENT, STENCIL} base and sized internal formats in those tables, all sized internal formats with non-fixed internal data types as discussed in [3.9], and RGB9_E5.
format: RED, GREEN, BLUE, ALPHA, RG, RGB, RGBA, BGRA, LUMINANCE, LUMINANCE_ALPHA
type: see DrawPixels

Enable/Disable(POST_COLOR_MATRIX_COLOR_TABLE)

void **ColorTableParameter{if}v**(enum *target*, enum *pname*, const T *params*);
target: COLOR_TABLE, POST_COLOR_MATRIX_COLOR_TABLE, POST_CONVOLUTION_COLOR_TABLE
pname: COLOR_TABLE_SCALE, COLOR_TABLE_BIAS

Alt. Color Table Specification Commands

void **CopyColorTable**(enum *target*, enum *internalformat*, int *x*, int *y*, sizei *width*);

void **ColorSubTable**(enum *target*, sizei *start*, sizei *count*, enum *format*, enum *type*, void **data*);

void **CopyColorSubTable**(enum *target*, sizei *start*, int *x*, int *y*, sizei *count*);
target and *pname*: see ColorTableParameter{if}v

Color Table Query [6.1.8]

void **GetColorTable**(enum *target*, enum *format*, enum *type*, void **table*);
target: see ColorTableParameter{if}v
format: RED, GREEN, BLUE, ALPHA, RGB, RGBA, BGR, BGRA, LUMINANCE{_ALPHA}
type: UNSIGNED_{BYTE, SHORT, INT}, BYTE, SHORT, INT, UNSIGNED_BYTE_3_3_2, UNSIGNED_BYTE_2_3_3_REV, UNSIGNED_SHORT_5_6_5{_REV}, UNSIGNED_SHORT_4_4_4_4{_REV}, UNSIGNED_SHORT_5_5_5_1, UNSIGNED_SHORT_1_5_5_5_REV, UNSIGNED_INT_8_8_8_8{_REV}, UNSIGNED_INT_10_10_10_2, UNSIGNED_INT_2_10_10_10_REV

void **GetColorTableParameter{if}v**(enum *target*, enum *pname*, T *params*);
target: see ColorTable
pname: COLOR_TABLE_*x* (where *x* may be SCALE, BIAS, FORMAT, COLOR_TABLE_WIDTH, RED_SIZE, GREEN_SIZE, BLUE_SIZE, ALPHA_SIZE, LUMINANCE_SIZE, INTENSITY_SIZE)

Convolution Filter Specification [3.7.3]

Enable/Disable(POST_CONVOLUTION_COLOR_TABLE)

void **ConvolutionFilter2D**(enum *target*, enum *internalformat*, sizei *width*, sizei *height*, enum *format*, enum *type*, const void **data*);
target: CONVOLUTION_2D
internalformat: see ColorTable
format: RED, GREEN, BLUE, ALPHA, RG, RGB, RGBA, BGRA, LUMINANCE, LUMINANCE_ALPHA
type: BYTE, SHORT, INT, FLOAT, HALF_FLOAT, UNSIGNED_{BYTE, SHORT, INT}

(Rasterization Continue >)

www.opengl.org/registry

Page 4 — OpenGL 4.2 API Reference Card

Rasterization (continued)

void **ConvolutionFilter1D**(enum *target*, enum *internalformat*, sizei *width*, enum *format*, enum *type*, const void **data*);
target: CONVOLUTION_1D
internalformat, format, type: see ConvolutionFilter2D

void **ConvolutionParameter{if}v**(enum *target*, enum *pname*, const T *params*);
target: CONVOLUTION_2D
pname: CONVOLUTION_FILTER_{SCALE, BIAS}

void **SeparableFilter2D**(enum *target*, enum *internalformat*, sizei *width*, sizei *height*, enum *format*, enum *type*, const void **row*, const void **column*);
target: SEPARABLE_2D
internalformat, format, type: see ConvolutionFilter2D

Alt. Convolution Filter Spec. Commands

void **CopyConvolutionFilter2D**(enum *target*, enum *internalformat*, int *x*, int *y*, sizei *width*, sizei *height*);
target: CONVOLUTION_2D
internalformat: see ConvolutionFilter2D

void **CopyConvolutionFilter1D**(enum *target*, enum *internalformat*, int *x*, int *y*, sizei *width*);
target: CONVOLUTION_1D
internalformat: see ConvolutionFilter2D

Convolution Query [6.1.9]

void **GetConvolutionFilter**(enum *target*, enum *format*, enum *type*, void **image*);
target: CONVOLUTION_1D, CONVOLUTION_2D
format and *type*: see GetColorTable

void **GetSeparableFilter**(enum *target*, enum *format*, enum *type*, void **row*, void **column*, void **span*);
target: SEPARABLE_2D
format and *type*: see GetColorTable

void **GetConvolutionParameter{if}v**(enum *target*, enum *pname*, T *params*);
target: CONVOLUTION_{1D, 2D}, SEPARABLE_2D
pname: {MAX_}CONVOLUTION_{WIDTH, HEIGHT}, CONVOLUTION_x (where x may be FILTER_BIAS, BORDER_COLOR, BORDER_MODE, FILTER_SCALE, FORMAT)

Histogram Table Specification [3.7.3]

void **Histogram**(enum *target*, sizei *width*, enum *internalformat*, boolean *sink*);
target: HISTOGRAM, PROXY_HISTOGRAM
internalformat: see ColorTable except 1, 2, 3, and 4

Histogram Query [6.1.10]

void **GetHistogram**(enum *target*, boolean *reset*, enum *format*, enum *type*, void **values*);
target: HISTOGRAM
format and *type*: see GetColorTable

void **ResetHistogram**(enum *target*);
target: HISTOGRAM

void **GetHistogramParameter{if}v**(enum *target*, enum *pname*, T *params*);
target: HISTOGRAM, PROXY_HISTOGRAM
pname: HISTOGRAM_x (where x may be FORMAT, WIDTH, {RED, GREEN, BLUE, ALPHA}_SIZE, LUMINANCE_SIZE, SINK)

Minmax Table Specification [3.7.3]

Enable/Disable(MINMAX)

void **Minmax**(enum *target*, enum *internalformat*, boolean *sink*);
target: MINMAX
internalformat: see ColorTable, omitting the values 1, 2, 3, 4 and INTENSITY base and sized internal formats

Minmax Query [6.1.11]

void **GetMinmax**(enum *target*, boolean *reset*, enum *format*, enum *type*, void **values*);
target: MINMAX
format and *type*: see GetColorTable

void **ResetMinmax**(enum *target*);
target: MINMAX

void **GetMinmaxParameter{if}v**(enum *target*, enum *pname*, T *params*);
target: MINMAX
pname: MINMAX_FORMAT, MINMAX_SINK

Rasterization of Pixel Rectangles [4.3.1] [3.7.5]

void **DrawPixels**(sizei *width*, sizei *height*, enum *format*, enum *type*, const void **data*);
format: {COLOR|STENCIL}_INDEX, RED, GREEN, BLUE, DEPTH_{COMPONENT, STENCIL}, ALPHA, RG, RGB, RGBA, BGR, BGRA, LUMINANCE{_ALPHA} (*_INTEGER formats from {Table 3.6} not supported)
type: BITMAP, BYTE, SHORT, INT, FLOAT, HALF_FLOAT, UNSIGNED_{BYTE, SHORT, INT}, or value from [Table 3.5]

void **ClampColor**(enum *target*, enum *clamp*);
target: CLAMP_{READ,FRAGMENT, VERTEX}_COLOR
clamp: TRUE, FALSE, FIXED_ONLY

void **PixelZoom**(float *zx*, float *zy*);

Pixel Transfer Operations [3.7.6]

void **ConvolutionParameter{if}**(enum *target*, enum *pname*, T *param*);
target: CONVOLUTION_{1D, 2D}, SEPARABLE_2D
pname: CONVOLUTION_BORDER_MODE
param: REDUCE, {CONSTANT, REPLICATE_}BORDER

Bitmaps [3.8]

void **Bitmap**(sizei *w*, sizei *h*, float *xb0*, float *yb0*, float *xbi*, float *ybi*, const ubyte **data*);

Whole Framebuffer

Selecting a Buffer for Writing [4.2.1]

void **DrawBuffer**(enum *buf*);
buf: NONE, FRONT{_LEFT, _RIGHT}, LEFT, RIGHT, FRONT_AND_BACK, BACK{_LEFT, _RIGHT}, COLOR_ATTACHMENT*i* (*i* = [0, MAX_COLOR_ATTACHMENTS - 1]), AUX*i* (*i* =[0, AUX_BUFFERS - 1])

void **DrawBuffers**(sizei *n*, const enum **bufs*);
bufs: NONE, FRONT_{LEFT, RIGHT}, BACK_LEFT, BACK_RIGHT, COLOR_ATTACHMENT*i* (*i* = [0, MAX_COLOR_ATTACHMENTS - 1]), AUX*i* (*i* =[0, AUX_BUFFERS - 1])

Fine Control of Buffer Updates [4.2.2]

void **IndexMask**(uint *mask*);

void **ColorMask**(boolean *r*, boolean *g*, boolean *b*, boolean *a*);

void **ColorMaski**(uint *buf*, boolean *r*, boolean *g*, boolean *b*, boolean *a*);

void **StencilMask**(uint *mask*);

void **StencilMaskSeparate**(enum *face*, uint *mask*);
face: FRONT, BACK, FRONT_AND_BACK

void **DepthMask**(boolean *mask*);

Clearing the Buffers [4.2.3]

void **ClearColor**(clampf *r*, clampf *g*, clampf *b*, clampf *a*);

void **ClearIndex**(float *index*);

void **ClearDepth**(clampd *d*);

void **ClearDepthf**(clampf *d*);

void **ClearStencil**(int *s*);

void **ClearAccum**(float *r*, float *g*, float *b*, float *a*);

void **ClearBuffer{if ui}v**(enum *buffer*, int *drawbuffer*, const T **value*)
buffer: COLOR, DEPTH, STENCIL

void **ClearBufferfi**(enum *buffer*, int *drawbuffer*, float *depth*, int *stencil*);
buffer: DEPTH_STENCIL
drawbuffer: 0

Accumulation Buffer [4.2.4]

void **Accum**(enum *op*, float *value*);
op: ACCUM, LOAD, RETURN, MULT, ADD.

Color Sum, Fog, and Hints

Color Sum [3.11]

Enable/Disable(COLOR_SUM)

Fog [3.12]

Enable/Disable(FOG)

void **Fog{if}**(enum *pname*, T *param*);

void **Fog{if}v**(enum *pname*, T *params*);
pname: FOG_MODE, FOG_COORD_SRC, FOG_DENSITY, FOG_START, FOG_END, FOG_COLOR, FOG_INDEX

Hints [5.4] [5.8]

void **Hint**(enum *target*, enum *hint*);
target: FRAGMENT_SHADER_DERIVATIVE_HINT, PERSPECTIVE_CORRECTION_HINT, POINT_SMOOTH_HINT, FOG_HINT, GENERATE_MIPMAP_HINT, TEXTURE_COMPRESSION_HINT, {LINE, POLYGON}_SMOOTH_HINT,
hint: FASTEST, NICEST, DONT_CARE

Texturing [3.9] [3.10]

void **ActiveTexture**(enum *texture*);
texture: TEXTURE*i* (where *i* is [0, max(MAX_TEXTURE_COORDS, MAX_COMBINED_TEXTURE_IMAGE_UNITS)-1])

Texture Objects [3.9.1] [3.10.1]

void **BindTexture**(enum *target*, uint *texture*);
target: TEXTURE_{1, 2}D{_ARRAY}, TEXTURE_{3D, RECTANGLE, BUFFER}, TEXTURE_CUBE_MAP{_ARRAY}, TEXTURE_2D_MULTISAMPLE{_ARRAY}

void **DeleteTextures**(sizei *n*, const uint **textures*);

void **GenTextures**(sizei *n*, uint **textures*);

boolean **AreTexturesResident**(sizei *n*, uint **textures*, boolean **residences*);

void **PrioritizeTextures**(sizei *n*, uint **textures*, const clampf **priorities*);

Sampler Objects [3.9.2] [3.10.2]

void **GenSamplers**(sizei *count*, uint **samplers*);

void **BindSampler**(uint *unit*, uint *sampler*);

void **SamplerParameter{if}v**(uint *sampler*, enum *pname*, const T *param*);

void **SamplerParameterI{u ui}v**(uint *sampler*, enum *pname*, const T **params*);
pname: TEXTURE_WRAP_{S, T, R}, TEXTURE_{MIN, MAG}_{FILTER, LOD}, TEXTURE_BORDER_COLOR, TEXTURE_LOD_BIAS, TEXTURE_COMPARE_{MODE, FUNC}

void **DeleteSamplers**(sizei *count*, const uint **samplers*);

Texture Image Spec. [3.9.3] [3.10.3]

void **TexImage3D**(enum *target*, int *level*, int *internalformat*, sizei *width*, sizei *height*, sizei *depth*, int *border*, enum *format*, enum *type*, const void **data*);
target: TEXTURE_{3D, 2D_ARRAY, CUBE_MAP_ARRAY}, PROXY_TEXTURE_{3D, 2D_ARRAY, CUBE_MAP_ARRAY}
internalformat: ALPHA, DEPTH_COMPONENT, DEPTH_STENCIL, LUMINANCE_ALPHA, LUMINANCE, RED, INTENSITY, RG, RGB, RGBA; or a sized internal format from [Tables 3.12-3.13] [Tables 3.17-3.19]; COMPRESSED_{RED_RGTC1,RG_RGTC2}, COMPRESSED_SIGNED_{RED_RGTC1,RG_RGTC2}, or a generic comp. format in [Table 3.14] [Table 3.20]
format: COLOR_INDEX, DEPTH_COMPONENT, DEPTH_STENCIL, RED, GREEN, BLUE, ALPHA, RG, RGB, RGBA, BGR, BGRA, LUMINANCE, LUMINANCE_ALPHA, {RED, GREEN, BLUE, ALPHA}_INTEGER, {RG, RGB, RGBA, BGR}_INTEGER, BGRA_INTEGER [Table 3.3] [Table 3.6]
type: BITMAP, {UNSIGNED_}BYTE, {UNSIGNED_}SHORT, {UNSIGNED_}INT, HALF_FLOAT, FLOAT, or a value from [Table 3.2] [Table 3.5]

void **TexImage2D**(enum *target*, int *level*, int *internalformat*, sizei *width*, sizei *height*, int *border*, enum *format*, enum *type*, const void **data*);
target: TEXTURE_{2D, RECTANGLE,CUBE_MAP}, PROXY_TEXTURE_{2D, RECTANGLE,CUBE_MAP}, TEXTURE_1D_ARRAY, PROXY_TEXTURE_1D_ARRAY, TEXTURE_CUBE_MAP_POSITIVE_{X, Y, Z}, TEXTURE_CUBE_MAP_NEGATIVE}_{X, Y, Z}
internalformat, format, and *type*: see TexImage3D

void **TexImage1D**(enum *target*, int *level*, int *internalformat*, sizei *width*, int *border*, enum *format*, enum *type*, const void **data*);
target: TEXTURE_1D, PROXY_TEXTURE_1D
type, internalformat, and *format*: see TexImage3D

Alternate Texture Image Spec. [3.9.4] [3.10.4]

void **CopyTexImage2D**(enum *target*, int *level*, enum *internalformat*, int *x*, int *y*, sizei *width*, sizei *height*, int *border*);
target: TEXTURE_{2D, RECTANGLE, 1D_ARRAY}, TEXTURE_CUBE_MAP_{POSITIVE, NEGATIVE}_{X, Y, Z}
internalformat: see TexImage2D, except 1, 2, 3, 4

void **CopyTexImage1D**(enum *target*, int *level*, enum *internalformat*, int *x*, int *y*, sizei *width*, int *border*);
target: TEXTURE_1D
internalformat: see TexImage1D, except 1, 2, 3, 4

void **TexSubImage3D**(enum *target*, int *level*, int *xoffset*, int *yoffset*, int *zoffset*, sizei *width*, sizei *height*, sizei *depth*, enum *format*, enum *type*, const void **data*);
target: TEXTURE_3D, TEXTURE_2D_ARRAY, TEXTURE_CUBE_MAP_ARRAY
format and *type*: see TexImage3D

void **TexSubImage2D**(enum *target*, int *level*, int *xoffset*, int *yoffset*, sizei *width*, sizei *height*, enum *format*, enum *type*, const void **data*);
target: see CopyTexImage2D
format and *type*: see TexImage2D

void **TexSubImage1D**(enum *target*, int *level*, int *xoffset*, sizei *width*, enum *format*, enum *type*, const void **data*);
target: TEXTURE_1D
format, type: see TexImage1D

void **CopyTexSubImage3D**(enum *target*, int *level*, int *xoffset*, int *yoffset*, int *zoffset*, int *x*, int *y*, sizei *width*, sizei *height*);
target: see TexSubImage3D

void **CopyTexSubImage2D**(enum *target*, int *level*, int *xoffset*, int *yoffset*, int *x*, int *y*, sizei *width*, sizei *height*);
target: TEXTURE_2D, TEXTURE_1D_ARRAY, TEXTURE_RECTANGLE, TEXTURE_CUBE_MAP_{POSITIVE, NEGATIVE}_{X, Y, Z}

void **CopyTexSubImage1D**(enum *target*, int *level*, int *xoffset*, int *x*, int *y*, sizei *width*);
target: TEXTURE_1D

Compressed Texture Images [3.9.5] [3.10.5]

void **CompressedTexImage3D**(enum *target*, int *level*, enum *internalformat*, sizei *width*, sizei *height*, sizei *depth*, int *border*, sizei *imageSize*, const void **data*);
target: see TexImage3D
internalformat: COMPRESSED_RED_RGTC1_RED, COMPRESSED_SIGNED_RED_RGTC1_RED, COMPRESSED_RG_RGTC2_RG, COMPRESSED_SIGNED_RG_RGTC2

void **CompressedTexImage2D**(enum *target*, int *level*, enum *internalformat*, sizei *width*, sizei *height*, int *border*, sizei *imageSize*, const void **data*);
target: see TexImage2D, omitting compressed rectangular texture formats
internalformat: see CompressedTexImage3D

void **CompressedTexImage1D**(enum *target*, int *level*, enum *internalformat*, sizei *width*, int *border*, sizei *imageSize*, const void **data*);
target: TEXTURE_1D, PROXY_TEXTURE_1D
internalformat: values are implementation-dependent

void **CompressedTexSubImage3D**(enum *target*, int *level*, int *xoffset*, int *yoffset*, int *zoffset*, sizei *width*, sizei *height*, sizei *depth*, enum *format*, sizei *imageSize*, const void **data*);
target: see TexSubImage3D
format: see internalformat for CompressedTexImage3D

void **CompressedTexSubImage2D**(enum *target*, int *level*, int *xoffset*, int *yoffset*, sizei *width*, sizei *height*, enum *format*, sizei *imageSize*, cont void **data*);
target: see TexSubImage2D
format: see TexImage2D

(Texturing Continue >)

www.opengl.org/registry

OpenGL 4.2 API Reference Card — Page 5

Texturing (continued)

void **CompressedTexSubImage1D**(enum *target*, int *level*, int *xoffset*, sizei *width*, enum *format*, sizei *imageSize*, const void *data);
target: see TexSubImage1D
format: see TexImage1D

Multisample Textures [3.9.6] [3.10.6]

void **TexImage3DMultisample**(enum *target*, sizei *samples*, int *internalformat*, sizei *width*, sizei *height*, sizei *depth*, boolean *fixedsamplelocations*);
target: {PROXY_}TEXTURE_2D_MULTISAMPLE_ARRAY
internalformat: ALPHA, RED, RG, RGB, RGBA, DEPTH_{COMPONENT, STENCIL}, STENCIL_INDEX, or sized internal formats corresponding to these base formats

void **TexImage2DMultisample**(enum *target*, sizei *samples*, int *internalformat*, sizei *width*, sizei *height*, boolean *fixedsamplelocations*);
target: {PROXY_}TEXTURE_2D_MULTISAMPLE
internalformat: see TexImage3DMultisample

Buffer Textures [3.9.7] [3.10.7]

void **TexBuffer**(enum *target*, enum *internalformat*, uint *buffer*);
target: TEXTURE_BUFFER
internalformat: R8{I,UI}, R16{F, I, UI}, R32{F, I, UI}, RG8{I, UI}, RG16{F, I, UI}, RG32{F, I, UI}, RGB32{F, I, UI}, RGBA8{I, UI}, RGBA16{F, I, UI}, RGBA32{F, I, UI}

Texture Parameters [3.9.8] [3.10.8]

void **TexParameter{if}**(enum *target*, enum *pname*, T *param*);

void **TexParameter{if}v**(enum *target*, enum *pname*, const T *params);

void **TexParameterI{i ui}v**(enum *target*, enum *pname*, const T *params);
target: TEXTURE_{1D,2D,3D}, TEXTURE_{1D,2D}_ARRAY, TEXTURE_RECTANGLE, TEXTURE_CUBE_MAP{_ARRAY}
pname: TEXTURE_WRAP_{S, T, R}, TEXTURE_PRIORITY, TEXTURE_{MIN, MAG}_FILTER, TEXTURE_LOD_BIAS, TEXTURE_BORDER_COLOR, DEPTH_TEXTURE_MODE, TEXTURE_{MIN, MAX}_LOD, GENERATE_MIPMAP, TEXTURE_SWIZZLE_{R, G, B, A, RGBA}, TEXTURE_COMPARE_{MODE, FUNC}, TEXTURE_{BASE, MAX}_LEVEL [Table 3.16] [Table 3.22]

Cube Map Texture Select [3.9.10] [3.10.10]

Enable/Disable(TEXTURE_CUBE_MAP_SEAMLESS)

Texture Minification [3.9.11] [3.10.11]

void **GenerateMipmap**(enum *target*);
target: TEXTURE_{1D, 2D, 3D}, TEXTURE_{1D, 2D}_ARRAY, TEXTURE_CUBE_MAP{_ARRAY}

Immutable-Format Texture Images [3.9.16] [3.10.16]

void **TexStorage1D**(enum *target*, sizei *levels*, enum *internalformat*, sizei *width*);
target: TEXTURE_1D, PROXY_TEXTURE_1D
internalformat: any of the sized internal color, luminance, intensity, depth, and stencil formats in [Tables 3.12-13] [Table 3.17-19]

void **TexStorage2D**(enum *target*, sizei *levels*, enum *internalformat*, sizei *width*, sizei *height*);
target: TEXTURE_2D, PROXY_TEXTURE_2D, TEXTURE_{RECTANGLE, CUBE_MAP, 1D_ARRAY}, PROXY_TEXTURE_{RECTANGLE, CUBE_MAP, 1D_ARRAY}
internalformat: see TexStorage1D

void **TexStorage3D**(enum *target*, sizei *levels*, enum *internalformat*, sizei *width*, sizei *height*, sizei *depth*);
target: TEXTURE_3D, PROXY_TEXTURE_3D, TEXTURE_{2D, CUBE_MAP}[_ARRAY], PROXY_TEXTURE_{CUBE_MAP, 2D}[_ARRAY]
internalformat: see TexStorage1D

Texture Environments & Functions [3.10.17]

void **TexEnv{if}**(enum *target*, enum *pname*, T *param*);

void **TexEnv{if}v**(enum *target*, enum *pname*, const T *params*);
target: TEXTURE_{FILTER_CONTROL, ENV}, POINT_SPRITE
pname: TEXTURE_LOD_BIAS, TEXTURE_ENV_MODE, TEXTURE_ENV_COLOR, COMBINE_{RGB, ALPHA}, {RGB, ALPHA}_SCALE, COORD_REPLACE, SRCn_RGB, SRCn_ALPHA, OPERANDn_RGB, OPERANDn_ALPHA (where *n* is [0, 1, 2])

Texture Application [3.10.21]

Enable/Disable(*param*)
param: TEXTURE_{1D, 2D, 3D}, TEXTURE_CUBE_MAP

Texture Image Loads/Stores [3.9.20][3.10.22]

void **BindImageTexture**(uint *index*, uint *texture*, int *level*, boolean *layered*, int *layer*, enum *access*, enum *format*);
access: READ_ONLY, WRITE_ONLY, READ_WRITE
format: RGBA{32,16}F, RG{32,16}F, R11F_G11F_B10F, R{32,16}F, RGBA{32,16,8}UI, RGB10_A2UI, RG{32,16,8}UI, R{32,16,8}UI, RGBA{32,16,8}I, RG{32,16,8}I, R{32,16,8}I, RGBA{16,8}, RGB10_A2, RG{16,8}, R{16,8}, RGBA{16,8}_SNORM, RG{16,8}_SNORM, R{16,8}_SNORM [Table 3.21] [Table 3.33]

Enumerated Queries [6.1.15] [6.1.21]

void **GetInternalformativ**(enum *target*, enum *internalformat*, enum *pname*, sizei *bufSize*, int *params);
internalformat: must be color-renderable, depth-renderable, or stencil-renderable
target: RENDERBUFFER, TEXTURE_2D_MULTISAMPLE, TEXTURE_2D_MULTISAMPLE_ARRAY
pname: NUM_SAMPLE_COUNTS, SAMPLES

void **GetTexEnv{if}v**(enum *env*, enum *value*, T *data*);
env: POINT_SPRITE, TEXTURE_{ENV,FILTER_CONTROL}

void **GetTexGen{ifd}v**(enum *coord*, enum *value*, T *data*);
coord: S, T, R, Q

void **GetTexParameter{if}v**(enum *target*, enum *value*, T *data*);

void **GetTexParameterI{i ui}v**(enum *target*, enum *value*, T *data*);
target: TEXTURE_{1D, 2D, 3D,RECTANGLE}, TEXTURE_{1D, 2D}_ARRAY, TEXTURE_CUBE_MAP{_ARRAY}
value: TEXTURE_{RESIDENT, PRIORITY}, DEPTH_TEXTURE_MODE, GENERATE_MIPMAP, IMAGE_FORMAT_COMPATIBILITY_TYPE, TEXTURE_IMMUTABLE_FORMAT, TEXTURE_{BASE, MAX}_LEVEL, TEXTURE_BORDER_COLOR, TEXTURE_LOD_BIAS, TEXTURE_COMPARE_{MODE, FUNC}, TEXTURE_{MIN, MAG}_FILTER, TEXTURE_MAX_{LEVEL, LOD}, TEXTURE_MIN_LOD, TEXTURE_SWIZZLE_{R, G, B, A, RGBA}, TEXTURE_WRAP_{S, T, R} [Table 3.16] [Table 3.22]

void **GetTexLevelParameter{if}v**(enum *target*, int *lod*, enum *value*, T *data*);
target: {PROXY_}TEXTURE_{1D, 2D, 3D}, TEXTURE_BUFFER, PROXY_TEXTURE_CUBE_MAP, {PROXY_}TEXTURE_{1D, 2D}_ARRAY, {PROXY_}TEXTURE_CUBE_MAP_ARRAY, {PROXY_}TEXTURE_RECTANGLE, TEXTURE_CUBE_MAP_{POSITIVE, NEGATIVE}_{X, Y, Z}, {PROXY_}TEXTURE_2D_MULTISAMPLE{_ARRAY}
value: TEXTURE_{WIDTH, HEIGHT, DEPTH}, TEXTURE_{BORDER, COMPONENTS, SAMPLES}, TEXTURE_FIXED_SAMPLE_LOCATIONS, TEXTURE_{INTERNAL_FORMAT, SHARED_SIZE}, TEXTURE_COMPRESSED{_IMAGE_SIZE}, TEXTURE_BUFFER_DATA_STORE_BINDING, TEXTURE_x_{SIZE, TYPE} (where *x* can be RED, GREEN, BLUE, ALPHA, LUMINANCE, INTENSITY, DEPTH, STENCIL)

Texture Queries [6.1.4]

void **GetTexImage**(enum *tex*, int *lod*, enum *format*, enum *type*, void *img);
tex: TEXTURE_{1, 2}D{_ARRAY}, TEXTURE_3D, TEXTURE_RECTANGLE, TEXTURE_CUBE_MAP_ARRAY, TEXTURE_CUBE_MAP_POSITIVE_{X, Y, Z}, TEXTURE_CUBE_MAP_NEGATIVE_{X, Y, Z}
format: see TexImage3D
type: BITMAP, {UNSIGNED_}BYTE, UNSIGNED_{SHORT}, {UNSIGNED_}INT, {HALF_}FLOAT, or value from [Table 3.2] [Table 3.5]

void **GetCompressedTexImage**(enum *target*, int *lod*, void *img);
target: see "tex" for GetTexImage

boolean **IsTexture**(uint *texture*);

Sampler Queries [6.1.5]

boolean **IsSampler**(uint *sampler*);

void **GetSamplerParameter{if}v**(uint *sampler*, enum *pname*, T *params);

void **GetSamplerParameterI{i ui}v**(uint *sampler*, enum *pname*, T *params);
pname: TEXTURE_WRAP_{S, T, R}, TEXTURE_{MIN, MAG}_FILTER, TEXTURE_BORDER_COLOR, TEXTURE_LOD_BIAS, TEXTURE_{MIN, MAX}_LOD, TEXTURE_COMPARE_{MODE, FUNC}

Per-Fragment Operations

Scissor Test [4.1.2]

Enable/Disable(SCISSOR_TEST)

Enablei/Disablei(SCISSOR_TEST, uint *index*)

void **ScissorArrayv**(uint *first*, sizei *count*, const int *v);

void **ScissorIndexed**(uint *index*, int *left*, int *bottom*, sizei *width*, sizei *height*);

void **ScissorIndexedv**(uint *index*, int *v);

void **Scissor**(int *left*, int *bottom*, sizei *width*, sizei *height*);

Multisample Fragment Operations [4.1.3]

Enable/Disable(*target*)
target: SAMPLE_ALPHA_TO_{COVERAGE, ONE}, SAMPLE_{COVERAGE, MASK}, MULTISAMPLE

void **SampleCoverage**(clampf *value*, boolean *invert*);

void **SampleMaski**(uint *maskNumber*, bitfield *mask*);

Alpha Test [4.1.4]

Enable/Disable(ALPHA_TEST)

void **AlphaFunc**(enum *func*, clampf *ref*);
func: NEVER, ALWAYS, LESS,LEQUAL, EQUAL, GEQUAL, GREATER, NOTEQUAL

Stencil Test [4.1.4] [4.1.5]

Enable/Disable(STENCIL_TEST)

void **StencilFunc**(enum *func*, int *ref*, uint *mask*);

void **StencilFuncSeparate**(enum *face*, enum *func*, int *ref*, uint *mask*);
func: NEVER, ALWAYS, LESS, LEQUAL, EQUAL, GREATER, GEQUAL, NOTEQUAL

void **StencilOp**(enum *sfail*, enum *dpfail*, enum *dppass*);

void **StencilOpSeparate**(enum *face*, enum *sfail*, enum *dpfail*, enum *dppass*);
face: FRONT, BACK, FRONT_AND_BACK
sfail, *dpfail*, and *dppass:* KEEP, ZERO, REPLACE, INCR, DECR, INVERT, INCR_WRAP, DECR_WRAP

Depth Buffer Test [4.1.5] [4.1.6]

Enable/Disable(DEPTH_TEST)

void **DepthFunc**(enum *func*);
func: see StencilOpSeparate

Occlusion Queries [4.1.6] [4.1.7]

BeginQuery(enum *target*, uint *id*);

EndQuery(enum *target*);
target: SAMPLES_PASSED, ANY_SAMPLES_PASSED

Blending [4.1.7] [4.1.8]

Enable/Disable(BLEND)

Enablei/Disablei(BLEND, uint *index*)

void **BlendEquation**(enum *mode*);

void **BlendEquationi**(uint *buf*, enum *mode*);

void **BlendEquationSeparate**(enum *modeRGB*, enum *modeAlpha*);
mode, *modeRGB*, and *modeAlpha:* FUNC_ADD, FUNC_{SUBTRACT, REVERSE}_SUBTRACT, MIN, MAX

void **BlendEquationSeparatei**(uint *buf*, enum *modeRGB*, enum *modeAlpha*);
mode, *modeRGB*, and *modeAlpha:* see BlendEquationSeparate

void **BlendFunc**(enum *src*, enum *dst*);
srd, *dst:* see BlendFuncSeparate

void **BlendFunci**(uint *buf*, enum *src*, enum *dst*);
srd, *dst:* see BlendFuncSeparate

void **BlendFuncSeparate**(enum *srcRGB*, enum *dstRGB*, enum *srcAlpha*, enum *dstAlpha*);
src, *dst*, *srcRGB*, *dstRGB*, *srcAlpha*, *dstAlpha:* ZERO, ONE, SRC_{COLOR, ALPHA}, DST_{COLOR, ALPHA}, SRC_ALPHA_SATURATE, CONSTANT_{COLOR, ALPHA}, ONE_MINUS_SRC_{COLOR, ALPHA}, ONE_MINUS_DST_{COLOR, ALPHA}, ONE_MINUS_CONSTANT_{COLOR, ALPHA}, {ONE_MINUS_}SRC1_ALPHA

void **BlendFuncSeparatei**(uint *buf*, enum *srcRGB*, enum *dstRGB*, enum *srcAlpha*, enum *dstAlpha*);
dst, *dstRGB*, *dstAlpha*, *src*, *srcRGB*, *srcAlpha:* see BlendFuncSeparate

void **BlendColor**(clampf *red*, clampf *green*, clampf *blue*, clampf *alpha*);

Dithering [4.1.9] [4.1.10]

Enable/Disable(DITHER)

Logical Operation [4.1.10] [4.1.11]

Enable/Disable(enum *op*)
op: INDEX_LOGIC_OP, {COLOR_}LOGIC_OP

void **LogicOp**(enum *op*);
op: CLEAR, AND, AND_REVERSE, COPY, AND_INVERTED, NOOP, OR, OR, NOR, EQUIV, INVERT, OR_REVERSE, COPY_INVERTED, OR_INVERTED, NAND, SET

Synchronization

Flush and Finish [5.2] [5.6]

void **Flush**(void);
void **Finish**(void);

Sync Objects and Fences [5.3] [5.7]

sync **FenceSync**(enum *condition*, bitfield *flags*);
condition: SYNC_GPU_COMMANDS_COMPLETE
flags: must be 0

void **DeleteSync**(sync *sync*);

Waiting for Sync Objects [5.3.1] [5.7.1]

enum **ClientWaitSync**(sync *sync*, bitfield *flags*, uint64 *timeout_ns*);
flags: SYNC_FLUSH_COMMANDS_BIT, or zero

void **WaitSync**(sync *sync*, bitfield *flags*, uint64 *timeout_ns*);
timeout_ns: TIMEOUT_IGNORED

Sync Object Queries [6.1.8] [6.1.14]

void **GetSynciv**(sync *sync*, enum *pname*, sizei *bufSize*, sizei *length, int *values);
pname: OBJECT_TYPE, SYNC_{STATUS,CONDITION, FLAGS}

boolean **IsSync**(sync *sync*);

Framebuffer Objects

Binding and Managing [4.4.1]

void **BindFramebuffer**(enum *target*, uint *framebuffer*);
target: {DRAW, READ_}FRAMEBUFFER

void **DeleteFramebuffers**(sizei *n*, const uint *framebuffers);

void **GenFramebuffers**(sizei *n*, uint *ids);

Attaching Images [4.4.2]

Renderbuffer Objects

void **BindRenderbuffer**(enum *target*, uint *renderbuffer*);
target: RENDERBUFFER

void **DeleteRenderbuffers**(sizei *n*, const uint *renderbuffers);

void **GenRenderbuffers**(sizei *n*, uint *renderbuffers);

void **RenderbufferStorageMultisample**(enum *target*, sizei *samples*, enum *internalformat*, sizei *width*, sizei *height*);
target: RENDERBUFFER
internalformat: see TexImage2DMultisample

void **RenderbufferStorage**(enum *target*, enum *internalformat*, sizei *width*, sizei *height*);
target and *internalformat:* see RenderbufferStorageMultisample

Attaching Renderbuffer Images

void **FramebufferRenderbuffer**(enum *target*, enum *attachment*, enum *renderbuffertarget*, uint *renderbuffer*);
target: {DRAW, READ_}FRAMEBUFFER
attachment: {DEPTH, STENCIL}_ATTACHMENT, DEPTH_STENCIL_ATTACHMENT, COLOR_ATTACHMENTi (where *i* is [0, MAX_COLOR_ATTACHMENTS - 1])
renderbuffertarget: RENDERBUFFER

(Framebuffer Objects Continue >)

Page 6 — OpenGL 4.2 API Reference Card

Framebuffer Objects (cont'd)

Attaching Texture Images

void FramebufferTexture(enum target, enum attachment, uint texture, int level);
target: [DRAW, READ_]FRAMEBUFFER
attachment: see FramebufferRenderbuffer

void FramebufferTexture3D(enum target, enum attachment, enum textarget, uint texture, int level, int layer);
textarget: TEXTURE_3D
target and attachment: see framebufferRenderbuffer

void FramebufferTexture2D(enum target, enum attachment, enum textarget, uint texture, int level);
(parameters ⤴)
textarget: TEXTURE_{2D, RECTANGLE}, TEXTURE_2D_MULTISAMPLE, TEXTURE_CUBE_MAP_POSITIVE_{X, Y, Z}, TEXTURE_CUBE_MAP_NEGATIVE_{X, Y, Z}
target, attachment: see FramebufferRenderbuffer

void FramebufferTexture1D(enum target, enum attachment, enum textarget, uint texture, int level);
textarget: TEXTURE_1D
target, attachment: see FramebufferRenderbuffer

void FramebufferTextureLayer(enum target, enum attachment, uint texture, int level, int layer);
target, attachment: see FramebufferTexture3D

Framebuffer Completeness [4.4.4]

enum CheckFramebufferStatus(enum target);
target: {DRAW, READ}FRAMEBUFFER, FRAMEBUFFER
returns: FRAMEBUFFER_COMPLETE or a constant indicating the violating value

Framebuffer Object Queries [6.1.13] [6.1.19]

boolean IsFramebuffer(uint framebuffer);

void GetFramebufferAttachmentParameteriv(enum target, enum attachment, enum pname, int *params);
target: {DRAW_, READ_}FRAMEBUFFER
attachment: FRONT_{LEFT, RIGHT}, BACK_{LEFT,RIGHT}, COLOR_ATTACHMENTi, AUXi, DEPTH, STENCIL, {DEPTH, STENCIL}_ATTACHMENT, DEPTH_STENCIL_ATTACHMENT
(more parameters ⤴)
pname: FRAMEBUFFER_ATTACHMENT_x (where x may be OBJECT_TYPE, OBJECT_NAME, RED_SIZE, GREEN_SIZE, BLUE_SIZE, ALPHA_SIZE, DEPTH_SIZE, STENCIL_SIZE, COMPONENT_TYPE, COLOR_ENCODING, TEXTURE_LEVEL, LAYERED, TEXTURE_CUBE_MAP_FACE, TEXTURE_LAYER)

Renderbuffer Object Queries [6.1.14] [6.1.20]

boolean IsRenderbuffer(uint renderbuffer);

void GetRenderbufferParameteriv(enum target, enum pname, int *params);
target: RENDERBUFFER
pname: RENDERBUFFER_x (where x may be WIDTH, HEIGHT, INTERNAL_FORMAT, SAMPLES, {RED, GREEN, BLUE, ALPHA, DEPTH, STENCIL}_SIZE)

Reading, and Copying Pixels

Reading Pixels [4.3.1] [4.3.2]

void ReadPixels(int x, int y, sizei width, sizei height, enum format, enum type, void *data);
format: {COLOR, STENCIL}_INDEX, DEPTH_{COMPONENT, STENCIL}, RED, GREEN, BLUE, RG, RGB, RGBA, LUMINANCE{_ALPHA}, BGR, {RED, GREEN, BLUE, ALPHA, RG, RGB, RGBA, BGR, BGRA}_INTEGER, BGRA, ALPHA [Table 3.3] [Table 3.6]
(more parameters ⤴)
type: {HALF_}FLOAT, {UNSIGNED_}BYTE, {UNSIGNED_}SHORT, BITMAP, {UNSIGNED_}INT, FLOAT_32_UNSIGNED_INT_24_8_REV, and UNSIGNED_{BYTE, SHORT, INT}_* values from [Table 3.2] [Table 3.5]

void ReadBuffer(enum src);
src: NONE, FRONT{_LEFT, RIGHT}, LEFT, RIGHT, BACK{_LEFT, RIGHT}, FRONT_AND_BACK, AUXi (i = [0, AUX_BUFFERS - 1]), COLOR_ATTACHMENTi (i = [0, MAX_COLOR_ATTACHMENTS - 1])

Copying Pixels [4.3.2] [4.3.3]

void CopyPixels(int x, int y, sizei width, sizei height, enum type);
type: COLOR, STENCIL, DEPTH, DEPTH_STENCIL

void BlitFramebuffer(int srcX0, int srcY0, int srcX1, int srcY1, int dstX0, int dstY0, int dstX1, int dstY1, bitfield mask, enum filter);
mask: Bitwise OR of {COLOR, DEPTH, STENCIL}_BUFFER_BIT
filter: LINEAR, NEAREST

Also see DrawPixels, ClampColor, and PixelZoom in the Rasterization section of this reference card.

Special Functions

Evaluators [5.1]

Evaluators provide a means to use a polynomial or rational polynomial mapping to produce vertex, normal, and texture coordinates, and colors. Transformations, lighting, primitive assembly, rasterization, and per-pixel operations are not affected.

void Map1{fd}(enum target, T u1, T u2, int stride, int order, T points);
target: MAP1_VERTEX_{3,4}, MAP1_{INDEX, NORMAL}, MAP1_COLOR_4, MAP1_TEXTURE_COORD_{1,2,3,4}

void Map2{fd}(enum target, T u1, T u2, int ustride, int uorder, T v1, T v2, int vstride, int vorder, const T points);
target: see Map1, except replace MAP1 with MAP2

void EvalCoord{12}{fd}(T arg);

void EvalCoord{12}{fd}v(const T arg);

void MapGrid1{fd}(int n, T u1, T u2);

void MapGrid2{fd}(int nu, T u1, T u2, int nv, T v1, T v2);

void EvalMesh1(enum mode, int p1, int p2);
mode: POINT, LINE

void EvalMesh2(enum mode, int p1, int p2, int q1, int q2);
mode: FILL, POINT, LINE

void EvalPoint1(int p);

void EvalPoint2(int p, int q);

Enumerated Query [6.1.3]

void GetMap{ifd}v(enum map, enum value, T data);
map: see target for Map1
value: ORDER, COEFF, DOMAIN

Selection [5.2]

Determine which primitives are drawn into a region of a window. The region is defined by the current model-view and perspective matrices.

void InitNames(void);

void PopName(void);

void PushName(uint name);

void LoadName(uint name);

int RenderMode(enum mode);
mode: RENDER, SELECT, FEEDBACK

void SelectBuffer(sizei n, uint *buffer);

Feedback [5.3]

When in feedback mode, framebuffer updates are not performed. Instead, information about primitives that would have otherwise been rasterized is returned to the application via the feedback buffer.

void FeedbackBuffer(sizei n, enum type, float *buffer);
type: 2D, 3D, 3D_COLOR, 3D_COLOR_TEXTURE, 4D_COLOR_TEXTURE

void PassThrough(float token);

Timer Queries [5.1] [5.4]

Timer queries use query objects to track the amount of time needed to fully complete a set of GL commands, or to determine the current time of the GL.

void QueryCounter(uint id, TIMESTAMP);

void GetInteger64v(TIMESTAMP, int64 *data);

Display Lists [5.5]

A display list is a group of GL commands and arguments that has been stored for subsequent execution. The GL may be instructed to process a particular display list (possibly repeatedly) by providing a number that uniquely specifies it.

void NewList(uint n, enum mode);
mode: COMPILE, COMPILE_AND_EXECUTE

void EndList(void);

void CallList(uint n);

void CallLists(sizei n, enum type, const void *lists);
type: BYTE, UNSIGNED_BYTE, SHORT, {2,3,4}_BYTES, UNSIGNED_SHORT, INT, UNSIGNED_INT, FLOAT

void ListBase(uint base);

uint GenLists(sizei s);

boolean IsList(uint list);

void DeleteLists(uint list, sizei range);

State and State Requests

A complete list of symbolic constants for states is shown in the tables in [6.2].

Simple Queries [6.1.1]

void GetBooleanv(enum pname, boolean *data);

void GetIntegerv(enum pname, int *data);

void GetInteger64v(enum pname, int64 *data);

void GetFloatv(enum pname, float *data);

void GetDoublev(enum pname, double *data);

void GetBooleani_v(enum target, uint index, boolean *data);

void GetIntegeri_v(enum target, uint index, int *data);

void GetFloati_v(enum target, uint index, float *data);

void GetInteger64i_v(enum target, uint index, int64 *data);

boolean IsEnabled(enum cap);

boolean IsEnabledi(enum target, uint index);

Pointer and String Queries [6.1.6] [6.1.12]

void GetPointerv(enum pname, void **params);
pname: {SELECTION, FEEDBACK}_BUFFER_POINTER, {VERTEX, NORMAL, COLOR}_ARRAY_POINTER, {SECONDARY_COLOR, INDEX}_ARRAY_POINTER, {TEXTURE, FOG}_COORD_ARRAY_POINTER, EDGE_FLAG_ARRAY_POINTER

ubyte *GetString(enum name);
name: RENDERER, VENDOR, VERSION, SHADING_LANGUAGE_VERSION, EXTENSIONS

ubyte *GetStringi(enum name, uint index);
name: EXTENSIONS
index: range is [0, NUM_EXTENSIONS - 1]

Saving and Restoring State [6.1.21]

void PushAttrib(bitfield mask);
mask: ALL_ATTRIB_BITS, or the bitwise OR of the attribute groups in [Table 6.3].

void PushClientAttrib(bitfield mask);
mask: CLIENT_ALL_ATTRIB_BITS, or the bitwise OR of the attribute groups in [Table 6.3].

void PopAttrib(void);

void PopClientAttrib(void);

06 Section OpenGL Shading Language 4.20 Reference

http://www.khronos.org/files/opengl42-quick-reference-card.pdf의 Page 6~Page 12

OpenGL Shading Language 4.20 Reference Card

The OpenGL® Shading Language is used to create shaders for each of the programmable processors contained in the OpenGL processing pipeline. The OpenGL Shading Language is actually several closely related languages. Currently, these processors are the vertex, tessellation control, tessellation evaluation, geometry, and fragment processors.

[n.n.n] and [Table n.n] refer to sections and tables in the OpenGL Shading Language 4.20 specification at www.opengl.org/registry

Content shown in blue is removed from the OpenGL 4.2 core profile and present only in the OpenGL 4.2 compatibility profile.

Preprocessor [3.3]

Preprocessor Operators

Preprocessor operators follow C++ standards. Expressions are evaluated according to the behavior of the host processor, not the processor targeted by the shader.

#version 420 #version 420 *profile*	"#version 420" is required in shaders using version 4.20 of the language. Use *profile* to indicate core or compatibility. If no *profile* specified, the default is core.
#extension *extension_name : behavior* #extension all : *behavior*	• *behavior*: require, enable, warn, disable • *extension_name:* the extension supported by the compiler, or "all"

Preprocessor Directives

Each number sign (#) can be preceded in its line only by spaces or horizontal tabs.

#	*#define*	*#elif*	*#if*
#extension	*#version*	*#ifdef*	*#ifndef*
#error	*#include*	*#line*	*#endif*
#pragma	*#undef*	*#else*	

Predefined Macros

__LINE__ __FILE__	Decimal integer constants. FILE says which source string number is being processed, or the path of the string if the string was an included string
GL_compatibility_profile	Integer 1 if the implementation supports the compatibility profile
__VERSION__	Decimal integer, e.g.: 420

www.opengl.org/registry

OpenGL Shading Language 4.20 Reference Card

Types [4.1]

Transparent Types

void	no function return value
bool	Boolean
int, uint	signed/unsigned integers
float	single-precision floating-point scalar
double	double-precision floating scalar
vec2, vec3, vec4	floating point vector
dvec2, dvec3, dvec4	double precision floating-point vectors
bvec2, bvec3, bvec4	Boolean vectors
ivec2, ivec3, ivec4 uvec2, uvec3, uvec4	signed and unsigned integer vectors
mat2, mat3, mat4	2x2, 3x3, 4x4 float matrix
mat2x2, mat2x3, mat2x4	2-column float matrix of 2, 3, or 4 rows
mat3x2, mat3x3, mat3x4	3-column float matrix of 2, 3, or 4 rows
mat4x2, mat4x3, mat4x4	4-column float matrix of 2, 3, or 4 rows
dmat2, dmat3, dmat4	2x2, 3x3, 4x4 double-precision float matrix
dmat2x2, dmat2x3, dmat2x4	2-col. double-precision float matrix of 2, 3, 4 rows
dmat3x2, dmat3x3, dmat3x4	3-col. double-precision float matrix of 2, 3, 4 rows
dmat4x2, dmat4x3, dmat4x4	4-column double-precision float matrix of 2, 3, 4 rows

Floating-Point Opaque Types

sampler[1,2,3]D	1D, 2D, or 3D texture
image[1,2,3]D	1D, 2D, or 3D image
samplerCube	cube mapped texture
imageCube	cube mapped image
sampler2DRect	rectangular texture
image2DRect	rectangular image
sampler[1,2]DShadow	[1,2]D depth tex./compare
sampler2DRectShadow	rectangular tex./compare
sampler[1,2]DArray	1D or 2D array texture
image[1,2]DArray	1D or 2D array image
sampler[1,2]DArrayShadow	1D or 2D array depth texture/comparison
samplerBuffer	buffer texture
imageBuffer	buffer image
sampler2DMS	2D multi-sample texture
image2DMS	2D multi-sample image
sampler2DMSArray	2D multi-sample array tex.
image2DMSArray	2D multi-sample array img.
samplerCubeArray	cube map array texture
imageCubeArray	cube map array image
samplerCubeArrayShadow	cube map array depth texture with comparison

Signed Integer Opaque Types

isampler[1,2,3]D	integer 1D, 2D, or 3D texture
iimage[1,2,3]D	integer 1D, 2D, or 3D image
isamplerCube	integer cube mapped texture
iimageCube	integer cube mapped image

Continue ⤴

Signed Integer Opaque Types (cont'd)

isampler2DRect	int. 2D rectangular texture
iimage2DRect	int. 2D rectangular image
isampler[1,2]DArray	integer 1D, 2D array texture
iimage[1,2]DArray	integer 1D, 2D array image
isamplerBuffer	integer buffer texture
iimageBuffer	integer buffer image
isampler2DMS	int. 2D multi-sample texture
iimage2DMS	int. 2D multi-sample image
isampler2DMSArray	int. 2D multi-sample array tex.
iimage2DMSArray	int. 2D multi-sample array image
isamplerCubeArray	int. cube map array texture
iimageCubeArray	int. cube map array image

Unsigned Integer Opaque Types

atomic_uint	uint atomic counter
usampler[1,2,3]D	uint 1D, 2D, or 3D texture
uimage[1,2,3]D	uint 1D, 2D, or 3D image
usamplerCube	uint cube mapped texture
uimageCube	uint cube mapped image
usampler2DRect	uint rectangular texture
uimage2DRect	uint rectangular image
usampler[1,2]DArray	1D or 2D array texture
uimage[1,2]DArray	1D or 2D array image
usamplerBuffer	uint buffer texture
uimageBuffer	uint buffer image
usampler2DMS	uint 2D multi-sample texture
uimage2DMS	uint 2D multi-sample image

Continue ⤴

Unsigned Integer Opaque Types (cont'd)

usampler2DMSArray	uint 2D multi-sample array tex.
uimage2DMSArray	uint 2D multi-sample array image
usamplerCubeArray	uint cube map array texture
uimageCubeArray	uint cube map array image

Implicit Conversions

All others must use constructors.

int	->	uint
int, uint	->	float
int, uint, float	->	double
ivec2|3|4	->	uvec2|3|4
ivec2|3|4, uvec2|3|4	->	vec2|3|4
vec2|3|4	->	dvec2|3|4
ivec2|3|4, uvec2|3|4	->	dvec2|3|4
mat2|3|4	->	dmat2|3|4
mat2x3|2x4	->	dmat2x3|2x4
mat3x2|3x4	->	dmat3x2|3x4
mat4x2|4x3	->	dmat4x2|4x3

Aggregation of Basic Types

Arrays	float[3] foo; float foo[3]; • structures and blocks can be arrays • supports only 1-dimensional arrays • structure members can be arrays

Structures	struct *type-name* {
	members
	} *struct-name*[];
	// optional variable declaration, optionally an array

Blocks	in/out/uniform *block-name* {
	// interface matching by block name
	optionally-qualified members
	} *instance-name*[];
	// optional instance name, optionally an array

Operators & Expressions [5.1]

The following operators are numbered in order of precedence. Relational and equality operators evaluate to Boolean. Also see lessThan(), equal(), etc.

1.	( )	parenthetical grouping
2.	[ ]	array subscript
	( )	function call, constructor, structure
	.	field, selector, swizzler
	++ --	postfix increment and decrement
3.	++ --	prefix increment and decrement
	+ - ~ !	unary
4.	* / %	multiplicative
5.	+ -	additive
6.	<< >>	bit-wise shift
7.	< > <= >=	relational
8.	== !=	equality
9.	&	bit-wise and
10.	^	bit-wise exclusive or
11.	|	bit-wise inclusive or
12.	&&	logical and
13.	^^	logical exclusive or
14.	||	logical inclusive or
15.	? :	selects an entire operand.
16.	= += -= *= /= %= <<= >>= &= ^= |=	assignment arithmetic assignments
17.	,	sequence

Vector & Scalar Components [5.5]

In addition to array numeric subscript syntax, names of vector and scalar components are denoted by a single letter. Components can be swizzled and replicated. Scalars have only an *x*, *r*, or *s* component.

{*x, y, z, w*}	Points or normals
{*r, g, b, a*}	Colors
{*s, t, p, q*}	Texture coordinates

Qualifiers

Storage Qualifiers [4.3]

Declarations may have one storage qualifier.

none	(default) local read/write memory, or input parameter
const	global compile-time constant, or read-only function parameter, or read-only local variable
in	linkage into shader from previous stage
out	linkage out of a shader to next stage
attribute	same as in for vertex shader
uniform	linkage between a shader, OpenGL, and the application
varying	same as in for vertex shader, same as out for fragment shader

Auxiliary Storage Qualifiers

Some input and output qualified variables can be qualified with at most one additional auxiliary storage qualifier:

centroid	centroid-based interpolation
sampler	per-sample interpolation
patch	per-tessellation-patch attributes

Uniform Qualifiers [4.3.5]

Declare global variables with same values across entire primitive processed. Examples:

uniform vec4 **lightPosition**;
uniform vec3 **color** = vec3(0.7, 0.7, 0.2);

Layout Qualifiers [4.3.8]

layout(*layout-qualifiers*) *block-declaration*
layout(*layout-qualifiers*) **in/out/uniform**
layout(*layout-qualifiers*) **in/out/uniform** *declaration*

Input Layout Qualifiers [4.4.1]

For all shader stages:
location = *integer-constant*

For tessellation evaluation shaders:
triangles, quads, equal_spacing, isolines, fractional_{even,odd}_spacing, cw, ccw, point_mode

For geometry shader inputs:
points, lines, {lines,triangles}_adjacency, triangles, **invocations** = *integer-constant*

For fragment shaders only for redeclaring built-in variable gl_FragCoord:
origin_upper_left, pixel_center_integer

For "in" only (not with variable declarations):
early_fragment_tests

Output Layout Qualifiers [4.4.2]

For all shader stages:
location = *integer-constant*
index = *integer-constant*

For tessellation control shaders:
vertices = *integer-constant*

For geometry shader outputs:
points, line_strip, triangle_strip, **max_vertices** = *integer-constant*, **stream** = *integer-constant*

Fragment shader outputs:
depth_any, depth_greater, depth_less, depth_unchanged

For fragment shaders:
index = *integer-constant*

Uniform-Block Layout Qualifiers [4.4.3]

Layout qualifier identifiers for uniform blocks:
shared, packed, std140, {row, column}_major
binding = *integer-constant*

Opaque Uniform Layout Qualifiers [4.4.4]

Used to bind opaque uniform variables to specific buffers or units.
binding = *integer-constant*

Atomic Counter Layout Qualifiers [4.4.4.1]

binding = *integer-constant*
offset = *integer-constant*

Format Layout Qualifiers [4.4.4.2]

One qualifier may be used with variables declared as "image" to specify the image format.

For tessellation control shaders:
binding = *integer-constant*,
rgba{32,16}f, rg{32,16}f, r{32,16}f, r11f_g11f_b10f, rgb10_a2{ui}, rgba{16,8}, rg{16,8}, r{16,8}, rgba{32,16,8}i, rg{32,16,8}i, r{32,16,8}i, rgba{32,16,8}ui, rg{32,16,8}ui, r{32,16,8}ui, rgba{16,8}_snorm, rg{16,8}_snorm, r{16,8}_snorm,

Interpolation Qualifiers [4.5]

Qualify outputs from vertex shader and inputs to fragment shader.

smooth	perspective correct interpolation
flat	no interpolation
noperspective	linear interpolation

The following predeclared variables can be redeclared with an interpolation qualifier:

Vertex language:	Fragment language:
gl_FrontColor gl_BackColor gl_FrontSecondaryColor gl_BackSecondaryColor	gl_Color gl_SecondaryColor

Parameter Qualifiers [4.6]

Input values copied in at function call time, output values copied out at function return.

none	(default) same as **in**
in	for function parameters passed into function
const	for function parameters that cannot be written to
out	for function parameters passed back out of function, but not initialized when passed in
inout	for function parameters passed both into and out of a function

Precision Qualifiers [4.7]

Precision qualifiers have no effect on precision; they aid code portability with OpenGL ES:

highp, mediump, lowp

Invariant Qualifiers Examples [4.8.1]

#pragma STDGL invariant(all)	force all output variables to be invariant
invariant gl_Position;	qualify a previously declared variable
invariant centroid out vec3 Color;	qualify as part of a variable declaration

Precise Qualifier [4.9]

Ensures that operations are executed in stated order with operator consistency. Requires two identical multiplies, followed by an add.

precise out **vec4** Position = a * b + c * d;

(Qualifiers Continue >)

www.opengl.org/registry

Page 8

OpenGL Shading Language 4.20 Reference Card

Qualifiers (continued)

Memory Qualifiers [4.10]

Variables qualified as "image" can have one or more memory qualifiers.

coherent	reads and writes are coherent with other shader invocations
volatile	underlying values may be changed by other sources
restrict	won't be accessed by other code
readonly	read only
writeonly	write only

Order of Qualification [4.11]

When multiple qualifiers are present in a declaration they may appear in any order, but must all appear before the type. The layout qualifier is the only qualifier that can appear more than once. Further, a declaration can have at most one storage qualifier, at most one auxiliary storage qualifier, and at most one interpolation qualifier. Multiple memory qualifiers can be used. Any violation of these rules will cause a compile-time error.

Built-In Variables [7]

Shaders communicate with fixed-function OpenGL pipeline stages and other shader executables through built-in input and output variables. Redeclare matching subsets of these variables and blocks to establish matching interfaces when using multiple programs.

Vertex Language

Inputs:

```
in int    gl_VertexID;
in int    gl_InstanceID;
in vec4   gl_Color;
in vec4   gl_SecondaryColor;
in vec3   gl_Normal;
in vec4   gl_Vertex;
in vec4   gl_MultiTexCoordn        // n is 0...7
in float  gl_FogCoord;
```

Outputs:

```
out gl_PerVertex {
    vec4  gl_Position;
    float gl_PointSize;
    float gl_ClipDistance[];
    vec4  gl_ClipVertex;
    vec4  gl_FrontColor;
    vec4  gl_BackColor;
    vec4  gl_FrontSecondaryColor;
    vec4  gl_BackSecondaryColor;
    vec4  gl_TexCoord[];
    float gl_FogFragCoord;
};
```

Tessellation Control Language

Inputs:

```
in gl_PerVertex {
    vec4  gl_Position;
    float gl_PointSize;
    float gl_ClipDistance[];
    (... plus deprecated Vertex Language Outputs)
} gl_in[gl_MaxPatchVertices];

in int  gl_PatchVerticesIn;
in int  gl_PrimitiveID;
in int  gl_InvocationID;
```

Outputs:

```
out gl_PerVertex {
    vec4  gl_Position;
    float gl_PointSize;
    float gl_ClipDistance[];
    (... plus deprecated Vertex Language Outputs)
} gl_out[];

patch out float gl_TessLevelOuter[4];
patch out float gl_TessLevelInner[2];
```

Tessellation Evaluation Language

Inputs:

```
in gl_PerVertex {
    vec4  gl_Position;
    float gl_PointSize;
    float gl_ClipDistance[];
    (... plus deprecated Vertex Language Outputs)
} gl_in[gl_MaxPatchVertices];

in int   gl_PatchVerticesIn;
in int   gl_PrimitiveID;
in vec3        gl_TessCoord;
patch   in     float  gl_TessLevelOuter[4];
patch   in     float  gl_TessLevelInner[2];
```

Outputs:

```
out gl_PerVertex {
    vec4  gl_Position;
    float gl_PointSize;
    float gl_ClipDistance[];
    (... plus deprecated Vertex Language Outputs)
};
```

Geometry Language

Inputs:

```
in gl_PerVertex {
    vec4  gl_Position;
    float gl_PointSize;
    float gl_ClipDistance[];
    (... plus deprecated Vertex Language Outputs)
} gl_in[];

in int gl_PrimitiveIDIn;
in int gl_InvocationID;
```

Outputs:

```
out gl_PerVertex {
    vec4  gl_Position;
    float gl_PointSize;
    float gl_ClipDistance[];
    (... plus deprecated Vertex Language Outputs)
};

out int gl_PrimitiveID;
out int gl_Layer;
out int gl_ViewportIndex;
```

Fragment Language

Inputs:

```
in vec4   gl_FragCoord;
in bool   gl_FrontFacing;
in float  gl_ClipDistance[];
in vec2   gl_PointCoord;
in int    gl_PrimitiveID;
in int    gl_SampleID;
in vec2   gl_SamplePosition;
in int    gl_SampleMask[];
in gl_PerFragment {
    in float  gl_FogFragCoord;
    in vec4   gl_TexCoord[];
    in vec4   gl_Color;
    in vec4   gl_SecondaryColor;
};
```

Outputs:

```
out float gl_FragDepth;
out int   gl_SampleMask[];
out vec4  gl_FragColor;
out vec4  gl_FragData[gl_MaxDrawBuffers];
```

Built-In Constants [7.3]

The following built-in constants with minimum values are provided to all shaders. The actual values used are implementation-dependent, but must be at least the value shown.

```
const int gl_MaxTextureUnits = 2;
const int gl_MaxTextureCoords = 8;
const int gl_MaxClipPlanes = 8;
const int gl_MaxVaryingFloats = 60;
const int gl_MaxVertexAttribs = 16;
const int gl_MaxVertexUniformComponents = 1024;
const int gl_MaxVertexOutputComponents = 64;
const int gl_MaxGeometryInputComponents = 64;
const int gl_MaxGeometryOutputComponents = 128;
const int gl_MaxFragmentInputComponents = 128;
const int gl_MaxVertexTextureImageUnits = 16;
const int gl_MaxCombinedTextureImageUnits = 80;
const int gl_MaxTextureImageUnits = 16;
const int gl_MaxImageUnits = 8;
const int
  gl_MaxCombinedImageUnitsAndFragmentOutputs = 8;
const int gl_MaxImageSamples = 0;
const int gl_MaxFragmentUniformComponents = 1024;
const int gl_MaxDrawBuffers = 8;
const int gl_MaxClipDistances = 8;
const int gl_MaxGeometryTextureImageUnits = 16;
const int gl_MaxGeometryOutputVertices = 256;
const int gl_MaxGeometryTotalOutputComponents = 1024;
const int gl_MaxGeometryUniformComponents = 1024;
const int gl_MaxGeometryVaryingComponents = 64;
const int gl_MaxTessControlInputComponents = 128;
const int gl_MaxTessControlOutputComponents = 128;
const int gl_MaxTessControlTextureImageUnits = 16;
const int gl_MaxTessControlUniformComponents = 1024;
const int gl_MaxTessControlTotalOutputComponents = 4096;
const int gl_MaxTessEvaluationInputComponents = 128;
const int gl_MaxTessEvaluationOutputComponents = 128;
const int gl_MaxTessEvaluationTextureImageUnits = 16;
const int gl_MaxTessEvaluationUniformComponents = 1024;
const int gl_MaxTessPatchComponents = 120;
const int gl_MaxPatchVertices = 32;
const int gl_MaxTessGenLevel = 64;
const int gl_MaxViewports = 16;
const int gl_MaxVertexUniformVectors = 256;
const int gl_MaxFragmentUniformVectors = 256;
const int gl_MaxVaryingVectors = 15;
const int gl_MaxVertexAtomicCounters = 0;
const int gl_MaxTessControlAtomicCounters = 0;
const int gl_MaxTessEvaluationAtomicCounters = 0;
const int gl_MaxGeometryAtomicCounters = 0;
const int gl_MaxFragmentAtomicCounters = 8;
const int gl_MaxCombinedAtomicCounters = 8;
const int gl_MaxAtomicCounterBindings = 1;
const int gl_MinProgramTexelOffset = -7;
const int gl_MaxProgramTexelOffset = 8;
```

Operations and Constructors

Vector & Matrix [5.4.2]

.length() for matrices returns number of columns
.length() for vectors returns number of components

```
mat2(vec2, vec2);                      // 1 col./arg.
mat2x3(vec2, float, vec2, float);      // col. 2
dmat2(dvec2, dvec2);                   // 1 col./arg.
dmat3(dvec3, dvec3, dvec3);            // 1 col./arg.
```

Structure Example [5.4.3]

.length() for structures returns number of members

```
struct light {members; };
light lightVar = light(3.0, vec3(1.0, 2.0, 3.0));
```

Array Example [5.4.4]

.length() for arrays returns number of elements

```
const float c[3] = float[3](5.0, b + 1.0, 1.1);
```

Matrix Examples [5.6]

Examples of access components of a matrix with array subscripting syntax:

```
mat4 m;              // m is a matrix
m[1] = vec4(2.0);    // sets 2nd col. to all 2.0
m[0][0] = 1.0;       // sets upper left element to 1.0
m[2][3] = 2.0;       // sets 4th element of 3rd col. to 2.0
```

Examples of operations on matrices and vectors:

```
m = f * m;       // scalar * matrix component-wise
v = f * v;       // scalar * vector component-wise
v = v * v;       // vector * vector component-wise
m = m +/- m;     // matrix +/- matrix comp.-wise
m = m * m;       // linear algebraic multiply
f = dot(v, v);   // vector dot product
v = cross(v, v); // vector cross product
```

Structure & Array Operations [5.7]

Select structure fields or **length**() method of an array using the period (.) operator. Other operators:

.	field or method selector
== !=	equality
=	assignment
[ ]	indexing (arrays only)

Array elements are accessed using the array subscript operator ([ ]), e.g.:

```
diffuseColor += lightIntensity[3]*NdotL;
```

Statements and Structure

Iteration and Jumps [6.3-4]

Function	call by value-return

Iteration	for (;;) { break, continue }
	while ( ) { break, continue }
	do { break, continue } while ( );

Selection	if ( ) { }
	if ( ) { } else { }
	switch ( ) { case integer: ... break; ... default: ... }

Entry	void main()
Jump	break, continue, return (There is no 'goto')
Exit	return in main() discard // Fragment shader only

Subroutines [6.1.2]

Subroutine type variables are assigned to functions through the **UniformSubroutinesuiv** command in the OpenGL API.

Declare types with the **subroutine** keyword:

```
subroutine returnType subroutineTypeName(type0 arg0,
    type1 arg1, ..., typen argn);
```

Associate functions with subroutine types of matching declarations by defining the functions with the subroutine keyword and a list of subroutine types the function matches:

```
subroutine(subroutineTypeName0, ...,
    subroutineTypeNameN)
returnType functionName(type0 arg0,
    type1 arg1, ..., typen argn){ ... }
    // function body
```

Declare subroutine type variables with a specific subroutine type in a subroutine uniform variable declaration:

```
subroutine uniform subroutineTypeName
    subroutineVarName;
```

Built-In Functions

Angle & Trig. Functions [8.1]

Functions will not result in a divide-by-zero error. If the divisor of a ratio is 0, then results will be undefined. Component-wise operation. Parameters specified as *angle* are in units of radians. Tf=float, vec*n*.

Tf **radians**(Tf *degrees*)	degrees to radians
Tf **degrees**(Tf *radians*)	radians to degrees
Tf **sin**(Tf *angle*)	sine
Tf **cos**(Tf *angle*)	cosine
Tf **tan**(Tf *angle*)	tangent
Tf **asin**(Tf *x*)	arc sine
Tf **acos**(Tf *x*)	arc cosine
Tf **atan**(Tf *y*, Tf *x*) Tf **atan**(Tf *y_over_x*)	arc tangent
Tf **sinh**(Tf *x*)	hyperbolic sine
Tf **cosh**(Tf *x*)	hyperbolic cosine
Tf **tanh**(Tf *x*)	hyperbolic tangent
Tf **asinh**(Tf *x*)	hyperbolic sine
Tf **acosh**(Tf *x*)	hyperbolic cosine
Tf **atanh**(Tf *x*)	hyperbolic tangent

Exponential Functions [8.2]

Component-wise operation. Tf=float, vec*n*. Tfd= float, vec*n*, double, dvec*n*.

Tf **pow**(Tf *x*, Tf *y*)	x^y
Tf **exp**(Tf *x*)	e^x
Tf **log**(Tf *x*)	ln
Tf **exp2**(Tf *x*)	2^x
Tf **log2**(Tf *x*)	$\log_2$
Tfd **sqrt**(Tfd *x*)	square root
Tfd **inversesqrt**(Tfd *x*)	inverse square root

Common Functions [8.3]

Component-wise operation. Tf=float, vec*n*. Tfd= float, vec*n*, double, dvec*n*.

Tfd **abs**(Tfd *x*) Ti **abs**(Ti *x*)	absolute value
Tfd **sign**(Tfd *x*) Ti **sign**(Ti *x*)	returns -1.0, 0.0, or 1.0
Tfd **floor**(Tfd *x*)	nearest integer <= *x*
Tfd **trunc**(Tfd *x*)	nearest integer with absolute value <= absolute value of *x*
Tfd **round**(Tfd *x*)	nearest integer, implementation-dependent rounding mode
Tfd **roundEven**(Tfd *x*)	nearest integer, 0.5 rounds to nearest even integer
Tfd **ceil**(Tfd *x*)	nearest integer >= *x*
Tfd **fract**(Tfd *x*)	*x* - floor(*x*)
Tfd **mod**(Tfd *x*, Tfd *y*) Tf **mod**(Tf *x*, float *y*) Td **mod**(Td *x*, double *y*)	modulus
Tfd **modf**(Tfd *x*, out Tfd *i*)	separate integer and fractional parts
Tfd **min**(Tfd *x*, Tfd *y*) Tf **min**(Tf *x*, float *y*) Td **min**(Td *x*, double *y*) Tiu **min**(Tiu *x*, Tiu *y*) Ti **min**(Ti *x*, int *y*) Tu **min**(Tu *x*, uint *y*)	minimum value

(Built-In Common Functions Continue >)

www.opengl.org/registry

OpenGL Shading Language 4.20 Reference Card

Built-In Functions (continued)

Common Functions (continued)

Tfd **max**(Tfd *x*, Tfd *y*) Tf **max**(Tf *x*, float *y*) Td **max**(Td *x*, double *y*) Tiu **max**(Tiu *x*, Tiu *y*) Ti **max**(Ti *x*, int *y*) Tu **max**(Tu *x*, uint *y*)	maximum value
Tfd **mix**(Tfd *x*, Tfd *y*, Tfd *a*) Tf **mix**(Tf *x*, Tf *y*, float *a*) Td **mix**(Td *x*, Td *y*, double *a*)	linear blend of *x* and *y*
Tfd **mix**(Tfd *x*, Tfd *y*, Tb *a*)	true if comps. in *a* select comps. from *y*, else from *x*
Tfd **step**(Tfd *edge*, Tfd *x*) Tf **step**(float *edge*, Tf *x*) Td **step**(double *edge*, Td *x*)	0.0 if *x* < *edge*, else 1.0
Tb **isnan**(Tfd *x*)	true if *x* is NaN
Tb **isinf**(Tfd *x*)	true if *x* is positive or negative infinity
Tfd **clamp**(Tfd *x*, Tfd *minVal*, Tfd *maxVal*) Tf **clamp**(Tf *x*, float *minVal*, float *maxVal*) Td **clamp**(Td *x*, double *minVal*, double *maxVal*) Tiu **clamp**(Tiu *x*, Tiu *minVal*, Tiu *maxVal*) Ti **clamp**(Ti *x*, int *minVal*, int *maxVal*) Tu **clamp**(Tu *x*, uint *minVal*, uint *maxVal*)	min(max(*x*, *minVal*), *maxVal*)
Tfd **smoothstep**(Tfd *edge0*, Tfd *edge1*, T *x*) Tf **smoothstep**(float *edge0*, float *edge1*, Tf *x*) Td **smoothstep**(double *edge0*, double *edge1*, Td *x*)	clip and smooth
Ti **floatBitsToInt**(Tf *value*) Tu **floatBitsToInt**(Tf *value*)	Returns signed int or uint value representing the encoding of a floating-point value.
Tf **intBitsToFloat**(Tiu *value*)	Returns floating-point value of a signed int or uint encoding of a floating-point value.
Tfd **fma**(Tfd *a*, Tfd *b*, Tfd *c*)	Computes and returns a*b + c. Treated as a single operation when using **precise**.
Tfd **frexp**(Tfd *x*, out Ti *exp*)	Splits *x* into a floating-point significand in the range [0.5, 1.0) and an int. exp. of 2.
Tfd **ldexp**(Tfd *x*, in Ti *exp*)	Builds a floating-point number from *x* and the corresponding integral exponent of 2 in *exp*.

Floating-Point Pack/Unpack [8.4]

These do not operate component-wise.

uint **packUnorm2x16**(vec2 *v*) uint **packSnorm2x16**(vec2 *v*) uint **packUnorm4x8**(vec4 *v*) uint **packSnorm4x8**(vec4 *v*)	Converts each comp. of *v* into 8- or 16-bit ints, packs results into the returned 32-bit unsigned integer.
vec2 **unpackUnorm2x16**(uint *p*) vec2 **unpackSnorm2x16**(uint *p*) vec4 **unpackUnorm4x8**(uint *p*) vec4 **unpackSnorm4x8**(uint *p*)	Unpacks 32-bit *p* into two 16-bit uints, four 8-bit uints, or signed ints. Then converts each component to a normalized float to generate a 2- or 4-component vector.
double **packDouble2x32**(uvec2 *v*)	Packs components of *v* into a 64-bit value and returns a double-precision value.
uvec2 **unpackDouble2x32**(double *v*)	Returns a 2-component vector representation of *v*.
uint **packHalf2x16**(vec2 *v*)	Returns a uint by converting the components of a two-component floating-point vector
vec2 **unpackHalf2x16**(uint *v*)	Returns a two-component floating-point vector

Geometric Functions [8.5]

These functions operate on vectors as vectors, not component-wise. Tf=float, vec*n*. Td =double, dvec*n*. Tfd= float, vec*n*, double, dvec*n*.

float **length**(Tf *x*) double **length**(Td *x*)	length of vector
float **distance**(Tf *p0*, Tf *p1*) double **distance**(Td *p0*, Td *p1*)	distance between points
float **dot**(Tf *x*, Tf *y*) double **dot**(Td *x*, Td *y*)	dot product
vec3 **cross**(vec3 *x*, vec3 *y*) dvec3 **cross**(dvec3 *x*, dvec3 *y*)	cross product
Tf **normalize**(Tf *x*) Td **normalize**(Td *x*)	normalize vector to length 1
vec4 ftransform( )	invariant vertex transform
Tfd **faceforward**(Tfd *N*, Tfd *I*, Tfd *Nref*)	returns *N* if dot(*Nref*, *I*) < 0, else -*N*
Tfd **reflect**(Tfd *I*, Tfd *N*)	reflection direction *I* - 2 * dot(*N*,*I*) * *N*
Tfd **refract**(Tfd *I*, Tfd *N*, float *eta*)	refraction vector

Matrix Functions [8.6]

For the matrix functions, type *mat* is used in the single-precision floating point functions, and type *dmat* is used in the double-precision floating point functions. *N* and *M* are 1, 2, 3, 4.

mat **matrixCompMult**(mat *x*, mat *y*) dmat **matrixCompMult**(dmat *x*, dmat *y*)	component-wise multiply
mat*N* **outerProduct**(vec*N c*, vec*N r*) dmat*N* **outerProduct**(dvec*N c*, dvec*N r*)	outer product (where *N* != *M*)
mat*NxM* **outerProduct**(vec*M c*, vec*N r*) dmat*NxM* **outerProduct**(dvec*M c*, dvec*N r*)	outer product
mat*N* **transpose**(mat*N m*) dmat*N* **transpose**(dmat*N m*)	transpose
mat*NxM* **transpose**(mat*MxN m*) dmat*NxM* **transpose**(dmat*MxN m*)	transpose (where *N* != *M*)
float **determinant**(mat*N m*) double **determinant**(dmat*N m*)	determinant
mat*N* **inverse**(mat*N m*) dmat*N* **inverse**(dmat*N m*)	inverse

Vector Relational Functions [8.7]

Compare *x* and *y* component-wise. Sizes of the input and return vectors for any particular call must match. Tvec=vec*n*, uvec*n*, ivec*n*.

bvec*n* **lessThan**(Tvec *x*, Tvec *y*)	<
bvec*n* **lessThanEqual**(Tvec *x*, Tvec *y*)	<=
bvec*n* **greaterThan**(Tvec *x*, Tvec *y*)	>
bvec*n* **greaterThanEqual**(Tvec *x*, Tvec *y*)	>=
bvec*n* **equal**(Tvec *x*, Tvec *y*) bvec*n* **equal**(bvec*n x*, bvec*n y*)	==
bvec*n* **notEqual**(Tvec *x*, Tvec *y*) bvec*n* **notEqual**(bvec*n x*, bvec*n y*)	!=
bool **any**(bvec*n x*)	true if any component of *x* is true
bool **all**(bvec*n x*)	true if all components of *x* are true
bvec*n* **not**(bvec*n x*)	logical complement of *x*

Type Abbreviations for Built-in Functions:

Tf=float, vec*n*. Td =double, dvec*n*. Tfd= float, vec*n*, double, dvec*n*. Tb=bvec*n*, bool. Tvec=vec*n*, uvec*n*, ivec*n*. Tu=uint, uvec*n*. Ti=int, ivec*n*. Tiu=int, ivec*n*, uint, uvec*n*.

Use of T*n* or T*nn* within each function call must be the same. In vector types, *n* is 2, 3, or 4.

Integer Functions [8.8]

Component-wise operation. Tu=uint, uvec*n*. Ti=int, ivec*n*. Tiu=int, ivec*n*, uint, uvec*n*.

Tu **uaddCarry**(Tu *x*, Tu *y*, out Tu *carry*)	Adds 32-bit uint*x* and *y*, returning the sum modulo 2^{32}.
Tu **usubBorrow**(Tu *x*, Tu *y*, out Tu *borrow*)	Subtracts *y* from *x*, returning the difference if non-negative, otherwise 2^{32} plus the difference.
void **umulExtended**(Tu *x*, Tu *y*, out Tu *msb*, out Tu *lsb*) void **imulExtended**(Ti *x*, Ti *y*, out Ti *msb*, out Ti *lsb*)	Multiplies 32-bit integers *x* and *y*, producing a 64-bit result.
Tiu **bitfieldExtract**(Tiu *value*, int *offset*, int *bits*)	Extracts bits [*offset*, *offset* + *bits* - 1] from *value*, returns them in the least significant bits of the result.
Tiu **bitfieldInsert**(Tiu *base*, Tiu *insert*, int *offset*, int *bits*)	Returns the insertion the *bits* least-significant bits of *insert* into *base*.
Tiu **bitfieldReverse**(Tiu *value*)	Returns the reversal of the bits of *value*.
Ti **bitCount**(Tiu *value*)	Returns the number of bits set to 1.
Ti **findLSB**(Tiu *value*)	Returns bit number of least significant bit.
Ti **findMSB**(Tiu *value*)	Returns bit number of most significant bit.

Texture Lookup Functions [8.9]

Available to vertex, geometry, and fragment shaders. See tables on next page.

Atomic-Counter Functions [8.10]

The value returned by these functions is the value of an atomic counter.

uint **atomicCounterIncrement**(atomic_uint *c*)	Atomically returns the value of counter for *c*, then increments.
uint **atomicCounterDecrement**(atomic_uint *c*)	Atomically decrements counter for *c*, then returns value of counter for *c*.
uint **atomicCounter**(atomic_uint *c*)	Atomically returns the counter for *c*.

Image Functions [8.11]

In these image functions, IMAGE_PARAMS may be one of the following:

gimage1D image, int P
gimage2D image, ivec2 P
gimage3D image, ivec3 P
gimage2DRect image, ivec2 P
gimageCube image, ivec3 P
gimageBuffer image, int P
gimage1DArray image, ivec2 P
gimage2DArray image, ivec3 P
gimageCubeArray image, ivec3 P
gimage2DMS image, ivec2 P, int sample
gimage2DMSArray image, ivec3 P, int sample

gvec4 **imageLoad**(readonly IMAGE_PARAMS)	Loads the texel at the coordinate *P* from the image unit *image*.
void **imageStore**(writeonly IMAGE_PARAMS, gvec4 *data*)	Stores *data* into the texel at the coordinate *P* from the image specified by *image*.
uint **imageAtomicAdd**(IMAGE_PARAMS, uint *data*) int **imageAtomicAdd**(IMAGE_PARAMS, int *data*)	Adds the value of *data* to the contents of the selected texel.
uint **imageAtomicMin**(IMAGE_PARAMS, uint *data*) int **imageAtomicMin**(IMAGE_PARAMS, int *data*)	Takes the minimum of the value of *data* and the contents of the selected texel.

Continue ⮥

Image Functions (continued)

uint **imageAtomicMax**(IMAGE_PARAMS, uint *data*) int **imageAtomicMax**(IMAGE_PARAMS, int *data*)	Takes the maximum of the value *data* and the contents of the selected texel.
uint **imageAtomicAnd**(IMAGE_PARAMS, uint *data*) int **imageAtomicAnd**(IMAGE_PARAMS, int *data*)	Performs a bit-wise and of the value of *data* and the contents of the selected texel.
uint **imageAtomicOr**(IMAGE_PARAMS, uint *data*) int **imageAtomicOr**(IMAGE_PARAMS, int *data*)	Performs a bit-wise or of the value of *data* and the contents of the selected texel.
uint **imageAtomicXor**(IMAGE_PARAMS, uint *data*) int **imageAtomicXor**(IMAGE_PARAMS, int *data*)	Performs a bit-wise exclusive or of the value of *data* and the contents of the selected texel.
uint **imageAtomicExchange**(IMAGE_PARAMS, uint *data*) int **imageAtomicExchange**(IMAGE_PARAMS, int *data*)	Copies the value of *data*.
uint **imageAtomicCompSwap**(IMAGE_PARAMS, uint *compare*, uint *data*) int **imageAtomicCompSwap**(IMAGE_PARAMS, int *compare*, int *data*)	Compares the value of *compare* and contents of selected texel. If equal, the new value is given by *data*; otherwise, it is taken from the original value loaded from texel.

Fragment Processing Functions [8.12]

Available only in fragment shaders.
Tf=float, vec*n*.

Derivative fragment-processing functions

Tf **dFdx**(Tf *p*)	derivative in *x*
Tf **dFdy**(Tf *p*)	derivative in *y*
Tf **fwidth**(Tf *p*)	sum of absolute derivative in *x* and *y*

Interpolation fragment-processing functions

Tf **interpolateAtCentroid**(Tf *interpolant*)	Return value of *interpolant* sampled inside pixel and the primitive.
Tf **interpolateAtSample**(Tf *interpolant*, int *sample*)	Return value of *interpolant* at the location of sample number *sample*.
Tf **interpolateAtOffset**(Tf *interpolant*, vec2 *offset*)	Return value of *interpolant* sampled at fixed offset *offset* pixel center.

Noise Functions [8.13]

Returns noise value. Available to fragment, geometry, and vertex shaders.

float **noise1**(Tf *x*)	
vec*n* **noise*n***(Tf *x*)	where *n* is 2, 3, or 4

Geometry Shader Functions [8.14]

Only available in geometry shaders.

void **EmitStreamVertex**(int *stream*)	Emits values of output variables to current output primitive stream *stream*.
void **EndStreamPrimitive**(int *stream*)	Completes current output primitive stream *stream* and starts a new one.
void **EmitVertex**()	Emits values of output variables to the current output primitive.
void **EndPrimitive**()	Completes output primitive and starts a new one.

Other Shader Functions [8.15-16]

void **barrier**()	Shader Invocation: Synchronizes across shader invocations.
void **memoryBarrier**()	Shader Memory Control: Control the ordering of memory transactions issued by a single shader invocation.

Page 10 — OpenGL Shading Language 4.20 Reference Card

Texture Functions [8.9]

Available to vertex, geometry, and fragment shaders. gvec4=vec4, ivec4, uvec4. gsampler* =sampler*, isampler*, usampler*.

Texture Query Functions [8.9.1]

textureSize functions return dimensions of *lod* (if present) for the texture bound to sampler. Components in return value are filled in with the width, height, depth of the texture. For array forms, the last component of the return value is the number of layers in the texture array.

- int **textureSize**(gsampler1D *sampler*, int *lod*)
- ivec2 **textureSize**(gsampler2D *sampler*, int *lod*)
- ivec3 **textureSize**(gsampler3D *sampler*, int *lod*)
- ivec2 **textureSize**(gsamplerCube *sampler*, int *lod*)
- int **textureSize**(sampler1DShadow *sampler*, int *lod*)
- ivec2 **textureSize**(sampler2DShadow *sampler*, int *lod*)
- ivec2 **textureSize**(samplerCubeShadow *sampler*, int *lod*)
- ivec3 **textureSize**(samplerCubeArray *sampler*, int *lod*)
- ivec3 **textureSize**(samplerCubeArrayShadow *sampler*, int *lod*)
- ivec2 **textureSize**(gsampler2DRect *sampler*)
- ivec2 **textureSize**(sampler2DRectShadow *sampler*)
- ivec2 **textureSize**(gsampler1DArray *sampler*, int *lod*)
- ivec3 **textureSize**(gsampler2DArray *sampler*, int *lod*)
- ivec2 **textureSize**(sampler1DArrayShadow *sampler*, int *lod*)
- ivec3 **textureSize**(sampler2DArrayShadow *sampler*, int *lod*)
- int **textureSize**(gsamplerBuffer *sampler*)
- ivec2 **textureSize**(gsampler2DMS *sampler*)
- ivec3 **textureSize**(gsampler2DMSArray *sampler*)

textureQueryLod functions return the mipmap array(s) that would be accessed in the *x* component of the return value. Returns the computed level of detail relative to the base level in the *y* component of the return value.

- vec2 **textureQueryLod**(gsampler1D *sampler*, float *P*)
- vec2 **textureQueryLod**(gsampler2D *sampler*, vec2 *P*)
- vec2 **textureQueryLod**(gsampler3D *sampler*, vec3 *P*)
- vec2 **textureQueryLod**(gsamplerCube *sampler*, vec3 *P*)
- vec2 **textureQueryLod**(gsampler1DArray *sampler*, float *P*)
- vec2 **textureQueryLod**(gsampler2DArray *sampler*, vec2 *P*)
- vec2 **textureQueryLod**(gsamplerCubeArray *sampler*, vec3 *P*)
- vec2 **textureQueryLod**(sampler1DShadow *sampler*, float *P*)
- vec2 **textureQueryLod**(sampler2DShadow *sampler*, vec2 *P*)
- vec2 **textureQueryLod**(samplerCubeShadow *sampler*, vec3 *P*)
- vec2 **textureQueryLod**(sampler1DArrayShadow *sampler*, float *P*)
- vec2 **textureQueryLod**(sampler2DArrayShadow *sampler*, vec2 *P*)
- vec2 **textureQueryLod**(samplerCubeArrayShadow *sampler*, vec3 *P*)

Texel Lookup Functions [8.9.2]

Use texture coordinate *P* to do a lookup in the texture bound to *sampler*. For shadow forms, when *compare* is present, it is used as D_{ref} and the array layer comes from *P*.w. For non-shadow forms, the array layer comes from the last component of *P*.

- gvec4 **texture**(gsampler1D *sampler*, float *P* [, float *bias*])
- gvec4 **texture**(gsampler2D *sampler*, vec2 *P* [, float *bias*])
- gvec4 **texture**(gsampler3D *sampler*, vec3 *P* [, float *bias*])
- gvec4 **texture**(gsamplerCube *sampler*, vec3 *P* [, float *bias*])
- float **texture**(sampler{1D,2D}Shadow *sampler*, vec3 *P* [, float *bias*])
- float **texture**(samplerCubeShadow *sampler*, vec4 *P* [, float *bias*])
- gvec4 **texture**(gsampler1DArray *sampler*, vec2 *P* [, float *bias*])
- gvec4 **texture**(gsampler2DArray *sampler*, vec3 *P* [, float *bias*])
- gvec4 **texture**(gsamplerCubeArray *sampler*, vec4 *P* [, float *bias*])
- float **texture**(sampler1DArrayShadow *sampler*, vec3 *P* [, float *bias*])
- float **texture**(sampler2DArrayShadow *sampler*, vec4 *P*)
- gvec4 **texture**(gsampler2DRect *sampler*, vec2 *P*)
- float **texture**(sampler2DRectShadow *sampler*, vec3 *P*)
- float **texture**(gsamplerCubeArrayShadow *sampler*, vec4 *P*, float *compare*)

Texture lookup with projection.

- gvec4 **textureProj**(gsampler1D *sampler*, vec{2,4} *P* [, float *bias*])
- gvec4 **textureProj**(gsampler2D *sampler*, vec{3,4} *P* [, float *bias*])
- gvec4 **textureProj**(gsampler3D *sampler*, vec4 *P* [, float *bias*])
- float **textureProj**(sampler{1D,2D}Shadow *sampler*, vec4 *P* [, float *bias*])
- gvec4 **textureProj**(gsampler2DRect *sampler*, vec{3,4} *P*)
- float **textureProj**(sampler2DRectShadow *sampler*, vec4 *P*)

Texture lookup as in **texture** but with explicit LOD.

- gvec4 **textureLod**(gsampler1D *sampler*, float *P*, float *lod*)
- gvec4 **textureLod**(gsampler2D *sampler*, vec2 *P*, float *lod*)
- gvec4 **textureLod**(gsampler3D *sampler*, vec3 *P*, float *lod*)
- gvec4 **textureLod**(gsamplerCube *sampler*, vec3 *P*, float *lod*)
- float **textureLod**(sampler{1D,2D}Shadow *sampler*, vec3 *P*, float *lod*)
- gvec4 **textureLod**(gsampler1DArray *sampler*, vec2 *P*, float *lod*)
- gvec4 **textureLod**(gsampler2DArray *sampler*, vec3 *P*, float *lod*)
- float **textureLod**(sampler1DArrayShadow *sampler*, vec3 *P*, float *lod*)
- gvec4 **textureLod**(gsamplerCubeArray *sampler*, vec4 *P*, float *lod*)

Offset added before texture lookup as in **texture**.

- gvec4 **textureOffset**(gsampler1D *sampler*, float *P*, int *offset* [, float *bias*])
- gvec4 **textureOffset**(gsampler2D *sampler*, vec2 *P*, ivec2 *offset* [, float *bias*])
- gvec4 **textureOffset**(gsampler3D *sampler*, vec3 *P*, ivec3 *offset* [, float *bias*])
- gvec4 **textureOffset**(gsampler2DRect *sampler*, vec2 *P*, ivec2 *offset*)
- float **textureOffset**(sampler2DRectShadow *sampler*, vec3 *P*, ivec2 *offset*)
- float **textureOffset**(sampler1DShadow *sampler*, vec3 *P*, int *offset* [, float *bias*])
- float **textureOffset**(sampler2DShadow *sampler*, vec3 *P*, ivec2 *offset* [, float *bias*])
- gvec4 **textureOffset**(gsampler1DArray *sampler*, vec2 *P*, int *offset* [, float *bias*])
- gvec4 **textureOffset**(gsampler2DArray *sampler*, vec3 *P*, ivec2 *offset* [, float *bias*])
- float **textureOffset**(sampler1DArrayShadow *sampler*, vec3 *P*, int *offset* [, float *bias*])

Use integer texture coordinate *P* to lookup a single texel from *sampler*.

- gvec4 **texelFetch**(gsampler1D *sampler*, int *P*, int *lod*)
- gvec4 **texelFetch**(gsampler2D *sampler*, ivec2 *P*, int *lod*)
- gvec4 **texelFetch**(gsampler3D *sampler*, ivec3 *P*, int *lod*)
- gvec4 **texelFetch**(gsampler2DRect *sampler*, ivec2 *P*)
- gvec4 **texelFetch**(gsampler1DArray *sampler*, ivec2 *P*, int *lod*)
- gvec4 **texelFetch**(gsampler2DArray *sampler*, ivec3 *P*, int *lod*)
- gvec4 **texelFetch**(gsamplerBuffer *sampler*, int *P*)
- gvec4 **texelFetch**(gsampler2DMS *sampler*, ivec2 *P*, int *sample*)
- gvec4 **texelFetch**(gsampler2DMSArray *sampler*, ivec3 *P*, int *sample*)

Fetch single texel as in **texelFetch** offset by *offset* as described in **textureOffset**.

- gvec4 **texelFetchOffset**(gsampler1D *sampler*, int *P*, int *lod*, int *offset*)
- gvec4 **texelFetchOffset**(gsampler2D *sampler*, ivec2 *P*, int *lod*, ivec2 *offset*)
- gvec4 **texelFetchOffset**(gsampler3D *sampler*, ivec3 *P*, int *lod*, ivec3 *offset*)
- gvec4 **texelFetchOffset**(gsampler2DRect *sampler*, ivec2 *P*, ivec2 *offset*)
- gvec4 **texelFetchOffset**(gsampler1DArray *sampler*, ivec2 *P*, int *lod*, int *offset*)
- gvec4 **texelFetchOffset**(gsampler2DArray *sampler*, ivec3 *P*, int *lod*, ivec2 *offset*)

Projective lookup as described in **textureProj** offset by *offset* as described in **textureOffset**.

- gvec4 **textureProjOffset**(gsampler1D *sampler*, vec{2,4} *P*, int *offset* [, float *bias*])
- gvec4 **textureProjOffset**(gsampler2D *sampler*, vec{3,4} *P*, ivec2 *offset* [, float *bias*])
- gvec4 **textureProjOffset**(gsampler3D *sampler*, vec4 *P*, ivec3 *offset* [, float *bias*])
- gvec4 **textureProjOffset**(gsampler2DRect *sampler*, vec{3,4} *P*, ivec2 *offset*)
- float **textureProjOffset**(sampler2DRectShadow *sampler*, vec4 *P*, ivec2 *offset*)
- float **textureProjOffset**(sampler1DShadow *sampler*, vec4 *P*, int *offset* [, float *bias*])
- float **textureProjOffset**(sampler2DShadow *sampler*, vec4 *P*, ivec2 *offset* [, float *bias*])

Offset texture lookup with explicit LOD.
See textureLod and textureOffset.

- gvec4 **textureLodOffset**(gsampler1D *sampler*, float *P*, float *lod*, int *offset*)
- gvec4 **textureLodOffset**(gsampler2D *sampler*, vec2 *P*, float *lod*, ivec2 *offset*)
- gvec4 **textureLodOffset**(gsampler3D *sampler*, vec3 *P*, float *lod*, ivec3 *offset*)
- float **textureLodOffset**(sampler1DShadow *sampler*, vec3 *P*, float *lod*, int *offset*)
- float **textureLodOffset**(sampler2DShadow *sampler*, vec3 *P*, float *lod*, ivec2 *offset*)
- gvec4 **textureLodOffset**(gsampler1DArray *sampler*, vec2 *P*, float *lod*, int *offset*)
- gvec4 **textureLodOffset**(gsampler2DArray *sampler*, vec3 *P*, float *lod*, ivec2 *offset*)
- float **textureLodOffset**(sampler1DArrayShadow *sampler*, vec3 *P*, float *lod*, int *offset*)

Projective texture lookup with explicit LOD.
See textureLod and textureOffset.

- gvec4 **textureProjLod**(gsampler1D *sampler*, vec{2,4} *P*, float *lod*)
- gvec4 **textureProjLod**(gsampler2D *sampler*, vec{3,4} *P*, float *lod*)
- gvec4 **textureProjLod**(gsampler3D *sampler*, vec4 *P*, float *lod*)
- float **textureProjLod**(sampler{1,2}DShadow *sampler*, vec4 *P*, float *lod*)

Offset projective texture lookup with explicit LOD.
See textureProj, textureLod, and textureOffset.

- gvec4 **textureProjLodOffset**(gsampler1D *sampler*, vec{2,4} *P*, float *lod*, int *offset*)
- gvec4 **textureProjLodOffset**(gsampler2D *sampler*, vec{3,4} *P*, float *lod*, ivec2 *offset*)
- gvec4 **textureProjLodOffset**(gsampler3D *sampler*, vec4 *P*, float *lod*, ivec3 *offset*)
- float **textureProjLodOffset**(sampler1DShadow *sampler*, vec4 *P*, float *lod*, int *offset*)
- float **textureProjLodOffset**(sampler2DShadow *sampler*, vec4 *P*, float *lod*, ivec2 *offset*)

Texture lookup as in **texture** but with explicit gradients.

- gvec4 **textureGrad**(gsampler1D *sampler*, float *P*, float *dPdx*, float *dPdy*)
- gvec4 **textureGrad**(gsampler2D *sampler*, vec2 *P*, vec2 *dPdx*, vec2 *dPdy*)
- gvec4 **textureGrad**(gsampler3D *sampler*, vec3 *P*, vec3 *dPdx*, vec3 *dPdy*)
- gvec4 **textureGrad**(gsamplerCube *sampler*, vec3 *P*, vec3 *dPdx*, vec3 *dPdy*)
- gvec4 **textureGrad**(gsampler2DRect *sampler*, vec2 *P*, vec2 *dPdx*, vec2 *dPdy*)
- float **textureGrad**(sampler2DRectShadow *sampler*, vec3 *P*, vec2 *dPdx*, vec2 *dPdy*)
- float **textureGrad**(sampler1DShadow *sampler*, vec3 *P*, float *dPdx*, float *dPdy*)
- float **textureGrad**(sampler2DShadow *sampler*, vec3 *P*, vec2 *dPdx*, vec2 *dPdy*)
- gvec4 **textureGrad**(gsampler1DArray *sampler*, vec2 *P*, float *dPdx*, float *dPdy*)
- gvec4 **textureGrad**(gsampler2DArray *sampler*, vec3 *P*, vec2 *dPdx*, vec2 *dPdy*)
- float **textureGrad**(sampler1DArrayShadow *sampler*, vec3 *P*, float *dPdx*, float *dPdy*)
- float **textureGrad**(sampler2DArrayShadow *sampler*, vec4 *P*, vec2 *dPdx*, vec2 *dPdy*)
- gvec4 **textureGrad**(gsamplerCubeArray *sampler*, vec4 *P*, vec3 *dPdx*, vec3 *dPdy*)

Texture lookup with both explicit gradient and offset, as described in **textureGrad** and **textureOffset**.

- gvec4 **textureGradOffset**(gsampler1D *sampler*, float *P*, float *dPdx*, float *dPdy*, int *offset*)
- gvec4 **textureGradOffset**(gsampler2D *sampler*, vec2 *P*, vec2 *dPdx*, vec2 *dPdy*, ivec2 *offset*)
- gvec4 **textureGradOffset**(gsampler3D *sampler*, vec3 *P*, vec3 *dPdx*, vec3 *dPdy*, ivec3 *offset*)
- gvec4 **textureGradOffset**(gsampler2DRect *sampler*, vec2 *P*, vec2 *dPdx*, vec2 *dPdy*, ivec2 *offset*)
- float **textureGradOffset**(sampler2DRectShadow *sampler*, vec3 *P*, vec2 *dPdx*, vec2 *dPdy*, ivec2 *offset*)
- float **textureGradOffset**(sampler1DShadow *sampler*, vec3 *P*, float *dPdx*, float *dPdy*, int *offset*)
- float **textureGradOffset**(sampler2DShadow *sampler*, vec3 *P*, vec2 *dPdx*, vec2 *dPdy*, ivec2 *offset*)
- gvec4 **textureGradOffset**(gsampler1DArray *sampler*, vec2 *P*, float *dPdx*, float *dPdy*, int *offset*)
- gvec4 **textureGradOffset**(gsampler2DArray *sampler*, vec3 *P*, vec2 *dPdx*, vec2 *dPdy*, ivec2 *offset*)
- float **textureGradOffset**(sampler1DArrayShadow *sampler*, vec3 *P*, float *dPdx*, float *dPdy*, int *offset*)
- float **textureGradOffset**(sampler2DArrayShadow *sampler*, vec4 *P*, vec2 *dPdx*, vec2 *dPdy*, ivec2 *offset*)

Texture lookup both projectively as in **textureProj**, and with explicit gradient as in **textureGrad**.

- gvec4 **textureProjGrad**(gsampler1D *sampler*, vec{2,4} *P*, float *dPdx*, float *dPdy*)
- gvec4 **textureProjGrad**(gsampler2D *sampler*, vec{3,4} *P*, vec2 *dPdx*, vec2 *dPdy*)
- gvec4 **textureProjGrad**(gsampler3D *sampler*, vec4 *P*, vec3 *dPdx*, vec3 *dPdy*)
- gvec4 **textureProjGrad**(gsampler2DRect *sampler*, vec{3,4} *P*, vec2 *dPdx*, vec2 *dPdy*)
- float **textureProjGrad**(sampler2DRectShadow *sampler*, vec4 *P*, vec2 *dPdx*, vec2 *dPdy*)
- float **textureProjGrad**(sampler1DShadow *sampler*, vec4 *P*, float *dPdx*, float *dPdy*)
- float **textureProjGrad**(sampler2DShadow *sampler*, vec4 *P*, vec2 *dPdx*, vec2 *dPdy*)

Texture lookup projectively and with explicit gradient as in **textureProjGrad**, as well as with offset as in **textureOffset**.

- gvec4 **textureProjGradOffset**(gsampler1D *sampler*, vec{2,4} *P*, float *dPdx*, float *dPdy*, int *offset*)
- gvec4 **textureProjGradOffset**(gsampler2D *sampler*, vec{3,4} *P*, vec2 *dPdx*, vec2 *dPdy*, ivec2 *offset*)
- gvec4 **textureProjGradOffset**(gsampler2DRect *sampler*, vec{3,4} *P*, vec2 *dPdx*, vec2 *dPdy*, ivec2 *offset*)
- float **textureProjGradOffset**(sampler2DRectShadow *sampler*, vec4 *P*, vec2 *dPdx*, vec2 *dPdy*, ivec2 *offset*)
- gvec4 **textureProjGradOffset**(gsampler3D *sampler*, vec4 *P*, vec3 *dPdx*, vec3 *dPdy*, ivec3 *offset*)
- float **textureProjGradOffset**(sampler1DShadow *sampler*, vec4 *P*, float *dPdx*, float *dPdy*, int *offset*)
- float **textureProjGradOffset**(sampler2DShadow *sampler*, vec4 *P*, vec2 *dPdx*, vec2 *dPdy*, vec2 *offset*)

Texture Gather Instructions [8.9.3]

These functions take components of a floating-point vector operand as a texture coordinate, determine a set of four texels to sample from the base level of detail of the specified texture image, and return one component from each texel in a four-component result vector.

- gvec4 **textureGather**(gsampler2D *sampler*, vec2 *P* [, int *comp*])
- gvec4 **textureGather**(gsampler2DArray *sampler*, vec3 *P* [, int *comp*])
- gvec4 **textureGather**(gsamplerCube *sampler*, vec3 *P* [, int *comp*])
- gvec4 **textureGather**(gsamplerCubeArray *sampler*, vec4 *P*[, int *comp*])
- gvec4 **textureGather**(gsampler2DRect *sampler*, vec3 *P* [, int *comp*])
- vec4 **textureGather**(sampler2DShadow *sampler*, vec2 *P*, float *refZ*)
- vec4 **textureGather**(sampler2DArrayShadow *sampler*, vec3 *P*, float *refZ*)
- vec4 **textureGather**(samplerCubeShadow *sampler*, vec3 *P*, float *refZ*)
- vec4 **textureGather**(samplerCubeArrayShadow *sampler*, vec4 *P*, float *refZ*)
- vec4 **textureGather**(sampler2DRectShadow *sampler*, vec2 *P*, float *refZ*)

(Texture Functions Continue >)

OpenGL Shading Language 4.20 Reference Card

Texture Functions (continued)

Texture Gather Instructions (continued)

Texture gather as in **textureGather** by offset as described in **textureOffset** except minimum and maximum offset values are given by {MIN, MAX}_PROGRAM_TEXTURE_GATHER_OFFSET.

```
gvec4 textureGatherOffset(gsampler2D sampler, vec2 P,
    ivec2 offset [, int comp])
gvec4 textureGatherOffset(gsampler2DArray sampler,
    vec3 P, ivec2 offset [, int comp])
gvec4 textureGatherOffset(gsampler2DRect sampler,
    vec3 P, ivec2 offset [, int comp])
vec4  textureGatherOffset(sampler2DShadow sampler,
    vec2 P, float refZ, ivec2 offset)
vec4  textureGatherOffset(sampler2DArrayShadow sampler,
    vec3 P, float refZ, ivec2 offset)
vec4  textureGatherOffset(sampler2DRectShadow sampler,
    vec2 P, float refZ, ivec2 offset)
```

Texture gather as in **textureGatherOffset** except *offsets* determines location of the four texels to sample.

```
gvec4 textureGatherOffsets(gsampler2D sampler, vec2 P,
    ivec2 offset[4] [, int comp])
gvec4 textureGatherOffsets(gsampler2DArray sampler,
    vec3 P, ivec2 offset[4] [, int comp])
gvec4 textureGatherOffsets(gsampler2DRect sampler,
    vec3 P, ivec2 offset[4][, int comp])
vec4  textureGatherOffsets(sampler2DShadow sampler,
    vec2 P, float refZ, ivec2 offset[4])
vec4  textureGatherOffsets(sampler2DArrayShadow sampler,
    vec3 P, float refZ, ivec2 offset[4])
vec4  textureGatherOffsets(sampler2DRectShadow sampler,
    vec2 P, float refZ, ivec2 offset[4])
```

OpenGL Pipeline

A typical program that uses OpenGL begins with calls to open a window into the framebuffer into which the program will draw. Calls are made to allocate a GL context which is then associated with the window, then OpenGL commands can be issued.

The heavy black arrows in this illustration show the OpenGL pipeline. In order to fully take advantage of modern OpenGL, pay close attention to how to most efficiently use the new buffer types.

- Blue blocks indicate various buffers that feed or get fed by the OpenGL pipeline.
- Green blocks indicate features new or significantly changed with OpenGL 4.x.

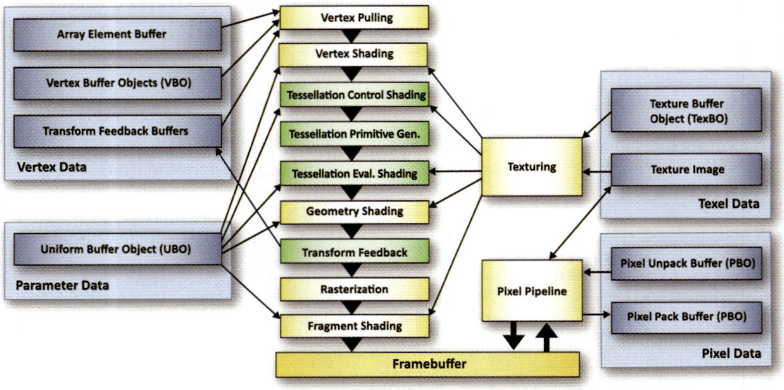

Vertex & Tessellation Details

Each vertex is processed either by a vertex shader or fixed-function vertex processing (compatibility only) to generate a transformed vertex, then assembled into primitives. Tessellation (if enabled) operates on patch primitives, consisting of a fixed-size collection of vertices, each with per-vertex attributes and associated per-patch attributes. Tessellation control shaders (if enabled) transform an input patch and compute per-vertex and per-patch attributes for a new output patch.

A fixed-function primitive generator subdivides the patch according to tessellation levels computed in the tessellation control shaders or specified as fixed values in the API (TCS disabled). The tessellation evaluation shader computes the position and attributes of each vertex produced by the tessellator.

- Orange blocks indicate features of the Core specification.
- Purple blocks indicate features of the Compatibility specification.
- Green blocks indicate features new or significantly changed with OpenGL 4.x.

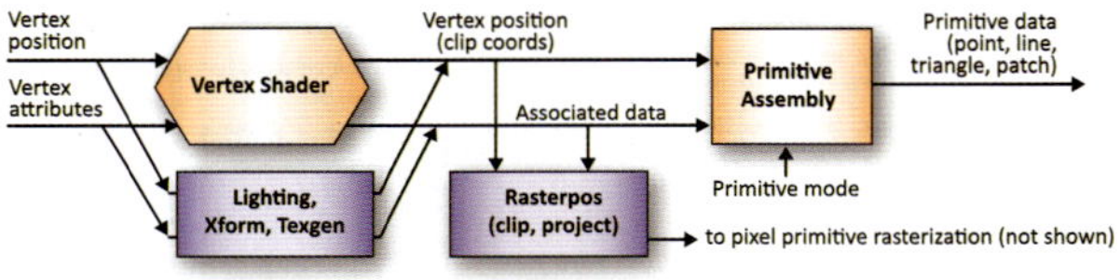

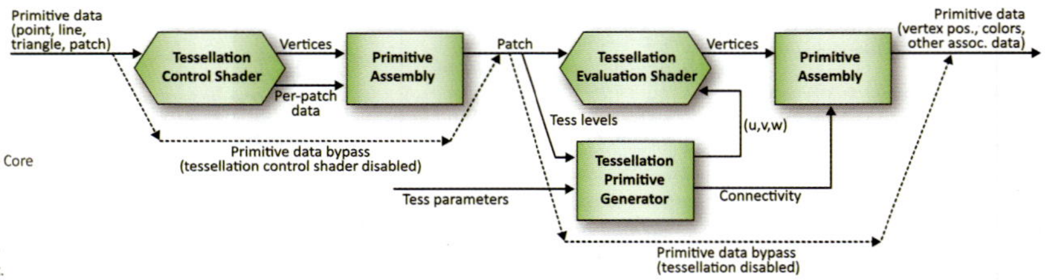

Geometry & Follow-on Details

Geometry shaders (if enabled) consume individual primitives built in previous primitive assembly stages. For each input primitive, the geometry shader can output zero or more vertices, with each vertex directed at a specific vertex stream. The vertices emitted to each stream are assembled into primitives according to the geometry shader's output primitive type.

Transform feedback (if active) writes selected vertex attributes of the primitives of all vertex streams into buffer objects attached to one or more binding points.

Primitives on vertex stream zero are then processed by fixed-function stages, where they are clipped and prepared for rasterization.

- Orange blocks indicate features of the Core specification.
- Purple blocks indicate features of the Compatibility specification.
- Green blocks indicate features new or significantly changed with OpenGL 4.x.

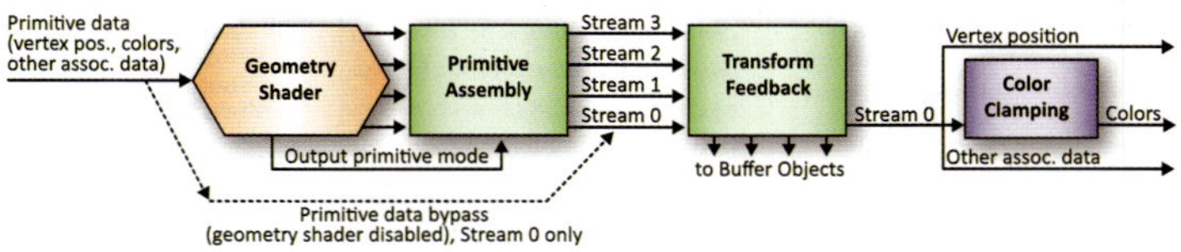

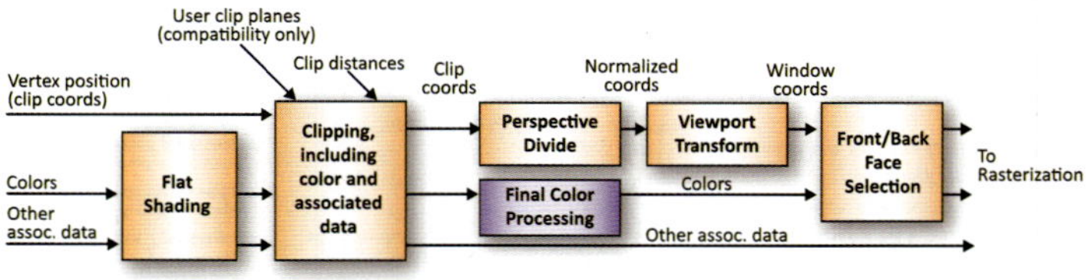

www.opengl.org/registry

OpenGL Reference Card Index

The following index shows each item included on this card along with the page on which it is described. The color of the row in the table below is the color of the pane to which you should refer.

참고문헌

01 OpenGL Reference,
http://msdn.microsoft.com/en-us/library/ms537011(v=vs.85).aspx

02 OpenGL API (GLUT) Contents,
http://www.opengl.org/resources/libraries/glut/spec3/node1.html

03 OpenGL 4.2 API Reference & Shading Language 4.20 Reference
http://www.khronos.org/files/opengl42-quick-reference-card.pdf

04 OpenGL Reference - GLU Functions,
http://msdn.microsoft.com/en-us/library/windows/desktop/dd368677(v=vs.85).aspx

찾아보기

저자약력

김성호

- 숭실대학교 컴퓨터학과(공학박사)
  현재 상지대학교 컴퓨터정보공학부 교수
- 주요 경력
  - (주)애니큐브 창업 / 부설연구소장
  - (주)포도시스템즈 / 개발실장
  - (주)한국지오매틱스 / 연구소장
  - 숭실대학교 전자계산원 시간강사
  - 숭실대학교 컴퓨터학부 시간강사
  - 한국방송통신대학교 방송정보학과 시간강사
  - 숭의여자대학교 겸임교수
  - 배화여자대학교 컴퓨터정보과 시간강사
  - 부천대학교 겸임교수
  - 호서대학교 게임공학과 시간강사
  - 상지대학교 컴퓨터정보공학부 시간강사
- 관심분야 : 컴퓨터 그래픽스, 컴퓨터 애니메이션, 모션 캡쳐, 가상현실/증강현실, 컴퓨터 게임, Web3D, 멀티미디어 및 지리정보시스템 등
- 주요저서
  - 『컴퓨터 기본+활용 제대로 배우기』, 생능출판사, 2007
  - 『컴퓨터 활용 제대로 배우기-한글 2007, 엑셀(MS Excel) 2007, 파워포인트(MS Powerpoint) 2007』, 생능출판사, 2008
  - 『멀티미디어 기본+활용 제대로 배우기』, 생능출판사, 2008
  - 『[개정판]컴퓨터 활용 제대로 배우기-한글 2007, 엑셀(MS Excel) 2007, 파워포인트(MS Powerpoint) 2007』, 생능출판사, 2009
  - 『컴퓨터 활용 2010 제대로 배우기-한글 2010, 엑셀(MS Excel) 2010, 파워포인트(MS Powerpoint) 2010』, 생능출판사, 2011
  - 『디지털 콘텐츠 제작 제대로 배우기』, 생능출판사, 2011

저자와의 협의에 의해
인지를 생략합니다.

3차원 공간이 보이는 **컴퓨터 그래픽스**

김성호 지음

초판인쇄 : 2013. 7. 12
초판발행 : 2013. 7. 19
발 행 인 : 김 승 기
발 행 처 : 생능출판사
신고번호 : 제406-2005-000002호
신고일자 : 2005. 1. 21
ISBN : 978-89-7050-779-8(93000)

413-756
경기도 파주시 문발동 507-12 파주출판도시
대표전화 : (031)955-0761, FAX : (031)955-0768
홈페이지 : http://www.booksr.co.kr

* 파본 및 잘못된 책은 바꾸어 드립니다.

정가 38,000원